Christian-W. Otto

Brandenburgische Bauordnung

Kommentar für die Praxis

6. Auflage

SV SAXONIA VERLAG für Recht, Wirtschaft und Kultur GmbH

Prof. Dr. jur. Christian-W. Otto:
Brandenburgische Bauordnung. Kommentar für die Praxis,
6. Auflage

SV SAXONIA VERLAG für Recht, Wirtschaft und Kultur GmbH
Ludwig-Hartmann-Straße 40, 01277 Dresden
Tel. (03 51) 48 52 60, Fax (03 51) 4 85 26 61
E-Mail: office@saxonia-verlag.de
Internet: http://www.laenderrecht.de

Druck: CPI books GmbH, Birkstraße 10, 25917 Leck

ISBN: 978-3-949409-26-4
(Vorauflage: 978-3-946374-99-2)

Inhaltsverzeichnis

I. Literaturverzeichnis

Beaucamp, Guy
Streit um ein Wochenendhaus, JA 2019, 513

Boeddinghaus, Gerhard
Die Bagatelleregelung des § 6 Abs. 2 Satz 3 BbgBO, BauR 2006, 328–334

Bultmann, Stephan J.
Stellplatzsatzungen nach der Brandenburgischen Bauordnung 1998, LKV 1999, 385–392

Förster, Jan-Dirk
Die neue Brandenburgische Camping- und Wochenendhausplatz-Verordnung 2005, LKV 2006, 246–250

Hecker, Mischa
Die Konzentrationswirkung der Baugenehmigung am Beispiel der Brandenburgischen Bauordnung, BauR 2006, 629–638

Jobs, A. Thorsten
Aktuelle Rechtsprechung zum Bauordnungsrecht der Länder Berlin und Brandenburg, LKV 2013, 529

Jobs, A. Thorsten
Aktuelle Rechtsprechung zum Bauordnungsrecht der Länder Berlin und Brandenburg, LKV 2017, 241

Kaden, Nina
Abstandsflächenrecht nach der Brandenburgischen Bauordnung 2003, LKV 2004, 402–405

Knuth, Andreas
Die Brandenburgische Bauordnung auf neuen Wegen, LKV 2004, 193–201

Knuth, Andreas
Die Neufassung der Brandenburgischen Bauordnung, LKV 1998, 333–338

Lässig, Curt Lutz
Baugenehmigung und sogenannte fachbehördliche Gestattungen – § 71 V BbgBauO, LKV 1998, 339–342

Löhr, Volker/Gröger, Gerd
Bau- und Betrieb von Versammlungsstätten, 2011

Meyer, Hartmut
Die neue Brandenburgische Bauordnung, DW 1994, 12–12

Ortloff, Karsten-Michael
Ex oriente lux – brandenburgische Baugenehmigung mit Konzentrationswirkung, NVwZ 2003, 1218–1219

Preschel, Christina
Das neue Deregulierungskonzept der Brandenburgischen Bauordnung, NJ 1998, 126–129

Rasch, Sascha
Neuerungen im Brandenburgischen Baurecht, LKV 2006, 452–454

Reimus/Semtner/Langer
Die neue Brandenburgische Bauordnung, Handkommentar 2017

Rothfuchs, Hermann
Die Beseitigung der im Außenbereich belegenen Datsche nach Wegfall des Bestandsschutzes, LKV 2006, 454–456

Yurdakul, Dogan G.
Anmerkungen zum neuen Vollgeschoßbegriff der Brandenburgischen Bauordnung, BauR 2004, 36–39

II. Einleitung

Bauordnungsrecht und Brandenburgische Bauordnung sind oftmals nicht ohne eine kommentierende Erläuterung zu verstehen. Durch diese Kommentierung des Brandenburgischen Bauordnungsrechts soll vor allen den Praktikern der Umgang mit dem Bauordnungsrecht erleichtert werden. Dabei wird auf die Änderungen der Brandenburgischen Bauordnung seit der Novelle 2003 besonders eingegangen. Gerade die Änderungen der Bauordnung in den Jahren 2003, 2008 sowie jüngst im Jahre 2016 sind von großer praktischer Relevanz, ohne dass sich deren Bedeutung dem Praktiker sofort erschließt.

Um die Brandenburgische Bauordnung praxisgerecht handhaben zu können, wird in der Kommentierung vorrangig die Rechtsprechung der Verwaltungsgerichte des Landes Brandenburg und die des Oberverwaltungsgerichts Berlin-Brandenburg berücksichtigt und zitiert. Die Ausführungen erhalten dadurch eine landesspezifische Gewichtung.

Die Kommentierung beschränkt sich auf Erläuterungen, die zum besseren Verständnis der Regelungen beitragen sollen. Das Werk richtet sich deshalb vor allem an Architekten, Bauherrn und an die Mitarbeiter[1)] in den Ämtern und Gemeinden.

Aus dieser Praxisbezogenheit resultieren Schwerpunkte in der Darstellung. Besonderes Gewicht ist auf die Kommentierung

- des Abstandsflächenrechts,
- der Genehmigungspflicht bei Änderung und Nutzungsänderung von Gebäuden unter Berücksichtigung des Bestandsschutzes,
- des Baugenehmigungsverfahrens (Konzentrationswirkung),
- der Zulassung von Abweichungen,
- der Aufgaben und Befugnisse der Gemeinden,
- der Ersetzung des gemeindlichen Einvernehmens und
- des Rechts der örtlichen Bauvorschriften

gelegt.

Die Darstellungen zum Nachbarrechtsschutz sollen Grundstückseigentümern und Gemeinden eine Orientierung und Hilfestellung bieten, so dass aussichtslose Streitigkeiten vermieden und begründete (Abwehr-)Ansprüche sachgerecht gehandhabt werden können.

---

1) Aus Gründen der besseren Lesbarkeit wird auf die gleichzeitige Verwendung der Sprachformen männlich, weiblich und divers (m/w/d) verzichtet. Sämtliche Personenbezeichnungen gelten gleichermaßen für alle Geschlechter.

III. Die Entwicklung des Brandenburgischen Bauordnungsrechts

1. Übersicht über die Novellen der Bauordnung seit dem Jahr 1990

Noch vor der Wiedervereinigung wurde am 20. Juli 1990 mit dem Gesetz über die Bauordnung das Bauordnungsrecht in allen neuen Bundesländern neu und umfassend geregelt. Mit der Brandenburgischen Bauordnung vom 19. Mai 1994 schuf der Landtag des Landes Brandenburg erstmals originär brandenburgisches Bauordnungsrecht. Auf der Basis mehrjähriger Erfahrungen wurde die Brandenburgische Bauordnung durch das Änderungsgesetz vom 18. Dezember 1997 (mit Wirkung ab dem 1. Januar 1998) novelliert. Eine erneute umfangreichere Novellierung begann im Jahre 2002 und mündete in der Brandenburgischen Bauordnung 2003, die im GVBl. I vom 21. Juli 2003, S. 210 ff. bekannt gemacht wurde und am 1. September 2003 in Kraft trat. Korrigiert wurde der Gesetzestext durch das Gesetz zur Änderung der Brandenburgischen Bauordnung vom 9. Oktober 2003 (GVBl. I S. 273). Durch das 2. und das 3. Gesetz zur Änderung der Brandenburgischen Bauordnung (GVBl. I 2005, S. 242 und S. 267) ist die Bauordnung in einzelnen Bestimmungen geändert worden. Zu umfangreicheren Änderungen der Bauordnung kam es im Jahre 2006 durch Artikel 2 des Bürokratieabbaugesetzes vom 28. Juni 2006 (GVBl. I S. 74 ff.).

2. Die allgemeinen Ziele der Novelle 2003

Seit dem 1. September 2003 hat die Brandenburgische Bauordnung 2003 (GVBl. I S. 210) die frühere Bauordnung aus dem Jahre 1998 (GVBl. I S. 82) abgelöst bzw. abgeändert. Die Brandenburgische Bauordnung 2003 weist im materiellen wie auch im Verfahrensrecht beträchtliche Änderungen auf. Es sollen durch die Änderungen schnellere und effizientere Verfahren ermöglicht und ein Übermaß an staatlicher Kontrolle vermieden werden. Dem Bürger sollen durch eine umfassende Konzentrationswirkung der Baugenehmigung unnötige Behördengänge erspart bleiben. Diese Änderungen der Brandenburgischen Bauordnung lassen sich wie folgt skizzieren:
- Senkung der Normen und Standards,
- Verfahrensvereinfachung,
- Neustrukturierung der Verfahrensarten (Konzentrationswirkung),
- Entschlackung des Baugenehmigungsverfahrens,
- Entkoppelung der rechtlichen Prüfung von der bautechnischen Prüfung, Beschleunigung der Verfahrensabläufe,

- Erweiterung des Subsidiaritätsprinzips durch Verzicht auf präventive bauaufsichtliche Prüfung,
- Vollzug örtlicher Bauvorschriften durch die Kommune,
- Stärkung der kommunalen Satzungskompetenz,
- Verzicht auf Regelungen,
- Umwandlung von Abweichungs- in Zulässigkeitstatbestände,
- Erweiterung des Freistellungskatalogs,
- Klarstellung und Vereinfachung,
- Berücksichtigung der Weiterentwicklung der Musterbauordnung,
- Berücksichtigung europäischer Regelungen (Gemeinschaftsrecht).

Diese Zielsetzungen haben fast alle Bereiche der Bauordnung geändert. Die Änderungen weisen den Baugenehmigungsbehörden und Gemeinden neue Aufgaben und geänderte Verantwortlichkeiten zu. Erwähnenswert ist insbesondere der Kompetenzzuwachs der Gemeinden, der sich aus den Änderungen in den §§ 6 Abs. 5 Satz 4; 7 Abs. 3; 43 Abs. 1, 3, 4; 51 Abs. 1 Satz 3; 53; 61; 67 Abs. 7; 70 und 81 ergibt.

3. Aufgrund von Übertragungs- und Redaktionsfehlern bei der Bekanntmachung ist die Brandenburgische Bauordnung vom 16. Juli 2003 durch das 1. Änderungsgesetz zur Brandenburgischen Bauordnung vom 9. Oktober 2003, GVBl. I/03, 273 korrigiert worden. Dies betrifft folgende Regelungen:
- Fußnote „EG-Richtlinie 2000/9/EG“ statt „200/9/EG“,
- Streichung von § 67 Abs. 4 Satz 2,
- Ersetzung des Wortes „von“ durch „vor“ in § 65 Abs. 3 Satz 1.

4. Das Zweite Gesetz zur Änderung der Brandenburgischen Bauordnung vom 15.9.2005 (GVBl. I, S. 242)

Die wesentlichen Änderungen durch das Zweite Gesetz zur Änderung der Brandenburgischen Bauordnung vom 15. September 2005 (GVBl. I S. 242) betreffen den neu eingefügten § 6 Abs. 12. Es handelt sich dabei um eine gesetzliche Abweichung von dem Erfordernis, bei der Änderung bestehender Gebäude Abstandsflächen gem. § 6 Abs. 5 freihalten zu müssen. Dadurch sollen bauliche Änderungen an bestandsgeschützten Gebäuden erleichtert werden.

5. Das Dritte Gesetz zur Änderung der Brandenburgischen Bauordnung vom 19.12.2005 (GVBl. I, S. 267)

Die Rechtsänderungen des Dritten Gesetzes zur Änderung der Brandenburgischen Bauordnung, bekannt gemacht am 21. Dezember im GVBl. I S. 267 und in Kraft getreten am 22. Dezember 2005, betreffen die §§ 24 Abs. 2, 67

Abs. 2 und 3, 76, 79, 80 und 83. Wichtigste Änderungen sind die Erleichterungen bei den Anforderungen an tragende und aussteifende Bauteile gem. § 24 Abs. 2.

Die Änderung in § 67 dient der Anpassung an § 35 Abs. 5 BauGB. Damit ist eine landesrechtliche Rechtsgrundlage geschaffen, um eine Rückbauverpflichtung anordnen zu können.

Durch die Neuregelung in § 76 entfällt die Schlussabnahme, so dass der Bauherr lediglich die Fertigstellung nach § 68 anzuzeigen hat. Der Bauaufsichtsbehörde bleibt es jedoch unbenommen, weiterhin nach § 75 Bauzustandsbesichtigungen durchzuführen.

6. Änderung der Brandenburgischen Bauordnung durch das Bürokratieabbaugesetz vom 28. Juni 2006 (GVBl. I, S. 74)

Mit Hilfe des Bürokratieabbaugesetzes vom 28. Juli 2006 soll die Verwaltung ihre Aufgaben schneller, transparenter sowie kostengünstiger erfüllen können. Die Wirtschaft soll von unnötigen bürokratischen Lasten befreit werden. Zu diesem Zweck hat der Gesetzgeber auch die Brandenburgische Bauordnung geändert. Den Bauherrn sollen die Änderungen Erleichterungen in Bezug auf das materielle und formelle Baurecht bringen und die Baugebührenhöhe verringern. Hervorzuheben sind folgende Änderungen:

- Warenautomaten sind aus dem Anwendungsbereich der Bauordnung eliminiert worden.

- Durch die Änderung des § 60 wird den Behörden ein größerer Ermessensspielraum zugunsten des Antragstellers bei der Entscheidung über Abweichungen eingeräumt.

- Durch die Änderung des § 66 wird die Prüfung bautechnischer Nachweise vereinfacht und mit dem Berliner Landesrecht abgeglichen.

Dadurch soll die Prüfpflicht nach Prüfmaterie und Gebäudetypus abgestuft werden.

- Durch die Änderung des § 69 ist die Geltungsdauer der Baugenehmigung auf 6 Jahre verlängert worden. Die Möglichkeit, die Geltungsdauer zu verlängern, ist entfallen.

- Infolge der Änderung des § 80 wird der Aufgabenkreis von Beliehenen vergrößert.

- Die Regelung in § 81 Abs. 1 BbgBO ist neu gefasst worden. Erwähnenswert ist der Ausschluss einer Anzeigepflicht für befristet errichtete Werbeanlagen.

- Durch die Neuregelung in § 83 Abs. 6 BbgBO werden Festsetzungen in örtlichen Bauvorschriften für unwirksam erklärt, wenn und soweit sie im Widerspruch zu den geänderten Regelungen der Bauordnung stehen.

7. Gesetz zur Änderung der Brandenburgischen Bauordnung und anderer Gesetze vom 14. Juli 2008 (GVBl. I, S. 172)

Das Gesetz zur Änderung der Brandenburgischen Bauordnung vom 14. Juli 2008 greift die Ergebnisse einer Evaluierung der Brandenburgischen Bauordnung auf, die im Koalitionsvertrag (Zeilen 1415 und 1416) für die vierte Legislaturperiode vereinbart war. Das Ministerium für Infrastruktur und Raumordnung hatte danach (die) Wirkungen der Bauordnung in Bezug auf Bürger- und Investorenfreundlichkeit zu evaluieren". Da auch vereinbart war, dass ggf. „Anpassungen vorzunehmen sind", ist die Bauordnung durch das o. g. Gesetz geändert worden.

Die Ergebnisse der Evaluierungsgutachten lassen sich wie folgt zusammenfassen:

- Die Bündelung der Verfahren bei der unteren Bauaufsichtsbehörde und die Konzentrationswirkung der Baugenehmigung haben sich bewährt.

- Alle Vorschläge zielen auf die Optimierung von Verfahrensabläufen.

- Vorschläge zur Änderung materiell-rechtlicher Vorschriften wurden nicht eingebracht.

- Der generelle Verzicht auf die Schlussabnahme durch das 3. ÄGBbgBO wird seitens der am Bau Beteiligten und der unteren Bauaufsichtsbehörden kritisch gesehen.

Über die Evaluierung hinaus hat der Gesetzgeber einen Änderungsbedarf aufgrund von Novellierungsvorschlägen im Rahmen von Diskussionen über den Bürokratieabbau und die Modellregionen und aufgrund von Vorschlägen der unteren Bauaufsichtsbehörden sowie der kommunalen Spitzenverbände, der Kammern und der Verbände erkannt. Ergänzende Vorschläge haben die zuständigen Fachreferate der Ministerien aus eigenen Erfahrungen sowie aufgrund der Auswertung der Rechtsprechung in das Gesetzgebungsverfahren eingebracht, vgl. dazu LT-Drs. 4/5691, S. 1 f. In der Ausschussberatung (LT-Drs. 4/6401) ist der Einsatzbereich des Bauvorbescheids ausgedehnt worden, so dass im Vorbescheidsverfahren auch baunebenrechtliche Fragestellungen beantwortet werden dürfen. Den Gemeinden ist die Befugnis verliehen worden, örtliche Bauvorschriften über die anteilige Nutzung Erneuerbarer Energien zu erlassen.

Abgesehen von redaktionellen Korrekturen/Klarstellungen sind geändert bzw. ersetzt wurden:
- § 4 Abs. 3 Satz 2 neu, Anforderungen an die Teilung,
- § 6 Abs. 4 Satz 3 neu, Bemessung der Wandhöhe bei vor- oder zurücktretenden Bauteilen,
- § 6 Abs. 6 Satz 1, Tiefe der Abstandsfläche,
- § 6 Abs. 8, Ergänzung des oberen Abschlusses um das Dach,
- § 6 Abs. 10 Satz 1, Ersetzung der Wandhöhe durch Gebäudehöhe,
- § 6 Abs. 12, Ausdehnung der Privilegierung auf Gebäudeteile und Erhalt des abstandsflächenrechtlichen Bestandsschutzes (Satz 3),
- § 26 Abs. 2 Satz 2, Ersetzung von $50m^3$ durch $75m^3$,
- § 28 Abs. 7 neu, raumabschließende Bauteile traufseitig aneinandergebauter Gebäude,
- § 30 Abs. 5 neu,
- § 31 Abs. 4 Satz 2 neu,
- § 32 Abs. 2 neu,
- § 39 Wertstoff- und Abfallbehälter, Abfallschächte,
- § 48 Abs. 4 bis 6 neu,
- § 51 Abs. 1 Satz 2 und 3,
- § 51 Abs. 6 neu, Ausschluss des Staatshaftungsgesetzes und des § 38 Abs. 1 OBG,
- § 52 Abs. 3 Satz 2,
- § 55 Abs. 2 Nr. 10, Abs. 3 Nr. 10, Abs. 7 Nr. 7 und 8, Abs. 8 Nr. 7,
- § 59 neu, Ausdehnung der Konzentrationswirkung auf den Bauvorbescheid,
- § 60 Abs. 1 Satz 1, Erleichterung von Abweichungen,
- § 66 neu, Bautechnische Nachweise,
- § 67 Abs. 2 neu,
- § 76 Abs. 2 Satz 2 neu, Nutzung fertiggestellter baulicher Anlagen,

- § 79 Abs. 1 Nr. 4, Ordnungswidrigkeit aufgrund abweichender Bauausführung,
- § 79 Abs. 2, Ausdehnung der Ordnungswidrigkeitentatbestände,
- § 80 Abs. 2 Satz 1 Nr. 2, Ermächtigung für Anpassung der BbgBauVorlV an Konzentrationswirkung,
- § 81 Abs. 7 neu, Örtliche Bauvorschriften für die anteilige Nutzung Erneuerbarer Energien,
- § 83 Abs. 4 neu,
- § 83 Abs. 6 Satz 2 und 3 neu, Aufhebung unwirksamer Festsetzungen,
- § 83 Abs. 7 neu, Geltungsdauer der Baugenehmigung und Vorbescheid,
- § 83 Abs. 8 neu, Übertragung der Aufgaben der unteren Bauaufsichtsbehörden auf Große kreisangehörige Städte,
- § 83 Abs. 9 neu, Übergangsregelung bzgl. Funktionen Großer kreisangehöriger Städte.

8. Änderung der Bauordnung durch Artikel 6 des Gesetzes zur Strukturreform des amtlichen Vermessungswesens vom 27. Mai 2009 (GVBl. I S. 166, 174)

In § 68 Abs. 3 Satz 3 der Brandenburgischen Bauordnung wird die Angabe „§ 15 des Vermessungs- und Liegenschaftsgesetzes" durch die Angabe „§ 23 des Brandenburgischen Geoinformations- und Vermessungsgesetzes" ersetzt.

9. Änderung der Bauordnung durch Artikel 6 des Gesetzes zur Einführung des Einheitlichen Ansprechpartners für das Land Brandenburg und zur Änderung weiterer Vorschriften vom 7. Juli 2009 (GVBl. I S. 262, 268)

Die Einführung des einheitlichen Ansprechpartners, die infolge der Umsetzung der Dienstleistungsrichtlinie (Richtlinie 2006/123/EG des Europäischen Parlaments und des Rates vom 12. Dezember 2006 über Dienstleistungen im Binnenmarkt – ABl. L 376 vom 27. Dezember 2006 S. 36) in nationales Recht erforderlich war, führte zu Änderungen der Brandenburgische Bauordnung in folgenden Vorschriften:

- § 22: Die Wörter „Person, Stelle oder Überwachungsgemeinschaft" werden durch die Wörter „natürliche oder juristische Person" ersetzt.
- § 48 Abs. 5 Satz 1 wird wie folgt gefasst: „Der Nachweis der Bauvorlageberechtigung wird durch Vorlage einer Urkunde oder Bescheinigung einer Architekten- oder Ingenieurkammer eines Landes geführt."
- § 51 Abs. 2 Satz 2: Die Wörter „§ 71 Absatz 1 Satz 1 der Landkreisordnung" werden durch die Wörter „§ 132 Absatz 5 Satz 1 der Kommunalverfassung des Landes Brandenburg" ersetzt.
- § 68 Abs. 3 Satz 3: Gestrichen werden die Wörter „Geoinformations- und"

- § 83 Abs. 5: Die Wörter „bis zum 31. Dezember 2008" werden gestrichen.
- § 83 Absatz 10 neu: „(10) Anerkennungen von Stellen als Prüf-, Überwachungs- und Zertifizierungsstellen nach bisherigem Recht gelten bis zum 31. Dezember 2012."

10. Änderung der Bauordnung durch Artikel 2 des Gesetzes zur Neuregelung der heimrechtlichen Vorschriften vom 8. Juli 2009 (GVBl. I S. 298)

Die Änderung steht im Zusammenhang mit der Neuregelung des Pflege- und Betreuungswohngesetzes. Betroffen ist § 44 Abs. 2 Nummer 7 der Brandenburgischen Bauordnung, der wie folgt gefasst wurde:
„7. Krankenhäuser, Heime und sonstige Einrichtungen zur Unterbringung und Pflege von Personen,"

11. Gesetz zur Änderung der Brandenburgischen Bauordnung vom 11. März 2010 (GVBl. I Nr. 14)

Die Änderung der Bauordnung geht auf die Verpflichtungen aus der Richtlinie 98/34/EG des Europäischen Parlaments und des Rates vom 22. Juni 1998 über ein Informationsverfahren auf dem Gebiet der Normen und technischen Vorschriften und der Vorschriften für die Dienste der Informationsgesellschaft (ABl. L 204 vom 21.7.1998, S. 37), die durch die Richtlinie 2006/96/EG vom 20. November 2006 (ABl. L 363 vom 20.12.2006, S. 81) geändert worden ist, zurück. Geändert wurde § 17 Abs. 1 Satz 1 der Brandenburgischen Bauordnung:
„Mit Zustimmung der obersten Bauaufsichtsbehörde dürfen im Einzelfall
1. Bauprodukte, die ausschließlich nach dem Bauproduktengesetz in Verkehr gebracht werden und gehandelt werden dürfen, dessen Anforderungen jedoch nicht erfüllen,
2. Bauprodukte, die nach sonstigen Vorschriften zur Umsetzung von Richtlinien der Europäischen Union oder auf der Grundlage von unmittelbar geltendem Recht der Europäischen Union in Verkehr gebracht und gehandelt werden dürfen, hinsichtlich der nicht berücksichtigten wesentlichen Anforderungen im Sinne des § 14 Absatz 7 Nummer 2,
3. nicht geregelte Bauprodukte

verwendet werden, wenn ihre Verwendbarkeit im Sinne des § 3 Absatz 2 nachgewiesen ist."

12. Änderung der Bauordnung durch Artikel 6 des Gesetzes vom 29. November 2010 (GVBl. I, Nummer 39)

Die Änderung der Bauordnung steht im Zusammenhang mit dem Gesetz zur Änderung des Brandenburgischen Gesetzes über die Umweltverträglichkeitsprüfung. In Artikel 2 dieses Gesetzes, betreffend die Brandenburgische Bauordnung, wird § 55 Abs. 6 Nr. 4 geändert.

13. Gesetz zur Novellierung der Brandenburgischen Bauordnung und zur Änderung des Landesimmissionsschutzgesetzes vom 19. Mai 2016 (GVBl. I, Nr. 14)

Die Novelle der Bauordnung im Jahre 2016 führt zu sehr umfangreichen Änderungen des Brandenburgischen Bauordnungsrechts. Das Bauordnungsrecht ist an die Musterbauordnung angepasst worden. Damit ist u. a. die Einführung des Gebäudeklassensystems und der Baulasten verbunden. Die brandschutzrechtlichen Anforderungen sind überarbeitet worden.

Die Landesregierung hat die Novelle in der Landtags-Drucksache 6/3268 mit dem Ziel vorbereitet, das Bauordnungsrecht an die Musterbauordnung 2012 anzupassen und mit dem Berliner Bauordnungsrecht zu harmonisieren. Der Landtag hat den Entwurf in seiner 22. Sitzung am 20. Januar 2016 beraten und an die Fachausschüsse verwiesen. Die Beschlussempfehlung und der Bericht des Ausschusses für Infrastruktur und Landesplanung in der Landtags-Drucksache 6/3949 hat den Entwurf nur unwesentlich geändert. Der Landtag ist in seiner 28. Sitzung am 28. April 2016 der Beschlussempfehlung gefolgt und hat die Novelle beschlossen. Das Gesetz zur Novellierung der Brandenburgischen Bauordnung und zur Änderung des Landesimmissionsschutzgesetzes vom 19. Mai 2016 ist nach seinem Artikel 3 am 1. Juli 2016 in Kraft getreten.

14. Gesetz zur Einführung der Verbandsgemeinde und der Mitverwaltung (Verbandsgemeinde- und Mitverwaltungsgesetz – VgMvG vom 15. Oktober 2018 (GVBl. I Nr. 22, S. 28)

Durch Artikel 13 des Gesetzes zur Einführung der Verbandsgemeinde und der Mitverwaltung (Verbandsgemeinde- und Mitverwaltungsgesetz – VgMvG), GVBl. I/18, [Nr. 22], S.28 vom 15. Oktober 2018 ist § 57 Absatz 2 Satz 1 Nummer 2 geändert worden. Dieser wurde wie folgt gefasst: „2. die amtsfreien Gemeinden, die Ämter und Verbandsgemeinden als Sonderordnungsbehörden, soweit diese nach § 58 Absatz 6 und 7 zuständig sind." In Absatz 3 Satz 2 wurden die Wörter „amtsfreien Gemeinden und die Ämter" durch die Wörter „amtsfreien Gemeinden, Ämter und Verbandsgemeinden" ersetzt.

15. Gesetz zur Änderung bauordnungsrechtlicher, bauberufsrechtlicher und haushaltsrechtlicher Vorschriften vom 15. Oktober 2018 (GVBl. I Nr. 25)

Durch Artikel 1 des Gesetzes zur Änderung bauordnungsrechtlicher, bauberufsrechtlicher und haushaltsrechtlicher Vorschriften vom 15. Oktober 2018, GVBl. I/18, [Nr. 25] sind die §§ 18, 51, 53, 55, 61, 66, 67, 76, 77, 78, 79, 82, 85 und 86 geändert worden. Die §§ 3, 17, 19 bis 25 wurden neugefasst. Die §§ 16a, 16b, 16c, 86a wurden eingefügt; § 88 wurde aufgehoben und § 89 wurde § 88. Infolge dieser umfangreichen Änderung wurde die Bauordnung am 15. November 2018 im GVBl. I Nr. 39 neu bekannt gemacht.

Grund für diese umfangreiche Änderung der Brandenburgischen Bauordnung war die aus dem Urteil des Gerichtshofs der Europäischen Union (EuGH) vom 16.10.2014 (Rs. C-100/13) erforderliche Anpassung des Bauordnungsrechts an das europäische Bauproduktenrecht, geregelt in Verordnung (EU) Nr. 305/2011 des Europäischen Parlaments und des Rates vom 9. März 2011 zur Festlegung harmonisierter Bedingungen für die Vermarktung von Bauprodukten und zur Aufhebung der Richtlinie 89/106/EWG des Rates (ABl. L 88 vom 4.4.2011, S. 5), in der konsolidierten Fassung vom 16.06.2014 – 2011R0305 – DE – 16.06.2014 – 001.003 – 1.

Der EuGH hat mit seinem Urteil C-100/13 vom 16. Oktober 2014 entschieden, dass die Bundesrepublik Deutschland ihre Verpflichtungen aus den Unionsverträgen verletzt hatte, indem sie mit ihren Bauregellisten in unzulässiger Weise zusätzliche, über die harmonisierten Bauproduktnormen hinausgehende Anforderungen an Bauprodukte gestellt hatte. Das Bauproduktenrecht der Union verbietet den Mitgliedsstaaten jedoch, für harmonisierte Bauprodukte materielle oder formelle Anforderungen zu stellen, die über die des europäischen Bauproduktenrechts hinausgehen.

In Befolgung des EuGH-Urteils hat die Bauministerkonferenz im Mai 2016 eine Neufassung der Musterbauordnung (MBO) beschlossen. Diese Neufassung hat das Bauproduktenrecht komplett geändert. Die Brandenburgische Bauordnung ist an diese Änderung der MBO angepasst worden, so dass zum einen die Vorgaben des Unionsrechts befolgt werden und zum anderen die Brandenburgische Bauordnung mit den Bauordnungen der anderen 15 Bundesländer harmonisiert wird.

Die Änderung des Bauproduktenrechts wurde von zahlreichen Abhandlungen in der Literatur begleitet und beeinflusst: *Kessler BauR 2019, 1845ff.; Fehse BauR 2018, 1197ff.; Zmuda BauR 2018, 1170ff.; Halstenberg BauR 2018, 603ff.; Messer/Seifert, NVwZ 2018, 1165; Ungerbieler, NordÖR, 2018, 137; Hornmann, NVwZ 2018, 1165; Scheffelt/Eisenberg BauR 2017, 2070ff.; Leineweber BauR 2017,*

1099ff.; Halstenberg BauR 2017, 356ff.; Schucht EuZW 2017, 46ff.; Penz, NZBau 2017, 325; Ziegler, DS 2017, 117; Ziegler, NZBau 2015, 592; Schucht, NZBau 2015, 592; Winkelmüller/v. Schewick/Müller, Praxishandbuch Bauprodukte, 2015; Eisenberg NZBau 2013, 675ff.; Wirth BauR 2013, 703ff.; 2013, 405ff.; 2013, 1951ff.; Abend EuZW 2013, 611ff.; Jarass NZBau 2008, 145ff.

16. Gesetz zur Änderung der Brandenburgischen Bauordnung vom 18. Dezember 2020 (GVBl. I Nr. 44)

Mit Artikel 1 des Gesetzes zur Änderung der Brandenburgischen Bauordnung vom 18. Dezember 2020 hat der Gesetzgeber das Ziel verfolgt, die Bauordnung den aktuellen Bedingungen und Bedürfnissen anzupassen, um schneller, effizienter und nachhaltiger bauen zu können, *vgl. LT-Drucks. 7/1697, 7/1864, 7/2577 und 7/2708.* Zugleich soll die Brandenburgische Bauordnung an die im Jahr 2019 von der Bauministerkonferenz beschlossenen Änderungen der Musterbauordnung angepasst werden. Der Gleichklang auch mit anderen Bauordnungen soll den administrativen Aufwand für Bauherren, Unternehmen, Architekten und Ingenieure verringern. Der Gesetzgeber verfolgt zudem das Ziel, das Bauen mit Holz sowie die Errichtung von Ladestationen für Elektrofahrzeuge und damit insgesamt die Elektromobilität zu fördern. Um tierwohlförderliche Unterbringungen in der Tierzucht zu verbessern, soll auf die Genehmigungspflicht für Mobilställe bis zu einer bestimmten Größe verzichtet werden. Für die Entlastung der Wirtschaft sieht das Gesetz eine Erweiterung des Kreises der Bauvorlageberechtigten vor. Das serielle und modulare Bauen soll durch die Einführung der Typengenehmigung als neues Verfahrensmodell erleichtert werden. Zugunsten einer flächendeckenden Mobilfunkabdeckung im Land Brandenburg enthält das Gesetz vereinfachte Regelungen zur Errichtung von Mobilfunkmasten. Ein weiteres Ziel des Gesetzes ist der Bürokratieabbau, weshalb die Liste der genehmigungsfreien Verfahren erweitert und die Digitalisierung im Bauantragsverfahren gefördert werden soll.

Hervorzuhebende Änderungen sind die Einführung von Maßvorgaben für Vorbauten (§ 6 Abs. 6), ein Sondertatbestand für Abweichungen vom Abstandsflächenrecht (§ 6 Abs. 11), die Verwendung von brennbaren Baustoffen (§ 26), die Ablösung der Schriftform durch die Textform, um die Digitalisierung in den Verfahren zu erleichtern; die Ausdehnung der Genehmigungsfreiheit, z. B. für Gewächshäuser, mobile Geflügelställe und Ladestationen (§ 61), die Erweiterung des Kreises der Bauvorlageberechtigten (§ 65), die Änderungen bei der Prüfung bautechnischer Nachweise (§ 66), die Einführung der fiktiven Erteilung der Baugenehmigung (§ 63 Abs. 4), die Einführung der Typengenehmigung (§ 72a) und die Erweiterung der Verantwortlichkeit öffentlicher Baudienststellen (§ 77).

Geändert bzw. eingefügt wurden durch die Novelle 2020 u. a.
- § 2 Abs. 1 Satz 2 Nr. 9
- § 6 Abs. 6 Nr. 1, Abs. 8 und Abs. 11
- § 18 Abs. 4 Satz 3
- § 26 Abs. 2 Satz 3, 4
- § 28 Abs. 5
- § 31 Abs. 4 Nr. 2
- § 35 Abs. 1 Satz 3 Nr. 2 und Abs. 6 Satz 1 Nr. 1
- § 36 Abs. 1 Satz 2 Nr. 3 und 4, Abs. 4 Satz 1
- § 49 Abs. 4 und Abs. 5
- § 53 Abs. 1 Satz 5 und 6, Abs. 2 Satz 2
- § 57 Abs. 2 Satz 1 Nr. 2, Abs. 3 Satz 2, Abs. 4 Satz 2
- § 58 Abs. 6 und 7
- § 61 Abs. 1 Nr 1 lit. d, e, j, k; Nr. 2, Nr. 5 lit. a, b, Nr. 7 lit. c, Nr. 13 lit. g, h, Nr. 14 lit. b, c, Nr 15 lit. a, b
- § 62 Abs. 4 Satz 2
- § 63 Abs. 2, Abs. 4
- § 65 Abs. 1 Satz 2
- § 66 Abs. 3
- § 67 Abs. 2 Satz 1
- § 68 Abs. 5
- § 70 Abs. 3, Abs. 7
- § 72 Abs. 1 Satz 3, Abs. 6
- § 72a
- § 76 Abs. 4 Satz 1
- § 77 Abs. 1
- § 79 Abs. 2
- § 82 Abs. 2 Satz 1
- § 84 Abs. 5 Satz 1
- § 85 Abs. 1 Satz 1 Nr. 2, Abs. 4 Satz 2
- § 86 Abs. 3 Satz 1 Nr. 8, Abs. 4 Satz 1 Nr. 10
- § 87 Abs. 1 Satz 1, Abs. 4

18. Zweites Gesetz zur Änderung der Brandenburgischen Bauordnung vom 9. Februar 2021 (GVBl. I Nr. 5)

Mit diesem Gesetz wurde § 61 Absatz 1 Nummer 5 Buchstabe a geändert, indem nach der Angabe „15 Meter“ die Wörter „auf Gebäuden gemessen ab dem Schnittpunkt der Anlage mit der Dachhaut, im Außenbereich freistehend mit einer Höhe bis zu 20 Meter“ eingefügt wurde.

19. Drittes Gesetz zur Änderung der Brandenburgischen Bauordnung vom 28. September 2023 (GVBl. I Nr. 18)

Dieses Gesetz beruht auf einem Gesetzentwurf der SPD-Fraktion, der CDU-Fraktion und der Fraktion BÜNDNIS 90/DIE GRÜNEN „Drittes Gesetz zur Änderung der Brandenburgischen Bauordnung" (Drucksache 7/7264 vom 21.02.2023). Ziel des Entwurfes ist u.a. die Änderungen der Musterbauordnung in die Brandenburgische Bauordnung zu übernehmen. Die Nachverdichtungen etwa durch Dachaufstockungen oder Dachausbauten soll durch verringerte Anforderungen an die Barrierefreiheit und die Aufzugspflicht erleichtert werden. Neu geregelt wurde die Bauvorlageberechtigung der Ingenieure, um einen zwischen der EU-Kommission und der Bundesrepublik Deutschland ausgehandelten Regelungskompromiss in die Bauordnung aufzunehmen. Der Gesetzentwurf zielt auf einen verbesserten Klimaschutz ab, indem eine Photovoltaikpflicht auf Dächern bei der Neuerrichtung gewerblicher und öffentlicher Gebäude sowie für Parkplätze eingeführt werden soll. Vorgesehen sind auch Erleichterungen für Maßnahmen zur Energieeinsparung und für die Errichtung von Solaranlagen.

Geändert bzw. eingefügt wurden durch die Novelle 2023 u. a.
- § 1 Abs. 2
- § 2 Abs. 4
- § 6
- § 32 Abs. 5
- § 32a
- § 39 Abs. 4
- § 48
- § 50
- § 60
- § 61 Abs. 1
- § 65 – angefügt wurde auch eine Leitlinie zu Ausbildungsinhalten
- § 65a
- § 65b
- § 65c
- § 65d
- § 66
- § 67
- § 70
- § 86
- § 88

Brandenburgische Bauordnung (BbgBO)[1) 2)]

in der Fassung der Bekanntmachung vom 15. November 2018 (GVBl. I Nr. 39), die zuletzt durch Gesetz vom 28. September 2023 (GVBl. I Nr. 18) geändert worden ist

– Fassung ab 30. September 2023 –

Teil 1 Allgemeine Vorschriften

§ 1 Anwendungsbereich

(1) [1]Dieses Gesetz gilt für bauliche Anlagen und Bauprodukte. [2]Es gilt auch für Grundstücke sowie für andere Anlagen und Einrichtungen, an die in diesem Gesetz oder in Vorschriften aufgrund dieses Gesetzes Anforderungen gestellt werden.

(2) Dieses Gesetz gilt nicht für
1. Anlagen des öffentlichen Verkehrs, einschließlich Zubehör, Nebenanlagen und Nebenbetrieben, ausgenommen Gebäude,
2. Anlagen, die der Bergaufsicht unterliegen, ausgenommen Gebäude,
3. Leitungen, die der öffentlichen Versorgung mit Wasser, Gas, Elektrizität, Wärme, der öffentlichen Abwasserentsorgung oder der Telekommunikation dienen, mit Ausnahme von Masten und Unterstützungen,
4. Rohrleitungen, die dem Ferntransport von Stoffen dienen, mit Ausnahme von Masten und Unterstützungen,
5. Kräne, mit Ausnahme von Kranbahnen und Unterstützungen,
6. Messestände in Messe- und Ausstellungsgebäuden,
7. Anschläge und Lichtwerbung an dafür genehmigten Säulen, Tafeln und Flächen,

---

1) Die Verpflichtungen aus der Richtlinie (EU) 2015/1535 des Europäischen Parlaments und des Rates vom 9. September 2015 über ein Informationsverfahren auf dem Gebiet der technischen Vorschriften und der Vorschriften für die Dienste der Informationsgesellschaft (ABl. L 241 vom 17.9.2015, S. 1) sowie aus der Richtlinie 2006/123/EG des Europäischen Parlaments und des Rates vom 12. Dezember 2006 über Dienstleistungen im Binnenmarkt (ABl. L 376 vom 27.12.2006, S. 36) sind beachtet worden.

2) Dieses Gesetz dient der Umsetzung der Richtlinie 2000/9/EG des Europäischen Parlaments und des Rates vom 20. März 2000 über Seilbahnen für den Personenverkehr (ABl. L 106 vom 3.5.2000, S. 21) sowie in den §§ 70 und 77 der Umsetzung der Richtlinie 2012/18/EU des Europäischen Parlaments und des Rates vom 4. Juli 2012 zur Beherrschung der Gefahren schwerer Unfälle mit gefährlichen Stoffen, zur Änderung und anschließenden Aufhebung der Richtlinie 96/82/EG des Rats (ABl. L 197 vom 24.7.2012, S. 1).

8. **Werbemittel an Zeitungs- und Zeitschriftenverkaufsstellen,**
9. **Auslagen und Dekorationen in Fenstern und Schaukästen,**
10. **Wahlwerbung für die Dauer eines Wahlkampfes,**
11. **Parkanlagen und andere Grünflächen, die öffentliche Einrichtungen sind, sowie Friedhöfe, mit Ausnahme von Gebäuden,**
12. **Sport- und Charterboote, die zweckentsprechend als Wasserfahrzeuge genutzt werden können und sollen,**
13. **Regale und Regalanlagen in Gebäuden, soweit sie nicht Teil der Gebäudekonstruktion sind oder keine Erschließungsfunktion haben.**

Übersicht

1. Allgemeines

1 § 1 regelt den sachlichen Geltungsbereich der Bauordnung und damit die Sachverhalte, für die die Vorschriften der Brandenburgischen Bauordnung gelten. Das Bauordnungsrecht ist das Gebiet des öffentlichen Baurechts, welches nicht zum Kompetenztitel des Bodenrechts im Sinne von Art. 74 Nr. 18 GG gehört. Von diesem Kompetenztitel hat der Bund mit dem Baugesetzbuch umfassend Gebrauch gemacht, vgl. dazu das Rechtsgutachten des BVerfG v. 16.06.1954 – 1 PBvV 2/52 – BVerfGE 3, 407. Abzugrenzen ist das Bauordnungsrecht als öffentliches Recht, an dem notwendigerweise auch eine staatliche Behörde beteiligt ist, vom Brandenburgischen Nachbarrechtsgesetz, welches

als Zivilrecht unmittelbar zwischen den Nachbarn, also ohne Einschaltung einer Behörde, die Rechte und Pflichten regelt.

Da die Bauordnung Landesrecht ist, werden von ihr nur solche Vorhaben und Grundstücke erfasst, die im Land Brandenburg verwirklicht werden oder dort gelegen sind. Diese räumliche Beschränkung ist nicht eigens geregelt, sondern folgt aus dem systematischen Zusammenhang, in dem das Landesrecht nach der Landesverfassung, vgl. dort insbesondere Art. 2, steht. Erfasst werden vom Bauordnungsrecht jedoch auch Gebäude und Grundstücke diplomatischer Vertretungen, VG Berlin, U. v. 08.12.2011 – VG 13 K 96.10. Zu beachten ist jedoch das Übereinkommen über diplomatische Beziehungen vom 18.04.1961 (BGBl II 958) und vom 24.04.1963 (BGBl II 1969, 1586). 2

Von der Frage des räumlichen und sachlichen Geltungsbereichs ist die Frage zu unterscheiden, ob und wie das Bauordnungsrecht in fachspezifischen Planungs- und Genehmigungsverfahren zu beachten ist. Die materiellen bauordnungsrechtlichen Anforderungen können in Verfahren, die nach anderen Vorschriften als der Bauordnung durchgeführt werden, z. B. nach dem Bundesimmissionsschutzgesetz, Beachtung finden, vgl. § 6 Nr. 2 BImSchG, *dazu Fluck, NVwZ 1992, 114,* oder von anderen Vorschriften verdrängt werden, wenn dies, etwa für Hochbauten auf Flächen der Eisenbahn fachrechtlich bestimmt ist, *dazu BVerwGE 59, 253.* § 75 Abs. 1 VwVfG bewirkt nur eine formelle Konzentration, so dass lediglich andere behördliche Entscheidungen und Zulassungen, hier: die Baugenehmigung, von der Planfeststellung ersetzt werden, *vgl. OVG Koblenz, NVwZ-RR 2008, 312.* Für das Luftverkehrsrecht ist die Anwendung der Bauordnung bei Hochbauten auf planfestgestellten Flächen eigens vorgesehen, *vgl. § 9 Abs. 1 LuftVG, dazu VGH Kassel, BauR 2019, 807; Otto, ZfBR 2012, 737ff.* 3

2. Bauliche Anlagen und Bauprodukte

§ 1 bestimmt den sachlichen Anwendungsbereich der Brandenburgischen Bauordnung. Die Bauordnung gilt gem. Absatz 1 Satz 1 für alle baulichen Anlagen und Bauprodukte. Den Begriff der baulichen Anlage hat der Gesetzgeber in § 2 Abs. 1 und den der Bauprodukte in § 2 Abs. 10 durch den Verweis auf das Unionsrecht definiert, siehe dort zur Definition dieser Begriffe. Die Anforderungen an Bauprodukte und deren Verwendung sind in §§ 16a bis 25 geregelt. Zwar bezieht sich der Anwendungsbereich der Bauordnung nach Absatz 1 auf alle baulichen Anlagen, doch sind solche Anlagen von vornherein nicht nach Maßgabe der Bauordnung zu beurteilen, die gem. Absatz 2 aus dem Anwendungsbereich der Bauordnung ausgeschlossen sind. So beurteilt sich die Errichtung einer baulichen Anlage des öffentlichen Verkehrs i. S. v. § 1 Abs. 2 Nr. 1 (z. B. Straße, Brücke, Schienenweg) weder materiell-rechtlich noch verfahrensrechtlich nach den Bestimmungen der Bauordnung, sondern nur nach 4 den Bestimmungen des Fachrechts. Andererseits kann die Errichtung und Nutzung baulicher Anlagen von fachgesetzlichen Regelungen erfasst werden, so dass aufgrund dieser Regelungen das Bauordnungsrecht verdrängt wird, vgl. § 72 Abs. 1 VwVfG. Unerheblich ist hingegen, ob bauliche Anlagen in privater oder öffentlicher Hand stehen, vgl. zur Geltung der Bauordnung für diplomatische Vertretungen *Grams/Pitschas, ZfBR 1996, 75ff.; bzgl. Kirchenbauten, vgl. BVerwG, BRS 76, Nr. 76 (2010), s. a. VG Berlin, U. v. 08.12.2011 – 13 K 85.10.*

3. Grundstücke

5 Der Gesetzgeber hat in Absatz 1 Satz 2 1. Halbsatz Anforderungen an Grundstücke dem Rechtsregime der Bauordnung unterstellt. Unerheblich ist, ob es sich um Baugrundstücke *(dazu OVG Berlin, 18.1.1985 – 2 B 153.83)* handelt oder um solche Grundstücke, die der Bebauung grundsätzlich entzogen sind. Jedoch ist, wie die Einschränkung im 2. Halbsatz belegt, die Bauordnung nur für solche Grundstücke einschlägig, an die die Bauordnungen Anforderungen stellt, etwa in §§ 4 – 8, 12. In den Anwendungsbereich der Bauordnung fallen auch Grundstücke, die von Gewässern bedeckt sind. Dies ist beim Bau von Gebäuden und baulichen Anlagen auf oder unter dem Wasser bedeutsam, auch wenn Anforderungen an das Gewässer oder die Wasseroberfläche selbst durch die Bauordnung nicht gestellt werden, *vgl. VG Potsdam, U. v. 23.5.2002 – 5 K 425/01.* Dabei gilt, dass ein in ein Gewässer hineinragender Bootssteg ungeachtet seiner festen Verbindung durch Stützpfähle mit dem Gewässergrundstück in seiner Gesamtheit wesentlicher Bestandteil des Grundstücks ist, von dem aus er angelegt ist, *vgl. OVG Berlin-Brandenburg, B. v. 25.1.2019 – OVG 11 S 77.18.*

6 Den Begriff des Grundstücks hat der Gesetzgeber nicht ausdrücklich definiert. Wie aber vor allem §§ 4 und 6 belegen, liegt dem Grundstücksbegriff des Bauordnungsrechts, ebenso wie dem des Bauplanungsrechts *(vgl. BVerwG, U. v. 14.2.1991 – 4 C 51.87)* das sog. Buchgrundstück zugrunde (formeller Grundstücksbegriff). Das Buchgrundstück ist der Teil der Erdoberfläche, der im Grundbuch als eigenständiges Grundstück in einem gesonderten Grundbuchblatt oder unter einer besonderen Nummer eines gemeinschaftlichen Grundstücksblattes (§§ 3 und 4 der Grundbuchordnung) geführt wird, *vgl. BVerwG, U. v. 26.6.1970 – 4 C 73.68 –; U. v. 14.12.1973 – 4 C 48.72; BVerwG, U. v. 1.4.1981 – 8 C 5.81; U. v. 14.02.1991 – 4 C 51.87.* Maßgeblich für die Existenz, die Lage und die Größe des Grundstücks ist gem. § 2 Absatz 2 GBO das Grundbuch in Verbindung mit dem Liegenschaftskataster. Ausnahmen von dem formellen Grundstücksbegriff sind nur dann zulässig – dann allerdings auch geboten –, wenn bei Verwendung des grundbuchrechtlichen Begriffs die Gefahr entstände, dass der Sinn einer bestimmten bau- oder bodenrechtlichen Regelung handgreiflich verfehlt würde, so *BVerwG, U. v. 14.12.1973 – 4 C 48.72; BVerwG, U. v. 14.2.1991 – 4 C 51.87.* Im bauordnungsrechtlichen Bezugsrahmen

kann der Grundstücksbegriff durch Handlungspflichten der Eigentümer, die durch eine Baulast gesichert werden, sachbezogen modifiziert werden. Im bauplanungsrechtlichen Zusammenhang ist die Baulast für den Grundstücksbegriff ohne Bedeutung, weil das Bundesrecht einen nach dem Landesrecht unterschiedlichen Inhalt nicht haben darf, *vgl. BVerwG, U. v. 14.02.1991 – 4 C 51/87; OVG Koblenz, Urteil vom 02.07.2015 – 1 A 10031/15; dazu Kahle, juris PR-UmwR 1/2016; s. a. Grigoleit/Otto, BauNVO Kommentar, § 19 Rn. 11.*

Unter einem **Baugrundstück** wird im allgemeinen Sprachgebrauch ein Grundstück verstanden, das mit einem Gebäude bebaut werden kann oder das in einem Bebauungsplan als bebaubar ausgewiesen ist, *vgl. OVG Koblenz, U. v. 02.07.2015 – 1 A 10031/15 –; Grigoleit/Otto, BauNVO Kommentar, § 19 Rn. 9f.* Im Vollzug der Festsetzungen des Bebauungsplans ist regelmäßig das Grundstück im grundbuchrechtlichen Sinne gemeint, *vgl. BVerwG, U. v. 26.06.1970 – 4 C 73.68 –; U. v. 14.12.1973 – 4 C 48.72; U. v. 14.02.1991 – 4 C 51.87.* Auch nach *OVG Brandenburg, U. v. 26.09.2002 – 2 D 9/02.NE* – und *OVG Berlin-Brandenburg B. v. 20.03.2014 – OVG 9 N 35.11* – entspricht dem Baugrundstück regelmäßig der Fläche des Buchgrundstücks. 7

Von dem Begriff des Grundstücks ist der Begriff des **Flurstücks** zu unterscheiden. Das Flurstück ist nach § 8 Abs. 1 BbgVermG ein begrenzter Teil der Erdoberfläche. Es wird im Liegenschaftskataster unter einer besonderen Bezeichnung geführt, vgl. § 8 Abs. 3 BbgVermG. Das Flurstück ist die Buchungseinheit des Liegenschaftskatasters. Das Flurstück ist mit dem Buchgrundstück nicht deckungsgleich, sondern folgt gem. § 8 Abs. 2 Satz 2 BbgVermG durch Anpassung im Liegenschaftskataster dem Grundbuchbestand. 8

Im Bauordnungsrecht ist das sog. **Grundstück im wirtschaftlichen Sinne** grundsätzlich ohne Bedeutung. Dieser Grundstücksbegriff, auf den § 70 Abs. 1 BewG abstellt, gewinnt oftmals im Erschließungsbeitragsrecht oder im kommunalen Abgabenrecht Relevanz, *vgl. BVerwG, U. v. 16.4.1971 – 4 C 82.69 –; BVerwG, U. v. 20.6.1973 – 4 C 62.71 –; OVG Koblenz, U. v. 30.11.1999 – 6 A 11536/99.* Grundstück im beitragsrechtlichen Sinne ist im Brandenburgischen Landesrecht – unabhängig von der Abgrenzung im Grundbuch – diejenige Grundfläche, die einem Eigentümer gehört und in Bezug auf die er den Vorteil zu entgelten hat, der ihm durch die Anschlussmöglichkeit oder die Ausbaumaßnahme vermittelt wird, vgl. grundlegend *OVG Brandenburg, U. v. 26.09.2002 – 2 D 9/02.NE.* Wirtschaftliches Grundstück im Sinne des § 8 KAG ist also die durch die beitragsfähige Maßnahme selbstständig bevorteilte, demselben Eigentümer gehörende Flächeneinheit, *vgl. OVG Berlin-Brandenburg, U. v. 14.11.2013 – 9 B 35.12 – und v. 19.02.2014 – 9 B 5.11.* Bei baulich oder gewerblich nutzbaren Grundstücken ist das diejenige Fläche, die selbstständig baulich oder gewerblich genutzt werden kann, *vgl. OVG Berlin-Brandenburg, B. v. 28.08.2015 – 9 N 153.12.* 9

10 Im Bauordnungsrecht kann der wirtschaftliche Grundstücksbegriff ausnahmsweise bei außergewöhnlich großen Grundstücken bedeutsam sein, *vgl. BVerwG, U. v. 11.4.1990 – 4 B 62.99.*

11 Besonderheiten gelten auch für den Begriff des Baugrundstücks im Sinne von § 19 Abs. 2 BauNVO. Dieser Begriff ist nicht identisch mit dem des Buchgrundstücks. Das Baugrundstück in diesem Sinne wird maßgeblich für die Ermittlung der zulässigen Grundfläche oder Geschossfläche nach § 19 Abs. 3 Satz 1 bzw. § 20 Abs. 2 BauNVO. Es nur die Fläche des Grundstücks, „die im Bauland und hinter der im Bebauungsplan festgesetzten Straßenbegrenzungslinie" liegt. Entscheidend ist damit die Baulandfläche. Der – im Baugesetzbuch nicht mehr verwendete – Begriff des „Baulands" geht zurück auf § 9 Abs. 1 Nr. 1 BBauG 1960, in dem es hieß, dass der Bebauungsplan „das Bauland und für das Bauland die Art und das Maß der baulichen Nutzung, die Bauweise, die überbaubaren und die nicht überbaubaren Grundstücksflächen sowie die Stellung der baulichen Anlagen" festsetzt. Zum Bauland gehören bei einem für eine Bebauung bestimmten Grundstück daher auch die nicht überbaubaren Grundstücksflächen im Sinne des § 9 Abs. 1 Nr. 2 BauGB und § 23 Abs. 5 BauNVO. Dies gilt grundsätzlich selbst dann, wenn der Bebauungsplan für diese Flächen zusätzliche Festsetzungen wie Pflanzgebote oder Pflanzbindungen nach § 9 Abs. 1 Nr. 25 BauGB trifft. Nicht zum Bauland und damit auch nicht zum Baugrundstück zählen hingegen Flächen, die nach ihrem Zweck nicht für eine Bebauung vorgesehen sind, wie etwa nach § 9 Abs. 1 Nr. 15 BauGB festgesetzte private Grünflächen oder solche Flächen, die zur Verbindung des Baugrundstücks mit der öffentlichen Verkehrsfläche notwendig sind und mithin der straßenmäßigen Erschließung dienen, *vgl. OVG Berlin-Brandenburg, U. v. 18.12.2007 –2 A 3.07 –; und OVG Berlin-Brandenburg, U. v. 19.10.2010 – 2 A 15.09 –; Grigoleit/Otto, BauNVO Kommentar, § 19 Rn. 9f.*

4. Andere Anlagen und Einrichtungen

12 Nach Absatz 1 Satz 2 2. Halbsatz gilt die Bauordnung auch für andere Anlagen und Einrichtungen, die zwar keine baulichen Anlagen sind, an die in der Landesbauordnung oder in Vorschriften aufgrund dieses Gesetzes spezielle, also über § 3 hinausgehende Anforderungen gestellt werden, vgl. ablehnend für künstliche Nisthilfen *OVG Berlin-Brandenburg, B. v. 23.10.2020 – OVG 11 S 72/20.* Zu den Vorschriften aufgrund dieses Gesetzes gehören die Rechtsverordnungen und Satzungen, die gem. §§ 86f. erlassen wurden. Der Hinweis auf diese Anforderungen ist erforderlich, um Missverständnisse im Hinblick auf die Regelung in Satz 1 zu vermeiden. Er hat sonst keine eigene Bedeutung, weil sich der Kreis dieser Anlagen ohnedies bereits unmittelbar aus der Landesbauordnung oder den bauordnungsrechtlichen Verordnungen und Satzungen ergibt.

Gemeint sind mit *anderen* Anlagen und Einrichtungen solche, die nicht bereits bauliche Anlagen sind. Dazu können etwa Kinderspielplätze (§ 8), Werbemittel, die keine baulichen Anlagen sind, wie Beschriftungen, Bemalungen oder Licht (§ 10 Abs. 1), Baustellen (§ 11) oder nicht auf Dauer eingebaute Feuerungsanlagen (§ 42) gehören. Zu baulichen Anlagen im Sinne dieser Vorschrift gehören auch solche mobilen Einrichtungen, die ohne Weiteres bewegt werden können, die aber im Hinblick auf ihre Zweckbestimmung nicht für eine verkehrliche, sondern für eine ortsbezogene Nutzung vorgesehen sind. So soll nach *VG Dessau, BauR 2003, 366,* eine mobile Feldküche, die an jedem Werktag mit Hilfe eines PKW auf eine Freifläche gefahren und dort von 11:00 Uhr bis 14:00 Uhr aufgestellt wird, dazu bestimmt sein, überwiegend ortsfest benutzt zu werden und deshalb eine bauliche Anlage im Sinne der Bauordnung sein, differenzierend für Boote *OVG Berlin-Brandenburg, NVwZ-RR 2018, 842.* Werden Anlagen und Einrichtungen hingegen auf Dauer eingebaut, sind sie Bauprodukte und dadurch Teil der baulichen Anlage, *vgl. VGH Mannheim, BRS 67 Nr. 149.* 13

5. Ausnahmen vom Anwendungsbereich (Absatz 2)

Die Regelungen in Absatz 2 beschränken den Anwendungsbereich der Bauordnung. Das Bauordnungsrecht ist auf diese Anlagen weder formell noch materiell anwendbar. Die Beschränkungen betreffen bauliche Anlagen, für die materiell-rechtliche Anforderungen und auch spezielle Zulassungsverfahren in anderen Fachgesetzen geregelt sind. Ergänzt werden diese Ausnahmen durch spezialgesetzliche Regelungen, etwa durch die Vorbehalte in den Fachplanungsgesetzen (z. B. Bundesfernstraßengesetz, Brandenburgisches Straßengesetz, Eisenbahngesetz, Personenbeförderungsgesetz, Bundeswasserstraßengesetz, Wasserhaushaltsgesetz, Luftverkehrsgesetz usw.). Soweit nur eine formelle Konzentration wie im Bundesimmissionsschutzgesetz vorgesehen ist, vgl. 10 BImSchG, wird der Anwendungsbereich nur auf das formelle Recht beschränkt, also auf das Genehmigungsverfahren, während die materiellen Anforderungen der Bauordnung weiterhin gelten, *vgl. BVerwG, U. v. 17.12.2002 – 7 B 119/02.* 14

Unabhängig davon, dass die in dem nachstehenden Absatz aufgeführten Anlagen dem Bauordnungsrecht nicht unterfallen, ist der Geltungsanspruch des Bauplanungsrechts gem. § 29 BauGB zu beurteilen. Für den Anwendungsbereich des Bauplanungsrechts ist ohne Bedeutung, ob für eine bauliche Anlage von bodenrechtlicher Relevanz in der Bauordnung verfahrensrechtliche oder materiell-rechtliche Anforderungen gestellt werden, *vgl. Mampel, ZfBR 2000, 16ff.; BVerwG, U. v. 7.5.2001 – 6 C 18/00; vorhergehend OVG Koblenz, U. v. 10.8.2000 – 1 A 10462/00.* Von daher lassen sich aus den nachfolgenden Ausnahmen in Absatz 2 keine Rückschlüsse auf die Geltung des Bauplanungsrechts (§§ 29 ff. BauGB) ziehen. 15

a) Anlagen des öffentlichen Verkehrs (Absatz 2 Nr. 1)

16 Der Gesetzgeber hat in der Novelle 2016 den Oberbegriff „Anlagen des öffentlichen Verkehrs" gewählt, so dass die Aufzählung von öffentlichen Straßen, Wege und Plätzen entfallen ist. Folglich sind nunmehr nicht mehr nur die öffentlichen Straßen, Wege und Plätze im Sinne von § 2 BbgStrG und von § 1 FStrG aus dem Anwendungsbereich der Bauordnung herausgenommen. Ausgeschlossen sind nach Nummer 1 auch solche Anlagen, die der öffentlichen Schifffahrt, dem öffentlichen Luftverkehr oder dem öffentlichen Straßenbahn- oder öffentlichen Eisenbahnverkehr dienen, zu Schienenwegen *vgl. OVG Münster, U. v. 22.02.2019 – 7 A 2206/17.* Bei Anlegestellen und Schiffsanlegern an Wasserstraßen handelt es sich folglich in der Regel um Anlagen des öffentlichen Verkehrs. Werden Verkehrsanlagen privat betrieben oder sind nicht für den öffentlich Verkehr gewidmet, etwa private Stellplatzanlagen, Werkseisenbahnen oder Privatflughäfen, bleiben sie im Anwendungsbereich der Bauordnung.

17 Verkehrsflächen sind dann öffentlich, wenn sie nach dem Fachrecht (z. B. § 6 BbgStrG) gewidmet sind. Straßen, Wege und Plätze sind in diesem Sinne auch dann öffentlich, wenn sie gem. den Übergangsbestimmungen in § 48 Abs. 7 BbgStrG als gewidmet gelten, *vgl. OVG Berlin-Brandenburg, U. v. 07.12.2016 – OVG 1 B 4.16 –; VG Cottbus, U. v. 10.08.2018 – 3 K 1922/15.* Eine Besonderheit gilt für solche Straßen, Wege und Plätze, die dem öffentlichen Verkehr erst noch gewidmet werden sollen, d. h. mit diesem Ziel geplant und auch errichtet werden, aber während der Planungs- und Bauphase noch nicht gewidmet sind. Diese gehören unter dieser Planungs- und Bauabsicht bereits zu den „Anlagen des öffentlichen Verkehrs". Sie sind deshalb von Anbeginn ihrer Existenz aus der Anwendung der Landesbauordnung ausgenommen, *vgl. OVG Greifswald, B. v. 02.10.2014 – 3 M 66/14.*

18 Ist die Verkehrsanlage gewidmet, bleibt sie gewidmet, bis sie förmlich entwidmet oder freigestellt wurde, *vgl. für Bahnanlagen OVG Münster, B. v. 9.9.1994 – 11 B 1447/94.* Für Bahnanlagen einschließlich aller baulichen Anlagen liegt die Zuständigkeit für die Entwidmung beim Eisenbahn-Bundesamt, vgl. § 3 Abs. 2 Satz 1 Nr. 2 des Gesetzes für die Eisenbahnverkehrsverwaltung.

19 Zu den Verkehrsflächen gehören nicht nur die Verkehrsfläche und der Verkehrskörper (Straßenkörper, Brücken, Tunnel, Schifffahrtswege, Bahndämme) als solche, sondern auch der Luftraum über der Verkehrsfläche und der Untergrund und Unterbau.

20 Aus dem Anwendungsbereich der Bauordnung fallen zudem auch die Anlagen heraus, die nur Zubehör zu den Verkehrsanlagen sind. Dies sind etwa Verkehrszeichen, Signaleinrichtungen, Schleusen, Parkflächen, Häfen und dergl.

Ebenfalls ausgenommen sind Nebenanlagen und Nebenbetriebe. Nebenanlagen sind solche Anlagen, die dem Nutzungsweg der Hauptanlage dienen, vgl. § 15 FStrG. Dies können z. B. Straßenmeistereien und Bauhöfe der Straßenbaulastträger oder die Serviceeinrichtungen der Eisenbahn im Sinne von § 2 Abs. 3c AEG sein. Nebenbetriebe sind Einrichtungen des Trägers der Verkehrsanlage, die den Verkehrsteilnehmern dienen und die mit der Verkehrsanlage unmittelbar verbunden sind. Dies können etwa Lagerflächen der Bahn sein. Ob eine bauliche Anlage auf einer Betriebsfläche der Eisenbahn zugleich auch eine dem Eisenbahnrecht unterliegende Betriebsanlage der Bahn ist, beurteilt sich nach ihrer Eisenbahnbetriebsbezogenheit, für die § 4 Abs. 1 der Eisenbahn-Bau- und Betriebsordnung maßgebend ist, *vgl. BVerwG, U. v. 19.02.2015 – 7 C 11/12; OVG Münster, U. v. 22.02.2019 – 7 A 2206/17 –; vgl. auch Grigoleit/Otto, DÖV 2000, 182ff.; Battis/Otto, IR 2006, 54ff.* Entscheidend ist dafür die Verkehrsfunktion und der räumliche Zusammenhang mit dem Eisenbahnbetrieb, *vgl. BVerwG, U. v. 19.02.2015 – 7 C 11/12; OVG Münster, U. v. 22.02.2019 – 7 A 2206/17.* Dies kann dazu führen, dass die Läden und Räume, die keinen Bezug zur Eisenbahn besitzen, wie etwa ein großer Drogeriemarkt in einem Bahnhof, *dazu OVG Lüneburg, NVwZ 1997, 602,* nicht als Nebenbetriebe zu beurteilen sind. Diese Flächen des Bahnhofs unterliegen dann dem Bauordnungsrecht. Regelmäßig erweist sich die Abgrenzung im Einzelfall jedoch als schwierig, *so OVG Schleswig, B. v. 28.8.2018 – 1 MB 5/18.* Aus der Rechtsprechung dazu, dass bestimmte Anlagen dem Fachplanungsrecht unterfallen *(vgl. dazu OVG Münster, U. v. 3.7.1997 – 11 A 1566/4 –; zum Lederwarenverkauf im Bahnhof vgl. OVG Brandenburg, B. v. 24.1.2002-3 B 361/00.Z –, zum Schuhverkauf im Bahnhof vgl. OVG Brandenburg, B. v. 25.1.2002 – 3 B 377/00.Z; vgl. zur Zulässigkeit einer freistehenden Werbeanlage auf einem Bahngelände ohne dessen Entwidmung, OVG Koblenz, BRS 63, Nr. 171),* darf also nicht unbesehen der Schluss gezogen werden, dass fachplanungsrechtlich nicht erfasste Anlagen automatisch dem Bauordnungsrecht unterfallen. Denn das Fachrecht kann seinen Anwendungsbereich beschränken, ohne dass dadurch das Bauordnungsrecht maßgeblich wird. 21

Stege in Gewässern, die nicht Wasserstraßen sind, wie Boots- oder Badestege, bleiben im Anwendungsbereich der Bauordnung. Diese Anlagen unterliegen jedoch der präventiven Kontrolle im wasserrechtlichen Genehmigungsverfahren mit Konzentrationswirkung, vgl. § 87 Abs. 3 Satz 2 BbgWG, allgemein zu Bootsstegen *Zepf, LKV 2017, 529.* Die wasserrechtliche Genehmigung nach § 87 Abs. 1 Satz 2 BbgWG ist erforderlich für Anlagen, die sich ganz oder teilweise in, unter oder über dem Gewässer befinden. Da nicht zwischen ortsfesten und mobilen „saisonalen" Anlagen unterschieden wird, sind jegliche Steganlagen danach genehmigungsbedürftig, wenn nicht eine besonders normierte Ausnahme vorliegt, vgl. zu den gesetzlichen Ausnahmen § 87 Abs. 1 Satz 4 u. 5 BbgWG. Jedoch sind Steganlagen, die Bestandteile von Wasserstraßen sind, nach Absatz 2 Nr. 1 aus dem Anwendungsbereich der Bauordnung genommen, offengelassen vom *OVG Berlin-Brandenburg, B. v. 15.3.2013 – OVG 2 S* 22

69.12 –; sonstige Stege in Gewässern sind, wie § 61 Abs. 1 Nr. 10 h belegt, bauordnungsrechtlich erfasst.

23 Im Anwendungsbereich der Bauordnung bleiben Gebäude, wenn sie Bestandteile öffentlicher Verkehrsanlagen sind, *vgl. OVG Münster, U. v. 22.2.2019 – 7 A 2206/17.* Maßgeblich ist der Gebäudebegriff in § 2 Abs. 2. Folglich ist es systemkonform, dass der Gesetzgeber für die in § 61 Abs. 1 Nr. 1 lit. k aufgeführten Gebäude Regelungen getroffen hat.

24 Durch die Novelle 2020 hat der Gesetzgeber Seilbahnen als Verkehrsanlagen, die nicht zu der Ausnahmeregelung des Abs. 2 gehören (Ausnahme von der Ausnahme), gestrichen. Seilbahnen, die öffentliche Verkehrsanlagen sind, fallen nicht mehr in den Anwendungsbereich der Bauordnung. Bewogen hat den Gesetzgeber zum einen, dass es in Brandenburg keine öffentlichen Seilbahnen gibt, und zum anderen, dass die Anforderungen an Seilbahnen, wie sie von der der Verordnung (EU) 2016/424 des Europäischen Parlaments und des Rates vom 9. März 2016 über Seilbahnen und zur Aufhebung der Richtlinie 2000/9/EG gefordert werden, in einem eigenen Seilbahnengesetz zu regeln wären. Was Seilbahnen sind, hat der Gesetzgeber in Brandenburg nicht definiert. Es ist aber nach der Bedeutung des Wortes von dem Begriff auszugehen, den der Gesetzgeber in Berlin in dem Gesetz über Seilbahnen (Landesseilbahngesetz – LSeilbG) vom 9. März 2004 (GVBl. S. 110) zuletzt geändert durch Artikel 1 des Gesetzes vom 6. April 2021 (GVBl. S. 364) definiert hat. Nach § 2 SeilbG sind Seilbahnen an ihrem Bestimmungsort errichtete, aus der Infrastruktur und Teilsystemen bestehende Gesamtsysteme, die zum Zweck der Beförderung von Personen oder Gütern entworfen, gebaut, zusammengesetzt und in Betrieb genommen wurden und bei denen die Beförderung durch entlang der Trasse verlaufende Seile erfolgt. Seilbahnen sind insbesondere:

1. Standseilbahnen, deren Fahrzeuge durch ein oder mehrere Seile auf einer Fahrbahn gezogen werden, die auf dem Boden aufliegen oder durch feste Bauwerke gestützt sein können,
2. Seilschwebebahnen, deren Fahrzeuge von einem oder mehreren Seilen getragen und bewegt werden,
3. Schlepplifte, bei denen die Fahrgäste mit geeigneter Ausrüstung entlang einer vorbereiteten Fahrbahn gezogen werden.

b) Anlagen der Bergaufsicht (Absatz 2 Nr. 2)

25 Die Bauordnung gilt auch nicht für Anlagen, die der Bergaufsicht unterliegen oder unterlagen. Was der Bergaufsicht unterliegt, ergibt sich aus den Bestimmungen des Bundesberggesetzes und dort in erster Linie aus § 2 BBergG. Der Bergaufsicht (§§ 69 ff. BBergG) unterliegen damit alle Betriebsanlagen und Betriebseinrichtungen, die dem Aufsuchen, Gewinnen und Aufbereiten von bergfreien und grundeigenen Bodenschätzen dienen, einschließlich

dem Verladen, Befördern, Abladen, Lagern und Ablagern von Bodenschätzen, Nebengestein und sonstigen Massen, soweit es im unmittelbaren betrieblichen Zusammenhang mit dem Aufsuchen, Gewinnen oder Aufbereiten steht. Dazu gehört auch das Wiedernutzbarmachen der Oberfläche während und nach der Aufsuchung, Gewinnung und Aufbereitung von bergfreien und grundeigenen Bodenschätzen, *vgl. OVG Bautzen, Urt. v. 26.09.2008 – 4 B 773/06.*

Dem Bauordnungsrecht sind die Betriebsanlagen jedoch auch nach dem Ende der Bergaufsicht entzogen. Der Gesetzgeber hat dies in der Novelle 2016 neu geregelt. Das Ende der Bergaufsicht ist in § 69 Abs. 2 BBergG bestimmt. Gemäß § 69 Abs. 2 BBergG endet die Bergaufsicht nach der Durchführung des Abschlussbetriebsplans (§ 53 BBergG) oder entsprechender Anordnungen der zuständigen Behörde (§ 71 Abs. 3 BBergG) zu dem Zeitpunkt, in dem nach allgemeiner Erfahrung nicht mehr damit zu rechnen ist, dass durch den Betrieb Gefahren für Leben und Gesundheit Dritter, für andere Bergbaubetriebe und für Lagerstätten, deren Schutz im öffentlichen Interesse liegt, oder gemeinschädliche Einwirkungen eintreten werden, *OVG Magdeburg, U. v. 22.4.2015 – 2 L 47/13 –, vgl. dazu auch Spieth/Laitenberger, Umfang und Grenzen der Nachsorgepflicht des Anlagenbetreibers, BB 1996, 1893ff.* 26

Für Gebäude, die unter oder auf der Geländeoberfläche von Anlagen, die der Bergaufsicht unterliegen, stehen, gilt eine Rückausnahme. Auf diese Gebäude ist die Bauordnung anwendbar, *vgl. VG Cottbus, B. v. 22.4.2010 – 3 L 28/10.* 27

c) Leitungen (Absatz 2 Nr. 3)

Die Bauordnung gilt auch nicht für Leitungen. Gemeint sind damit solche Anlagen, die dazu dienen, Elektrizität, Fernmeldesignale, Gas, Wärme oder Abwasser zu transportieren bzw. zu beseitigen und dabei der öffentlichen Versorgung bzw. Entsorgung dienen. Diese Leitungen, im Wasserrecht auch Kanäle genannt, können dem Regime des jeweiligen Fachrechts unterstellt sein. Unerheblich ist, aus welchem Material die Leitungen bestehen, welche Mengen sie leiten und ob sie unterirdisch oder oberirdisch verlegt werden. Bauordnungsrechtlich ist ohne Bedeutung, ob die Leitungen öffentlichen Zwecken dienen oder nur für den privaten Gebrauch bestimmt sind. Die öffentliche Zweckbestimmung ergibt sich aus dem Auftrag, den die Leitungen erfüllen sollen, etwa die Versorgung der Allgemeinheit mit Strom oder Gas, vgl. § 1 EnWG. Die Zweckbestimmung kann sich auch aus einem Kanalbestandsplan der öffentlichen Entwässerungseinrichtungen ergeben, *vgl. VGH München, B. v. 18.12.2006 – 23 ZB 06.2956.* Nicht zu den Leitungen, die der öffentlichen Versorgung dienen, gehören Stromleitungen, mit denen der von Windkraftanlagen, Solarenergieanlagen oder Biomasseanlagen erzeugte Strom in das Netz des örtlichen Energieversorgers geleitet wird, da diese Stromerzeugung nicht 28 der Grundversorgung im Sinne von § 36 EnWG dient. Der Telekommunikation dienen Telekommunikationsanlagen im Sinne von § 3 Nr. 23 TKG.

29 Durch die Novelle 2016 ist die Rückausnahme für Masten und Unterstützungen beibehalten worden. Diese Anlagen werden nicht von der Ausnahme erfasst, so dass sie dem Rechtsregime der Bauordnung unterliegen, *vgl. LT-Drucks. 6/3268, Begründung S. 6.* Deren Errichtung und Nutzung kann nach § 61 Abs. 1 Nr. 5 Buchst. b) genehmigungsfrei sein. Auch für Gebäude, Behälter oder sonstige Einrichtungen, die diesen Anlagen dienen, gilt das Bauordnungsrecht.

d) Rohrleitungen (Absatz 2 Nr. 4)

30 Die Bauordnung gilt auch nicht für Rohrleitungen, die dem Ferntransport von Stoffen dienen, wenn sie nicht schon Leitungen im Sinne von Nr. 3 sind. Rohrleitungen sind also insbesondere solche Leitungen, die andere Stoffe als diejenigen in der Nr. 3 transportieren oder die nicht der öffentlichen Versorgung dienen, wie dies z. B. für Ableitung von Erdgas oder Öl von den Erdgasfeldern oder Bohranlagen der Fall ist. Unerheblich ist, ob die Leitungen unter- oder oberirdisch verlegt sind. Durch die Beschränkung auf den Ferntransport von Stoffen werden davon jedoch nur diejenigen Leitungen erfasst, die nicht auf dem Betriebsgelände verlegt werden, sondern dem Transport von Stoffen zu entfernteren Orten dienen. Auf kürzere Distanzen sind auch die Fernwärmenetze angelegt, mit denen Wärme transportiert wird. Diese Leitungen fallen nicht unter die Ausnahme der Nr. 4. Für Rohrleitungen gilt die Rohrfernleitungsverordnung vom 27. September 2002 (BGBl. I S. 3777, 3809).

31 Durch die Novelle 2016 ist die Rückausnahme für Masten und Unterstützungen zu diesen Leitungen beibehalten worden, so dass sie weiterhin dem Rechtsregime der Bauordnung unterliegen, *vgl. LT-Drucks. 6/3268, Begründung S. 6.* Die Ausnahmeregelung erfasst damit nur die Rohrleitung also solche, nicht aber die Nebenanlagen, wie Verteilerstationen oder sonstige Bauwerke.

e) Kräne und Krananlagen (Absatz 2 Nr. 5)

32 Kräne und Krananlagen sind dem Anwendungsbereich der Bauordnung entzogen, weil sich deren Zulässigkeit nach den Bestimmungen des Produktsicherheitsgesetzes, das am 1.12.2011 in Kraft getreten ist (BGBl. I S. 2178), richtet. Für das Bauordnungsrecht bleiben deswegen keine Normierungsmöglichkeiten, *vgl. VG Berlin, B. v. 4.3.1996 – 19 A 179/96.* Kräne und Krananlagen können auch infolge ihrer Eisenbahnbetriebsbezogenheit aus dem Anwendungsbereich der Bauordnung fallen, vgl. zum eisenbahnbezogenen Be- und Entladen von Gütern, *Vallendar in Hermes/Sellner, AEG, § 18 Rn. 61;* zur gesetzlichen Einordnung intermodaler Umschlagsanlagen als „sonstige Betriebsanlage

von Eisenbahnen" auch dann, wenn die Schaffung einer solchen Anlage nicht Teil des Baus eines Schienenwegs ist, Nr. 14.8 der Anlage 1 zum Gesetz über die Umweltverträglichkeitsprüfung. Jedoch sind Kräne dann nicht der Bauordnung entzogen, wenn sie nicht als Kräne, sondern als Werbeanlage eingesetzt werden, indem an dem Kran Werbetafeln angebracht werden, so dass der Kran wie eine Werbeanlage zu behandeln ist, *so VG Potsdam, B. v. 29.7.1999 – 4 L 405/99 –; dazu auch OVG Münster, B. v. 27.11.2003 – 10 B 2177/03.*

33 Mit dem Begriff der Kranbahnen, der durch die Novelle 2016 aufgenommen wurde, wollte der Gesetzgeber neben Kranbahnen auch Kranfundamente aus dem Anwendungsbereich der Bauordnung herausnehmen. Von den Fundamenten der Kräne, die damit ebenfalls aus dem Anwendungsbereich fallen, sind die Kranbahnträger, die den fahrbaren Kränen als Fahrspur dienen, zu unterscheiden. Sie unterliegen als tragende Bauteile, die der Funktion der eigentlichen Kranbahn dienen, der Bauordnung, *vgl. Hornmann, Hess. Bauordnung, § 1 Rn. 49.*

f) Messestände in Messe- und Ausstellungsgebäuden (Absatz 2 Nr. 6)

34 Durch die Novelle 2016 wurden in Nummer 6 Messestände in Messe- und Ausstellungsgebäuden vom Anwendungsbereich ausgenommen. Der Gesetzgeber begründet dies damit, dass Messestände, die in Messe- und Ausstellungsgebäuden errichtet werden, keine baulichen Anlagen, sondern Einrichtungsgegenstände sind. Davon zu unterscheiden sind die Messestände, die im Freien auf einem genehmigten Messe- und Ausstellungsgelände errichtet werden. Diese können nach § 61 Abs. 1 Nr. 13 e) genehmigungsfrei sein. Für Messestände in Messe- und Ausstellungsgebäuden gilt jedoch das allgemeine Sicherheitsrecht etwa in Bezug auf den Brandschutz und die Standsicherheit. Die Sicherheitsbehörden können sich im Rahmen der Amtshilfe zwar der Fachkenntnis der unteren Bauaufsichtsbehörden bedienen, im Außenverhältnis bleiben sie jedoch für die von ihnen getroffenen Entscheidungen verantwortlich.

g) Werbeanlagen (Absatz 2 Nrn. 7 bis 10)

35 Die Regelungen in Absatz 2 Nummern 7 bis 10 sind durch die Novelle 2016 eingefügt worden. Der Gesetzgeber übernimmt damit die Vorschläge der Musterbauordnung. Es handelt sich um Werbung an Anlagen, die auf baulich genehmigten Anlagen angebracht oder eingestellt sind. Ein bauordnungsrechtlicher Regelungsbedarf besteht für diese Werbemittel nicht, weil die Werbemittel an solchen baulichen Anlagen montiert sind, die zuvor bereits für diesen Zweck unter Beachtung der Anforderungen des Bauordnungsrechts, insbesondere des § 10 hergestellt und errichtet wurden. Folglich ist genau zu unterscheiden, ob der zu beurteilende Gegenstand das in den Nummern 8 bis 11 genannte

Werbemittel als solches oder die bauliche Anlage ist, an die das Werbemittel angebracht ist. Sofern diese Trennung technisch nicht möglich ist, weil die Werbeanlage aus einer einheitlichen Anlage besteht, unterliegt die gesamte Anlage dem Bauordnungsrecht, siehe auch zu Kränen als Werbeanlagen oben Rn. 32 und zu Gesamtanlagen unten § 2 Rn. 3.

h) Parkanlagen und andere Grünflächen (Absatz 2 Nr. 11)

36 Parkanlagen und andere Grünflächen, sowie Friedhöfe, mit Ausnahme von Gebäuden, liegen nicht im Anwendungsbereich der Brandenburgischen Bauordnung. Die öffentlichen Grünflächen stehen zumeist in kommunaler Trägerschaft, so dass eine bauordnungsrechtliche Zulassung und Überwachung entbehrlich sind. Für Friedhöfe und die aufstehenden Gebäude gilt das Gesetz über das Leichen-, Bestattungs- und Friedhofswesen im Land Brandenburg (Brandenburgisches Bestattungsgesetz – BbgBestG vom 7. November 2001) als vorrangiges Spezialgesetz. Wird für Gebäude auf Friedhöfen eine Baugenehmigung erteilt, ersetzt diese nach § 31 Satz 2 BbgBestG die bestattungsrechtliche Genehmigung nach § 29 BbgBestG. Unverändert bleibt es aber bei der Geltung der §§ 29 ff. BauGB auch für Friedhöfe.

i) Sport- und Charterboote, die zweckentsprechend als Wasserfahrzeuge genutzt werden können und sollen (Absatz 2 Nr. 12)

37 Die Bauordnung gilt auch nicht für die genannten Wasserfahrzeuge. Der Gesetzgeber reagiert damit auf die uneinheitliche Praxis und Rechtsprechung über den Umgang mit Booten, *vgl. einerseits VG Potsdam, 01.03.2018, 5 L 92/18 – und den Beschluss ändernd OVG Berlin-Brandenburg, B. v. 10.07.2018 – OVG 2 S 13.18.* So ist zwar anerkannt, dass Hausboote und ähnliche schwimmgeeignete Konstruktionen bauliche Anlagen sein können, *vgl. OVG Greifswald, U. v. 15.07.2015 – 3 L 62.10; B. v. 26.04.2001 – 1 M 107.00.* Andererseits ist ein Boot nicht schon deshalb eine bauliche Anlage, weil es für längere Zeit an einem Ort liegt und nur gelegentlich für Ausfahrten genutzt wird, auch wenn seine Größe und Ausstattung ein längeres Verweilen an Bord erlauben. Ein Boot wird im Sinne von § 2 Abs. 1 jedoch nur dann überwiegend ortsfest genutzt, wenn es unter Berücksichtigung der Umstände des Einzelfalls seiner Funktion nach an die Stelle eines üblicherweise mit dem Boden ortsfest verbundenen Vorhabens, etwa eines Wochenendhauses oder einer Wohnung, treten soll. Diese Funktion wird auch dann nicht in Frage gestellt, wenn es selten für Ausfahrten genutzt wird *(vgl. VG Schleswig, U. v. 30.04.2012 – 8 A 45.11).*

38 Entscheidend ist damit, ob die Wasserfahrzeuge zweckentsprechend, d. h. als Wasserfahrzeuge tatsächlich genutzt werden können, dazu also technisch und rechtliche in der Lage sind, und zugleich auch so vom Eigentümer oder

Besitzer genutzt werden. Der Tatbestand „als Wasserfahrzeug genutzt werden sollen" knüpft an das subjektive Merkmal des Eigentümers an, das Sportboot als Wasserfahrzeug nutzen zu wollen und nicht z. B. ortsfest als Ersatz für ein Wochenendhaus. Dieser Wille ist also zu ermitteln. Objektiv ist das Boot für die Bootsfahrt geeignet, wenn es in technischer Hinsicht z. B. über Masten für das Setzen von Segeln, eine ausreichende Antriebsmaschine, einen Kraftstofftank oder alternative Energiequellen wie Solarpanele oder Batteriesätze für die Antriebsmaschinen, einen Steuerstand mit Ruderanlage, eine Navigationsausrüstung, eine Vorrichtung zum Ankern, Vertäuen und Schleppen verfügt. In rechtlicher Hinsicht muss eine Zulassung als Wasserfahrzeug oder eine wasserbehördliche Genehmigung für das Befahren von nicht schiffbaren Gewässern vorhanden sein. Sport- und Charterboote als Fahrzeuge bedürfen dann keiner bauaufsichtlichen Genehmigung. Dies gilt auch für **Hausboote**, die über einen Antrieb verfügen und als Wasserfahrzeug benutzt werden.

Das, was der Gesetzgeber für Sportboote und Charterboote klargestellt hat, 39
gilt auch für Kraftfahrzeuge, insbesondere für **Wohnmobile**. Diese werden nicht zu baulichen Anlagen, nur weil sie die meiste Zeit des Jahres an einer Stelle geparkt werden und, wie es für Wohnmobile und Wohnanhänger üblich ist, nur in den Ferien genutzt werden. Auch Fahrzeuge mit einem Saisonkennzeichen sind keine baulichen Anlagen, wenn sie außerhalb ihrer Saison geparkt werden, aber technisch und rechtlich als Fahrzeuge genutzt werden können und auch so genutzt werden sollen.

j) Regale und Regalanlagen (Absatz 2 Nr. 13)

Diese Ausnahme ist mit der Novelle 2023 eingeführt worden. Damit ist die 40
gleichlautende Vorschrift der MBO in die Brandenburgische Bauordnung übernommen worden. Gemeint sind mit Regalen und Regalanlagen die Möbel oder Einrichtungsgegenstände, die in ein fertiges Gebäude gestellt werden. Sie sind also nicht Bestandteil des Gebäudes. Werden sie jedoch in das Gebäude eingebaut, sind sie also mit dem Gebäude fest verbunden, werden sie dadurch zu Bestandteilen des Gebäudes und fallen in den Anwendungsbereich der Bauordnung. Auch dies stellt der Gesetzgeber in der Nr. 13 klar.

§ 2
Begriffe

(1) [1]Bauliche Anlagen sind mit dem Erdboden verbundene, aus Bauprodukten hergestellte Anlagen; eine Verbindung mit dem Boden besteht auch dann, wenn die Anlage durch eigene Schwere auf dem Boden ruht oder auf ortsfesten Bahnen begrenzt beweglich ist oder wenn die Anlage nach ihrem Verwendungszweck dazu bestimmt ist, überwiegend ortsfest benutzt zu werden. [2]Bauliche Anlagen sind auch

1. Aufschüttungen und Abgrabungen,
2. Lagerplätze, Abstellplätze und Ausstellungsplätze,
3. Sport- und Spielflächen,
4. Campingplätze, Wochenendplätze und Zeltplätze,
5. Freizeit- und Vergnügungsparks,
6. Stellplätze für Kraftfahrzeuge und Abstellplätze für Fahrräder,
7. Gerüste,
8. Hilfseinrichtungen zur statischen Sicherung von Bauzuständen.

[3]Anlagen sind bauliche Anlagen und sonstige Anlagen und Einrichtungen im Sinne des § 1 Absatz 1 Satz 2.

(2) Gebäude sind selbstständig benutzbare, überdeckte bauliche Anlagen, die von Menschen betreten werden können und geeignet oder bestimmt sind, dem Schutz von Menschen, Tieren oder Sachen zu dienen.

(3) [1]Gebäude werden in folgende Gebäudeklassen eingeteilt:

1. Gebäudeklasse 1:
   a) freistehende Gebäude mit einer Höhe bis zu 7 Meter und nicht mehr als zwei Nutzungseinheiten von insgesamt nicht mehr als 400 Quadratmeter Grundfläche und
   b) freistehende land- oder forstwirtschaftlich genutzte Gebäude,
2. Gebäudeklasse 2:
   Gebäude mit einer Höhe bis zu 7 Meter und nicht mehr als zwei Nutzungseinheiten von insgesamt nicht mehr als 400 Quadratmeter Grundfläche,
3. Gebäudeklasse 3:
   sonstige Gebäude mit einer Höhe bis zu 7 Meter,
4. Gebäudeklasse 4:
   Gebäude mit einer Höhe bis zu 13 Meter und Nutzungseinheiten mit jeweils nicht mehr als 400 Quadratmeter Grundfläche,
5. Gebäudeklasse 5:
   sonstige Gebäude einschließlich unterirdischer Gebäude.

[2]Höhe im Sinne des Satzes 1 ist das Maß der Fußbodenoberkante des höchstgelegenen Geschosses, in dem ein Aufenthaltsraum möglich ist, über der Geländeoberfläche im Mittel. [3]Die Grundflächen der Nutzungseinheiten im Sinne dieses Gesetzes sind die Brutto-Grundflächen; bei der Berechnung der Brutto-Grundflächen nach Satz 1 bleiben Flächen in Kellergeschossen außer Betracht. [4]Wird ein Nebengebäude an Gebäude der Gebäudeklasse 1 angebaut, verändert sich die Gebäudeklasse nicht, wenn das Nebengebäude nach § 61 Absatz 1 Nummer 1 Buchstabe c oder Buchstabe d genehmigungsfrei ist.

(4) Sonderbauten sind Anlagen und Räume besonderer Art oder Nutzung, die einen der nachfolgenden Tatbestände erfüllen:
1. Hochhäuser (Gebäude mit einer Höhe nach Absatz 3 Satz 2 von mehr als 22 Meter),
2. bauliche Anlagen mit einer Höhe von mehr als 30 Meter,
3. Gebäude mit mehr als 1 600 Quadratmeter Grundfläche des Geschosses mit der größten Ausdehnung, ausgenommen Wohngebäude und Garagen,
4. Verkaufsstätten, deren Verkaufsräume und Ladenstraßen eine Grundfläche von insgesamt mehr als 800 Quadratmeter haben,
5. Gebäude mit Räumen, die einer Büro- oder Verwaltungsnutzung dienen und einzeln eine Grundfläche von mehr als 400 Quadratmeter haben,
6. Gebäude mit Räumen, die einzeln für die Nutzung durch mehr als 100 Personen bestimmt sind,
7. Versammlungsstätten
   a) mit Versammlungsräumen, die insgesamt mehr als 200 Besucher fassen, wenn diese Versammlungsräume gemeinsame Rettungswege haben,
   b) im Freien mit Szenenflächen sowie Freisportanlagen jeweils mit Tribünen, die keine Fliegenden Bauten sind, und insgesamt mehr als 1 000 Besucher fassen,
8. Schank- und Speisegaststätten mit mehr als 40 Gastplätzen in Gebäuden oder mehr als 1 000 Gastplätzen im Freien, Beherbergungsstätten mit mehr als zwölf Betten und Spielhallen mit mehr als 150 Quadratmeter Grundfläche,
9. Gebäude mit Nutzungseinheiten zum Zwecke der Pflege oder Betreuung von Personen mit Pflegebedürftigkeit oder Behinderung, deren Selbstrettungsfähigkeit eingeschränkt ist, wenn die Nutzungseinheiten
   a) einzeln für mehr als sechs Personen oder
   b) für Personen mit Intensivpflegebedarf bestimmt sind, oder
   c) einen gemeinsamen Rettungsweg haben und für insgesamt mehr als zwölf Personen bestimmt sind,
10. Krankenhäuser,

11. Wohnheime,
12. Einrichtungen zur Unterbringung von Personen sowie Tageseinrichtungen für Kinder, Menschen mit Behinderung und alte Menschen, ausgenommen Tageseinrichtungen einschließlich Tagespflege für nicht mehr als zehn Kinder,
13. Schulen, Hochschulen und ähnliche Einrichtungen,
14. Justizvollzugsanstalten und bauliche Anlagen für den Maßregelvollzug,
15. Camping- und Wochenendplätze,
16. Freizeit- und Vergnügungsparks,
17. Fliegende Bauten, soweit sie einer Ausführungsgenehmigung bedürfen,
18. Regallager mit einer Oberkante Lagerguthöhe von mehr als 7,50 Meter,
19. bauliche Anlagen, deren Nutzung durch Umgang oder Lagerung von Stoffen mit Explosions- oder erhöhter Brandgefahr verbunden ist,
20. Anlagen und Räume, die in den Nummern 1 bis 19 nicht aufgeführt und deren Art oder Nutzung mit vergleichbaren Gefahren verbunden sind.

(5) Aufenthaltsräume sind Räume, die zum nicht nur vorübergehenden Aufenthalt von Menschen bestimmt oder geeignet sind.

(6) [1]Geschosse sind oberirdische Geschosse, wenn ihre Deckenoberkanten im Mittel mehr als 1,40 Meter über die Geländeoberfläche hinausragen; im Übrigen sind sie Kellergeschosse. [2]Hohlräume zwischen der obersten Decke und der Bedachung, in denen Aufenthaltsräume nicht möglich sind, sind keine Geschosse.

(7) [1]Stellplätze sind Flächen, die dem Abstellen von Kraftfahrzeugen außerhalb der öffentlichen Verkehrsflächen dienen. [2]Garagen sind Gebäude oder Gebäudeteile zum Abstellen von Kraftfahrzeugen. [3]Ausstellungs-, Verkaufs-, Werk- und Lagerräume für Kraftfahrzeuge sind keine Stellplätze oder Garagen.

(8) Feuerstätten sind in oder an Gebäuden ortsfest benutzte Anlagen oder Einrichtungen, die dazu bestimmt sind, durch Verbrennung Wärme zu erzeugen.

(9) Barrierefrei sind bauliche Anlagen, soweit sie für Menschen mit Behinderung in der allgemein üblichen Weise, ohne besondere Erschwernis und grundsätzlich ohne fremde Hilfe auffindbar, zugänglich und nutzbar sind.

(10) Bauprodukte sind
1. Produkte, Baustoffe, Bauteile und Anlagen sowie Bausätze gemäß Artikel 2 Nummer 2 der Verordnung (EU) Nr. 305/2011 des Europäischen

Parlaments und des Rates vom 9. März 2011 zur Festlegung harmonisierter Bedingungen für die Vermarktung von Bauprodukten und zur Aufhebung der Richtlinie 89/106/EWG des Rates (ABl. L 88 vom 4.4.2011, S. 5, L 103 vom 12.4.2013, S. 10), die zuletzt durch die Verordnung (EU) 574/2014 (ABl. L 159 vom 28.5.2014, S. 41) geändert worden ist, die hergestellt werden, um dauerhaft in bauliche Anlagen eingebaut zu werden,

2. aus Produkten, Baustoffen, Bauteilen sowie Bausätzen gemäß Artikel 2 Nummer 2 der Verordnung (EU) Nr. 305/2011 vorgefertigte Anlagen, die hergestellt werden, um mit dem Erdboden verbunden zu werden

und deren Verwendung sich auf die Anforderungen nach § 3 Satz 1 auswirken kann.

(11) Bauart ist das Zusammenfügen von Bauprodukten zu baulichen Anlagen oder Teilen von baulichen Anlagen.

(12) Geländeoberfläche ist die natürliche Geländeoberfläche, soweit nicht gemäß § 9 Absatz 3 des Baugesetzbuchs oder in der Baugenehmigung eine andere Geländeoberfläche festgesetzt ist.

Übersicht

1. Allgemeines

1 § 2 enthält Legaldefinitionen wichtiger, häufig gebrauchter Begriffe des Bauordnungsrechts. Es handelt sich dabei um Definitionen, die für diese Bauordnung und das Landesrecht gelten. Sie dürfen nicht unbesehen im Zusammenhang mit bundesrechtlichen Gesetzen, etwa dem Baugesetzbuch angewendet werden. Die Definition des **Vollgeschosses** ist durch die Novelle 2016 entfallen. Es gilt für das Vollgeschoss jetzt die Übergangsregelung in § 88 Abs. 2, wonach die bisherige Definition der Bauordnung in der Fassung der Bekanntmachung vom 17. September 2008 (GVBl. I S. 226) fortgilt. Diese Definitionen, einschließlich derjenigen des Vollgeschosses, sind auch bei der Anwendung der Verordnungen nach § 86 und der Satzungen nach § 87 zu beachten.

2. Bauliche Anlagen (Absatz 1)

2 Bei baulichen Anlagen handelt es sich um mit dem Erdboden verbundene, aus Bauprodukten hergestellte Anlagen (Satz 1). Diese bauordnungsrechtliche Begriffsbestimmung darf nicht ohne Weiteres im Zusammenhang mit bundesrechtlichen Regelungen angewendet werden, *vgl. BVerwG, U. v. 31.8.1973 – IV C 33.71.* Der bundesrechtliche Begriff der baulichen Anlage ist im Vergleich zu den entsprechenden Begriffen des Bauordnungsrechts eigenständig und insofern vom Landesrecht unabhängig *(vgl. BVerwG, U. v. 10.12.1971 – IV C 33, 34, 35.69; BVerwG, U. v. 31.8.1973 – IV C 33.71).* Der bauplanungsrechtliche Vorhabenbegriff ist enger, weil zu ihm auch noch die bodenrechtliche Relevanz der Anlage gehört.

3 Die Anlage muss aus **Bauprodukten** hergestellt sein. Bauprodukte sind alle Materialien, die geeignet sind, eine bauliche Anlage zu bilden, also etwa Holz, Glas, Metall, Ton, Zement, Dachpappe, Sand bzw. aus den Bauteilen, die daraus vorgefertigt werden, wie z. B. Fenster, Türen, Dachziegel, Mauerziegel oder sonstige Fertigteile, vgl. für ein Tiny-Haus *OVG Berlin-Brandenburg, B. v. 22.06.2023 – OVG 10 S 15/23 –;* für einen auf einen Betonfundament errichtete Folientunnel, *VG Cottbus, U. v. 23.09.2020 – 3 K 418/18.* Unerheblich ist, ob diese Bauprodukte zugelassen sind oder ob Verwendungsverbote bestehen. Um aus Bauprodukten eine bauliche Anlage herzustellen, bedarf es eines – wenn auch nur einfachen – Herstellungsvorgangs. Dieser setzt voraus, dass die Bauprodukte planvoll miteinander verbunden werden – Merkmal der Künstlichkeit –, vgl. *VG Berlin, B. v. 09.7. 2019 – 19 L 253.19.* Dafür reicht etwa aus, dass auf dem gewachsenen Boden ein Sand- und Kiesgemisch aufgebracht und einplaniert

wird, um auf dieser Fläche Containerpflanzen aufzuziehen, *vgl. VG Hannover, Urteil vom 26. November 2019 – 4 A 12592/17 –; VGH Mannheim, Be. v. 25.10.1988 – 8 S 2639/88*. Am **Herstellungsvorgang** fehlt es, wenn Bauprodukte oder Materialen nur gelagert werden. Dann kann jedoch ein Lagerplatz entstanden sein, der einer baulichen Anlage nach Satz 2 Nr. 2 gleichgestellt ist. Bauliche Anlage kann ein überdachter Sitzplatz und eine Grill- und Picknickhütte sein, *OVG Münster, B. v. 5.12.2019 – 10 A 1280/19 –*; bejahend für ein aus Metallgitterzäunen errichtetes Tiergehege, *OVG Münster, B. v. 5.5.2006 – 10 B 205/06*; für Unterständen um Metallkonstruktionen mit Dachaufbauten, *VG Cottbus, U. v. 12.1.2017 – 3 K 1038/15*.

Eine bauliche Anlage kann sich aus mehreren Anlagen zusammensetzen. 4
Sofern diese in einer funktionalen oder baulich-konstruktiven Weise miteinander verbunden sind, handelt es sich um eine **Gesamtanlage**. Eine Holzbohlenkonstruktion mit Festzelt, Tischen, Stühlen und Bänken ist als Gesamtanlage mit dem Erdboden verbunden und nach ihrem Verwendungszweck dazu bestimmt, überwiegend ortsfest benutzt zu werden, vgl. *VG Cottbus, B. v. 6.2.2019 – 3 L 701/18 –; vgl. für eine Gaststättenterrasse: OVG Bautzen, B. v. 2.4.2014 – 1 B 2/12 – und VG Cottbus, B. v. 12.11.2009 – 3 L 151/09*. Zu einer Tierhaltungsanlage als Gesamtanlage *VG Cottbus, B. v. 24.6.2019 – 3 L 273/19 –*; zu Transformatoren und ihren Fundamenten, *OVG Lüneburg, B. v. 29.7.2019 – 12 LA 1/19*. Gesamtanlagen sind bauordnungsrechtlich grundsätzlich einheitlich zu behandeln. D. h., bei der Beurteilung, ob die Gesamtanlage die an sie gestellten öffentlich-rechtlichen Anforderungen erfüllt, darf die Anlage gedanklich nicht in einzelne bauliche Anlagen zerlegt werden. Dies gilt insbesondere für solche Anlagen, die nach Satz 2 zu den baulichen Anlagen zählen und die eine flächenhafte Ausdehnung haben, ohne dabei zwangsläufig aus Baustoffen hergestellt zu sein, *vgl. dazu etwa VGH Kassel, B. v. 19.2.1991 – 4 TH 1130/89 –; VG Schwerin, B. v. 15.8.2014 – 2 B 612/14*. Ebenso sind Änderungen und Erweiterungen bestehender Anlagen bauplanungsrechtlich nicht isoliert zu beurteilen, sondern grundsätzlich die geänderte/erweiterte Anlage in ihrer Gesamtheit, *vgl. BVerwG, U. v. 17.6.1993 – 4 C 17/91 –; s. a. OVG Berlin-Brandenburg, B. v. 21.2.2019 – OVG 2 N 15.16*. Ausnahmen, die eine isolierte Betrachtung von Gebäudeteilen erlauben, können sich aus der Bauordnung selbst ergeben, so etwa aus § 6 Abs. 9 und Abs. 10 Nrn. 3, 4 und 5.

Die Anlage muss mit dem **Erdboden verbunden** sein. Diese Verbindung ent- 5
steht, wenn die bauliche Anlage konstruktiv mit dem Erdboden verbunden ist, also in den Erdboden eingegraben oder verankert ist. Eine bauliche Anlage ist auch dann mit dem Erdboden verbunden, wenn die Verbindung durch eine andere bauliche Anlage vermittelt wird, *vgl. OVG Berlin-Brandenburg, B. v. 13.5.2010 – 2 S 104.10* – zu einer Metallkette als bauliche Anlage, die zwischen Bäumen gehängt wurde; *OVG Hamburg, ZfBR 2002, S. 178* zu Werbeanlage an einer Gebäudewand, vgl. zum Tiny-Haus *OVG Berlin-Brandenburg,*

B. v. 29.09.2021 – OVG 2 S 23/21 –; zu Wohnmobil als bauliche Anlage *VG Koblenz, U. v. 16.6.2005 – 1 K 505/05.KO –;* für eine Markise an einer Hauswand, *vgl. VG Hamburg, Urteil vom 29. März 2018 – 9 K 5717/17 –, juris;* offen gelassen für ein Baumhaus im Hambacher Forst OVG Münster, *B. v. 14.9.2018 – 7 B 1354/18.* Nicht verbunden ist sie mit dem Erdboden, wenn die Verbindung nicht künstlich ist, wie etwa bei einer künstlichen Nisthilfe in einem Baum, *vgl. OVG Berlin-Brandenburg, B. v. 23.10.2020 – OVG 11 S 72/20 –;* a. A. für ein Baumhaus *VG Köln, B. v. 13.09.2018 –23 L 2060/18 –,* bestätigt von *OVG Münster, B. v. 14.09.2018, 7 B 1354/18 –; s. dazu Thal, BauR 2019, 587, 590f.*

6 Da mit der Definition baulicher Anlagen in Satz 1, 1. Halbsatz nicht alle regelungsbedürftigen baulichen Anlagen erfasst sind, hat der Gesetzgeber die Definitionen im Halbsatz 2 erweitert. Diese Definitionen sind alternativ zu lesen und aus den Regelungen der Bauordnung zu verstehen. So sind auch fliegende Bauten bauliche Anlagen, weil sie aus eigener Schwere für eine kurze Weile auf dem Boden ruhen, auch wenn sie nach ihrem Zweck nicht ortsfest genutzt werden. Andererseits sind Fahrzeuge, die auf einem Grundstück geparkt werden, keine baulichen Anlagen, wenn ihr Verwendungszweck dadurch nicht geändert wird, sie also als Fahrzeuge zum Einsatz kommen. Ebenso verhält es sich mit Booten, die die überwiegende Zeit am Anleger festgemacht sind, jedoch nach ihrem Zweck dafür bestimmt sind, als Boot auf dem Wasser genutzt zu werden, eingehend *OVG Berlin-Brandenburg, B. v. 10.7.2018 – OVG 2 S 13.18.*

7 In Satz 1, 2. Halbsatz 1. Variante hat der Gesetzgeber besonders geregelt, wie die Verbindung mit dem Erdboden zu verstehen ist. In der 1. Variante werden zu mit dem Erdboden verbundenen Anlagen diejenigen bestimmt, die durch **eigene Schwere auf dem Boden ruhen**. Dies kann etwa ein Container sein, der nur auf dem Boden abgestellt wird, ohne mit dem Boden verbunden/verankert zu sein. Bejahend für einen Fahnenmast samt Unterkonstruktion mit insg. 400 kg *VG Berlin, B. v. 09.7.2019 – 19 L 253.19 –;* bejahend für einen Wohn-Wagen „mobil home" (Länge: 6 m, Breite: 3,70 m, Wandhöhe: 2,45 m, Firsthöhe des Tonnendaches: 3 m), *OVG Schleswig, B. v. 11.1.2017 – 1 MB 9/16.* Tische und Stühle *ruhen* hingegen nicht aufgrund ihrer Schwere auf dem Boden; sind daher regelmäßig keine baulichen Anlagen in diesem Sinne.

8 In Satz 1, 2. Halbsatz 2. Variante werden zu mit dem Erdboden verbundenen Anlagen diejenigen bestimmt, die auf **ortsfesten Bahnen** begrenzt beweglich sind. Kranbahnen gehören regelmäßig nicht zu diesen Anlagen, weil sie aus dem Anwendungsbereich der Bauordnung ausgenommen sind, s. o. § 1 Abs. 2 Nr. 5. Diese Regelung hat daher nur eine geringe praktische Bedeutung.

9 In Satz 1, 2. Halbsatz 3. Variante werden zu mit dem Erdboden verbunden Anlagen diejenigen bestimmt, die nach ihrem Verwendungszweck dazu bestimmt

sind, **überwiegend ortsfest benutzt** zu werden. Bauliche Anlagen in diesem Sinne sind Wohnwagen, die überwiegend ortsfest benutzt werden sollen, sodass eine auf gewisse Dauer angelegte Nutzung am gleichen Ort gegeben ist, *vgl. OVG Berlin-Brandenburg, U. v. 14.8.2019 – OVG 10 A 6.13 –;* bejahend für ortsfest genutzten Wohnwagen mit Vorzelt *VGH Kassel, B. v. 22.101985 – 4 TH 1864/85.* Auch Hausboote und ähnliche schwimmgeeignete Konstruktionen können bauliche Anlagen sein, *vgl. OVG Berlin-Brandenburg, B. v. 10.7.2018 – OVG 2 S 13.18 – s. a. OVG Greifswald, U. v. 15.7.2015 – 3 L 62.10 –,* jedoch nur, wenn sie dazu bestimmt sind – wie ein Haus – ortsfest genutzt zu werden, *vgl. zum Hausboot als Vorhaben i. S. v. § 29 BauGB BVerwG, U. v. 10.12.1971 – IV C 33, 34, 35.69.* Sollen sie hingegen regelmäßig als Wasserfahrzeuge eingesetzt werden und werden sie so auch genutzt, so ist eine längere Liegezeit, etwa im Winter unschädlich, *vgl. OVG Berlin-Brandenburg, B. v. 10.7.2018 – OVG 2 S 13.18 –; s. a. VG Schleswig, U. v. 30.4.2012 – 8 A 45.11 –;* zu einem Räucherwagen und einem mobilen Räucherofen, *VG Cottbus, U. v. 5.7.2016, – 3 K 26/16.*

Auch die **zeitlich begrenzte Aufstellung** einer Anlage erfüllt den bauordnungsrechtlichen Begriff der baulichen Anlage. So unterfallen auch Baustelleneinrichtungen und Werbeanlagen, die nur für kurze Zeit aufgestellt werden, dem Anlagenbegriff des Bauordnungsrechts. Ebenso kann ein nur abendlich veranstaltetes Open Air Kino für bis zu 800 Zuschauer auf einem Brauereihof für ca. sechs Wochen eine baugenehmigungspflichtige Nutzungsänderung sein, *so VG Gelsenkirchen, B. v. 28.3.2017 – 5 L 721/17.* Unerheblich ist, dass die Anlage zerlegbar, zusammenklappbar oder transportabel ist, *vgl. VG Berlin, B. v. 09.7. 2019 – 19 L 253.19.* Anders kann es im bauplanungsrechtlichen Zusammenhang sein. Ob in einer temporären Aufstellung einer Anlage zugleich ein Vorhaben zu sehen ist, dass die Errichtung einer baulichen Anlage im Sinne von § 29 BauGB zum Inhalt hat, muss in planungsrechtlicher Hinsicht aufgrund einer Gesamtwürdigung der Umstände des Einzelfalles entschieden werden und erfordert die Bestimmung von Kriterien zur Abgrenzung verschiedener Fallgestaltungen, *so OVG Berlin-Brandenburg, B. v. 2.4.2015 – OVG 2 S 88.14.* 10

3. Baulichen Anlagen gleichgestellte Anlagen (Absatz 1 Satz 2)

In § 2 Abs. 1 Satz 2 hat der Gesetzgeber die dort aufgelisteten Anlagen den baulichen Anlagen gleichgestellt damit diese, auch wenn es sich nicht um bauliche Anlagen im Sinne von Satz 1 handelt, ebenso wie bauliche Anlagen behandelt werden. Diese Vorhaben sind wie folgt zu verstehen: 11

- Aufschüttungen sind für eine längere Zeitdauer bestimmte, selbstständige (d. h. nicht mit einer Bauausführung verbundene), künstliche Veränderungen der natürlich gegebenen oder vorgefundenen Erdoberfläche, die diese erhöhen, *vgl. VG Schleswig, B. v. 02.12.2019 – 1 B 77/19.* Um Aufschüttungen 12 kann es sich etwa insbesondere handeln, wenn die Geländeoberfläche angehoben wird, um eine Hanglage zu beseitigen, dem Baugrundstück eine waagerechte Fläche zu verleihen oder um z. B. Schutzwälle, Dämme zu errichten. Aufschüttungen können vom Wortsinn des Begriffs der „Bebauung" umfasst sein, *vgl. OVG Münster, U. v. 10.5.2019 – 7 A 1271/17* – und abstandsflächenrechtlich relevant sein, *vgl. VG Würzburg, U. v 09.5.2019 – W 5 K 17.1187.*

13 – Abgrabungen sind künstliche Vertiefungen der Erdoberfläche, die diese absenken. Ausgenommen von diesem Begriff der Abgrabung sind Baugruben, die zu der Bauausführung gehören sowie dem Bergrecht unterliegende Grabungen (Tagebau). Abgrabungen können auch abstandsflächenrechtlich relevant sein, *vgl. VG Würzburg, U. v 09.5.2019 – W 5 K 17.1187.*

14 – Lagerplätze sind Plätze außerhalb von Gebäuden, die der – nicht unbedingt vorübergehenden – Lagerung von Sachen, auch Abfällen dienen, *VG Berlin, B. v. 9.8.1995 – 19 A K 75/95 –*, zum Lagerplatz im bauplanungsrechtlichen Sinn (Lagerstätte) *vgl. BVerwG, BauR 1980, 53; BauR 1999, 1133.* Für die Eigenschaft als Lagerplatz ist die Nutzung in ihrem konkreten Umfang maßgebend, ohne dass die Gesamtanlage dafür besonders ausgebaut und angelegt sein müsste, *vgl. OVG Berlin-Brandenburg, B. v. 16.6.2008 – 2 S 34.08 –*; zur Genehmigungspflichtigkeit von Lagerplätzen und deren Nutzungsuntersagung *vgl. OVG Berlin-Brandenburg, B. v. 10.5.2012 – OVG 10 S 42.11.*

15 – Abstellplätze sind Plätze außerhalb von Gebäuden, auf denen Sachen nicht gelagert, sondern für den Gebrauch abgestellt werden, etwa Plätze für Mülltonnen, Altglascontainer. Die abgestellten Sachen können dort ständig oder längerfristig auf- bzw. abgestellt sein, sie müssen jedoch jederzeit ortsveränderlich sein können, wie dies für Fahrzeuge eigentümlich ist, *vgl. VG Aachen, B. v. 09.12.2019 – 3 L 366/19.* Unerheblich ist, ob und ggfls. in welchem Umfang die Abstellfläche befestigt ist. Der Übergang zwischen einem Lagerplatz, einem Abstellplatz und einem Parkplatz ist fließend, *vgl. VG Cottbus, B. v. 11.6.2019 – 3 L 164/19.*

16 – Ausstellungsplätze sind Plätze, auf denen Sachen präsentiert, vorgestellt, zur Besichtigung, Erprobung oder zum Kauf angeboten und bereitgestellt werden.

17 – Campingplätze sind Plätze, auf denen vorübergehend Zelte und Wohnwagen oder Wohnmobile aufgestellt und als solche genutzt werden. Zum Campingplatz als bauliche Anlage gehören sämtliche auf dem Platz befindlichen baulichen und sonstigen Anlagen und Einrichtungen, *vgl. OVG Berlin-Brandenburg, B. v. 28.02.2012 – OVG 10 S 32.11.* Folglich ist der

Standplatz eine bauliche Anlage, bei Dauercampern ist auch der ortsfest genutzte Wohn- oder Campingwagen selbst eine bauliche Anlage, *vgl. OVG Berlin-Brandenburg, U. v. 14.8.2019 – OVG 10 A 6.13*. Soweit diese Plätze im Außenbereich liegen, ist ihre Nutzung nicht nach § 35 Abs. 1 BauGB privilegiert, *vgl. OVG Berlin-Brandenburg, B. v. 20.4.2009 – OVG 10 S 35.08.*

- Wochenendplätze sind Plätze, die dem Aufstellen und Nutzen von Wochenendhäusern dienen, *dazu VG Cottbus, U. v. 13.12.2017 – 3 K 335/17.* Der Begriff „Wochenendplatz" ist in Anlehnung an die MBO gewählt worden. Gemeint ist damit ein Platz, der dem Aufstellen und Benutzen von Wochenendhäusern dient, *vgl. OVG Berlin-Brandenburg, U. v. 14.08.2019 – OVG 10 A 6.13*. Diese Plätze können auf Gebieten liegen, die nach § 10 Abs. 1 BauNVO als Wochenendhausgebiete festgesetzt wurden. Sie können aber auch in anderen Baugebieten oder im Innenbereich liegen. Soweit sie im Außenbereich liegen, ist ihre Nutzung nicht nach § 35 Abs. 1 BauGB privilegiert, *vgl. OVG Berlin-Brandenburg, B. v. 20.4.2009 – OVG 10 S 35.08.* 18

- Spiel- und Sportplätze sind Flächen und Einrichtungen, die dem Sport und Spiel dienen. Dies kann z. B. eine früher als Acker und Wiese genutzte, dann planierte und mit Rasen eingesäte Fläche sein, die als Golfübungsplatz genutzt wird und zu diesem Zweck mit Entfernungsmarkierungen, Abschlagvorrichtungen und Löchern versehen worden ist. Ob es sich dabei um feste Einrichtungen handelt, ist ohne Belang, *vgl. VGH Kassel, B. v. 19.2.1991 – 4 TH 1130/89*. Ohne Bedeutung ist, ob es sich um Breiten- oder Leistungssport handelt; auch saisonal genutzte Flächen, etwa zum Ski- oder Schlittenfahren, gehören zu Sportplätzen in diesem Sinne. Sportanlagen, die künstlich hergestellt werden, wie z. B. Tennisplätze, sind zugleich auch bauliche Anlagen im Sinne von § 2 Abs. 1 Satz 1. 19

- Stellplätze für Kraftfahrzeuge und Abstellplätze für Fahrräder sind Flächen, die dazu dienen, dass auf ihnen Fahrzeuge und Fahrräder abgestellt werden; dazu gehören typischerweise Parkplätze und Fahrradständer; Stellplätze werden näher in Absatz 7 definiert. 20

- Gerüste sind vor allem Baugerüste, die der Zugänglichmachung von Gebäuden oder sonstigen Hochbauten dienen, um diese zu errichten, zu ändern, instand zu setzen oder instand zu halten. 21

- Hilfseinrichtungen zur statischen Sicherung von Bauzuständen sind solche Anlagen, die das Bauwerk stabilisieren, wie etwa Anker oder Abstützungen. 22

- Künstliche Hohlräume unter der Geländeoberfläche sind durch Menschen geschaffene Räume wie etwa Tunnel, Stollen, Schutzräume, soweit sie 23 nicht der Bergaufsicht unterliegen, also dem Anwendungsbereich der Bauordnung gem. § 1 Abs. 2 Nr. 3 entzogen sind.

4. Anlagen (Absatz 1 Satz 3)

24 Mit Absatz 1 Satz 3 schafft der Gesetzgeber eine übergeordnete Legaldefinition für bauliche Anlagen und sonstige Anlagen, indem er beide Anlagengruppen einfach als „Anlagen" bezeichnet. Den Oberbegriff „Anlagen" entnimmt der Gesetzgeber der Musterbauordnung.

25 Die gesetzliche Bestimmung des Oberbegriffs „Anlagen" dient dazu, den Sprachgebrauch zu vereinheitlichen und zu straffen.

5. Begriff des Gebäudes (Absatz 2)

26 In Absatz 2 wird der Begriff des Gebäudes genau definiert. Nach dieser Vorschrift sind Gebäude selbstständig benutzbare, überdeckte bauliche Anlagen, die von Menschen betreten werden können und geeignet oder bestimmt sind, dem Schutz von Menschen, Tieren oder Sachen zu dienen. Diese **vier Begriffsmerkmale** eines Gebäudes müssen kumulativ erfüllt sein, *vgl. OVG Koblenz, U. v. 12.2.2016 – 1 A 10530/15.* Ob es sich bei einer baulichen Anlage um ein Gebäude handelt, kann im Zusammenhang mit bauordnungsrechtlichen Anforderungen relevant werden. So bedarf es etwa keiner Abstandsflächen zwischen baulichen Anlagen, die keine Gebäude sind, vgl. § 6 Abs. 1 Satz 1 und 2. Die Brandschutzregelungen beziehen sich überwiegend auf Gebäude im Sinne dieses Absatzes.

27 Gebäude müssen nach dieser Definition ein **Dach** besitzen *(vgl. dazu OVG Münster, B. v. 18.5.2015 – 2 A 126/15 –),* nicht aber unbedingt Seitenwände. Das Dach muss geeignet sein, den darunter liegenden Raum abzuschirmen und ihm Schutz vor Witterungsunbilden zu gewähren, *vgl. OVG Berlin-Brandenburg, B. v. 16.02.2016, – 10 N 22.13 –; VG Cottbus, U. v. 25.09.2019 – 3 K 51/18 –;* vgl. zu Überdachung durch Folie *OVG Münster, U. v. 16.5.1997 – 7 A 6272/95.* Ein Zelt ist daher ein Gebäude, *vgl. VG Karlsruhe, B. v. 24.7.2015 – 3 K 3496/15.* Auch Fliegende Bauten können Gebäude sein. Da für die Begriffsbestimmung des Gebäudes eine Überdeckung gefordert wird, nicht aber auch Umfassungswände, kann ein Gebäude auch dann vorliegen, wenn die Überdeckung lediglich auf Stützen oder Pfeilern aufgebracht ist. So ist eine überdachte Terrasse ein Gebäude, *vgl. OVG Münster, B. v. 5.11.2007 – 7 E 737/07.* Sofern das Gebäude Außenwände hat, müssen diese keine Fenster aufweisen. Die ehemalige Gewächshausanlage, deren Glasfenster und -abdeckungen entfernt wurden ist kein Gebäude, da ihr die erforderliche Überdeckung fehlt, *vgl. VG Cottbus, U. v. 25.09.2019 – 3 K 51/18.*

Die **selbstständige Benutzbarkeit** setzt voraus, dass die bauliche Anlage ihre Funktion unabhängig von anderen baulichen Anlagen erfüllen kann, was insbesondere einen eigenen Eingang erfordert, durch den das Gebäude betreten, d.h. in den mit aufrechtem Gang eingetreten werden kann, *vgl. VG Cottbus, U. v. 13.12.2016 – 3 K 1455/14 –;* zur deshalb fehlenden Gebäudeeigenschaft eines Gärfutterbehälters *vgl. VGH München, U. v. 9.3.1976 – 90 I 71.* Maßgeblich ist allein die Möglichkeit der selbständigen Benutzung, *vgl. VGH München, U. v. 26.9.1988 – 14 B 87.02669 – und B. v. 3.4.2014 – 1 ZB 13.2536.* Die Gebäudeeigenschaft infolge selbständiger Benutzbarkeit geht auch nicht dadurch verloren, dass der Eigentümer den Zugang zu dem Gebäude zumauert, *vgl. VG Neustadt (Weinstraße), U. v. 26.1.2017 – 4 K 471/16.NW.* 28

Die selbständige Benutzbarkeit fordert nicht notwendig, dass die Anlage abgetrennt oder abtrennbar von anderen Gebäuden ist, *vgl. OVG Berlin-Brandenburg, U. v. 6.12.2011 – 10 B 6.11.* Aneinander gebaute bauliche Anlagen können daher auch dann mehrere Gebäude i.S. d. § 2 Abs. 2 sein, wenn sie über eine gemeinsame Trennwand oder durchlaufende Stahlbetondecken verfügen, *vgl. OVG Münster, U. v. 16.10.2008 – 7 A 3096/07.* Setzt sich eine bauliche Anlage aus mehreren Teilen zusammen, bilden diese ein Gebäude, wenn sie nach ihrer Funktion und ihrer bautechnischen Ausführung eine Einheit bilden, *vgl. OVG Münster, U. v. 16.10.2008 – 7 A 3096/07 –, und VGH München, B. v. 3.4.2014 – 1 ZB 13.2536* – für einen angebauten Lagerraum mit Zugängen von innen und von außen; anders für eine selbständige Gebäudeeigenschaft einer angebauten Überdachung von 7 m Länge an einer Garage mit 8 m Länge wegen ihrer selbständigen Benutzbarkeit und Nutzung zu Lagerzwecken, *vgl. VG Würzburg, U. v. 19.3.2013 – W 5 K 11.1122.* Gebäudeteile, die für die Nutzung verschiedener Nutzungseinheiten einen untrennbaren Funktionszusammenhang besitzen, etwa ein gemeinsamer Eingang, eine gemeinsame Haustechnik, begründen ein einheitliches Vorhaben, also ein Gebäude. Ohne Bedeutung ist insoweit die Grundstückssituation. 29

Merkmal eines Gebäudes ist zudem, dass sie dazu geeignet oder bestimmt sind, dem **Schutz von Menschen, Tieren** oder **Sachen** zu dienen. Diese Schutzfunktion ist essenziell, *vgl. für einen Bauwagen, VG Cottbus, B. v. 2.2.2017 – 3 L 318/16.* Nach *OVG Berlin-Brandenburg, U. v. 15.3.2023 – OVG 3a A 1/23* – ist eine **Windkraftanlage** kein Gebäude, weil die Außenhaut der Anlage nicht dem Schutz von (anderen) Sachen, sondern allein dem Eigenschutz der Anlage dient und Menschen die Anlage nur betreten sollen, um erforderliche Wartungs- und Reparaturarbeiten durchzuführen. 30

Bauliche Anlagen, die für Menschen nicht zugänglich sind oder in die sie nur hineinkriechen können, wie Kleintierställe, Silos oder Schutzhüllen, gehören nicht zu den Gebäuden, *vgl. VGH München, U. v. 9.3.1976 – 90 I 71.* 31

32 Der Begriff des Gebäudes im bauordnungsrechtlichen Sinne ist von demjenigen im planungsrechtlichen Sinne zu unterscheiden. Beide Begriffe sind eigenständig zu definieren. Regelmäßig wird aber die Definition zum gleichen Ergebnis gelangen. Andererseits ist es bauordnungsrechtlich irrelevant, ob ein Gebäude ein Einzel- oder Doppelhaus oder eine Hausgruppe darstellt, vgl. zum bauplanungsrechtlichen Begriff des Gebäudes und von Einzel- und Doppelhäusern *grundlegend BVerwG, U. v. 24.2.2000 – 4 C 12/98 –; s. a. BVerwG, B. v. 10.4.2012 – 4 B 42.11 –; U. v. 5.12.2013 – 4 C 5/12 –; OVG Berlin-Brandenburg, B. v. 31.7.2015 – OVG 2 S 29.15.*

6. Gebäudeklassen (Absatz 3)

a) Allgemein

33 In Absatz 3 Satz 1 sind die mit der Novelle 2016 eingeführten Gebäudeklassen normiert. Diese Klassen bilden die systematische Grundlage für das Brandschutzkonzept in den §§ 27 ff. vgl. *OVG Schleswig, B. v. 22.3.2023 – 1 MB 4/23.* Darüber hinaus wird auch an anderer Stelle nach Gebäudeklassen unterschieden, vgl. etwa § 6 Abs. 5, ohne dass Gebäudeklassen dafür geeignet sind. In den Gebäudeklassen wird das Kriterium der Höhe mit der Größe und Zahl der Nutzungseinheiten sowie der Stellung des Gebäudes kombiniert. Die Höhe der Fußbodenoberkante von 7 m wurde gewählt, weil Menschen aus dieser Höhe mit den üblichen Rettungsleitern aus der Gefahrenzone gebracht werden können. Der Gesetzgeber geht davon aus, dass diese Maße für den Brandschutz wesentlich sind.

34 Nutzungseinheiten werden verstanden als eine räumliche Einheit, die vom Einzelnen oder von einer Gruppe für einen gemeinsamen Zweck genutzt werden. Um diese Nutzung zu ermöglichen, muss die Einheit baulich dauerhaft von anderen Räumlichkeiten des Gebäudes getrennt sein, *vgl. Thal, BauR 2019, 587, 591.* Nutzungseinheiten sind, wie § 33 Abs. 1 zeigt, z. B. eine Wohnung, ein Laden, ein Büro oder eine Praxis.

35 Für die Nutzungseinheiten wird angenommen, dass solche Nutzungseinheiten, die deutlich kleiner sind als Brandabschnitte, die gegeneinander mit Brandschutzqualität abgetrennt sind und die über ein eigenes Rettungswegsystem verfügen, wie z. B. Wohnungen, kleine Verwaltungseinheiten, Praxen, kleine Läden, für die Brandausbreitung und Brandbekämpfung durch die Feuerwehr ein geringeres Risiko darstellen als Gebäude mit ausgedehnten Nutzungseinheiten. Damit versucht der Gesetzgeber, einen Zusammenhang zwischen der Kompaktheit von Gebäuden und dem Maß der Brandschutzanforderungen herzustellen. Je kleiner die Einheiten, umso geringer die Brandschutzanforderungen. Hingegen ist für die Einstufung in die Gebäudeklassen ohne Bedeutung, ob die Gebäude Sonderbauten nach Absatz 4 sind.

b) Gebäudeklassen (Absatz 3 Satz 1)

Der Gesetzgeber hat fünf Gebäudeklassen normiert. Bezugspunkte sind die Zahl der Nutzungseinheiten, die Höhe der Fußbodenoberkannte des obersten Geschosses, in dem ein Aufenthaltsraum zulässig ist, und die Stellung des Gebäudes in Bezug auf andere Gebäude. 36

aa) Gebäudeklasse 1

Die Gebäudeklasse 1 umfasst freistehende Gebäude mit einer Höhe der Fußbodenoberkante bis zu 7 m (zur Höhe siehe unten Absatz 3 Satz 2) und mit nicht mehr als zwei Nutzungseinheiten in dem Gebäude, die insgesamt nicht mehr als 400 m² groß sein dürfen. 37

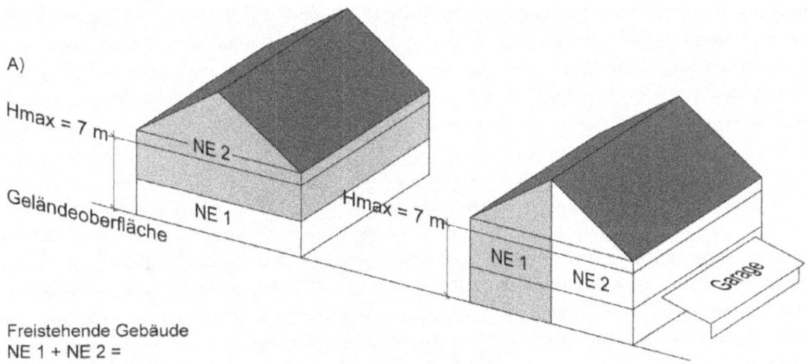

Grafik: Karen Schröder

Die Nutzungsart kann beliebig sein. Auch Sonderbauten können in diese Gebäudeklasse fallen. Dies ist unproblematisch, weil für Sonderbauten die Möglichkeit besteht, sonderbauspezifische Anforderungen oder Erleichterungen zu stellen oder zu gewähren, vgl. § 51. 38

Freistehend ist das Gebäude, wenn es nicht an ein anderes Gebäude oder eine andere bauliche Anlage angebaut ist oder an diese angrenzt. Das Gebäude muss als eigenständige Anlage in Erscheinung treten, so dass alle Außenwände von außen wahrgenommen werden können. Ein Gebäude ist daher nicht freistehend, wenn es an ein anderes Gebäude angebaut ist oder so nahe an ein anderes Gebäude heranrückt, dass es zusammen mit dem benachbarten Gebäude als einheitlicher Baukörper erscheint, *vgl. VGH München, B. v. 19.06.2002 – 14 ZB 02.396.* 39

Bei nachträglichen Anbauten von genehmigungsfreien Gebäuden gilt Satz 4. In der Regel geht damit das Merkmal „freistehend" verloren. Dies gilt nicht für den nachträglichen Anbau der in § 61 Abs. 1 Nr. 1 Buchst. c) und 40

d) genehmigungsfreigestellten Garagen und überdachten Fahrradabstellplätze. Ausschließlich diese Gebäude dürfen nachträglich angebaut werden, ohne dass sich die Gebäudeklasse ändert. Dass nur ein nachträglicher Anbau gemeint ist, verdeutlicht die Formulierung im Gesetz „Wird ein Nebengebäude angebaut". Auch ist zu berücksichtigen, dass in dem Fall, dass die in § 61 Abs. 1 Nr. 1 Buchst. c und d genannten Gebäude schon bei der Errichtung des Gebäudes mitgebaut werden, diese Nebengebäude nicht genehmigungsfrei im Sinne von § 61, sondern als Bestandteile eines genehmigungspflichtigen Gesamtvorhabens genehmigungspflichtig nach § 60 sind.

41 Wird aber eine andere bauliche Anlage, z. B. ein Wintergarten im Sinne von § 61 Abs. 1 Nr. 1 Buchst. j oder ein Geräteschuppen im Sinne von § 61 Abs. 1 Nr. 1 Buchst. a an ein Gebäude der Gebäudeklasse 1 angebaut, so führt dies dazu, dass das Gebäude nach dem Anbau nicht mehr freistehend ist. Es ändert dadurch seine Gebäudeklasse und gehört dann der Gebäudeklasse 2 an.

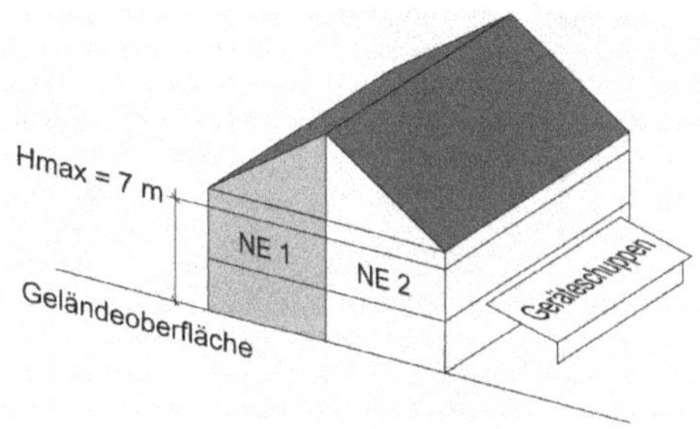

Gebäude der Gebäudeklasse 2, da der Anbau nicht als Garage, sondern als Abstellraum für Gartengeräte genutzt wird. *(Grafik: Karen Schröder)*

42 Warum der Gesetzgeber dies so geregelt hat, lässt sich der Gesetzesbegründung nicht entnehmen. Nachvollziehbar und sinnvoll erscheint diese Beschränkung nicht. Sie ist wegen der ausdrücklichen Regelung sogar abweichungsfest.

43 Für die Höhe der Gebäude ist gem. Satz 2 die Fußbodenoberkante des höchstgelegenen Geschosses, in dem ein Aufenthaltsraum möglich ist, ausschlaggebend, *vgl. zu der Berechnung nachfolgend Anm. c.* Da für die Höhe auf die Fußbodenoberkante abgestellt wird, kann das Gebäude eine deutlich größere Höhe besitzen. Geschosse, in denen etwa mangels eines zweiten Rettungsweges im Sinne von § 33 Abs. 1 Aufenthaltsräume nicht zulässig sind, können sich in beliebiger Zahl oberhalb der maßgeblichen Fußbodenoberkante befinden, ohne dass sich dadurch die Gebäudeklasse ändert.

Ebenfalls in die Gebäudeklasse 1 fallen freistehende landwirtschaftliche Betriebsgebäude. Deren Größe ist für die Einstufung in die Gebäudeklasse 1 ohne Bedeutung. 44

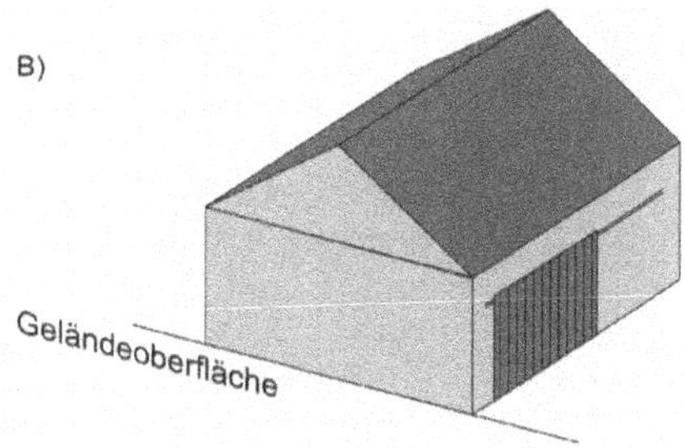

Grafik: Karen Schröder

Für freistehende land- oder forstwirtschaftliche Gebäude hat der Gesetzgeber weder die Zahl der Nutzungseinheiten noch deren Größe begrenzt. Entscheidend ist allein, dass sie freistehend sind. An diese Gebäude dürfen ebenfalls die in Satz 4 genannten genehmigungsfreien Gebäude angebaut werden, ohne dass sich die Gebäudeklasse ändert. 45

bb) Gebäudeklasse 2

Die Gebäudeklasse 2 umfasst die Gebäude der Gebäudeklasse 1. Der Unterschied zwischen der Gebäudeklasse 1 und 2 liegt in dem Umstand, dass diejenigen der Gebäudeklasse 2 bei gleicher Maßbegrenzung **nicht freistehend** sind. Diese Gebäude grenzen an ein anderes Gebäude an. Sie stehen immer dann nicht frei, wenn sie sich mit den Ecken oder Wänden berühren. 46

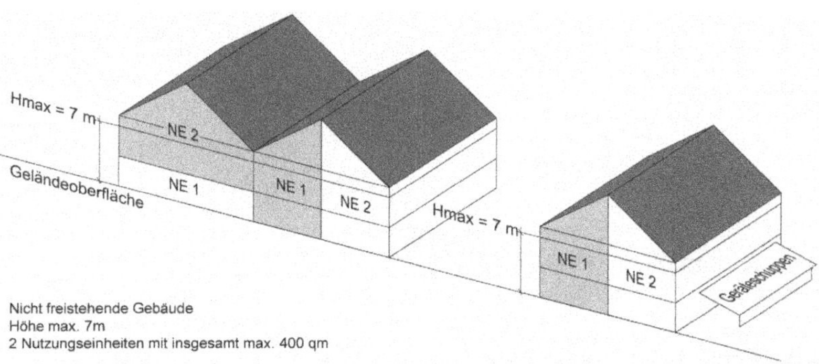

Grafik: Karen Schröder

Allerdings gilt die Ausnahme in Absatz 3 Satz 4. Reihenhäuser gehören der Gebäudeklasse 2 nicht mehr an, wenn die jeweiligen Reihenhäuser einer Reihenhauszeile für sich genommen keine (selbstständigen) Wohngebäude im 47

Sinne von § 2 Abs. 2 Satz 2 darstellen. Liegt eine Abgeschlossenheitsbescheinigung vor, handelt es sich um in sich abgeschlossenen Wohnungen einer einzigen Reihenhauszeile, die nach § 3 Abs. 2 Wohnungseigentumsgesetz (WEG) sondereigentumsfähig sind. Diese Wohnungen sind dann Wohneinheiten innerhalb der jeweiligen, den (Wohn-)Gebäudebegriff erfüllenden Reihenhauszeile, *vgl. VG Schwerin, U. v. 14.2.2013 – 2 A 1774/10.*

48 Nicht zu den Gebäuden der Gebäudeklasse 2 gehören die zusammenstehenden landwirtschaftlichen Betriebsgebäude. Diese gehören zur Gebäudeklasse 3 oder 4.

cc) Gebäudeklasse 3

49 Die Gebäudeklasse 3 umfasst alle übrigen Gebäude. Das sind solche Gebäude, die mehr als zwei Nutzungseinheiten aufweisen oder insgesamt mehr als 400 m² Grundfläche mit einer Höhe der Fußbodenoberkante bis zu 7 m. Zahl und/oder Maß der Nutzungseinheiten machen den Unterschied aus zwischen den Gebäuden der Gebäudeklasse 3 und denjenigen der Gebäudeklassen 1 und 2. Gebäude der Gebäudeklasse 3 können also freistehend oder zusammenstehend sein.

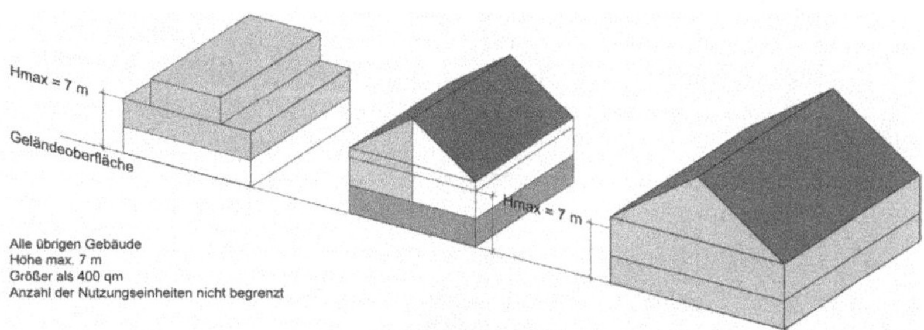

Grafik: Karen Schröder

dd) Gebäudeklasse 4

50 Die Gebäudeklasse 4 umfasst Gebäude mit einer Höhe bis zu 13 m und einer beliebigen Zahl von Nutzungseinheiten. Für die Höhe des Gebäudes ist die Berechnung nach Satz 2 maßgeblich.

51 Die Nutzungseinheiten dürfen jedoch jeweils nicht mehr als 400 m² groß sein, sie dürfen aber in beliebig großer Zahl vorhanden sein. Auch diese Gebäude können freistehend oder zusammenstehend sein.

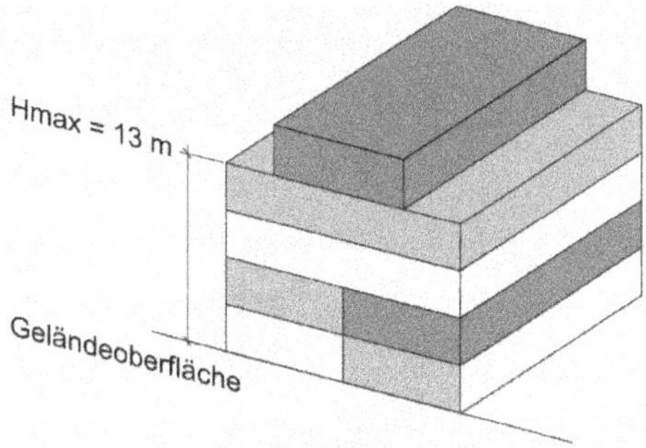

Höhe max. 13 m
je Nutzungseinheit max 400 qm
Anzahl der Nutzungseinheiten nicht begrenzt

Grafik: Karen Schröder

ee) Gebäudeklasse 5

Die Gebäudeklasse 5 umfasst alle sonstigen Gebäude, also solche 52
- mit einer Höhe der Fußbodenoberkante von mehr als 13 m oder
- mit einer Höhe der Fußbodenoberkante von mehr als 7 m und Nutzungseinheiten von mehr als 400 m². Dazu gehören auch Gebäude von mehr als 13 m Höhe und mit Nutzungseinheiten von mehr als 400 m².
- Zu den Gebäuden der Gebäudeklasse 5 zählen auch die selbstständigen unterirdischen Gebäude. Auf die Flächengröße unterirdischer Gebäude kommt es dabei nicht an.

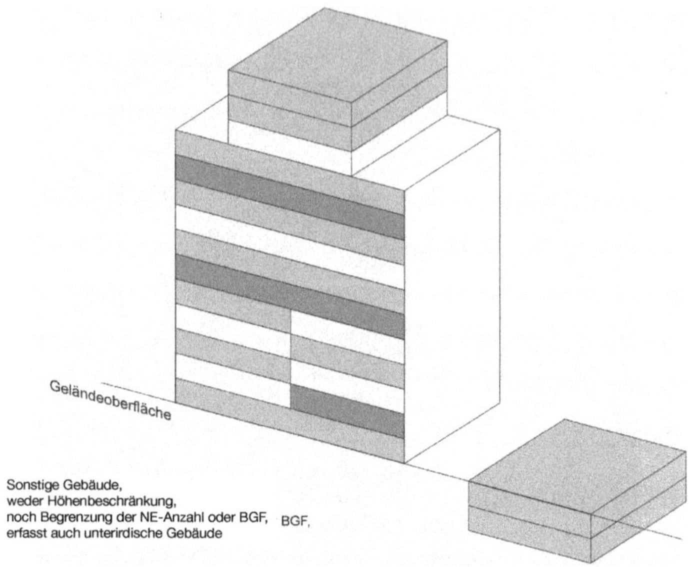

Grafik: Karen Schröder

c) Maßgebliches Maß (Absatz 3 Satz 2)

53 In Satz 2 ist die einheitliche Maßgröße für die Abgrenzung der Gebäude nach ihrer Höhe aus § 2 Absatz 3 a. F. übernommen worden. Maßgeblich ist die **Fußbodenoberkante** des höchstgelegenen Geschosses, in dem ein Aufenthaltsraum möglich ist, über der Geländeoberfläche im Mittel. Es ist also nicht auf den tiefsten Punkt der Geländeoberfläche abzustellen. Der Gesetzgeber will dadurch Härten vermeiden, die sich andernfalls bei Gebäuden in Hanglagen durch eine strengere verfahrensrechtliche Einordnung und verschärfte Anforderungen hinsichtlich der bautechnischen Nachweise ergeben könnten. Das ist auch im Hinblick auf die Erfordernisse der Personenrettung vertretbar, da die Anforderungen an die Zugänge und Zufahrten für Rettungsfahrzeuge der Feuerwehr (§ 5) und an die Rettungswege (§ 33ff.) davon unberührt bleiben.

54 Die **Mittelwertbildung** kann – anders als im Abstandsflächenrecht –nicht durch die Eckpunktmethode erfolgen. Diese Methode ist nur bei gleichmäßig ansteigendem oder fallendem Gelände auf einer Wandseite anwendbar. Um festzustellen, ob die Fußbodenoberkante im Mittel mehr oder weniger als 7 bzw. 13 m über der Geländeoberfläche liegt, bietet sich eine Vergleichsrechnung an, *vgl. dazu auch Hornmann, Hess. Bauordnung, 3. A., § 2 Rn. 64.* Danach übersteigt die gemittelte Fußbodenhöhe die maßgebliche Höhe nicht, wenn die Summe aller freiliegenden Außenwände, die das Geschoss tragen, nicht größer ist als die Summe der Fläche aller freiliegenden Außenwände eines in

der Wandlänge gleichen Gebäudes, welches bei ebener Geländeoberfläche mit seinen Außenwandmaßen das Maß von 7 m bzw. 13 m nicht übersteigt. Ist das Geschoss ganz oder teilweise abgestaffelt, ist auf die fiktiven Außenwände abzustellen. Dies sind die Außenwände, die das oberste Geschoss, in dem Aufenthaltsräume möglich sind, tragen. Beträgt etwa die Summe des Außenwandmaßes eines Gebäudes der Gebäudeklasse 1 mit jeweils 10 m langen Außenwänden, in der Höhe begrenzt durch eine plane Geländeoberfläche und der Fußbodenoberkante von 7 m, 280 m², so liegt die mittlere Geschosshöhe eines Gebäudes mit gleichen Außenwandlängen innerhalb des 7 m-Maßes, wenn die Summe der Außenwandfläche, diesmal unten begrenzt durch die den tatsächlichen Verlauf der Geländeoberfläche und nach oben begrenzt durch die Fußbodenoberkante, die Größe von 280 m² nicht übersteigt.

Unterer Bezugspunkt der Höhenbemessung ist die Schnittlinie, die die Oberfläche des Geländes unmittelbar mit den Außenwänden des Gebäudes bildet, *vgl. VGH Kassel, U. v. 1.12.1982 – IV TG 81/82.* Die Geländeoberfläche ist in § 2 Absatz 12 n. F. (Abs. 6 a. F.) definiert. Danach ist Geländeoberfläche zunächst die natürliche, nicht die künstlich veränderte Geländeoberfläche, *vgl. OVG Koblenz, B. v. 6.6.2011 – 8 A 10377/11 –*, wenn nicht eine andere Geländeoberfläche in einem Bebauungsplan oder einer Baugenehmigung bestimmt ist. Eine andere Bestimmung in einem Bebauungsplan oder in einer Baugenehmigung geht der natürlichen Geländeoberfläche in ihrer Bedeutung vor. In der Baugenehmigung wird die Geländeoberfläche durch die in den Bauvorlagen angegebenen Geländehöhen festgesetzt. Durch eine solche Bestimmung der Geländeoberfläche soll ohne Rücksicht auf den tatsächlich gegebenen Geländeverlauf klargestellt werden, welche Höhenlage bei der Anwendung baurechtlicher Vorschriften zugrunde zu legen ist. Der Festsetzung der Geländeoberfläche kann wegen der dadurch bewirkten Höhe etwaiger baulicher Anlagen auch eine unmittelbar nachbarschützende Wirkung zukommen. 55

In einem Bebauungsplan kann auf die gewachsene oder eine vom Satzungsgeber vorgegebene neue Geländeoberfläche Bezug genommen werden. Die Festsetzung einer von der gewachsenen Geländeoberfläche abweichenden Geländeoberfläche ist in der Regel nach § 9 Abs. 3 BauGB zulässig, wenn dafür ein Bedürfnis besteht, wenn z. B. die Sicherheit oder gestalterische Gesichtspunkte es erfordern. Erforderlich kann die Festsetzung sein, wenn die natürliche Geländeoberfläche aufgrund von Aufschüttungen oder größeren Unregelmäßigkeiten und Schwankungen oder – nach Abgrabungen oder Aufschüttungen – in ihrem ursprünglichen Verlauf nicht mehr feststellbar ist, oder eine Harmonisierung des Geländes aus sonstigen Gründen unerlässlich ist, *vgl. OVG Saarland, BauR 1980, S. 158 f.* Ein solcher Sonderfall ist jedoch dann nicht gegeben, wenn der Verlauf der ursprünglichen natürlichen Geländeoberfläche aufgrund von Fotografien, Zeichnungen oder der vorhandenen Grundstückssituation noch nachvollziehbar und feststellbar ist, *vgl. OVG Saarland,* 56

U. v. 30.9.1997, – 2 R 30/96. Bei der Festlegung muss unter Berücksichtigung der vor der Baumaßnahme gegebenen Geländeverhältnisse ein vernünftiger Ausgleich zwischen den Interessen des Bauherrn und des Nachbarn gefunden werden, *vgl. VGH München, B. v. 28.9.2001 – 1 CS 01.1612.* Berechtigte nachbarliche Interessen in diesem Zusammenhang sind insbesondere die Einhaltung von Abstandsflächen. Grundsätzlich darf die Festlegung der Geländeoberfläche jedoch nicht zu einer Legalisierung von Verstößen gegen nachbarschützende Vorschriften führen. Dies würde einen Missbrauch der Festsetzungsbefugnis bedeuten, *vgl. VG Trier, U. v. 12.7.2006 – 5 K 46/06 TR.*

57 Für den oberen Bezugspunkt ist auf die oberste Fußbodenoberkante eines Geschosses, in dem Aufenthaltsräume möglich sind, abzustellen. Möglich ist dort ein Aufenthaltsraum, wenn die Gebäudeausmaße es zulassen, dass ein Raum entsteht, der die für einen Aufenthaltsraum nötigen Voraussetzungen einer ausreichenden Nutzfläche und lichten Raumhöhe aufweist, vgl. *OVG Schleswig, B. v. 22.3.2023 – 1 MB 4/23 –; OVG Magdeburg, B. v. 28.7.2020 – 2 M 48/20 –; VGH München, B. v. 10.02.2014 – 2 CS 13.2472.* Diese Möglichkeit ist ausgeschlossen, wenn der Raum nicht über einen 2. Rettungsweg verfügt und dieser auch nicht herstellbar ist. Ist ein Aufenthaltsraum möglich, ist dieses Geschoss regelmäßig ein Vollgeschoss im Sinne von § 88 Abs. 2.

58 Darüber liegende Geschosse, in denen Aufenthaltsräume nicht möglich sind, etwa weil sie zu klein sind oder weil für diese der zweite Rettungsweg im Sinne von § 33 Abs. 1 fehlt, sind bei der Berechnung nicht zu beachten. Sie bleiben unberücksichtigt, auch wenn sich dadurch das absolute Maß des Gebäudes deutlich vergrößern kann.

d) Nutzungseinheiten (Absatz 3 Satz 3)

59 Satz 3 Halbsatz 1 definiert die Flächen der Nutzungseinheiten, nicht aber die Nutzungseinheit selbst. Eine solche liegt vor, wenn Räume eines Gebäudes baulich so miteinander verbunden und zu anderen Räumen oder Flächen des Gebäudes (Flure, Treppenhäuser) abgeschlossen sind, dass sie für einen gemeinsamen Zweck genutzt werden können. Es kommt nicht darauf an, ob die baulich zusammengehörigen Räume für einen gemeinsamen Zweck tatsächlich genutzt werden. Es reicht aus, dass die gemeinsame Nutzung in den Räumen möglich ist. Von einer Nutzungseinheit ist also auch dann auszugehen, wenn etwa die Räume einer Wohnung zum Wohnen und zu gewerblichen oder freiberuflichen Zwecken genutzt werden. Die verschiedenen Nutzungen in einer räumlichen Nutzungseinheit machen diese nicht zu mehreren Nutzungseinheiten. Um diese Einheit aufzubrechen, bedarf es auch einer räumlichen bzw. baulichen Trennung.

Definiert wird in Absatz 3 Satz 2 die Berechnung der Größe der Nutzungseinheit. Maßgeblich dafür ist die **Brutto-Grundfläche**. Dieser Begriff entspricht demjenigen der DIN 277-1, 2005-02, Grundflächen und Rauminhalte von Bauwerken im Hochbau – Teil 1: Begriffe, Ermittlungsgrundlagen. Halbsatz 2 nimmt für die Flächenberechnung nach Satz 1 Flächen in Kellergeschossen aus. Maßgeblich sind – wie bei der Höhenbetrachtung – nur die oberirdischen Teile eines Gebäudes. Der Begriff der Brutto-Grundfläche umfasst nicht nur die zu Wohnzwecken genutzte Fläche, sondern die Grundflächen aller Grundrissebenen eines Bauwerks einschließlich seiner konstruktiven Umschließungen. Flächen in **Kellergeschossen** (§ 2 Abs. 6 Satz 1) bleiben außer Betracht, vgl. VG *Köln, B. v. 11.10.2023 – 2 L 1698/23*. Diese Ausklammerung der Kellergeschosse ist gerechtfertigt, weil für diese Räume im Brandschutzkonzept eigene Regelungen sowohl hinsichtlich der Bauteilanforderungen als auch der Zugänglichkeit und der Rettungswege formuliert sind. 60

e) Nebengebäude (Absatz 3 Satz 4)

In Absatz 3 Satz 4 ist eine Möglichkeit, Nebengebäude an das Hauptgebäude anzubauen, geregelt. Mit dieser Regelung soll verhindert werden, dass ein Gebäude der Gebäudeklasse 1 allein durch Anbau eines genehmigungsfreien Vorhabens, z. B. einer genehmigungsfreien Garage oder eines genehmigungsfreien Schuppens, in die nächsthöhere Gebäudeklasse 2 fällt. Rückgängig wird damit die Einschränkung des Merkmals „freistehende" gemacht. Denn durch den Anbau eines Nebengebäudes fällt dieses Tatbestandsmerkmal an sich weg. Nur aufgrund der Regelung in Satz 4 gilt das Gebäude als „freistehend". 61

Die Anwendung von Satz 4 ist nicht unproblematisch. Denn durch den Verweis auch auf § 61 Absatz 1 Nr. 1 Buchstabe c dürfen im Geltungsbereich eines Bebauungsplans Garagen bis zu 150 m² Grundfläche an ein Gebäude der Gebäudeklasse 1 angebaut werden, ohne dass dies seine Gebäudeklasse verändert. Hingegen ist der Anbau eines Abstellraums im Sinne des § 61 Abs. 1 Nummer 1 Buchstabe a schädlich, weil mangels Verweis auf § 61 Abs. 1 Nr. 1 Buchstabe a in Satz 4 das Hauptgebäude dann zur Gebäudeklasse 2 gehört. 62

7. Sonderbauten (Absatz 4)

Der Begriff „Sonderbauten" wird in Absatz 4 Satz 1 bestimmt, indem zwei wesentliche Merkmale zusammengefügt werden. Zum einen die besondere Art und Nutzung von Räumen und zum anderen die in der nachfolgenden Aufzählung genannten Tatbestände, d. h. die dort genannten baulichen Anlagen. Die Konsequenz daraus, dass eine bauliche Anlage ein Sonderbau ist, wird jedoch nicht in Absatz 4 geregelt. Eine Einstufung eines Vorhabens als Sonderbau hat u. a. zur Folge, dass weder ein vereinfachtes Anzeigeverfahren (§ 62) noch eine Prüfung im vereinfachten Genehmigungsverfahren 63

(§ 63) in Betracht kommt, so dass der Prüfungsumfang des regulären Baugenehmigungsverfahrens (§ 64) gilt. Gleiches gilt für eine Umnutzung im Gebäudebestand, wenn dadurch ein Sonderbau entsteht. Die bauaufsichtliche Prüfung, ob gegenüber Brandgefahren hinreichend vorgesorgt ist, wird bei Sonderbauten dadurch verstärkt, dass ein Brandschutznachweis zu erstellen ist (§ 66 Absatz 1 Satz 1 Halbsatz 1), der nach § 66 Abs. 3 Satz 2 bauaufsichtlich geprüft sein muss. Daneben kann die Bauaufsichtsbehörde an Sonderbauten besondere Anforderungen zur Verwirklichung der allgemeinen Anforderungen nach § 3 stellen (vgl. § 51, zu Brandgefahren etwa dessen Abs. 1 Nr. 7), *vgl. OVG Berlin-Brandenburg, B. v. 28.1.2014 – OVG 2 S 71.13.*

64 Als Sonderbauten werden solche baulichen Anlagen und Räume definiert, die durch ihre besondere Art oder Nutzung ihre Benutzer oder die Allgemeinheit gefährden oder in unzumutbarer Weise belästigen können. Diese Definition knüpft daran an, dass Sonderbauten sich von dem „Normalfall" eines Wohnhauses geringer oder mittlerer Höhe über rechteckigem Grundriss unterscheiden. Insbesondere Schwierigkeiten der Brandbekämpfung, häufig wechselnde Benutzer- oder Besucherkreis, Besonderheiten der körperlichen oder geistigen Leistungsfähigkeit von Benutzern oder Besuchern, ein hoher Verschleiß der für die Standsicherheit wesentlichen Bauteile, besondere Nutzungsformen oder die Größe des Vorhabens bergen besondere Gefahrenpotentiale, die es rechtfertigen, spezielle Anforderungen an diese Anlagen zu stellen, *vgl. OVG Münster, B.v. 11.1.2008– 10 A 1277/07.*

65 Der Gesetzgeber hat in Absatz 2 die Sonderbauten in einem Katalog aufgeführt. Der Katalog ist – wie das Wort „insbesondere" verdeutlicht – nicht abschließend, *vgl. OVG Münster, B.v. 11.1.2008– 10 A 1277/07.* Es können daher auch andere als die in der Liste aufgeführten baulichen Anlagen Sonderbauten im Sinne von Absatz 1 sein, vgl. Nummer 20. Für den Bauherrn kann dadurch eine gewisse Unsicherheit entstehen.

66 Folgende Sonderbauten sind definiert:

1. Hochhäuser (Gebäude mit einer Höhe nach Absatz 3 Satz 2 von mehr als 22 m)

67 Der Gesetzgeber definiert Hochhäuser durch einen Verweis auf Absatz 3 Satz 2. Das heißt, ein Hochhaus ist dann gegeben, wenn der Fußboden eines Geschosses, nicht notwendig eines Vollgeschosses, höher als 22 m über der Geländeoberfläche liegt. Für die Geländeoberfläche gelten die Ausführungen oben zu Rn. 55, für den Geschossbegriff gilt Absatz 6. Ein zur Wohnnutzung umgebauter Wasserturm mit zwei Wohneinheiten, der mehr als 30 m hoch ist, ist als Hochhaus einzustufen, *vgl. OVG Berlin-Brandenburg, B. v. 03.8.2009 – OVG 2 N 5.08.*

2. bauliche Anlagen mit einer Höhe von mehr als 30 m

68 Diese Vorschrift umfasst grundsätzliche alle baulichen Anlagen im Sinne von Absatz 1. Abzustellen ist auf die Gesamthöhe der Anlage, also von der Schnittlinie mit der Geländeoberfläche (vgl. Rn. 55) bis zum oberen Abschluss des Bauwerks. Bei Windrädern reicht die Höhe bis zur Flügelspitze, zur Windenergieanlage als Sonderbau vgl. *OVG Berlin-Brandenburg, U. v. 15.3.2023 – 3a A 13/23.* Ausgenommen sind aus systematischen Gründen Hochhäuser. Denn diese baulichen Anlagen sind bereits nach Nummer 1 ab einer Geschosshöhe von 22 m Sonderbauten.

3. Gebäude mit mehr als 1 600 m² Grundfläche des Geschosses mit der größten Ausdehnung, ausgenommen Wohngebäude und Garagen

69 Anknüpfungspunkt für diese Sonderbaueigenschaft von Gebäuden (zum Begriff vgl. Absatz 3) ist die flächenhafte Ausdehnung eines Geschosses im Sinne von Absatz 6. Maßgeblich ist die Brutto-Geschossfläche des Geschosses. Dieser Begriff entspricht demjenigen der DIN 277-1, 2005-02, Grundflächen und Rauminhalte von Bauwerken im Hochbau – Teil 1: Begriffe, Ermittlungsgrundlagen.

4. Verkaufsstätten, deren Verkaufsräume und Ladenstraßen eine Grundfläche von insgesamt mehr als 800 m² haben

70 Verkaufsstätten im Sinne von Nummer 4 sind alle baulichen Anlagen, die dazu bestimmt sind, dass an eine unbestimmte Zahl von Personen Waren verkauft werden. Dazu zählen auch Kfz-Ausstellungs- und Handelsflächen. Wenn die Autos dort nicht lediglich abgestellt sind, sondern auch zum Verkauf angeboten werden, handelt es sich nicht lediglich um einen Lagerplatz, sondern auch um eine Verkaufsstätte, *vgl. VG Berlin, Beschluss vom 31. Juli 2013 – 19 L 175.13 –; s. a. VG Berlin, B. v. 16.11.2007 – VG 19 A 262.07 – und v. 9.5.2008 – VG 19 A 83.08.*

5. Gebäude mit Räumen, die einer Büro- oder Verwaltungsnutzung dienen und einzeln eine Grundfläche von mehr als 400 m² haben

71 Der Begriff des Büro- und Verwaltungsgebäudes im Sinne von Nummer 5 definiert sich aus dem Wortlaut und dem natürlichen Sprachgebrauch. Dieser Begriff entspricht demjenigen der §§ 7 Abs. 2 Nr. 1 BauNVO und § 8 Abs. 2 Nr. 2 BauNVO. Diese Gebäude sind unabhängig von ihrer Größe als Sonderbauten einzustufen, wenn nur ein Raum eine Größe von mehr als 400 m² besitzt. Diese Größe ist auch dann erreicht, wenn bei der Verwendung mobiler Wände diese Größe durch die Entfernung von Wänden erreichbar ist.

6. Gebäude mit Räumen, die einzeln für die Nutzung durch mehr als 100 Personen bestimmt sind

72 Gebäude mit Räumen von derart großer Ausdehnung können etwa Werkhallen, Großraumbüros oder auch Veranstaltungshallen wie Messe-, Markt- oder Mehrzweckhallen sein.

7. Versammlungsstätten
73 a) mit Versammlungsräumen, die insgesamt mehr als 200 Besucher fassen, wenn diese Versammlungsräume gemeinsame Rettungswege haben,
b) im Freien mit Szenenflächen sowie Freisportanlagen jeweils mit Tribünen, die keine Fliegenden Bauten sind, und insgesamt mehr als 1 000 Besucher fassen

74 Der Begriff der Versammlungsstätte im Sinne von Nummer 4 findet sich in der VStättV wieder und wird dort näher beschrieben. Nach § 2 VStättV sind Versammlungsstätten bauliche Anlagen oder Teile baulicher Anlagen, die für die gleichzeitige Anwesenheit vieler Menschen bei Veranstaltungen, insbesondere erzieherischer, wirtschaftlicher, geselliger, kultureller, künstlerischer, politischer, sportlicher oder unterhaltender Art bestimmt sind, sowie Schank- und Speisewirtschaften.

75 Im Freien gelegene Versammlungsstätten im Sinne von Buchstabe a) sind solche baulichen Anlagen, die Szenenflächen und Tribünen aufweisen. Sie müssen für eine dauerhafte Nutzung genehmigt und errichtet werden. Temporäre Veranstaltungen, wie Musikfestivals auf Freiflächen, werden nicht erfasst. Werden bei solchen Veranstaltungen Tribünen oder Bühnen aufgestellt, handelt es sich um Fliegende Bauten im Sinne von § 76. Dauerhafte Anlagen können zum Beispiel Freilichttheater, Anlagen für den Rennsport oder Reitbahnen oder Sportstadien sein. Es muss sich um ortsfeste, auf Dauer angelegte Anlagen mit tribünenartiger Anordnung der Besucherbereiche sein. Das Vorhandensein von Szenenflächen und Tribünen und deren Verkoppelung mit dem dauerhaften Nutzungszweck der Anlage sind Voraussetzungen, um unter die Regelung zu fallen.

76 Veranstaltungen auf öffentlichen oder privaten Flächen wie Weihnachtsmärkte, Straßen- oder Volksfeste, Sport- und Werbeveranstaltungen bilden keine Versammlungsstätten im Freien, auch wenn der Veranstaltungsbereich durch Bauzäune abgeschrankt ist.

77 Der Anwendungsbereich der Verordnung über den Bau und Betrieb von Versammlungsstätten im Land Brandenburg (Brandenburgische Versammlungsstättenverordnung – BbgVStV) wird entsprechend angepasst.

8. Schank- und Speisegaststätten mit mehr als 40 Gastplätzen in Gebäuden oder mehr als 1 000 Gastplätzen im Freien, Beherbergungsstätten mit mehr als 12 Betten und Spielhallen mit mehr als 150 m² Grundfläche

Der Begriff der Gaststätte im Sinne von Nummer 8 ergibt sich aus § 1 78
Abs. 1 GastG. Zu den 40 Gastplätzen zählen nur die Plätze im Gebäude. Für die Außengastronomie liegt die Schwelle bei 1 000 Gastplätzen, also der Zahl, die als Grenzwert für Versammlungsstätten im Freien nach § 2 Absatz 4 Nummer 7 Buchstabe b) maßgeblich ist. Der Gesetzgeber bewirkt mit der Aufnahme von Schank- und Speisegaststätten mit mehr als 1 000 Sitzplätzen im Freien, dass auch große Biergärten als Sonderbau zu qualifizieren sind, so dass die Bauaufsichtsbehörde die Möglichkeit hat, nach § 51 besondere Anforderungen – z. B. auch im Hinblick auf eine angemessene Anzahl von Toiletten – zu stellen.

Beherbergungsbetriebe sind solche Gebäude, in denen ständig wechselnde 79
Gäste übernachten und in denen hoteltypische Serviceleistungen angeboten werden, *vgl. OVG Berlin-Brandenburg, B. v. 06.07.2006 – 2 S 2.06.* Der Begriff wird auch in § 3 Abs. 3 Nr. 1 BauNVO verwendet. Ferienwohnungen und Ferienhäuser, in denen diese Serviceleistungen nicht angeboten werden, sind daher nicht als Beherbergungsbetriebe zu beurteilen.

Spielhallen mit mehr als 150 m² Brutto-Grundfläche sind erstmals durch 80
die Novelle 2016 in den Katalog der Sonderbauten aufgenommen worden. Da sich in Spielhallen – anders als beispielsweise in Lotto-Annahmestellen – eine größere Anzahl von Kunden längere Zeit aufhält, ist die Sonderbaueigenschaft begründet. Für Spielhallen gelten zugleich die gewerberechtlichen Anforderungen des Brandenburgisches Spielhallengesetzes (BbgSpielhG) vom 4. April 2013 (GVBl. I Nr. 10).

9. Gebäude mit Nutzungseinheiten zum Zwecke der Pflege oder Betreuung von Personen mit Pflegebedürftigkeit oder Behinderung, deren Selbstrettungsfähigkeit eingeschränkt ist, wenn die Nutzungseinheiten
   a) einzeln für mehr als 6 Personen oder
   b) für Personen mit Intensivpflegebedarf bestimmt sind, oder
   c) einen gemeinsamen Rettungsweg haben und für insgesamt mehr als 12 Personen bestimmt sind

Von Nummer 9 werden Sonderbauten, die der Pflege und Betreuung die- 81
nen, abschließend erfasst. Nach Nummer 9 sind solche Gebäude Sonderbauten, wenn sie dazu dienen, dass in ihnen pflegebedürftige und oder behinderte Personen gepflegt oder betreut werden. Gebäude zur Pflege und Betreuung von Personen können Altenwohn- und Altenpflegeheime sein. Altenpflegeheime gelten planungsrechtlich als Anlagen für soziale/

gesundheitliche Zwecke, *vgl. VGH Mannheim, U. v. 27.7.2001 – 5 S 1093/00.* Da die Sonderbaueigenschaft nicht an das Alter der zu pflegenden oder zu betreuenden Personen anknüpft, können auch Kinderheime dazu gehören.

82 Die Selbstrettung der zu pflegenden Personen muss infolge der Behinderung oder Pflegebedürftigkeit eingeschränkt sein. Dies kann insbesondere aus Beschränkungen der Wahrnehmungsfähigkeit oder aus Beeinträchtigungen der Mobilität herrühren. Bei schwererziehbaren Jugendlichen oder seelisch erkrankten Personen ist dies regelmäßig nicht der Fall. Die Pflegebedürftigkeit oder Behinderung wird dadurch belegt, dass diese Personen mindestens auf ambulante Pflege- oder Betreuungsdienstleistungen angewiesen sind.

83 Allerdings ist nicht jede Wohnung, in der solche Personen gepflegt werden, ein Sonderbau. Dies ist erst dann der Fall, wenn die Nutzungseinheit, also die Fläche, die zum Aufenthalt für diese Personen bestimmt ist, auf die gleichzeitige Nutzung von mehr als 6 Personen bewusst ausgerichtet ist. Derartige Nutzungseinheiten werden auch nicht in die Additionsregelung des Buchstaben c) einbezogen. Zum einen soll diese Mindestzahl verhindern, dass z. B. eine Wohnung, in der pflegebedürftig gewordene Ehepartner weiterleben, zum Sonderbau wird. Mit dem Tatbestandsmerkmal, dass die Nutzungseinheit dazu bestimmt sein soll, wird zugleich vermieden, dass Wohnungen, die nicht dazu bestimmt sind, in denen sich aber mehrere pflegebedürftige Personen aufhalten, etwa bei einer selbstbestimmten (echten) Senioren-WG oder in einem Mehrgenerationenhaus, zu Sonderbauten werden. Regelmäßig wird das Merkmal „Bestimmung“ dadurch indiziert, dass die Wohnung durch pflegebedürftige Personen von einem gewerblichen Pflegedienst bereitgestellt wird oder die Nutzung der Wohnungen nur bei Inanspruchnahme eines Pflegedienstes erlaubt wird.

84 Der Sonderbautatbestand ist immer schon dann ganz erfüllt, wenn eines der Kriterien der Buchstaben a), b) oder c) erfüllt ist. Die Aufzählung ist nicht kumulativ.

85 Nach Buchstabe a) werden Nutzungseinheiten ab sieben Personen mit Pflegebedürftigkeit oder Behinderung zu Sonderbauten. Der Gesetzgeber nimmt an, dass ab dieser Personenzahl ein Gefahrenpotential besteht, welches im Baugenehmigungsverfahren nach § 64 einer Einzelfallbeurteilung unterzogen werden muss. Insbesondere gilt dies in Bezug auf den Brandschutz und das insoweit geforderte Vier-Augen-Prinzip (§ 66 Absatz 3 Satz 2). Zugleich orientiert sich dieser Wert an der technischen Leistungsfähigkeit der Feuerwehr im Land Brandenburg.

Bei Nutzungseinheiten mit bis zu sechs Personen liegt folglich kraft Gesetzes kein Sonderbau vor. Ein Sonderbau entsteht auch nur, wenn eine einzelne Nutzungseinheit in einem Gebäude den Schwellenwert (mehr als sechs Personen) erreicht. Wenn sich in mehreren Nutzungseinheiten insgesamt mehr als sechs Personen aufhalten, begründet diese die Sonderbaueigenschaft des Gebäudes nicht. Wird die Schwelle überschritten, bedarf es der Nutzungsänderungsgenehmigung. Die Überschreitung der Schwelle kann in zulässiger Weise vermieden werden, wenn mehrere Nutzungseinheiten gebildet werden und diese jeweils nicht den Schwellenwert erreichen. Allerdings ist es denkbar, dass bei einer Vielzahl von Nutzungseinheiten auch dann, wenn der Schwellenwert nicht erreicht wird, ein Sonderbau nach Nr. 20 vorliegt. 86

Nach Buchstabe b) ist der Sonderbautatbestand immer erfüllt, wenn Einrichtungen oder Wohnungen über den allgemeinen Zweck der Pflege oder Betreuung hinaus darauf ausgerichtet sind, dem besonderen Zweck zu dienen, Personen mit Intensivpflegebedarf aufzunehmen. Ein Intensivpflegebedarf ist immer dann anzunehmen, wenn die Menschen nicht in der Lage sind, sich selbst zu versorgen, etwa bei einem apallischem Syndrom („Wachkoma") oder bei einem Beatmungsbedarf. 87

Nach Buchstabe c) ist der Sonderbautatbestand immer erfüllt, wenn 13 oder mehr Personen, die in Nutzungseinheiten zum Zwecke der Pflege oder Betreuung von Personen leben, deren Selbstrettungsfähigkeit eingeschränkt ist, einen gemeinsamen Rettungsweg haben. Maßgeblich ist dabei nur die Zahl der Personen, die gepflegt oder betreut werden. Die Zahl der sonstigen Personen, also etwa der Pfleger und Betreuer, ist unerheblich. 88

Der Gesetzgeber verfolgt mit dieser Regelung den Zweck, die Zahl der Personen, die sich im Gefahrenfall nicht selbst retten können, sondern vor allem auf die Hilfe der Einsatzkräfte der Feuerwehr angewiesen sind, zu begrenzen. 89

10. Krankenhäuser

Krankenhäuser sind Gebäude, die der medizinischen Versorgung und Heilbehandlung dienen. Pflegende und betreuende Tätigkeiten gehören auch dazu, ohne dass sie Hauptzweck der Nutzung sein dürfen. In Krankenhäusern wird nicht gewohnt oder eine Herberge betrieben. Dass die Patienten dort nächtigen und ihre Habseligkeiten mitführen, gehört zur stationären Heilbehandlung. Soweit an ein Krankenhaus ein Appartementhaus für das Personal angegliedert ist, ist diese Wohneinrichtung ein Wohngebäude, kein Krankenhaus. 90

11. Wohnheime

91 Von Nummer 11 werden Wohnheime erfasst. Ihre Einstufung als Sonderbauten hält der Gesetzgeber für erforderlich, weil die dort den Nutzern jeweils zur Eigennutzung zugewiesenen Räume jedenfalls vielfach nicht so voneinander abgetrennt sind, wie dies den an Nutzungseinheiten zu stellenden Anforderungen entspricht. Deshalb ist die durch die Einstufung als Sonderbau sichergestellte Prüfung der bauordnungsrechtlichen Anforderungen namentlich an den Brandschutz (vgl. § 64 Satz 1 Nummer 2, § 66 Absatz 3 Satz 2 Nummer 1) geboten.

12. Einrichtungen zur Unterbringung von Personen sowie Tageseinrichtungen für Kinder, Menschen mit Behinderung und alte Menschen, ausgenommen Tageseinrichtungen einschließlich Tagespflege für nicht mehr als zehn Kinder

92 Diese Regelung beginnt mit einem Auffangtatbestand, der in der Novelle 2023 von der Nr. 11 in diese Nummer übertragen wurde. Einrichtungen zur Unterbringung von Personen sind solche Anlagen, in denen die Nutzer nicht – wie in Wohnheimen – wohnen, sondern dort leben, ohne dass ihnen eine eigenständige Lebensführung möglich ist. Es kann sich dabei um Asylbewerberheime, Obdachlosenunterkünfte, Abschiebeeinrichtungen der Bundespolizei oder Anlagen für die Sicherungsverwahrung von Straftätern sein. In diesen Einrichtungen können die Personen übernachten. Davon zu unterscheiden sind die genannten *Tageseinrichtungen,* die – anders als Heime – keine Übernachtungsmöglichkeiten bieten. Derartige Einrichtungen für Kinder und Jugendliche können Kindergärten, Kinderhorte, Kindertagesstätten, Kinderkrippen, Jugendtreffs und Jugendzentren sein.

93 Durch die in Nummer 12 geregelte Ausnahme wird klargestellt, dass Räume, in denen eine Tagespflege für Kinder mit bis zu zehn Kindern durchgeführt wird, keine Sonderbauten sind. Es handelt sich nicht um erlaubnispflichtige Tageseinrichtung nach SGB VIII, die vom Grundtatbestand erfasst werden. Der Schwellenwert von zehn Kindern erlaubt es, dass zwei Tagespflegepersonen gemeinsam eine Tagespflege durchführen.

13. Schulen, Hochschulen und ähnliche Einrichtungen

94 Der Begriff der Schulen im Sinne von Nummer 9 umfasst alle Bildungseinrichtungen von der Grundschule bis zur Berufsschule, Hochschule/ Universität.

14. Justizvollzugsanstalten und bauliche Anlagen für den Maßregelvollzug

Derartige Bauten sind Sonderbauten, weil die Bewohner dieser Anstalten infolge ihrer eingeschränkten Bewegungsfreiheit und ihrer Abhängigkeit von dem Verhalten des Wachpersonals im Gefahrenfall in besonderer Weise gerettet werden müssen. Eine Selbstrettung scheidet infolge des Abschlusses der Türen regelmäßig aus. 95

15. Camping- und Wochenendplätze

Camping- und Wochenendhausplätze im Sinne von Nummer 15 sind in § 2 Abs. 1 Satz 3 Nr. 3 definiert. Ihre Einstufung als Sonderbau ist gerechtfertigt, weil die hygienischen Anforderungen an solche Plätze und die Anforderungen an den vorbeugenden Brandschutz sich deutlich von den Verhältnissen unterscheiden, die auf herkömmlichen Baugrundstücken zu finden sind. 96

16. Freizeit- und Vergnügungsparks

Es gelten die Ausführungen zu Nummer 15 entsprechend. 97

17. Fliegende Bauten, soweit sie einer Ausführungsgenehmigung bedürfen

Fliegende Bauten im Sinne von Nummer 17 sind in § 76 genauer bestimmt. 98

18. Regallager mit einer Oberkante Lagerguthöhe von mehr als 7,50 m

Diese Regallager sind als Sonderbauten zu behandeln, weil sie infolge ihrer Höhe und Aufstellung im Brandfall schwer zu löschen sind. Oftmals ist eine Sprinkleranlage erforderlich. 99

Die Oberkante Lagerguthöhe von mehr als 7,50 m ist überschritten, wenn nach den baulichen Verhältnissen eine solche Lagerguthöhe erreicht werden kann. 100

19. Bauliche Anlagen, deren Nutzung durch Umgang oder Lagerung von Stoffen mit Explosions- oder erhöhter Brandgefahr verbunden ist

Bauliche Anlagen mit erhöhter Brand-, Explosions- oder Verkehrsgefahr sind alle Lager- oder Produktionshallen, in denen gefährliche Güter lagern oder hergestellt werden, wie Benzin, Öl, Chemikalien, Feuerwerkskörper oder auch wegen seiner leichten Brennbarkeit z. B. Papier/Karton. Maßgeblich für die insoweit relevante Atypik dieser Anlagen ist, ob aufgrund der Nutzung der baulichen Anlage ein beträchtliches – über das allgemein übliche Maß hinausgehendes Risiko der Entstehung und Ausbreitung eines Brandes besteht. Dabei sind Brandlasten und Zündquellen zu 101 ermitteln und zu bewerten, *vgl. OVG Berlin-Brandenburg, B. v. 11.05.2020 – OVG 2 S 75.19* – für Gebäude zur Lagerung von Heu- und Strohballen und ergänzend zum Abstellen von Landmaschinen. Bei der Bewertung spielt auch die Menge der behandelten oder gelagerten Stoffe und die Art der Lagerung eine Rolle, auf die Einordnung der Stoffe in die Gefahrstoffverordnung kommt es nicht an, *vgl. OVG Berlin-Brandenburg, B. v. 11.05.2020 – OVG 2 S 75.19.* Eine die Sonderbaueigenschaft auslösende Verkehrsgefahr kann vorliegen, wenn in oder auf der baulichen Anlage beim Transport von Sachen mit Fahrzeugen eine besondere Unfallgefahr besteht, z. B. in einem Hochregallager. Ob die Anlagen zugleich auch nach der 12. BImSchV als Störfallbetriebe zu beurteilen sind, ist für die Sonderbaueigenschaft unerheblich.

20. Anlagen und Räume, die in den Nummern 1 bis 19 nicht aufgeführt und deren Art oder Nutzung mit vergleichbaren Gefahren verbunden sind

102 Nummer 20 enthält einen Auffangtatbestand, mit dessen Hilfe auch Sonderfälle erfasst werden können, die bei der Erstellung des Katalogs nicht erkennbar waren, siehe oben Rn. 65.

103 Das OVG Berlin-Brandenburg nimmt einen Sonderbau wegen einer vergleichbaren Gefahrenlage wie in den Fällen des § 2 Abs. 4 Nr. 4 BauO Bln bei einem Freigelände von etwa 10 000 m², auf dem Fahrzeuge verkauft werden, an, *vgl. B. v. 28.1.2014 – OVG 2 S 71.13.* Es begründet dies damit, dass das Grundstück bestimmungsgemäß von Kunden aufgesucht wird, die mit den Örtlichkeiten nicht notwendig vertraut sind. Die möglicherweise geringeren Gefahren bei einem Brand im Freien werde durch die erhebliche Größe der Verkaufsfläche von etwa 10 000 m² kompensiert, die den Eingangswert, ab dem Verkaufsstätten nach § 2 Abs. 4 Nr. 4 BauO Bln Sonderbauten darstellen, um ein Vielfaches überschreitet. Diese Größe lasse nicht nur eine entsprechend höhere Anzahl von Besuchern, sondern auch eine höhere Menge von Gütern (500 PKW), die in Brand geraten können, erwarten, womit sich der Umfang der drohenden Gefahren vervielfacht. Hinzu komme, dass bei gebrauchten Fahrzeugen eine erhöhte Brandgefahr bestehe und Pkw generell nicht leicht zu löschen seien. Das OVG Berlin-Brandenburg nahm deshalb auch eine Vergleichbarkeit mit Anlagen nach § 2 Abs. 4 Nr. 17 BauO Bln (a. F. § 2 Abs. 4 Nr. 19) an.

8. Aufenthaltsräume (Absatz 5)

104 Aufenthaltsräume sind voneinander abgegrenzte Teile von Gebäuden, die zum nicht nur vorübergehenden Aufenthalt von Menschen bestimmt oder nach Lage und Größe dazu geeignet sind. Die Definition in Absatz 5 knüpft an die Zweckbestimmung *oder* die Eignung eines Raumes zum nicht nur

vorübergehenden Aufenthalt an. Ein nicht nur vorübergehender Aufenthalt erfordert einen nicht ganz kurzen Aufenthalt. In dem Begriff „nicht nur vorübergehend" steckt ein Zeitkriterium, das positiv mit „dauerhaft" umschrieben werden kann. Dabei kommt es sowohl auf die Dauer des Aufenthalts wie auch auf die Wiederholungsrate an. In einem Aufenthaltsraum muss sich ein Mensch, gleich zu welchem Zweck, regelmäßig für eine nicht geringe Dauer aufhalten. So macht nach *OVG Lüneburg, B. v. 15.10.2020 – 1 LA 114/19* – auch ein mehrstündiger Aufenthalt einen Raum nicht zum Aufenthaltsraum, sofern er – wie dies bei häuslichen Reparaturarbeiten zu erwarten ist – auf gelegentliche Tätigkeiten beschränkt bleibt. Anders kann es bei einem Hobbyraum aussehen, der ständig für eine gewisse Dauer genutzt werden soll und deshalb ein Aufenthaltsraum ist, vgl. *VG Frankfurt (Oder), B. v. 26.01.2022 – 7 L 347/21.* Dieser Aufenthalt kann auch auf bestimmte Tages- oder Jahreszeiten begrenzt sein, *vgl. VG Cottbus, B. v. 05.02.2020 – 3 L 644/19.*

Zu Aufenthaltsräumen werden gewöhnlich gezählt: Wohn- und Schlafräume, 105
häusliche Arbeitszimmer, Kinderzimmer, Küchen, Badezimmer, Hobbyräume, dazu gehören auch gewerblich genutzte Räume wie Büros, Werkstätten oder Produktionshallen sowie Räume etwa für die Sportausübung, z. B. eine Reithalle, dazu *VG Hamburg, U. v. 16.2.2024 – 12 K 5022/23.* Nicht zu den Aufenthaltsräumen gehören Treppenräume, Flure, Abstellräume, Garagen, Wintergärten oder Wasch- und Toilettenräume.

Die die Eignung ausmachenden Anforderungen an Aufenthaltsräume werden 106
nicht in Absatz 5, sondern in § 47 geregelt. Sind diese Anforderungen erfüllt, ist unerheblich, ob ein Raum tatsächlich als Aufenthaltsraum genutzt wird. Ausreichend ist, dass er dazu objektiv geeignet ist, als Aufenthaltsraum zu fungieren.

Die bloße abstrakte Möglichkeit, sich in einem Raum mehr als nur vorüber- 107
gehend physisch aufzuhalten, genügt für dessen Eignung nicht, da anderenfalls praktisch jeder Raum ein Aufenthaltsraum wäre, *vgl. OVG Lüneburg, B. v. 15.10.2020 – 1 LA 114/19.* Erforderlich für die Annahme, dass ein Aufenthaltsraum infolge einer Bestimmung des Nutzers gegeben ist, ist folglich, dass die Nutzung zum dauernden Aufenthalt nicht nur abstrakt möglich ist, sondern nach seiner Beschaffenheit auch konkret naheliegt.

Ohne Rücksicht auf die Eignung kann ein Raum ein Aufenthaltsraum sein, 108
wenn er vom Besitzer dazu bestimmt ist, vgl. für einen Wintergarten *VG Hamburg, U. v. 23.11.2023 – 6 K 2971/21.* Dies gilt selbst dann, wenn die Anforderungen, die an einen Aufenthaltsraum in § 47 oder in den Regelungen zum Brandschutz gestellt werden, nicht erfüllt sind.

109 Von der Frage, ob ein Raum ein Aufenthaltsraum nach seiner Eignung oder Bestimmung sein kann, ist die Frage zu unterscheiden, ob ein Aufenthaltsraum möglich ist. Auf diese Möglichkeit wird in § 2 Abs. 3 Satz 2 abgestellt, siehe dazu die Kommentierung bei § 2 Abs. 3.

110 Balkone oder Terrassen sind selbst keine Aufenthaltsräume, auch wenn sie funktional typischerweise der Nutzung von Aufenthaltsräumen zuzurechnen sind, *vgl. VGH München, B. v. 10.7.2015 – 15 ZB 13.2671.*

9. Geschosse (Absatz 6)

111 Mit dem Begriff „Geschoss" wird eine nach oben und unten begrenzte Gebäudeebene beschrieben. Unterschieden wird im Baurecht zwischen den Begriffen „Vollgeschoss", „Kellergeschoss", „Dachgeschoss" oder „Staffelgeschoss". Der Begriff des Vollgeschosses ist in § 88 Abs. 2 geregelt.

112 Bauordnungsrechtliches Merkmal des Geschosses ist auch, dass die Gebäudeebene von Personen betreten und – in einem nicht ganz unbedeutenden Bereich – aufrecht begangen werden kann. Die Gebäudeebene muss dabei durch einen Boden und eine Decke oder das Dach von anderen Raumschichten (Gebäudeebenen) abgetrennt werden, *vgl. OVG Hamburg, U. v. 10.04.2003 – 2 Bf 523/98.* Mit der Voraussetzung der aufrechten Begehbarkeit – jedenfalls in Teilbereichen – sollen sog. Kriechgeschosse für technische Anlagen, aber auch Spitzböden im Dachbereich aus dem allgemeinen Geschossbegriff ausgenommen werden. Der Gesetzgeber hat dies durch die Novelle 2016 in Satz 2 klargestellt. Wann eine Gebäudeebene aufrecht begangen werden kann, wird nicht in allen Bundesländern gänzlich einheitlich beurteilt. Soweit das OVG Berlin-Brandenburg auch Spitzböden, die in Gebäuden der Gebäudeklasse 1 und 2 keine Mindestraumhöhe besitzen müssen, zutreffend als Vollgeschosse bewertet, *vgl. OVG Berlin-Brandenburg, U. v. 09.04.2019 – OVG 6 A 1.18 –; s. a. LT-Drs. 6/3268 S. 67,* gilt dies nicht für solche Spitzböden, die nach ihrer Raumhöhe für durchschnittlich große Menschen einen aufrechten Gang nicht mehr erlauben. Die Mindesthöhe dürfte folglich bei ca. 175 cm liegen.

113 Ein **oberirdisches Geschoss** ist ein Geschoss, dessen Deckenoberkante, also die Oberkante des fertigen Fußbodens, im Mittel mehr als 1,40 m über der Geländeoberfläche liegt. Auf welcher Höhe bzw. Tiefe der Fußboden liegt, ist unerheblich. Um dieses Mittel zu berechnen ist festzustellen, ob das Maß der tatsächlich freiliegenden Außenwandfläche des Geschosses größer ist als der Wert, der sich aus der Multiplikation des Geschossumfangs mit dem Höhenwert von 1,40 m ergibt, *vgl. VGH Kassel, B. v. 26.07.1988 – 4 TG 1003/86.* Wenn die Geländeoberfläche eben ist, reicht es in der Regel aus, den Durchschnitt aus der Summe der Geschosshöhe, die an den Gebäudeecken gemessen wurde, zu errechnen, indem diese Höhe addiert und durch die Zahl der Gebäudeecken

dividiert wird. Liegt der Wert über 1,40 m, handelt es sich um ein oberirdisches Geschoss. Liegt der Wert darunter, handelt es sich um ein Kellergeschoss. Für das Kellergeschoss gelten die besonderen Regelungen über die Feuerwiderstandsdauer der Trennwände nach § 29 Abs. 2 Nr. 3 und Abs. 3 Satz 1, über die Decken nach § 31 Abs. 2 Satz 1 sowie die Anforderungen an Treppenräume nach § 35 Abs. 6 Satz Nr. 1 und an Öffnungen in § 37 Abs. 4.

10. Stellplätze (Absatz 7)

Stellplätze sind die Flächen, auf denen Kraftfahrzeuge abgestellt werden. 114
Diese Flächen können Bestandteil von öffentlichen Verkehrsflächen sein oder auf privaten, nicht gewidmeten Flächen liegen. Stellplätze können Wohngebäuden oder Geschäften zugeordnet sein. Sie können auch eine selbstständige gewerbliche oder private Nutzung darstellen.

Stellplätze können auch in **Garagen** liegen. Bei Garagen handelt es sich um 115
Gebäude oder Gebäudeteile zum Abstellen von Kraftfahrzeugen. Aus der Regelung in Satz 3 über die Gebäude, die nicht als Garagen gelten, wird deutlich, dass die in den Garagen abgestellten Fahrzeuge grundsätzlich am Straßenverkehr teilnehmen sollen und nur zeitweilig dort geparkt werden. Durch die Definition der Garage als Gebäude im Sinne von Absatz 2 ist zugleich klargestellt, dass auch **Carports** Garagen im Sinne der Bauordnung sind. Carports sind deshalb wie Garagen zu behandeln.

Ausstellungsräume für Kraftfahrzeuge sind solche, die der Präsentation von 116
Fahrzeugen dienen. Dies können auch Museen sein.

Verkaufsräume für Kraftfahrzeuge sind solche Räume, in denen die Kauf- 117
verhandlungen geführt und zum Abschluss gebracht werden, wie auch die Räume, in denen die zum Verkauf bestimmten Fahrzeuge bereit- oder abgestellt werden.

Werkräume für Fahrzeuge sind diejenigen Räume, in die Fahrzeuge verbracht 118
werden, damit an ihnen Werkleistungen vorgenommen werden.

Lagerräume für Fahrzeuge sind solche Räume, die nur der Lagerung von Fahr- 119
zeugen dienen. Die Fahrzeuge dürfen in diesen Räumen also nicht für einen anderen Zweck abgestellt werden. Sofern die Fahrzeuge fahrbereit sind und in dem Raum geparkt werden, damit sie anschließend wieder gefahren werden, handelt es sich nicht um einen Lagerraum für Fahrzeuge, sondern um eine Garage.

11. Feuerstätten (Absatz 8)

120 Zu den Feuerstätten i. S. v. Absatz 8 gehören alle Anlagen und Einrichtungen, die für ein Gebäude Wärme durch Verbrennung von Stoffen (Holz, Gas oder Öl) erzeugen sollen. Feuerstätten sind insoweit Bestandteile von Feuerungsanlagen im Sinne von § 42. Nicht zu den Feuerstätten gehören mobile Heizungen, die mit dem Gebäude nicht fest verbunden sind, z. B. Elektroheizungen oder Gasbrenner.

12. Barrierefreiheit (Absatz 9)

121 Der Gesetzgeber hat in Absatz 9 die Barrierefreiheit für die Bauordnung legaldefiniert. Diese Definition ist von besonderer Relevanz, wenn bauliche Anlagen nach §§ 48 und 50 barrierefrei errichtet werden müssen. Neben dieser Definition steht die inhaltsgleiche Definition in § 4 Behindertengleichstellungsgesetz, nach der eine Wohnung dann barrierefrei ist, wenn sie für behinderte Menschen in der allgemein üblichen Weise, ohne besondere Erschwernis und grundsätzlich ohne fremde Hilfe auffindbar, zugänglich und nutzbar sind. Für das Bauordnungsrecht ist diese gesetzliche Definition übernommen werden. Allerdings ist dies mit der Modifikation geschehen, dass statt des Wortes „wenn", das Wort „soweit" verwendet wird. Dies hat zur Konsequenz, dass eine bauliche Anlage auch nur in Teilen barrierefrei sein kann.

122 Der Begriff „barrierefrei" schließt die rollstuhlgerechte Bauausführung mit ein. Die Wohnungen müssen den Anforderungen der als Technische Baubestimmung eingeführten DIN 18024 und 18025 Teil 1 und Teil 2 (Rollstuhlgerechte Nutzung) entsprechen. D. h., die Wohnungen müssen rollstuhlgerecht nutzbar sein.

123 Verstöße gegen das Gebot der Barrierefreiheit können von Behindertenverbänden nach § 12 BGG gerichtlich geltend gemacht werden. Zu beachten ist in Brandenburg auch das Gesetz des Landes Brandenburg zur Gleichstellung von Menschen mit Behinderungen (Brandenburgisches Behindertengleichstellungsgesetz – BbgBGG).

13. Bauprodukte (Absatz 10)

124 In Absatz 10 wird der Begriff „Bauprodukte" definiert. Bauprodukte sind danach Baustoffe und Bauteile sowie alle Anlagen, die für einen dauerhaften Einbau in bauliche Anlagen bestimmt sind. Baustoffe können aus Metall, Holz, Stein oder anderen chemischen Verbindungen (Beton, Ziegel, Kunststoff, Glas) bestehen. Aus Baustoffen werden Bauteile hergestellt. Letztere werden z. B. als Träger, Pfeiler, Fenster oder Wände Bestandteile der baulichen Anlage. Bauprodukte können aber als solche Anlagen bilden, wenn sie, wie Absatz 9 Nr. 2

verdeutlicht, aus Baustoffen und Bauteilen vorgefertigte Anlagen sind, die hergestellt werden, um z. B. als Fertighäuser, Fertiggaragen und Silos mit dem Erdboden verbunden zu werden. Die Verwendbarkeit von Bauprodukten und das Verfahren für ihre Zulassung sind in den §§ 16b ff. geregelt.

Der Begriff des Bauprodukts ist immer dann, wenn seine Anwendung von unionsrechtlicher Bedeutung ist, etwa bei der Zulassung von Bauprodukten, in Übereinstimmung mit der Verordnung (EU) Nr. 305/2011 des Europäischen Parlaments und des Rates v. 9.3.2011 zur Festlegung harmonisierter Bedingungen für die Vermarktung von Bauprodukten und zur Aufhebung der Richtlinie 89/106/EWG des Rates (ABl. L 88 v. 4.4.2011, 5; ABl. L 103 v. 12.4.2013, 10; ABl. L 92 v. 8.4.2015, 118); (im Folgenden „BauProdVO") zu definieren. Danach ist ein „Bauprodukt" jedes Produkt oder jeder Bausatz, das bzw. der hergestellt und in Verkehr gebracht wird, um dauerhaft in Bauwerke oder Teile davon eingebaut zu werden, und dessen Leistung sich auf die Leistung des Bauwerks im Hinblick auf die Grundanforderungen an Bauwerke auswirkt, *vgl. Art. 2 Nr. 1 BauProdVO.* 125

Zur Klarstellung und zur Vereinheitlichung mit Art. 2 Nr. 1 und 2 BauProdVO ist der Begriff „Bausatz" hinzugefügt worden. Ein „Bausatz" ist ein Bauprodukt, das von einem einzigen Hersteller als Satz von mindestens zwei getrennten Komponenten, die zusammengefügt werden müssen, um in das Bauwerk eingefügt zu werden, in Verkehr gebracht wird. Das Zusammenfügen von Komponenten eines Bausatzes im Sinne des Abs. 10 gilt nicht als Bauart nach Abs. 11. 126

14. Bauarten (Absatz 11)

In Absatz 11 wird definiert, was eine Bauart ist. Bauart ist die Art und Weise, durch die Bauprodukte zu baulichen Anlagen oder sonstigen Teilen verbaut werden. Bauarten können etwa der Betonbau, Stahlbau oder Mauerwerksbau sein. Regelungen zur Bauart finden sich ergänzend in § 16a und in den einschlägigen Technischen Baubestimmungen nach § 86a. 127

15. Geländeoberfläche

Die Geländeoberfläche ist in § 2 Absatz 12 definiert. Danach ist Geländeoberfläche zunächst die natürliche, also die künstlich nicht veränderte Geländeoberfläche, wenn nicht eine andere Geländeoberfläche in einem Bebauungsplan oder einer Baugenehmigung bestimmt ist. Eine andere Bestimmung in einem Bebauungsplan oder in einer Baugenehmigung geht der natürlichen Geländeoberfläche in ihrer Bedeutung vor. In der Baugenehmigung wird die Geländeoberfläche durch die in den Bauvorlagen angegebenen Geländehöhen bestimmt. Durch eine solche Bestimmung wird ohne Rücksicht auf den 128 tatsächlich gegebenen Geländeverlauf klargestellt, welche Höhenlage bei der Anwendung baurechtlicher Vorschriften zugrunde zu legen ist. Der Bestimmung der Geländeoberfläche kann wegen der dadurch bewirkten Höhe etwaiger baulicher Anlagen auch eine unmittelbar nachbarschützende Wirkung zukommen.

129 In einem Bebauungsplan kann auf die gewachsene oder eine vom Satzungsgeber vorgegebene neue Geländeoberfläche Bezug genommen werden, vgl. dazu *OVG Koblenz, B. v. 9.5.2023 – 1 A 10188/23* – und *OVG Schleswig-Holstein, U. v. 22.2.2023 – 1 KN 2/18*. Die Festsetzung einer von der gewachsenen Geländeoberfläche abweichenden Geländeoberfläche ist in der Regel nach § 9 Abs. 3 BauGB zulässig, wenn dafür ein Bedürfnis besteht, wenn z. B. die Sicherheit oder gestalterische Gesichtspunkte es erfordern. Erforderlich kann die Festsetzung sein, wenn die natürliche Geländeoberfläche aufgrund von Aufschüttungen oder größeren Unregelmäßigkeiten und Schwankungen oder – nach Abgrabungen oder Aufschüttungen – in ihrem ursprünglichen Verlauf nicht mehr feststellbar ist, oder eine Harmonisierung des Geländes aus sonstigen Gründen unerlässlich ist.

§ 3
Allgemeine Anforderungen

[1]Anlagen sind so anzuordnen, zu errichten, zu ändern und instand zu halten, dass die öffentliche Sicherheit und Ordnung, insbesondere Leben, Gesundheit und die natürlichen Lebensgrundlagen, nicht gefährdet werden; dabei sind die Grundanforderungen an Bauwerke gemäß Anhang I der Verordnung (EU) Nr. 305/2011 zu berücksichtigen. [2]Dies gilt auch für die Beseitigung von Anlagen und bei der Änderung ihrer Nutzung.

Übersicht

1. Allgemeines

Bei § 3 handelt es sich um die materielle Generalklausel des Bauordnungsrechts. Geregelt werden die grundlegenden Anforderungen und Schutzziele der Bauordnung. Die Erfüllung dieser Anforderungen ist Voraussetzung für die Erteilung von Baugenehmigungen oder die Zulassung von Abweichungen. Auf Verstöße gegen diese Regelung, die selbst keine Eingriffsnorm darstellt, können bauordnungsrechtliche Verfügungen nach § 58 Abs. 2 Satz 2 und §§ 79 ff. gestützt werden. § 3 ist Grundlage für den Erlass von Verordnungen nach § 86 und wird durch Technische Baubestimmungen nach § 86a konkretisiert. 1

Satz 1 beinhaltet die eigentliche bauordnungsrechtliche Generalklausel. In Satz 1, 2. Halbsatz wird auf die in Anhang I der EU-BauPVO (VO (EU) Nr. 305/2011 des Europäischen Parlaments und des Rates v. 9.3.2011 zur Festlegung harmonisierter Bedingungen für die Vermarktung von Bauprodukten und zur Aufhebung der Richtlinie 89/106/EWG des Rates (ABl. L 88 v. 4.4.2011, 5; ABl. L 103 v. 12.4.2013, 10; ABl. L 92 v. 8.4.2015, 118) enthaltenen Grundanforderungen Bezug genommen. Der Gesetzgeber geht davon aus, dass die nationalen Schutzziele die Grundanforderungen mit umfassen. Diese Schutzziele werden in der Verwaltungsvorschrift nach § 86a näher bestimmt. Satz 2 beinhaltet den Inhalt von Absatz 4 (alt). 2

2. Anforderungen an das Baugeschehen (Satz 1)

3 In Satz 1 werden die Grundanforderungen an das Baugeschehen gestellt. Diese umfassen

- das Anordnen baulicher Anlagen und Einrichtungen, also deren Stellung und Lage auf dem Grundstück,
- das Errichten solcher Anlagen, also deren Herstellung und Bau,
- das Ändern der Anlagen, also die Arbeit an bestehenden baulichen Anlagen und Einrichtungen, um diese umzugestalten, zu vergrößern oder zu verkleinern, *vgl. OVG Greifswald, B. v. 21.9.2003 – 3 M 123/04,*
- das Instandhalten von baulichen Anlagen, also alle Maßnahmen, um die Anlage vor Verfall und Schaden zu schützen.

Bei all diesen Handlungen dürfen die in Satz 1 genannten Schutzgüter, Anforderungen und Lebensgrundlagen nicht gefährdet werden.

a) Der bauordnungsrechtliche Gefahrenbegriff

4 Nach Satz 1 dürfen die öffentliche Sicherheit oder Ordnung, deren Inhalt weiter spezifiziert wird, nicht gefährdet werden. Dem Satz 1 liegt ein Gefahrenbegriff zugrunde, der sowohl die konkrete wie die abstrakte Gefahr umfasst. Eine Gefahr liegt vor, wenn erkennbar die objektive Möglichkeit eines Schadens für die öffentliche Sicherheit oder Ordnung besteht, *vgl. BVerwG, U. v. 25.02.1969 – BVerwG I C 7.68 –, OVG Berlin-Brandenburg, B. v. 15.09.2015 – OVG 10 S 19.15.* Der klassische Gefahrenbegriff ist dadurch gekennzeichnet, dass „aus gewissen gegenwärtigen Zuständen nach dem Gesetz der Kausalität gewisse andere Schaden bringende Zustände und Ereignisse erwachsen werden", *vgl. bereits PrOVG, Urt. v. 15.10. 1894, PrVBl 16, 125, 126.* Schadensmöglichkeiten, die sich lediglich nicht ausschließen lassen, weil nach dem derzeitigen Wissensstand bestimmte Ursachenzusammenhänge weder bejaht noch verneint werden können, begründen noch keine Gefahr, sondern lediglich einen Gefahrenverdacht oder ein „Besorgnispotential", *vgl. BVerwG, U. v. 03.07.2002 – 6 CN 8.01 – und U. v. 19.12.1985 – 7 C 65.82.*

5 Eine **konkrete Gefahr** ist eine Sachlage, die im Einzelfall tatsächlich oder jedenfalls aus der ex ante Sicht der handelnden Bauaufsichtsbehörde bei verständiger Würdigung in absehbarer Zeit die hinreichende Wahrscheinlichkeit eines Schadenseintritts in sich birgt. Nicht erforderlich ist, dass der Schadenseintritt in besonderer zeitlicher Nähe zu erwarten ist, *vgl. OVG Berlin-Brandenburg, B. v. 15.09.2015 – OVG 10 S 19.15 –; VGH Mannheim, B. v. 22.6.2004 – 5 S 1263/04.* Eine konkrete Gefahr wird etwa angenommen für 20 Ziegelschichten infolge von Rissen im Mauerwerk im oberen Schornsteinkopfbereich, weil der Schornsteinkopf an zwei Stellen auf eine Länge von 2,90 m und wenigstens 5 cm Breite gerissen sei und daher die objektive Möglichkeit des Herabstürzens

der Ziegel bestehe, *OVG Berlin-Brandenburg, B. v. 15.09.2015 – OVG 10 S 19.15 –*; für eine morsche, teilweise abgesackte Dachkonstruktion *VG Cottbus, B. v. 15.03.2018 – 3 L 592/17 –*; bei von außen auf die bauliche Anlage einwirkende Gefahren, wie z. B. durch Baumwurf bei einer zu nahe an einen bestehenden Wald heranrückenden Wohnbebauung, *OVG Koblenz, U. v. 26.08.2020 – 8 A 11789/19.*

Bei der Wahrscheinlichkeitsbewertung ist an die Wahrscheinlichkeit des Schadenseintritts eine umso geringere Anforderung zu stellen sind, je größer und folgenschwerer der Schaden ist, *vgl. z. B. BVerwG U. v. 18.12.2002 –; VGH B. v. 21.6.2011 – 14 CS 11.790 –*. So gilt der Grundsatz, dass mit der Entstehung eines Brandes jederzeit gerechnet werden muss. Dies bedeutet nicht, dass für die Annahme einer konkreten Gefahr erforderlich ist, dass der Schadenseintritt in besonderer zeitlicher Nähe zu erwarten ist, so *OVG Berlin-Brandenburg, B. v. 15.09.2015 – OVG 10 S 19.15.* Nicht ausreichend für das Vorliegen einer konkreten Gefahr ist, dass nur das Risiko eines Schadensfalls besteht, d. h. die Schadensmöglichkeit anzunehmen ist, Schadensverlauf und Eintrittswahrscheinlichkeit aber nicht sicher beurteilt werden können (entschieden zum Abstand einer baulichen Anlage zum Wald von 4,7 m als mit § 3 vereinbar). Unter diesen Voraussetzungen liegt nur eine abstrakte Gefahr vor, die den Erlass von Verordnungen gem. § 86 erlaubt, detailliert für die Baumwurfgefahr geurteilt in *OVG Koblenz, U. v. 26.08.2020 – 8 A 11789/19.* Bei Altbauten kann mit ihren ganz individuellen baulichen Gegebenheiten aus dem Nichtübereinstimmen einzelner Elemente des Gebäudes mit den heute allgemein geltenden Sicherheitsstandards nicht ohne Weiteres der Rückschluss auf eine konkrete Gefahr im Einzelfall gezogen werden; vielmehr kommt es auf die Umstände des Einzelfalls an, *vgl. OVG Magdeburg, B. v. 30.11.2006 – 2 M 264 –; OVG Münster, B. v. 28.12.1994 – 7 B 2890/94; OVG Hamburg, B. v. 4.1.1996 – B II 61/95 –*; die konkrete Gefahr bejahend für die Forderung nach der Herstellung einer Rauchabzugsöffnung *OVG Koblenz, B. v. 18.10.2019 – 8 B 11142/19.* 6

Die allgemeinen Anforderungen im Sinne von Satz 1 werden in den nachfolgenden Vorschriften der Bauordnung spezifiziert. Ein unmittelbarer Rückgriff auf Satz 1 ist daher dann nicht möglich, wenn die bauliche Anlage den besonderen Regelungen, etwa in Bezug auf den Brandschutz oder die Standsicherheit genügt. 7

b) Öffentliche Sicherheit oder Ordnung

Der Begriff der öffentlichen Sicherheit umfasst den Schutz zentraler Rechtsgüter wie Leben, Gesundheit, Freiheit, Ehre, Eigentum und Vermögen des Einzelnen sowie die Unversehrtheit der Rechtsordnung und der staatlichen Einrichtungen, *vgl. BVerfG, B. v. 7.4.2001 – 1 BvQ 17/01 und 18/01.* Der Gesetzgeber hat diese Schutzgüter nicht abschließend, wie der Begriff „insbesondere" 8 verdeutlicht, in Absatz 1 aufgezählt. Durch die Nennung der „natürlichen Lebensgrundlagen" hat der Gesetzgeber zugleich die besondere Bedeutung dieses Schutzgutes unterstrichen.

9 Unter der **öffentlichen Ordnung** ist die Gesamtheit der ungeschriebenen Regeln zu verstehen, deren Befolgung nach den jeweils herrschenden und mit dem Wertgehalt des Grundgesetzes zu vereinbarenden sozialen und ethischen Anschauungen als unerlässliche Voraussetzung für ein geordnetes menschliches Zusammenleben innerhalb eines bestimmten Gebietes angesehen wird, *vgl. BVerfG, B. v. 7.4.2001 – 1 BvQ 17/01 und 1 BvQ 18/01.* Im Bauordnungsrecht liegt die öffentliche Ordnung insbesondere dem Verunstaltungsverbot zugrunde.

10 Wie die beispielhafte Konkretisierung dieses Begriffes durch die Nennung von Leben, Gesundheit und natürlichen Lebensgrundlagen verdeutlicht, soll durch das Bauordnungsrecht sichergestellt werden, dass nicht gesundheitsschädigende und menschenunwürdige Verhältnisse oder die natürlichen Lebensgrundlagen gefährdende Zustände geschaffen werden oder entstehen. Der Grund hierfür braucht nicht erst in einer Einsturzgefahr zu liegen, sondern kann sich auch aus schlechter Belichtung und Belüftung von Räumen, aus einem Ungezieferbefall oder nassen bzw. feuchten Wänden ergeben. Auch ungesunde Wohn- und Arbeitsverhältnisse, verursacht durch schädliche Immissionen oder Altlasten, können zu Widersprüchen zu den allgemeinen Anforderungen nach Absatz 1 führen. Zur *öffentlichen Sicherheit* gehören die allgemeinen Anforderungen an die Standsicherheit eines Gebäudes, *vgl. VG Gelsenkirchen, U. v. 18. Juni 2015 – 5 K 5741/14.*

11 Zu den *natürlichen Lebensgrundlagen* als Bestandteil der öffentlichen Sicherheit und Ordnung gehören vor allem die Unversehrtheit von Boden, Wasser, Luft, Klima, Flora und Fauna. Diese zu schützen ist Aufgabe jeder staatlichen Gewalt, so auch des Gesetzgebers aufgrund der verfassungsrechtlichen Bestimmung in Art. 20a GG. Gemäß Art. 20a GG schützt der Staat auch in Verantwortung für die künftigen Generationen die natürlichen Lebensgrundlagen im Rahmen der verfassungsmäßigen Ordnung durch die Gesetzgebung und nach Maßgabe von Gesetz und Recht durch die vollziehende Gewalt und die Rechtsprechung. Die Verpflichtung zum Schutz der natürlichen Grundlagen ist als Staatsziel ausgestaltet, d. h. die staatliche Gewalt ist verfassungsrechtlich verpflichtet, das Gemeinschaftsgut „natürliche Lebensgrundlagen" im Sinne eines Optimierungsgebots zu schützen. Der Umweltschutz wird damit zu einer fundamentalen Staatsaufgabe. Bestandteil der natürlichen Lebensgrundlagen und Aufgabe des Umweltschutzes ist auch der Schutz der klimatischen Bedingungen und des Klimas, *vgl. dazu Otto, Klimaschutz und Energieeinsparung im Bauordnungsrecht der Länder, ZfBR 2008, 550-560.* In erster Linie trifft den Gesetzgeber die Verpflichtung, diesen Gestaltungsauftrag umzusetzen.

Art. 20a GG bezieht jedoch auch die Exekutive und die Rechtsprechung in den Schutzauftrag mit ein. Bei der Konkretisierung unbestimmter Rechtsbegriffe und bei der Betätigung von Ermessen ist das Schutzgebot des Art. 20a GG Auslegungs- und Abwägungshilfe, *vgl. BVerwG, U. v. 25.1.2006 – 8 C 13/05.* Die Schonung dieser Lebensgrundlagen erfolgt in der Regel durch einen schon bauplanungsrechtlich geforderten sparsamen Umgang mit Grund und Boden und die klimaschützenden Festsetzungen, die insbesondere durch die Klimaschutznovelle des BauGB (BGBl. I 2011, S. 1509, *s. dazu Battis/Krautzberger/Mitschang/Reidt, NVwZ 2011, 897; Krautzberger/Stüer, BauR 2011, 1416; Wilke, BauR 2011, 1744; Otto, ZfBR 2011, 735; Koch/Schumacher BADK 2011, 168*) ausgedehnt wurden. Das Schonungsgebot gewinnt bei der Auslegung der bauordnungsrechtlichen Bestimmung und bei der Ermessensentscheidung vor der Zulassung von Abweichungen gem. § 67 seine umweltschützende Relevanz. Ansonsten besitzt es nur eine untergeordnete Bedeutung, weil es im Zusammenwirken mit bauordnungsrechtlichen Ermächtigungsgrundlagen nur bei einer konkreten Gefahr von Relevanz ist. Zumeist werden die Sachverhalte dann jedoch bereits spezialrechtlich geregelt. Geändert wurde der Umgang mit den natürlichen Lebensgrundlagen durch die Ersetzung der vormaligen Regelung, dass diese geschont werden sollen, durch die Vorgabe, dass diese nicht gefährdet werden dürfen. Infolge dieser Neuregelung entfällt das ansonsten schwierig zu lösende Problem, was es konkret bedeutet, dass die natürlichen Lebensgrundlagen geschont werden müssen. Durch die Umstellung auf die Nichtgefährdung kommt der o. g. Gefahrenbegriff zum Tragen

Der Regelungsgehalt des Satzes 1 umfasst auch die Anforderungen an die Lage und Beschaffenheit des Grundstücks. Daher erstrecken sich die Anforderungen des § 3 Satz 1 auch auf den Umgang mit Altlasten im Grundstück, mit dem Hochwasserschutz oder mit der Bedrohung durch Hochwasser oder mit den Einwirkungen von Immissionen auf das Grundstück, sofern diese mit der beabsichtigten Nutzung nicht vereinbar sind. 12

3. Allgemeine Anforderungen an Bauwerke

In Satz 1 2. Halbsatz werden allgemeine materielle Anforderungen an Bauwerke formuliert. Der Gesetzgeber nimmt dabei Bezug auf die in Anhang I der EU-BauPVO enthaltenen Grundanforderungen. Diese sind „dabei", also bei Anwendung des 1. Halbsatzes, lediglich zu berücksichtigen. Die Berücksichtigungspflicht, die weniger als eine Beachtenspflicht ist, hat zur Konsequenz, dass die Anforderungen nach Satz 1 1. Halbsatz von den Vorgaben des Halbsatzes 2 unberührt bleiben. Bei unionsrechtskonformer Auslegung des Halbsatzes 1 bedeutet dies, dass die nationalen Schutzziele in Halbsatz 1 die Grundanforderungen der EU-BauPVO mit umfassen müssen. Die EU-BauPVO darf in ihrem Geltungsanspruch nicht durch das nationale Recht beschränkt werden. 13

14 Die Bauwerksanforderungen nach Halbsatz 2 sind unmittelbar von dem Bauherrn und den sonstigen am Bau Beteiligten zu erfüllen. Mittelbar sind davon auch die Hersteller von Bauprodukten betroffen, *vgl. VGH Mannheim, U. v. 07.10.2020 – 8 S 2959/18.* Konkretisiert werden diese Grundanforderungen in Bezug auf die Schutzziele nach dem 1. Halbsatz in der Verwaltungsvorschrift nach § 86a. Infolge ihrer Bindungswirkung können derartige Verwaltungsvorschriften mit der Normenkontrollklage angegriffen werden, *vgl. VGH Mannheim, a.a.O.*

15 Die in Anhang I der EU-BauPVO (VO (EU) Nr. 305/2011 des Europäischen Parlaments und des Rates v. 9.3.2011 zur Festlegung harmonisierter Bedingungen für die Vermarktung von Bauprodukten und zur Aufhebung der Richtlinie 89/106/EWG des Rates (ABl. L 88 v. 4.4.2011, 5; ABl. L 103 v. 12.4.2013, 10; ABl. L 92 v. 8.4.2015, 118) benannten Grundanforderungen sind folgende:

„GRUNDANFORDERUNGEN AN BAUWERKE

16 *Bauwerke müssen als Ganzes und in ihren Teilen für deren Verwendungszweck tauglich sein, wobei insbesondere der Gesundheit und der Sicherheit der während des gesamten Lebenszyklus der Bauwerke involvierten Personen Rechnung zu tragen ist. Bauwerke müssen diese Grundanforderungen an Bauwerke bei normaler Instandhaltung über einen wirtschaftlich angemessenen Zeitraum erfüllen.*

1. *Mechanische Festigkeit und Standsicherheit*
   Das Bauwerk muss derart entworfen und ausgeführt sein, dass die während der Errichtung und Nutzung möglichen Einwirkungen keines der nachstehenden Ereignisse zur Folge haben:
   a) Einsturz des gesamten Bauwerks oder eines Teils,
   b) größere Verformungen in unzulässigem Umfang,
   c) Beschädigungen anderer Teile des Bauwerks oder Einrichtungen und Ausstattungen infolge zu großer Verformungen der tragenden Baukonstruktion,
   d) Beschädigungen durch ein Ereignis in einem zur ursprünglichen Ursache unverhältnismäßig großen Ausmaß.

2. *Brandschutz*
   Das Bauwerk muss derart entworfen und ausgeführt sein, dass bei einem Brand
   a) die Tragfähigkeit des Bauwerks während eines bestimmten Zeitraums erhalten bleibt;
   b) die Entstehung und Ausbreitung von Feuer und Rauch innerhalb des Bauwerks begrenzt wird;
   c) die Ausbreitung von Feuer auf benachbarte Bauwerke begrenzt wird;
   d) die Bewohner das Bauwerk unverletzt verlassen oder durch andere Maßnahmen gerettet werden können;
   e) die Sicherheit der Rettungsmannschaften berücksichtigt ist.

3. *Hygiene, Gesundheit und Umweltschutz*
Das Bauwerk muss derart entworfen und ausgeführt sein, dass es während seines gesamten Lebenszyklus weder die Hygiene noch die Gesundheit und Sicherheit von Arbeitnehmern, Bewohnern oder Anwohnern gefährdet und sich über seine gesamte Lebensdauer hinweg weder bei Errichtung noch bei Nutzung oder Abriss insbesondere durch folgende Einflüsse übermäßig stark auf die Umweltqualität oder das Klima auswirkt:
   a) *Freisetzung giftiger Gase;*
   b) *Emission von gefährlichen Stoffen, flüchtigen organischen Verbindungen, Treibhausgasen oder gefährlichen Partikeln in die Innen- oder Außenluft;*
   c) *Emission gefährlicher Strahlen;*
   d) *Freisetzung gefährlicher Stoffe in Grundwasser, Meeresgewässer, Oberflächengewässer oder Boden;*
   e) *Freisetzung gefährlicher Stoffe in das Trinkwasser oder von Stoffen, die sich auf andere Weise negativ auf das Trinkwasser auswirken;*
   f) *unsachgemäße Ableitung von Abwasser, Emission von Abgasen oder unsachgemäße Beseitigung von festem oder flüssigem Abfall;*
   g) *Feuchtigkeit in Teilen des Bauwerks und auf Oberflächen im Bauwerk.*

4. *Sicherheit und Barrierefreiheit bei der Nutzung*
Das Bauwerk muss derart entworfen und ausgeführt sein, dass sich bei seiner Nutzung oder seinem Betrieb keine unannehmbaren Unfallgefahren oder Gefahren einer Beschädigung ergeben, wie Gefahren durch Rutsch-, Sturz- und Aufprallunfälle, Verbrennungen, Stromschläge, Explosionsverletzungen und Einbrüche. Bei dem Entwurf und der Ausführung des Bauwerks müssen insbesondere die Barrierefreiheit und die Nutzung durch Menschen mit Behinderungen berücksichtigt werden.

5. *Schallschutz*
Das Bauwerk muss derart entworfen und ausgeführt sein, dass der von den Bewohnern oder von in der Nähe befindlichen Personen wahrgenommene Schall auf einem Pegel gehalten wird, der nicht gesundheitsgefährdend ist und bei dem zufrieden stellende Nachtruhe-, Freizeit- und Arbeitsbedingungen sichergestellt sind.

6. *Energieeinsparung und Wärmeschutz*
Das Bauwerk und seine Anlagen und Einrichtungen für Heizung, Kühlung, Beleuchtung und Lüftung müssen derart entworfen und ausgeführt sein, dass unter Berücksichtigung der Nutzer und der klimatischen Gegebenheiten des Standortes der Energieverbrauch bei seiner Nutzung gering gehalten wird. Das Bauwerk muss außerdem energieeffizient sein und während seines Auf- und Rückbaus möglichst wenig Energie verbrauchen.

7. *Nachhaltige Nutzung der natürlichen Ressourcen*
Das Bauwerk muss derart entworfen, errichtet und abgerissen werden, dass die natürlichen Ressourcen nachhaltig genutzt werden und insbesondere Folgendes gewährleistet ist:
   a) *Das Bauwerk, seine Baustoffe und Teile müssen nach dem Abriss wiederverwendet oder recycelt werden können;*
   b) *das Bauwerk muss dauerhaft sein;*
   c) *für das Bauwerk müssen umweltverträgliche Rohstoffe und Sekundärbaustoffe verwendet werden."*

4. Beseitigung und Nutzungsänderung (Satz 2)

17 In Satz 2 werden die Anforderungen nach Satz 1 auf die Beseitigung und die Nutzungsänderung von Anlagen übertragen.

18 Dadurch soll sichergestellt werden, dass nicht nur in Bezug auf bauliche Anlagen im Sinne von Absatz 1, sondern auch auf die Beseitigung und Nutzungsänderung sowie in Bezug auf das Baugeschehen selbst die allgemeinen Anforderungen eingehalten werden.

19 Eine **Beseitigung** in diesem Sinne ist die vollständige Entfernung einer Anlage. Wird die Anlage nur teilweise beseitigt, handelt es sich um die Änderung einer Anlage. Etwas anderes kann gelten, wenn die beseitigte Anlage eine eigene Qualität als Anlage besitzt, wie dies z. B. für einen Anbau möglich ist. Die teilweise Beseitigung kann zugleich ein Vorhaben im Sinne von § 29 BauGB sein; die vollständige Beseitigung ist bauplanungsrechtlich irrelevant, *vgl. OVG Münster, BRS 39 Nr. 172.* Sie unterliegt der Anzeigepflicht nach § 6 BbgBauVorlV.

20 Eine **Nutzungsänderung** im planungsrechtlichen Sinne liegt vor, wenn durch die Verwirklichung eines Vorhabens die einer genehmigten Nutzung eigene Variationsbreite verlassen wird und durch die Aufnahme dieser veränderten Nutzung bodenrechtliche Belange neu berührt werden können, so dass sich die Genehmigungsfrage unter bodenrechtlichem Aspekt neu stellt, *vgl. VG Berlin, U. v. 15.07.2015 – 19 K 273.14 –,* betreffend die Nutzung eines als isolierter Garage genehmigten Gebäudes als Bestandteil einer Kfz-Werkstatt. Maßstab für die Änderung der Nutzung ist die genehmigte Nutzung so, wie sie sich aus der Baugenehmigung und den zugehörigen Bauantragsunterlagen ergibt, *vgl. OVG Lüneburg, B. v. 18.09.2015 – 1 ME 126/15* – zum Begriff des „Wohnens". Davon abweichende Vorstellungen des Eigentümers einer Immobilie oder des Bauamtes sind unmaßgeblich. Die Variationsbreite der bisherigen Nutzung wird auch dann überschritten, wenn das bisher charakteristische Nutzungsspektrum durch zusätzliche Nutzungen erweitert wird, *vgl. BVerwG, BRS 76 Nr. 76 (2010).* Bauordnungsrechtlich ist eine Nutzungsänderung dann von

Relevanz, wenn sie anderen oder weitergehenden Anforderungen baurechtlicher Art unterliegt oder unterliegen kann, *vgl. OVG Berlin, DÖV 1997, 968.* Die Änderung einer Nutzung kann deshalb nach § 60 genehmigungspflichtig sein. Die Nutzungsänderung ist zugleich dann ein bauplanungsrechtliches Vorhaben im Sinne von § 29 BauGB, wenn die Änderung von bodenrechtlicher Relevanz ist, *vgl. BVerwG, BRS 76 Nr. 76 (2010) und DVBl 1999, 244.* Nicht jede bauordnungsrechtlich relevante Nutzungsänderung muss eine bauplanungsrechtliche Nutzungsänderung sein. Ebenso muss nicht jede bauplanungsrechtliche Nutzungsänderung von bauordnungsrechtlicher Relevanz sein.

Von der Nutzungsänderung ist die **Nutzungsintensivierung** zu unterscheiden. 21 Eine Nutzungsintensivierung ist dann anzunehmen, wenn eine bloße Änderung der tatsächlichen Verhältnisse – etwa eine veränderte Nutzerstruktur – ohne baurechtlich relevantes Zutun des Betreibers der Anlage dazu führt, dass die Anlage nunmehr bebauungsrechtlich anders zu beurteilen ist als bisher. Ändert der Betreiber demgegenüber objektive, vor allem in Maß und Zahl ausdrückbare Merkmale der baulichen Anlage, ist von einer Nutzungsänderung auszugehen, *vgl. BVerwG, U. v. 29.10.1998 – 4 C 9.97 –, BRS 60 Nr. 68; B. v. 11.07.2001 – 4 B 36.01 –, BRS 64 Nr. 73.* Eine Nutzungsänderung liegt etwa in der Erhöhung der Bettenzahl als des charakteristischen Merkmals der Nutzungsintensität eines Ferienhauses vor, *vgl. OVG Lüneburg, B. v. 22.11.2013 – 1 LA 49/13 –, Rn. 11, juris.* Die Nutzungsintensivierung ist regelmäßig zwar nicht bauplanungsrechtlich relevant, sie kann jedoch bauordnungsrechtlich bedeutsam sein; *vgl. BVerwG, U. v. 29.10.1998 – 4 C 9.97 –, NVwZ 1999, 417 (Nutzungsintensivierung bei einer Gaststätte mit Kegelbahn)*; anders aber bei Umwandlung einer Gastwirtschaft mit Tanzsaal in eine Diskothek, *BVerwG, B. v. 11.07.2001– 4 B 36.01 –.* Auch muss nicht jede Zunahme des Maßes der baulichen Nutzung bodenrechtlich beachtlich sein, *vgl. BVerwG, U. v. 27.8.1998 – 4 C 5.98 –, NVwZ 1999, 523 (bauliche Erweiterung und teilweise Nutzungsänderung eines Kur- und Gemeindehauses).* Die bauordnungsrechtliche Bewertung ist eigenständig und ohne Rücksicht auf § 29 BauGB vorzunehmen.

Teil 2
Das Grundstück und seine Bebauung

§ 4
Bebauung der Grundstücke mit Gebäuden

(1) Gebäude dürfen nur errichtet werden, wenn das Grundstück in angemessener Breite an einer befahrbaren öffentlichen Verkehrsfläche liegt oder wenn das Grundstück eine befahrbare, öffentlich-rechtlich gesicherte Zufahrt zu einer befahrbaren öffentlichen Verkehrsfläche hat.

(2) [1]Ein Gebäude auf mehreren Grundstücken ist nur zulässig, wenn öffentlich-rechtlich gesichert ist, dass dadurch keine Verhältnisse eintreten können, die Vorschriften dieses Gesetzes oder aufgrund dieses Gesetzes widersprechen. [2]Satz 1 gilt bei bestehenden Gebäuden nicht für eine Außenwand- und Dachdämmung, die über die Bauteilanforderungen der Energieeinsparverordnung vom 24. Juli 2007 (BGBl. I S. 1519), die zuletzt durch Artikel 3 der Verordnung vom 24. Oktober 2015 (BGBl. I S. 1789, 1790) geändert worden ist, in der jeweils geltenden Fassung für bestehende Gebäude nicht hinausgeht. [3]Satz 2 gilt entsprechend für die mit der Wärmedämmung zusammenhängenden notwendigen Änderungen von Bauteilen.

Übersicht

1. Allgemeines

1 § 4 benennt die grundsätzlichen Anforderungen, die an die Bebauung eines Grundstücks mit Gebäuden gestellt werden. Gegenstand der Regelung sind die verkehrliche Erschließung (Absatz 1) und das Verhältnis zwischen dem Gebäude und mehreren Baugrundstücken (Absatz 2).

2. Änderungen durch die Novelle 2016

Die Bedingungen für die Zulässigkeit der Teilung eines Grundstücks, die vormals in Absatz 3 geregelt waren, sind durch die Novelle 2016 in § 7 verschoben worden. Die Regelungen im vormaligen Absatz 1 Nr. 1 über die grundsätzlichen bauordnungsrechtlichen Anforderungen an die Bebaubarkeit eines Baugrundstücks in Hinblick auf Lage, Form, Größe und Beschaffenheit, etwa zur Geeignetheit eines Baugrundstücks bei ausstehender Grenzfeststellung, *vgl. VG Potsdam, B. v. 4.2.2003 – 4 L 304/02,* sind entfallen. 2

Auch § 4 Absatz 1 Nummer 3 a. F. ist entfallen, da die Anforderungen an die Erschließung zum Zeitpunkt der Nutzung von Anlagen in § 83 Absatz 2 Satz 3 geregelt sind. 3

Die in § 4 Abs. 1 Nr. 2 Halbsatz 2 a. F. enthaltene gesetzlich zugelassene Abweichung für nicht befahrbare Wohnwege bis 50 m Länge bei bestimmten Wohngebäuden hält der Gesetzgeber wegen der Abweichungsregelung des § 67 für entbehrlich. Dass sich dadurch der Verwaltungsaufwand erhöht, hat der Gesetzgeber in Kauf genommen. 4

§ 4 Abs. 2 Satz 2 und 3 sind neu in die Bauordnung aufgenommen worden. 5

3. Grundanforderungen an die Erschließung eines Grundstücks (Absatz 1)

Absatz 1 stellt bauordnungsrechtliche Anforderung an die mindestens erforderliche Erschließung. Danach dürfen Gebäude nur auf Grundstücken errichtet werden, wenn das Grundstück an einer öffentlichen Verkehrsfläche liegt oder eine öffentlich-rechtlich gesicherte Zufahrt aufweist. Der BbgBO lassen sich keine Vorschriften für eine gesicherte abwasserseitige Erschließung entnehmen, *vgl. VG Cottbus, B. v. 09.07.2020 – 6 L 473/17.* 6

Grundstück im Sinne dieser Regelung ist das Grundstück im bürgerlich-rechtlichen Sinn, *vgl. schon BVerwG, BRS 63 Nr. 94.* Dieses sog. Buchgrundstück ist ein räumlich abgegrenzter Teil der Erdoberfläche, der im Bestandsverzeichnis eines Grundbuchblattes unter einer Nummer eingetragen ist ohne Rücksicht darauf, wie es genutzt wird, und ob es eine wirtschaftliche Einheit mit anderen Grundstücken bildet, *vgl. § 1 Anm. 2. Nach OVG Lüneburg, B. v. 26.02.2004 – 1 LA 210/03 –, BauR 2004, 1274ff.,* ist Baugrundstück im Sinne von § 4 Abs. 1 das Grundstück im Sinne des bürgerlichen Rechts, auf dem eine Baumaßnahme durchgeführt wird oder auf dem sich eine bauliche Anlage befindet. Das soll aber nicht gelten, wenn ein wirtschaftlich einheitlich genutztes Grundstück missbräuchlich allein deshalb in zwei Buchgrundstücke geteilt wird, um die Einschränkungen des Baurechts für eine Grenzbebauung zu umgehen. Dann 7 sind die zwei Buchgrundstücke nicht jeweils als eigenständige Grundstücke zu behandeln.

4. Die verkehrliche Erschließung

8 In Absatz 1 wird die bauordnungsrechtlich erforderliche Erschließung des Grundstücks in verkehrlicher Hinsicht normiert. Diese Erschließung ist unabdingbare Voraussetzung für die bauliche Nutzung eines Grundstücks. Schutzzweck der Regelung und der Forderung einer sicheren Zufahrt ist, dass das Grundstück für Fahrzeuge so erreichbar ist, dass der von diesem ausgelöste Ziel- und Quellverkehr ohne Schaden für den sonstigen Verkehr aufgenommen werden kann und Polizeischutz, Gesundheitsschutz, Rettungsdienst, Brandschutz, die Verkehrssicherheit und Unterhaltung von Versorgungsleitungen und Entsorgungsleitungen gewährleistet ist, *vgl. VG Cottbus, U. v. 31.3.2004 – 3 K 609/01.* Die Regelung soll sicherstellen, dass den mit der Nutzung eines Grundstücks einhergehenden Gefahren für die öffentliche Sicherheit jederzeit angemessen begegnet werden kann. Insbesondere soll gewährleistet sein, dass Fahrzeuge der Feuerwehr, des Rettungs- und Gesundheitswesens, der Abfallbeseitigung und der Post sowie die Bewohner und Besucher das Grundstück und das Gebäude unter Berücksichtigung aller Aspekte der Gefahrenabwehr sicher erreichen können, *vgl. OVG Berlin, U. v. 30.07.2003 – OVG 2 B 11.00 –, juris Rn. 20.* Die bauordnungsrechtliche Erschließung bezweckt daher auch die sog. Binnenerschließung, *vgl. VG Berlin, U. v. 21.11.2019 – 13 K 505.17 –, Rn. 36, juris.* Diese Schutzzwecke machen es notwendig, dass das Erschließungserfordernis über den Wortlaut von Absatz 1 hinaus nicht nur – einmalig – für die „Errichtung" des Gebäudes gilt, sondern auch für jedwede spätere Nutzung, es sich also um eine dauerhafte Anforderung handelt, *so VG Berlin, U. v. 15.07.2015 – 19 K 273.14 –, Rn. 39, juris.*

9 Die verkehrliche Erschließung ist nicht nur bauordnungsrechtlich, sondern auch bauplanungsrechtlich unbedingt erforderlich, *zu den unterschiedlichen Begriffsinhalten vgl. BVerwG, U. v. 29.11.1991 – 8 C 105.98 –, BVerwGE 89, 222.* In bauplanungsrechtlicher Hinsicht wird der Erschließungsbegriff in Bezug zu der vorgesehenen Nutzung gesetzt, so dass die Erschließung als Nutzungsvoraussetzung verstanden wird, *vgl. BVerwG, U. v. 14.01.1983 – 4 C 81.81 –, BauR 1983, 566.* Von der gesicherten bauplanungsrechtlichen Erschließung kann nicht befreit werden, *vgl. BVerwG, U. v. 21.02.1986 – 4 C 10.83 –, BauR 1986, 305.* Zu den bauordnungsrechtlich weitergehenden Anforderungen im Vergleich zu den erschließungsrechtlichen Anforderungen *vgl. BGH, U. v. 21.05.1992 – III ZR 158/90 –, BGHZ 118, 253.*

10 Die bauordnungsrechtlichen Anforderungen an die verkehrliche Erschließung – ebenso wie das planungsrechtliche Erfordernis einer gesicherten Erschließung – stehen ausschließlich im öffentlichen Interesse und sind daher

nicht nachbarschützend, *vgl. OVG Münster, U. v. 09.04.1969 – 7 A 1037/67 –, BRS 22 Nr. 19; VGH München, B. v. 18.05.2006 – 26 ZB 05.3344.* Nachbarliche Abwehrrechte im Zusammenhang mit einer fehlenden oder unzureichenden Erschließung eines Baugrundstücks können sich jedoch unmittelbar aus der Eigentumsgewährleistung des Art. 14 GG ergeben, wenn die trotz des Erschließungsmangels erteilte Baugenehmigung die Belastung des Nachbargrundstücks mit einem Notwegerecht zu Gunsten des vorgesehenen Baugrundstücks nach sich zieht, *vgl. BVerwG, U. v. 23.03.1976 – 4 C 7.74 –, BVerwGE 55, 282.* Die dadurch ausgelöste Verpflichtung zur Duldung eines Notwegerechts nach § 917 Abs. 1 BGB kann eine unmittelbare Rechtsverschlechterung bewirken. Dem Nachbar steht in diesem Fall ein direkt aus Artikel 14 Abs. 1 Satz 1 GG herzuleitender Abwehranspruch zu, weil für den Fall, dass eine notwegeerhebliche rechtswidrige Baugenehmigung bestandskräftig wird, dem Eigentümer des mit einem Notweg belasteten Grundstücks der Einwand fehlender Ordnungsmäßigkeit der Benutzung im Sinne des § 917 Abs. 1 BGB abgeschnitten würde. Darin liegt, wenn die Baugenehmigung objektiv rechtswidrig ist, ein vom öffentlichen Recht ausgehender Eingriff in das Eigentum, gegen den sich der Betroffene mit den Rechtsbehelfen des öffentlichen Rechts wehren kann, *vgl. BVerwG, U. v. 26.03.1976 – 4 C 7.74 –, BVerwGE 50, 282, 291; VGH Mannheim, B. v. 21.12.2001 – 8 S 2749/01 –, juris, Rn. 3.*

5. Lage des Grundstücks an einer Verkehrsfläche (Absatz 1 Satz 1)

Nach Absatz 1 muss das Grundstück in angemessener Breite an einer befahrbaren öffentlichen Verkehrsfläche liegen, *vgl. VG Cottbus, U. v. 31.03.2004 – 3 K 609/01.* Dies gilt auch für Garagengrundstücke, *vgl. VGH Mannheim, U. v. 16.11.1978 – VIII 249/78.* Das Grundstück liegt dann an einer öffentlichen Verkehrsfläche, wenn es unmittelbar an diese angrenzt und von dem Grundstück erreichbar ist, ohne dass dazu ein anderes Grundstück durchquert werden muss. 11

Das Baugrundstück muss in angemessener Breite an einer öffentlichen Verkehrsfläche liegen. Die Angemessenheit der Breite steht in Abhängigkeit von Lage, Beschaffenheit und Form des Grundstücks sowie seiner Bebauung. Maßstab ist wiederum die Erreichbarkeit der baulichen Anlagen durch Rettungs- und Versorgungsfahrzeuge, *vgl. BVerwG, B. v. 30.11.1979 – 4 B 174.79 –, BRS 35 Nr. 100 (angemessene Kommunikation).* Ein Grundstück liegt etwa dann nicht in angemessener Breite, wenn es aufgrund von Steigungen, Abgrabungen oder sonstigen Geländehindernissen von einer öffentlichen Straße aus nicht befahrbar ist, die Zufahrt also über ein anderes Grundstück führt. Das Grundstück liegt auch dann nicht in angemessener Breite an der Straße, wenn diese aus rechtlichen Gründen nicht erreichbar ist. So sind private Zufahrten an Bundesstraßen nach § 8a FStrG Sondernutzungen, die nur erlaubt sind, 12 wenn die Sicherheit und Leichtigkeit des Verkehrs nicht gefährdet wird, *s. a. OVG Berlin-Brandenburg, U. v. 13.03.2014 – OVG 1 B 4.13.*

13 Hingegen liegen Hammergrundstücke dann in angemessener Breite an einer öffentlichen Verkehrsfläche, wenn der Stil, der die Verbindung mit der öffentlichen Verkehrsfläche herstellt, für die Benutzung durch Kraftfahrzeuge ausreichend breit ist. Nach *VGH München, U. v. 02.05.1988 – 6 B 85A1837 –, BayVBl 1989, 343,* sind 2 m ungenügend; nach *VG Potsdam, U. v. 13.12.2002 – 4 K 5944/97,* erfüllt ein Weg von nur 3,60 m Breite ohne Wende- und Ausweichmöglichkeiten diese Anforderungen nicht.

14 Eine Verkehrsfläche ist öffentlich, wenn sie nach dem Straßenrecht gewidmet wurde. Eine nur tatsächliche Nutzung als öffentliche Verkehrsfläche ist grundsätzlich nicht ausreichend, da die dauerhafte Benutzbarkeit nicht gesichert ist, *vgl. dazu OVG Münster, U. v. 13.05.1976 – X A 509/75 –, NJW 1977, 725.* Etwas anderes kann aus § 48 Abs. 7 BbgStrG folgen. Ob ein Weg danach öffentlich genutzt wurde und damit die Widmungsfiktion des § 48 Abs. 7 BbgStrG eintritt, ist nach den Vorschriften des Wegerechts zu beurteilen, unter deren Herrschaft der Weg angelegt wurde, *vgl. OVG Berlin-Brandenburg, U. v. 26.08.2010 – 1 B 3.10 –, juris Rn. 19* mit weiteren Nachweisen. Für den Bereich der Straßen bestimmt sich das bisherige Recht grundsätzlich nach dem Straßenrecht der DDR. Da das DDR-Recht den Begriff der Widmung nicht kannte, war maßgeblich für die Einstufung als öffentliche Straße in den neuen Bundesländern die Freigabe für die öffentliche Nutzung durch die zuständigen Stellen, also in der Regel der tatsächliche Anschluss an das bestehende öffentliche Straßennetz, *vgl. BVerwG, U. v. 30.10.2002 – 8 C 24.01 –, juris Rn. 15; OVG Berlin-Brandenburg, B. v. 25.08.2014 – 5 S 6.14 –, Rn. 7, juris.* Wegen der mit der Annahme der Widmungsfiktion verbundenen Einschränkungen des grundrechtlich geschützten Eigentums (Art. 14 Abs. 1 GG) an den Grundstücken, aus denen eine Straße gebildet worden ist *(vgl. hierzu: Sauthoff, Öffentliche Straßen, Rn. 135 f.),* muss sich eine nach früherem Recht eingetretene Nutzung als öffentliche Straße eindeutig und klar nachvollziehen lassen; insoweit verbleibende Zweifel dürfen sich vor dem Hintergrund des Art. 14 Abs. 1 GG nicht zu Lasten des Privateigentümers auswirken. Lässt sich danach aus den tatsächlichen Anhaltspunkten eine frühere Nutzung als öffentliche Straße nicht mit der gebotenen Eindeutigkeit erkennen, bleiben vielmehr Zweifel an der früheren öffentlichen Nutzung einer Straße, kann der Eintritt der Widmungsfiktion nicht festgestellt werden, so *OVG Berlin-Brandenburg, U. v. 26.8.2010 – 1 B 3.10 –, Rn. 19, juris.*

15 Befahrbar ist die öffentliche Verkehrsfläche, wenn sie nach ihren tatsächlichen Verhältnissen und unter Berücksichtigung der baulichen Nutzung des Grundstücks geeignet ist, von Rettungsfahrzeugen und Versorgungsfahrzeugen befahren zu werden und den für die baupolizeilichen Anforderungen notwendigen Ausbauzustand haben. Fußgängerzonen und sonstige öffentliche

Verkehrsflächen gelten in der Regel als befahrbar. Diese Anforderungen erfüllt ein Weg von nur 3,60 m ohne Wende- und Ausweichmöglichkeiten nicht, *vgl. VG Potsdam, U. v. 13.12.2002 – 4 K 5944/97.* Auch sind solche öffentlichen Verkehrsflächen nicht befahrbar, die aufgrund ihrer Beschaffenheit (z. B. Treppenanlagen) oder ihrer geringen Ausdehnung (schmale Gassen) von diesen Fahrzeugen nicht genutzt werden können.

Nach *VG Karlsruhe U. v. 14.7.1998 – 10 K 4052/97* – scheitert das Erfordernis der Erschließung bei einem im Privateigentum der Anlieger – und damit auch im Miteigentum des Bauherrn – stehenden Weg nicht, wenn der Bauherr bereits in ausreichender Konstanz aufgrund seines Miteigentumsanteils zu dessen Nutzung berechtigt ist und bereits schriftliche Zustimmungserklärungen der anderen Miteigentümer vorliegen, s. dazu auch *VGH Mannheim, U. v. 14.09.1988 – 8 S 2309/88.* Nach *VG Karlsruhe, U. v. 14.7.1998 –10 K 4052/97* – ist auch zu berücksichtigen, dass der Bauherr das fremde Grundstück lediglich „queren" muss, um zu der von ihm vorgesehenen baulichen Anlage zu gelangen, so dass es als unverhältnismäßig erscheint, wegen der Überquerung des 2 m breiten Grundstücks trotz des vorliegenden Einverständnisses der anderen Miteigentümer darüber hinaus noch eine „öffentlich-rechtlich gesicherte" Zufahrt zu verlangen. 16

6. Rechtlich gesicherte befahrbare Zufahrt

Führt die Zuwegung über fremde Grundstücke, muss als Ersatz für die fehlende Angrenzung des Baugrundstücks an die öffentliche Verkehrsfläche eine Verbindung vorhanden sein, die durch eine Baulast gem. § 84 öffentlich-rechtlich gesichert ist, *vgl. VG Cottbus, U. v. 31.3.2004 – 3 K 609/01; OVG Brandenburg, U. v. 20.11.2002 – 3 A 43/99,* einschränkend *VG Karlsruhe U. v. 14.07.1998 – 10 K 4052/97 –.* Die rechtliche Sicherung war vor der Novellierung 2016 nach den Bestimmungen des § 65 a. F. zu schaffen, *s. a. OVG Brandenburg, U. v. 20.11.2002 – 3 A 43/99 –, LKV 2003, 470–473* (keine Doppelsicherung). Die vor Einführung der Baulast gebräuchliche Sicherung musste in Form einer beschränkt-persönlichen Dienstbarkeit auf dem dienenden Grundstück eingetragen sein. Auch dadurch war sichergestellt, dass die Zufahrt auf Dauer genutzt werden kann und ohne behördliche Mitwirkung der Rechtsanspruch auf die Nutzung der Zufahrt nach Errichtung der baulichen Anlage nicht aufgehoben werden kann, *vgl. VG Cottbus, U. v. 31.3.2004 – 3 K 609/01 –, VGH Mannheim, U. v. 13.12.1994 – 2 S 3003/93 –, VBlBW 1995, 358.* 17

Durch die Novelle 2016 ist die Baulast in Brandenburg wieder eingeführt, so dass seitdem die rechtliche Sicherung durch die Eintragung einer Baulast erfolgt. Inhaltlich unterscheidet diese sich nicht von der Dienstbarkeit. Die zivilrechtlichen Sicherungen gelten fort und brauchen nicht durch Baulasten abgelöst zu werden. 18

7. Grenzüberbauung (Absatz 2)

19 In Absatz 2 wird die Grenzüberbauung von Gebäuden geregelt. Danach darf ein Gebäude im Sinne von § 2 Abs. 2 auf mehreren Grundstücken, also unter Überschreitung der Grundstücksgrenze gebaut werden, wenn rechtlich gesichert ist, dass keine Verhältnisse eintreten können, die den Vorschriften dieses Gesetzes widersprechen. Diese Regelung betrifft das einheitliche Bauwerk, welches sich von mehreren selbstständigen Bauwerken, die miteinander baulich verknüpft sind, wie etwa Doppel- oder Reihenhäuser, unterscheidet. Maßgeblich ist insoweit die konstruktive Ausgestaltung des Gebäudes, insbesondere das Vorhandensein von Grenzwänden im Sinne von § 26 Abs. 2 Nr. 1. Für alle anderen bauliche Anlagen und Einrichtungen gilt diese Beschränkung nicht. Die rechtliche Sicherung erfolgte vor der Novelle 2016 durch die Eintragung beschränkt persönlicher Dienstbarkeiten gem. § 65, nach der Novelle 2016 durch eine Baulast in Gestalt einer sog. Vereinigungsbaulast. Nach OVG Lüneburg gilt für Diaprojektionswerbeanlagen nicht die Regel, dass ein Bauvorhaben nur auf einem Grundstück errichtet werden muss, *vgl. BauR 2001, S. 379 und BauR 2000, S. 1179.*

20 Ein grundsätzliches Verbot, ein Gebäude auf mehreren Grundstücken zu errichten, hat der Gesetzgeber in Absatz 2 nicht geregelt. Entscheidend für die Zulässigkeit des Überbaus ist nun, ob dadurch Verhältnisse geschaffen werden, die bauordnungsrechtlich unzulässig sind. Da die Bauordnung auch dem Schutz der Rechtsordnung dient, wie der Bezug in § 3 Satz 1 auf die öffentliche Sicherheit, also die Unverletzlichkeit der Rechtsordnung verdeutlicht, sind auch die Rechtsverhältnisse in den Blick zu nehmen, die nicht im Bauordnungsrecht selbst gründen. Bauordnungsrechtlich kann der Grenzüberbau auch im Hinblick auf das Abstandsflächenrecht unproblematisch sein. Es kann deshalb nicht in der Regel davon ausgegangen werden, dass ein Grenzüberbau grundsätzlich unzulässig ist.

21 Zu prüfen ist im Einzelfall auch, ob von einem einzigen Grundstück im wirtschaftlichen Sinne auszugehen ist. Dies ist namentlich dann angezeigt, wenn die Grundstücke dem gleichen Eigentümer gehören und wenn das überbaute Grundstück für eine Bebauung durch ein selbstständiges Gebäude wegen seiner Größe nicht geeignet ist.

22 Eine mit der Bauordnung an sich unzulässige Grenzüberbauung kann jedoch im Wege der Abweichung gem. § 67 zugelassen werden.

23 Mit Satz 2 und Satz 3 wird das nachträgliche Aufbringen von Außenwand- und Dachdämmungen bei bestehenden Gebäuden dahingehend vereinfacht, dass eine Überbauung des Nachbargrundstücks an der Grundstücksgrenze durch die Dämmmaßnahme bauordnungsrechtlich zulässig ist, so dass es

keiner Baulasteintragung bedarf. Damit wird der Überbau lediglich bauordnungsrechtlich zugelassen. Zivilrechtlich ist jedoch nicht die Bauordnung, sondern das Brandenburgische Nachbarrecht maßgeblich, in dem ein solcher Überbau in § 19a BbgNRG geregelt ist. Dort heißt es:

„§ 19a
Überbau durch Wärmedämmung

(1) Der Eigentümer und der Nutzungsberechtigte eines Grundstücks haben zu dulden, dass die auf einer vorhandenen Grenzwand nachträglich aufgebrachte Wärmedämmung und sonstige mit ihr im Zusammenhang stehende untergeordnete Bauteile auf das Grundstück übergreifen, soweit
1 *die übergreifenden Bauteile öffentlich-rechtlich zulässig oder zugelassen worden sind,*
2 *eine vergleichbare Wärmedämmung auf andere Weise als durch eine Außendämmung mit vertretbarem Aufwand nicht vorgenommen werden kann und*
3 *sie die Benutzung des Grundstücks nicht oder nur unwesentlich beeinträchtigen. Eine wesentliche Beeinträchtigung ist insbesondere dann anzunehmen, wenn die Überbauung die Grenze zum Nachbargrundstück in der Tiefe um mehr als 0,25 m überschreitet.*
(2) Der duldungsverpflichtete Nachbar kann verlangen, dass der Eigentümer des durch den Überbau begünstigten Grundstücks die Wärmedämmung in einem ordnungsgemäßen Zustand erhält.
(3) Der duldungsverpflichtete Nachbar ist berechtigt, die Beseitigung der Wärmedämmung zu verlangen, soweit dadurch eine zulässige beabsichtigte Benutzung seines Grundstücks nicht nur unwesentlich beeinträchtigt wird, insbesondere soweit er selbst zulässigerweise an die Grenzwand anbauen will.
(4) Für die Verpflichtung zur Anzeige und zum Schadensersatz gelten die §§ 8 und 15 entsprechend mit der Maßgabe, dass die Anzeige Art und Umfang der Baumaßnahme umfassen muss.
(5) Dem Eigentümer und dinglich Nutzungsberechtigten des betroffenen Grundstücks ist ein angemessener Ausgleich in Geld zu leisten. Sofern nichts anderes vereinbart wird, gelten § 912 Absatz 2 und die §§ 913, 914 des Bürgerlichen Gesetzbuchs entsprechend.
(6) Die Absätze 1 bis 5 gelten entsprechend für Nachbarwände und sonstige Wände, die nahe an der Grundstücksgrenze stehen oder über diese hinausreichen und zu deren Duldung der Eigentümer und der Nutzungsberechtigte des Nachbargrundstücks verpflichtet sind."

Diese Duldungspflicht wird durch Satz 2 und 3 bauordnungsrechtlich ergänzt. 24
Zu beachten ist, dass die Außenwandbekleidung den Anforderungen des § 28 genügt. Insbesondere gilt § 28 Abs. 3.

§ 5
Zugänge und Zufahrten auf den Grundstücken

(1) [1]Von öffentlichen Verkehrsflächen ist insbesondere für die Feuerwehr ein geradliniger Zu- oder Durchgang zu rückwärtigen Gebäuden zu schaffen; zu anderen Gebäuden ist er zu schaffen, wenn der zweite Rettungsweg dieser Gebäude über Rettungsgeräte der Feuerwehr führt. [2]Zu Gebäuden, bei denen die Oberkante der Brüstung von zum Anleitern bestimmten Fenstern oder Stellen mehr als 8 Meter über Gelände liegt, ist in den Fällen des Satzes 1 anstelle eines Zu- oder Durchgangs eine Zu- oder Durchfahrt zu schaffen. [3]Ist für die Personenrettung der Einsatz von Hubrettungsfahrzeugen erforderlich, sind die dafür erforderlichen Aufstell- und Bewegungsflächen vorzusehen. [4]Bei Gebäuden, die ganz oder mit Teilen mehr als 50 Meter von einer öffentlichen Verkehrsfläche entfernt sind, sind Zufahrten oder Durchfahrten nach Satz 2 zu den vor und hinter den Gebäuden gelegenen Grundstücksteilen und Bewegungsflächen herzustellen, wenn sie aus Gründen des Feuerwehreinsatzes erforderlich sind.

(2) [1]Zu- und Durchfahrten, Aufstellflächen und Bewegungsflächen müssen für Feuerwehrfahrzeuge ausreichend befestigt und tragfähig sein; sie sind als solche zu kennzeichnen und ständig freizuhalten; die Kennzeichnung von Zufahrten muss von der öffentlichen Verkehrsfläche aus sichtbar sein. [2]Fahrzeuge dürfen auf den Flächen nach Satz 1 nicht abgestellt werden.

Übersicht

1. Allgemeines

1 In § 5 werden Anforderungen an die Zugangsmöglichkeiten zu Gebäuden gestellt. Absatz 1 regelt die Erreichbarkeit von Gebäuden für die Feuerwehr. Vorrangig soll so im Brand- und Unglücksfall sichergestellt werden, dass Lösch- und Rettungsarbeiten möglich sind und nicht behindert werden.

Wirksame Löscharbeiten sind bei einem Brand nur möglich, wenn die Feuerwehr schnell und ungehindert an die Brandstelle herankommen und ihre Löschangriffe vortragen kann und wenn die baulichen Anlagen so auf dem Grundstück angeordnet sind, dass die Feuerwehr eine ausreichende Bewegungsfreiheit hat, *vgl. OVG Saarlouis, U. v. 26.01.2006 – 2 R 9/05, s.a. Möller/Soboscyk, Grundeigentum 2016, 569ff.*

Absatz 2 enthält die Grundanforderungen an die Befestigung, die Tragfähigkeit, die Kennzeichnung und die Freihaltung der Flächen für die Feuerwehr. 2
Durch die Novelle 2016 ist die Regelung über den Einsatz von Hubrettungswagen entfallen. In Anlehnung an die Musterbauordnung 2002 ist § 5 auf den nach Auffassung des Gesetzgebers zwingend erforderlichen Regelungsgehalt reduziert worden. Dabei hat sich jedoch die Lesbarkeit der Vorschrift deutlich verschlechtert. Nach der Novelle 2016 sind Detailbestimmungen über die nähere Ausgestaltung der Zugänge und Zufahrten nicht mehr normiert. Diese sind in den in der „Richtlinie über Flächen für die Feuerwehr" enthaltenen Festlegungen geregelt. Diese Richtlinie vom 25.03.2002 (ABl. S. 466), geändert durch Bekanntmachung vom 09.07.2007 (ABl. S. 1631) ist als Technische Baubestimmung eingeführt worden und daher verbindlich.

Die ausreichende Erschließung eines Grundstückes und der aufstehenden 3
Gebäude besteht nicht im Interesse der Nachbarn des Baugrundstückes. Die Erschließung dient ausschließlich dem öffentlichen Interesse (Umwälzung der Erschließungskosten) und dem Interesse des Bauherrn (Zugang zum öffentlichen Verkehrs- und Versorgungsnetz sowie Brand- und Unfallschutz, *vgl. VGH München, B. v. 29.08.2014 – 15 CS 14.615*). Jedoch kann eine rechtswidrige Baugenehmigung einen Eingriff in das Eigentumsrecht des Nachbarn bedeuten, wenn sie wegen fehlender Erschließung und der dadurch ausgelösten Verpflichtung zur Duldung eines Notwegerechts nach § 917 Abs. 1 BGB eine unmittelbare Rechtsverschlechterung bewirkt. Dem Nachbar steht in diesem Fall ein direkt aus Artikel 14 Abs. 1 Satz 1 GG herzuleitender Abwehranspruch zu, weil für den Fall, dass eine notwegeerhebliche rechtswidrige Baugenehmigung bestandskräftig wird, dem Eigentümer des mit einem Notweg belasteten Grundstücks der Einwand fehlender Ordnungsmäßigkeit der Benutzung im Sinne des § 917 Abs. 1 BGB abgeschnitten würde. Darin liegt, wenn die Baugenehmigung objektiv rechtswidrig ist, ein vom öffentlichen Recht ausgehender Eingriff in das Eigentum, gegen den sich der Betroffene mit den Rechtsbehelfen des öffentlichen Rechts wehren kann, *vgl. BVerwG, U. v. 26.03.1976 – 4 C 7.74 –, BVerwGE 50, 282, 291; VGH Mannheim, B. v. 21.12.2001 – 8 S 2749/01 –, juris, Rn. 3.*

2. Erreichbarkeit rückwärtiger Gebäude (Absatz 1)

a) Rückwärtige Gebäude (Satz 1)

4 In Absatz 1 werden Anforderungen an Zu- oder Durchgänge bzw. Zu- oder Durchfahrten zu rückwärtigen Gebäuden geregelt. Durch den Zu- oder Durchgang bzw. die Zu- oder Durchfahrt soll nicht die Rückseite eines Gebäudes, sondern sollen solche Gebäude erreicht werden, die auf dem rückwärtigen Teil des Grundstücks stehen. Der rückwärtige Teil des Grundstücks ist, von der Straße aus gesehen, der hintere Teil des Grundstücks. Ob die auf dem hinteren Teil des Grundstücks stehenden Gebäude dort in zweiter Reihe stehen oder ob vor ihnen eine Freifläche liegt, ist unerheblich. Davon zu unterscheiden sind die Gebäude, die auf einem anderen Grundstück stehen, welches hinter einem bebauten Grundstück liegt, *vgl. VG Dresden, B. v. 08.07.2004 – 4 K 210/04*. Für diese Gebäude gilt die Regelung in Absatz 1 nicht. Absatz 2 gilt für die vorderen, straßenständigen Gebäude daher nur, wenn zu diesen Gebäuden Zu- und Durchfahrten, Aufstellflächen und Bewegungsflächen angelegt sind. Deren Anlegung ist nicht zwingend, da diese Gebäude nur nach Maßgabe von § 4 von den öffentlichen Verkehrsflächen erschlossen sein müssen.

b) Erreichbarkeit über Zu- oder Durchgänge (Satz 1)

5 Ausreichend ist nach Absatz 1 Satz 1, dass ein Zu- oder Durchgang vorhanden ist. Ein Zugang liegt vor, wenn er nicht neben ein anderes Gebäude geführt werden muss. Einen Durchgang kennzeichnet, dass er neben oder unter einem Gebäude geführt wird. Von dem Zu- oder Durchgang zu unterscheiden ist die Zu- oder Durchfahrt im Sinne von Satz 2. Von Satz 1 werden nur Gebäude erfasst, deren Oberkante der Brüstung von zum Anleitern bestimmten Fenstern oder Stellen nicht mehr als 8 m über Gelände liegt. Nur zu diesen Gebäuden ist ein Zu- oder Durchgang ausreichend. Anforderungen an die Beschaffenheit des Zu- oder Durchgangs stellt der Gesetzgeber nur im Hinblick auf seine Geradlinigkeit. Bestimmte Breiten oder einen bestimmten Untergrund verlangt der Gesetzgeber nicht. In jedem Fall muss der Zugang so beschaffen sein, dass die bauordnungsrechtlichen Zwecke des § 5 erfüllt werden können. Nach Nummer 14 der Richtlinie über die Flächen für die Feuerwehr auf Grundstücken (s. a. DIN 14090) setzt dies voraus, dass der Zugang eine Breite von mindestens 1,25 m, bei Türöffnungen von mindestens 1 m besitzt. Der Durchgang muss an jeder Stelle eine lichte Höhe von 2 m aufweisen.

3. Erreichbarkeit über Zu- oder Durchfahrten (Satz 2)

6 Nach Satz 2 wird für die Erreichbarkeit von Gebäuden, deren Oberkante der Brüstung von zum Anleitern bestimmten Fenstern oder Stellen mehr als 8 m über Gelände liegen, in Fällen des Satzes 1 statt eines Zu- oder Durchgangs,

eine geradlinige Zu- oder Durchfahrt verlangt. Satz 2 gilt, wie die Worte „in den Fällen des Satzes 1" belegt, nur für rückwärtige Gebäude. Dadurch soll sichergestellt werden, dass die im Brand- und Notfall einzusetzenden Rettungsfahrzeuge das Gebäude erreichen können und ausreichende Fahrmöglichkeiten erhalten. Anforderungen an Breite und lichte Höhe der Zu- oder Durchfahrt ergeben sich aus der Richtlinie über die Flächen für die Feuerwehr auf Grundstücken (s. a. DIN 14090). Danach muss die Breite mindestens 3 m betragen, die lichte Höhe bei Durchfahrten mindestens 3,50 m. Bei Durchfahrten, die auf einer Länge von mehr als 12 m durch Bauteile und bauliche Anlagen begrenzt sind, muss die lichte Breite mindestens 3,50 m betragen. Sind Zufahrten ausreichend breit und übersichtlich, können Zufahrten mit einem Kurvenradius als Abweichung nach § 67 zugelassen werden.

Nach Sinn und Zweck der Vorschrift ist unter dem Gelände nicht die Fläche am Schnittpunkt der Geländeoberfläche mit der Außenwand, sondern die Fläche gemeint, auf der die Rettungsfahrzeuge bei einem Rettungseinsatz aufgestellt werden können. Von dieser Fläche aus ist die Höhe von mehr als 8 m zu den zum Anleitern bestimmten Fenstern oder Stellen zu berechnen. 7

4. Aufstellflächen (Satz 3)

Satz 3 bestimmt das Erfordernis von Aufstellflächen für Hubrettungsfahrzeuge (Drehleiter), die für die Personenrettung erforderlich sind. Derartige Aufstellflächen können daher insbesondere dann unumgänglich sein, wenn über sie der brandschutzrechtlich notwendige zweite Rettungsweg führt, *vgl. OVG Saarlouis, U. v. 26.01.2006 – 2 R 9/05*. Sollen Hubrettungsfahrzeuge für die Brandbekämpfung eingesetzt werden, ist die Aufstellfläche für diesen Zweck nicht nach Satz 3 gefordert. Für die Aufstellfläche nach Satz 3 gilt die Anlage A 2.2.1.1/1 „Zur Richtlinie über Flächen für die Feuerwehr" der DIBt-Veröffentlichung der Muster-Verwaltungsvorschrift Technische Baubestimmungen Ausgabe 2019/1, dass sie mindestens entsprechend der Straßen-Bauklasse VI (Richtlinie für Standardisierung des Oberbaues von Verkehrsflächen – RStO 01) zu befestigen sind und die DIN EN 1991-1-1:2010-12 in Verbindung mit DIN EN 1991-1-1/NA:2010-12 anzuwenden ist, vgl. Verwaltungsvorschrift Technische Baubestimmungen – VV TB1 Bekanntmachung des Ministeriums für Infrastruktur und Landesplanung vom 21. April 2020, Amtsblatt Nr. 18 v. 6. Mai 2020, S. 434 i. V. m. der DIBt-Veröffentlichung der Muster-Verwaltungsvorschrift Technische Baubestimmungen Ausgabe 2019/1. 8

5. Erreichbarkeit entfernt liegender Gebäude (Satz 4)

In Satz 4 werden über die Bestimmungen in Satz 2 hinausgehende Anforderungen an Zu- oder Durchfahrten zu Gebäuden gestellt, die mehr als 50 m von einer öffentlichen Verkehrsfläche entfernt stehen. Ohne Relevanz bleibt, dass 9 diese Gebäude auf einem rückwärtigen Teil des Grundstücks stehen. Grund für die Regelung in Satz 4 ist sicherzustellen, dass auch bei einer größeren Entfernung des Gebäudes von der Verkehrsfläche der Transport des Einsatzgerätes sicher und schnell möglich ist. Voraussetzung für die Verpflichtung, derartige Zu- und Durchfahrten zu schaffen ist jedoch, wie der letzte Halbsatz bestimmt, dass dies aus Gründen des Feuerwehreinsatzes erforderlich ist. Nach der gesetzlichen Formulierung muss diese Erforderlichkeit nachgewiesen werden, wenn der Bauantragsteller die Zu- oder Durchfahrt nicht in seinem Genehmigungsantrag ausweist. Hätte der Gesetzgeber die Regelhaftigkeit dieser Anforderung gewollt, hätte er dies durch eine negative Formulierung, („wenn sie nicht aus Gründen des Feuerwehreinsatzes entbehrlich ist.“) deutlich machen müssen. Ergibt sich aus der Stellungnahme der Feuerwehr oder dem brandschutztechnischen Nachweis also nicht, dass eine Zu- oder Durchfahrt erforderlich ist, darf sie nicht gefordert werden. Wird eine Zu- oder Durchfahrt gefordert, müssen dafür Gründe des Feuerwehreinsatzes angegeben werden.

6. Anforderungen an Zu- und Durchfahrten sowie Bewegungsflächen für Rettungsfahrzeuge (Absatz 2)

10 Absatz 2 betrifft die baulichen Anforderungen an Zu- und Durchfahrten, Aufstellflächen und Bewegungsflächen für Feuerwehrfahrzeuge. Dabei hat der Gesetzgeber in der Bauordnung nur die grundsätzlichen Anforderungen normiert. Die genauen technischen Anforderungen ergeben sich aus den technischen Baubestimmungen gem. Verwaltungsvorschrift Technische Baubestimmungen – VV TB1 Bekanntmachung des Ministeriums für Infrastruktur und Landesplanung vom 21. April 2020, Amtsblatt Nr. 18 v. 6. Mai 2020, S. 434 i. V. m. der DIBt-Veröffentlichung der Muster-Verwaltungsvorschrift Technische Baubestimmungen Ausgabe 2019/1, dort Anlage A 2.2.1.1/1 „Zur Richtlinie über Flächen für die Feuerwehr“, dazu auch *Möller/Soboscyk, Grundeigentum 2016, 569ff.*

§ 6
Abstandsflächen, Abstände

(1) [1]Vor den Außenwänden von Gebäuden sind Abstandsflächen von oberirdischen Gebäuden freizuhalten. [2]Satz 1 gilt entsprechend für andere Anlagen, von denen Wirkungen wie von Gebäuden ausgehen, gegenüber Gebäuden und Grundstücksgrenzen. [3]Eine Abstandsfläche ist nicht erforderlich vor Außenwänden, die an Grundstücksgrenzen errichtet werden, wenn nach planungsrechtlichen Vorschriften an die Grenze gebaut werden muss oder gebaut werden darf.

(2) [1]Abstandsflächen sowie Abstände nach § 30 Absatz 2 Nummer 1 und § 32 Absatz 2 müssen auf dem Grundstück selbst liegen. [2]Sie dürfen auch auf öffentlichen Verkehrs-, Grün- und Wasserflächen liegen, jedoch nur bis zu deren Mitte. [3]Abstandsflächen sowie Abstände im Sinne des Satzes 1 dürfen sich ganz oder teilweise auf andere Grundstücke erstrecken, wenn öffentlich-rechtlich gesichert ist, dass sie nicht überbaut werden; Abstandsflächen dürfen auf die auf diesen Grundstücken erforderlichen Abstandsflächen nicht angerechnet werden.

(3) Die Abstandsflächen dürfen sich nicht überdecken; dies gilt nicht für
1. Außenwände, die in einem Winkel von mehr als 75 Grad zueinander stehen,
2. Außenwände zu einem fremder Sicht entzogenen Gartenhof bei Wohngebäuden der Gebäudeklassen 1 und 2,
3. Gebäude und andere bauliche Anlagen, die in den Abstandsflächen zulässig sind.

(4) [1]Die Tiefe der Abstandsfläche bemisst sich nach der Wandhöhe; sie wird senkrecht zur Wand gemessen. [2]Wandhöhe ist das Maß von der Geländeoberfläche bis zum Schnittpunkt der Wand mit der Dachhaut oder bis zum oberen Abschluss der Wand. [3]Bei gestaffelten Wänden, bei Dächern oder Dachaufbauten sowie bei gegenüber der Außenwand vor- oder zurücktretenden Bauteilen oder Vorbauten ist die Wandhöhe für den jeweiligen Wandabschnitt, Dachaufbau, Vorbau oder das jeweilige Bauteil gesondert zu ermitteln. [4]Das sich ergebende Maß ist H.

(5) [1]Die Tiefe der Abstandsflächen beträgt 0,4 H, mindestens 3 Meter. [2]In Gewerbe- und Industriegebieten sowie für Windenergieanlagen im Außenbereich genügt eine Tiefe von 0,2 H, mindestens 3 Meter. [3]Vor den Außenwänden von Gebäuden der Gebäudeklassen 1 und 2 mit nicht mehr als drei oberirdischen Geschossen genügt als Tiefe der Abstandsfläche 3 Meter. [4]Werden von einer städtebaulichen Satzung oder einer örtlichen

Bauvorschrift nach § 87 Außenwände zugelassen oder vorgeschrieben, vor denen Abstandsflächen größerer oder geringerer Tiefe als nach den Sätzen 1 bis 3 liegen müssten, finden die Sätze 1 bis 3 keine Anwendung, es sei denn, die Satzung ordnet die Geltung dieser Vorschriften an. [5]Für Antennenanlagen, einschließlich zugehöriger Versorgungseinheiten und Funkcontainer, beträgt die Tiefe der Abstandsfläche im Außenbereich 0,4 H, soweit diese an Grundstücke mit Wohnnutzung grenzen; im Übrigen sind Antennenanlagen, einschließlich zugehöriger Versorgungseinheiten und Funkcontainer, im Außenbereich ohne eigene Abstandsflächen zulässig.

(6) Bei der Bemessung der Abstandsflächen bleiben außer Betracht
1. vor die Außenwand vortretende Bauteile wie Gesimse und Dachüberstände, wenn sie
   a) nicht mehr als 1 Meter vortreten und
   b) mindestens 2 Meter von der gegenüberliegenden Nachbargrenze entfernt bleiben,
2. Wintergärten mit nicht mehr als 5 Meter Breite, wenn sie
   a) insgesamt nicht mehr als ein Drittel der Breite der jeweiligen Außenwand in Anspruch nehmen,
   b) über nicht mehr als zwei Geschosse reichen und nicht mehr als 3 Meter vortreten und
   c) mindestens 2 Meter von der gegenüberliegenden Nachbargrenze entfernt bleiben,
3. Balkone mit nicht mehr als 5 Meter Breite, wenn sie
   a) insgesamt nicht mehr als ein Drittel der Breite der jeweiligen Außenwand in Anspruch nehmen,
   b) nicht mehr als 2 Meter vortreten und
   c) mindestens 2 Meter von der gegenüberliegenden Nachbargrenze entfernt bleiben,
4. sonstige Vorbauten, wenn sie
   a) insgesamt nicht mehr als ein Drittel der Breite der jeweiligen Außenwand in Anspruch nehmen,
   b) nicht mehr als 1,50 Meter vor diese Außenwand vortreten und
   c) mindestens 2 Meter von der gegenüberliegenden Nachbargrenze entfernt bleiben,
5. bei Gebäuden an der Grundstücksgrenze die Seitenwände von Vorbauten und Dachaufbauten, auch wenn sie nicht an der Grundstücksgrenze errichtet werden.

(7) Bei der Bemessung der Abstandsflächen bleiben Maßnahmen zum Zwecke der Energieeinsparung sowie die Errichtung von Solaranlagen bei rechtmäßig errichteten Gebäuden unabhängig davon, ob diese den Anforderungen der Absätze 2 bis 6 entsprechen, außer Betracht, wenn sie eine Stärke von nicht mehr als 0,40 Meter aufweisen.

(8) [1]In den Abstandsflächen eines Gebäudes sowie ohne eigene Abstandsflächen sind, auch wenn sie nicht an die Grundstücksgrenze oder an das Gebäude angebaut werden, zulässig

1. Garagen und Gebäude ohne Aufenthaltsräume und Feuerstätten mit einer mittleren Wandhöhe der grenznahen Wand bis zu 3 Meter und einer Gesamtgebäudelänge je Grundstücksgrenze von 9 Meter; die Dachneigung darf 45 Grad nicht überschreiten,
2. gebäudeunabhängige Solaranlagen mit einer Höhe bis zu 3 Meter und einer Gesamtlänge je Grundstücksgrenze von 9 Meter,
3. Stützmauern und geschlossene Einfriedungen in Gewerbe- und Industriegebieten, außerhalb dieser Baugebiete mit einer Höhe bis zu 2 Meter,
4. Wärmepumpen einschließlich ihrer Fundamente und Einhausungen mit einer Höhe bis zu 2 Meter und einer Gesamtlänge je Grundstücksgrenze von 3 Meter.

[2]Die Länge der die Abstandsflächentiefe gegenüber den Grundstücksgrenzen nicht einhaltenden Anlagen nach Satz 1 Nummer 1 und 2 darf auf einem Grundstück insgesamt 15 Meter nicht überschreiten.

(9) An bestehenden Gebäuden sind bei der nachträglichen Errichtung vor die Außenwand vortretender Aufzüge, Treppen und Treppenräume geringere Tiefen von Abstandsflächen zulässig, wenn wesentliche Beeinträchtigungen angrenzender oder gegenüberliegender Räume nicht zu befürchten sind und zu Nachbargrenzen ein Abstand von mindestens 3 Meter eingehalten wird.

(10) [1]Bei rechtmäßig errichteten Gebäuden sind die sich ergebenden Abstandsflächen in folgenden Fällen unbeachtlich:

1. Änderungen innerhalb des Gebäudes,
2. Nutzungsänderungen, wenn der Abstand des Gebäudes zu den Nachbargrenzen mindestens 2,50 Meter beträgt oder die Außenwand als Gebäudeabschlusswand ausgebildet ist,
3. die Neuerrichtung von Dachräumen oder Dachgeschossen innerhalb der Abmessungen bestehender Dachräume oder Dachgeschosse,
4. die Errichtung und Änderung von Vor- und Anbauten, die für sich genommen die Tiefe der Abstandsflächen nach Absatz 5 einhalten,
5. die nachträgliche Errichtung von Dach- und Staffelgeschossen, wenn deren Abstandsflächen innerhalb der Abstandsflächen des bestehenden Gebäudes liegen.

[2]Satz 1 gilt nicht für Gebäude nach Absatz 8.

(11) [1]Eine Abweichung von den Abstandsflächen und Abständen kann nach § 67 zugelassen werden, wenn deren Schutzziele berücksichtigt werden. [2]Eine atypische Grundstückssituation ist nicht erforderlich.

Übersicht

1. Allgemeines

1 Das Abstandsflächenrecht regelt den Abstand, den Gebäude und bauliche Anlagen mit gebäudegleicher Wirkung zueinander, zu Grundstücksgrenzen und zu den Wänden eines Gebäudes haben müssen. Unterschieden wird folglich zwischen dem Grenzabstand, dem Gebäudeabstand und dem Wandabstand.

2 Das Abstandsflächenrecht bestimmt durch diese Abstandserfordernisse die Lage der Gebäude auf einem Grundstück im Verhältnis zu Grundstücksgrenzen und zu anderen baulichen Anlagen und Gebäuden sowie die Stellung der Wände eines Gebäudes zueinander, *vgl. allgemein zum Abstandsflächenrecht Schulte, BauR 2007, 1514ff.; s. a. Krieger/Luckas, Abstandsflächen – rechtliche Herausforderungen bei der Bebauung großstädtischer Innenstadtlagen, BauR 2010, 173ff.* Das Abstandsflächenrecht ist damit zugleich Kernstück des materiellen Bauordnungsrechts. Es konkretisiert für das Bauordnungsrecht das Gebot nachbarlicher Rücksichtnahme in Bezug auf die Belichtung, Besonnung und Belüftung sowie die Einsichtnahmemöglichkeiten, *vgl. OVG Berlin-Brandenburg, B. v. 27.01.2012 – 2 S 50.10.*

3 Bei den Abstandsflächenregelungen handelt sich um bauordnungsrechtliche Mindestanforderungen. Der Gesetzgeber hat durch die Abstandsflächenvorschriften konkret die Art und Weise umschrieben, in der den durch sie zu schützenden Rechtsgütern hinreichend Rechnung getragen wird, *vgl. OVG Lüneburg, B. v. 02.07.1986 – 6 B 65/86.* Den in Absatz 5 vorgeschriebenen Abstandflächen kommt in ihrem gesamten Umfang – auch – nachbarschützende Wirkung zu, *vgl. zur gleichlautenden Rechtslage in Berlin OVG Berlin, U. v. 22.05.1992 – 2 B 22.90.*

2. Zweck des Abstandsflächenrechts

4 Die Vorschriften über das Abstandsflächenrecht dienen verschiedenen Zwecken. Mit ihnen soll vor allem eine hinreichende Belichtung, Besonnung und Belüftung der Gebäude und der Räume erreicht werden, *vgl. OVG Berlin-Brandenburg, B. v. 27.02.2012 – 10 S 39.11 –, B. v. 29.09.2010 – 10 S 21.10 –; B. v. 30.10.2009 – 10 S 26.09.* Ziel der Regelung der Abstandsflächentiefe ist die Ausleuchtung der Aufenthaltsräume mit Tageslicht im fensternahen Bereich (bis etwa 2,5 m Tiefe), so dass dort das Lesen und Schreiben auch bei bedecktem Himmel ohne Weiteres möglich ist, auch wenn aus medizinischer Sicht für Gesundheit und Wohlbefinden nicht unbedingt erforderlich ist, dass die Wohnräume durch Tageslicht beleuchtet werden, *vgl. Oeter: Licht im Hoch- und Städtebau aus medizinischer Sicht, Schriftenreihe Landes- und Stadtentwicklungsforschung, Institut für Landes- und Stadtentwicklung des Landes Nordrhein-Westfalen, Bd. 3.021, Dortmund 1980, Nachweis bei Boeddinghaus, BauR 2007, 641, 648.*

Anforderungen an die Tageslichtbeleuchtung von Arbeitsstätten werden darüber hinaus durch die Regelungen in der Arbeitsstättenverordnung (BGBl. I S. 2179) bestimmt, vgl. auch DIN 5034 „Tageslicht in Innenräumen" zur Bestimmung einer ausreichenden Helligkeit, die über den Tageslichtquotienten ermittelt wird. Nach Nr. 3.4 des Anhangs zur Arbeitsstättenverordnung 2004 wird im Hinblick auf die Sicherheit und Gesundheit jedoch nur noch eine angemessene künstliche Beleuchtung gefordert. Für gewerbliche Gebäude ist folglich eine Beleuchtung durch Tageslicht nicht mehr erforderlich, *vgl. Boeddinghaus, BauR 2007, 641, 648.* 5

Nach der Rechtsprechung soll weiterer Zweck des Abstandsflächenrechts sein, dass ein hinreichender Sozialabstand gewährleistet wird, *so VG Cottbus, U. v. 12.12.2014 – 3 K 1001/13.* Die Einsichtnahmemöglichkeiten sollen begrenzt werden. Der so verstandene Sozialabstand soll dem Wohnfrieden dienen, *vgl. OVG Berlin-Brandenburg, B. v. 07.08.2015 – 10 S 12.15 – und B. v. 26.4.2023 – 10 N 56/20 – zur Berliner Bauordnung.* Der Gesetzgeber hatte zwar trotz seiner Bezugnahme auf die Regelungsziele der Musterbauordnung 2002 das Abstandsflächenrecht nicht lediglich auf das Sicherheitsrecht verkürzt, sondern weiterhin soziale Belange aufgenommen. Er wollte bei der Novelle 2003 Aspekte wie verträgliches Wohnklima und Schutz der eigenen Privatsphäre gegen fremde nachbarliche Einwirkungen, wie Einsichtnahmen und Lärm, (Sozialabstand) weiterhin über das Abstandsflächenrecht regeln, *vgl. LT-Drucks. 3/5160, Begründung zu § 6; s. a. OVG Berlin-Brandenburg, B. v. 27. .2012 – 10 S 39.11 –; VG Cottbus, U. v. 09.08.2006 – 3 L 144/06 –; VG Cottbus, U. v. 23.10.2003 – 3K 1846/00 und VG Frankfurt (Oder), B. v. 28.06.2004 – 7 L 272/04 –; vgl. zum Sozialabstand auch OVG Berlin-Brandenburg, B. v. 10.03.2006 – 10 S 5.05 – (Sozialabstand bei Aussichtsturm); s. a. Boeddinghaus, BauR 2006, 1248ff.; Schulte, BauR 2007, 1514ff.* Der Gesetzgeber hat in der Novelle 2016 jedoch zu erkennen gegeben, dass das Abstandsflächenrecht ausschließlich auf einen bauordnungsrechtlich zu sichernden Mindeststandard abzielt und keine städtebaulichen Nebenzwecke (mehr) verfolgt. Angehobene Qualitätsanforderungen festzuschreiben, ist nach seiner Vorstellung nicht Aufgabe des an der Gewährleistung eines sicherheitsrechtlichen Minimums ausgerichteten Bauordnungsrechts, *vgl. LT-Drucks. 6/3268, S. 21.* Soll das Abstandsflächenrecht der Gewährleistung eines sicherheitsrechtlichen Minimums dienen, können soziale Schutzzwecke allenfalls noch von nachrangiger Bedeutung sein. Zudem kann das Abstandsflächenrecht die Einsichtnahmemöglichkeiten nur sehr begrenzt einschränken. In innerstädtischen Gebieten ist dieser Schutzzweck weitgehend überholt und lässt sich, wie die Privilegierung nach Absatz 3 belegt, nicht erreichen. Daher ist ein Vorhaben nicht deshalb rücksichtslos, wenn es in einem bebauten innerstädtischen Wohngebiet Einsichtsmöglichkeiten eröffnet. Die Nachbarn müssen hinnehmen, dass es auf Grundstücken, wenn sie innerhalb des durch das Bauplanungs- und das Bauordnungsrecht (insbesondere § 6 BauO) vorgegebenen Rahmens baulich genutzt werden, zu Einsichtsmöglichkeiten kommt, 6 die in einem bebauten Gebiet üblich sind, *vgl. OVG Münster, B. v. 10.03.2016 – 7 B 1155/15.*

7 Durch die Novelle 2016 werden die Zwecke des Abstandsflächenrechts infolge der vom Gesetzgeber in Absatz 5 Satz 2 vergrößerten Bedeutung städtebaulicher Satzungen und örtlicher Bauvorschriften relativiert. Fragen des angemessenen Sozialabstands sind deshalb nicht vorrangig von § 6 zu beantworten, sondern fließen in die Abwägung der in Absatz 5 Satz 2 genannten Satzungen ein. Ist das bauordnungsrechtliche Abstandsflächenrecht auf die Gewährleistung eines sicherheitsrechtlichen Minimums beschränkt, behält der Sozialabstand gleichwohl im Rahmen des bauplanungsrechtlichen Rücksichtnahmegebots seine Bedeutung. Wenn Rechte des Nachbarn durch Einwirkungen beeinträchtigt werden, gegen die das Abstandsflächenrecht keinen Schutz gewährt oder die über den abstandsflächenrechtlichen Schutzbereich hinausgehen, kann trotz Beachtung des Abstandsflächenrechts ein Verstoß gegen das in § 34 Abs. 1 BauGB bzw. § 15 BauNVO enthaltene Gebot der Rücksichtnahme vorliegen. Allerdings genügt für einen Verstoß gegen das Rücksichtnahmegebot trotz Beachtung des Abstandsflächenrechts nicht, dass ein Vorhaben die Situation für den Nachbarn nachteilig verändert. Vielmehr beschränken sich diese Fallgestaltungen auf Extremfälle, *vgl. OVG Berlin-Brandenburg, B. v. 27.02.2012 – 10 S 39.11 – und vom 29.09.2010 – 10 S 21.10.* Bei Einhaltung der Abstandsflächenregelungen kann grundsätzlich weder von einer erdrückenden Wirkung von Gebäuden noch von der Schaffung einer Gefängnishofsituation ausgegangen werden, *vgl. OVG Berlin-Brandenburg, B. v. 19.05.2014 – 2 S 8.14 –; VG Cottbus, B. v. 16.02.2016 – 3 L 193/15.* In der Regel ist das Gebot der Rücksichtnahme bei Wahrung der bauordnungsrechtlichen Abstandsvorschriften nicht verletzt, *vgl. OVG Bautzen, B. v. 20.10.2005 – 1 BS 251/05 –; s. a. OVG Bautzen, U. v. 28.08.2005 – 1 B 889/04 zum Sächsischen Bauordnungsrecht, in dem der Sozialabstand aus den bauordnungsrechtlichen Zielen und Zwecken eliminiert wurde.*

8 Besonderheiten dürften insoweit aus der Novelle 2016 resultieren, nach der infolge der Privilegierung in Absatz 5 Satz 3 die Tiefe der Abstandsfläche auf ein Maß von deutlich weniger als 0,4 H reduziert wurde. Dies ist oftmals zu besorgen, weil die Bemaßung bei Gebäuden der Gebäudeklasse 1 und 2 auf die Fußbodenoberkante Bezug nimmt, die absolute Gebäudehöhe also nicht mehr betrachtet wird. Dann erscheint eine Einzelfallprüfung regelmäßig als erforderlich.

9 Die Schutzzwecke auch des Abstandsflächenrechts können jedoch auch dann bauordnungsrechtlich verfehlt werden, wenn es infolge einer planungsrechtlich zulässigen abweichenden Bauweise, zu einer einseitigen Grenzbebauung kommt, so dass auf der anderen Seite der Grundstücksgrenze, also auf dem Nachbargrundstück, mit Abstand zur Grundstücksgrenze gebaut wird. Dabei

ist zu berücksichtigen, dass anders als z. B. in Niedersachsen und Nordrhein-Westfalen in Brandenburg eine einseitige Grenzbebauung bauordnungsrechtlich möglich ist. Da ein Anbaugebot, wie es in § 5 Abs. 5 Satz 2 NdsBauO oder § 6 Abs. 1 Satz 2 lit. b) BauONRW vorgeschrieben ist, in Brandenburg nicht besteht, ist es infolge des Vorrangs des Bauplanungsrechts nach § 6 Abs. 1 Satz 3 möglich, dass eine einseitige Grenzbebauung bauordnungsrechtlich und bauplanungsrechtlich erlaubt ist und es zu einer Unterschreitung des an sich geforderten Gebäudeabstandes kommt. Der Gebäudeabstand, der in § 6 Abs. 5 normiert ist, führt dazu, dass der Abstand zwischen den Gebäuden 0,8 H beträgt. Bei einer einseitigen Grenzbebauung kann deshalb im Falle einer Unterschreitung der Abstandsflächensumme von 0,8 H ein gewichtiger Anhalt für das Vorliegen ungesunder Wohn- und Arbeitsverhältnisse gegeben sein, *vgl. OVG Berlin-Brandenburg, B. v. 18.09.2013 – 2 S 60.13.* Denn die Regelabstandsflächentiefe von nunmehr 0,4 H und der daraus folgende Gebäudeabstand von 0,8 H entspricht gemäß DIN 5034-4 „Tageslicht in Innenräumen“ (S. 18) einem Verbauungswinkel von etwa 50°. Vorausgesetzt wird dabei, dass die lichte Raumhöhe mindestens 2,40 m und die dazugehörige Fensterhöhe 1,35 m beträgt und die Fensterbreite ist so bemessen, dass eine ausreichende Helligkeit und Sichtverbindung nach außen sichergestellt sind, *vgl. DIN 5034-4, Pkt. 2.1 und 2.2 und Musterbauordnung – Begründung der Fassung November 2002 –, S. 19.* Wird der Gesamtabstand von 0,8 H unterschritten, so indiziert dies, dass ungesunde Wohnverhältnisse vorliegen. Insbesondere indiziert dies eine unzureichenden Belichtung von Aufenthaltsräumen, *vgl. OVG Berlin-Brandenburg, B. v. 18.09.2013 – 2 S 60.13.* Allerdings besitzt diese Unterschreitung des Gebäudeabstandes von 0,8 nur indizielle Bedeutung. In jedem Einzelfall ist anhand der Gesamtumstände zu prüfen, ob die ausreichende Belichtung und Besonnung gleichwohl möglich sind. Dies könnte der Fall sein, wenn ein zu geringer Gebäudeabstand durch eine Öffnung der zwischen den Gebäuden liegenden Freifläche z. B. nach Süden oder Westen und eine sich daraus ergebende bessere Ausleuchtung der Innenräume oder eine das bauordnungsrechtliche Mindestmaß überschreitende Fenstergröße kompensiert wird oder ob die Belichtung aus anderen Gründen zureichend ist. Stets bedarf es einer konkreten Bewertung der Belichtung und Belüftung der betroffenen Aufenthaltsräume. Dabei ist auch zu prüfen, ob die unzureichende Belichtung und Belüftung sich nur auf einzelne Räume auswirken, aber noch genügend ausreichend belichtete Aufenthaltsräume vorhanden sind, so dass ungesunde Wohn- und Arbeitsverhältnisse im bauordnungsrechtlichen Sinne in der jeweiligen Wohnung oder Betriebsstätte nicht zu befürchten sind.

Schließlich dient das Abstandsflächenrecht auch dem Feuerschutz und der 10
Brandbekämpfung, *vgl. VG Cottbus, U. v. 23.10.2003 – 3 K 1846/00.*

3. Nachbarschutz

11 Die Vorschriften der Landesbauordnungen über die Abstandsflächen haben nachbarschützenden bzw. drittschützenden Charakter, *vgl. OVG Berlin-Brandenburg, B. v. 19.12.2012 – 2 S44.12 –; OVG Berlin-Brandenburg, B. v. 14.03.2006 – 10 S 7/05 –; OLG Brandenburg, U. v. 21.09.2005 – 4 U 174/04.* Der Nachbarschutz ergibt sich mithin unmittelbar aus den Regelungen des bauordnungsrechtlichen Abstandsflächenrechts. Eine Rechtsverletzung des Nachbarn im Sinne von § 113 Abs. 1 Satz 1 VwGO ist bei einer Unterschreitung der vorgeschriebenen Abstandsfläche stets zu bejahen, ohne dass es darauf ankommt, dass eine Beeinträchtigung nachbarlicher Belange und Interessen tatsächlich vorliegt, *vgl. OVG Berlin-Brandenburg, B. v. 19.12.2012 – 2 S44.12 –; OVG Berlin-Brandenburg, B. v. 14.03.2006 – 10 S 7/05.* Der abstandsflächenrechtliche Nachbarschutz stellt sich damit nicht als eine Ausprägung des Gebotes der Rücksichtnahme dar, vgl. *OVG Berlin, U. v. 22.05.1992 – 2 B 22.90.*

12 Die Vorschriften über Abstandsflächen, die nachbarschützenden Charakter besitzen, sind zugleich Schutzgesetze im Sinne des § 823 Abs. 2 BGB, *vgl. BGH, U. v. 09.02.1979 – V ZR 108/77.* Die Unterschreitung der Abstandsflächen des § 6 führen regelmäßig zu einer Erhöhung von Brandrisiken; da im Brandfall ein zusätzlicher Übertragungsweg für das Feuer geschaffen wird, *vgl. OVG Münster, U. v. 15.04.2011 – 7 D 68/10.NE.* Für den dadurch verursachten Schaden muss der abstandsflächenrechtswidrig Handelnde aufkommen, *vgl. OLG Hamm, U. v. 17.10.2019 – 24 U 146/18.*

13 Anders als in Bremen, wo die nachbarschützende Wirkung nur für Dreiviertel der grundsätzlich vorgeschriebenen Abstandsflächentiefe besteht, mindestens jedoch eine Tiefe von 2,50 m nachbarschützend ist, vgl. § 6 Abs. 5 Satz 3 BremBO, ist das Abstandsflächenrecht in Brandenburg in ganzer Tiefe nachbarschützend. Eine Baugenehmigung ist deshalb rechtswidrig und auf den Rechtsbehelf des Nachbarn aufzuheben, wenn das Abstandsflächenrecht zum vorgeschriebenen Prüfprogramm gehört, also nicht im vereinfachten Baugenehmigungsverfahren, vgl. § 63 Abs. 3, und die mit Zugehörigkeitsvermerk versehenen Genehmigungsvorlagen hinsichtlich abstandsflächenrechtlicher Merkmale des zur Genehmigung gestellten Vorhabens dem Abstandsflächenrecht widersprechen oder unbestimmt sind, *vgl. VG Frankfurt, U. v. 11.11.2003 – 7 K 1007/00 –; OVG Münster, B. v. 20.09.2007 – 10 A 4372/05.* Die aus dieser Verletzung des § 37 Abs. 1 VwVfG folgende Fehlerhaftigkeit der Genehmigung begründet das Abwehrrecht des Nachbarn, wenn sich die Unbestimmtheit gerade auf solche Merkmale des Vorhabens bezieht, deren genaue Feststellung erforderlich ist, um eine Verletzung nachbarschützender Vorschriften auszuschließen, *vgl. VG Potsdam, U. v. 03.03.2006 – 4 K 2996/01 –; VG Potsdam, U. v. 20.02.1997 – 4 K 753/95.* Eine Genehmigung muss daher insbesondere betreffend den Nachbarschutz hinreichend bestimmt sein, so dass die genehmigte

Anlage die nach § 6 Abs. 2 Sätze 1 und 3 erforderlichen Abstandsflächen tatsächlich einhält, *vgl. VG Frankfurt (Oder), B. v. 22.07.2005 – 7 L 19/05, gleichlautend für einen Bauvorbescheid vgl. VG Potsdam, B. v. 09.10.2013 – VG 4 K 336/12.* Abstandsflächenrechtlich ist die Genehmigung allerdings dann bestimmt, wenn der Standort der baulichen Anlage, bezogen auf den Abstand zum Nachbargrundstück und die für die Berechnung der Gebäudehöhe erforderlichen Maße, in den Bauvorlagen gekennzeichnet ist, *vgl. VG Potsdam, U. v. 03.03.2006 – 4 K 2996/01.*

Der Abwehranspruch gegen eine abstandsflächenrechtswidrige Bebauung 14
soll dem Nachbarn jedoch dann nicht zustehen, wenn Sinn und Zweck der verletzten Vorschrift einen Schutz des Nachbarn im Einzelfall nicht umfasst, *vgl. OVG Bautzen, B. v. 06.09.1994 – SächsVBl 1994, 285; OVG Berlin, U. v. 22.05.1992 – 2 B 22.90.* Auch darf derjenige, der selbst einen Grenzabstand nicht einhält, sich nach der Rechtsprechung in Brandenburg auf eine unzulässige Grenzbebauung des Nachbarn nicht berufen, *vgl. VG Frankfurt (Oder), U. v. 06.03.2001 – 3 E 3819/99.* Die Rechtsprechung begründet dies damit, dass ein Abwehranspruch eines Nachbarn nach Treu und Glauben gegenüber einer Baugenehmigung in der Regel auch dann nicht wegen der Verletzung einer nachbarschützenden Vorschrift des Abstandsflächenrechts in Stellung gebracht werden kann, wenn erstens die Bebauung auf dem Grundstück des klagenden Nachbarn den Anforderungen des Abstandsflächenrechts nicht entspricht und zweitens die beidseitigen Abweichungen gleichgewichtig sind, *vgl. OVG Berlin-Brandenburg, B. v. 08.09.2015 – 2 S 28.15 –; OVG Berlin-Brandenburg, B. v. 19.12.2012 – 2 S 44.12 –; OVG Berlin-Brandenburg, B. v. 11.08.2010 – 10 N 17.07.* Dieser Ausschluss eines Abwehranspruchs findet nach der Rechtsprechung seinen Grund darin, dass der baurechtliche Nachbarschutz seine Grundlage im nachbarlichen Gemeinschaftsverhältnis findet. Das Gemeinschaftsverhältnis bewirke, dass jeder Eigentümer zugunsten seines Nachbarn bestimmten Beschränkungen unterworfen sei und im Austausch für diese Beschränkung von dem Nachbarn verlangen könne, dass er diese Beschränkungen gleichfalls beachte. Dieses System nachbarlicher Ausgleichs- und Rücksichtnahmepflichten hat zur Folge, dass derjenige, der selbst mit seinem Gebäude den erforderlichen Grenzabstand nicht einhält, nach Treu und Glauben nicht verlangen kann, dass (nur) sein Nachbar die Abstandsfläche freihält. Diese Rechtsprechung überzeugt nicht, weil sie eine Korrektur der gesetzgeberischen Entscheidung bedeutet, ohne dass die Rechtsprechung dazu befugt wäre, *ebenso OVG Koblenz, B. v. 29.10.1981 – 1 B 59/81 –, BRS 39 Nr. 185; OVG Magdeburg, B. v. 06.02.1996 – 1 M 27/95 –; OVG Magdeburg, U. v. 16.03.2000 – A 2 S 62/98 –; differenzierend, OVG Münster, B. v. 15.02.1996 – 7 B 3431/95 –; OVG Münster, U. v. 24.04.2001 – 10 A 1402/98 –; OVG Magdeburg, B. v. 24.01.2012 – 2 M 157/11 –; eingehend Kuchler, BauR 2015, 1580ff.* Auch wird die Missachtung des Abstandsflächenrechts durch den Bauherrn nicht dadurch relativiert, dass der Nachbar sich ebenfalls rechtswidrig verhält. In jedem Fall führt der

Abstandsflächenrechtsverstoß zu rechtswidrigen und mit § 3 Satz 1 unvereinbaren Zuständen. Dass der Nachbar diese nicht abwehren darf, kann die Rechtsordnung, etwa unter Bezugnahme auf den Bestandsschutz, regeln. Für die Fruchtbarmachung des allgemeinen Grundsatzes von Treu und Glauben zum Ausschluss eines Abwehranspruchs ist, wenn der Gesetzgeber diesen Ausschluss nicht geregelt hat, mangels Regelungslücke oder zwingender Korrekturbedürftigkeit des Abstandsflächenrechts kein Raum.

4. Grundanforderungen (Absatz 1)

a) Abstandsflächen vor Außenwänden von Gebäuden (Satz 1)

15 Absatz 1 formuliert in Satz 1 die Grundregel des Abstandsflächenrechts. Diese gilt, wenn nicht eine abweichende Regelung getroffen ist, wie etwa in Satz 3 oder Absatz 8. Nach der Grundregel in Absatz 1 Satz 1 müssen Abstandsflächen vor allen Außenwänden des Gebäudes von oberirdischen Gebäuden freigehalten werden. Der Begriff des Gebäudes ist in § 2 Abs. 2 definiert. Außenwände sind nach Sinn und Zweck des Abstandsflächenrechts nur die oberirdischen Außenwände von Gebäuden oder von Gebäudeteilen. Gemeint sind dabei alle Außenwände im Sinne von § 28, also auch die Außenwände von Vorbauten und Dachaufbauten.

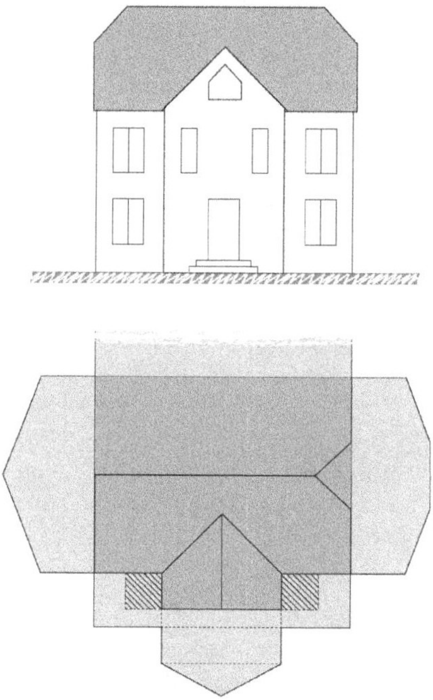

Bild 1 verdeutlicht, dass die Abstandsflächen vor allen Außenwänden eines Gebäudes liegen. (Abbildung: Karen Schröder)

„Freihalten" bedeutet, dass in den Abstandsflächen oberirdische Gebäude nicht gebaut werden dürfen. Dieses Bauverbot betrifft jegliche Gebäude, also nicht nur ein anderes Gebäude, sondern auch dasselbe Gebäude, siehe unten Rn. 17. Gefordert wird mit Satz der sog. Gebäudeabstand, zu diesem Begriff *OVG Berlin-Brandenburg, U. v. 24.06.2021 – 2 A 28.17.* 16

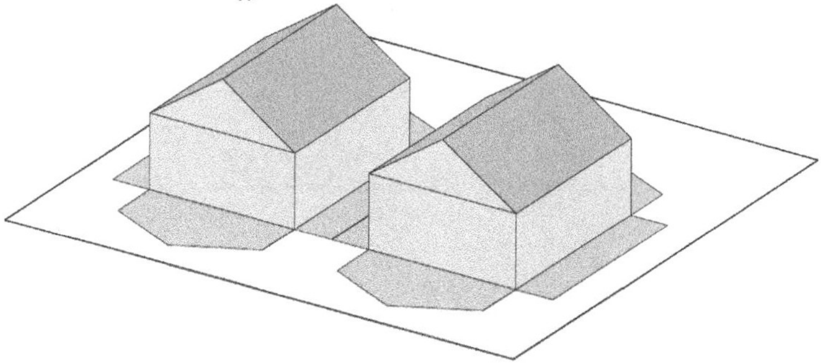

Bild 2 verdeutlicht, dass Gebäude einen Abstand zu anderen Gebäuden wahren müssen. (Abbildung: Karen Schröder)

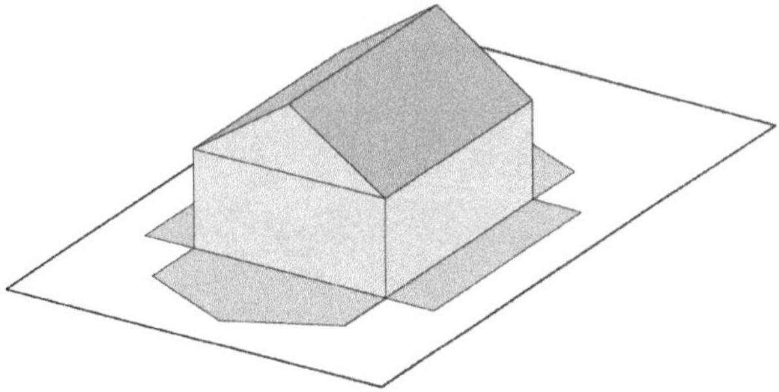

Bild 3 verdeutlicht die Lage der Abstandsfläche vor den Außenwänden des Gebäudes. Diese liegen auf dem Baugrundstück. Dadurch wird gewährleistet, dass der Abstand zu den Grundstücksgrenzen gewahrt wird. (Abbildung: Karen Schröder)

17 Das Abstandsflächenrecht gilt nicht nur für verschiedene Gebäude, sondern auch für dasselbe Gebäude. Für dessen Außenwände sind die Regelungen des Abstandsflächenrechts uneingeschränkt zu beachten.

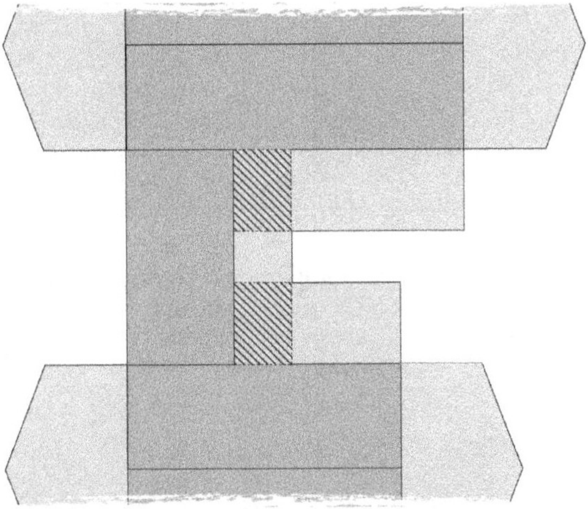

Bild 4 verdeutlicht, dass der Abstand nicht nur zwischen verschiedenen Gebäuden zu wahren ist, sondern dass Abstandsflächen auch vor den Außenwänden desselben Gebäudes liegen und freigehalten werden müssen. (Abbildung: Karen Schröder)

18 Die Abstandsflächen liegen nur vor den Außenwänden von Gebäuden und baulichen Anlagen. Das heißt, vor den Ecken von Gebäuden sind Abstandsflächen nicht von oberirdischen Gebäuden freizuhalten. Da, anders als etwa nach der Niedersächsischen Bauordnung, vgl. § 5 Abs. 1 Satz 1 NdsBauO, vor den Gebäudeecken Abstandsflächen nicht erforderlich sind, ist es

abstandsflächenrechtlich möglich, dass Gebäude an ihren Ecken aneinanderstoßen können.

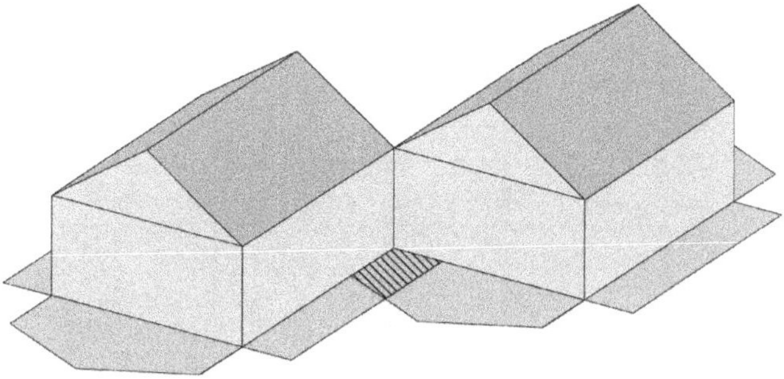

Bild 5 verdeutlicht, dass das Abstandsflächenrecht nur Abstände vor den Außenwänden fordert, nicht aber vor den Ecken eines Gebäudes. *(Abbildung: Karen Schröder)*

Die Abstandsflächen vor den Außenwänden dürfen nicht von Hochbauten überbaut werden. Soweit Gebäude oder Gebäudeteile unter der Geländeoberfläche liegen, sind diese Außenwände abstandsflächenrechtlich irrelevant. Dies gilt auch für die maßgebliche Höhe der Außenwand. Soweit diese unterhalb der Geländeoberfläche liegt, bleibt sie außer Betracht, *vgl. OVG Münster, U. v. 12.09.2006 – 10 A 2980/05.* Gebäude, die nicht aus der Geländeoberfläche hinausragen, dürfen ohne eigene Abstandsfläche bis an die Grundstücksgrenze gebaut werden. 19

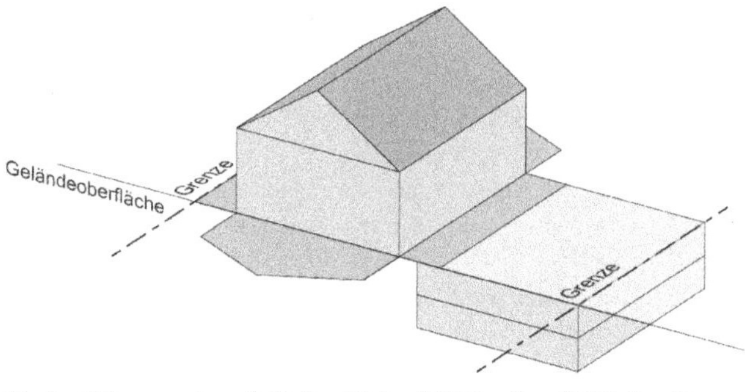

Bild 6: Zulässige Bebauung innerhalb der Abstandsfläche eines Gebäudes. Das unterirdische Gebäude braucht weder einen Gebäudeabstand noch einen Grenzabstand zu halten
(Abbildung: Karen Schröder)

Unerheblich sind Gestalt und Form des Gebäudes. Auch runde, pyramidenförmige oder terrassenförmig angelegte Gebäude sind oberirdische Gebäude in diesem Sinne. Bei diesen Gebäuden kann allenfalls die Bemessung der 20

Wandhöhe Schwierigkeiten bereiten. Bei runden Außenwänden ist die Abstandsfläche kreisförmig.

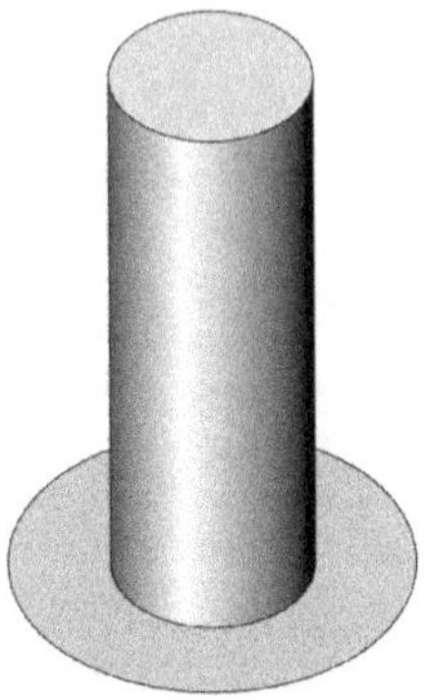

Bild 7: Bei baulichen Anlagen ohne Ecken liegen die Abstandsflächen vor der gesamten Außenwand. (Abbildung: Karen Schröder)

21 Problematisch ist die Bedeutung des Daches. Nach der Berliner Bauordnung ist eine Abstandsfläche auch vor dem Dach freizuhalten. Die Brandenburgische Bauordnung kennt eine vergleichbare Vorschrift nicht. Gleichwohl ist auch in Brandenburg das Dach von Relevanz, weil bei der Bemessung der Höhe H, nach der die Tiefe der Abstandsfläche berechnet wird, gem. Abs. 4 Satz 3 auch Dachaufbauten zu berücksichtigen sind.

b) Abstandsflächen bei baulichen Anlagen mit gebäudegleicher Wirkung (Satz 2)

22 Durch Satz 2 werden die Abstandsflächenregelungen in Satz 1 auf bauliche Anlagen, die keine Gebäude sind, von denen aber Wirkungen wie von Gebäuden ausgehen, übertragen. Rechtsfolge der Gleichsetzung sonstiger baulicher Anlagen mit Gebäuden ist, dass für diese Anlagen die Bestimmungen des Abstandsflächenrechts entsprechend gelten. Diese Geltung wird jedoch dadurch eingeschränkt, dass das Abstandsflächengebot für diese Anlagen nur gegenüber Gebäuden und Grundstücksgrenzen gilt, nicht aber für die Abstände zu anderen Anlagen.

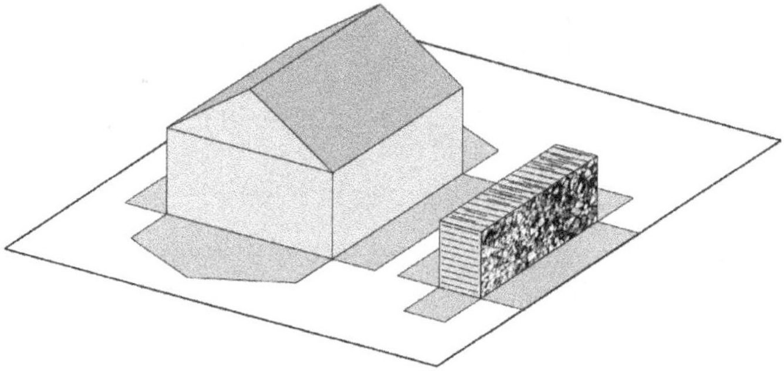

Bild 8 zeigt eine bauliche Anlage (Holzstapel) mit gebäudegleicher Wirkung. Diese Anlage wahrt den Abstand zum Gebäude und den Abstand zur Grundstücksgrenze.

(Abbildung: Karen Schröder)

Zwischen Anlagen mit gebäudegleicher Wirkung ist im Verhältnis zueinander eine Abstandsfläche nicht erforderlich. Diese Anlagen können in einem beliebigen Abstand zueinander errichtet werden. 23

c) Gebäudegleiche Wirkung

Abstandsflächenrechtlich relevant sind bauliche Anlagen, die keine Gebäude im Sinne von § 2 Abs. 2 sind, nur, wenn sie eine gebäudegleiche Wirkung besitzen. Ob eine Anlage gebäudegleiche Wirkung besitzt, ist nach den Zielen und Zwecken des Abstandsflächenrechts, also insbesondere in Bezug auf die Belichtung, die Belüftung oder die Gefahr des Brandüberschlags zu beurteilen, vgl. *OVG Berlin, U. v. 31.07.1992 – 2 B 3.91.* 24

Für die Ermittlung der gebäudegleichen Wirkung ist auf die äußeren Ausmaße, das Material der Anlagen und auf deren Funktion abzustellen. Eine gebäudegleiche Wirkung kann insbesondere dann entstehen, wenn die bauliche Anlage ähnliche Abmessungen wie ein, wenn auch nur kleines, Gebäude aufweist. Auch wenn für diese Beurteilung keine starren Grenzen gelten, sondern es auf die Umstände des Einzelfalls ankommt, ist vor allem die Höhe der Anlage von wesentlicher Bedeutung, vgl. *OVG Berlin-Brandenburg, B. v. 07.08.2015 – 10 S 12.15.* Anlagen mit gebäudegleicher Wirkung können z. B. Mauern, Holzstapel, Plakattafeln, Silos, Masten oder Windkraftanlagen sein. In der Rechtsprechung hat sich herauskristallisiert, dass bei baulichen Anlagen aus undurchsichtigem Material, wie beispielsweise Zäune oder Mauern, die eine Höhe von 2 m überschreiten, eine gebäudegleiche Wirkung anzunehmen ist, vgl. etwa *OVG Berlin, U. v. 31.07.1992; OVG Saarland, U. v. 28.09.1993 – 2 R 25/92 –; OVG Weimar, U. v. 14.03.2012 – 1 KO 261/07 –;* Das VG Cottbus hat für eine Aufschüttung entschieden, dass für diese – wie für sonstige bauliche Anlagen auch – eine gebäudegleiche Wirkung nur dann anzunehmen ist, 25 wenn diese – etwa im Grenzbereich – eine Höhe von 2 m übersteigt, vgl. *VG Cottbus, B. v. 05.11.2020 – 3 L 480/20.* Eine gebäudegleiche Wirkung ist daher in der Regel jedenfalls dann auszuschließen, wenn die bauliche Anlage unter einer Höhe von 1,50 m bleibt, so für eine Böschung mit höchstens 1,37 m *OVG Berlin-Brandenburg, B. v. 18.07.2018 – OVG 10 S 68.17 -;* für eine 40 cm hohen Aufschüttung *VG Berlin, U. v. 26.1.2023 – 19 K 603.19.* Eine Ausnahme von der Regel gelten für Terrassen. In der Rechtsprechung wird angenommen, dass von einer mehr als 1 m hohen Terrasse an der Grundstücksgrenze eine gebäudegleiche Wirkung ausgeht, vgl. *VG Cottbus, U. v. 12.06.2011 – 3 K 561/10 – und B. v. 05.11.2020 – 3 L 480/20 –; OVG Münster, U. v. 06.06.2014 – 2 A 2757/12 -; VG Schleswig, B. v. 21.12.2022 – 8 B 62/22.* Diese Wirkung wird darauf zurückgeführt, dass bauliche Anlagen, die von Menschen dauerhaft genutzt werden, abstandsflächenrechtlich anders zu beurteilen sind, also eine gebäudegleiche Wirkung haben können, als bauliche Anlagen ohne Aufenthaltsfunktion, vgl. *VGH München, B. v. 12.09.2013 – 14 CE 13.928.* Von einer deutlich angehobenen Terrasse aus sind das Nachbargrundstück oder das Nachbargebäude stärkerer Einsichtnahme ausgesetzt, so *OVG Magdeburg, B. v. 12.12.2023 – 2 L 17/23.Z –* s. a. § 5 Abs. 1 Satz 2 Niedersächsische Bauordnung. Daher besitzt auch eine mit einem Geländer versehenen Dachterrasse eine gebäudegleiche Wirkung, so *OVG Berlin-Brandenburg, B. v. 26.4.2023 – OVG 10 N 56/20.* Für sonstige bauliche Anlagen mit Zwischenhöhen von 1,50 m bis zu 2 m bedarf es einer Einzelfallbeurteilung unter Beachtung der örtlichen und baulichen Gegebenheiten. Dabei sind neben Höhe, Länge und baulicher Ausgestaltung das verwendete Material und die Lage der Anlage im Hinblick auf eine mögliche Verschattung oder beengende Wirkung gegenüber dem Nachbargrundstück zu berücksichtigen, vgl. *OVG Berlin-Brandenburg, B. v. 07.08.2015 – 10 S 12.15 –.*

26 Einzelfälle: Eine in der Höhe von 1,30 m an der Grundstücksgrenze montierten Werbetafel im sog. Euroformat hat gebäudegleiche Wirkung, vgl. *VGH München, BauR 2006, 363,* ebenso eine großflächige Werbeanlage (3,90 x 2,89 m bei einer Tiefe von 0,64 m) auf einem 2,50 m hohen Standfuß, auch wenn sie nicht parallel, sondern quer zur Nachbargrenze errichtet wird, vgl. *OVG Münster, BauR 2008, 342,. OVG Weimar, BauR 2006, 1289.* Die gebäudegleiche Wirkung bejahend für einen Stahlgittermast mit einer Höhe von 41,30 m *VG Potsdam, U. v. 10.10.2023 – 5 K 211/21 –;* vgl. auch vgl. *OVG Lüneburg, NordÖR 2004, 398; OVG Münster, BauR 2008, 342* (30,30 m hoher Mobilfunkmast), s. dazu die Sonderregelung in Abs. 5 Satz 5, für eine aufgeständerte Photovoltaikanlage *OVG Lüneburg, B. v. 18.7.2023 – 1 LA 118/22 –;* für ein 1 300 m^2 großes Wolfsgehege mit einer ca. 3 m hohen Metallgittereinzäunung *OVG Münster, B. v. 05.05.2006 – 10 B 205/06 –;* für einen Bootsabstellplatz, auf dem mit Planen bedeckte Jachten und Segelboote gelagert werden, *VG Frankfurt (Oder), U. v. 26.10.2004 – 7 K 1728/00.*

Lebende Hecken sind hingegen ohne gebäudegleiche Wirkung, weil sie keine baulichen Anlagen im Sinne von § 2 Abs. 1 sind. Sie bestehen weder aus Baustoffen noch sind sie hergestellt oder aufgeschüttet, sondern nur gepflanzt, vgl. *OVG Berlin-Brandenburg, B. v. 16.02.2007 – 10 N 39.05*. Sie sind deshalb abstandsflächenrechtlich in jedem Fall zulässig. Lebende Hecken sind aber nach dem Nachbarrechtsgesetz zu beurteilen. 27

d) Nichterforderlichkeit von Abstandsflächen (Satz 3)

Absatz 1 Satz 3 bildet eine gesetzliche Abweichung von der Grundregel des Satzes 1 über die Erforderlichkeit von Abstandsflächen. Diese sind nicht erforderlich vor grenzständigen und planungsrechtlich zulässigen Außenwänden. Vgl. zum Begriff der Grundstücksgrenze unten Anm. bb). Ein Anbaugebot ist damit nicht verbunden. Die Regelung schafft keinen Vorrang der planungsrechtlichen Vorschriften vor der Erforderlichkeit von Abstandsflächen, sondern regelt lediglich das Abstandsflächenerfordernis bei planungsrechtlich zulässigen, grenzständigen Außenwänden. Diese landesgesetzgeberische Regelung bewirkt also, dass das planungsrechtlich zulässige Vorhaben nicht am Abstandsflächenerfordernis scheitern soll. Ungenau sind deswegen die Ausführungen des OVG Berlin-Brandenburg zur Bedeutung der „Maßgabe der Planfestsetzungen" im Zusammenhang mit Absatz 1 Satz 3, vgl. *OVG Berlin-Brandenburg, U. v. 5.3.2020 – OVG 10 A 8.15*. Soweit planungsrechtliche Festsetzungen nicht im Zusammenspiel mit § 6 Abs. 5 auf die Abstandsflächentiefe einwirken, findet die Privilegierung grenzständiger Außenwände ihren Grund im Bauordnungsrecht, nicht im Planungsrecht. 28

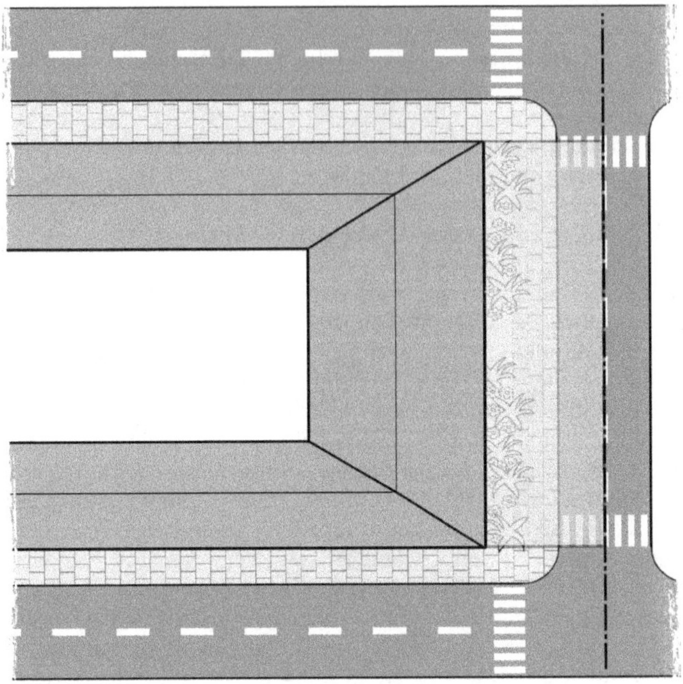

Bild 9 zeigt die Abstandsfläche vor der Außenwand, die nicht an der Grundstücksgrenze steht (Vorgarten) und das Fehlen einer Abstandsfläche vor den Außenwänden, die grenzständig an der Grundstücksgrenze zur Verkehrsfläche errichtet wurde.

(Abbildung: Karen Schröder)

29 Die Nicht-Erforderlichkeit von Abstandsflächen gilt für jede Außenwand, die an die Grundstücksgrenze gebaut wird (Grenzwand) und dort auch planungsrechtlich zulässig ist, also auch für bauliche Anlagen nach Absatz 8; offenbar nicht gesehen von *VG Cottbus, U. v. 16.05.2018 – 3 K 818/16*. Ein Rückgriff auf die Privilegierung nach Absatz 8 scheidet aus, wenn vor der Außenwand bereits nach Absatz 1 Satz 3 eine Abstandsfläche nicht erforderlich ist. Die Anwendung von Absatz 1 Satz 8 wird nicht von Absatz 8 gesperrt. Daher können Nebenanlagen, die planungsrechtlich zulässig sind, an die Grundstücksgrenze gebaut werden, auch wenn die Maße des Abs. 8 überschritten sind. Abs. 8 bleibt für diese Anlagen jedoch relevant, wenn es um deren Errichtung in den Abstandsflächen eines anderen Gebäude geht oder das Überdeckungsverbot des Abs. 2 überwunden werden muss.

aa) Grenzwand

Der Vorrang nach Satz 3 ist auf die Grenzbebauung beschränkt. Das heißt, 30
nur für die grenzständige Wand gilt das Nichterfordernis der Abstandsfläche. Wenn und soweit eine Wand nicht grenzständig steht, ist eine Abstandsfläche erforderlich. Dies kommt etwa bei Abstaffelungen zum Tragen oder bei Dachschrägen. Für die Wandabschnitte und Dächer, die nicht grenzständig stehen, gilt das Gebot nach Absatz 1 Satz 1. Dies verdeutlicht das Bild 10.

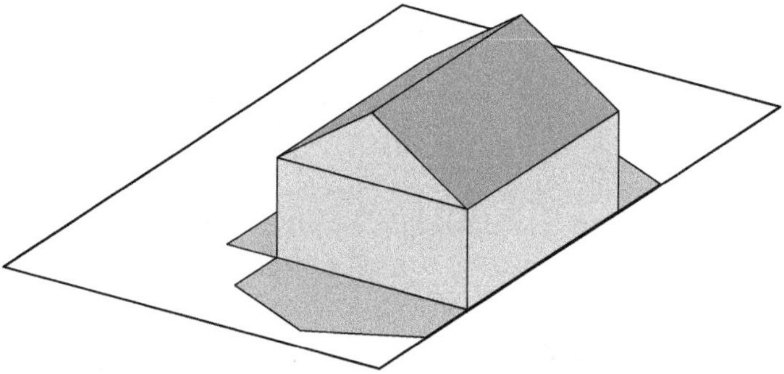

Bild 10 zeigt eine unzulässige Grenzbebauung. Zwar ist die Hauswand grenzständig errichtet. Das Giebeldach steht jedoch nicht grenzständig, so dass vor diesem eine Abstandsfläche liegt. Diese darf nur dann eingezeichnet werden, wenn sie gem. Absatz 3 Satz 3 auf dem Nachbargrundstück liegen darf. *(Abbildung: Karen Schröder)*

Da das Abstandsflächenrecht zentimeterscharf zu handhaben ist, *vgl. OVG* 31
Bautzen, B. v. 12.06.2014 – 1 A 754/13, greift die Regelung in Satz 3 nur, wenn tatsächlich unmittelbar und ohne einen auch nur geringen Abstand zur Grundstücksgrenze gebaut wird. Eine anderweitige Vorrangregelung, etwa eine Verkürzung der Abstandsfläche in schmalen Gassen sieht die Bauordnung nicht vor, *vgl. aber § 6 Abs. 16 BauO NRW, dazu OVG Münster, BRS 57Nr. 157 und 60 Nr. 105*. Nach *VGH Mannheim, U. v. 13.05.2002 – 3 S 2259/01* –, soll ein Abstand zwischen ca. 35 und 60 cm noch für die Anwendung des Vorrangs des Bauplanungsrechts genügen, da eine solche Traufgassenbebauung im unbeplanten Bereich einer historischen Altstadt einer abweichenden Bauweise nach § 22 Abs. 4 BauNVO entsprechen kann. Nach *VGH München, BauR 2007, 1554ff.*, ist das Maß des , 31es für das Vorliegen einer offenen Bauweise hingegen bedeutungslos, so dass auch in Gebieten mit Traufgassen und „engen Reihen" mit unterschiedlichen Breiten kein planungsrechtlicher Zwang zur Aufgabe landesrechtlicher Abstandsflächenvorschriften folgt, *vgl. dazu Boeddinghaus, Abstände und Abstandsflächen bei diffuser Bebauung, BauR 2008, 1249ff.* Da der Brandenburgische Gesetzgeber einen weitergehenden Vorrang des Bauplanungsrechts bei einer historisch gewachsenen und zu bauordnungswidrigen Abständen führenden Bebauung – abgesehen von der Maßgabe

in Absatz 10 – nicht zugelassen hat, ist das Bauordnungsrecht in Brandenburg streng anzuwenden. Satz 3 befreit als nur dann vom Erfordernis einer Abstandsflächen, soweit die Außenwand tatsächlich grenzständig steht.

32 Wenn nach planungsrechtlichen Vorschriften nicht an die Grundstücksgrenze gebaut werden darf (s. unten Anm. cc), greift Absatz 1 Satz 3 nicht, so dass Abstandsflächen erforderlich sind, *so VG Frankfurt (Oder), U. v. 06.05.2011 – 7 K 1080/05.*

bb) Grundstücksgrenze und Nachbargrenze

33 Bauordnungsrechtlich ist zwischen Grundstücksgrenzen und Nachbargrenzen zu unterscheiden. Es gibt vordere, hintere und seitliche Grundstücksgrenzen und es gibt Nachbargrenzen. In der Hessischen Bauordnung sind Nachbargrenzen gesetzlich definiert. Dort heißt es in § 6 Abs. 1 Satz 4 HBO: „Nachbargrenzen sind Grundstücksgrenzen zu benachbarten Grundstücken, die mit Gebäuden bebaut sind oder für eine Bebauung mit Gebäuden in Betracht kommen."

34 Die Brandenburgische Bauordnung kennt ebenfalls Nachbargrenzen und zwar in § 6 Abs. 6 Nr. 2 lit. c), Nr. 3 lit. c), Nr. 4 lit. c), Abs. 7 Nr. 2, Abs. 9 und Abs. 10 Nr. 2. Der Begriff „Grundstücksgrenze" ist daher der Oberbegriff. Der Begriff der „Nachbargrenze" ist ein Spezialfall der Grundstücksgrenze. Es ist im Sinne der Definition, die sich in der Hessischen Bauordnung in § 6 Abs. 1 Satz 5 findet, zu verstehen.

35 Da Abstandsflächen nicht erforderlich sind, wenn an die Grundstücksgrenze gebaut werden darf, sind Abstandsflächen auch dann nicht erforderlich, wenn das Gebäude zur Verkehrsfläche hin grenzständig stehen darf, vgl. Bild 9.

cc) Planungsrechtliche zulässige Grenzbebauung

36 Ob eine Abstandsfläche nach Absatz 1 Satz 3 nicht erforderlich ist vor Außenwänden, die an Grundstücksgrenzen errichtet werden, hängt allein davon ab, ob nach planungsrechtlichen Vorschriften die Außenwand an die Grundstücksgrenze gebaut werden muss oder darf, *vgl. OVG Berlin-Brandenburg, B. v. 30.04.2020 – OVG 10 S 67.19 – U. v. 13.03.2013 – 10 B 4.12 –; VG Cottbus, B. v. 06.02.2003 – 3 L 385/02 –; nachfolgend OVG Brandenburg, B. v. 28.05.2003 – 3 B 53/03 –; VGH München, U. v. 22.11.2006 – 25 B 05.1714; OVG Münster, U. v. 12.05.2005 – 7 A 2342/03.* Dies gilt nicht nur in Bereichen, in denen planungsrechtliche Festsetzungen in Bebauungsplänen bestehen, sondern auch im unbeplanten Innenbereich, *vgl. OVG Berlin-Brandenburg, U. v. 13.3.2013 – OVG 10 B 4.12 –; BVerwG, B. v. 11.3.1994 – 4 B 54.94* – und im Außenbereich, § 35 BauGB.

Gegenstand der planungsrechtlichen Bewertung ist allein die Feststellung, ob grenzständig gebaut werden darf oder muss. Die Frage, ob das Vorhaben im Übrigen planungsrechtlich zulässig ist, also etwa nach Art oder Maß der baulichen Nutzung, ist in diesem Zusammenhang unerheblich. Der Gesetzgeber stellt nämlich nicht auf die Zulässigkeit des Vorhabens in jeglicher, planungsrechtlicher Hinsicht ab, sondern beschränkt sich für die Beantwortung der Frage, ob eine Abstandsfläche erforderlich ist oder nicht, allein auf die planungsrechtlich zulässige Grenzbebauung. 37

Planungsrechtliche Vorschriften, die eine Grenzbebauung erlauben, können sich aus den Festsetzungen des Bebauungsplans, ggf. auch unter Anwendung von §§ 31 und 33 BauGB oder im unbeplanten Innenbereich gem. § 34 Abs. 1 BauGB aus der Eigenart der näheren Umgebung in Bezug auf die Grundstücksfläche, die überbaut werden soll, und die Bauweise i. S. v. § 22 BauNVO ergeben, *vgl. OVG Berlin-Brandenburg, U. v. 13.03.2013 – 10 B 4.12 –, eingehend zur Nichterforderlichkeit von bauordnungsrechtlichen Abstandsflächen nach planungsrechtlichen Vorschriften im unbeplanten Innenbereich; vgl. VGH München, B. v. 31.01.2006 – 2 ZB 05.3312 –; BVerwG., NVwZ 1994, 1008.* 38

Muss oder darf nach planungsrechtlichen Vorschriften an die Grenze gebaut werden, so gilt dies auch für die Gebäudeteile, die außerhalb der durch Baugrenzen überbaubaren Grundstücksflächen zugelassen werden, vgl. § 23 Abs. 5 BauNVO, oder für die gem. § 31 Abs. 2 BauGB eine Befreiung von der festgesetzten Baugrenze oder Baulinie erteilt wird, *vgl. OVG Münster, BauR 2006, 342; a. A. OVG Berlin, B. v. 28.01.1981 – 2 S 194.80.* Denn auch die Ausnahmen und Befreiungen nach § 31 BauGB und die Regelungen nach § 23 Abs. 5 Satz 2 BauNVO gehören zu den bauplanungsrechtlichen Regeln, die dem Bauordnungsrecht vorgehen. Da die bauordnungsrechtlichen Anforderungen in die Ermessensentscheidung nach § 31 BauGB einzustellen sind, ist zugleich sichergestellt, dass die nachbarlichen Interessen gewahrt werden. 39

Durch eine Grenzbebauung ausgelöste bodenrechtliche Spannungen, die nicht zu einem Verstoß gegen das Rücksichtnahmegebot führen, dürfen nicht durch die Versagung der Baugenehmigung, *so VG Freiburg, U. v. 06.11.2003 – 4 K 1701/02 –*, sondern müssen durch die Aufstellung eines Bebauungsplans gelöst werden. Will der Gesetzgeber insoweit den Vorrang des Bauplanungsrechts beschränken und den verfassungsrechtlich in der Eigentumsgarantie fundierten Anspruch auf die Baugenehmigung begrenzen, muss er dies gesetzlich regeln. Es ist hingegen nicht Aufgabe der Bauaufsichtsbehörde und liegt auch nicht in deren Befugnis, die städtebauliche Entwicklung und Ordnung mit den Mitteln des Bauordnungsrechts zu fördern. 40

Unerheblich ist nach der gesetzlichen Regelung, ob auch der Nachbar an die Grenze bauen darf oder ob der Grenzanbau des Nachbarn oder die Freihaltung 41 eines Abstandes durch die Eintragung einer Dienstbarkeit nach § 65 a.F. oder einer Baulast gem. § 84 gesichert ist, anders aber betreffend die abweichende Gesetzeslage in NRW *OVG Münster, B. v. 30.09.2005 – 10 B 972/05.* Durch die Grenzbebauung verursachte Verstöße gegen das Rücksichtnahmegebot lassen den planungsrechtlichen Vorrang jedoch untergehen, weil das Vorhaben dann planungsrechtlich unzulässig und eine Abstandsfläche erforderlich wäre. Das Bundesverwaltungsgericht hat dies für die Doppelhausbebauung in seinem *Urteil vom 19.03.2015 – 4 C 12/14 –*, präzisiert, indem es feststellte, dass in dem Fall, dass ein unbeplanter Innenbereich in offener Bauweise bebaut ist, weil dort nur Einzelhäuser, Doppelhäuser und Hausgruppen im Sinne von § 22 Abs. 2 BauNVO den maßgeblichen Rahmen bilden, sich ein grenzständiges Vorhaben im Sinne des § 34 Abs. 1 BauGB grundsätzlich nicht nach der Bauweise einfügt, das unter Beseitigung eines bestehenden Doppelhauses grenzständig errichtet wird, ohne mit dem verbleibenden Gebäude ein Doppelhaus zu bilden. Ein solches Vorhaben verstößt gegenüber dem Eigentümer der bisher bestehenden Doppelhaushälfte grundsätzlich gegen das drittschützende Gebot der Rücksichtnahme, *vgl. BVerwG, U. v. 19.3.2015 – 4 C 12/14 –; BVerwG, U. v. 05.12.2013 – 4 C 5.12.*

dd) Geschlossene Bauweise

42 Planungsrechtlich ist eine seitliche Grenzbebauung vorgeschrieben und damit zulässig, wenn eine geschlossene Bauweise festgesetzt ist. Ist eine geschlossene Bauweise festgesetzt, müssen die Gebäude ohne seitlichen Grenzabstand errichtet werden. Dies gilt dann nicht, wenn die vorhandene Bebauung eine Abweichung erfordert (§ 22 Abs. 3 BauNVO). Städtebauliches Ziel der geschlossenen Bauweise ist, dass die Gebäude auf benachbarten Grundstücken Wand an Wand gebaut werden. Dadurch schließen sich die einzelnen Gebäude zu einem Gebäudekomplex zusammen, vgl. Bild 9.

43 Der in § 22 Abs. 3 BauNVO geforderte Grenzanbau ist das Mittel, um das städtebauliche Ziel – die Wand-an-Wand-Bebauung – zu erreichen, *vgl. Boeddinghaus/Grigoleit, BauNVO, 7. A., § 22 Rn. 57.* Die geschlossene Bauweise darf daher regelmäßig nicht für ein einzelnes Baugrundstück festgesetzt werden, während für die benachbarten Grundstücke eine solche Festsetzung nicht getroffen wird. Denn dann lässt sich das städtebauliche Ziel von vornherein nicht erreichen, da die Grundstücksnachbarn mangels planungsrechtlicher Festsetzung der geschlossenen Bauweise auf ihrem Grundstück die bauordnungsrechtlichen Abstandsvorschriften einhalten müssen, *vgl. OVG Berlin-Brandenburg, U. v. 18.06.2008 – 2 A 11.07.* Ist die geschlossene Bauweise wirksam festgesetzt, so ist ein seitlicher Grenzanbau vorgeschrieben. Eine Abstandsfläche ist dann nach Absatz 1 Satz 3 nicht erforderlich.

ee) Abweichende Bauweise

44 Ist in einem Bebauungsplan eine abweichende Bauweise im Sinne von § 22 Abs. 4 festgesetzt, so darf nach den Vorgaben des Bebauungsplans an die seitliche Grundstücksgrenze gebaut werden. Ist z. B. bestimmt, dass die Gebäude jeweils an der östlichen Grundstücksseite grenzständig stehen dürfen, so ist auch nur für diese Grundstücksseite eine Abstandsfläche nicht erforderlich.

45 Entsprechendes gilt bei einer festgesetzten abweichenden Bauweise nach § 22 Abs. 4 Satz 1 BauNVO, sofern diese abweichende Bauweise die Errichtung einer Außenwand an der – vorderen, rückwärtigen oder seitlichen – Grundstücksgrenze vorgibt, *vgl. VGH Mannheim, U. v. 13.05.2002 – 3 S 2259/01 –, BauR 2003, 1860; vgl. zur abweichenden Bauweise ausführlich Boeddinghaus, BauR 2007, 1160ff.; ders., BauR 2008, 1249ff.*

ff) Offene Bauweise

46 Die Festsetzung einer offenen Bauweise regelt ausschließlich die Stellung der Gebäude in Bezug auf seitliche Grundstücksgrenzen, *vgl. BVerwG, U. v. 24.02.2000 – 4 C 12.98 –; Determann/Stühler, in: Fickert/Fieseler, BauNVO, 12. Aufl. 2014, § 22 Nr. 1.* Bei einer offenen Bauweise wird in der Regel mit seitlichem , 46 gebaut. Dieser Abstand ist Merkmal der offenen Bauweise nach § 22 Abs. 2 BauNVO. Die Gebäude werden so gebaut, dass nach beiden Seiten der Gebäude der Vorgarten mit dem Hausgarten verbunden wird, *vgl. BVerwG, B. v. 01.02.2016 – 4 BN 26. 15.* Allerdings kann auch bei einer offenen Bauweise im Sinne von § 22 Abs. 2 BauNVO eine Grenzbebauung zulässig sein. Denn die Gebäude können in offener Bauweise gem. § 22 Abs. 2 BauNVO auch als Doppelhäuser oder Hausgruppen bis 50 m Länge erlaubt sein, *vgl. OVG Berlin-Brandenburg, B. v. 18.09.2013 – 2 S 60.13; VGH München, U. v. 22.11.2006 – 25 B 05.1714.*

47 Durch die Zulassung von Doppelhäusern und Hausgruppen hat der Verordnungsgeber die offene Bauweise modifiziert, indem er den Anbau an einer bzw. beiden seitlichen Grundstücksgrenze(n) ermöglicht. Dies ist hinnehmbar, weil die Hausform insgesamt wegen ihrer maximalen Länge von 50 m (§ 22 Abs. 2 Satz 2 BauNVO) und den seitlichen Grenzabständen immer noch die gewollte aufgelockerte Bebauung bewirkt, *vgl. BVerwG, U. v. 24.02.2000 – 4 C 12.98 –; OVG Koblenz, B. v. 28.01.2016 – 8 B 11203/15 –; Blechschmidt, in: Ernst/Zinkahn/Bielenberg/Krautzberger, BauGB, 118. EL 2015, § 22 Rn. 26.* Gebäude müssen daher in einem Gebiet mit offener Bauweise als Doppelhäuser an einer (Doppelhaushälfte) oder als Hausgruppen an beiden (Reihenmittelhäuser) bzw. bei Reiheneckhäusern an einer seitlichen Grenze errichtet werden, wenn dies zwingend festgesetzt ist, *vgl. OVG Münster, B. v. 30.09.2005 – 10 B 972/05 –; OVG Münster, U. v. 22.08.2005 – 10 A 3611/03.* Ein Abweichen davon wäre mit

der „inneren Ordnung" betreffend die Bebauung benachbarter Grundstücke unvereinbar.

48 Ein Doppelhaus im Sinne des § 22 Abs. 2 BauNVO ist eine bauliche Anlage, die dadurch entsteht, dass zwei Gebäude auf benachbarten Grundstücken durch Aneinanderbauen an der gemeinsamen Grundstücksgrenze zu einer Einheit zusammengefügt werden. Das Erfordernis der baulichen Einheit ist nur erfüllt, wenn die beiden Gebäude in wechselseitig verträglicher und abgestimmter Weise aneinandergebaut werden, *vgl. dazu BVerwG, U. v. 24.02.2000 – 4 C 12.98 –; BVerwG, U. v. 19.03.2015 – 4 C 12/14 –;* detailliert auch *OVG Berlin-Brandenburg, B. v. 31.07.2015 – 2 S 29.15 –; OVG Koblenz, B. v. 28.01.2016 – 8 B 11203/15.* Wird durch einen Anbau die bauliche Einheit verlassen und kommt es zu einer Disproportionalität, so dass die Erweiterung dem Doppelhauscharakter widerspricht, ist eine grenzständige Bebauung weder planungsrechtlich noch abstandsflächenrechtlich nach Absatz 1 Satz 3 zulässig, vgl. für einen Anbau an eine Doppelhaushälfte als einseitiger Grenzanbau *OVG Berlin-Brandenburg, U. v. 28.02.2019 – OVG 2 B 5.16 –; s. a. vgl. BVerwG, U. v. 24.02.2000 – 4 C 12.98 – sowie OVG Berlin-Brandenburg, B. v. 29.01.2016 – OVG 2 S 58.15.*

49 Eine Hausgruppe besteht aus mindestens drei auf (ebenso vielen) benachbarten Grundstücken stehenden Gebäuden, die durch Aneinanderbauen an den gemeinsamen Grundstücksgrenzen zu einer Einheit zusammengefügt werden und deren Kopfhäuser einen seitlichen Grenzabstand einhalten, *vgl. OVG Koblenz, B. v. 28.01.2016 – 8 B 11203/15 – und U. v. 6.05.2014 – 8 C 10974/14. OVG –; VGH München, U. v. 11.12.2014 – 2 BV 13.789.*

50 Auch wenn bauordnungsrechtlich weder ein Anbaugebot besteht noch Deckungsgleichheit gefordert werden darf, ist im Falle einer Doppelhausbebauung oder Hausgruppenbebauung in offener Bauweise das Entsprechen von Gebäuden aus planungsrechtlichen Gründen vorgeschrieben. Eine grenzständige Doppelhausbebauung in offener Bauweise ist planungsrechtlich nur dann zulässig, wenn die Doppelhaushälften in wechselseitig verträglicher Weise gebaut sind. Diese Weise ist weder abstrakt-generell noch mathematisch-prozentual festgelegt, *so BVerwG, U. v. 19.03.2015 – 4 C 12/14 –; OVG Koblenz, B. v. 28.01.2016 – 8 B 11203/15.* Es bedarf einer wertenden Betrachtung des Einzelfalls unter Würdigung quantitativer und qualitativer Gesichtspunkte.

gg) Baulinien und Baugrenzen

51 Durch die Festsetzung von Baugrenzen oder Baulinien kann eine Grenzbebauung ebenfalls zulässig oder vorgeschrieben sein. Typischer Anwendungsfall ist die Festsetzung solcher Linien entlang von Verkehrsflächen, damit die Gebäude, gerade in Innenstädten ohne Vorgarten, direkt an die Verkehrsfläche, also an die Grundstücksgrenze gebaut werden sollen/dürfen, vgl. Bild 9.

Bei diesen Festsetzungen, die insbesondere in innerstädtischen Gebieten häufig getroffen werden, verläuft die Grundstücksgrenze nach den Vorstellungen des Plangebers regelmäßig entlang der Grenze der Verkehrsfläche, so dass die Festsetzung der Baugrenze oder Baulinie entlang der Verkehrsfläche zugleich auch eine grenzständige Bebauung vorschreibt oder ermöglicht. Dadurch soll eine grenzständige Bebauung i. S. d. Satz 3 MBO ermöglicht werden, so dass auch vor den Außenwänden dieser grenzständig stehenden Gebäude Abstandsflächen nicht erforderlich sind.

Bei seitlichen oder rückwärtigen Grundstücksgrenzen ist bei Festsetzungen 52
von Baugrenzen oder Baulinien aus dem erkennbaren planerischen Willen der Gemeinde zu folgern, ob eine Grenzbebauung zulässig ist. Zwar können Grundstücksgrenzen nicht festgesetzt werden, so dass infolge von Teilungen oder Verschmelzungen von Grundstücken die Grundstücksgrenzen von festgesetzten Baugrenzen oder Baulinien abrücken oder auf diese Linien gelegt werden können. Dadurch wird eine zulässige Grenzbebauung jedoch immer dann nicht infrage gestellt, wenn nach der planerischen Konzeption und dem erkennbaren Willen der Gemeinde eine Grenzbebauung möglich sein soll. Ob dies der Fall ist, wird vor allem durch die Festsetzung der Bauweise indiziert, die für die Beantwortung der Frage, ob eine Grenzbebauung zulässig ist, vorrangige Bedeutung besitzt, *vgl. BVerwG, B. v. 01.02.2016 – 4 BN 12.15.*

Fehlt es hingegen an diesem planerischen Willen und werden Grundstücke 53
entlang von Baugrenzen oder Baulinien geteilt, um die Privilegierung nach Absatz 1 Satz 3 in Anspruch zu nehmen, fehlt es an der bauplanerischen Aussage, dass eine Grenzbebauung zulässig sein soll. Aus diesem Schweigen des Plangebers kann nicht gefolgert werden, dass durch die festgesetzten Baulinien und Baugrenzen zugleich auch eine Grenzbebauung zulässig sein soll.

hh) Vorhaben im unbeplanten Innenbereich nach § 34 Abs. 1 BauGB

Die vorstehenden Ausführungen gelten entsprechend für eine Bebauung, die 54
sich nach § 34 BauGB beurteilt. Denn die vorstehenden Merkmale finden sich als Zulässigkeitskriterien in § 34 Abs. 1 BauGB. Nach § 34 Abs. 1 BauGB ist die Errichtung eines Gebäudes an der Grundstücksgrenze zulässig, wenn es sich dort nach der Bauweise und der überbaubaren Grundstücksfläche in die Eigenart der näheren Umgebung einfügt. Bei Anwendung dieser Kriterien ist zu beachten, dass die sich aus der vorhandenen Bebauung zu gewinnenden Kriterien, grob und ungenau sind, so *BVerwG, U. v. 23.03.1994 – 4 C 18/92.* So darf ein Gebäude entlang einer Grundstücksgrenze oder in geschlossener Bauweise an einem errichteten angrenzenden Gebäude gebaut werden, wenn sich das geplante Gebäude nach der Bauweise und der überbaubaren Grundstücksfläche in die Eigenart der näheren Umgebung einfügt. Regelmäßig setzt dies voraus, dass sich als Eigenart der näheren Umgebung vergleichbare Vorbilder

in der näheren Umgebung finden. Vorbilder sind eine tatsächlich vorhandene geschlossene Bauweise oder das Vorhandensein von Doppelhäusern oder Hausgruppen, *vgl. VG Cottbus, B. v. 06.02.2003 – 3 L 385/02 –; nachfolgend OVG Brandenburg, B. v. 28.05.2003 – 3 B 53/03.* An die Grenze darf planungsrechtlich auch dann gebaut werden, wenn die Abstände nur sehr gering sind (Traufgassen), so dass die bauordnungsrechtlichen Mindestabstände bei Beachtung des bauplanungsrechtlichen Einfügungsgebotes im Hinblick auf Art und Maß der baulichen Nutzung sowie der überbaubaren Grundstücksfläche und der Bauweise nicht eingehalten werden können, *vgl. B. v. 30.04.2020 – OVG 10 S 67.19 –; U. v. 28.02.2019 – OVG 2 B 5.16 –; U. v. 13.03.2013 – OVG 10 B 4.12 –; VG Cottbus, B. v. 06.02.2003 – 3 L 385/02 –; nachfolgend OVG Brandenburg, B. v. 28.05.2003 – 3 B 53/03.*

ii) Regellose Bebauung im Innenbereich

55 In einem unbeplanten Gebiet mit einer regellosen Bauweise, in der sich teils einseitige Grenzanbauten, beidseitige Grenzanbauten und Gebäude mit Abstandsflächen zu beiden Seiten finden, wobei nur auf Hauptanlagen/ Hauptgebäude, nicht auf Nebengebäude abgestellt werden darf, *vgl. OVG Berlin-Brandenburg, U. v. 13.03.2013 – OVG 10 B 4.12 –*, sind regelmäßig beide Bauweisen planungsrechtlich zulässig, *vgl. OVG Magdeburg, B. v. 8.2.202 – 2 M 148/23 –; VG Cottbus, U. v. 12.09.2019 – 3 K 1477/14.* Folglich dürfen in einem solchen Gebiet Gebäude planungsrechtlich grenzständig gebaut werden. Sie können aber auch in offener Bauweise, also mit einem Grenzabstand errichtet werden. Diese Beliebigkeit ist darauf zurückzuführen, dass der Gesetzgeber in § 6 Abs. 1 Satz 3 für die Zulässigkeit einer grenzständigen Bebauung genügen lässt, dass an die Grundstücksgrenze gebaut werden kann. Dies gilt auch dann, wenn die in offener Bauweise errichteten Einzelhäuser zahlenmäßig überwiegen, vgl. für das Verhältnis geschlossener zu offener Bauweise: *BVerwG, B. v. 11.03.1994 – 4 B 53/94.* Gründe des Bauordnungsrechts sind in einer derartigen planungsrechtlichen Situation nicht so zwingend, dass eine vom eindeutigen Wortlaut abweichende Einschränkung des Anwendungsbereichs des Absatzes 1 Satz 3 zu rechtfertigen wäre, *vgl. VG Cottbus, B. v. 14.02.2018 – 3 L 85/18.*

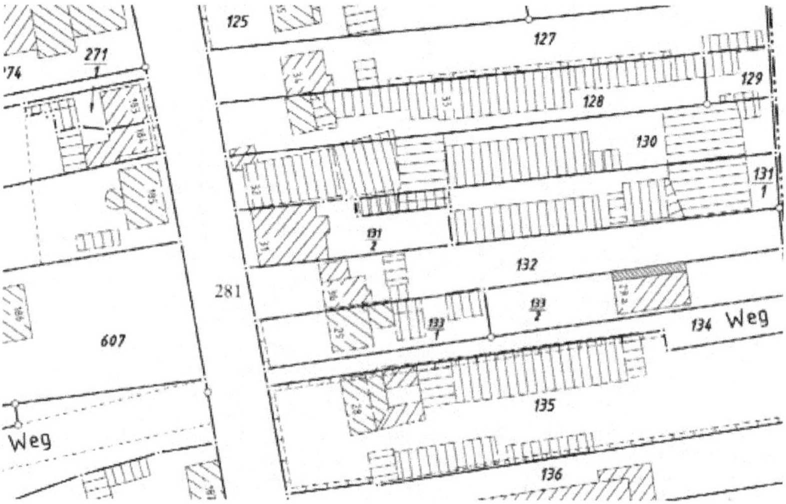

Bild 11 zeigt eine regellose Bebauung. *(Abbildung: Karen Schröder)*

Teilweise wird als weitere Voraussetzung für den Vorrang des Bauplanungs- 56
rechts nach § 34 BauGB vor den Abstandsflächenvorschriften gefordert, dass diese Gebäudeanordnung ersichtlich Ausdruck eines städtebaulichen Ordnungssystems ist, *vgl. VGH München, B. v. 31.01.2006 – 2 ZB 05.3312 –; s. a. VG Cottbus, U. v. 17.04.2002 – 3 K 1685/97.* Diese Forderung ist nach dem Brandenburgischen Bauordnungsrecht nicht haltbar, weil der Gesetzgeber allein auf der Grundlage der planungsrechtlichen Zulässigkeit, die sich auch aus der Anwendung von § 34 BauGB ergibt, Abstandsflächen für nicht erforderlich erklärt hat. § 34 Abs. 1 Satz 1 BauGB wirkt als Planersatz, soweit die für die Anwendung der Norm maßgebenden Faktoren, nämlich die Bauweise und die Grundstücksfläche, die überbaut werden soll, in Rede stehen. Die Erforderlichkeit von Abstandsflächen folgt also allein aus dem tatsächlichen in der maßgeblichen Umgebung prägend vorhandenen Rahmen, *vgl. OVG Berlin-Brandenburg, U. v. 13.03.2013 – 10 B 4.12.* Das OVG Berlin-Brandenburg betont in dieser Entscheidung, dass planungsrechtliche Merkmale, die regeln, ob an die Grenze gebaut werden muss oder darf, vor allem solche über die Bauweise und die Grundstücksfläche, die überbaut werden soll, sind. Dies gilt auch dann, wenn ein zwingendes städtebauliches Ordnungsprinzip i. S. v. § 22 BauNVO nicht zu finden ist. Fehlt dieses Prinzip, gilt das, was das OVG Berlin-Brandenburg in seinem Beschluss vom 18.09.2013 – 2 S 60.13 –, festgestellt hat: *„Denn in einem unbeplanten Gebiet mit einer abweichenden Bauweise, die teils einen einseitigen Grenzanbau, teils einen beidseitigen Grenzanbau mit einem inneren Gebäudeabstand zulässt, sind regelmäßig beide Formen planungsrechtlich zulässig, selbst wenn die zuletzt genannte Bebauung zahlenmäßig überwiegt, weil sich auch*

ein Vorhaben mit einseitigem Grenzanbau in die Eigenart der näheren Umgebung einfügt."

jj) Außenbereich (§ 35 BauGB)

57 § 35 BauGB macht keine Vorgaben über die Bauweise und überbaubare Grundstücksfläche. Das *OVG Bautzen, U. v. 17.07.2003 – 1 B 438/01 –*, hat daraus gefolgert, dass das Planungsrecht deshalb keinen Vorrang vor dem Bauordnungsrecht besitze.

58 Dem ist nicht zu folgen. Der Gesetzgeber nimmt in Absatz 1 Satz 3 nicht auf die planungsrechtlichen Bestimmungen der §§ 30 bis 34 BauGB Bezug, sondern auch auf § 35 BauGB. Erlaubt § 35 BauGB eine Grenzbebauung, weil öffentliche Belange dem nicht entgegenstehen oder beeinträchtigt werden, ist kein Grund erkennbar, einen Grenzabstand zu fordern. Ein solcher Grund könnten zwar die Schutzzwecke des Bauordnungsrechts sein. Da aber diese Schutzzwecke bereits bei § 35 BauGB geprüft wurden und die Grenzbebauung nur deshalb möglich ist, weil diese Zwecke nicht beeinträchtigt werden bzw. nicht entgegenstehen, ist es bauordnungsrechtlich unproblematisch, dass für die planungsrechtlich zulässige Grenzbebauung eine Abstandsfläche nicht erforderlich ist.

5. Lage der Abstandsflächen (Absatz 2)

a) Grundregel (Absatz 2 Satz 1)

59 Absatz 2 Satz 1 normiert die Grundregel, dass die Abstandsflächen, also die von einer Bebauung freizuhaltenden Flächen, auf dem Baugrundstück selbst liegen müssen, vgl. Abb. 1, *dazu eingehend Hauth, BauR 2008, 775ff.* Während in Absatz 1 der Gebäudeabstand normiert ist, wird in Absatz 2 der Grenzabstand normiert.

60 Auch für die Lage der Abstandsfläche gilt, dass vor den Ecken eines Gebäudes Abstandsflächen nicht freizuhalten sind. Deshalb ist eine Eckbebauung zulässig, vgl. Bild 5. Das Gebäude darf in beliebiger Entfernung zu der Grundstücksecke errichtet werden. Die Ecken müssen nicht, wie in Bild 12 dargestellt, aneinanderstoßen. Besonderheiten ergeben sich jedoch aus Absatz 7, wenn die Ecke gedämmt wird, vgl. Rn. 153.

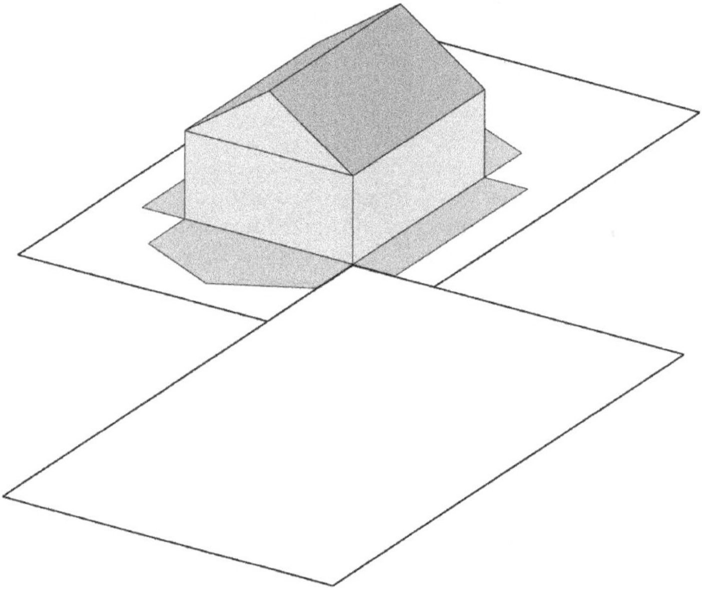

Bild 12 zeigt nicht eine Grenzbebauung, sondern eine zulässige Bebauung, die mit der Gebäudeecke an die Grundstücksecke stößt. *(Abbildung: Karen Schröder)*

aa) Geltung für Abstände nach § 30 Abs. 2 Nr. 1 und § 32 Abs. 2

Durch die Novelle 2016 ist die Bestimmung über die Lage der Abstandsfläche 61
auch auf Abstände nach § 30 Abs. 2 Nr. 1 und § 32 Abs. 2 erweitert worden. Was der Gesetzgeber mit diesem Hinweis zum Ausdruck bringen will, ist nicht recht nachvollziehbar. Denn bereits aus der Regelung über Brandwände in § 30 Abs. 2 Nr. 1 und über Dächer in § 32 Abs. 2 ergibt sich ein Abstandsflächenerfordernis. Dort ist geregelt, dass der Abstand der Brandwand bzw. des Daches zur Grundstücksgrenze bestehen muss. Die in §§ 30 Abs. 2 Nr. 2 und 32 Abs. 2 genannten Abstände liegen also zwangsläufig auf dem eigenen Grundstück. Deshalb ist dieser Verweis nicht hilfreich, sondern entbehrlich.

Abgesehen davon ist der Verweis problematisch. Die Übertragung der Rege- 62
lung des Absatz 2 auf Abstände im Sinne von § 32 Abs. 2 wirft das Problem auf, dass der Abstand nach § 32 Abs. 2 auch vor den Ecken eines Gebäudes gegenüber Grundstücksgrenzen zu wahren ist. Denn ein geneigtes Dach zieht sich um die Gebäudeecken. Das Abstandsflächenbild ist also in den Fällen des Absatzes 2 nicht mit demjenigen im Sinne von § 32 Abs. 2 identisch. Dächer sind keine Wände.

63 Schließlich ist der Verweis auch sprachlich verunglückt, da zwar Flächen liegen können, nicht aber Abstände.

bb) Grundstücksbegriff

64 Mit Grundstück ist das Buchgrundstück gemeint. Die katasterrechtliche Bezeichnung ist unerheblich. Das Gebäude muss also so gebaut werden, dass seine Abstandsflächen zu allen Seiten hin auf dem Grundstück liegen, auf dem das Gebäude steht. Sind mehrere Grundstücke durch eine Vereinigungsdienstbarkeit nach § 65 a.F. oder eine Vereinigungsbaulast nach § 84 bauordnungsrechtlich miteinander verbunden, dann sind die äußeren Grenzen dieser Grundstücke maßgeblich. Unmaßgeblich ist, ob mehrere Grundstücke in der Hand desselben Eigentümers liegen. Auch bei einer Eigentümeridentität bedarf es einer Baulast, wenn sich die Abstände auf ein anderes Grundstück erstrecken sollen.

b) Abstandsfläche auf öffentlichen Flächen (Absatz 2 Satz 2)

65 Satz 2 erlaubt, die Abstandsflächen auch auf öffentliche Verkehrs- und Grünflächen bis zu deren Mitte zu erstrecken.

Bild 13 zeigt die Lage der Abstandsfläche auf der öffentlichen Verkehrsfläche, s. a. Bild 9. (Abbildung: Karen Schröder)

66 Die Erstreckung der Abstandsfläche auf die öffentliche Verkehrsfläche ist wegen der geringen Schutzbedürftigkeit öffentlicher Flächen und der gesetzgeberischen Prämisse, dass diese nicht bebaut werden dürfen, unproblematisch. Öffentliche Verkehrsflächen sind die nach Straßenrecht gewidmeten Flächen und die gewidmeten Eisenbahnflächen. Der Gesetzgeber stellt nicht auf Straßenverkehrsflächen ab, sondern allgemein auf Verkehrsflächen. Dazu gehören auch Eisenbahnflächen, *vgl. OVG Münster, U. v. 06.06.2014 – 2 A 2757/12 –; OVG Münster, B. v. 04.01.2012 – 8 A 281/10 –; OVG Münster, U. v. 22.02.2019 – 7 A 2206/17 –*. Durch die Widmung nach § 6 BbgStrG oder die

Widmungsfiktion nach § 48 Abs. 7 BbgStrG erlangen Straßen ihre Eigenschaft als öffentliche Straßen. Nach § 48 Abs. 7 gelten Straßen, die nach dem bisherigen Recht öffentlich genutzt wurden, als nach § 6 BbgStrG gewidmet. Für den Bereich der Straßen bestimmte sich das bisherige Recht gemäß Art. 9 Abs. 2 des Einigungsvertrags i. V. m. Anlage II Kapitel XI Sachgebiet D Abschnitt III Nr. 1 bis 3 nach dem Straßenrecht der DDR. Ob ein Weg danach öffentlich genutzt wurde und damit die Widmungsfiktion des § 48 Abs. 7 BbgStrG auslöst, ist nach den zum Zeitpunkt geltenden Vorschriften des Wegerechts zu beurteilen, unter deren Herrschaft der Weg angelegt wurde. Wegen der mit der Annahme der Widmungsfiktion verbundenen Einschränkungen des grundrechtlich geschützten Eigentums (Art. 14 Abs. 1 GG) an den Grundstücken, aus denen eine Straße gebildet worden ist, muss nach der Rechtsprechung des OVG Berlin-Brandenburg *U. v. 26.08.2010 – 1 B 3.10* – eine Nutzung als öffentliche Straße nach früherem Recht eindeutig und klar nachvollzogen werden können. Lässt sich aus den tatsächlichen Anhaltspunkten eine frühere Nutzung als öffentliche Straße nicht eindeutig erkennen, bleiben vielmehr Zweifel an der früheren öffentlichen Nutzung einer Straße, ist die Widmungsfiktion nicht eingetreten, vgl. Anm. 5 zu § 4.

Die Festsetzungen in einem Bebauungsplan oder die Angaben in einem Bauantrag sind für die Beantwortung der Frage, ob ein Weg öffentlich gewidmet ist, unerheblich. Durch die Festsetzung in einem Bebauungsplan wird eine Straßenverkehrsfläche nicht automatisch öffentlich. Der Bebauungsplan vollzieht sich nicht selbst. Für den Vollzug bedarf es der Widmung. 67

Die Begriffe der **öffentlichen Grünflächen** bzw. der öffentlichen Wasserfläche entsprechen denen in § 9 Abs. 1 Nr. 15 und 16 BauGB, *vgl. OVG Berlin, B. v. 11.02.2002 – 2 S 1.02 –, LKV 2002, 280, dazu Otto, NJ 2002, 275.* Nicht dazu gehören die Flächen für Wald im Sinne von § 9 Abs. 1 Nr. 18 lit. b) BauGB, weil Wald eine Doppelfunktion besitzen kann. Dies sind die Nutzfunktion als auch die Schutz- und Erholungsfunktion, *vgl. BVerwG, B. v. 18.05.1994 – 4 NB 15.94 –; OVG Berlin-Brandenburg, U. v. 21.06.2012 –2 B 25.10 –. Zu den Voraussetzungen, unter denen bei einer öffentlichen Grünfläche (hier: konkludente Widmung zu DDR-Zeiten) gewährleistet ist, dass sie unbebaut bleibt, vgl. OVG Berlin, LKV 2002, 280, dazu Otto, NJ 2002, 275.* 68

Die jeweiligen Flächen müssen der Öffentlichkeit dauerhaft zur Verfügung gestellt sein. Dies setzt regelmäßig voraus, dass die Flächen sich im Eigentum der öffentlichen Hand befinden oder, stehen sie im Eigentum Privater, deren Nutzung zu öffentlichen Zwecken dinglich oder mit Baulasten gesichert ist. 69

Die Abstandsfläche darf sich nur bis zur Mitte der öffentlichen Verkehrs-, Grün- oder Wasserfläche erstrecken. Liegen diese Flächen unmittelbar 70 nebeneinander, sind ihre Flächen für diese Berechnung zusammenzuziehen. Maßgeblich ist dann die Mitte dieser Gesamtfläche.

71 Die Eintragung einer Baulast ist für die Inanspruchnahme der Verkehrsfläche nicht erforderlich, weil es sich um eine gesetzliche Beschränkung der Grundregel in Satz 1 handelt. Auch die Erteilung einer Abweichung nach § 67 scheidet aus, weil eine gesetzliche Abweichung diese Erstreckung erlaubt. Allerdings gilt auch für auf öffentlichen Flächen liegende Abstandsflächen das Überdeckungsverbot nach Absatz 3. Der Bauherr darf deshalb abstandsflächenrechtlich die volle Straßenbreite für sich in Anspruch nehmen, wenn derjenige, dem das Grundstück auf der gegenüberliegenden Straßenseite gehört, auf die Inanspruchnahme seiner Straßenhälfte wirksam durch die Eintragung einer Baulast gem. § 84 verzichtet hat, *vgl. OVG Lüneburg, NordÖR 2002, 415.* Auch eine teilweise Reduzierung ist möglich.

72 Zu einer Erstreckung der Abstandsfläche auf eine öffentliche Fläche im Sinne von Satz 2 kommt es nicht, wenn die an die Verkehrsfläche grenzende Außenwand grenzständig steht. Ist die Stellung der Außenwand planungsrechtlich zulässig, greift Absatz 1 Satz 3, so dass eine Abstandsfläche nicht erforderlich ist, vgl. Bild 9. Absatz 1 Satz 3 geht dann Absatz 2 Satz 2 vor. Dies gilt aber nur für die Außenwand, die tatsächlich grenzständig steht. Wird diese Wand abgestaffelt oder steht das Gebäude traufständig, verursacht die zurückspringende Außenwand oder das Dach gem. Absatz 1 eine Abstandsfläche, die auf der Verkehrsfläche liegt, vgl. Bild 10.

c) Abstände auf anderen Grundstücken (Absatz 2 Satz 3)

73 Abstandsflächen dürfen sich auf andere Grundstücke erstrecken, wenn deren Lage als von oberirdischer, nicht nach Absatz 8 bis 10 privilegierter Bebauung freizuhaltende Fläche, durch eine passende Baulast gesichert ist. Durch die Baulast muss auch sichergestellt werden, dass eine Abstandsfläche diese Fläche nicht unzulässig überdeckt. Andere rechtliche Sicherungen, etwa Festsetzungen in einem Bebauungsplan oder naturschutzrechtliche Verbote genügen nicht, da von diesen Bestimmungen außerhalb des Bauordnungsrechts, etwa durch Befreiungen nach § 31 Abs. 2 BauGB abgewichen werden kann.

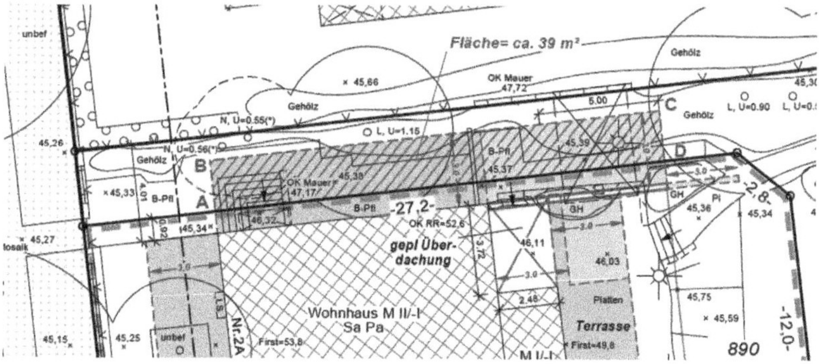

Bild 14: Baulastfläche

Ist die Übernahme der Abstandsfläche so gesichert, bedarf es keiner Abweichung nach § 67 von der Regelung in Satz 1. Rechtspolitisch ist diese Regelung unbedenklich, da die Eintragung der Baulast davon abhängt, dass der Eigentümer des Nachbargrundstücks die Eintragung bewilligt. Dadurch wird vermieden, dass dessen Bebauungsmöglichkeiten gegen seinen Willen beschränkt werden. Satz 3 gilt entsprechend, etwa bei schmalen Grundstücken oder hohen Gebäuden, auch für entfernter liegende Grundstücke. Auch für diese Grundstücke, die nicht unmittelbar an das Baugrundstück angrenzen, ist eine Baulast erforderlich. Satz 3 ist auch anzuwenden, wenn die Grundstücke im Eigentum der gleichen Person stehen. Bauordnungsrechtlich ist unerheblich, ob das Nachbargrundstück im Eigentum des Bauherrn oder eines Dritten steht. 74

Ist eine Abstandsflächenbaulast nicht für das Nachbargrundstück eingetragen, so erstreckt sich die Abstandsfläche auch nicht auf das Nachbargrundstück. 75

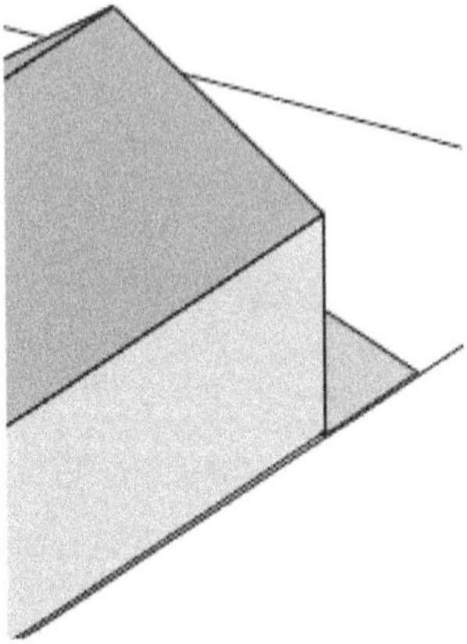

Bild 15 gibt die Lage der Abstandsflächen zutreffend auch für den Fall an, dass eine grenzständige Bebauung planungsrechtlich nicht zulässig ist, so dass eine Abstandsfläche erforderlich ist. Die vor der Außenwand und dem Dach liegende Abstandsfläche darf nur dann eingetragen werden, wenn deren Lage auf dem Nachbargrundstück öffentlich-rechtlich gesichert ist. (Abbildung: Karen Schröder)

76 Abstandsflächen liegen nur bei öffentlich-rechtlicher Sicherung ihrer Lage auf dem Nachbargrundstück, *vgl. eingehend Hauth, Gibt es eine zwangsweise Übernahme von Abstandsflächen?, BauR 2008, 775; Troidl, Abstandsflächen ohne Grenzen? Ein Plädoyer gegen die „Verlagerung" von Abstandsflächen und heimliche Abstandsflächenübernahmen, BayVBl. 2011, 389.* So hat der VGH München unter dem 14.01.2009 – 1 ZB 08.97 – geurteilt: *„Die gegen Abstandsflächenrecht verstoßende Errichtung eines Gebäudes an der Grundstücksgrenze oder mit einem für das Einhalten der Abstandsfläche auf dem Baugrundstück zu geringen Grenzabstand hat nicht zur Folge, dass die Abstandsfläche (teilweise) auf dem Nachbargrundstück liegt und dort von Gebäuden und gebäudeähnlichen Anlagen freigehalten werden muss sowie nicht auf die auf dem Nachbargrundstück erforderlichen Abstandsflächen angerechnet werden darf."* Ebenso hat das VG Gelsenkirchen in seinem Urteil vom 12.03.2012 – 5 L 112/12 – entschieden: *„Steht ein Gebäude – wie hier das Gebäude des Antragstellers – zulässigerweise, beispielshalber aufgrund älterer baurechtlicher Bestimmungen oder aufgrund einer zugelassenen Abweichung von den geltenden Regelungen, oder auch unzulässigerweise in geringerem Abstand zur Nachbargrenze als sich dies nach dem Abstandflächenrecht ergibt, und ist die Übertragung des fehlenden Teils der Abstandfläche auf das Nachbargrundstück nicht öffentlich-rechtlich durch Baulast gesichert – was die Einwilligung des Nachbarn voraussetzt –, so überlappt die auf dem Grundstück fehlende Abstandfläche nicht auf das Nachbargrundstück. Der bauwillige Nachbar – hier also der Beigeladene – muss demnach nicht etwa Abstandflächen, die auf seinem Grundstück ohne Baulastsicherung liegen, aufgrund des Überdeckungsverbots berücksichtigen und mit seinem eigenen Gebäude entsprechend zurückweichen." Dazu siehe auch OVG Münster, B. v. 20.01.2000 – 7 B*

2103/99 – zitiert nach juris; Boeddinghaus, in: Boeddinghaus/Hahn/Schulte/Radeisen (Hrsg.), Bauordnung für das Land Nordrhein-Westfalen – Landesbauordnung, Loseblattsammlung, Stand: April 2014, Lfg. 82, § 6, Rn. 162, mit weiteren Nachweisen.

Eine zwangsweise Verschiebung von Abstandsflächen auf Nachbargrundstü- 77
cke ist also nicht möglich.

Die Erstreckung der Abstandsfläche auf das Nachbargrundstück durch die 78
Eintragung einer Baulast scheidet aus, wenn die dort für die Abstandsfläche benötige Fläche nicht den Anforderungen der Absätze 1 und 3 entspricht. Die Fläche muss also von Gebäuden und Anlagen mit gebäudegleicher Wirkung frei sein. Abstandsflächen dürfen auf ihr nicht liegen. Ausnahmen gelten nur für die Anlagen, die nach den Absätzen 8 bis 10 privilegiert sind, für die also Abstandsflächen nicht erforderlich sind oder die in Abstandsflächen errichtet werden dürfen.

6. Überdeckungsverbot (Absatz 3)

a) Grundregel

Absatz 3 schreibt das Überdeckungsverbot als Grundregel vor. Absatz 3 trifft 79
Regelungen dazu, wie die vor den Außenwänden liegenden Abstandsflächen sich zueinander verhalten müssen. Damit unterscheidet sich diese Vorschrift von Absatz 1, der das Überbauungsverbot von Abstandsflächen regelt. Das Überdeckungsverbot gilt sowohl für Gebäude als auch Gebäudeteile, *vgl. OVG Münster, B. v. 21.12.2006 – 10 B 2403/06.*

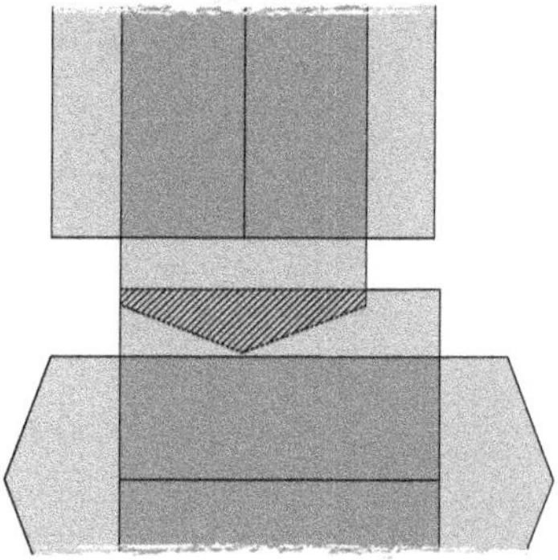

Bild 16 zeigt einen Verstoß gegen das Überdeckungsverbot. *(Abbildung: Karen Schröder)*

Grundsätzlich gilt das Überdeckungsverbot nur auf dem Baugrundstück 80
selbst. Für Gebäude auf verschiedenen Grundstücken gilt das Überdeckungsverbot nur dann, wenn die Abstandsfläche sich gem. Absatz 2 Satz 2 und 3

zulässig auf das Nachbargrundstück erstrecken darf. Sofern diese Übernahme rechtlich nicht zulässig ist, gilt das Überdeckungsverbot auf dem Nachbargrundstück nicht. Mangels zulässiger Übernahme auf das Nachbargrundstück gem. Absatz 2 Satz 2 und 3 liegt die Abstandsfläche dort nämlich nicht, sondern einzig auf dem Baugrundstück selbst, s. o. Anm. 4 c).

81 Durch das Überdeckungsverbot wird sichergestellt, dass der Abstand zwischen zwei Gebäuden der Summe der jeweiligen Abstandsflächen nach Absatz 5 entspricht, *vgl. OVG Berlin-Brandenburg, B. v. 18.09.2013 – 2 S 60.13.* Für Gebäude auf verschiedenen Grundstücken ergibt sich dies bereits aus Absatz 2 Satz 1. Absatz 3 Satz 1 gewinnt deshalb vor allem Bedeutung, wenn die Gebäude auf demselben Grundstück stehen oder wenn sich Abstandsflächen gem. Absatz 2 Satz 2 und 3 über die Grundstücksgrenze hinaus erstrecken dürfen.

b) Ausnahmen vom Überdeckungsverbot

82 Ausnahmen vom Überdeckungsverbot des Halbsatzes 1 gelten für die drei in Halbsatz 2 genannten Konstellationen. Diese Ausnahmen sind gesetzlich zugelassen, so dass es einer Abweichung nach § 67 nicht bedarf. Die Ausnahmen gelten nur für eine Überdeckung der Abstandsflächen, nicht aber für eine Überbauung der Abstandsflächen mit Gebäuden, da letzteres nach Absatz 1 Satz 1 verboten ist, *vgl. OVG Münster, BauR 2011, 653f.*

83 (1) Nach der Nummer 1 gilt das Überdeckungsverbot nicht für Außenwände, die in einem Winkel von mehr als 75° zueinander stehen. Maßgeblich ist der Winkel zwischen diesen Wänden, ohne dass es darauf ankommt, dass diese Wände zum selben Gebäude gehören.

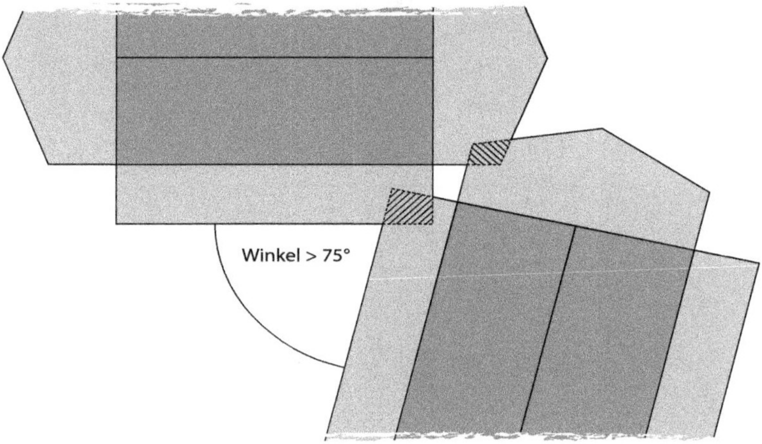

Bild 17 Zulässige Überdeckung bei Wahrung des Mindestwinkels von mehr als 75° (Absatz 3 Nr. 1) (Abbildung: Karen Schröder)

Bedeutsam ist diese Regelung für den Bau mehrerer Gebäude oder Gebäudeteile auf einem Grundstück. Die Außenwände von zwei oder mehr Gebäuden bzw. von zwei oder mehr Gebäudeteilen dürfen nicht so gestellt werden, dass ihre Wände in einem Winkel von bis zu 75° stehen und sich die Abstandsflächen an einer Stelle überdecken. Das heißt umgekehrt, überdecken sich die Abstandsflächen etwa wegen der Höhe, der Staffelung oder der Neigung der Außenwände nicht, ist die Stellung der Gebäude auch bei einem Winkel von unter 76° abstandsflächenrechtlich zulässig. Ist der Winkel der Außenwände größer als 75°, ist es ohne Rücksicht auf die Höhe der Außenwände zulässig, dass die Abstandsflächen sich überdecken. Dies gilt z. B. für Abstandsflächen der seitlich anschließenden Außenwände in einem rechtwinkligen Innenhof. Für die gegenüberliegenden Außenwände, die parallel stehen, also einen Winkel von unter 76° aufweisen, nämlich 0°, gilt das Überdeckungsverbot hingegen uneingeschränkt. 84

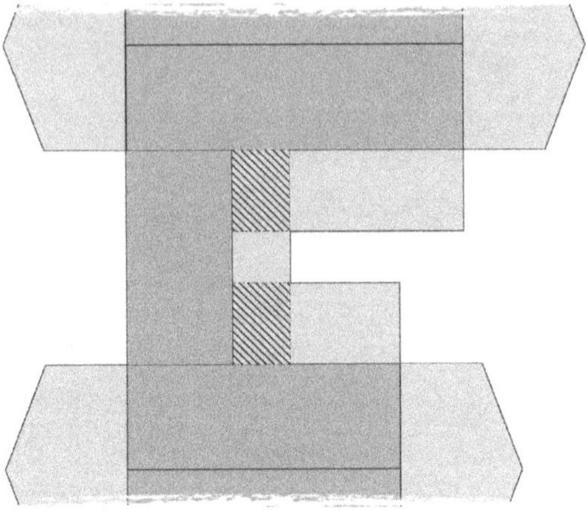

Bild 18 zeigt, dass die Wände, die in einem Winkel von 90 Grad stehen, sich in zulässiger Weise überdecken. *(Abbildung: Karen Schröder)*

85 (2) Außenwände zu einem fremder Sicht entzogenen Gartenhof bei Wohngebäuden der Gebäudeklasse 2 sind nach Nummer 2 vom Überdeckungsverbot kraft Gesetz befreit. Fremder Sicht entzogen sind z. B. Innenhöfe oder ein Atrium. Unter einem Gartenhofhaus versteht man ein Wohngebäude, das einen Gartenhof teilweise – meist winkelförmig bzw. dreiseitig – umschließt und dessen Gartenhof an den übrigen Seiten ebenfalls von Bauteilen – zumeist von Wänden des Nachbargebäudes – umschlossen ist.

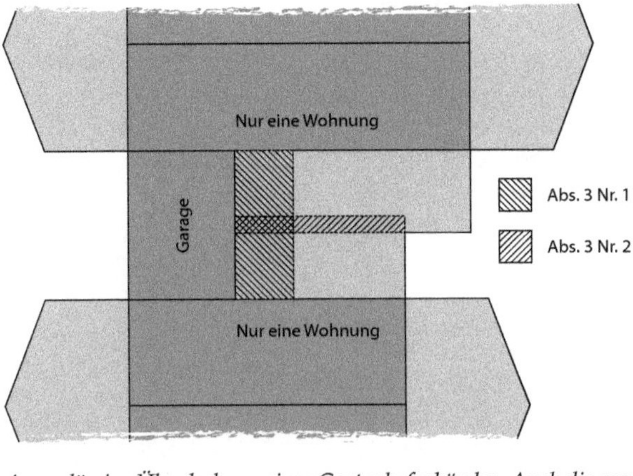

Bild 19 zeigt eine zulässige Überdeckung eines Gartenhofgebäudes. Auch die gegenüberliegenden Wände sind vom Überdeckungsverbot befreit. *(Abbildung: Karen Schröder)*

Wesensmerkmal dieser Bauweise ist, dass auf verhältnismäßig kleinen Baugrundstücken durch eine kleinteilige Struktur der baulichen Gegebenheiten ein nach außen hin abgeschlossenes und damit fremder Sicht entzogenes Wohnen in einem „grünen Zimmer" ermöglicht werden soll, *vgl. OVG Münster, BauR 2011, 653.* 86

Der Gesetzgeber hat diese Erleichterung nur für Wohnhäuser vorgesehen, so dass bei einer Umnutzung zu gewerblichen Zwecken eine Abweichung nach § 67 erforderlich wäre. Da die Regelung nur das Überdeckungsverbot betrifft, befreit sie nicht von dem Verbot, dass in den Abständen von Außenwänden Gebäude nicht errichtet werden dürfen. 87

(3) Die Regelung in Nummer 3, wonach sich die Abstandsflächen von Gebäuden und anderen baulichen Anlagen, die in den Abstandsflächen zulässig sind, vom Überdeckungsverbot befreit sind, nimmt auf die Ausnahmen in Absatz 7 und 8 Bezug. Durch die Ausnahme in der Nummer 3 wird die gesetzgeberische Entscheidung, dass Vorhaben im Sinne von Absatz 7 und 8 in den Abstandsflächen anderer Gebäude zulässig sind, betreffend das Abstandsflächenrecht komplettiert. Durch Nummer 3 wird klargestellt, dass die Überdeckung der Abstandsflächen dann zulässig ist, wenn diese überbaut werden dürfen. Dies ergibt sich für Vorhaben im Sinn von Absatz 8 bereits daraus, dass diese ohne eigene Abstandsflächen sind, eine Überdeckung in Ermangelung solcher zwangsläufig nicht möglich ist. 88

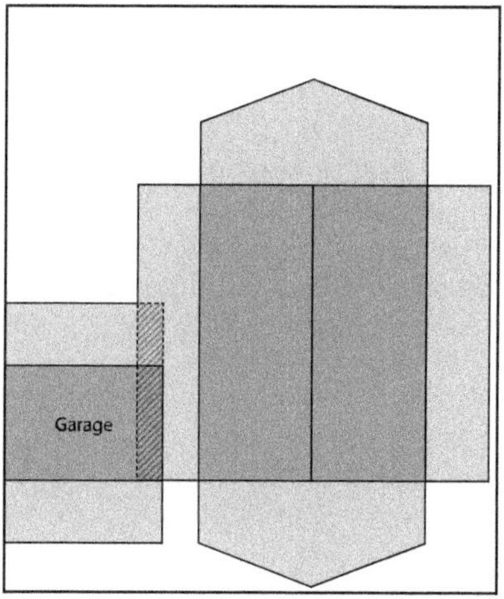

Bild 20 zeigt eine zulässige Überdeckung von Abstandsflächen zwischen Hauptgebäude und Garage im Sinne von Absatz 8 Nr. 1. *(Abbildung: Karen Schröder)*

7. Maß der Abstandsfläche (Absatz 4)

a) Grundsätze der Bemessung

89 Absatz 4 regelt die Bemessung der Abstandsflächen.

90 Nach Satz 1 entspricht das Maß H jeweils dem Lot von einem Punkt der Außenwand oder des Daches des Gebäudes auf die Geländeoberfläche.

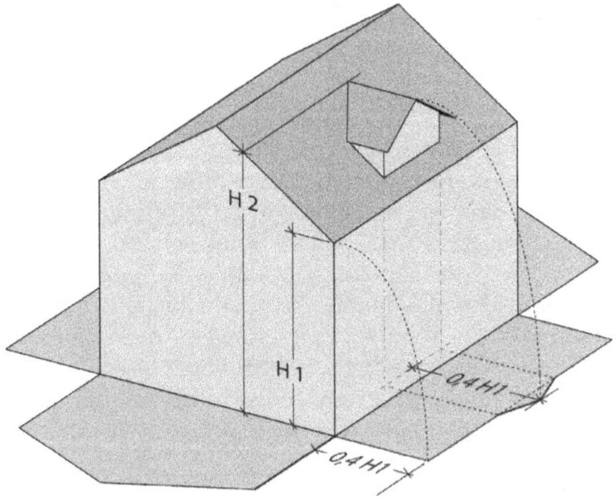

Bild 21 zeigt, wie die Abstandsfläche durch die Wandhöhe und die Höhe von Dachaufbauten bestimmt wird. *(Abbildung: Karen Schröder)*

91 Die in die Ebene um 90 Grad projizierten Abstandsflächen entsprechen danach spiegelbildlich dem Aufbau des Gebäudes, *vgl. VG Frankfurt (Oder), U. v. 18.03.2003 – 7 K 296/00.* Die Abstandsfläche ist also ein mit dem Maß H multipliziertes Abbild/Spiegelbild der jeweiligen Gebäudeseite. Deshalb ist, abgesehen von Absatz 8 Nr. 1, nicht auf die Wandhöhe, sondern auf die Gebäudehöhe abzustellen.

92 Bei abgestaffelten oder schrägen/runden Wänden ist die Abstandsfläche für jeden Punkt der Wand individuell zu ermitteln, *vgl. VGH München, U. v. 20.12.1988 – 20 B 88.00137.* Eine Durchschnittsberechnung (im Mittel) ist nicht zulässig. Diese Berechnung stellt sicher, dass für jeden Punkt auf der Außenwand oder dem Dach des Gebäudes das Abstandsflächenmaß gleichmäßig errechenbar ist. Eine aufwendige Ermittlung von Zuschlägen in Abhängigkeit von der Dachneigung oder in Abhängigkeit von Dachaufbauten ist weder erforderlich noch zulässig. Dadurch, dass für das Giebeldreieck eine

besondere Anrechnung fehlt, ist die volle Giebelhöhe für die Berechnung des Maßes H anzusetzen.

Die Geländehöhe entspricht derjenigen, die in § 2 Abs. 3 benannt ist. Zur Maßgeblichkeit der in den Bauvorlagen angegebenen Geländehöhe für die Abstandsflächenberechnung *vgl. VG Cottbus, U. v. 06.12.2005 – 3 K 933/04.* 93

Nach Halbsatz 2 wird die Abstandfläche senkrecht zu der jeweiligen Außenwand gemessen. Danach wird die Abstandsfläche von dem unter dem jeweiligen Bauteil liegenden Fußpunkt aus, also nicht entlang der Geländeoberfläche, sondern im horizontalen rechten Winkel zur lotrechten Wand bemessen. Bei einer geneigten Geländeoberfläche wird dadurch der Abstand auf der Geländeoberfläche, die die Hypotenuse bildet, verlängert. 94

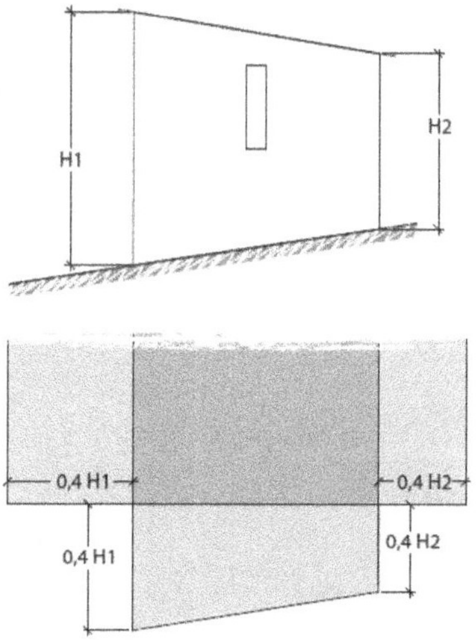

Bild 22 zeigt, dass die Wandhöhe auch vom Verlauf der Geländeoberfläche bestimmt wird. (Abbildung: Karen Schröder)

b) Bestimmung der Wandhöhe (Absatz 4 Satz 2)

Der Gesetzgeber bestimmt in Satz 2 den für die Berechnung der Wandhöhe maßgeblichen oberen und unteren Bezugspunkt. Unterer Bezugspunkt für das Maß der Wandhöhe ist die natürliche oder gewachsene bzw. – wenn im Bebauungsplan oder in der Baugenehmigung enthalten – die dort bestimmte Geländeoberfläche, vgl. dazu die Kommentierung zu § 2 Abs. 3. Wird in einem Bauantrag die Geländeoberfläche abweichend von der natürlichen Geländeoberfläche angegeben, so ist die nach dem Bauantrag vorgesehene 95

Geländeoberfläche maßgeblich. *Zur Berechnung der Höhe bei einer Veränderung der Geländeoberfläche, vgl. OVG Saarlouis, BauR 2001, 1245.*

96 Der obere Bezugspunkt ist der Schnittpunkt der Wand mit der Dachhaut, also die Dachoberfläche. Fehlt ein Dach als oberer Abschluss, etwa bei einem Flachdach, das von den Außenwänden umschlossen wird, ist der obere Abschluss der Wand maßgeblich. Bei Windenergieanlagen ist die Spitze des Rotorblattes der maßgebliche Bezugspunkt. Dabei ist nur die Höhe der Rotorblattspitze bei einem senkrecht, nach oben stehenden Rotorblatt ausschlaggebend, sondern auch bei horizontal stehenden Rotorblätter die Oberseite des Rotorblattes. Da die Bauhöhe des Rotorblatts von seiner Spitze bis zum Mast einen Winkel von weniger als 78,69 Grad (0,2 H) bzw. 68,19 Grad (0,4 H) besitzt, ist die Spitze des horizontal stehenden Rotorblatts als oberer Bezugspunkt maßgeblich. Sonderregelungen, die für den oberen Bezugspunkt auf die horizontale Rotorachse abstellen, gelten in Brandenburg nicht. Ist auf die Außenwand eine Umwehrung montiert, so ist der obere Abschluss der Umwehrung maßgeblich.

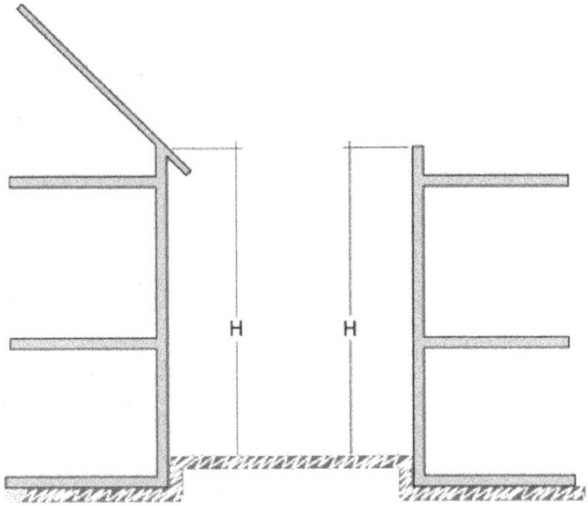

Bild 23 zeigt den unteren und den oberen Bezugspunkt für die Bemessung (nur) der Wand. (Abbildung: Karen Schröder)

97 Bei Giebelwänden ist die Wandhöhe also für jeden Wandabschnitt zu bilden, so dass der Giebel sich als Abstandsfläche abbildet. Das Giebeldreieck ist nicht privilegiert.

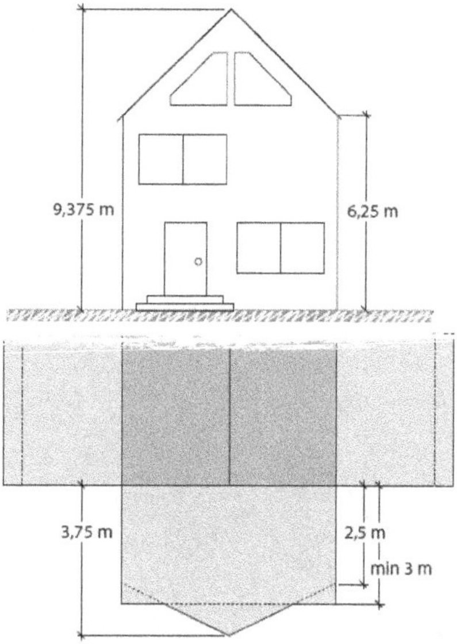

Bild 24 zeigt die Berechnung der Abstandsfläche vor einer Giebelwand.
(Abbildung: Karen Schröder)

c) Wandhöhe sowie vor- oder zurücktretende Bauteile (Absatz 4 Satz 3)

Zum besseren Verständnis der in § 6 Abs. 4 BbgBO geregelten Berechnungsmethode zur Ermittlung ist Satz 3 von hervorragender Bedeutung. Denn in diesem Satz hat der Gesetzgeber die Entscheidung präzisiert, dass die Gebäudehöhe für jedes Bauteil einzeln zu ermitteln ist, d.h. unter Beachtung der baulichen Konstruktion sind die einzelnen Wandabschnitte gesondert in den Blick zu nehmen, *vgl. VG Cottbus, B. v. 20.07.2020 – 3 L 172/20.* Der untere Messpunkt liegt also lotrecht unter jedem Bauteil auf der Geländeoberfläche. Ob ein Bauteil im Einzelfall eine Wand, ein Wandabschnitt, ein Dach oder ein Dachaufbau ist, ist abstandsflächenrechtlich unerheblich, da alle Gebäudeteile in gleicher Weise behandelt werden. Dies gilt sowohl für horizontal wie vertikal gestaffelte Wände (Staffelgeschoss), *vgl. VG Frankfurt (Oder), U. v. 18.03.2003 – 7 K 296/00.* Ausnahmen dazu können sich aus Absatz 6 und 7 ergeben. Durch Absatz 4 Satz 3 werden zudem Dächer, Dachaufbauten und Vorbauten abstandsflächenrechtlich der Wand gleichgestellt. Dies hat der Gesetzgeber dadurch zum Ausdruck gebracht, dass die Wandhöhe nicht nur bei Wänden im Sinne von Satz 1, sondern auch betreffend Abstaffelungen, Dächern oder Dachaufbauten sowie betreffend vor die Außenwand vortretende Bauteile oder Vorbauten individuell zu ermitteln ist. Dazu ist die Höhe des Daches für jeden Punkt durch das lotrechte Maß bis zur Geländeoberfläche zu ermitteln. 98

Der unter dem jeweiligen Punkt des Gebäude- oder Dachteils liegende fiktive Schnittpunkt mit der Geländeoberfläche ist der Bezugspunkt für die durch den jeweiligen Gebäude- oder Dachabschnitt erzeugte Abstandsfläche, *vgl. VG Frankfurt (Oder), U. v. 18.03.2003 – 7 K 296/00.*

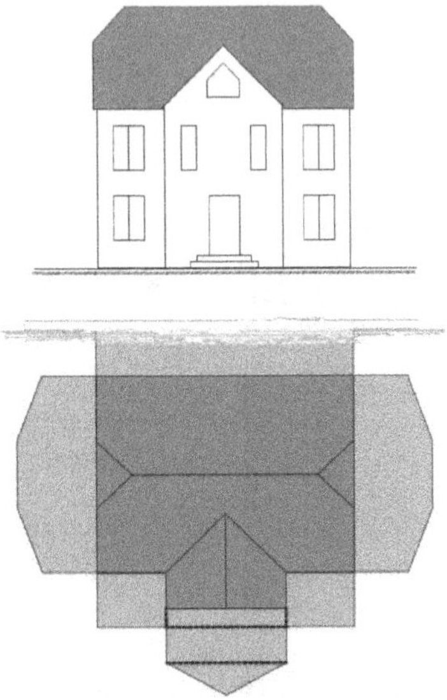

Bild 25 zeigt, wie die Abstandsfläche für jeden Gebäudeteil zu ermitteln ist.
(Abbildung: Karen Schröder)

99 Ob ein Dach oder die Dachaufbauten Abstandsflächen erzeugen, also abstandsflächenrechtliche Relevanz besitzen, die sich über diejenige hinaus erstrecken, die bereits durch die Außenwand im Sinne von Satz 1 erzeugt wurde, hängt im Ergebnis von der Neigung des Daches sowie der Größe und Lage der Dachaufbauten ab. Die Höhe der Dachfläche wirkt sich folglich dann nicht aus, wenn bei 0,4 H das Dach eine Neigung von bis zu 68,19° aufweist. Erst eine Dachneigung von mehr als 68,19° vergrößert die Abstandsfläche. Gleiches gilt für Dachaufbauten. Liegen diese hinter der Neigungslinie von 68,20°, sind sie abstandsflächenrechtlich irrelevant. Dies gilt auch für den Winkel, der von den oberen Abschlüssen gestaffelten Wänden gebildet wird. Denn durch Satz 3 wird verdeutlicht, dass bei gestaffelten Außenwänden die für die Berechnung der Abstandsflächentiefe maßgebliche Wandhöhe für jeden Wandabschnitt zu ermitteln ist. Oberer Bezugspunkt für die Bemessung der Wandhöhe ist der obere Abschluss des jeweiligen Wandabschnitts. Unterer Bezugspunkt ist der zugehörige Schnittpunkt mit der Geländeoberfläche. Dies gilt auch z. B. für Wandvorsprünge, Wandeinschnitte, Bauteile, Dachgauben oder obere Abschlüsse von Balkonen oder Erkern.

Unberührt bleiben von diesen Berechnungen diejenigen Bauteile, die nach Absatz 6 aus der Bemessung der Abstandsfläche ausgenommen sind. Diese Bauteile werden nicht berücksichtigt. 100

8. Tiefe der Abstandsfläche (Absatz 5)

a) Allgemeines

In Absatz 5 wird geregelt, wie die Tiefe der Abstandsfläche auf der Grundlage der gem. Absatz 4 ermittelten Höhe des Gebäudes berechnet wird. Durch die Novelle 2016 ist dieses Maß einheitlich auf 0,4 H bestimmt worden. Durch die Novelle 2023 ist die Abstandsfläche für Windenergieanlagen im Außenbereich auf 0,2 H, mindestens 3 Meter bestimmt worden. Mit der Novelle 2023 sind in Satz 5 Regelungen für Antennenanlagen eingeführt worden. 101

Von städtebaulicher Bedeutung ist Abs. 5 vor allem in dichtbebauten innerstädtischen Grundstückslagen, *s. a. Krieger/Luckas, Abstandsflächenrechtliche Herausforderungen bei der Bebauung großstädtischer Innenstadtlagen, BauR 2010, 173ff.* 102

Die pauschale Abstandsflächentiefe für Gebäude der Gebäudeklasse 1 und 2 mit nicht mehr als drei oberirdischen Geschossen ist systemwidrig, weil in dieser Berechnung wird nicht auf die Höhe des Gebäudes, sondern auf die Höhe des Geschossfußbodens abgestellt. Bei einem Gebäude mit einer Wandhöhe von 10,60 m Höhe beträgt die auf dem eigenen Grundstück liegende Abstandsfläche nur noch 0,28 H. Ob eine derart umfangreiche Verkürzung mit dem planungsrechtlichen Rücksichtnahmegebot vereinbar ist, kann im Einzelfall zu prüfen sein. Davon, dass die Einhaltung der Abstandsflächenregelungen die Rücksichtnahme indiziert, kann bei diesen Gebäudeklassen nicht regelhaft ausgegangen werden. 103

b) Regelmäßige Tiefe der Abstandsfläche (Absatz 5 Satz 1)

Nach Satz 1 beträgt die regelmäßige Abstandsflächentiefe 0,4 H, mindestens 3m. Das heißt, die Höhe H im Sinne von Absatz 4 ist mit dem Faktor 0,4 zu multiplizieren. Die regelmäßige Abstandsfläche entspricht also 40 % der Höhe des jeweiligen Gebäudeteils. Dieser Wert ergibt dann in Metern und Zentimetern die Tiefe der Abstandsfläche, die nach Absatz 1 Satz 1 und 2 von einer Bebauung freizuhalten ist und gem. Absatz 2 grundsätzlich auf dem Grundstück liegen muss. Bei baulichen Anlagen, deren abstandsflächenrelevante Wandhöhe kleiner als 7,5m ist, und bei Gebäuden der Gebäudeklasse 1 und 2 ist jedoch der Mindestabstand von 3m zu beachten. Es ist dann also nicht die Abstandsflächentiefe 0,4 H, sondern die Mindestabstandsflächentiefe von 3m maßgeblich. Dies bedeutet eine Privilegierung von Gebäuden der 104

Gebäudeklasse 1 und 2 im Vergleich mit Nicht-Gebäuden, da Bezugspunkt für die Gebäude der Gebäudeklasse 1 und 2 das Maß der Fußbodenoberkante ist, s. unten Anm. d). Warum der Gesetzgeber dies so geregelt hat, ist nicht überliefert. Verständlich ist dies nicht.

c) Regelmäßige Tiefe der Abstandsfläche von Windenergieanlagen (Absatz 5 Satz 1)

105 Mit der Novelle 2023 ist die Regelung eingeführt worden, dass für Windenergieanlagen im Außenbereich eine Tiefe von 0,2 H, mindestens 3 Meter genügt. Im Außenbereich stehen nur die Anlagen, die nicht im Innenbereich (§ 34 BauGB) und nicht im Geltungsbereich eines Bebauungsplans (§ 30 BauGB) errichtet werden. Für diese Anlagen bleibt es beim Regelabstand von 0,4 H. Oberer Bezugspunkt für die Berechnung der Höhe H ist die Spitze des Rotorblattes, s. o. Rn. 102. Die Abstandsfläche liegt vor dieser Spitze, zieht sich also kreisförmig um die Windenergieanlage. Unterhalb der Rotorblattspitze liegt die fiktive Außenwand der Windenergieanlage. Die Höhe dieser Wand bildet den Ausgangspunkt für die Abstandsflächenberechnung. Diese Tiefe der Abstandsfläche beträgt im unbeplanten Außenbereich 0,2 H, im Geltungsbereich eines Bebauungsplans und im unbeplanten Innenbereich 0,4 H, jeweils mindestens 3 Meter. Steht die Windenergieanlage im Außenbereich oder in einem Bebauungsplan, der für die Windenergienutzung im Außenbereich aufgestellt wurde, sind diese Werte jedoch von geringer Relevanz, weil dort regelmäßig eine Abweichung nach § 6 Abs. 11 in Betracht kommt, vgl. dazu *OVG Berlin-Brandenburg, U. v. 07.06.2023 – OVG 3a A 57/23.*

d) Tiefe der Abstandsflächen in Gewerbe- und Industrie (Absatz 5 Satz 2)

106 In Gewerbe- und Industriegebieten gilt das Maß von 0,2 H. Die mindestens einzuhaltende Abstandsflächentiefe beträgt jedoch weiterhin 3 m.

107 Soll in Sondergebieten das Maß weiterhin reduziert bleiben, bedarf es einer Festsetzung in einem Bebauungsplan oder in einer örtlichen Bauvorschrift nach Satz 4.

108 Maßgeblich für das Vorhandensein eines Gewerbe- und Industriegebiets sind zunächst die Festsetzungen in einem Bebauungsplan nach §§ 8 und 9 BauNVO. Einer planerischen Festsetzung eines solchen Baugebietstyps bedarf es jedoch nicht unbedingt, denn Absatz 5 Satz 3 findet auch in einem faktischen Baugebiet gemäß § 34 Abs. 2 BauGB in Verbindung mit §§ 8 und 9 BauNVO Anwendung, *vgl. VG Frankfurt (Oder), B. v. 22.07.2005 – 7 L 19/05.*

In einem faktischen Baugebiet setzt die Reduzierung der Tiefe der Abstandsfläche auf 0,2 H voraus, dass sich ein Grundstück eindeutig einem der Baugebietstypen nach §§ 8 und 9 BauNVO zuordnen lässt. Dies ist nur anhand der vorhandenen Bebauung, die die Eigenart der näheren Umgebung prägt, möglich. Dabei darf nur auf den Bestand tatsächlich vorhandener baulicher Anlagen abgestellt werden. Dazu gehören auch solche Anlagen, die nicht genehmigt sind, sofern mit ihrer Beseitigung nicht zu rechnen ist. Genehmigte, aber noch nicht errichtete Anlagen bleiben hingegen außen vor, *vgl. BVerwG, B. v. 11.04.1996 – 4 B 51/96.* 109

Lässt sich nach § 34 Abs. 2 BauGB ein Gebietscharakter nicht ermitteln, beurteilt sich die Eigenart der näheren Umgebung also nach § 34 Abs. 1 BauGB oder liegt das Vorhaben im Außenbereich (§ 35 BauGB), bleibt es bei der regelmäßigen Abstandsfläche von 0,4 H. Dies gilt auch dann, wenn sich der Bebauungsplan, der ein Gewerbe- oder Industriegebiet festsetzt, als unwirksam erweist und die vorhandene Bebauung noch nicht ein faktisches Gewerbe- oder Industriegebiet im Sinne von § 34 Abs. 2 BauGB erzeugt hat. Unter diesen Umständen führt die Unwirksamkeit des Bebauungsplans dazu, dass ein Abstand von 0,4 H einzuhalten ist. 110

Die Reduzierung des Abstandsflächenmaßes auf 0,2 H gilt auch gegenüber Grundstücken, die außerhalb des Gewerbe- oder Industriegebietes liegen. Dabei ist darauf zu achten, dass die abstandsflächenrechtlich noch zulässige Bebauung mit dem Rücksichtnahmegebot vereinbar ist. 111

e) Abstandstiefe bei Gebäuden der Gebäudeklassen 1 und 2 (Absatz 5 Satz 3)

Satz 3 schafft Sonderregelungen für Gebäude der Gebäudeklasse 1 und 2, vgl. zu diesen Gebäudeklassen § 2 Abs. 3. Der Gesetzgeber hat dadurch das Abstandsflächenrecht auf die Gebäudeklassensystematik der Musterbauordnung umgestellt. Für die Höhenbemaßung des Gebäudes gilt nunmehr allein § 2 Abs. 3 Satz 2. Da dadurch nur noch die Fußbodenoberkante des höchst gelegenen Geschosses, in dem Aufenthaltsräume möglich sind, nicht aber die Gebäudehöhe ausschlaggebend ist, entfallen die Schwierigkeiten bei der Berechnung der Gebäudehöhe. 112

Für diese Gebäude gilt ein pauschaler Mindestabstand von 3 m. Durch die Einhaltung dieses Mindestabstandes ist zugleich der Abstand von mehr als 2,50 m zur Nachbargrenze gewahrt, so dass die Außenwände nicht gem. § 30 Abs. 2 Nr. 1 als Brandwand ausgebildet werden müssen. 113

Durch die Umstellung des Pauschalabstandes auf Gebäudeklassen ist auch die Beschränkung der 3-m-Privilegierung in Absatz 6 a. F. auf Wohngebäude 114 entfallen. Die Nutzung des Gebäudes spielt bei diesen Gebäudeklassen, ausgenommen denjenigen nach § 2 Abs. 3 Satz 1 Nr. 1 lit. b) keine Rolle. Ebenfalls ohne Bedeutung ist die Höhe des obersten Geschosses, in dem Aufenthaltsräume möglich sind. So kann es bei einer Geschosshöhe von z. B. 3,50 m dazu kommen, dass Gebäude mit einer Höhe von 10,5 m von Satz 3 erfasst sind. Sollte das oberste Geschoss noch höher sein, ist dies abstandsflächenrechtlich unschädlich. Es bleibt bei dem Mindestabstand von 3 m, auch wenn das Abstandsflächenmaß rechnerisch auf einen Wert von unter 0,3 H fallen sollte.

115 Problematisch kann die Umstellung des Pauschalabstandes auf Gebäudeklassen mit Blick auf das planungsrechtliche Rücksichtnahmegebot sein. Zwar wird in der Rechtsprechung davon ausgegangen, dass eine erdrückende Wirkung bei Einhaltung der abstandsflächenrechtlichen Vorgaben regelmäßig nicht anzunehmen sei, *vgl. BVerwG, B. v. 11.01.1999 – 4 B 128/98 –; s. a. BVerwG, U. v. 23.05.1986 – 4 C 34/85.* Allerdings ist nach der Rechtsprechung des OVG Berlin-Brandenburg in „Extremfällen" denkbar, dass es zu einer „Hinterhofsituation" oder „Gefängnishofsituation" kommt oder das „Gefühl des Eingemauertseins" und der „Abriegelung" entsteht oder die „Luft zum Atmen" fehlt, *vgl. OVG Berlin-Brandenburg, B. v. 27.02.2012 – 10 S 39.11 – und B. v. 14.09.2012 –10 S 29.12 –*; instruktiv auch *OVG Lüneburg, B. v. 15.01.2007 – 1 ME 80/07.* In der Rechtsprechung wird daher angenommen, dass zumindest aus tatsächlichen Gründen das Rücksichtnahmegebot im Regelfall nicht verletzt sein dürfte, wenn die Abstandsvorschriften eingehalten sind, vgl. *OVG Berlin-Brandenburg, B. v. 27.02.2012 –10 S 39.11 –mit Verweis auf BVerwG, U. v. 11.01.1999 – 4 B 128.98.*

116 Anders dürfte die Vermutung zu beurteilen sein, wenn infolge der Privilegierung in Absatz 5 Satz 3 die Tiefe der Abstandsfläche auf ein Maß von deutlich weniger als 0,4 H reduziert wird. Dies ist oftmals zu besorgen, weil die Bemaßung bei Gebäuden der Gebäudeklasse 1 und 2 auf die Fußbodenoberkante Bezug nimmt, die absolute Gebäudehöhe also nicht mehr betrachtet wird. So reduziert sich bei einem Gebäude von 11 m Höhe das Abstandsflächenmaß bei einem Abstand von 3 m zur Grundstücksgrenze auf 0,2727 H. Es dürfte deshalb in den Fällen, in denen die Gebäudehöhe 9 m übersteigt, regelmäßig eine Einzelfallprüfung erforderlich sein, um festzustellen, ob gegen das Rücksichtnahmegebot verstoßen wird.

f) Vorrang städtebaulicher Satzungen und örtlicher Bauvorschriften (Absatz 5 Satz 4)

117 Satz 4 eröffnet die Möglichkeit, mittels städtebaulicher Satzungen und örtlicher Bauvorschriften von den in den Sätzen 1 bis 3 genannten Regelungen abzuweichen. Satz 4 ermächtigt nicht dazu, abweichende Abstandsflächentiefen festzusetzen, sondern setzt diese Ermächtigung voraus. Satz 4 regelt die

Rechtsfolge für den Fall, dass derartige Satzungen gelten. Rechtsfolge ist, dass bei Geltung dieser Satzungen für die Bestimmung der Tiefe der Abstandsfläche nur die Festsetzungen in diesen Satzungen maßgeblich sind. Die Regelungen in den Sätzen 1 bis 3 werden von diesen Satzungen verdrängt, soweit sie die Abstandsflächentiefe bestimmen. Dies gilt sowohl in dem Fall, dass nach diesen Satzungen abweichende Tiefen möglich sind, als auch für den Fall, dass nach diesen Satzungen andere Tiefen zwingend vorgeschrieben sind.

Für Satzungen, die auf der bundesrechtlichen Grundlage des Baugesetzbuchs 118
aufgestellt werden, ist Satz 4 von wesentlicher Bedeutung. Denn ohne Satz 4 könnten diese städtebaulichen Satzungen das bauordnungsrechtliche Landesrecht nicht verdrängen oder ändern. Erst wenn der Landesgesetzgeber, wie schon in Berlin in § 6 Abs. 5 Satz BlnBauO, das Abstandsflächenrecht hinter städtebauliche Satzungen zurückstellt, soweit sich daraus abweichende Abstandstiefen ergeben, macht er dadurch die sonst erforderliche Erteilung einer Abweichung nach § 67 entbehrlich. Eine Abweichung nach § 67 ist also in den Fällen des Satzes 4 nicht erforderlich, um die Genehmigung für geringere Tiefen zu erteilen. Bei sich aus den Satzungen ergebenden größeren Abstandsflächentiefen ist eine Abweichung ohnedies nicht erforderlich. Die Maßgeblichkeit größerer Tiefen folgt bereits aus §§ 59 und 72 Abs. 1 Satz 1, die mittelbar zur Beachtung der Satzung zwingen.

aa) Festsetzung der Verkürzung oder der Vergrößerung der Tiefe der Abstandsflächen

Festsetzungen über die Verkürzung oder Vergrößerung der Tiefe der 119
Abstandsfläche können in Bebauungsplänen oder Satzungen nach § 34 Abs. 3 Nrn. 2 und 3 BauGB und § 35 Abs. 6 BauGB getroffen werden. Andere städtebauliche Satzungen regeln die Abstandsflächentiefe nicht. Die in den erstgenannten Satzungen getroffenen Regelungen gehen dem § 6 Abs. 5 Satz 1 bis 3 vor. Sie allein sind beachtlich.

Für die Verdrängung der Sätze 1 bis 3 ist unmaßgeblich, ob in den Satzun- 120
gen die Tiefe der Abstandsfläche ausdrücklich bestimmt oder gewollt ist. Die Sätze 1 bis 3 sind immer schon dann nicht anwendbar, wenn sich aus den getroffenen Festsetzungen die Möglichkeit ergibt, vor den Außenwänden Abstände größerer oder kleiner Tiefe liegen zu lassen. Ob diese Möglichkeit besteht, beurteilt sich danach, ob durch die Festsetzungen auf den Gebäudeabstand, den Grenzabstand oder den Wandabstand in der Weise Einfluss genommen wird, dass die zugelassene Bebauung bei Einhaltung der Abstandsflächentiefe nach den Sätzen 1 bis 3 an sich nicht zulässig wäre. Abweichungen können sich durch die Kombination von Festsetzungen von Baugrenzen und Baulinien sowie der Zahl der Vollgeschosse oder der Höhe der baulichen Anlagen ergeben. Ausreichend für die Höhenfestsetzung ist, dass die Zahl

der Vollgeschosse festgesetzt ist, weil durch die gesetzlichen Anforderungen an die Höhe von Aufenthaltsräumen und durch die bautechnische Mindeststärke der Geschossdecken eine Mindesthöhe des Gebäudes ergibt. Diese Höhe ist abstandsflächenrechtlich privilegiert. Diese Privilegiert gilt auch für eine grenznahe Bebauung, was nicht unproblematisch ist, weil in den städtebaulichen Satzungen auf den Verlauf der Grundstücksgrenzen kaum Einfluss genommen werden kann. Auch Festsetzungen nach § 9 Abs. 1 Nr. 2a BauGB können die Privilegierung bewirken.

121 Insbesondere kann auf der Grundlage von § 9 Abs. 1 Nr. 2a BauGB die Tiefe der Abstandsfläche aus städtebaulichen Gründen abweichend festgesetzt werden. § 9 Abs. 1 Nr. 2a BauGB wurde durch das Gesetz zur Erleichterung von Planungsvorhaben für die Innenentwicklung der Städte (BGBl. I 2006 S. 3316), *vgl. BT-Drs. 16/2496, 16/2932, 16/3308,* in das Baugesetzbuch eingefügt, *vgl. dazu Boeddinghaus, BauR 2007, 641 ff.; s. a. VG Halle (Saale), U. v. 1.2.2024 – 3 A 213/21 HAL.* Der Gesetzgeber eröffnet dadurch den Gemeinden ausdrücklich die Möglichkeit, Festsetzungen über die bauliche Nutzung zu treffen, die von den Abstandsflächenregelungen der Bauordnung abweichen. Diese Regelung ist etwa bei der Festsetzung von Gebäudehöhen an schmalen Gassen von Relevanz, wenn es ansonsten zu einer Lage der Abstandsfläche über die Straßenmitte kommen sollte und sich die Abstandsflächen überdecken würden.

122 Aus bauordnungsrechtlichen Gründen kann eine Abweichung von der in Absatz 5 bestimmten Tiefe der Abstandsfläche in einer örtlichen Bauvorschrift festgesetzt werden, vgl. § 87 Abs. 2.

bb) Abwägung

123 In jedem Fall muss die Gemeinde bei der Bestimmung einer abweichenden Abstandflächentiefe oder bei Festsetzungen, die zu geringeren oder größeren Abstandsflächentiefen führen, die daraus resultierenden Folgen abwägen. Der Gesetzgeber hat für örtliche Bauvorschriften das Abwägungsgebot in § 87 Abs. 2 Satz 2 ausdrücklich normiert. Es fordert deshalb, dass die Tiefe so bestimmt festgesetzt werden muss, dass sich daraus das Maß der Abstandsflächentiefe eindeutig ermitteln lässt. Durch diese Maßgabe an das Abwägungsprogramm will der Gesetzgeber sicherstellen, dass fehlerfrei abgewogen wird.

124 Immer dann, wenn es infolge der Festsetzungen in einer städtebaulichen Satzung oder örtlichen Bauvorschrift zu einer Verringerung der Abstandsflächentiefe kommt, muss die Gemeinde die nachbarlichen Belange und die Auswirkungen derartiger Festsetzungen auf die betroffenen Schutzgüter sorgfältig ermitteln und abwägen, *vgl. OVG Berlin-Brandenburg, U. v. 18.12.2007 – 2 A 3.07 –; OVG Berlin, B. v. 09.11.1999 – 2 SN 25.99 –; OVG Berlin-Brandenburg, U. v. 30.09.2010 –2 A 22.08.* Entscheidet sich die Gemeinde in Kenntnis aller

Umstände für eine Verkürzung der Abstände, ist dies planungsrechtlich auch dann zulässig, wenn dadurch die Belichtung, Belüftung und Besonnung bzw. der Sozialabstand stark beeinträchtigt werden. Dass dadurch gesundheitsgefährdende Zustände entstehen, kann nicht gefolgert werden, weil durch den Einsatz einer modernen Gebäudetechnik Gefahren für Leib und Leben, ungesunde Wohnverhöltnisse oder unzumutbare Dichten für die Bewohner und Beschäftigten ausgeschlossen werden können. Der Fortschritt in der Gebäudetechnik erweitert die Planungsmöglichkeiten der Gemeinde und vergrößert den Anwendungsbereich des Satzes 4.

g) Abstandsflächen vor Antennen (Absatz 5 Satz 5)

Für Antennenanlagen, einschließlich zugehöriger Versorgungseinheiten und 125
Funkcontainer, beträgt nach der Neuregelung in der Novelle 2023 die Tiefe der Abstandsfläche im Außenbereich 0,4 H, soweit diese Anlagen an Grundstücke mit Wohnnutzung grenzen. Da diese Anlagen wegen des geforderten Abstandes nicht an derartige Wohngrundstücke angrenzen können, ist diese Regelung so zu verstehen, dass dieser Abstand zu wahren ist, wenn das Baugrundstück an ein Wohngrundstück angrenzt. Grenzt es nicht unmittelbar an, so muss nach Sinne und Zweck dieser Regelung der Abstand zu der Grenze des Wohngrundstücks 0,4 H betragen. Außerhalb dieses Bereiches sind Antennenanlagen, einschließlich zugehöriger Versorgungseinheiten und Funkcontainer, im Außenbereich (§ 35 BauGB) ohne eigene Abstandsflächen zulässig. Dies kann dazu führen, dass die Antennenlage in Richtung auf das Wohngrundstück eine Abstandsflächentiefe von 0,4 H wahren muss, in jede andere Richtung jedoch ohne Abstandsfläche zulässig ist. Da der Gesetzgeber die in der Rechtsprechung teilweise anzutreffende Auffassung, dass Antennen mit einem Durchmesser von weniger als 1,10 m ohne gebäudegleiche Wirkung sind *(so VGH München, B. v. 23.08.2016 – 15 ZB 15.2668 –)*, nicht aufgegriffen hat, ist oberer Bezugspunkt der Antenne deren Spitze, so auch *OVG Münster, U. v. 19.04.2012 – 10 A 2310/10.* Dies gilt auch für Versorgungseinheiten und Funkcontainer. Wo dies wegen des geringen Durchmessers der Anlage nicht mehr zu sachgerechten Ergebnissen führt, kommt eine Abweichung nach Abs. 11 in Betracht.

9. Vor die Außenwand vortretende Bauteile und Vorbauten (Absatz 6)

a) Allgemeines

Trotz der Verkürzung der Abstandsflächen auf 0,4 H in Absatz 5 dürfen in 126
diesen verkürzten (Mindest-)Abstandsflächen Vorbauten gem. Absatz 6 zugelassen werden. Rechtsfolge des Absatzes 6 ist, dass die dort genannten Gebäudeteile bei der Bemessung der Abstandsfläche der Wand nach Absatz 4 Satz 3

unberücksichtigt bleiben. Die Abstandsflächen dieser Vorbauten dürfen im Lageplan nicht eingezeichnet werden.

b) Vor die Außenwand vortretende Bauteile (Nummer 1)

127 Nach Nummer 1 bleiben vor die Außenwand vortretende Bauteile bei der Bemessung der Abstandsfläche unberücksichtigt, wenn die vorgegebenen Maße nicht überschritten werden. Sie dürfen dann nicht mehr als 1 Meter vortreten und müssen mindestens 2 Meter von der gegenüberliegenden Nachbargrenze entfernt bleiben. Diese Maße hat der Gesetzgeber mit der Novelle 2020 eingeführt. Er begründet dies zum einen damit, dass er die Größe der Vorbauten an die Privilegierung für Wintergärten, Balkone und sonstige Vorbauten angleicht und die bisher fehlende Maßbegrenzung zu Problemen im Vollzug der Regelung führten.

128 Der Gesetzgeber nennt als Beispiele für vortretende Bauteile Gesimse. Dies sind waagerecht vor die Fassade tretende Bauteile, die die Fassade gliedern oder vor Regen schützen. Dachüberstände sind die Dachteile, die vor die unter dem Dach stehende Außenwand vortreten und diese sowie sonstige Bauteile vor Regen und Schnee schützen, *vgl. OVG Greifswald, B. v. 16.3.2021 – 3 LZ 1130/18 OVG.*

129 Die in vorherigen Fassungen der Bauordnung genannten Pfeiler als benannte Beispiele sind durch die Novelle 2016 gestrichen worden. Sie gehören aber nach wie vor zu den vortretenden Bauteilen. Die genannten Beispiele sind nicht abschließend aufgezählt. Vortretende Bauteile können auch Dachüberstände vor Hauseingängen, Dachrinnen, Rohre, Jalousiekästen sein. Rotorblätter einer Windenergieanlage sind nicht mehr unbeachtlich vortretende Bauteile, *OVG Lüneburg, B. v. 13.8.2001– 1 L 4089/00.*

130 Vor die Außenwand vortretende Bauteile dürfen weiterhin ins Gewicht fallen, nachdem der Gesetzgeber mit der Novelle 2016 auf die Vorgabe verzichtet hat, dass die vortretenden Bauteile untergeordnet sein müssen. Die Streichung dieses Tatbestandsmerkmales darf nicht durch eine enge Auslegung des Begriffs des „vortretenden Bauteils" konterkariert werden. Folglich können vortretende Bauteile die Erscheinung der Außenwand oder des Dachs prägen. So ist ein Dach, welches auch dazu dient, einen darunterliegenden Balkon zu überdecken, ein vortretendes Bauteil.

131 In die Bemessung des Dachüberstandes fällt auch die Regenrinne hinein. Da der Dachüberstand nur als ein Beispiel genannt wird, ist eine Dachüberstand, vor dem eine Regenrinne montiert ist, ebenso ein vortretendes Bauteil in diesem Sinne wie ein Dachüberstand ohne Regenrinne.

Der Abstand von 2 Metern muss zur gegenüberliegenden Nachbargrenze gewahrt werden. Nachbargrenze in diesem Sinne ist nur die Grundstücksgrenze, hinter der ein anderer Eigentümer als Nachbar in Erscheinung tritt. Liegt hinter der Grundstücksgrenze eine öffentliche Fläche, etwa in Gestalt einer Verkehrs- oder Grünfläche oder einer der Allgemeinheit zugänglichen Waldfläche, braucht der Abstand von 2 Metern nicht gewahrt zu werden. Von der gegenüberliegenden Nachbargrenze ist die seitliche Nachbargrenze zu unterscheiden. Zu der seitlichen Nachbargrenze ist ein Abstand nicht zu halten. 132

c) Wintergärten (Nummer 2)

Wintergärten bleiben abstandsflächenrechtlich ohne Bedeutung, wenn sie die in der Nummer 2 angegebenen Maße und zugleich auch die relativen Maße nach lit. a)–c) nicht überschreiten. Der Gesetzgeber hat diese Regelung aus der vorherigen Fassung des § 6 Abs. 7 übernommen. 133

Wintergärten sind dreiseitig verglaste Vorbauten, die als Raum eine eigene Funktion besitzen und nicht bestehende Räume erweitern, wie dies etwa für Erker der Fall ist, siehe zu Erkern Rn. 140. Wintergärten müssen durch eine Tür von dem eigentlichen Gebäude getrennt sein. 134

Der Wintergarten insgesamt darf nicht mehr als ein Drittel der Breite der jeweiligen Außenwand in Anspruch nehmen. Maßgeblich ist die Außenwand, vor der der Wintergarten angebracht ist. Bei einer aus mehreren Außenwänden bestehenden Gebäudewand ist nur auf die Außenwand abzustellen, vor der der Wintergarten steht, *vgl. OVG Berlin-Brandenburg, B. v. 25.08.2020 – OVG 10 N 15/20.* Ein privilegierter Wintergarten darf eine maximale Breite von 5 m haben. Dies setzt voraus, dass die jeweilige Außenwand eine Breite von 15 m besitzt. Der Wintergarten muss zugleich einen Mindestabstand von 2 m zur gegenüberliegenden Nachbargrenze wahren. Gegenüberliegende Nachbargrenze ist in der Regel die Grundstücksgrenze, die dem Wintergarten, vom Haus aus betrachtet, gegenüberliegt und hinter der ein eigenes Buchgrundstück liegt, vgl. zum Grundstücksbegriff Erl. bei § 1 Abs. 1. Wird der Wintergarten über Eck geführt, ist der 2-m-Abstand gegenüber beiden Nachbargrenzen zu wahren. Dadurch soll sichergestellt werden, dass der Wintergarten, auch wenn er ohne eigene Abstandsfläche bleibt, einen Mindestabstand zum gegenüberliegenden Nachbarn einhält. Für die seitliche Abstandsfläche gilt dies nicht. Gegenüber Grundstücksgrenzen, hinter denen öffentliche Verkehrs-, Grün- oder Wasserflächen liegen, ist dieser Mindestabstand nicht zu wahren. 135

Werden die Privilegierungsmaße nicht eingehalten, sind diese Vorbauten selbst abstandsflächenpflichtig, *vgl. VGH Mannheim, BauR 2003, 1201 (Balkone).* 136

Deren Außenwände sind dann nach den allgemeinen Regeln des Abstandsflächenrechts zu behandeln.

d) Balkone (Nummer 3)

137 Balkone bleiben abstandsflächenrechtlich ohne Bedeutung, wenn sie die in der Nummer 3 angegebenen Maße und zugleich auch die relativen Maße nach lit. a)–c) nicht überschreiten.

138 Ein Balkon ist ein nach drei Seiten offener Vorbau, der der Außenwand unmittelbar vorgelagert ist. Eine Auskragung des Obergeschossfußbodens ist nicht erforderlich, *vgl. VG Frankfurt (Oder), U. v. 26. 10.2004 – 7 K 444/01.* Der Balkon kann von Stützen oder Mauern getragen werden.

139 Der Balkon darf insgesamt nicht mehr als ein Drittel der Breite der jeweiligen Außenwand in Anspruch nehmen. Maßgeblich ist die Außenwand, vor der der Balkon angebracht ist. Bei einer aus mehreren Außenwänden bestehenden Gebäudewand ist nur auf die Außenwand abzustellen, an der der Balkon angebracht ist, *vgl. OVG Berlin-Brandenburg, B. v. 25.08.2020 – OVG 10 N 15/20.* Der Balkon muss einen Mindestabstand von 2 m zur gegenüberliegenden Nachbargrenze wahren. Nachbargrenze ist die Grundstücksgrenze, hinter der ein eigenes Buchgrundstück liegt, vgl. zum Grundstücksbegriff Erl. bei § 1 Abs. 1. Die Nachbargrenze muss der Außenwand, der der Balkon vorgelagert ist, gegenüber liegen. Wird der Balkon über Eck geführt, ist der 2-m-Abstand gegenüber beiden Nachbargrenzen zu wahren. Für die seitliche Grundstücksgrenze gilt das Abstandserfordernis nicht. Dadurch soll sichergestellt werden, dass der Balkon, auch wenn er ohne eigene Abstandsfläche bleibt, einen Mindestabstand zum gegenüberliegenden Nachbarn einhält. Gegenüber Grundstücksgrenzen, hinter denen öffentliche Verkehrs-, Grün- oder Wasserflächen liegen, ist dieser Mindestabstand nicht zu wahren.

e) Sonstige Vorbauten (Nummer 4)

140 Nach Nummer 4 bleiben sonstige Vorbauten jeglicher Art abstandsflächenrechtlich unbeachtlich. Der Gesetzgeber hat durch die Novelle 2016 die beispielhafte Aufzählung gestrichen und einen allgemeinen Auffangtatbestand geschaffen. Merkmal von Vorbauten ist, dass sie selbständig nutzbar sind, vgl. zum Begriff der Vorbauten VGH Kassel, BauR 2011, 823 ff. Vorbauten können Stufen, Podeste, außenliegende Aufzugsschächte, Treppenhäuser, Loggien, Pergolen, Erker oder Terrassenüberdachung sein, zu letzter *VG Cottbus, U. v. 05.06.2020 – 3 K 942/19.* Erker sind solche Gebäudeteile, die als Vorbauten bis auf den Boden herabreichen können, so dass die Aussichtsmöglichkeiten und die Belichtungsverhältnisse verbessert werden. Sie sind mit dem Innenraum ohne Türen oder Abtrennungen verbunden. Sie können auch der Gestaltung

des Gebäudes dienen. Im Gegensatz zu Wintergärten sind Erker mit dem Innenraum ohne Türen oder Abtrennungen verbunden. Erker können als andere Vorbauten im Sinne der Nummer 4 privilegiert sein, wenn sie die dort genannten Maße nicht überschreiten.

Für nicht selbständig nutzbare Bauteile gelten die Regelungen in Nummer 1. 141 Dadurch sind etwa Dachüberstände vor Hauseingangstreppen als vortretende Bauteile nach Nummer 1 privilegiert. Für Balkone und Wintergärten gelten die Nummern 2 und 3 als spezielle Regelungen. Für diese Vorbauten und Gebäudeteile ist ein Rückgriff auf Nummer 4 unzulässig.

Nicht zu den Vorbauten zählen Dachaufbauten. Dies wird deutlich anhand 142 der Regelung in der Nummer 5, in der Dachaufbauten gesondert geregelt sind. Der Gesetzgeber unterscheidet also zwischen Vorbauten, die vor Außenwände treten, und Dachaufbauten, die nicht zu den Vorbauten gehören.

Durch die Novelle 2016 hat der Gesetzgeber auf das Tatbestandsmerkmal der 143 Unterordnung verzichtet. Dieses Merkmal ist entbehrlich, weil die Maße der Vorbauten weiterhin exakt benannt sind. Vorbauten sind abstandsflächenrechtlich nur irrelevant, wenn sie die in Buchstaben a) bis c) genannten Maße nicht überschreiten. Auf die absolute Breite der Vorbauten selbst kommt es nicht an. Maßgeblich ist die relative Breite. Die Höhe dieser Anlagen ist hingegen auch nicht relativ begrenzt.

Die in Nummer 4 aufgeführten Vorbauten müssen einen Mindestabstand 144 von 2m zur gegenüberliegenden Nachbargrenze wahren. Nachbargrenze ist die Grundstücksgrenze, die der Außenwand, der der Vorbau vorgelagert ist, gegenüber liegt und hinter der ein eigenes Buchgrundstück liegt. Wird der Vorbau über Eck geführt, ist der 2-m-Abstand gegenüber beiden Nachbargrenzen zu wahren. Dadurch soll sichergestellt werden, dass der Vorbau auch wenn er ohne eigene Abstandsfläche bleibt, einen Mindestabstand zum Nachbarn einhält. Gegenüber Grundstücksgrenzen, hinter denen öffentliche Verkehrs-, Grün- oder Wasserflächen liegen, ist dieser Mindestabstand nicht zu wahren.

f) Seitenwände von Vorbauten und Dachaufbauten (Nummer 5)

Der Gesetzgeber hat die Regelung in Nummer 5 mit der Novelle 2016 neu 145 eingeführt. Gegenstand der Neuregelung ist der abstandsflächenrechtliche Umgang mit den Seitenwänden von Vorbauten und Dachaufbauten von Gebäuden an der Grundstücksgrenze. Mit Vorbauten sind diejenigen in den Nummern 1 bis 4 gemeint. Vorbauten im Sinne der Nummer 5 sind nicht zu verwechseln mit sonstigen Vorbauten im Sinne der Nummer 4. Vorbauten im Sinne der Nummer 5 können daher Wintergärten, Balkone, Erker, Loggien,

Pergolen oder Terrassenüberdachungen sein, *vgl. VG Cottbus, U. v. 05.06.2020 – 3 K 942/19.* Die Seitenwände der Vorbauten und der Dachaufbauten bleiben bei der Bemessung der Abstandsflächen außer Betracht bleiben. Das heißt, die Abstände, die vor diesen Außenwänden nach der Berechnung gem. Absatz 4 Satz 3 liegen, bleiben bei der Bemessung der Abstandsfläche unberücksichtigt.

146 Infolge Nummer 5 ist nicht mehr erforderlich, die Seitenwände dieser Vorbauten und Dachüberstände an der Grenze zu errichten, um – ebenso wie die grenzständige Außenwand des Gebäudes – von dem Effekt des Absatzes 1 Satz 3 zu profitieren. Folglich können solche Bauteile auf dem Gebäude beliebig verteilt werden.

147 Die Vorbauten, deren Seitenwände von der Privilegierung in der Nummer 5 profitieren, brauchen nicht die Maße nach Nummer 1 bis 4 zu wahren, *vgl. VG Cottbus, U. v. 05.06.2020 – 3 K 942/19 –; OVG Magdeburg, B. v. 24.02.2016 – 2 M 159/15.* Grund dafür ist, dass bei grenzständiger Bebauung der Vorbau, wenn er planungsrechtlich zulässig ist, an der Grundstücksgrenze errichtet werden darf, weil dort die Abstandsfläche nach Absatz 1 Satz 3 nicht erforderlich ist, ohne dass es im Anwendungsbereich des Absatzes 1 Satz 3 eine Maßvorgabe kennt. Zugleich dürfen die Vorbauten nicht so groß sein, dass sie ihre Eigenschaft als Vorbau, der vor einer Außenwand steht, verlieren. Für Dachaufbauten versteht sich das Fehlen von Maßvorgaben ohnehin, da sie nicht von den Nummern 1 bis 4 erfasst sind.

10. Außenwandverkleidungen (Absatz 7)

148 Absatz 7 ist durch die Novelle 2023 neu gefasst worden. Nachträglich an rechtmäßig errichtete Gebäuden ausgeführte Maßnahmen zum Zwecke der Energieeinsparung, also vor allem Außenwandbekleidungen und Solaranlagen bleiben bei der Bemessung der Abstandsflächen unberücksichtigt, wenn sie eine Stärke von nicht mehr als 0,40 Meter aufweisen. Der vom Gesetzgeber eingefügte Halbsatz „unabhängig davon, ob diese den Anforderungen der Absätze 2 bis 6 entsprechen" ist ohne eigenen Regelungsgehalt.

149 Durch die Novelle 2023 ist das abstandsflächenirrelevante Maß von 0,30 Metern auf 0,40 Meter vergrößert worden.

150 Gesetzgeberisches Anliegen ist es, dass Außenwände nachträglich gedämmt und Solaranlagen nachträglich angebracht werden können, ohne dass die dadurch veränderte Lage der Abstandsfläche zu beachten ist.

151 Planungsrechtlich findet diese Vorschrift ihr Pendant in § 248 BauGB. Danach werden planungsrechtlich an sich unzulässige Außenwandverkleidungen

zum Zwecke der Energieeinsparung und Solaranlagen nach Maß, Bauweise und überbaubarer Grundstücksfläche zugelassen.

Maßnahmen zum Zwecke der Energieeinsparung können Außenwand- und Dachdämmungen sein. Dazu kann auch die Anhebung des Daches und die Veränderung des Schnittpunkts der Außenwand mit der Dachhaut im Sinne von Absatz 4 Satz 2 gehören. Dach und Außenwand dürfen nur um jeweils 0,40 m verstärkt werden. 152

Dieses Maß darf auch dann, etwa im Bereich der Ecken des Gebäudes ausgenutzt werden, wenn der Abstand zur Nachbargrenze weniger als 2,50 m beträgt. 153

Privilegiert sind Außenwandbekleidungen an bestehenden, rechtmäßig errichteten Gebäuden, vgl. dazu auch unten Abs. 10, Rn. 200. Ein Gebäude ist rechtmäßig errichtet, wenn es zu irgendeinem früheren Zeitpunkt formell aufgrund einer bauaufsichtlichen Genehmigung oder, wenn eine Baugenehmigung nicht erforderlich war, sonst im Einklang mit materiellem Recht legal errichtet wurde, *vgl. OVG Berlin-Brandenburg, B. v. 27.11.2020 – OVG 10 N 68.20 – VGH München, U. v. 23.05.2023 – 1 B 21.2139*. Das Gebäude ist nicht mehr rechtmäßig errichtet, wenn es nach seiner rechtmäßigen Errichtung, sei es wegen fehlender, aber erforderlicher Baugenehmigung, sei es bei genehmigungsfreier Änderung wegen Verstoßes gegen materielles Recht rechtwidrig, ggf. auch nur in der Nutzung, geändert wurde, so zutreffend *VG Cottbus, B. v. 06.09.2022 – 3 L 285/21 –, Rn. 19, juris*. Ein rechtmäßig errichtetes Gebäude kann auch ein zuvor fertiggestellter Neubau sein. Überlegt sich der Bauherr nach der Fertigstellung des Gebäudes Solaranlagen zu montieren, so profitiert er von Absatz 7. Allerdings darf die Anbringung der Solaranlage nicht die Bauarbeiten zur Errichtung des Gebäudes fortführen. Sie muss bei Neubauten eine selbständige Maßnahme nach Fertigstellung des Gebäudes darstellen. 154

Die zivilrechtlichen Probleme, die aus der nachträglichen Ausführung von Dämmmaßnahmen und der Installation von Solaranlagen resultieren, sind Gegenstand des Nachbarrechts und in § 19a BbgNRG (Überbau durch Wärmedämmung) als Duldungspflicht des Nachbarn wie folgt geregelt: 155
„(1) Der Eigentümer und der Nutzungsberechtigte eines Grundstücks haben zu dulden, dass die auf einer vorhandenen Grenzwand nachträglich aufgebrachte Wärmedämmung und sonstige mit ihr im Zusammenhang stehende untergeordnete Bauteile auf das Grundstück übergreifen, soweit

- *die übergreifenden Bauteile öffentlich-rechtlich zulässig oder zugelassen worden sind,*
- *eine vergleichbare Wärmedämmung auf andere Weise als durch eine Außendämmung mit vertretbarem Aufwand nicht vorgenommen werden kann und*

- *sie die Benutzung des Grundstücks nicht oder nur unwesentlich beeinträchtigen. Eine wesentliche Beeinträchtigung ist insbesondere dann anzunehmen, wenn die Überbauung die Grenze zum Nachbargrundstück in der Tiefe um mehr als 0,25 m überschreitet.*

(2) Der duldungsverpflichtete Nachbar kann verlangen, dass der Eigentümer des durch den Überbau begünstigten Grundstücks die Wärmedämmung in einem ordnungsgemäßen Zustand erhält.
(3) Der duldungsverpflichtete Nachbar ist berechtigt, die Beseitigung der Wärmedämmung zu verlangen, soweit dadurch eine zulässige beabsichtigte Benutzung seines Grundstücks nicht nur unwesentlich beeinträchtigt wird, insbesondere soweit er selbst zulässigerweise an die Grenzwand anbauen will.
(4) Für die Verpflichtung zur Anzeige und zum Schadensersatz gelten die §§ 8 und 15 entsprechend mit der Maßgabe, dass die Anzeige Art und Umfang der Baumaßnahme umfassen muss.
(5) Dem Eigentümer und dinglich Nutzungsberechtigten des betroffenen Grundstücks ist ein angemessener Ausgleich in Geld zu leisten. Sofern nichts anderes vereinbart wird, gelten § 912 Absatz 2 und die §§ 913, 914 des Bürgerlichen Gesetzbuchs entsprechend.
(6) Die Absätze 1 bis 5 gelten entsprechend für Nachbarwände und sonstige Wände, die nahe an der Grundstücksgrenze stehen oder über diese hinausreichen und zu deren Duldung der Eigentümer und der Nutzungsberechtigte des Nachbargrundstücks verpflichtet sind."

156 Der Gesetzgeber hat für das zivile Nachbarrecht die vom Nachbarn ggf. zu duldende Dämmstärke jedoch nicht auf 0,40 Meter ausgedehnt.

11. Nebenanlagen und Garagen (Absatz 8)

a) Allgemeines

157 Absatz 8 enthält Bestimmungen über die abstandsflächenrechtliche Privilegierung bestimmter baulicher Anlagen und Gebäude. Diese Vorschrift ist durch die Novelle 2023 neu gefasst worden. In den Genuss dieser Privilegierung kommen **grenzständig stehende Außenwände** der genannten Anlagen jedoch regelmäßig nicht, weil das Erfordernis von Abstandsflächen für diese Wände bereits nach Absatz 1 Satz 3 entfallen ist, vgl. oben Rn. 30. Absatz 1 Satz 3 gilt auch für die Außenwände der in Absatz 8 genannten baulichen Anlagen, wenn diese nach Planungsrecht an der Grundstücksgrenze errichtet werden dürfen. Bedeutsam ist Absatz 8 daher vor allem bei nicht grenzständig stehenden Außenwänden, die den Mindestabstand nach Absatz 3 unterschreiten.

158 Die in Absatz 8 genannten Anlagen sind von der Rechtsfolge des Absatzes 1 Satz 1 und 2 sowie des Absatzes 2 befreit. Nach Absatz 8 gilt für die

dort genannten Vorhaben weder das Verbot, dass in den Abstandsflächen anderer Gebäude nicht gebaut werden darf, noch müssen – gleichsam spiegelbildlich – vor diesen Anlagen Abstandsflächen freigehalten werden. Auch ein Mindestabstand von 3 m zu Grundstücksgrenzen muss nicht eingehalten werden. Dadurch ist es möglich, diese Anlagen in geringer Nähe zu Gebäuden zu bauen, die auf dem gleichen Grundstück stehen. Allerdings darf die Errichtung dieser Anlagen nicht dazu führen, dass Aufenthaltsräume im Hauptgebäude nicht mehr ausreichend belichtet werden. Die allgemeinen Anforderungen nach § 3 sind stets beachtlich.

Absatz 8 Satz 1 begrenzt die maximale Größe der baulichen Anlagen und die 159
Länge der Gebäude entlang der Grundstücksgrenzen als Voraussetzung für ihre Privilegierung. Grundstücksgrenzen sind nur die Nachbargrenzen, nicht diejenigen in Richtung auf öffentliche Flächen. Die Größe der überbauten Grundfläche ist in diesem Zusammenhang unerheblich. Da dieses Maß für den Nachbarn ohne Relevanz bleibt, brauchte der Gesetzgeber dies nicht zu begrenzen.

Der Gesetzgeber stellt für die Höhe von Gebäuden auf die **Wandhöhe** ab. Mit 160
Grenze ist die **Nachbargrenze** gemeint. Diese Regelung ist nicht unproblematisch, weil es durch die Freigabe der grenzfernen Wandhöhe, dies ist diejenige, die in Richtung des Hauptgebäudes steht, zu einer übermäßigen Verschattung des Hauptgebäudes kommen kann. Dadurch kann die Belichtung der Räume dieses Gebäudes erheblich eingeschränkt sein.

Planungsrechtlich ist Absatz 8 von großer Bedeutung. Durch diese Vorschrift 161
werden die Bauvorhaben benannt, die nach **§ 23 Abs. 5 Satz 2 BauNVO** auch auf den nicht überbaubaren Flächen errichtet werden dürfen. Sie können also außerhalb von Baugrenze oder Baulinien gebaut werden, wenn im Bebauungsplan nicht etwas anderes geregelt ist, *vgl. zum Verhältnis Bundesrecht und landesrechtlicher Abstandsvorschriften bei großflächigen Werbeanlagen, VG Gießen, U. v. 29.05.2006 – 1 E 857/06*. Relevant ist dies vor allem für Garagen, weil diese nicht von § 23 Abs. 5 Satz 1 BauNVO erfasst sind. Garagen gehören nicht zu den Nebenanlagen im Sinne von § 14 BauNVO. Soweit hingegen Nebenanlagen sowohl von § 14 BauNVO wie auch von Absatz 8 erfasst werden, ist die Regelung in Absatz 8 für die Zulässigkeit dieser Vorhaben nach § 23 Abs. 5 Satz 2 BauNVO unerheblich. Diese Vorhaben werden bereits von § 23 Abs. 5 Satz 1 BauNVO erfasst. Für diese Anlagen kommt es planungsrechtlich nicht darauf an, ob sie die Maßvorschriften des Absatzes 8 einhalten. Ihre planungsrechtliche Privilegierung kann wiederum abstandsflächenrechtlich bedeutsam sein, weil sie zur Nichterforderlichkeit von Abstandsflächen nach Absatz 1 Satz 3 führen kann.

162 Planungsrechtlich sind die in Absatz 8 aufgeführten Gebäude für die Berechnung der Geschossflächenzahl bedeutsam, weil sie nach § 20 Abs. 4 BauNVO bei der Ermittlung der Geschossflächenzahl nicht berücksichtigt werden. Dies gilt entsprechend für die Berechnung der Baumassenzahl, vgl. § 21 Abs. 3 BauNVO.

b) Garagen und aufenthaltsraumlose Gebäude (Nummer 1)

163 Bevorteilt werden durch Nummer 1 Garagen und Gebäude ohne Aufenthaltsräume und Feuerstätten, wenn sie die genannten Maße nicht überschreiten. Der Gesetzgeber erlaubt, dass Garagen oder Nebengebäude ohne Aufenthaltsräume in den nach Absatz 8 zulässigen Abmessungen in beliebiger Entfernung zu Grundstücksgrenzen und zu Gebäuden errichtet werden dürfen. Dadurch können Streitigkeiten über den genauen Grenzverlauf, über Überbauten, über Dachrinnen oder sonstige Dachüberstände vermieden werden. Begünstigt wird dadurch aber die Bildung von Schmutzecken, da nicht mehr gewährleistet ist, dass auf jeder Seite der Grundstücksgrenze nur grenzständige Gebäude errichtet werden dürfen. Der Gesetzgeber hält diesen Mangel jedoch mit Blick auf die beschränkten Maße des Gebäudes für hinnehmbar. Gleichwohl darf dadurch kein Verstoß gegen § 3 zu befürchten sein.

164 Privilegiert sind jegliche Gebäude, die ohne Aufenthaltsräume und Feuerstätten sind. Gebäude sind solche im Sinne von § 2 Abs. 2. Aufenthaltsräume sind solche im Sinne von § 2 Abs. 5, Feuerstätten solche im Sinne von § 2 Abs. 8. Diese Gebäude brauchen nach ihrer Funktion weder einem Hauptgebäude noch einem sonstigen Nutzungszweck des Grundstücks zu dienen. Sie müssen sich der Nutzung des Hauptgebäudes auch nicht unterordnen. Sie können also auch eine Funktion aufweisen, die typischerweise dem Hauptgebäude zugewiesen ist, wie dies etwa für ein Heizöllager der Fall ist, vgl. zur abweichenden Rechtslage in NRW *OVG Münster, U. v. 22.10.1996 – 10 A 4174/92.* Das Gebäude braucht dem Hauptgebäude weder räumlich zugeordnet zu sein, noch setzt die Privilegierung voraus, dass es eigenständig und von dem Hauptgebäude funktional getrennt ist. Auch an das Hauptgebäude angebaute Gebäude ohne Aufenthaltsräume und Feuerstätten, selbst wenn sie mit dem Hauptgebäude funktional verbunden sind, sind privilegiert, *so OVG Magdeburg, B. v. 13.09.2022 – 2 M 63/22.*

165 Eine Garage an der Grundstücksgrenze ist nach der Gesetzeslage nur dann privilegiert, wenn es sich um eine typische Garagennutzung (Abstellen von Kraftfahrzeugen) handelt. Wird die Garage auch zu anderen Zwecken genutzt, entfällt die Privilegierung nach Absatz 8, wenn das Gebäude nicht ein Gebäude ohne Aufenthaltsräume ist. Steht das Gebäude grenzständig, beurteilt es sich nach Absatz 1 Satz 3 und kann deshalb zulässig sein, *vgl. VG Potsdam, U. v. 26.10.2000 – 5 K 2871/99.*

Die Privilegierung der Garagen und Gebäude kann wegfallen, wenn der Dachraum des Gebäudes als Aufenthaltsraum ausgebaut wird oder wenn eine **Dachterrasse**, ein Freisitz oder eine Umwehrung eingerichtet oder angebracht werden, *dazu OVG Berlin-Brandenburg, B. v. 29.06.2010 – 10 N 13.07* – (Nutzungsänderung der Garage und Entprivilegierung). Auch Balkone oder Terrassen sind nach ihrer Funktion Aufenthaltsräumen gleichzustellen. Da aber Grenzgebäude nach Absatz 8 keine Aufenthaltsräume besitzen dürfen, muss eine Nutzung der Anlagen in einer Weise, die Aufenthaltsräumen gleichsteht, indem diese gleichsam ins Freie gerückt werden, wie dies für die Nutzung von Balkonen oder Terrassen typisch ist, dazu führen, dass solcherart umgebaute Garagen und Gebäude nicht mehr von Absatz 8 privilegiert werden. Folglich ist eine Dachterrasse auf einem privilegierten Grenzgebäude, das lediglich die Bodenplatte der Dachterrasse ersetzt, kein funktionaler Teil des Grenzgebäudes und abstandsflächenrechtlich nach Absatz 1 zu bewerten, *vgl. dazu auch VGH München, B. v. 10.07.2015 – 15 ZB 13.2671.* 166

c) Länge und Maße von Garagen und Gebäuden (Satz 1 Nr. 1 und Satz 2)

Garagen und Gebäude sind nur dann privilegiert, wenn deren mittlere Höhe der grenznahen Wand nicht mehr als 3 m beträgt. Sofern die Garage oder das Gebäude an einer Grundstücksecke oder mit seiner Ecke der Grenze am nächsten steht, können auch mehrere Wände *grenznah* im Sinne dieser Vorschrift sein. Für die gesamte grenznahe Wand gilt die mittlere Wandhöhe. Der Gesetzgeber sieht nicht vor, dass diese Privilegierung nur soweit gilt, als der Abstand nach Absatz 5 nicht eingehalten wird 167

Für die Berechnung der mittleren Wandhöhe ist bei einem gleichmäßigen Verlauf der Geländeoberfläche die Summe der Höhen an den Ecken der Wand durch 2 zu dividieren. Verläuft die Geländeoberfläche ungleichmäßig, ist die Wand in Abschnitte zu teilen, so dass die mittlere Höhe aus der Summe der einzelnen Abschnitte errechnet werden kann. Die Gesamtlänge des Gebäudes darf je Grundstücksgrenze 9 m nicht überschreiten. Gemeint ist mit diesem Maß die Bruttolänge des Gebäudes. Dabei sind auch die Dachüberstände einzurechnen. 168

Eine weitere Längenbeschränkung folgt aus Satz 2. Die Länge der die Abstandsflächentiefe gegenüber den Grundstücksgrenzen nicht einhaltenden Anlagen nach Satz 1 Nummer 1 und 2 darf auf einem Grundstück insgesamt 15 Meter nicht überschreiten. Grundstücksgrenze ist nur die Grenze, vor der ein Abstand zu wahren ist. Grundstücksgrenzen, hinter denen Flächen im Sinne von Absatz 2 Satz 2 liegen, sind für die Berechnung nach Satz 2 unbeachtlich. 169

170 Der Gesetzgeber verlangt für die Ermittlung der privilegiert zulässigen Privilegierung die Beachtung des Abstandsflächenrechts. In einem 1. Schritt ist die Lage der Abstandsfläche nach Absatz 4 und 5 zu ermitteln. Für die so ermittelte Abstandsfläche ist festzustellen, welche die Abstandsfläche verursachenden Außenwände den Grenzabstand nicht wahren. Diese Außenwände dürfen eine Länge von nicht mehr als 15 Metern gegenüber den Grundstücksgrenzen nicht überschreiten, also maximal 15 Meter lang sein. Im Zusammenspiel mit der Nr. 1 darf die Länge des Gebäudes 9 Meter nicht überschreiten.

171 Da sich die maximalen Längen auf die Längen der Grundstücksgrenzen des Baugrundstückes selbst beziehen, darf die Privilegierung nach Absatz 8 auf jedem Baugrundstück nur einmal in Anspruch genommen werden. Umgekehrt ist die Zahl der Gebäude, die die Privilegierung in Anspruch nehmen, offen. Deshalb können mehrere Garagen (oder Nebengebäude) mit einer abstandswidrigen Wandlänge von insgesamt 15 m errichtet werden.

172 Die Höhe der baulichen Anlage bleibt trotz der Bezugnahme auf eine mittlere Wandhöhe von 3 m mittelbar dadurch beachtlich, dass der Gesetzgeber die Dachneigung auf 45 Grad beschränkt hat. Nach dem Regelungszweck ist damit die Neigung des Daches gemeint, das in Richtung der Grundstücksgrenze weist. Für die Rückseite des Gebäudes kann die Dachneigung größer sein. Denn der Nachbar wird nur durch die ihm zugewandte Dachseite in seinen Belangen betroffen. Hingegen spielt eine Verschattung eines anderen auf dem Grundstück stehenden Gebäude keine Rolle, weil in Bezug auf dieses Gebäude die Wandhöhe nicht beschränkt ist.

173 Werden die vorstehenden Maße von den Gebäuden eingehalten, dürfen sie nach Absatz 8 ohne Abstandsfläche bis unmittelbar an die Grundstücksgrenze gebaut werden. Werden diese Maße überschritten, bedeutet dies lediglich, dass sie nicht nach Absatz 8 privilegiert sind. Ob sie möglicherweise nach Absatz 1 und 2 zulässig sind, ist gesondert zu beurteilen.

d) Gebäudeunabhängige Solaranlagen (Satz 1 Nr. 2)

174 Privilegiert sind gebäudeunabhängige Solaranlagen. Dies sind alle Anlagen, die der Nutzung solarer Strahlungsenergie dienen. Diese Anlagen dürfen eine Höhe von 3 m nicht überschreiten. Unterer Bezugspunkt dafür ist die Geländeoberfläche. Das heißt, auch die Ständer und Stützen der Solaranlagen sind in die Höhenberechnung einzubeziehen.

175 Für diese Solaranlagen gelten die Beschränkungen nach Satz 2. D. h. die Länge der abstandswidrig stehenden Außenwände der Solaranlagen darf 15 Meter nicht überschreiten.

Diese Regelung kommt nur zum Tragen, wenn die gebäudeunabhängige Solaranlage so aufgestellt wurde, dass sie eine gebäudegleiche Wirkung besitzt. Fehlt diese Wirkung, ist die Anlage mit einer unbegrenzten Länge abstandsflächenrechtlich zulässig. Zu berücksichtigen ist in diesem Zusammenhang § 14 Abs. 3 BauNVO, der gebäudeunabhängige Solaranlagen, die den Strom in das Versorungsnetz einspeisen, nur in den dort genannten Baugebieten den Nebenanlagen zuordnet. Ansonsten muss der von gebäudeunabhängigen Solaranlagen erzeugte Strom gem. § 14 Abs. 1 BauNVO auf dem Grundstück oder im Baugebiet verwendet werden. 176

e) Stützmauern und geschlossene Einfriedungen (Satz 1 Nr. 3)

In Nummer 3 hat der Gesetzgeber Stützmauern und geschlossene Einfriedungen privilegiert. Diese Anlagen, zu denen auch Sichtschutzzäune gehören, *vgl. VGH München B. v. 25.1.2023 – 9 ZB 22.2569 –*, dürfen, damit sie außerhalb von Gewerbe- und Industriegebieten im Sinne von §§ 8 und 9 BauNVO privilegiert sind, nicht höher als 2 m sein. Innerhalb dieser Gebiete ist ihre Höhe nicht beschränkt. Bezugspunkt dafür ist die natürliche Geländeoberfläche des Baugrundstücks. Aufschüttungen sind auf die Höhe anzurechnen, *vgl. OVG Koblenz, BauR 2012, 77f.* Dadurch soll ermöglicht werden, diese Anlagen auch dann an der Grundstücksgrenze zu errichten, wenn sie an sich Auswirkungen wie von Gebäuden verursachen. Eine nach Absatz 8 Nr. 3 zulässige geschlossene Einfriedung unterliegt dem Gebot der Rücksichtnahme, *vgl. OVG Bremen, NordÖR 2001, 355ff.* 177

Beachtlich können aber Maßgaben sein, die die Gemeinde in örtlichen Bauvorschriften nach § 87 oder in Bebauungsplänen nach § 9 BauGB festgesetzt hat. 178

Für die in Nummer 3 genannten Anlagen gelten die Längenbeschränkungen nach Satz 2 nicht. 179

f) Wärmepumpen (Satz 1 Nr. 4)

Durch die Novelle 2023 sind Wärmepumpen in die Privilegierung aufgenommen worden. Der Gesetzgeber ist dazu durch das Gebäudeenergiegesetz gedrängt, weil Wärmepumpen nach dem Gebäudeenergiegesetz verwendet werden sollen, um mit erneuerbaren Energien den Wärmebedarf von Gebäuden zu decken, vgl. §§ 34 ff. GEG. 180

Wärmepumpen sind nach § 37 GEG Anlagen, die die Nutzung von Geothermie, Umweltwärme oder Abwärme aus Abwasser mittels elektrisch oder mit fossilen Brennstoffen angetriebener Wärmepumpen technisch nutzbar machen. 181

182 Diese Anlagen dürfen eine Brutto-Höhe von 2 m und eine Brutto-Länge von 2 m je Grundstücksgrenze besitzen. Dadurch, dass die Gesamtlänge der Anlagen je Grundstücksgrenze auf 3 m beschränkt ist, können zwar mehrere Anlagen an einer Grundstücksgrenze errichtet werden, deren addierte Länge darf jedoch insgesamt nicht mehr als 3 m betragen. Werden die Anlagen hintereinander aufgestellt, ist nur die räumliche Ausdehnung in Bezug auf die Grundstücksgrenze beachtlich. So wäre es zulässig, drei Anlagen von je 1,50 m Länge hintereinander an einer Grundstücksgrenze aufzustellen.

183 Auch wenn die Wärmepumpe durch Absatz 8 privilegiert ist und an der Grundstücksgrenze stehen darf, ist das Rücksichtnahmegebot aus § 15 BauNVO oder aus dem Einfügungsgebot des § 34 BauGB zu beachten und kann gegen eine grundstücksgrenznahe Stellung der Wärmepumpe stehen. Denn gemäß § 15 Abs. 1 BauNVO dürfen auch von einer Wärmepumpe unzumutbaren Störungen nicht verursacht werden. Maßstab für die Ermittlung der Zumutbarkeitsgrenze ergibt sich aus § 22 BImSchG in Verbindung mit der TA Lärm. Diese bestimmt die Grenze der Zumutbarkeit von Umwelteinwirkungen für den Nachbarn und damit das Maß der gebotenen Rücksichtnahme. Sie erstreckt ihren Geltungsbereich auch auf nicht nach dem Bundes-Immissionsschutzgesetz genehmigungsbedürftige Anlagen und konkretisiert für Geräusche den unbestimmten Rechtsbegriff der schädlichen Umwelteinwirkungen in § 3 Abs. 1 BImSchG *(vgl. BVerwG, U. v. 29.11.2012 – 4 C 8.11 –; OVG Hamburg, B. v. 07.06.2023 – 2 Bs 38/23).*

g) Längenbeschränkung (Satz 2)

184 In Satz 2 wird nicht die Länge der einzelnen baulichen Anlage, sondern aller Gebäude und baulicher Anlagen begrenzt. Allerdings ist dem Gesetzgeber dies sprachlich nicht gut gelungen. Denn der Bezug auf die Länge der „die Abstandsflächentiefe gegenüber den Grundstücksgrenzen" nicht einhaltenden Gebäude könnte zu der Annahme verleiten, dass in Satz 2 ganz andere Gebäude und bauliche Anlagen, als sie in Nummer 1 und 2 genannt werden, gemeint sind. Denn da die dort genannten Gebäude eine Abstandsfläche nicht besitzen, haben sie auch keine Abstandsflächentiefe. Wird die Abstandsflächentiefe mangels Existenz von vornherein eingehalten, so ist die Beschränkung dieser Tiefe auf 15 m eigentlich sinnlos. Gemeint ist mit Satz 2 stattdessen, dass die Länge der Gebäude und baulichen Anlagen nach Nummern 1 und 2 insgesamt 15 m nicht übersteigen darf.

12. Nachträgliche Errichtung von Treppen und Aufzügen (Absatz 9)

185 Der Gesetzgeber hat mit Absatz 9 die Errichtung von Treppen, Treppenräumen und Aufzugsschächten vor Außenwänden an bestehenden Gebäuden abstandsflächenrechtlich erleichtert. Diese Regelung soll dem geänderten

Nutzerverhalten infolge des demografischen Wandels Rechnung tragen. Die Nachrüstung zum Beispiel von Aufzügen wird dadurch erleichtert. Beim Ausbau von Bestandsgebäuden wird die Möglichkeit verbessert, für Dachräume und Aufstockungen einen zusätzlichen baulichen Rettungsweg zu schaffen.

Der Gesetzgeber hat diese Erleichterung, anders als bei Absatz 7, nicht an bestimmte Maße der Anbauten geknüpft, sondern die Privilegierung von einer Bewertung des Einzelfalls abhängig gemacht. Als Maßvorgabe ist lediglich zu beachten, dass zu der Nachbargrenze ein Abstand von 3 m gewahrt wird. 186

Mit Absatz 9 hat der Gesetzgeber einen gesetzlichen Spezialtatbestand geschaffen, der die Abweichung in § 67 verdrängt. Wenn die genannten Voraussetzungen vorliegen, ist die geringere Abstandsfläche kraft Gesetz, ohne dass es einer behördlichen Entscheidung bedarf, zulässig. Ist die Errichtung der Treppe genehmigungsfrei, braucht der Bauherr also eine Abweichung oder Zulassung nicht gesondert zu beantragen. 187

Maßgeblich für die Zulässigkeit der Baumaßnahmen ist zum einen die Feststellung, dass eine wesentliche Beeinträchtigung angrenzender oder gegenüberliegender Räume nicht zu befürchten ist. Dafür ist zu ermitteln, ob es sich bei diesen Räumen um Aufenthaltsräume oder um sonstige Räume handelt. An die Belichtung, Belüftung und Besonnung von Aufenthaltsräumen sind höhere Anforderungen zu stellen als an sonstige Räume. Die Feststellung, dass eine Privilegierung zulässig ist, trifft im Baugenehmigungsverfahren die Bauaufsichtsbehörde. Bei verfahrensfreien Vorhaben ist dafür der Bauherr zuständig. 188

13. Privilegierte Änderungen von baulichen Anlagen (Absatz 10)

a) Allgemeines

Absatz 10 dient der abstandsflächenrechtlich privilegierten Umnutzung und Änderung von rechtmäßig errichteten Gebäuden, die in ihrem Bestand im Widerspruch zu dem aktuellen Abstandsflächenrecht stehen, vgl. dazu *Hornmann BauR 2019, 185.* 189

Absatz 10 ist erforderlich, um den allgemeinen Rechtsgrundsatz des Abstandsflächenrechts, dass bei einer Änderung oder Nutzungsänderung eines Gebäudes die Einhaltung der Abstandsflächen umfassend neu geprüft werden muss, vgl. zu diesem Grundsatz *VG Cottbus, U. v. 09.08.2006 – 3 L 144/06 –; OVG Bautzen, U. v. 28.08.2005 – 1 B 889/04 –; OVG Berlin, U. v. 21.08.1992 – 2 B 12.89 –, BRS 54 Nr. 93; VGH München, U. v. 20.02.1990 – 14 B 88.02464 –; OVG Greifswald, B. v. 27.08.1998 – 3 M 65/98 –; OVG Lüneburg, B. v. 05.09.2002 – 1 ME 183/02 –*, zu beschränken. Durch die Änderung oder Nutzungsänderung eines 190

Gebäudes, die nicht vom Bestandsschutz gedeckt ist, können nachbarliche Belange, gerade im Hinblick auf den Brandschutz, stärker als bisher betroffen sein, so dass eine umfassende Neubewertung der Abstandsflächen regelmäßig erforderlich ist, *vgl. VG Cottbus, B. v. 09.08.2006 – 3 L 144/06 –; VG Cottbus, U. v. 25.03.1999 – 3 K 494/95.* Zu den geschützten Belangen gehören auch Belichtung, Belüftung, Besonnung und – vormals auch – der Sozialabstand (Wohnfrieden), *vgl. VG Cottbus, B. v. 23.12.2004 – 3 M 8/04 –; VG Cottbus, B. v. 09.08.2006 – 3 L 144/06 (Nutzungsänderung zu einer gastronomischen Einrichtung).* Dieser Grundsatz der umfassenden abstandsflächenrechtlichen Neubewertung bei einer Änderung oder Nutzungsänderung eines rechtmäßig errichteten Gebäudes oder Gebäudeteils wird von Absatz 10 durchbrochen, um Änderungen und Nutzungsänderungen zu erleichtern.

191 Maßgeblich für die abstandsflächenrechtliche Zulässigkeit des Vorhabens ist allein, ob die Voraussetzungen einer der Nummern 1 bis 5 erfüllt sind. Ob es dabei zu einer Vergrößerung der erforderlichen Abstandsfläche kommt, ist dann unerheblich.

192 Die vormalige Rechtsprechung, dass eine Änderung des Gebäudes nach Absatz 12 a.F. unzulässig war, wenn das hinzutretende Bauteil für sich genommen die Regelungen über die erforderliche Abstandsfläche einhielt, die Abstandsfläche sich aber vergrößerte, *vgl. OVG Berlin-Brandenburg, LKV 2006, 469f.*, ist damit überholt.

193 Folgende Voraussetzungen und Fallgruppen sind zu prüfen:

b) Rechtmäßig errichtete Gebäude

194 Nach Absatz 10 sind nur die Abstandsflächen rechtmäßig errichteter Gebäude unbeachtlich. Ob ein Gebäude rechtmäßig errichtet ist, richtet sich zunächst nach dem Inhalt der Baugenehmigung bzw. den dieser zugrunde liegenden Angaben in den Bauvorlagen, *vgl. OVG Berlin-Brandenburg, U. v. 09.04.2019 – OVG 6 A 1.18 –, Rn. 28, juris.* Das Gebäude darf auch nicht, soweit der Prüfungsumfang der Baugenehmigung beschränkt ist, vgl. etwa § 63 oder es eine Baugenehmigung nicht gibt, vgl. § 62, materiell illegal errichtet worden sein, *vgl. OVG Berlin-Brandenburg, B. v. 27.11.2020 – OVG 10 N 68/2.* Entscheidend ist für die rechtmäßige Errichtung in Bezug auf die Normen, die nicht im vereinfachten Baugenehmigungsverfahren geprüft werden, dass das Vorhaben nicht im Widerspruch zum (nicht geprüften) materiellen Recht errichtet wurde, welches aber gleichwohl beachtlich ist, vgl. § 59, dazu *vgl. OVG Berlin-Brandenburg, U. v. 09.04.2019 – OVG 6 A 1.18.* Rechtmäßig errichtete Gebäude sind daher nur solche, die im Einklang mit formellem und materiellem Recht errichtet wurden, *vgl. VG Cottbus, B. v. 21.11.2005 – 3 L 211/05 –, LKV 2006, 569, VG Cottbus,*

B. v. 09.08.2006 – 3 L 144/06 –; Decker, Bestandsschutz im bebauten Bereich, in: Mitschang (Hrsg.) Umbau im baulichen Bestand, 2015, S. 51, 58ff.

Den Beweis für die rechtmäßige Errichtung hat der Eigentümer bzw. Bauherr zu bringen. Gelingt ihm dies nicht, kann er sich nicht auf die Privilegierung berufen, *vgl. OVG Berlin-Brandenburg, U. v. 09.04.2019 – OVG 6 A 1.18 –, VG Cottbus, U. v. 20.09.2018 – 3 K 1273/16.* Ausreichend für die Annahme der Rechtmäßigkeit kann bei sehr alten Gebäuden das Rechtsinstitut der **unvordenklichen Verjährung** sein (Mindestalter von ca. 120 Jahren), *vgl. VG Cottbus, U. v. 09.08.2006 – 3 L 144/06.* Es handelt sich dabei um die Vermutung, dass zu einem nicht mehr feststellbaren Zeitpunkt ein Recht entstanden ist, *vgl. OVG Lüneburg, B. v. 07.07.2014 – 13 LA 203/13 –; OVG Berlin-Brandenburg, B. v. 30.08.2007 – OVG 2 N 34.06.* 195

War das Gebäude einmal rechtmäßig errichtet, ist es aber **rechtwidrig geändert** worden, kommt die Regelung des Absatzes 10 nicht zum Zuge, *vgl. VG Cottbus, U. v. 09.08.2006 – 3 L 144/06.* Denn durch die rechtwidrige Änderung des Gebäudes befindet dieses sich nicht mehr im Zustand der rechtmäßigen Errichtung. Es verliert damit den Bestandsschutz, der durch Absatz 10 in der Weise konkretisiert wird, dass rechtmäßig bestehende Gebäude, die nach aktuellen Regelungen des Abstandsflächenrechts dieses nicht einhalten, ohne Rücksicht auf den materiellen Abstandsflächenrechtsverstoß geändert werden dürfen, *vgl. OVG Berlin-Brandenburg, B. v. 27.11.2020 – OVG 10 N 68/20 –: s. a. VG Cottbus, B v. 6.9.2022 – 3 L 285/21.* 196

Von rechtmäßig errichteten Gebäuden sind solche Gebäude zu unterscheiden, die zwar bestandsgeschützt sind, jedoch nicht rechtmäßig errichtet wurden. Da es nach dem Gesetzestext auf die rechtmäßige Errichtung ankommt, können Gebäude, die allein wegen der Regelung in **§ 11 Abs. 3 der Verordnung über Bevölkerungsbauwerke vom 08.11.1984 (DDR-GBl S. 433)** in ihrem Bestand lediglich vor Beseitigungsverfügungen geschützt sind, *vgl. OVG Berlin, B. v. 17.04.2002 – 2 S 2.02 – Vertrauensschutz bei Ermessensausübung – oder OVG Weimar, U. v. 18.12.2002 – 1 KO 639.01 – Verjährungsregelung –, offen gelassen von OVG Berlin-Brandenburg, B. v. 17.10.2005 – 10 N 3.05 und B. v. 26.10.2005 – 10 N 15.05,* nicht in den Genuss der Privilegierung nach Absatz 10 kommen. Durch § 11 Abs. 3 der Verordnung über Bevölkerungsbauwerke wird einem illegal errichteten Bauwerk nicht eine (nachträgliche) Legalität vermittelt, *vgl. OVG Berlin-Brandenburg, B. v. 11.10.2016 – OVG 10 N 24.13 –; VG Cottbus, U. v. 20.09.2018 – 3 K 1273/16.* Diese Vorschrift bewirkt nach ihrem Regelungszweck lediglich, dass das Gebäude trotz seiner fortbestehenden Illegalität stehen bleiben und auch genutzt werden darf. 197

Werden an einem unter Verletzung der Abstandsflächenvorschriften, gleichwohl aber formal legal errichteten Gebäude, gegen das der Nachbar bisher 198 nicht eingeschritten ist, Änderungen vorgenommen, die zwar selbst keine Auswirkungen auf den Umfang der erforderlichen Abstandsfläche haben, die aber die bisherigen vom Baubestand ausgehenden Beeinträchtigungen verstärken, so ist es nicht treuwidrig, wenn der Nachbar nun die Beseitigung dieser Änderungen fordert, *vgl. dazu OVG Koblenz, BauR 2005, 77 ff.*

c) Änderung innerhalb des Gebäudes (Nummer 1)

199 Änderungen innerhalb des Gebäudes erklärt der Gesetzgeber für abstandsflächenrechtlich irrelevant. Für das Vorliegen derartiger baulicher Änderungen kommt es auf einen Vergleich des äußeren Gebäudezustandes vor und nach der geplanten bzw. durchgeführten baulichen Änderung an. Der Gebäudezustand vor der baulichen Änderung muss formell oder materiell rechtmäßig errichtet worden sein.

200 Umbaumaßnahmen im Inneren eines Gebäudes, die nach außen jedoch wahrnehmbar sind, weil die Außenwände verändert werden, sind nicht von Nummer 1 erfasst. Dies betrifft etwa auch den Austausch von Fenstern und ins Freie gehenden Türen. Durch solche Baumaßnahmen wird die Gebäudehülle verändert. Derartige Maßnahmen können nach Nummer 4 privilegiert sein.

201 Nicht von Nummer 1 werden auch solche Baumaßnahmen an der Außenhülle erfasst, die an Gebäudeseiten ausgeführt werden, die nicht die für den Nachbarn abstandsrelevante Seite des Gebäudes betreffen. Der Gesetzgeber differenziert nicht nach der Relevanz der Maßnahme für den Nachbarn, sondern nur danach, ob die Baumaßnahme innerhalb oder außerhalb des Gebäudes ausgeführt wird.

202 Derartige Maßnahmen dürften in Analogie nach Nummer 4 zu behandeln sein. Denn wenn schon die Errichtung von Anbauten und Vorbauten privilegiert ist, so muss dies erst recht bei sonstigen Maßnahmen an der Gebäudehülle gelten, wenn betreffend diese Maßnahmen die Abstände nach Absatz 5 eingehalten werden. Dies muss auch dann gelten, wenn Öffnungen in die Außenwand neu eingebracht oder bestehende Öffnungen verändert werden. Wären diese Maßnahmen nach Nummer 4 zulässig, wenn zugleich ein Vorbau oder Anbau errichtet wird, so müssen sie erst recht zulässig sein, wenn auf diesen Vor- oder Anbau verzichtet wird, dieser also die (juristische) Tiefe von 0 cm besitzt.

d) Nutzungsänderung (Nummer 2)

203 Durch die Nummer 2 werden Nutzungsänderungen privilegiert. Von Nummer 2 wird jegliche Nutzungsänderung erfasst. Ausgeschlossen ist auch nicht die Nutzungsänderung von Gebäuden im Sinne von Absatz 8 hin zu einer

Nutzung, die von Absatz 8 nicht mehr erfasst wird. Gebäude, die nur nach Absatz 8 abstandsflächenrechtlich zulässig sind, können also nach Absatz 10 umgebaut und umgenutzt werden. Grenze für die Umnutzung kann das Planungsrecht sein, insbesondere § 23 Abs. 5 BauNVO.

Voraussetzung für die Privilegierung nach Nummer 2 ist, dass das Gebäude 204
in einem Abstand von mindestens 2,50 m zur Nachbargrenze steht. Da der Gesetzgeber dieses Maß nicht auf die Tiefe der Abstandsfläche im Sinne von Absatz 4 bezogen hat, sondern wegen des Brandschutzes auf den realen Abstand zwischen Grundstücksgrenze und Gebäude, muss dieser Abstand real gewahrt werden. Das heißt, die Regelung über die Unbeachtlichkeit von Bauteilen und Vorbauten nach Absatz 5 kommt nicht zum Tragen.

Wird das Maß von mindestens 2,50 m nicht eingehalten, so ist die Umnutzung 205
nach Halbsatz 2 jedoch auch dann abstandsflächenrechtlich zulässig, wenn die Außenwand eine Gebäudeabschlusswand im Sinne von § 30 Abs. 1 ist. Die danach an die Gebäudeabschlusswand zu stellenden Anforderungen werden durch ihre Eigenschaft als Brandwand in § 30 Abs. 3 bis 8 normiert. Allerdings muss diese Eigenschaft der Außenwand im Zeitpunkt der Nutzungsänderung bereits erfüllt sein. Denn nach Nummer 2 ist nur die Nutzungsänderung, nicht aber die Änderung eines Gebäudes privilegiert.

e) Dachräume und Dachgeschosse (Nummer 3)

Abstandsflächenrechtlich zulässig ist nach Nummer 3 die Errichtung von 206
Dachräumen und Dachgeschossen in rechtmäßig errichteten Gebäuden. Durch die Verwendung des Wortes „Errichtung“ hat der Gesetzgeber die Möglichkeit eröffnet, das vorhandene Dach vollständig zu beseitigen und an seiner Stelle ein neues Dach oder ein neues Dachgeschoss zu errichten. Das neue Dachgeschoss kann auch erstmalig ein Geschoss sein, etwa infolge der erstmaligen Einziehung einer Zwischendecke. Der Begriff des Geschosses ist in § 2 Abs. 6 definiert.

Voraussetzung für die Privilegierung ist, dass die Abmessung des neuen 207
Daches oder Dachgeschosses die Abmessung des vormaligen Daches oder Dachgeschosses nicht überschreitet. Es überschreitet diese Abmessungen auch dann nicht, wenn es dahinter zurückbleibt oder eine andere Abstandsfläche erzeugt, diese aber nicht über die vormals bestehende hinausgeht. Entscheidend sind dafür allein die äußeren Abmessungen.

Diese können sich jedoch vergrößern, wenn gleichzeitig die Privilegierung in 208
Absatz 7 in Anspruch genommen wird. Da der Gesetzgeber die Kombination von Absatz 7 mit Absatz 10 nicht ausgeschlossen hat und Bezugspunkt für die Privilegierung in Absatz 7 nicht das betroffene Bauteil, sondern das legal

errichtete Gebäude ist, ist es möglich, bei der Neuerrichtung des Daches die Maße der Dämmung hinzuzurechnen. Für diese Auslegung streitet auch, dass bei Dämmmaßnahmen an alten Dächern oftmals die Notwendigkeit erkannt wird, die alten Dachbalken zu erneuern. Denn nach der Dämmung und Neueindeckung des Daches wird dieses für mehrere Jahrzehnte nutzbar sein. Es ist deshalb geboten, beschädigte Balken auszutauschen und die Lattung zu erneuern. Kommt dieser Aufwand einer Neuerrichtung gleich, wird nach der ratio legis die geplante Dämmmaßnahme nach Absatz 7 weiterhin privilegiert sein.

f) Vor- und Anbauten (Nummer 4)

209 Abstandsflächenrechtlich zulässig ist nach Nummer 4 die Errichtung von Vor- und Anbauten. Einzige Voraussetzung ist, dass diese Bauten die Tiefe des Abstands nach Absatz 5 wahren. Diese Tiefe beträgt 0,4 H, in Gewerbe- und Industriegebieten 0,2 H und jeweils mindestens 3 m. Zum Tragen kommt diese Privilegierung, wenn das Gebäude, an das diese Bauten angebracht sind, nicht die erforderliche Tiefe der Abstandsfläche nach Absatz 5 wahrt. Dann wäre dessen Änderung an sich unzulässig. Davon macht der Gesetzgeber eine Ausnahme, wenn das Anbauteil bei isolierter Betrachtung abstandsflächenrechtlich zulässig ist. Vergrößert sich dadurch die Abstandsfläche, weil der Vorbau etwa an einem Wandabschnitt angebracht wird, der abstandsflächenrechtlich zulässig ist, so ist dies unschädlich.

210 Die Privilegierung nach Absatz 6 kommt für diese Vor- und Anbauten nicht zum Tragen. Der Gesetzgeber hat die Anwendung dieser Vorschrift dadurch verdrängt, dass er die Beachtung der größeren Maße in Absatz 5 verlangt.

g) Errichtung von Dach- und Staffelgeschossen (Nummer 5)

211 Die Errichtung von Dach- und Staffelgeschossen ist nach Nummer 5 zulässig, wenn die Abstandsflächen sich aufgrund der dadurch eingetretenen Änderung des Gebäudes nicht ändern. Dies dient dem Schutz des Nachbarn, *vgl. zu den vormaligen Tatbestandsvoraussetzungen OVG Berlin-Brandenburg, LKV 2006, 469*. Um festzustellen, ob es insoweit zu einer Änderung gekommen ist, findet ein formaler Vergleich der sich jeweils errechnenden Abstandsflächen statt, *vgl. VG Frankfurt (Oder), U. v. 11.12.2006 – 7 K 295/02 –; OVG Berlin-Brandenburg, B. v. 29.06.2010 – 10 N 13.07 – und B. v. 29.12.2009 – OVG 10 L 21.09 –, „Realvergleich"*. Dazu muss die Abstandsfläche für das geänderte Gebäude nach den Bestimmungen der aktuellen Bauordnung berechnet und mit der Lage der Abstandsflächen des unveränderten Gebäudebestandes verglichen werden. Unter dem Begriff „ermittelte Abstandsfläche" ist die nach § 6 Abs. 5 für das bestehende bestandsgeschützte Gebäude anfallende Abstandsflächentiefe (0,4 H, 0,2 H, mindestens 3 m) zu verstehen. Vergrößern sich die

Abstandsflächen bei dem Umbau oder der Änderung des Gebäudes nicht, ist das Vorhaben abstandsflächenrechtlich zulässig.

h) Kombination mit anderen Privilegierungen

Die Regelung des Absatzes 10 kann mit den gesetzlichen Privilegierungen in Absatz 8 kombiniert werden. Durch die Novelle 2016 ist die den Bauherrn benachteiligende Regelung in Absatz 12 Satz 2 a.F. gestrichen worden. Vom Privilegierungstatbestand für Nutzungsänderungen sind nach der Novelle 2016 Garagen nicht mehr ausgenommen. So ist es zulässig, eine nach Absatz 8 privilegiert errichtete Garage unter Inanspruchnahme von Absatz 10 ohne Rücksicht darauf umzunutzen, ob die neue Nutzung noch mit Absatz 8 vereinbar ist. 212

Umgekehrt ist es nicht zulässig, ein rechtmäßig errichtetes, aktuell aber abstandsflächenrechtswidriges Gebäude mittels Absatz 8 privilegiert zu ändern oder umzunutzen. Absatz 8 erlaubt bauliche Maßnahmen nur, wenn das Gebäude im Ergebnis der Maßnahme immer noch den Anforderungen des Absatzes 8 genügt. 213

Absatz 10 erlaubt hingegen die Änderung und Nutzungsänderung ohne Rücksicht auf die aktuelle Rechtslage, wenn das Gebäude rechtmäßig, ggf. also nach Absatz 8, errichtet war und eine der Nummern 1 bis 5 erfüllt ist. Grenze für eine nach Absatz 10 mögliche Umnutzung kann, insbesondere bei Vorhaben nach Absatz 8, das Planungsrecht sein. Zu beachten ist bei Vorhaben nach Absatz 8 insbesondere § 23 Abs. 5 BauNVO. 214

14. Besonderer Abweichungstatbestand nach Berliner Vorbild (Absatz 11)

a) Novelle

In § 6 Abs. 11 hat der Brandenburgische Gesetzgeber mit der Novelle 2020 einen besonderen Abweichungstatbestand in das Abstandsflächenrecht eingefügt. Vorbild ist die ähnlich lautende Regelung in der Berliner Bauordnung. Besondere Abweichungstatbestände dieser Art sind dem Bauordnungsrecht nicht fremd. So heißt es in der Bauordnung Baden-Württembergs in § 6 Abs. 3 Satz 1: 215

„(3) Geringere Tiefen der Abstandsflächen sind zuzulassen, wenn

1. *in überwiegend bebauten Gebieten die Gestaltung des Straßenbildes oder besondere örtliche Verhältnisse dies erfordern oder*
2. *Beleuchtung mit Tageslicht sowie Belüftung in ausreichendem Maße gewährleistet bleiben, Gründe des Brandschutzes nicht entgegenstehen und nachbarliche Belange nicht erheblich beeinträchtigt werden.“*

216 Auch der Gesetzgeber in Nordrhein-Westfalen hat die Möglichkeit geregelt, Abstandsflächentiefen zu verkürzen. In § 6 Abs. 16 BauONRW heißt es:
„In überwiegend bebauten Gebieten können geringere Tiefen der Abstandflächen gestattet oder verlangt werden, wenn die Gestaltung des Straßenbildes oder besondere städtebauliche Verhältnisse dies auch unter Würdigung nachbarlicher Belange rechtfertigen."

217 Die Regelungen dieser Länder unterscheiden sich in einem Punkt jedoch deutlich von dem, was der *Brandenburgische* Gesetzgeber bestimmt hat. Den vorgenannten Regelungen aus Baden-Württemberg und Nordrhein-Westfalen ist gemein, dass an einer atypischen Grundstückssituation als Voraussetzung für eine Abweichung festgehalten wird, *vgl. OVG Münster, B. v. 02.03.2007 – 10 B 275/07.* Soweit der Gesetzgeber in Nordrhein-Westfalen möglicherweise im Sinne hatte, die Abweichung auch ohne eine atypische Grundstückssituation zu erlauben, ist die Rechtsprechung dieser Überlegung, die im Gesetz nicht eindeutig ihren Niederschlag gefunden hat, ausdrücklich nicht gefolgt, *vgl. OVG Münster, B. v. 02.03.2007 – 10 B 275/07.* Bemerkenswert ist daher an der Brandenburgischen Regelung, dass der Gesetzgeber mit der ausdrücklichen Verabschiedung von der Atypik einen neuen Weg einschlägt, den bisher nur Berlin eingeschlagen hat. Der Brandenburgische Gesetzgeber erhofft sich dadurch, die Abweichungsmöglichkeiten auf solche Situationen auszudehnen, in denen eine atypische Grundstückssituation nicht gegeben ist. Dadurch wird ein schutzzielorientiertes Abweichungsrecht geschaffen.

b) Abstandsflächenrechtlicher Abweichungstatbestand

218 Durch § 6 Abs. 11 Satz 1 wird die Abweichungsregelung in § 67, die für jede Abweichung von bauordnungsrechtlichen Anforderungen gilt, ergänzt. Dass § 67 nicht durch Abs. 11 ersetzt oder verdrängt wird, verdeutlicht die Formulierung in Abs. 11 Satz 1: *„Eine Abweichung von den Abstandsflächen und Abständen kann nach § 67 zugelassen werden, (...)".* Die Ergänzung der Abweichungsregelung des § 67 um die Sonderregelung in Abs. 11 Satz 1 bedeutet, dass die Abweichung von den Abstandsflächen und Abständen nur bei Erfüllung der Voraussetzungen des § 67 in Gestalt der Sonderregelung des Abs. 11 zulässig ist.

219 Bei einem Vergleich des Prüfprogramms in § 67 mit dem in Abs. 11 Satz 1 zeigt sich, dass durch § 6 Abs. 11 vergleichbare Anforderungen an die Zulassung einer Abweichung gestellt werden. In § 67 ist für die Abweichungsentscheidung folgende, musterbauordnungstreue Prüfung vorgeschrieben:
- Berücksichtigung des Zwecks der jeweiligen Anforderung,
- Würdigung der öffentlich-rechtlich geschützten nachbarlichen Belange,
- Vereinbarkeit mit den öffentlichen Belangen, insbesondere den Anforderungen des § 3 Satz 1.

Sind nach § 67 nur die Zwecke der jeweiligen Anforderung zu berücksichti- 220
gen, wird gem. Abs. 11 auch nur verlangt, dass *„deren Schutzziele berücksichtigt werden“*. Das in Abs. 11 verwendete Relativpronomen „deren“ bezieht sich auf die zuvor genannten „Abstandsflächen“ und „Abstände“. Deren Schutzziele müssen berücksichtigt werden. Dies bedeutet zugleich, dass die Schutzziele des Abstandsflächenrechts nicht erreicht werden müssen. Die Voraussetzungen für eine Abweichung werden also durch Abs. 11 nicht verschärft. Insofern unterscheidet sich die Rechtslage in Brandenburg deutlich von der in Berlin, da nach der Berliner Bauordnung die Schutzziele gewahrt sein müssen, *vgl. OVG Berlin-Brandenburg, B. v. 22.02.2021 – 10 S 69/20.*

Wie die Schutzziele im Falle einer Abweichung gem. Abs. 11 Satz 1 berück- 221
sichtigt werden können, ist im Einzelfall zu ermitteln und zu prüfen, *vgl. dazu OVG Berlin-Brandenburg, B. v. 24.11.2016 – OVG 10 S 5.16 –, Rn. 13, juris.* Regelmäßig ist zur Vertretbarkeit einer Abweichung festzustellen, ob die Abweichung weder in quantitativer noch in qualitativer Hinsicht den Nachbarn in Bezug auf die Belichtung, Belüftung und Besonnung seines Grundstücks beeinträchtigt, vgl. dazu die Ausführungen des VG Berlin in seinem *Beschluss vom 21.01.2016, – 13 L 301.15.* Typische Beispiele für eine Abweichung, die auf der Grundlage von § 6 Abs. 11 möglich ist, finden sich bei Abstaffelungen in geschlossener Bauweise oder in Richtung öffentlicher Verkehrs-, Grün- oder Wasserflächen bei an der Grundstücksgrenze stehenden Gebäuden.

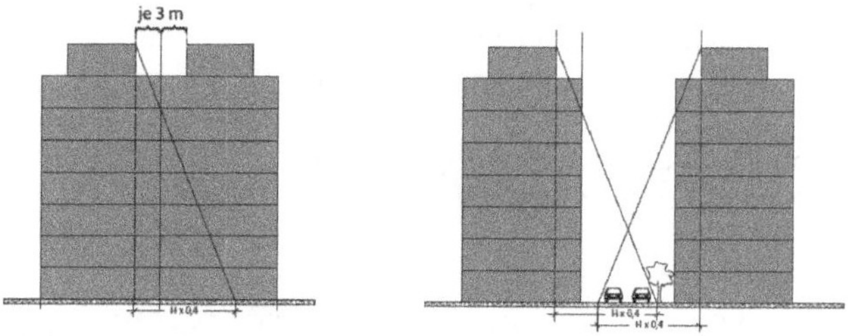

Bild 26: Die Abbildung zeigt abstandsflächenrechtlich unbedenkliche Abstaffelungen des Dachgeschosses. Die durch das Abrücken von der Grundstücksgrenze erforderlich werdenden Abstandsflächen vor der Außenwand der Staffelgeschosse können ohne weiteres durch eine Abweichung verkürzt werden. Dabei ist zu beachten, dass ohne diese Abstaffelung Abstandsflächen vor den planungsrechtlich zulässigen grenzständig stehenden Außenwänden gem. § 6 Abs. 1 Satz 3 nicht erforderlich sind. Werden im Bereich des Dachgeschosses die Außenwände des grenzständig stehenden Gebäudes jedoch abgestaffelt und werden vor den abgestaffelten Außenwänden nun Abstandsflächen nach Abs. 1 Satz 1 erforderlich, kann die Abweichung gem. § 6 Abs. 11 ohne Weiteres erteilt werden, sofern der Gesamtabstand zwischen den Wänden der abgestaffelten Geschosse mindestens 6 Meter beträgt. Dann sind Belichtung, Besonnung und Belüftung in den abgestaffelten Obergeschossen gewährleistet.

Bei seitlichen oder rückwärtigen Abstaffelungen könnte der Gesamtabstand 222
ggf. öffentlich-rechtlich mittels einer Baulast gesichert werden. Regelmäßig

wird dieser Mindestabstand auch vor den Außenwänden, die in Richtung öffentlicher Verkehrsflächen im Sinne von Abs. 2 Satz 2 stehen, zu Außenwänden von Gebäuden auf der gegenüberliegenden Straßenseite gewahrt. Auch für diese Abstaffelungen ist eine Abweichung nach Abs. 11 zu gewähren.

c) Abweichung ohne Atypik (Satz 2)

223 Satz 2 bestimmt, dass die Erteilung einer Abweichung von Vorschriften des Abstandsflächenrechts nicht das Vorliegen einer atypischen Grundstückssituation voraussetzt. Der Gesetzgeber reagiert damit auf die Verengung in der Rechtsprechung, dass nur in atypischen Grundstückssituationen eine Abweichung vom Abstandsflächenrecht zulässig sei, *vgl. LT-Drucks. 7/1697, S. 18; OVG Berlin-Brandenburg, B. v. 19.12.2012 – OVG 2 S 44.12 –, OVG Münster, B. v. 02.03.2007 – 10 B 275/07 –; VG Berlin, U. v. 30.04.2010 – VG 19 K 43/09 – UA S. 13.* Hintergrund dieser Atypik-Rechtsprechung ist die Auffassung, dass die sehr weitgehende Formulierung im Abweichungstatbestand bzw. planungsrechtlich in der Befreiungsregelung des § 31 Abs. 2 BauGB aus rechtsstaatlichen Gründen einer Konturierung bedarf. Diese sollte mit der Atypik als ungeschriebenes Tatbestandsmerkmal erreicht werden, wobei die Atypik auf den Schutzzweck der Norm, von der abgewichen werden soll, bezogen sein muss, vgl. *OVG Berlin, U. v. 23.4.2002 – 2 B 3.00 – für eine Befreiung; s. a. OVG Münster, B. v. 28.08.1995 – 7 B 2117/95 –, kritisch Claus, DVBl. 2000, 241; s. a. Jobs, LKV 2013, 529 ff. zwischen Atypik von Grundstück und Gebäude differenzierend.* Von dieser Atypik-Rechtsprechung löst sich der Gesetzgeber mit der Abweichungsregelung in Abs. 11 Satz 1. Denn wenn es für die Gewährung einer Abweichung auf die Berücksichtigung der Schutzziele und daher eine konkrete Vergleichsbetrachtung ankommt, ist es unerheblich, ob atypische Verhältnisse bestehen und eine Abweichung erforderlich machen. Die Regelung in § 6 Abs. 11 Satz 2 drückt also den gesetzgeberischen Willen zutreffend aus.

224 Abs. 11 Satz 2 bedeutet nicht, dass in den Fällen, in denen eine atypische Situation vorliegt, eine Abweichung ausgeschlossen ist, wenn die Schutzziele des Abstandsflächenrechts nicht erreicht werden, s. u. d).

d) Abweichung bei Atypik

225 Abs. 11 Satz 1 ändert bei **atypischen Grundstückssituationen** die Anforderungen an die Abweichung nicht. Eine Abweichung ist, wie bisher nach § 67, trotz Verfehlung des abstandsflächenrechtlichen Schutzziels möglich. Voraussetzung für eine Abweichung in solchen Fällen ist, dass die für die Abweichung sprechenden Gründe so großes Gewicht besitzen, dass die Anforderungen des Abstandsflächenrechts auch dann ausnahmsweise noch als angemessen berücksichtigt angesehen werden können, wenn sie nicht erfüllt werden, *vgl. VGH München, B. v. 15.12.2008 – 22 B 07.143 –; B. v. 08.05.2008 – 14 B 06.2813 und*

B. v. 29.07.2010 – 15 ZB 09.2856 – s. a. Jobs, LKV 2013, 529ff. Auch künftig kann eine Abweichung nach Absatz 11 Satz 1 in derartigen Situationen bei Berücksichtigung der Schutzziele des Abstandsflächenrechts gewährt werden. Eine Verschlechterung der Situation oder eine Beibehaltung der unzureichenden abstandsflächenrechtlichen Situation, etwa in historisch gewachsener, dichter Bebauung, ist mit dem Abweichungstatbestand in Absatz 11 Satz 1 vereinbar. Dies ist wichtig, weil Abweichungen von den Regeln des Abstandsflächenrechts gerade in atypischen Grundstückssituation oftmals zur Folge haben, dass die Ziele des Abstandsflächenrechts nur unvollkommen erreicht werden, *vgl. VGH München, U. v. 03.12.2014 – 1 B 14.819.* Die bauliche Entwicklung der Grundstücke in innerstädtischen Lagen dürfte ansonsten stark eingeschränkt bzw. ausgeschlossen sein, vgl. dazu *VGH München, B. v. 21.12.2016 – 9 CS 16.2278.* Die Änderung des Gesetzentwurfes durch die Beschlussempfehlung des Ausschusses für Infrastruktur und Landesplanung vom 10.12.2020 ist daher von erheblicher Bedeutung, *vgl. LT-Drucks. 7/2577.* Eine nach der Siedlungsstruktur angemessene Fortentwicklung der Bebauung eines Bereichs wird so zugelassen, *vgl. dazu BVerwG, U. v. 30.6.2015 – 4 C 5.14 –; BVerwG, U. v. 14.09.1992 – 4 C 15.90 – sowie B. v. 02.03.2000 – 4 B 15.00 –; vgl. zur Bedeutung dieses Grundsatzes in diesem Zusammenhang OVG Münster, U. v. 08.03.2007 – 7 A 3782/05 –; s. grundlegend BVerwG, U. v. 28.04.1972 – IV C 11.69.*

Eine Atypik, die auch weiterhin eine Abweichung nach § 67 erlaubt, kann gege- 226
ben sein, wenn durch den besonderen Zuschnitt eines Grundstücks, durch die aus dem Rahmen fallende Bebauung auf dem Bau- oder Nachbargrundstück, aus Belangen des Denkmalschutzes oder aus städteplanerischen Erwägungen, wie der Sicherung eines gewachsenen Stadtbildes, die Vorgaben des Abstandsflächenrechts nicht eingehalten werden können, *vgl. VGH München, B. v. 21.12.2016 – 9 CS 16.2278.* Typisch in diesem Sinne ist ein auf einem rechteckig geschnittenen Grundstück errichtetes Gebäude, dessen seitliche Grundstücksgrenzen rechtwinklig zur Erschließungsstraße verlaufen, *vgl. OVG Münster, U. v. 7.3.2024 – 10 A 2791/21.* Allerdings genügt für die Annahme einer grundstücksbezogenen Atypik nicht irgendeine Besonderheit im Grundstückszuschnitt. Stets muss die Besonderheit zur Folge haben, dass die Bebaubarkeit unter Berücksichtigung von Abstandsflächenvorschriften in besonderem Maße erschwert wäre, so *OVG Berlin-Brandenburg, U. v. 25.02.2015 – OVG 10 B 6.10.* Atypisch in diesem Zusammenhang sind etwa folgende Konstellationen:

Die seitlichen Grundstücksgrenzen verlaufen bei grenzständiger Bebau- 227
ung nicht im rechten Winkel zur Straße. Die Abstandsfläche der rückwärtigen Gebäudeaußenwand liegt in Teilen auf dem Nachbargrundstück, wenn die Gebäude parallel zur Straße stehen, *vgl. OVG Berlin-Brandenburg, B. v. 19.12.2012 – OVG 2 S 44.12 –; OVG Münster, U. v. 7.3.2024 – 10 A 2791/21 –; VG Berlin, U. v. 30.04.2010 – VG 19 K 43/09 – UA S. 13.*

228 Die Lage eines Baugrundstücks in einem eng bebauten historischen Ortskern kann eine atypische Grundstückssituation begründen, bei der eine Verkürzung der Abstandsflächen in Betracht kommt, *vgl. VGH München, B. v. 21.12.2016 – 9 CS 16.2278 –; VGH München, B. v. 16.07.2007 – 1 CS 07.1340.*

229 Die Lage der betroffenen Grundstücke in einem seit über Jahrhunderten dicht bebauten Innenstadtrevier, in dem historische Bausubstanz vorhanden ist und in dem – wenn überhaupt – nur verschwindend wenige Gebäude die nach heutigen Maßstäben erforderlichen Abstände zu den jeweiligen Grundstücksgrenzen einhalten, kann eine atypische Grundstückssituation bilden, *vgl. VG Augsburg, U. v. 02.11.2016 – Au 4 K 16.456.*

230 Eine Atypik kann darin begründet sein, dass eine ursprünglich zulässige Bebauung durch eine erst danach eingetretene Rechtsänderung rechtswidrig geworden ist, vgl. dazu im Falle einer Aufstockung eines Flachdachbungalows mit einem 38°-Dach *OVG Lüneburg, U. v. 10.03.1986 – 6 A 133/84 –, mit Verweis auf VGH München, U. v. 26.11.1979 –Nr. 51 XIV 789.*

231 Eine Atypik kann sich aus topografischen Besonderheiten des Geländeverlaufs ergeben, *vgl. OVG Berlin-Brandenburg, B. v. 19.12.2012 – OVG 2 S 44.12.* Diese wird angenommen für die Errichtung eines Zugangsstegs mit Pkw-Stellplatz auf einem Grundstück, dessen Topographie von einer starken Hängigkeit geprägt ist, *vgl. OVG Münster, U. v. 29.10.2012 – 2 A 723/11.*

e) Rechtsschutz

232 Die Einfügung des Absatzes 11 in § 6 lässt die Rechtsschutzmöglichkeiten nicht unberührt. Nach überkommener Auffassung sind die Regelungen des Abstandsflächenrechts generell nachbarschützend, d.h. eine Verletzung dieser Vorschrift begründet unmittelbar ein Abwehrrecht des Nachbarn. Dieser Anspruch besteht unabhängig davon, ob der Verstoß den Nachbarn auch tatsächlich beeinträchtigt. Die Regelungen des Abstandsflächenrechts begründen als solche subjektive Abwehrrechte, *vgl. OVG Berlin-Brandenburg, B. v. 24.11.2016 – OVG 10 S 5.1.* Diese Funktion des Abstandsflächenrechts wird durch Absatz 11 verändert. Denn infolge der von der Atypik losgelösten Abweichungsmöglichkeit werden Abweichungsentscheidungen von Vergleichsbetrachtungen abhängig gemacht. Wie im Beschluss des *VG Berlin vom 21.01.2016 – 13 L 301.15* – ausgeführt, ist zu prüfen, ob in quantitativer oder in qualitativer Hinsicht der Nachbar durch die Abstandsflächenunterschreitung beeinträchtigt werden könnte. Da nach Absatz 11 Abweichungen gerade auch im Normallfall möglich sind, eine Atypik also nicht mehr Voraussetzung für die Abweichung ist, steht das Abstandsflächenrecht künftig unter einem generellen Abweichungsvorbehalt. Durch § 6 Abs. 11 wandelt sich das Abstandsflächenrecht der Brandenburgischen Bauordnung so von einer

abstrakten Regelung über die nachbarliche Verträglichkeit von Bauwerken zu einer individuellen Regelung konkreten Schutzes. Einem Nachbarn steht daher bei Abstandsflächenrechtsverstößen des Bauherrn künftig nur dann ein Abwehrrecht zu, wenn er geltend machen kann, dass er durch den Verstoß konkret in seinen geschützten Belangen beeinträchtigt ist und eine (beantragte) Abweichung nicht erteilt werden darf. Dementsprechend hat das VG Frankfurt/Oder entschieden, dass dem Nachbarn einer unter Verstoß gegen das Abstandsflächenrecht erteilten Baugenehmigung für ein Vorhaben ausnahmsweise dann kein Abwehrrecht zusteht, wenn bezüglich des grundsätzlich nachbarschützenden Abstandsflächenverstoßes eine rechtmäßige Abweichung bei einem punktuellen Verstoß im einer Tiefe von 22 Zentimeter erteilt werden könnte, *VG Frankfurt (Oder), U. v. 18.10.2023 – 7 K 1178/20.*

f) Ausblick

§ 6 Abs. 11 öffnet das Abstandsflächenrecht zu einem auf die Herstellung 233
von Einzelfallgerechtigkeit ausgerichteten System. Dieses System schafft der Gesetzgeber auf Gesetzesebene durch eine Vielzahl von Einzelregelungen, vgl. zur Abkehr von einer zentimetergenauen Bestimmung des Abstandes die Regelungen in Absatz 5 Satz 3, Abs. 6 Nr. 5 und Absatz 10, und für die Vollzugsebene durch den Abweichungsvorbehalt in § 6 Abs. 11. Für das Abstandsflächenrecht in Brandenburg kann daher nicht mehr konstatiert werden, dass § 6 ein in sich geschlossenes System der Abstandsflächenvorschriften mit einer zentimetergenauen Bestimmung der Abstandsflächen bildet. Die dadurch bewirkte Veränderung des Abstandsflächenrechts ist dem öffentlichen Baurecht nicht fremd. Das allgemeine Rücksichtnahmegebot und § 15 BauNVO belegen, dass es möglich ist, mittels Einzelfallbetrachtungen Baurecht zu konkretisieren. Der mögliche Vorwurf, die Abweichungsermächtigung in Absatz 11 könnte eine „beliebige Relativierung des Nachbarschutzes" bedeuten, in diese Richtung weisend *OVG Münster, B. v. 05.03.2007 – 10 B 274/07 –,* wäre daher nicht gerechtfertigt. Die Dogmatik der Ermessensausübung, wie sie in § 40 VwVfG vorgeschrieben und im Rahmen der Prüfung des Rücksichtnahmegebots praktisch erprobt ist, ermöglicht eine sachgerechte Anwendung der Abstandsflächenvorschriften. Die Behörden sind auch im Bereich des Abstandflächenrechts durch §§ 6 Abs. 11, 67 in Verbindung mit § 40 VwVfG gehindert, die Normen des Abstandsflächenrechts mehr oder minder nach Belieben anzuwenden. Ein „Verstoß gegen das Rechtsstaatsprinzip", so *OVG Münster, B. v. 05.03.2007 – 10 B 274/07 –,* ist mithin für das Abstandsflächenrecht in Brandenburg nicht ersichtlich. Es bleibt gleichwohl abzuwarten, wie diese Rechtsänderung von der Rechtsprechung nachvollzogen wird.

§ 7
Teilung von Grundstücken

[1]Durch die Teilung eines Grundstücks, das bebaut oder dessen Bebauung genehmigt ist, dürfen keine Verhältnisse geschaffen werden, die Vorschriften dieses Gesetzes oder aufgrund dieses Gesetzes widersprechen. [2]Entspricht die Teilung eines Grundstücks, das bebaut oder dessen Bebauung genehmigt ist, nicht den Anforderungen des Satzes 1 oder des § 19 Absatz 2 des Baugesetzbuchs, so darf eine die Teilung vorbereitende Liegenschaftsvermessung nur vorgenommen werden, wenn die erforderliche Abweichung nach § 67 zugelassen oder die erforderliche Befreiung erteilt ist.

Übersicht

1. Allgemeines

1 § 7 regelt die bauordnungsrechtlichen Anforderungen an die Teilung eines Grundstücks. Daneben ist allgemein § 19 BauGB zu beachten. Im städtebaulichen Sanierungs- und Entwicklungsrecht ist die Teilung eines Grundstücks genehmigungspflichtig, vgl. § 144 Abs. 2 Nr. 5 BauGB.

2. Begriff der Teilung

2 Die Teilung eines Grundstücks im Sinne dieses Absatzes meint die Bildung von zwei oder mehr Buchgrundstücken aus einem Grundstück. Die Teilung ist für das Bauplanungsrecht in § 19 Abs. 1 BauGB definiert. § 19 Abs. 1 BauGB und § 7 knüpfen an die sachenrechtliche Begriffsbestimmung und die grundbuchrechtlichen Begrifflichkeiten an. Davon getrennt zu sehen ist die Vermessung. Das Ergebnis der Vermessung der neuen Grundstücke bildet die Grundlage für die grundbuchrechtliche Zerlegung eines Grundstücks. Die Vermessung ist zunächst von katasterrechtlicher Bedeutung.

3 Das Liegenschaftskataster ist das amtliche Verzeichnis der Grundstücke im Sinn von § 2 Abs. 2 GBO, vgl. § 11 BbgVermG. Das Liegenschaftskataster nennt den Eigentümer der im Grundbuch eingetragenen Grundstücke in Übereinstimmung mit dem Grundbuch. Es folgt dem Grundbuch, vgl. § 23

BbgVermG. Die Daten im Liegenschaftskataster zu den Liegenschaften, insbesondere zu der Geometrie, ausgewählten öffentlich-rechtlichen Festlegungen, der Bezeichnung, der Lage, der Nutzungsart, der Größe und den charakteristischen topographischen Eigenschaften beruht auf dem Ergebnis von Vermessungen (Katastervermessung), örtlichen Erhebungen und sonstigen Geodaten öffentlicher Stellen, vgl. §§ 5 f. BbgVermG. Bei Veränderungen an Grundstücken erfolgt eine Fortführungsvermessung, vgl. § 13 Abs. 4 BbgVermG.

3. Zulässigkeit der Teilung

Die Teilung ist bauordnungsrechtlich und bauplanungsrechtlich grundsätzlich genehmigungsfrei, vgl. aber zur Genehmigungspflicht in Sanierungsgebieten § 144 Abs. 2 Nr. 5 BauGB. Der Gesetzgeber hat in § 7 bestimmt, dass durch die Teilung eines Grundstücks keine rechtswidrigen Zustände geschaffen werden dürfen. Da der Gesetzgeber auf die Schaffung von rechtswidrigen Zuständen abstellt, ist eine Teilung zulässig, wenn diese Zustände dadurch nicht geschaffen werden, weil die bauordnungsrechtswidrige Situation bereits zuvor bestanden hat. Die Teilung muss also kausal für das (erstmalige) Entstehen eines baurechtswidrigen Zustandes sein. Der Teilung von seit langem bebauten Grundstücken, die nicht in Übereinstimmung mit den aktuellen bauordnungsrechtlichen Vorschriften stehen, stehen daher bauordnungswidrige Zustände nur entgegen, wenn diese durch die Teilung verschärft bzw. verfestigt werden, *vgl. VG Potsdam, U. v. 23.02.2012 – 4 K 2197/09.* Unzulässig ist die Teilung also nur, wenn sie für das *erstmalige* Entstehen eines baurechtswidrigen Zustandes kausal ist. Der Teilung von bebauten Grundstücken, die bereits vor der Teilung mit den aktuellen bauordnungsrechtlichen oder bauplanungsrechtlichen Vorschriften nicht übereinstimmen, stehen daher bauordnungswidrige Zustände nur entgegen, wenn diese durch die Teilung verschärft oder verfestigt werden, *vgl. OVG Magdeburg B. v. 31.7.2019 – 2 L 110/17.* 4

Durch § 7 wird auf die bestehenden materiellen Anforderungen an die Teilung von Grundstücken hingewiesen. Zusätzliche Anforderungen an die Teilung selbst werden durch § 7 nicht begründet. 5

Bauordnungsrechtliche Anforderungen, die einer Teilung entgegenstehen können, betreffen vor allem den Brandschutz, die Abstandsflächen und die Erschließung. Baurechtswidrige Zustände im Sinne von § 7 drohen insbesondere, wenn gerade durch die Teilung die Erschließung des Grundstücks nicht mehr gesichert ist, weil die Anforderungen nach § 4 Abs. 1 nicht mehr gewahrt werden. Auch kann es zu einer nach § 6 Abs. 2 unzulässigen Erstreckung der Lage der Abstandsflächen auf das durch die Teilung neu gebildete Nachbargrundstück kommen. 6

7 In planungsrechtlicher Hinsicht können rechtswidrige Zustände vor allem aus der Missachtung von Festsetzungen eines Bebauungsplanes resultieren. Den Festsetzungen des Bebauungsplans kann die Teilung entgegenstehen, wenn ein Widerspruch zu den Festsetzungen des Bebauungsplans selbst entsteht oder die Durchführung des Bebauungsplans in bestimmter Weise unmöglich machen oder wesentlich erschweren würde, *vgl. VG Potsdam, U. v. 17.10.2023 – 4 K 3220/18 – und U. v. 23.02.2012 – 4 K 2197/09 –.*

8 Nach *OVG Hamburg, U. v. 26.9.1985 – Bf II 54/83 –,* ist die Teilung eines Grundstücks, das sich im Geltungsbereich eines qualifizierten Bebauungsplans befindet, unzulässig, wenn dadurch ein bebautes, aber nicht erschlossenes Grundstück gebildet wird. Wird ein Grundstück bebaut, so muss bei einer Grundstücksteilung dieser „Verbrauch" der GRZ und GFZ nach §§ 19 f. BauNVO beachtet werden. Durch die Teilung dürfen sich GRZ und GFZ nicht in einer Weise erhöhen, die mit den Festsetzungen des Bebauungsplans unvereinbar ist, *vgl. VG München, U. v. 14.07.2008 – M 8 K 07.5350.*

9 Eine Grundstücksteilung, die allein zum Zwecke der mehrfachen Ausnutzung des abstandsflächenrechtlichen Privilegs für Grenzgaragen sowie Nebengebäude vorgenommen wird, kann im Einzelfall rechtsmissbräuchlich sein (*OVG Lüneburg, B. v. 26.02.2014 – 1 NA 210/03 –).* Dies ist etwa der Fall, wenn durch die Teilung ein Gebäude grenzständig stehen soll, so dass eine Abstandsfläche deswegen nicht erforderlich ist, *vgl. dazu VG München, U. v. 13.05.2015 – M 9 K 14.3081.*

4. Repressive Maßnahmen bei rechtswidriger Teilung

10 Gegen baurechtswidrige Zustände kann mit bauordnungsrechtlichen Maßnahmen angegangen werden. So kann die Vereinigung der geteilten Grundstücke auf der Grundlage von § 58 Abs. 2 Satz 2 angeordnet werden, *vgl. VG Potsdam, U. v. 17.10.2023 – 4 K 3220/18 –; VG Berlin, U. v. 15.6.2009 – 13 A 11.07; OVG Berlin, B. v. 4.4.2002 – 2 S 6.02.* In Betracht kommt auch, den baurechtswidrigen Zuständen auf Antrag des Bauherrn mittels einer Abweichung nach § 67, dies verdeutlicht Satz 2 a. E., oder einer Befreiung nach § 31 Abs. 2 BauGB abzuhelfen oder die Vereinigung zur Bedingung für die Wirksamkeit einer Baugenehmigung zu machen, *vgl. OVG Hamburg, U. v. 4.4.1991 – Bf II 33/88.* Nach *OVG Berlin, U. v. 14.8.1987 – 2 B 10.86* – können mit Hilfe der landesrechtlich möglichen Baulasten mehrere Buchgrundstücke nicht dadurch zu einem Baugrundstück im planungsrechtlichen Sinne zusammengefasst werden, dass die Grundstückseigentümer sogenannte „Vereinigungsbaulasten" übernehmen, *s. a. OVG Hamburg, U. v. 4.4.1991 – Bf II 33/88.* Durch die Begründung von Baulasten auf den entstehenden Einzelgrundstücken können die im Falle der Teilung eines bebauten Grundstücks eintretenden Verstöße gegen zwingende bauplanungsrechtliche Bestimmungen nicht unmittelbar ausgeglichen

werden. Vielmehr können durch derartige Baulasten lediglich tatsächliche oder rechtliche Verhältnisse geschaffen werden, die bei der Entscheidung über die Erteilung entsprechender Befreiungen gem. § 31 Abs. 2 BauGB zu berücksichtigen sind.

5. Verbot der Liegenschaftsvermessung

Durch Satz 2 sind die öffentlich bestellten Vermessungsingenieure 11 und die Katasterbehörden verpflichtet, darauf zu achten, dass die erforderlichen Abweichungs- oder Befreiungsanträge bei der Bauaufsichtsbehörde gestellt werden. Wenn der Grundstückseigentümer diese behördlichen Entscheidungen nicht eingeholt hat, sind sie berechtigt und in der Regel auch verpflichtet, die Liegenschaftsvermessung abzulehnen.

§ 8 Nicht überbaute Flächen der bebauten Grundstücke, Kinderspielplätze

(1) [1]Die nicht mit Gebäuden oder vergleichbaren baulichen Anlagen überbauten Flächen der bebauten Grundstücke sind
1. wasseraufnahmefähig zu belassen oder herzustellen und
2. zu begrünen oder zu bepflanzen,
soweit dem nicht die Erfordernisse einer anderen zulässigen Verwendung der Flächen entgegenstehen. [2]Satz 1 findet keine Anwendung, soweit Bebauungspläne oder andere Satzungen Festsetzungen zu den nicht überbauten Flächen treffen.

(2) Bei der Errichtung von Gebäuden mit mehr als drei Wohnungen müssen die durch die Gemeinde in einer örtlichen Bauvorschrift nach § 87 festgesetzten Kinderspielplätze auf dem Baugrundstück oder in unmittelbarer Nähe auf einem anderen geeigneten Grundstück, dessen dauerhafte Nutzung für diesen Zweck öffentlich-rechtlich gesichert sein muss, hergestellt werden.

(3) [1]Soweit die Bauherrin oder der Bauherr durch örtliche Bauvorschrift zur Herstellung von Kinderspielplätzen verpflichtet ist, kann die Gemeinde durch öffentlich-rechtlichen Vertrag mit der Bauherrin oder dem Bauherrn vereinbaren, dass die Bauherrin oder der Bauherr ihre oder seine Verpflichtung ganz oder teilweise durch Zahlung eines Geldbetrages an die Gemeinde ablöst (Kinderspielplatzablösevertrag). [2]Der Anspruch der Gemeinde auf Zahlung des im Kinderspielplatzablösevertrages vereinbarten Geldbetrages entsteht mit Baubeginn.

(4) Die Gemeinde hat den Geldbetrag für die Ablösung von Kinderspielplätzen für die Herstellung zusätzlicher oder die Instandhaltung, die Instandsetzung oder die Modernisierung bestehender Kinderspielplätze zu verwenden.

Übersicht

1. Allgemeines

1 Die Vorschrift konkretisiert die Kardinalpflichten nach § 3. Der Bauherr wird verpflichtet, sein Grundstück umwelt- und kinderfreundlich zu bebauen. § 8 entfaltet jedoch keine nachbarschützende Wirkung.

2 In Absatz 1 wird an die Schonung der natürlichen Lebensgrundlagen angeknüpft. Zugleich sind Sinn und Zweck der Regelung auf die Verwirklichung einer möglichst aufgelockerten Bebauung im Interesse der Gesunderhaltung der Bevölkerung gerichtet. Durch Absatz 2 wird der Bauherr verpflichtet, nach Maßgabe örtlicher Bauvorschriften gem. § 87 Abs. 3 Kinderspielplätze zu errichten.

3 Kinderspielplätze sind zu errichten, wenn ein Haus mit mehr als drei Wohnungen errichtet wird. Vorgegeben wird auch die Lage des Spielplatzes. Hingegen werden spezielle Anforderungen an die Anordnung und Ausstattung des Kinderspielplatzes nicht gestellt. Dies ist aber gem. § 87 Abs. 3 in örtlichen Bauvorschriften möglich.

2. Vorgaben für nicht überbaute Flächen (Absatz 1)

4 Durch die Vorschriften in Absatz 1 über die Gestaltung und Bepflanzung der nichtbebauten Grundstücksteile sollen gesunde Wohn- und Arbeitsverhältnisse hergestellt bzw. bewahrt werden. Zugleich werden die ökologischen Ziele des Bundesbodenschutzgesetzes, die Bodenfunktionen zu erhalten oder wiederherzustellen, erreicht. Die Vorschrift dient auch der Schaffung eines ästhetisch ansprechenden Straßen- und Ortsbildes. Damit handelt es sich um eine spezielle, das allgemeine Verunstaltungsverbot des § 9 miterfassende Bestimmung, *vgl. OVG Berlin, U. v. 07.03.2003 – 2 B 1.97.*

5 Die Frage, ob die Flächen begrünt, bepflanzt oder nur wasseraufnahmefähig belassen oder hergestellt werden sollen, hängt von der tatsächlichen Nutzung der Flächen ab. Es kommt also nicht darauf an, ob die nicht überbauten Flächen zugleich auch nicht bebaubar sind. Unerheblich ist auch die Lage der Flächen auf dem Grundstück oder Zuordnung zu einem bestimmten Baugebiet im Sinne der §§ 3ff. BauNVO. Das heißt, die Vorgaben des Absatzes 1 gelten auch für jede bebaubare, aber unbebaute Fläche. Eine Grundstücksfläche gilt auch dann als nicht überbaut i. S. d. § 8 Abs. 1 Satz 1, wenn die dort befindliche bauliche Anlage rechtswidrig errichtet wurde und nicht genehmigungsfähig ist, *vgl. OVG Berlin, U. v. 07.03.2003 – 2 B 1.97.* Mit der Errichtung von illegalen baulichen Anlagen wird deshalb zugleich auch gegen das Begrünungs- und Bepflanzungsgebot des § 8 Abs. 1 verstoßen. Dies gilt auch für sog. **Schottergärten**. Diese sind wegen der Missachtung des Begrünungsgebotes nicht zulässig, *vgl. auch Antwort (LReg) 16.11.2020 Drucksache 7/2407 (2 S.).* Die

Gemeinde kann in örtlichen Bauvorschriften sog. Schottergärten jedoch auch noch ausdrücklich verbieten, vgl. § 87 Abs. 1 Satz 1 Nr. 1.

Das Gebot, nicht überbaute Flächen **wasseraufnahmefähig** zu belassen, betrifft insbesondere Stellflächen und Wege, die nicht asphaltiert, sondern wasseraufnahmefähig herzustellen sind. 6

Auf die Pflicht zur gärtnerisch gestalteten Anlage der Freiflächen und zu deren dauernder Unterhaltung hat der Gesetzgeber in der Brandenburgischen Bauordnung verzichtet. Deshalb ist es dem Bauherrn nach Absatz 1 Nr. 2 überlassen, wie er seiner Verpflichtung zur Begrünung nachkommen will. Der Eigentümer kann die Grünflächen der Natur überlassen oder sie so anlegen, dass eine mit Pflanzen bewachsene Flächen entsteht. Wesentliches Merkmal der Fläche muss sein, dass die Fläche einen grünen Charakter erhält, sie also durch Bewuchs geprägt ist. Dies schließt Steinelemente nicht aus, wenn sie eine nur untergeordnete Bedeutung haben, *vgl. OVG Lüneburg, B. v. 17.01.2023 – 1 LA 20/22*. Das Grünkonzept ist nicht Gegenstand des Lageplans nach § 7 BbgBauVorlV und braucht auch nicht Gegenstand des Bauantrags zu sein. 7

In Satz 2 wird auf den Vorrang des Bauplanungsrechts sowie sonstiger Satzungen hingewiesen. Das heißt, die in Bebauungsplänen oder sonstigen Satzungen, wie z. B. Grünordnungsplänen (§ 5 Abs. 3 BbgNatSchAG) festgesetzten Nutzungen der nicht überbauten Flächen gehen der Regelung des Satzes 1 vor. Dies wird auch dann entsprechend gelten, wenn die besondere Nutzung der nicht überbauten Flächen in Vorschriften, etwa in Grünordnungsplänen im Sinne von § 5 BbgNatSchG geregelt ist. Darstellungen in Flächennutzungsplänen sind für den Eigentümer jedoch unverbindlich, da der Flächennutzungsplan keine eigenständige Rechtssatzqualität hat. 8

3. Kinderspielplätze (Absatz 2)

Die Regelung in Absatz 2 betrifft ausschließlich Kinderspielplätze. Die Vorschrift flankiert die nach § 87 Abs. 3 erlassene örtliche Bauvorschrift, durch die die Errichtung von Kinderspielplätzen vorgeschrieben werden kann. Dies ist für die Gemeinde möglich, wenn auf dem Baugrundstück mehr als drei Wohnungen im Zuge der Errichtung von Gebäuden geschaffen werden. Hat die Gemeinde eine wirksame Satzung nicht aufgestellt, ist der Bauherr nicht verpflichtet, Kinderspielplätze zu bauen. Die Pflicht besteht auch dann nicht, wenn ein bestehendes Gebäude geändert wird und dadurch die Zahl von drei Wohnungen überschritten wird. Diese Pflicht kann in diesen Fällen auch nicht durch örtliche Bauvorschriften nach § 87 Abs. 3 begründet werden, weil der Gesetzgeber der Gemeinde hierfür eine Ermächtigung nicht zur Verfügung gestellt hat. Eine solche örtliche Bauvorschrift würde gegen die vorrangige Regelung in Absatz 2 verstoßen. 9

10 Unberührt bleibt davon die Möglichkeit, den Bau eines Kinderspielplatzes über das Bauplanungsrecht entweder durch den Abschluss eines städtebaulichen Vertrags (§ 11 Abs. 1 Nr. 2 BauGB) oder durch ein Baugebot nach § 176 BauGB zu erzwingen.

11 Der notwendige Spielplatz muss entweder auf dem Baugrundstück oder in dessen unmittelbarer Nähe errichtet wird. Auf dem Baugrundstück kann der Spielplatz auf einer beliebigen Fläche des Grundstücks errichtet werden. Diese Fläche kann auch in dem Gebäude oder auf dem Dach des Gebäudes gelegen sein. Der Gesetzgeber unterscheidet nicht zwischen „Indoor-" und „Outdoor-Spielplätzen". Deshalb darf von dem Bauherrn nicht verlangt werden, den Spielpatz auf einer Freifläche des Grundstücks zu bauen.

12 Für den Spielplatz auf einem Nachbargrundstück hat der Gesetzgeber mit dem Tatbestandsmerkmal „unmittelbar" geregelt, dass das Kindergartengrundstück an das Baugrundstück unmittelbar anschließen muss. Dieses Grundstück darf nicht durch andere Grundstücke oder Verkehrsflächen vom Baugrundstück getrennt sein. Durch die so geforderte räumliche Nähe wird sichergestellt, dass der Spielplatz von den Wohnungen aus einsehbar bleibt. Den Eltern soll so eine Kontrolle der spielenden Kinder ermöglicht werden.

13 Die Nutzung von in unmittelbarer Nähe liegenden Spielplätzen, die nicht auf dem Baugrundstück eingerichtet werden, muss durch Baulasten gesichert sein. Der Gesetzgeber schreibt eine öffentlich-rechtliche Sicherung vor. Diese Sicherung ist in § 84 bestimmt. Vor der Novelle 2016 bedurfte es für die öffentlich-rechtliche Sicherung gem. § 65 a.F. der Eintragung von beschränkt persönlichen Dienstbarkeiten.

14 Das andere Spielplatzgrundstück muss für den Spielplatz geeignet sein. Diese Anforderung hat der Gesetzgeber nicht für das Baugrundstück, sondern nur für das benachbarte Grundstück vorgesehen. Geeignet in diesem Sinne meint, dass der Spielplatz sicher benutzbar ist und die Kinder bei der Nutzung nicht gefährdet werden. Die Gemeinde kann Größe, Art und Ausstattung von Kinderspielplätzen entsprechend den örtlichen Erfordernissen im konkreten Einzelfall in einer Kinderspielplatzsatzung gem. § 87 Abs. 3 festlegen. Die technische Ausgestaltung von Kinderspielplätzen richtet sich weiterhin nach den DIN EN 1176 Teil 1 bis 7 und DIN EN 1177. Die Errichtung von Kinderspielplätzen ist in § 61 Abs. 7 Nr. 4 von der Genehmigungspflicht freigestellt. Ist der Spielplatz jedoch Teil des genehmigungsbedürftigen Bauvorhabens, ist er genehmigungspflichtig, da es sich dann nicht mehr um ein selbstständiges Einzelvorhaben im Sinne von § 61 Abs. 1 handelt.

15 Die Errichtung des Kinderspielplatzes darf nicht rücksichtslos gegenüber den Bewohnern des Baugrundstücks und den Nachbarn sein. Diese müssen

Beeinträchtigungen durch mögliche Lärmbelästigungen, wie etwa durch die Nutzung eines Fahrradabstellplatzes oder des Mülldepots und auch eines Kinderspielplatzes im Rahmen der Wohnnutzung als sozialadäquat hinnehmen. Bei dieser Wertung ist zu beachten, dass in § 22 Abs. 1a BImSchG ausdrücklich klargestellt ist, dass Geräuscheinwirkungen, die von Kindertageseinrichtungen, Kinderspielplätzen oder ähnlichen Einrichtungen durch Kinder hervorgerufen werden, im Regelfall keine schädlichen Umwelteinwirkungen sind.

4. Ablösezahlung (Absatz 3 und 4)

Absatz 3 erlaubt den Abschluss einer Ablösevereinbarung, nicht anders als bei 16
Stellplätzen. In dem Umfang, in dem der Spielplatz abgelöst wird, ist er nicht herzustellen. Es kann also auch nur ein Teil der Spielplatzerrichtungspflicht reduziert und durch eine Zahlungspflicht ersetzt werden.

Zu zahlen ist das Geld an die Gemeinde. Diese hat es nach Absatz 4 zu verwen- 17
den. Im Kinderspielplatzablösevertrag ist nach Absatz 3 Satz 2 zu vereinbaren, dass der Anspruch der Gemeinde auf Zahlung des vereinbarten Geldbetrages mit Baubeginn entsteht.

In Absatz 4 ist geregelt, wie der eingenommene Geldbetrag zu verwenden ist. 18
Diese Regelung ist nicht unproblematisch, weil die Verwendung des Geldes in einem sachlichen Zusammenhang mit dem Bauvorhaben stehen muss. Wenn das Geld für Kinderspielplätze verwendet wird, die sich in großer räumlicher Entfernung von dem Grundstück befinden, für welches die Ablöse vereinbart wurde, fehlt der in § 56 Absatz 1 Satz 2 VwVfG nach allgemeinen Grundsätzen geforderte sachliche Zusammenhang. Der Belastung des Bauherrn steht dann keine Vergünstigung gegenüber. Der Beschluss des *BVerfG vom 9.11.1999 – 2 BvL 5/95* – verdeutlicht diese Problematik.

Teil 3
Bauliche Anlagen

Abschnitt 1
Gestaltung

§ 9
Gestaltung

[1]Bauliche Anlagen müssen nach Form, Maßstab, Verhältnis der Baumassen und Bauteile zueinander, Werkstoff und Farbe so gestaltet sein, dass sie nicht verunstaltet wirken. [2]Bauliche Anlagen dürfen das Straßen-, Orts- und Landschaftsbild nicht verunstalten.

Übersicht

1. Allgemeines

1 § 9 normiert die Anforderungen an die Gestaltung baulicher Anlagen und das sog. Verunstaltungsverbot. Diese Regelung gilt auch für Werbeanlagen, die bauliche Anlagen sind. Der Gesetzgeber hat dies durch die Geltungsanordnung in § 10 Abs. 2 Satz 1 bestimmt. Durch § 9 wird der Bauherr nicht verpflichtet, eine möglichst schöne bauliche Anlage herzustellen, sondern nur, eine hässliche, d.h. Unlust erregende Anlage nicht zu bauen. Die Vorschrift steht damit in der Tradition der preußischen Verunstaltungsgesetze vom 02.06.1902 (Preußisches Gesetz gegen die Verunstaltung landschaftlich hervorragender Gegenden, GS S. 159) und vom 15.07.1907 (Preußisches Gesetz gegen die Verunstaltung von Ortschaften und landschaftlich hervorragenden Gegenden, GS S. 260), in denen der Preußische Staat die bisher auf die Gefahrenabwehr beschränkten Aufgaben der Baupolizei, vgl. §§ 66, 71, 78 Abs. 1 Satz 8 PrALR sowie das Kreuzbergurteil des Preußischen Oberverwaltungsgerichts vom 14.06.1882, auf die Abwehr von baulichen Verunstaltungen ausgedehnt hat. Mit dem Preußischen Wohnungsgesetz vom 28.03.1918 (GS S. 23) sind Anforderungen an die äußere Gestaltung von Wohngebäuden normiert worden, *vgl. dazu Kamp, Die Rechtsproblematik des Verunstaltungsschutzes im Rahmen des § 12 BauO NRW, Köln 2004.*

Mit § 9 hat der Gesetzgeber eine untere Grenze der architektonischen Ästhetik eingezogen. Zu rechtfertigen ist dies aus dem sozialen Bezug des Eigentums. Daraus resultiert die Verpflichtung des Bauherrn, sein Grundstück nicht so zu nutzen, dass dadurch das Straßen-, Orts- oder Landschaftsbild in Mitleidenschaft gezogen, also verunstaltet wird. Die in diesen Regelungen enthaltenen Verpflichtungen des Eigentümers sind zulässige Beschränkungen der Eigentumsrechte im Sinne von Art. 14 Abs. 1 Satz 2 und Abs. 2 GG. Dass der Gesetzgeber bei der Ausgestaltung des Eigentums nicht nur Rechte, sondern auch Pflichten begründen darf, kommt sowohl durch die Regelung in Art. 14 Abs. 1 Satz 2 GG zum Ausdruck, wonach der Gesetzgeber die Grenzen des Eigentums gestaltet, als auch durch die Regelung in Art. 14 Abs. 2 GG, wonach Eigentum verpflichtet. Für die Ausgestaltung des Grundeigentums und insbesondere des Eigentums an Gebäuden und baulichen Anlagen spielen neben dem Baugesetzbuch die Bauordnung sowie die städtebaulichen Satzungen und örtlichen Bauvorschriften eine wesentliche Rolle. Durch diese Gesetze und Satzungen werden dem Grundstückseigentümer Rechte gegeben und Pflichten auferlegt. Die Aktualisierung der Rechte und Pflichten des Eigentümers erfolgt regelmäßig durch behördliche Genehmigungen und Anordnungen. 2

Gestaltungsvorschriften sind ausschließlich im Interesse der Allgemeinheit erlassen worden und nicht dazu bestimmt, auch den Individualinteressen des Einzelnen zu dienen, *vgl. OLG Sachsen-Anhalt, U. v. 12.10.2015 – 12 U 165/14.* Das bauordnungsrechtliche Verunstaltungsverbot kann in besonders gelagerten Fällen nachbarschützende Wirkung haben, *vgl. OVG Bremen, NordÖR 2001, 354.* 3

Verfassungsrechtlich ist nicht zu beanstanden, dass die vom Gesetzgeber genannten Gestaltungskriterien mit einer gewissen Unschärfe behaftet sind. Dies gilt sowohl für die Bestimmung ihres Inhaltes als auch für den Nachweis, dass die bauliche Anlage tatsächlich vom Durchschnitt der ästhetisch gebildeten Betrachter als verunstaltend empfunden wird, vgl. zur verfassungsrechtlichen Zulässigkeit des bauordnungsrechtlichen Verunstaltungsverbotes, *BVerwG, B. v. 11.04.1989 – 4 B 65.89 –; B. v. 27.06.1991 – 4 B 138/90.* Eine solche Unschärfe ist mit jedem ästhetischen Urteil zwangsläufig verbunden. Durch die Normierung des Verunstaltungsverbotes hat der Gesetzgeber diese Unschärfe jedoch bewusst in Kauf genommen und damit auch die Meinungsverschiedenheiten, die über den Inhalt des Verbotes auftreten können. Der Bauherr muss es daher hinnehmen, dass sein Bauvorhaben an Gestaltungsprinzipien gemessen wird, die er persönlich nicht für richtig hält, *vgl. VG Ansbach, U. v. 23.09.2003 – AN 9 K 03.00799.* Die Verwaltung und Gerichte sind andererseits gehalten, eine großzügige Betrachtung an den Tag zu legen und ihren ästhetischen Geschmack auf allgemeingültige Wertvorstellungen zurückzusetzen. 4

5 Die baugestalterischen Anforderungen können durch eine positive Gestaltungspflege der Gemeinde ergänzt und präzisiert werden. Der Gesetzgeber gibt den Gemeinden in § 87 Abs. 1 die Befugnis, durch örtliche Bauvorschriften besondere Anforderungen an die äußere Gestaltung baulicher Anlagen zu stellen. Voraussetzung dafür ist, dass die Gemeinde über ein Gestaltungskonzept verfügt, welches die Beschränkungen des Bauherrn in der Baugestaltung rechtfertigen, *vgl. OVG Lüneburg, NordÖR 2004, 349.*

2. Verunstaltungsverbot bezüglich der baulichen Anlage (Satz 1)

6 Nach Satz 1 ist der Bauherr verpflichtet, bauliche Anlagen so zu gestalten, dass sie nicht verunstaltet wirken. Das Verunstaltungsverbot bezieht sich also auf die bauliche Anlage selbst. Es soll dadurch verhindert werden, dass eine hässliche bauliche Anlage entsteht. Hässlich ist ein Bauwerk dann, wenn es das ästhetische Empfinden des Betrachters nicht nur beeinträchtigt, sondern im Gesamtbild der Umgebung von einem gebildeten, ästhetischen Eindrücken gegenüber aufgeschlossenen Durchschnittsbetrachter als belastend und Unlust erregend empfunden wird, *vgl. BVerwG, U. v. 28.06.1955 – 1 C 146.53 – OVG Berlin-Brandenburg, B. v. 09.02.2018 – OVG 2 N 34.15 – und B. v. 29.08.2018 – OVG 10 N 13.15.*

7 Die „bloße Unschönheit" ist aber noch keine Verunstaltung, *vgl. VG Würzburg, U. v. 04.05.2006 – W 5 K 06.48.* Bei der von der Rechtsprechung entwickelten Bezugnahme auf den Durchschnittsbetrachter handelt es sich um eine inhaltliche Festlegung des Verunstaltungsbegriffes, nicht um die Festlegung eines Beurteilungsverfahrens. Es wird also nicht verlangt, dass etwa die „Durchschnittsmenschen" der Umgebung tatsächlich danach befragt werden, ob sie das fragliche Bauvorhaben als störend empfinden. Vielmehr soll mit der erwähnten Erläuterung des Verunstaltungsbegriffes klargestellt werden, dass sich Bauvorhaben solchen Gestaltungskriterien zu unterwerfen haben, die nicht nur den Geschmacksvorstellungen bestimmter, möglicherweise besonders sensibler Personenkreise entsprechen, sondern von denen angenommen werden kann, dass sich der Durchschnitt der ästhetisch gebildeten Betrachter über ihre Geltung einig ist, *vgl. VGH München, B. v. 30.05.1979 – 100 XV 77.*

8 Maßstab für die Beurteilung der Verunstaltung ist auch die Umgebung, in der sich die bauliche Anlage befindet. Zeichnet sich die Umgebung aufgrund des schlechten Zustands der baulichen Anlagen durch eine besondere Verwahrlosung aus, so kann ein Gebäude eher nicht verunstaltet sein. Hingegen kann das gleiche Gebäude in einer Umgebung, die sich durch gepflegte und sanierte Häuser auszeichnet, die Grenze zur Verunstaltung überschritten haben.

9 Die Behörde ist nach § 9 Satz 1 in Verbindung mit § 58 Abs. 2 Satz 2 berechtigt, vom Eigentümer die Beseitigung einer Verunstaltung eines Gebäudes,

insbesondere von Schmierereien und Parolen, die auf Hauswände oder Mauern aufgetragen sind, zu verlangen. Denn durch § 9 werden auch an die äußere Erscheinung baulicher Anlagen Anforderungen gestellt, die mittels behördlicher Anordnungen unter Beachtung des Prinzips der Verhältnismäßigkeit durchgesetzt werden dürfen.

3. Verunstaltungsverbot (Satz 2)

Satz 2 beinhaltet das straßen-, orts- oder landschaftsbildbezogene Verunstaltungsverbot. Dadurch sollen negative Auswirkungen der baulichen Anlage auf das Straßen-, Orts- oder Landschaftsbild vermieden werden, ohne dass es darauf ankommt, ob die bauliche Anlage selbst im Sinne von Satz 1 verunstaltet ist, *vgl. OVG Lüneburg, U. v. 03.07.1987 – 6 A 157/85*. Für Werbeanlagen findet sich eine vergleichbare Regelung in § 10. 10

Diese auf die Abwehr von Verunstaltungen der Umgebung gerichteten Vorschriften werden ergänzt durch die Regelungsmöglichkeiten in einer Gestaltungssatzung, durch die positiv gestaltend in das Baugeschehen eingegriffen werden kann. 11

Ob eine bauliche Anlage auf die Umgebung verunstaltend wirkt, setzt nach der Rechtsprechung des OVG Berlin-Brandenburg einen deutlich zu Tage tretenden Widerspruch des Erscheinungsbildes der Anlage zu den für die Umgebung bestimmenden städtebaulichen oder stadtbildlichen Gestaltungsmerkmalen voraus, wobei die Beurteilung nicht ausschließlich anhand des tatsächlich in der Umgebung vorhandenen Bestandes zu treffen ist; vielmehr ist auch die beabsichtigte Gestaltung des Straßen- und Ortsbildes nach Maßgabe der planerischen Vorstellungen und Konzepte der zuständigen Stellen heranzuziehen, *vgl. hierzu OVG Berlin, U. v. 31.07.1992, OVGE 20, 138, 139f. = BRS 54 Nr. 110*. Zur Umgebung zählt hierbei der örtliche Bereich, der von der baulichen Anlage optisch beeinflusst werden kann und dessen ästhetische Beeinträchtigung vermieden werden soll, *vgl. OVG Berlin-Brandenburg U. v. 12.10.2005 – 2 B 21.04*. Wie weit der Ausstrahlungsbereich einer baulichen Anlage reicht, hängt neben ihrer Dimensionierung und äußeren Erscheinung (Farbe, Baustoffe, Form) vor allem von ihrem Standort ab. Eine Verunstaltung ist nur dann anzunehmen, wenn die Teile der Umgebung, deren Schutz vor Beeinträchtigung in Betracht kommt, und die bauliche Anlage, die die Verunstaltung verursachen soll, vom Betrachter gleichzeitig gesehen werden können. Die erforderliche optische Verbindung und der Wirkzusammenhang zwischen den zu schützenden Objekten und der baulichen Anlage setzt dabei jedoch nicht voraus, dass die bauliche Anlage und die schutzwürdige Umgebung von jedem nur denkbaren Standort aus gleichzeitig mit einem Blick vom Betrachter erfasst werden können. Vielmehr reicht es aus, wenn die bauliche Anlage nicht nur aus einem ganz bestimmten, ungewöhnlichen Blickwinkel 12 im Zusammenhang mit dem zu schützenden Bereich sichtbar ist, sondern regelmäßig – mindestens in Teilen – ohne Weiteres in den Blick gerät, wenn der Betrachter – wie etwa ein durchschnittlicher Verkehrsteilnehmer oder Tourist – seinen Standort verändert. Es sind mithin nur solche Ausnahmefälle nicht erfasst, in denen man als Betrachter erst einen Standort finden muss, der überhaupt ein optisches Erfassen der zu schützenden Objekte und der baulichen Anlage ermöglicht, *vgl. VG Berlin U. v. 17.06.2020 – VG 19 K 572.17.* Zu berücksichtigen ist auch, ob die bauliche Anlage das Straßen-, Orts- oder Landschaftsbild gestalterisch dominiert oder sich optisch in den Vordergrund rückt, so dass sie als wesensfremdes Gebilde wahrgenommen würde, die zu einer gestalterischen Unruhe und Disharmonie führt. Auch eine nicht sehr reizvolle, nüchterne Umgebung kann durch eine bauliche Anlage, die zu dieser Umgebung nicht passt, verunstaltet werden, *vgl. BVerwG, U. v. 03.03.1971, BayVBl 71, 268.*

13 Das Verunstaltungsverbot verpflichtet den Eigentümer nicht nur dazu, von der Errichtung einer verunstaltenden baulichen Anlage abzusehen, sondern auch, seine baulichen Anlagen in einem Zustand so zu erhalten, dass gegen das Verunstaltungsverbot nicht verstoßen wird. Wenn und soweit eine bauliche Anlage nicht dem Verunstaltungsverbot entspricht, kann die zuständige Behörde die erforderlichen Maßnahmen treffen, um dem Missstand abzuhelfen. Bei rechtmäßig errichteten baulichen Anlagen hat die Behörde das Recht, durch nachträgliche Anordnungen gem. § 81 zu verlangen, dass die bauliche Anlage an die Vorschriften der Bauordnung oder auf deren Grundlage erlassener Regelungen angepasst wird.

§ 10
Anlagen der Außenwerbung

(1) [1]Anlagen der Außenwerbung (Werbeanlagen) sind alle ortsfesten Einrichtungen, die der Ankündigung oder Anpreisung oder als Hinweis auf Gewerbe oder Beruf dienen und vom öffentlichen Verkehrsraum aus sichtbar sind. [2]Hierzu zählen insbesondere Schilder, Beschriftungen, Bemalungen, Lichtwerbungen, Schaukästen sowie für Zettelanschläge und Bogenanschläge oder Lichtwerbung bestimmte Säulen, Tafeln und Flächen.

(2) [1]Für Werbeanlagen, die bauliche Anlagen sind, gelten die in diesem Gesetz an bauliche Anlagen gestellten Anforderungen. [2]Werbeanlagen, die keine baulichen Anlagen sind, dürfen weder bauliche Anlagen noch das Straßen-, Orts- und Landschaftsbild verunstalten oder die Sicherheit und Leichtigkeit des Verkehrs gefährden. [3]Die störende Häufung von Werbeanlagen ist unzulässig. [4]Die besonderen Belange von Menschen mit Behinderung sind angemessen zu berücksichtigen.

Übersicht

1. Allgemeines

1 In § 10 wird ein umgebungsbezogenes Verunstaltungsverbot geregelt. Dadurch sollen ästhetische Beeinträchtigungen des Straßen-, Orts- oder Landschaftsbildes durch Werbeanlagen vermieden werden. Die Beeinträchtigungen beziehen sich auf den Ausstrahlungsbereich der Außenwerbeanlagen, d.h. auf die optische Beeinflussung, die von einem Vorhaben für die örtliche Umgebung ausgeht, *vgl. OVG Berlin-Brandenburg, B. v. 13.06.2008 – OVG 2 S 45.08 – und B. v. 12.08.2015 – OVG 2 N 33.13.* Hinter dieser Regel steht der Umstand, dass Außenwerbeanlagen infolge ihrer anpreisenden Funktion ein besonders großes verunstaltendes Potenzial besitzen können. Mit § 10 soll der Ausgleich zwischen den Interessen der Wirtschaft an auffälligen Werbeanlagen und den Interessen der Allgemeinheit, vor einer Verunstaltung des Straßen-, Orts- oder Landschaftsbildes geschützt zu werden, gelingen. Von § 10 werden die bauplanungsrechtlichen Anforderungen an die Zulässigkeit von Werbeanlagen nicht berührt.

2 Spezielle Anforderungen an Warenautomaten werden von der Brandenburgischen Bauordnung nicht mehr gestellt.

2. Begriff der Außenwerbeanlage (Absatz 1)

a) Allgemeines

3 In Absatz 1 Satz 1 wird der Begriff der Außenwerbeanlage definiert. Danach sind Außenwerbeanlagen alle ortsfesten Einrichtungen, die auch, aber nicht nur der Ankündigung oder Anpreisung oder als Hinweis auf Gewerbe oder Beruf dienen. Der Begriff Werbeanlage setzt sich danach aus drei Bestandteilen zusammen. Diese sind die statische Eigenschaft, die funktionelle Eigenschaft und die visuelle Relevanz.

1. Es muss sich um eine ortsfeste Einrichtung handeln. Dafür reicht eine mittelbare Verbindung mit dem Boden aus, etwa durch Befestigung an einer Hauswand.
2. Funktionelle Eigenschaft muss nach der Zweckbestimmung der Anlage sein, dass sie betreffend Produkte oder Dienstleistungen einen Werbe- oder Hinweiszweck verfolgt. Hinzu kommt zum anderen die Ankündigung bzw. Anpreisung des Verkaufs von Produkten. Ausreichend ist, dass die Anlage vornehmlich Hinweise und Informationen enthält, die

anpreisende Werbung von untergeordneter oder keiner Bedeutung ist. Fehlt jegliche werbliche Aussage ist es keine Werbeanlage. Nicht zu den Werbeanlagen gehören auch solche Einrichtungen, die nicht wegen ihrer inhaltlichen (werblichen) Aussage, sondern allein schon als solche eine gewisse Attraktivität entfalten.

3. Die visuelle Relevanz bezieht sich auf die Wahrnehmbarkeit. Mit der Novelle 2016 ist das Tatbestandsmerkmal der Wahrnehmbarkeit vom öffentlichen Verkehrsraum eingeführt worden. Dies sind die Verkehrsflächen, die der Öffentlichkeit zugänglich sind. Durch die Verwendung des Wortes Verkehrsraum, der im Straßenrecht nicht gebräuchlich ist, hat der Gesetzgeber deutlich gemacht, dass diese Flächen nicht öffentlich gewidmet sein müssen, um als öffentlich in diesem Sinne zu dienen. Auch Flächen wie Parkplätze an Geschäften können öffentlicher Verkehrsraum sein. Nicht dazu gehören Flächen, auf denen sich Menschen nur mit besonderer Berechtigung aufhalten dürfen, also private, nach außen abgeschlossene Stellplatzanlagen von z. B. Hotels. Ebenso scheiden solche Flächen aus, auf denen es keinen Verkehr gibt, wie z. B. Parks, Grünflächen, Wasserflächen, Gärten, Balkone, Dachterrassen und dergl.

Nach diesen Kriterien ist das rote Apotheker-„A" eine Anlage der Außenwer- 4
bung, *vgl. VG Trier, U. v. 25.11.2015 – 5 K 1466/15.TR.*

In Satz 2 werden beispielhaft Werbeanlagen aufgezählt. Durch diese Aufzählung werden auch solche Werbeanlagen in den Geltungsbereich der Bauordnung einbezogen, die keine baulichen Anlagen im Sinne von § 2 Abs. 1 sind. Genannt werden in Satz 2 Schilder, Beschriftungen, Bemalungen, Lichtwerbungen, Schaukästen sowie für Zettelanschläge und Bogenanschlägen oder für Lichtwerbung bestimmte Säulen, Tafeln und Flächen. Vgl. zu Himmelsstrahlern als Werbeanlagen, *OVG Koblenz, BauR 2003, S. 868.* Auch Fahnenmasten kann eine werbende Funktion zukommen, *vgl. OVG Münster U. v. 25.06.2003 – 11 A 1986/02 und OVG Münster, B. v. 24.07.2006 – 10 B 785/06.*

b) Ortsfestigkeit der Werbeanlage

Das konstitutive Tatbestandsmerkmal der Ortsfestigkeit bedeutet, dass eine 5
Verbindung der Werbeanlage mit dem Erdboden bestehen muss, wobei eine feste Verankerung nicht verlangt wird, *vgl. OLG Köln, B. v. 15.09.1989 – Ss 440/89 –; BVerwG, NVwZ 1993, 983.* Das Merkmal der Ortsfestigkeit grenzt bauordnungsrechtlich relevante Werbeeinrichtungen von Anlagen der fahrenden Werbung – etwa an Bussen und Straßenbahnen – ab, die allein den straßenverkehrsrechtlichen Vorschriften unterliegen, *vgl. OVG Weimar, U. v. 10.11.1999 – 1 KO 519/98.*

6 Zu den Werbeanlagen gehören deshalb die an sich nicht ortsfesten Objekte und Einrichtungen, wie Fahrzeuge, Anhänger und Auflieger, wenn sie längere Zeit oder immer wieder für kürzere Zeit an bestimmten werbeträchtigen Stellen – an Kreuzungen, vielbefahrenen Straßen, Abzweigungen, auf Brücken usw. – aufgestellt werden, *vgl. VG Cottbus, B. v. 26.04.2007 – 3 L 419/05* – (Werbeanlage auf einem PKW-Anhänger bejaht); *OVG Münster, B. v. 22.07.2003 – 10 B 890/03.* Als ortsfest gelten auch solche Kraftfahrzeuge, die mit ihrer Werbeaufschrift zwar bestimmungsgemäß am Straßenverkehr teilnehmen, dann aber zeitweise so geparkt werden, dass sie die Funktion einer ortsfesten Werbeanlage einnehmen. Nach *VG Potsdam, B. v. 29.07.1999 – 4 L 405/99* –, ist der Stahlgittermast eines Kranes mit Werbetafeln und einer Fahne eine ortsfeste Anlage der Außenwerbung, wenn der Stahlgittermast mit den an ihm montierten Werbetafeln und der Fahne nach seiner tatsächlichen und geplanten Verweildauer schon seit mehr als einem halben Jahr auf dem Grundstück aufgestellt ist und hierdurch eine Verbindung an den Ort aufweist, *s. a. VGH München, U. v. 28.10.1965 – 136 VI. 64.* Der Stahlgittermast eines Krans als eine an sich bewegbare, aber tatsächlich nicht bewegte Anlage ist auch deshalb ortsfest, weil der Stahlgittermast und die an ihm montierten Werbetafeln zumindest durch die eigene Schwere jedenfalls mittelbar auf dem Boden ruhen und nicht ohne Weiteres beweglich sind. Für die Qualifikation als Werbeanlage ist nach *VG Potsdam, B. v. 29.07.1999 – 4 L 405/99* –, unschädlich, dass der Stahlgittermast neben dem Werbezweck weiteren (Neben-) Zwecken, nämlich der Beleuchtung und Videoüberwachung zur Sicherung des Betriebsgeländes, dient.

3. Verunstaltungsverbot (Absatz 2)

7 Durch Absatz 2 wird die Verunstaltung einer baulichen Anlage oder des Straßen-, Orts- oder Landschaftsbildes verboten. Dies ordnet der Gesetzgeber in Satz 1 für Werbeanlagen, die bauliche Anlagen sind, umständlich an, indem er für Werbeanlagen, die bauliche Anlagen sind, in Satz 1 auf § 9 verweist und dessen Geltung anordnet. Das Verunstaltungsverbot ordnet der Gesetzgeber für Werbeanlagen, die keine baulichen Anlagen sind, in Satz 2 ausdrücklich an. So umständlich diese Regelung ist, so überflüssig ist sie. Denn § 9 gilt ohne dies für alle baulichen Anlagen, also auch für Werbeanlagen.

8 Der Gesetzgeber differenziert bei der verunstaltenden Wirkung in Bezug auf das Schutzgut. Dies verlangt eine Darlegung und Begründung, ob die Verunstaltung sich auf das Straßen-, Orts- oder Landschaftsbild oder auf die bauliche Anlage selbst bezieht, insoweit ungenau *VG Potsdam, U. v. 24.02.2006 – 4 K 1793/04* – differenzierend *OVG Berlin-Brandenburg, B. v. 17.03.2006 – 2 N 152/05.*

a) Begriff der Verunstaltung

Der Begriff „Verunstalten" ist in der Rechtsprechung durch zahlreiche Entscheidungen konkretisiert worden. Dadurch genügt dieser Begriff den rechtsstaatlichen Geboten der Berechenbarkeit des Rechts, der Rechtsklarheit und der Rechtssicherheit. Denn Aufgabe der Rechtsprechung ist es auch, Grundsätze zu entwickeln, welche die Entscheidung des Einzelfalls normativ leiten. Die Tatsache, dass bei der Anwendung des Begriffs im einzelnen Fall ein Rest von Unsicherheit verbleibt, folgt aus der Funktion von Rechtsbegriffen der vorliegenden Art als Einschätzungsermächtigung, *vgl. BVerfG, B. v. 26.06.1985 – 1 BvR 588/84.* 9

Nach ständiger Rechtsprechung ist eine Verunstaltung im Sinne dieser Vorschrift anzunehmen, wenn ein für ästhetische Eindrücke offener Durchschnittsbetrachter die betreffende Werbeanlage an ihrer Anbringungsstelle als belastend oder Unlust erregend empfinden würde, *vgl. BVerwGE 2, 173/176 f; BVerwG vom 13.04.1996 NJW 1996, 2648; VGH München U. v. 25.07.2002 – 2 B 02.164.* Für den Begriff der Verunstaltung reicht nicht jede Störung der architektonischen Harmonie und der Umgebung. Es ist vielmehr ein hässlicher, das ästhetische Empfinden des Beschauers nicht nur beeinträchtigender, sondern das Empfinden verletzender, gleichsam schmerzlicher Zustand erforderlich, *vgl. BVerwGE 2, 173/176f.; BVerwG vom 13.04.1996, NJW 1996, 2648; VGH München U. v. 28.08.2001 – 2 B 01.74.* Durch § 10 soll das Bild der Umgebung und des Bauwerks nicht geschönt oder sollen bestimmte ästhetische Wertvorstellungen zur Stadtbildgestaltung durchgesetzt werden, sondern Auswüchse an Häßlichkeit unterbunden werden. 10

b) Verunstaltung der baulichen Anlage

Bei der Feststellung der Verunstaltung einer baulichen Anlage kommt es auf den Charakter der Umgebung nicht an, *vgl. OVG Berlin-Brandenburg, B. v. 17.03.2006 – 2 N 152/05.* Es kann deshalb auch nicht von einer Verunstaltung des Straßen-, Orts- oder Landschaftsbildes auf die Verunstaltung der baulichen Anlage geschlossen oder insoweit ein Zusammenhang hergestellt werden, so aber wohl *VG Potsdam, U. v. 12.09.2003 – 4 K 2492/01.* Zwischen der Verunstaltung der baulichen Anlage und der Verunstaltung des Straßen-, Orts- oder Landschaftsbildes ist strikt zu unterscheiden. 11

Bei der Prüfung der Verunstaltung der baulichen Anlage selbst ist zu berücksichtigen, dass nicht bereits jede Störung der architektonischen Harmonie, also die bloße Unschönheit, sondern nur die Verunstaltung verhindert werden soll, also ein hässlicher, das ästhetische Empfinden des Beschauers nicht bloß beeinträchtigender, sondern verletzender Zustand. Dabei kann nicht auf den ästhetisch besonders empfindsamen oder geschulten Betrachter abgestellt 12 werden, es muss vielmehr das Empfinden jedes für ästhetische Eindrücke offenen Betrachters maßgebend sein, also des sog. „Durchschnittsbetrachters", *vgl. BVerwG, U. v. 28.06.1955 – 3 C 146.53.* Eine bauliche Anlage kann vor allem bei der Anbringung von Werbeanlagen an Gebäuden verunstaltet werden, wenn die Werbeanlage zu den übrigen Proportionen des Gebäudes in keinem ausgewogenen Verhältnis steht, *vgl. VGH Mannheim, B. v. 16.01.1990 – 8 S 3174/89.* Eine Verunstaltung liegt regelmäßig vor, wenn der Anbringungsort einer Werbeanlage an oder vor einem vorhandenen Bauwerk ohne Rücksicht auf dessen Gestaltung und Gestalt gesetzt wird und die Werbeanlage jede Rücksicht auf die architektonische Gliederung bzw. den Proportionen des vorhandenen Gebäudes vermissen lässt, *vgl. OVG Berlin-Brandenburg, B. v. 09.12.2005 – 2 N 157/05 –; VG Potsdam, U. v. 24.02.2006 – 4 K 1793/04 –; VG Potsdam, U. v. 05.09.2001 – 4K 4280/98.* Für die Beurteilung von Werbeanlagen an freien Giebelwänden geht *VGH München, U. v. 16.09.2005 – 26 B 04.3258 –*, davon aus, dass Werbeanlagen dazu bestimmt sind aufzufallen und ihren Zweck nur dann erfüllen, wenn sie sich von der Umgebung abheben. Dieser naturgemäße Kontrast muss aber maßvoll sein, um das Gesamtbild nicht zu stören. Dieses wird beeinträchtigt, wenn eine Werbeanlage so aufdringlich wirkt, dass sie als wesensfremdes Gebilde zu ihrer Umgebung in keiner Beziehung mehr steht. Großflächige Werbung an freien, fensterlosen Giebeln bewirkt in aller Regel, dass die dort ohnehin vorhandene unbefriedigende gestalterische Situation verstärkt wird. Brandgiebel und Gebäudeabschlussmauern dürfen daher nur nach sorgfältiger Prüfung im Einzelfall mit Werbeschriften oder zeichnerischen Werbedarstellungen versehen werden und dann nur in einer Form, welche die ästhetischen mit den technischen Anforderungen zu einem ausgewogenen Ausgleich bringt. Vgl. zur Frage, unter welchen Voraussetzungen während der Zeit eines Vorwahlkampfes ein hinter der Glasfassade des Bürohauses einer politischen Partei angebrachtes Wahlwerbetransparent verunstaltend wirkt, *OVG Berlin, B. v. 11.06.2002 – 2 S 20.02.*

c) Verunstaltung des Straßen-, Orts- oder Landschaftsbildes

13 Die Verunstaltung des Straßen-, Orts- oder Landschaftsbildes setzt nach der Rechtsprechung des OVG Berlin-Brandenburg einen deutlich zu Tage tretenden Widerspruch des Erscheinungsbildes der Werbeanlagen zu den die Umgebung bestimmenden städtebaulichen oder stadtbildlichen Gestaltungsmerkmalen voraus, *vgl. OVG Berlin-Brandenburg, U. v. 12.10.2005 – 2 B 21.04 –; OVG Berlin-Brandenburg, U. v. 09.12.2005 – 2 B 2.03.*

14 Zur Umgebung zählt hierbei der örtliche Bereich, der von der Werbeanlagen optisch beeinflusst werden kann und dessen ästhetische Beeinträchtigung vermieden werden soll, *vgl. OVG Berlin, U. v. 07.05.1999 2 B 2.96.* Wie weit der Ausstrahlungsbereich einer Werbeanlage reicht, hängt neben der Art der Werbung und ihrer Dimensionierung vor allem von ihrem Anbringungsort ab.

Dabei ist nicht die Wahrnehmungsmöglichkeit durch die Bewohner im Obergeschoss des Gebäudes am Anbringungsort der Werbeanlage maßgeblich. Standort für die Bewertung ist der öffentliche Verkehrsraum, vgl. § 9, der im Ausstrahlungsbereich liegt, also der optischen Beeinflussung, die von einem Vorhaben für die örtliche Umgebung ausgeht, ausgesetzt ist, *vgl. OVG Berlin-Brandenburg, B. v. 13.06.2008 – OVG 2 S 45.08* – und *OVG Berlin-Brandenburg, B. v. 12.08.2015 – OVG 2 N 33.13.*

15 Eine Verunstaltung von diesem Blickwinkel aus ist auch nur dann anzunehmen, wenn die Teile der Umgebung, deren Schutz vor Beeinträchtigung in Betracht kommt, und die Werbeanlage, die die Verunstaltung verursachen soll, vom Betrachter gleichzeitig gesehen werden können, *vgl. OVG Berlin, U. v. 07.05.1999 – 2 B 2.96 –; B. v. 08.06.2000 2 SN 15.00.* Die erforderliche optische Verbindung und der Wirkzusammenhang zwischen den zu schützenden Objekten und der Werbeanlage setzt dabei jedoch nicht voraus, dass die Werbeanlage und die schutzwürdige Umgebung von jedem nur maßgeblichen Standort im öffentlichen Verkehrsraum i. S. v. § 9 aus gleichzeitig mit einem Blick vom Betrachter erfasst werden können. Vielmehr reicht es aus, wenn die Werbeanlage nicht nur aus einem ganz bestimmten, ungewöhnlichen Blickwinkel im Zusammenhang mit dem zu schützenden Bereich im öffentlichen Verkehrsraum i. S. v. § 9 sichtbar ist, sondern regelmäßig – mindestens in Teilen – ohne Weiteres von dort in den Blick gerät, wenn der Betrachter – wie etwa ein durchschnittlicher Verkehrsteilnehmer oder Tourist – seinen Standort verändert. Es sind mithin nur solche Ausnahmefälle nicht erfasst, in denen man als Betrachter erst einen Standort finden muss, der überhaupt ein optisches Erfassen der zu schützenden Objekte und der Werbeanlage ermöglicht, *so OVG Berlin, U. v. 07.05.1999, a. a. O.*

16 Die Beurteilung der Verunstaltung muss nicht ausschließlich anhand des tatsächlich in der Umgebung vorhandenen Bestandes getroffen werden. Vielmehr ist auch die beabsichtigte Gestaltung des Straßen- und Ortsbildes nach Maßgabe der planerischen Vorstellungen und Konzepte der zuständigen Stellen, also vor allem der Gemeinden, heranzuziehen, *vgl. hierzu OVG Berlin, U. v. 31.07.1992, BRS 54 Nr. 110.* Großflächige Werbeanlagen wirken besonders in Gebieten, die auch der Wohnnutzung dienen, in aller Regel aufdringlich. Eine Werbeanlage verstößt bei einer störenden optischen Dominanz, die sich nach der Größe der Anlage verglichen mit den sie umgebenden Anlagen und der Verdeckung der sie umgebenden Architektur bemisst, gegen das Verunstaltungsverbot, so *VG Berlin, U. v. 22.05.2015 – 19 K 392.13.* Jedoch sind großflächige Werbeanlagen in belebten Geschäftsstraßen mit uneinheitlicher Bebauung vor Gewerbe- und Industriegrundstücken oder freistehenden Brandmauern denkbar, die das Straßen- und Ortsbild nicht bis zur Schwelle der Hässlichkeit verändern, *vgl. VGH München, U. v. 16.09.2005 – 26 B 04.3258.* In Bereichen, in denen sich besonders schützenswerte Einrichtungen und

Anlagen befinden, wie z. B. Friedhöfe oder historische Anlagen und Denkmäler ist nach *VG Weimar, U. v. 28.09.1994 – 6 K 885/93 We* von der verunstaltenden Wirkung der Werbeanlagen grundsätzlich auszugehen.

17 Das bauordnungsrechtliche Verbot, die Landschaft zu verunstalten, greift bereits dann, wenn der Blick auf Grünflächen (*so OVG Brandenburg, U. v. 21.04.2004 – 4 K 6/02*) oder den Außenbereich optisch nicht unerheblich verdeckt wird, *vgl. OVG Münster, U. v. 31.08.2001 – 10 A 3436/01*. Eine verunstaltende Wirkung kann vor begrünten Flächen bereits bei einer einzigen Werbetafel anzunehmen sein, *vgl. VG Potsdam, U. v. 25.10.2007 – 4 K 851/05.*

4. Gefährdung der Sicherheit und Leichtigkeit des Verkehrs (Absatz 2 Satz 1)

18 Nach Absatz 2 Satz 1 letzter Halbsatz dürfen Werbeanlagen die Sicherheit oder Leichtigkeit des Verkehrs nicht gefährden. Eine abstrakte Gefährdung der Sicherheit und Leichtigkeit des Verkehrs genügt nicht. Entscheidend ist, ob durch die Werbeanlage ein Zustand geschaffen wird, der eine konkrete Gefährdung erwarten lässt, *vgl. VG Potsdam, U. v. 12.06.2003 – 4 K 713/01 – (Mega-Light-Anlage); VG Potsdam, U. v. 09.08.2007 – 4 K 2971/02; OVG Münster, U. v. 18.09.1992 – 11 A 149/91*. Die Sicherheit oder Leichtigkeit des Verkehrs wird – konkret – gefährdet, wenn nach den Erfahrungen des täglichen Lebens mit hinreichender oder – anders ausgedrückt – „bloßer" Wahrscheinlichkeit zu erwarten ist, dass durch die Werbeanlage ein Verkehrsunfall verursacht wird oder der Verkehr in seinem Ablauf behindert wird. Voraussetzung für eine Verkehrsgefährdung ist dabei die Erwartung, dass ein durchschnittlicher Verkehrsteilnehmer durch die geplante Werbeanlage abgelenkt wird, *vgl. VGH München, B. v. 27.10.2011 – 15 ZB 10.2409 – und B. v. 24.02.2003 – 2 CS 02.2730)*. Maßgeblich sind insofern die konkreten örtlichen Verhältnisse, *vgl. OVG Münster, U. v. 18.09.1992 – 11 A 149/91 –*, insbesondere die Straßen- und Verkehrsverhältnisse einschließlich bereits bestehender Gefahrensituationen, andererseits die Fähigkeit eines durchschnittlichen Verkehrsteilnehmers, die Situation zu bewältigen, *vgl. VG Potsdam, U. v. 09.08.2007 – 4 K 2971/02*. Eine konkrete Gefahr in diesem Sinne ist gegeben, wenn aus einer tatsächlich vorhandenen Situation hinreichend wahrscheinlich eine Gefährdung der Rechtsgüter erfolgt. Gerade in dem jeweiligen Einzelfall muss in überschaubarer Zukunft mit einem Schadenseintritt zu rechnen sein. Dabei hängen die Anforderungen an die Wahrscheinlichkeit von der Qualität des möglicherweise eintretenden Schadens ab. Bei Gefährdung von Leben oder Gesundheit sind an die Feststellungen der Wahrscheinlichkeit des Schadenseintritts keine übermäßig hohen Anforderungen zu stellen, *vgl. BVerwG, U. v. 06.06.1970 – 4 C 99.67 –; OVG NRW, U. v. 28.08.2001 – 10 A 3050/99*. Der Nachweis, dass jederzeit mit einem Schadenseintritt zu rechnen ist, oder eine hohe Wahrscheinlichkeit hierfür sind nicht erforderlich. Zur Annahme einer den

Erlass einer bauordnungsrechtlichen Verfügung rechtfertigenden Gefahrenlage genügt daher – wie für den Erlass einer verkehrsrechtlichen Anordnung nach § 45 Abs. 1 Satz 1 StVO – die Feststellung, dass die konkrete Situation die Befürchtung nahe legt, dass – möglicherweise durch Zusammentreffen mehrerer gefahrenträchtiger Umstände – irgendwann in überschaubarer Zukunft mit hinreichender Wahrscheinlichkeit die zu bekämpfende Gefahrenlage eintritt, *vgl. BVerwG, U. v. 13.12.1979 – 7 C 46.78 –; BVerwG, B. v. 12.09.1995 – 11 B 23/95 –, jeweils zu § 45 Abs. 1 Satz 1 StVO.*

Nach Auffassung des *OVG Münster, U. v. 17.04.2002 – 10 A 4188/01 –*, gehen 19
von herkömmlichen Werbeanlagen ohne Bildwechsel nur ausnahmsweise verkehrsgefährdende Wirkungen aus, nämlich nur dann, wenn eine Werbeanlage in ihrer konkreten Ausgestaltung besonders auffällig ist, vom Üblichen stark abweicht, die verkehrliche Situation in der Nähe der vorgesehenen Anbringungsstelle außergewöhnlich schwierig ist oder mit greller Beleuchtung oder mit Lichteffekten Aufmerksamkeit erregt wird. Mit Rücksicht auf die Fülle der Eindrücke, denen ein Verkehrsteilnehmer im modernen Stadtverkehr ständig, insbesondere durch Werbung aller Art, ausgesetzt ist, geht von Werbeanlagen nur ausnahmsweise eine Ablenkung und damit eine verkehrsgefährdende Wirkung aus, *vgl. VG Potsdam, U. v. 09.08.2007 – 4 K 2971/02.* Größendimensionierung und Ausstattung (Hinterleuchtung) können die Aufmerksamkeit der Verkehrsteilnehmer verstärkt auf die Werbeanlage lenken und von dem Verkehrsgeschehen ablenken. Denn Adressat der großplakativen Werbung im Straßenraum ist der flüchtige Betrachter und damit in besonderem Maße auch der Autofahrer, *vgl. BVerwG, U. v. 28.05.1963 – I C 247.59.* Dabei ist auch die zeitliche Dauer dieser Ablenkung zu beachten, die sich bei Werbeanlagen mit wechselnden, fortlaufend auszustrahlenden Werbeinhalten vergrößern kann. Wechselnde Werbeinhalte erregen beim Kraftfahrer einen noch höheren Grad der Aufmerksamkeit als eine statische Werbeanlage und bewirken dadurch auch eine Verlängerung der zeitlichen Dauer der Ablenkung. Gerade Wechselwerbeanlagen, die von den Verkehrsflächen aus gut sichtbar sind, können unter Würdigung der konkreten Örtlichkeit und Verkehrssituation eine konkrete Gefahr für die Sicherheit und Leichtigkeit des Verkehrs darstellen. Zur Verkehrsgefährdung durch Werbung mit der Möglichkeit des Motivwechsels, die in den öffentlichen Straßenverkehr hineinwirkt, wie Diaprojektions- und Prismenwerbeanlagen, *vgl. OVG Münster, U. v. 06.02.2003 – 10 A 3464/01.* Nach der Rechtsprechung des OVG Münster ist regelmäßig davon auszugehen, dass Prismenwerbeanlagen, aber auch Diaprojektionsanlagen oder Mega-Light-Wechselanlagen, die in den öffentlichen Straßenverkehr hineinwirken, zu einer Verkehrsgefährdung führen können, *vgl. OVG Münster, B. v. 19.04.2000 – 7 A 963/00 – und vom 21.11.2000 – 7 A 5203/00 – sowie OVG Lüneburg, B. v. 11.11.2000 – 1 L 4588/99.* Ohne Rücksicht auf die Art der Werbeanlage ist zur Ermittlung der Verkehrsgefährdung grundsätzlich das Umfeld des Aufstellungsorts der Anlage zu beurteilen. Gerade wenn die Verkehrsführung durch

Verzweigungs- und Verflechtungsmöglichkeiten geprägt ist, wenn von einer durchgehend hohen Verkehrsbelastung der Straßen und zahlreich stattfindendem Fahrtstreifenwechsel auszugehen ist, so dass aus diesem Grund im Umfeld des Aufstellungsortes die gesamte Aufmerksamkeit aller Verkehrsteilnehmer dauerhaft gefordert ist, können Wechselwerbeanlagen, aber auch solche mit sehr blickerheischendem Inhalt, verkehrsgefährdend sein.

5. Verbot der störenden Häufung von Werbeanlagen (Absatz 2 Satz 3)

a) Allgemeines

20 Das Verbot der störenden Häufung ist ein Unterfall des allgemeinen Verunstaltungsverbots, *vgl. VG Potsdam, U. v. 24.02.2006 – 4 K 1793/04*. Die Regelung selbst begegnet keinen verfassungsrechtlichen Bedenken, *vgl. OVG Münster, U. v. 06.02.1992 – 11 A 2235/89, BVerwG B. v. 03.03.1971 – 4 CB 99.69*. Bei der Anwendung des Verbotstatbestandes der störenden Häufung von Werbeanlagen ist zwischen den Begriffen der Häufung und der Störung inhaltlich sorgfältig zu unterscheiden.

b) Häufung

21 Die Häufung im Sinne dieser Vorschrift setzt ein räumlich dichtes Nebeneinander einer Mehrzahl gleicher oder verschiedener Anlagen der Außenwerbung voraus. Für die Feststellung der Häufung sind Werbeanlagen jeder Art in die Betrachtung einzubeziehen. Es kommt nicht darauf an, ob es sich um Fremd- oder Eigenwerbung, genehmigungsfreie, genehmigungspflichtige oder nur geduldete Einrichtungen handelt, *vgl. OVG Bautzen, U. v. 28. 1. 2015 – 1 A 448/11*. Auch Hinweisschilder zur lokalen Orientierung über ein in der Nähe ausgeübtes Gewerbe sind Werbeanlagen in diesem Sinne, *vgl. VG Potsdam, U. v. 24.02.2006 – 4 K 1793/04*.

22 Eine Häufung von Werbeanlagen liegt nur vor, wenn mehrere, mindestens aber drei Werbeanlagen in eine enge räumliche Beziehung gebracht werden, *vgl. VG Potsdam, U. v. 24.02.2006 – 4 K 1793/04 –; OVG Berlin, U. v. 14.10.1988 – 2 B 51/87*. Der Begriff der Häufung erfordert weiterhin, dass diese mehreren Werbeanlagen gleichzeitig im Gesichtsfeld des Betrachters liegen und ihre optische Wirkung gleichzeitig gemeinsam ausüben, *vgl. OVG Lüneburg, U. v. 29. 9. 2015 – 1 LB 51/15*. Die Werbeanlagen müssen ohne Weiteres mit einem Blick erfasst werden können. Ein Straßenbild darf nicht in verschiedene Teilstrecken aus unterschiedlicher Blickrichtung gleichsam zerlegt werden, *vgl. OVG Münster, U. v. 06.02.1992 – 11 A 2235/89 –; OVG Hamburg, U. v. 31.05.2001 – 2 Bf 323/98 ; OVG Lüneburg, U. v. 29.04.1986 – 6 A 147/84 –; VG Potsdam, U. v. 24.02.2006 – 4 K 1793/04*.

c) Störung

Die Störung setzt nach überkommener Auffassung voraus, dass der für die Häufung maßgebliche örtliche Bereich im Gesichtsfeld des Betrachters derartig mit Werbeanlagen überladen ist, dass das Auge keinen Ruhepunkt mehr findet und das Bedürfnis nach werbungsfreien Flächen stark hervortritt, *vgl. dazu OVG Berlin, B. v. 07.01.2002 – 2 SN 30.01 –; U. v. 05.03.1976 – OVG II B 3.76 –; OVG Berlin-Brandenburg, B. v. 17.11.2015 – OVG 10 N 70.13.* 23

Wann eine störende Häufung von Werbeanlagen anzunehmen ist, hängt von der jeweiligen konkreten Situation ab. Nach der Rechtsprechung des OVG Berlin-Brandenburg ist für die gebotene umgebungsbezogene Betrachtungsweise auf den jeweiligen Ausstellungsort, seine Umgebung und die wechselseitigen Auswirkungen auf das Gesamtbild der Umgebung abzustellen, *vgl. OVG Berlin, B. v. 20.06.2003 – 2 S 16.03 –; OVG Berlin-Brandenburg, B. v. 17.11.2015 – OVG 10 N 70.13).* Für die störende Wirkung sind der Baugebietscharakter, die vorhandenen Bebauungen und die tatsächlichen Nutzungen des Gebiets relevant, *vgl. OVG Münster, U. v. 06.02.2002 – 10 A 3464/01 –; VGH Kassel, U. v. 14.04.1982 – IV OE 83/79.* Der Schluss von einer Massierung von Werbeträgern auf eine Störung ist deshalb, anders als in *VG Potsdam, U. v. 24.02.2006 – 4 K 1793/04* – geschehen, nicht ohne Weiteres zulässig. 24

Unter Berücksichtigung der bauplanungsrechtlichen Zweckbestimmungen von Baugebieten ist bei der Beurteilung, ob eine Häufung von Fremdwerbeanlagen stört, zu berücksichtigen, dass diese in einem Wohngebiet grundsätzlich unzulässig sind, hingegen in einem Misch-, Kern-, Gewerbe- oder Industriegebiete grundsätzlich zulässig sind, *vgl. BVerwG, U. v. 28.04.1972 – IV C 11.69.* Dies hat zur Folge, dass beispielsweise eine gewisse Ansammlung von Werbeanlagen bei einem gewerblich geprägten Straßenbild oder einer städtischen Geschäftsstraße in der Regel nicht als störende Häufung angesehen werden darf. 25

Für die Feststellung, welche Werbeanlagen konkret stören, ist der Grundsatz der Priorität anzuwenden. Ggf. ist nur die letzte hinzutretende Anlage störend, so dass nur sie zu beseitigen ist, die übrigen Anlagen aber bleiben dürfen. Nicht genehmigte Anlagen sind bei dieser Beurteilung dann zu berücksichtigen, wenn mit ihrer Beseitigung in absehbarer Zeit nicht zu rechnen ist, *vgl. OVG Münster, U. v. 17.04.2002 – 10 A 4188/01.* 26

6. Planungs-, straßen- und denkmalrechtliche Zulässigkeit von Werbeanlagen

a) Planungsrechtliche Zulässigkeit

27 Die planungsrechtliche Zulässigkeit von Werbeanlagen bestimmt sich nach den §§ 29 ff. BauGB, wenn es sich bei der Werbeanlage um ein Vorhaben handelt, welches in einer auf Dauer gedachten Weise künstlich mit dem Erdboden verbunden ist und bodenrechtliche Belange in einer Weise berührt, die geeignet sind, das Bedürfnis nach einer ihre Zulässigkeit regelnden verbindlichen Bauleitplanung hervorzurufen, *vgl. BVerwG, U. v. 28.04.1972 – 4 C 11.69 –; BVerwG, U. v. 31.08.1973 – 4 V 33.71 –; OVG Münster, U. v. 14.03.2006 – 10 A 4924/05.* Nach der Streichung der sog. Vorbehaltsklausel bezüglich eines bauaufsichtlichen Verfahrens in § 29 Abs. 1 BauGB in der ab dem 1. Januar 1998 geltenden Fassung des BauROG stehen der bauplanungsrechtliche und der bauordnungsrechtliche Vorhabenbegriff selbstständig nebeneinander, *vgl. BVerwG, U. v. 07.05.2001 – 6 C 18/00.* Nach § 29 Abs. 2 BauGB bleiben die Vorschriften des Bauordnungsrechts und andere öffentlich-rechtliche Vorschriften unberührt. Werbeanlagen sind je nach der gesetzgeberischen Zielsetzung sowohl einer bauplanungsrechtlichen als auch einer bauordnungsrechtlichen Regelung zugänglich, *vgl. BVerwG, U. v. 28.04.1972 – 4 C 11.69.* Entscheidend für die planungsrechtliche Zulässigkeit ist, dass die Werbeanlage eine bauliche Anlage im Sinne des § 29 Abs. 1 BauGB ist. Der Begriff „bauliche Anlage" im Sinne von § 29 Abs. 1 BauGB gehört dem Bundesrecht an. Bei ihm handelt es sich um einen selbstständigen bauplanungsrechtlichen Vorhabenbegriff, der vom bauordnungsrechtlichen Vorhabenbegriff zu unterscheiden ist und sich mit diesem nicht vollständig deckt, *vgl. BVerwG, U. v. 10.12.1971 – 4 C 33.69 – und U. v. 31.08.1973 – 4 C 33.71.* Demgemäß ist bundesrechtlich zu beurteilen, ob eine Werbeanlage eine bauliche Anlage im Sinne des § 29 Abs. 1 Satz 1 BauGB ist. Dem steht nicht entgegen, dass Anlagen der Außenwerbung im landesrechtlichen Bauordnungsrecht vielfältige Regelungen erfahren haben.

28 Nach § 29 Abs. 1 BauGB ist von einer baulichen Anlage auszugehen, wenn es eine Anlage betrifft, die in einer auf Dauer gedachten Weise künstlich mit dem Erdboden verbunden ist. Erforderlich ist insoweit eine bautechnische Betrachtungsweise. Die besondere Art der Verbindung, die konkrete konstruktive Beschaffenheit oder die Größe der Werbeanlage sind hingegen keine qualifizierenden Merkmale. Nach der Rechtsprechung des Bundesverwaltungsgerichts wird eine solche bauliche Anlage von § 29 Abs. 1 BauGB jedoch nur dann erfasst, wenn sie gemäß § 1 Abs. 3 BauGB eine städtebauliche (bauplanungsrechtliche) Relevanz besitzt. Das ist der Fall, wenn die Anlage geeignet ist, ein Bedürfnis nach einer ihre Zulässigkeit regelnde verbindliche Bauleitplanung hervorzurufen, *vgl. BVerwG, U. v. 31.08.1973 – 4 C 33.71.* Ob eine Anlage geeignet ist, das Bedürfnis nach einer ihre Zulässigkeit regelnden

verbindlichen Bauleitplanung hervorzurufen, ist auf der Grundlage einer das einzelne Objekt verallgemeinernden Betrachtungsweise zu beantworten. Die Genehmigung betrifft zwar das einzelne Vorhaben. Seine städtebauliche Relevanz erschließt sich jedoch vor allem dadurch, dass es in seiner **Typisierbarkeit** zu betrachten ist. Eine städtebauliche Relevanz der einzelnen Anlage ist dann anzunehmen, wenn sie gerade in ihrer gedachten Häufung das Bedürfnis nach einer ihre Zulässigkeit regelnden verbindlichen Planung hervorruft. Städtebauliche Relevanz besteht deshalb dann, wenn die Anlage – auch und gerade in ihrer unterstellten Häufung – Belange erfasst oder berührt, welche im Hinblick auf das grundsätzliche Gebot des § 1 Abs. 3 BauGB i. V. m. § 1 Abs. 6 BauGB auch städtebauliche Betrachtung und Ordnung verlangen. Hierzu zählt auch das Ortsbild der Gemeinde (*vgl. §§ 1 Abs. 6 Nr. 5, 34 Abs. 1 Satz 2 2. Halbsatz BauGB*). Für das Ortsbild ist in aller Regel auch eine Außenwerbung relevant. Ihr eigentliches Ziel ist es gerade, Aufmerksamkeit auf sich zu lenken; in diesem Sinne muss sie im vorhandenen Ortsbild gerade „auffallend" wirken. Für eine derartige städtebauliche Relevanz ist auf die Höhe der Werbeanlage, ihre Werbefläche, ihre besondere Auffälligkeit etwa durch bewegliche Werbebotschaften abzustellen. Regelmäßig sind deshalb Werbeanlagen, die bauliche Anlagen im Sinne von § 2 Abs. 1 sind und bauordnungsrechtlich verunstaltend wirken können, auch von bauplanungsrechtlicher Relevanz und damit Vorhaben im Sinne von § 29 BauGB, vgl. zu Mega-Light-Werbeanlagen als Vorhaben im Sinne von § 29 BauGB, *OVG Münster, U. v. 14.03.2006 – 10 A 4924/05.*

Bei der planungsrechtlichen Zulässigkeit von Werbeanlagen ist danach zu unterscheiden, ob die Anlage im Geltungsbereich eines Bebauungsplans, im unbeplanten Innenbereich oder im Außenbereich errichtet werden soll. 29

b) Zulässigkeit im Geltungsbereich eines Bebauungsplans

Werbeanlagen, die im Geltungsbereich eines Bebauungsplans aufgestellt werden sollen, sind nach § 30 BauGB bauplanungsrechtlich zulässig, wenn sie den Festsetzungen eines Bebauungsplans nicht widersprechen. Im Hinblick auf die Art der baulichen Nutzung ist zu prüfen, ob die Aufstellung der Werbeanlage nicht im Widerspruch zu den Festsetzungen eines der in §§ 2 ff. BauNVO aufgeführten Baugebiete steht, *vgl. BVerwG U. v. 13.07.1989, NVwZ 1990, 459; BVerwG. v. 23.12.1997, DÖV 1998, 515.* Dabei ist davon auszugehen, dass die Errichtung einer Werbeanlage im Zusammenhang mit dem Betrieb eines Gewerbes oder der Berufsausübung regelmäßig eine gewerbliche Nutzung des Grundstücks darstellt. Werbeanlagen können aber auch untergeordnete Nebenanlagen im Sinne von § 14 BauNVO sein, wenn sie an der Stätte der Leistung, also am Sitz und Ort des Gewerbebetriebs errichtet werden und von ihrer Größe her sich den vorhandenen baulichen Anlagen unterordnen. Dann sind sie auch nach § 23 Abs. 5 BauNVO auf nicht überbaubaren 30

Grundstücksflächen zulässig, *vgl. VG Gießen, U. v. 29.05.2006 – 1 E 857/06*. Eine Werbeanlage, welche Fremdwerbung zum Gegenstand hat, stellt bauplanerisch jedoch eine eigenständige „Hauptnutzung" dar. Dies gilt insbesondere dann, wenn die Werbeanlage als eine selbstständige, also freistehende Anlage errichtet werden soll, *vgl. BVerwG, U. v. 03.12.1992 – 4 C 27.91 –, BRS 54 Nr. 126*. Werbeanlagen, welche als Außenwerbung der Fremdwerbung zu dienen bestimmt sind, können als ein Fall gewerblicher Nutzung des Grundstücks über bauplanerische Festsetzungen nach den §§ 2 ff. BauNVO entweder zugelassen oder ausgeschlossen werden. Die Gemeinde kann hierzu gegebenenfalls auch von der Möglichkeit des § 1 Abs. 5–10 BauNVO Gebrauch machen. Im Übrigen richtet sich die bauplanungsrechtliche Beurteilung nach den jeweils zulässigen Nutzungsarten im festgesetzten Baugebiet. Eine Regelungslücke im System der Baunutzungsverordnung besteht damit nicht, *vgl. BVerwG, U. v. 03.12.1992 – 4 C 27.91*.

31 Eine Werbeanlage, die eine bauliche Anlage im Sinne von § 29 Satz 1 BauGB ist und Fremdwerbung zum Gegenstand hat, ist aber als eigenständige Hauptnutzung gemäß §§ 2 ff. BauNVO im reinen Wohngebiet ausnahmslos und im allgemeinen Wohngebiet regelmäßig bauplanungsrechtlich ausgeschlossen, *vgl. BVerwG, U. v. 03.12.1992 – 4 C 27.91 –; OVG Münster, U. v. 14.03.2006 – 10 A 4924/05*. Hingegen sind Eigenwerbeanlagen von zulässigen Gewerbebetrieben als Nebenanlagen gemäß § 14 Abs. 1 BauNVO in einem allgemeinen Wohngebiet zulässig. Auch Litfaßsäulen können zur Information der Bevölkerung in einem allgemeinen Wohngebiet planungsrechtlich zulässig sein. Dieser vorrangige Zweck schließt eine Fremdwerbung auf den jeweils freien Flächen der Säule nicht aus.

32 Ausnahmsweise können in einem allgemeinen Wohngebiet im Sinne von § 4 BauNVO nicht störende Gewerbebetriebe zulässig sein. Bei der Beantwortung der Frage, ob es sich bei einem Vorhaben um einen „nicht störenden" Gewerbebetrieb handelt, sind alle mit der Zulassung des Betriebs nach seinem Gegenstand, seiner Struktur und Arbeitsweise typischerweise verbundenen Auswirkungen auf die nähere Umgebung zu berücksichtigen, *vgl. BVerwG, B. v. 09.10.1990 – 4 B 121.90*. Dabei ist nicht nur auf Immissionen im Sinne des Bundesimmissionsschutzgesetzes abzustellen, sondern auch auf optische Auswirkungen des Vorhabens. Auch diese können den Gebietscharakter eines Wohngebietes, nämlich die dort zu gewährleistende Wohnruhe, stören. Ein Vorhaben kann durchaus auch durch seine optische Erscheinung gebietswidrig laut wie die Erzeugung von Geräuschen sein, *vgl. Weyreuther, Bundes- und Landesbaurecht, BauR 1972, 1 ff.*, zu „knalliger" Außenwerbung, *s. a. OVG Münster, B. v. 25.02.2003 – 10 B 2417/02*. Die Qualifizierung der Auswirkungen eines Gewerbebetriebes als „nicht störend" i. S. von § 4 Abs. 3 Nr. 2 BauNVO hängt davon ab, ob diese Auswirkungen gebietsverträglich sind, *vgl. BVerwG, U. v. 21.03.2002 – 4 C 1.02*. Die besondere Auffälligkeit einer Werbeanlage schließt

deshalb ihre Gebietsverträglichkeit in einem allgemeinen Wohngebiet im Sinne von § 4 BauNVO regelmäßig aus.

In Mischgebieten, Gewerbegebieten, Industriegebieten und – abhängig von der zugelassenen Nutzung – auch in Sondergebieten sind Werbeanlagen hinsichtlich der Art der baulichen Nutzung grundsätzlich zulässig. 33

Im Hinblick auf das Maß der baulichen Nutzung und der überbaubaren Grundstücksfläche gilt gleichfalls die Regelung in § 30 BauGB, dass auch insoweit ein Widerspruch zu den Festsetzungen des Bebauungsplans nicht vorliegen darf. Großflächige Werbeanlagen der Fremdwerbung im sog. Euroformat sind in der nicht überbaubaren Grundstücksfläche bauplanungsrechtlich unzulässig, auch dann, wenn sie nach der landesrechtlichen Abstandsregelung in der Abstandsfläche eines Gebäudes oder zu diesem ohne eigene Abstandsfläche zulässig sind, *vgl. VG Gießen, U. v. 29.05.2006 – 1 E 857/06.* Dies ergibt eine Auslegung des § 23 Abs. 5 Satz 2 BauNVO an den Grundsätzen des § 23 BauNVO, insbesondere denen in § 23 Abs. 5 Satz 1, Abs. 3 Satz 2 und 3 BauNVO. 34

c) Zulässigkeit von Werbeanlagen im unbeplanten Innenbereich (§ 34 BauGB)

Im unbeplanten Innenbereich gem. § 34 BauGB gilt für Werbeanlagen das Einfügungsgebot nach § 34 Abs. 1 und 2 BauGB. Es ist zunächst zu prüfen, ob sich die Werbeanlage nach der Art der baulichen Nutzung in die Eigenart der näheren Umgebung einfügt. Bei der Bestimmung der näheren Umgebung im Sinne von § 34 BauGB ist darauf abzustellen, inwieweit sich einerseits ein geplantes Vorhaben auf die Umgebung und andererseits die Umgebung auf das betreffende Baugrundstück prägend auswirken kann, *vgl. BVerwG, U. v. 26.05.1978 – 4 C 9.77.* Die Grenzen der näheren Umgebung lassen sich dabei nicht schematisch festlegen, sondern sind nach der tatsächlichen städtebaulichen Situation zu bestimmen, in die das (für die Bebauung vorgesehene) Grundstück eingebettet ist, *vgl. BVerwG, B. v. 28.08.2003 – 4 B 74.03.* 35

Entspricht die Eigenart der näheren Umgebung des Vorhabens einem der in der Baunutzungsverordnung bezeichneten Gebiete, beurteilt sich das Vorhaben nach seiner Art gem. § 34 Abs. 2 BauGB allein danach, ob es in dem jeweiligen Baugebiet nach den Bestimmungen der BauNVO zulässig ist. Bei der Beurteilung der Frage, ob die Umgebung eines (Bau-) Grundstücks in einem nicht beplanten Baugebiet einem der Baugebiete der §§ 2 ff. BauNVO entspricht, ist von maßgeblicher Bedeutung, inwieweit die maßgebliche Umgebung bauliche Elemente enthält, die nur einem der Baugebietstypen der BauNVO zuzuordnen sind, wobei nicht erforderlich ist, dass für die Zweckbestimmung nicht wesentliche einzelne Anlagen auch vorhanden sein müssen. Insoweit ist in erster Linie auf die nach den Bestimmungen der BauNVO in den verschiedenen 36

Baugebieten allgemein zulässigen Nutzungen abzustellen; Nutzungen die in einem Baugebiet nach der BauNVO nur ausnahmsweise zulässig sind, stehen der Einordnung in ein solches Baugebiet entgegen, wenn sie sich nicht auf Ausnahmefälle beschränken und eine prägende Wirkung auf die Umgebung ausüben, *vgl. VGH Mannheim, U. v. 30.08.1994 – 3 S 156/94.* Unzulässig ist es hingegen, eine vorhandene Bebauung in Zielrichtung auf eine scharfe Trennung von Gebietscharakter und zulässiger Bebauung geradezu gewaltsam in ein Baugebiet der in den §§ 2 bis 11 BauNVO bezeichneten Art zu pressen; dies schließt allerdings nicht aus, dass bestimmte Arten von Nutzungen außer Betracht bleiben, weil sie entweder nicht wesentlich sind oder sogenannte Fremdkörper darstellen.

37 Abhängig von dem Gebietstyp ergibt sich aus der Baunutzungsverordnung, welche Werbeanlagen als Hauptnutzung oder als Nebenanlage zu einer Hauptnutzung zulässig sind. So sind in einem Mischgebiet, soweit es die Art der Nutzung betrifft, nicht nur Gewerbetriebe, die das Wohnen nicht wesentlich stören, regelmäßig zulässig, sondern auch eine als eigenständige (gewerbliche) Hauptnutzung zu qualifizierende Anlage der Fremdwerbung, *vgl. VG Osnabrück, U. v. 12.12.2003 – 2 A 57/02.*

38 Lässt sich bei einer bauplanungsrechtlichen Beurteilung der Eigenart der näheren Umgebung des Vorhabens keines der in der Baunutzungsverordnung bezeichneten Gebiete feststellen, ist die planungsrechtliche Zulässigkeit einer Werbeanlage allein an § 34 Abs. 1 BauGB zu messen. In die Umgebung kann sich eine Werbeanlage, die eine gewerbliche Nutzung darstellt, im Hinblick auf die vorhandene gewerbliche Nutzung (Autohandel, Motorradwerkstätte, Tresorgeschäft, Euro-Werbetafeln) ihrer Art nach einfügen.

39 Die Frage nach dem zulässigen Maß der baulichen Nutzung ist nicht allein danach zu beurteilen, ob sich in der maßgebenden Umgebung schon vergleichbare Werbeanlagen befinden; Beurteilungsmaßstab sind vielmehr insoweit alle in der näheren Umgebung anzutreffenden baulichen Anlagen, insbesondere auch Gebäude. Der Fremdwerbung dienende Anlagen der Außenwerbung fügen sich nach dem Maß der baulichen Nutzung ein, wenn sie die bei den vorhandenen Gebäuden üblichen Maße einhalten und wenn sich ihre Flächengröße im Rahmen der Flächengröße der in der näheren Umgebung vorhandenen Bauteile anderer baulichen Anlagen hält, *vgl. BVerwG vom 15.12.1994, NVwZ 1995, 897f.; BVerwG vom 16.03.1995, NVwZ 1995, 899/900.*

d) Störung des Ortsbildes im planungsrechtlichen Sinne

40 Die Werbeanlage ist planungsrechtlich unzulässig, wenn sie das Ortsbild im Sinne des § 34 Abs. 1 Satz 2 letzter Halbsatz BauGB verunstaltet. Der vom Begriff der Verunstaltung des Straßen- und Ortsbildes im Sinne des

Bauordnungsrechts (§ 11 Abs. 2) zu unterscheidende bauplanungsrechtliche Tatbestand der Beeinträchtigung des Ortsbildes stellt auf das Erscheinungsbild eines größeren Bereichs der Gemeinde ab, der über den Umgriff der näheren Umgebung im Sinne des § 34 Abs. 1 Satz 1 BauGB hinausreicht; entscheidend ist, ob sich das Vorhaben in diese weite Umgebung einpasst, *vgl. BVerwG B. v. 11.05.2000 – NVwZ 2000, 1169.* Wie das Bundesverwaltungsgericht weiter hervorhebt, ist dabei nicht jedes Ortsbild schützenswert, es muss vielmehr eine gewisse Wertigkeit für die Allgemeinheit und einen besonderen Charakter aufweisen; gemeint ist nicht das Ortsbild, wie es überall anzutreffen sein könnte, es muss vielmehr eine gewisse Eigenheit haben, die dem Ortsteil eine aus dem Üblichen herausragende Prägung verleiht, *vgl. BVerwG B. v. 11.05.2000 a. a. O.*

e) Planungsrechtliche Zulässigkeit im Außenbereich (§ 35 BauGB)

Da Werbeanlagen im Außenbereich (§ 35) nicht privilegiert sind, es sei denn, sie sind Bestandteil der privilegierten baulichen Anlagen im Sinne von § 35 Abs. 1 BauGB, dürfen sie nur errichtet werden, wenn öffentliche Belange nach § 35 Abs. 3 BauGB nicht beeinträchtigt werden. Von der Straßenbaubehörde genehmigte nichtamtliche Hinweisschilder an Straßen können als Bestandteil der Straßen im Außenbereich zulässig sein. 41

f) Straßenrechtliche Zulässigkeit

Weitere Restriktionen für die Zulässigkeit von Werbeanlagen ergeben sich aus dem Straßenrecht. In die öffentliche Wegefläche hineinragende Werbetafeln sind keine Nutzung im Rahmen des Gemeingebrauchs, sondern stellen eine Sondernutzung im Sinne von § 18 BbgStrG dar. Zur öffentlichen Straße gehört auch der Luftraum über dem Straßenkörper. Dieser ist Teil des Verkehrsraumes, auf den sich der Gemeingebrauch erstreckt. Eine Bagatellgrenze derart, dass Plakattafeln nur dann als potentielle Beeinträchtigung des Gemeingebrauchs und damit als Sondernutzung zu beurteilen sind, wenn sie mehr als nur geringfügig in den öffentlichen Straßenraum hineinragen, ergibt sich weder aus dem Straßenrecht noch aus dem Grundgesetz, *vgl. OVG Münster, B. v. 23.08.2001 – 11 A 1084/96.* 42

Allein durch die Tatsache, dass sich die Werbeanlagen zeitweise im Blickfeld des Autofahrers befinden, wird eine Verkehrsgefährdung nicht hervorgerufen. Im städtischen Innenbereich bewirken Werbeanlagen deshalb, vor allem wenn sie beweglich oder besonders aufmerksamkeitsheischend sind, eine konkrete Gefährdung, *vgl. VG Meiningen U. v. 08.12.1997 – 5 K 494/97 –, NJ 1998, 332, mit Anmerkung von Otto.* 43

44 Ist die Werbeanlage nach § 61 genehmigungsfrei, so bedarf es im Falle einer straßenrechtlichen Sondernutzung im Sinne von § 18 BbgStrG einer Sondernutzungserlaubnis nach § 18 Abs. 1 Satz 2 BbgStrG. Bei baugenehmigungspflichtigen Werbeanlagen ist die Sondernutzungserlaubnis in der Baugenehmigung gem. § 72 Abs. 1 Satz 2 eingeschlossen.

g) Denkmalrechtliche Zulässigkeit von Werbeanlagen

45 Die Anbringung einer Werbeanlage an einem Baudenkmal stellt eine Veränderung eines Baudenkmals im Sinne von § 9 Abs. 1 Nr. 2 BbgDSchG dar und bedarf demnach der Erlaubnis gem. § 19 BbgDSchG. Durch die Anbringung einer Werbeanlage an der Außenfassade eines Denkmals verändert sich der Zustand und der Anblick dieses Gebäudes, vgl. zu einem denkmalwidrigen Eingriff durch einen Sonnenkollektor auf dem Dach, *OVG Lüneburg, U. v. 03.05.2006 – 1 LB 16/05.* Eine denkmalschutzrechtliche Erlaubnis braucht auch derjenige, der in der Nähe von Baudenkmälern Anlagen errichtet, verändert oder beseitigen will, sofern sich diese Maßnahmen auf den Bestand oder das Erscheinungsbild des Baudenkmals auswirken. So kann sich die Anbringung der Werbeanlage auf die Ansicht unmittelbar angrenzender Baudenkmäler auswirken. Weiter ist eine denkmalpflegerische Erlaubnis erforderlich, sofern ein Ensemble verändert werden soll und sich diese Veränderung auf das Erscheinungsbild des Ensembles auswirken kann. Unter einem Ensemble in diesem Sinne versteht man eine Mehrheit von baulichen Anlagen, welche in ihrer Gesamtheit etwa aufgrund ihrer städtebaulichen und geschichtlichen Bedeutung als besonders erhaltenswert zu erachten sind.

46 Nach § 9 Abs. 2 Nr. 2 BbgDSchG kann die Erlaubnis erteilt werden, soweit den Belangen des Denkmalschutzes öffentliche oder private Interessen überwiegen und sie nicht auf andere Weise oder nur mit unverhältnismäßigem Aufwand berücksichtigt werden können. Im Rahmen der insoweit zu treffenden Ermessensentscheidung sind die bestehenden gewichtigen Gründe des Denkmalschutzes, die eine Veränderung verbieten, den Gründen, die für eine Genehmigung ihres Vorhabens sprechen, gegenüber zu stellen.

47 Nach § 72 Abs. 1 Satz 2 wird bei genehmigungspflichtigen Baumaßnahmen die denkmalschutzrechtliche Erlaubnis von der Baugenehmigung eingeschlossen. Da die Genehmigung aber nur erteilt werden darf, wenn öffentlich-rechtliche Vorschriften nicht entgegenstehen, sind die Belange des Denkmalschutzes im Baugenehmigungsverfahren und damit auch im Rahmen des bauaufsichtlichen Einschreitens zu prüfen.

Abschnitt 2
Allgemeine Anforderungen an die Bauausführung

§ 11
Baustelle

(1) Baustellen sind so einzurichten, dass bauliche Anlagen ordnungsgemäß errichtet, geändert, instand gehalten oder beseitigt werden können und Gefahren oder vermeidbare Belästigungen nicht entstehen.

(2) [1]Bei Bauarbeiten, durch die unbeteiligte Personen gefährdet werden können, ist die Gefahrenzone abzugrenzen oder durch Warnzeichen zu kennzeichnen. [2]Soweit erforderlich, sind Baustellen mit einem Bauzaun abzugrenzen, mit Schutzvorrichtungen gegen herabfallende Gegenstände zu versehen und zu beleuchten.

(3) Bei der Ausführung nicht genehmigungsfreier Bauvorhaben hat die Bauherrin oder der Bauherr an der Baustelle ein Schild, das die Bezeichnung des Bauvorhabens sowie die Namen und Anschriften der am Bau Beteiligten (§§ 53 bis 56) enthalten muss, dauerhaft und von der öffentlichen Verkehrsfläche aus sichtbar anzubringen.

(4) Bäume, Hecken und sonstige Bepflanzungen, die aufgrund anderer Rechtsvorschriften zu erhalten sind, müssen während der Bauausführung geschützt werden.

Übersicht

1. Allgemeines

§ 11 ist die Grundnorm über die bauaufsichtlichen Anforderungen an die Einrichtung und den Betrieb von Baustellen. Daneben sind weitere fachgesetzliche Bestimmungen aus dem Natur-, Wasser- oder Abfallrecht zu beachten. Zu 1 diesen gehören auch die Regelungen über den Baulärm nach der 15. BImSchV und die VDI-Richtlinie 2058. *Vgl. dazu Bodanowitz, Rechtliche Grundlagen des Baulärmschutzes, NJW 1997, 2351ff.*

2 Baustelleneinrichtungen bedürfen keiner besonderen Genehmigung, da sie von der Baugenehmigung mitumfasst sind, s. a. zur **Genehmigungsfreiheit** § 61 Abs. 1 Nr. 13 a).

2. Anforderungen an Einrichtung und Betrieb einer Baustelle

3 Absatz 1 benennt die materiellen Anforderungen an die Einrichtung und den Betrieb einer Baustelle. Eine Baustelle setzt nach dem Gesetzeswortlaut voraus, dass eine bauliche Anlage errichtet, geändert oder instandgehalten wird. Wird die Anlage instandgesetzt, so wird sie dadurch geändert. Der Gesetzgeber konnte also auf die Nennung dieser Bautätigkeit verzichten. Merkmal der Baustelle ist, dass die Arbeiten in einem räumlichen und zeitlichen Zusammenhang mit der Verwirklichung eines konkreten Vorhabens stehen. Eine Baustelleneinrichtung umfasst alle Anlagen und Vorkehrungen, die die physische Vollendung des Bauvorhabens fördern. Einrichtungen gehören dann zu einer Baustelle, wenn sie zu der Bautätigkeit bzw. Baustelle in einem zeitlichen, räumlichen und funktionellen Zusammenhang stehen, *vgl. OVG Lüneburg, B. v. 09.05.2023 – 1 ME 36/23.* Das ist bei der Zwischenunterbringung der Gebäudenutzer und ihres Hausrats nicht der Fall. Der zeitliche Zusammenhang deckt sich im Wesentlichen (d. h. einschließlich einer angemessenen Zeit vor und nach den Bauarbeiten) mit der Dauer der Bauarbeiten, *vgl. OVG Greifswald, B. v. 14.12.2005 – 3 L 528/04.* Zu einer Baustelleneinrichtung können auch Lagerflächen gehören, *vgl. VGH München B. v. 10.07.2006 – 15 ZB 05.3198.* Die Baustelle muss sich nicht auf dem Baugrundstück selbst befinden. Allerdings handelt es sich dann nicht mehr um eine Baustelle, sondern eventuell um einen Bauhof, wenn die Arbeiten dort ohne Bezug zu einem bestimmten Bauvorhaben ausgeführt werden.

4 Bauherr und Bauunternehmer sind verpflichtet, bauliche Anlagen und andere Anlagen und Einrichtungen ordnungsgemäß zu errichten, zu ändern, abzubrechen oder instand zu halten Dabei dürfen weder Gefahren noch vermeidbare Belästigungen entstehen. Vermeidbare Belästigungen sind insbesondere solche, die durch Schall, Erschütterungen, Gerüche oder Luftverunreinigungen verursacht werden können.

5 Nicht zum Baulärm oder sonstigen Emissionen von einer Baustelle gehören Lärm, Erschütterungen und Gerüche durch Bauarbeiten von Privatpersonen oder aufgrund von Heimwerkertätigkeiten. Dieser ist dem Nachbarschaftslärm zuzuordnen.

Unvermeidbar sind baustellenbedingte Belästigungen, wenn auf der Baustelle beim Einsatz von Maschinen der Stand der Technik im Sinne von § 3 Abs. 6 BImSchG gewahrt wird. Konkretisiert sind die Anforderungen an die vermeidbaren Belästigungen in § 2 Abs. 1 BImSchG, im Landesimmissionsschutzgesetz, in der 15. BImSchV, in der Geräte- und Maschinenlärmverordnung (32. BImSchV), in der VDI-Richtlinie 2058 und in der Allgemeinen Verwaltungsvorschrift zum Schutz gegen Baulärm – Geräuschimmissionen – vom 19. August 1970 (Beilage zum Bundesanzeiger Nr. 160 vom 1. September 1970). Hingegen ist die TA Lärm nicht, auch nicht bei langwierigen Bauarbeiten, für die Bewertung des Baustellenlärms einschlägig, *vgl. Nr. 1 Buchst. f) TA Lärm, VG Berlin, B. v. 09.08.2023 – 10 L 165.23.* 6

a) AVV Baulärm

Die Allgemeine Verwaltungsvorschrift zum Schutz gegen Baulärm – Geräuschimmissionen – vom 19. August 1970 (Beilage zum Bundesanzeiger Nr. 160 vom 1. September 1970) enthält neben Immissionsschutzrichtwerten das Verfahren zur Ermittlung des Beurteilungspegels von Baulärm, *vgl. instruktiv Fricke, Aktuelles zur AVV Baulärm, BauR 2016, 444ff.* Daneben ist die 32. BImSchV zu beachten, *vgl. Michler, UPR 2012, 335, 340.* Auf die TA Lärm kann hingegen nicht zurückgegriffen werden, *vgl. VGH München, B. v. 04.05.2011 – 22 AS 10.40045.* 7

Die AVV beruhte auf § 3 Abs. 2 des Gesetzes zum Schutz gegen Baulärm vom 9. September 1965 (BGBl. I S. 1214). Nach Aufhebung des Gesetzes zum Schutz gegen Baulärm zum 1. April 1974 gilt die AVV Baulärm gem. § 66 Abs. 2 3. Spiegelstrich BImSchG fort. Fortan werden Baumaschinen als immissionsschutzrechtlich nicht genehmigungsbedürftige Anlagen von § 22 BImSchG erfasst. Insoweit ist § 22 BImSchG die nunmehrige Bezugsnorm der Allgemeinen Verwaltungsvorschrift. In der Literatur wird davon ausgegangen, dass die Änderung der maßgeblichen Bezugsnorm den Rechtscharakter der AVV Baulärm als allgemeine Verwaltungsvorschrift unverändert beließ. Die AVV Baulärm konkretisiert für Geräuschimmissionen von Baustellen den unbestimmten Rechtsbegriff der schädlichen Umwelteinwirkungen, *vgl. BVerwG, U. v. 10.07.2012 – 7 A 11/11.* Durch die AVV Baulärm werden die Pflichten aus § 22 Abs. 1 Satz 2 Nrn. 1 und 2 BImSchG bestimmt. Die AVV Baulärm zielt auf den Schutz der Nachbarschaft. 8

Allgemeine Verwaltungsvorschriften besitzen bei der Regelung komplexer naturwissenschaftlicher und technischer Sachverhalte, durch eigene Regelung anwendungsgeeignete Rechtsvorschriften zu schaffen, *vgl. BVerwG U. v. 19.12.1985 – 7 C 65/82.* Dadurch wird der Gesetzgeber entlastet. Die AVV 9

Baulärm ist deshalb nicht lediglich Ermessensrichtlinie. Als Norminterpretation sind die AVV Baulärm und ihre Anwendung gerichtlich voll überprüfbar, *vgl. VG München U. v. 07.11.2005 – M 8 K 05.1908.* Als nicht nur norminterpretierende, sondern auch normausgestaltende (normkonkretisierende) Verwaltungsvorschrift hat sie – innerhalb der von der Bezugsnorm gesetzten Grenzen – nicht lediglich Innenwirkung, sondern auch Außenwirkung, insbesondere auch für die Verwaltungsgerichte. Die in Nr. 3.1.1. AVV Baulärm festgelegten Immissionsrichtwerte sind für den Regelfall bindend. Abweichungen kommen nur in Betracht, wenn die Schutzwürdigkeit des Gebietes im Einzelfall ausnahmsweise geringer zu bemessen ist, als von der AVV Baulärm vorgegeben, *vgl. BVerwG, U. v. 10.07.2012 – 7 A 11/11.* Die Bedeutung oder Relevanz der Baustelle erlaubt keine Reduzierung der Schutzwürdigkeit der Umgebung.

10 Die AVV Baulärm erfasst die Gesamtheit des Betriebs von Baumaschinen (zu denen auch die auf der Baustelle betriebenen Kraftfahrzeuge gehören – vgl. Nr. 2 Begriffsbestimmungen) auf einer Baustelle als Anlageneinheit. Für die von der Anlage ausgehenden Emissionen werden Immissionsrichtwerte festgelegt. Dabei ist der Einwirkbereich der Gesamtanlage „Baustelle mit Baumaschinenbetrieb“ zugrunde zu legen. Mithin ist der räumliche Umgriff des Einwirkungsgebiets der Gesamtumlage zunächst festzulegen. Im nächsten Schritt bedarf es der Qualifizierung des Einwirkungsgebiets nach dessen baulicher Nutzung. Welche Schutzkategorie das Einwirkungsgebiet hat, richtet sich grundsätzlich nach seiner tatsächlichen baulichen Nutzung, gleichgültig, ob das Einwirkungsgebiet (vollständig) im beplanten oder unbeplanten Innenbereich liegt (vgl. Nrn. 3.2.2./3.2.3. der AVV Baulärm). Nur dann, wenn

1. für das Einwirkungsgebiet die bauliche Nutzung vollständig durch Bebauungsplan(pläne) festgesetzt ist und
2. die tatsächliche Nutzung des Einwirkungsgebiets der Anlage nicht erheblich von der bauplanungsrechtlich festgesetzten Nutzung des Einwirkungsgebiets der Anlage abweicht (vgl. Nr. 3.2.1. der AVV Baulärm),

ist für die Zuordnung der Schutzkategorien der Nr. 3.1.1. der AVV Baulärm nicht die tatsächliche bauliche Nutzung des Einwirkungsgebiets, sondern die bauplanungsrechtlich festgesetzte Nutzung im Einwirkungsgebiet maßgeblich.

11 Die Kategorisierung der Einwirkungsgebiete in Nr. 3.1.1. der AVV Baulärm ist fließend abgestuft nach dem Vorhandensein von nur gewerblichen/industriellen Nutzungen über Mischungsverhältnisse mit Wohnnutzung bis hin zu nur Wohnnutzung und weiter besonders lärmschutzwürdigen Nutzungen wie Kurgebiet, Krankenhäuser und Pflegeanstalten. Im Gegensatz zu den Gebietskategorien der BauNVO, die gerade die Qualität gewerblicher Nutzungen baugebietsspezifisch ausdifferenziert, vereinfacht die AVV Baulärm die Zuordnung. Jedoch fehlen in der AVV Baulärm Anhaltspunkte dafür, dass für

die Zuordnung in Mischgebieten nur ein zahlenmäßiges Übergewicht ausschlaggebend sein soll.

b) Nachtbauverbot

Ist es technisch zwingend erforderlich, dann kann gem. § 10 Abs. 2 LImSchG zugelassen werden, dass Lärmbelästigungen durch Baumaßnahmen die zulässigen Grenzwerte überschreiten oder während der Nachtruhezeit, die an Werktagen gem. § 2 Abs. 1 BImSchG in Verbindung mit AVV Baulärm von 20 Uhr bis 6 Uhr andauert, gearbeitet wird, *s. a. OVG Berlin, B. v. 27.03.1996 – 2 S 5.96 – (Unterwasserbetonage Potsdamer Platz)*. Zuständig sind für diese Ausnahmegenehmigungen die Regionalabteilungen der Landesumweltämter. 12

3. Schutz Dritter (Absatz 2)

Absatz 2 verpflichtet den Bauherrn und den Bauunternehmer, die Bauarbeiten so auszuführen, dass dabei unbeteiligte Personen nicht gefährdet werden können. Dass auch beteiligte Personen nicht gefährdet werden dürfen, ergibt sich aus § 3, aus der Baustellenverordnung vom 10. Juni 1998 (BGBl. I S. 1283) sowie den zivilrechtlichen und strafrechtlichen Vorschriften zum Schutz von menschlichem Leben und menschlicher Gesundheit. 13

Zum Schutz unbeteiligter Personen ist die Gefahrenzone im Umfeld der eigentlichen Baustelle abzugrenzen oder durch Warnzeichen zu kennzeichnen. Dies betrifft nicht nur die Baustelle als solche, sondern auch die Zufahrt zur Baustelle oder die Rohre und Leitungen, die für den Unterhalt und Betrieb der Baustelle außerhalb des eigentlichen Baustellenbereichs installiert werden müssen. Regelmäßig ist es dazu erforderlich, die Baustellen mit einem Bauzaun abzugrenzen und, gerade bei der Arbeit an Fassaden und Dächern, mit Schutzvorrichtungen gegen herabfallende Gegenstände zu versehen und zu beleuchten. 14

Der Bauzaun nach Absatz 2 darf als Teil der baugenehmigungsfreien Baustelleneinrichtung nur im Zusammenhang mit der Errichtung oder Änderung einer baulichen Anlage stehen, die ihrerseits unter die Geltung der Bauordnung fällt, *vgl. OVG Greifswald, U. v. 04.01.2006 – 3 M 144/05.* 15

4. Baustellenschild (Absatz 3)

Durch Absatz 3 wird der Bauherr verpflichtet, auf der Baustelle als Bestandteil der Baustelleneinrichtung ein Baustellenschild aufzustellen. Durch die Novelle 2016 ist diese Verpflichtung erweitert worden. Die Baustellenbeschilderung ist nicht nur für genehmigungspflichtige, sondern jetzt auch für 16 anzeigepflichtige Bauvorhaben vorgeschrieben. Ausgenommen von dieser Pflicht bleiben weiterhin Baustellen für genehmigungsfreie Vorhaben.

17 Dieses Schild muss nicht mehr vor der Ausführung des Bauvorhabens angebracht sein, sondern nur noch „bei der Ausführung". Der Gesetzgeber hat ein zeitliches Moment, etwa durch die Formulierung „während der Bauausführung" nicht in den Gesetzestext aufgenommen. In den Zeiten also, in denen die Ausführung unterbrochen ist, bedarf es des Schildes nicht mehr.

18 Auf dem Baustellenschild müssen die in Absatz 3 genannten Informationen angeben werden. Dazu gehören die Bezeichnung des Bauvorhabens und die Namen und Anschriften des Entwurfsverfassers, des Bauleiters und des Unternehmers. Durch die Novelle 2016 ist Pflicht, den Bauherren sowie Art und Maß der Nutzung anzugeben, entfallen. Durch die Novelle 2016 ist auch die wichtige Anforderung, dass das Schild von der öffentlichen Verkehrsfläche aus lesbar ist, gestrichen worden. Es muss nur sichergestellt sein, dass das Baustellenschild von der Verkehrsfläche aus sichtbar ist.

19 Das Baustellenschild ist gesetzlich vorgeschriebener Teil der Baustelleneinrichtung, so dass es nicht zu den Werbeanlagen gem. § 9 gehört. Werbeanlagen im Sinne von § 9 sind hingegen Hinweisschilder über Verkauf oder Vermietung der entstehenden Baulichkeit.

5. Schutz von Bäumen, Hecken, Pflanzen (Absatz 4)

20 Absatz 4 entspricht der Musterbauordnung. Der Gesetzgeber hat diese Vorschrift klarstellend neu in die Bauordnung eingefügt. Der bauordnungsrechtliche Schutz der in Absatz 4 genannten Pflanzen tritt neben den fachrechtlichen Schutz.

21 Welche Schutzmaßnahmen erforderlich sind, schreibt Absatz 4 nicht vor. Die am Bau Beteiligten haben dies zu bestimmen. Dabei müssen sie sicherstellen, dass der Schutz auch wirksam ist. Dies kann von den Einwirkungen, die zu erwarten sind, abhängen. Regelmäßig müssen dies mechanische Maßnahmen sein, etwa Bretterverschläge, Schlauchummantelungen oder Zäune.

§ 12
Standsicherheit

(1) [1]Jede bauliche Anlage muss im Ganzen und in ihren einzelnen Teilen für sich allein standsicher sein. [2]Die Standsicherheit anderer baulicher Anlagen und die Tragfähigkeit des Baugrundes der Nachbargrundstücke dürfen nicht gefährdet werden.

(2) Die Verwendung gemeinsamer Bauteile für mehrere bauliche Anlagen ist zulässig, wenn öffentlich-rechtlich gesichert ist, dass die gemeinsamen Bauteile bei der Beseitigung einer der baulichen Anlagen bestehen bleiben können.

Übersicht

1. Allgemeines

1 Mit den Anforderungen an die Standsicherheit von baulichen Anlagen konkretisiert der Gesetzgeber eine Grundanforderung der Gefahrenabwehr, die in der Generalklausel des § 3 allgemein formuliert ist. Die Standsicherheit hat im Bauordnungsrecht eine besonders große Bedeutung, da Gebäude, die nicht standsicher sind, ihre Benutzer und Dritte unmittelbar gefährden. Die mangelhafte Standsicherheit einer baulichen Anlage, die zum Betreten von Personen bestimmt ist, begründet bei einer nicht auszuschließenden Möglichkeit eines Einsturzes regelmäßig die Annahme von erheblichen Gefahren für Leben und Gesundheit von Menschen, die sich darin aufhalten könnten. Einsturzgefährdete Gebäude oder Teile solcher stellen daher einen wichtigen und typischen Anwendungsfall für Anordnungen nach § 81 dar, *vgl. VGH München, B. v. 06.11.2020 – 15 C 20.2229.*

2. Standsicherheit (Absatz 1)

2 Absatz 1 benennt die allgemeinen Anforderungen an die Standsicherheit. Es darf im Einzelfall nicht zu befürchten sein, also keine objektiven Anhaltspunkte für Zweifel bestehen, dass die bauliche Anlage nicht standsicher ist oder einstürzen kann. Dies gilt nicht nur im Rahmen der zulässigen Benutzung der Anlage, sondern auch bei einer außergewöhnlichen, aber noch möglichen Beanspruchung. Zu den Teilen einer baulichen Anlage gehören insbesondere

Böden, Treppen, Wände, Pfeiler. Dazu müssen die verwendeten Bauprodukte und das Tragwerk der baulichen Anlage ausreichend dimensioniert und zusammengefügt sein. Es darf keine Einsturzgefahr bestehen, so dass insbesondere Leben oder Gesundheit von Menschen und Tieren nicht gefährdet werden. Objektive Anhaltspunkte für Zweifel an der Standsicherheit rechtfertigen eine Nutzungsuntersagung, *vgl. OVG Münster, B. v. 10.4.2024 – 2 A 138/22.*

3 Für die Standsicherheit ist bedeutsam, mit welcher Nutzung und welcher Nutzungszeit der baulichen Anlagen zu rechnen ist (Nutzlast). Daneben sind die Belastungen für das Tragewerk vor allem durch das Eigengewicht, durch Temperaturschwankungen, durch Wind- und Schneebeanspruchungen oder durch Erschütterungen bedeutsam (Gebrauchslast). Schließlich sind auch die außergewöhnlichen Belastungen und Schadensfälle bei der Beurteilung der Standsicherheit zu berücksichtigen (Grenzlast). So ist bei dem Bau einer Tiefgarage oder eines Parkhauses auch davon auszugehen, dass ein Fahrzeug einen tragenden Pfeiler rammen kann oder ein Fahrzeug das Parkhaus befährt, welches das zulässige Gesamtgewicht übersteigt. Die Anforderungen an die Standsicherheit verlangen auch in diesen Fällen, dass das Gebäude seine Standsicherheit nicht verliert. Die Standsicherheit einer baulichen Anlage ist also erst dann gegeben, wenn diese auch den Beanspruchungen durch Grenzlasten standhält. Zur Standsicherheit in einem Bergsenkungsgebiet, *vgl. OVG Magdeburg, U. v. 21.11.2003 – A 2 S 171/99 –;* zur Standsicherheit von Windkraftanlagen, *vgl. OVG Münster, B. v. 09.07.2003 – 7 B 949/03 –; s. a. VG Potsdam B. v. 02.07.2003 – 4 L 432/03 –* (Prioritätsgrundsatz bei Windkraftanlagen).

4 Die Beanspruchung des Baugrunds durch die bauliche Anlage im Hinblick auf die Nutzung der Anlage (Nutzlasten), die Eigenlast als auch die Dauer der Nutzung zu berücksichtigen. Die baulichen Anlagen müssen deshalb vor allem ausreichend tief gegründet sein. Die Gründungssohle muss frostsicher sein. Grundwasser darf nicht eindringen.

5 Grundstücke, die in potentiellen Hochwassergebieten liegen oder einen hohen Grundwasserstand haben, dürfen nur dann mit Gebäuden bebaut werden, wenn geeignete Maßnahmen gegen das Eindringen von Wasser getroffen werden. Von einem gesetzlichen Bauverbot für mögliche Hochwassergebiete hat der Landesgesetzgeber abgesehen, weil dies zu einem entschädigungspflichtigen Eingriff in das von Art. 14 GG geschützte Eigentumsrecht führen könnte. Für förmlich festgesetzte Überschwemmungsgebiete greifen zudem die Regelungen des Wasserhaushaltsgesetzes, vgl. §§ 78 f. WHG, *zum Umfang des Bauverbots vgl. BVerwG, U. v. 03.06.2014 – 4 CN 6/12.*

6 Die konkreten Anforderungen an die Standsicherheit sind in den eingeführten Technischen Baubestimmungen nach § 86a normiert. Der Nachweis, dass die

bauliche Anlage standsicher ist, wird durch den **Standsicherheitsnachweis** und – soweit erforderlich – dessen bautechnische Prüfung gem. § 66 geführt.

Durch § 12 Abs. 1 Satz 2 wird bestimmt, dass hinzutretende bauliche Anlagen für die Standfestigkeit der vorhandenen Anlage ungefährlich sein müssen, *vgl. VG Potsdam, B. v. 02.07.2003 – 4 L 432/03.* Auch die Tragfähigkeit des Baugrundes der Nachbargrundstücke darf nicht gefährdet werden. Diese Vorschrift gehört im vereinfachten Genehmigungsverfahren nach § 62 nicht zum Prüfprogramm der Bauaufsichtsbehörde. Diese Regelung vermittelt Nachbarschutz gegen bauliche Anlagen nur soweit, als durch diese Anlagen selbst und in deren Einwirkungsbereich Leben und Gesundheit des Nachbarn oder die Standsicherheit baulicher Anlagen auf dem Nachbargrundstück gefährdet wird, *vgl. VG Frankfurt (Oder), B. v. 22.07.2005 – 7 L 19/05.* 7

Jedoch muss der Bauherr einer neuen baulichen Anlage nicht stets nachweisen, dass eine Gefährdung der Standsicherheit bereits vorhandener baulicher Anlagen ausgeschlossen ist. Soweit § 12 Abs. 1 Satz 2 auf die Gefährdung der Standsicherheit bestehender baulicher Anlagen durch die Errichtung und Nutzung anderer baulicher Anlagen abstellt, ist zunächst zu prüfen, welche Verantwortung der Bauherr infolge seines Neubaus trägt und welche Verantwortung der Nachbar für sein Bestandsgebäude zu tragen hat. Ausgangspunkt der Bewertung ist, dass nach § 12 Abs. 1 Satz 1 jeder Eigentümer einer bestehenden baulichen Anlage selbst für die Standsicherheit seiner Anlage einzustehen hat. Wird aber infolge des Hinzutretens einer neuen Anlage auf das Bestandsgebäude in einem Maße eingewirkt, dass der Nachbar damit nicht zu rechnen und seine bauliche Anlage davor nicht zu schützen braucht, darf er darauf vertrauen, dass die für die Standsicherheit seiner bestehenden Anlage maßgeblichen Umstände sich nicht zu seinen Lasten verändern. Für den Erhalt der Standsicherheit ist dann nicht der Nachbar, sondern der Bauherr verantwortlich. Ebenso muss der Bauherr einer neuen baulichen Anlage darauf achten, dass er keine solchen Veränderungen der Standsicherheitsbedingungen bewirkt, die der Eigentümer der bestehenden Anlage bei deren Errichtung und ordnungsgemäßer Unterhaltung nicht in Rechnung stellen muss, *vgl. OVG Münster B. v. 24.01.2000 – 7 B 2180/99 –; VG Schwerin, B. v. 16.02.2016 – 2 B 4502/15 SN.* Zudem ist nicht jede Einwirkung eine Gefährdung. Eine Gefährdung im Sinne von § 12 Abs. 1 ist nicht jede entfernte Möglichkeit eines Schadens. Vielmehr muss im Einzelfall eine gewisse Eintrittswahrscheinlichkeit gegeben sein, also eine konkrete Gefahr vorliegen, *vgl. VGH Kassel, 03.03.2016 – 4 B 403/16.* 8

3. Verwendung gemeinsamer Bauteile (Absatz 2)

9 Absatz 2 lässt die Verwendung gemeinsamer Bauteile als tragende Bauteile für mehrere bauliche Anlagen zu. Die Regelung steht in Verbindung zu § 4 Abs. 2, wonach ein grenzüberschreitendes Bauen bei einer rechtlichen Sicherung durch Baulasten gem. § 84 zulässig ist. Liegt die Bewilligung für die Eintragung der Baulast vor, hat der Bauherr einen Anspruch auf Erteilung der Baugenehmigung. Nach Nr. 4.3 des Runderlasses des Ministeriums für Stadtentwicklung Wohnen und Verkehr vom 28.04.2004 (ABl. Bbg S. 394) ist eine Dienstbarkeit für die Verwendung gemeinsamer Bauteile nicht erforderlich, wenn die bauliche Anlage einschließlich des gemeinsamen Bauteils so getrennt und teilweise beseitigt werden kann, dass die Standsicherheit des verbleibenden Teils nicht gefährdet wird, z. B. bei einer gemeinsamen Bodenplatte eines Doppelhauses. Dies Vorgabe bleibt relevant, auch wenn nicht mehr die Eintragung einer Dienstbarkeit in das Grundbuch, sondern nur die Eintragung einer Baulast in das Baulastenverzeichnis nach § 84 möglich ist.

10 Zugleich wird durch Absatz 2 vorgeschrieben, dass das Gebäude, das nach einem Abriss eines anderen Gebäudeteils bestehen bleibt, standsicher im Sinne von Absatz 1 bleiben muss. Es muss also jedes Gebäude standsicher sein, ohne dass es darauf ankommt, ob das andere Gebäude steht oder beseitigt wird.

§ 13
Schutz gegen schädliche Einflüsse

[1]Bauliche Anlagen müssen so angeordnet, beschaffen und gebrauchstauglich sein, dass durch Wasser, Feuchtigkeit, pflanzliche und tierische Schädlinge sowie andere chemische, physikalische oder biologische Einflüsse Gefahren oder unzumutbare Belästigungen nicht entstehen. [2]Baugrundstücke müssen für bauliche Anlagen geeignet sein.

Übersicht

1. Allgemein

In § 13 werden die Anforderungen an bauliche Anlagen in Bezug auf schädliche Einflüssen, die von außen auf bauliche Anlage einwirken, gestellt. Die Vorschrift erfasst auch den Schutz vor schädlichen Einflüssen, die auf dem Baugrundstück selber entstehen und auf die Umwelt, insbesondere auf benachbarte Grundstücke einwirken. 1

Ergänzt wird diese Regelung durch das Bundesimmissionsschutzrecht. Das Bundesimmissionsschutzrecht und damit auch die auf der Grundlage des BImSchG erlassenen Verordnungen und Technischen Anleitungen legen die Grenze der Zumutbarkeit von Umwelteinwirkungen für den Nachbarn und damit das Maß der gebotenen Rücksichtnahme mit Wirkung auch für das Baurecht im Umfang ihres Regelungsbereichs grundsätzlich allgemein fest, *vgl. BVerwG, U. v. 29.11.2012 – 4 C 8/11.* 2

2. Schutzzweck

Ziel der Regelung ist es, gesunde, hygienische und umweltgerechte Lebensumstände in der baulichen Anlage und seiner Umgebung zu schaffen. § 13 konkretisiert die sich aus § 3 ergebende Pflicht, Anlagen so zu errichten, dass die öffentliche Sicherheit und Ordnung nicht gefährdet wird. Der Begriff der öffentlichen Sicherheit umfasst auch das Eigentum. Um diese Zwecke zu 3 erreichen, müssen bauliche Anlagen sowie andere Anlagen und Einrichtungen in geeigneter Weise angeordnet, beschaffen und gebrauchstauglich sein, so dass sie vor negativen Einflüssen geschützt sind und andere Anlagen nicht negativen Einflüssen aussetzen.

4 Schädigende chemische und physikalische Einwirkungen sind solche, die in sicherheitsrelevanter Weise bauliche oder andere Anlagen und die verwendeten Baustoffe verändern können. Ursachen können Witterungseinflüsse sein, z.B. Frost, Eis, Besonnung, Temperaturunterschiede, Hochwasser, Sturm, Blitzschlag oder Luftschadstoffe. Organische Baustoffe wie Holz können auch durch tierische oder pflanzliche Einwirkungen geschädigt werden. Folgen solcher Einwirkungen können Korrosion, Zersetzung, Erosion, Auswaschung, Aussprengung, Sprödigkeit und ähnliche Erscheinungen sein, die sich auf Standsicherheit, Brandschutz und Gebrauchsfähigkeit baulicher Anlagen auswirken, *vgl. VG Cottbus, B. v. 15.03.2018 – 3 L 592/17.* Zu den negativen Einflüssen zählen auch:

- Gifte und gesundheitsgefährdende Gase,
- Strahlungen etwa durch Fernmeldeanlagen,
- Verunreinigungen von Wasser und Boden mit schädlichen oder giftigen Stoffen,
- gesundheitsgefährdende und unhygienische Beseitigung von Abfällen und Wasser,
- übermäßige Feuchtigkeit in der Raumluft und in den Gebäudeteilen.

5 Auch die Ableitung von Niederschlagswasser kann eine unzumutbare Beeinträchtigung i. S. d. Satzes 1 begründen. Zwar muss der Nachbar gewisse Veränderungen der Wasserverhältnisse hinnehmen, jedoch nur unerhebliche Veränderungen. Die Erheblichkeitsschwelle wird dabei überschritten, wenn auf das Grundstück des Nachbarn Niederschlagswasser abgeleitet wird und dort zu Überschwemmungen führt, *vgl. OVG Magdeburg, B. v. 12.12.2018 – 2 M 82/18 –; VGH München, B. v. 29.11.2006 – 1 CS 06.2717 –; VG Cottbus, U. v. 12.09.2019 – 3 K 1477/14.* Dem Nachbarn steht unter diesen Umständen ein Abwehranspruch zu.

3. Anordnung

6 Für die geeignete Anordnung baulicher Anlagen kommt es zunächst auf deren Standort auf dem Grundstück an. Zur Vermeidung oder Minderung von Immissionen können bestimmte Abstände von anderen baulichen Anlagen und Einrichtungen verlangt werden. Dieses Konzept der räumlichen Trennung ist für das Immissionsschutzrecht typisch, vgl. § 50 BImSchG.

4. Beschaffenheit

Die Beschaffenheit von baulichen Anlagen ist Folge der Verwendung und Kombination bestimmter Baustoffe, der Beschichtung oder Imprägnierung von Baustoffen oder der sonstigen bauphysikalischen Abwehr von äußeren Einflüssen. Umgekehrt bedeutet dies, dass miteinander unverträgliche Baustoffe, wie Zement und Gips oder Kupfer und Stahl nicht unmittelbar gemeinsam verbaut werden dürfen. Es muss gewährleistet sein, dass ein Gebäude nicht von Pilzen oder Schädlingen befallen wird, selbst wenn die Standsicherheit des Gebäudes dadurch nicht beeinträchtigt würde. Die Bewohner und Nutzer dürfen aber auch nicht durch den Einsatz von Schädlingsbekämpfungsmitteln oder Holzschutzmaßnahmen in ihrer Gesundheit gefährdet oder geschädigt werden. 7

5. Gebrauchstauglichkeit

Die Gebrauchstauglichkeit wird maßgeblich durch die Verwendung von Baustoffen sowie konstruktiven und baulichen Vorkehrungen bestimmt. Gebrauchstauglichkeit ist immer dann gegeben, wenn die bauliche Anlage eine gefahrlose Benutzung zu dem genehmigten oder vorgesehenen Zweck erlaubt. 8

6. Sondervorschriften

Ergänzt wird § 13 durch die Spezialvorschriften in §§ 11 Abs. 1, 15, 42 Abs. 2 und 4, 43, 45. Zu beachten sind auch die Sonderbauten-Verordnungen wie §§ 16 und 19 Garagen- und StellplatzVO, § 5 Abs. 8 CWPV, 5 Abs. 1, 6 Abs. 4 und 9 FeuV und § 1 WBauPV. Diese Anforderungen können über Anordnungen nach § 58 Abs. 2 Satz 2 von der zuständigen Behörde durchgesetzt werden. 9

7. Nachbarschutz

§ 13 ist eine nachbarschützende Regelung. Die Vorschrift dient nicht nur dem Schutz der Bewohner und Benutzer der baulichen Anlage selbst, sondern auch dem Schutz des Nachbarn gegenüber Einflüssen aus der baulichen Anlage, *vgl. VG Cottbus, U. v. 12.09.2019 – 3 K 1477/14 –*; zur Vorgängervorschrift der alten Fassung der Brandenburgischen Bauordnung *OVG Berlin-Brandenburg, B. v. 21.12.2011 – OVG 10 S 29.10 – und B. v. 8.12.2010 – OVG 2 S 56.10 –; VG Hannover, U. v. 7.9.2023 – 12 A 4507/20.* § 13 konkretisiert die sich aus § 3 Satz 1 BbgBO ergebende Pflicht, Anlagen so zu errichten, dass die öffentliche Sicherheit und Ordnung nicht gefährdet wird. Der Begriff der öffentlichen Sicherheit umfasst auch das bisher regelhaft aufgezählte „Eigentum". Ein Nachbar kann die Gefährdung seines Eigentums geltend machen. Insofern schützen die §§ 3 und 13 auch den Einzelnen und können damit bei einem Verstoß nachbarschützend sein, *vgl. VG Cottbus, U. v. 16.07.2018 – 3 K 1187/15.* 10

§ 14
Brandschutz

Bauliche Anlagen sind so anzuordnen, zu errichten, zu ändern und instand zu halten, dass der Entstehung eines Brandes und der Ausbreitung von Feuer und Rauch (Brandausbreitung) vorgebeugt wird und bei einem Brand die Rettung von Menschen und Tieren sowie eine Entrauchung von Räumen und wirksame Löscharbeiten möglich sind.

Übersicht

1. Allgemeines

1 § 14 bildet die brandschutzrechtliche Generalklausel. Diese Vorschrift stellt die grundlegenden Anforderungen an den Brandschutz. Die Vorschrift konkretisiert damit die Anforderungen an die Beschaffenheit baulicher Anlagen gem. § 3 Satz 1. Der Gesetzgeber hat sich in § 14 darauf beschränkt, nur noch die wesentlichen Schutzziele zu benennen. Diese Schutzziele sind,

1. die Entstehung eines Brandes zu verhindern,
2. der Ausbreitung von Feuer und Rauch im Brandfall (Brandausbreitung) vorzubeugen
3. im Brandfall Menschen und Tieren zu retten und
4. im Brandfall die Entrauchung von Räumen und wirksame Löscharbeiten zu ermöglichen.

2 Diese Schutzziele sind im Genehmigungsverfahren unter Beachtung der Umstände des Einzelfalls durch konkrete Maßnahmen zu erreichen. Die Genehmigungsbehörde darf bei der Prognose, welche Maßnahmen zum Schutz dieser hochrangigen Rechtsgüter erforderlich sind, „auf der sicheren Seite" bleiben. Sie muss sich nicht auf Kompromisse einlassen, *vgl. OVG Münster, U. v. 21.09.2012 – 2 A 182/11.* Die gesicherter Löschwasserversorgung ist zudem Voraussetzung für die planungsrechtliche **Erschließung** gem. §§ 30, 33ff. BauGB, *vgl. OVG Berlin-Brandenburg, B. v. 25.07.2018 – OVG 11 S 4.18.*

Getragen werden die brandschutzrechtlichen Regelungen von der Annahme, dass mit der Entstehung eines Brandes praktisch jederzeit gerechnet werden muss, *vgl. VGH München, B. v. 27.01.2003 – 2 CS 02.2438; OVG Münster, U. v. 25.08.2010 – 7 A 749/09.* Der Umstand, dass in vielen Gebäuden jahrzehntelang kein Brand ausgebrochen ist, belegt also nicht, dass eine Brandgefahr nicht besteht. Dieser Umstand ist bauordnungsrechtlich lediglich ein Glücksfall, mit dessen Ende jederzeit gerechnet werden muss, *vgl. OVG Münster, U. v. 25.08.2010 – 7 A 749/09.* 3

Das Brandverhalten von Baustoffen, das bis zur Novelle 2016 in Absatz 2 geregelt war, ist nunmehr allein in § 26 normiert. 4

2. Vorbeugender Brandschutz

Brandschutzrechtlich wird unterschieden zwischen dem vorbeugenden Brandschutz und dem abwehrenden Brandschutz im Gefahrenfall (Brandbekämpfung). In Absatz 1 1. Alt. werden Anforderungen an den vorbeugenden Brandschutz formuliert. Durch den vorbeugenden Brandschutz soll dem Entstehen und der Ausbreitung von Feuer und Rauch vorgebeugt werden, es geht um die Abwehr von Brandgefahren. Der vorbeugende Brandschutz umfasst den baulichen Brandschutz, den anlagetechnischen Brandschutz und den organisatorischen/betrieblichen Brandschutz. Details dazu finden sich auf der Seite http://www.agbf.de/downloads-fachausschuss-vorbeugender-brand-und-gefahrenschutz.html der Arbeitsgemeinschaft der Leiter der Berufsfeuerwehren in der Bundesrepublik Deutschland (AGBF Bund). 5

Wirksames Mittel der Brandverhütung ist die Trennung von Zündenergien und zündfähigen Stoffen. Kommt es gleichwohl zu einem Brandfall, so muss durch vorbeugende Maßnahmen, zu denen vor allem der bauliche Brandschutz gehört, verhindert werden, dass sich der Brand ausbreiten kann. Der Gesetzgeber verlangt deshalb, dass bauliche Anlagen so angeordnet, errichtet, geändert und instand gehalten werden, dass der Brandausbreitung entgegengewirkt werden kann. In jedem Fall sind die Besonderheiten der baulichen Anlage zu berücksichtigen, also deren Nutzung, Gebäudegeometrien, Lage und äußere Erschließung (z. B. Zufahrt, Zugänglichkeit), deren Löschwasserversorgung, Abstände zu anderen Gebäuden, Brandabschnitte, verwendete Bauprodukte (z. B. Baustoffe, Bauteile), Bauarten, Feuerwiderstandsdauer von Bauteilen/-elementen (z. B. Treppen, Wände, Decken), haustechnische Anlagen (z. B. Abschottungen von Leitungen), Temperaturverhalten von Konstruktionen oder von Brandeinrichtungen (z. B. Brandmeldeanlagen, Warnanlagen). 6

3. Abwehrender Brandschutz

7 Der abwehrende Brandschutz im Gefahrenfall zielt darauf ab, Menschen, Tiere und Sachen zu retten und die Brandbekämpfung zu ermöglichen. Er umspannt die Geräteausstattung der Feuerwehr und deren personelle Besetzung, die Zufahrt und Zugangsmöglichkeiten zum Brandherd, die baulichen Möglichkeiten der Rettung von Personen, Tieren und Sachen sowie die Löschwasserversorgung, zur Löschwassermenge *vgl. VGH München, U. v. 19.8.2019 – 20 B 18.1346*. Dazu zählen die Vorschriften in § 12 2. Alternative die Regelungen über die Erschließung, also die Erreichbarkeit der baulichen Anlagen durch Rettungsfahrzeuge und die Regelungen in den §§ 29 ff.

8 Nach Absatz 1 2. Alternative muss sichergestellt sein, dass der Brand bekämpft sowie Menschen und Tiere gerettet werden können. Die Rettung von Sachen ist zwar nicht ausdrücklich erwähnt. Dass auch die Rettung von Sachen möglich sein muss, folgt jedoch schon aus § 3 Satz 1. Zu den baulichen Vorkehrungen für den Brandfall gehören Einrichtungen für die Feuerwehr (z. B. trockene Steigleitungen), die Flucht- und Rettungswege, Brandbekämpfungseinrichtungen (z. B. Wandhydranten), Löschhilfeanlagen wie z. B. Sprinkleranlagen, Rauch- und Wärmedurchführung, (z. B. Anlagen für natürliche oder maschinelle Rauchabführung), Kühlungseinrichtungen (z. B. Schutzvorhangberieselung, Behälterberieselung), Sonderanlagen, wie Funklöschanlagen, Explosionsunterdrückungsanlagen.

9 Die Bereitstellung von Löschwasser ist nicht in der Bauordnung geregelt. Die Verpflichtung der Gemeinden, Ämter und kreisfreien Städte als Träger des Brandschutzes gem. § 3 Abs. 1 Nr. 1 BbgBrand- und KatastrophenschutzG reicht aus, um die angemessene Löschwasserversorgung zu gewährleisten, *vgl. LT-Drucks. 6/3268, S. 65 f.* Abgesehen davon ist die gesicherter Löschwasserversorgung Voraussetzung für die planungsrechtliche **Erschließung** des Bauvorhabens nach §§ 30, 33 ff. BauGB, *vgl. OVG Berlin-Brandenburg, B. v. 25.07.2018 – OVG 11 S 4.18*. Welche Löschwassermenge angemessen ist, richtet sich nach Art und Umfang des Vorhabens. Der Bedarf bemisst sich insbesondere nach der vorhandenen Brandlast in Abhängigkeit u. a. vom Abbrandverhalten der brennbaren Stoffe, von der Größe der Brandabschnitte, den Ventilationsverhältnissen sowie der Art und Ausstattung der Feuerwehr. Das DVGW-Arbeitsblatt W 405 – Bereitstellung von Löschwasser durch die öffentliche Trinkwasserversorgung –, Ausgabe Februar 2008, gibt den Mindestlöschwasserbedarf in Abhängigkeit von der Bebauungsdichte und der Brandausweitungsgefahr an und ist daher für die bauaufsichtliche Beurteilung von Vorhaben geeignet, *vgl. VG Arnsberg, U. v. 16.09.2014 – 4 K 1497/13.*

4. Sonderbauten

Die allgemeinen bauordnungsrechtlichen Anforderungen an den Brandschutz in § 12 erfassen die am häufigsten vorkommenden Arten baulicher Anlagen. Dazu gehören in erster Linie Wohngebäude. Für sie gelten die allgemeinen Brandschutzanforderungen gemäß § 12 und die speziellen Regelungen in den §§ 26 ff. 10

Besondere Brandschutzanforderungen können im Einzelfall bei baulichen Anlagen und Räumen gefordert werden, von denen aufgrund ihrer besonderen Art und Nutzung besondere Gefahren oder Beeinträchtigungen der öffentlichen Sicherheit ausgehen, *vgl. OVG Lüneburg, U. v. 18.09.2002 – 1 LB 2855/01*. So können in Räumen gelagerte Waren und Produkte wie Papier, Bücher, Kleb- und Kunststoffe, elektrische bzw. elektronische Geräte, Textilien oder Möbel eine Brandlast, das ist der Heizwert der brennbaren Stoffe, darstellen, die weit über das Gefahrenpotential hinausgeht, welches ein Wohngebäude aufweist und deshalb die Behörde berechtigt, besondere Anforderungen an den Brandschutz zu stellen. Die zuständige Behörde ist deshalb nach § 51 befugt, besondere Anforderungen an den Brandschutz wesentlicher Bauteile, an die Brandschutzeinrichtungen, die Brandschutzvorkehrungen und die Löschwasserrückhaltung zu stellen. Zu den Brandschutzeinrichtungen für Sonderbauten gehören insbesondere Maßnahmen des anlagentechnischen Brandschutzes, z. B. Sprinkleranlagen, Rauchmelder, Brandmeldeanlagen oder Rauch- und Wärmeabzugsanlagen. 11

5. Technische Vorschriften

Über die Regelungen der Bauordnung hinaus sind die besonderen bauordnungsrechtlichen Vorschriften zu beachten, die darauf abzielen, den Brandschutz zu erhöhen. Dazu gehören 12

- Feuerungsverordnung (GVBl. II/06, Nr. 6, S. 58, zul. geändert 13. März 2023, GVBl. II Nr. 17)
- Krankenhaus- und Pflegeheim-Bauverordnung (GVBl. II/03, Nr. 7, S. 140, zul. geändert am 11. Januar 2007, GVBl. II/07, Nr. 2, S. 23)
- Verkaufsstätten-Bauverordnung (GVBl. II/98, Nr. 26, S. 524, zul. geändert 08. November 2017, GVBl. II Nr. 60)
- Versammlungsstättenverordnung (GVBl. II/05, Nr. 2, S. 540, zul. geändert am 28. November 2017, GVBl. 2018 II Nr. 1)
- Beherbergungsstättenbau-Verordnung (GVBl. II/01, Nr. 10, S. 216, zul. geändert am 08. November 2017, GVBl. II Nr. 59)
- Schulbau-Richtlinie (ABl. 1999, S. 1086)
- Industriebaurichtlinie (ABl. 2001, S. 659, geändert durch ABl. 2004, S. 222)
- Richtlinie über Flächen für die Feuerwehr auf Grundstücken (ABl. 2002, S. 466, 1015)

- Richtlinie über elektrische. Verriegelungssysteme von Türen in Rettungswegen (ABl. 1999, S. 59)
- Richtlinie über automatische Schiebetüren in Rettungswegen (ABl. 1999, S. 63)
- Kunststofflager-Richtlinie (ABl. 1998, S. 747)
- Systemböden-Richtlinie (ABl. 2006, S. 765)
- Leitungsanlagen-Richtlinie (ABl. 2006, S. 742, 817)
- Lüftungsanlagen-Richtlinie (ABl. 2006, S. 747)
- Löschwasser-Rückhalte-Richtlinie (ABl. 1993, S. 1554).

6. Nachbarschutz

13 Die Vorschriften des Brandschutzes haben nachbarschützende Wirkung, soweit sie das Übergreifen des Brandes über das Baugrundstück hinaus auf das Nachbargrundstück verhindern sollen. Insbesondere das bauordnungsrechtliche Erfordernis Gebäudeabschlusswände als Brandwänden auszubilden, dient auch dem Nachbarschutz, *vgl. VGH München, U. v. 23.5.2023 – 1 B 21.2139.*

§ 15
Wärme-, Schall-, Erschütterungsschutz

(1) Gebäude müssen einen ihrer Nutzung und den klimatischen Verhältnissen entsprechenden Wärmeschutz haben.

(2) [1]Gebäude müssen einen ihrer Nutzung entsprechenden Schallschutz haben. [2]Geräusche, die von ortsfesten Einrichtungen in baulichen Anlagen oder auf Baugrundstücken ausgehen, sind so zu dämmen, dass Gefahren oder unzumutbare Belästigungen nicht entstehen.

(3) Erschütterungen oder Schwingungen, die von ortsfesten Einrichtungen in baulichen Anlagen oder auf Baugrundstücken ausgehen, sind so zu dämmen, dass Gefahren oder unzumutbare Belästigungen nicht entstehen.

(4) Die Einhaltung der Anforderungen an Gebäude nach den Vorschriften der Energieeinsparung sowie zur Nutzung erneuerbarer Energien ist nach näherer Maßgabe der Verordnung aufgrund § 86 Absatz 3 Satz 1 Nummer 6 nachzuweisen.

Übersicht

1. Allgemeines

Die Vorschriften zum Wärme-, Schall- und Erschütterungsschutz dienen der 1
Verhinderung von Gefahren für die Bewohner und Nutzer von Gebäuden. Mit § 15 soll lediglich erreicht werden, dass bei der Nutzung der Gebäude ungesunde Wohn- und Arbeitsverhältnisse vermieden werden. § 15 beschränkt sich also auf die unverzichtbaren Grundanforderungen zum Schutz der Bewohner und Nutzer der Gebäude. Ergänzt werden diese Anforderungen durch spezielle Vorschriften, die jedoch andere Ziele verfolgen, wie z. B. die Energieeinsparung oder den Strahlenschutz.

2 Durch die Novelle 2016 ist Absatz 2 umfangreich geändert worden. Danach besteht nunmehr unabhängig von einem behördlichen Verlangen eine Dämmpflicht.

2. Wärmeschutz (Absatz 1)

3 In Absatz 1 sind die Grundanforderungen an den Wärmeschutz formuliert. Dadurch soll erreicht werden, dass Gebäude auch gedämmt werden, damit sie möglichst wenig Wärme nach außen abgeben und sich bei Sonneneinstrahlung möglichst gering aufheizen bzw. bei kalter Witterung nicht auskühlen.

4 Wie der Wärmeschutz baulich-konstruktiv zu gestalten ist, ergibt sich aus den Technischen Baubestimmungen. Bei den Technischen Baubestimmungen handelt es sich um normkonkretisierende Verwaltungsvorschriften. Zu beachten sind die DIN 4108, die DIN 18159, die Anlagen zur Bauregelliste A Teil 1, in der Richtlinien zur Ermittlung von Wärmedurchgangskoeffizienten enthalten sind, sowie die Richtlinie 2002/91/EG des Europäischen Parlaments und des Rates vom 16.12.2002 über die Gesamtenergieeffizienz von Gebäuden (ABl. EG 2003 Nr. L 1 S. 65), die durch das Gebäudeenergiegesetz (GEG) in nationales Recht übertragen wurde.

5 Dass die Anforderungen, die sich aus dem GEG ergeben, beachtet wurden, ist im Rahmen des Baugenehmigungsverfahrens bzw. des Bauanzeigeverfahrens gem. § 66 Abs. 1 durch bautechnische Nachweise des Wärmeschutzes und der Energieeinsparung zu belegen. Diese bautechnischen Nachweise werden nur bei Sonderbauten geprüft. Ein gesonderter bautechnischer Nachweis für die Einhaltung der nur bauordnungsrechtlichen Wärmeschutzanforderungen ist in § 66 Abs. 1 nicht vorgesehen.

3. Baulicher Schallschutz (Absatz 2)

6 Absatz 2 schreibt für Gebäude einen baulichen Schallschutz vor. Dieser umfasst die Verhinderung, jedenfalls Minderung der Entstehung und Ausbreitung von Lärm innerhalb des Gebäudes wie auch den Schutz vor Lärmimmissionen von außen. Der bauordnungsrechtliche Schallschutz muss der Nutzung des Gebäudes entsprechen, nicht aber dem Standort. Der standortbezogene Schallschutz ergibt sich weiterhin aus dem Bauplanungsrecht und Immissionsschutzrecht.

7 Die Beachtung des Schallschutzes ist gem. § 66 Abs. 1 durch einen bautechnischen Nachweis zu führen.

8 Der gebäudebezogene Schallschutz dient zum einem dem Schutz des Gebäudes gegenüber Außenlärm und zum anderen dem Schallschutz innerhalb

des Gebäudes. Während der Außenlärmschutz durch zahlreiche Regelungen des Immissionsschutzrechtes geregelt ist, ist der Schallschutz innerhalb des Gebäudes, insbesondere zwischen verschiedenen Nutzungseinheiten durch die technischen Normen der DIN 4109 und in der VDI 4100 geregelt. Soweit diese Regelungen nicht nach § 86a BbgBO eingeführt sind, bieten sie als sachverständige Beurteilungen nur Orientierungswerte. Dabei ist darauf zu achten, ob diese Regelungen nur die bauordnungsrechtlichen Mindestanforderungen an den Schallschutz benennen oder darüber hinaus einen weitergehenden Komfort bieten sollen. Da von Absatz 2 lediglich ein Mindestschutz normiert wird, sind weitergehende Anforderungen bauordnungsrechtlich nicht verbindlich.

Weitere Maßstäbe für den Schallschutz finden sich in zahlreichen gesetzlichen Regelungen sowie in den technischen Bauvorschriften: 9

Internationale Regelungen: 10
- UNECE Reg.-51 über Geräuschvorschriften zur Typenprüfung von Kraftfahrzeugen vom 11.03.1996,
- Richtlinie 2003/10/EG über Mindestvorschriften zum Schutz von Sicherheit und Gesundheit der Arbeitnehmer vor Lärm (17. EinzelRL zu Richtlinie 89/391/EWG über die Durchführung von Maßnahmen zur Verbesserung der Sicherheit und des Gesundheitsschutzes der Arbeitnehmer bei der Arbeit (Arbeitnehmerschutzrahmenrichtlinie): LärmRL vom 06.02.2003 (ABl EG Nr. L 42/38),
- Richtlinie 2002/49/EG zur Bewertung und Bekämpfung von Umgebungslärm vom 25. Juni 2002 (ABl EG Nr. L 12), umgesetzt in §§ 47a ff. BImSchG,
- Richtlinie 2002/30/EG über Regeln und Verfahren für lärmbedingte Betriebsbeschränkungen auf Flughäfen der Gemeinschaft (ABl EG Nr. L 85),
- Richtlinie 2000/14/EG vom 8. Mai 2000 über umweltbelastende Geräuschimmissionen von zur Verwendung im Freien vorgesehener Geräte und Maschinen.

Nationale Regelungen sind: 11
- 16. BImSchV – Verkehrslärmschutzverordnung
- 18. BImSchV – Sportanlagenlärmschutzverordnung
- 24. BImSchV – Verkehrswege-SchallschutzmaßnahmenV
- 32. BImSchV – Geräte- und MaschinenlärmschutzV
- TA Lärm – Technische Anleitung zum Schutz gegen Lärm (6. Allgemeine Verwaltungsvorschrift zum Bundes-Immissionsschutzgesetz vom 26. August 1998, GMBl. Nr. 26, S. 503)
- ArbStättV – Arbeitsstättenverordnung vom 12. August 2004 (BGBl. I S. 2179), zuletzt geändert durch Art. 4 der Verordnung vom 19. Juli 2010 (BGBl. I S. 960)

12 In den Technischen Baubestimmungen ist die DIN 4109 – Schutz vor Außenlärm – eingeführt. Im Städtebau ist die DIN 18005 – Schallschutz im Städtebau – von erheblicher Bedeutung, ohne dass sich rechtliche Bindungen aus diesen Regelwerken ergeben, *vgl. BVerwG, B. v. 20.03.2003 – 4 B 59/02.*

13 Zur Bestimmung der Zumutbarkeitsgrenze hinsichtlich der von Freizeitveranstaltungen (Musik, Feuerwerk usw.) ausgehenden Lärmimmissionen dient als Orientierungshilfe die Freizeitlärm-Richtlinie des Ministeriums für Landwirtschaft, Umwelt und Klimaschutz des Landes Brandenburg vom 15. Juni 2020, ABl./20, [Nr. 26], S. 573, s. a. *OVG Berlin-Brandenburg, B. v. 13.09.2013 – OVG 11 S 27.13.*

4. Schalldämmpflicht (Absatz 2 Satz 2)

14 Nach Satz 2 des Absatzes 2 müssen schallemittierende Anlagen, die ortsfest sind, so schallgedämmt werden, dass unzumutbare Belästigungen vermieden werden. Dies betrifft nur die Anlagen, die sich in baulichen Anlagen oder auf Baugrundstücken befinden. Lärmquellen in diesem Sinne sind alle baulichen Anlagen und Einrichtungen, ohne dass es sich um Gebäude handeln muss. Dazu gehören Spielgeräte auf Kinderspielplätzen (nicht aber die spielenden Kinder) ebenso wie quietschende Türen und Tore, lärmende Fahnenmasten, schlagende Markisen oder Maschinen.

15 Die Dämmung von Geräuschen soll dazu dienen, die unzumutbare Verlärmung der Umgebung und des Inneren der baulichen Anlage oder des Baugrundstücks zu vermeiden. Die Dämmung muss sicherstellen, dass Gefahren oder unzumutbare Belästigungen nicht entstehen. Wichtige Vorgaben für den Maschinenlärm sind in der Geräte- und Maschinenlärmschutzverordnung (32. BImSchV) vom 29. August 2002 geregelt. Die 32. BImSchV, die die Richtlinie der EG (2000/14/EG) umsetzt und die 8. und 15. BImSchV sowie zahlreiche Baumaschinen-Verwaltungsvorschriften abgelöst hat, normiert vor allem verschärfte Emissionsgrenzwerte für 57 Geräte- und Maschinenarten, die im Freien verwendet werden und vielfach zu erheblichen Belästigungen der Bevölkerung führen können.

5. Zumutbarkeit von Lärmimmissionen

16 Bei der Beurteilung der Zumutbarkeit von Lärmimmissionen ist auf die Wertungen im Bundes-Immissionsschutzgesetz zurückzugreifen. In diesem ist die Zumutbarkeit zugleich unter dem Gesichtspunkt des Rücksichtnahmegebotes geregelt. Danach sind Immissionen unzumutbar, die im Sinne des § 3 Abs. 1 BImSchG geeignet sind, erhebliche Belästigungen für die Nachbarschaft hervorzurufen. Wo die Erheblichkeitsgrenze verläuft, richtet sich zum einen nach der Schutzwürdigkeit und Schutzbedürftigkeit der Umgebung,

vgl. OVG Berlin-Brandenburg, B. v. 14.09.2012 – OVG 10 S 29.12. Zum anderen ist für die Beurteilung der Zumutbarkeit von Lärmimmissionen auf die Lärmart und die Lärmintensität abzustellen. Lärmart und -intensität können nach den einschlägigen technischen Regelwerken ermittelt werden, *vgl. BVerwG, U. v. 07.05.1996 – 1 C 10.95.* Die technischen Regelwerke bieten im Rahmen der gebotenen Einzelfallprüfung mehr als nur eine Orientierungshilfe oder einen „groben Anhalt", um die Zumutbarkeit von Lärmimmissionen zu bestimmen, rechtliche Bindungen erzeugen diese Regelwerken nicht, so aber noch BVerwG, B. v. 20.03.2003 – 4 B 59/02. Nach der jüngeren Rechtsprechung des BVerwG kommt der TA Lärm eine im gerichtlichen Verfahren zu beachtende Bindungswirkung zu, soweit sie für Geräusche den unbestimmten Rechtsbegriff der schädlichen Umwelteinwirkungen im Sinne des § 35 Abs. 3 Satz 1 Nr. 3 BauGB bzw. § 3 Abs. 1 BImSchG konkretisiert, *vgl. BVerwG, U. v. 29.08.2007 – 4 C 2.07 – und v. 29.11.2012 – 4 C 8.11 – sowie BVerwG, B. v. 08.01.2013 – 4 B 23.12.* Das BVerwG hält die normative Konkretisierung des gesetzlichen Maßstabs für die Schädlichkeit von Geräuschen insoweit für abschließend, als sie bestimmte Gebietsarten und Tageszeiten entsprechend ihrer Schutzbedürftigkeit bestimmten Immissionsrichtwerten zuordnet und das Verfahren der Ermittlung und Beurteilung der Geräuschimmissionen vorschreibt. Für eine einzelfallbezogene Beurteilung der Schädlichkeitsgrenze aufgrund tatrichterlicher Würdigung lässt das normkonkretisierende Regelungskonzept nur insoweit Raum, als die TA Lärm insbesondere durch Kann-Vorschriften und Bewertungsspannen Spielräume eröffnet, so *BVerwG, B. v. 26.03.2014 – 4 B 3/14.* Diese bindende Wirkung der TA Lärm schränkt die planende Gemeinde nicht ein. Sie ist weiterhin befugt, im Einzelfall ein eigenes Lärmschutzkonzept, etwa durch die Festsetzung von aktiven und passiven Lärmschutzmaßnahmen, planungsrechtlich festzusetzen und dabei von der TA Lärm abzuweichen. Dies gilt insbesondere für den Wohnungsbau, weil die TA Lärm für die Beurteilung bei Wohnbauvorhaben nicht direkt, sondern nur indirekt (spiegelbildlich) im Rahmen des Rücksichtnahmegebots anzuwenden ist, *vgl. BVerwG, U. v. 29.11.2012 – 4 C 8.11.* Die Ausgestaltung des Rücksichtnahmegebotes steht der planenden Gemeinde offen.

Zu den Regelwerken, die weiterhin als Orientierungshilfe in Betracht kommen, gehören neben den vom Länderausschuss für Immissionsschutz verabschiedeten und mehrfach fortgeschriebenen „Hinweisen zur Beurteilung der durch Freizeitanlagen verursachten Geräusche", die im Jahr 1995 als „Freizeitlärm-Richtlinie" verabschiedet worden ist, *vgl. auch BVerwG, U. v. 24.04.1991 – 7 C 12.90 –, s. a. OVG Berlin-Brandenburg, B. v. 13.09.2013 – OVG 11 S 27.13.* 17

Für die Beurteilung der Zumutbarkeit besonderer Lärmarten können spezielle Regelungen gelten, so die Verkehrslärmschutzverordnung (16. BImSchV) oder die Sportanlagenlärmschutzverordnung (18. BImSchV). 18

6. Schutz vor Erschütterungen, Schwingungen oder Geräusche (Absatz 3)

19 In Absatz 3 werden Anforderungen an den Schutz vor Erschütterungen, Schwingungen oder Geräusche, die von ortsfesten Einrichtungen in baulichen Anlagen und – nach der Novelle 2016 – auf Baugrundstücken ausgehen, gestellt. Durch die in Absatz 3 vorgeschriebene Dämmpflicht soll sichergestellt werden, dass Gefahren oder unzumutbare Belästigungen durch mechanische Auswirkungen vermieden werden. Diese können entstehen, wenn Maschinen vor allem in gewerblichen oder industriellen Bauten eingesetzt werden. Beim Betrieb von Maschinen und Einrichtungen verursachte Erschütterungen, Schwingungen oder insbesondere niederfrequente Geräusche können sich nachteilig auf Menschen und Tiere sowie auf bauliche Anlagen und Einrichtungen auswirken. Dadurch können die Gesundheit der Menschen und die Standsicherheit der baulichen Anlagen (Setzungen, Risse) beeinträchtigt werden.

20 Vorrangig sind die Quellen derartiger Emissionen (Erschütterungsherd, Schwingungsquelle) zu dämmen. Es sind deshalb die als Störquellen in Betracht kommenden baulichen Anlagen und Einrichtungen konstruktiv so zu gestalten, dass die unvermeidlichen Emissionen weitgehend gedämmt werden. Es kommen aber auch bauliche Maßnahmen in Betracht, die die Umgebung vor den Auswirkungen dieser Anlagen schützen. Beurteilungsmaßstab für das, was erforderlich ist, bietet der Erlass des Ministeriums für Ländliche Entwicklung, Umwelt und Verbraucherschutz vom 17. Mai 2005 „Leitlinie zur Messung, Beurteilung und Verminderung von Erschütterungsimmissionen (Erschütterungs-Leitlinie)", Amtsblatt für das Land Brandenburg Nr. 23 vom 15.06.2005.

7. Nachweispflicht (Absatz 4)

21 Durch Absatz 4 wird die Pflicht geregelt, die Einhaltung der Anforderungen an Gebäude nach den Vorschriften der Energieeinsparung sowie zur Nutzung erneuerbarer Energien nach näherer Maßgabe der Verordnung aufgrund § 86 Abs. 3 Satz 1 Nr. 6 nachzuweisen.

22 Diese Regelung ist in der Ausschussberatung zur Novelle 2016 in den Gesetzentwurf eingefügt worden, *vgl. LT-Drucks. 6/3949.* Bezug genommen wird auf die Bestimmungen der zwischenzeitlich außer Kraft getretenen Energieeinsparverordnung vom 24. Juli 2007 (BGBl. I S. 1519), die durch das Gebäudeenergiegesetz ersetzt wurde.

23 Für welche Vorhaben und in welcher Weise der Nachweis zu erbringen ist, folgt aus der Verordnung aufgrund § 86 Absatz 3 Satz 1 Nummer 6.

§ 16
Verkehrssicherheit

(1) Bauliche Anlagen und die dem Verkehr dienenden nicht überbauten Flächen von bebauten Grundstücken müssen verkehrssicher sein.

(2) Die Sicherheit und Leichtigkeit des öffentlichen Verkehrs darf durch bauliche Anlagen oder deren Nutzung nicht gefährdet werden.

Übersicht

1. Allgemeines

In Absatz 1 ist die Grundanforderung normiert, dass bauliche Anlagen selbst und die dem Verkehr dienenden nicht überbauten Flächen von bebauten Grundstücken verkehrssicher sein müssen (Absatz 1). Absatz 1 bezweckt vorrangig den Schutz der Nutzer der baulichen Anlage. Die generelle Vorgabe, dass durch bauliche Anlagen oder deren Nutzung die Sicherheit und Leichtigkeit des öffentlichen Verkehrs nicht gefährden werden darf, findet sich in Absatz 2. Durch Absatz 2 werden die Teilnehmer am öffentlichen Verkehr vor Gefahren geschützt, die von einer baulichen Anlage ausgehen können. 1

2. Verkehrssicherungspflicht (Absatz 1)

In Absatz 1 werden zum einen Anforderungen an bauliche Anlagen im Sinne von § 2 Abs. 1 und zum anderen an Verkehrsflächen gestellt. Bei den dem Verkehr dienenden nicht überbauten Flächen von bebauten Grundstücken handelt es sich um unbefestigte Verkehrsflächen, wie sie im ländlichen Bereich, bei Sport-, Wochenendhaus- oder Campingplätzen oftmals zu finden sind. Zu beachten ist dabei, dass die Anlagen, die aus dem Geltungsbereich der Bauordnung nach § 1 Abs. 2 herausfallen, von Absatz 1 nicht erfasst werden. 2

Die Verkehrssicherungspflicht dient dem Schutz aller Nutzer einer baulichen Anlage bzw. einer Verkehrsfläche einschließlich des Eigentümers und Bauherrn. Welche Pflichten die Verkehrssicherungspflicht nach § 16 begründet ist durch die Auslegung des Begriffs der Verkehrssicherheit nach den allgemeinen Regeln zu ermitteln. Dabei ist nicht nur die Grundregel des § 3 Satz 1 zu beachten, sondern auch die Rechtsprechung zu den Verkehrssicherungspflichten unter § 823 3

Abs. 1 BGB heranzuziehen. Nach der zivilgerichtlichen Rechtsprechung, *vgl. u.a. LG Köln, U. v. 29.03.2012 – 13 S 4/12*, ist derjenige, dem eine Gefahrenlage gleich welcher Art rechtlich zuordenbar ist, verpflichtet, die notwendigen und zumutbaren Vorkehrungen zu treffen, um eine Schädigung anderer zu verhindern. Der Umfang dieser rechtlich gebotenen Verkehrssicherung ist darauf begrenzt, was ein umsichtiger und verständiger, in vernünftigen Grenzen vorsichtiger Mensch für notwendig und ausreichend hält, um andere vor Schäden zu bewahren. Ein völliger Ausschluss sämtlicher möglicher Gefahrenquellen ist weder möglich noch zu verlangen, *vgl. BGH, NJW 2007, 1683*. Eine Verkehrssicherungspflicht besteht grundsätzlich bezüglich aller Gefahren, die für Dritte, die die erforderliche Sorgfalt walten lassen, nicht oder nicht rechtzeitig erkennbar sind und auf die sie sich nicht oder nicht rechtzeitig einzurichten vermögen, *vgl. BGHZ 75, 134; BGH, VersR 2005, 660*. Daraus lässt sich generell ableiten, dass bauliche Anlagen so errichtet, geändert und erhalten werden müssen, dass sie bei bestimmungsgemäßem Gebrauch gefahrlos genutzt werden können. Es muss alles Zumutbare getan werden, um den Gefahren zu begegnen, die den Verkehrsteilnehmern bei bestimmungsgemäßer Benutzung der Anlagen drohen. Vgl. etwa zur Sicherungspflichten des Hauseigentümers gegen Schneelawinen, *AG Saarbrücken, U. v. 12.07.2012 – 42 C 338/11 (09)*.

3. Sicherheit und Leichtigkeit des öffentlichen Verkehrs

4 Die Verkehrssicherungspflicht betreffend die Verkehrsflächen verlangt, dass diese Flächen gefahrlos zu erhalten und zu gestalten sind sowie alles Zumutbare zu tun ist, um den Gefahren zu begegnen. Inhalt und Umfang der Verkehrssicherungspflicht richten sich deshalb nach dem Zweck, dem die jeweilige Verkehrseinrichtung dient, und den daraus drohenden Gefahren, *vgl. Brandenburgisches OLG, U. v. 12.08.2014 – 2 U 12/14*. Deshalb müssen Gefahren und Schäden vermieden werden, die den Verkehrsteilnehmern bei bestimmungsgemäßer Benutzung der Flächen aus deren Zustand drohen, *vgl. BGH, U. v. 18.12.1972, BGHZ 60, 54, 56 zu § 10 Abs. 1 NdsStrG*.

5 In Absatz 2 wird diese Pflicht durch den Verweis auf die Sicherheit und Leichtigkeit des Verkehrs konkretisiert. Der Gesetzgeber hat mit dieser Formulierung einen dem Straßenrecht geläufigen Begriff übernommen, *vgl. § 2 Abs. 2 Nr. 3 BbgStrG*. Die Sicherheit und Leichtigkeit des Verkehrs ist dann gefährdet, wenn nach den Erfahrungen des täglichen Lebens mit überwiegender Wahrscheinlichkeit zu erwarten ist, dass ein Verkehrsunfall verursacht wird oder der Verkehr in seinem Ablauf behindert wird, *vgl. VG Regensburg, U. v. 10.12.2013 – RN 6 K 13.1194*, bzgl. der Beeinträchtigung der Sicherheit und Leichtigkeit des Verkehrs durch Werbeanlagen, verneint. Danach kann auch eine Reinigung bzw. Winterwartung geboten sein, *vgl. allgemein VG Cottbus, U. v. 29.08.2013 – 6 K 372/12*.

§ 16a
Bauarten

(1) Bauarten dürfen nur angewendet werden, wenn bei ihrer Anwendung die baulichen Anlagen bei ordnungsgemäßer Instandhaltung während einer dem Zweck entsprechenden angemessenen Zeitdauer die Anforderungen dieses Gesetzes oder aufgrund dieses Gesetzes erfüllen und für ihren Anwendungszweck tauglich sind.

(2) [1]Bauarten, die von Technischen Baubestimmungen nach § 86a Absatz 2 Nummer 2 oder Nummer 3 Buchstabe a wesentlich abweichen oder für die es allgemein anerkannte Regeln der Technik nicht gibt, dürfen bei der Errichtung, Änderung und Instandhaltung baulicher Anlagen nur angewendet werden, wenn für sie
1. eine allgemeine Bauartgenehmigung durch das Deutsche Institut für Bautechnik oder
2. eine vorhabenbezogene Bauartgenehmigung durch die oberste Bauaufsichtsbehörde

erteilt worden ist. [2]§ 18 Absatz 2 bis 7 gilt entsprechend.

(3) [1]Anstelle einer allgemeinen Bauartgenehmigung genügt ein allgemeines bauaufsichtliches Prüfzeugnis für Bauarten, wenn die Bauart nach allgemein anerkannten Prüfverfahren beurteilt werden kann. [2]In der Verwaltungsvorschrift nach § 86a werden diese Bauarten mit der Angabe der maßgebenden technischen Regeln bekannt gemacht. [3]§ 19 Absatz 2 gilt entsprechend.

(4) Wenn Gefahren im Sinne des § 3 Satz 1 nicht zu erwarten sind, kann die oberste Bauaufsichtsbehörde im Einzelfall oder für genau begrenzte Fälle allgemein festlegen, dass eine Bauartgenehmigung nicht erforderlich ist.

(5) [1]Bauarten bedürfen einer Bestätigung ihrer Übereinstimmung mit den Technischen Baubestimmungen nach § 86a Absatz 2, den allgemeinen Bauartgenehmigungen, den allgemeinen bauaufsichtlichen Prüfzeugnissen für Bauarten oder den vorhabenbezogenen Bauartgenehmigungen; als Übereinstimmung gilt auch eine Abweichung, die nicht wesentlich ist. [2]§ 21 Absatz 2 gilt für die Anwenderin oder den Anwender der Bauart entsprechend.

(6) [1]Bei Bauarten, deren Anwendung in außergewöhnlichem Maß von der Sachkunde und Erfahrung der damit betrauten Personen oder von einer Ausstattung mit besonderen Vorrichtungen abhängt, kann in der Bauartgenehmigung oder durch Rechtsverordnung der obersten Bauaufsichtsbehörde vorgeschrieben werden, dass die Anwenderin oder der Anwender über solche Fachkräfte und Vorrichtungen verfügt und den Nachweis hierüber

gegenüber einer Prüfstelle nach § 24 Satz 1 Nummer 6 zu erbringen hat. [2]In der Rechtsverordnung können Mindestanforderungen an die Ausbildung, die durch Prüfung nachzuweisende Befähigung und die Ausbildungsstätten einschließlich der Anerkennungsvoraussetzungen gestellt werden.

(7) Für Bauarten, die einer außergewöhnlichen Sorgfalt bei Ausführung oder Instandhaltung bedürfen, kann in der Bauartgenehmigung oder durch Rechtsverordnung der obersten Bauaufsichtsbehörde die Überwachung dieser Tätigkeiten durch eine Überwachungsstelle nach § 24 Satz 1 Nummer 5 vorgeschrieben werden.

Übersicht

1. Allgemeines

1 Die Bestimmungen zu den Bauarten wurden im Art. 1 des Änderungsgesetzes vom 15. Oktober 2018 (GVBl. I Nr. 25 S. 10) neu geregelt. Der Gesetzgeber hat in diesem Gesetz auch das Bauproduktenrecht umfassend novelliert, um es an die Musterbauordnung und an die Rechtsprechung des Europäischen Gerichtshofes, *U. v. 16.10.2014 – C-100/13*, anzupassen. Im dritten Teil werden allgemeine Anforderungen an Baumaßnahmen und bauliche Anlagen normiert. Da es sich bei den Vorschriften über Bauarten um solche handelt, die das Zusammenfügen von Bauprodukten normieren, nicht aber um Anforderungen an die Bauprodukte selbst, sind die Bestimmungen über Bauarten von den Regelungen über Bauprodukte, die im vierten Teil geregelt sind, getrennt worden. Die Einführung des Begriffs „Bauartgenehmigung" in Absatz 2 verdeutlicht unter Beachtung des Urteils des EuGH vom 16.10.2014 – C-100/13 die Trennung zwischen Bauprodukten und Bauarten.

2. Anforderungen an Bauarten (Absatz 1)

Absatz 1 regelt die Voraussetzungen für die Anwendbarkeit von Bauarten. Der Gesetzgeber konkretisiert damit das in § 3 vorgegebene Schutzniveau für die Anwendung von Bauarten. Bauarten dürfen danach nur dann angewendet werden, wenn dabei die baulichen Anlagen, vgl. die Begriffsbestimmung in § 2 Abs. 1, bei ordnungsgemäßer Instandhaltung während einer dem Zweck entsprechenden angemessenen Zeitdauer die Anforderungen der Bauordnung und der darauf gründenden Vorschriften erfüllen und für ihren Anwendungszweck tauglich sind. Für die Zulässigkeit einer Bauart sind daher die aus Dauer und Nutzung resultierenden Anforderungen an eine bauliche Anlage ausschlaggebend. Für die Nutzungen sind wiederum die in der Bauordnung in den §§ 12 ff. und §§ 26 ff. genannten Anforderungen an die bauliche Anlage zu beachten. Dies betrifft den Schutz vor schädlichen Einflüssen, den Brandschutz, den Schall-, Wärme- und Erschütterungsschutz, und die Verkehrssicherheit sowie die Anforderungen an die Standsicherheit. In zeitlicher Hinsicht müssen diese Anforderungen für eine angemessene Dauer gewährleistet sein. Die Angemessenheit hängt vom Nutzungszweck ab. So müssen Standsicherheit und Brandschutz für die gesamte Nutzungsdauer gewährleistet sein. Andere Anforderungen, die einem nutzungsbedingten Verschleiß unterliegen, brauchen in ihrer Funktion von geringer Dauer sein, dies betrifft etwa die baulichen Vorkehrungen zum Schall- und Wärmeschutz. 2

3. Bauartgenehmigung (Absatz 2)

In Absatz 2 wird die Anwendbarkeit von Bauarten von einer allgemeinen Bauartgenehmigung oder einer vorhabenbezogenen Bauartgenehmigung abhängig gemacht. Erforderlich sind diese Genehmigungen unter den in Absatz 2 genannten materiellen Voraussetzungen. Sofern Bauarten nicht oder nicht wesentlich von Technischen Baubestimmungen, vgl. § 86a Abs. 2 Nr. 2 oder Nr. 3, abweichen, bedarf es keiner solchen Genehmigungen. Nicht erforderlich sind solche Genehmigungen auch dann, wenn für die Bauarten allgemeine Regeln der Technik existieren. Ist eine Bauartgenehmigung danach erforderlich, genügt aber ein allgemeines bauaufsichtliches Prüfzeugnis nach Absatz 3, bedarf es der Bauartgenehmigung nicht. Nach Absatz 4 kann im Einzelfall unter den dort genannten Voraussetzungen die oberste Bauaufsichtsbehörde eine Bauartgenehmigung für nicht erforderlich erklären. 3

Die Bauartgenehmigung wird nach Nummer 1 als **allgemeine Bauartgenehmigung** vom Deutschen Institut für Bautechnik erteilt, wenn nicht die Voraussetzungen nach Absatz 3 für ein allgemeines bauaufsichtliches Prüfzeugnis vorliegen. 4

5 Nach Nummer 2 wird die **vorhabenbezogene Bauartgenehmigung** von der obersten Bauaufsichtsbehörde (vgl. § 57 Abs. 3) erteilt. Für das Genehmigungsverfahren gilt § 18 Abs. 2–7 betreffend die Erteilung der allgemeinen bauaufsichtlichen Zulassung entsprechend.

4. Allgemeines bauaufsichtliches Prüfzeugnis (Absatz 3)

6 Absatz 3 regelt die Genehmigung von Bauarten in Gestalt eines allgemeinen bauaufsichtlichen Prüfzeugnisses. Dieses tritt an die Stelle einer allgemeinen Bauartgenehmigung nach Absatz 2. Voraussetzung für die Zulässigkeit dieses Prüfzeugnisses ist, dass die Bauart in einem allgemein anerkannten Prüfverfahren beurteilt werden kann. Ob dies der Fall ist, können weder der Antragsteller noch die Genehmigungsbehörde entscheiden. Maßgeblich ist, ob das Prüfverfahren in der Technischen Baubestimmung nach § 86a Abs. 1 bekannt gemacht worden ist. Dort werden auch die materiellen Regeln für das Prüfverfahren angegeben. Das Verfahren für die Erteilung des Prüfzeugnisses bestimmt sich hingegen nach § 19 Abs. 2, der entsprechend anzuwenden ist.

5. Entbehrlichkeit der Bauartgenehmigung (Absatz 4)

7 Nach Absatz 4 kann die oberste Bauaufsichtsbehörde festlegen, dass eine Bauartgenehmigung in einem Einzelfall oder für genau begrenzte Fälle allgemein, zumeist sind dies Folgefälle, nicht erforderlich ist. Maßstab für diese Entscheidung ist, dass Gefahren i. S. v. § 3 Satz 1 nicht zu erwarten sind. Diese Entscheidung der obersten Bauaufsichtsbehörde kann auch von Amts wegen ergehen, sodass ein Antrag nicht erforderlich ist.

6. Übereinstimmungsbestätigung (Absatz 5)

8 Absatz 5 bestimmt, dass Bauarten einer Bestätigung ihrer Übereinstimmung mit den materiellen Vorgaben des § 86a Abs. 2 oder den Bauartgenehmigungen bedürfen. Diese Bestätigung kommt nicht in der Vergabe eines Übereinstimmungszeichens zum Ausdruck, da Bauarten, anders als Bauprodukte, keine gegenständlichen Sachen sind. Es bleibt also bei der Erklärung des Anwenders. Für das Verfahren zur Abgabe dieser Bestätigung ist § 21 Abs. 2 entsprechend anzuwenden.

7. Zusatzanforderungen an die Qualifikation der Anwender (Absatz 6)

9 Nach Absatz 6 können in der Bauartgenehmigung oder einer Rechtsverordnung für alle Bauarten bestimmte Zusatzanforderungen an die Qualifikation der Anwender festgelegt werden. Der Gesetzgeber bezweckt mit dieser Regelung, dass infolge technischer Schwierigkeiten im Herstellungsverfahren

besondere Anforderungen an die Qualifikation und das Fachwissen des Herstellers oder seiner Mitarbeiter erforderlich sein können. Um den Hersteller verpflichten zu können, dafür geeignetes Personal einzusetzen, ermächtigt der Gesetzgeber dazu, bestimmte Anforderungen zu stellen. Diese Anforderungen können in der Bauartgenehmigung nach Absatz 2 Nr. 1 vom Deutschen Institut für Bautechnik oder in einer von der obersten Bauaufsicht, vgl. § 57 Abs. 3, erteilten vorhabenbezogenen Bauartgenehmigung oder in einer von dieser Bauaufsicht erlassenen Rechtsverordnung gestellt werden.

Ob die Voraussetzungen für Auflagen und eine Verordnung nach Absatz 6 10
vorliegen, ist der gerichtlichen Prüfung uneingeschränkt zugänglich. Die unbestimmten Rechtsbegriffe eröffnen der Behörde keinen Beurteilungsspielraum.

8. Erforderlichkeit eines Sachkundenachweises (Absatz 7)

Absatz 7 regelt die Erforderlichkeit eines Sachkundenachweises. Sofern Bau- 11
arten wegen ihrer besonderen Eigenschaften oder ihres besonderen Verwendungszwecks einer außergewöhnlichen Sachkunde bedürfen, kann diese Sachkunde verbindlich gefordert werden durch Auflagen in der Bauartgenehmigung nach Absatz 2 Nr. 1 und 2 oder in einer Verordnung, die die Oberste Bauaufsicht (§ 57 Abs. 3) deswegen erlassen darf. Ob eine außergewöhnliche Sachkunde erforderlich ist, ist jeweils von der entscheidenden Behörde zu ermitteln. Dabei ist zu berücksichtigen, dass die bestehenden Anforderungen an die Anwendung von Bauarten beachtet werden. Weitergehende Forderungen können also nur dann gestellt werden, wenn die bestehenden Anforderungen deutlich hinter dem zurückbleiben, was für eine sachgerechte Anwendung der Bauart erforderlich ist.

Dass die Voraussetzungen für Auflagen und eine Verordnung nach Absatz 7 12
vorliegen, ist der gerichtlichen Prüfung uneingeschränkt zugänglich. Die unbestimmten Rechtsbegriffe eröffnen der Behörde keinen Beurteilungsspielraum.

Abschnitt 3
Bauprodukte

Einführung vor §§ 16b bis 25

1 Die Vorschriften des 3. Abschnitts regeln die Anforderungen an Bauprodukte sowie an den Nachweis, dass diese für die bauliche Verwendung geeignet sind (Verwendungsnachweis). Mit dem Regelungssystem der §§ 16b bis 25 soll sichergestellt werden, dass bei Errichtung, Änderung und Instandhaltung baulicher Anlagen nur solche Bauprodukte verwendet werden, die dafür auch zugelassen sind. In der Bauordnung werden die Anforderungen an die Verwendung von Bauprodukten unter dem Gesichtspunkt der Gefahrenabwehr normiert. Dazu hat der Landesgesetzgeber materielle und verfahrensrechtliche Regelungen erlassen. Das heißt zugleich, dass Bauprodukte nicht verwendet werden dürfen, die den §§ 16a ff. nicht entsprechen. Werden sie gleichwohl verwendet, berechtigt dies die Bauaufsichtsbehörde zum Einschreiten, vgl. § 79 Abs. 1 Nr. 3 und 4. In zivilrechtlicher Hinsicht kann das Bauwerk mangelhaft hergestellt sein, *vgl. LG Mönchengladbach, U. v. 17.06.2015 – 4 S 141/14.*

2 Eingebunden sind die bauordnungsrechtlichen Vorschriften in das **Unionsrecht**, insbesondere in die geltende Bauproduktenverordnung (Verordnung (EU) Nr. 305/2011 des Europäischen Parlaments und des Rates vom 9. März 2011 zur Festlegung harmonisierter Bedingungen für die Vermarktung von Bauprodukten und zur Aufhebung der Richtlinie 89/106/EWG des Rates, Abl. EU Nr. L 88/5 vom 4.4.2011). Die Verwendung von Bauprodukten ist ein zentrales Thema des EU-Binnenmarktes und berührt die Warenverkehrsfreiheit. Das Bauordnungsrecht darf also die Verwendung von europäisch harmonisierten Bauprodukten, die nach der Bauproduktenverordnung EU-weit gehandelt werden dürfen, nicht einschränken, *s. dazu Eisenberg, Das neue Bauproduktenrecht – Bekanntes, Neues, Ungeklärtes, NZBau 2013, 675ff.; Wirth, Die Europäische Bauproduktenverordnung, BauR 2013, 703ff. und ders. Nationale Restregelungen bei harmonisierten europäischen Normen, BauR 2013, 1951ff.; ders. Das Ü-Zeichen ist tot. Es lebe das Ü-Zeichen?, BauR 2013, 405ff.; Jarass, Probleme des Europäischen Bauproduktenrechts, NZBau 2008, 145ff.* Der Gesetzgeber in Brandenburg hat dies berücksichtigt. Die Bauordnung ist an die geltende Bauproduktenverordnung. Im Bauordnungsrecht werden daher keine Anforderungen gestellt, die über diejenigen der Bauproduktenverordnung und das sonstige Unionsrecht hinausgehen. Diese nationale Zurückhaltung hat der EuGH in seinem *Urteil vom 16.10.2014, Rs. C-100/13* für die Bauregelliste B deutlich gefordert.

3 Bedeutsam ist daneben das Gesetz zur Durchführung der Verordnung (EU) Nr. 305/2011 zur Festlegung harmonisierter Bedingungen für die Vermarktung von Bauprodukten und zur Umsetzung und Durchführung anderer

Rechtsakte der Europäischen Union in Bezug auf Bauprodukte (**Bauproduktengesetz** – BauPG) vom 5. Dezember 2012 (BGBl. I S. 2449, 2450), das zuletzt durch Artikel 141 der Verordnung vom 19. Juni 2020 (BGBl. I S. 1328) geändert worden ist. Das Bauproduktengesetz trifft Regelungen, die für die Durchführung der EU-Bauproduktenverordnung in Deutschland erforderlich sind. Geregelt sind u.a. die Zuständigkeit und Aufgaben der Technischen Bewertungsstelle. Diese ist nach § 1 BauPG das Deutsche Institut für Bautechnik in Berlin, welches Technische Bewertungsstelle gem. Art. 29 Abs. 1 UAbs. 1 EU-BauPVO ist. Das Deutsche Institut für Bautechnik ist durch das Abkommen über das Deutsche Institut für Bautechnik (DIBt-Abkommen) vom 22. Oktober 1992, zuletzt geändert durch Abkommen (Gesetz vom 10. Juli 2017) vom 26. Oktober 2016 (GVBl. I/17, [Nr. 18]) eingerichtet worden. Demzufolge werden die Bestimmungen der §§ 16a ff. für alle Länder einheitlich vom Deutschen Institut für Bautechnik vollzogen.

Als Durchführungsgesetz ist in Brandenburg das Brandenburgisches Marktüberwachungsdurchführungsgesetz für Bauprodukte (BbgMÜDBauPG) vom 1. April 2019 (GVBl. I/19, [Nr. 4]) erlassen worden. Oberste Marktüberwachungsbehörde im Land Brandenburg ist das Ministerium für Infrastruktur und Landwirtschaft. Obere Marktüberwachungsbehörde ist das Landesamt für Bauen und Verkehr (LBV) als Bautechnisches Prüfamt, vgl. § 1 Abs. 1 BbgMÜDBauPG. 4

Neben den Bestimmungen der Bauordnung gelten auch die landesrechtlichen Vorschriften, die aufgrund § 86 bzw. den Vorgängerregelungen betreffend den Umgang mit Bauprodukten und Bauarten erlassen wurden. Dies sind: 5
- Verordnung über die Anwendung von Verordnungen nach § 14 des Geräte- und Produktsicherheitsgesetzes für bauliche Anlagen im Land Brandenburg (BbgBauGPSGV) vom 19. Dezember 2006 (GVBl. II/07 S. 22)
- Verordnung über Anforderungen an Hersteller von Bauprodukten und Anwender von Bauarten im Land Brandenburg (Brandenburgische Hersteller- und Anwenderverordnung – BbgHAV) vom 28. Juli 2009 (GVBl. II/09, [Nr. 26], S. 518)
- Verordnung über die Überwachung von Tätigkeiten mit Bauprodukten und bei Bauarten im Land Brandenburg (Brandenburgische Bautätigkeitenüberwachungsverordnung – BbgÜTV) vom 24. März 2005 (GVBl. II/05, [Nr. 09], S. 161)
- Verordnung über das Übereinstimmungszeichen im Land Brandenburg (Brandenburgische Übereinstimmungszeichenverordnung – BbgÜZV) vom 20. November 2001 (GVBl. II/01, [Nr. 23], S. 632)
- Verordnung über zugelassene Überwachungsstellen nach dem Produktsicherheitsgesetz im Land Brandenburg (ZÜSVBbg) vom 6. Dezember 2005 (GVBl. II/05, [Nr. 33], S. 582), geändert durch Verordnung vom 6. April 2016 (GVBl. II/16, [Nr. 18])

- Verordnung zur Feststellung der wasserrechtlichen Eignung von Bauprodukten durch Nachweise nach der Brandenburgischen Bauordnung (Brandenburgische Wasserbauprüfverordnung – BbgWBauPV) vom 21. Juli 1998 (GVBl. II/98, [Nr. 22], S. 532), geändert durch Artikel 3 der Verordnung vom 23. März 2005 (GVBl. II/05, [Nr. 09], S. 159)

§ 16b
Allgemeine Anforderungen
für die Verwendung von Bauprodukten

(1) Bauprodukte dürfen nur verwendet werden, wenn bei ihrer Verwendung die baulichen Anlagen bei ordnungsgemäßer Instandhaltung während einer dem Zweck entsprechenden angemessenen Zeitdauer die Anforderungen dieses Gesetzes oder aufgrund dieses Gesetzes erfüllen und gebrauchstauglich sind.

(2) Bauprodukte, die in Vorschriften der Mitgliedstaaten der Europäischen Union und anderer Vertragsstaaten des Abkommens über den europäischen Wirtschaftsraum genannten technischen Anforderungen entsprechen, dürfen verwendet werden, wenn das geforderte Schutzniveau gemäß § 3 Satz 1 gleichermaßen dauerhaft erreicht wird.

Übersicht

1. Allgemeines

Im Bauproduktenrecht wird zwischen den nationalen Anforderungen an die Sicherheit des Bauwerks und den unionsrechtlich vorgegebenen Anforderungen an die Verwendung von Bauprodukten unterschieden. Der Gesetzgeber wird dieser Differenzierung dadurch gerecht, dass er nach den Vorgaben des Unionsrechts die Verwendung von Bauprodukten in den §§ 16a und 16b sowie den Umgang mit Verwendbarkeitsnachweisen in den §§ 17–23 regelt und Anforderungen an die Qualifikation der Hersteller in § 25 normiert. Zugleich versucht der Gesetzgeber die Regelungen so zu fassen, dass die Sicherheit des Bauwerks nicht allein von der sachgerechten Verwendung von Bauprodukten, sondern auch von der Eigenschaft der verwendeten Bauprodukte abhängt. Die sachgerechte Verwendung setzt wiederum voraus, dass die Eigenschaft eines Bauproduktes in der sog. **Leistungserklärung** (Art. 4 EU-BauPVO) richtig und vollständig angegeben wird. 1

Der Gesetzgeber schafft in Absatz 1 eine grundlegende Vorschrift über die Verwendung von Bauprodukten. Diese Anforderungen waren bis zur Novelle 2018 in § 3 Abs. 7 geregelt. § 3 Abs. 7 wurde gestrichen, so dass die 2

Anforderungen an die Verwendung von Bauprodukte im Vierten Teil konzentriert geregelt sind.

3 Aus § 16b und den Vorgaben des § 16c und § 17 folgt zudem, dass Bauprodukte, für die es allgemein anerkannte Regeln der Technik gibt, die jedoch nicht als Technische Baubestimmungen bekannt gemacht worden sind, gem. § 16b verwendet werden dürfen, ohne dass es eines Verwendbarkeitsnachweises und einer Übereinstimmungsbestätigung bedarf. Deren Verwendung ist auch dann ohne Verwendbarkeitsnachweis erlaubt, wenn sie für die Erfüllung der Anforderungen aus § 3 relevant sind. Denkbar sind solche Fälle insbesondere, wenn die Erfüllung der Anforderungen des § 3 bereits durch ein Regelsetzungs- und Zertifizierungssystem festgestellt wurde, sodass deswegen allgemein anerkannten Regeln der Technik als Technische Baubestimmungen im Sinne von § 86a nicht aufgestellt wurden. Ebenso dürfen auf Grundlage von § 16b solche Bauprodukte verwendet werden, die nicht für die Erfüllung der Anforderungen nach § 3 bedeutsam sind.

4 Bei Verstößen gegen § 16b kann die Bauaufsichtsbehörde gem. § 79 Abs. 1 Satz 2 Nr. 3 und 4 einschreiten.

2. Verwendbarkeit von Bauprodukten (Absatz 1)

5 Absatz 1 bestimmt, dass Bauprodukte nur verwendet werden dürfen, wenn sie die genannten Anforderungen erfüllen, also bei ihrer Verwendung die baulichen Anlagen bei ordnungsgemäßer Instandhaltung während einer dem Zweck entsprechenden angemessenen Zeitdauer die Anforderungen dieses Gesetzes oder aufgrund dieses Gesetzes erfüllen und gebrauchstauglich sind. Bauprodukte, für die Technische Baubestimmungen nach § 86a Abs. 2 Nr. 3 vorhanden sind, müssen mit diesen übereinstimmen oder dürfen von diesen nicht wesentlich abweichen.

6 Der Gesetzgeber stellt in Absatz 1 an die Bauprodukte keine absoluten Anforderungen, sondern relativiert diese, da es jeweils auf einen ordnungsgemäßen Umgang mit der baulichen Anlage ankommt. Er benennt insoweit die ordnungsgemäße Instandhaltung der baulichen Anlage, den Nutzungszweck der Anlage und eine angemessene Zeitdauer. Mit letzterer ist die dauerhafte Gebrauchstauglichkeit gemeint. Diese wird in Absatz 1 jedoch nicht eigens bestimmt. Es wird auf die grundsätzliche Anforderung, d. h. insbesondere auf § 3 Bezug genommen. Wie die angemessene Zeitdauer zu verstehen ist, wird nicht präzisiert. Auszugehen ist von der Verkehrsauffassung. Für grundlegende Sicherheitsanforderungen etwa an die Statik und den Brandschutz wird die Gebrauchstauglichkeit während der gesamten Nutzungsdauer gegeben sein müssen. Bei Bauprodukten, die einem gebrauchsbedingten Verschleiß unterliegen, wird die Nutzungsdauer kürzer sein können.

Für die Beurteilung der Verwendungs- und Gebrauchstauglichkeit des Bauprodukts ist die **Leistungserklärung** nach Art. 4 EU-BauPVO maßgeblich. Mit dieser Erklärung beschreibt der Hersteller die Eigenschaften eines **europäisch harmonisierten Bauprodukts** in Bezug auf die harmonisierten Normen und Europäischen Technischen Bewertungen. Harmonisierte Normen und ihre Eigenschaften sind in Art. 17 EU-BauPVO definiert. Aufgrund der Leistungserklärung nach Art. 4 wird die CE-Kennzeichnung gem. Art. 8 EU-BauPVO aufgebracht 7

Harmonisierte Normen (Definition in Art. 2 Nr. 11 EU-BauPVO) werden von einem europäischen Normungsgremium auf Grundlage eines Ersuchens (Mandates) erstellt, das die Kommission gem. Art. 6 der Richtlinie 98/34/EG und nach Konsultation des Ständigen Ausschusses für das Bauwesen (Art. 64 EU-BauPVO) unterbreitet. Die harmonisierte Norm wird im Amtsblatt der EU veröffentlicht. Wird das Bauprodukt von dieser Norm erfasst, muss dessen Hersteller gem. Art. 4 EU-BauPVO eine Leistungserklärung abgeben. Grundlage der Leistungserklärung ist eine technische Dokumentation, die der Hersteller gem. Art. 11 Abs. 1 UAbs. 2 EU-BauPVO zu erstellen hat. 8

Gibt es für das Bauprodukt zwar keine harmonisierte Norm aber eine **Europäische Technische Bewertung** und entspricht das Bauprodukt dieser Bewertung, muss der Hersteller die Leistungserklärung ebenfalls abgeben. Die Europäische Technische Bewertung ist in Art. 26 EU-BauPVO definiert. Sie wird auf Antrag des Herstellers von einer Technischen Bewertungsstelle auf der Grundlage eines Europäischen Bewertungsdokuments gem. den in Art. 21 EU-BauPVO festgelegten Verfahren ausgestellt. Der Hersteller kann diesen Antrag stellen für Bauprodukte, die nicht oder nicht vollständig von den harmonisierten europäischen Normen des Europäischen Komitees für Normung (CEN) erfasst sind. Die Europäische Technische Bewertung dokumentiert die Bewertung der Leistung eines Bauprodukts in Bezug auf seine wesentlichen Merkmale im Einklang mit dem betreffenden Europäischen Bewertungsdokument und die für die Anwendung des Systems zur Bewertung und Überprüfung der Leistungsbeständigkeit erforderlichen technischen Angaben. Europäische Technische Bewertung ist nach Art. 21 Abs. 1 EU-BauPVO Grundlage für die Ausstellung der Leistungserklärung und die Anbringung der CE-Kennzeichnung (Art. 8 EU-BauPVO). 9

Die Technische Bewertungsstelle wird von den Mitgliedsstaaten benannt und von der Kommission veröffentlicht (ec.europa.eu/growth/tools-databases/nando/index.cfm?fuseaction=directive.notifiedbody&dir_id=33). In Deutschland ist Technische Bewertungsstelle gem. § 1 Abs. 1 BauPG das DIBt. Dieses erstellt die Europäische Technische Bewertungen auf der Grundlage Europäischer Bewertungsdokumente, die von der EOTA, einem Zusammenschluss der Bewertungsstellen der Mitgliedstaaten gem. Art. 31 Abs. 1 EU-BauPVO, 10 nach Art. 19 EU-BauPVO und unter Einhaltung der in Anhang II der EU-BauPVO festgelegten Verfahren erstellt werden.

3. Verwendung von anderswo zugelassenen Bauprodukten (Absatz 2)

11 Absatz 2 regelt die Verwendung von Bauprodukten, die den Vorschriften eines anderen Mitgliedstaates der Europäischen Union oder eines anderen Vertragsstaates des Abkommens über den Europäischen Wirtschaftsraum entsprechen. Bis zur Novelle 2018 war dies in § 3 Abs. 5 geregelt. Absatz 2 erlaubt die Verwendung von nach den Vorschriften anderer Mitgliedsstaaten zugelassener Bauprodukte, wenn das Schutzniveau des § 3 ebenfalls für eine angemessene Zeit gewahrt wird. Damit werden für alle Bauprodukte geltende allgemeine Anforderungen auf die Verwendung von aus anderen Mitgliedstaaten der EU oder anderen Vertragsstaaten des Europäischen Wirtschaftsraums stammende Bauprodukte vorgeschrieben. Dadurch, dass die bauordnungsrechtliche Generalklausel auf die Verwendung von Bauprodukten festgelegt worden ist, ist europarechtskonform die bauordnungsrechtliche Mindestanforderung konkretisiert worden. Absatz 2 dient damit der Gefahrenabwehr und Sicherheit sowie dem Gesundheitsschutz bei der Verwendung eines Bauprodukts. Anforderungen an das Bauprodukt selbst werden in Absatz 2 also nicht gestellt. Dies wäre unionsrechtlich nicht zulässig (vgl. Art. 8 Abs. 4 EU-BauPVO).

§ 16c
Anforderungen für die Verwendung von CE-gekennzeichneten Bauprodukten

[1]Ein Bauprodukt, das die CE-Kennzeichnung trägt, darf verwendet werden, wenn die erklärten Leistungen den in diesem Gesetz oder aufgrund dieses Gesetzes festgelegten Anforderungen für diese Verwendung entsprechen. [2]Die §§ 17 bis 25 Absatz 1 gelten nicht für Bauprodukte, die die CE-Kennzeichnung aufgrund der Verordnung (EU) Nr. 305/2011 tragen.

Übersicht

1. Allgemeines

§ 16c regelt die Voraussetzungen für die Verwendung von Bauprodukten, die die CE-Kennzeichnung tragen. Bauprodukte mit einer CE-Kennzeichnung der Europäischen Union dürfen nach Maßgabe des § 16c ohne weiteres Zulassungsverfahren verwendet werden. Denn die CE-Kennzeichnung wird auf dem Bauprodukt angebracht, für das der Hersteller eine Leistungserklärung gem. Art. 4 EU-BauPVO abgegeben hat. 1

Die Brandenburgische Bauordnung entspricht damit den Vorgaben aus der EU-BauPVO. Die CE-Kennzeichnung bestätigt die Übereinstimmung des Bauprodukts mit der erklärten Leistung. Damit bleibt die CE-Kennzeichnung ohne Aussage in Bezug auf die Brauchbarkeit des Bauprodukts oder auf seine Übereinstimmung mit den Vorgaben der harmonisierten technischen Spezifikation. Jedoch sind die erklärten Leistungen im Sinne von Art. 4 EU-BauPVO von ausschlaggebender Bedeutung. Denn diese Leistungen müssen den gestellten Anforderungen der harmonisierten Normen oder den Europäischen Technischen Bewertung entsprechen. 2

2. Verwendungserlaubnis (Satz 1)

Satz 1 greift mit der Verwendungsfreigabe das Behinderungsverbot des Art. 8 Abs. 4 EU-BauPVO auf. Danach darf ein Mitgliedstaat in seinem Hoheitsgebiet oder in seinem Zuständigkeitsbereich die Bereitstellung auf dem Markt oder die Verwendung von Bauprodukten, die die CE-Kennzeichnung tragen, 3 weder untersagen noch behindern, wenn die erklärten Leistungen den Anforderungen für dessen Verwendung in dem betreffenden Mitgliedstaat entsprechen, vgl. *VG Düsseldorf, B. v. 06.04.2022 – 4 L 2626/21*. Die CE-Kennzeichen schließt mithin die Anbringung eines Ü-Zeichens aus *(vgl. Kessler BauR 2019, 1845 ff.)*. Jedoch darf das Bauprodukt nur verwendet werden, wenn es nach seiner Leistungserklärung den spezifischen Anforderungen, die sich aus der Verwendung des Bauproduktes bei der Herstellung eines Vorhabens ergeben, genügt, vgl. § 16b. Die spezifischen Anforderungen bei der Verwendung des Bauprodukts zur Herstellung eines Bauvorhabens folgen aus der Bauordnung und aus den aufgrund der Bauordnung erlassenen Vorschriften, z. B. aus den Sonderbauvorschriften und den Technischen Baubestimmungen. Die CE-Zertifizierung eines Bauprodukts indiziert insoweit nicht dessen einschränkungslose Verwendungsmöglichkeit. Die Bauprodukteverordnung sieht lediglich eine Vermutung der Konformität eines Bauproduktes mit der vom Hersteller erklärten Leistung zu einer harmonisierten technischen Spezifikation vor, vgl. Art. 4 Abs. 3, Art. 8 Abs. 2 UAbs. 3 sowie Erwägungsgrund Nr. 31 EU-BauPVO, dazu *VGH Mannheim, U. v. 07.10.2020 – 8 S 2959/18 –; VG Düsseldorf, B. v. 06.04.2022 – 4 L 2626/21.*

3. Leistungserklärung

4 Inhalt und Bedeutung der Leistungserklärung sind in Art. 6 EU-BauPVO geregelt. Zu verwenden ist dabei das Muster in Anhang III der EU-BauPVO. Danach gibt die Leistungserklärung die Leistung von Bauprodukten in Bezug auf die wesentlichen Merkmale dieser Produkte gemäß den harmonisierten Normen oder, gibt es diese für das Produkt nicht, den Europäischen Technischen Bewertungen, s. o. § 16b Anm. 2. Ein Bauprodukt ist also nur dann ein verwendbares Bauprodukt, wenn die Leistungserklärung, wie von Art. 6 Abs. 3 lit. c EU-BauPVO gefordert, mindestens ein wesentliches Merkmal enthält. In der Regel beinhaltet die Leistungserklärung mehrere Merkmale. Dokumentiert sind diese Merkmale in der technischen Dokumentation nach Art. 11 Abs. 1 UAbs. 2 EU-BauPVO. Nach Art. 6 Abs. 3 lit. b EU-BauPVO gehört zur Leistungserklärung auch die Angabe der Liste der wesentlichen Merkmale, die in den harmonisierten technischen Spezifikationen für den erklärten Verwendungszweck beziehungsweise die erklärten Verwendungszwecke festgelegt sind. Dementsprechend dürfen die am Bau Beteiligten ein Bauprodukt nur verwenden, wenn die erklärten Leistungen ausreichend sind, um die bauordnungsrechtlichen Anforderungen zu erfüllen.

5 Genügen die erklärten Leistungen nicht den bauordnungsrechtlichen Anforderungen an die vorgesehene Verwendung, dürfen die am Bau Beteiligten das Bauprodukt nicht verwenden, es sei denn, die fehlenden Merkmale sind von so geringer Bedeutung, dass die Bauwerksanforderungen gleichwohl erfüllt werden. Das Bauprodukt darf daher auch dann nicht verwendet werden,

wenn die Leistungserklärung erkennen lässt, dass die Bauwerksanforderungen nicht erfüllt werden. Dies folgt unmittelbar aus § 16c.

4. Nicht-Geltung der §§ 17–25 Absatz 1 (Satz 2)

Nach Satz 2 gelten die §§ 17–25 Abs. 1 nicht für Bauprodukte, die eine CE-Kenn- 6
zeichnung tragen. Dies folgt unmittelbar auch aus Art. 8 Abs. 4 EU-BauPVO. Diese Gesetzeslage entspricht dem Urteil des EuGH v. 16.10.2014 – C-100/13. Für solche Produkte dürfen Verwendbarkeitsnachweise und Übereinstimmungsbestätigungen nicht gefordert werden, *eingehend Kessler BauR 2019, 1845ff.* Soll die Verwendbarkeit dieser Bauprodukte gleichwohl nicht unkontrolliert bleiben, muss die Bauaufsichtsbehörde im Einzelfall im Rahmen der Bauüberwachung gem. § 82 entscheiden, ob und ggf. welche ordnungsbehördliche Maßnahme (z. B. die Einstellung von Arbeiten gem. § 79 Abs. 1) erforderlich ist.

Die Bauaufsichtsbehörde darf im Rahmen der Bauüberwachung gem. § 79 7
Abs. 1 Satz 1 auch Bauprodukte, die nach § 16c Satz 2 keines Verwendbarkeitsnachweises bedürfen, daraufhin prüfen, ob der gewählte Verwendungszweck mit der Zulassung übereinstimmt. Die untere Bauaufsichtsbehörde ist im Rahmen dieser Prüfung nicht an eine Zulassung gebunden, wenn besondere Umstände des konkreten Falles ergeben, dass die Verwendung dieses Baustoffes oder dieses Bauproduktes zu einem baurechtswidrigen Zustand führen würde.

§ 17
Verwendbarkeitsnachweise

(1) Ein Verwendbarkeitsnachweis nach den §§ 18 bis 20 ist für ein Bauprodukt erforderlich, wenn
1. es für dieses keine Technische Baubestimmung und keine allgemein anerkannte Regel der Technik gibt,
2. das Bauprodukt von einer Technischen Baubestimmung nach § 86a Absatz 2 Nummer 3 wesentlich abweicht oder
3. eine Verordnung nach § 86 Absatz 4a es vorsieht.

(2) Ein Verwendbarkeitsnachweis ist nicht erforderlich für ein Bauprodukt,
1. das von einer allgemein anerkannten Regel der Technik abweicht oder
2. das für die Erfüllung der Anforderungen dieses Gesetzes oder aufgrund dieses Gesetzes nur eine untergeordnete Bedeutung hat.

(3) Die Technischen Baubestimmungen nach § 86a enthalten eine nicht abschließende Liste von Bauprodukten, die keines Verwendbarkeitsnachweises nach Absatz 1 bedürfen.

Übersicht

1. Allgemeines

1 Wie aus § 16c Satz 2 folgt, ist der Verwendbarkeitsnachweis von vornherein nicht für CE-gekennzeichnete Produkte erforderlich. Für diese Produkte darf der Nachweis nicht gefordert werden. Ist für sonstige Bauprodukte ein Verwendungsnachweis erforderlich und wird er erteilt, ist die Verwendung dieser Bauprodukte damit generell nachgewiesen. Das danach hergestellte Bauprodukt muss sich im Einzelfall als konkret verwendbar erweisen. Dafür ist der Hersteller verantwortlich. Er bestätigt die konkrete Verwendbarkeit durch seine Übereinstimmungsbestätigung, vgl. § 21. Die Übereinstimmungsbestätigung nimmt also auf die Übereinstimmung des Bauproduktes mit den technischen Regeln nach § 17 Abs. 1, den allgemeinen bauaufsichtlichen Zulassungen, den allgemeinen bauaufsichtlichen Prüfzeugnissen oder den Zustimmungen im Einzelfall Bezug.

2. Erforderlichkeit eines Verwendbarkeitsnachweises

In Absatz 1 ist bestimmt, unter welchen Voraussetzungen die in §§ 18–20 geregelten Verwendbarkeitsnachweise erforderlich sind. Verwendbarkeitsnachweise können sein die allgemeine bauaufsichtliche Zulassung (§ 18), das allgemeine bauaufsichtliche Prüfzeugnis (§ 19) oder die Zustimmung im Einzelfall (§ 20). Diese Nachweise sind grundsätzlich erforderlich, wenn es für das Bauprodukt keine technischen Regeln gibt. Denn entspricht das Bauprodukt den technischen Regeln, bedarf es keines Verwendbarkeitsnachweises. Die Erforderlichkeit des Verwendbarkeitsnachweises ist in Absatz 1 daher nicht abschließend geregelt, da die Erforderlichkeit davon abhängt, ob es für das Bauprodukt Technische Baubestimmungen oder allgemein anerkannte Regeln der Technik gibt, oder ob es von diesen wesentlich abweicht, die technischen Baubestimmungen also nicht mehr einschlägig sind, oder die Erforderlichkeit eines Verwendbarkeitsnachweises in einer Verordnung nach § 86 Abs. 4a bestimmt ist. 2

Nach Nummer 1 ist ein Verwendbarkeitsnachweis erforderlich, wenn es weder eine **Technische Baubestimmung** noch eine allgemein anerkannte Regel der Technik gibt. Die Technischen Baubestimmungen werden von der obersten Bauaufsicht gem. § 86a Abs. 5 als Verwaltungsvorschrift bekannt gemacht, *vgl. dazu Amtsblatt für Brandenburg vom 6.5.2020 Nr. 18, S. 434ff.* Die oberste Bauaufsichtsbehörde hat dafür die Muster-Verwaltungsvorschrift Technische Baubestimmungen des Deutschen Instituts für Bautechnik (DIBt) zu verwenden *(dazu Kessler BauR 2019, 1845ff.)*. Aktuell ist die Muster-Verwaltungsvorschrift vom 15. Januar 2020 Ausgabe 2019/1. Die Technischen Baubestimmungen können nach *VGH Mannheim, U. v. 07.10.2020 – 8 S 2959/18 –*, Gegenstand einer Normenkontrollklage nach § 47 Abs. 2 Nr. 2 VwGO sein. **Allgemein anerkannte Regeln der Technik** sind die Prinzipien und Lösungen, die in der Praxis erprobt und bewährt sind und sich bei der Mehrzahl der Praktiker durchgesetzt haben, *vgl. OVG Lüneburg, B. v. 13.03.2019 – 13 LA 160/18 –; Zängl, Rechtsverbindlichkeit technischer Regeln (Normen) im Baurecht, BayVBl. 1986, 353; BVerwG, B. v. 04.08.1992 – 4 B 150.92.* 3

Nach Nummer 2 ist ein Verwendbarkeitsnachweis erforderlich, wenn von einer **Technischen Baubestimmung** nach § 86a Abs. 2 Nr. 3 wesentlich abgewichen wird. Was wesentlich ist, entscheidet die Behörde bzw. Stelle, die den Verwendbarkeitsnachweis zu erteilen hat. Von einer wesentlichen Abweichung ist auszugehen, wenn die Anforderungen und Bedingungen, die von der Technischen Baubestimmung an ein Bauprodukt gestellt werden, für das fragliche Bauprodukt nicht mehr einschlägig sein können, weil seine Merkmale mit diesen Anforderungen und Bedingungen nicht mehr in Einklang zu bringen sind. Je enger die in der Baubestimmungen gestellten Anforderungen formuliert sind, um so eher ist eine wesentliche Abweichung anzunehmen. 4

5 Nach Nummer 3 kann ein Verwendbarkeitsnachweis aufgrund einer **Rechtsverordnung** gem. § 86 Abs. 4a erforderlich sein. Durch § 86 Abs. 4a wird die oberste Bauaufsichtsbehörde (vgl. § 57 Abs. 3) ermächtigt, für Bauprodukte, soweit sie Anforderungen nach anderen Rechtsvorschriften unterliegen, zu bestimmen, dass § 16a Abs. 2 und 3 sowie die §§ 17–25 ganz oder teilweise anwendbar sind, wenn die anderen Rechtsvorschriften dies verlangen oder zulassen.

6 Eine derartige Verordnung ist die WasBauPVO (Verordnung zur Feststellung der wasserrechtlichen Eignung von Bauprodukten durch Nachweise nach der Brandenburgischen Bauordnung [Brandenburgische Wasserbauprüfverordnung – BbgWBauPV]) vom 21. Juli 1998 (GVBl. II S. 532), geändert durch Artikel 3 der Verordnung vom 23. März 2005 (GVBl. II S. 159).

3. Ausnahmen von der Erforderlichkeit des Verwendbarkeitsnachweises (Absatz 2)

7 Absatz 2 benennt zwei Ausnahmen von der in Absatz 1 geregelten Erforderlichkeit eines Verwendbarkeitsnachweises. Nach Nummer 1 ist dieser Nachweis nicht erforderlich, wenn eine allgemein anerkannte Regel der Technik existiert, das Bauprodukt jedoch von dieser abweicht. Zumeist werden die Anforderungen an diese Bauprodukte von anderen Zertifizierungssystemen vorgegeben.

8 Nach Nummer 2 sind allgemein Verwendbarkeitsnachweise nicht erforderlich für Bauprodukte, die nur eine untergeordnete Bedeutung für die Erfüllung der Anforderungen dieses oder aufgrund dieses Gesetzes haben. Bisher waren diese Bauprodukte als „sonstige Bauprodukte“ bezeichnet.

4. Klarstellende Liste für nicht erforderliche Nachweise (Absatz 3)

9 In der nach Absatz 3 vorgesehenen Liste werden Bauprodukte aufgeführt, für die es weder Technische Baubestimmungen noch allgemein anerkannte Regeln der Technik gibt und die für die Erfüllung der Anforderungen nach § 3 nicht relevant sind. Sie sind in der Muster-Verwaltungsvorschrift Technische Baubestimmungen (MV Ausgabe 2019/1) aufgeführt. Zudem können Bauprodukte in diese Liste aufgenommen werden, die zwar für die Erfüllung der Anforderungen nach § 3 von Bedeutung sind, für die es aber allgemein anerkannte Regeln der Technik nicht gibt. Die Liste hat keine konstitutive, sondern nur eine deklaratorische Bedeutung. Diese Liste ist nicht abschließend. Sind in dieser Liste Bauprodukte nicht aufgeführt, ist aber ein Verwendbarkeitsnachweis nach Absatz 2 nicht erforderlich, dann hat es damit sein Bewenden.

§ 18
Allgemeine bauaufsichtliche Zulassung

(1) Das Deutsche Institut für Bautechnik erteilt in den Fällen des § 17 Absatz 1 eine allgemeine bauaufsichtliche Zulassung für Bauprodukte, wenn deren Verwendbarkeit im Sinne des § 16b Absatz 1 nachgewiesen ist.

(2) [1]Die zur Begründung des Antrags erforderlichen Unterlagen sind beizufügen. [2]Soweit erforderlich, sind Probestücke vom Antragsteller zur Verfügung zu stellen oder durch Sachverständige, die das Deutsche Institut für Bautechnik bestimmen kann, zu entnehmen oder Probeausführungen unter Aufsicht der Sachverständigen herzustellen. [3]§ 69 Absatz 2 gilt entsprechend.

(3) Das Deutsche Institut für Bautechnik kann für die Durchführung der Prüfung die sachverständige Stelle und für Probeausführungen die Ausführungsstelle und die Ausführungszeit vorschreiben.

(4) [1]Die allgemeine bauaufsichtliche Zulassung wird widerruflich und für eine bestimmte Frist erteilt, die in der Regel fünf Jahre beträgt. [2]Die Zulassung kann mit Nebenbestimmungen erteilt werden. [3]Sie kann auf Antrag in Textform in der Regel um fünf Jahre verlängert werden. [4]Sie kann auch rückwirkend verlängert werden, wenn der Antrag vor Fristablauf beim Deutschen Institut für Bautechnik eingegangen ist.

(5) Die Zulassung wird unbeschadet der privaten Rechte Dritter erteilt.

(6) Das Deutsche Institut für Bautechnik macht die von ihm erteilten allgemeinen bauaufsichtlichen Zulassungen nach Gegenstand und wesentlichem Inhalt öffentlich bekannt.

(7) Allgemeine bauaufsichtliche Zulassungen nach dem Recht anderer Länder der Bundesrepublik Deutschland gelten auch im Land Brandenburg.

Übersicht

1. Allgemeines

1 § 18 Abs. 1 regelt die Zuständigkeit und die Befugnis des Deutschen Instituts für Bautechnik zur Erteilung einer allgemeinen bauaufsichtlichen Zulassung für Bauprodukte als Verwendbarkeitsnachweis i. S. v. § 17 Abs. 1. Darüber hinaus wird das Verfahren für die Erteilung der Zulassung geregelt. Auf diese Verfahrensvorschriften wird in § 19 Abs. 2 verwiesen. Die „allgemeine bauaufsichtliche Zulassung" ist nur für Bauprodukte möglich, die eine CE-Kennzeichen nicht tragen (§ 16c Abs. 1 Satz 2) und für die nach § 17 ein Verwendbarkeitsnachweis erforderlich ist.

2. Allgemeine bauaufsichtliche Zulassung (Absatz 1)

2 Durch die Erteilung der allgemeinen bauaufsichtlichen Zulassung wird die Verwendbarkeit erheblich sicherheitsrelevanter Bauprodukte festgestellt und bestätigt. Es handelt sich bei der Zulassung um einen Verwendbarkeitsnachweis, sodass dieser nur für Bauprodukte i. S. d. § 17 Abs. 1 erteilt werden kann. Bauprodukte, die eine CE-Kennzeichnung besitzen, bedürfen dieser Zulassung gem. § 16c Satz 2 nicht. Auch Bauprodukte, die von § 17 Abs. 2 erfasst sind und danach ohne einen Verwendbarkeitsnachweis eingesetzt werden dürfen, erhalten die Zulassung nicht.

3 Die allgemeine bauaufsichtliche Zulassung kommt insbesondere zur Anwendung bei neuen und innovativen Produkten. Bei diesen handelt es sich überwiegend um nicht geregelte Produkte, da für diese Technische Baubestimmungen oder allgemein anerkannte Regeln der Technik i. S. d. § 17 Abs. 1 Nr. 1 nicht oder noch nicht für alle Anforderungen vorhanden sind. Die allgemeine bauaufsichtliche Zulassung ist produktbezogen, nicht herstellerbezogen.

3. Antragstellung und Verfahren (Absätze 2 und 3)

4 Die allgemeine bauaufsichtliche Zulassung gem. § 18 wird auf einen begründeten schriftlichen Antrag hin vom dafür nach Abs. 1 ermächtigten Deutschen Institut für Bautechnik erteilt. Der Antrag muss den Vorgaben des Abs. 2 Satz 1 und Satz 2 entsprechen. Ist der Antrag unvollständig und wird der Antrag nicht innerhalb einer von der Behörde gesetzten Frist vervollständigt, dann gilt er gem. § 69 Abs. 2 als zurückgenommen *(vgl. Absatz 2 Satz 3).*

4. Zulassungsentscheidung (Absatz 4 bis 7)

5 Bei der allgemeinen bauaufsichtlichen Zulassung handelt sich um einen begünstigenden Verwaltungsakt in Gestalt einer **Allgemeinverfügung** (§ 35 VwVfG; *vgl. OVG Koblenz DÖV 1971, 498; BVerwG BauR 1998, 107; VGH Mannheim GewArch 1994, 228).* Durch die Zulassung wird das präventive

Verwendungsverbot nach § 17 aufgehoben. Zuständig ist das Deutsche Institut für Bautechnik in Berlin *(vgl. Absatz 1)*. In der Verfügung werden der Zulassungsgegenstand und dessen Anwendungsbereich beschrieben sowie die Bestimmungen für das Bauprodukt (Eigenschaften, Herstellung, Verpackung, Kennzeichnung, Übereinstimmungsnachweis), für Entwurf und Bemessung, für die Ausführung und für Nutzung, Unterhalt und Wartung genannt.

Es handelt sich dabei nicht um eine Konzession. Dieser Verwaltungsakt richtet sich auch nicht an die Person des Antragstellers, sondern bezieht sich auf das Produkt. Folglich kann jeder Dritte von der Zulassung Gebrauch machen. Die Zulassung wird daher auch öffentlich bekannt gemacht (vgl. Absatz 6). Dadurch wird öffentlich-rechtlich die Nutzung der Zulassung erleichtert. Als öffentlich-rechtliche Allgemeinverfügung entfaltet die Zulassung Dritten gegenüber zwar eine regelnde Wirkung. Diese ist aber auf ihren öffentlich-rechtlichen Regelungsgehalt, also die Bauproduktbestimmungen des Bauordnungsrechts beschränkt *(vgl. BVerwG ZfBR 1998, 109)*. 6

Die Zulassung ergeht unbeschadet **privater Rechte** (vgl. Abs. 5). Die Zulassung beeinflusst damit weder patentrechtliche bzw. markenschutzrechtliche noch eigentumsrechtliche oder vertragliche Ansprüche Dritter. Ob ein Dritter von der Zulassungsentscheidung zivilrechtlich Gebrauch machen darf, ist mit der Zulassung jedoch nicht entschieden. Bestehen solche Rechte, können sie der Nutzung des Bauprodukts durch Dritte entgegenstehen. 7

Die Zulassung ist gem. Absatz 4 mit **Nebenbestimmungen** zu versehen. Unbedingt müssen diese nach Satz 1 den Vorbehalt des Widerrufs und eine Befristung, regelmäßig auf fünf Jahre, enthalten. Diese Nebenbestimmungen sind geboten, weil es sich bei dieser Entscheidung um eine Prognoseentscheidung handelt. Denn Gegenstand der Zulassung sind gerade die nicht normierten Bauprodukte, über deren Verwendung zum Zeitpunkt der Zulassung häufig noch keine ausreichenden Erkenntnisse vorliegen, sodass die jeweils neuesten wissenschaftlichen Erkenntnisse und auch die im Laufe der Zeit gewonnenen Erfahrungen beim Umgang mit dem Bauprodukt berücksichtigt werden können und müssen. Im Hinblick auf diese Unkenntnis können nach Satz 2 weitere Nebenbestimmungen, insbesondere Auflagen formuliert werden. 8

Die Zulassungsentscheidung als Allgemeinverfügung gilt auch in anderen Ländern. Dies wird von Absatz 7 klargestellt. Danach gilt die von einem anderen Land der Bundesrepublik Deutschland erteilte allgemeine bauaufsichtliche Zulassung auch in Brandenburg. Zum Ausdruck kommt damit zugleich die Übereinkunft der Länder im Abkommen über das Deutsche Institut für Bautechnik (DIBt-Abkommen) vom 2. Dezember 1992 (GVBl. 1993, S. 203), zuletzt geändert durch Abkommen (Gesetz vom 10. Juli 2017) vom 26. Oktober 2016 (GVBl. 2017 Nr. 18), das Recht der Bauprodukte gemeinsam zu regeln. 9

5. Rechtsschutz

10 Versagt das Deutsche Institut für Bautechnik die Erteilung der Zulassung, kann der Antragsteller dagegen Widerspruch einlegen. Über den Widerspruch entscheidet gem. § 73 Abs. 1 Nr. 3 VwGO wiederum das Deutsche Institut für Bautechnik, da es nach Art. 1 Abs. 4 des DIBt-Abkommens das Recht zur Selbstverwaltung besitzt.

11 Gegen den Widerspruchsbescheid kann der Widerspruchsführer bei dem für ihn zuständigen Verwaltungsgericht Klage erheben. Diese richtet sich gegen das Deutsche Institut für Bautechnik, weil dieses Institut nach Art. 1 Abs. 1 des DIBt-Abkommens eine rechtsfähige Anstalt des öffentlichen Rechts ist.

§ 19
Allgemeines bauaufsichtliches Prüfzeugnis

(1) [1]Bauprodukte, die nach allgemein anerkannten Prüfverfahren beurteilt werden, bedürfen anstelle einer allgemeinen bauaufsichtlichen Zulassung nur eines allgemeinen bauaufsichtlichen Prüfzeugnisses. [2]Dies wird mit der Angabe der maßgebenden technischen Regeln in den Technischen Baubestimmungen nach § 86a bekannt gemacht.

(2) [1]Ein allgemeines bauaufsichtliches Prüfzeugnis wird von einer Prüfstelle nach § 24 Satz 1 Nummer 1 für Bauprodukte nach Absatz 1 erteilt, wenn deren Verwendbarkeit im Sinne des § 16b Absatz 1 nachgewiesen ist. [2]§ 18 Absatz 2, 4 bis 7 gilt entsprechend. [3]Die Anerkennungsbehörde für Stellen nach § 24 Satz 1 Nummer 1, § 86 Absatz 4 Nummer 2 kann allgemeine bauaufsichtliche Prüfzeugnisse zurücknehmen oder widerrufen; die §§ 48 und 49 des Verwaltungsverfahrensgesetzes in Verbindung mit § 1 Absatz 1 Satz 1 des Verwaltungsverfahrensgesetzes für das Land Brandenburg finden Anwendung.

Übersicht

1. Allgemeines

§ 19 regelt die Verwendbarkeit von Bauprodukten, für die i.S.d. § 17 Abs. 1 Nr. 1 Technische Baubestimmungen und allgemein anerkannte Regeln der Technik nicht vorhanden sind oder die i.S.d. § 17 Abs. 1 Nr. 2 von diesen wesentlich abweichen. Diese Bauprodukte waren bis zur Novelle 2018 in der Bauregelliste A Teil 1 angegeben. Diese Bauprodukte brauchen nur ein allgemeines bauaufsichtliches Prüfzeugnis als Verwendbarkeitsnachweis. Die Technischen Baubestimmungen nach § 86a lösen die Bauregelliste ab. Der Bauregelliste A Teil 1 war zu entnehmen, ob bei wesentlichen Abweichungen von Anforderungen für geregelte Bauprodukte der Verwendbarkeitsnachweis durch das allgemeine bauaufsichtliche Prüfzeugnis ausreicht. In Teil 2 waren die Bauprodukte benannt, für die es Technische Baubestimmungen oder allgemein anerkannte Regeln der Technik nicht gibt und deren Verwendung nicht der Erfüllung erheblicher Anforderungen an die Sicherheit baulicher Anlagen dient. In der Bauregelliste A Teil 2 Abschnitt 2 sind Bauprodukte aufgeführt, 1 die hinsichtlich der fehlenden Anforderungen nach allgemein anerkannten Prüfverfahren beurteilt werden können.

2 Durch die Novelle 2018 ist die Erforderlichkeit eines Verwendbarkeitsnachweise für Bauprodukte, deren Verwendung nicht der Erfüllung erheblicher Anforderungen an die Sicherheit baulicher Anlagen dient, entfallen, vgl. § 17 Abs. 2 Nr. 2. Diese Bauprodukte brauchen daher kein allgemeines bauaufsichtliches Prüfzeugnis.

2. Erforderlichkeit des allgemeinen bauaufsichtlichen Prüfzeugnisses (Absatz 1)

3 Absatz 1 bestimmt für Produkte, für die es Technische Baubestimmungen oder allgemein anerkannte Regeln der Technik nicht oder nicht für alle Anforderungen gibt, die hinsichtlich dieser Anforderungen jedoch nach allgemein anerkannten Prüfverfahren beurteilt werden können, dass ein allgemeines bauaufsichtliches Prüfzeugnis erforderlich ist. Damit wird auf die Erforderlichkeit eines Verwendbarkeitsnachweises gem. § 17 Abs. 1 Bezug genommen, *vgl. dazu die Erläuterung in § 17 Anmerkung 2.*

3. Zuständigkeit (Absatz 2)

4 Absatz 2 regelt die Zuständigkeit für die Erteilung eines allgemeinen bauaufsichtlichen Prüfzeugnisses. Zuständig ist die Prüfstelle nach § 24 Satz 1 Nr. 1.

5 Zur Rücknahme oder zum Widerruf eines solchen Prüfzeugnisses ist die Anerkennungsbehörde für diese Prüfstellen zuständig. Für Rücknahme oder Widerruf gelten die §§ 48 f. VwVfG. Anerkennungsbehörde ist die Behörde, die in der Rechtsverordnung nach § 86a Abs. 4 Nr. 2 durch die oberste Bauaufsicht in einer Rechtsverordnung benannt ist. Aktuell ist die Verordnung über die Anerkennung als Prüf-, Überwachungs- oder Zertifizierungsstelle nach Bauordnungsrecht im Land Brandenburg (BbgPÜZAV) vom 28. Juli 2009 (GVBl. II S. 520). Nach § 5 BbgPÜZAV ist Anerkennungsbehörde die oberste Bauaufsichtsbehörde oder die von ihr bestimmte Behörde.

4. Rechtsschutz

6 Das Prüfzeugnis ist ein Verwaltungsakt. Wird es verweigert, ist eine Verpflichtungsklage zulässig. Bei einer Klage gegen eine auf der Grundlage von § 19 anerkannten Prüfstelle für die Erteilung allgemeiner bauaufsichtlicher Prüfzeugnisse für Bauarten oder Bauprodukte richtet sich der Gerichtsstand nach § 52 Nr. 3 Satz 2 VwGO. Die Zuständigkeit der Prüfstelle erstreckt sich regelmäßig über das gesamte Bundesgebiet, *vgl. OVG Münster, U. v. 19.11.2010 – 2 A 63/08.*

Vor Erhebung der Klage ist ein Widerspruchsverfahren durchzuführen. Den Widerspruchsbescheid erlässt die Prüfstelle selbst, wenn die oberste Bauaufsichtsbehörde die Fachaufsicht führt. 7

Gegen Rücknahme oder Widerruf sind ebenfalls Widerspruch und Anfechtungsklage zulässig. 8

§ 20
Nachweis der Verwendbarkeit von Bauprodukten im Einzelfall

[1]Mit Zustimmung der obersten Bauaufsichtsbehörde dürfen in den Fällen des § 17 Absatz 1 im Einzelfall Bauprodukte verwendet werden, wenn ihre Verwendbarkeit im Sinne des § 16b Absatz 1 nachgewiesen ist. [2]Wenn Gefahren im Sinne des § 3 Satz 1 nicht zu erwarten sind, kann die oberste Bauaufsichtsbehörde im Einzelfall erklären, dass ihre Zustimmung nicht erforderlich ist.

Übersicht

1. Allgemeines

1 § 20 normiert die dritte Alternative für die Erlangung eines Verwendbarkeitsnachweises, der nach § 17 Abs. 1 erforderlich ist. Da nur die Verwendbarkeit im Einzelfall erlaubt wird, verlangt der Gesetzgeber kein allgemeines Prüfverfahren. Es gilt für die Prüfung aber das Verwaltungsverfahrensrecht.

2 § 20 ist mit der Novelle 2018 neu formuliert worden, Nr. 1–3 a. F. wurden gestrichen. Fortan besteht im Einzelfall die Möglichkeit, ohne eine allgemeine bauaufsichtliche Zulassung gem. § 18 und ohne ein allgemeines bauaufsichtliches Prüfzeugnis gem. § 19 den nach § 17 Abs. 1 erforderlichen Nachweis für die Verwendbarkeit von Bauprodukten zu führen. Dadurch kann ein aufwändiges und kostspieliges Zulassungsverfahren, wie es nach §§ 18 oder 19 erforderlich ist, vermieden werden.

2. Zulässigkeit der Zustimmung im Einzelfall (Satz 1)

3 Die Zustimmung im Einzelfall erlaubt nur die Verwendung des Bauprodukts im Einzelfall, also bei einem einzelnen Vorhaben. Die Zustimmung im Einzelfall geht auf Art. 5 EU-BauPVO zurück. Daraus folgt auch die Bedeutung des Begriffs „Einzelfall". Danach ist eine Leistungserklärung nach Art. 4 EU-BauPVO nicht erforderlich, wenn das Bauprodukt individuell gefertigt wurde oder als Sonderanfertigung nicht im Rahmen einer Serienanfertigung, sondern auf einen besonderen Auftrag hin angefertigt wurde und es in einem

bestimmten Bauwerk zum Einsatz kommt. Ebenso ist eine Leistungserklärung nach Art. 4 EU-BauPVO bei Bauprodukten entbehrlich, die im Einklang mit den national geltenden Bestimmungen und unter Zuständigkeit der nach den geltenden nationalen Vorschriften für die sichere Ausführung des Bauwerkes verantwortlichen Personen gefertigt worden sind. Dies gilt auch für Bauprodukte, die auf traditionelle Weise oder in einer der Erhaltung des kulturellen Erbes angemessenen Weise in einem nicht industriellen Verfahren zur angemessenen Renovierung von Bauwerken nach den geltenden nationalen Vorschriften gefertigt worden sind. In diesen Fällen bedarf es auch keiner CE-Kennzeichnung. Gleichwohl muss § 20 an die Vorgabe des § 17 Abs. 1, wonach Verwendungsnachweise erforderlich sind, anknüpfen. Die Notwendigkeit von Verwendungsnachweisen macht es erforderlich, auch in den Fallkonstellationen des § 20 einen solchen Nachweis zu erbringen.

Gemäß § 21 müssen auch Bauprodukte, für die gem. § 20 eine Zustimmung im 4
Einzelfall erteilt worden ist, mit dem nationalen **Ü-Zeichen** versehen werden. Die europarechtlich vermarktungsfähigen Bauprodukte, die Grundanforderungen an Bauwerke nicht berücksichtigen, bedürfen also regelmäßig einer Doppelkennzeichnung.

3. Entbehrlichkeit der Zustimmung (Satz 2)

Nach Satz 2 kann die Oberste Bauaufsichtsbehörde durch eine Erklärung auf 5
eine Zustimmung verzichten. Dieser Verzicht kann nur für den Einzelfall, also für eine konkrete Baumaßnahme erteilt, nicht aber als allgemeiner Verzicht erklärt werden. Der Verzicht führt dazu, dass das jeweilige Bauprodukt ohne bauaufsichtliche Zustimmung verwendet werden kann. Dann ist auch ein Ü-Zeichen nicht erforderlich bzw. eine solche Bestätigung gar nicht möglich.

Der Verzicht ist zulässig, wenn Gefahren i.S.v. § 3 Satz 1 nicht zu erwarten 6
sind. Dies kommt regelmäßig nur bei solchen Produkten in Betracht, bei denen die Sicherheit nur eine untergeordnete Bedeutung hat. Dies ist bei Bauprodukten der Fall, die unter § 17 Abs. 2 Nr. 2 subsumiert werden können. Die Technischen Baubestimmungen nach § 86a enthalten gem. § 17 Abs. 3 eine nicht abschließende Liste von Bauprodukten, die eines Verwendungsnachweises nicht bedürfen.

4. Zuständigkeit und Verfahren

Zuständig für die „Zustimmung im Einzelfall" ist die Oberste Baurechtsbe- 7
hörde (§ 57 Abs. 3). Wird der Antrag auf Zustimmung zur Verwendung im Einzelfall nicht gesondert gestellt, kann wegen der Einzelfallbezogenheit der Antrag auch im Bauantrag gestellt werden. Dann reicht die Untere Bauaufsichtsbehörde den Antrag an die Oberste Bauaufsichtsbehörde weiter. Diese

entscheidet über die Zustimmung und auch darüber, ob diese ggf. nach Satz 2 nicht erforderlich ist. Die Zustimmung im Einzelfall wird sodann in einem Verwaltungsverfahren, für das das VwVfG gilt, erlassen. Die Zustimmung kann, etwa im Hinblick auf die Erfüllung von Sicherheitsanforderungen, mit Nebenbestimmungen i. S. v. § 36 VwVfG versehen werden.

5. Rechtsschutz

8 Die Zustimmung ist ein Verwaltungsakt. Gegen die Versagung der Zustimmung steht der Klageweg zum Verwaltungsgericht offen. Es ist eine Verpflichtungsklage zu erheben.

9 Zuständig ist gem. § 52 Nr. 1 VwGO das Verwaltungsgericht, in dessen Bezirk das Bauprodukt verwendet wird.

§ 21
Übereinstimmungsbestätigung

(1) Bauprodukte bedürfen einer Bestätigung ihrer Übereinstimmung mit den Technischen Baubestimmungen nach § 86a Absatz 2, den allgemeinen bauaufsichtlichen Zulassungen, den allgemeinen bauaufsichtlichen Prüfzeugnissen oder den Zustimmungen im Einzelfall; als Übereinstimmung gilt auch eine Abweichung, die nicht wesentlich ist.

(2) Die Bestätigung der Übereinstimmung erfolgt durch Übereinstimmungserklärung der Herstellerin oder des Herstellers (§ 22).

(3) Die Übereinstimmungserklärung hat die Herstellerin oder der Hersteller durch Kennzeichnung der Bauprodukte mit dem Übereinstimmungszeichen (Ü-Zeichen) unter Hinweis auf den Verwendungszweck abzugeben.

(4) Das Ü-Zeichen ist auf dem Bauprodukt, auf einem Beipackzettel oder auf seiner Verpackung oder, wenn dies Schwierigkeiten bereitet, auf dem Lieferschein oder auf einer Anlage zum Lieferschein anzubringen.

(5) Ü-Zeichen aus anderen Ländern der Bundesrepublik Deutschland, aus anderen Mitgliedstaaten der Europäischen Union und anderen Vertragsstaaten des Abkommens über den Europäischen Wirtschaftsraum gelten auch im Land Brandenburg.

Übersicht

1. Allgemeines

§ 21 regelt die Übereinstimmungsbestätigung. Dieser Begriff ist mit der Novelle 2018 eingeführt worden und ersetzt den Begriff „Übereinstimmungsnachweis". Der Gesetzgeber will dadurch auch begrifflich eine Abgrenzung zum Verwendbarkeitsnachweis schaffen. Erforderlich ist die Übereinstimmungsbestätigung, weil nicht nur sicherzustellen ist, dass Bauprodukte den technischen Anforderungen genügen, sondern auch sicherzustellen ist, dass alle am Bau Beteiligten erkennen können, dass diese Anforderungen bei dem verwendeten Bauprodukt beachtet werden. Folglich bestimmen die §§ 21–24, 1 wie die Übereinstimmung eines Bauprodukts mit den Verwendbarkeitsanforderungen nachzuweisen und kenntlich zu machen ist.

2. Übereinstimmungsbestätigung (Absatz 1)

2 Durch die Übereinstimmungsbestätigung nach Absatz 1 bestätigt der Hersteller eines Bauprodukts, dass das jeweilige Bauprodukt verwendet werden darf, weil es mit den einschlägigen technischen Anforderungen übereinstimmt. Sofern nach § 17 Abs. 1 ein Verwendbarkeitsnachweis erforderlich ist, der die grundsätzliche Verwendbarkeit des Bauprodukts bestätigt, dient die Übereinstimmungsbestätigung dazu, die Übereinstimmung des Bauproduktes mit den technischen Regeln nach § 17 Abs. 1, den allgemeinen bauaufsichtlichen Zulassungen (§ 18), den allgemeinen bauaufsichtlichen Prüfzeugnissen (§ 19) oder den Zustimmungen im Einzelfall (§ 20) nach einer Prüfung gem. § 22 zu bestätigen.

3 Absatz 1 regelt zwar, dass eine Übereinstimmungsbestätigung erforderlich ist, und benennt zugleich die maßgeblichen technischen Anforderungen. Aus diesem Zusammenspiel folgt jedoch auch, dass die Übereinstimmungserklärung immer dann nicht erbracht werden kann, also entbehrlich ist, wenn es für das Bauprodukt keine normierten technischen Anforderungen gibt oder mangels sonstiger Bestätigung eine Übereinstimmung nicht bestätigt werden kann. Daraus folgt, dass eine Übereinstimmungserklärung in folgenden Fällen nicht abzugeben ist bzw. nicht abgegeben werden kann.

4 Eine Übereinstimmungserklärung ist nicht erforderlich, wenn nach § 17 Absatz 2 ein Verwendbarkeitsnachweis nicht zu erbringen ist. Die Übereinstimmungserklärung ist wegen des Fehlens des Verwendbarkeitsnachweises für Bauprodukte i. S. d. § 17 Abs. 2 nicht möglich und damit auch nicht erforderlich. Dies betrifft Bauprodukte, die von einer allgemein anerkannten Regel der Technik abweichen oder die für die Erfüllung der bauordnungsrechtlichen Anforderungen an bauliche Anlagen i. S. d. § 17 Abs. 2 nur eine untergeordnete Bedeutung haben. Folglich bedarf es auch keines Übereinstimmungsnachweises für Bauprodukte, die nach § 20 Satz 2 nicht einmal den Nachweis ihrer Verwendbarkeit im Einzelfall benötigen, weil Gefahren i. S. d. § 3 Satz 1 nicht zu erwarten sind.

5 Ebenso bedarf es keiner Übereinstimmungsbestätigung für solche Bauprodukte, die von der EU-BauPVO erfasst werden. Für dieses ist die CE-Kennzeichnung nach Art. 8 EU-BauPVO ausreichend. Nach Art. 8 Abs. 3 EU-BauPVO ist für die von einer harmonisierten Norm erfassten Bauprodukte oder für Bauprodukte, für die eine europäische technische Bewertung ausgestellt worden ist, allein die CE-Kennzeichnung vorgeschrieben, um die Konformität des Bauprodukts mit der erklärten Leistung in Bezug auf die wesentlichen

Merkmale, die von dieser harmonisierten Norm oder der europäischen technischen Bewertung erfasst sind, zu bescheinigen.

3. Erklärung der Übereinstimmung (Absatz 2)

Absatz 2 bestimmt, dass die Bestätigung der Übereinstimmung mit den technischen Regeln stets der Hersteller zu erklären hat. In den Fällen des § 22 Abs. 3 darf der Hersteller die Erklärung erst abgeben, wenn ihm ein Zertifikat nach § 23 erteilt worden ist. Anschließend erklärt der Hersteller durch die Anbringung des Übereinstimmungszeichens nach Absatz 3, dass ihm ein Zertifikat erteilt worden ist und dass das Produkt mit den maßgeblichen technischen Regeln übereinstimmt. 6

4. Übereinstimmungszeichen – Ü-Zeichen (Abs. 3–5)

Absatz 3 bestimmt, in welcher Form der Hersteller die Übereinstimmungserklärung abgibt. Vorgeschrieben ist die Kennzeichnung des Bauprodukts mit dem Übereinstimmungszeichen (Ü-Zeichen). Das Ü-Zeichen dokumentiert die Übereinstimmungserklärung des Herstellers. Welche Angaben dabei zu machen sind, ergibt sich aus der Verordnung über das Übereinstimmungszeichen im Land Brandenburg (Brandenburgische Übereinstimmungszeichenverordnung – BbgÜZV) vom 20. November 2001 (GVBl. II S. 632). 7

Wird das Ü-Zeichen angebracht, ohne dass die dafür vorgeschriebenen Voraussetzungen vorliegen, kann die Bauaufsichtsbehörde die Verwendung des Bauprodukts nach § 78 untersagen oder auch die Einstellung der Bauarbeiten nach § 79 anordnen. Dies gilt auch für den Fall, dass ein solches Zeichen fehlt, obwohl es erforderlich ist. 8

Absatz 4 bestimmt, wie das Ü-Zeichen technisch aufzubringen ist. 9

Absatz 5 regelt, dass die in anderen Ländern und Staaten verwendeten Ü-Zeichen auch in Brandenburg gelten. 10

§ 22
Übereinstimmungserklärung der Herstellerin oder des Herstellers

(1) Die Herstellerin oder der Hersteller darf eine Übereinstimmungserklärung nur abgeben, wenn sie oder er durch werkseigene Produktionskontrolle sichergestellt hat, dass das von ihr oder ihm hergestellte Bauprodukt den maßgebenden technischen Regeln, der allgemeinen bauaufsichtlichen Zulassung, dem allgemeinen bauaufsichtlichen Prüfzeugnis oder der Zustimmung im Einzelfall entspricht.

(2) [1]In den Technischen Baubestimmungen nach § 86a, in den allgemeinen bauaufsichtlichen Zulassungen, in den allgemeinen bauaufsichtlichen Prüfzeugnissen oder in den Zustimmungen im Einzelfall kann eine Prüfung der Bauprodukte durch eine Prüfstelle nach § 24 Satz 1 Nummer 2 vor Abgabe der Übereinstimmungserklärung vorgeschrieben werden, wenn dies zur Sicherung einer ordnungsgemäßen Herstellung erforderlich ist. [2]In diesen Fällen hat die Prüfstelle das Bauprodukt daraufhin zu überprüfen, ob es den Technischen Baubestimmungen nach § 86a Absatz 2, der allgemeinen bauaufsichtlichen Zulassung, dem allgemeinen bauaufsichtlichen Prüfzeugnis oder der Zustimmung im Einzelfall entspricht.

(3) [1]In den Technischen Baubestimmungen nach § 86a, in den allgemeinen bauaufsichtlichen Zulassungen oder in den Zustimmungen im Einzelfall kann eine Zertifizierung vor Abgabe der Übereinstimmungserklärung vorgeschrieben werden, wenn dies zum Nachweis einer ordnungsgemäßen Herstellung eines Bauproduktes erforderlich ist. [2]Die oberste Bauaufsichtsbehörde kann im Einzelfall die Verwendung von Bauprodukten ohne Zertifizierung gestatten, wenn nachgewiesen ist, dass diese Bauprodukte den technischen Regeln, Zulassungen, Prüfzeugnissen oder Zustimmungen im Einzelfall entsprechen.

(4) Bauprodukte, die nicht in Serie hergestellt werden, bedürfen nur einer Übereinstimmungserklärung nach Absatz 1, sofern nichts anderes bestimmt ist.

Übersicht

1. Allgemeines

In § 22 werden die Voraussetzungen für die Übereinstimmungserklärung des Herstellers, die nach § 21 Abs. 1 als Bestätigung der Übereinstimmung mit den Technischen Baubestimmungen nach § 86a, den allgemein anerkannten Regeln der Technik, den allgemeinen bauaufsichtlichen Zulassungen, dem allgemeinen bauaufsichtlichen Prüfzeugnis oder der Zustimmung im Einzelfall konkretisiert. Der Gesetzgeber unterscheidet dabei zwischen zwei Verfahren zur Erteilung der Übereinstimmungserklärung. Nach Absatz 1 erfolgt die Prüfung nur durch den Hersteller (werkseigene Produktionskontrolle). In Absatz 2 ist die Fremdüberwachung durch eine werksfremde Prüfstelle geregelt. 1

Durch die Novelle 2018 ist Absatz 1 inhaltlich nicht verändert worden. Der Verweis in Absatz 2 auf die Technische Baubestimmung nach § 86a ist redaktionell erforderlich. Absatz 3 ist neu geregelt. Bestimmt wird dort, dass die Zertifizierung als Voraussetzung für die Abgabe der Übereinstimmungserklärung vorgesehen werden kann. Inhaltlich entspricht die Vorschrift im Übrigen § 22 Abs. 2 Satz 1 und 3 a. F. Abs. 4 beinhaltet die bisher in § 22 Abs. 2 Satz 3 a. F. enthaltene besondere Regelung für Nichtserienprodukte. 2

2. Übereinstimmungserklärung des Herstellers (Absatz 1)

Die einfache Übereinstimmungserklärung nach Absatz 1 darf der Hersteller zum Abschluss der werkseigenen Produktionskontrolle abgeben. Diese Kontrolle liegt ausschließlich in der Hand des Herstellers. Sie erfolgt ohne Beteiligung Dritter. In dieser Kontrolle muss festgestellt werden, dass das hergestellte Bauprodukt den maßgebenden technischen Regeln, der allgemeinen bauaufsichtlichen Zulassung, dem allgemeinen bauaufsichtlichen Prüfzeugnis oder der Zustimmung im Einzelfall entspricht. Zum Nachweis, dass diese Kontrolle stattgefunden hat, wie die Kontrolle erfolgt ist und wer sie durchgeführt hat, soll die Kontrolle dokumentiert werden. 3

4 Für die Feststellung der Übereinstimmung maßgebend sind die in Absatz 1 genannten technischen Bezugsdokumente, die für das jeweilige Bauprodukt einschlägig sind. Es ist also zu prüfen, ob das Bauprodukt mit dem für ihn einschlägigen Bezugsdokument übereinstimmt.

5 Da nach Absatz 2 eine Überwachung durch eine werksfremde Prüfstelle und nach Absatz 3 eine Zertifizierung vorgeschrieben sein kann, ergeben sich folgende Regeln:

- Grundsätzlich ausreichend ist die Übereinstimmungserklärung des Herstellers nach Absatz 1. In Kapitel C 2 der Muster-Verwaltungsvorschrift Technische Baubestimmungen ist gem. § 86a Abs. 2 Nr. 5 in Spalte 4 geregelt, ob die Abgabe einer Übereinstimmungserklärung des Herstellers ausreichend ist. Dies ist mir dem Kürzel ÜH (Übereinstimmungserklärung des Herstellers) angegeben.
- Die Übereinstimmungserklärung des Herstellers ist jedoch dann nicht ausreichend, wenn in der technischen Baubestimmung nach § 86a, in der allgemeinen bauaufsichtlichen Zulassung, dem allgemeinen bauaufsichtlichen Prüfzeugnis oder der Zustimmung im Einzelfall vorgeschrieben ist, dass die Übereinstimmungserklärung der Fremdüberwachung und/oder der Zertifizierung bedarf. In Kapitel C 2 der Muster-Verwaltungsvorschrift Technische Baubestimmungen ist gem. § 86a Abs. 2 Nr. 5 in Spalte 4 geregelt, ob die Abgabe einer Übereinstimmungserklärung des Herstellers nach vorheriger Prüfung des Bauprodukts durch eine anerkannte Prüfstelle (Absatz 3) erforderlich ist. Dieses Erfordernis ist mir dem Kürzel ÜHP (Übereinstimmungserklärung des Herstellers) oder ÜZ (Übereinstimmungszertifikat durch eine anerkannte Zertifizierungsstelle) angegeben.
- Die Übereinstimmungserklärung des Herstellers ist bei nicht in Serie hergestellten Bauprodukten immer ausreichend.

3. Produktprüfung durch werksfremde Prüfstelle (Absatz 2)

6 In Absatz 2 ist ein Übereinstimmungsverfahren durch werksfremde Prüfstellen geregelt. Dessen Bestandteil ist die Prüfung des Bauprodukts durch eine werksfremde Prüfstelle. Zu diesem Zweck muss der Hersteller das Bauprodukt zunächst durch diese Prüfstelle prüfen lassen. Erst wenn diese Prüfung erfolgt ist und dabei festgestellt wurde, dass das Bauprodukt verwendbar ist, darf der Hersteller die Übereinstimmungserklärung abgeben.

7 Ob der Hersteller verpflichtet ist, eine Prüfstelle einzubinden, ergibt sich aus den Technischen Baubestimmungen nach § 86a, den allgemeinen bauaufsichtlichen Zulassungen, den allgemeinen bauaufsichtlichen Prüfzeugnissen oder aus den Zustimmungen im Einzelfall. In Kapitel C 2 der Muster-Verwaltungsvorschrift Technische Baubestimmungen ist gem. § 86a Abs. 2 Nr. 5 in Spalte 4 geregelt, ob die Abgabe einer Übereinstimmungserklärung des Herstellers

nach vorheriger Prüfung des Bauprodukts durch eine anerkannte Prüfstelle (Absatz 3) erforderlich ist. Dieses Erfordernis ist dort mit dem Kürzel ÜHP (Übereinstimmungserklärung des Herstellers) angegeben.

Voraussetzung dafür, dass diese Prüfung angeordnet wird, ist nach Absatz 2 Satz 1 letzter Hs., dass die Einschaltung der Prüfstelle zur Sicherung einer ordnungsgemäßen Herstellung erforderlich ist. Darüber hat das Deutsche Institut für Bautechnik bei der allgemeinen bauaufsichtlichen Zulassung oder die jeweilige Stelle i.S.v. § 24 bei der Erteilung des Prüfzeugnisses oder der Zustimmung im Einzelfall zu entscheiden. 8

Als Prüfstelle für eine vorherige Prüfung des Bauprodukts nach Absatz 2 kommt nur eine anerkannte Prüfstelle nach § 24 Satz 1 Nr. 2 in Betracht. Aus den anerkannten Prüfstellen darf der Hersteller eine Stelle auswählen. Die auserwählte Prüfstelle prüft dann das Bauprodukt danach, ob es mit dem ihm zugrundeliegenden technischen Bezugsdokument übereinstimmt. 9

4. Zertifizierung (Absatz 3)

Absatz 3 bestimmt, dass eine Zertifizierung Voraussetzung für die Abgabe der Übereinstimmungserklärung des Herstellers sein kann. Vorgeschrieben kann diese Zertifizierung sein in Technischen Baubestimmungen nach § 86a, in allgemeinen bauaufsichtlichen Zulassungen, in allgemeinen bauaufsichtlichen Prüfzeugnissen oder in den Zustimmungen im Einzelfall. In Kapitel C 2 der Muster-Verwaltungsvorschrift Technische Baubestimmungen ist gem. § 86a Abs. 2 Nr. 5 in Spalte 4 geregelt, ob für die Abgabe einer Übereinstimmungserklärung des Herstellers ein Übereinstimmungszertifikats durch eine anerkannte Zertifizierungsstelle erforderlich ist. Dieses Erfordernis ist mit dem Kürzel ÜZ (Übereinstimmungszertifikat durch eine anerkannte Zertifizierungsstelle) angegeben. Wie die Zertifizierung zu erfolgen hat, ist in § 23 geregelt. 10

5. Nichtserienprodukte (Absatz 4)

Absatz 4 schließt die Fremdüberwachung und Zertifizierung für die Abgabe der Übereinstimmungserklärung für Bauprodukte aus, wenn es sich dabei um Nichtserienprodukten handelt. Nichtserienprodukte sind Bauprodukte, die nur in Einzelfertigung, also nicht in Serie hergestellt werden. Meist handelt es sich um Einzelanfertigungen von Handwerkern, die den speziellen Wünschen des Auftraggebers entsprechen müssen. Für diese sind in Art. 38 EU-BauPVO Erleichterungen zugelassen. Für derartige Produkte ist nach Absatz 4 lediglich eine Übereinstimmungserklärung des Herstellers nach Absatz 1 durch eine werkseigene Produktionskontrolle erforderlich. 11

12 Mit dieser **Handwerkerklausel** nimmt der Gesetzgeber Rücksicht darauf, dass eine kostenträchtige Fremdüberwachung bzw. Zertifizierung für Handwerksbetriebe zu erheblichen Belastungen führen würden. Diese Belastung soll vermieden werden. Bei handwerklich hergestellten Bauprodukten genügen also die werkseigene Produktionskontrolle und die Übereinstimmungserklärung des Herstellers.

13 Etwas anderes kann gelten, wenn in technischen Bestimmungen nach § 86a ausdrücklich geregelt ist, dass auch bei handwerklich hergestellten Produkten eine werksfremde Produktionskontrolle oder eine Zertifizierung erforderlich ist.

6. Rechtsschutz

14 Die Bekanntgabe des Ergebnisses der Prüfung gem. Absatz 2 Satz 1 ist ein Verwaltungsakt. Durch die Entscheidung wird gegenüber dem Hersteller festgestellt, dass das Bauprodukt den in Absatz 2 Satz 2 genannten Vorgaben entspricht oder eben nicht entspricht. Der Hersteller hat das Recht, gegen die Entscheidung Widerspruch einzulegen und ggf. Verpflichtungsklage zu erheben.

§ 23
Zertifizierung

(1) Der Herstellerin oder dem Hersteller ist ein Übereinstimmungszertifikat von einer Zertifizierungsstelle nach § 24 Satz 1 Nummer 3 zu erteilen, wenn das Bauprodukt
1. den Technischen Baubestimmungen nach § 86a Absatz 2, der allgemeinen bauaufsichtlichen Zulassung, dem allgemeinen bauaufsichtlichen Prüfzeugnis oder der Zustimmung im Einzelfall entspricht und
2. einer werkseigenen Produktionskontrolle sowie einer Fremdüberwachung nach Maßgabe des Absatzes 2 unterliegt.

(2) [1]Die Fremdüberwachung ist von Überwachungsstellen nach § 24 Satz 1 Nummer 4 durchzuführen. [2]Die Fremdüberwachung hat regelmäßig zu überprüfen, ob das Bauprodukt den Technischen Baubestimmungen nach § 86a Absatz 2, der allgemeinen bauaufsichtlichen Zulassung, dem allgemeinen bauaufsichtlichen Prüfzeugnis oder Zustimmung im Einzelfall entspricht.

Übersicht

1. Allgemeines

Die Regelungen über die Zertifizierung in § 23 hat der Gesetzgeber in der Novelle 2018 in starker Orientierung an § 24 a. F. formuliert. Die Umfirmierung im Titel: „Zertifizierung" soll ausdrücken, dass die Zertifizierung nicht mehr dazu dient, die Übereinstimmung des Bauproduktes zu bestätigen. Sie ist nur noch Voraussetzung der Übereinstimmungserklärung durch den Hersteller nach § 22. Der Gesetzgeber hat daher in Absatz 1 bestimmt, dass Empfänger der Zertifizierung der Hersteller des Bauprodukts ist, der die Übereinstimmungserklärung abgibt. Voraussetzung für die Erteilung des Übereinstimmungszertifikats ist, dass das Bauprodukt die Anforderungen nach Absatz 1 erfüllt und die Produktion durch eine werkseigene Produktionskontrolle oder durch eine Fremdüberwachung nach Maßgabe des Absatzes 2 geprüft wird. 1

2 Das Übereinstimmungszertifikat ist damit ein wichtiges Instrument, um sicherzustellen, dass das jeweilige Bauprodukt verwendet werden darf. Zuständig für die Erteilung des Übereinstimmungszertifikats ist eine Zertifizierungsstelle nach § 24 Abs. 1 Satz 1 Nr. 3. Diese muss zuvor von der obersten Bauaufsichtsbehörde (§ 57 Abs. 3) anerkannt sein.

3 Wie dieses Zertifikat rechtlich einzuordnen ist, ist strittig. Mit Blick darauf, dass die oberste Bauaufsichtsbehörde Zertifizierungs- und Überwachungsstellen zulässt, um dadurch ihre Tätigkeiten auf privatrechtlich gegründete Stellen zu verlagern, spricht viel für ein privatrechtliches Handeln. Zwar ist nicht ausdrücklich geregelt, dass diese Stellen hoheitlich tätig werden sollen und als Beliehene zu handeln haben, da lediglich die Auswahl dieser Stellen normiert ist. Jedoch sind diese Stellen in Erfüllung ihres Auftrags nach § 23 nicht nur wie TÜV-Überwachungsstellen oder Zertifizierungsstellen nach der Betriebssicherheitsverordnung privatrechtlich tätig *(vgl. Runkel ZfBR 1992, 199, 2014)*. Mit der Prüfung nach § 23 nimmt die Zertifizierungsstelle bauordnungsrechtliche Aufgaben hoheitlich wahr. Dass die Zertifizierung gem. § 22 Abs. 3 eine lediglich zivilrechtliche Eigenschaft des Herstellers ist, ist nicht erkennbar. Vielmehr ist die Zertifizierung die verbindliche Feststellung, dass die Voraussetzungen des § 23 erfüllt sind, so dass der Hersteller die Übereinstimmungserklärung gem. § 22 abgegeben darf. Es spricht daher Überwiegendes dafür, deren Tätigkeit hoheitlich und die Zertifizierung als Verwaltungsakt zu bewerten.

2. Erforderlichkeit und Wesen des Übereinstimmungszertifikates

4 Ein Übereinstimmungszertifikat ist erforderlich für alle Bauprodukte, für die gem. § 22 Abs. 3 eine Zertifizierung für die Übereinstimmungserklärung des Herstellers erforderlich ist. In Kapitel C 2 der Muster-Verwaltungsvorschrift Technische Baubestimmungen ist gem. § 86a Abs. 2 Nr. 5 in Spalte 4 geregelt, ob für die Abgabe einer Übereinstimmungserklärung des Herstellers ein Übereinstimmungszertifikat durch eine anerkannte Zertifizierungsstelle erforderlich ist. Dieses Erfordernis ist mit dem Kürzel ÜZ (Übereinstimmungszertifikat durch eine anerkannte Zertifizierungsstelle) angegeben. Die Zertifizierung kann auch nach der allgemeinen bauaufsichtlichen Zulassung, dem allgemeinen bauaufsichtlichen Prüfzeugnis oder der Zustimmung im Einzelfall erforderlich sein.

5 Entspricht das Bauprodukt den maßgeblichen technischen Regelungen und finden eine werkseigene Produktionskontrolle, vgl. § 22, sowie eine Fremdüberwachung statt, erteilt die Zertifizierungsstelle nach § 24 Satz 1 Nr. 3 das Übereinstimmungszertifikat. Dabei handelt es sich um einen feststellenden Verwaltungsakt. Liegt das Übereinstimmungszertifikat vor, kann der Hersteller die Übereinstimmungserklärung gem. § 22 abgeben und das Bauprodukt

gem. § 21 mit dem Ü-Zeichen versehen. Aus Beweisgründen sollte das Übereinstimmungszertifikat schriftlich erteilt werden, auch wenn dies nicht vorgeschrieben ist.

3. Gegenstand der Zertifizierung (Absatz 1)

Die Zertifizierungsstelle erteilt das Übereinstimmungszertifikat, nachdem 6 sie zuvor das Bauprodukt auf seine Entsprechung mit den Bestimmungen nach Absatz 1 Nr. 1 geprüft hat. Diese Prüfung entspricht der Prüfung nach § 22 Abs. 2 Satz 2. Hingegen wird der Herstellungsvorgang als solcher nicht geprüft, es findet also keine Prüfung gem. § 22 Abs. 2 Satz 1 statt. Die Produktionsprüfung obliegt dem Hersteller durch die werkseigene Produktionskontrolle (§ 22 Abs. 1) oder durch die von einer Stelle nach § 24 Satz 1 Nr. 4 ausgeführte Fremdüberwachung nach Maßgabe des § 22 Abs. 2 Satz 1. Die Prüfung nach Absatz 1 Nr. 1 ist also auf die Entsprechung des Bauprodukts mit den in Absatz 1 Nr. 1 genannten Bestimmungen beschränkt.

Die Zertifizierungsstelle hat weiterhin zu prüfen und festzustellen, dass eine 7 wirksame werkseigene Produktionskontrolle (Eigenüberwachung) vorhanden ist oder eine Fremdüberwachung nach Maßgabe des Absatzes 2 stattfindet. Durch diese Prüfung der Bauproduktionskontrolle stellt die Zertifizierungsstelle fest, dass die Herstellung des Bauprodukts so geprüft wird, wie dies nach § 22 Absatz 1 und 2 gefordert ist, dass also eine werkseigene Produktionskontrolle sichergestellt ist oder eine Fremdüberwachung der ordnungsgemäßen Herstellung nach § 22 Abs. 2 Satz 1 und der Entsprechung des Bauprodukts mit den Bestimmungen nach § 22 Abs. 2 Satz 2 stattfindet.

4. Fremdüberwachung (Absatz 2)

Gegenstand der Fremdüberwachung ist die Prüfung, ob das Bauprodukt den 8 Technischen Baubestimmungen nach § 86a, der allgemeinen bauaufsichtlichen Zulassung (§ 18), dem allgemeinen bauaufsichtlichen Prüfzeugnis (§ 19) oder der Zustimmung im Einzelfall (§ 20) entspricht. Wie die Erfüllung dieser Anforderungen zu prüfen ist, ist in das Ermessen der Fremdüberwachungsstelle gestellt. Bei dieser Stelle handelt es sich um eine Überwachungsstelle für Fremdüberwachung i. S. v. § 24 Satz 1 Nr. 4, die von der obersten Bauaufsichtsbehörde zuvor anerkannt sein muss.

Erforderlich wird eine Fremdüberwachung, wenn die Herstellung des Bau- 9 produkts fehleranfällig oder schwierig oder das Bauprodukt von hoher Relevanz für die Sicherheit der baulichen Anlage ist. Eine Fremdüberwachung kann auch bei neuen Bauprodukten erforderlich sein, wenn weder technische Regeln noch Erfahrungen im Umgang mit dem Bauprodukt bestehen. In Kapitel C 2 der Muster-Verwaltungsvorschrift Technische Baubestimmungen ist gem. § 86a Abs. 2 Nr. 5 in Spalte 4 geregelt, ob die Abgabe einer Übereinstimmungserklärung des Herstellers nach vorheriger Prüfung des Bauprodukts durch eine anerkannte Prüfstelle i. S. v. § 24 Abs. 1 Nr. 4 erforderlich ist. Dieses Erfordernis ist dort mit dem Kürzel ÜHP (Übereinstimmungserklärung des Herstellers) angegeben.

5. Rechtsschutz

10 Die Bekanntgabe des Ergebnisses der Prüfung gem. Absatz 2 Satz 1 ist ein Verwaltungsakt. Durch die Entscheidung wird gegenüber dem Hersteller festgestellt, dass das Bauprodukt den in Absatz 1 Nr. 2 genannten Vorgaben entspricht oder eben nicht entspricht und das Bauprodukt der in Absatz 1 Nr. 2 genannten Kontrolle unterliegt. Der Hersteller hat das Recht, gegen die Entscheidung Widerspruch einzulegen und ggf. Verpflichtungsklage zu erheben.

§ 24
Prüf-, Zertifizierungs-, Überwachungsstellen

[1]Das Deutsche Institut für Bautechnik kann im Einvernehmen mit der obersten Bauaufsichtsbehörde eine natürliche oder juristische Person als
1. **Prüfstelle für die Erteilung allgemeiner bauaufsichtlicher Prüfzeugnisse (§ 19),**
2. **Prüfstelle für die Überprüfung von Bauprodukten vor Bestätigung der Übereinstimmung (§ 22 Absatz 2),**
3. **Zertifizierungsstelle (§ 23 Absatz 1),**
4. **Überwachungsstelle für die Fremdüberwachung (§ 23 Absatz 2),**
5. **Überwachungsstelle für die Überwachung nach § 16a Absatz 7 und § 25 Absatz 2 oder**
6. **Prüfstelle für die Überprüfung nach § 16a Absatz 6 Satz 1 und § 25 Absatz 1 Satz 1**

anerkennen, wenn sie oder die bei ihr Beschäftigten nach ihrer Ausbildung, Fachkenntnis, persönlichen Zuverlässigkeit, ihrer Unparteilichkeit und ihren Leistungen die Gewähr dafür bieten, dass diese Aufgaben den öffentlich-rechtlichen Vorschriften entsprechend wahrgenommen werden, und wenn sie über die erforderlichen Vorrichtungen verfügen. [2]Satz 1 ist entsprechend auf Behörden anzuwenden, wenn sie ausreichend mit geeigneten Fachkräften besetzt und mit den erforderlichen Vorrichtungen ausgestattet sind. [3]Die Anerkennung von Prüf-, Zertifizierungs- und Überwachungsstellen anderer Länder der Bundesrepublik Deutschland gilt auch im Land Brandenburg.

Übersicht

1. Allgemeines

Der Gesetzgeber hat die Aufgaben der Überwachung und der Prüfung, ob die Anforderungen an Bauprodukte und Bauarten eingehalten werden, der obersten Bauaufsicht und – mittelbar – auch dem Deutschen Institut für Bautechnik übertragen. Nach § 24 besteht die Möglichkeit, einzelne Aufgaben und Befugnisse auch Dritten zu übertragen. Teilweise ist sogar vorgesehen, dass nur die nach § 24 befugten Stellen tätig werden, vgl. etwa § 23 Abs. 1. Verfahren 1 und Voraussetzung für die Übertragung dieser Aufgaben und Befugnisse, als Prüf-, Zertifizierungs- und Überwachungsstellen tätig zu werden, sind in § 24 geregelt.

2. Umfang übertragbarer Aufgaben und Befugnisse

2 Der Gesetzgeber hat in Absatz 1 geregelt, welche Aufgaben und Befugnisse Dritte bei der Überwachung und Prüfung von Bauprodukten wahrnehmen dürfen. Zu diesem Zweck können natürliche und juristische Personen oder eine Stelle, dies kann etwa die nicht rechtsfähige Abteilung einer juristischen Person oder Behörde sein, als Prüf-, Zertifizierungs- und Überwachungsstelle anerkannt werden. Die Anerkennung ist ein Verwaltungsakt i. S. v. § 35 VwVfG. Die aus der Anerkennung resultierende Eigenschaft dieser Person oder Stelle bestimmt sich nach den Regelungen, die die Prüf-, Zertifizierungs- und Überwachungsstelle aufgrund der zugehörigen gesetzlichen Regelungen in den §§ 19 Abs. 2, 23 Abs. 2, 24 Abs. 1 und 2 sowie § 17 Abs. 5 und 6 wahrzunehmen hat. Das Anerkennungsverfahren ist geregelt in der Verordnung über die Anerkennung als Prüf-, Überwachungs- oder Zertifizierungsstelle nach Bauordnungsrecht im Land Brandenburg (BbgPÜZAV) vom 28. Juli 2009 (GVBl. II S. 520).

3 Für die Entscheidung, ob und welche Funktionen nach Absatz 1 für eine juristische Person anerkannt werden, ist auch das materielle Verhältnis, in dem die Aufgaben und Befugnisse der einzelnen Tätigkeiten zueinander stehen, erheblich. So darf die Fremdüberwachung grundsätzlich nur einer Überwachungsstelle i. S. v. § 24 Abs. 2 überantwortet werden, soweit diese nicht mit der Zertifizierungsstelle i. S. v. § 24 Abs. 1 identisch ist. Die Zertifizierungsstelle hat zu prüfen, dass die Fremdüberwachung durch die Überwachungsstelle erfolgt. Dies ist nur möglich, wenn beide Institutionen getrennt voneinander tätig werden. Sind Zertifizierungsstelle und Überwachungsstelle eine juristische Person, was rechtlich möglich und nach § 24 unproblematisch ist, muss innerhalb dieser juristischen Person die Organisation so aufgebaut sein, dass die Zertifizierungsstelle die Überwachungsstelle wirksam kontrolliert. Innerbetrieblich muss deshalb sichergestellt werden, dass keine Personenidentität zwischen den Stellen besteht. Auch dürfen die Mitarbeiter in der Zertifizierungsstelle nicht der Direktion von Mitarbeitern der Überwachungsstelle unterliegen.

3. Voraussetzungen der Anerkennung

4 Satz 1 nennt die allgemeinen materiellen Voraussetzungen der Anerkennung als Prüf-, Zertifizierungs- und Überwachungsstelle. Voraussetzung für eine solche Anerkennung ist danach der Nachweis, dass der Antragsteller nach seiner Ausbildung, Fachkenntnis, seiner persönlichen Zuverlässigkeit, seiner

Unparteilichkeit und seinen Leistungen die ausreichende Gewähr dafür bietet, dass er die Aufgaben den öffentlich-rechtlichen Vorschriften entsprechend wahrnehmen kann (**fachliche Qualifikation**) und dass er über die erforderlichen Vorrichtungen verfügt (**sachliche Qualifikation**). Unerheblich ist die Rechtsform des Antragstellers. Die Einzelheiten der personellen, sachlichen und organisatorischen Anerkennungsvoraussetzung dazu sind in § 1 BbgPÜZAV geregelt.

Die Entscheidung der Anerkennungsbehörde i. S. v. § 2 BbgPÜZAV, die Anerkennung zu erteilen, steht zwar in ihrem Ermessen, dieses ist aber durch die Berufsausübungsfreiheit gem. Art. 12 GG gebunden. Die Anerkennung darf daher nur in begründeten Fällen versagt werden. Gründe hierfür können das Fehlen der fachlichen oder der sachlichen Qualifikation sein. Aus Konkurrenzschutzgründen darf die Anerkennung nicht versagt werden. 5

4. Anerkennungsverfahren und Rechtsschutz

Das Anerkennungsverfahren ist nicht in der Bauordnung, sondern in der BbgPÜZAV geregelt. Nach § 5 BbgPÜZAV ist die Anerkennung schriftlich bei der obersten Bauaufsichtsbehörde oder der von ihr bestimmten Behörde (Anerkennungsbehörde) mit bestimmten, in der BbgPÜZAV genannten Unterlagen zu beantragen. 6

Die Anerkennung als Verwaltungsakt (§ 35 VwVfG) kann nach den Regelungen des § 6 BbgPÜZAV erlöschen oder widerrufen werden. Soweit in der PÜZAVO das Verfahren nicht geregelt ist, gelten die Vorschriften des VwVfG. 7

Übt der Antragsteller nach seiner Anerkennung seine Aufgaben bei der Erteilung der bauaufsichtlichen Prüfzeugnisse fehlerhaft aus oder erweist er sich als unzuverlässig, so besitzt die oberste Bauaufsicht für von ihr anerkannte Personen und Stellen nur die Möglichkeit des Widerrufs (§ 49 VwVfG). Als milderes Mittel kommt gegenüber diesen Behörden auch die fachaufsichtliche Weisung in Betracht. Die Ersatzvornahme ist in der Bauordnung jedoch nicht vorgesehen. Für anerkannte Stellen anderer Länder ist die Möglichkeit des Widerrufs und der fachaufsichtlichen Weisung von vornherein versperrt. 8

Im Falle einer Versagung der Anerkennung oder einer fachaufsichtlichen Weisung ist der Antragsteller berechtigt, Widerspruch und ggf. Klage zu erheben. Gegen Entscheidungen der obersten Bauaufsichtsbehörde ist die Klage ohne vorhergehendes Widerspruchsverfahren zulässig (vgl. § 68 Abs. 1 Satz 2 Nr. 1 VwGO). 9

5. Gleichwertigkeitsklausel

10 Satz 3 regelt die auch aufgrund der Dienstleistungs-RL (RL 2006/123/EG v. 12.12.2006, ABl. 2006 L 376, 36) erforderliche gegenseitige Anerkennung von Prüf-, Zertifizierungs- und Überwachungsstelle. Diese Gleichwertigkeitsklausel führt dazu, dass Anerkennungen anderer Länder und Mitgliedsstaaten auch in Brandenburg gelten.

§ 25
Besondere Sachkunde- und Sorgfaltsanforderungen

(1) [1]Bei Bauprodukten, deren Herstellung in außergewöhnlichem Maß von der Sachkunde und Erfahrung der damit betrauten Personen oder von einer Ausstattung mit besonderen Vorrichtungen abhängt, kann in der allgemeinen bauaufsichtlichen Zulassung, in der Zustimmung im Einzelfall oder durch Rechtsverordnung der obersten Bauaufsichtsbehörde vorgeschrieben werden, dass die Herstellerin oder der Hersteller über solche Fachkräfte und Vorrichtungen verfügt und den Nachweis hierüber gegenüber einer Prüfstelle nach § 24 Satz 1 Nummer 6 zu erbringen hat. [2]In der Rechtsverordnung können Mindestanforderungen an die Ausbildung, die durch Prüfung nachzuweisende Befähigung und die Ausbildungsstätten einschließlich der Anerkennungsvoraussetzungen gestellt werden.

(2) Für Bauprodukte, die wegen ihrer besonderen Eigenschaften oder ihres besonderen Verwendungszwecks einer außergewöhnlichen Sorgfalt bei Einbau, Transport, Instandhaltung oder Reinigung bedürfen, kann in der allgemeinen bauaufsichtlichen Zulassung, in der Zustimmung im Einzelfall oder durch Rechtsverordnung der obersten Bauaufsichtsbehörde die Überwachung dieser Tätigkeiten durch eine Überwachungsstelle nach § 24 Satz 1 Nummer 5 vorgeschrieben werden, soweit diese Tätigkeiten nicht bereits durch die Verordnung (EU) Nr. 305/2011 erfasst sind.

Übersicht

1. Allgemeines

§ 25 regelt die an den Hersteller gerichteten besonderen Sachkunde- und Sorgfaltsanforderungen. Absatz 1 entspricht nach der Novelle 2018 dem § 17 Abs. 5 a. F. Gestrichen wurden in Satz 1 lediglich die Wörter „nach Absatz 1 Nr. 1". Dies ist den Änderungen der in Bezug genommen Vorschrift geschuldet. Der Einschub „§ 24 Satz 1 Nr. 6" am Ende des Satzes 1 dient der konkreten Zuordnung in § 24. Eine inhaltliche Änderung hat der Gesetzgeber damit nicht verbunden. 1

2 § 25 ist nicht auf CE-gekennzeichnete Bauprodukte anzuwenden. Denn nationale Anforderungen an die Sachkunde und Erfahrung bei der Herstellung bzw. Ausstattung mit besonderen Vorrichtungen dürfen gem. Art. 8 Abs. 4 EU-BauPVO nicht an CE-gekennzeichnete Produkte gestellt werden. Folglich wird in § 16c Satz 2 der § 25 Abs. 1 Satz 1 bei CE-gekennzeichneten Bauprodukten für nicht anwendbar erklärt.

2. Fachkräfte und Vorrichtungen (Absatz 1)

3 Mit Absatz 1 trägt der Gesetzgeber bei der Herstellung von – nicht CE-gekennzeichneten – Bauprodukten dem Umstand Rechnung, dass die Herstellung von Bauprodukten aufgrund technischer Schwierigkeiten besondere Anforderungen an die Qualifikation und das Fachwissen des Herstellers und seiner Mitarbeiter stellen kann. Um den Hersteller verpflichten zu können, entsprechend geeignetes Personal einzusetzen, ermächtigt der Gesetzgeber die oberste Bauaufsicht (§ 57 Abs. 3), oder das Deutsche Institut für Bautechnik, geeignete Anforderungen an den Herstellungsprozess zu stellen. Diese Anforderungen können in der allgemeinen bauaufsichtlichen Zulassung gem. § 18 oder in der Zustimmung im Einzelfall gem. § 20 Satz 1 als Auflagen formuliert werden. Eine Verordnung auf der Grundlage von Absatz 1 ist in Brandenburg, anders als in anderen Ländern, nicht erlassen worden.

3. Anforderungen an Einbau, Transport, Instandhaltung und Reinigung (Absatz 2)

4 Anders als nach Absatz 1 werden von Absatz 2, der Anforderungen an Einbau, Transport, Instandhaltung und Reinigung von Bauprodukten stellt, auch die CE-gekennzeichneten Bauprodukte erfasst. Der Anwendungsbereich des Absatzes 2 wird durch das Unionsrecht nicht eingeschränkt. Denn unionsrechtlich, insbesondere nach der EU-BauPVO *(VO (EU) 305/2011 v. 9.3.2011, ABl. 2011 L 88, 5; vgl. auch Art. 14 Abs. 3 EU-BauPVO)* sind die in Absatz 2 gestellten Anforderungen an Einbau, Transport, Instandhaltung und Reinigung zulässig, weil insoweit keine nationalen, produktbezogenen Zusatzanforderungen hinsichtlich des Inverkehrbringens von harmonisierten Bauprodukten gestellt werden. Vielmehr wird nur der Umgang mit Bauprodukten geregelt. Darauf bezogene nationale Regelungen werden jedoch von der EU-BauPVO nicht beschränkt.

5 Soweit Bauprodukte wegen ihrer besonderen Eigenschaften oder ihres besonderen Verwendungszwecks einer außergewöhnlichen Sorgfalt, nicht aber Sachkunde, bedürfen, soll die Beachtung dieser Sorgfalt dadurch sichergestellt werden, diese Tätigkeiten von einer Überwachungsstelle nach § 24 Satz 1 Nr. 5 überwacht werden. Sofern dies erforderlich ist, wird diese Verpflichtung als Auflage in der allgemeinen bauaufsichtlichen Zulassung gem. § 18 oder in

der Zustimmung im Einzelfall gem. § 20 bestimmt. Die Oberste Bauaufsicht kann deswegen eine Verordnung erlassen. In Brandenburg gibt es eine solche Verordnung jedoch nicht.

Ob eine außergewöhnliche Sorgfalt erforderlich ist, ist für das einzelne Bauprodukt zu ermitteln. Dabei ist zu berücksichtigen, dass die bestehenden Anforderungen an die Verwendung und den Umgang mit Bauprodukten ohnedies beachtet werden müssen. Es muss sich bei der Prüfung also herausstellen, dass die bestehenden Anforderungen deutlich hinter dem zurückbleiben, was für einen sachgerechten Umgang mit dem Bauprodukt erforderlich ist. 6

Durch den letzten Halbsatz hat der Gesetzgeber eine Ausnahme von diesen Verpflichtungen bestimmt. Dadurch will er eine Überlagerung mit den Verpflichtungen aus der EU-BauPVO vermeiden. Gemäß Art. 14 Abs. 3 EU-BauPVO haben Händler, solange sich das Bauprodukt in ihrem Verantwortungsbereich befindet, hierfür vergleichbar Sorge zu tragen. 7

Abschnitt 4
Brandverhalten von Baustoffen und Bauteilen; Wände, Decken, Dächer

Einführung vor §§ 26 bis 32

1 Der Abschnitt über die Anforderungen an Baustoffe und Bauteile regeln die Anforderungen an den **Brandschutz** bei Wänden, Decken und Dächern. Der Gesetzgeber normiert das Brandverhalten von Baustoffen und stellt Einzelanforderungen an bestimmte Bauteile. Durch die Novelle 2020 ist die Verwendung von Holz erleichtert worden, vgl. § 26 Abs. 2 Satz 4.

2 Die Anforderungen an den Brandschutz sind im Genehmigungsverfahren zu berücksichtigen. Sie sind von herausragender Bedeutung, dienen sie doch dem Schutz besonders wichtiger und höchstpersönlicher Rechtsgüter wie Leib und Leben, *vgl. OVG Brandenburg, B. v. 20.04.2000 – 3 B 101/99.* Auf genehmigte Gebäude sind die Anforderungen jedoch nicht unmittelbar zu übertragen. Solange die Baugenehmigung nicht zurückgenommen oder widerrufen ist, können nachträgliche Anforderungen nur unter den Voraussetzungen des § 81 gestellt werden. Durch diese Vorschriften wird aus Gründen des Schutzes überragend wichtiger Rechtsgüter die formelle Bestandsgarantie der Baugenehmigung eingeschränkt. Es handelt sich um einen gesetzlichen Auflagenvorbehalt, der durch einen neuen und selbstständig vollstreckbaren Verwaltungsakt ausgeübt wird, *vgl. VGH Mannheim, B. v. 15.05.1991 – 8 S. 1068/91.*

3 Die brandschutzrechtlichen Vorschriften der Brandenburgischen Bauordnung haben insoweit nachbarschützende Wirkung, als sie (auch) die Ausbreitung eines Brandes auf ein Nachbargebäude verhindern sollen. Dies gilt insbesondere für die Vorschriften über äußere Brandwände in Bezug auf das Nachbargrundstück, *vgl. OVG Berlin-Brandenburg, U. v. 6.12.2011 – OVG 10 B 6.11 –; VG Cottbus, U. v. 12.09.2019 – 3 K 1477/14 –; zu § 30 Abs. 7 Satz 2 vgl. OVG Berlin-Brandenburg, U. v. 24.10.2019 – OVG 10 B 2.15.*

§ 26
Allgemeine Anforderungen an das Brandverhalten von Baustoffen und Bauteilen

(1) [1]Baustoffe werden nach den Anforderungen an ihr Brandverhalten unterschieden in
1. nichtbrennbare,
2. schwerentflammbare,
3. normalentflammbare.

[2]Baustoffe, die nicht mindestens normalentflammbar sind (leichtentflammbare Baustoffe), dürfen nicht verwendet werden; dies gilt nicht, wenn sie in Verbindung mit anderen Baustoffen nicht leichtentflammbar sind.

(2) [1]Bauteile werden nach den Anforderungen an ihre Feuerwiderstandsfähigkeit unterschieden in
1. feuerbeständige,
2. hochfeuerhemmende,
3. feuerhemmende;

die Feuerwiderstandsfähigkeit bezieht sich bei tragenden und aussteifenden Bauteilen auf deren Standsicherheit im Brandfall, bei raumabschließenden Bauteilen auf deren Widerstand gegen die Brandausbreitung. [2]Bauteile werden zusätzlich nach dem Brandverhalten ihrer Baustoffe unterschieden in
1. Bauteile aus nichtbrennbaren Baustoffen,
2. Bauteile, deren tragende und aussteifende Teile aus nichtbrennbaren Baustoffen bestehen und die bei raumabschließenden Bauteilen zusätzlich eine in Bauteilebene durchgehende Schicht aus nichtbrennbaren Baustoffen haben,
3. Bauteile, deren tragende und aussteifende Teile aus brennbaren Baustoffen bestehen und die allseitig eine brandschutztechnisch wirksame Bekleidung aus nichtbrennbaren Baustoffen (Brandschutzbekleidung) und Dämmstoffe aus nichtbrennbaren Baustoffen haben,
4. Bauteile aus brennbaren Baustoffen.

[3]Soweit in diesem Gesetz oder in Vorschriften aufgrund dieses Gesetzes nichts anderes bestimmt ist, müssen
1. Bauteile, die feuerbeständig sein müssen, mindestens den Anforderungen des Satzes 2 Nummer 2,
2. Bauteile, die hochfeuerhemmend sein müssen, mindestens den Anforderungen des Satzes 2 Nummer 3

entsprechen.

[4]Abweichend von Satz 3 sind andere Bauteile, die feuerbeständig oder hochfeuerhemmend sein müssen, aus brennbaren Baustoffen zulässig, sofern sie den Technischen Baubestimmungen nach § 86a entsprechen. [5]Satz 4 gilt

nicht für Wände nach § 30 Absatz 3 Satz 1 und Wände nach § 35 Absatz 4 Satz 1 Nummer 1.

Übersicht

1. Allgemeines

1 In § 26 werden die allgemeinen Anforderungen an Baustoffe und Bauteile geregelt. § 26 bestimmt das System der im Gesetz verwendeten Begriffe und deren Zuordnung zueinander. Ergänzt wird § 26 durch die bauordnungsrechtlichen Begriffe zu Klassen von Baustoffen und Bauteilen, die sich aufgrund von Brandversuchen nach technischen Regeln (DIN 4102, DIN EN 13501) ergeben.

2 Durch die Novelle 2020 ist Absatz 2 um den Satz 4 ergänzt worden, um die Verwendung von Holz als Baustoff zu erleichtern.

2. Brandverhalten von Baustoffen (Absatz 1)

3 In Absatz 1 Satz 1 werden Baustoffe nach den Anforderungen an ihr Brandverhalten qualifiziert und dafür in drei Kategorien eingeteilt. Nach dem Brandverhalten der Baustoffen können sie normalentflammbar, schwerentflammbar oder nichtbrennbar sein. Die leichtentflammbaren Baustoffe werden in Absatz 1 nicht genannt.

4 Die der Bauordnung verhaftete Einteilung findet sich entsprechend in den DIN-Klassen, in denen das Brandverhalten kategorisiert wird. Dies macht es möglich, die Bedeutung der Begriffe anhand der technischen Regelwerke zu

konkretisieren. Die maßgebliche technische Regel ist die DIN 4102 Teil 4. Diese ist gem. § 17 Abs. 2 in der Bauregelliste A bekannt gemacht und fortan als Technische Baubestimmung zu beachten, vgl. Bekanntmachung Verwaltungsvorschrift Technische Baubestimmungen im Amtsblatt Nr. 20 vom 24.05.2023. In der DIN 4102 Teil 4 finden sich die Zusammenstellung und Anwendung klassifizierter Baustoffe, Bauteile und Sonderbauteile. Für das Brandverhalten von Baustoffen ergeben sich folgende Klassifizierungen:

Baustoffklasse nach DIN 4102	Bauordnungsrechtliche Benennung
Klasse A	Nichtbrennbare Baustoffe
Klasse A1 und A2	Brennbare Baustoffe
Klasse B	Nichtbrennbare Baustoffe
Klasse B1	schwerentflammbare Baustoffe
Klasse B2	normalentflammbare Baustoffe
Klasse B3	leichtentflammbare Baustoffe

a) Nichtbrennbare Baustoffe

Nichtbrennbare Baustoffe der Klasse A 1 sind solche, die einen besonderen 5
Nachweis nicht brauchen und in der DIN 4102 Teil 4 Abschnitt 2.2 aufgelistet sind, wie z. B. Steine, Mineralien, Sand, Kies, Lehm, Ton, Beton, Stahlbeton. Bauordnungsrechtlich gelten diese Baustoffe als **nichtbrennbare Baustoffe**. Durch die Verwendung nichtbrennbarer Baustoffe wird die bauliche Brandlast vermindert, so dass dadurch den Anforderungen an den vorbeugenden Brandschutz entsprochen wird.

Nichtbrennbare Baustoffe der Klasse A 2 sind sonstige Baustoffe, die wenige 6
brennbare Bestandteile enthalten, aber nur eine geringe Brandausbreitung und eine geringe Wärmeabgabe erzeugen und deren Rauchentwicklung unbedenklich ist. Dazu zählen etwa Gipskartonplatten. Nichtbrennbare Baustoffe der Klasse A1 unterscheiden sich von denen der Klasse A 2 dadurch, dass letztere entflammbar sind. Die Nichtbrennbarkeit wird durch ein Prüfzeugnis nachgewiesen und durch ein Prüfzeichen belegt. Bauordnungsrechtlich gelten auch diese Baustoffe als nichtbrennbare Baustoffe.

b) Brennbare Baustoffe

Brennbare Baustoffe der Klasse B 1 sind solche Baustoffe, die den Anforde- 7
rungen des Abschnittes 6.1 der DIN 4102 genügen. Dies sind die in DIN 4102 Teil 4 Abschnitt 2.3 genannten Baustoffe, also z. B. mitteldichte Faserplatten und PVC-Bodenplatten nach DIN 16 951. Diese Baustoffe zeichnen sich dadurch aus, dass sie nur durch größere Zündquellen und bei dauerhafter Zufuhr von Zündenergie entflammen oder thermisch reagieren. Dies kann auch durch die Behandlung durch ein Feuerschutzmittel erreicht werden.

Bauordnungsrechtlich gelten diese Baustoffe als schwerentflammbare Baustoffe.

8 Brennbare Baustoffe der Klasse B 2 entflammen bereits bei Einwirkungen einer kleinen Zündquelle (Streichholz). Gleichwohl breitet sich die Flamme nur geringfügig aus oder erlischt nach Entfernen der Zündquelle. Holz mit einer Rohdichte > 400 kg/m3 und einer Dicke > 2 mm wird der Baustoffklasse B 2 zugeordnet. Bauordnungsrechtlich gelten diese Baustoffe als normalentflammbare Baustoffe.

9 Brennbare Baustoffe der Klasse B 3 entflammen bereits bei einer kleinen Zündquelle und brennen auch nach Entfernen der Zündquelle ohne weitere Energiezufuhr mit gleichbleibender oder steigender Geschwindigkeit ab. Bauordnungsrechtlich gelten diese Baustoffe als leichtentflammbare Baustoffe.

c) Nachweisverfahren

10 Die Klassifizierung der Baustoffe wird durch Nachweise belegt. Diese werden in unterschiedlicher Weise erbracht. Zu unterscheiden sind die Baustoffe, die als solche in der DIN 4102 Teil 4 genannt sind (a), und die Baustoffe, die dort nicht aufgeführt sind (b).

(a) Sind Baustoffe in der DIN 4102 Teil 4 aufgeführt, dann sind sie entsprechend klassifiziert und dürfen in der entsprechenden Klassifizierung verwendet werden. Der Verwendungsnachweis ist also durch die Nennung in der DIN 4102 für allgemein gebräuchliche Baustoffe erbracht.

(b) Sind Baustoffe in der DIN 4102 nicht genannt, dann muss ihr Brandverhalten auf der Grundlage von Brandversuchen bei vom Deutschen Institut für Bautechnik anerkannten Prüfstellen ermittelt werden. Dies geschieht nach den Vorgaben der DIN-EN 13 501-1, in der die klassifizierten Eigenschaften zum Brandverhalten von Baustoffen (ausgenommen Bodenbeläge) angegeben sind. Durch dieses Verfahren wird das Brandverhalten der Baustoffe nachgewiesen, so dass es dann durch eine allgemeine bauaufsichtliche Zulassung, ein allgemeines bauaufsichtliches Prüfzeugnis oder eine Zustimmung im Einzelfall nachgewiesen werden kann. Werden Baustoffe hergestellt, die mit den entsprechend zugelassenen, geprüften oder geregelten Baustoffen übereinstimmen, ist die Übereinstimmung gem. Bauregelliste A mit dem für sie geforderten Übereinstimmungsnachweis zu bestätigen. Der Baustoff ist dann mit dem Übereinstimmungskennzeichen zu versehen.

3. Verwendung leichtentflammbarer Baustoffe (Absatz 1 Satz 2)

In Satz 2 werden materielle Anforderungen an die Verwendung von leichtentflammbaren Baustoffen (Klasse B 3) benannt. Grundsätzlich dürfen diese nicht verwendet werden. Dadurch soll erreicht werden, dass Bauteile nicht durch Funken, Flammen oder Hitzestrahlung leicht in Brand gesetzt werden können. Dieses Ziel wird bei der Verwendung leicht entflammbarer Baustoffe jedoch auch erreicht, wenn diese Baustoffe so verarbeitet werden, dass sie zumindest als normalentflammbar zu beurteilen sind. Dies setzt voraus, dass die leichtentflammbaren Baustoffe in Bauteilen oder im fertigen Bauwerk so behandelt werden, dass ihre Eigenschaft als leichtentflammbare Baustoffe nicht mehr zum Tragen kommt. Unter dieser Bedingung darf von dem Verwendungsverbot abgewichen und der leicht entflammbare Baustoff verwendet werden. 11

4. Feuerwiderstandsdauer (Absatz 2)

Für die Anforderungen an das Brandverhalten von Bauteilen hat der Gesetzgeber drei Leistungsstufen geschaffen und diese Stufen nach Maßgabe der Widerstandsdauer gegen einen Brand wie folgt benannt: 12
- feuerhemmend,
- hochfeuerhemmend und
- feuerbeständig.

Den Begriffen entsprechen folgende Feuerwiderstandsdauern: 13
- feuerhemmend: 30 Minuten
- hochfeuerhemmend: 60 Minuten
- feuerbeständig: 90 Minuten

Halbsatz 2 bezieht die Feuerwiderstandsfähigkeit auf die Funktionen, auf die es im Brandfall ankommt: Für tragende (auch unterstützende) und aussteifende Bauteile die Standsicherheit im Brandfall; für raumabschließende Bauteile ihr Widerstand gegen die Brandausbreitung. Diese Begriffe hatte der Gesetzgeber in der Bauordnung 2003 gesetzlich bestimmt. 14

Die Abstufung der Feuerwiderstandsdauer des Gesetzgebers entspricht den gemeinschaftsrechtlichen Bestimmungen sowie der als Technische Baubestimmung eingeführten DIN 4102 – Brandverhalten von Baustoffen und Bauteilen, *vgl. zur DIN 4102: Meyer-Ottens, DIN 4102 Teil 2 – Brandverhalten von Bauteilen – im Blickpunkt nationaler und internationaler Interessen, BBauBl 1979, S. 582.* Die Klassifizierung der Feuerwiderstandsdauer einzelner Bauteile geht zurück auf die DIN 4102 Teil 2, die in der Bauregelliste Teil A bekannt gemacht wurde und nach § 17 Abs. 2 als Technische Baubestimmung verbindlich ist. Bauteile in diesem Sinne sind Wände, Decken, Stützen, Treppen usw. In der 15

DIN 4102 Teil 3, 5 bis 7 sind Anforderungen an Bauteile mit brandschutztechnischen Sonderanforderungen (Brandwände, Feuerschutzabschlüsse (Türen, Klappen, Rollläden) Verglasungen der Feuerwiderstandsdauer G, Lüftungsleitungen und Bedachungen usw.) normiert.

16 In der DIN 4102 wird nach dem Brandverhalten von Bauteilen von folgenden Feuerwiderstandsklassen ausgegangen, für die in der Bauordnung (teilweise) eigene Bezeichnungen bestehen:

Kurzbezeichnung	**Benennung nach DIN 4102**	**Bauordnungsrechtliche Benennung**
F 30-B	Feuerwiderstandsdauer F 30 = 30 Minuten	feuerhemmend
F 30-AB	Feuerwiderstandsklasse F 30 und in den wesentlichen Teilen aus nichtbrennbaren Baustoffen = 30 Minuten	feuerhemmend
F 30-A	Feuerwiderstandsdauer F 30 und aus nichtbrennbaren Baustoffen = 30 Minuten	feuerhemmend
F 60	Feuerwiderstandsdauer = 60 Minuten	hochfeuerhemmend
F 90-AB	Feuerwiderstandsdauer F 90 und in den wesentlichen Teilen aus nichtbrennbaren Baustoffen = 90 Minuten	feuerbeständig
F 90-A	Feuerwiderstandsdauer F 90 und aus nichtbrennbaren Baustoffen = 90 Minuten	feuerbeständig
F 120	Feuerwiderstandsdauer = 120 Minuten	hochfeuerbeständig
F 180	Feuerwiderstandsdauer = 180 Minuten	höchstfeuerbeständig

17 Bauteile erfüllen die Anforderungen an eine Feuerwiderstandsklasse, wenn sie unter genormten Bedingungen bei Brandbeanspruchung während der entsprechenden Prüfdauer nicht zusammenbrechen und – nach bestimmten Maßgaben – ihre jeweilige Funktion erhalten.

18 Das Feuerwiderstandsverhalten von Bauprodukten und Bauarten wird daneben in der DIN EN 13501 klassifiziert. Da die Teile 1 und 2 dieser Normen in der Bauregelliste (Ausgabe 2002/1) des DIBt bekannt gemacht wurden, können statt der DIN 4102 die Verfahren der DIN EN 13501-2 und 13501-3 angewendet werden.

5. Bauteile nach Brandverhalten von Baustoffen (Absatz 2 Satz 2)

Der Gesetzgeber hat in Absatz 2 Satz 2 das Brandverhalten von Baustoffen typisiert. Das Brandverhalten von Bauteilen beurteilt sich dabei nach verschiedenen Anforderungen, denen ein Bauteil im Brandfall genügen muss: 19

Das Bauteil soll verhindern, dass sich Feuer und Rauch ausbreiten. Es soll den Brandherd abschotten. Als raumabschließendes Bauteil soll es einer einseitigen Brandeinwirkung standhalten, so dass die Übertragung der Flammen oder Rauchgase auf die anschließenden anderen Räume der feuerabgewandten Seite verhindert und dadurch eine Brandausbreitung vermieden wird. 20

Das Bauteil soll die Standsicherheit des Tragwerks auch im Brandfall hinreichend lange erhalten. Im Fall einer Brandbeanspruchung soll es den mechanischen Einwirkungen auf einer oder auf mehreren Seiten standhalten, ohne dass es seine Standsicherheit für eine bestimmte Zeitdauer verliert. Für einzelne Bauteile kann verlangt werden, dass sie sowohl eine raumabschließende wie auch eine tragende Funktion besitzen. 21

Satz 2 benennt vier Typen von Bauteilen. Diese Typisierung folgt aus dem Brandverhalten der Baustoffe, aus denen die Bauteile hergestellt sind. 22

Baustoffe nach Typ 1 müssen aus nichtbrennbaren Baustoffen hergestellt sein. 23

Baustoffe nach Typ 2 müssen in den für die Tragfähigkeit und den Raumabschluss wesentlichen Teilen aus nichtbrennbaren Baustoffen hergestellt sein. In den Prüfnormen wird die Zusammensetzung dieser Baustoffe als „AB-Bauweise" bezeichnet. 24

Baustoffe nach Typ 3 müssen, weil die tragenden und aussteifenden Teile (innerhalb des Bauteils) aus Holz bestehen, mit einer brandschutztechnisch wirksamen Bekleidung versehen werden. Diese Bekleidung wird technisch konkretisiert durch die „Muster-Richtlinie über brandschutztechnische Anforderungen an Bauteile von Gebäuden der Gebäudeklasse 4 in Holzbauweise" (Muster-Holzbaurichtlinie – M-HBauRL). 25

Baustoffe nach Typ 4 sind durch das Fehlen von Anforderungen, die die Verwendung nichtbrennbarer Baustoffe in einer bestimmten Weise vorschreiben, gekennzeichnet. Dies ist der Unterschied zu den Baustoffen der Anforderungstypen 1 bis 3. Zu Typ 4 gehören allgemein Bauteile aus brennbaren Baustoffen. 26

Satz 3 ordnet den Anforderungen „feuerbeständig" und „hochfeuerhemmend" Mindestanforderungen an die Baustoffe standardmäßig zu: Soweit in 27 der Brandenburgischen Bauordnung oder in Vorschriften aufgrund der Brandenburgischen Bauordnung keine andere Baustoffverwendung verlangt oder zugelassen wird, ist mindestens die hier verlangte oder eine brandschutztechnisch bessere Ausführung (z. B. nach Nummer 2 anstelle von Nummer 3 oder Nummer 1 anstelle von Nummer 2) erforderlich. An Bauteile, die feuerhemmend sein müssen, werden standardmäßig keine besonderen Baustoffanforderungen gestellt.

6. Anforderungen an feuerbeständige und hochfeuerhemmende Bauteile (Absatz 2 Satz 3)

28 Satz 3 regelt die Anforderungen, die „feuerbeständige" und „hochfeuerhemmende" Bauteile mindestens besitzen müssen. Diese Anforderungen gelten als Mindestanforderungen, soweit im Brandenburgischen Bauordnungsrecht nicht eine andere Baustoffverwendung verlangt oder zugelassen wird. An Bauteile, die feuerhemmend sein müssen, werden in der Bauordnung keine besonderen Baustoffanforderungen gestellt.

a) Feuerbeständige Bauteile (Nr. 1)

29 Feuerbeständige Bauteile müssen mindestens aus nichtbrennbaren Baustoffen bestehen. Das heißt, sie müssen der Feuerwiderstandsdauer F 90 genügen und zusätzlich aus nichtbrennbaren Baustoffen im Sinne der in DIN 4102 definierten Klasse A bestehen (F 90-A).

30 Bauteile, die feuerbeständig sein müssen, können tragende und aussteifende Bauteile oder raumabschließende Bauteile sein. Wenn diese Bauteile nicht zugleich eine tragende oder aussteifende Funktion besitzen, sind brennbare Baustoffe zulässig, „F 90-AB", vgl. DIN 4102-2 i. V. m. Anlage 0.1.1 und 0.2.1 der Bauregelliste Teil A. Dann aber muss das jeweilige Bauteil eine in der raumabschließenden Ebene des Bauteils durchgehende Schicht aus nichtbrennbaren Baustoffen besitzen. Das heißt, die raumabschließenden Bauteile müssen mit Baustoffen versehen werden, die nichtbrennbar sind. Brandwände, Trennwände oder Decken sind also, da sie auf beiden Seiten ihre Funktion aufweisen müssen, beidseitig mit nichtbrennbaren Baustoffen zu beschichten.

b) Hochfeuerhemmende Bauteile (Absatz 2 Satz 3 Nr. 2)

31 In Absatz 2 Satz 3 Nr. 2 hat der Gesetzgeber Anforderungen an die Kategorie der hochfeuerhemmenden Bauteile gestellt. Hochfeuerhemmende Bauteile sind an sich solche der Klasse A, die der Feuerwiderstandsklasse F 60 angehören (F 60-A). Nach der DIN 4102 Teil 2 können hochfeuerhemmende Bauteile aber auch solche sein, die (nur) in den wesentlichen Teilen aus nichtbrennbaren Baustoffen bestehen (F 60-AB). Die in Absatz 2 Satz 3 Nr. 2 gestellte

Anforderung erweitert den Kreis verwendbarer Bauteile. Holz, das in seinen tragenden oder aussteifenden Teilen aus brennbaren Baustoffen besteht, muss allseitig eine brandschutztechnisch wirksame Bekleidung aus nichtbrennbaren Baustoffen und Dämmstoffe aus nichtbrennbaren Baustoffen haben. Die Schutzwirkung dieser Bekleidung muss dazu führen, dass die Bekleidung selbst der Feuerwiderstandsdauer F 60 genügt. Der Gesetzgeber hat durch Absatz 2 Satz 3 Nr. 2 eine Abweichung von der Regelung über die Anforderungen an hochfeuerhemmende Bauteile normiert, so dass diese nach ihrer Feuerwiderstandsfähigkeit im Ergebnis nur feuerbeständig sein müssen. Die Regelung in Absatz 2 Satz 3 Nr. 2 ist etwa relevant, um die Holzbauweise von Gebäuden zu ermöglichen.

Aus Satz 3 ergeben sich folgende zulässige Kombinationen (X) der Feuerwiderstandsfähigkeit und Baustoffverwendung von Bauteilen: 32

	feuerbeständig, aus nicht brennbaren Baustoffen	feuerbeständig	hochfeuerhemmend	feuerhemmend
Alle Bestandteile sind nicht brennbar, Satz 2 Nr. 1	x	x	x	x
Tragende und aussteifende Teile sind nicht brennbar, Satz 2 Nr. 2		x	x	x
Tragende und aussteifende Teile sind brennbar, haben aber eine Brandschutzbekleidung, Satz 2 Nr. 3			x	x
Alle Teile sind brennbar zulässig, Satz 2 Nr. 4				x

Quelle: MIL Referentenentwurf vom 5.5.2015

7. Holzbauweise (Absatz 2 Satz 4)

Mit der Novelle 2020 sind in § 26 Absatz 2 BbgBO die Sätze 4 und 5 angefügt worden. Diese Sätze sind gemäß Art. 3 Abs. 2 des Gesetzes zur Änderung der Bauordnung am 1. Januar 2022 in Kraft getreten *(vgl. die Bekanntmachung des Ministeriums für Infrastruktur und Landesplanung im GVBl. I Nr. 45/2021)*, an dem die Muster-Holzbaurichtlinie (MHolzBauRL) in der Verwaltungsvorschrift Technische Baubestimmungen im Amtsblatt für Brandenburg bekannt gemacht worden ist. 33

34 Die MHolzBauRL wurde am 23. Mai 2019 von der Fachkommission Bauaufsicht beschlossen. In ihr werden die brandschutztechnischen Anforderungen an Bauteile in Holzbauweise für Gebäude der Gebäudeklassen 4 und 5 näher definiert.

35 Satz 4 eröffnet die Möglichkeit, statt feuerbeständiger Bauteile – deren tragende Teile nach Satz 3 Nummer 1 aus nichtbrennbaren Baustoffen bestehen müssen und daher nicht aus Holz sein können – auch Bauteile aus brennbaren Baustoffen zu verwenden, sofern sie den einschlägigen Technischen Baubestimmungen entsprechen. Diese Baubestimmungen umfassen neben den bereits existierenden Regeln für die statische Bemessung von Holzbauteilen die Muster-Holzbaurichtlinie. Der Gesetzgeber hat damit nicht den Begriff der Feuerbeständigkeit geändert, sondern die Verwendung von brennbaren Baustoffen neu geregelt. Infolge dessen ist es erlaubt, brennbarer F90-Konstruktionen etwa bei mehrgeschossigen Holzbauten einzusetzen.

36 Da der Einsatz brennbarer Baustoffe jedoch nur nach Maßgabe der MHolzBauRL zulässig ist, musste in Art. 3 die Bekanntmachung dieser Musterrichtlinie als eingeführte technische Baubestimmung zur Voraussetzung für die Geltung des Satzes 4 gemacht werden.

37 Der neue Satz 5 nimmt Brandwände und Wände notwendiger Treppenräume, sofern sie die Bauart von Brandwänden haben müssen (in Gebäuden der Gebäudeklasse 5), von der Ausnahmeregelung des Satzes 4 aus. Brandwände und Wände in der Bauart von Brandwänden haben immer den Zweck, auch ohne Eingreifen der Feuerwehr als Barriere gegen die Brandausbreitung zu dienen. Sie müssen daher zusätzlich zu der erforderlichen Feuerwiderstandsfähigkeit auch aus nichtbrennbaren Baustoffen bestehen.

§ 27
Tragende Wände, Stützen

(1) [1]Tragende und aussteifende Wände und Stützen müssen im Brandfall ausreichend lang standsicher sein. [2]Sie müssen
1. in Gebäuden der Gebäudeklasse 5 feuerbeständig,
2. in Gebäuden der Gebäudeklasse 4 hochfeuerhemmend,
3. in Gebäuden der Gebäudeklassen 2 und 3 feuerhemmend
sein. [3]Satz 2 gilt
1. für Geschosse im Dachraum nur, wenn darüber noch Aufenthaltsräume möglich sind; § 29 Absatz 4 bleibt unberührt,
2. für Balkone nur, wenn sie Teil des Rettungsweges sind,
3. für offene Gänge nur, wenn sie als notwendige Flure dienen.

(2) Im Kellergeschoss müssen tragende und aussteifende Wände und Stützen
1. in Gebäuden der Gebäudeklassen 3 bis 5 feuerbeständig,
2. in Gebäuden der Gebäudeklassen 1 und 2 feuerhemmend
sein.

Übersicht

1. Allgemeines

§ 27 enthält die Anforderungen an die tragenden Wände und Stützen. Erfasst 1
werden von § 27 alle tragenden und aussteifenden Bauteile eines Gebäudes sowie die für Bestand und Funktion dieser Bauteile zugehörigen Teile wie Verankerungen oder Unterstützungen.

2. Grundsätzliche Anforderungen an tragende und aussteifende Bauteile bei Brandbeanspruchung (Absatz 1)

2 Absatz 1 benennt die Anforderungen, denen tragende und/oder aussteifende Bauteile im Brandfall genügen müssen. Tragende und aussteifende Bauteile müssen im Brandfall, d.h. unter der Beanspruchung von Feuer, Hitze und Rauch, ausreichend lang standsicher sein. Dies bedeutet, dass die vom Bauteil verlangte Funktion in zweierlei Hinsicht den Anforderungen des Absatzes 1 genügen muss: Zum einen muss sie im Brandfall standsicher sein, zum anderen muss die Standsicherheit für eine bestimmte zeitliche Dauer gegeben sein.

3 Der Gesetzgeber formuliert mit Satz 1 nur eine Kardinalforderung, die in den Sätzen 2 und 3 sowie in Absatz 2 für Kellergeschosse konkretisiert wird. Satz 1 dient insoweit auch als Auslegungshilfe für die folgenden Absätze.

4 Über die Formulierung dieser Grundanforderungen hinaus gewinnt Absatz 1 eine besondere Bedeutung, wenn der Bauherr Abweichungen von den Anforderungen des § 27 beantragt. In diesem Verfahren ist dann zu prüfen, ob dem Schutzziel des Satzes 1 gleichwohl entsprochen wird, vgl. § 67 Abs. 1 Nr. 1.

5 Tragende Bauteile sind solche, die mehr als ihre Eigenlast zu tragen haben, die horizontale Kräfte aufnehmen und die auch als Knickaussteifung verwendet werden können. Für eine tragende Wand wird im Regelfall ein statischer Nachweis geführt.

6 Aussteifende Bauteile dienen zur Ableitung horizontaler Kräfte, z.B. durch Wind oder Bodendruck. Sie tragen zur Stabilität des gesamten Bauwerkes bei. Eine aussteifende Wand steht (in den meisten Fällen) rechtwinklig zu einer anderen Wand und dient dieser zu ihrer Knickaussteifung, so dass die tragende Wand eine zusätzliche Halterung erhält. Die tragende Wand ist dann dreiseitig gehalten (zwei Deckenscheiben und eine knicksteifende Wand). Welche Länge der Standsicherheit jeweils gefordert ist, ergibt sich aus den Regelungen in Satz 2.

7 In der Bauregelliste A Teil 1 sind die Begriffe feuerbeständig, hochfeuerhemmend und feuerhemmend nach der DIN 4102 definiert.

3. Konkrete Anforderungen an tragende oder aussteifende Bauteile (Absatz 1 Satz 2)

8 Der Gesetzgeber hat in Satz 2 Anforderungen an Gebäude der Gebäudeklassen 2 bis 5 gestellt. In Satz 2 hat der Gesetzgeber die Anforderungen an den Brandschutz bei tragenden oder aussteifenden Bauteilen in Abhängigkeit von der Gebäudeklasse bestimmt.

Tragende oder aussteifende Bauteile von Gebäuden der Gebäudeklasse 5 müssen feuerbeständig sein. Daraus resultiert für diese Bauteile zugleich die Geltung von § 26 Abs. 2 Satz 3 Nr. 1, so dass für das Brandverhalten dieser Bauteile die Anforderungen nach § 26 Abs. 2 Satz 2 Nr. 2 gelten. Feuerbeständig ist ein Bauteil, wenn es der Feuerwiderstandsklasse F 90 angehört und aus Baustoffen der Klasse A besteht. Diese Anforderungen müssen erfüllt sein, wenn der Gesetzgeber anordnet, dass es aus nichtbrennbaren Baustoffen bestehen muss. Ansonsten ist ein Bauteil auch feuerbeständig, wenn es mindestens in den wesentlichen Teilen aus nichtbrennbaren Baustoffen besteht, so dass es den sogenannten F 90-AB-Standard erfüllt. Wesentliche Bestandteile eines Bauteils sind alle Teile, die tragende, aussteifende oder sonstige, die Standsicherheit gewährleistende Funktionen erfüllen, sowie bei raumabschließenden Bauteilen auch die raumabschließende Fläche, *vgl. VG Bayreuth, U. v. 12.05.2005 – B 2 K 03.1696*. Für Kellergeschosse ist Absatz 3 beachtlich. 9

Tragenden oder aussteifenden Bauteilen von Gebäuden der Gebäudeklasse 4 (Oberkante Fußboden Aufenthaltsräume ≤ 13 m, 400 m² Nutzungseinheiten, vgl. § 2 Absatz 3) müssen hochfeuerhemmend sein. Daraus resultiert für dieses Bauteil zugleich die Geltung von § 26 Abs. 2 Satz 3 Nr. 2, so dass für das Brandverhalten dieser Bauteile die Anforderungen nach § 26 Abs. 2 Satz 2 Nr. 3 gelten. Hochfeuerhemmend ist ein Bauteil folglich dann, wenn es der Feuerwiderstandsklasse F 60 angehört und Baustoffe der Klasse A für die wesentlichen Teile verwendet werden (F 60-A) oder Baustoffe der Klasse B für die wesentlichen Teile verwendet werden und deren allseitiger Schutz gegen Brandeinwirkungen durch eine brandschutztechnisch wirksame Bekleidung sichergestellt ist. Die Brandschutzbekleidung muss die Anforderungen der Feuerwiderstandsdauer F 60 erfüllen. Hochfeuerhemmende Bauteile brauchen wegen ihrer speziellen Bauweise ein allgemeines bauaufsichtliches Prüfzeugnis. Für Kellergeschosse ist Absatz 3 beachtlich. 10

Tragende oder aussteifende Bauteile von Gebäuden der Gebäudeklasse 2 und 3 müssen danach auf allen Gebäudeebenen, also auch im Keller mindestens feuerhemmend sein. Feuerhemmend ist ein Bauteil, wenn es der Feuerwiderstandsklasse F 30 angehört und es aus Baustoffen der Klasse B besteht. Für Kellergeschosse ist Absatz 3 beachtlich. 11

Für Gebäude der Gebäudeklasse 1 gelten keine besonderen Anforderungen. Dies bedeutet, dass Maßstab für die ausreichende Standsicherheit Absatz 1 Satz 1 ist. Für Kellergeschosse ist aber Absatz 3 beachtlich. 12

4. Erleichterung brandschutzrechtlicher Anforderungen für besondere Bauteile (Absatz 1 Satz 3)

13 Von den in Satz 2 gestellten brandschutzrechtlichen Anforderungen hat der Gesetzgeber die in Absatz 2 Satz 3 aufgeführten obersten Geschosse und Bauteile freigestellt. Satz 3 Nr. 1 enthält Erleichterungen.

14 Nach Satz 3 Nr. 1 gilt für tragende und aussteifende Bauteile oberster Geschosse von Dachräumen, in denen Aufenthaltsräume möglich sind, folgende Erleichterung: Sie müssen nicht die in Satz 2 gestellten Anforderungen für die tragenden und aussteifenden Bauteile erfüllen. Diese Erleichterung gilt nur für Gebäude der Gebäudeklasse 2 bis 5. Für Gebäude der Gebäudeklasse 1 gelten die Anforderungen nach Satz 2 ohnedies nicht. Geschosse im Dachraum sind nur solche Hohlräume zwischen der obersten Decke und der Bedachung, in denen Aufenthaltsräume möglich sind. Andernfalls sind es keine Geschosse, sondern Hohlräume, siehe § 2 Absatz 6 Satz 2. Hohlräume in diesem Sinne lassen die Erleichterungen nach Satz 3 Nr. 1 unberührt, wenn sie über dem obersten Geschoss liegen. Kommt es aber durch den Ausbau des Hohlraums dazu, dass dieser zum obersten Geschoss wird, muss das bisherige oberste Geschoss den Brandschutzanforderungen nach Satz 2 genügen. Darauf ist beim Ausbau des Dachgeschosses zu achten.

15 Sofern im Dachraum Trennwände nach § 29 erforderlich sind und diese nicht bis zur Dachhaut geführt werden sollen, kann sich daraus eine Anforderung an den oberen Raumabschluss des obersten Geschosses und an die tragenden (unterstützenden) Teile ergeben (feuerhemmend nach § 29 Abs. 4).

16 Nach Satz 3 Nr. 2 gilt für tragende und aussteifende Bauteile von Balkonen, soweit diese nicht offene Gänge für notwendige Flure sind, folgende Erleichterung: Sie müssen nicht die in Satz 2 gestellten Anforderungen für die tragenden und aussteifenden Bauteile erfüllen. Diese Erleichterung ist nur für Gebäude der Gebäudeklasse 2 bis 5 relevant. Für Gebäude der Gebäudeklasse 1 gelten die Anforderungen nach Satz 2 ohnedies nicht.

17 Allerdings müssen diese Geschosse und Bauteile weiterhin den Anforderungen nach Absatz 1 genügen, d. h., sie müssen bei Brandbeanspruchung ohne Verlust der Tragfähigkeit ausreichend lang standsicher sein. Diese Anforderungen sind nach § 66 Abs. 1 durch bautechnische Nachweise zu belegen.

5. Anforderungen an Kellergeschosse

18 Der Gesetzgeber hat in Absatz 3 die Anforderungen an Kellergeschosse teilweise verschärft. Nach Nummer 1 müssen die tragenden und aussteifende Wände und Stützen in diesen Geschossen der Gebäude der Gebäudeklasse 3

bis 5 feuerbeständig sein. Feuerbeständig ist ein Bauteil, wenn es der Feuerwiderstandsklasse F 90 angehört und aus Baustoffen der Klasse A besteht. Diese Anforderungen müssen erfüllt sein, wenn der Gesetzgeber anordnet, dass es aus nichtbrennbaren Baustoffen bestehen muss. Ansonsten ist ein Bauteil auch feuerbeständig, wenn es mindestens in den wesentlichen Teilen aus nichtbrennbaren Baustoffen besteht, so dass es den sogenannten F 90-AB-Standard erfüllt. Der F 90-AB-Standard genügt für die Erfüllung der Anforderungen nach Nummer 1.

Nach Nummer 2 müssen die tragenden und aussteifende Wände und Stützen 19
in diesen Geschossen der Gebäude der Gebäudeklasse 1 und 2 feuerhemmend sein. Feuerhemmend ist ein Bauteil, wenn es der Feuerwiderstandsklasse F 30 angehört und es aus Baustoffen der Klasse B besteht. Für Kellergeschosse ist Absatz 3 beachtlich.

6. Brandschutzrechtliche Anforderungen aufgrund besonderer Vorschriften

Nach § 3 BbgKPBauV müssen tragende Bauteile, wie Wände, Pfeiler, Stützen 20
und Decken, feuerbeständig, in erdgeschossigen Gebäuden feuerhemmend sein. Nach § 3 Abs. 1 BbgVStättV müssen tragende und aussteifende Bauteile, wie Wände, Pfeiler, Stützen und Decken, feuerbeständig, in erdgeschossigen Versammlungsstätten feuerhemmend sein. Dies gilt nicht für erdgeschossige Versammlungsstätten mit automatischen Feuerlöschanlagen.

Nach § 4 BbgBeBauV müssen tragende Wände, Stützen und Decken feuerbe- 21
ständig sein. Dies gilt nicht für oberste Geschosse von Dachräumen, wenn sich dort keine Beherbergungsräume befinden. Nach § 4 Abs. 2 BbgBeBauV brauchen tragende Wände, Stützen und Decken nur feuerhemmend zu sein
1. in Gebäuden mit nicht mehr als zwei oberirdischen Geschossen,
2. in obersten Geschossen von Dachräumen mit Beherbergungsräumen.

Nach § 7 Abs. 1 BbgGStV müssen tragende Wände von Garagen sowie Decken 22
über und unter Garagen und zwischen Garagengeschossen feuerbeständig sein. Gem. § 7 Abs. 2 BbgGStV brauchen für den Fall, dass Einstellplätze nicht mehr als 22 m über der Geländeoberfläche liegen, Wände und Decken nach Absatz 1
1. bei oberirdischen Mittel- und Großgaragen nur feuerhemmend zu sein und aus nichtbrennbaren Baustoffen zu bestehen, soweit sich aus den §§ 24 und 25 keine weitergehenden Anforderungen ergeben,
2. bei offenen Mittel- und Großgaragen in Gebäuden, die allein der Garagennutzung dienen, nur aus nichtbrennbaren Baustoffen zu bestehen.

23 Nach § 7 Abs. 3 BbgGStV brauchen Wände und Decken eingeschossiger oberirdischer Garagen nur feuerhemmend zu sein oder aus nichtbrennbaren Baustoffen zu bestehen, wenn das Gebäude allein der Garagennutzung dient. Die Anforderungen der Absätze 1 und 3 gelten gem. § 7 Abs. 4 BbgGStV nicht für Kleingaragen, wenn

1. die Kleingarage in einem Gebäude ohne Aufenthaltsräume liegt, an dessen tragende und aussteifende Wände und Decken keine Anforderungen hinsichtlich des Brandschutzes gestellt werden oder
2. die Kleingarage an ein Gebäude mit Aufenthaltsräumen angrenzt, dessen Außenwand feuerhemmend ist.

24 Nach § 3 BbgVBauV sind tragende Wände, Pfeiler und Stützen feuerbeständig, in erdgeschossigen Verkaufsstätten ohne Sprinkleranlage mindestens feuerhemmend herzustellen; dies gilt nicht für erdgeschossige Verkaufsstätten mit Sprinkleranlagen.

§ 28
Außenwände

(1) Außenwände und Außenwandteile wie Brüstungen und Schürzen sind so auszubilden, dass eine Brandausbreitung auf und in diesen Bauteilen ausreichend lang begrenzt ist.

(2) [1]Nichttragende Außenwände und nichttragende Teile tragender Außenwände müssen aus nichtbrennbaren Baustoffen bestehen; sie sind aus brennbaren Baustoffen zulässig, wenn sie als raumabschließende Bauteile feuerhemmend sind. [2]Satz 1 gilt nicht für
1. Türen und Fenster,
2. Fugendichtungen und
3. brennbare Dämmstoffe in nichtbrennbaren geschlossenen Profilen der Außenwandkonstruktionen.

(3) [1]Oberflächen von Außenwänden sowie Außenwandbekleidungen müssen einschließlich der Dämmstoffe und Unterkonstruktionen schwerentflammbar sein; Unterkonstruktionen aus normalentflammbaren Baustoffen sind zulässig, wenn die Anforderungen nach Absatz 1 erfüllt sind. [2]Balkonbekleidungen, die über die erforderliche Umwehrungshöhe hinaus hochgeführt werden, und mehr als zwei Geschosse überbrückende Solaranlagen an Außenwänden müssen schwerentflammbar sein. [3]Baustoffe, die schwerentflammbar sein müssen, in Bauteilen nach Satz 1 Halbsatz 1 und Satz 2 dürfen nicht brennend abfallen oder abtropfen.

(4) [1]Bei Außenwandkonstruktionen mit geschossübergreifenden Hohl- oder Lufträumen wie hinterlüfteten Außenwandbekleidungen sind gegen die Brandausbreitung besondere Vorkehrungen zu treffen. [2]Satz 1 gilt für Doppelfassaden entsprechend.

(5) [1]Die Absätze 2, 3 und 4 Satz 1 gelten nicht für Gebäude der Gebäudeklassen 1 bis 3; Absatz 4 Satz 2 gilt nicht für Gebäude der Gebäudeklassen 1 und 2.
[2]Abweichend von Absatz 3 sind hinterlüftete Außenwandbekleidungen, die den Technischen Baubestimmungen nach § 86a entsprechen, mit Ausnahme der Dämmstoffe, aus normalentflammbaren Baustoffen zulässig.

Übersicht

1. Allgemeines

1 Außenwände eines Gebäudes besitzen eine große Bedeutung für den Brandschutz. Sie verhindern zum einen, dass Feuer in das Gebäude eindringt, zum andern verhindern sie, dass Feuer aus dem Gebäudeinneren auf andere Gebäude überschlägt. Da die Außenwände durch die Fenster und Türöffnungen in dieser Funktion notwendigerweise erheblich beschränkt werden, brauchen sie, soweit sie nicht Brandwände sind, regelmäßig keine raumabschließende Funktion im Sinne von § 30 zu haben. Gleichwohl unterliegen sie brandschutztechnischen Anforderungen, indem insbesondere eine vertikale oder horizontale Brandausbreitung gerade über die Bauteile der Außenwand unterbunden wird. Diese Anforderungen hat der Gesetzgeber in § 28 ergänzend zu den Anforderungen nach § 27 normiert und präzisiert. In § 28 werden also auch Anforderungen an die nichttragenden oder nichtaussteifenden Außenwände gestellt.

2 Durch die Novelle 2020 ist Absatz 5 um den Satz 2 ergänzt worden, um die Verwendung hinterlüfteter Außenwandbekleidungen zu erleichtern.

2. Grundanforderungen an Außenwände (Absatz 1)

3 Das Schutzziel des § 28 ist in Absatz 1 normiert. Außenwände und Außenwandbauteile sind aus solchen Baustoffen herzustellen, die die Brandausbreitung nicht fördern, sondern die Brandausbreitung ausreichend lange begrenzen. Dadurch wird die Rettung von Personen und eine effektive Brandbekämpfung erleichtert. Wie lange diese Begrenzung anzudauern hat, ist in Absatz 2 konkretisiert. Zu den Außenwandbauteilen gehören etwa auch großflächige Bauteile wie Vorsatz- und Lichtblenden sowie Beschichtungen und Folien an Außenwänden.

Durch die Novelle 2016 ist verdeutlicht worden, dass die Brandausbreitung auf und in den Außenwandbauteilen ausreichend lange begrenzt sein muss. Folglich sind Außenwandkonstruktionen mit geschossübergreifenden Hohl- oder Lufträumen, wie zum Beispiel hinterlüftete Außenwandbekleidungen, nur zulässig, wenn gegen eine Brandausbreitung in den Hohl- oder Lufträumen Vorkehrungen getroffen sind. Außenseitige Oberflächen und Bekleidungen von Außenwänden einschließlich der Dämmstoffe und Unterkonstruktionen müssen in der Regel schwerentflammbar sein. Unterkonstruktionen außenseitiger Bekleidungen dürfen aus normalentflammbaren Baustoffen bestehen, wenn die Brandausbreitung auf und in den Außenwänden ausreichend lang begrenzt ist. 4

3. Besondere Anforderungen an nichttragende Außenwände und Teile (Absatz 2)

Absatz 2 konkretisiert das in Absatz 1 formulierte Schutzziel im Hinblick auf die Bauweise nichttragender Außenwände. Die nichttragenden Außenwände und die nichttragenden Teile tragender Außenwände müssen aus nichtbrennbaren Baustoffen bestehen. Nichtbrennbare Baustoffe sind solche im Sinne von § 26 Abs. 2 Satz 2 Nr. 1. Werden Außenwände aus nichtbrennbaren Baustoffen der Klasse A hergestellt, sind sie, ohne dass sie Anforderungen an die Feuerwiderstandsdauer im Sinne von § 23 Abs. 1 erfüllen müssen, zulässig. Denn durch die Nichtbrennbarkeit wird bereits gewährleistet, dass diese Außenwände die Brandausbreitung nicht fördern. 5

Nichttragende Außenwände und die nichttragenden Teile tragender Außenwände dürfen nach Halbsatz 2 jedoch aus brennbaren Baustoffen bestehen, wenn sie als raumabschließende Bauteile feuerhemmend sind. Sie müssen also der Feuerwiderstandsklasse F 30 genügen, vgl. § 26 Abs. 2 Satz 1 Nr. 1. Es dürfen Baustoffe ohne Anforderungen an die Brennbarkeit verwendet werden. Nach DIN EN 13501 müssen raumabschließende Bauteile der Feuerwiderstandsklasse F 30 angehören. Anforderungen an die Brennbarkeit der Baustoffe bestehen nicht. 6

Indem in Satz 2 bestimmt ist, dass Satz 1 nicht für die in Satz genannten Bauteile gilt, dürfen dafür Baustoffe verwendet werden, die brennbar sind. Türen, Fenster, Fugendichtungen und brennbare Dämmstoffe dürfen also auch in nichtbrennbaren geschlossenen Profilen der Fassadenkonstruktion brennbar sein. Es werden also nicht nur – wie bisher – Fensterprofile, sondern auch Fenster und Türen in ihrer Gesamtheit, also inkl. Profile und Verglasung, von den Anforderungen des Satzes 1 ausgenommen. Für Dämmstoffe in Gebäudetrennfugen ist die Erleichterung nicht anzuwenden. Sie gilt aber für deren äußere Abdeckung in der Fassadenebene, weil es sich dabei um eine Fugendichtung handelt. Der Gesetzgeber begründet die Ausnahmeregelung in 7

Satz 2 damit, dass die genannten Bauteile wegen ihrer geometrischen Form (punkt- oder linienförmig) und der geringen Abmessungen bei der Brandausbreitung eine untergeordnete Rolle besitzen. Folglich gelten die Erleichterung nur für (einzelne) Fenster und Türen in Außenwänden (Lochfassaden), nicht aber für großflächige Verglasungen oder Glasfassaden, die als Außenwand fungieren.

4. Brandschutzanforderungen an Oberflächen von Außenwänden (Absatz 3)

8 In Absatz 3 werden die Brandschutzanforderungen an Oberflächen von Außenwänden sowie von Außenwandbekleidungen normiert. Der Gesetzgeber nimmt dabei Rücksicht auf die Tatsache, dass sich auf den Außenwänden Dämmstoffe befinden, die dem Wärmeschutz dienen. Diese Bauteile müssen, auch bei tragenden Außenwänden, aus schwerentflammbaren Baustoffen im Sinne von § 26 Abs. 1 Nr. 2 bestehen. Schwerentflammbar sind nach DIN 4102 Teil 1 Baustoffe der Baustoffklasse B 1. Das sind diejenigen Baustoffe, die in DIN 4102 Teil 4 aufgeführt sind und deshalb ohne besonderen Nachweis als schwerentflammbar gelten, oder, wenn sie dort nicht aufgeführt sind, die Baustoffe, deren Brandverhalten durch eine allgemeine bauaufsichtliche Zulassung, ein allgemeines bauaufsichtliches Prüfzeugnis oder eine Zustimmung im Einzelfall nachgewiesen ist.

9 Die bisherige Ermächtigung, für Unterkonstruktionen normalentflammbare Baustoffe zu gestatten (§ 27 Absatz 3 Halbsatz 2 a. F.), wird durch einen Zulässigkeitstatbestand ersetzt (Halbsatz 2). Zu beurteilen ist durch den Entwurfsverfasser, ob durch die normalentflammbaren Unterkonstruktionen das Schutzziel des Absatz 1 erreicht wird. Dies ist der Fall, wenn bei Verwendung normalentflammbarer Baustoffe die Brandausbreitung durch geeignete Maßnahmen verhindert wird. Solche Maßnahmen können ein im Bereich der Brandwand oder im Bereich einer an ihrer Stelle zulässigen Wand angeordneter Streifen der Außenwandbekleidung von mind. 1 m Breite aus nichtbrennbaren Baustoffen sein. Möglich ist ein mind. 0,5 m vor der Außenwand stehender Teil einer solchen Wand mit einer nichtbrennbaren Bekleidung oder ein Versatz im Bereich einer solchen Wand von mindestens 1 m, wenn die Bekleidung nichtbrennbar ist.

10 Balkonbekleidungen (z. B. Sicht- oder Wetterschutzblenden) unterliegen nach Satz 2 nur dann der Anforderung des Satzes 1, wenn sie über die normale Umwehrungshöhe hinaus hochgeführt werden. Auch Solaranlagen an Außenwänden müssen als Teil der Außenwand ebenfalls schwer entflammbar sein, sofern sie mehr als zwei Geschosse überbrücken, da andernfalls das Schutzziel nach Absatz 1 (begrenzte Brandausbreitung), nicht gewährleistet wäre.

Satz 3 soll verhindern, dass das Schutzziel des § 28 Absatz 1 für Außenwände durch abfallende oder abtropfende Bauteile unterlaufen wird.

5. Besondere Anforderungen an Außenwandkonstruktionen sowie Brandsperren (Absatz 4)

Nach Absatz 4 werden Anforderungen an Außenwandkonstruktionen, die eine Brandausbreitung über diese Bauteile begünstigen können, wie geschossübergreifende Doppelfassaden oder hinterlüftete Außenwandbekleidungen, gestellt. Absatz 4 regelt in Satz 1 die Anforderungen an Außenwandkonstruktionen mit geschossübergreifenden Hohl- oder Lufträumen (hinterlüftete Außenwandbekleidungen). Für Doppelfassaden wird die entsprechende Geltung dieser Anforderungen in Satz 2 bestimmt. Der Gesetzgeber meint, dass diese Konstruktionen einer besonderen Risikobetrachtung bedürfen, weil sie in der Praxis zunehmend Verwendung finden und die Brandausbreitung durch die Hohlräume begünstigt werden kann (siehe auch § 30 Absatz 7 Satz 2). Folglich werden in Absatz 4 über die Normierung in Absatz 1 hinaus bestimmte Vorkehrungen gegen die Brandausbreitung über diese Konstruktionen verlangt. Derartige Vorkehrungen können besondere Brandsperren sein. Geeignet sind etwa 20 cm auskragende Brandsperren aus Stahlblech oder 40 mm Dreischichtplatten oder aus einer vergleichbaren Kombination gefertigte Brandsperren, *vgl. Werner, Danzinger, Pöhm, Brandverhalten von Holzfassaden, in: Der österreichische Brandschutzkatalog 2006, 58ff.* Nach der Verwaltungsvorschrift des Sächsischen Staatsministeriums des Innern zur Sächsischen Bauordnung soll in jedem zweiten Geschoss in Deckenhöhe eine horizontale Brandsperre aus einem mindestens 1,5 mm dicken Stahlblech angeordnet werden. Die Größe notwendiger freier Strömungsquerschnitte ist auf 50 cm/lfd. m zu beschränken. Die Breite oder der Durchmesser jeder Einzelöffnung (Schlitz, Löcher) darf maximal 10 mm betragen. Die Anordnung der Brandsperren kann auch im Bereich von Fensterbänken oder -stürzen erfolgen. An den Laibungen von Öffnungen, wie Fenstern oder Türen, sind Abdeckungen aus Stahlblech von mindestens 1,5 mm anzuordnen. Bei Verwendung von Trag- oder Konterlatten aus Holz müssen diese durch Brandsperren vollständig unterbrochen werden. 11

6. Abweichungen bei Gebäuden der Gebäudeklassen 1, 2 und 3 (Absatz 5)

Absatz 5 lässt eine Erleichterung für die Außenwandbekleidungen von Gebäuden der Gebäudeklasse 1 bis 3 zu. Die Anforderungen nach Absatz 2 bis 4 Satz 1 gelten nicht für die Gebäudeklassen 1 bis 3. Absatz 4 Satz 2 gilt jedoch lediglich nicht für Gebäude der Gebäudeklassen 1 und 2. Der Gesetzgeber begründet dies damit, dass bei Doppelfassaden die mit einer Brandausbreitung, 12 insbesondere der Rauchgase, verbundenen möglichen Gefahren größer einzuschätzen sind als bei hinterlüfteten Außenwandbekleidungen.

13 Bei den in Absatz 5 genannten Gebäuden müssen die Außenwandbekleidungen aber in jedem Fall die allgemeinen Anforderungen nach Absatz 1 erfüllen. Es kann also die Verwendung normalentflammbarer Baustoffe zulässig sein. Normalentflammbar sind Baustoffe der Baustoffklasse B 2. Das sind diejenigen Baustoffe, die in DIN 4102 Teil 4 aufgeführt sind und deshalb ohne besonderen Nachweis als normalentflammbar gelten, oder, wenn sie dort nicht aufgeführt sind, die Baustoffe, deren Brandverhalten durch eine allgemeine bauaufsichtliche Zulassung, ein allgemeines bauaufsichtliches Prüfzeugnis oder eine Zustimmung im Einzelfall nachgewiesen ist.

14 Da es sich bei der Erleichterung nach Absatz 5 um eine gesetzlich zugelassene Abweichung handelt, ist eine Abweichung nach § 67 nicht erforderlich.

15 Mit der Novelle 2020 ist der Satz 2 angefügt worden. Danach ist es möglich, statt schwerentflammbarer Außenwandbekleidungen auch Außenwandbekleidungen aus normalentflammbaren Baustoffen zu bilden. Voraussetzung dafür ist, dass sie den einschlägigen Technischen Baubestimmungen entsprechen. Der Gesetzgeber will dadurch dem Bedürfnis von Planern und Bauherrn Rechnung tragen, den Baustoff Holz, der das innere Tragsystem bildet, an der Fassade von Gebäuden der Gebäudeklasse 4 und 5 nach außen hin sichtbar zu machen. Bisher war dies nur bei Gebäuden der Gebäudeklassen 1 bis 3 zulässig. Einer Brandausbreitung entlang der Oberfläche soll durch die Anordnung horizontal oder vertikal angeordnete baukonstruktiver brandschutztechnischer Maßnahmen in der Außenwandbekleidung entgegengewirkt werden. Details dazu ergeben sich aus der Musterholzbaurichtlinie. Satz 2 ist gem. Art. 3 Absatz 2 des Gesetzes zur Änderung der Bauordnung erst am 1. Januar 2022 in Kraft getreten *(vgl. die Bekanntmachung des Ministeriums für Infrastruktur und Landesplanung im GVBl. I Nr. 45/2021),* an dem die Muster-Holzbaurichtlinie (MHolzBauRL) in der Verwaltungsvorschrift Technische Baubestimmungen im Amtsblatt für Brandenburg bekannt gemacht worden ist.

§ 29
Trennwände

(1) Trennwände nach Absatz 2 müssen als raumabschließende Bauteile von Räumen oder Nutzungseinheiten innerhalb von Geschossen ausreichend lang widerstandsfähig gegen die Brandausbreitung sein.

(2) Trennwände sind erforderlich
1. zwischen Nutzungseinheiten sowie zwischen Nutzungseinheiten und anders genutzten Räumen, ausgenommen notwendigen Fluren,
2. zum Abschluss von Räumen mit Explosions- oder erhöhter Brandgefahr,
3. zwischen Aufenthaltsräumen und anders genutzten Räumen im Kellergeschoss.

(3) [1]Trennwände nach Absatz 2 Nummer 1 und 3 müssen die Feuerwiderstandsfähigkeit der tragenden und aussteifenden Bauteile des Geschosses haben, jedoch mindestens feuerhemmend sein. [2]Trennwände nach Absatz 2 Nummer 2 müssen feuerbeständig sein.

(4) Die Trennwände nach Absatz 2 sind bis zur Rohdecke, im Dachraum bis unter die Dachhaut zu führen; werden in Dachräumen Trennwände nur bis zur Rohdecke geführt, ist diese Decke als raumabschließendes Bauteil einschließlich der sie tragenden und aussteifenden Bauteile feuerhemmend herzustellen.

(5) Öffnungen in Trennwänden nach Absatz 2 sind nur zulässig, wenn sie auf die für die Nutzung erforderliche Zahl und Größe beschränkt sind; sie müssen feuerhemmende, dicht- und selbstschließende Abschlüsse haben.

(6) Die Absätze 1 bis 5 gelten nicht für Wohngebäude der Gebäudeklassen 1 und 2.

Übersicht

1. Allgemeines

1 Ziel des § 29 ist es, mittels Trennwände als raumabschließende Bauteile zu verhindern, dass Feuer, Rauch und Gase in andere Räume und Gebäudeabschnitte übergreifen oder dringen. Funktion der Trennwände – auch im Bereich der Leitungsdurchführungen – ist, die Ausbreitung des Brandes auf andere Gebäudeteile und Räume, auch auf die Räume und Gebäude der Nachbarn zu verhindern. Trennwände müssen deshalb den Brandbeanspruchungen für eine gewisse Zeit standhalten können. Soweit Trennwände auch die Funktion tragender oder aussteifender Bauteile besitzen, müssen sie zugleich auch den Anforderungen nach § 26 genügen. Dies ist unproblematisch, da der Gesetzgeber diese Anforderungen mittlerweile harmonisiert hat.

2 Die in § 29 normierten Anforderungen an Trennwände waren vor der Novelle 2016 in § 25 a. F. geregelt. § 29 ist in Anlehnung an die MBO 2012 neu formuliert worden. Dabei sind bisherige Brandenburgische Besonderheiten, etwa betreffend die raumabschließenden Wände im Dachraum und im Kellergeschoss, teilweise entfallen.

2. Grundanforderungen (Absatz 1)

3 Absatz 1 normiert das Schutzziel von Trennwänden als raumabschließende Bauteile. Deren Funktion ist, Feuer, Gase und Wärme im Brandfall abzuschotten und dadurch deren Ausbreitung zu unterbinden. „Raumabschließendes Bauteil" ist also nur das Bauteil, das diese brandschutztechnische Funktion auch tatsächlich erfüllen soll. Dies setzt voraus, dass Trennwände für eine bestimmte Dauer verhindern, dass Feuer und Rauch sich ausbreiten. Zudem darf sich die Oberfläche auf der feuerabgekehrten Seite nicht über die Anfangstemperatur einer normierten Grenzwand erwärmen, vgl. DIN 4102 T.2. Diese Anforderungen werden in Absatz 1 grundsätzlich formuliert und in den folgenden Absätzen konkretisiert. Der unbestimmte Rechtsbegriff „ausreichend lang" wird dann in Absatz 3 in Bezug auf die Feuerwiderstandsdauer konkretisiert.

4 Über die Formulierung dieser Grundanforderungen hinaus gewinnt Absatz 1 eine besondere Bedeutung für den Fall, dass der Bauherr Abweichungen von den Anforderungen des § 29 beantragt. In diesem Verfahren ist dann zu prüfen, ob das Schutzziel des Absatzes 1 gleichwohl erreicht wird, vgl. § 67 Abs. 1 Nr. 1.

3. Erforderlichkeit von Trennwänden (Absatz 2)

5 Absatz 2 nennt die Konstellationen, in denen Trennwände mit der Funktion nach Absatz 1 verlangt werden.

Nach Nr. 1 sind wie bisher (vgl. § 25 Abs. 5 Nr. 1 a. F.) Trennwände erforderlich, um die Nutzungseinheiten gegeneinander und gegen anders genutzte Räume abzuschließen. Nutzungseinheiten sind brandschutztechnisch abgegrenzte Einheiten, die von einander getrennt werden müssen. Durch die dadurch gebildeten Abschnitte wird die Brandbekämpfung durch die Feuerwehr erleichtert. Für die Nutzungseinheiten ist nach § 33 ein jeweils eigenes Rettungswegsystem erforderlich. Hingegen brauchen zwischen Nutzungseinheiten und (externen) notwendigen Fluren nicht Trennwände nach § 29, sondern Flur(trenn)wände nach § 36 Absatz 4, die geringeren Anforderungen genügen, gebaut zu werden. 6

Nach Nummer 2 sind Trennwände zum Abschluss von einzelnen Räumen mit Explosions- oder erhöhter Brandgefahr erforderlich. Um zu erreichen, dass einzelne Räume in sonst normal genutzten Gebäuden auch innerhalb von Nutzungseinheiten brandschutztechnisch abgekapselt werden, ohne das gesamte Gebäude einer (sonst nicht erforderlichen) Sonderbaubetrachtung unterziehen zu müssen, wird hierfür die brandschutztechnisch erforderliche Abtrennung regelhaft vorgeschrieben. 7

Nach Nummer 3 sind in Kellergeschossen auch einzelne Aufenthaltsräume besonders zu schützen, um der besonderen Gefahrensituation in Kellergeschossen Rechnung zu tragen. 8

4. Konkretisierte Anforderungen an Trennwände (Absatz 3)

In Absatz 3 werden für die in Absatz 2 Nr. 1 und 3 genannten Trennwände im Hinblick auf die in Absatz 1 allgemein formulierten Anforderungen der ausreichend langen Widerstandsfähigkeit brandschutztechnische Vorgaben gemacht. Gefordert wird, dass diese Bauteile mindestens feuerhemmend im Sinne von § 26 Abs. 2 Satz 1 Nr. 1 sind, also der Feuerwiderstandsklasse F 30 genügen müssen. Es dürfen Baustoffe ohne Anforderungen an die Brennbarkeit verwendet werden. Nach DIN EN 13501 müssen raumabschließende Bauteile der Feuerwiderstandsklasse EI 30 angehören. Anforderungen an die Brennbarkeit der Baustoffe bestehen nicht. Sofern sie tragende und aussteifende Bauteile bilden, müssen sie den Anforderungen des § 27 genügen. Das heißt, die konkrete Anforderung folgt aus der Gebäudeklasse des Gebäudes, in dem die Trennwand steht. Dies gilt jedoch nicht für die Trennwände nach Nummer 2. Wegen des erhöhten Gefahrenpotenzials gilt als Mindeststandard, dass diese Trennwände feuerbeständig sein müssen. Feuerbeständig ist ein Bauteil, wenn es nach der DIN 4102 der Feuerwiderstandsklasse F 90 angehört und in der raumabschließenden Ebene des Bauteils eine durchgehende Schicht aus Baustoffen der Klasse A besitzt. Nach der DIN EN 13501 muss es der Feuerwiderstandsklasse EI 90 angehören und eine in der raumabschließenden 9

Ebene des Bauteils durchgehende Schicht aus Baustoffen der Klasse A2-s1, d0 besitzen.

5. Raumabschließende Funktion von Trennwänden (Absatz 4)

10 Nach Absatz 4 müssen Trennwände zwischen unterem und oberem Geschossabschluss (Rohdecke) durchgehen. Die trennende Wirkung muss durchgehend sein, so dass ein lückenloses System von raumabschließenden Bauteilen erreicht wird. Der Gesetzgeber will durch die in Absatz 4 formulierten Anforderungen einen brandschutztechnisch wirksamen Raumabschluss nicht nur auf der Fläche der raumabschließenden Bauteile, sondern auch in den Anschlüssen und Verbindungen mit anderen Bauteilen lückenlos sicherstellen. Deshalb sind diese Gebäudeteile unmittelbar miteinander zu verbinden. Die Fugen müssen den Anforderungen nach Absatz 3 genügen.

11 Abweichend dazu ist es erlaubt, dass Trennwände im Dachraum nicht bis unter die Dachhaut geführt werden. Ausreichend ist eine Verbindung mit dem darunter liegenden oberen Raumabschluss (Rohdecke). Die Rohdecke selbst muss in diesem Fall einschließlich ihrer tragenden und aussteifenden Teile feuerhemmend sein. Dadurch wird verhindert, dass der Brand über die Decke die Trennwand überwindet. Nicht erlaubt ist nur ein Anschluss an eine abgehängte Decke oder Unterdecke.

12 Für die Errichtung von Trennwänden sind die besonderen Anforderungen nach der Systemboden-Richtlinie (ABl. 2006 S. 747) zu beachten.

6. Öffnungen in Trennwänden (Absatz 5)

13 Absatz 5 regelt die Zulässigkeit von Öffnungen in Trennwänden. Für sonstige Innenraumwände gilt Absatz 5 nicht. In diesen sind Öffnungen unbeschränkt zulässig. Öffnungen in raumabschließenden Bauteilen sind von besonderer Bedeutung, weil durch sie Feuer und Gase hindurchgelangen können. Dadurch kann die Funktion der raumabschließenden Bauteile verloren gehen oder stark gemindert werden. Der Gesetzgeber hat deshalb die Zulassung von Öffnungen an mehrere Bedingungen geknüpft. Öffnungen sind in Trennwänden nur zulässig, wenn sie für die Nutzung der Nutzungseinheit erforderlich sind. Ohne sie darf eine sinnvolle Nutzung nicht möglich sein. Diese Bedingung gilt nicht nur für die Zahl, sondern auch für die Größe der Öffnungen.

14 Öffnungen sind zudem nur zulässig, wenn sie mit dicht- und selbstschließenden Abschlüssen versehen sind. Die dichte Schließung wird mit einer dreiseitig umlaufenden Dichtung erreicht. Die Abschlüsse müssen feuerhemmend sein.

Der Gesetzgeber hat dadurch die Voraussetzungen an die Zulässigkeit von Öffnungen normiert, so dass für solche Öffnungen eine Abweichung gem. § 67 nicht erforderlich ist. 15

7. Erleichterungen für die Gebäudeklasse 1 und 2 (Absatz 6)

Erleichterungen gelten nach Absatz 6 für Wohngebäude der Gebäudeklasse 1. 16 Dies sind Zweifamilienhäuser (Wohngebäude der Gebäudeklassen 1 und 2). Für diese Gebäude gelten die Anforderungen der Absätze 1 bis 5 nicht. Der Gesetzgeber nimmt an, dass in diesen Gebäuden Räume mit Explosions- oder erhöhter Brandgefahr nicht vorhanden sind. Auch auf Anforderungen an die Abtrennung von Aufenthaltsräumen im Keller wird verzichtet. Unberührt bleiben für diese Gebäude jedoch die Anforderungen an den Brandschutz nach §§ 27 f. und die sondergesetzlichen Vorgaben, etwa für Heizungsräume (§ 6 BbgFeuV), Brennstoffräume (§ 12 BbgFeuV) oder Räume für Abfallbehälter (§ 45).

§ 30
Brandwände

(1) Brandwände müssen als raumabschließende Bauteile zum Abschluss von Gebäuden (Gebäudeabschlusswand) oder zur Unterteilung von Gebäuden in Brandabschnitte (innere Brandwand) ausreichend lang die Brandausbreitung auf andere Gebäude oder Brandabschnitte verhindern.

(2) Brandwände sind erforderlich
1. als Gebäudeabschlusswand, ausgenommen von Gebäuden ohne Aufenthaltsräume und ohne Feuerstätten mit nicht mehr als 50 Kubikmeter Brutto-Rauminhalt, wenn diese Abschlusswände an oder mit einem Abstand von weniger als 2,50 Meter gegenüber der Grundstücksgrenze errichtet werden, es sei denn, dass ein Abstand von mindestens 5 Meter zu bestehenden oder nach den baurechtlichen Vorschriften zulässigen künftigen Gebäuden gesichert ist,
2. als innere Brandwand zur Unterteilung ausgedehnter Gebäude in Abständen von nicht mehr als 40 Meter,
3. als innere Brandwand zur Unterteilung landwirtschaftlich genutzter Gebäude sowie sonstiger Gebäude zur Tierhaltung, ausgenommen überdachte Tierhaltungsflächen, in Brandabschnitte von nicht mehr als 10 000 Kubikmeter Brutto-Rauminhalt,
4. als Gebäudeabschlusswand zwischen Wohngebäuden und angebauten landwirtschaftlich genutzten Gebäuden sowie als innere Brandwand zwischen dem Wohnteil und dem landwirtschaftlich genutzten Teil eines Gebäudes.

(3) [1]Brandwände müssen auch unter zusätzlicher mechanischer Beanspruchung feuerbeständig sein und aus nichtbrennbaren Baustoffen bestehen. [2]Anstelle von Brandwänden sind in den Fällen des Absatzes 2 Nummer 1 bis 3 zulässig
1. für Gebäude der Gebäudeklasse 4 Wände, die auch unter zusätzlicher mechanischer Beanspruchung hochfeuerhemmend sind,
2. für Gebäude der Gebäudeklassen 1 bis 3 hochfeuerhemmende Wände,
3. für Gebäude der Gebäudeklassen 1 bis 3 Gebäudeabschlusswände, die jeweils von innen nach außen die Feuerwiderstandsfähigkeit der tragenden und aussteifenden Teile des Gebäudes, mindestens jedoch feuerhemmende Bauteile, und von außen nach innen die Feuerwiderstandsfähigkeit feuerbeständiger Bauteile haben.

[3]In den Fällen des Absatzes 2 Nummer 4 sind anstelle von Brandwänden feuerbeständige Wände zulässig, wenn der Brutto-Rauminhalt des landwirtschaftlich genutzten Gebäudes oder Gebäudeteils nicht größer als 2 000 Kubikmeter ist.

(4) [1]Brandwände müssen bis zur Bedachung durchgehen und in allen Geschossen übereinander angeordnet sein. [2]Abweichend davon dürfen anstelle innerer Brandwände Wände geschossweise versetzt angeordnet werden, wenn

1. die Wände im Übrigen Absatz 3 Satz 1 entsprechen,
2. die Decken, soweit sie in Verbindung mit diesen Wänden stehen, feuerbeständig sind, aus nichtbrennbaren Baustoffen bestehen und keine Öffnungen haben,
3. die Bauteile, die diese Wände und Decken unterstützen, feuerbeständig sind und aus nichtbrennbaren Baustoffen bestehen,
4. die Außenwände in der Breite des Versatzes in dem Geschoss oberhalb oder unterhalb des Versatzes feuerbeständig sind und
5. Öffnungen in den Außenwänden im Bereich des Versatzes so angeordnet oder andere Vorkehrungen so getroffen sind, dass eine Brandausbreitung in andere Brandabschnitte nicht zu befürchten ist.

(5) [1]Brandwände sind 0,30 Meter über die Bedachung zu führen oder in Höhe der Dachhaut mit einer beiderseits 0,50 Meter auskragenden feuerbeständigen Platte aus nichtbrennbaren Baustoffen abzuschließen; darüber dürfen brennbare Teile des Daches nicht hinweggeführt werden. [2]Bei Gebäuden der Gebäudeklassen 1 bis 3 sind Brandwände mindestens bis unter die Dachhaut zu führen. [3]Verbleibende Hohlräume sind vollständig mit nichtbrennbaren Baustoffen auszufüllen.

(6) Müssen Gebäude oder Gebäudeteile, die über Eck zusammenstoßen, durch eine Brandwand getrennt werden, so muss der Abstand dieser Wand von der inneren Ecke mindestens 5 Meter betragen; das gilt nicht, wenn der Winkel der inneren Ecke mehr als 120 Grad beträgt oder mindestens eine Außenwand auf 5 Meter Länge als öffnungslose feuerbeständige Wand aus nichtbrennbaren Baustoffen, bei Gebäuden der Gebäudeklassen 1 bis 4 als öffnungslose hochfeuerhemmende Wand ausgebildet ist.

(7) [1]Bauteile mit brennbaren Baustoffen dürfen über Brandwände nicht hinweggeführt werden. [2]Bei Außenwandkonstruktionen, die eine seitliche Brandausbreitung begünstigen können, wie hinterlüftete Außenwandbekleidungen oder Doppelfassaden, sind gegen die Brandausbreitung im Bereich der Brandwände besondere Vorkehrungen zu treffen. [3]Außenwandbekleidungen von Gebäudeabschlusswänden müssen einschließlich der Dämmstoffe und Unterkonstruktionen nichtbrennbar sein. [4]Bauteile dürfen in Brandwände nur soweit eingreifen, dass deren Feuerwiderstandsfähigkeit nicht beeinträchtigt wird; für Leitungen, Leitungsschlitze und Schornsteine gilt dies entsprechend.

(8) [1]Öffnungen in Brandwänden sind unzulässig. [2]Sie sind in inneren Brandwänden nur zulässig, wenn sie auf die für die Nutzung erforderliche Zahl und Größe beschränkt sind; die Öffnungen müssen feuerbeständige, dicht- und selbstschließende Abschlüsse haben.

(9) In inneren Brandwänden sind feuerbeständige Verglasungen nur zulässig, wenn sie auf die für die Nutzung erforderliche Zahl und Größe beschränkt sind.

(10) Absatz 2 Nummer 1 gilt nicht für seitliche Wände von Vorbauten im Sinne des § 6 Absatz 6, wenn sie von dem Nachbargebäude oder der Nachbargrenze einen Abstand einhalten, der ihrer eigenen Ausladung entspricht, mindestens jedoch 1 Meter beträgt.

(11) Die Absätze 4 bis 10 gelten entsprechend auch für Wände, die nach Absatz 3 Satz 2 und 3 anstelle von Brandwänden zulässig sind.

Übersicht

1. Allgemeines

Der Gesetzgeber regelt mit der Vorschrift über Brandwände die Anforderungen an die Bauteile, die eine qualifizierte raumabschließende Funktion besitzen. Anders als Trennwände im Sinne von § 29 bezieht sich der Raumabschluss auf den äußeren Abschluss von Gebäuden oder Gebäudeabschnitten innerhalb von Gebäuden. Die Brandwand ist also kein besonderes Bauteil. Der Begriff beschreibt die besondere Funktion von raumabschließenden Bauteilen. 1

Diese besondere Funktion der Brandwand liegt darin zu verhindern, dass Feuer und Rauch sich auf andere Gebäude oder andere Abschnitte eines Gebäudes ausdehnen. In diesem Sinne sollen äußere Brandwände, die sog. **Gebäudeabschlusswände**, verhindern, dass Rauch und Feuer andere Gebäude erfassen. Innere Brandwände dienen dazu, die Ausbreitung von Feuer und Rauch innerhalb eines Gebäudes zu verhindern und den Brand dadurch zu begrenzen. Brandwände sollen deshalb auch im Falle eines Einsturzes des Gebäudes stehen bleiben. Sie müssen einer Stoßbeanspruchung bis 3 000 Nm standhalten. Auf diese Weise bieten die Brandwände zugleich den Feuerwehrkräften Schutz bei der Annäherung an den Brandherd. Brandwände werden nach DIN 4102 Teil 3 geprüft. 2

Brandwände, die aus versicherungsrechtlichen Gründen eine besonders hohe Anforderung an die Feuerwiderstandsdauer (F 180) und an die Stoßbeanspruchung (4 000 Nm) besitzen müssen, werden als sog. Komplextrennwände bezeichnet, vgl. DIN 4102 Teil 3. Bauordnungsrechtlich werden diese Brandwände nicht regelmäßig gefordert. 3

Durch die Novelle 2016 ist die Regelung über die Brandwand an die Terminologie und den Aufbau der Musterbauordnung angepasst worden. 4

2. Grundanforderungen (Absatz 1)

Absatz 1 beschreibt das Schutzziel der Brandwände und deren raumabschließende Funktion. Sie müssen ausreichend lang die Brandausbreitung verhindern. Es ist dabei die Dauer erforderlich, die gebraucht wird, um Menschen aus dem Gebäude zu retten. In dieser Funktion werden sie unterschieden in 5
- Gebäudeabschlusswand und
- innere Brandwand.

Die Gebäudeabschlusswand ist die äußere Brandwand. Diese muss nach Absatz 4 durchgehend und übereinander und gem. Absatz 8 ohne Öffnungen gebaut sein. Die Brandwand dient dazu den Übertritt von Feuer und Rauch auf andere Gebäude zu vermeiden. Da die Brandausbreitung auch innerhalb von Gebäuden verhindert werden muss, dienen innere Brandwände (Absatz 2 6

Nr. 2) dazu, Brandabschnitte zu bilden. Dadurch wird vermieden, dass sich der Brand auf andere Teile des Gebäudes (Brandabschnitt) ausbreiten kann. In den folgenden Absätzen werden die Anforderungen teilweise nur auf Gebäudeabschlusswände oder auf innere Brandwände bezogen.

3. Erforderlichkeit von Brandwänden (Absatz 2)

a) Gebäudeabschlusswand (Nummer 1)

7 Nach Nummer 1 ist eine Brandwand als Gebäudeabschlusswand im Sinne von Absatz 1 Satz 1 erforderlich. Die zugehörigen gesetzlichen Ausnahmen sind in Nummer 1 ebenfalls geregelt.

8 Das Brandwanderfordernis gilt nur für die Außenwände, die der Grundstücksgrenze *gegenüber* errichtet werden. Es ist also zu unterscheiden zwischen Wänden, die parallel oder schräg zu einer Grundstücksgrenze errichtet werden und solchen, die rechtwinklig zur Grundstücksgrenze errichtet werden. Gegenüber der Grundstücksgrenze wird eine Wand errichtet, wenn sie parallel zu der Grundstücksgrenze verläuft oder, verläuft sie nicht parallel, der Winkel zwischen Außenwand und Grundstücksgrenze nicht größer als 45 Grad ist. In der Rechtsprechung wird jedoch angenommen, dass erst ab einem Winkel von 90 Grad die Nachbarwand nicht mehr gegenüber der Nachbargrenze steht, wohingegen Wände, die einen Winkel von 90 Grad unterschreiten, noch als gegenüber liegend angesehen werden könnten *(vgl. VGH München, B. v. 20. März 1989 – 14 B 87.04029 – und VG Cottbus, B. v. 29.01.2019 – 3 L 688/18 –, Rn. 26, juris)*. Die vormalige Rechtsprechung des OVG Berlin-Brandenburg *(U. v. 06.12.2011 – 10 B 6.11 –)*, die nicht auf ein „gegenüber" eingehen musste, ist durch die Novelle 2016 überholt.

9 **Nicht erforderlich** ist eine Brandwand, wenn die Gebäudeabschlusswand zu einem Gebäude ohne Aufenthaltsräume und ohne Feuerstätten mit nicht mehr als 50 m^3 Brutto-Rauminhalt gehört. Dieser Ausnahme unterfallen ggf. auch Kleingaragen, unabhängig von den speziellen Erleichterungen für Gebäudeabschlusswände von Garagen in der Brandenburgischen Garagenverordnung. Diese Ausnahme gilt unabhängig vom Abstand, den die Gebäudeabschlusswand dieser Gebäude von der Grundstücksgrenze oder zu anderen Gebäuden hält.

10 Eine Brandwand ist nach Nummer 1 auch dann nicht erforderlich, wenn die Gebäudeabschlusswand zu einem Gebäude gehört, das in einem Abstand bis zu 2,50 m gegenüber der Grundstücksgrenze errichtet wird. Errichtung in diesem Sinne meint nicht nur die erstmalige Herstellung des Gebäudes, sondern auch nachträgliche Änderungen eines bestehenden Gebäudes, so *OVG Berlin-Brandenburg, B. v. 17.2. 2016 – OVG 10 N 22.14*. Der Bauherr, der mit seiner

Abschlusswand auf seinem Grundstück den Abstand von 2,50 m zur Grundstücksgrenze einhält, braucht die Abschlusswand auch dann nicht als Brandwand auszubilden, wenn auf dem Nachbargrundstück ein Bestandsgebäude steht, das seinerseits den Abstand von 2,50 m zur Grundstücksgrenze unterschreitet, so zutreffend *OVG Berlin-Brandenburg, B. v. 11.7.2018 – OVG 2 S 50.17.*

Eine Brandwand ist ebenfalls nicht erforderlich, wenn das Gebäude zwar in einem Abstand von weniger als 2,50 m gegenüber der Grundstücksgrenze errichtet wird, jedoch ein Abstand von 5 m zu dem nächsten Gebäude sichergestellt ist. Gemeint ist mit diesem Gebäude das auf der anderen Seite der Grundstücksgrenze stehende Gebäude. Ist der Gesamtabstand von 5 Metern zwischen zwei auf unterschiedlichen Grundstücken stehenden Gebäuden gesichert, brauchen die den Grundstücksgrenzen gegenüber stehenden Gebäudeabschlusswände nicht als Brandwände errichtet zu werden. 11

Die **Sicherung des Abstandes** kann mittels Baulasten erfolgen. Da der Gesetzgeber in § 30 aber eine öffentlich-rechtliche Sicherung nicht vorschreibt, kann auch eine beschränkt persönliche Dienstbarkeit zugunsten der Genehmigungsbehörde als Sicherung genügen; nach *OVG Bautzen, B. v. 24.1.2023 – 1 A 462/22 –, Rn. 12, juris,* soll die Übernahme einer Grunddienstbarkeit genügen. Durch die Sicherung muss dauerhaft gewährleistet sein, dass auf dem Nachbargrundstück der von der Bebauung freizuhaltende Streifen so groß ist, dass der Gesamtabstand zwischen den Gebäuden 5 m beträgt, *vgl. dazu VG Cottbus, U. v. 26.04.2007 – 3 K 596/06.* Es muss dadurch auch die Errichtung von Gebäuden, die an sich in den Abstandsflächen anderer Gebäude gebaut werden dürften, eindeutig ausgeschlossen werden, dies gilt etwa für die Errichtung von Gebäuden nach § 6 Abs. 8, *so OVG Berlin-Brandenburg, B. v. 17.02.2016 – OVG 10 N 22.14 –, Rn. 8, juris.* Grund dafür ist, dass der Gesetzgeber die Errichtung jeglicher Gebäude im 5 m-Abstand, ausgenommen solche nach Nummer 1 Halbsatz 1, ausgeschlossen hat, ohne zwischen Gebäuden im Sinne von Nummer 1 oder solchen im Sinne von § 6 Abs. 8 zu differenzieren. Auch ein durch Baulasten oder Dienstbarkeiten gesichertes Geh- und Fahrtrecht für eine mindestens 5 m breite Fläche zwischen den Gebäuden kann ausreichend sein, um den Abstand zu zukünftigen nach baurechtlichen Vorschriften zulässigen Gebäuden zu sichern, *vgl. VG München, U. v. 23.09.2020 – M 9 K 19.2984 –, Rn. 34, juris.* Das Überdeckungsverbot für Abstandsflächen ist dabei nicht relevant. 12

Der Abstand von 5 Metern kann aber auch durch **planungsrechtliche Festsetzungen** sichergestellt sein, *vgl. VGH Kassel, B. v. 01.09.2020 – 3 A 1007/19.Z.* Aus den Festsetzungen des Bebauungsplans muss folgen, dass eine Bebauung vor der Außenwand unzulässig ist, soweit dadurch der Abstand von 5 Metern von Gebäuden freigehalten wird. Dies kann durch die Festsetzungen von Baugrenzen oder Baulinien in Kombination mit dem Verbot, Nebengebäude und Garagen auf den nicht überbaubaren Flächen zu errichten (Ausschaltung von 13

§ 23 Abs. 5 BauNVO) geschehen; auch ein nur geringfügiges Überschreiten der Baugrenze oder Baulinie gem. § 23 Abs. 2 Satz 2 BauNVO und § 23 Abs. 3 Satz 2 BauNVO darf dabei nicht zulässig sein. Der erforderliche Abstand kann auch durch die Festsetzung von Grünflächen oder Verkehrsflächen sichergestellt sein

14 Der Abstand von 5 Metern im Sinne der Nr. 1 ist auch dann gesichert, wenn eine Bebauung des benachbarten Grundstücks **tatsächlich** nicht möglich ist, etwa bei einem Steilhang, der eine Bebauung nicht zulässt, *so OVG Bautzen, B. v. 24.1.2023 – 1 A 462/22.*

15 Nicht erforderlich ist ein Abstand nach Nummer 1 auch dann, wenn die Gebäude auf demselben Grundstück errichtet werden. Denn nach der Nummer 1 bezieht sich der Abstand von 5 Metern nur auf Gebäude, die auf unterschiedlichen Grundstücken errichtet werden. Da es nur auf die Errichtung der Gebäude auf unterschiedlichen Grundstück ankommt, entsteht das Brandwanderfordernis nicht bei einer **nachträglichen Teilung der Grundstücke**. Es bedarf dann auch nicht einer sog. Vereinigungsbaulast. Das Problem, dass diese Baulast vom OVG Berlin-Brandenburg kritisch bewertet wird *(vgl. OVG Berlin-Brandenburg, B. v. 11.7.2018 – OVG 2 S 50.17)*, stellt sich bei einer nachträglichen Grundstücksteilung also nicht.

b) Innere Brandwände (Nummer 2)

16 Nach Nummer 2 sind innere Brandwände zur Unterteilung ausgedehnter Gebäude in Abständen von höchstens 40 m erforderlich. Die Gebäude werden dadurch in jede Richtung in maximal 40 m lange Brandabschnitte unterteilt. Durch die Bildung von Brandabschnitten sollen das Brandausbreitungsrisiko eingegrenzt und im Brandfall noch beherrschbare Größen für den Rettungs- und Löscheinsatz gesichert werden. Können Gebäude im Hinblick auf ihre Nutzung nicht in solche Abschnitte unterteilt werden, z. B. aufgrund der technischen Erfordernisse in Industriebetrieben, sind Abweichungen gem. § 67 erforderlich. Dann muss der Schutzzweck der Norm durch andere Brandschutzeinrichtungen erreicht werden. Beachtlich ist dabei auch die Industriebau-Richtlinie. Da Nummer 2 jedoch keine Regelung ist, die die Minimierung eines Brandentstehungsrisikos im Blick hat, ist im Rahmen der Abweichungsentscheidung ein geringes Brandrisiko nicht maßgeblich, *so VG München, U. v. 13.02.2012 – M 8 K 11.40 –, Rn. 29, juris.* Eine Abweichung aus betrieblichen Erfordernissen kann daher regelmäßig nur gewährt werden, wenn Ausgleichsmaßnahmen getroffen werden.

17 Bemerkenswert ist die Änderung durch die Novelle 2016. Der Gesetzgeber hat die Forderung von Brandwänden in 40 m Abstand zwischen aneinander gebauten Gebäuden auf demselben Grundstück in § 26 Abs. 2 Nr. 3 a. F. ersatzlos

gestrichen. Diese Regelung, die nur bei selbständig nutzbaren Gebäuden einschlägig war, ist entbehrlich, da die Gebäude zugleich Nutzungseinheiten darstellen, die voneinander durch Trennwände nach § 29 zu trennen sind. Auf eine zusätzliche Brandwand alle 40 m ist daher verzichtet worden.

c) Innere Brandwände landwirtschaftlich genutzter Gebäude (Nummer 3)

Nach Nummer 3 ist eine Brandwand als innere Brandwand in landwirtschaftlich genutzten Gebäuden erforderlich. Diese Regelung ist erstmals mit der Novelle 2016 eingeführt worden. Bemerkenswert ist, dass der Brandwandabstand nicht aus einem Abstand resultiert, sondern aus der Größe des umbauten Raums. Der Brandabschnitt wird also auf einen Brutto-Rauminhalt von maximal 10 000 m^3 begrenzt. Wird die Größe von 2 000 m^3 nicht überschritten, gilt die Erleichterung nach Absatz 3 Satz 2. 18

d) Innere Brandwand zwischen Wohngebäuden und angebauten landwirtschaftlich genutzten Gebäuden (Nummer 4)

Nach Nummer 4 müssen Brandwände als innere Brandwand zwischen Wohngebäuden und angebauten landwirtschaftlich genutzten Gebäuden hergestellt werden. Während schon § 26 Abs. 5 a. F. zuvorderst auf landwirtschaftliche Anlagen abzielte, hat der Gesetzgeber durch die Novelle 2016 die Regelung konkretisiert. Er geht davon aus, dass wegen der erfahrungsgemäß häufig vorhandenen Brandlasten in landwirtschaftlich genutzten Gebäuden oder Gebäudeteilen ein qualifizierter Wandabschluss zwischen Wohnnutzung und landwirtschaftlicher Nutzung erforderlich sei. Auf die Größe der jeweiligen Teile kommt es dabei nicht an. 19

Die vom Gesetzgeber gegebene Begründung stimmt allerdings nicht mit der gesetzlichen Regelung überein. Denn während in der vormaligen Fassung des Gesetzes innere Brandwände zwischen Wohnungen und anderen Nutzungseinheiten, gleichsam unter einem Dach befindlich, genannt waren, bezieht die Regelung sich nunmehr auf das Nebeneinander von Wohngebäuden und angebauten Gebäuden. In diesen Fällen ist ohnedies eine Trennwand nach § 29 erforderlich. 20

4. Anforderungen an die mechanische Beanspruchung (Absatz 3)

Satz 1 stellt Anforderungen an die konstruktive Gestaltung der Brandwand. Diese geht in zwei Richtungen. Zum einen werden Anforderungen an die mechanische Beanspruchung gestellt, zum anderen an die Feuerwiderstandsfähigkeit im Sinne von § 26 Abs. 2. 21

22 Brandwände müssen unter mechanischer Beanspruchung feuerbeständig sein. Das heißt, sie müssen mindestens die Anforderungen der Feuerwiderstandsklasse F 90 nach DIN 4102-2 erfüllen und sie müssen unter einer dreimaligen Stoßbeanspruchung – Pendelstöße mit 3 000 Nm Stoßarbeit – standsicher und raumabschließend im Sinne von DIN 4102-2 bleiben.

23 Brandwände müssen aus nichtbrennbaren Baustoffen bestehen, das heißt, sie müssen aus Baustoffen der Baustoffklasse A (nichtbrennbar) nach DIN 4102-1 bestehen. Brennbare Baustoffe dürfen in die Wand nicht einmal geringfügig eingearbeitet werden.

24 In Satz 2 werden Erleichterungen von den Anforderungen des Satzes 1 zugelassen. Entfallen sind dafür die Erleichterungen in § 26 Abs. 9 a. F. Ergänzend ist Absatz 11 zu beachten. Der Gesetzgeber sieht in der Novelle vor, dass anstelle von Brandwänden in den Fällen des Absatzes 2 Nrn. 1–3 andere Wandeigenschaften in Abhängigkeit von der Gebäudeklasse zulässig sind. Diese Erleichterungen stehen im Zusammenhang mit den für die in Satz 2 genannten Gebäude ohnedies geltenden Anforderungen an tragende und aussteifende Wände.

25 Nach Nummer 1 sind für Gebäude der Gebäudeklasse 4 (vgl. § 2 Abs. 3 Nr. 4) Wände, die auch unter zusätzlicher mechanischer Beanspruchung hochfeuerhemmend im Sinne von § 26 Abs. 2 Nr. 2 sind, zulässig. Hochfeuerhemmend ist ein Bauteil, wenn es der Feuerwiderstandsklasse F 60 angehört und Baustoffe der Klasse A für die aussteifenden und tragenden Teile oder Baustoffe der Klasse B für die wesentlichen Teile verwendet werden und deren allseitiger Schutz gegen Brandeinwirkungen durch eine brandschutztechnisch wirksame Bekleidung der Klasse A und Dämmstoffe aus Baustoffen der Klasse A sichergestellt ist.

26 Nach Nummer 2 sind für Gebäude der Gebäudeklassen 1 bis 3 (vgl. dazu § 2 Abs. 3) hochfeuerhemmende Wände im Sinne von § 26 Abs. 2 Nr. 2 zulässig. Diese Eigenschaft brauchen sie nicht unter mechanischer Beanspruchung zu besitzen.

27 Nach Nummer 3 sind für Gebäude der Gebäudeklassen 1 bis 3 (vgl. § 2 Abs. 3) Gebäudeabschlusswände zulässig, die jeweils von innen nach außen die Feuerwiderstandsfähigkeit der tragenden und aussteifenden Teile des Gebäudes, mindestens jedoch feuerhemmende Bauteile, und von außen nach innen die Feuerwiderstandsfähigkeit feuerbeständiger Bauteile haben. Feuerbeständig im Sinne von § 23 Abs. 1 Nr. 3 ist ein Bauteil, wenn es nach der DIN 4102 der Feuerwiderstandsklasse F 90 angehört und in der raumabschließenden Ebene des Bauteils eine durchgehende Schicht aus Baustoffen der Klasse A besitzt. Diese Regelung gilt für aneinander gebaute Gebäude in Systembauweise: die

(zweischalige) Gebäudeabschlusswand weist jeweils von innen die Feuerwiderstandsdauer des tragenden Systems des Gebäudes auf.

In den Fällen des Absatzes 2 Nr. 4, also bei dem Nebeneinander von Wohngebäuden und landwirtschaftlich genutzten Gebäuden, sind anstelle von Brandwänden feuerbeständige Wände zulässig, wenn der Brutto-Rauminhalt des landwirtschaftlich genutzten Gebäudes oder Gebäudeteils nicht größer als 2 000 m^3 ist. 28

5. Ausführung innerer Brandwände (Absatz 4)

In Absatz 4 Satz 1 werden Anforderungen an die Ausführung von inneren Brandwänden gestellt. Grundsätzlich muss die Brandwand durchgehend von der Bodenplatte bis zur Dachhaut geführt werden. Damit ist es zwar zulässig, die Außenand vertikal zu staffen, eine horizontale Staffelung bzw. ein Vor- und Zürkspringen der Wand ist nicht zulässig, *vgl. VG Cottbus, B. v. 9. 11. 2023 – 7 L 375/23.* Für den Bereich des Daches gelten die Anforderungen des Absatz 5. 29

Nach Satz 2 ist davon eine Abweichung erlaubt. Brandwände dürfen geschossweise versetzt angeordnet werden, wenn die nachfolgenden fünf Voraussetzungen zugleich erfüllt sind. 30

1. Die Brandwand muss im Übrigen Abs. 3 Satz 1 entsprechen. Damit ist eine Kombination der Erleichterungen von Absatz 3 Satz 2 mit derjenigen des Absatzes 4 Satz 2 ausgeschlossen.
2. Die mit der versetzten Brandwand in Verbindung stehenden Decken müssen eine erhöhte Brandschutzfunktion erfüllen. Die Decken müssen feuerbeständig sein, vgl. § 26 Abs. 2 Satz 1 Nr. 3, aus nicht brennbaren Baustoffen bestehen, vgl. § 26 Abs. 2 Satz 2 Nr. 1, und dürfen keine Öffnungen aufweisen.
3. Die Bauteile, die diese Wände und Decken unterstützen, müssen feuerbeständig sein und ebenfalls aus nicht brennbaren Baustoffen bestehen. Dadurch wird sichergestellt, dass die Eigenschaften der Decken nach Nummer 2 nicht mittels der unterstützenden Bauteile verloren gehen.
4. Die Außenwände müssen in der Breite des Versatzes in dem Geschoss oberhalb und unterhalb des Versatzes feuerbeständig sein.
5. Die Öffnungen in den Außenwänden müssen im Bereich des Versatzes so ausgerüstet sein, dass eine Brandausbreitung in andere Brandabschnitte nicht zu befürchten ist. Es muss also nach der Konstruktion und den verwendeten Baustoffen ausgeschlossen sein, dass es über die Öffnung zu einer Brandausbreitung kommt.

Dadurch soll sichergestellt werden, dass sich der Brand nicht im Bereich des Versatzes übertragen kann.

6. Brandwand und Bedachung (Absatz 5)

31 Absatz 5 regelt die Ausbildung der Brandwand im Bereich der Bedachung. Durch Absatz 5 soll der Gefahr von Brandübertragungen, die wegen des aufsteigenden Feuers gerade im Dachbereich besonders hoch ist, begegnet werden. Für Gebäude der Gebäudeklassen 1 bis 3 gelten mit Blick auf ihre geringe Höhe nach Satz 2 geringere Anforderungen. Die Brandwand muss nicht über die Bedachung geführt werden. In jedem Fall aber sind verbleibende Hohlräume vollständig mit nichtbrennbaren Baustoffen auszufüllen, sie dürfen also nicht hohl bleiben.

7. Brandwände in inneren Gebäudeecken (Absatz 6)

32 Absatz 6 benennt die Anforderungen an Lage und Länge der Brandwand, wenn Gebäude oder Gebäudeteile in einem Winkel von bis zu 120° zusammenstoßen. Absatz 6 entspricht im Wesentlichen § 26 Absatz 4 a. F. Die Regelung kann nach der Novelle 2016 auch auf Gebäude auf verschiedenen Grundstücken angewandt werden. Die Anforderung nach Absatz 6 gilt nur für Brandwände, also für die Wände, die nach Absatz 2 als Brandwand gebaut werden müssen. In diesen Fällen müssen die Wände, die die innere Gebäudeecke bilden, in einer Länge von mindestens 5 m als Brandwand angeordnet werden. Dadurch soll sichergestellt werden, dass Feuer und Rauch, die zwar wegen der nach Absatz 2 vorgeschriebenen Brandwand unmittelbar zwischen den Gebäuden oder Gebäudeabschnitten nicht übertreten können, über die Außenwände oder Wandöffnungen, gleichsam außen um die Brandwand herum, nicht auf das Nachbargebäude oder den anderen Gebäudeteil übergreifen.

33 In Halbsatz 2 wird in dem dort geregelten Fall das Erfordernis der Ausführung als öffnungslose feuerbeständige Wand aus nichtbrennbaren Baustoffen durch das Erfordernis der Errichtung einer Brandwand ersetzt. Es handelt sich um eine Erleichterung, die dem Umstand Rechnung trägt, dass die in Absatz 3 Satz 2 vorgesehenen Erleichterungen (Wände anstelle von Brandwänden) bei der Ausbildung der hier betroffenen Außenwände auch bei Gebäuden der Gebäudeklassen 1 bis 4 Berücksichtigung finden (hochfeuerhemmende anstelle von feuerhemmenden Außenwänden).

8. Anforderungen an Bauteile im Bereich von Brandwänden (Absatz 7)

34 In Absatz 7 wird die Beschaffenheit von Brandwänden präzisiert. Absatz 7 entspricht im Wesentlichen § 26 Absatz 6 a. F. Zweck dieser Vorschrift ist sicherzustellen, dass die Funktion der Brandwände nicht dadurch gemindert wird, dass brennbare Bauteile, Leitungen oder Leitungsschlitze so über Brandwände hinweggeführt oder an bzw. in der Brandwand angebracht werden,

dass deren Feuerwiderstandsfähigkeit beeinträchtigt wird. Brennbare Baustoffe sind Baustoffe der Baustoffklasse B. Dadurch soll ein Brand an der Gebäudeabschlusswand auch ohne Eingreifen der Feuerwehr gestoppt werden und soll sich jedenfalls nicht weiter ausbreiten. Diese Vorschrift ist daher nachbarschützend, *vgl. OVG Berlin-Brandenburg, U. v. 24.10.2019 – OVG 10 B 2.15 –, Rn. 76, juris.* Die „Brandwand" bildet damit das „klassische" Bauteil der brandschutztechnischen Abschottung, *vgl. VGH München, B. v. 20.10.2015 – 15 ZB 14.2471 –, Rn. 4, juris.* Es dürfen also keine brennbaren Baustoffe (Klasse B) verwendet werden, sofern nicht die Dicke der von dem Bauteil unberührten Brandwand den geforderten Schutzstandard noch einhält.

Im Hinblick auf das mit § 30 verfolgte Schutzziel sind auch gegen eine seitliche Brandausbreitung Vorkehrungen zu treffen. Außenwandkonstruktionen, die eine seitliche Brandausbreitung begünstigen können, wie Doppelfassaden oder hinterlüftete Außenwandbekleidungen, dürfen nicht ohne besondere Vorkehrungen vor Brandwänden vorbeigeführt werden. Da diese Funktion voraussetzt, dass auch die (äußeren) Bekleidungen der Wand (Außenwandbekleidungen) nichtbrennbar sind, hat der neu eingefügte Satz 3 klarstellende Bedeutung. Verlangt wird in ihm, dass die Außenwandbekleidung einer Gebäudeabschlusswand vollständig, insbesondere vollflächig aus nichtbrennbaren Bauteilen besteht, *vgl. VGH München, B. v. 20.10.2015 – 15 ZB 14.2471 –, Rn. 13, juris.* Die Anforderung an die Oberfläche der Bekleidungen (wie Anstrich, Beschichtung oder Dünnputz) ergibt sich, wie für andere Außenwände, aus § 28 Abs. 3 Satz 1. 35

Aus Satz 4 resultiert zwar nicht das Verbot von Wandaussparungen für die Einlegung von Bauteilen, wohl aber das Verbot, brennbare Baustoffe durch Brandwände hindurchzuführen. 36

9. Verbot von Öffnungen in Brandwänden (Absatz 8)

In Absatz 8 findet sich das Verbot, Brandwände zu öffnen. Durch dieses Verbot soll die Funktionsfähigkeit der Brandwand im Brandfall nicht gemindert werden, *vgl. OVG Bremen, U. v. 03.12.1985 – 1 BA 56/85 –, BRS 44 Nr. 105.* Ausnahmen sind für Öffnungen in inneren Brandwänden nach Satz 2 gegeben, wenn und soweit sie für die Nutzung erforderlich sind. Satz 2 enthält dafür einen Zulässigkeitstatbestand. Zu beachten sind auch §§ 40f. In jedem Fall müssen solche Öffnungen auf die für die Nutzung erforderliche Zahl und Größe beschränkt sein und feuerbeständige selbstschließende und dichtschließende Abschlüsse haben. Dann sind die Öffnungen nach Satz 2 zulässig, ohne dass es einer Abweichung nach § 67 bedarf. In letzten Halbsatz werden die Anforderungen an Öffnungen in inneren Brandwänden so normiert, dass die Brandwand trotz der Öffnungen ihre Funktion im Brandfall nicht verliert. 37

38 In Brandwänden sind Öffnungen, die durch eine eingebaute F90-Festverglasung gefüllt werden, nicht zulässig. Dies gilt auch, wenn eine feststehende und nicht zu öffnende Verglasung die Anforderungen an die Feuerwiderstandsfähigkeit erfüllt. Dies gilt ebenso, wenn die F90-Verglasung nicht gegen das Öffnungsverbot des Absatzes 8 Satz 1 verstößt, *vgl. OVG Münster, B. v. 04.04.2012 – 2 A 1221/11 –, juris, Rn. 10.* Die grundsätzliche Unzulässigkeit auch einer F90-Verglasung in der Gebäudeabschlusswand nach Absatz 2 Nr. 1 ergibt sich jedoch aus Absatz 9. In dieser Vorschrift, die gemäß Absatz 11 entsprechend für Wände gilt, die gemäß Absatz 3 Satz 2 und 3 anstelle von Brandwänden zulässig sind, lässt feuerbeständige Verglasungen in inneren Brandwänden zu, wenn sie auf die für die Nutzung erforderliche Zahl und Größe beschränkt sind. Daraus ist der Umkehrschluss zu ziehen, dass in äußeren Brandwänden und in Außenwänden, die nach Absatz 3 Satz 2 und 3 anstelle von Brandwänden zulässig sind, feuerbeständige (Fest-)Verglasungen grundsätzlich unzulässig sind, *vgl. OVG Saarland, U. v. 02.02.1990 – 2 R 110/87 –, BRS 50 Nr. 119; OVG Magdeburg, B. v. 10.12.2015 – 2 L 154/14 –, Rn. 13, juris.* Der Einbau einer Brandschutzverglasung kann daher nur im Wege einer Abweichung nach § 67 erlaubt werden.

39 Zur Unzulässigkeit einer Anordnung, eine Fensteröffnung in einer Brandwand mit Glasbausteinen zu verschließen, *vgl. OVG Brandenburg, B. v. 17.06.2004 – 3 A 428/01.Z –, LKV 2005, 418f.* Gleichwohl verliert eine Brandwand ihre Bestimmung als Brandwand nicht dadurch, dass Teilflächen aus Glasbausteinen bestehen, *vgl. OVG Münster, U. v. 11.01.1973 – 10 A 419/71 –, OVGE 28, 205ff.; VG Cottbus, B. v. 17.06.2004 – 3 A 428/01.Z.*

10. Verwendung feuerbeständiger Verglasungen (Absatz 9)

40 Nach Absatz 9 sind in inneren Brandwänden feuerbeständige Verglasungen (Brandschutzverglasungen) zulässig. Feuerbeständig im Sinne von § 26 Abs. 2 Satz 1 Nr. 3 ist die Verglasung, wenn sie nach der DIN 4102 der Feuerwiderstandsklasse F 90 angehört. Absatz 9 ergänzt dadurch Absatz 8, wenn diese Verglasungen auf die für die Nutzung erforderliche Zahl und Größe beschränkt sind. Dadurch ist es möglich, lichtdurchlässige Konstruktionen im Gebäudeinneren zu errichten. In äußeren Brandwänden sind dagegen verglaste Bauteile (ebenso wie Öffnungen) unzulässig, vgl. oben Anm. 9; *dazu OVG Magdeburg, B. v. 10.12.2015 – 2 L 154/14 –, Rn. 13, juris.*

11. Erleichterungen für Vorbauten (Absatz 10)

41 Absatz 10 enthält eine Erleichterung für Vorbauten. Dabei wird nur bestimmt, welche Qualität Wände von Vorbauten haben müssen, nicht dagegen, dass Vorbauten überhaupt Wände haben müssen. Der Regelung lässt sich daher keine Anforderung für die Ausführung von Balkonen und Balkongeländern

entnehmen. Davon unberührt bleibt die Regelung des § 28 Abs. 3, wonach Balkonbekleidungen, die über die erforderliche Umwehrungshöhe hinaus hochgeführt werden, schwer entflammbar sein müssen.

12. Anforderungen an Ersatzbrandwandwände (Absatz 11)

Absatz 11 verlangt für Wände, die nach Absatz 3 Satz 2 anstelle von Brandwänden zulässig sind, die entsprechende Anwendung der Detailanforderungen an Brandwände. Die Detailanforderungen sind nicht direkt, sondern dem Sachzweck entsprechend anzuwenden, der sich aus der Schutzzielformulierung in Absatz 1 ergibt. 42

13. Rechtsschutz

Die brandschutzrechtlichen Vorschriften der Landesbauordnung haben eine nachbarschützende Wirkung, soweit sie (auch) die Ausbreitung eines Brandes auf ein Nachbargebäude verhindern sollen. Dies gilt insbesondere für die Vorschriften über äußere Brandwände in Bezug auf das Nachbargrundstück, also für die zum Nachbargrundstück weisenden Außenwände, *vgl. OVG Berlin-Brandenburg, U. v. 6.12.2011 – OVG 10 B 6.11 – juris Rn. 36 m. w. N.; VG Cottbus, U. v. 12.09.2019 – 3 K 1477/14 –, Rn. 28, juris; zu § 30 Abs. 7 Satz 2 vgl. OVG Berlin-Brandenburg, U. v. 24.10.2019 – OVG 10 B 2.15 –, Rn. 76. s. a. OVG Berlin, U. v. 06.071964 – II B 6.64 –, BRS 15 Nr. 111; VGH Mannheim, U. v. 28.03.1968 – III 237/66 –, BRS 20 Nr. 160; OVG Koblenz, U. v. 28.03.1974 – 1 A 116/73 –, LS in juris; VGH München, U. v. 21.12.1977 – 273 II 75 –, BayVBl. 1978, 669, 670; OVG Greifswald, B. v. 01.10.2004 – 3 M 268/04 –, NordÖR 2005, 27, juris Rn. 9f.* Die Anforderungen an eine innere Brandwand oder die nicht in Richtung Nachbargrenze stehenden Brandwände dienen dagegen nicht dem Nachbarschutz. Anforderungen an äußere Brandwände sind nachbarschützend, weil Brandwände den Übertritt eines Brandes auf ein Nachbargrundstück verhindern sollen. Durch den Übertritt von Flammen und Rauchgasen würden Leib und Leben des Nachbarn, aber auch hohe Sachwerte, wie der Bestand seines Gebäudes, erheblich gefährdet. Der Nachbar hat regelmäßig einen Anspruch darauf, dass die Bestimmungen über äußere Brandwände, soweit sie den Bezug zum Nachbargrundstück betreffen, eingehalten werden. Bei einem festgestellten Verstoß gegen diese Bestimmungen ist die Behörde zu einem Einschreiten verpflichtet, *vgl. OVG Berlin-Brandenburg, U. v. 06.12.2011 – OVG 10 B 6.11 –, Rn. 36, juris.* Ein Nachbar kann daher verlangen, dass die seinem Grundstück zugewandte Außenwand als Brandwand i. S. d. § 30 ausgeführt wird, *vgl. VG Cottbus, U. v. 12.09.2019 – 3 K 1477/14 –, Rn. 29, juris.* 43

§ 31
Decken

(1) [1]Decken müssen als tragende und raumabschließende Bauteile zwischen Geschossen im Brandfall ausreichend lang standsicher und widerstandsfähig gegen die Brandausbreitung sein. [2]Sie müssen
1. in Gebäuden der Gebäudeklasse 5 feuerbeständig,
2. in Gebäuden der Gebäudeklasse 4 hochfeuerhemmend,
3. in Gebäuden der Gebäudeklassen 2 und 3 feuerhemmend

sein. [3]Satz 2 gilt
1. für Geschosse im Dachraum nur, wenn darüber Aufenthaltsräume möglich sind; § 29 Absatz 4 bleibt unberührt,
2. für Balkone nur, wenn sie Teil des Rettungsweges sind,
3. für offene Gänge nur, wenn sie als notwendige Flure dienen.

(2) [1]Im Kellergeschoss müssen Decken
1. in Gebäuden der Gebäudeklassen 3 bis 5 feuerbeständig,
2. in Gebäuden der Gebäudeklassen 1 und 2 feuerhemmend

sein. [2]Decken müssen feuerbeständig sein
1. unter und über Räumen mit Explosions- oder erhöhter Brandgefahr, ausgenommen in Wohngebäuden der Gebäudeklassen 1 und 2,
2. zwischen dem landwirtschaftlich genutzten Teil und dem Wohnteil eines Gebäudes.

(3) Der Anschluss der Decken an die Außenwand ist so herzustellen, dass er den Anforderungen aus Absatz 1 Satz 1 genügt.

(4) Öffnungen in Decken, für die eine Feuerwiderstandsfähigkeit vorgeschrieben ist, sind nur zulässig
1. in Gebäuden der Gebäudeklassen 1 und 2,
2. innerhalb derselben Nutzungseinheit mit nicht mehr als insgesamt 400 Quadratmeter Grundfläche in nicht mehr als zwei Geschossen,
3. im Übrigen, wenn sie auf die für die Nutzung erforderliche Zahl und Größe beschränkt sind und Abschlüsse mit der Feuerwiderstandsfähigkeit der Decke haben.

Übersicht

1. Allgemeines

1 Absatz 1 Satz 1 benennt das Schutzziel. Nach § 31 müssen Decken eine bestimmte Feuerwiderstandsfähigkeit erreichen. Decken müssen als tragende und raumabschließende Bauteile zwischen den Geschossen ausreichend lang standsicher und widerstandsfähig gegen die Brandausbreitung sein. Was „ausreichend lang" bedeutet, ist in Satz 2 konkretisiert.

2. Anforderungen an Decken (Absatz 1 Satz 2 und 3)

2 Satz 2 enthält die Anforderungen an die Decken. Satz 2 konkretisiert den in Satz 1 verwendeten unbestimmten Rechtsbegriff „ausreichend lang". In Abhängigkeit von der Gebäudeklasse wird die Feuerwiderstandsfähigkeit bestimmt. Der Gesetzgeber nimmt dabei Bezug auf die Klassifizierung in § 26 Abs. 2. Seine Einstufung entspricht derjenigen in § 27 Abs. 1 für tragende Wände und Stützen.

3 Die Ausnahme sieht der Gesetzgeber für Geschosse im Dachraum (Satz 3 Nummer 1), Balkone und offene Gänge vor. Diese Ausnahmen lassen die Anforderungen in § 29 Absatz 4 unberührt. Danach müssen Decken, die an die Trennwände geführt werden, feuerhemmend hergestellt werden.

4 Abweichend von der Musterbauordnung hat der Gesetzgeber in Nummer 2 – wie bei § 27 Absatz 1 Satz 3 Nummer 2 – bestimmt, dass die Erleichterung nur für Balkone gilt, wenn sie nicht Teil des Rettungsweges sind. Ob sie Teil des Rettungsweges sein müssen, folgt aus § 33.

5 Entsprechendes gilt für offene Gänge nach Nummer 3. Diese dürfen nicht als notwendige Flure im Sinne des § 36 dienen.

3. Decken im Kellergeschoss (Absatz 2)

6 Absatz 2 regelt erhöhte Anforderungen an Decken infolge ihrer Lage (Kellergeschoss, Satz 1) oder infolge der Raumnutzung (Satz 2).

7 Satz 1 regelt die Anforderungen an Decken im Kellergeschoss abhängig von der jeweiligen Gebäudeklasse.

8 Satz 2 Nr. 1 enthält die Forderung feuerbeständiger Decken unter und über Räumen mit Explosions- oder erhöhter Brandgefahr. Damit ergänzt diese Vorschrift die Trennwandregelung in § 29 Abs. 2 Nr. 2 in Verbindung mit § 29 Abs. 3 Satz 2.

4. Anschluss der Decke an die Außenwand (Absatz 3)

9 Absatz 3 enthält die Forderung, dass der Anschluss der Decken an die Außenwand so herzustellen ist, dass er dem Schutzziel in Absatz 1 Satz 1 genügt. Die Vorschrift berücksichtigt die zunehmend verwendeten Fassadensysteme, die vor den Geschossdecken hochgeführt und nicht durch diese getrennt werden. Bei Außenwandkonstruktionen mit Hohlräumen, die durch die Decke nicht getrennt werden, sind die Anforderungen in § 28 Absatz 4 zu beachten.

5. Öffnungen in Decken (Absatz 4)

10 Absatz 4 regelt die Zulässigkeit von Öffnungen in Decken. Dies gilt nur für die Decken, die eine Feuerwiderstandsfähigkeit besitzen müssen. Denn brauchen sie diese nicht zu besitzen, wie dies der Fall ist für Decken, die weder als tragende noch als raumabschließende Bauteile zwischen Geschossdecken im Sinne von Absatz 1 gebaut werden, sind Öffnungen in ihnen unproblematisch möglich und daher ohne Weiteres zulässig.

11 Nach Nummer 1 sind in Gebäuden der Gebäudeklassen 1 und 2 Deckenöffnungen ohne Einschränkung und ohne Abschlüsse zulässig.

12 Nummer 2 enthält eine Ausnahmeregelung für die Deckenöffnung zur Verbindung der Geschosse einer zweigeschossigen Nutzungseinheit – unabhängig von der Gebäudeklasse – mit insgesamt nicht mehr als 400 m^2 Grundfläche. Sie betrifft insbesondere die Verbindung der Geschosse innerhalb einer Wohnung, ist aber nicht auf Wohneinheiten beschränkt.

13 Für alle anderen Fälle sind nach Nummer 3 unvermeidbare Öffnungen in der für die Nutzung erforderlichen Zahl und Größe unmittelbar gesetzesabhängig zulässig; sie müssen Abschlüsse mit der Feuerwiderstandsfähigkeit der Decke haben.

§ 32
Dächer

(1) Bedachungen müssen gegen eine Brandbeanspruchung von außen durch Flugfeuer und strahlende Wärme ausreichend lang widerstandsfähig sein (harte Bedachung).

(2) [1]Bedachungen, die die Anforderungen nach Absatz 1 nicht erfüllen, sind zulässig bei Gebäuden der Gebäudeklassen 1 bis 3, wenn die Gebäude
1. einen Abstand von der Grundstücksgrenze von mindestens 12 Meter,
2. von Gebäuden auf demselben Grundstück mit harter Bedachung einen Abstand von mindestens 15 Meter,
3. von Gebäuden auf demselben Grundstück mit Bedachungen, die die Anforderungen nach Absatz 1 nicht erfüllen, einen Abstand von mindestens 24 Meter,
4. von Gebäuden auf demselben Grundstück ohne Aufenthaltsräume und ohne Feuerstätten mit nicht mehr als 50 Kubikmeter Brutto-Rauminhalt einen Abstand von mindestens 5 Meter

einhalten. [2]Soweit Gebäude nach Satz 1 Abstand halten müssen, genügt bei Wohngebäuden der Gebäudeklassen 1 und 2 in den Fällen
1. der Nummer 1 ein Abstand von mindestens 6 Meter,
2. der Nummer 2 ein Abstand von mindestens 9 Meter,
3. der Nummer 3 ein Abstand von mindestens 12 Meter.

(3) Die Absätze 1 und 2 gelten nicht für
1. Gebäude ohne Aufenthaltsräume und ohne Feuerstätten mit nicht mehr als 50 Kubikmeter Brutto-Rauminhalt,
2. lichtdurchlässige Bedachungen aus nichtbrennbaren Baustoffen; brennbare Fugendichtungen und brennbare Dämmstoffe in nichtbrennbaren Profilen sind zulässig,
3. Dachflächenfenster, Oberlichte und Lichtkuppeln von Wohngebäuden,
4. Eingangsüberdachungen und Vordächer aus nichtbrennbaren Baustoffen,
5. Eingangsüberdachungen aus brennbaren Baustoffen, wenn die Eingänge nur zu Wohnungen führen.

(4) Abweichend von den Absätzen 1 und 2 sind
1. lichtdurchlässige Teilflächen aus brennbaren Baustoffen in Bedachungen nach Absatz 1 und
2. begrünte Bedachungen

zulässig, wenn eine Brandentstehung bei einer Brandbeanspruchung von außen durch Flugfeuer und strahlende Wärme nicht zu befürchten ist oder Vorkehrungen hiergegen getroffen werden.

(5) [1]Dachüberstände, Dachgesimse und Dachaufbauten, lichtdurchlässige Bedachungen, Dachflächenfenster, Lichtkuppeln, Oberlichte und Solaranlagen sind so anzuordnen und herzustellen, dass Feuer nicht auf andere Gebäudeteile und Nachbargrundstücke übertragen werden kann. [2]Von Brandwänden und von Wänden, die anstelle von Brandwänden zulässig sind, müssen folgende Abstände eingehalten werden:

1. ohne Abstand
   a) Dachflächenfenster, Oberlichte, Lichtkuppeln und Öffnungen in der Bedachung, wenn die Wände nach Halbsatz 1 mindestens 30 Zentimeter über die Bedachung geführt sind,
   b) Solaranlagen, Dachgauben und ähnliche Dachaufbauten aus brennbaren Baustoffen, wenn sie durch die Wände nach Halbsatz 1 gegen Brandübertragung geschützt sind,
2. mindestens 0,50 Meter
   Solaranlagen, die mit maximal 30 Zentimeter Höhe über der Dachhaut installiert oder im Dach integriert sind, wenn sie nicht unter Nummer 1 Buchstabe b fallen,
3. mindestens 1,25 Meter
   a) Dachflächenfenster, Oberlichte, Lichtkuppeln und Öffnungen in der Bedachung, die nicht unter Nummer 1 Buchstabe a fallen,
   b) Dachgauben und ähnliche Dachaufbauten, wenn sie nicht unter Nummer 1 Buchstabe b fallen,
   c) Solaranlagen, die nicht unter Nummer 1 Buchstabe b und Nummer 2 fallen.

(6) [1]Dächer von traufseitig aneinandergebauten Gebäuden müssen als raumabschließende Bauteile für eine Brandbeanspruchung von innen nach außen einschließlich der sie tragenden und aussteifenden Bauteile feuerhemmend sein. [2]Öffnungen in diesen Dachflächen müssen waagerecht gemessen mindestens 2 Meter von der Brandwand oder der Wand, die anstelle der Brandwand zulässig ist, entfernt sein.

(7) [1]Dächer von Anbauten, die an Außenwände mit Öffnungen oder ohne Feuerwiderstandsfähigkeit anschließen, müssen innerhalb eines Abstands von 5 Meter von diesen Wänden als raumabschließende Bauteile für eine Brandbeanspruchung von innen nach außen einschließlich der sie tragenden und aussteifenden Bauteile die Feuerwiderstandsfähigkeit der Decken des Gebäudeteils haben, an den sie angebaut werden. [2]Dies gilt nicht für Anbauten an Wohngebäude der Gebäudeklassen 1 bis 3.

(8) Für vom Dach aus vorzunehmende Arbeiten sind sicher benutzbare Vorrichtungen anzubringen.

(9) Soweit geneigte Dächer an Verkehrsflächen angrenzen, müssen sie Vorrichtungen zum Schutz gegen das Herabfallen von Schnee und Eis haben.

Übersicht

1. Allgemeines

1 § 32 regelt die Anforderungen an Bedachungen in Bezug auf den Brandschutz. Nur die Absätze 8 und 9 betreffen den Schutz vor Unfällen bei Arbeiten auf dem Dach sowie durch das Herabrutschen von Eis und Schnee, ohne dass dabei ein Bezug zum Brandschutz besteht. Abgesehen von den Absätzen 8 und 9 ist Ziel des § 32 zum einen, den Brandüberschlag auf andere Gebäude oder Gebäudeteile zu verhindern. Zum anderen soll die harte Bedachung der Dächer davor schützen, dass Feuer von außen in das Gebäude eindringt. Die Anforderungen einer harten Bedachung dienen folglich dem Eigenschutz des Bauherrn und nicht dem Nachbarschutz, *vgl. OVG Berlin-Brandenburg, U. v. 06.12.2011 – 10 B 6.11.*

2. Grundanforderungen an Dächer (Absatz 1)

2 Absatz 1 normiert die grundsätzliche Anforderung, der Dächer genügen müssen, um das Gebäude vor Beeinträchtigungen durch Brand und Rauch ausreichend lang von außen zu sichern. Danach müssen Bedachungen als sog. harte Bedachung gebaut werden. Dies gilt nicht, wenn in den folgenden Absätzen Abweichungen gesetzlich zugelassen sind.

3 Harte Bedachung ist die Bezeichnung für Dachabdichtungen, die widerstandsfähig gegen Flurfeuer und strahlende Wärme sind und der DIN 4102, Teil 7, (Brandverhalten von Baustoffen und Bauteilen) entsprechen. Ohne Nachweise gelten nach DIN 4102 Teil 4 Abschnitt 7.5 Bedachungen aus natürlichen und künstlichen Steinen der Baustoffklasse A sowie aus Beton, Ziegeln oder Asbestzementplatten als harte Bedachungen.

4 Für Bedachungen, die dort nicht aufgeführt sind, muss deren Widerstandsfähigkeit gegen die Beanspruchung durch Feuer und Rauch durch ein allgemeines bauaufsichtliches Prüfzeugnis oder durch eine Zustimmung im Einzelfall nachgewiesen werden. Zulässig als harte Bedachungen sind etwa in mehrlagiger Ausführung fachgerecht auf geschlossener, tragender Unterlage mindestens der Baustoffklasse B 2 verlegte Dachpappen, Schweißbahnen und Dachdichtungsplanen. Die in der DIN 4102 Teil 7 normierten Anforderungen an die Brandbeanspruchung können deshalb auch harte Bedachungen erfüllen, wenn sie aus brennbaren Baustoffen hergestellt werden.

5 Für lichtdurchlässige Bedachungen gelten die besonderen Anforderungen nach den Absätzen 4 bis 6.

3. Zulässigkeit von weichen Bedachungen (Absatz 2)

6 Absatz 2 erlaubt Abweichungen von dem Erfordernis einer harten Bedachung. Die Abweichungen sind durch die Novelle 2016 neu geregelt worden und teilweise strenger als nach den Bestimmungen von § 28 Abs. 3 a.F. Allerdings genießen die vor Inkrafttreten der Novelle errichteten oder genehmigten Gebäude Bestandsschutz, vgl. § 88 Abs. 3. Die Verwendung einer weichen Bedachung ist nach Absatz 2 Satz 1 aber nur für Gebäude der Gebäudeklassen 1 bis 3, nach Absatz 2 Satz 2 für solche der Gebäudeklassen 1 und 2 vorgesehen. Für die übrigen Gebäudeklassen bleibt es bei der Anforderung nach Absatz 1, selbst wenn diese Gebäude die in Absatz 2 vorgeschriebenen Abstände einhalten.

7 Bei den sog. weichen Bedachungen handelt es sich um solche Bedachungen, die nicht die Anforderungen an harte Bedachungen erfüllen. Weiche Bedachungen können etwa solche aus Holzschindeln, Stroh, Reet, Schilf oder unbesandeter Pappe sein. Voraussetzung dafür, dass weiche Bedachungen nach Absatz 2 zulässig sind, ist, dass die Gebäude einen ausreichenden Abstand zu anderen Gebäuden wahren. Dabei ist auf den Abstand abzustellen, den das Gebäude mit keinem Bauteil unterschreiten darf. Die Erleichterungen des Abstandsflächenrechts kommen insoweit nicht zum Tragen. Der Gesetzgeber verlangt daher in Absatz 2 folgende Abstände

- 12,00 m zu Grundstücksgrenzen. Vor der Novellierung betrug dieser Wert 10 m. Grundstücksgrenze ist jede Grenze des Baugrundstücks. Dieser

Abstand kann sich durch die Eintragung einer Baulast verändern, indem der Abstand ganz oder teilweise auf das Nachbargrundstück verschoben wird. Dadurch entsteht auf dem Nachbargrundstück eine virtuelle Grundstücksgrenze im Sinne dieser Regelung. Dass Grundstücksgrenzen zu öffentlichen Verkehrsflächen, öffentlichen Grünflächen und öffentlichen Wasserflächen ausgenommen sind, ist nach der Novelle 2016 nicht mehr vorgesehen.
- 15,00 m zu Gebäuden mit harter Bedachung i.S.v. Absatz 2, wenn diese Gebäude auf demselben Grundstück stehen.
- 24,00 m zu Gebäuden auf demselben Grundstück, wenn diese keine harte Bedachung besitzen. Das vor der Novelle 2016 bestehende Maß von 20 m ist also um 4 m vergrößert worden.
- mindestens 5 Meter von Gebäuden auf demselben Grundstück ohne Aufenthaltsräume und ohne Feuerstätten mit nicht mehr als 50 m^3 Brutto-Rauminhalt. Durch diese Regelung wird eine Maßangabe (50 m^3) eingefügt, die die Anwendung der Regelung vereinfacht. Weiterhin darf das Gebäude keine Aufenthaltsräume im Sinne von § 2 Abs. 5 und Feuerstätten im Sinne von § 2 Abs. 8 besitzen. Sind diese Bedingungen nicht erfüllt, kommt ein Abstand nach Absatz 2 Satz 1 Nr. 2 oder 3 in Betracht.

Die Anforderung eines Abstandes von 5 m zu Nebengebäuden ohne Feuerstätten ist infolge der Novelle 2016 entfallen. 8

Von den Anforderungen des Absatzes 1 erlaubt der Gesetzgeber in Satz 2 eine weitere Abweichung für Gebäude der Gebäudeklassen 1 und 2, indem die Abstände nochmals verkleinert werden. Es kommt dafür nicht mehr darauf an, ob nicht mehr als zwei Wohnungen vorhanden sind, vgl. § 28 Abs. 3 Satz 2 a.F., sondern ob nicht mehr als zwei Nutzungseinheiten vorhanden sind. Nutzungseinheiten können auch aus gewerblichen Nutzungen bestehen. Nach den Regelungen in Satz 2 Nummer 1 bis 3 reichen die dort genannten verkürzten Abstände. Der Gesetzgeber sieht dafür eine dreiteilige Differenzierung vor. Die vormalige Differenzierung zwischen 5 m und 10 m ist durch die Novelle 2016 aufgegeben worden. 9

4. Abweichungen für kleine Nebengebäude und Teile von Bedachungen (Absatz 3)

Absatz 3 regelt Ausnahmen von den Anforderungen der Absätze 2 und 3 für kleine Nebengebäude und Teile von Bedachungen, von denen nur ein geringes Risiko ausgeht. Die insoweit begünstigten Gebäude und Teile von Bedachungen sind in den Nummern 1 bis 5 aufgeführt. Die Abweichung gilt für Teile von Bedachungen jeglicher Gebäudeklasse. 10

11 Die Nennung der Dachflächenfenster in Absatz 3 Nr. 3 korrespondiert mit der Ausnahmeregelung in § 28 für Fenster in Außenwänden.

12 Da der Katalog in Absatz 3 Bestandteil einer Ausnahmeregelung ist, sind die in dem Katalog genannten Nebengebäude und Teile von Bedachungen einer Analogie nicht zugänglich.

5. Abweichungen für lichtdurchlässige Bedachungen und Gründächer (Absatz 4)

13 Absatz 4 enthält weitere Ausnahmen von den Absätzen 1 und 2. Diese gelten im Unterschied zu den in Absatz 3 genannten Ausnahmen nicht vorbehaltlos. Sie stehen unter dem Vorbehalt, dass eine Brandentstehung durch Brandbeanspruchung von außen durch Flugfeuer und strahlende Wärme nicht zu befürchten ist oder Vorkehrungen hiergegen getroffen werden. Vorkehrungen i.S. dieses Absatzes sind für begrünte Dächer nach Maßgaben des Deutschen Instituts für Bautechnik z. B. eine 3 cm dicke Schicht Substrat. Dies meint, dass die Brandwände in Abständen von höchstens 40 m, mindestens 0,30 m über das begrünte Dach geführt werden. Bezogen ist diese Höhe auf die Dachoberkante, die aus Substrat oder Erde gebildet wird. Vor Öffnungen in der Dachfläche und vor Wänden mit Öffnungen muss ein mindestens 50 cm breiter Streifen aus massiven Platten und Grobkies angelegt sein. Bei aneinander gereihten, giebelständigen Gebäuden im Bereich der Traufe muss ein in der Horizontale gemessener mindestens 1 m breiter Streifen dauerhaft unbegrünt bleiben. Es muss mit einer Dachhaut aus nichtbrennbaren Baustoffen versehen sein. Die jeweils erforderlichen Voraussetzungen sind im Einzelfall durch bautechnische Nachweise zu belegen.

6. Abweichungen für Dachüberstände, Dachgesimse, Dachaufbauten und dergl. (Absatz 5)

14 Absatz 5 benennt in Satz 1 die allgemeinen Anforderungen an Dachaufbauten und ähnliche Dachteile. In Satz 2, neu gefasst durch die Novelle 2023 werden für unterschiedliche Gebäudeteile Abstände zu Brandwänden oder Nachbargrenzen bestimmt.

15 In Satz 2, der mit der Novelle 2023 neu gefasst wurde, sind Abstände zu Brandwänden und zu anderen Wänden, gemeint sind damit solche im Sinne von § 30 Abs. 11 in Abhängigkeit von ihrer Brennbarkeit vorgeschrieben, um einen Brandübertrag zu verhindern. Der Gesetzgeber hat dabei einerseits zu berücksichtigen, dass solche Dachaufbauten einen geringeren Schutz gegen Brandüberschlag bieten als geschlossene Dachflächen. Das OVG Berlin führt dazu aus: *„Anders als die Dacheindeckung selbst zerspringen Dachflächenfenster bei einem Feuer im Dachraum, so dass das Feuer ebenso wie bei einem offenstehenden*

Dachflächenfenster auf das Nachbargebäude übertragen werden kann.", vgl. U. v. 29.05.1987 – 2 B 27.85 –, BRS 47 Nr. 147.

Andererseits gilt es, die Nutzung der Dachflächen für Solaranlagen nicht zu stark zu beschränken. Um Dachflächen insbesondere für Solaranlagen besser nutzbar zu machen, dürfen die in der Nummer 1 genannten Anlagen ohne Abstand zu einer Brandwand oder zu einer funktionsgleichen Wand gebaut bzw. eingerichtet werden. Dies setzt voraus, dass der Brandübertrag durch eine Wand baulich verhindert wird. Entweder muss die Wand nach Halbsatz 1 30 Zentimeter über die Bedachung geführt wird oder der Brandübertrag wird für die in Nummer 2 genannten Anlagen durch eine besonders geeignete Wand verhindert. In der 2. Alternative kann die Wand höher als 30 Zentimeter über die Dachhaut zu führen sein. Dies hängt auch davon ab, welche Höhe die genannten Anlagen besitzen. Diese Anlagen sind in ihrer Höhe nicht beschränkt, so dass die Wand dazu passend hoch gebaut sein muss. 16

Nach Satz 2 Nr. 2 müssen **Solaranlagen** einen Mindestabstand von 0,5 Metern zu der Brandwand oder der funktionsgleichen Wand halten, wenn die Solaranlagen mit einer Höhe von maximal 30 Zentimeter über der Dachhaut installiert sind oder wenn sie im Dach integriert sind. Dies gilt aber nur, wenn sie nicht unter Nummer 1 Buchstabe b fallen. Dies ist der Fall, wenn die Brandwand oder die funktionsgleiche Wand infolge ihrer Höhe nicht geeignet ist, den Brandübertrag zu verhindern. Besitzt die Solaranlage eine Höhe von 0,50 Metern über der Dachhaut, kann sie nach der Nr. 1 ohne Abstand zur Brandwand errichtet werden, wenn diese so hoch gebaut ist, dass der Brandübertrag verhindert wird. 17

Nach Satz 2 Nr. 3 muss ein Abstand von 1,25 Meter zu der Brandwand oder der funktionsgleichen Wand gehalten werden. Für **Dachflächenfenster**, Oberlichte, Lichtkuppeln und Öffnungen in der Bedachung, die also nicht aus dem Dach hervortreten, ist dies vorgeschrieben, wenn die Wand nicht 30 Zentimeter über die Bedachung geführt wird. **Dachgauben** und ähnliche Dachaufbauten, etwa auch Aufdachterrassen, müssen diesen Abstand wahren, wenn sie durch Wände nach Halbsatz 1 nicht gegen Brandübertragung geschützt sind. Dies gilt auch für diese Dachaufbauten, wenn sie nicht aus brennbaren Baustoffen hergestellt sind. Für Solaranlagen ist in Satz 2 Nr. 3 lit c) der Abstand vorgeschrieben, wenn sie nicht nach Nummer 1 b und Nummer 2 fallen. Dies betrifft also **Solaranlagen**, die höher als 30 Zentimeter bauen und der Brandübertrag nicht durch eine Brandwand oder eine funktionsgleiche Wand verhindert wird. 18

Absatz 5 ist **drittschützend**. Diese Vorschrift hat die Brandbeanspruchung des Daches von innen nach außen zum Gegenstand und soll auch benachbarte Gebäude vor einem die Dachfläche durchbrechenden Brand schützen 19 soll, *vgl. OVG Berlin-Brandenburg, U. v. 06.12.2011 – 10 B 6.11; OVG Berlin, U v. 29.05.1987 – OVG 2 B 27.85.*

7. Dächer von traufseitig aneinandergebauten Gebäuden (Absatz 6)

20 Absatz 6 stellt an Dächer von traufseitig aneinandergebauten Gebäuden höhere Anforderungen. Der Gesetzgeber hat eine solche Regelung mit der Novelle 2008 in § 28 Abs. 87 a.F. erstmals eingefügt. Er übernahm damit eine Regelung der Musterbauordnung. Zweck dieser Vorschrift ist es, bei traufständig aneinandergebauten Gebäuden einen Feuerüberschlag durch das Dach auf das angebaute Nachbargebäude zu verhindern. Die erhöhten Anforderungen rechtfertigt der Gesetzgeber damit, dass andernfalls der durch eine Brandwand oder eine Trennwand vermittelte Schutz vor Brandübertragung

21 oberhalb der Wand enden würde. Die Regelung stellt klar, dass die Brandschutzanforderungen bei einem Aneinanderbauen von Gebäuden entlang der Traufen, so dass sich dadurch Dachschrägen oberhalb der Brandwand (Gebäudeabschlusswand) direkt gegenüberliegen, gestellt werden. Für Öffnungen in diesen Dächern ist nach Satz 2 – anders als bei Öffnungen in Wänden (vgl. § 30 Absatz 2 Nummer 1) – ein Abstand von 2 m ausreichend, da im Brandfall die Hitze nicht unmittelbar in Richtung auf die Grenze bzw. das Gebäude abgestrahlt wird.

8. Dächer von Anbauten (Absatz 7)

22 Dächer von Anbauten, die an Außenwände mit Öffnungen oder ohne Feuerwiderstandsfähigkeit anschließen, bedeuten ein Risiko, weil sie den Brand (Feuer und Gase) nach außen weiterleiten. Um dem drohenden Brandüberschlag zu begegnen, müssen die Dächer dieser Anbauten nach Absatz 7 innerhalb eines Abstands von 5 Metern von diesen Wänden als raumabschließende Bauteile für eine Brandbeanspruchung von innen nach außen einschließlich der sie tragenden und aussteifenden Bauteile die Feuerwiderstandsfähigkeit der Decken des Gebäudeteils haben, an den sie angebaut werden. Die Anforderungen an die Dächer entsprechen also denen der Decken des Gebäudeteils, an den sie angebaut wurden. Die Brandschutzqualität der Decke, die aus § 31 folgt, setzt sich damit in dem Dach des Anbauteils fort. Dies gilt aber nur für die 5 Meter der Dachfläche, die an der Außenwand anschließt oder beginnt. Jenseits dieser 5-Meter-Linie, besteht die Anforderung nach Satz 1 nicht mehr. Für diesen Dachbereich gelten die allgemeinen Anforderungen.

23 Eine Erleichterung sieht der Gesetzgeber in Satz 2 für Anbauten an Wohngebäude der Gebäudeklassen 1 bis 3 vor. Auch für die Dächer dieser Anbauten gelten lediglich die allgemeinen Anforderungen.

Die vormaligen Anforderungen, nach denen solche Dächer der Feuerwiderstandsklasse F 30 zu genügen hatten, vgl. § 28 Abs. 8 a.F., sind durch die Novelle 2016 entfallen. Die vorhandenen oder genehmigten Dächer genießen jedoch Bestandsschutz, vgl. § 88 Abs. 3. 24

9. Arbeiten auf dem Dach (Absatz 8)

Nach Satz 2 sind auf dem Dach Vorrichtungen anzubringen, um dort die Ausführung von Arbeiten durch Dachdecker oder Schornsteinfeger zu ermöglichen. Dazu gehören z.B. Anschlageinrichtungen für die Verwendung von Sicherheitsgeschirren, Dachausstiegsfenster, Leiterhaken, Trittroste oder -ziegel, Laufbohlenanlagen, Laufstege oder -bretter, Arbeitspodeste, Steigeisen oder Steigleitern. Regeln der Technik finden sich dazu in der DIN 18160 Teil 5. 25

10. Vorrichtungen zum Schutz vor herabfallendem Eis und Schnee (Absatz 9)

Durch Absatz 9 werden Anforderungen an die bauliche Gestaltung von Dächern gestellt, die nicht den Brandschutz dienen, sondern die Sicherheit und Leichtigkeit des Verkehrs sowie die Sicherheit von Menschen und Tieren betreffen. Es soll verhindert werden, dass Schneelawinen oder Schnee bzw. Eisplatten auf die Straße niedergehen. Derartige Vorkehrungen sind z.B. Schneefanggitter oder zusätzlich noch Schneestopper. Das OLG Weimar verneint in einem Schadensersatzprozess für den in einer Höhe von 846m gelegenen Ort Neuhaus am Rennsteig in Thüringen für den Altbaubestand eine Verpflichtung zur Anbringung von Schneefanggittern, *vgl. OLG Weimar, U. v. 20.12.2006 – 4 U 865/05 –, GE 2007, 365.* 26

Der Gesetzgeber formuliert mit Absatz 9 Anforderungen an Vorkehrungen zum Schutz vor Schnee- und Eislawinen, die sich auch aus der zivilrechtlich Verkehrssicherungspflicht des Grundeigentümers ableiten lassen. Die zivilrechtliche Haftung steht neben der bauordnungsrechtlichen Verpflichtung. 27

§ 32a
Photovoltaikanlagen für die Stromerzeugung auf Dächern

(1) [1]Bei der Errichtung von Gebäuden, die mindestens eine Dachfläche von 50 Quadratmeter aufweisen, sind mindestens 50 Prozent der Dachfläche mit Photovoltaikanlagen auszustatten. [2]Die Verpflichtung nach Satz 1 besteht ab dem 1. Juni 2024 auch bei vollständiger Erneuerung der Dachhaut. [3]Satz 1 gilt, wenn der Antrag auf Baugenehmigung
1. bei Gebäuden, die überwiegend öffentlich genutzt werden, ab dem 1. Juni 2024 und
2. bei Gebäuden, die überwiegend gewerblich genutzt werden, ab dem 1. Juni 2024

bei der Bauaufsichtsbehörde eingeht.

(2) [1]Bei der Errichtung einer für eine Solarnutzung geeigneten offenen Stellplatzanlage, welche einem Gebäude dient, bei dem es sich nicht um ein Wohngebäude handelt, mit mehr als 35 Stellplätzen für Kraftfahrzeuge ist über der für eine Solarnutzung geeigneten offenen Stellplatzfläche eine Photovoltaikanlage zu installieren, wenn der Antrag auf Baugenehmigung ab dem 1. Juni 2024 bei der Bauaufsichtsbehörde eingeht. [2]Die Installation einer solarthermischen Anlage zur Wärmeerzeugung steht der Erfüllung nach Satz 1 gleich.

(3) [1]Die Pflichten nach den Absätzen 1 und 2 entfallen,
1. wenn ihre Erfüllung im Einzelfall
   a) anderen öffentlich-rechtlichen Pflichten widerspricht,
   b) technisch unmöglich ist oder
   c) wirtschaftlich nicht vertretbar ist

   oder
2. soweit auf der Dachfläche solarthermische Anlagen errichtet werden sollen.

[2]Die Bauaufsichtsbehörde kann für Parkplätze, insbesondere aus städtebaulichen Gründen, Ausnahmen oder Befreiungen von den Anforderungen nach den Absätzen 1 und 2 erteilen.

Übersicht

1. Allgemeines

§32a ist mit dem Dritten Gesetz zur Änderung der Brandenburgischen Bauordnung vom 28.09.2023 in die Brandenburgische Bauordnung aufgenommen worden und am 30.09.2023 in Kraft getreten. Die Pflicht, Photovoltaikanlagen auf zu errichtenden Gebäuden und Stellplätzen zu montieren besteht ab dem 01.06.2024. Mit § 32a „Photovoltaikanlagen für die Stromerzeugung auf Dächern" wird eine Pflicht zur Installation von Photovoltaikanlagen auf Dachflächen beim Neubau von Gebäuden und bei größeren Stellplatzanlagen begründet. Es handelt sich dabei um eine zulässige Bestimmung von Inhalt und Schranken des Eigentums, konkret der Baufreiheit, im Sinne von Art. 14 Abs. 1 S. 2 GG. Durch § 32a wird bezweckt, den Photovoltaikanlagenbau auf versiegelten Flächen zu forcieren. Eine Betriebspflicht wird durch diese Vorschrift nicht begründet. 1

Vergleichbare Vorschriften gibt es in § 32a BauO Nds; § 8 Abs. 2 BauO NRW, § 8a KSG BW, § 16 HmbKliSchG, §§ 9a, 12 Hessisches EnergieG; Berlin hat ein eigenes Solargesetz. 2

2. Errichtungspflicht auf Dächern bestimmter Gebäude (Absatz 1)

Absatz 1 beschreibt in Satz 1 Inhalt und Umfang der Pflicht, PV-Anlagen zu errichten. In Satz 2 ist eine Übergangsregelung geschaffen, die angibt, ab wann die Pflicht nach Satz 1 bei der Dacherneuerung entsteht. Dieser Satz gilt nicht für die erstmalige Errichtung eines Daches. Satz 2 wird seine Bedeutung nach dem 1. Juni 2024 verlieren, wenn die bis dahin beantragten Baugenehmigungen ausgenutzt worden sind. Denn die Pflichten nach Satz 1 gilt für alle Bauvorhaben, für die nach dem 1. Juni 2024 ein Bauantrag gestellt wurde. 3

Satz 3 ist für das Verständnis dieses Absatzes von entscheidender Bedeutung. Das Verständnis dieser Regelung kann jedoch nicht dem Wortlaut, sondern nur der Gesetzesbegründung entnommen werden, vgl. Drucksache 7/7264, S. 25. Danach ist der Satz 3 so zu verstehen, dass der Satz 1 nur für die in Satz 3 genannten Gebäude gelten soll, also für überwiegend öffentlich genutzte Gebäude und überwiegend gewerblich genutzte Gebäude. Der Begriff des Gebäudes ist in § 2 Abs. 2 definiert. **Öffentlich** genutzte Gebäude sind solche, in die Personen ohne Zulassung oder den Zutritt verhindernde Zugangsbeschränkung eintreten und dieses nutzen können. Dazu gehören etwa Einzelhandelsgeschäfte. Relevant ist Nr. 1 vor allem für öffentliche Verwaltungen, Universitäten, Schulen, Krankenhäuser, Bahnhöfe, Flughäfen. Ein Flughafen ist trotz der Kontrollen des Abflugbereiches ein öffentlich genutztes Gebäude. **Gewerblich** genutzte Gebäude nach der Nr. 2 sind alle Gewerbebauten, Läden, Hotels, Tankstellen und Bürogebäude. Auch gewerblich genutzte Garagen und Carports sind Gebäude in diesem Sinne. Kommt es zu Mischnutzungen, so 4 dass die Gebäude auch zu Wohnzwecken genutzt werden, müssen die öffentlichen Nutzungen und die gewerblichen Nutzungen die vergleichsweise größere Nutzfläche im Gebäude einnehmen. Nicht zu den gewerblichen Nutzungen in diesem Sinne gehören die freiberuflichen Tätigkeiten im Sinne von § 13 BauNVO. Nur für diese Gebäude gilt die PV-Anlagen-Errichtungspflicht, wenn der Bauantrag nach dem 1. Juni 2024 gestellt wurde. Ist der Antrag zuvor gestellt worden, besteht diese Verpflichtung nicht. Denn wie der Gesetzesbegründung zu entnehmen ist, begründet Satz 1 keine allgemeine PV-Anlagen-Errichtungspflicht für alle Gebäude, vgl. Drucksache 7/7264, S. 25.

5 Zwar wird in Absatz 1 Satz 3 nur auf den Bauantrag abgestellt. Analog wird dasselbe für den Antrag auf Zustimmung nach § 77 gelten müssen, weil sonst die nach § 77 zugelassenen Gebäude von der PV-Anlagen-Errichtungspflicht befreit wären, was, wie Absatz 1 Satz 3 Nr. 1 belegt, nicht gewollt ist. Soweit eine Baugenehmigung nicht erforderlich ist, greift die zeitliche Bestimmung in Satz 3 nicht. Bei genehmigungsfreien Gebäuden oder bei einem Bauanzeigeverfahren nach § 62 gilt die PV-Anlagen-Errichtungspflicht nicht.

3. Errichtungspflicht bei offenen Stellplätzen (Absatz 2)

6 Nach Absatz 2 ist eine Photovoltaikanlage zu installieren, wenn eine offene Stellplatzanlage errichtet wird. Offen ist die Stellplatzanlage, wenn sie ohne Dach gebaut wird. Andernfalls handelt es sich um eine Garage, für die Absatz 1 gelten kann.

7 Die Stellplätze müssen einem Gebäude dienen, bei dem es sich nicht um ein Wohngebäude handelt. Ein Wohngebäude ist ein Gebäude in dem nur gewohnt wird. Eine Nutzung zu freiberuflichen Zwecken nach § 13 BauNVO würde die Eigenschaft als Wohngebäude entfallen lassen. Das Gebäude würde dann zwar nicht auch gewerblich genutzt, aber die Stellplatzpflicht würde dann entstehen. Eine gewerbliche Nutzung findet auch statt, wenn auf dem Wohngebäude PV-Anlagen installiert werden und der Strom verkauft wird. Gewerblich werden auch die Wohnhäuser genutzt, in denen sich Arbeitszimmer befinden, in denen gewerbliche Tätigkeiten ausgeübt werden, seien es selbständige, seien es unselbständige Tätigkeiten (home-office). Die wohnmietvertraglichen und arbeitsrechtlichen Regelungen über derartige Tätigkeiten in den Wohnungen sind im Bereich des öffentlichen Baurechts irrelevant. Regelmäßig sind derartige Tätigkeiten jedoch für die Anwendung des Absatzes 2 irrelevant, weil sie von der Bauaufsicht nicht erfasst werden.

8 Die errichtete Stellplatzanlage muss mehr als 35 Stellplätzen für Kraftfahrzeuge aufweisen. Ist diese Mindestgröße erreicht, müssen über den für eine Solarnutzung geeigneten offenen Stellplatzfläche die PV-Anlagen errichtet werden. Die Stellplätze werden dadurch überdacht. Geeignet sind solche

Flächen, die von der Sonne beschienen werden, jedenfalls in einem Umfang, der Solarnutzung rentierlich macht, und die dafür rechtlich geeignet sind. Der Errichtung der PV-Anlagen können das Abstandsflächenrecht oder Festsetzungen eines Bebauungsplans entgegenstehen.

Die Errichtungspflicht entsteht nur, wenn der Antrag auf Baugenehmigung ab dem 1. Juni 2024 bei der Bauaufsichtsbehörde eingeht. Ist die Stellplatzanlage genehmigungsfrei oder wird sie über eine Anzeige nach § 62 zugelassen, entsteht die Pflicht nicht. 9

Nach Satz 2 steht die Installation einer solarthermischen Anlage zur Wärmeerzeugung der Erfüllung nach Satz 1 gleich. Solarthermische Anlagen sind in § 35 GEG beschrieben. Diese Begriffsbestimmung ist für das Verständnis des Satzes 2 einschlägig. 10

4. Ausnahmen von der Errichtungspflicht (Absatz 3)

In Absatz 3 ist geregelt, unter welchen Voraussetzungen die Pflichten nach den Absätzen 1 und 2 entfallen. Diese Aufzählung ist abschließend und wird relevant, wenn die Voraussetzungen nach Absatz 1 und 2 erfüllt sind. Als Ausnahmevorschrift ist dieser Absatz restriktiv auszulegen und nicht analogiefähig. Die Errichtungspflicht entfällt unmittelbar nach Absatz 3, es bedarf dazu keiner Befreiung oder einer Anzeige. Der Bauaufsichtsbehörde steht zwar zu, den Entfall der Pflicht zu prüfen und diese Pflicht ggf. durchzusetzen (§ 58 Abs. 2). Sie besitzt aber für die Feststellung, dass die Pflicht entfällt, keinen Ermessensspielraum. Die in Absatz 3 genannten Voraussetzungen brauchen nur alternativ vorzuliegen. 11

Nach der **Nummer 1 a)** entfällt die Errichtungspflicht, wenn ihre Erfüllung im Einzelfall anderen öffentlich-rechtlichen Pflichten widerspricht, wenn es öffentlich-rechtlich nicht zulässig ist, PV-Anlagen auf dem Dach zu errichten. Öffentlich-rechtliche Pflichten, die der Errichtung der PV-Anlagen entgegenstehen, können insbesondere aus dem Denkmalschutzrecht (auch Umgebungsschutz, *vgl. VGH München BeckRS 2013, 54636*), dem städtebaulichen Erhaltungsrecht (§ 172 Abs. 1 Nr. 1 BauGB) und aus örtlichen Gestaltungssatzungen (OVG Schleswig BeckRS 2016, 50095) resultieren. Die Errichtung kann teilweise ausgeschlossen sein, wenn etwa die Bestimmungen des Abstandsflächenrechts oder des Brandschutzrechts der Errichtung der Anlagen auf der gesamten Dachfläche entgegenstehen. Auch eine öffentlich-rechtliche Verpflichtung zur Begrünung eines Daches, etwa durch Festsetzungen in einem Bebauungsplan, kann die Errichtungspflicht ganz oder teilweise ausschließen (s. auch § 8a Abs. 7 KSG BW). Entgegenstehende Regelungen können sich auch aus den Maßfestsetzungen eines Bebauungsplans ergeben. § 248 BauGB hilft über den Verstoß nicht hinweg, weil diese Bestimmung nur für 12 bestehende Gebäude, also nicht für Neubauten greift. Allerdings dürfte das hier verfolgte gesetzgeberische Anliegen die Erteilung einer Befreiung gem. § 31 Abs. 2 BauGB rechtfertigen. Die Befreiung wird regelmäßig aus Gründen des Wohls der Allgemeinheit nicht nur gerechtfertigt, sondern erforderlich sein. Der Gesetzgeber hat dies mit **Satz 3** bekräftigt, weil die Bauaufsichtsbehörde danach für Parkplätze, insbesondere aus städtebaulichen Gründen, Ausnahmen oder Befreiungen von den Anforderungen nach den Absätzen 1 und 2 erteilen darf. Diese Regelung ist im Anwendungsbereich des Bauplanungsrechts jedoch nur von geringer Bedeutung, das der Landesgesetzgeber nicht befugt ist, Entscheidungsvorgaben für das städtebauliche Planungsrecht zu machen. In jedem Fall wird aber zu prüfen sein, ob die gesetzgeberische Wertung in § 2 EEG das entgegenstehende Recht überwindet, wenn für eine Schutzgüterabwägung anzustellen oder eine Ermessen auszuüben ist. Denn nach § 2 EEG sind die erneuerbaren Energien als vorrangiger Belang in die jeweilige Schutzgüterabwägung einzubringen sein. So kann der Denkmalschutz nur ausnahmsweise auf Grund besonderer Umstände ein zum Nachteil der erneuerbaren Energien gehendes Ergebnis erfordern *(vgl. VG Düsseldorf, U. v. 30.11.2023 – 28 K 8865/22 –; s. a. Schröer/Kümmel NVwZ 2023, 30 und Vornholt NVwZ 2023, 705 jeweils mit Verweis auf BT-Drs. 20/1630, 159).*

13 Nach der **Nummer 1 b)** entfällt die Errichtungspflicht, wenn ihre Erfüllung im Einzelfall technisch unmöglich ist. Dies kann der Fall sein, wenn das Dach der Belichtung der darunter liegenden Räume dient und eine Verschattung nicht mit der Nutzung der Räume vereinbar ist oder Fluchtwege versperrt werden. Denkbar wäre auch, dass es nicht möglich ist, den erzeugten Strom abzuleiten.

14 Nach der **Nummer 1 c)** entfällt die Errichtungspflicht, wenn ihre Erfüllung im Einzelfall wirtschaftlich nicht vertretbar ist. Die Vertretbarkeit darf bei dieser Bewertung nicht allein an der Erhöhung der Baukosten, sondern muss auch an der Amortisierung zusätzlicher Baukosten gemessen werden. Um einen objektiv wirtschaftlichen, einem Bauherrn zumutbaren Aufwand handelt es sich, wenn die für die Tragkonstruktion und die PV-Anlage aufzuwendenden finanziellen Mittel innerhalb eines Zeitraums von zehn Jahren durch die erzielbare Rendite ausgeglichen werden können (zu diesem Zeitraum *vgl. BVerwG NJW-RR 1987, 586*). Für den Bauherrn ist es zumutbar, dass er die PV-Anlage zur Stromerzeugung auch betreibt, so dass sie einen wirtschaftlich relevanten Ertrag liefern, und auf diese Weise die Baukosten refinanziert.

15 In vorstehende Bewertungen ist der mögliche Ertrag der Anlagen unter realistischen Bedingungen einzustellen. Sind die Dachflächen verschattet, sei es durch eine Bebauung, sei es durch Bäume oder Berge, ist der dadurch verursachte Minderertrag in die Ertragsberechnung einzustellen. Zugleich ist auch zu prüfen, ob sich die sonstigen Baukosten verringern, etwa weil die

Solarenergieanlage den Primärenergiebedarf gem. § 23 GEG rechnerisch reduziert und dadurch der sonstige Bauaufwand verringert wird.

Nach **Nummer 2** entfällt die Pflicht, PV-Anlagen zu errichten, soweit auf der Dachfläche **solarthermische Anlagen** (vgl. dazu § 35 GEG) errichtet werden sollen. Der Gesetzgeber hält deren Errichtung für ebenso bedeutsam, so dass er den PV-Anlagen einen Vorrang für die solarthermischen Anlagen nicht einräumt. Der Bauherr darf also zwischen diesen Anlagentypen wählen. 16

Abschnitt 5
Rettungswege, Öffnungen, Umwehrungen

§ 33
Erster und zweiter Rettungsweg

(1) Für Nutzungseinheiten mit mindestens einem Aufenthaltsraum, wie Wohnungen, Praxen, selbstständige Betriebsstätten, müssen in jedem Geschoss mindestens zwei voneinander unabhängige Rettungswege ins Freie vorhanden sein; beide Rettungswege dürfen jedoch innerhalb des Geschosses über denselben notwendigen Flur führen.

(2) [1]Für Nutzungseinheiten nach Absatz 1, die nicht zu ebener Erde liegen, muss der erste Rettungsweg über eine notwendige Treppe führen. [2]Der zweite Rettungsweg kann eine weitere notwendige Treppe oder eine mit Rettungsgeräten der Feuerwehr erreichbare Stelle der Nutzungseinheit sein. [3]Ein zweiter Rettungsweg ist nicht erforderlich, wenn die Rettung über einen sicher erreichbaren Treppenraum möglich ist, in den Feuer und Rauch nicht eindringen können (Sicherheitstreppenraum).

(3) [1]Gebäude, deren zweiter Rettungsweg über Rettungsgeräte der Feuerwehr führt und bei denen die Oberkante der Brüstung von zum Anleitern bestimmten Fenstern oder Stellen mehr als 8 Meter über der Geländeoberfläche liegt, dürfen nur errichtet werden, wenn die Feuerwehr über die erforderlichen Rettungsgeräte wie Hubrettungsfahrzeuge verfügt. [2]Bei Sonderbauten ist der zweite Rettungsweg über Rettungsgeräte der Feuerwehr nur zulässig, wenn keine Bedenken wegen der Personenrettung bestehen.

Übersicht

1. Allgemeines

1 § 33 regelt die grundsätzlichen Anforderungen an Rettungswege. Diese Anforderungen werden in den nachfolgenden Paragraphen konkretisiert.

Rettungswege sind Bestandteil der baulichen Organisation von Hilfeleistungen nach § 14. Mittels Rettungswegen sollen die Nutzer eines Gebäudes dieses im Brandfall sicher und schnell verlassen können. Zugleich sollen sie es den Rettungskräften ermöglichen, die Nutzer der Gebäude zu bergen sowie möglichst dicht an den Brandherd zu gelangen. Rettungswege dienen also auch der Brandbekämpfung. Da ein Treppenhaus als Rettungsweg durch einen Brand oder durch Rauch versperrt sein kann und Personen, die über diesen Rettungsweg fliehen wollen, auf einen anderen Rettungsweg angewiesen sind, stellt das Fehlen eines zweiten Rettungsweges eine konkrete Gefahr für Leib und Leben der hiervon betroffenen Personen dar, *vgl. OVG Münster, U. v. 25.08.2010 – 7 A 749/10.* 2

Rettungswege i. S. d. Brandschutzes sind die Treppen i. S. v. § 34, die notwendigen Treppenräume und Ausgänge i. S. v. § 35 und die notwendigen Flure i. S. v. 36. Bestandteil der Rettungswege sind auch die Abschlüsse von Öffnungen, Fenstern und Kellerlichtschächte i. S. v. § 37. 3

Damit Flure, Treppen, Treppenräume und Ausgänge ihre Funktion als Fluchtwege für die Nutzer und Angriffswege für die Feuerwehr erfüllen können, müssen sie zudem die brandschutzrechtlichen Anforderungen der §§ 26 ff. erfüllen. Die dort genannten Anforderungen an die bauliche Konstruktion von Rettungswegen gelten neben den Anforderungen in den §§ 33 ff. 4

2. Grundanforderungen an den Rettungsweg (Absatz 1)

In Absatz 1 Satz 1 werden die Grundanforderungen, denen sämtliche Rettungswege genügen müssen, normiert. Damit ist das bauordnungsrechtliche Rettungswegsystem bestimmt. Dieses schreibt vor, dass jede Nutzungseinheit in jedem Geschoss zwei voneinander unabhängige Rettungswege haben muss. Beide Rettungswege müssen aus dem Geschoss ins Freie führen. Den Nutzern jeder Nutzungseinheit müssen folglich zwei Rettungswege zur Verfügung stehen. Diese sind voneinander unabhängig, wenn jeder Rettungsweg, ohne dass es auf die Funktion des anderen Rettungsweges ankommt, eine eigenständige Funktion als Rettungsweg besitzt. 5

Der Begriff „Nutzungseinheiten" wird durch eine beispielhafte Aufzählung verdeutlicht (Wohnungen, Praxen, selbstständige Betriebsstätten). Es gelten im Übrigen die Ausführungen zu § 2 Abs. 3 betreffend die dort genannten Nutzungseinheiten. Rettungswegen sind nach Absatz 1 Satz 1 immer dann erforderlich, wenn sich in der Nutzungseinheit mindestens ein Aufenthaltsraum im Sinne von § 2 Abs. 5 befindet. 6

Zusätzlich wird jedoch klargestellt, dass beide Rettungswege innerhalb des Geschosses über denselben notwendigen Flur i. S. v. § 36 führen dürfen. 7

Dadurch wird die Unabhängigkeit der Rettungswege eingeschränkt. Der notwendige Flur erfüllt damit die Funktion von zwei Rettungswegen.

8 Durch die Novelle 2016 ist die Erleichterung, dass bei ebenerdigen Nutzungseinheiten ein zweiter Rettungsweg nicht erforderlich ist, vgl. § 29 Abs. 1 Satz 4 a. F., entfallen. Für diese Nutzungseinheiten greift zwar die Erleichterung in Absatz 2 Satz 1, wonach nur für nicht-ebenerdige Nutzungseinheiten erhöhte Anforderungen gelten. Dies kompensiert den Wegfall von § 29 Abs. 1 Satz 4 a. F. jedoch nicht.

3. Rettungswege in oberen Geschossen (Absatz 2)

9 In Absatz 2 wird bestimmt, dass bei Nutzungseinheiten nach Absatz 1, die nicht zu ebener Erde liegen, der erste Rettungsweg über eine notwendige Treppe i. S. v. § 34 führen muss. Der zweite Rettungsweg braucht nicht über die notwendige Treppe i. S. v. § 34 zu führen. In diesem Fall muss der zweite Rettungsweg eine mit Rettungsgeräten der Feuerwehr erreichbare Stelle der Nutzungseinheit sein. Für diesen Fall ist Absatz 3 zu beachten. Erreichbar ist die Stelle für Rettungsgeräte der Feuerwehr nur, wenn die Beschaffenheit der Geländeoberfläche es tatsächlich erlaubt, dass die Feuerwehr mit ihren Rettungsgeräten bis an den Rettungsweg heranreicht. Diese Stelle kann auch an der Nutzungseinheit selbst gelegen sein. Rettungsgeräte i. d. S. sind tragbare Leitern oder Hubrettungsgeräte, nicht aber Sprungtücher oder Sprungpolster.

10 Nach Satz 3 braucht ein zweiter Rettungsweg nicht zu bestehen, wenn der erste Rettungsweg über einen sicher erreichbaren Treppenraum führt, in dem Feuer und Rauch nicht eindringen können (Sicherheitstreppenraum). Als Sicherheitstreppenräume kommen in Betracht der außenliegende Sicherheitstreppenraum mit einem offenen Gang, der innenliegende Sicherheitstreppenraum mit einem Lüftungssystem und einer Sicherheitsschleuse sowie der innenliegende Sicherheitstreppenraum an einem Schacht mit natürlicher Lüftung, vgl. auch Nr. 3.6.6 der Muster-Hochhaus-Richtlinie. Durch die Regelung in Satz 3 nimmt der Gesetzgeber darauf Rücksicht, dass es baulich kaum realisierbar ist, mehrere Nutzungseinheiten in einem Geschoss an jeweils zwei Rettungswege auf der Geschossebene anzuschließen. In diesem Fall lässt er es zu, dass die zwei voneinander unabhängig nutzbaren Rettungswege nicht unmittelbar an der Nutzungseinheit beginnen, sondern erst an dem innerhalb des Geschosses notwendigen Flur, *vgl. OVG Münster, B. v. 07.07.1997 – 10 A 3367/94.*

4. Rettungswege über Rettungsgeräte der Feuerwehr (Absatz 3)

11 Führt der zweite Rettungsweg über eine mit Rettungsgeräten der Feuerwehr erreichbare Stelle der Nutzungseinheit, ist die Errichtung des Gebäudes in dem Fall, dass diese Stelle mehr als 8 Meter über der Geländeoberfläche liegt,

nur zulässig, wenn die Feuerwehr über die dafür erforderliche Ausrüstung verfügt. Zudem müssen die räumlichen Verhältnisse außerhalb des Gebäudes so beschaffen sein, dass im Brandfalle die Rettung von Menschen ohne vermeidbare Verzögerungen stattfinden kann. Stellen, an denen die Feuerwehr mit Rettungsgeräten tätig werden soll, können nur dann als Rettungswege anerkannt werden, wenn der Rettungseinsatz in einem Brandfall nach Eintreffen der Feuerwehr ohne nennenswerten zusätzlichen Aufwand und ohne wesentliche Hindernisse innerhalb kurzer Zeit möglich ist, so *OVG Münster, B. v. 29.11.2022 – 7 B 1078/22.* Bei Sonderbauten gilt zudem nach Satz 2 die Einschränkung, dass die Personenrettung bedenkenlos möglich ist. Ist eine größere Zahl von Personen zu retten, können deswegen Bedenken bestehen. Denn die Rettung einer einzelnen Person von einer anleiterbaren Stelle über eine Leiter dauert mindestens 3 Minuten. Mittels Anleitern können bis zu 6 Wohnungen/Nutzungseinheiten bedient werden, *vgl. VG Freiburg, U. v. 25.06.2003 – 1 K 1901/99.* Sonderbauten müssen deshalb in der Regel zwei bauliche Rettungswege besitzen.

§ 34
Treppen

(1) [1]Jedes nicht zu ebener Erde liegende Geschoss und der benutzbare Dachraum eines Gebäudes müssen über mindestens eine Treppe zugänglich sein (notwendige Treppe). [2]Statt notwendiger Treppen sind Rampen mit flacher Neigung zulässig.

(2) [1]Einschiebbare Treppen und Rolltreppen sind als notwendige Treppen unzulässig. [2]In Gebäuden der Gebäudeklassen 1 und 2 sind einschiebbare Treppen und Leitern als Zugang zu einem Dachraum ohne Aufenthaltsraum zulässig.

(3) [1]Notwendige Treppen sind in einem Zuge zu allen angeschlossenen Geschossen zu führen; sie müssen mit den Treppen zum Dachraum unmittelbar verbunden sein. [2]Dies gilt nicht für Treppen
1. in Gebäuden der Gebäudeklassen 1 bis 3,
2. nach § 35 Absatz 1 Satz 3 Nummer 2.

(4) [1]Die tragenden Teile notwendiger Treppen müssen
1. in Gebäuden der Gebäudeklasse 5 feuerhemmend und aus nichtbrennbaren Baustoffen,
2. in Gebäuden der Gebäudeklasse 4 aus nichtbrennbaren Baustoffen,
3. in Gebäuden der Gebäudeklasse 3 aus nichtbrennbaren Baustoffen oder feuerhemmend

sein. [2]Tragende Teile von Außentreppen nach § 35 Absatz 1 Satz 3 Nummer 3 für Gebäude der Gebäudeklassen 3 bis 5 müssen aus nichtbrennbaren Baustoffen bestehen.

(5) Die nutzbare Breite der Treppenläufe und Treppenabsätze notwendiger Treppen muss für den größten zu erwartenden Verkehr ausreichen.

(6) [1]Treppen müssen einen festen und griffsicheren Handlauf haben. [2]Für Treppen sind Handläufe auf beiden Seiten und Zwischenhandläufe vorzusehen, soweit die Verkehrssicherheit dies erfordert.

(7) Eine Treppe darf nicht unmittelbar hinter einer Tür beginnen, die in Richtung der Treppe aufschlägt; zwischen Treppe und Tür ist ein ausreichender Treppenabsatz anzuordnen.

Übersicht

1. Allgemeines

In § 34 werden Sicherheitsanforderungen an notwendige Treppen als vertikale 1
Bestandteile der notwendigen Rettungswege zwischen den Geschossen gem. § 33 Abs. 2 konkretisiert. Ergänzend gelten die Vorschriften der als Technische Baubestimmungen eingeführten DIN 18065 Gebäudetreppen, insbesondere deren Abschnitt 6.9. Für Verkaufsstätten, Versammlungsstätten, Krankenhäuser und Pflegeheime, Hochbauten, Schulen, fliegende Bauten sowie Garagen gelten darüber hinaus spezialgesetzliche Anforderungen in § 11 BbgVBauV, § 8 BbgKPBauV, § 8 BbgVstättV, § 14 BbgGstV, Nr. 4 SchulbauR sowie Nr. 2.4 FlBauR.

2. Grundanforderungen an notwendige Treppen (Absatz 1)

Indem nach Satz 1 verlangt wird, dass Rettungswege so angeordnet und aus- 2
gebildet sein müssen, dass im Brandfall ihre Benutzung ausreichend lange möglich ist, formuliert der Gesetzgeber das Schutzziel der Regelungen über Rettungswege. Dieses Schutzziel ist maßgeblich für die Zulassung von Abweichungen nach § 67. Unter welchen Voraussetzungen die Rettungswege ihre Funktion ausreichend lange erfüllen, ist in den nachfolgenden Regelungen konkretisiert.

In Absatz 1 ist die grundsätzliche Verpflichtung normiert, Treppen als not- 3
wendige Rettungswege im Sinne von § 33 Abs. 2 zu errichten, wenn nicht zu ebener Erde liegende Geschosse oder benutzbare Sachräume gebaut werden (notwendige Treppe). An diesen Treppenraum müssen die Geschosse oder der nutzbare Dachraum angeschlossen sein, so dass sie zugänglich sind. Eine Ausnahme gilt nur für Wohnungen und Geschosseinheiten, für die nach Absatz 3 Satz 2 notwendige Treppenräume in der Nutzungseinheit nicht erforderlich sind. Von der Errichtung einer notwendigen Treppe darf nur dann abgesehen

werden, wenn eine Rampe mit flacher Neigung gebaut werden kann, vgl. dazu die als Technische Baubestimmungen eingeführten DIN 18024 und 18025. Diese muss regelmäßig rutschfest ausgebildet sein und die Breite einer notwendigen Treppe besitzen. Die Breite der notwendigen Treppe ergibt sich aus der Breite der notwendigen Rettungswege gem. Absatz 5 sowie aus der als Technische Baubestimmung eingeführten DIN 18065, in der auch die Bemessung von Auftritt, Steigung und Trittfläche geregelt ist.

3. Anforderungen an einschiebbare Treppen und Rolltreppen (Absatz 2)

4 Nach Satz 1 ist die Verwendung von einschiebbaren Treppen und Rolltreppen als notwendige Treppen verboten. Grund dafür ist, dass diese Anlagen im Brandfall nicht sicher benutzbar sind. Nach Satz 2 dürfen einschiebbare Treppen und Rolltreppen für Dachräume ohne Aufenthaltsräume in Gebäuden der Gebäudeklasse 1 und 2 als Zugang verwendet werden. Die Möglichkeit, diese Treppen für Kellergeschosse zu verwenden, ist mit der Novelle 2016 für Gebäude der Klassen 1 und 2 entfallen. Dafür bedarf es einer Abweichung nach § 67.

5 Dass einschiebbare Treppen oder einschiebbare Leitern nur zulässig sind, wenn sie sicher begehbar sind und die Einstiegsöffnung gegen unbefugtes Öffnen gesichert ist, ist als gesetzliche Anforderung nach der Novelle 2016 ebenfalls nicht mehr geregelt. Diese Anforderung folgt aber aus den allgemeinen Anforderungen des § 3 Satz 1.

4. Anbindung notwendiger Treppen (Absatz 3)

6 In Absatz 3 wird die Lage notwendiger Treppen innerhalb eines Gebäudes bestimmt. In einem Zug werden Treppen zu allen Geschossen geführt, wenn sie in einem durchgängig begehbaren Treppenraum liegen. Diese Anforderung bezweckt, dass Rettungswege möglichst kurz sind. Nach Halbsatz 2 muss die Treppe mit dem Dachraum unmittelbar verbunden sein, d.h. die Treppe zum Dachraum muss nicht im Treppenraum liegen, sondern mit diesem durch einen Rettungsweg direkt verbunden sein. Der Gesetzgeber schafft damit die Voraussetzungen für Maisonettwohnungen.

7 Eine gesetzliche Ausnahme gilt nach Satz 2 für Gebäude der Gebäudeklasse 1 bis 3 und für Treppen nach § 35 Abs. 1 Satz 3 Nr. 2. Diese Treppen müssen die Anforderungen nach Absatz 3 nicht erfüllen. Der Gesetzgeber begründet dies damit, dass bei Gebäuden der Gebäudeklassen 1 bis 3 und bei Maisonettetreppen mit der Anwesenheit überwiegend ortskundiger Personen zu rechnen ist, für welche eine abweichende Führung der Treppen zulässig ist.

5. Bauliche Anforderungen an notwendige Treppen (Absatz 4)

Absatz 4 benennt die Brandschutzanforderungen an die tragenden Teile notwendiger Treppen, die innerhalb von Gebäuden liegen. Satz 1 bestimmt die brandschutzrechtlichen Anforderungen an die Verwendung von Baustoffen, also nicht für den Bau von notwendigen Treppen in Gänze, sondern nur für deren tragende Teile. Die Anforderungen werden für Gebäude der Gebäudeklassen 3 und 4 reduziert. Ergänzend gelten die Anforderungen in § 35 Abs. 5 Nr. 3 für die Bodenbeläge. Entfallen ist durch die Novelle 2016 die bisherige Erleichterung des § 30 Abs. 5 Satz 2 a. F. für notwendige Treppen in notwendigen Treppenräumen, nach dem diese in solchen Treppenräumen generell auch aus nicht brennbaren Baustoffen bestehen durften. 8

Erleichterungen gelten für tragende Teile von Treppen in Gebäuden der Gebäudeklassen 1 und 2, da diese in Satz 1 nicht genannt sind, so dass es für diese Gebäudeklassen keine Bauteilanforderungen gibt. Für diese Treppen gelten nur die Anforderungen nach Absatz 1, so dass dem Bauherrn die Aufgabe zufällt, diese Anforderungen zu konkretisieren. 9

Tragende Teile von Außentreppen, die als notwendige Treppe nach § 35 Absatz 1 Satz 3 Nr. 3 ohne Treppenraum zulässig sind, müssen nach Satz 2 bei Gebäuden der Gebäudeklassen 3 bis 5 nichtbrennbar sein. Die Verwendung brennbarer Baustoffe der Klasse B ist in diesen Fällen also untersagt. 10

Bei der Anordnung der Außentreppen müssen die in den § 14 Abs. 1, § 33 Abs. 1 Satz 1 und § 34 Abs. 1 verankerten Schutzziele auch weiterhin beachtet werden. So dürfen notwendige Außentreppen aus nichtbrennbaren Baustoffen nicht über Fassadenbereiche mit Fensteröffnungen geführt werden. 11

6. Nutzbare Breite der Treppenläufe (Absatz 5)

Absatz 5 verlangt nur, dass Treppen für den größten zu erwartenden Verkehr ausreichend breit sein müssen, ohne konkrete Maße zu bestimmen. Die Maßangaben enthalten aber die als Technische Baubestimmung eingeführte DIN 18065. Für Versammlungsstätten enthält § 7 Abs. 4 der BbgVStättV eine Berechnungsmöglichkeit. 12

7. Handläufe an Treppen (Absatz 6)

In Absatz 6 wird die Errichtung von festen und griffsicheren Handläufen vorgeschrieben. Die brandschutztechnischen Anforderungen ergeben sich aus der als Technische Bauvorschrift eingeführten DIN 18065. Bewegliche Handläufe wie Seile sind nicht zulässig. 13

14 In Satz 2 wird die frühere Ermessensvorschrift, nach der im Einzelfall Zwischenhandläufe gefordert werden können, in einen auf die Verkehrssicherheit bezogenen Regeltatbestand umgewandelt. Wenn festgestellt ist, dass Handläufe auf beiden Seiten oder Zwischenhandläufe erforderlich sind, muss deren Anbringung nun angeordnet werden.

8. Treppenabsatz (Absatz 7)

15 In Absatz 7 sind die Anforderungen, die an einen Treppenabsatz zu stellen sind, formuliert. Es muss Treppenabsätze geben, wenn die Tür in Richtung der Treppe aufschlägt. Schlägt die Tür in die andere Richtung auf, dann kann die Treppe direkt hinter der Tür beginnen.

16 Die bisherigen umfangreichen Regelungen über die Größe des notwendigen Treppenabsatzes sind durch die Novelle 2016 gestrichen worden. Der Absatz muss nach der Neuregelung nur „ausreichend" sein. Regelmäßig wird dies, wie § 29 Abs. 7 a.F. verdeutlichte, mindestens die Breite der Tür sein. Die Treppenabsätze müssen zudem so tief sein, dass die Türen nicht in den Personenstrom hinein aufschlagen. Der Treppenabsatz muss also zusätzlich zu der Tiefe des Türblatts die Mindestbreite für den Rettungsweg nach Absatz 5 besitzen.

§ 35
Notwendige Treppenräume, Ausgänge

(1) [1]Jede notwendige Treppe muss zur Sicherstellung der Rettungswege aus den Geschossen ins Freie in einem eigenen, durchgehenden Treppenraum liegen (notwendiger Treppenraum). [2]Notwendige Treppenräume müssen so angeordnet und ausgebildet sein, dass die Nutzung der notwendigen Treppen im Brandfall ausreichend lang möglich ist. [3]Notwendige Treppen sind ohne eigenen Treppenraum zulässig
1. in Gebäuden der Gebäudeklassen 1 und 2,
2. für die Verbindung von höchstens zwei Geschossen innerhalb derselben Nutzungseinheit von insgesamt nicht mehr als 200 Quadratmeter Grundfläche, wenn in jedem Geschoss ein anderer Rettungsweg erreicht werden kann,
3. als Außentreppe, wenn ihre Nutzung ausreichend sicher ist und im Brandfall nicht gefährdet werden kann.

(2) [1]Von jeder Stelle eines Aufenthaltsraumes sowie eines Kellergeschosses muss mindestens ein Ausgang in einen notwendigen Treppenraum oder ins Freie in höchstens 35 Meter Entfernung erreichbar sein. [2]Übereinanderliegende Kellergeschosse müssen jeweils mindestens zwei Ausgänge in notwendige Treppenräume oder ins Freie haben. [3]Sind mehrere notwendige Treppenräume erforderlich, müssen sie so verteilt sein, dass sie möglichst entgegengesetzt liegen und dass die Rettungswege möglichst kurz sind.

(3) [1]Jeder notwendige Treppenraum muss einen unmittelbaren Ausgang ins Freie haben. [2]Sofern der Ausgang eines notwendigen Treppenraumes nicht unmittelbar ins Freie führt, muss der Raum zwischen dem notwendigen Treppenraum und dem Ausgang ins Freie
1. mindestens so breit sein wie die dazugehörigen Treppenläufe,
2. Wände haben, die die Anforderungen an die Wände des Treppenraumes erfüllen,
3. rauchdichte und selbstschließende Abschlüsse zu notwendigen Fluren haben und
4. ohne Öffnungen zu anderen Räumen, ausgenommen zu notwendigen Fluren, sein.

(4) [1]Die Wände notwendiger Treppenräume müssen als raumabschließende Bauteile
1. in Gebäuden der Gebäudeklasse 5 die Bauart von Brandwänden haben,
2. in Gebäuden der Gebäudeklasse 4 auch unter zusätzlicher mechanischer Beanspruchung hochfeuerhemmend und
3. in Gebäuden der Gebäudeklasse 3 feuerhemmend sein.

[2]Dies ist nicht erforderlich für Außenwände von Treppenräumen, die aus nichtbrennbaren Baustoffen bestehen und durch andere an diese Außenwände anschließende Gebäudeteile im Brandfall nicht gefährdet werden können. [3]Der obere Abschluss notwendiger Treppenräume muss als raumabschließendes Bauteil die Feuerwiderstandsfähigkeit der Decken des Gebäudes haben; dies gilt nicht, wenn der obere Abschluss das Dach ist und die Treppenraumwände bis unter die Dachhaut reichen.

(5) In notwendigen Treppenräumen und in Räumen nach Absatz 3 Satz 2 müssen
1. Bekleidungen, Putze, Dämmstoffe, Unterdecken und Einbauten aus nichtbrennbaren Baustoffen bestehen,
2. Wände und Decken aus brennbaren Baustoffen eine Bekleidung aus nichtbrennbaren Baustoffen in ausreichender Dicke haben,
3. Bodenbeläge, ausgenommen Gleitschutzprofile, aus mindestens schwerentflammbaren Baustoffen bestehen.

(6) [1]In notwendigen Treppenräumen müssen Öffnungen
1. zu Kellergeschossen, zu nicht ausgebauten Dachräumen, Werkstätten, Läden, Lager- und ähnlichen Räumen sowie zu sonstigen Räumen und Nutzungseinheiten mit einer Fläche von mehr als 200 Quadratmeter Grundfläche, ausgenommen Wohnungen, mindestens feuerhemmende, rauchdichte und selbstschließende Abschlüsse,
2. zu notwendigen Fluren rauchdichte und selbstschließende Abschlüsse,
3. zu sonstigen Räumen und Nutzungseinheiten mindestens dicht- und selbstschließende Abschlüsse

haben. [2]Die Feuerschutz- und Rauchschutzabschlüsse dürfen lichtdurchlässige Seitenteile und Oberlichte enthalten, wenn der Abschluss insgesamt nicht breiter als 2,50 Meter ist.

(7) [1]Notwendige Treppenräume müssen zu beleuchten sein. [2]Notwendige Treppenräume ohne Fenster müssen in Gebäuden mit einer Höhe nach § 2 Absatz 3 Satz 2 von mehr als 13 Meter eine Sicherheitsbeleuchtung haben.

(8) [1]Notwendige Treppenräume müssen belüftet und zur Unterstützung wirksamer Löscharbeiten entraucht werden können. [2]Sie müssen
1. in jedem oberirdischen Geschoss unmittelbar ins Freie führende Fenster mit einem freien Querschnitt von mindestens 0,50 Quadratmeter haben, die geöffnet werden können, oder
2. an der obersten Stelle eine Öffnung zur Rauchableitung haben.

[3]In den Fällen des Satzes 2 Nummer 1 ist in Gebäuden der Gebäudeklasse 5 an der obersten Stelle eine Öffnung zur Rauchableitung erforderlich; in den Fällen des Satzes 2 Nummer 2 sind in Gebäuden der Gebäudeklassen 4 und 5, soweit dies zur Erfüllung der Anforderungen nach Satz 1 erforderlich

ist, besondere Vorkehrungen zu treffen. [4]Öffnungen zur Rauchableitung nach den Sätzen 2 und 3 müssen in jedem Treppenraum einen freien Querschnitt von mindestens 1 Quadratmeter und Vorrichtungen zum Öffnen ihrer Abschlüsse haben, die vom Erdgeschoss sowie vom obersten Treppenabsatz aus bedient werden können.

Übersicht

1. Allgemeines

In § 35 werden die Anforderungen an notwendige Treppenräume, die innerhalb oder außerhalb des Gebäudes liegen können, sowie an Ausgänge bestimmt. Das Schutzziel ist in Absatz 1 Satz 2 benannt. Mit der Novelle 2016 ist die Differenzierung zwischen außenliegenden und innenliegenden Treppenräumen entsprechend der Musterbauordnung aufgegeben worden. 1

Regelungen über notwendige Treppenräume und Ausgänge sind erforderlich, weil diese zu den Flucht- und Rettungswegen gehören und deshalb im Brandfall die Rettung der Bewohner und Nutzer eines Gebäudes sicherstellen müssen. 2

2. Grundanforderungen an notwendige Treppenräume (Absatz 1 Satz 1)

Absatz 1 Satz 1 und 2 benennt die Schutzziele dieser Regelung. Es muss zunächst sichergestellt sein, dass jede notwendige Treppe, die ein Rettungsweg ist, aus den Geschossen ins Freie führt. Dies bedeutet nicht, dass die Treppe 3 im Freien endet. Erforderlich ist, dass die notwendige Treppe in einem notwendigen Treppenraum liegt. Umgekehrt bedeutet dies, dass die Treppe, die nicht als Rettungsweg fungiert, also auch nicht notwendig ist, nicht in einem notwendigen Treppenraum liegen muss. Der Treppenraum nicht notwendiger Treppen muss also nicht die Anforderungen des § 35 erfüllen. Soweit die durch andere als notwendige Treppen entstehenden Deckenöffnungen nach § 31 unzulässig sind, kann für die Gewährung einer Abweichung von § 31 Abs. 4 ein vergleichbarer Raumabschluss zwischen den Geschossen in der Art eines notwendigen Treppenraumes im Sinne von § 35 hergestellt werden.

4 Satz 2 enthält das Schutzziel der Anforderungen an notwendige Treppenräume. Seine Nutzung muss im Brandfall ausreichend lang möglich sein. Das Treppenhaus muss als wichtiger Fluchtweg frei von Feuer, Rauch und Brandgasen bleiben. Der Verhinderung der Ausbreitung von Brandgasen im Treppenhaus kommt nicht nur wegen dessen Begehbarkeit als erstem Rettungsweg, sondern auch wegen der sonst schnellen Ausbreitung der heißen Brandgase in vertikalen Gebäudeteilen mit daraus folgender Entstehung neuer Brandherde erhebliche Bedeutung zu. Um den Treppenraum im Brandfall als Rettungsweg ausreichend lange nutzen zu können, kann es vor allem erforderlich sein, diesen rauchfrei zu halten. Dazu kann die Installation einer Druckbelüftung des Treppenraums geboten sein, so dass die Evakuierung im Treppenraum sichergestellt ist. Da im Treppenraum Brandlasten nicht vorhanden sein dürfen, sind spezielle vorbeugende Brandschutzmaßnahmen nur im Ausnahmefall erforderlich.

3. Ausnahmen (Absatz 1 Satz 3)

5 Satz 3 lässt in drei Fällen notwendige Treppen ohne eigenen Treppenraum zu:

6 1. In Gebäuden der Gebäudeklassen 1 und 2, vgl. dazu § 2 Abs. 3.

7 2. Für die Verbindung von höchstens zwei Geschossen innerhalb derselben Nutzungseinheit von insgesamt nicht mehr als 200 Quadratmetern Grundfläche, wenn in jedem Geschoss ein anderer Rettungsweg erreicht werden kann.
Der Gesetzgeber erleichtert damit die Nutzbarkeit von Nutzungseinheiten. Voraussetzung ist aber, dass jedes Geschoss einen anderen Rettungsweg besitzt. Dieser andere Rettungsweg kann der Ausgang in einen notwendigen Treppenraum oder eine anleiterbare Stelle sein, soweit diese nach § 33 Abs. 3 zulässig ist. Verschärfend wirkt die Beschränkung in Nummer 2 dadurch, dass dies nur noch in Nutzungseinheiten möglich ist, deren Geschossfläche insgesamt 200 m² nicht übersteigt. Bei einem dreigeschossigen Gebäude ist ein notwendiger Treppenraum also immer dann erforderlich, wenn die Nutzungseinheit 200 m² übersteigt. Liegt sie darunter,

dann ist ein notwendiger Treppenraum entbehrlich, wenn die Geschosse nicht durch eine Treppe, sondern durch zwei Treppen verbunden sind. Das mittlere Geschoss darf nicht über die Treppe erreichbar sein, die das 1. mit dem 3. Geschoss verbindet.

3. Als Außentreppe, wenn ihre Nutzung ausreichend sicher ist und im Brandfall nicht gefährdet werden kann. 8
Die Nutzung der Außentreppe ist im Brandfall dann ungefährlich, wenn die Treppe im Brandfall weder Feuer noch heißen Gasen ausgesetzt ist. Dazu muss die Außentreppe z. B. vor geschlossenen Wandscheiben mit Feuerwiderstandsfähigkeit angeordnet werden. Sie darf hingegen nicht vor Fenstern verlaufen. Die Forderung einer ausreichend sicheren Benutzung umfasst auch die allgemeine verkehrssichere Nutzung, so dass die Treppe auch bei Sturm, Regen oder Schnee nutzbar ist. Dies betrifft auch den Fuß der Treppe.

4. Lage und Anzahl notwendiger Treppenräume (Absatz 2)

Absatz 2 enthält Anforderungen an die Lage und Anzahl notwendiger Treppenräume, die sich insbesondere aus der Fluchtweglänge ergeben. Ziel dieser Regelung ist, die Erreichbarkeit von Treppenräumen sicherzustellen. 9

Der Gesetzgeber hat deutlich gemacht, dass die Treppenräume so anzulegen sind, dass die Rettungs- und Fluchtwege möglichst kurz sind. Deshalb müssen notwendige Flure nicht nur gem. § 36 Abs. 1 eine Verbindung zum Treppenraum besitzen. Der notwendige Flur muss den Treppenraum mit der Nutzungseinheit oder Wohnung so verbinden, dass der Abstand zwischen jeder Stelle eines Aufenthaltsraums im Sinne von § 2 Abs. 5 sowie eines Kellergeschosses, vgl. § 2 Abs. 6, maximal 35 m beträgt. Dies gilt nur dann nicht, wenn von dem Aufenthaltsraum innerhalb der 35-m-Zone ein Ausgang ins Freie erreichbar ist. Dieser Ausgang ist eine Öffnung nach draußen, die für die Nutzer des Gebäudes begehbar und als Fluchtweg geeignet ist. Fenster genügen diesen Anforderungen nicht. 10

In Satz 2 werden die Anforderungen an Kellergeschosse erhöht, wenn diese übereinanderliegen, ohne dass es noch darauf ankommt, ob sich in ihnen Aufenthaltsräume im Sinne von § 2 Abs. 4 befinden. Diese Erleichterung ist durch die Novelle 2016 entfallen. Bei übereinanderliegenden Kellergeschossen muss nicht nur ein Zugang zu einem Treppenraum oder alternativ ein Ausgang ins Freie vorhanden sein, sondern es müssen mindesten zwei Ausgänge oder Verbindungen zu Treppenräumen bestehen. Der Gesetzgeber hält diese zusätzlichen Fluchtmöglichkeiten für erforderlich, weil sich in Kellerräumen oftmals Feuerstätten und Tankbehälter befinden oder Lagerräume vorhanden sind, von denen eine besondere Brand- oder Explosionsgefahr ausgeht. 11

12 Müssen mehrere Treppenräume in einem Gebäude errichtet werden, ist nach Satz 3 darauf zu achten, dass sie auf verschiedenen Seiten des Gebäudes liegen und die Abstände zu den Aufenthaltsräumen möglichst kurz sind. Dadurch soll eine Verteilung der Treppenräume erreicht werden, die im Brandfall von jedem Aufenthaltsraum aus eine möglichst schnelle Rettung oder Evakuierung ermöglicht.

5. Lage und bauliche Gestaltung notwendiger Treppenräume (Absatz 3)

13 Absatz 3 enthält Anforderungen an die Ausgänge von Treppenräumen ins Freie bzw. an Flächen zwischen Treppenraum und Ausgang ins Freie. Grundforderung ist, dass der Treppenraum einen unmittelbaren Ausgang ins Freie haben muss. Ob der Treppenraum deswegen an der Außenwand liegt, ist unerheblich.

14 Zulässig ist der nicht ins Freie führende Treppenraum nur unter den Bedingungen des Satzes 2. Es werden in diesem Satz nicht die Anforderungen an den Treppenraum selbst gestellt, die finden sich in Absatz 1 und 4, sondern an die Verbindung zwischen dem Treppenraum und dem Freien. Der Ausgang ins Freie muss nicht notwendig auf Höhe der Geländeoberfläche liegen, jedoch gefahrlos benutzbar sein. Der Ausgang muss als Bestandteil des notwendigen Rettungsweges die erforderliche Mindestbreite besitzen. Führt der Ausgang eines notwendigen Treppenraumes nicht unmittelbar ins Freie, so muss nach Satz 2 zwischen dem notwendigen Treppenraum und dem Ausgang ins Freie ein Flur als Sicherheitsschleuse angeordnet sein. Diese Sicherheitsschleuse war in § 31 Abs. 4 Satz 2 a. F. auch so genannt. Dieser Flur muss ausschließlich der Verbindung zwischen dem Ausgang des Treppenraums und dem Ausgang ins Freie dienen. Deshalb sind nach Nummer 2 die Wände dieses Flurs so auszubilden, wie es in Absatz 4 für den Treppenraum gefordert ist. Die Sicherheitsschleuse muss nach ihrer Dimensionierung den Anforderungen eines notwendigen Rettungswegs im Sinne von § 33 genügen. Die Benutzbarkeit der Sicherheitsschleuse darf nicht durch Einbauten oder Hindernisse beeinträchtigt sein, *vgl. VG Freiburg, U. v. 20.03.2001 – 7 K 521/00.* Die Be- und Entlüftung des Treppenraums muss auch den Bereich der Sicherheitsschleuse erfassen, so dass dadurch verhindert wird, dass Rauch und Abgase weder in das Treppenhaus noch in die Sicherheitsschleuse dringen.

15 Innenliegende notwendige Treppenräume sind Treppenräume ohne Fenster. Diese Treppenräume müssen – anders als außenliegende Treppenräume – gegen Raucheintritt geschützt werden. Notwendige Treppenräume, die an einer Außenwand angrenzen, müssen Fenster besitzen, die zum Zweck der Entrauchung geöffnet werden können.

6. Anforderungen an Wände notwendiger Treppenräume (Absatz 4)

In Absatz 4 sind Anforderungen an Wände von notwendigen Treppenräumen 16
und an den oberen Abschluss des Treppenraums benannt. Diese müssen als raumabschließende Bauteile, d.h. nach Maßgabe von § 29 errichtet werden. Folglich müssen die Wände aus nichtbrennbaren Baustoffen der Baustoffe Klasse A bestehen und eine Feuerwiderstandsdauer von 90 Minuten besitzen (F 90-A).

Die Anforderungen an die Wände werden in Satz 1 Nrn. 2 und 3 für Gebäude 17
der Gebäudeklassen 3 und 4 auf die erforderliche Feuerwiderstandsfähigkeit der jeweiligen Tragkonstruktion reduziert. Die Wände müssen feuerhemmend sein. In Gebäuden der Gebäudeklasse 4 müssen sie hochfeuerhemmend sein und einer zusätzlichen mechanischen Beanspruchung standhalten, so dass sie auch im Falle eines Einsturzes des Gebäudes stehen bleiben. Sie müssen daher einer Stoßbeanspruchung bis 3 000 Nm standhalten.

Die Anforderungen an den oberen Abschluss entsprechen den Anforderun- 18
gen an Decken des Gebäudes. Übernommen werden damit auch die Erleichterungen für Gebäude der Gebäudeklasse 4.

7. Anforderungen an treppenhausseitige Baustoffe (Absatz 5)

Absatz 5 benennt Anforderungen an die treppenhausseitigen Baustoffe. 19
Wände, die aus brennbaren Baustoffen zulässig sind (betrifft feuerhemmende Wände – siehe Absatz 4), müssen eine Bekleidung aus nichtbrennbaren Baustoffen in ausreichender Dicke besitzen. Für die ebenfalls zulässigen hochfeuerhemmenden Wände ergibt sich dies bereits aus der standardmäßig erforderlichen Brandschutzbekleidung (siehe § 26 Absatz 2).

In Nummer 3 werden der Musterbauordnung entsprechend auch Anforderun- 20
gen an Bodenbeläge gestellt. Diese müssen mindestens aus schwerentflammbaren Baustoffen, vgl. § 26 Abs. 1 Nr. 2, bestehen.

8. Öffnungen in notwendigen Treppenräumen (Absatz 6)

Absatz 6 enthält Anforderungen an die Öffnungen in den raumabschließenden 21
Bauteilen von Treppenräumen. Dieser Absatz geht § 37 als speziellere Regelung vor. Die Anforderungen an die Zulassung von Öffnungen sind besonders normiert, weil Feuer sowie Rauch und Brandgase leicht durch Öffnungen in den Treppenraum als ersten Rettungsweg dringen können. Wegen der vertikalen Struktur des Treppenraums kann durch Treppenräume die schnelle Ausbreitung der heißen Brandgase mit daraus folgender Entstehung neuer

Brandherde begünstigt werden. Deshalb müssen die Bauteile zur Verschließung von Öffnungen zu Treppenräumen in besonderer Weise den Eintritt von Feuer, Rauch und Brandgasen verhindern. Grundsätzlich müssen Öffnungen in den Wänden notwendiger Treppenräume deshalb mit selbstschließenden Rauchschutzabschlüssen versehen werden. Rauchdichte und selbstschließende Türen sind in der DIN 18095, Rauchschutzabschlüsse in DIN 18095 Teil 3 beschrieben.

22 Für die Türen zu sonstigen Räumen und Nutzungseinheiten (Satz 1 Nr. 3), das sind insbesondere Wohnungen und Nutzungseinheiten mit weniger als 200 m^2 Grundfläche, wird die Anforderung „dichtschließend" geregelt. Diese Eigenschaft wird mit einer dreiseitig umlaufenden Dichtung erreicht, *vgl. Bay. Landtag, Drucks. 15/7161, S. 52,* und bedarf keines formellen Nachweises. Weiterhin wird gefordert, dass sie selbstschließend sein müssen. Die Anforderung, dass die Türen vollwandig sein müssen, also ohne Hohlräume und die volle Wandstärke des Abschlusses, also des Türblatts, als Brandschutz zur Verfügung steht, ist mit der Novelle 2016 entfallen.

23 Entsprechend der Musterbauordnung regelt Satz 2 die Zulässigkeit von lichtdurchlässigen Seitenteilen und Oberlichten als Bestandteile der Feuerschutz- und Rauchschutzabschlüsse, wenn die Abschlüsse eine Gesamtbreite von 2,50 m nicht überschreiten, was einer Forderung aus der Praxis entspricht.

9. Beleuchtung notwendiger Treppenräume (Absatz 7)

24 Absatz 7 enthält die Anforderungen an die Beleuchtung und die Sicherheitsbeleuchtung, um diese jederzeit sicher benutzbar zu machen. Der Treppenraum darf durch Tageslicht, vgl. die Fensteröffnungen nach Absatz 8, wie auch durch künstliches Licht beleuchtet werden. Das elektrische Licht muss auch bei Dunkelheit anschaltbar sein, so dass die Lichtschalter beleuchtet sein müssen. Bei innenliegenden Treppenräumen in Gebäuden mittlerer Höhe im Sinne von § 2 Abs. 3 Satz 2, die abweichend von Absatz 4 Satz 1 zugelassen wurden und bei denen eine Beleuchtung durch Tageslicht zwangsläufig ausscheidet, muss eine Sicherheitsbeleuchtung installiert werden. Technische Regelungen über die Sicherheitsbeleuchtung finden sich in VDE 0108 und DIN 5035.

10. Belüftung und Rauchabzug (Absatz 8)

25 Absatz 8 enthält die Anforderungen an die Belüftung und Rauchableitung.

26 Satz 1 enthält die Grundanforderung. Satz 2 unterscheidet zwischen Treppenräumen mit Fenstern und ohne Fenster. Die Fenster dienen der Belüftung und Belichtung sowie der Rauchableitung und – in Verbindung mit der geöffneten Haustür – als Nachstromöffnung für die Zuluft. Notwendige Treppenräume

müssen danach in jedem oberirdischen Geschoss unmittelbar ins Freie führende Fenster mit einem freien Querschnitt von 0,50 m² haben. Diese Fenster müssen deshalb geöffnet werden können. Bei innenliegenden notwendigen Treppenräumen muss an der obersten Stelle eines notwendigen Treppenraumes eine Öffnung zur Rauchableitung mit einem freien Querschnitt von mindestens 1 m², vgl. Satz 4, vorhanden sein. Regelmäßig handelt es sich dabei um ein Dachfenster, welches gleichzeitig auch zum Ausstieg genutzt werden kann. Da der Gesetzgeber eine Öffnung zur Rauchableitung vorschreibt, sind andere Rauchabzugsanlagen unzulässig. Der Begriff „Öffnung zur Rauchableitung" soll klarstellen, dass keine Rauchabzugsanlage und auch keine automatischen Öffnungseinrichtungen erforderlich sind oder verlangt werden. Das Öffnen erfolgt in der Regel durch die Feuerwehr, die auch die erforderliche Luftzufuhr (in der Regel durch offene Haustür) herstellt.

Zur Erfüllung der Grundanforderung sind nach Satz 3 in Abhängigkeit von 27
der Gebäudeklasse und der Beschaffenheit des Treppenraums zusätzliche Maßnahmen erforderlich. Diese können bei Treppenräumen ohne Fenster zum Beispiel darin bestehen, dass der Raucheintritt aus anschließenden Nutzungseinheiten begrenzt (Anordnung notwendiger Flure/Vorräume) und die Luftzufuhr, ggf. maschinell, verstärkt wird.

Satz 4 bestimmt die Mindestgröße der Öffnungen für die Rauchableitung und 28
regelt die Bedienung der Abschlüsse dieser Öffnungen.

§ 36
Notwendige Flure, offene Gänge

(1) [1]Flure, über die Rettungswege aus Aufenthaltsräumen oder aus Nutzungseinheiten mit Aufenthaltsräumen zu Ausgängen in notwendige Treppenräume oder ins Freie führen (notwendige Flure), müssen so angeordnet und ausgebildet sein, dass die Nutzung im Brandfall ausreichend lang möglich ist. [2]Notwendige Flure sind nicht erforderlich
1. in Wohngebäuden der Gebäudeklassen 1 und 2,
2. in sonstigen Gebäuden der Gebäudeklassen 1 und 2, ausgenommen in Kellergeschossen,
3. innerhalb von Nutzungseinheiten mit nicht mehr als 200 Quadratmeter Grundfläche und innerhalb von Wohnungen,
4. innerhalb von Nutzungseinheiten, die einer Büro- oder Verwaltungsnutzung dienen, mit nicht mehr als 400 Quadratmeter Grundfläche; das gilt auch für Teile größerer Nutzungseinheiten, wenn diese Teile nicht größer als 400 Quadratmeter Grundfläche sind, Trennwände nach § 29 Absatz 2 Nummer 1 haben und jeder Teil unabhängig von anderen Teilen Rettungswege nach § 33 Absatz 1 hat.

(2) [1]Notwendige Flure müssen so breit sein, dass sie für den größten zu erwartenden Verkehr ausreichen. [2]In den Fluren ist eine Folge von weniger als drei Stufen unzulässig.

(3) [1]Notwendige Flure sind durch nichtabschließbare, rauchdichte und selbstschließende Abschlüsse in Rauchabschnitte zu unterteilen. [2]Die Rauchabschnitte sollen nicht länger als 30 Meter sein. [3]Die Abschlüsse sind bis an die Rohdecke zu führen; sie dürfen bis an die Unterdecke der Flure geführt werden, wenn die Unterdecke feuerhemmend ist. [4]Notwendige Flure mit nur einer Fluchtrichtung, die zu einem Sicherheitstreppenraum führen, dürfen nicht länger als 15 Meter sein. [5]Die Sätze 1 bis 4 gelten nicht für offene Gänge nach Absatz 5.

(4) [1]Die Wände notwendiger Flure müssen als raumabschließende Bauteile feuerhemmend sein. [2]In Kellergeschossen, deren tragende und aussteifende Bauteile feuerbeständig sein müssen, müssen die Wände notwendiger Flure als raumabschließende Bauteile feuerbeständig sein. [3]Die Wände sind bis an die Rohdecke zu führen. [4]Sie dürfen bis an die Unterdecke der Flure geführt werden, wenn die Unterdecke feuerhemmend und ein demjenigen nach Satz 1 vergleichbarer Raumabschluss sichergestellt ist. [5]Türen in diesen Wänden müssen dicht schließen; Öffnungen zu Lagerbereichen im Kellergeschoss müssen feuerhemmende, dicht- und selbstschließende Abschlüsse haben.

(5) [1]Für Wände und Brüstungen notwendiger Flure mit nur einer Fluchtrichtung, die als offene Gänge vor den Außenwänden angeordnet sind, gilt Absatz 4 entsprechend. [2]Fenster sind in diesen Außenwänden ab einer Brüstungshöhe von 0,90 Meter zulässig.

(6) In notwendigen Fluren sowie in offenen Gängen nach Absatz 5 müssen
1. **Bekleidungen, Putze, Unterdecken und Dämmstoffe aus nichtbrennbaren Baustoffen bestehen,**
2. **Wände und Decken aus brennbaren Baustoffen eine Bekleidung aus nichtbrennbaren Baustoffen in ausreichender Dicke haben.**

Übersicht

1. Allgemeines

Absatz 1 Satz 1 beschreibt die Funktion sowie das Schutzziel der Regelung über notwendige Flure. Diese müssen so angeordnet und ausgebildet sein, dass die Nutzung im Brandfall ausreichend lang möglich ist. Der Gesetzgeber hat die Regelungen über die notwendigen Flure mit dem Ziel der Musterbauordnungstreue in einem eigenen Paragraphen zusammengefasst. 1

In der Novelle 2020 sind in Absatz 4 die Sätze 1 und 2 eingefügt worden, *vgl. LT-Drucks. 7/2577.* 2

2. Notwendige Flure (Absatz 1)

In Absatz 1 Satz 1 werden notwendige Flure definiert und das Schutzziel, dem notwendige Flure entsprechen müssen, bestimmt. Notwendige Flure sind danach die horizontalen Verbindungen von Nutzungseinheiten oder Aufenthaltsräumen zu notwendigen Treppenräumen. Notwendige Flure brauchen nicht notwendig in dem Gebäude zu liegen, sondern können als offene Gänge, sog. Laubengänge, an der Außenwand entlanggeführt werden, vgl. dazu Absatz 5. 3

4 Das Schutzziel notwendiger Flure nach Satz 1 ist deren ausreichend lange Benutzbarkeit im Brandfall. Dieses Schutzziel wird ergänzend durch die Anforderungen an tragende und aussteifende Bauteile und raumabschließende Bauteile nach §§ 26 f. sowie die brandschutzrechtlichen Anforderungen nach den Absätzen 3 und 4 erreicht. Darüber hinaus sind die Anforderungen nach DIN 18232 (Rauchabführung) zu beachten.

5 Nach Satz 2 sind in bestimmten Fällen notwendige Flure nicht erforderlich. Die Gesetzgeber sieht dies für solche Nutzungen vor, bei denen von einem kleinen Benutzerkreis und einer aufgrund der geringen Größe der Nutzungseinheiten guten Erreichbarkeit der Treppenräume oder der Ausgänge ins Freie auszugehen ist. Notwendige Flure können innerhalb von Wohnungen oder von Nutzungseinheiten liegen, wenn nicht die Ausnahmeregelungen in Satz 2 greifen. In Satz 2 sind also die Gebäude bezeichnet, die ohne notwendige Flure bleiben dürfen.

6 Nach Nummer 1 sind für alle Gebäude der Gebäudeklassen 1 und 2 (siehe § 2 Abs. 3) notwendige Flure nicht erforderlich.

7 Nach Nummer 2 gilt die Regelung in Nummer 1 auch für sonstige Gebäude, also für solche, in denen nicht nur gewohnt wird. Im Unterschied zu Nummer 1 sind aber in sonstigen Gebäuden in Kellergeschossen notwendige Flure erforderlich.

8 Nach Nummer 3 brauchen in Nutzungseinheiten bis zu 200 m^2 Grundfläche notwendige Flure nicht angelegt zu werden. Der Gesetzgeber geht davon aus, dass diese Nutzungseinheiten so überschaubar sind, dass notwendige Flure nicht erforderlich sind, wenn in diesen Einheiten nicht gewohnt wird. In Wohnungen jeglicher Größe in den Gebäudeklassen 3 bis 5 sind notwendige Flure ebenfalls entbehrlich. Für Wohnungen in den Gebäudeklassen 1 und 2 ergibt sich dies bereits aus Nr. 1.

9 Nach Nummer 4 sind notwendige Flure nicht erforderlich bei einer Büro- und Verwaltungsnutzung von Nutzungseinheiten von nicht mehr als 400 m^2 Grundfläche. Einzelne Nutzungseinheiten sind gegeben, wenn größere Einheiten in Teileinheit so aufgeteilt werden, dass diese brandschutztechnisch eine selbständige Nutzungseinheit bilden. Erforderlich sind dafür Trennwände zu anderen Bereichen sowie ein eigenes, von den anderen Teilen unabhängiges Rettungswegsystem im Sinne von § 33 Abs. 1. Auch diese einzelnen Einheiten dürfen nicht größer als 400 m^2 sein, damit auf notwendige Flure verzichtet werden darf. Büroräume mit einzelnen Räumen von mehr als 400 m^2, die keinen notwendigen Flur haben sollen, wie zum Beispiel Großraumbüros, sind zugleich Sonderbauten nach § 2 Abs. 4 Nr. 5.

3. Bemessung der Rettungswege (Absatz 2)

Absatz 2 verlangt wie § 34 Abs. 5, dass die Breite des Rettungswegs (hier von Fluren) für den größten zu erwartenden Verkehr ausreicht. Der Gesetzgeber hat aber von der Nennung einer Maßzahl für die Breite notwendiger Flure abgesehen. Nach der Schutzzielbestimmung in Satz 1 muss die Breite der baulichen Rettungswege nach der größtmöglichen Personenzahl bemessen werden, vgl. DIN 18065 „Gebäuderettungswege". Die lichte Breite eines jeden Teiles von Rettungswegen, also an jeder Stelle, muss unabhängig von der Personenzahl jedoch nicht mehr eine Mindestbreite aufweisen. Die danach vorgeschriebene Breite von 1,00 m dürfte aber die Mindestbreite sein, damit das Schutzziel erreicht werden kann. Diese Breite reicht in der Regel für die Rettung von maximal 150 Personen. Die lichte Breite darf nicht durch Bauteile, Schränke, Wandregale usw. auch nur an einer Stelle unterschritten werden. Für Treppen mit geringer Benutzung genügt eine lichte Breite von 0,60 m. Bei Gebäuden, die für eine größere Zahl von Personen oder für die Öffentlichkeit bestimmt sind, sind die Bemessungen nach der Versammlungsstättenverordnung zu beachten, dort § 7 BbgVStättV. 10

4. Unterteilung notwendiger Rettungswege (Absatz 3)

In Absatz 3 wird die Unterteilung von notwendigen Fluren in Rauchabschnitte vorgeschrieben. Danach müssen notwendige Flure von mehr als 30 m Länge durch nicht abschließbare selbstschließende Rauchschutzabschlüsse in Rauchabschnitte unterteilt werden. Durch die rauchdichten Türen (DIN 18095) soll verhindert werden, dass die notwendigen Flure vollständig verrauchen. Der Abstand von 30 m erlaubt es, im Brandfall den nächsten rauchfreien Abschnitt noch zu erreichen. Die Rauchschutzabschlüsse müssen nach Satz 3 jeweils bis unter die Rohdecke geführt werden. Bildet die Unterdecke zusammen mit den Trennwänden des notwendigen Flurs einen Tunnel, der durch feuerhemmende raumabschließende Bauteile allseits abgekapselt ist, darf der Rauchschutzabschluss bis unter die Unterdecke führen. Dadurch soll verhindert werden, dass sich der Rauch über einer abgehängten Unterdecke in andere Rauchabschnitte oder in notwendige Treppenhäuser ausbreitet. Der obere Anschluss an eine Unterdecke ist nur dann zulässig, wenn diese feuerhemmend ist, weil dadurch ein vergleichbarer Rauchabschluss zu erwarten ist, ohne dass weitere Maßnahmen erforderlich wären. Nach Satz 4 sind Flure mit nur einer Fluchtrichtung, sog. Stichflure, bis zu 15 m Länge zulässig. Diese Regelung ist eine Konkretisierung der allgemeinen Forderung „sicher erreichbar" (siehe § 33 Abs. 2 Satz 3). Davon unberührt bleibt gegebenenfalls eine kürzere Länge in Sonderbauten, wie in Hochhäusern, siehe Muster-Hochhausrichtlinie. Offene Gänge nach Absatz 5 sind von den Regelungen ausgenommen. 11

5. Anforderungen an Flurwände (Absatz 4)

12 Absatz 4 enthält Anforderungen an die Flurwände. Die Anforderung feuerhemmend bezieht sich auf den Raumabschluss (Satz 1). Die notwendigen Flure von Aufenthaltsräumen in Kellergeschossen müssen – wie die Trennwände von Aufenthaltsräumen in Kellergeschossen – der Feuerwiderstandsfähigkeit der Tragkonstruktion des Kellergeschosses entsprechen, gegebenenfalls also feuerbeständig sein. Durch die Novelle 2020 ist bestimmt worden, dass in Kellergeschossen, deren tragende und aussteifende Bauteile feuerbeständig sein müssen, die Wände notwendiger Flure als raumabschließende Bauteile ebenfalls feuerbeständig sein müssen. Nach § 26 Abs. 2 Satz 4 erlaubt dies, die Wände aus brennbaren Baustoffen herzustellen, sofern sie den Technischen Baubestimmungen nach § 86a entsprechen, also den Vorgaben der **Muster-Holzbaurichtlinie (MHolzBauRL)** entsprechen. Es wird auch klargestellt, dass die Wände bis zur Rohdecke zu führen sind (Satz 2). Der obere Abschluss an eine Unterdecke ist nur zulässig, wenn die Unterdecke feuerhemmend ist und der Raumabschluss sichergestellt ist (Satz 3), was in der Regel ein bauaufsichtlich zugelassenes System voraussetzt. Satz 4 enthält eine Erleichterung für Türen in Flurwänden und verlangt nur, dass sie dicht schließen (dreiseitig umlaufende Dichtung, kein formeller Nachweis erforderlich). Zu Lagerbereichen in Kellergeschossen werden dagegen Feuerschutzabschlüsse verlangt.

6. Offene Gänge vor Außenwänden (Absatz 5)

13 Absatz 5 stellt Anforderungen an die Ausbildung der Wände von offenen Gängen. Offene Gänge sind die Wege auf einer Geschossebene, die vor der Außenwand verlaufen. Diese Gänge brauchen die Anforderungen nach Absatz 5 jedoch nur zu erfüllen, wenn sie anstelle von notwendigen Fluren die einzige Verbindung zwischen Aufenthaltsräumen und notwendigen Treppenräumen darstellen. Satz 1 stellt zudem klar, dass Anforderungen nur an solche Gänge gestellt werden, die nur in einer Fluchtrichtung benutzt werden können. Für die Außenwand, vor der der Gang liegt, gilt die Anforderung des Absatzes 4 entsprechend (Satz 1). Die Außenwand muss als raumabschließende Wand feuerhemmend sein. Fenster in der Außenwand sind ohne besondere Anforderung ab einer Brüstungshöhe von 90 cm zulässig (Satz 2). Die Brüstung muss geschlossen ausgebildet werden. Wenn ein Feuerüberschlag nicht zu befürchten ist, zum Beispiel wegen besonders tiefer Gangbreiten bzw. der Anordnung von Schürzen, kann auf die geschlossene feuerhemmende Brüstung teilweise oder ganz verzichtet werden; dafür bedarf es einer Abweichung nach § 67. Transparente Brüstungen ohne Feuerwiderstandsdauer sind nicht zulässig, weil die Brüstung dann nicht den Anforderungen des Absatzes 4 entspricht.

7. Brandlasten in Rettungswegen (Absatz 6)

14 Durch Absatz 6 soll sichergestellt werden, dass die baulichen Rettungswege den Brandanforderungen genügen. Die Wände notwendiger Flure müssen den Anforderungen nach § 29 bzw. bei tragenden Wänden denen nach § 27 genügen. Die Wände notwendiger Treppenräume sind nach § 35 Abs. 5 zu errichten. Für die Decken notwendiger Flure gelten die Anforderungen nach § 31.

15 Darüber hinaus müssen nach Absatz 6 Bekleidungen, Putze, Dämmstoffe, Unterdecken, Oberflächen von nicht bekleideten Wänden und Decken sowie Einbauten aus nichtbrennbaren Baustoffen bestehen (Nummer 1). Wände und Decke aus brennbaren Baustoffen (Klasse B) müssen eine ausreichend dicke Bekleidung aus nichtbrennbaren Baustoffen haben (Nummer 2). Nichtbrennbare Baustoffe sind solche der Klasse A 1. Dazu gehören die Baustoffe, die einen besonderen Nachweis nicht brauchen und in der DIN 4102 Teil 4 Abschnitt 2.2 aufgelistet sind, wie z. B. Steine, Mineralien, Sand, Kies, Lehm, Ton, Beton, Stahlbeton. Bauordnungsrechtlich gelten diese Baustoffe als nichtbrennbare Baustoffe. Nichtbrennbare Baustoffe der Klasse A 2 sind sonstige Baustoffe, die auch brennbare Bestandteile enthalten, aber nur eine geringe Brandausbreitung und eine geringe Wärmeabgabe erzeugen und deren Rauchentwicklung unbedenklich ist. Dazu zählen etwa Gipskartonplatten. Die Nichtbrennbarkeit wird durch ein Prüfzeugnis nachgewiesen und durch ein Prüfzeichen belegt.

§ 37
Fenster, Türen, sonstige Öffnungen

(1) Können die Fensterflächen nicht gefahrlos vom Erdboden, vom Innern des Gebäudes, von Loggien oder Balkonen aus gereinigt werden, so sind Vorrichtungen wie Aufzüge, Halterungen oder Stangen anzubringen, die eine Reinigung von außen ermöglichen.

(2) [1]Glastüren und andere Glasflächen, die bis zum Fußboden allgemein zugänglicher Verkehrsflächen herabreichen, sind so zu kennzeichnen, dass sie leicht erkannt werden können. [2]Weitere Schutzmaßnahmen sind für größere Glasflächen vorzusehen, wenn dies die Verkehrssicherheit erfordert.

(3) Eingangstüren von Wohnungen, die über Aufzüge erreichbar sein müssen, müssen eine lichte Durchgangsbreite von mindestens 0,90 Meter haben.

(4) [1]Jedes Kellergeschoss ohne Fenster muss mindestens eine Öffnung ins Freie haben, um eine Rauchableitung zu ermöglichen. [2]Gemeinsame Kellerlichtschächte für übereinanderliegende Kellergeschosse sind unzulässig.

(5) [1]Fenster, die als Rettungswege nach § 33 Absatz 2 Satz 2 dienen, müssen im Lichten mindestens 0,90 Meter x 1,20 Meter groß und nicht höher als 1,20 Meter über der Fußbodenoberkante angeordnet sein. [2]Liegen diese Fenster in Dachschrägen oder Dachaufbauten, so darf ihre Unterkante oder ein davor liegender Austritt von der Traufkante horizontal gemessen nicht mehr als 1 Meter entfernt sein.

Übersicht

1. Allgemeines

Die Regeln über Fenster und Öffnungen fassen die allgemeinen Anforderungen zusammen, die bei der Nutzung von baulichen Anlagen an diese Gebäudeteile zu stellen sind. Fenster und Türen haben mehrere Funktionen. Sie dienen der Beleuchtung und Belüftung von Räumen, aber auch der Entrauchung. Das Vorhandensein von Tageslicht ist grundsätzlich eine wichtige Voraussetzung, um gesunde Wohn- und Arbeitsverhältnisse zu schaffen. Fenster und Türen können zugleich auch als Rettungswege dienen oder den Rettungskräften Zugang zum Brandherd verschaffen. Zudem sind diese Öffnungen im Brandfall kritisch, weil durch sie Feuer, Rauch und Brandgase dringen können. Im Brandfall können sie zwar der Entrauchung dienen, dabei jedoch die Funktion von raumabschließenden Bauteilen erheblich mindern. Letztere Anforderungen an den Brandschutz sind jedoch nicht in § 37 geregelt. Es gelten insoweit die Anforderungen an raumabschließende Bauteile. 1

Unberührt bleiben die speziellen Regelungen über Abschlüsse von Öffnungen in Brandwänden nach § 26 Abs. 7, über Rauchschutzabschlüsse bei notwendigen Fluren nach § 29 Abs. 5 sowie über die Abschlüsse in Öffnungen von notwendigen Treppenräumen nach § 31 Abs. 8. 2

Zu beachten sind die Richtlinie über elektrische Verriegelungssysteme von Türen in Rettungswegen (ABl. 1999 S. 59) und die Richtlinie über automatische Schiebetüren in Rettungswegen (ABl. 1999 S. 63). 3

2. Anforderungen an Fensterflächen (Absatz 1)

Absatz 1 dient der Vermeidung von Unfällen bei der Reinigung von nicht ohne Weiteres zugänglichen Fensterflächen. Es müssen bauliche Vorkehrungen getroffen werden, um die Fensterflächen zu reinigen. Dabei sind auch die Vorgaben des Arbeitsschutzes zu beachten. 4

3. Vermeidung von Unfällen durch Kollision und Glasbruch (Absatz 2)

Absatz 2 dient der Vermeidung von Unfällen und Verletzungen, die sowohl durch Kollisionen mit Glastüren oder Glasflächen als auch durch Glasbruch und dadurch entstehende scharfe Kanten verursacht werden können. Satz 1 begegnet der Gefahr, gegen Glastüren oder Glasflächen zu laufen oder zu fahren, indem diese so zu kennzeichnen sind, dass sie leicht erkannt werden können. Diese müssen gleichsam sichtbar gemacht werden. Dazu reicht es aus, wenn das Glas so behandelt wird, dass es als solches erkennbar wird. 5

6 Satz 2 ist eine den Bauherrn unmittelbar verpflichtende Anforderung. Der Bauherr oder Eigentümer der Glasfläche muss erforderliche Schutzmaßnahmen auch dann treffen, wenn die Behörde sie nicht angeordnet hat. Schutzmaßnahmen können die Verwendung bruchsicheren Glases (Verbundglas), das Anbringen von Geländern oder von Brüstungen sein.

7 Die Behörde kann auf der Grundlage von § 58 Abs. 2 Satz 2 ggf. erforderliche Maßnahmen nach § 37 Abs. 2 Satz 2 fordern.

4. Mindestbreite von Eingangstüren (Absatz 3)

8 Absatz 3 enthält eine Regelung über die Mindestbreite von Eingangstüren von Wohnungen, die über Aufzüge erreichbar sein müssen. Für andere Türen, also solche, die nicht über Aufzüge erreichbar sind, gilt diese Anforderung nicht. Die Regelung dient der barrierefreien Nutzbarkeit von Wohnungen, ist aber nicht auf Wohnungen beschränkt, die nach § 50 Absatz 1 barrierefrei erreichbar sein müssen. Welche Wohnungen darüber hinaus über Aufzüge erreichbar sein müssen, bestimmt § 39 Abs. 4 (Wohnungen in Gebäuden mit einer Höhe nach § 2 Absatz 3 Satz 2 von mehr als 13 m).

5. Anforderungen an Fenster in Kellergeschossen (Absatz 4)

9 Der Gesetzgeber verlangt für Kellergeschosse im Sinne von § 2 Abs. 6 Fenster mit mindestens einer Öffnung ins Freie, so dass der Rauch abgeleitet werden kann. Es genügt also nicht eine Entlüftung. Gefordert ist eine Öffnung.

10 Nach Satz 2 sind gemeinsame Kellerlichtschächte unzulässig. Dadurch soll der Brandüberschlag und die Rauchausbreitung im Keller verhindert werden.

6. Größe von Öffnungen und Fenstern (Absatz 5)

11 Absatz 5 regelt die Anordnung und Größe von Fenstern, die als Rettungsweg dienen. Die gesetzlich festgelegte Mindestgröße der lichten Fensteröffnung soll eine schnelle Rettung von Menschen ermöglichen, denen der erste Rettungsweg versperrt ist und die auf eine Hilfe durch die Feuerwehr angewiesen sind. Die Bemessung der Größe der Öffnung soll sicherstellen, dass eine tragbare Leiter in die Fensteröffnung gestellt werden und ein Feuerwehrmann in voller Ausrüstung, gegebenenfalls mit einem Atemschutzgerät, seitlich neben der Leiter durch das Fenster in den dahinter gelegenen Raum einsteigen kann. Weiter muss der freie Querschnitt des Fensters auch eine Bergung von Personen ermöglichen, die konstitutionell oder verletzungsbedingt in ihrer Beweglichkeit eingeschränkt sind und eine entsprechende Hilfestellung benötigen. In besonderen Fällen kann auch eine Rettung mittels einer Trage

erforderlich werden, *vgl. OVG Münster, U. v. 28.01.2009 – 10 A 1075/08 –; VG Düsseldorf, U. v. 02.03.2016 – 28 K 2758/15.*

Unter Berücksichtigung der Verwendung der in den technischen Regeln üblichen Maßangaben „Breite x Höhe" (so u.a. die DIN 4172 und ehemals DIN 18050) sind die Rettungsfenster als hochformatige Fenster auszubilden. Die erforderliche Größe muss tatsächlich zur Verfügung stehen und darf nicht durch Fensterunterteilungen eingeschränkt werden. Öffnungen und Fenster müssen mindestens 0,90 m x 1,20 m groß sein und dürfen nicht höher als 1,10 m (bis zur Novelle 2003 1,20 m) über der Fußbodenoberkante angeordnet sein. Dieses Maß entspricht der Öffnung, die Rettungskräfte ggf. in Schutzausrüstung und mit Sauerstoffflaschen benötigen, um in oder aus einem Gebäude zu gelangen. Unerheblich ist, ob die Öffnungen oder Fenster stehend oder liegend gebaut werden. 12

Nach Satz 2 darf in dem Fall, dass Fenster in Dachschrägen oder Dachaufbauten liegen, ihre Unterkante oder ein davor liegender Austritt von der Traufkante horizontal gemessen nicht mehr als 1 m entfernt sein. Dadurch können Personen sich bemerkbar machen und von der Feuerwehr gerettet werden. 13

§ 38
Umwehrungen

(1) In, an und auf baulichen Anlagen sind zu umwehren oder mit Brüstungen zu versehen:

1. **Flächen, die im Allgemeinen zum Begehen bestimmt sind und unmittelbar an mehr als 1 Meter tiefer liegende Flächen angrenzen; dies gilt nicht, wenn die Umwehrung dem Zweck der Flächen widerspricht,**
2. **nicht begehbare Oberlichte und Glasabdeckungen in Flächen, die im Allgemeinen zum Begehen bestimmt sind, wenn sie weniger als 0,50 Meter aus diesen Flächen herausragen,**
3. **Dächer oder Dachteile, die zum auch nur zeitweiligen Aufenthalt von Menschen bestimmt sind,**
4. **Öffnungen in begehbaren Decken sowie in Dächern oder Dachteilen nach Nummer 3, wenn sie nicht sicher abgedeckt sind,**
5. **nicht begehbare Glasflächen in Decken sowie in Dächern oder Dachteilen nach Nummer 3,**
6. **die freien Seiten von Treppenläufen, Treppenabsätzen und Treppenöffnungen (Treppenaugen),**
7. **Kellerlichtschächte und Betriebsschächte, die an Verkehrsflächen liegen, wenn sie nicht verkehrssicher abgedeckt sind.**

(2) [1]In Verkehrsflächen liegende Kellerlichtschächte und Betriebsschächte sind in Höhe der Verkehrsfläche verkehrssicher abzudecken. [2]An und in Verkehrsflächen liegende Abdeckungen müssen gegen unbefugtes Abheben gesichert sein. [3]Fenster, die unmittelbar an Treppen liegen und deren Brüstungen unter der notwendigen Umwehrungshöhe liegen, sind zu sichern.

(3) [1]Fensterbrüstungen von Flächen mit einer Absturzhöhe bis zu 12 Meter müssen mindestens 0,80 Meter, von Flächen mit mehr als 12 Meter Absturzhöhe mindestens 0,90 Meter hoch sein. [2]Geringere Brüstungshöhen sind zulässig, wenn durch andere Vorrichtungen wie Geländer die nach Absatz 4 vorgeschriebenen Mindesthöhen eingehalten werden.

(4) Andere notwendige Umwehrungen müssen folgende Mindesthöhen haben:

1. **Umwehrungen zur Sicherung von Öffnungen in begehbaren Decken und Dächern sowie Umwehrungen von Flächen mit einer Absturzhöhe von 1 Meter bis zu 12 Meter 0,90 Meter,**
2. **Umwehrungen von Flächen mit mehr als 12 Meter Absturzhöhe 1,10 Meter.**

Übersicht

1. Allgemeines

1 In § 38 werden Umwehrungen vorgeschrieben, die verhindern sollen, dass die Nutzer baulicher Anlagen von Balkonen, Terrassen oder anderen hochgelegenen begehbaren Flächen abstürzen können. Soll der Absturz durch nicht für eine Begehung geeignete Flächen verhindert werden, kommt alternativ auch die Aufbringung einer Abdeckung in Betracht. Nicht geregelt sind in § 38 Anforderungen an die Ausbildung von Umwehrungen. Der Gesetzgeber meint, dass sich diese Anforderungen aus dem Schutzziel, Abstürze zu verhindern, ergeben.

2 Ergänzend geltend für Sonderbauten besondere Anforderungen sowie die spezialgesetzlichen Fachregelungen, etwa des § 12 Arbeitsstättenverordnung.

3 Zu beachten ist, dass Umwehrungen auf oder an Dächern oder oberen Wandabschlüssen von abstandsflächenrechtlicher Relevanz sein können. Die Oberkante der Umwehrung ist Bezugspunkt für die Berechnung der Wandhöhe, *vgl. VGH München, B. v. 26.03.2015 – 2 ZB 13.2395.* Unterer Bezugspunkt ist der Schnittpunkt der Wand mit der Geländeoberfläche. Die Umwehrung ist auch dann abstandsflächenrelevant, wenn sie durch die Verwendung einer filigranen Machart offen oder transparent gestaltet ist. Dabei ist auch zu berücksichtigen, dass diese Gelände oftmals mit Bastmatten, Blumen oder anderen Materialien so zugehängt zu werden, dass sie blickdicht werden, *vgl. auch OVG Münster, B. v. 01.06.2007 – 7 A 3852/06.*

2. Anforderungen (Absatz 1)

4 Absatz 1 bestimmt, welche Flächen zu umwehren sind. Dabei wird zwischen Flächen, die im Allgemeinen zum Begehen bestimmt sind (Nummern 1 und 2), und Flächen, die auch zum nur zeitweiligen Aufenthalt bestimmt sind, (Nummern 3 bis 5) unterschieden. All diese Flächen müssen so durch Umwehrungen eingefasst werden, dass Personen nicht abstürzen können. Umwehrungen können Mauern, Zäune oder Gitter sein. Sie müssen so beschaffen und installiert sein, dass sie auch bei einer zu erwartenden Druckbeanspruchung ihre Standsicherheit nicht verlieren. Dabei ist nicht nur das Verhalten nüchterner

Erwachsender, sondern auch spielender Kinder oder alkoholisierter Menschen zu beachten.

5 Umwehrungen sind nicht erforderlich, wenn dies dem Zweck der Flächen widerspricht. Dies gilt auch für den Bereich der Treppenanschlüsse.

3. Abdeckungen (Absatz 2)

6 Absatz 2 regelt die Sicherung von Gefahrenbereichen. Die nicht ohne Weiteres zur Begehung geeigneten Flächen, wie Licht- und Betriebsschächte, nicht begehbare Oberlichte bzw. Glasabdeckungen, müssen, wenn sie nicht von Umwehrungen eingefasst sind, durch Abdeckungen geschützt werden, so dass die Nutzer nicht einbrechen. Kellerlichtschächte und Betriebsschächte in Verkehrsflächen sind entsprechend abzudecken (Satz 1). Abdeckungen müssen gegen unbefugtes Abheben gesichert sein (Satz 2). Da nach Absatz 2 nicht die Begehung dieser Flächen verhindert werden soll, reicht auch die Abdeckung, wenn diese geeignet ist, die Einsturzgefahr zu verhindern. Die Abdeckung muss verkehrssicher sein, darf also zu keinen anderweitigen Gefahren bei ihrer Begehung (z. B. Rutsch- oder Stolpergefahr) führen.

7 Fenster in unmittelbarer Nähe von Treppen sind nach Satz 3 zu sichern, wenn die Umwehrungshöhe nach Absatz 3 Satz 2 verringert ist.

4. Höhe der Umwehrungen (Absatz 3 und 4)

8 In den Absätzen 3 und 4 werden die erforderlichen Höhen der Absturzsicherungen festgelegt. Es wird dabei nach der möglichen Absturzhöhe differenziert. Die maßgebliche Absturzhöhe ist die Differenz zwischen der Oberkante der zu sichernden Fläche (Standfläche der absturzgefährdeten Person) und der Tiefenlage der davor befindlichen Fläche. Ist die Wand, auf der die Umwehrung angebracht wird, abgestuft, ist unterer Bezugspunkt für die Höhe der Umwehrung die Fläche, die noch betreten werden kann.

9 Die Mindesthöhe von Umwehrungen beträgt 0,80 m; vor der Novelle 2016 waren dies 0,90 m. Bei einer Absturzhöhe von 12 m erhöht sich dieses Maß auf 0,90 m.

10 Aus dem Zulässigkeitstatbestand des Absatzes 3 Satz 2 folgt, dass die Höhe der Umwehrung in Abhängigkeit von besonderen Schutzvorrichtungen oder von der Brüstungstiefe reduziert werden darf. So kann ein Zurückspringen der Umwehrung hinter die Außenwand eine Höhenreduzierung rechtfertigen. Für Fenster ergibt sich dieses Erfordernis aus Absatz 2 Satz 2. Bei einer vorgeschriebenen Brüstungshöhe von 0,80 m für ein Fenster kann diese auf 0,70 m verringert werden, wenn eine zusätzliche Umwehrung in 0,80 m Höhe

angebracht wird. Eine Absenkung der Brüstungshöhe um 10 cm ist z. B. vertretbar, wenn die Brüstungstiefe gegenüber der normalen Umwehrungsstärke um weitere 20 cm verstärkt wird.

Absatz 4 benennt Anforderungen an die dort genannten notwendigen Umwehrungen. Die Notwendigkeit folgt aus Absatz 1 Nrn. 1 und 4. Die Spezialregelung des Absatzes 4 ist auf die dort genannten Fälle beschränkt. 11

Abschnitt 6
Technische Gebäudeausrüstung

§ 39
Aufzüge

(1) [1]Aufzüge im Innern von Gebäuden müssen eigene Fahrschächte haben, um eine Brandausbreitung in andere Geschosse ausreichend lang zu verhindern. [2]In einem Fahrschacht dürfen bis zu drei Aufzüge liegen. [3]Aufzüge ohne eigene Fahrschächte sind zulässig

1. innerhalb eines notwendigen Treppenraumes, ausgenommen in Hochhäusern,
2. innerhalb von Räumen, die Geschosse überbrücken,
3. zur Verbindung von Geschossen, die offen miteinander in Verbindung stehen dürfen,
4. in Gebäuden der Gebäudeklassen 1 und 2;

sie müssen sicher umkleidet sein.

(2) [1]Die Fahrschachtwände müssen als raumabschließende Bauteile

1. in Gebäuden der Gebäudeklasse 5 feuerbeständig und aus nichtbrennbaren Baustoffen,
2. in Gebäuden der Gebäudeklasse 4 hochfeuerhemmend,
3. in Gebäuden der Gebäudeklasse 3 feuerhemmend

sein; Fahrschachtwände aus brennbaren Baustoffen müssen schachtseitig eine Bekleidung aus nichtbrennbaren Baustoffen in ausreichender Dicke haben. [2]Fahrschachttüren und andere Öffnungen in Fahrschachtwänden mit erforderlicher Feuerwiderstandsfähigkeit sind so herzustellen, dass die Anforderungen nach Absatz 1 Satz 1 nicht beeinträchtigt werden.

(3) [1]Fahrschächte müssen zu lüften sein und eine Öffnung zur Rauchableitung mit einem freien Querschnitt von mindestens 2,5 Prozent der Fahrschachtgrundfläche, mindestens jedoch 0,10 Quadratmeter haben. [2]Diese Öffnung darf einen Abschluss haben, der im Brandfall selbsttätig öffnet und von mindestens einer geeigneten Stelle aus bedient werden kann. [3]Die Lage der Rauchaustrittsöffnungen muss so gewählt werden, dass der Rauchaustritt durch Windeinfluss nicht beeinträchtigt wird.

(4) [1]Gebäude mit einer Höhe nach § 2 Absatz 3 Satz 2 von mehr als 13 Meter müssen Aufzüge in ausreichender Zahl haben; dies gilt nicht beim nachträglichen Ausbau und der Nutzungsänderung des obersten Geschosses oder bei der Aufstockung um bis zu zwei Geschosse. [2]Aufenthaltsräume im obersten Geschoss, die eine Nutzungseinheit mit Aufenthaltsräumen im darunterliegenden Geschoss bilden, sind nicht zu berücksichtigen. [3]Von

diesen Aufzügen muss mindestens ein Aufzug Kinderwagen, Rollstühle, Krankentragen und Lasten aufnehmen können und Haltestellen in allen Geschossen haben. [4]Dieser Aufzug muss von der öffentlichen Verkehrsfläche und von allen Nutzungseinheiten in dem Gebäude aus stufenlos erreichbar sein. [5]Satz 1 Halbsatz 1 gilt nicht, wenn das Dach bestehender Gebäude nachträglich ausgebaut wird.

(5) [1]Fahrkörbe zur Aufnahme einer Krankentrage müssen eine nutzbare Grundfläche von mindestens 1,10 Meter x 2,10 Meter, zur Aufnahme eines Rollstuhls von mindestens 1,10 Meter x 1,40 Meter haben; Türen müssen eine lichte Durchgangsbreite von mindestens 0,90 Meter haben. [2]In einem Aufzug für Rollstühle und Krankentragen darf der für Rollstühle nicht erforderliche Teil der Fahrkorbgrundfläche durch eine verschließbare Tür abgesperrt werden. [3]Vor den Aufzügen muss eine ausreichende Bewegungsfläche vorhanden sein.

Übersicht

1. Allgemeines

Mit § 39 beginnt der „Technische Gebäudeausrüstung“ benannte Abschnitt 6. 1
Geregelt werden die baulichen Anforderungen an die haustechnischen Anlagen und Feuerungsanlagen. Ergänzend gelten Technische Regelwerke, für Aufzüge etwa die Regelungen der Aufzugsverordnung und der DIN EN 81-70.

Aufzüge dienen insbesondere dazu, die Nutzung des Gebäudes solchen Per- 2
sonen zu ermöglichen, die nicht oder nur mit Schwierigkeiten Treppen nutzen können. Zudem sollen sperrige und schwere Lasten leichter transportiert werden können. Daher werden in Absatz 4, der durch die Novelle 2023 geändert wurde, Anforderungen an die Ausgestaltung der Aufzüge und die Lage der Haltestellen gestellt. Die Anforderungen an Zugänge, Bewegungsflächen, Türdurchgänge und Rampen ergeben sich darüber hinaus aus der Technischen Baubestimmung DIN 18040-2.

3 Aufzüge im Sinne von § 39 dienen allein der Überwindung von Höhenunterschieden, nicht aber als Rettungswege. Außen liegende Aufzüge gehören nicht zum Regelungsbereich von § 39.

2. Fahrschächte (Absatz 1)

4 Satz 1 enthält das Schutzziel der Fahrschachtforderung. Fahrschächte sollen die Brandausbreitung von Geschoss zu Geschoss ausreichend lang verhindern. Aufzüge im Innern von Gebäuden müssen daher eigene Fahrschächte haben, die eine Übertragung von Feuer und Rauch in andere Geschosse ausreichend lang verhindern. Ein eigener Schacht muss baulich getrennt von dem Treppenraum und den Geschossen geführt werden. Aufzüge dürfen also nicht in von Personen zugänglichen Räumen betrieben werden. Ausgenommen ist die Zugänglichkeit für das Wartungs- oder Rettungspersonal.

5 Die Größe eines Aufzugschachts hat der Gesetzgeber dadurch begrenzt, dass in diesem nach Satz 2 bis zu drei Aufzüge liegen dürfen. Weitere Aufzüge benötigen einen eigenen Schacht.

6 Satz 3 regelt die Ausnahmen von der Pflicht nach Satz 1, indem unter den dort genannten Voraussetzungen Aufzüge ohne eigenen Schacht zulässig sind.

7 Nummer 1: Aufzüge können in notwendigen Treppenräumen im Sinne von § 35 betrieben werden, wenn das Gebäude unterhalb der in § 2 Abs. 4 Nr. 1 bestimmten Hochhausgrenze bleibt. Der Gesetzgeber nimmt an, dass in den Fällen erfahrungsgemäß keine vom Aufzug ausgehende Gefahr für den Treppenraum zu erwarten ist, *vgl. LT-Drucks. 6/3268, S. 60.*

8 Nummer 2: Aufzüge innerhalb von Räumen, die Geschosse überbrücken. Die Geschosse sind durch die bestehenden Öffnungen zwischen den Ebenen miteinander in einer Weise verbunden, die einen Brandschutz über den Fahrstuhlschacht sinnlos machen.

9 Nummer 3: Aufzüge zur Verbindung von Geschossen, die offen miteinander in Verbindung stehen dürfen. Die Geschosse sind durch die bestehenden Öffnungen zwischen den Ebenen miteinander in einer Weise verbunden, die einen Brandschutz über den Fahrstuhlschacht sinnlos machen.

10 Nummer 4: Aufzüge in Gebäuden der Gebäudeklassen 1 und 2. Da bei diesen Gebäuden auch offene Treppen, also ohne Treppenräume zulässig sind, § 35 Abs. 1 Satz 3 Nummer 1, ist ein Brandschutz durch den Fahrschacht entbehrlich.

In Satz 2 Halbsatz 2 wird das Schutzziel für die Umkleidung der ohne Fahrschächte geführten Aufzüge als Grundanforderung benannt. Danach muss der Aufzug sicher umkleidet sein. Dadurch soll verhindert werden, dass Personen in den Fahrbereich hineingreifen oder hingelangen können. Vor allem müssen deshalb die Haltestellenbereiche umkleidet sein. Für die Umkleidung können z. B. Acrylglasverkleidungen oder engmaschige Gitter verwendet werden. 11

3. Fahrschachtwände (Absatz 2)

Absatz 2 regelt in Satz 1 Halbsatz 1 die Anforderungen an die Fahrschachtwände und Fahrschachttüren als raumabschließende Bauteile. Die Anforderungen werden, den Anforderungen an die tragenden Teile des Gebäudes folgend, nach den Gebäudeklassen abgestuft. 12

Für Fahrschachtwände, die in Gebäudeklasse 3 auch aus brennbaren Baustoffen, dann jedoch feuerhemmend zulässig sind, ist schachtseitig eine Bekleidung aus nichtbrennbaren Baustoffen in ausreichender Dicke vorgeschrieben (Halbsatz 2). 13

4. Belüftung und Rauchableitung (Absatz 3)

Absatz 3 regelt die Belüftung und die Rauchableitung. Mit der Bezeichnung „Öffnung zur Rauchableitung" will der Gesetzgeber verdeutlichen, dass dafür eine Anlagentechnik nicht erforderlich ist, *vgl. LT-Drucks. 6/3268, S. 60.* Dadurch, dass der Gesetzgeber vorgeschrieben hat, dass Rauchableitungsöffnungen einzubauen sind, ist es nicht ausreichend, nur Entrauchungsanlagen zu installieren. Durch die Novelle 2016 ist das Maß der Öffnung halbiert worden. Die Rauchabzugsöffnungen in Fahrschächten musste nach § 34 Abs. 3 a. F. noch eine Größe von mindestens 5 % der Grundfläche des Fahrschachtes, mindestens jedoch von 0,20 m^2 haben. 14

Satz 2 regelt, welche Anforderungen solche Abschlüsse erfüllen müssen. Als ein geeigneter Ort für die Bedienung des Abschlusses (Handauslösung) nennt der Gesetzgeber den Bereich vor der Fahrschachttür des Erdgeschosses (Zugangsebene des Gebäudes), *vgl. LT-Drucks. 6/3268, S. 60.* 15

In Satz 3 ist bestimmt, dass die Lage der Rauchaustrittsöffnung so gewählt werden muss, dass die Rauchableitung nicht durch Windeinfluss beeinträchtigt wird. 16

5. Aufzugspflicht (Absatz 4)

17 Absatz 4 regelt die Aufzugspflicht. Der Systematik der Musterbauordnung folgend wird auf die in § 2 Abs. 3 Satz 2 definierte Gebäudehöhe abgestellt, so dass die Höhe der Fußbodenoberkante des höchstgelegenen Geschosses, in dem ein Aufenthaltsraum möglich ist, über der Geländeoberfläche im Mittel, entscheidend ist. Die allgemeine Verpflichtung greift daher regelmäßig bei Gebäuden mit 6 Vollgeschossen. Die Neuregelung hält nicht mehr am Begriff des „Einbaus" fest, sondern nimmt auf die Gebäudeeigenschaft („haben") Bezug. Der Gesetzgeber will damit neben dem Vorhandensein auch die Nutzbarkeit des Aufzuges sicherstellen, *vgl. LT-Drucks. 6/3268, S. 61.* Notwendige Aufzüge dürfen also nicht aufgrund von Mängeln oder mangelnder Wartung abgestellt werden. Verlangt wird zudem eine ausreichende Zahl von Aufzügen. Zur Bemessung der Größe bzw. Anzahl der notwendigen Aufzüge kann sowohl die Zahl der Benutzer als auch die jeweilige Förderhöhe und die Betriebsgeschwindigkeit sowie ein eventueller Einfluss der gleichzeitigen Benutzung (Stoßbetrieb) berücksichtigt werden. Die Zahl der erforderlichen Aufzüge kann sich nach der Zahl der auf sie angewiesenen Personen, nach der Höhe des Gebäudes sowie der Größe und Geschwindigkeit des Aufzuges bestimmen. Für den Regelfall kann bei der überschlägigen Größenbestimmung anhand von allgemeinen Erfahrungswerten von einem Fahrkorbplatz je 20 Personen, die als Benutzer in Frage kommen, ausgegangen werden. Satz 1 Halbsatz 2 ist mit der Novelle 2023 eingeführt worden, um das Bauen im Bestand zu erleichtern und Kosten einzusparen. Wird durch den Ausbau die Höhe von 13 Metern im Sinne von § 2 Abs. 3 Satz 2 überschritten, wird dadurch eine Aufzugspflicht nach Satz 1 nicht ausgelöst. Folglich brauchen nach dieser Ausnahmeregelung Aufzüge nicht geschaffen zu werden, wenn vorhandene Dächer ausgebaut oder bereits ausgebaute Dachgeschosse in ihrer Nutzung geändert werden oder bestehende Gebäude um bis zu zwei Geschosse erhöht werden.

18 Auch Satz 2 trifft eine Ausnahmeregelung, und zwar für Nutzungseinheit mit Aufenthaltsräumen, die sich über zwei Geschosse erstrecken. Für die Aufenthaltsräume im obersten Geschoss, die zu einer Nutzungseinheit gehören, die sich auch in das darunterliegende Geschoss erstreckt, ist ein Aufzug nicht zu errichten, wenn der oberer Aufenthaltsraum auf einer Fußbodenhöhe von mehr als 13 Metern besitzt. Der Obere Aufenthaltsraum ist bei der Berechnung nicht zu berücksichtigen.

19 Satz 3 regelt, welche Lasten mindestens aufgenommen werden müssen. Satz 4 entspricht der Musterbauordnung und zielt darauf ab, Personen im Rollstuhl/mit Rollator und Personen mit Kinderwagen den stufenlosen Zugang des Aufzuges zu ermöglichen. Satz 5 erleichtert den nachträglichen Dachausbau.

6. Detailanforderungen (Absatz 5)

Absatz 5 regelt Detailanforderungen (Grundfläche, Türbreiten, Bewegungs- 20
flächen) an Fahrkörbe und Aufzüge, die Krankentragen oder Rollstühle aufnehmen sollen. Die Anforderungen an Fahrkörbe der Aufzüge sind in den als Technische Baubestimmung eingeführten DIN 18024 und 18025 geregelt. Daneben gilt die Aufzugsverordnung des Bundes (12. ProdSV). Die Aufzugsverordnung ist sowohl auf Personen- als auch auf Güteraufzüge sowie auf die zugehörigen Sicherheitsbauteile für Aufzüge anzuwenden.

§ 40
Leitungsanlagen, Installationsschächte und Installationskanäle

(1) Leitungen dürfen durch raumabschließende Bauteile, für die eine Feuerwiderstandsfähigkeit vorgeschrieben ist, nur hindurchgeführt werden, wenn eine Brandausbreitung ausreichend lang nicht zu befürchten ist oder Vorkehrungen hiergegen getroffen sind; dies gilt nicht
1. für Gebäude der Gebäudeklassen 1 und 2,
2. innerhalb von Wohnungen,
3. innerhalb derselben Nutzungseinheit mit nicht mehr als insgesamt 400 Quadratmeter in nicht mehr als zwei Geschossen.

(2) In notwendigen Treppenräumen, in Räumen nach § 35 Absatz 3 Satz 2 und in notwendigen Fluren sind Leitungsanlagen nur zulässig, wenn eine Nutzung als Rettungsweg im Brandfall ausreichend lang möglich ist.

(3) Für Installationsschächte und -kanäle gelten Absatz 1 sowie § 41 Absatz 2 Satz 1 und Absatz 3 entsprechend.

Übersicht

1. Allgemeines

1 § 40 enthält die Anforderungen an Leitungsanlagen sowie Installationsschächte und -kanäle. Der Gesetzgeber formuliert die Anforderungen an diese Anlagen, indem er die Schutzziele beschreibt. Die Voraussetzungen für die Verlegung von Leitungen, Schächten und Kanälen und die technische Umsetzung sind im Einzelfall zu prüfen. Dabei ist vor allem auf die bauaufsichtlich eingeführten Richtlinien abzustellen.

2. Führung durch raumabschließende Bauteile (Absatz 1)

2 Absatz 1 stellt Anforderungen an die Führung von Leitungen durch raumabschließende Bauteile. Diese sind erforderlich, weil die Durchführung von Leitungen eine Schwachstelle bei der Verhinderung einer Brandausbreitung

bedeuten kann. Konkretisiert wird die allgemeine Anforderung durch die als Technische Baubestimmung eingeführte Leitungsanlagen-Richtlinie.

Die Ausnahme in § 35 Abs. 4 a. F. hat der Gesetzgeber musterbauordnungskonform auf die Durchführung durch Decken von Gebäuden der Gebäudeklassen 1 und 2, innerhalb von Wohnungen und innerhalb von Nutzungseinheiten mit insgesamt nicht mehr als 400 m² in nicht mehr als zwei Geschossen erweitert. Dementsprechend ist die Lüftungsanlagen-Richtlinie (ABl. 2006 S. 747) für diese Gebäude bzw. Gebäudeteile nicht anzuwenden. Die Abweichung nach Absatz 4 lässt die Anforderungen nach anderen Vorschriften unberührt. 3

3. Zulässigkeit in Treppenräumen, deren Ausgängen und notwendigen Fluren (Absatz 2)

Absatz 2 stellt als maßgebendes Kriterium für die Zulässigkeit von Leitungsanlagen in Treppenräumen, Ausgängen von Treppenräumen und notwendigen Fluren darauf ab, dass die Nutzbarkeit als Rettungsweg im Brandfall ausreichend lange möglich sein muss. Diese Voraussetzung hat der Gesetzgeber in den folgenden Absätzen nicht weiter konkretisiert, so dass insoweit allein auf die Technischen Baubestimmungen und Richtlinien, insbesondere die Leitungsanlagen-Richtlinie (ABl. 2006 S. 765) abzustellen ist. 4

Absatz 2 gilt nur für Leitungen, nicht aber Schächte und Kanäle 5

4. Durchdringung von raumabschließenden Bauteilen (Absatz 3)

Nach Absatz 3 regelt, dass in dem Fall, dass Installationsschächte und -kanäle raumabschließende Bauteile, für die eine Feuerwiderstandsfähigkeit vorgeschrieben ist, durchdringen, die Regelungen über Vorkehrungen gegen die Brandausbreitung, über die Verwendung brennbarer Baustoffe und über die Verhinderung der Übertragung von Gerüchen und Staub in andere Räume entsprechend anzuwenden sind. Damit reagiert der Gesetzgeber darauf, dass es bei Installationsschächten und -kanälen in gleicher Weise zur Durchdringung von raumabschließenden Bauteilen kommt und ein über die reine Leitungsführung hinausgehender Hohlraum entsteht. 6

§ 41
Lüftungsanlagen

(1) Lüftungsanlagen müssen betriebssicher und brandsicher sein; sie dürfen den ordnungsgemäßen Betrieb von Feuerungsanlagen nicht beeinträchtigen.

(2) [1]Lüftungsleitungen sowie deren Bekleidungen und Dämmstoffe müssen aus nichtbrennbaren Baustoffen bestehen; brennbare Baustoffe sind zulässig, wenn ein Beitrag der Lüftungsleitung zur Brandentstehung und Brandweiterleitung nicht zu befürchten ist. [2]Lüftungsleitungen dürfen raumabschließende Bauteile, für die eine Feuerwiderstandsfähigkeit vorgeschrieben ist, nur überbrücken, wenn eine Brandausbreitung ausreichend lang nicht zu befürchten ist oder wenn Vorkehrungen hiergegen getroffen sind.

(3) Lüftungsanlagen sind so herzustellen, dass sie Gerüche und Staub nicht in andere Räume übertragen.

(4) [1]Lüftungsanlagen dürfen nicht in Abgasanlagen eingeführt werden; die gemeinsame Nutzung von Lüftungsleitungen zur Lüftung und zur Ableitung der Abgase von Feuerstätten ist zulässig, wenn keine Bedenken wegen der Betriebssicherheit und des Brandschutzes bestehen. [2]Die Abluft ist ins Freie zu führen. [3]Nicht zur Lüftungsanlage gehörende Einrichtungen sind in Lüftungsleitungen unzulässig.

(5) Die Absätze 2 und 3 gelten nicht
1. **für Gebäude der Gebäudeklassen 1 und 2,**
2. **innerhalb von Wohnungen,**
3. **innerhalb derselben Nutzungseinheit mit nicht mehr als 400 Quadratmeter in nicht mehr als zwei Geschossen.**

(6) Für raumlufttechnische Anlagen und Warmluftheizungen gelten die Absätze 1 bis 5 entsprechend.

Übersicht

1. Allgemeines

§ 41 erfasst die Regelungen für Lüftungsanlagen in einem eigenen Paragraphen und stellt klar, dass sie sich hinsichtlich der Risikobetrachtung und der daraus abzuleitenden Anforderungen von den Leitungsanlagen im Sinne von § 40 unterscheiden. 1

Die Bedeutung dieser Regelung wird dadurch erhellt, dass Lüftungsanlagen für die Nutzung von Räumen in vielen Fällen unabdingbar sind, vgl. etwa Lüftungsanlagen in Räumen ohne Außenfenster (Toiletten und Bäder) gem. DIN 18017 sowie Bauaufsichtliche Richtlinie über die Lüftung fensterloser Küchen, Bäder und Toilettenräume in Wohnungen (ABl. 2002 S. 654, geändert durch die Richtlinie vom 11. März 2004, ABl. 2004 S. 223). 2

In Absatz 3 ist das bei der Herstellung von Lüftungsanlagen über den Brandschutz hinausgehende Schutzziel formuliert. Es soll verhindert werden, dass unerwünschte Gerüche, Staub und Schall, die sich durch Lüftungsanlagen besonders gut verbreiten, in andere Geschosse und andere Räume übertragen werden. 3

Die wiederkehrende Prüfung für Lüftungsanlagen ist im Land Brandenburg in der Verordnung über die Ausführung von Schornsteinfegerarbeiten (Kehr- und Überprüfungsordnung) vom 27. Oktober 2009 (GVBl. II Nr. 39), geändert durch Verordnung vom 5. Dezember 2012 (GVBl. II/12, [Nr. 107]), geregelt. Die Verordnungs-Ermächtigung beruht auf § 1 Abs. 1 Satz 3 des Schornsteinfeger-Handwerksgesetzes vom 26. November 2008 (BGBl. I S. 2242), das zuletzt durch Artikel 16 des Gesetzes vom 16. Oktober 2020 (BGBl. I S. 2187) geändert worden ist. 4

2. Anforderungen an Lüftungsanlagen (Absatz 1)

5 Absatz 1 verlangt, dass Lüftungsanlagen betriebs- und brandsicher sein müssen. Dazu gehören die Leitungen, Schächte und Kanäle von raumlufttechnischen Anlagen. Lüftungsleitungen sind nur dann betriebs- und brandsicher, wenn sie auch den ordnungsgemäßen Betrieb von Feuerungsanlagen nicht beeinträchtigen. Betriebssicher sind sie, wenn bei ihrem Betrieb Gefahren für die Nutzer des Gebäudes nicht verursacht werden können. Dazu sind die Betriebsanleitungen zu beachten. Die Lüftungsanlagen sind entsprechend den jeweiligen Vorschriften zu warten und instand zu halten, vgl. § 16 Abs. 4 und 10 BbgVBauV (GVBl. II/17, [Nr. 60]) und §§ 15 ff. BbgGStV (GVBl. II/17, [Nr. 61]) sowie BbgSGPrüfV (GVBl. II/03, [Nr. 24], S. 557; GVBl. II/20, [Nr. 82], S. 4).

6 Brandsicher sind Lüftungsanlagen, wenn sie im Brandfall nicht dazu beitragen, Feuer und Rauch aus anderen Gebäudeteilen oder Räumen zu verbreiten und weiterzuleiten. Dazu sind die technischen Anforderungen der Richtlinie über brandschutztechnische Anforderungen an Lüftungsanlagen – Lüftungsanlagen-Richtlinie (ABl. 2006 S. 747) zu beachten.

7 Der ordnungsgemäße Betrieb von Feuerungsanlagen nach Halbsatz 2 wird nicht beeinträchtigt, wenn die Nachluftzuströmung sichergestellt ist. Dies ist insbesondere dann von Relevanz, wenn die Lüftungsanlagen ihre Zuluft aus den Räumen beziehen, wie dies für fensterlose Küchen, Bäder und Toiletten (DIN 18017) vorgesehen ist. Es muss auch sichergestellt werden, dass durch solche Abluftanlagen die Gase aus den Feuerstätten nicht in den Raum dringen.

8 Die „Komfortfunktion" der Anlagen ist dagegen kein bauaufsichtliches Schutzziel. Ergänzende Regelungen zur Vermeidung von Gefahren, die beim gleichzeitigen Betrieb von Feuerungs- und Lüftungsanlagen auftreten können, enthält die Brandenburgische Feuerungsverordnung.

3. Brandschutzanforderungen (Absatz 2)

9 Satz 1 enthält die Brandschutzanforderungen an die Baustoffe von Lüftungsleitungen einschließlich ihrer Dämmstoffe und Bekleidungen. Nach Satz 1, 1. Halbsatz müssen Lüftungsleitungen, die durch raumabschließende Bauteile durchgeführt werden, einschließlich Verkleidungen und Dämmstoffen aus nichtbrennbaren Baustoffen hergestellt werden. Nichtbrennbar sind Baustoffe der Baustoffklasse A nach DIN 4102-1, vgl. dazu auch Lüftungsanlagen-Richtlinie (ABl. 2006 S. 747).

10 Die Verwendung brennbarer Baustoffe ist nach Halbsatz 2 zulässig, wenn ein Beitrag der Lüftungsleitung zur Brandentstehung und Brandweiterleitung

nicht zu befürchten ist. Dies ist im Einzelfall zu prüfen und sachverständig festzustellen.

Satz 2 fordert, dass alle Bauteile, die im Brandfall gegen die Brandausweitung widerstandsfähig sein müssen, diese Eigenschaft durch die Installation von Lüftungsleitungen nicht verlieren. Neben der Frage der Durchführung durch diese Bauteile steht im Vordergrund der Risikobetrachtung die mögliche Brandausbreitung durch die Funktion bzw. Geometrie der Lüftungsanlage (Transport von Feuer und Rauch). Konkretisiert werden die allgemeinen Anforderungen durch die Muster-Richtlinie über brandschutztechnische Anforderungen an Lüftungsanlagen. 11

4. Hygiene (Absatz 3)

Absatz 3 dient der Verhinderung der Übertragung von Krankheitserregern. Diesen Anforderungen kann durch die Lage der Lüftungen, insbesondere der Einlassöffnungen der Zuluft, Rechnung getragen werden. Ggf. sind besondere Filter zu installieren. 12

5. Trennung von Abluft- und Abgasführung (Absatz 4)

Durch die in Absatz 4 vorgeschriebene Trennung von Abluft- und Abgasführung soll verhindert werden, dass bei ungünstigen Witterungslagen Abgase über die Lüftungsanlagen in Aufenthaltsräume gelangen. Die Trennung ist entbehrlich, wenn durch technische Vorkehrungen dieses Risiko ausgeschlossen wird oder aus anderen Gründen Gefahren nicht zu erwarten sind. 13

6. Ausnahmen (Absatz 5)

Die in Absatz 5 getroffenen Ausnahmen betreffen kleinere Nutzungseinheiten, bei denen Gefahren üblicherweise nicht zu erwarten sind oder bei denen sich die Nichteinhaltung der Grundanforderungen nur innerhalb der Nutzungseinheit mit einem eng begrenzten Nutzerkreis auswirkt. 14

7. Übertragung der Anforderungen auf andere Anlagen (Absatz 6)

Absatz 6 erklärt die Anforderungen an Lüftungsanlagen auch für andere Anlagen für entsprechend anwendbar, da es auch bei diesen Anlagen zu einer Durchdringung raumabschließender Bauteile kommt und Gefahren entstehen können. 15

§ 42
Feuerungsanlagen, sonstige Anlagen zur Wärmeerzeugung, Brennstoffversorgung

(1) Feuerstätten und Abgasanlagen (Feuerungsanlagen) müssen betriebssicher und brandsicher sein.

(2) Feuerstätten dürfen in Räumen nur aufgestellt werden, wenn nach der Art der Feuerstätte und nach Lage, Größe, baulicher Beschaffenheit und Nutzung der Räume Gefahren nicht entstehen.

(3) [1]Abgase von Feuerstätten sind durch Abgasleitungen, Schornsteine und Verbindungsstücke (Abgasanlagen) so abzuführen, dass keine Gefahren oder unzumutbaren Belästigungen entstehen. [2]Abgasanlagen sind in solcher Zahl und Lage und so herzustellen, dass die Feuerstätten des Gebäudes ordnungsgemäß angeschlossen werden können. [3]Sie müssen leicht gereinigt werden können.

(4) [1]Behälter und Rohrleitungen für brennbare Gase und Flüssigkeiten müssen betriebssicher und brandsicher sein. [2]Diese Behälter sowie feste Brennstoffe sind so aufzustellen oder zu lagern, dass keine Gefahren oder unzumutbaren Belästigungen entstehen.

(5) Für die Aufstellung von ortsfesten Verbrennungsmotoren, Blockheizkraftwerken, Brennstoffzellen und Verdichtern sowie die Ableitung ihrer Verbrennungsgase gelten die Absätze 1 bis 3 entsprechend.

Übersicht

1. Allgemeines

1 § 42 enthält Grundregeln für Feuerungsanlagen und für die Brennstofflagerung. Der Begriff der Feuerstätte ist in § 2 Abs. 8 definiert.

Der Bedarf für eine besondere Regelung über diese Anlagen resultiert aus der Gefahr, die von diesen Anlagen für einen Brandausbruch ausgehen, und aus dem Umstand, dass diese Anlagen regelmäßig in den von Menschen genutzten Gebäuden und Räumen installiert sind.

Anlagen, die mit Hilfe von Verbrennungsprozessen (auch) Wärme erzeugen, 2
aber keine Feuerstätten sind, werden betreffend die Aufstellung und Ableitung der Verbrennungsgase erfasst, da bei der Ableitung dieser Abgase durch das Gebäude bauliche Vorkehrungen zum Gesundheits- und Brandschutz erforderlich sind. Ergänzende Anforderungen enthält die Brandenburgische Feuerungsverordnung.

Für Feuerungsanlagen oder deren einzelne Komponenten bestehen außerhalb des 3
Bauordnungsrechts noch spezielle Regelungen und Genehmigungspflichten aus anderen Rechtsbereichen, insbesondere dem Immissionsschutz-, Arbeitsschutz-, Wasser- und Energieeinsparungsrecht sowie dem Schornsteinfegerrecht.

An eine Feuerstätte werden nur dann bauordnungsrechtliche Anforderungen 4
gestellt, wenn sie ortsgebunden ist und konstruktiv bzw. baulich mit einem Gebäude oder einer baulichen Anlage verbunden ist. Es sollen nur diejenigen Feuerstätten erfasst werden, von denen für Gebäude und deren Nutzer unmittelbar Gefahren ausgehen können, deren Bekämpfung in den originären Tätigkeitsbereich der Bauaufsichtsbehörde fällt, *vgl. LT-Drucks. 6/3268, S. 63.*

Durch die Novelle 2016 ist die Pflicht zur Bescheinigung der Betriebs- und 5
Brandsicherheit durch den Bezirksschornsteinfegermeister, vgl. § 34 Abs. 6 a. F. entfallen. Zu beachten ist aber das Schornsteinfegermeistergesetz. Daneben gilt die Verordnung über kleine und mittlere Feuerungsanlagen vom 26. Januar 2010 (BGBl. I S. 38), die zuletzt durch Artikel 105 der Verordnung vom 19. Juni 2020 (BGBl. I S. 132) geändert worden ist. Bundesrechtlich ist durch § 59 Schornsteinfeger-Handwerksgesetz, das auf Anlage I Kapitel V Sachgebiet B Abschnitt III Nr. 3 Buchstabe e des Einigungsvertrags vom 31. August 1990 (BGBl. 1990 II S. 885, 1 000) verweist, vorgeschrieben, dass die Ausstellung der Bescheinigung bei der Prüfung von Feuerstätten zum Anschluss an bestehende Hausschornsteine zu den durchzuführenden Aufgaben des Bezirksschornsteinfegermeisters gehört.

Das Betretungsrecht für die mit der Überprüfung beauftragten Personen ergibt 6
sich aus § 1 Abs. 3 des Schornsteinfegergesetzes sowie § 58 Abs. 4. Die Bauaufsichtsbehörde kann nach § 58 Abs. 2 Satz 2 vom Bauherrn die Vorlage einer Bescheinigung über die Abnahme der Feuerungsanlage durch den Bezirksschornsteinfegermeister verlangen, wenn der Bauherr seiner Verpflichtung nicht nachgekommen ist, die Feuerungsanlage durch den Bezirksschornsteinfegermeister überprüfen zu lassen, *vgl. OVG Münster, BauR 2003, 1205.*

2. Anforderungen an Feuerungsanlagen (Absatz 1)

7 Absatz 1 regelt die Grundanforderung für Feuerungsanlagen. Feuerungsanlagen sind Feuerstätten im Sinne von § 2 Abs. 8 sowie Abgasanlagen, zu denen auch Schornsteine und Abgasleitungen gehören. Sie müssen betriebs- und brandsicher sein. Sowohl durch den Betrieb der Anlagen als auch im Brandfall, etwa bei Rußbrand, darf es nicht zu Gefahren für Nutzer und Dritte kommen. Dies wird sichergestellt, wenn die Anlagen regelmäßig entsprechend den nachfolgenden Absätzen und den technischen Bestimmungen errichtet, gewartet und instandgehalten werden.

8 Ergänzend sind insbesondere die Brandenburgische Feuerungsverordnung (BbgFeuV) vom 13. Januar 2006 (GVBl. II S. 58), geändert durch Verordnung vom 13. September 2010 (GVBl. II Nr. 61), die Technischen Baubestimmungen, das Gebäudeenergiegesetz und die 1. BImSchV zu beachten.

3. Anforderungen an Aufstellung von Feuerstätten (Absatz 2)

9 Absatz 2 bestimmt Anforderungen an die Aufstellung von Feuerstätten, indem die Eigenschaft der Räume, in denen sie aufgestellt werden, normiert wird.

4. Anforderungen an Abgasanlagen (Absatz 3)

10 Absatz 3 enthält die grundsätzlichen Anforderungen an die Abgasanlagen. Der Begriff der Abgasanlage ist ein Sammelbegriff für alle technischen Einrichtungen, mit denen die Abgase von Feuerstätten für Brennstoffe jeglicher Art abgeführt werden. In aller Regel sind Abgasanlagen Schornsteine oder Abgasleitungen sowie die zugehörigen Verbindungsstücke zwischen den Anlagen und Feuerstätten. Schornsteine sind rußbeständige Schächte, die Abgase von Feuerstätten für feste Brennstoffe über das Dach ins Freie leiten. Abgasleitungen sind Leitungen oder Schächte, die nur Abgase von Feuerstätten für flüssige oder gasförmige Brennstoffe ableiten. Welche Feuerstätten an Schornsteine oder Abgasleitungen im Einzelnen angeschlossen werden dürfen, folgt bei Abgasanlagen mit Ü-Zeichen aus der Übereinstimmungsbestätigung (§ 21) und bei Abgasanlagen mit CE-Kennzeichnung aus dem Konformitätsnachweis gemäß der Richtlinie der Europäischen Gemeinschaft, die der CE-Kennzeichnung zugrunde liegt.

11 Die Anforderungen nach Absatz 3 verlangen regelmäßig, dass Abgasanlagen so verlegt werden, dass die Abgase über das Dach abgeleitet werden. Lage und Höhe der Abgasanlagen müssen so gewählt werden, dass die austretenden Abgase keine Gefahren oder unzumutbaren Belästigungen verursachen. Es dürfen durch die Leitungen weder die angrenzenden Bauteile und Räume übermäßig erhitzt werden, noch dürfen die Abgase in andere Räume oder

Gebäudeteile, auch nicht von außen, eindringen. Abgasanlagen dürfen nach Satz 2 den Schall nicht weiterleiten. Gem. Satz 3 müssen sie leicht und sicher zu reinigen sein. Sie müssen dafür gut zugänglich sein. Es sind entsprechende Vorrichtungen auf dem Dach zu schaffen.

5. Anforderungen an Brennstoffversorgungsanlagen (Absatz 4)

Absatz 4 regelt die grundsätzlichen Anforderungen an Brennstoffversorgungsanlagen, insbesondere an Behälter und Rohrleitungen. Brennstoffversorgungsanlagen bilden eine bauliche und betriebstechnische Einheit mit den Feuerungsanlagen. Bauordnungsrechtlich gehören sie jedoch nicht zur Feuerungsanlage. Nach dem Sachzusammenhang werden die Anforderungen jedoch in § 42 geregelt. 12

Brennstoffversorgungsanlagen sind insbesondere Behälteranlagen für Heizöl oder Flüssiggas. Neben den sehr allgemein gehaltenen baurechtlichen Anforderungen ergeben sich konkrete Anforderungen aus §§ 11 und 12 BbgFeuV sowie aus der Verordnung über die Anwendung von Verordnungen nach § 14 des Geräte- und Produktsicherheitsgesetzes für bauliche Anlagen im Land Brandenburg (GVBl. II 2007 Nr. 3 S. 22). Auch wasserrechtliche Vorgaben sind zu beachten. 13

6. Anforderungen an ortsfesten Verbrennungsmotoren, Blockheizkraftwerken, Brennstoffzellen (Absatz 5)

Absatz 5 regelt die entsprechende Anwendung der Absätze 1 bis 3 für die Aufstellung von ortsfesten Verbrennungsmotoren, Blockheizkraftwerken, Brennstoffzellen und Verdichtern sowie für die Ableitung ihrer Verbrennungsgase. Die Anlagen selbst unterliegen nicht dem Bauordnungsrecht. 14

Eine entsprechende Geltung von Absatz 4 muss nicht angeordnet werden, da dieser unmittelbar gilt, wenn die in Absatz 5 genannten Anlagen über Brennstoffversorgungsanlagen, namentlich entsprechende Behälter und Rohrleitungen, verfügen. 15

7. Technische Bestimmungen

Die Anforderungen der Bauordnung werden durch technische Regelungen ergänzt. Neben der Feuerungsverordnung (FeuVO) finden sich Bestimmungen über die Errichtung und den Betrieb dieser Anlagen in: 16

§ 4 der 1. BImSchV: Normiert sind dort die allgemeinen Anforderungen, dass *„Feuerungsanlagen für feste Brennstoffe nur betrieben werden (dürfen), wenn sie sich in einem ordnungsgemäßen technischen Zustand befinden. Sie dürfen nur mit Brennstoffen nach § 3 Abs. 1 (der 1. BImSchV – d. Red.) betrieben werden, für deren Einsatz* 17 *sie nach Angaben des Herstellers geeignet sind. Errichtung und Betrieb haben sich nach den Vorgaben des Herstellers zu richten."*

18 In den §§ 6–11 der 1. BImSchV sind die Emissionen für Gas- und Ölfeuerungsanlagen in Abhängigkeit von der Art der Brennstoffe begrenzt. Die in der Verordnung vorgegebenen Emissionsbegrenzungen beziehen sich auf einen Volumengehalt an Sauerstoff im Abgas von 13 Prozent. Grenzwerte werden für die Emission von Kohlenmonoxid und Stickoxiden vorgegeben. Weiterhin werden Mindestnutzungs- und Wirkungsgrade sowie Grenzwerte für Abgasverluste festgeschrieben.

19 Die 4. BImSchV gilt für die Errichtung, die Beschaffenheit und den Betrieb von Feuerungsanlagen, die in deren Anhang 1 aufgeführt sind. Hierbei handelt es sich in der Regel um größere Anlagen wie beispielsweise Anlagen zur Erzeugung von Strom, Dampf, Warmwasser, Prozesswärme oder erhitztem Abgas durch den Einsatz von Brennstoffen in einer Verbrennungseinrichtung (wie Kraftwerk, Heizkraftwerk, Heizwerk, Gasturbinenanlage, Verbrennungsmotoranlage, sonstige Feuerungsanlage), einschließlich zugehöriger Dampfkessel, mit einer Feuerungswärmeleistung von 50 Megawatt oder mehr. Diese Anlagen bedürfen nach § 1 der 4. BImSchV einer „Genehmigung, soweit den Umständen nach zu erwarten ist, dass sie länger als während der zwölf Monate, die auf die Inbetriebnahme folgen, an demselben Ort betrieben werden."

20 Die 13. BImSchV gilt für die Errichtung, die Beschaffenheit und den Betrieb von Feuerungsanlagen, einschließlich Gasturbinen- und Gasmotoranlagen sowie Gasturbinen- und Gasmotoranlagen zum Antrieb von Arbeitsmaschinen, mit einer Feuerungswärmeleistung von 50 Megawatt oder mehr, unabhängig davon, welche Brennstoffe oder welche Arten von Brennstoffen eingesetzt werden (Feuerungsanlagen). Diese Verordnung benennt Anforderungen an Feuerungsanlagen zur Vorsorge gegen schädliche Umwelteinwirkungen nach § 5 Abs. 1 Nr. 2 BImSchG und zur Nutzung der entstehenden Wärme nach § 5 Abs. 1 Nr. 4 BImSchG und zur Erfüllung von Luftqualitätsanforderungen der Europäischen Gemeinschaften oder der Europäischen Union nach § 48a Abs. 1 und 3 BImSchG.

21 Die 17. BImSchV regelt die Errichtung, die Beschaffenheit und den Betrieb von genehmigungsbedürftigen Abfallverbrennungs- und Abfallmitverbrennungsanlagen, in denen Abfälle und Stoffe (§ 1 Abs. 1 der 17. BImSchV) eingesetzt werden. Diese Anlagen unterliegen wegen der hohen Schadstoffemissionen als größere Feuerungsanlagen den immissionsschutzrechtlichen Bestimmungen nach dem BImSchG.

§ 43
Sanitäre Anlagen

Fensterlose Bäder und Toiletten sind nur zulässig, wenn eine wirksame Lüftung gewährleistet ist.

Die Brandenburgische Bauordnung stellt außer bei Wohnungen (siehe § 48 Abs. 3) keine Anforderung an die Ausstattung von Gebäuden mit Bädern und Toiletten. Gefordert ist auch nicht deren Lage oder Ausstattung. Nach § 43 muss aber bei fensterlosen Bädern oder Toiletten eine wirksame Lüftung gewährleistet sein. Die Forderung wird konkretisiert durch die als Technische Baubestimmung eingeführte Bauaufsichtliche Richtlinie über die Lüftung fensterloser Küchen, Bäder und Toilettenräume in Wohnungen. 1

Die in § 43 Abs. 2 Musterbauordnung geregelte Pflicht, in jede Wohnung einen eigenen Wasserzähler einzubauen, hat der Gesetzgeber nicht übernommen. Diese Pflicht ergibt sich bereits aus der Verordnung über die verbrauchsabhängige Abrechnung der Heiz- und Warmwasserkosten (Verordnung über Heizkostenabrechnung – HeizkostenV). 2

Der Einbau eines Kaltwasserzählers ist ebenfalls nicht gefordert, weil es sich dabei nicht um eine bauordnungsrechtliche Anforderung handelt. Mit dem Ersten Gesetz zum Abbau bürokratischer Hemmnisse im Land Brandenburg (Landtag Brandenburg Drucksache 4/2735) wurde die seinerzeit in § 37 Abs. 2 a.F. enthaltene Regelung zu Wasserzählern aus der Brandenburgischen Bauordnung ersatzlos gestrichen. Die Regelung, dass jede Nutzungseinheit einen eigenen Wasserzähler haben muss, ist keine Anforderung, die aus Gründen der Gefahrenabwehr im Sinne der Generalklausel des § 3 bauaufsichtlich erforderlich wäre. Soweit mit der Regelung eines Kaltwasserzählers eine Reduzierung des individuellen Wasserverbrauchs erreicht werden soll, gehört die Regelungsmaterie nicht in den Bereich baurechtlicher Vorschriften. Die öffentlich-rechtliche Forderung nach Wasserzählern kann sich aus den Satzungen oder Anschlussbedingungen der Wasserversorgungsunternehmen ergeben. Soweit mit der Regelung die Umlage der Kosten des Wasserverbrauchs erleichtert werden soll, handelt es sich um eine dem Privatrecht, insbesondere dem Mietrecht bzw. dem Wohnungseigentumsrecht zuzuordnende Rechtsmaterie. 3

Die in § 37 Abs. 2 a.F. enthaltene Regelung zur Löschwasserversorgung ist in der Novelle 2016 ersatzlos gestrichen worden. Nach § 3 Abs. 1 Nr. 1 Brandenburgisches Brand- und Katastrophenschutzgesetz ist den amtsfreien Gemeinden, Ämtern und kreisfreien Städten als Träger des Brandschutzes die Aufgabe der Sicherstellung einer den örtlichen Verhältnissen angemessenen Löschwasserversorgung übertragen worden. Nach § 3 Abs. 2 Nr. 1 Brandenburgisches Brand- und Katastrophenschutzgesetz müssen die amtsfreien Gemeinden und 4 die Ämter sowie die kreisfreien Städte die angemessene Löschwasserversorgung bestimmen. Zudem gehört die Löschwasserversorgung zur planungsrechtlichen Erschließung, *vgl. OVG Berlin-Brandenburg, B. v. 25.07.2018 – OVG 11 S 4.18 –, juris.*

§ 44
Kleinkläranlagen, Gruben

[1]Kleinkläranlagen und Gruben müssen wasserdicht und ausreichend groß sein. [2]Sie müssen eine dichte und sichere Abdeckung sowie Reinigungs- und Entleerungsöffnungen haben. [3]Diese Öffnungen dürfen nur vom Freien aus zugänglich sein. [4]Die Anlagen sind so zu entlüften, dass Gesundheitsschäden oder unzumutbare Belästigungen nicht entstehen. [5]Die Zuleitungen zu Abwasserentsorgungsanlagen müssen geschlossen, dicht, und, soweit erforderlich, zum Reinigen eingerichtet sein.

Übersicht

1. Allgemeines

1 Der Gesetzgeber hat in der Novelle 2016 den Umfang der Regelung über Kleinkläranlagen und Gruben stark auf das bauordnungsrechtlich Erforderliche reduziert, um überflüssige Doppelregelungen im Verhältnis zum bauplanungsrechtlichen Erfordernis der gesicherten Erschließung, zum Wasserrecht und zu den einschlägigen gemeindlichen Anschluss- und Benutzungssatzungen zu vermeiden. Der dem Nachbarschutz dienenden Vorschrift des § 38 Abs. 4 a. F. kommt nach Auffassung des Gesetzgebers im Verhältnis zum Immissionsschutzrecht und zum bauplanungsrechtlichen Rücksichtnahmegebot kein eigenständiger Regelungsgehalt zu, *vgl. LT-Drucks. 6/3268, S. 66.* Die verbleibende Regelung ist musterbauordnungskonform geregelt.

2 Neben den bauordnungsrechtlichen Anforderungen sind auch die wasserrechtlichen Vorgaben zu beachten, vgl. dazu auch die Richtlinie über den Einsatz von Kleinkläranlagen vom 28.03.2003 (ABl S. 467) und die Brandenburgische Kommunalabwasserverordnung.

2. Anforderungen an Kleinkläranlagen und Gruben

3 Satz 1 benennt bauordnungsrechtliche Anforderungen an Errichtung, Lage und Betrieb von Kleinkläranlagen und abflusslosen Sammelgruben.

4 Kleinkläranlagen und Sammelgruben müssen wasserdicht und ausreichend groß sein. Wasserdicht sind die Anlagen, wenn etwa durch Korrosionsschutz

oder die Verwendung von Kunststoffen die dauerhafte Haltbarkeit der Anlage gesichert ist.

5 Die Größe der Anlage muss so dimensioniert sein, dass nach dem Einwohnerwert der angeschlossenen baulichen Anlage sichergestellt ist, dass die Anlagen nicht überlaufen können oder während des Entleerungsrhythmus nicht vorzeitig gefüllt sind. Sie müssen eine dichte und sichere Abdeckung sowie Reinigungs- und Entleerungsöffnungen haben. Durch die Abdeckung soll sichergestellt werden, dass nicht Regen, Schnee oder Oberflächenwasser eindringt und dadurch die geplante Aufnahmefähigkeit der Anlage reduziert wird. Reinigungs- und Entleerungsöffnungen müssen so angebracht werden, dass die Anlage nicht nur gut zugänglich ist, sondern auch bei der Entleerung keine Abwässer austreten können. Die Öffnungen müssen im Freien liegen, so dass bei deren Öffnung verhindert wird, dass austretende Gase in bauliche Anlagen oder Aufenthaltsräume gelangen. Aber auch bei der Lage der Öffnungen im Freien ist sicherzustellen, dass die Anlagen entlüftet werden, ohne dass Gesundheitsschäden oder unzumutbare Belästigungen entstehen.

6 Entsprechende Anforderungen gelten auch für die Zuleitungen zu den Abwasserbeseitigungsanlagen. Diese müssen geschlossen, dicht und, soweit erforderlich, zum Reinigen eingerichtet sein.

§ 45
Aufbewahrung fester Abfallstoffe

Feste Abfallstoffe dürfen innerhalb von Gebäuden vorübergehend aufbewahrt werden, in Gebäuden der Gebäudeklassen 3 bis 5 jedoch nur, wenn die dafür bestimmten Räume
1. **Trennwände und Decken als raumabschließende Bauteile mit der Feuerwiderstandsfähigkeit der tragenden Wände und**
2. **Öffnungen vom Gebäudeinnern zum Aufstellraum mit feuerhemmenden, dicht und selbstschließenden Abschlüssen haben,**
3. **unmittelbar vom Freien entleert werden können und**
4. **eine ständig wirksame Lüftung haben.**

Übersicht

1. Allgemeines

1 § 45 regelt die vorübergehende Aufbewahrung von festen Abfallstoffen innerhalb eines Gebäudes. Der Gesetzgeber berücksichtigt bei der Neuregelung, dass Abfälle nicht nur in Behältern, sondern auch in Abfalltüten (Gelber Sack) gesammelt werden.

2 Für Gebäude der Gebäudeklassen 3 bis 5 enthält die Vorschrift in Nummern 1 bis 4 zusätzliche materielle Anforderungen an die Räume des Gebäudes, die für die vorübergehende Aufbewahrung bestimmt sind.

3 Durch die Novelle 2016 entfallen die Anforderung einer befestigten Fläche auf dem Grundstück für Behälter (§ 39 Satz 1 a. F.) sowie die Regelung zu Müllabwurfschächten (§ 39 Satz 3 a. F.). Der Gesetzgeber setzt damit fort, was bereits im Rahmen der Diskussion um den Bürokratieabbau *(vgl. 2. Brandenburgische Bürokratieabbaugesetz, GVBl. I 2007 S. 125ff.; dazu Otto, LKV 2008, 67 und Dyllick/Neubauer, LKV 2008, 97ff.; s. a. das 1. Gesetz zum Abbau von Bürokratischen Hemnissen im Land Brandenburg, GVBl. I 2006 S. 74ff.; dazu Dyllick/Neubauer, LKV 2007, 18ff.)* vorgeschlagen wurde. So sollte auf die Regelung von Abständen verzichtet und die Anforderungen an öffentliche Flächen für die Aufstellung von Abfall- und Wertstoffbehältern gestrichen werden *(vgl. LT-Drucks. 4/6401).* Die frühere Abstandsregelung war nach Auffassung des Gesetzgebers bauaufsichtlich nicht erforderlich, da nachbarliche Abwehransprüche auf

Unterlassung wesentlicher Beeinträchtigungen durch Gerüche und andere von einem Grundstück ausgehende Einwirkungen einfacher und schneller auf zivilrechtlichem Weg nach § 1004 in Verbindung mit § 906 des Bürgerlichen Gesetzbuchs durchgesetzt werden können. Der Gesetzgeber hat deshalb bei der Änderung der Bauordnung 2008 die Regelungen über Wertstoff- und Abfallbehälter auf nur noch unabdingbare bauordnungsrechtliche Mindestanforderungen reduziert. Der Gesetzgeber verzichtet folglich auf die Bestimmungen über die Anforderungen an Abstände und an die Sicherheit und Leichtigkeit des Verkehrs. Die Regelung des § 39 a. F. erfasste daher nicht mehr den Schutz des Nachbarn. Auch § 45 ist nicht nachbarschützend.

4 Die bauplanungsrechtlichen Anforderungen ebenso wie die Vorgaben des Kreislaufwirtschaftsgesetzes (KrWG) und des Brandenburgischen Abfallgesetzes (BbgAbfG) bleiben von § 45 unberührt und sind deshalb zusätzlich zu beachten. Dies gilt ebenso für bauordnungsrechtliche Regelungen in örtlichen Bauvorschriften. Für Verkaufsstätten gelten zudem noch die Regelungen in § 23 BbgVBauV.

2. Anforderungen an Räume (Satz 1)

5 Innerhalb von Gebäuden dürfen nach Satz 1 feste Abfallstoffe, gleich ob in Behältern, Eimern, Tüten, nicht dauerhaft, sondern nur zeitweilig aufbewahrt werden. Für Gebäude der Gebäudeklasse 1 und 2 stellt der Gesetzgeber keine Anforderungen an die Beschaffenheit der Räume. Es sind aber die allgemeinen Anforderungen des § 3 Satz 1 zu beachten. Regelmäßig müssen die dafür vorgesehenen Räume belüftet werden können.

3. Besondere Anforderungen an Räume (Satz 2)

6 Für Gebäude der Gebäudeklassen 3, 4 und 5 stellt der Gesetzgeber Anforderungen an die für die vorübergehende Aufbewahrung bestimmten Räume. Die Räume zur vorübergehenden Aufbewahrung fester Abfallstoffe müssen Trennwände und Decken haben, die als raumabschließende Bauteile entsprechend der Feuerwiderstandsfähigkeit der tragenden Bauteile des Gebäudes feuerwiderstandsfähig sind. Die Lage des Aufbewahrungsraums im Verhältnis zu anderen Räumen ist nicht geregelt. Zulässig wäre es daher auch, solche Räume dafür zu bestimmen, die an Wänden von Wohn- und Schlafräumen angrenzen.

7 Aufbewahrungsräume dürfen Öffnungen zu Aufenthaltsräumen im Sinne von § 2 Abs. 5. nicht haben. Öffnungen zu anderen Räumen müssen dichtschließende, selbstschließende und mindestens feuerhemmende Abschlüsse haben.

Die Räume müssen von außen zugänglich sein, so dass sie unmittelbar nach 8
außen entleert werden können. Erforderlich ist eine ständig wirksame Lüftung. Bei Sonderbauten könnte als besondere Anforderung die Installation einer Fußbodenentwässerung mit Geruchverschluss verlangt werden.

§ 46
Blitzschutzanlagen

Bauliche Anlagen, bei denen nach Lage, Bauart oder Nutzung Blitzschlag leicht eintreten oder zu schweren Folgen führen kann, sind mit dauernd wirksamen Blitzschutzanlagen zu versehen.

Übersicht

1. Allgemeines

1 § 46 regelt wie § 12 Abs. 3 a. F. Blitzschutzanlagen. Aufgabe einer Blitzschutzanlage ist der Schutz von baulichen Anlagen durch unmittelbare Blitzschläge sowie durch die mittelbaren Folgen dieses Ereignisses. Blitzschläge können Brände verursachen und schwere, teilweise tödliche Körperverletzungen verursachen. Vor allem exponiert liegende Gebäude werden daher mit Blitzschutzanlagen ausgerüstet. Weitere Vorgaben für die Installierung von Blitzschutzanlagen ergeben sich aus den Sonderbauregelungen und Sonderbaurichtlinien, etwa für Versammlungsstätten, Verkaufsstätten, Kindergärten, Schulen, Krankenhäusern. Die Bauaufsichtsbehörden können nach Maßgabe dieser Regelungen Anordnungen über die Installation von Blitzschutzanlagen treffen.

2 Blitzschutzanlagen bieten einen äußeren Blitzschutz mit Fangleitungen, Ableitern und Erdern. Der innere Blitzschutz wird durch Potentialausgleich oder Überspannungsschutz geschaffen. Wie diese Anlagen zu installieren sind, folgt auch aus den VDE-Normen als anerkannte Regeln der Technik.

3 Neben den bauordnungsrechtlichen Vorgaben stehen die Maßgaben der Sachversicherer, die eine Blitzschutzanlage (zivilrechtlich) fordern können. Kommt der Versicherungsnehmer dieser Forderung nicht nach, kann er seinen Versicherungsschutz verlieren.

2. Erforderlichkeit einer Blitzschutzanlage

Kriterien für die Erforderlichkeit einer Blitzschutzanlage sind die von der baulichen Anlage ausgehende Brandgefahr, die Anzahl der Nutzer, die Lage der Anlage und die Topographie der Umgebung. Am Ortsrand gelegene Bauten sind einer höheren Gefahr eines Blitzschlags ausgesetzt als in innerörtlichen Lage. Höhere Gebäude sind ebenfalls stärker gefährdet. Entsprechendes gilt für die Lage der Anlage auf Bergen oder Hügeln. Bedeutsam ist, ob die bauliche Anlage leicht entzündlich bzw. brennbar ist. Eine besondere Brandgefahr besteht bei baulichen Anlagen mit Reet- oder Strohdeckung (weiche Bedachung). Das Gleiche gilt, wenn im Gebäude mit leicht entzündlichen explosiven Materialien umgegangen wird. Durch eine Blitzschutzanlage kann die Explosions- oder Brandgefahr erheblich verringert werden. 4

In Gebäuden oder Anlagen, in denen sich eine große Anzahl von Menschen aufhält, kann eine Blitzschutzanlage erforderlich werden, um die Brandgefahr zu verringern, weil der Selbstschutz der Nutzer vermindert sein kann. 5

Die Erforderlichkeit einer Blitzschutzanlage und die Auswahl der Schutzmaßnahmen können durch eine Risikoanalyse nach DIN EN 62305-1 – (VDE 0185-305-1) festgestellt werden. Ergänzend sind die Schutzklasse von baulichen Anlagen nach der VdS-Richtlinie 2010 „Risikoorientierter Blitz- und Überspannungsschutz, Richtlinie zur Schadensverhütung" zu berücksichtigen. 6

3. Genehmigungspflicht und Überprüfung von Blitzschutzanlagen

Die nachträgliche Montage einer Blitzschutzanlage ist nach § 61 Abs. 1 Nr. 2 baugenehmigungsfrei. Die Blitzschutzanlage gehört zur technischen Gebäudeausrüstung. Wird die Blitzschutzanlage gemeinsam mit der genehmigungspflichtigen baulichen Anlage errichtet und installiert, unterliegt auch die Blitzschutzanlage der Baugenehmigungspflicht. 7

Die Bauaufsichtsbehörde kann nach § 51 über die Stellung einer besonderen Anforderung bei Sonderbauten eine regelmäßige Überprüfung von Blitzschutzanlagen fordern. Eine solche Forderung kann Auflage der Baugenehmigung sein. Daneben kann eine Prüfung der Anlagen nach den Regeln der Technik, insbesondere nach DIN EN 62305-3 (VDE 0185-305-3) erforderlich sein. 8

4. Technische Regeln für eine Blitzschutzanlage

Die Bauordnung regelt lediglich die grundlegenden Anforderungen an Blitzschutzanlagen, ohne Details der technischen Ausführung zu bestimmen. Maßgeblich dafür sind zahlreiche Normen, Richtlinien und Arbeitsblätter. 9

- DIN 57 185 Teil/VDE 0185 Teil 1 – Blitzschutzanlagen: Allgemeine Richtlinie für das Errichten
- DIN 57 185 Teil 2/VDE 0185 Teil 2 – Blitzschutzanlagen; Errichten von besonderen Blitzschutzanlagen
- DIN EN 62561-1:2013-02; VDE 0185-561-1:2013-02 – Blitzschutzsystembauteile (LPSC) – Teil 1: Anforderungen an Verbindungsbauteile
- DIN EN 62561-2:2013-02; VDE 0185-561-2:2013-02 – Teil 2: Anforderungen an Leiter und Erder (IEC 62561-2:2012, modifiziert)
- DIN EN 62305-1 VDE 0185-305-1:2011-10 Blitzschutz – Teil 1 – Allgemeine Grundsätze
- DIN EN 62305-2:2013-02; VDE 0185-305-2:2013-02 Blitzschutz – Teil 2: Risiko-Management (IEC 62305-2:2010, modifiziert)
- DIN EN 62305-2 Beiblatt 2:2013-02; VDE 0185-305-2 Beiblatt 2:2013-02 – Blitzschutz – Teil 2: Risiko-Management – Beiblatt 2: Berechnungshilfe zur Abschätzung des Schadensrisikos für bauliche Anlagen
- DIN EN 62305-3:2011-10; VDE 0185-305-3:2011-10 – Blitzschutz – Teil 3: Schutz von baulichen Anlagen und Personen (IEC 62305-3:2010, modifiziert)
- DIN EN 62305-3 Beiblatt 3:2012-10; VDE 0185-305-3 Beiblatt 3:2012-10 – Blitzschutz – Teil 3: Schutz von baulichen Anlagen und Personen – Beiblatt 3: Zusätzliche Informationen für die Prüfung und Wartung von Blitzschutzsystemen
- DIN EN 62305-4 VDE 0185-305-4:2011-10 – Blitzschutz – Teil 4: Elektrische und elektronische Systeme in baulichen Anlagen (IEC 62305-4:2010, modifiziert)
- DIN 18014:2014-03 – Fundamenterder – Planung, Ausführung und Dokumentation
- DIN 18384 – VOB Vergabe- und Vertragsordnung für Bauleistungen – Teil C: Allgemeine Technische Vertragsbedingungen für Bauleistungen (ATV) – Blitzschutzanlagen – Ausgabe 2012-09
- Die Richtlinienreihe VDI 3819 „Brandschutz in der Gebäudetechnik", bestehend aus den drei Blättern:
  - VDI 3819 Blatt 1 „Brandschutz in der Gebäudetechnik; Gesetze, Verordnungen, Technische Regeln"
  - VDI 3819 Blatt 2 „Brandschutz in der Gebäudetechnik; Funktionen und Wechselwirkungen"
  - VDI 3819 Blatt 3 „Brandschutz in der Gebäudetechnik; Brandschutzplanung und -einweisung; Pflichten, Inhalt und Dokumentation"
- VdS 2010: 2010-09 – Risikoorientierter Blitz- und Überspannungsschutz – Unverbindliche Richtlinien zur Schadenverhütung

Abschnitt 7
Nutzungsbedingte Anforderungen

§ 47
Aufenthaltsräume

(1) [1]Aufenthaltsräume müssen eine lichte Raumhöhe von mindestens 2,40 Meter haben. [2]Dies gilt nicht für Aufenthaltsräume in Wohngebäuden der Gebäudeklassen 1 und 2 sowie für Aufenthaltsräume im Dachraum.

(2) [1]Aufenthaltsräume müssen ausreichend belüftet und mit Tageslicht beleuchtet werden können. [2]Sie müssen Fenster mit einem Rohbaumaß der Fensteröffnungen von mindestens ein Achtel der Netto-Grundfläche des Raumes einschließlich der Netto-Grundfläche verglaster Vorbauten und Loggien haben.

(3) [1]Aufenthaltsräume, deren Nutzung eine Beleuchtung mit Tageslicht verbietet, sind ohne Belichtungsöffnungen zulässig. [2]Aufenthaltsräume ohne Belichtungsöffnungen müssen durch technische Einrichtungen ausreichend beleuchtet und belüftet werden können.

Übersicht

1. Allgemeines

Die Regelung in § 40 knüpft an die Definition des Aufenthaltsraums in § 2 Abs. 5 an. Danach sind Aufenthaltsräume die Räume, die zum nicht nur vorübergehenden Aufenthalt von Menschen bestimmt oder nach Lage und Größe dazu geeignet sind. Ob sie nach Lage und Größe **geeignet** sind, als Aufenthaltsraum zu fungieren, folgt aus § 47. Diese Regelung ist von Bedeutung für die Feststellung, ob ein Dachgeschoss ein Vollgeschoss im Sinne von § 88 Abs. 2 ist. Denn nach § 2 Abs. 4 a. F. gelten Hohlräume zwischen der obersten Decke und der Bedachung nur dann als Vollgeschoss, wenn in ihnen Aufenthaltsräume möglich sind. Entscheidend für die Eigenschaft eines Hohlraums als Vollgeschoss ist also nicht, ob ein Aufenthaltsraum dort liegt oder als solcher genutzt wird, sondern ob er nach § 47 möglich ist. Dies ist grundsätzlich der Fall, wenn 1 die Gebäudeausmaße es zulassen, dass ein Raum entsteht, der die für einen Aufenthaltsraum nötigen Voraussetzungen einer ausreichenden Nutzfläche und lichten Raumhöhe aufweist, *vgl. OVG Schleswig, B. v. 5.6.2023 – 2 B 14/23.* Es dürfen zugleich tatsächliche oder rechtliche Umstände nicht vorliegen, die den Aufenthaltsraum unmöglich machen.

2 Problematisch ist die Anwendung des § 47 in Verbindung mit der übergeleiteten Vollgeschossregelung in § 2 Abs. 4 a.F. bei der Anwendung von Bebauungsplänen, die vor Inkrafttreten dieser Bauordnung beschlossen wurden. Da die für die Bestimmung des Inhalts der Regelungen des Bebauungsplans gem. § 214 Abs. 3 BauGB die Rechtslage im Zeitpunkt des Satzungsbeschlusses ausschlaggebend ist **(statische Verweisung)**, gilt für diese Bebauungspläne nicht nur § 2 Abs. 4 BbgBO a.F. weiter, sondern auch § 40 a.F. über die Anforderungen an Aufenthaltsräume, soweit von dieser Regelung abhängt, ob ein Geschoss ein Vollgeschoss ist oder nicht, zur statischen Verweisung *vgl. OVG Koblenz, B. v. 09.12.2020 – 8 B 11336/20 –und U. v. 19.08.1993 – 1 A 11759/92. OVG –; ebenso: VGH Mannheim, U. v. 15.02.1984 – 3 S 1279/83-; B. v. 27.01.1999 – 8 S 19.99 –; OVG Saarland, B. v. 28.07.1986 – 2 R 191/86 –; OVG Münster, B. v. 03.05.2018 – 10 A 2937/15 –; Grigoleit/Otto, BauNVO, § 20, Rn. 60; a. A.: VGH Kassel, B. v. 26.07.1984 – 4 TG 1669/84 –; König/Petz, in: König/Roeser/Stock, BauNVO, 4. Aufl. 2019, § 20, Rn. 7.* Der Verweis auf § 40 a.F. wird immer dann relevant, wenn ein Geschoss nach alter Rechtslage kein Vollgeschoss ist, weil ein Aufenthaltsraum nicht möglich war, nach neuer Rechtslage aber als Vollgeschoss gilt, weil ein Aufenthaltsraum möglich ist. Da die neue Regelung weniger streng ist, kann es zu Unterschieden in der Bewertung eines Raumes als Aufenthaltsraum kommen, wenn dieser in Gebäuden der Gebäudeklasse 1 und 2 oder im Dachgeschoss liegt und eine lichte Höhe von weniger als 2,40 m bzw. im Dachgeschoss von weniger als 2,30 m besitzt oder wenn die Grundfläche nicht für einen Aufenthaltsraum ausreichend ist.

3 Aufenthaltsräume, die die Anforderungen nach § 47 und den sonstigen bauordnungsrechtlichen Regelungen erfüllen, können auch in Kellergeschossen und Dachräumen liegen. Einer gesonderten Regelung solcher Aufenthaltsräume bedarf es nach Auffassung des Gesetzgebers nicht.

2. Bauliche Anforderungen an Aufenthaltsräume (Absatz 1)

4 Der Gesetzgeber formuliert in Absatz 1 für die Dimensionierung von Räumen als Voraussetzung dafür, dass sie Aufenthaltsräume sein dürfen, nach der Novelle 2016 nur noch ein Kriterium, nämlich die **lichte Höhe** von mindestens 2,40 m. In der Novelle 2016 wurde auf das vormalige zweite Kriterium, die „ausreichende Grundfläche“ verzichtet. Der Gesetzgeber hält dieses Kriterium für bauaufsichtlich irrelevant und deshalb überflüssig. Damit bleibt nur noch die Grundanforderung an die lichte Raumhöhe (2,40 m) erhalten. Satz 2

nimmt von dieser Anforderung an die lichte Raumhöhe Aufenthaltsräume in Wohngebäuden der Gebäudeklassen 1 und 2 aus. Er geht davon aus, dass die Bildung von Standards insoweit dem Markt überlassen bleiben kann. Diese Marktgläubigkeit ist ein wenig überzeugendes Argument, da in der Bauordnung Mindestanforderungen normiert werden sollen, die das Marktverhalten bestimmen sollen. Ansonsten könnte der Glaube an den Markt zahlreiche weitere Anforderungen, etwa diejenigen in §§ 9, 43, oder 47, entbehrlich machen. Sachgerecht ist die Annahme, dass die Raumhöhe in Anlehnung an § 4 Nr. 1 Wohnflächenverordnung 2 m betragen muss.

Für Aufenthaltsräume im Dachgeschoss werden ebenfalls keine Mindesthöhen mehr vorgesehen. Der Gesetzgeber meint, dass insoweit keine besondere Schutzbedürftigkeit besteht. Eine differenzierte Regelung für den Dachgeschossausbau in bestehenden Gebäuden erscheint nach seiner Auffassung nicht gerechtfertigt. Auch dies überzeugt nicht. 5

Ergänzend ist § 23 Abs. 1 ArbStättV zu beachten. Danach muss ein Arbeitsraum eine Größe von mindestens 8 m² besitzen. Die Mindesthöhe von Arbeitsräumen beträgt nach § 23 Abs. 2 ArbStättV 2,50 m. Für Wohnräume gilt ein solches Mindestmaß nicht, auch nicht analog. Nach *VGH Kassel, U. v. 23.04.2001 – 4 UE 4782/96* –, müssen für jede Person mindestens 6 m² zuzüglich Nebenräume zur Mitbenutzung zum Leben zur Verfügung stehen. Nach *VGH München, U. v. 25.05.2000 – 2 B 93.3969* –, kann für eine Einraumwohnung mit Kochnische und Bad/WC eine Fläche von insgesamt ca. 16 m² ausreichen. 6

Ein Aufenthaltsraum muss eine lichte Höhe von 2,40 m haben. Die lichte Höhe ist die Höhe zwischen der Oberfläche des Fußbodens und der Unterfläche der Decke bzw. der Deckenverkleidung. Gefordert ist nur, dass es eine lichte Raumhöhe von 2,40 m geben muss, nicht aber, dass diese Höhe über der gesamten Grundfläche zu bestehen hat. Folglich kann die Raumhöhe über Teile der Grundfläche des Raumes unter 2,40 Meter liegen. Wird die lichte Raumhöhe an einer Stelle erreicht, so ist dem Absatz 1 entsprochen. 7

Der Ausbau von Dachgeschossen wird dadurch erleichtert, dass Dachräume selbst eine lichte Höhe von 2,30 m nicht mehr erreichen müssen. Dachraum ist der Raum, der zwischen der Decke des obersten Geschosses und der Dachhaut bzw. dem Tragwerk des Daches liegt, *vgl. OVG Berlin, U. v. 10.03.1989 – 2 B 4.87.* Die Abweichung vom Regelmaß für Dachräume ist gesetzlich zugelassen, so dass eine Entscheidung nach § 67 entbehrlich ist. 8

3. Belichtung und Belüftung von Arbeitsräumen (Absatz 2)

Aufenthaltsräume müssen nach Absatz 2 ausreichend mit Tageslicht beleuchtet und belüftet werden können. Die Grundanforderung nach ausreichender 9

Belüftung gilt für alle Aufenthaltsräume; wie sie erfüllt wird, ist eine Frage des konkreten Einzelfalls. Der Gesetzgeber hält die ausreichende Beleuchtung und Belüftung für eine wesentliche Voraussetzung, um gesunde Wohn- und Arbeitsverhältnisse zu schaffen. Darüber hinaus sollen sie dem Wohlbefinden der Bewohner dienen, weil sie einen Ausblick ins Freie gewähren, *vgl. OVG Münster, U. v. 30.06.1983 – 11 A 2491/82.* Die Mindestbesonnungsdauer beträgt nach den Vorgaben der DIN EN 17037 1,5 Stunden, *vgl. dazu VGH München B. v. 24.11.2021 – 2 CS 21.2600.* Dieser Wert ist jedoch unverbindlich, weil die DIN EN 17037 eine nicht eingeführte technische Baubestimmung ist. Die ebenfalls unbeachtliche DIN 5034-1 enthält keine Empfehlungen mehr zur Mindestbesonnungsdauer von Wohnungen.

10 Satz 2 konkretisiert und präzisiert die Anforderung an die ausreichende Belichtung. Um den Einfall von ausreichendem Tageslicht in die Räume zu ermöglichen, müssen die Fenster ein Rohbaumaß der Belichtungsöffnungen von mindestens einem Achtel der relevanten Grundfläche des Raumes, einschließlich der Grundfläche verglaster Vorbauten oder Loggien, betragen. Die Grundfläche von Vorbauten, die die Beleuchtung des Raumes mit Tageslicht beeinträchtigen, ist mit einzubeziehen. Grundflächen, deren lichte Höhe unter **1,50 m** beträgt, sind nach der Rechtsprechung des OVG Berlin-Brandenburg *(U. v. 09.04.2019 – OVG 6 A 1.18 –)* bei der Grundflächenberechnung zu berücksichtigen. Nach Sinn und Zweck der Regelung über das „Achtelmaß" solle die Mindestanforderung an die Fläche von notwendigen Fenstern der Hauptfunktion von Fenstern in Aufenthaltsräumen Rechnung tragen, die sich zusammenfassend als technische, biologische und psychophysische Funktionen benennen ließen *(vgl. OVG Münster, B. v. 5.02.1998 – 10 A 3019/94 –).* Es gehe bei der Bemessung der Fensterflächen sowohl um die Erzielung eines hinreichenden subjektiven Helligkeitseindrucks mit Tageslicht als auch um die Herstellung einer ausreichenden Sichtverbindung nach außen (vgl. DIN 5034-1:2011-07 S. 1 Ziffer 1). In der DIN 5034-1 werde dem entsprechend darauf hingewiesen, dass die in den Bauordnungen der meisten Länder geforderte Mindestfenstergröße (Rohbauöffnung) von einem Achtel der Grundfläche des Raumes hinsichtlich der Beleuchtung mit Tageslicht eine notwendige, aber gegebenenfalls nicht hinreichende Voraussetzung sei (dort S. 12 Ziffer 4.3.1.1 Anmerkung 2). Damit unterscheidet sich die Mindestanforderung an die Belichtung von der Mindestanforderung an die lichte Raumhöhe, mit der keine vergleichbaren Schutzziele verfolgt würden. Überzeugend ist diese Argumentation nicht, die darauf gerichtet ist, die Annahme, dass Raumhöhen von unter 1,50 Meter bei der Berechnung der Grundfläche unberücksichtigt bleiben. Denn diese Flächen dienen regelmäßig nicht zum dauernden Aufenthalt, so dass sie nicht an der Belichtung teilhaben müssen, die für die Flächen mit größerer Raumhöhe über die 1/8-Regelung errichtet wird. Dem entsprechend regeln andere Bauordnungen die Ausnahme von Raumhöhen geringer als 1,50 Meter aus der Berechnung, vgl. BauO BW § 34 Abs. 2 Satz 2, BayBauO

Art. 45 Abs. 1 Satz 1 und Abs. 2 Satz 2, den Aspekt der Nicht-Nutzbarkeit im Dachgeschoss gelegener Räume mit schrägen Wänden herausstellend *Simon/Busse/Nolte, BayBO Art. 45 Rn. 5.* Der Hinweis auf die in der DIN 5034 genannten Werte ist unergiebig, beziehen sich deren Qualitätsstandards auf die ungünstigste Situation im Bereich des unteren Geschosses. Werden diese Werte verfehlt, bedeutet dies nicht, dass mangels Belichtung ein Verstoß gegen § 3 vorliegt. Dieser Verstoß wird auch nicht indiziert.

Die Verwendung von **Glasbausteinen** statt Fenster ist in der Regel nicht geeig- 11
net, den Raum ausreichend zu belichten, weil Glasbausteine wegen ihrer verminderten Lichtdurchlässigkeit Fenstern nicht gleichstehen, *vgl. VG Cottbus, B. v. 17.06.2004 – 3 A 428/01.Z –; VGH Mannheim, U. v. 28.03.1979 – II 1455/77 –;* und auch keine genügende Belüftung und Aussicht ermöglichen, *vgl. OVG Münster, U. v. 30.06.1983 – 11 A 2491/82.*

Die Missachtung der Vorgaben des § 47 Abs. 2 in Baugenehmigungsverfahren, 12
die zu den grundlegenden Anforderungen zur Sicherung gesunder Wohnverhältnisse gehören, stellt einen besonders schwerwiegenden Fehler dar, der sich allen Beteiligten nachgerade aufdrängen muss und damit auch offensichtlich ist, so dass die Baugenehmigung nach § 44 Abs. 1 VwVfG nichtig sein soll, *vgl. VG Cottbus, B. v. 17.06.2004 – 3 A 428/01.Z.* Dies wird jedoch allenfalls dann anzunehmen sein, wenn der Verstoß offensichtlich und gravierend ist.

4. Belichtung von Aufenthaltsräumen ohne Tageslicht (Absatz 3)

Aufenthaltsräume, deren Nutzung eine Beleuchtung mit Tageslicht verbietet, weil 13
Tageslicht der Nutzung entgegensteht, wie z.B. Dunkelkammern, Laborräume, Theater- oder Kinoräume sind zulässig, ohne dass es Öffnungen für die Belichtung geben muss. Die Aufenthaltsräume, die ohne Tageslicht bleiben sollen, deren Nutzung aber auch bei Tageslicht zulässig und möglich ist, können nur im Wege einer Abweichung nach § 67 zugelassen werden. Dann muss sichergestellt sein, dass diese Räume durch künstliches Licht ausreichend belichtet sind, der Blick ins Freie nicht erforderlich ist und die ausreichende Belüftung gesichert ist.

Technische Regelungen über die künstliche Belichtung finden sich in 14
DIN 5035, zur Belüftung in DIN 1946.

Die Erteilung von Abweichungen von den Anforderungen des Absatzes 3 nach 15
§ 67 dürfte bei Wohnräumen regelmäßig ausgeschlossen sein. Zu berücksichtigen ist auch, dass nach § 7 Abs. 1 ArbStättV Arbeits-, Pausen-, Bereitschafts-, Liege- und Sanitätsräume grundsätzlich eine Sichtverbindung nach außen haben müssen. Jedoch können fensterlose Räume nach § 7 Abs. 1 ArbStättV zulässig sein. Aufenthaltsräume ohne Belichtungsöffnungen müssen durch technische Einrichtungen ausreichend beleuchtet und belüftet werden können.

§ 48
Wohnungen

(1) [1]Innerhalb jeder Wohnung müssen die technischen Voraussetzungen für den Einbau einer Küche vorhanden sein. [2]§ 43 findet entsprechende Anwendung.

(2) In Wohngebäuden der Gebäudeklassen 3 bis 5 sind leicht erreichbare und barrierefrei zugängliche Abstellräume für Rollstühle, Kinderwagen, Mobilitätshilfsmittel und Fahrräder sowie für jede Wohnung ein ausreichend großer Abstellraum herzustellen.

(3) Jede Wohnung muss ein Bad mit Badewanne oder Dusche und eine Toilette haben.

(4) [1]In Wohnungen müssen
1. Aufenthaltsräume, ausgenommen Küchen, und
2. Flure, über die Rettungswege von Aufenthaltsräumen führen,
jeweils mindestens einen Rauchwarnmelder haben. [2]Die Rauchwarnmelder müssen so eingebaut oder angebracht und betrieben werden, dass Brandrauch frühzeitig erkannt und gemeldet wird. [3]Bestehende Wohnungen sind bis zum 31. Dezember 2020 entsprechend auszustatten.

(5) Werden Nutzungseinheiten mit Aufenthaltsräumen in rechtmäßig bestehenden Gebäuden in Wohnraum umgenutzt, sind auf bestehende Bauteile die §§ 6, 27, 28, 30, 31 und 32 nicht anzuwenden.

Übersicht

1. Allgemeines

1 In § 48 werden die bauaufsichtlichen Mindestanforderungen an Wohnungen normiert. Der Gesetzgeber hatte in der Novelle 2016 die Regelung über Wohnungen deutlich gestrafft. Es sind nur noch Mindeststandards festgelegt. Mit der Novelle 2023 ist Abs. 2 ergänzt und der Absatz 5 angefügt worden.

Die Abgeschlossenheit von Wohnungen folgt aus den Brandschutzanforderungen, nach denen raumabschließende Trennwände (§ 29) erforderlich sind. Diese Trennwände müssen nach den eingeführten Technischen Baubestimmungen (DIN 4108, DIN 4109) auch wärme- und schalldämmend sein. Eine Abgeschlossenheit ergibt sich – wie schon bisher – nicht für Wohngebäude der Gebäudeklassen 1 und 2, die von der Trennwandregelung (§ 29 Abs. 6) ausgenommen sind. Da einem bauordnungsrechtlichen Abgeschlossenheitserfordernis ein eigenständiger Regelungsinhalt nicht zukommt, führt der Wegfall dieser Anforderung nach Auffassung des Gesetzgebers nicht zu einer – unter wohnungspolitischen Gesichtspunkten möglicherweise unerwünschten – Veränderung des materiell-rechtlichen Anforderungsniveaus. Der wohnungseigentumsrechtliche Begriff der Abgeschlossenheit steht eigenständig neben dem bauordnungsrechtlichen Abgeschlossenheitsbegriff steht (*vgl. Gemeinsamer Senat der Obersten Gerichtshöfe des Bundes, Beschluss vom 30.06.1992 – GmS-OGB 1/91 –, Fundstelle NJW 1992, 3290*). Folglich bleibt die Rechtsänderung für das Zivilrecht ohne Relevanz.

In der Rechtsprechung wird die Annahme einer Wohnnutzung maßgeblich 2
an eine auf Dauer angelegte Häuslichkeit geknüpft, die durch die Möglichkeit eigenständiger Haushaltsführung und unabhängiger Gestaltung des häuslichen Wirkungskreises gekennzeichnet ist, *vgl. OVG Berlin-Brandenburg, B. v. 06.07.2006 – 2 S 02.06*. Damit wird an den bauplanungsrechtlichen Begriff des Wohnens angeknüpft. Maßgeblich sind das Nutzungskonzept und seine grundsätzliche Verwirklichung, *vgl. BVerwG, U. v. 18.10.2017 – 4 C 5.16 – und B. v. 18.12.2023 – 11 VR 2/23*. Dies setzt vor allem eine eigene Kochgelegenheit für die Zubereitung von Speisen voraus, die eine gewisse Unabhängigkeit von der Inanspruchnahme von Gemeinschaftsräumen, wie Frühstücksraum, Speisesaal usw., gewährleistet. Zu Wohnungen gehören daher in der Regel Kochgelegenheiten, Wasserversorgung, Bad und Toiletten.

Von Wohnungen abzugrenzen sind **Beherbergungsbetriebe**, zu denen auch 3
die Zimmervermietung gehört. Beschränkt sich etwa eine Zimmervermietung auf eine reine Übernachtungsmöglichkeit, so ist der Gast ausstattungsbedingt auf die Inanspruchnahme weiterer Dienstleistungen angewiesen und es handelt sich um einen Beherbergungsbetrieb. Diese Nutzungsform kann kein auf Dauer angelegter Wohnungsersatz sein, weil es an der Möglichkeit einer eigenständigen Haushaltsführung fehlt, *vgl. OVG Hamburg, B. v. 07.01.2000, BRS 63 Nr. 68*. Keine Wohnungen stellen Räume in Wohnheimen und Gemeinschaftsunterkünften dar, in denen Personen nur untergebracht, nicht aber deren Haushalt eingerichtet werden soll. Jedoch indiziert das Fehlen nennenswerter Dienstleistungen, wie sie neben der Zimmervermietung zu einem Beherbergungsbetrieb gehören, eine Zimmernutzung als Wohnnutzung, *vgl. BVerwG, U. v. 29.04.1992, BVerwGE 90, 140.*

4 Ein Boardinghouse, das vor allem für solche Personen gedacht ist, die (meist geschäftlich) über einen längeren Zeitraum am Ort verweilen müssen und denen dabei eine gewisse Eigenständigkeit und Unabhängigkeit von hoteltypischen Serviceleistungen auch aus Kostengründen wichtig ist, *vgl. Hermanns/ Hönig, Das „Boardinghouse" – Wohnnutzung im Sinne des Bauplanungsrechts, BauR 2001, 1523ff.*, stellt eine Übergangsform zwischen einer Wohnnutzung und einem Beherbergungsbetrieb dar. Es hängt von der schwerpunktmäßigen Zuordnung der konkreten Verhältnisse des Einzelfalls ab, ob das Boardinghouse als Wohnnutzung oder als Beherbergungsbetrieb zu beurteilen ist, *vgl. OVG Berlin-Brandenburg, B. v. 06.07.2006 –2 S 02.06.*

5 Mehrere Wohnungen in einem Gebäude gibt es, wenn mehrere selbstständige Haushalte in den Nutzungseinheiten geführt werden können.

2. Kücheneinbaumöglichkeit

6 Nach Absatz 1 Satz 1 muss die Gelegenheit für einen Kücheneinbau vorhanden sein, nicht aber die Küche selbst. Damit unterscheidet sich die Brandenburgische Regelung von der der Musterbauordnung und z. B. der Bauordnung für Berlin. Eine Küche oder Kochnische muss in Brandenburg nicht vorhanden sein. Die Anforderung ist auf das Vorhandensein der technischen Einrichtungen, die für den Einbau einer Küche notwendig sind, beschränkt. Technische Voraussetzungen für den Einbau von Küchen sind vor allem Zu- und Abflüsse, Stromanschlüsse für Herd und Ofen, ggf. Gasanschlüsse für den Gasherd. Die Ablufteinrichtungen für den Herd/Ofen gehören nicht dazu, weil diese nicht unbedingt benötigt werden. Da diese Einrichtungen innerhalb der Wohnung liegen müssen, sind Gemeinschaftsküchen nicht ausreichend, um eine Wohnung zu schaffen. In Gebäuden, die nicht zu Wohnzwecken genutzt werden sollen, kann eine Gemeinschaftsküche jedoch ausreichend sein.

7 Verfügen Räume mit den technischen Voraussetzungen für den Einbau einer Küche nicht über Fensteröffnungen zum Lüften, ordnet Satz 2 die entsprechende Geltung von § 43 an. Damit soll eine wirksame Lüftung solcher Räumlichkeiten gewährleistet werden.

3. Abstellräume und Abstellplätze von Wohngebäuden (Absatz 2)

8 Nach Absatz 2 müssen in Wohngebäuden der Gebäudeklassen 3 bis 5 (vgl. § 2 Abs. 3) zum einen leicht erreichbare und barrierefrei zugängliche Abstellräume für Rollstühle, Kinderwagen, Mobilitätshilfen und Fahrräder sowie zum anderen den einzelnen Wohnungen zugeordnete je eigene Abstellräume vorhanden sein. Die Abstellräume müssen keine besonderen Ausstattungen besitzen, also insbesondere keine Lademöglichkeiten für E-Rollstühle und E-Bikes aufweisen. Da der Gesetzgeber dabei seit der Novelle 2023 auch auf

Mobilitätshilfen abstellt, müssen die Abstellräume auch für die Unterbringung von Rollatoren und Rollstühlen geeignet sein.

Gebäude der Gebäudeklasse 1 und 2 müssen keine Abstellräume haben. Sie brauchen daher in den Bauvorlagen nicht nachgewiesen zu sein. Gebäude, die keine Wohngebäude sind, brauchen Abstellräume ebenfalls nicht zu besitzen. 9

Die Abstellräume für Rollstühle, Kinderwagen, Mobilitätshilfen und Fahrräder müssen für diese Geräte leicht erreichbar und barrierefrei zugänglich sein. Leicht erreichbar sind die Räume, wenn nicht größere Umwege erforderlich sind. Sind die Räume vom Treppenhaus aus erreichbar oder von außen durch eine Tür, ist diese Anforderung der leichten Erreichbarkeit erfüllt. Leicht erreichbar ist hingegen nicht mit bequem erreichbar gleichzusetzen. Es kann also nicht gefordert werden, dass die Abstellräume trockenen Fußes erreichbar sind. Barrierefrei zugänglich sind die Abstellräume, wenn für die Zuwegung die Anforderungen der DIN 18040-2, soweit sie eine eingeführte technische Baubestimmung gem. § 86a Abs. 1 erfüllt sind, *vgl. VV TB 1 vom 3. Mai 2023, ABl. 2023, Nr. 20, S. 492*. Regelmäßig ist diese Anforderung erfüllt, wenn die Räume ebenerdig liegen oder über eine Rampe oder Aufzug zugänglich sind. Die Nutzung von Treppen steht einer barrierefreien Zugänglichkeit in der Regel entgegen. 10

Nach dem Wortlaut der Vorschrift müssen die Räume in den Wohngebäuden liegen. Im Wege der Abweichung kann jedoch zugelassen werden, die Abstellräume in Nebengebäuden oder als Gemeinschaftsanlage in einem Gebäude für mehrere unmittelbar benachbarte Wohngebäude herzustellen. Abweichungen kommen weiterhin bei bestandsgeschützten Gebäuden in Betracht, in denen eine leichte Zugänglichkeit zu den Räumen nicht geschaffen werden kann, weil sich etwa eine Rampe nicht einbauen lässt und ebenerdige Zugänge und Räumlichkeiten nicht vorhanden sind. 11

Von der Festlegung einer Mindestgröße oder Mindestzahl der gemeinsamen Abstellräume wird wegen der vielfältigen Umstände des Einzelfalls abgesehen. Ausreichend ist für ein Wohngebäude ein gemeinsamer Abstellraum für Rollstühle, Kinderwagen, Mobilitätshilfen und Fahrräder. Da der Gesetzgeber für diese Sachen den Plural verwendet, muss Platz in den Räumen so bemessen sein, dass mindestens 2 Rollstühle, 2 Fahrräder und 2 Kinderwagen untergebracht werden können. Nicht gefordert wird, dass in dem Abstellraum Platz für die Rollstühle, Kinderwagen und Fahrräder jeder Wohnung sein müssen. Denn jedenfalls für Fahrräder sind Stellplätze nach § 49 vorgesehen, so dass, wenn diese nach § 49 geschaffen sind, ein Bedarf für Stellflächen in den Abstellräumen regelmäßig nicht mehr besteht. 12

13 Sonstige Abstellräume, die den einzelnen Wohnungen zugeordnet sind, müssen nur ausreichend groß sein, um üblicherweise in solchen Räumen untergebrachte Sachen verstauen zu können, etwa Koffer, Kleidung oder Sportgeräte. Sie müssen jedoch nicht leicht erreichbar oder barrierefrei zugänglich sein. Liegen diese Räume im Keller oder im Dachboden, ist dies zulässig. Ihre Erreichbarkeit über Treppen oder Umwege ist vom Gesetzgeber erlaubt.

4. Bad und Toilette (Absatz 3)

14 Nach Absatz 3 ist es erforderlich, dass jede Wohnung ein Bad mit Badewanne oder eine Dusche und eine Toilette besitzt. Auf die Anforderung, dass die Toilette eine Wasserspülung besitzt, hat der Gesetzgeber in der Novelle 2016 verzichtet. Die Zulässigkeit fensterloser Bäder und Toiletten ist in § 43 geregelt. Die Dimensionierung der Lüftungsanlage richtet sich nach der als technischen Baubestimmung (VV TB 1 vom 3. Mai 2023, ABl. 2023, Nr. 20, S. 492) eingeführten Muster-Verwaltungsvorschrift und der dort verwiesenen Muster-Richtlinie über brandschutztechnische Anforderungen an Lüftungsanlagen (Muster-Lüftungsanlagen-Richtlinie M-LüAR): 2005-09, zuletzt geändert am 11. Dezember 2015).

15 Regelungen über die Toilettenanlagen für Rollstuhlfahrer finden sich – systematisch zusammengefasst – in § 50. Ergänzend sind die Anforderungen an Toilettenanlagen und Sanitäreinrichtungen zu beachten nach:

- § 5 Verordnung über bauaufsichtliche an Camping- und Wochenendhausplätze im Land Brandenburg (Brandenburgische Camping- und Wochenendhausplatz-Verordnung – BbgCWPV) vom 18. Mai 2005,
- § 12 Verordnung über den Bau und Betrieb von Versammlungsstätten im Land Brandenburg (BbgVStättV) vom 28. November 2017 (GVBl. II/18, [Nr. 1]).

5. Rauchwarnmelder (Absatz 4)

16 Absatz 4 verpflichtet zum Einbau von Rauchwarnmeldern in Wohngebäuden.

17 In Satz 1 ist bestimmt, welche Räume jeweils mindestens einen Rauchwarnmelder haben müssen. Da die sog. Holzbauweise auch in der Gebäudeklasse 4 zulässig ist, hält der Gesetzgeber es für sachgerecht, alle Aufenthaltsräume einer Wohnung sowie Flure, über die Rettungswege von Aufenthaltsräumen führen, mit Rauchwarnmeldern auszustatten. Es entspricht nach seiner Auffassung der Lebenswirklichkeit, dass Personen auch in anderen Räumen als Schlafzimmern und Kinderzimmern schlafen bzw. einschlafen, so dass es auch aus diesem Grund sachgerecht sei, alle Aufenthaltsräume mit Rauchwarnmeldern auszustatten. Ausgenommen werden Küchen, die – anders als Bäder – auch als Aufenthaltsräume gelten.

Die öffentlich-rechtliche Verpflichtung nach Satz 1 umfasst den Einbau, die Installation, die ordnungsgemäße Inbetriebnahme sowie die ordnungsgemäße Wartung der Rauchwarnmelder. Diese öffentlich-rechtliche Verpflichtung kann nicht auf Dritte abgewälzt werden. Eine etwaige privatrechtliche Übertragung dieser Verpflichtung auf die Mieter befreit die Ordnungspflichtigen nicht von ihrer öffentlich-rechtlichen Verpflichtung. 18

Satz 2 regelt die Funktion des Rauchwarnmelders. Dieser muss so eingebaut oder angebracht und betrieben werden, dass er seinem Bestimmungszweck entsprechend Brandrauch frühzeitig erkennt und meldet. Allgemein anerkannte Regeln der Technik für den Einbau, den Betrieb und die Installation von Rauchwarnmeldern in Wohnungen gibt die DIN 14676 „Rauchwarnmelder für Wohnhäuser, Wohnungen und Räume mit wohnungsähnlicher Nutzung" vor. Die Verwendung von batteriebetriebenen, kostengünstigen Rauchwarnmeldern ist bauordnungsrechtlich ausreichend. Der Gesetzgeber macht insoweit keine weiteren Vorgaben. Es dürfen aber nur Rauchwarnmelder verwendet werden, die nach dem Bauproduktenrecht zugelassen sind. Das heißt, sie müssen nach der europäisch harmonisierten Bauproduktnorm EN 14604 in Verkehr gebracht worden sein und eine entsprechende Kennzeichnung tragen oder sonst wie zugelassen sein, vgl. §§ 19 f. 19

Satz 3 regelt eine Nachrüstverpflichtung von bestehenden Wohnungen. Bestehende Wohnungen im Sinne des Satzes 3 sind solche, die bis zum Zeitpunkt des Inkrafttretens dieses Gesetzes fertiggestellt sind. In bestehenden Wohnungen bereits vorhandene Rauchwarnmelder dürfen weiterhin genutzt werden, soweit sich die Grundstückseigentümerin oder der Grundstückseigentümer von deren ordnungsgemäßer Ausstattung bzw. Installation überzeugt hat. 20

Der Einbau von Rauchwarnmeldern ist gemäß § 61 Absatz 1 Nummer 2 genehmigungsfrei. 21

6. Privilegierte Umnutzungen in Wohnraum (Absatz 5)

Der Gesetzgeber will mit Absatz 5 die Umnutzung von Nutzungseinheiten mit Aufenthaltsräumen erleichtern. Dies kann einschlägig sein, wenn in einem rechtmäßig bestehenden Gebäude Gewerberäume in Wohnräumen umgenutzt werden. Da die Umnutzung sich auf den Wohnraum, nicht auf Wohnungen bezieht, kann durch die Umnutzung eines Büros (eine Nutzungseinheit) Wohnraum in der Gestalt von 2 Wohnungen geschaffen werden (zwei Nutzungseinheiten). 22

Das Gebäude muss im Zeitpunkt der Umnutzung formell und, soweit die formelle Legalisierung nicht reicht, auch materiell legal sein, s. o. die Kommentierung zu § 6 Abs. 10. Ist das Gebäude in diesem Sinne rechtmäßig, sind bei 23 der Prüfung, ob die Umnutzung der Nutzungseinheit zulässig ist, die bestehenden Anforderungen an Abstandsflächen (§ 6), an tragende Wände, Stützen (§ 27), Außenwände (§ 28), Brandwände (§ 30), Decken (§ 31) und Dächer (§ 32) nicht zu beachten. Der Gesetzgeber sieht diese Anforderungen unabhängig davon, ob die Aufenthaltsräume zum Wohnen oder anders genutzt werden, als von der Umnutzung unberührt an. Durch eine Wohnnutzung werde das Gefahrenpotential nicht erhöht, *vgl. LT-Drucks. 7/7264, S. 26.* Daher brauchen bei einer Umnutzung von bisher anders genutzten Nutzungseinheiten mit Aufenthaltsräumen in Wohnraum die vorgenannten Anforderungen nicht eingehalten zu werden. Erhöht sich z. B. durch die Umnutzung des Gebäudes die die Zahl der Nutzungseinheiten auf drei, so dass der pauschale Abstand von 3 Metern bei Gebäuden der Gebäudeklasse 1 und 2 nicht mehr zum Tragen kommt, und vergrößert sich dadurch die Abstandsfläche, bleibt diese Änderung im Abstandsflächenrecht bei der Zulässigkeitsprüfung außer Betracht.

24 Die Verringerung der Anforderungen gilt nur für bestehende Bauteile. Werden neu Bauteile eingebaut, sind für diese die aktuellen bauordnungsrechtlichen Anforderungen uneingeschränkt zu erfüllen.

§ 49
Notwendige Stellplätze und notwendige Abstellplätze für Fahrräder

(1) Bei der Errichtung, Änderung oder Nutzungsänderung von baulichen Anlagen sowie anderen Anlagen, bei denen ein Zu- oder Abgangsverkehr mittels Kraftfahrzeugen oder mittels Fahrrädern zu erwarten ist, müssen die durch die Gemeinde in einer örtlichen Bauvorschrift nach § 87 festgesetzten notwendigen Stellplätze oder notwendige Abstellplätze für Fahrräder hergestellt werden.

(2) Die notwendigen Stellplätze sowie die notwendigen Abstellplätze für Fahrräder sind auf dem Baugrundstück oder in zumutbarer Entfernung davon auf einem geeigneten Grundstück herzustellen, dessen Benutzung für diesen Zweck öffentlich-rechtlich gesichert wird.

(3) [1]Soweit die Bauherrin oder der Bauherr durch örtliche Bauvorschrift zur Herstellung von notwendigen Stellplätzen oder notwendigen Abstellplätzen für Fahrräder verpflichtet ist, kann die Gemeinde durch öffentlich-rechtlichen Vertrag mit der Bauherrin oder dem Bauherrn vereinbaren, dass die Bauherrin oder der Bauherr ihre oder seine Verpflichtung ganz oder teilweise durch Zahlung eines Geldbetrages an die Gemeinde ablöst (Stellplatzablösevertrag). [2]Der Anspruch der Gemeinde auf Zahlung des im Stellplatzablösevertrag vereinbarten Geldbetrages entsteht mit Baubeginn.

(4) Die Gemeinde hat den Geldbetrag für die Ablösung von notwendigen Stellplätzen oder von notwendigen Abstellplätzen für Fahrräder zu verwenden für

1. die Herstellung zusätzlicher oder die Instandhaltung, die Instandsetzung oder die Modernisierung bestehender Parkeinrichtungen oder die Herstellung von Ladeinfrastruktur für Elektrofahrzeuge,
2. sonstige Maßnahmen zur Entlastung der Straßen vom ruhenden Verkehr einschließlich investiver Maßnahmen des öffentlichen Personennahverkehrs und Maßnahmen zur Verbesserung des Fahrradverkehrs,
3. die Herstellung von Parkeinrichtungen für die gemeinschaftliche Nutzung von Kraftfahrzeugen (Carsharing).

(5) [1]Die Bauaufsichtsbehörde kann zulassen, dass notwendige Stellplätze oder notwendige Abstellplätze für Fahrräder erst innerhalb eines angemessenen Zeitraums nach Fertigstellung der Anlage hergestellt werden. [2]Sie hat die Herstellung auszusetzen, solange und soweit nachweislich ein Bedarf an notwendigen Stellplätzen oder notwendigen Abstellplätzen für Fahrräder nicht besteht und die für die Herstellung erforderlichen Flächen für diesen Zweck durch Baulast gesichert sind.

Übersicht

1. Allgemeines

1 Schwerpunkt der Regelung sind die bauordnungsrechtlichen Anforderungen und die rechtlichen Rahmenbedingungen für die Errichtung notwendiger Stellplätze und Abstellplätze für Fahrräder. Der Begriff „Stellplätze" ist in § 2 Abs. 7 Satz 1 definiert. Der Stellplatzbegriff umfasst auch Garagen.

2. Erforderlichkeit notwendiger Stellplätze und Abstellplätze (Absatz 1)

2 In Absatz 1 wird vorgeschrieben, dass bauliche Anlagen mit einer sich aus örtlichen Bauvorschriften ergebenden Zahl von notwendigen Stellplätzen und Abstellplätzen für Fahrräder ausgestattet sein müssen. Unabdingbare Voraussetzung für die Stellplatzpflicht ist eine Satzung, in der die Zahl der notwendigen Stellplätze und Abstellplätze für Fahrräder festgesetzt ist. Sind danach für eine genehmigungspflichtige bauliche Anlage notwendige Stellplätze und Abstellplätze für Fahrräder erforderlich, muss der Bauherr deshalb mit dem Bauantrag die von der Gemeinde bestimmte Zahl von Stellplätzen und Abstellplätzen für Fahrräder nachweisen. Anderenfalls muss er belegen, dass die Gemeinde eine Abweichung (§ 67) zulässt oder die Stellplätze und Abstellplätze für Fahrräder infolge eines Ablösevertrags nicht mehr erforderlich sind. Dies gilt sowohl bei der Errichtung als auch bei der Nutzungsänderung einer baulichen Anlage.

3 Eine Stellplatzpflicht kann, wenn die Satzung dies regelt, auch bei der bloßen Änderung der baulichen Anlage begründet sein, soweit diese für die Erforderlichkeit von Stellplätzen und Abstellplätzen für Fahrräder deshalb von Relevanz ist, weil sich dadurch die Zahl der Nutzer erhöht. Die Erweiterung oder Vergrößerung einer baulichen Anlage ist als eine Änderung im Sinne dieser Vorschrift zu werten, da diese den Bedarf nach einer größeren Zahl von Stellplätzen auslösen kann. Bei Nutzungs- und anderen Änderungen ist jedoch

nur der dadurch verursachte Mehrbedarf an Stellplätzen zu decken. Nur insoweit wird eine Stellplatzpflicht begründet. Für die bestehende Nutzung sind Stellplätze nicht zu schaffen.

Absatz 1 verzichtet wegen des Subsidiaritätsprinzips darauf, die Anzahl oder 4
die Größe von Stellplätzen und Abstellplätzen für Fahrräder festzulegen. Dies bleibt den Gemeinden vorbehalten. Diese bestimmen die Stellplätze und Abstellplätze nach Art und Zahl der zu erwartenden Kraftfahrzeuge und Fahrräder – abhängig von der Nutzung der baulichen Anlage – in örtlichen Bauvorschriften gem. § 87.

Für die Gemeinde kann sich eine objektivrechtliche Pflicht zur Aufstellung 5
einer Satzung ergeben, da die Genehmigung eines Vorhabens ohne Stellplätze im Einzelfall gegen das nachbarschützende Gebot der Rücksichtnahme verstoßen kann, *vgl. zu diesem Verstoß OVG Bremen, NVwZ-RR 2003, 549.* Eine solche Aufstellungspflicht kann sich ergeben, wenn andernfalls die bestimmungsgemäße Nutzung der benachbarten Grundstücke etwa durch die Beeinträchtigung des „freien Zugangs" behindert wird. Verzichtet die Gemeinde auf eine Stellplatzsatzung, brauchen notwendige Stellplätze und Abstellplätze für Fahrräder nicht nachgewiesen zu werden. Der Bauherr braucht dann an die Gemeinde keine Ablösung zu zahlen. Im Baugenehmigungsverfahren unterliegt die Entscheidung über eine Abweichung (§ 67) von der erforderlichen Zahl notwendiger Stellplätze der Konzentrationswirkung der Baugenehmigung (§ 72 Abs. 1).

3. Lage der notwendigen Stellplätze und Abstellplätze für Fahrräder (Absatz 2)

Die notwendigen Stellplätze und Abstellplätze für Fahrräder sind auf dem 6
Baugrundstück oder in zumutbarer Entfernung davon auf einem geeigneten Grundstück herzustellen, dessen Benutzung für diesen Zweck öffentlich-rechtlich gesichert ist. Die rechtliche Sicherung erfolgt durch die Eintragung einer Baulast gem. § 84. Stellplätze sind dann nicht geeignet, die Stellplatzpflicht zu erfüllen, wenn es sich um sog. „gefangene Stellplätze" handelt, die also hintereinander liegen, *vgl. OVG Koblenz, NVwZ-RR 2003, 548 f.*

Die planungsrechtliche Zulässigkeit von Stellplätzen beurteilt sich nach § 12 7
BauNVO. Nach § 12 Absatz 2 und 3 BauNVO kann die Errichtung von Fremdstellplätzen bauplanungsrechtlich unzulässig sein.

Die planungsrechtliche Zulässigkeit von Fahrradstellplätzen beurteilt sich 8
nach § 14 BauNVO.

4. Stellplatzablösevertrag (Absatz 3)

9 Durch Absatz 3 wird der Gemeinde erlaubt, die Verpflichtung des Bauherrn, notwendige Stellplätze und Fahrradabstellplätze herzustellen, in einem Stellplatzablösevertrag abzulösen. Dabei sind die formellen und materiellen Voraussetzungen eines öffentlich-rechtlichen Vertrags zu beachten, *vgl. §§ 54ff. VwVfG, vgl. dazu VG Potsdam, U. v. 27.07.2007 – 4 K 790/01*. Für den Vollzug der Ablöseverträge ist die Gemeinde selbst zuständig.

5. Verwendung des Ablösebetrags (Absatz 4)

10 Absatz 4 regelt die Verwendung des Stellplatzablösebetrags. Der Gesetzgeber macht die Verwendung zur Pflicht, d.h., die Gemeinde darf das Geld nicht anderweitig verwenden oder als Rücklage in ihren Haushalt einstellen.

11 Durch die Novelle 2020 ist als Verwendungszweck nach **Nummer 1** die Herstellung von Ladeinfrastruktur für Elektrofahrzeuge bestimmt worden. Bei dieser Ladeinfrastruktur handelt es sich vor allem um die Errichtung von Ladesäulen für Elektrofahrzeuge. Die technischen Mindestanforderungen sind in der Ladesäulenverordnung vorgegeben, *vgl. Ladesäulenverordnung vom 9. März 2016 (BGBl. I S. 457), zuletzt durch Artikel 1 der Verordnung vom 17. Juni 2023 (BGBl. 2023 I Nr. 156)*. Zur Ladeinfrastruktur gehören neben den erforderlichen Zuleitungen auch die Flächen, auf denen Fahrzeuge an der Ladestation geparkt werden.

12 Nach der **Nummer 2** darf das Geld für sonstige Maßnahmen zur Entlastung der Straßen vom ruhenden Verkehr verwendet werden. Gemeint sind damit zunächst alle Maßnahmen, die den ruhenden Verkehr aus den Straßen an andere Orte verlagern. Da der Gesetzgeber darunter auch investive Maßnahmen in den öffentlichen Personennahverkehr versteht, darf die Gemeinde das Geld auch dafür verwenden, Alternativen zur Nutzung eigener Kraftfahrzeuge zu schaffen. Dazu gehört der Ausbau des öffentlichen Personennahverkehrs. Ebenso zählen dazu Maßnahmen zur Verbesserung des Fahrradverkehrs, also etwa die Anlage von Fahrradwegen, die Schaffung von Fahrradstellplätzen oder die Möglichkeit, Fahrräder in/mit Fahrzeugen des öffentlichen Personenverkehrs befördern zu können.

13 Nach **Nummer 3** darf der Ablösebetrag auch für die Herstellung von Parkeinrichtungen für die gemeinschaftliche Nutzung von Kraftfahrzeugen **(Carsharing)** verwendet werden. So kann die Gemeinde Stellplatzflächen schaffen, um diese nur den Nutzern von Fahrzeugen zugänglich zu machen, die gemeinschaftlich genutzt werden. Der Landesgesetzgeber hat allerdings nicht definiert, was Carsharing ist. Es kann dazu jedoch auf die Begrifflichkeit im Carsharinggesetz (CsgG) vom 5. Juli 2017 (BGBl. I S. 2230), das durch

Artikel 328 der Verordnung vom 19. Juni 2020 (BGBl. I S. 1328) geändert worden ist, zurückgegriffen werden. Nach § 2 Nr. 1 CsgG ist *ein Carsharingfahrzeug ein Kraftfahrzeug, das einer unbestimmten Anzahl von Fahrern und Fahrerinnen auf der Grundlage einer Rahmenvereinbarung und einem die Energiekosten mit einschließenden Zeit- oder Kilometertarif oder Mischformen solcher Tarife angeboten und selbstständig reserviert und genutzt werden kann.* Carsharing-Fahrzeuge sind anhand der Plakette nach § 4 Abs. 1 und 2 CsgG gekennzeichnet und erkennbar. Nutzen zwei Eheleute ein Auto gemeinschaftlich, handelt es sich daher nicht um Carsharing. Um Carsharing handelt es sich auch nicht, wenn eine Baugemeinschaft oder ein fester Kreis von Personen sich ein Fahrzeug teilt. Stets ist erforderlich, dass eine unbestimmte Zahl von Fahrern das Kraftfahrzeug nutzen darf. Private Modelle des Carsharings, etwas durch Nachbarschaftsinitiativen, sind daher nur dann begünstigt, wenn der Kreis der Fahrer nicht begrenzt wird. Verkehrlich ist die Nutzung der Parkeinrichtungen durch Carsharing-Fahrzeuge regelbar, weil die StVO es erlaubt, bevorrechtigende Zusatzzeichen zu Zeichen 290.1, 314, 314.1 oder 315 zu verwenden, vgl. auch § 39 Abs. 11 StVO.

Regelungen über die Begrenzung der von der Gemeinde zu erhebenden Ablösungsbeträge hält der Gesetzgeber für entbehrlich. Derartige Begrenzungen bleiben der örtlichen Bauvorschrift nach § 86 Abs. 4 überlassen. 14

6. Aussetzung und spätere Herstellung (Absatz 5)

Nach Absatz 5 kann die Bauaufsichtsbehörde zulassen, dass notwendige Stellplätze oder notwendige Abstellplätze für Fahrräder erst innerhalb eines angemessenen Zeitraums nach Fertigstellung der Anlage hergestellt werden. Dies Entscheidung ist in das Ermessen der Behörde gestellt. Bei der Ermessensausübung ist das gesetzgeberische Ziel dieser Regelung von erheblicher Bedeutung, dass nicht mehr Parkplätze gebaut werden als tatsächlich benötigt werden und auch nicht ein Anreiz geschaffen wird, mit dem eigenen Auto zu fahren, anstatt den ÖPNV zu nutzen. 15

Nicht mehr als Ermessens- sondern als bindende Entscheidung hat die Gemeinde nach Satz 2 zu erlauben, dass die Herstellung von Stellplätzen ausgesetzt wird, solange und soweit nachweislich ein Bedarf an notwendigen Stellplätzen oder notwendigen Abstellplätzen für Fahrräder nicht besteht. Der Bedarf muss also tatsächlich entfallen sein. Dies ist vom Antragsteller nachzuweisen, indem er Gründe angibt, die belegen, dass der zu erwartende Verkehr mit Kraftfahrzeugen und Fahrädern unter dem Niveau bleibt, das der Stellplatzsatzung zugrunde gelegt ist. Dies kann der Fall sein, wenn das Baugrundstück sehr gut an den öffentlichen Personennahverkehr angebunden oder so schlecht mit Kraftfahrzeugen zu erreichen ist, dass nicht zu erwarten ist, dass die Nutzer des Grundstücks mit der Zahl privater Kraftfahrzeuge oder Fahrrädern unterwegs sind, die nach der Stellplatzsatzung vorausgesetzt 16 wird. Der Bedarf an notwenigen Stellplätzen kann auch dann reduziert sein, wenn die Nutzer typischerweise nur in geringem Umfang motorisiert sind, wie dies etwa für die in einem Studentenwohnheim untergebrachten Studenten oder die Senioren in einer Seniorenwohnanlage der Fall sein dürfte. Bei einem nur mit Kraftfahrzeugen gut erreichbaren Standort kann die Schaffung von Fahrradstellplätzen entbehrlich werden.

17 Weitere Voraussetzung für die gebundene Entscheidung nach Satz 2 ist, dass die für die Herstellung erforderlichen Flächen für diesen Zweck durch **Baulast** (§ 84) gesichert sind. D.h., durch die Baulast muss sichergestellt werden, dass die Flächen für Stellplätze zur Verfügung stehen, sobald der Bedarf an diesen Stellplätzen nicht mehr nachweislich entfallen ist. Damit diese dann tatsächlich geschaffen werden können, muss der Eigentümer sich in der Baulasterklärung dazu verpflichten, das zu tun, was erforderlich ist, um Stellplätze bedarfsgerecht zu schaffen. Es kann nicht verlangt werden, die Fläche zwischenzeitlich von baulichen Nutzungen freizuhalten. Entscheidend ist, dass der Eigentümer in der Lage sein wird, die Stellplätze zu errichten, ggf. unter Beseitigung von baulichen Anlagen, die für eine Zwischennutzung errichtet und genutzt wurden.

§ 50
Barrierefreies Bauen

(1) [1]In Gebäuden mit mehr als zwei Wohnungen müssen die Wohnungen eines Geschosses barrierefrei erreichbar sein; diese Verpflichtung kann auch durch barrierefrei erreichbare Wohnungen in mehreren Geschossen erfüllt werden. [2]In diesen Wohnungen müssen die Aufenthaltsräume, eine Toilette, ein Bad, der Raum mit den technischen Voraussetzungen für den Einbau einer Küche oder einer Kochnische und, soweit vorhanden, ein Freisitz, wie eine Terrasse, eine Loggia oder ein Balkon, barrierefrei sein. [3]§ 39 Absatz 4 bleibt unberührt. [4]Die Sätze 1 und 2 gelten nicht, wenn durch nachträglichen Ausbau des Dachgeschosses, durch Aufstockung um bis zu zwei Geschosse oder durch Teilung von Wohnungen zusätzliche Wohnungen entstehen.

(2) Bauliche Anlagen, die überwiegend oder ausschließlich von Menschen mit Behinderungen oder aufgrund von Alter oder Krankheit beeinträchtigten Menschen genutzt werden oder ihrer Betreuung dienen, müssen barrierefrei sein.

(3) [1]Bauliche Anlagen, die öffentlich zugänglich sind, müssen in den dem allgemeinen Besucher- und Benutzerverkehr dienenden Teilen barrierefrei sein. [2]Dies gilt insbesondere für
1. Einrichtungen der Kultur und des Bildungs- und Erziehungswesens,
2. Sport- und Freizeitstätten,
3. Einrichtungen des Gesundheitswesens,
4. Büro-, Verwaltungs- und Gerichtsgebäude,
5. Verkaufs-, Gast- und Beherbergungsstätten,
6. Stellplätze, Garagen und Toilettenanlagen.

[3]Für die der zweckentsprechenden Nutzung dienenden Räume und Anlagen genügt es, wenn sie in dem erforderlichen Umfang barrierefrei sind. [4]Toilettenräume für Besucher und Benutzer müssen in der erforderlichen Anzahl barrierefrei sein.

(4) Abweichungen nach § 67 von den Absätzen 1 bis 3 können auch zugelassen werden, soweit die Anforderungen nur mit einem unverhältnismäßigen Mehraufwand erfüllt werden können, insbesondere
1. wegen schwieriger Geländeverhältnisse,
2. wegen des Einbaus eines sonst nicht erforderlichen Aufzugs,
3. wegen ungünstiger vorhandener Bebauung oder
4. im Hinblick auf die Sicherheit der Menschen mit Behinderung.

(5) Für bauliche Anlagen, die überwiegend von Menschen mit Behinderungen oder aufgrund von Alter oder Krankheit beeinträchtigten Menschen

genutzt werden oder ihrer Betreuung dienen, gilt Absatz 3 Satz 3 und 4 entsprechend.

(6) Bauliche Anlagen nach den Absätzen 2 und 3 müssen eine ausreichende Zahl von Stellplätzen für die Kraftfahrzeuge behinderter Menschen haben.

Übersicht

1. Allgemeines

1 Durch § 50 werden die rechtlichen Vorgaben des Behindertengleichstellungsgesetzes vom 27. April 2002 (BGBl. I S. 1467, 1468), zuletzt durch Art. 7 des Gesetzes vom 23. Mai 2022 (BGBl. I S. 760) geändert, und des Brandenburgischen Behindertengleichstellungsgesetzes (BbgBGG vom 20. März 2003, GVBl. I S. 42, geändert durch Art. 8 des Gesetzes v. 18. Dezember 2018 (GVBl. I/18, [Nr. 38], S. 16) in die Bauordnung eingearbeitet. Da der in dem jeweiligen § 4 dieser Gesetze gleichlautend geregelte Grundsatz der Barrierefreiheit unmittelbar gilt, brauchen diese Anforderungen in der Bauordnung zwar nicht wiederholt zu werden. Gleichwohl ist in § 2 Abs. 9 der Begriff „barrierefrei" legal definiert. In § 50 sind darauf aufbauend die spezifischen Anforderungen in Abhängigkeit von Art und Maß der Nutzung baulicher Anlagen geregelt. Daneben gilt die als Technische Baubestimmungen eingeführten DIN 18040 Teil 1 und 2.

2 § 50 soll die bauordnungsrechtlichen Voraussetzungen dafür schaffen, alten Menschen und Menschen mit Behinderung sowie Personen mit Kleinkindern eine ungehinderte Teilhabe am gesellschaftlichen Leben zu ermöglichen. Um dieses Ziel zu erreichen, hält der Gesetzgeber es für notwendig, dass öffentlich zugängliche bauliche Anlagen in den dem allgemeinen Besucherverkehr dienenden Teilen von diesem Personenkreis barrierefrei erreicht und ohne fremde Hilfe zweckentsprechend genutzt werden können. Barrierefrei müssen Gebäude mit mehr als zwei Wohnungen sein.

Durch die Novelle 2023 ist Absatz 4 eingefügt worden, um die Zulässigkeit von Abweichungen nach § 67 für die Besonderheiten der Barrierefreiheit zu präzisieren. Der Absatz 5 ist eingefügt worden, um die Anforderungen des Absatzes 3 Satz 3 und 4 auch an solche baulichen Anlagen zu stellen, die in der genannten Weise genutzt werden. 3

2. Grundanforderungen (Absatz 1)

Zweck des Absatzes 1 ist es, einen Bestand an barrierefrei zugänglichen Wohnungen aufzubauen. In Gebäuden mit mehr als zwei Wohnungen müssen die Wohnungen eines Geschosses barrierefrei erreichbar sein. Für Gebäude, in denen sich keine oder nicht mehr als zwei Wohnungen befinden, kann sich die Verpflichtung zur Barrierefreiheit aus Absätzen 2 und 3 ergeben. Mit dem Halbsatz 2 in Abs. 1 Satz 1 will der Gesetzgeber einem Bedürfnis der Praxis folgend die Verpflichtung zu Barrierefreiheit dadurch flexibler handhaben, dass die barrierefreien Wohnungen in gleichem Umfang auf mehrere Geschosse verteilt werden dürfen. Da Halbsatz 2 auf die Verpflichtung in Halbsatz 1 Bezug nimmt, verringert sich durch die Neuregelung die Zahl der zu schaffenden barrierefrei erreichbaren Wohnungen nicht. Der Verweis darauf, dass § 39 Abs. 4 unberührt bleibt, verdeutlicht, dass diese Vorschrift, die zu den Regelungen über Aufzüge gehört, thematisch mit dem barrierefreien Bauen in Zusammenhang steht. 4

Wohnungen eines Geschosses sind nach Satz 2 und nach § 4 Behindertengleichstellungsgesetz dann barrierefrei, wenn sie für behinderte Menschen in der allgemein üblichen Weise, ohne besondere Erschwernis und grundsätzlich ohne fremde Hilfe zugänglich und nutzbar sind. Was darunter zu verstehen ist, hat der Gesetzgeber durch die Aufzählung der barrierefreien Wohnräume bzw. Wohnflächen konkretisiert. Die Nennung von Freisitzen, wie eine Terrasse, Loggia oder ein Balkon, macht deutlich, dass die Barrierefreiheit nicht auf die Innenräume beschränkt ist, sondern auch für den Außenwohnbereich gilt. Diese Erweiterung ist in der Ausschussberatung auf Antrag der SPD- und der Linken-Fraktion in das Gesetz aufgenommen worden, *vgl. LT-Drucks. 6/3949, S. 83 und Schreiben des Ausschusses für Arbeit, Soziales, Gesundheit, Frauen und Familie vom 19.04.2016.* Der Ausschuss begründet dies in umständlichem Deutsch wie folgt: „So kann ein weiterer Schritt in Richtung eines Entgegenwirkens der sozialen Ausgrenzung und der Erhöhung der Lebensqualität vollzogen werden." 5

Für das Bauordnungsrecht braucht die gesetzliche Definition aus dem Behindertengleichstellungsgesetz nicht mehr übernommen zu werden. Der Begriff „barrierefrei" schließt die rollstuhlgerechte Bauausführung mit ein. Die Wohnungen müssen den Anforderungen der als Technische Baubestimmung eingeführten DIN 18024 und 18025 Teil 1 und Teil 2 (Rollstuhlgerechte Nutzung) 6 entsprechen. Das heißt, die Wohnungen müssen rollstuhlgerecht nutzbar sein. Abweichungen sind jedoch nach § 67 möglich.

7 Problematisch ist das Verhältnis zwischen den Regelungen des § 50 und den Regelungen über die Anpassung bestehender baulicher Anlagen (§ 81) sowie dem Bestandsschutz. Die Anforderungen an das barrierefreie Bauen gelten zunächst ausnahmslos für jedes Gebäude, sind also nicht auf den Vorgang der Errichtung eines Gebäudes bezogen. Dass Gebäude barrierefrei zu errichten sind, versteht sich daher ohne Weiteres. Bei der Änderung oder Nutzungsänderung bestehender Gebäude darf die Barrierefreiheit der baulichen Anlage jedoch nicht ohne Weiteres für die gesamte bauliche Anlage gefordert werden. Es ist in diesem Fall die Anpassungspflicht nach § 81 ausschlaggebend dafür, in welchem Umfang das Gebäude barrierefrei sein muss.

8 Wird ein Gebäude im Bestand umgebaut, können die Anforderungen an die Barrierefreiheit grundsätzlich nur in Bezug auf die konkrete Baumaßnahme gestellt werden. Für die nicht von Umbaumaßnahmen betroffenen Bauteile sind die Anforderungen des § 50 nur nach Maßgabe von § 81 zu erfüllen. Wird also z. B. ein Wohnhaus im Innern umgebaut, so müssen die Umbauten den Anforderungen an die Barrierefreiheit genügen, soweit nicht eine Abweichung erteilt wird. Wird bei den Umbaumaßnahmen der Zugang zum Haus (Außentreppe) nicht angerührt, so braucht der Zugang zum Haus nicht barrierefrei hergestellt zu werden. Es müsste ggf. eine nachträgliche Anpassung gem. § 81 Abs. 2 verfügt werden. Hierbei ist die Verhältnismäßigkeit der Nachforderung im Hinblick auf die Mehrkosten für einen barrierefreien Zugang zu der insoweit bestandsgeschützten baulichen Anlage zu beachten. Da die Barrierefreiheit nicht zu den bauordnungsrechtlichen Grundanforderungen gehört, die für die Nutzung eines Gebäudes unverzichtbar sind (wie etwa Brandschutz oder Standsicherheit), ist die Anpassung eines Gebäudes an die Barrierefreiheit nur unter vergleichsweise engeren Voraussetzungen zulässig.

9 Der Satz 4 ist durch die Novelle 2023 eingeführt worden. Danach gelten die Sätze 1 und 2 nicht, wenn durch den nachträglichen Ausbau des Dachgeschosses, durch die Aufstockung um bis zu zwei Geschosse oder durch die Teilung von Wohnungen zusätzliche Wohnungen entstehen. Dadurch soll das Bauen im Bestand erleichtert werden. Dazu trägt bei, dass unter diesen Fällen Abweichungsentscheidungen nach § 67 nicht mehr erforderlich sind. Der Gesetzgeber erwartet, dass Nachverdichtungspotenziale durch den Ausbau von Dachräumen und die Aufstockung von Gebäuden einfacher genutzt werden können. Diese Erleichterung ist auf die Aufstockung um bis zu zwei Geschosse begrenzt. Eine weitere Erleichterung hielt der Gesetzgeber nicht für erforderlich, weil in der Regel bei einer weiteren Aufstockung die Hochhausgrenze erreicht sei, so dass infolge der Höhe des Gebäudes eine Aufzugspflicht

entsteht, die die Maßnahmen der Barrierefreiheit verhältnismäßig werden lässt. Die Regelung korrespondiert mit § 39 Abs. 4 Satz 1 Halbsatz 2.

3. Anlagen für Menschen mit Behinderungen (Absatz 2)

Der Gesetzgeber verlangt in Absatz 2 und in sprachlich umständlicher, aber wohl zeitgemäß-korrekter Wortwahl, dass bauliche Anlagen und Einrichtungen, die überwiegend oder ausschließlich von kranken, behinderten oder alten Menschen genutzt werden oder ihrer Betreuung dienen, barrierefrei sein müssen. Der Gesetzgeber will dadurch sicherstellen, dass die baulichen Anlagen, insbesondere Gebäude, aber auch Terrassen und Freisitze, für die auf die Barrierefreiheit angewiesenen Menschen nutzbar sind. Zu derartigen Gebäuden gehören nicht nur die Wohngebäude und Aufenthaltsräume dieser Personengruppe, sondern auch Krankenhäuser, Arztpraxen oder Senioreneinrichtungen. Werden bauliche Anlagen überwiegend und ausschließlich von Menschen mit Behinderungen oder alten Menschen genutzt, handelt es sich um Sonderbauten (vgl. § 2 Abs. 4 Nrn. 9 und 10), an die nach § 51 Sätze 1 und 3 Nr. 16 die jeweils gebotenen Anforderungen gestellt werden können. Zudem sind die als Technische Baubestimmungen eingeführten DIN 18024 Teil 1 und 2 sowie DIN 18025 Teil 1 und 2 zu beachten. 10

4. Öffentlich zugängliche bauliche Anlagen (Absatz 3)

Bauliche Anlagen, die öffentlich zugänglich sind, müssen nach Satz 1 in den dem allgemeinen Besucher- und Benutzerverkehr dienenden Teilen barrierefrei sein. Der Begriff der Barrierefreiheit entspricht dem im Absatz 1 verwendeten. Einschlägig ist die DIN 18040-1 (Barrierefreies Bauen – Planungsgrundlagen – Teil 1: Öffentlich zugängliche Gebäude), die als technische Baubestimmung eingefügt ist. Da nur die öffentliche Zugänglichkeit für die Pflicht zur Barrierefreiheit ausschlaggebend ist, ist die Trägerschaft des Gebäudes, privat oder öffentlich, ohne Relevanz. Bauliche Anlagen, die nicht zugänglich sind, aber von der Öffentlichkeit befahren werden können, wie z. B. KFZ-Waschanlagen, auch SB-Waschanlagen brauchen nicht barrierefrei zu sein. 11

Unter welchen Voraussetzungen Gebäude öffentlich zugänglich sind, hat der Gesetzgeber nicht definiert. Entscheidend für eine öffentliche Zugänglichkeit ist nicht die Größe der Gebäude, sondern die Möglichkeit, diese zu betreten, ohne dass der Zutritt von der Entscheidung des Eigentümers oder Besitzers abhängt, *vgl. dazu Friedrich/Kaerkes, BauR 2020, 1583, 1585.* Öffentlich zugängliche Gebäude sind also solche, die ohne Weiteres betreten werden können, wie z. B. Läden, Gaststätten, Schulen, Hochschulen, Rathaus, Krankenhaus, Arztpraxen. Irrelevant ist, ob für das Betreten ein Entgelt gezahlt werden muss, wie z. B. vor dem Betreten von Museen, Theatern oder Schwimmbädern. Nicht öffentlich zugänglich sind dagegen solche Gebäude, deren Zutritt von einem 12 vorangehenden Einlass abhängt, wobei die Entscheidung allein der Eigentümer oder Betreiber trifft. Oftmals gibt es für diese Entscheidungen Gründe der Sicherheit und des Gesundheitsschutzes. Nicht öffentlich zugängliche Gebäude sind z. B. Kasernen der Bundeswehr oder der Polizei, Rechtsanwalts- oder Steuerberatungskanzleien, Privatkliniken oder Ministerien, die Gebäude des Bundesnachrichtendienstes, Fabriken und Handwerksbetriebe. Der Kassenraum einer Bank ist öffentlich zugänglich, die Verwaltungsgebäude einer Bank sind dies nicht, der Verkaufsraum einer Fabrik – Werkverkauf – ist öffentlich zugänglich, die Produktionsstätten sind es nicht, ein Vereinsheim ist nicht öffentlich zugänglich, wenn es nur Vereinsmitgliedern offensteht, es ist öffentlich, wenn in ihm ein Gastronomiebetrieb für Jedermann geführt wird. Ein Verwaltungsgebäude kann einen Kundenbetrieb vorsehen oder einen solchen eben nicht vorsehen. Jeweils ist der konkrete Nutzungszweck des Gebäudes in den Blick zu nehmen.

13 Der Gesetzgeber bestimmt die barrierefreien Bereiche des Gebäudes mit der Umschreibung ihrer Nutzung durch den „Besucher- und Benutzerverkehr". Gemeint sind damit die Bereiche, die von Besuchern und Benutzern betreten werden können und zwar im Rahmen der öffentlichen Zugänglichkeit. Die Barrierefreiheit baulicher Anlagen mit ständigen Benutzern, die nicht dort beschäftigt sind, wie z. B. Schüler oder Studenten in Schulen oder Hochschulen, muss sich auf die von diesen Personen genutzten Bereiche erstrecken.

14 In Satz 2 werden die öffentlich zugänglichen baulichen Anlagen nicht abschließend („insbesondere") aufgezählt. Mit der Novelle ist die Nr. 1 um die Anlagen des Erziehungswesens erweitert worden. Damit will der Gesetzgeber gewährleisten, dass auch Tageseinrichtungen für Kinder in den dem allgemeinen Besucher- und Benutzerverkehr dienenden Teilen barrierefrei sein müssen. Dadurch wird die Benutzung der Tageseinrichtungen auch durch Kinder mit Behinderung garantiert. Werden Tageseinrichtungen für Kinder in bestehenden Gebäuden eingerichtet, können die Abweichungsvoraussetzungen nach Absatz 4 erfüllt sein.

15 Für die der zweckentsprechenden Nutzung dienenden Räume und Anlagen genügt es nach Satz 3, wenn diese in dem erforderlichen Umfang barrierefrei sind. Die Anforderungen an die Barrierefreiheit sind dadurch auf den für die zweckentsprechende Nutzung tatsächlich erforderlichen Umfang beschränkt. Wenn mehrere gleichartige Räume oder Anlagen, wie Gastplätze in Gaststätten oder Besucherplätze in Versammlungsstätten, zur Verfügung stehen, brauchen nicht alle, sondern nur einzelne barrierefrei zu sein. Bei einem Bankgebäude mit Schalterraum ist nicht das gesamte Gebäude für die Öffentlichkeit bestimmt, *vgl. OVG Berlin-Brandenburg, B. v. 14.12.2005 – 10 N 30.05; OVG Berlin-Brandenburg, B. v. 16.12.2005 – 10 N 28.05.* Die Erforderlichkeit des Einbaus einer größeren Anzahl von behindertengerechten Toiletten ist nicht nur

anhand der potenziellen Nutzer, sondern auch im Hinblick auf die Erreichbarkeit der entsprechenden Einrichtungen zu beurteilen. Die Sanitärräume müssen für die Betroffenen mit einem zumutbaren zeitlichen Aufwand erreichbar sein, *vgl. OVG Berlin-Brandenburg, B. v. 14.12.2005 – 10 N 30.05; OVG Berlin-Brandenburg, B. v. 16.12.2005 – 10 N 28.05.* Für die Barrierefreiheit gelten die als Technische Baubestimmung eingeführte DIN 18024 Teil 2 Anlage 7.2/2: „Öffentlich zugängige Gebäude und Arbeitsstätten" (ABl. 2006, 442). Für die Gebäude ist DIN 18024-2:1996-11, für die Freiflächen auf den Baugrundstücken ist DIN 18024-1: 1998-01 anzuwenden. Für die Gebäudeteile, die von den dort Beschäftigten genutzt werden, gelten die allgemeinen Anforderungen an die Barrierefreiheit sowie insbesondere die Anforderungen nach § 3 Abs. 2 ArbStättV.

Die Gebäude müssen mit mindestens einer Toilette für Benutzer von Rollstühlen ausgestattet sein. 16

5. Abweichungen von den Absätzen 1 bis 3 (Absatz 4)

Absatz 4 kanalisiert die Abweichungsmöglichkeiten nach § 67 von den Anforderungen der Absätze 1 bis 3. Der Gesetzgeber formuliert dadurch jedoch kein intendiertes Ermessen zugunsten des Bauherrn. Die Aufzählung in Absatz 4 beschreibt die Unverhältnismäßigkeit der Barrierefreiheit und begründet, wie das Wort „auch" belegt, eine weitere Voraussetzung für eine Abweichungsgewährung nach § 67. In Bezug auf die Barrierefreiheit wird die Möglichkeit, eine Abweichung zu gewähren, vergrößert. § 67 ist nicht einschlägig, soweit die Anforderungen nur mit einem unverhältnismäßigen Mehraufwand erfüllt werden können. Dies ist sachgerecht, da eine Abweichung von der Barrierefreiheit allein nach § 67 regelmäßig nicht mit öffentlichen Belangen vereinbar wäre; gehört zu den öffentlichen Belangen doch die Barrierefreiheit. 17

6. Barrierefreiheit besonders genutzter Gebäude (Absatz 5)

Nach Absatz 5 sollen die Anforderungen des Absatzes 2 Satz 3 (barrierefreie zweckentsprechenden Nutzung in erforderlichem Umfang) und Satz 4 (barrierefreie Toilettenräume und Besucherstellplätze in der erforderlichen Anzahl) auch für solche baulichen Anlagen gelten, die weder eindeutig öffentlich zugänglich noch dem Wohnen zuzuordnen sind. Dadurch wird die Barrierefreiheit für Gebäude vorgeschrieben, deren Nutzer besonders auf die Barrierefreiheit der baulichen Anlagen angewiesen sind. Dazu gehören die baulichen Anlagen, die überwiegend von Menschen mit Behinderungen genutzt werden. Der Gesetzgeber nennt als Beispiele Behindertenwerk- und -ausbildungsstätte. Ebenso gehören dazu bauliche Anlagen für Menschen, die aufgrund ihres hohen Alter in ihrer Mobilität beeinträchtigt sind, genannt werden als Beispiele Tages- und Begegnungsstätten und Altenheime. Ebenso 18 sind bauliche Anlagen für Menschen, die aufgrund von Krankheit oder Behinderungen in ihrer Bewegungsmöglichkeit beeinträchtigt sind. Dies sind zum Beispiel Pflegeeinrichtungen und Einrichtungen zum Zwecke der Pflege- und Betreuung von Menschen.

7. Stellplätze für Kraftfahrzeuge behinderter Menschen (Absatz 6)

19 Nach Absatz 6 muss eine ausreichende Zahl von Stellplätzen für die Kraftfahrzeuge behinderter Menschen und von Toiletten vorhanden sein. Durch die Pflicht zur Schaffung von Stellplätzen soll sichergestellt werden, dass die behindertengerechten Stellplätze auch dann gebaut werden, wenn die Gemeinde eine Stellplatzsatzung nicht aufgestellt hat. Im Unterschied zu § 49 ergibt sich die Stellplatzpflicht bei Stellplätzen nach Absatz 6 unmittelbar aus dieser Vorschrift, ohne dass es einer Satzung bedarf. Deshalb können die behindertengerechten Stellplätze auch nicht Gegenstand eines Ablösevertrags werden oder durch eine Stellplatzsatzung in ihrer Zahl beschränkt werden, vgl. § 87 Abs. 4 Satz 3. Um Missverständnissen vorzubeugen, empfiehlt es sich daher, die Stellplätze nach Absatz 6 in der Stellplatzsatzung gesondert auszuweisen, so dass für den Bauherrn deutlich wird, dass insoweit ein Ablösebetrag nicht vereinbart werden kann. Soweit sich die Zahl der Stellplätze für die Kraftfahrzeuge behinderter Menschen nicht aus einer Sonderbauverordnung ergibt, sind die Stellplätze im Einzelfall durch die untere Bauaufsichtsbehörde festzulegen. Dabei soll der Richtwert von einem Stellplatz je 1 000 m^2 Nutzfläche nach DIN 277 nicht unterschritten werden. Jedenfalls aber ist mindestens ein Stellplatz herzustellen. Nach Nummer 45.5 VVBbgBO a. F. müssen die Stellplätze für die Kraftfahrzeuge behinderter Menschen mindestens 3,50 m breit und 5 m lang sein. Da die VVBbgBO a. F. unverbindlich ist, darf diese Größe der Stellplätze nicht gefordert werden. Entscheidend ist die Funktionsfähigkeit des Stellplatzes für die Nutzung für Kraftfahrzeuge behinderter Menschen.

§ 51
Sonderbauten

(1) [1]An Sonderbauten können im Einzelfall zur Verwirklichung der allgemeinen Anforderungen nach § 3 Satz 1 besondere Anforderungen gestellt werden. [2]Erleichterungen können gestattet werden, soweit es der Einhaltung von Vorschriften wegen der besonderen Art oder Nutzung baulicher Anlagen oder Räume oder wegen besonderer Anforderungen nicht bedarf. [3]Die Anforderungen und Erleichterungen nach den Sätzen 1 und 2 können sich insbesondere erstrecken auf

1. die Anordnung der baulichen Anlagen auf dem Grundstück,
2. die Abstände von Nachbargrenzen, von anderen baulichen Anlagen auf dem Grundstück und von öffentlichen Verkehrsflächen sowie auf die Größe der freizuhaltenden Flächen der Grundstücke,
3. die Öffnungen nach öffentlichen Verkehrsflächen und nach angrenzenden Grundstücken,
4. die Anlage von Zu- und Abfahrten,
5. die Anlage von Grünstreifen, Baumpflanzungen und anderen Pflanzungen sowie die Begrünung oder Beseitigung von Halden und Gruben,
6. die Bauart und Anordnung aller für die Stand- und Verkehrssicherheit, den Brand-, Wärme-, Schall- oder Gesundheitsschutz wesentlichen Bauteile und die Verwendung von Baustoffen,
7. Brandschutzanlagen, -einrichtungen und -vorkehrungen,
8. die Löschwasserrückhaltung,
9. die Anordnung und Herstellung von Aufzügen, Treppen, Treppenräumen, Fluren, Ausgängen und sonstigen Rettungswegen,
10. die Beleuchtung und Energieversorgung,
11. die Lüftung und Rauchableitung,
12. die Feuerungsanlagen und Heizräume,
13. die Wasserversorgung,
14. die Aufbewahrung und Entsorgung von Abwasser und festen Abfallstoffen,
15. die notwendigen Stellplätze und notwendigen Abstellplätze für Fahrräder,
16. die barrierefreie Nutzbarkeit,
17. die zulässige Zahl der Benutzer, Anordnung und Zahl der zulässigen Sitz- und Stehplätze bei Versammlungsstätten, Tribünen und Fliegenden Bauten,
18. die Zahl der Toiletten für Besucher,
19. Umfang, Inhalt und Zahl besonderer Bauvorlagen, insbesondere eines Brandschutzkonzepts,
20. weitere zu erbringende Bescheinigungen,

21. die Bestellung und Qualifikation der Bauleiterin oder des Bauleiters und der Fachbauleiterinnen oder der Fachbauleiter,
22. den Betrieb und die Nutzung einschließlich der Bestellung und der Qualifikation einer oder eines Brandschutzbeauftragten,
23. Erst-, Wiederholungs- und Nachprüfungen und die Bescheinigungen, die hierüber zu erbringen sind.

(2) Bei Sonderbauten ist die Richtigkeit der Nachweise der Energieeinsparung sowie zur Nutzung erneuerbarer Energien durch eine Prüfsachverständige oder einen Prüfsachverständigen für energetische Gebäudeplanung zu bescheinigen.

Übersicht

1. Allgemeines

1 Die Regelungen über Sonderbauten zielen darauf ab, für die Bauvorhaben, die von außergewöhnlicher Größe oder Nutzung sind, besondere Anforderungen zu begründen oder Erleichterungen zuzulassen. Dadurch sollen die bauordnungsrechtlichen Regelungen so modifiziert werden können, dass sie den Besonderheiten der in § 2 Abs. 4 benannten Vorhaben in Bezug auf die in § 51 Abs. 1 Satz 3 genannten Kriterien Rechnung tragen.

2 Da der Gesetzgeber den Inhalt der Erleichterungen oder Anforderungen nach § 51 Abs. 1 Satz 3 nicht abschließend umschrieben hat, der Entscheidungsspielraum der Behörde also sehr groß ist, kommt es für die Rechtmäßigkeit der behördlichen Anordnung entscheidend darauf an, dass die tatbestandlichen Voraussetzungen der Norm erfüllt sind und die Behörde gem. § 40 VwVfG ihr Ermessen entsprechend dem Zweck der Ermächtigung ausübt und die gesetzlichen Grenzen des Ermessens einhält.

3 Der Regelungsbereich des § 51 wird durch § 81 „Anpassung bestehender baulicher Anlagen" begrenzt. § 81, der als speziellere Regelung dem § 51 vorgeht,

gilt für bestehende bauliche Anlagen. Die Regelungen des § 51 erfassen nur das zu genehmigende Bauvorhaben, so dass die Behörde die Anforderungen nach § 51 nur im Rahmen der Genehmigung als Nebenbestimmungen zu dem beantragten Vorhaben formulieren darf. In Abgrenzung zu § 81 Abs. 2 ist sie dabei auf die unmittelbar berührten Teile der baulichen Anlage beschränkt. Für die nicht unmittelbar berührten Teile der baulichen Anlage greift § 81 Abs. 2.

2. Zulässigkeit besonderer Anforderungen an Sonderbauten (Absatz 1 Satz 1)

Die untere Bauaufsichtsbehörde ist nach Satz 1 ermächtigt, im Einzelfall zur Verwirklichung der allgemeinen Anforderungen nach § 3 Satz 1 besondere Anforderungen zu stellen. Der Gesetzgeber schafft damit eine Ermächtigungsgrundlage, die der Generalklausel in § 58 Abs. 2 vorgeht. Der Behörde wird erlaubt, in den Fällen, in denen sich die Regelungen der Bauordnung oder der Sonderbauverordnungen als ungenügend oder nicht einschlägig erweisen, abweichende Anforderungen an die bauliche Anlage zu stellen. 4

Unter welchen Voraussetzungen zur Verwirklichung der allgemeinen Anforderungen nach § 3 besondere Anforderungen gestellt werden dürfen, folgt aus dem, was im Einzelfall erforderlich ist. Die zu stellende Anforderung muss geeignet und erforderlich sein, um zu verhindern, dass die öffentliche Sicherheit und Ordnung, insbesondere Leben, Gesundheit und die natürlichen Lebensgrundlagen, nicht gefährdet werden. Es muss eine konkrete Gefahr für diese Schutzgüter abgewendet werden. § 51 stellte es also nicht in das Belieben der Behörde, besondere Anforderungen zu stellen, weil diese etwa schon immer gestellt wurden oder weil die Behörde dies für richtig hält. Stets bedarf es einer genaueren Prüfung, ob mit der besonderen Anforderung einer konkreten Gefahr für eine der in § 3 Satz 1 genannten Schutzgüter begegnet wird. Was unter Gefährdung in diesem Sinne zu verstehen ist, lässt sich nicht unmittelbar aus § 3 ableiten, da in jener Regelung sowohl auf die konkrete wie auf die abstrakte Gefahr abgestellt wird. Da in § 51 jedoch auf die Anordnung auf den Einzelfall beschränkt ist, bezieht sich der Tatbestand des § 51 auf die konkrete Gefahr. Die abstrakte Gefahr ist bereits durch die Regelungen der Bauordnung oder der Sonderbauverordnungen erfasst und würde den Erlass weiterer Verordnungen erlauben. Eine Gefährdung im Sinne dieses Tatbestands ist eine konkrete Gefahr, wenn die Grenze zur Gefahr und Schädlichkeit überschritten ist, *vgl. VG Potsdam, LKV 2003, S. 242f.; VGH Mannheim, B. v. 22.06.2004 – 5 S 1263/04 m.w.N.* Diese Gefahr kann etwa durch die besondere Art oder Nutzung von baulichen Anlagen und Räumen (Sonderbauten) den Benutzern oder der Allgemeinheit drohen. Außerdem kann die Umwelt in unzumutbarer Weise belästigt oder beeinträchtig werden. Bei Altbauten kann aus dem Nichtübereinstimmen einzelner Elemente des Gebäudes mit den heute allgemein 5 geltenden Sicherheitsstandards nicht ohne Weiteres der Rückschluss auf eine konkrete Gefahr im Einzelfall gezogen werden; vielmehr kommt es auf die Umstände des Einzelfalls an, *vgl. OVG Magdeburg, B. v. 30.11.2006 – 2 M 264 –; OVG Münster, B. v. 28.12.1994 – 7 B 2890/94; OVG Hamburg, B. v. 04.01.1996 – B II61/9 5.* Nicht ausreichend für das Vorliegen einer konkreten Gefahr ist, dass nur das Risiko eines Schadensfalls besteht, d.h., die Schadensmöglichkeit anzunehmen ist, Schadensverlauf und Eintrittswahrscheinlichkeit aber nicht sicher beurteilt werden können.

6 Zur Konkretisierung des Gefahrenbegriffs kann auch auf den Begriff der schädlichen Umwelteinwirkungen im Sinne von § 3 Abs. 1 BImSchG und die dazu ergangene Rechtsprechung sowie auf die diese Norm konkretisierenden Regelungen Bezug genommen werden. Für die Beurteilung von Belästigungen durch Lärm, Gerüche, Erschütterungen oder Licht werden die Verordnungen nach dem Bundesimmissionsschutzgesetz bzw. technische Normen und Empfehlungen *(z. B. DIN 4109 – Schallschutz im Hochbau –, DIN 56912 – Showlaser und Showlaseranlagen –, für Gerüche: VDI-Richtlinie 3471, 3883 und 3940, GIRL, CEN-EN 13725 – Geruchsstoffkonzentration –, „Hinweise zur Messung und Beurteilung von Lichtimmissionen" des Länderausschusses für Immissionsschutz; Unfallverhütungsvorschriften)* herangezogen. Beeinträchtigungen können sich nach Art, Ausmaß und Dauer als unzumutbar erweisen. In der Rechtsprechung zum Immissionsschutzrecht (vgl. § 3 Abs. 1 BImSchG) und zum öffentlichen Nachbarrecht (vgl. § 15 BauNVO) werden unter unzumutbaren Belästigungen etwa eine übermäßige Geruchsbelästigung, *vgl. BVerwG, NVwZ 1999, 63,* die Richtwerte der TA Lärm überschreitende Lärmimmissionen, *vgl. VG Potsdam, U. v. 17.08.2004 – 3 K 3161/99 – (Tanzveranstaltung in einer Gaststätte); VGH Mannheim, B. v. 25.11.2004 – 8 S 1870/04 –,* Schattenwurf von Windkraftanlagen von mehr als 30 Minuten am Tag und 30 Stunden im Jahr, *vgl. OVG Hamburg, U. v. 29.04.2004 – 2 Bf 132/00 –,* oder Lichtimmissionen verstanden.

7 Weitere Voraussetzung für die Anordnung besonderer Anforderungen ist, dass es sich um eine Einzelfallentscheidung handelt. Der Gesetzgeber hat die Regelung des § 51 für atypische Einzelfälle vorgesehen. Die Gefahrenlage oder die unzumutbaren Belästigungen dürfen nicht regelmäßig mit einer bestimmten baulichen Anlage oder Nutzung verbunden sein.

8 Liegen die tatbestandlichen Voraussetzungen nach Satz 1 vor, muss die Behörde ihr Ermessen ausüben. Insoweit ist die gesetzliche Schutzzweckbestimmung von ausschlaggebender Bedeutung. Schutzzweck der Norm ist es, im Einzelfall die allgemeinen Anforderungen nach § 3 zu verwirklichen. Die Erreichung dieses Schutzzwecks darf nicht bereits bei Anwendung der gesetzlichen Regelungen, zu der auch die Sonderbauverordnungen gehören, möglich sein. Sind danach die Anforderungen des § 3 nicht erreichbar, kann eine besondere Anforderung nach Absatz 1 erforderlich sein. Sie muss geeignet

sein, so dass die in § 3 genannten Gefahren abgewehrt werden. Schließlich muss die Anordnung verhältnismäßig sein. Die Anordnung darf den Bauherrn oder Eigentümer nicht übermäßig belasten. Unverhältnismäßig ist eine gestellte Anforderung nicht nur dann, wenn die Anforderungen nach § 3 auf eine weniger belastende Weise erreicht werden können, sondern auch dann, wenn der Aufwand für die Erreichung der gestellten Anforderungen hoch ist, die dadurch erreichte Verbesserung im Sicherheitsstandard aber nur vergleichsweise geringfügig ist, weil den in § 3 genannten Gefahren bereits weitgehend begegnet wird.

3. Zulassung von Erleichterungen (Absatz 1 Satz 2)

Satz 2 ermächtigt die Bauaufsichtsbehörde, Erleichterungen zu gestatten. 9
Erleichterungen können gestattet werden, wenn und soweit es der Einhaltung von Vorschriften wegen der besonderen Art oder Nutzung baulicher Anlagen und Räume oder wegen besonderer Anforderungen nicht bedarf, *vgl. OVG Berlin-Brandenburg, B. v. 11.05.2020 – OVG 2 S 75.19.* Die Behörde kann folglich aus zwei unterschiedlichen Gründen Erleichterungen gestatten.

Der erste Grund ist gegeben, wenn es der Einhaltung der jeweiligen Vorschrift 10
nicht bedarf, weil sie vom Regelfall, welcher der Vorschrift zugrunde liegt, erheblich abweicht, *vgl. OVG Münster, U. v. 16.03.2012 – 2 A 2540/10.* Das ist der Fall, wenn es der Erreichung des konkreten Schutzziels nicht bedarf.

Der zweite Grund ist gegeben, wenn die Einhaltung von – etwa brandschutz- 11
rechtlichen – Vorschriften wegen der besonderen Anforderungen an den Sonderbau nicht erforderlich ist. Die Anforderungen können quantitativ darüber hinausgehen oder sich qualitativ davon unterscheiden *(OVG Münster, U. v. 16.03.2012 – 2 A 2540/10).*

Die Erleichterungen sind von den Abweichungen nach § 67 abzugrenzen. 12
Während letztere an der Entsprechung des Schutzziels der Vorschrift, von der abgewichen werden soll, orientiert sind, wird die Erleichterung zugelassen, wenn sich das Schutzziel als verfehlt erweist, weil es von der Art oder Nutzung der Anlage gar nicht berührt wird. Die Abweichung nach § 67 bezieht sich auf eine Vorschrift, die für die bauliche Anlage relevant ist, die Erleichterung auf eine Vorschrift, die für die bauliche Anlage irrelevant ist.

Nach Nr. 44.1.2 VVBbgBO a.F. sind Erleichterungen von Anforderungen in 13
Sonderbauverordnungen keine Abweichung im Sinne der Bauordnung. Damit hat das Ministerium die vorherige Verwaltungsvorschrift, in der auf die Erforderlichkeit einer Abweichung hingewiesen wurde, korrigiert. Der Gesetzgeber hat in § 44 a.F. die Erleichterung neben die bauordnungsrechtliche Abweichung gestellt. Dies wird an den unterschiedlichen tatbestandlichen

Voraussetzungen und den Schutzzwecken der Normen sowie an den gesetzlichen Grenzen des Ermessens im Sinne von § 40 VwVfG deutlich.

4. Katalog besonderer Anforderungen und Erleichterungen (Absatz 1 Satz 3)

14 Satz 3 enthält einen Katalog möglicher Gegenstände besonderer Anforderungen und Erleichterungen. Satz 3 weist die Behörde auf die Möglichkeiten hin, besondere Anforderungen zu stellen oder Erleichterungen zuzulassen. Diese Aufzählung ist nicht abschließend, es werden also nicht alle erdenklichen bauordnungsrechtlichen Anforderungen benannt, die nicht zwingend erforderlich sind. Der Gesetzgeber hat die Anforderungsfelder im Interesse einer der Systematik der Anforderungen der Brandenburgischen Bauordnung entsprechenden Abfolge neu geordnet. Daraus ergibt sich folgender Katalog:

15 1. Anordnung der baulichen Anlagen auf dem Grundstück.
Dadurch kann etwa auf Beeinträchtigungen der Nachbarschaft durch Immissionen infolge der Benutzung des Sonderbaus reagiert werden; z. B. kann dadurch die Lage einer Tiefgaragenein- und -ausfahrt bestimmt werden.

16 2. Abstände von Nachbargrenzen, von anderen baulichen Anlagen auf dem Grundstück und von öffentlichen Verkehrsflächen sowie die Größe der freizuhaltenden Flächen der Grundstücke.
Derartige Anforderungen können erforderlich sein, so dass Immissionen vermieden oder gemindert werden oder ausreichend Platz für Rettungsfahrzeuge oder Fluchtraum für die zu evakuierenden Menschen vorhanden ist. Die Abstände von Windenergieanlagen zu Nachbargrenzen im Außenbereich können auf diese Weise verkürzt werden.

17 3. Öffnungen nach öffentlichen Verkehrsflächen und nach angrenzenden Grundstücken.
Diese dienen der besseren Erreichbarkeit von baulichen Anlagen und der Führung des Zu- und Abgangsverkehrs.

18 4. Anlage von Zu- und Abfahrten.
Anforderungen an die Anlagen der Zu- und Abfahrten im Sinne von Nummer 4 können sich unter Berücksichtigung der besonderen Verkehrsverhältnisse auf die öffentlichen Verkehrsflächen, an die die bauliche Anlage angebunden ist, ergeben. So kann etwa im Hinblick auf ein hohes Verkehrsaufkommen gefordert werden, dass besondere Fahrspuren eingerichtet werden.

5. Anlage von Grünstreifen, Baumpflanzungen und anderen Pflanzungen sowie die Begrünung oder Beseitigung von Halden und Gruben. 19

6. Bauart und Anordnung aller für die Stand- und Verkehrssicherheit, den Brand-, Wärme-, Schall- oder Gesundheitsschutz wesentlichen Bauteile und die Verwendung von Baustoffen. 20

7. Brandschutzanlagen, -einrichtungen und -vorkehrungen. 21
Anordnungen über die Brandschutzeinrichtungen, die Brandschutzvorkehrungen und die Löschwasserrückhaltung im Sinne von Nummer 8 sollen der besonderen Gefahrensituation gerecht werden. Insoweit sind vorrangig die jeweils einschlägigen Sonderbauverordnungen zu beachten (Campingplatzverordnung; Garagen- und Stellplatzverordnung; Feuerungsverordnung; Krankenhaus- und Pflegeheim-Bauverordnung; Verkaufsstätten-Bauverordnung; Versammlungsstättenverordnung; Bau-Abgrabungsverordnung; Beherbergungsstättenbau-Verordnung). Erst wenn diese nicht ausreichen, um den besonderen Verhältnissen im Hinblick auf die Zielsetzung des § 3 gerecht zu werden, können die Behörden nach § 44 über die Anforderungen der Sonderbauverordnungen hinausgehende Anforderungen stellen. Nach Nummer 44.3.1.1 VVBbgBO a. F. ist für die Beurteilung der Sonderbauten regelmäßig ein Brandschutzkonzept vorzulegen. Das Brandschutzkonzept soll den Anforderungen der vfdb-Richtlinie 01/01 : 2000-05 entsprechen.

8. Löschwasserrückhaltung. Siehe unten zu Nummer 13. 22

9. Anordnung und Herstellung von Aufzügen, Treppen, Treppenräumen, Fluren, Ausgängen und sonstigen Rettungswegen. 23
Anforderungen an die Anordnung und Herstellung der Aufzüge sowie der Treppen, Treppenräume, Flure, Ausgänge und sonstigen Rettungswege im Sinne von Nummer 9 können über die Anforderungen nach den §§ 26 ff. und den Sonderbauverordnungen hinaus erforderlich werden. Erleichterungen sind insbesondere bei der Umnutzung von Bestandsgebäuden oder bei denkmalgeschützten Gebäuden denkbar.

10. Beleuchtung und Energieversorgung. 24
Anforderungen an die Beleuchtung im Sinne von Nummer 10 können sich im Hinblick auf die Vermeidung von Lichtemissionen, die als schädliche Umwelteinwirkungen im Sinne von § 3 Abs. 1 BImSchG gelten, ergeben. Dies kann etwa das gleichmäßige Aufleuchten der Signalbefeuerung auf Windkraftanlagen betreffen. Besondere Anforderungen an die Energieversorgung können bei Krankenhäusern und Pflegeeinrichtungen erforderlich sein, so dass auch im Falle einer Unterbrechung der öffentlichen Stromversorgung die Versorgung der Patienten gesichert ist.

25 11. Lüftung und Rauchableitung.
Anforderungen an die Lüftung im Sinne von Nummer 11 können sich etwa bei Tiefgaragen, in Gewerbeanlagen oder bei der Haltung von Tieren ergeben.

26 12. Feuerungsanlagen und Heizräume.
Anordnungen betreffend die Feuerungsanlagen und Heizräume im Sinne von Nummer 12 können sich daraus ergeben, dass die Anforderungen der Feuerungsverordnung (GVBl. II 2006 S. 58, geändert durch Verordnung vom 13. September 2010, GVBl. II/10, [Nr. 61])) im Hinblick auf das Schutzziel des § 3 Satz 1 nicht ausreichend sind oder darüber hinausgehen.

27 13. Wasserversorgung.
Anforderungen an die Wasserversorgung im Sinne von Nummer 13 können sich z. B. bei baulichen Anlagen ergeben, die nicht an das Leitungsnetz angebunden werden können oder einen besonders großen Wasserbedarf besitzen. Die Anforderungen können sich zwar auch auf die Löschwasserrückhaltung beziehen, diese ist aber in Nummer 8 benannt.

28 14. Aufbewahrung und Entsorgung von Abwasser und festen Abfallstoffen.
Anforderungen an die Aufbewahrung und Beseitigung von Abwasser und von festen Abfallstoffen im Sinne von Nummer 14 können etwa im Hinblick auf das Fehlen einer leitungsgebundenen Entsorgung geboten sein.

29 15. Notwendige Stellplätze und notwendige Abstellplätze für Fahrräder.
Anforderungen an die Garagen und Stellplätze für Kraftfahrzeuge und die Fahrradabstellplätze im Sinne von Nummer 15 können sich etwa aus der Schutzbedürftigkeit der näheren Umgebung ergeben. Im Hinblick auf eine zu erwartende große Zahl von Fahrrädern, etwa in einem Studentenwohnheim, kann eine entsprechend hohe Zahl von Fahrradstellplätzen verlangt werden.

30 16. Barrierefreie Nutzbarkeit.

31 17. Zulässige Zahl der Benutzer, Anordnung und Zahl der zulässigen Sitz- und Stehplätze bei Versammlungsstätten, Tribünen und Fliegenden Bauten.
Die zulässige Zahl der Benutzer, Anordnung und Zahl der zulässigen Sitzplätze und Stehplätze bei Versammlungsstätten, Tribünen und Fliegenden Bauten im Sinne von Nummer 17 kann im Hinblick auf die speziellen Anforderungen bei Nutzung baulicher Anlagen, etwa bei Fußballstadien wegen des (fehlenden) Anschlusses an den öffentlichen Personennahverkehr erhöht oder reduziert werden, *vgl. OVG Münster, U. v. 24.10.2006 – 7 D 126/05.*

18. Zahl der Toiletten für Besucher. 32

19. Umfang, Inhalt und Zahl besonderer Bauvorlagen, insbesondere eines Brandschutzkonzepts. 33

20. Weitere zu erbringende Bescheinigungen. 34
Anforderungen an weitere Bescheinigungen im Sinne von Nummer 20, die bei der Abnahme zu erbringen sind, können sich z. B. auf die Vorlage eines Brandschutzkonzeptes beziehen.

21. Bestellung und Qualifikation der Bauleiterin oder des Bauleiters und der Fachbauleiterinnen oder der Fachbauleiter. 35

22. Betrieb und die Nutzung einschließlich der Bestellung und der Qualifikation einer oder eines Brandschutzbeauftragten. 36
Anforderungen an den Betrieb und die Benutzung einschließlich der Bestellung und der Qualifikation fachkundiger Personen im Sinne von Nummer 22 können die Bestellung von Brandschutzbeauftragten betreffen.

23. Erst-, Wiederholungs- und Nachprüfungen und die Bescheinigungen, die hierüber zu erbringen sind. 37
Anforderungen an diese Prüfungen und Bescheinigungen, die hierfür zu erbringen sind, erlauben es, z. B. die regelmäßige Überprüfung des Emissionsverhaltens zu verlangen.

5. Verfahren und Form

Regelmäßig wird die Behörde bei Gewährung einer Erleichterung auf Antrag des Bauherrn tätig. Ihr ist es jedoch unbenommen, die Erleichterungen auch von Amts wegen in die Baugenehmigung aufzunehmen. Ebenso werden die besonderen Anforderungen nach Satz 1 ohne Antrag des Bauherrn gestellt. 38

Die Anforderungen und Erleichterungen können als Nebenbestimmungen (Bedingungen oder Auflagen) in die Baugenehmigung aufgenommen und entsprechend durchgesetzt werden. Dabei müssen die Nebenbestimmungen konkret formuliert werden, so dass der Adressat genau erkennen kann, welchen besonderen Anforderungen er nachzukommen hat bzw. welche konkreten Erleichterungen ihm gewährt werden. 39

6. Rechtsschutz

Die Gewährung von Erleichterungen und die unterlassene Geltendmachung höherer Anforderungen sind dem Nachbarrechtsschutz zugänglich. Sind bei der Entscheidung über den Sonderbau nach § 51 Abs. 1 Satz 1 i. V. m. § 3 40

Satz 1 die Brandgefahr und auch die Gefahr des Übergreifens eines Feuers auf benachbarte Grundstücke und Gebäude zu prüfen, so vermittelt § 51 für die insoweit zu treffende Entscheidung seine nachbarschützende Wirkung, *vgl. OVG Berlin-Brandenburg, B. v. 11.05.2020 – OVG 2 S 75.19 –*; allgemein zu den brandschutzrechtlichen Vorschriften der Landesbauordnung *OVG Berlin-Brandenburg, U. v. 06.12.2011 – OVG 10 B 6.11 –; VG Weimar, U. v. 29.08.2012 – 1 K 189/11 We.*

Teil 4
Die am Bau Beteiligten

§ 52
Grundpflichten

Bei der Errichtung, Änderung, Nutzungsänderung und der Beseitigung von Anlagen sind die Bauherrin oder der Bauherr und im Rahmen ihres Wirkungskreises die anderen am Bau Beteiligten dafür verantwortlich, dass die öffentlich-rechtlichen Vorschriften eingehalten werden.

Übersicht

1. Allgemeines

§ 52 stellt den Grundsatz auf, dass der Bauherr und – im Rahmen seines Wirkungskreises – die anderen am Bau Beteiligten dafür verantwortlich sind, dass die öffentlich-rechtlichen Vorschriften eingehalten werden. Die am Bau Beteiligten müssen in hoher Eigenverantwortung für die Einhaltung der öffentlich-rechtlichen Vorschriften sorgen. Die Pflichten des Bauherrn beginnen mit der ersten bauvorbereitenden Tätigkeit und enden mit der abschließenden Herstellung und Anzeige der Nutzungsaufnahme gem. § 83 Abs. 2. Erst dann beginnen die Verpflichtungen des nicht zwingend mit dem Bauherrn identischen Eigentümers, Nutzers oder sonstigen Verantwortlichen. 1

Der Entwurfsverfasser ist für die Planung, der Unternehmer für die Ausführung und der Bauleiter für die Überwachung des Bauvorhabens verantwortlich. 2

2. Pflichten

§ 52 begründet für alle am Bau Beteiligten die Verpflichtung, die öffentlich-rechtlichen Vorschriften und die Anordnungen der Bauaufsichtsbehörde einzuhalten. Der Bauherr, vgl. § 53, ist umfassend verpflichtet, die Vorschriften und Anordnungen zu beachten. Im Gegensatz dazu sind die anderen am Bau Beteiligten, vgl. §§ 54–56, nur verpflichtet, die im Rahmen ihres Wirkungskreises geltenden Vorschriften und Anordnungen einzuhalten. Öffentlich-rechtliche Vorschriften sind alle formellen Gesetze, Rechtverordnungen und 3

Satzungen, die Anforderungen an das Baugeschehen stellen. Nicht zu den öffentlich-rechtlichen Vorschriften gehören die zivilrechtlichen Vorschriften, etwa des Nachbarrechts oder des Architekten- und Werkvertragsrechts. Allerdings entbindet § 52 nicht von der Beachtung dieser Vorschrift. Deren Bindung folgt jedoch nicht aus § 52, sondern aus den zivilrechtlichen Regelungen insbesondere des Bürgerlichen Gesetzbuches. Die als Verwaltungsakt ergehenden Anordnungen der Bauaufsichtsbehörden, also zunächst diejenigen in der Baugenehmigung, sind gleichfalls öffentlich-rechtliche Vorschriften und daher zu beachten.

4 Ist der Bauherr nicht in der Lage oder bereit, den öffentlich-rechtlichen Vorschriften zu folgen, kann die zuständige Behörde nach § 58 Abs. 2 Satz 2 einschreiten und ggf. vom Grundstückseigentümer sogar die Bestellung eines neuen Bauherrn verlangen.

§ 53
Bauherrin und Bauherr

(1) [1]Die Bauherrin oder der Bauherr hat zur Vorbereitung, Überwachung und Ausführung eines nicht genehmigungsfreien Bauvorhabens sowie der Beseitigung von Anlagen geeignete Beteiligte nach Maßgabe der §§ 54 bis 56 zu bestellen, soweit sie oder er nicht selbst zur Erfüllung der Verpflichtungen nach diesen Vorschriften geeignet ist. [2]Der Bauherrin oder dem Bauherrn obliegen außerdem die nach den öffentlich-rechtlichen Vorschriften erforderlichen Anträge, Anzeigen und Nachweise, soweit sie nicht von der Konzentrationswirkung der Baugenehmigung erfasst werden. [3]Sie oder er hat die zur Erfüllung der Anforderungen dieses Gesetzes oder aufgrund dieses Gesetzes erforderlichen Nachweise und Unterlagen zu den verwendeten Bauprodukten und den angewandten Bauarten bereitzuhalten. [4]Werden Bauprodukte verwendet, die die CE-Kennzeichnung nach der Verordnung (EU) Nr. 305/2011 tragen, ist die Leistungserklärung nach der Verordnung (EU) Nr. 305/2011 bereitzuhalten. [5]Sie oder er hat vor Baubeginn den Namen der Bauleiterin oder des Bauleiters und während der Bauausführung einen Wechsel dieser Person unverzüglich der Bauaufsichtsbehörde in Textform mitzuteilen. [6]Wechselt die Bauherrin oder der Bauherr, hat die neue Bauherrin oder der neue Bauherr dies der Bauaufsichtsbehörde unverzüglich in Textform mitzuteilen.

(2) [1]Treten bei einem Bauvorhaben mehrere Personen als Bauherrin oder Bauherr auf, so kann die Bauaufsichtsbehörde verlangen, dass ihr gegenüber eine Vertreterin oder ein Vertreter bestellt wird, die oder der die der Bauherrin oder dem Bauherrn nach den öffentlich-rechtlichen Vorschriften obliegenden Verpflichtungen zu erfüllen hat. [2]Im Übrigen findet § 18 Absatz 1 Satz 2 und 3 sowie Absatz 2 des Verwaltungsverfahrensgesetzes in Verbindung mit § 1 Absatz 1 Satz 1 des Verwaltungsverfahrensgesetzes für das Land Brandenburg entsprechende Anwendung mit der Maßgabe, dass eine Erklärung in Textform ausreichend ist.

Übersicht

1. Allgemeines

1 In § 53 werden die Pflichten des Bauherrn, die in § 52 nur generell beschrieben wurden, konkretisiert. Bauherr im Sinne dieser Vorschrift ist diejenige natürliche oder juristische Person, die auf ihre eigene Verantwortung eine bauliche Anlage oder andere Anlagen oder Einrichtungen vorbereitet oder ausführt oder von anderen vorbereiten oder ausführen lässt, *vgl. OVG Lüneburg, U. v. 08.12.1978 – 1 A 24/78 –, BRS 35, 168*. Vorrangig ist als Bauherr die Person anzusehen, die den Bauantrag gestellt und erhalten hat, *vgl. VGH Mannheim, BRS 36 Nr. 209*. Wer sich wie ein Bauherr verhält, darf entsprechend den Grundsätzen der Anscheinsgefahr behandelt werden, bis der Anschein ausgeräumt ist, *vgl. VGH Mannheim, U. v. 26.11.1980 –3 S 2005/80 – BRS 36 Nr. 209 –; VG Potsdam, B. v. 29.04.2003 – 5 L 269/03*. Der Bauherr muss nicht mit dem Grundstückseigentümer identisch sein.

2 Bauherr kann auch eine BGB-Gesellschaft im Sinne von § 705 BGB sein. Die BGB-Gesellschaft hat zwar grundsätzlich keine eigene Rechtspersönlichkeit im Sinne einer juristischen Person. Dies schließt es jedoch nicht aus, dass die BGB-Gesellschaft als solche und nicht etwa nur als Summe der einzelnen Mitglieder, am Rechtsverkehr teilnehmen und gesamthänderisch Rechte erwerben oder Verbindlichkeiten eingehen kann, *vgl. Münch-Komm-Ulmer, 2. Aufl., vor § 705 Rn. 8*. Träger des Rechts sind dabei zunächst die Gesellschafter in ihrer gesellschaftsrechtlichen gesamthänderischen Verbundenheit. Allerdings kann nach der Rechtsprechung des Bundesgerichtshofes die Gesellschaft bürgerlichen Rechts im Rechtsverkehr grundsätzlich jede Rechtsposition einnehmen, soweit dem nicht spezielle Gesichtspunkte entgegenstehen. Hat die (Außen-) Gesellschaft bürgerlichen Rechts durch Teilnahme am Rechtsverkehr eigene Rechte und Pflichten begründet, ist sie insoweit rechtsfähig, *vgl. BGH, U. v. 29.01.2001 – II ZR 331/00 –, BGHZ 146, 341 = NJW 2001, 1056*. Einer Gesellschaft bürgerlichen Rechts steht, soweit sie nach der Rechtsprechung des BGH rechtsfähig ist, sogar wie einer Personenhandelsgesellschaft das Grundrecht auf Eigentum zu. Sie ist demzufolge auch zur Geltendmachung dieses Grundrechts nicht nur im Verfahren der Verfassungsbeschwerde befugt, *vgl. BVerfG, B. v. 02.09.2002 – 1 BvR 1103/02 –, NJW 2002, 3533*, sondern darf die Baufreiheit, auch als Ausprägung des Grundrechts nach Art. 14 Abs. 1 GG, dadurch für sich beanspruchen, dass sie einen Bauantrag stellt. Einfachgesetzlich ist die Gesellschaft bürgerlichen Rechts nach § 61 Nr. 2 VwGO bzw. dem insoweit gleichlautenden § 11 Nr. 2 VwVfG beteiligtenfähig, *vgl. BVerwG, U. v. 17.08.2004 – 9 A 1/03 – NuR 177f.; OVG Bautzen, B. v. 16.07.2001 – 1 C 113/01 –, BauR 2002, 1291; OVG Bautzen, B. v. 23.10.2001 – 1 S 581/96 –, SächsVBl 2001, 301; VGH Kassel, B. v. 23.01.1997 – 4 TG 4829/96 –, BauR 1998, 1222; VGH Mannheim, B. v. 29.09.1994 – 8 S 1267/94*. Für die Beteiligtenfähigkeit reicht es aus, dass der BGB-Gesellschaft ein Recht, etwa ein Anspruch auf Erteilung einer

Baugenehmigung, zustehen kann. Ob dieses Recht ihr tatsächlich zusteht, ist keine Frage der Zulässigkeit, sondern der Begründetheit des Antrags.

Mit der Novelle 2018, die der Anpassung an das unionsrechtliche Bauproduktenrecht dient, sind die Sätze 3 und 4 eingefügt worden. Mit der Novelle 2020 ist das Textformerfordernis eingefügt worden. 3

2. Bestellung geeigneter Personen (Absatz 1 Satz 1 und 2)

Der Bauherr hat nach Satz 1 geeignete am Bau Beteiligte zu bestellen, wenn und soweit ihm die für die Einhaltung der öffentlich-rechtlichen Anforderungen gemäß § 52 erforderlichen Kenntnisse fehlen. Die Verpflichtung des Bauherrn, fachkundiges Personal zu beauftragen, ist Reflex der Verpflichtung des Bauherrn, selbst alle öffentlich-rechtlichen Vorschriften zu beachten. 4

Zugleich wird in Satz 1 definiert, wer „am Bau Beteiligte" sind. Hierzu gehört nicht der Prüfingenieur, da er nicht in der Sphäre des Bauherrn steht, sondern die Bauaufsichtsbehörde ersetzend tätig wird. Klargestellt wird weiterhin, dass der Bauherr die Aufgabe der am Bau Beteiligten selbst wahrnehmen kann, wenn er selbst dazu geeignet ist. 5

Die Bestellung von am Bau Beteiligten ist nur erforderlich, soweit diese Personen nach den §§ 54 ff. qualifiziert sind. Erforderlich ist keine formelle Qualifikation, sondern die materielle Qualifikation, um die konkreten Aufgaben in Bezug auf das konkrete Bauvorhaben, mit denen sie vom Bauherr beauftragt wurden, zu erledigen, *vgl. OVG Lüneburg, B. v. 04.02.1975 – UI B 97/74 –, BRS 29 Nr. 180; VGH Kassel, B. v. 13.11.1978 – IV TH 87/78 –, BRS 33 Nr. 100.* Die Pflicht zur Bestellung besteht auch bei Vorhaben, die im vereinfachten Baugenehmigungsverfahren zugelassen werden, oder für die das Anzeigeverfahren beschritten wird. Die Pflicht zur Einschaltung geeigneter Dritter entfällt, wenn der Bauherr selbst über die erforderliche Sachkunde und Qualifikation verfügt, so etwa für den Fall, dass er Architekt ist. 6

Nach Satz 2 obliegt dem Bauherrn, die nach anderen öffentlich-rechtlichen Vorschriften erforderlichen Anträge, Nachweise und Mitteilungen, soweit sie nicht von der Konzentrationswirkung der Baugenehmigung erfasst werden, zu stellen. Der Gesetzgeber zeigt mit dieser Regelung auf eine sich aus dem Fachrecht ergebende Pflicht des Bauherrn. Die Frage, ob und welche Anträge zu stellen sind, wird nicht durch die Bauordnung, sondern durch das Fachrecht beantwortet. Soweit § 60 den Vorrang anderer Gestattungsverfahren bestimmt, folgt die Verpflichtung, diese zu bestreiten, ebenfalls aus dem Fachrecht. 7

Abgesehen davon ist der Bauherr verpflichtet, alle formellen Voraussetzungen für die Durchführung des Bauvorhabens zu erfüllen. Dazu gehört die 8

Einholung der Baugenehmigung, die Anzeige des Baubeginns sowie die Anzeige des Bauherrn- oder Bauleiterwechsels nach Satz 5 und 6.

3. Nachweise für die Verwendung von Bauprodukten

9 Der neue Satz 3 stellt klar, dass die Darlegungslast für die Einhaltung der Anforderungen nach § 3 bei der Bauherrin oder dem Bauherrn liegt. Sofern insoweit Angaben zu den verwendeten Bauprodukten erforderlich sind, hat die Bauherrin oder der Bauherr entsprechende Belege bereitzuhalten. Für Bauprodukte, die nach Art. 8 der EU-BauPVO die CE-Kennzeichnung tragen, ist dies nach dem neuen Satz 4 die Leistungserklärung. Die Bereithaltung der Leistungserklärung kann auch elektronisch erfolgen. Im Übrigen müssen die nach § 17 vorgeschriebenen Verwendbarkeitsnachweise vorgelegt werden oder, sofern diese nicht erforderlich sind, sonst taugliche Nachweise. Hierzu sollen die Technischen Baubestimmungen nähere Rahmenbedingungen festlegen.

4. Mitteilungspflicht (Absatz 1 Satz 5 und 6)

10 Die durch Satz 5 begründete Mitteilungspflicht soll die Überwachung der Erfüllung der Anforderung des Satzes 1 hinsichtlich der Bestellung des Bauleiters erleichtern. Die Mitteilungspflicht bezieht sich nur noch auf den Bauleiter, der nach der Novelle 2016 regelmäßig bestellt werden muss.

11 Die Mitteilung muss in **Textform** erfolgen, also den Vorgaben des § 126b BGB genügen, d. h. es muss eine lesbare Erklärung sein, in der die Person des Erklärenden genannt ist. Sie muss auf einem dauerhaften Datenträger abgegeben werden. Ein dauerhafter Datenträger ist jedes Medium, das es dem Empfänger ermöglicht, eine auf dem Datenträger befindliche, an ihn persönlich gerichtete Erklärung so aufzubewahren oder zu speichern, dass sie ihm während eines für ihren Zweck angemessenen Zeitraums zugänglich ist und geeignet ist, die Erklärung unverändert wiederzugeben. Regelmäßig wird diese Anforderung erfüllt, wenn als Datenträger Papier, eine CD oder ein USB-Stick genutzt wird.

12 Die in Satz 6 geregelte Mitteilung des Bauherrenwechsels ermöglicht die schnelle Kontaktaufnahme zwischen Bauaufsichtsbehörde und Bauherrn. Die Anzeige nach Satz 5 ist für den Wechsel des Bauherrn jedoch nicht konstitutiv, sondern soll die bereits eingetretene Rechtsänderung der Behörde bekannt machen. Wenn und solange der Wechsel nicht angezeigt ist, gilt gegenüber der Baubehörde der alte Bauherr als Verantwortlicher und kann von der Behörde in Anspruch genommen werden, *vgl. VGH Kassel, B. v. 03.02.1984 – 4 TG 76/83 –, BRS 42, 166; VGH Mannheim, U. v. 26.11.1980 – 3 S 2005/80 –, BauR 1981, 185.* Entsprechend der Musterbauordnung hat der Gesetzgeber in der Novelle 2016 klargestellt, dass die Verpflichtung den neuen Bauherrn trifft. Abweichend

von der Musterbauordnung werden die Mitteilungspflichten in Brandenburg nicht einem Schriftformerfordernis unterworfen. Dadurch soll dem im Land Brandenburg einzuführenden elektronischen Baugenehmigungsverfahren Rechnung getragen werden.

Der Bauherrenwechsel kann durch ein Rechtsgeschäft aber auch durch einen Erbfall eintreten. Nicht erforderlich ist dafür der Übergang des Eigentums am Baugrundstück auf den neuen Bauherrn. Der Bauherr muss nicht Eigentümer des Baugrundstücks sein, *vgl. VGH Kassel, BauR 2011, 1315f.* Dem Bauherrnwechsel gleichzusetzen ist die Vergrößerung der Bauherrengemeinschaft durch das Hinzutreten weiterer Personen in diese Gemeinschaft, *s. a. VGH Kassel, BauR 2012, 1316f.* 13

Der Wechsel des Bauleiters kann in der Regel nur durch ein Rechtsgeschäft erfolgen, in dem der Bauherr den neuen Bauleiter mit der Überwachung gem. § 56 beauftragt. 14

Der Bauherr oder dessen Vertreter handelt nach § 85 Abs. 1 Nr. 11 ordnungswidrig, wenn er vorsätzlich oder fahrlässig der Mitteilungspflicht aus Absatz 1 nicht nachkommt. 15

5. Vertreterbestellung (Absatz 2)

Die in Absatz 2 enthaltenen Regelungen sollen sicherstellen, dass die Bauaufsichtsbehörde bei Abstimmungsgesprächen nur mit einer Person verhandeln und nicht möglicherweise gegenläufige Interessen von Bauherrengemeinschaften koordinieren muss. Nach Satz 1 kann die Bauaufsichtsbehörde verlangen, dass mehrere als Bauherren eines Vorhabens auftretende Personen einen gemeinsamen Vertreter bestellen. Die Entscheidung der Bauaufsichtsbehörde, ob sie die Bestellung eines Vertreters verlangt, ist in ihr Ermessen gestellt. Sie muss dieses sachgerecht ausüben. 16

Der vom Bauherrn bestellte Vertreter muss nicht selbst Bauherr sein. Der Bauherr kann z.B. einen Architekten oder Anwalt als Vertreter benennen und bevollmächtigen. Der Bevollmächtigte tritt nach seiner Bestellung in die Pflichten des Bauherrn ein. Dies bestimmt Satz 1 a. E. Der Vertreter ist also selbst dafür verantwortlich, dass die in § 52 und § 53 benannten Pflichten des Bauherrn erfüllt werden. Er selbst kann also ggf. als Handlungsstörer in Anspruch genommen werden. Der Bauherr als Vertretener ist dann nicht mehr verpflichtet. 17

Satz 2 stellt klar, dass mit der Regelung lediglich die verwaltungsverfahrensrechtliche „Masseschwelle" abgesenkt werden soll, im Übrigen aber die einschlägigen verwaltungsverfahrensrechtlichen Vorschriften gelten. 18

§ 54
Entwurfsverfasserin und Entwurfsverfasser

(1) [1]Die Entwurfsverfasserin oder der Entwurfsverfasser muss nach Sachkunde und Erfahrung zur Vorbereitung des jeweiligen Bauvorhabens geeignet sein. [2]Sie oder er ist für die Vollständigkeit und Brauchbarkeit ihres oder seines Entwurfs verantwortlich. [3]Die Entwurfsverfasserin oder der Entwurfsverfasser hat dafür zu sorgen, dass die für die Ausführung notwendigen Einzelzeichnungen, Einzelberechnungen und Anweisungen den öffentlich-rechtlichen Vorschriften entsprechen.

(2) [1]Hat die Entwurfsverfasserin oder der Entwurfsverfasser auf einzelnen Fachgebieten nicht die erforderliche Sachkunde und Erfahrung, so sind geeignete Fachplanerinnen oder Fachplaner heranzuziehen. [2]Diese sind für die von ihnen gefertigten Unterlagen verantwortlich. [3]Für das ordnungsgemäße Ineinandergreifen aller Fachplanungen bleibt die Entwurfsverfasserin oder der Entwurfsverfasser verantwortlich.

Übersicht

1. Allgemeines

1 Die Regelungen über die Aufgaben und Qualifikationen des Entwurfsverfassers knüpfen an die grundsätzlich bestehende Verpflichtung des Bauherrn an, bei einem genehmigungspflichtigen Vorhaben einen solchen zu beauftragen. Der Entwurfsverfasser muss nach Sachkunde und Erfahrung zur Vorbereitung des jeweiligen Bauvorhabens geeignet sein. Durch § 54 wird die Aufgabenstellung des Entwurfsverfassers konkretisiert. Dies ist für den Entwurfsverfasser von besonderer Bedeutung, weil er seine Tätigkeit nur aufgrund einer zivilrechtlichen Beauftragung ausübt, also nicht als Beliehener oder Verwaltungshelfer tätig wird. Indem durch die Novelle 2016 die Funktion des Bauleiters geschaffen wurde, ist der Verantwortungsbereich des Entwurfsverfassers nicht mit der des früheren Objektplaners deckungsgleich. Der Entwurfsverfasser trägt nicht die Verantwortung dafür, dass sich das tatsächliche Baugeschehen im Rahmen der öffentlich-rechtlichen Bauvorschriften und der Genehmigung bewegt. Dafür sind Bauherr, Bauunternehmer und Bauleiter verantwortlich.

2. Aufgaben des Entwurfsverfassers (Absatz 1)

In Satz 1 werden die grundsätzlichen Anforderungen an den Entwurfsverfasser normiert. Satz 2 bestimmt, dass der Entwurfsverfasser für die Vollständigkeit und Brauchbarkeit des Entwurfs verantwortlich ist. Die nach § 48 Abs. 1 Satz 3 a. F. bestehende Verpflichtung, dafür zu sorgen, dass die für die Ausführung notwendigen Einzelzeichnungen, Einzelberechnungen und Anweisungen „geliefert werden", ist mit der Novelle 2016 entfallen. Auch entfällt durch die Novelle 2016 die Verpflichtung, „dass das Bauvorhaben nach den genehmigten oder angezeigten Bauvorlagen ausgeführt wird" (§ 48 Absatz 1 Satz 3 a. F.). Der Gesetzgeber will damit erreichen, dass der Entwurfsverfasser auch bei denjenigen Vorhaben in der Pflicht steht, in denen ein Baugenehmigungsverfahren nicht durchgeführt wird. 2

Entwurfsverfasser im Sinne der Vorschrift ist nicht nur, wer die Bauvorlagen (§ 68 Abs. 2 Satz 1) fertigt und/oder gegenüber der Bauaufsichtsbehörde dafür verantwortlich zeichnet (§ 68 Abs. 4 Satz 1), sondern auch, wer die in der Vorschrift angesprochenen weiteren, für die Bauausführung erforderlichen Unterlagen erstellt bzw. – bei Bestellung von Fachplanern nach Absatz 2 – die Koordinationsverantwortung trägt. An einem Bauvorhaben können also – nacheinander – mehrere Entwurfsverfasser (in diesem Sinne) mitwirken. 3

Der Entwurfsverfasser hat auch darüber zu entscheiden, ob eine Abweichung in den Fällen des § 67 Abs. 1 Satz 2, 2. Halbsatz gesondert nach § 67 Abs. 2 zu beantragen ist, weil öffentlich-rechtlich geschützte nachbarliche Belange berührt werden. 4

3. Beauftragung von Fachplanern (Absatz 2)

Nach Absatz 2 ist der Entwurfsverfasser verpflichtet, fehlende Fachkenntnis durch den Einsatz von Spezialisten zu kompensieren. Diese sind dann für die von ihnen übernommenen Aufgaben selbst verantwortlich. Den Fachplaner hat der Entwurfsverfasser so auszuwählen, dass er für die konkret zu erfüllenden Aufgaben fachlich qualifiziert ist. Der Fachplaner trägt insoweit eine eigene Verantwortung. Gleichwohl verbleibt die Verantwortung für die Gesamtkoordination beim Entwurfsverfasser. 5

§ 55
Unternehmerin und Unternehmer

(1) [1]Jede Unternehmerin und jeder Unternehmer ist für die mit den öffentlich-rechtlichen Anforderungen übereinstimmende Ausführung der von ihr oder ihm übernommenen Arbeiten und insoweit für die ordnungsgemäße Einrichtung und den sicheren Betrieb der Baustelle verantwortlich. [2]Sie oder er hat die zur Erfüllung der Anforderungen dieses Gesetzes oder aufgrund dieses Gesetzes erforderlichen Nachweise und Unterlagen zu den verwendeten Bauprodukten und den angewandten Bauarten zu erbringen und auf der Baustelle bereitzuhalten. [3]Bei Bauprodukten, die die CE-Kennzeichnung nach der Verordnung (EU) Nr. 305/2011 tragen, ist die Leistungserklärung nach der Verordnung (EU) Nr. 305/2011 bereitzuhalten.

(2) Jede Unternehmerin oder jeder Unternehmer hat auf Verlangen der Bauaufsichtsbehörde für Arbeiten, bei denen die Sicherheit der Anlage in außergewöhnlichem Maße von der besonderen Sachkenntnis und Erfahrung der Unternehmerin oder des Unternehmers oder von einer Ausstattung des Unternehmens mit besonderen Vorrichtungen abhängt, nachzuweisen, dass sie oder er für diese Arbeiten geeignet ist und über die erforderlichen Vorrichtungen verfügt.

Übersicht

1. Allgemeines

1 § 55 betrifft die öffentlich-rechtliche Verantwortlichkeit des Bauunternehmers für sein Werk und für den Betrieb der Baustelle. Unternehmer ist jeder, der von dem Bauherrn damit beauftragt wurde, das Bauwerk zu erstellen bzw. an der Erstellung mitzuwirken. Unternehmer i. S. dieser Regelung ist deshalb diejenige Person, die Bauarbeiten zur Errichtung, Instandhaltung, Änderung, Nutzungsänderung oder Beseitigung baulicher Anlagen ausführt.

2 Absatz 1 Satz 2 und 3 sind mit der Novelle 2018 eingefügt worden.

2. Grundpflichten des Unternehmers (Absatz 1)

3 Absatz 1 normiert die Grundpflicht eines jeden Unternehmers am Bau und regelt die umfassende Verantwortung des Unternehmers für die Beachtung der öffentlich-rechtlichen Vorschriften. Durch die Novelle 2016 ist die Bezugnahme auf die genehmigten Bauvorlagen entfallen. Stattdessen wird auf die Verpflichtung zur Einhaltung der öffentlich-rechtlichen Anforderungen Bezug genommen. Zu diesen Anforderungen gehört auch die Beachtung der Baugenehmigung.

4 Durch Absatz 1 gerät der Bauunternehmer in eine öffentlich-rechtliche Pflichtenstellung, *vgl. VGH Kassel, BRS 39 Nr. 98.* Diese Pflichtenstellung, die auf seiner Tätigkeit als Unternehmer gründet, tritt selbstständig und unabhängig neben seine zivilrechtliche Pflichtenstellung aufgrund des Bauvertrags, den er mit dem Bauherrn oder einem anderen Unternehmer als Auftraggeber geschlossen hat. Deshalb kann die öffentlich-rechtliche Pflichtenstellung die zivilrechtliche ggf. auch überdauern.

5 Zu der öffentlich-rechtlichen Pflichtenstellung des Unternehmers gehört insbesondere, dass er nachweisen kann, dass die eingesetzten Bauprodukte und Bauarten verwendet werden dürfen. Die entsprechenden Nachweise muss er auf der Baustelle bereithalten. Dazu gehört nach Satz 3 auch die Bereithaltung der Leistungserklärung als das zentrale Dokument, auf dem die Verwendbarkeit eines Bauprodukts beruht. Zudem muss er auch sicherstellen, dass die Anforderungen des § 11 über die Einrichtung und den Betrieb der Baustelle eingehalten werden.

6 Überträgt der Unternehmer seine Aufgabe auf einen Subunternehmer, ist auch der Subunternehmer, begrenzt auf seinen Auftrag, verpflichtet, den Anforderungen nach Satz 2 nachzukommen. Der den Subunternehmer beauftragende Unternehmer wird dadurch jedoch nicht von seiner Pflichtenstellung befreit, da er weiterhin von dem Bauherrn beauftragt ist und im Rahmen dieser Beauftragung, also der von ihm übernommenen Arbeiten, weiterhin für die Einhaltung der Anforderungen nach Absatz 1 verantwortlich ist.

3. Befugnisse der Bauaufsichtsbehörde (Absatz 2)

7 Absatz 2 gibt den Bauaufsichtsbehörden die Befugnis, die besondere Sachkunde des Unternehmers bei risikoreichen Baumaßnahmen von dem Bauunternehmer belegen zu lassen. Die Bauaufsichtsbehörden besitzen insoweit einen Ermessensspielraum. Welche Anforderungen sie an den Unternehmer stellen dürfen, hängt dabei maßgeblich von den Umständen des Einzelfalls ab. Sollte der Unternehmer nicht die erforderlichen Nachweise führen können,

kann die Behörde sogar die Einstellung der Bauarbeiten verlangen. Rechtsgrundlage dafür ist § 58 Abs. 2 Satz 2.

8 Verstößt der Unternehmer gegen seine Verpflichtung nach § 55 vorsätzlich oder fahrlässig, begeht er eine Ordnungswidrigkeit nach § 85 Abs. 1 Nr. 11.

§ 56
Bauleiterin und Bauleiter

(1) [1]Die Bauleiterin oder der Bauleiter hat darüber zu wachen, dass die Baumaßnahme entsprechend den öffentlich-rechtlichen Anforderungen durchgeführt wird und die dafür erforderlichen Weisungen zu erteilen. [2]Sie oder er hat im Rahmen dieser Aufgabe auf den sicheren bautechnischen Betrieb der Baustelle, insbesondere auf das gefahrlose Ineinandergreifen der Arbeiten der Unternehmer zu achten. [3]Die Verantwortlichkeit der Unternehmerin oder des Unternehmers bleibt unberührt.

(2) [1]Die Bauleiterin oder der Bauleiter muss über die für ihre oder seine Aufgabe erforderliche Sachkunde und Erfahrung verfügen. [2]Verfügt sie oder er auf einzelnen Teilgebieten nicht über die erforderliche Sachkunde, so sind geeignete Fachbauleiterinnen oder Fachbauleiter heranzuziehen. [3]Diese treten insoweit an die Stelle der Bauleiterin oder des Bauleiters. [4]Die Bauleiterin oder der Bauleiter hat die Tätigkeit der Fachbauleiterin oder des Fachbauleiters und ihre oder seine Tätigkeit aufeinander abzustimmen.

Übersicht

1. Allgemeines

Der Gesetzgeber hat in der Novelle 2016 in § 56 die Regelung zum Bauleiter 1
in Anpassung an die Musterbauordnung eingeführt. Er wollte damit oftmals auftretende Schwierigkeiten im Bauablauf beheben. Die bisherige Regelung der Brandenburgischen Bauordnung zum Objektplaner, der sowohl die Aufgabe der Entwurfsverfassung als auch die Aufgabe der Bauüberwachung wahrzunehmen hatte, hat nach Ansicht des Gesetzgebers in der Vollzugspraxis zu zahlreichen Problemfällen geführt, da es nach Erledigung der Aufgabe der Entwurfsverfassung für die neue Aufgabe der Bauüberwachung häufig zu einem Wechsel des Entwurfsverfassers, früher des Objektplaners gekommen ist. Bei einem Entwurfsverfasserwechsel musste ein neuer Entwurfsverfasser bereit sein, in die öffentlich-rechtliche Verantwortung des ursprünglichen Entwurfsverfassers bedingungslos einzutreten. Diese Bereitschaft der Übernahme einer eigentlich fremden Verantwortung als eigene lag, so der Gesetzgeber, oftmals nicht vor, so dass es zum Erliegen des Baugeschehens gekommen ist. Schließlich sollen die deutschlandweit im Hausbau tätigen

Unternehmen wirtschaftliche Einbußen beklagt haben, weil sie im Land Brandenburg – anders als in anderen Ländern – für die Bauüberwachung zusätzlich zum vorhandenen Bauleiter einen Entwurfsverfasser verpflichten mussten, der bauvorlageberechtigt ist. Dies Doppelung wird hinfällig, weil der ohnedies bestellte Bauleiter für die Bauüberwachung ausreichend ist.

2 Die Aufgabe der Bauleitung kann, muss aber nicht – wie bisher zwingend mit der Regelung zum Objektplaner – durch den Entwurfsverfasser wahrgenommen werden. Die Bauleitung kann auch von einer anderen, für das konkrete Bauvorhaben geeigneten Person ausgeführt werden. Für den Bauherrn sind damit regelmäßig keine besonderen Belastungen verbunden, da die Bestellung eines Bauleiters in seinem eigenen Interesse liegt und auf bereits bestellte Personen zurückgegriffen werden kann.

3 Die Regelung der Überwachungspflicht ist auch erforderlich, da gem. § 83 eine Bauabnahme durch die Bauaufsichtsbehörde nicht vorgeschrieben ist. Mängel in der Bauausführung können daher regelmäßig nur durch den Bauleiter festgestellt werden.

2. Aufgaben des Bauleiters (Absatz 1)

4 Absatz 1 beschreibt in Satz 1 und Satz 2 die Aufgaben des Bauleiters. Die Tätigkeit des Bauleiters betrifft den technischen Bauablauf und als Bauüberwachung die Einhaltung der öffentlich-rechtlichen Vorschriften. In der Ausführungsphase ist der Bauleiter dafür verantwortlich, dass das Bauvorhaben nach den genehmigten oder angezeigten Plänen errichtet wird und die öffentlich-rechtlichen Vorschriften eingehalten werden. Er hat damit eigenständige öffentlich-rechtliche Überwachungspflichten. Der Bauleiter hat insbesondere für die Einhaltung der Maßgaben der Baugenehmigung, der öffentlich-rechtlichen Vorschriften der Bauordnung, der eingeführten Technischen Regeln und der aufgrund der Bauordnung erlassenen Sonderbauverordnungen zu sorgen. Dazu gehören auch die Sicherheit auf der Baustelle und das gefahrlose Ineinandergreifen der Arbeiten der auf der Baustelle tätigen Unternehmer.

5 Dem Absatz 1 liegt die Verpflichtung des Bauherrn zugrunde, einen sachkundigen und erfahrenen Bauleiter zu beauftragen, der die Bauüberwachung eigenverantwortlich übernimmt. Der Bauherr kann den Bauleiter unmittelbar durch einen eigenständigen Dienstleistungsauftrag oder im Rahmen eines etwaigen Arbeitsvertrages beauftragen. Der Bauleiter kann aber auch mittelbar beauftragt werden, in dem er für den Bauunternehmer tätig ist und von diesem mit der Bauleitung beauftragt wird.

6 Wenn der Bauleiter für die Bauüberwachung nicht sachkundig oder erfahren genug ist, muss der Bauherr einen anderen geeigneten Bauüberwacher

beauftragen und heranziehen. Diese Verpflichtung trifft, wenn der Bauherr nicht bereits tätig geworden ist, auch den Bauunternehmer. Eine Rangfolge der Verpflichtung besteht nicht. Die Verpflichtung des Bauherrn bzw. des Bauunternehmers, einen sachkundigen und erfahrenen Bauleiter einzusetzen, ist ein wesentliches Element der Qualitätssicherung am Bau und insbesondere erforderlich, weil auf die Rohbauabnahme durch die Bauaufsichtsbehörde künftig verzichtet wird. Daneben bleibt auch die Bauaufsichtsbehörde nach § 58 Abs. 2 zur Bauüberwachung befugt.

§ 56 lässt das Recht des Bauherrn, den Bauleiter während der Bauausführung 7 zu wechseln, unberührt. Wechselt er ihn, dann hat er dies nach § 53 Abs. 1 Satz 3 der Bauaufsichtsbehörde unverzüglich mitzuteilen. Auf diese Weise soll gewährleistet werden, dass ein qualifizierter Bauleiter die Bauausführung ständig überwacht und kontrolliert.

Mit dem Wechsel des Bauleiters geht die Verantwortung nach § 56 Abs. 1 für 8 das auf den Wechsel folgende Baugeschehen auf den neuen Bauleiter über. Erkennt dieser Verstöße gegen beachtliche Vorschriften, muss er diese beheben. Gleichwohl bleibt für die bis zu diesem Wechsel ausgeführten Leistungen der alte Bauleiter verantwortlich. Dies kann insbesondere bei Verstößen gegen Vorschriften relevant sein, die der neue Bauleiter nicht erkennen konnte.

Der nach § 56 erforderliche Bauleiter muss nicht mit dem von den Baun- 9 ternehmen für die fachliche Leitung der Bauarbeiten eingesetzten Bauleiter identisch sein. Denn der Bauleiter im Sinne von § 56 kontrolliert auch die Tätigkeit der Unternehmer in öffentlich-rechtlicher Hinsicht, ohne dabei als Beliehener oder Verwaltungshelfer aufzutreten. Die Beauftragung des Bauleiters und seine Befugnisse sind ausschließlich privater Natur. Zu Anordnungen an Dritte ist der Bauleiter nur im Rahmen seiner ihm durch den Bauherrn oder Bauunternehmer verliehenen Befugnisse berechtigt. Der Bauleiter ist deshalb, will er seiner Verantwortung nach § 56 nachkommen, gehalten, bei seiner Beauftragung sicherzustellen, dass er über alle für seine Tätigkeit nach Absatz 1 erforderlichen Befugnisse verfügen darf.

Verstöße des Bauleiters gegen seine Verpflichtung nach § 56 sind dies Ord- 10 nungswidrigkeiten nach § 85 Abs. 1 Nr. 11.

3. Persönliche Anforderungen des Bauleiters (Absatz 2)

Satz 1 beschreibt in allgemeiner Form die persönlichen Anforderungen, die an 11 einen Bauleiter zu stellen sind. Eine besondere Ausbildung oder ein bestimmter Ausbildungsabschluss werden nicht verlangt, da je nach Schwierigkeitsgrad des konkreten Bauvorhabens unterschiedliche Kenntnisse erforderlich sind. Es kommt also nicht auf eine allgemeine Sachkunde an, sondern auf diejenige, die für das konkrete Bauvorhaben nötig ist. Einem Bauleiter, der seit Jahren erfolgreich im Wohnungsbau tätig ist, kann es dennoch an der genügenden Sachkunde und Erfahrung für den Bau etwa eines Krankenhauses fehlen. Wegen der unterschiedlichen Anforderungen der Gewerke kann die Einschaltung von Fachbauleitern erforderlich sein. In diesem Fall muss gleichwohl eine Koordinierung durch einen „Hauptbauleiter" erfolgen.

12 Ist für ein Bauvorhaben ein Koordinator nach § 3 Baustellenverordnung vom 10. Juni 1998 (BGBl. I S. 1283), die zuletzt durch Artikel 27 des Gesetzes vom 27. Juni 2017 (BGBl. I S. 1966) geändert worden ist, zu bestellen, so ist dieser vorrangig dafür verantwortlich, dass die Belange des Arbeitsschutzes gewahrt werden.

Teil 5
Bauaufsichtsbehörden, Verfahren

Abschnitt 1
Bauaufsichtsbehörden

§ 57
Aufbau und Zuständigkeit der Bauaufsichtsbehörden

(1) [1]Die unteren Bauaufsichtsbehörden sind Sonderordnungsbehörden. [2]Die Landkreise, die kreisfreien Städte sowie die Großen kreisangehörigen Städte, denen diese Aufgabe übertragen ist, nehmen die Aufgaben der unteren Bauaufsichtsbehörde wahr. [3]Die Übertragung der Aufgaben der unteren Bauaufsichtsbehörde auf eine Große kreisangehörige Stadt sowie der Widerruf der Übertragung richten sich nach den kommunalrechtlichen Vorschriften.

(2) [1]Die Landrätin oder der Landrat als allgemeine untere Landesbehörde ist Sonderaufsichtsbehörde über
1. die Großen kreisangehörigen Städte als untere Bauaufsichtsbehörden,
2. die amtsfreien Gemeinden, die Ämter, die Verbandsgemeinden, die mitverwalteten Gemeinden und mitverwaltenden Gemeinden als Sonderordnungsbehörden, soweit diese nach § 58 Absatz 6 und 7 zuständig sind.

[2]Für die nach § 132 Absatz 5 Satz 1 der Kommunalverfassung des Landes Brandenburg von den Landkreisen zur Verfügung zu stellenden Dienstkräfte gilt Absatz 4 entsprechend.

(3) [1]Oberste Bauaufsichtsbehörde ist das für die Bauaufsicht zuständige Mitglied der Landesregierung. [2]Es ist Sonderaufsichtsbehörde über die Landkreise und kreisfreien Städte als untere Bauaufsichtsbehörden sowie oberste Sonderaufsichtsbehörde über die Großen kreisangehörigen Städte als untere Bauaufsichtsbehörden und über die amtsfreien Gemeinden, Ämter, Verbandsgemeinden, mitverwalteten Gemeinden und mitverwaltenden Gemeinden als Sonderordnungsbehörden, soweit diese nach § 58 zuständig sind.

(4) [1]Die Bauaufsichtsbehörden sind zur Durchführung ihrer Aufgaben ausreichend mit geeigneten Fachkräften zu besetzen und mit den erforderlichen Vorrichtungen auszustatten. [2]Den unteren Bauaufsichtsbehörden sollen Bedienstete mit der Befähigung für den höheren technischen Verwaltungsdienst, die die erforderlichen Kenntnisse der Bautechnik, der

Baugestaltung und des öffentlichen Baurechts haben, sowie Bedienstete mit der Befähigung zum Richteramt oder zum höheren nichttechnischen Verwaltungsdienst angehören. [3]Die oberste Bauaufsichtsbehörde kann Ausnahmen zulassen.

(5) [1]Die Befugnis der Sonderaufsichtsbehörde, besondere Weisungen zu erteilen, ist nicht auf den Bereich der Gefahrenabwehr beschränkt. [2]Für die Sonderaufsichtsbehörde gilt § 121 der Kommunalverfassung des Landes Brandenburg entsprechend.

(6) Die Bestimmungen des Staatshaftungsgesetzes und des § 38 Absatz 1 Buchstabe b des Ordnungsbehördengesetzes finden keine Anwendung.

Übersicht

1. Allgemeines

1 Die Vorschrift regelt das System der Bauaufsichtsbehörden und deren Aufsichtstätigkeiten in Brandenburg. Auszugehen ist von einem grundsätzlich zweistufigen Aufbau der Bauaufsichtsbehörden, bestehend aus dem Ministerium für Infrastruktur und Raumordnung als oberste Bauaufsichtsbehörde und den Landkreisen, kreisfreien Städten und Großen kreisangehörigen Städten als untere Bauaufsichtsbehörden. Durchbrochen wird dieses System durch die Befugnisse der Gemeinden und Ämter nach § 58 Abs. 6, da diese für einen sachlichen Teilbereich die Befugnisse der unteren Bauaufsichtsbehörden verdrängen und ebenso wie die Landkreise, kreisfreien Städte und Großen kreisangehörigen Städte als Sonderordnungsbehörden im Sinne von § 11 OBG tätig werden. Sonderordnungsbehörden sind gem. § 11 OBG die Behörden, denen durch Gesetz oder Verordnung auf bestimmten Sachgebieten Aufgaben der Gefahrenabwehr oder – in ihrer Eigenschaft als Sonderordnungsbehörden – andere Aufgaben übertragen worden sind. Die Aufgabenübertragung erfolgt für den Bereich des Bauordnungsrechts durch § 58.

Das grundsätzlich zweistufige System des Behördenaufbaus in Brandenburg hat prozessual zur Folge, dass die Landkreise, kreisfreien Städte und Großen kreisangehörigen Städte zugleich auch Widerspruchsbehörden sind. Für die Gemeinden als Sonderordnungsbehörden nach § 58 Abs. 6 ist der Landkreis die zuständige Widerspruchsbehörde. 2

Durch die Novelle 2020 ist die Vorschrift an das Gesetz zur Einführung der Verbandsgemeinde und der Mitverwaltung (Verbandsgemeinde- und Mitverwaltungsgesetz – VgMvG) vom 15. Oktober 2018 (GVBl. I/18, [Nr. 22], S. 2), geändert durch Artikel 3 des Gesetzes vom 19. Juni 2019 (GVBl. I/19, [Nr. 38], S. 3) angepasst worden. In Absatz 4 Satz 2 sind die Anforderungen an die Qualifikation der Mitarbeiter in der unteren Bauaufsichtsbehörde gelockert worden. 3

2. Aufgabenübertragung auf die Landkreise, kreisfreien Städte und Großen kreisangehörigen Städte (Absatz 1)

In Satz 1 und 2 wird die Aufgabenübertragung auf die Landkreise, die kreisfreien Städte und Großen kreisangehörigen Städte geregelt. Durch die Novelle 2008 ist Absatz 1 umfassend geändert worden. Die Änderung des Absatzes 1 ist auf die Regelung des § 1 Abs. 3 und 4 der Kommunalverfassung des Landes Brandenburg (BbgKVerf) abgestimmt. § 1 Abs. 3 BbgKVerf sieht für die Verleihung der Bezeichnung „Große kreisangehörige Stadt" einen Schwellenwert von 35 000 Einwohnern vor. 4

Ist der Brandenburgische Landesbetrieb für Liegenschaften und Bauen (BLB) nach § 77 zuständig, ist er gem. § 77 Abs. 1 Satz 7 Bauaufsichtsbehörde für die öffentlichen Bauten des Landes. 5

Satz 2 der bisherigen Regelung wies den Großen kreisangehörigen Städten die Aufgaben der unteren Bauaufsichtsbehörden zu. Eine Beibehaltung dieser Regelung hätte zur Folge gehabt, dass mit der Verleihung der Bezeichnung „Große kreisangehörige Stadt" durch Rechtsverordnung des Ministers des Innern nach § 1 Abs. 3 BbgKVerf die Übernahme der Aufgaben der unteren Bauaufsichtsbehörde verbunden gewesen wäre. Eine solche automatische Folge würde dem § 1 Abs. 4 Satz 1 BbgKVerf zuwiderlaufen, der eine Aufgabenübertragung nur auf Antrag einer Großen kreisangehörigen Stadt und nur unter der Voraussetzung zulässt, dass sie die gebotene Verwaltungs- und Finanzkraft aufweist, dadurch eine bessere Wahrnehmung der Aufgaben im Interesse der Einwohner ermöglicht wird und die wirtschaftliche und effektive Wahrnehmung der Aufgaben im gesamten Kreisgebiet gewährleistet bleibt. Folglich muss es bei den kommunalverfassungsrechtlichen Verfahrensregelungen bleiben. Nach der Kommunalverfassung des Landes Brandenburg (§ 1 Abs. 4 BbgKVerf) setzt die Übertragung der Aufgaben der unteren Bauaufsichtsbehörde 6 auf eine Große kreisangehörige Stadt einen von der Stadtverordnetenversammlung beschlossenen Antrag voraus. Die Große kreisangehörige Stadt muss nachweisen, dass sie in der Lage ist, eine den Anforderungen des § 51 Abs. 4 entsprechende Verwaltungsstelle ausreichend mit geeigneten Fachkräften zu besetzen und mit den erforderlichen Vorrichtungen auszustatten. Bei der personellen Ausstattung der unteren Bauaufsichtsbehörde muss die Große kreisangehörige Gemeinde berücksichtigen, dass sie auch für die baurechtliche Beurteilung komplexer Sonderbauten zuständig wird und sich aus der Konzentrationswirkung der Baugenehmigung nach § 72 Abs. 1 Satz 2 weitere qualitative Anforderungen aus der Umsetzung des Fachrechts ergeben.

7 Je nach Größe der Gemeinde und nach der Zahl der Verwaltungsverfahren dürfte der Personalbedarf einer unteren Bauaufsichtsbehörde in einer Großen kreisangehörigen Stadt bei 6 bis 10 Personen liegen.

8 Da die Übernahme der Aufgaben auf Antrag der Großen kreisangehörigen Stadt eine freiwillige Aufgabenübernahme ist, hat dies zur Folge, dass kein Kostenersatzanspruch gegen das Land Brandenburg nach den Grundsätzen des strikten Konnexitätsprinzips des Art. 97 Abs. 3 der Verfassung des Landes Brandenburg besteht. Soweit eine Kostendeckung durch die Gebühren nach der Brandenburgischen Baugebührenordnung nicht erreicht wird, muss die Große kreisangehörige Stadt das Defizit selbst tragen. Mit der Übernahme der Aufgaben einer unteren Bauaufsichtsbehörde übernimmt die Große kreisangehörige Stadt auch das Haftungsrisiko für rechtswidrige Entscheidungen und das Prozessrisiko. Dieses Risiko ist durch die Neuregelung des Absatzes 6 jedoch auf schuldhafte Amtspflichtverletzungen beschränkt.

9 Bei der Übertragung der Aufgaben auf eine Große kreisangehörige Stadt sind ferner die Auswirkungen auf den Landkreis zu berücksichtigen. Diese bestehen in geringeren Gebühreneinnahmen. Ob diese durch Personalreduzierung aufgefangen werden können, ist fraglich, da der Landkreis mit seinen verschiedenen Behördenfunktionen an den von der Großen kreisangehörigen Gemeinde geführten Baugenehmigungsverfahren beteiligt werden muss und dem Landrat die neue Aufgabe einer Sonderaufsichtsbehörde und Widerspruchsbehörde gemäß § 57 Abs. 2 Satz 1 Nr. 1 zuwächst.

10 Die Wahrnehmung der Aufgaben der unteren Bauaufsichtsbehörde durch die bisherigen Großen kreisangehörigen Städte Eberswalde, Eisenhüttenstadt und Schwedt/Oder blieb unberührt. Dies stellte § 83 Abs. 8 a. F. klar.

3. Landrat als Sonderaufsichtsbehörde (Absatz 2)

In Absatz 2 ist die Aufsicht des Landrates als allgemeine untere Landesbehörde im Sinne von § 11 Abs. 2 des Landesorganisationsgesetzes über die Großen kreisangehörigen Städte als untere Bauaufsichtsbehörden und über die amtsfreien Gemeinden, die Ämter, die Verbandsgemeinden, die mitverwalteten Gemeinden und mitverwaltenden Gemeinden als Sonderordnungsbehörden, soweit diese nach § 58 Absatz 6 und 7 zuständig, normiert. Die Aufzählung der Gebietskörperschaften ist mit der Novelle 2020 in die Bauordnung gelangt und geht zurück auf das Gesetz zur Einführung der Verbandsgemeinde und der Mitverwaltung (VgMvG). Der Landrat wird danach als Sonderaufsichtsbehörde tätig. Die Sonderaufsicht ist ihm in § 132 BbgKVerf zugewiesen. Nach § 121 BbgKVerf werden bei Pflichtaufgaben zur Erfüllung nach Weisung, vgl. § 2 Abs. 3 BbgKVerf, die Aufsichtsbehörden durch die hierfür geltenden Gesetze oder aufgrund dieser Gesetze bestimmt. In diesem Fall ist die Sonderaufsicht durch § 57 Abs. 2 begründet. Soweit in der Bauordnung keine andere Festlegung erfolgt, kann die Sonderaufsichtsbehörde, also der Landrat, das Unterrichtungsrecht gem. § 121 BbgKVerf ausüben, allgemeine Weisungen erteilen, um die gleichmäßige Durchführung der Aufgabe zu sichern, besondere Weisungen erteilen, wenn das Verhalten der Gemeinde zur Erledigung der Pflichtaufgaben zur Erfüllung nach Weisung im Bereich der Gefahrenabwehr nicht geeignet erscheint oder überörtliche Interessen gefährden kann. Führt der hauptamtliche Bürgermeister oder Amtsdirektor die vorstehend benannten Weisungen nicht innerhalb der ihm bestimmten Frist durch, so kann der Landrat als Sonderaufsichtsbehörde die Befugnisse der Gemeinden selbst auf deren Kosten ausüben. Nach § 121 BbgKVerf unterstützt die Kommunalaufsichtsbehörde die Sonderaufsichtsbehörden bei der Durchführung ihrer gesetzlichen Aufgaben nötigenfalls unter Anwendung der in den §§ 113 bis 117 BbgKVerf festgelegten Befugnisse. 11

Die Bediensteten, die die Aufgaben der Sonderaufsicht im Landkreis wahrnehmen, müssen nach Satz 2 über die Qualifikationen verfügen, die nach Absatz 4 von den Bediensteten in der Bauaufsichtsbehörde gefordert werden. So müssen z. B. die Mitarbeiter im Landkreis, die mit dem Widerspruchsverfahren gegen Widersprüche der Gemeinden oder Ämter im Rahmen ihrer Aufgaben nach § 58 Abs. 6 befasst sind, die Befähigungen nach Absatz 4 Satz 2 besitzen. 12

4. Oberste Bauaufsichtsbehörde (Absatz 3)

Absatz 3 regelt den Aufbau der Aufsichtsbehörden unter Berücksichtigung der Bestimmungen der §§ 7 und 11 des Ordnungsbehördengesetzes. Absatz 3 regelt die Zuständigkeiten, bestimmt aber nicht den Umfang der Aufsicht. Der Umfang der Sonderaufsicht ergibt sich aus Absatz 5. 13

14 Danach ist der für die Bauaufsicht zuständige Minister aktuell der Minister für Infrastruktur und Landesplanung (MIL) in Gestalt des Referates 24, oberste Bauaufsichtsbehörde. In dieser Funktion ist er auch Sonderaufsichtsbehörde. Dabei ist zu unterscheiden:

- Für die Landkreise und kreisfreien Städte als untere Bauaufsichtsbehörden ist der Minister Sonderaufsichtsbehörde. Die Fachaufsicht der obersten Bauaufsichtsbehörde gegenüber dem Landrat als Sonderaufsichtsbehörde ergibt sich im Übrigen aus § 11 Abs. 2 des Landesorganisationsgesetzes.
- Für die Großen kreisangehörigen Städte als untere Bauaufsichtsbehörden und für die amtsfreien Gemeinden (Teil 1 der Kommunalverfassung), die Ämter (Teil 3 der Kommunalverfassung), die Verbandsgemeinden (§§ 2 ff VgMvG), die mitverwalteten Gemeinden und mitverwaltenden Gemeinden (§ 16 ff. VgMvG) als Sonderordnungsbehörden, soweit diese nach § 58 Abs. 6 zuständig sind, ist nicht das Ministerium Sonderaufsichtsbehörde. Diese Behörde ist die Landrätin bzw. der Landrat nach Absatz 2. Er/sie ist für diese Körperschaften die oberste Sonderaufsichtsbehörde.

5. Fachkräfte und Vorrichtungen der Bauaufsichtsbehörden (Absatz 4)

15 Absatz 4 regelt entsprechend der Musterbauordnung die fachlichen Anforderungen an die Mitarbeiter der Bauaufsichtsbehörden sowie an die Ausstattung dieser Behörden. Diese Vorschrift ist mit der Novelle 2020 geändert worden. Sie wurde an die parallele Vorschrift in Berlin angepasst. Die Vorgabe der personellen Besetzung in Absatz 4 Satz 2 hat der Gesetzgeber geöffnet und zu einer „Sollvorschrift" umgeformt. Die Anforderungen bezüglich der Forderung spezifischer Fachrichtungen hat er gestrichen. Die Sollvorschrift soll den unteren Bauaufsichtsbehörden mehr Flexibilität einräumen und den individuellen Belangen in den einzelnen Landkreisen stärker Rechnung tragen. Ein Festhalten an spezifische Fachrichtungen hält der Gesetzgeber weder für zeitgemäß noch für erforderlich, *vgl. LT-Drucksache 7/1697.* Allerdings sollen Kenntnisse der Bautechnik, der Baugestaltung und des öffentlichen Baurechts weiterhin zwingende Voraussetzung sein und durch geeignete Qualifikationen nachgewiesen werden müssen. Der Gesetzgeber erwartet daher nicht, dass Qualitätsstandards und Anforderungsniveaus abgesenkt werden.

16 Satz 2 beschränkt sich insoweit auf die Beschreibung der Mindestqualifikation für die Besetzung der Spitzenkräfte der Dienststelle. Die Träger der Bauaufsichtsbehörden sind jedoch gehalten, die Behörde mit Fachkräften zu besetzen, deren Fähigkeiten über die geforderte Mindestqualifikation hinausgehen. Denn die Bediensteten der Bauaufsichtsbehörden haben ein schwieriges und komplexes Rechtsgebiet zu bearbeiten. Sie tragen große Verantwortung, da das Gefahrenpotential der baulichen Anlagen hoch ist sowie technisch und rechtlich schwierige Einzelfälle zu bewerten sind. Aufgrund der

Konzentrationswirkung der Baugenehmigung müssen andere Rechtsgebiete mit immer neuen Anforderungen, etwa die Umweltverträglichkeitsprüfung, in ein komplexes Verwaltungsverfahren einbezogen werden. Wegen der großen wirtschaftlichen Bedeutung der Bauvorhaben müssen die Entscheidungen der Bauaufsichtsbehörden zudem besonderes sorgfältig und verantwortungsvoll vorbereitet und getroffen werden. Die herausgehobene rechtliche Relevanz bauaufsichtlicher Entscheidungen wird auch daran ersichtlich, dass sie oftmals Gegenstand von Widerspruchs- und Klageverfahren sind. Zudem stehen im Falle von Verzögerungen bei der Erteilung der Baugenehmigung oder bei der rechtswidrigen Versagung einer Baugenehmigung Amtshaftungsansprüche oder Ansprüche wegen eines enteignungsgleichen Eingriffs im Raum, die erhebliche finanzielle Ansprüche begründen können. Daher soll durch den Einsatz hochqualifizierter Bediensteter sichergestellt werden, dass die mit enormen Haftungsrisiken verbundenen Rechtsstreitigkeiten vermieden oder jedenfalls erfolgreich geführt werden. Letztlich erfordern auch die Beratung der Bürger und der Kommunalverwaltungen der kreisangehörigen Gemeinden und Ämter in allen baurechtlichen Fragen sowie die zügige Bearbeitung der Bauanträge eine hohe fachliche Kompetenz. Die Besetzung sowohl im bautechnischen als auch im baurechtlichen Bereich mit Mitarbeitern im höheren Dienst ist daher erforderlich.

Zu den Vorrichtungen im Sinne dieser Regelung gehören die für die sachge- 17
rechte Wahrnehmung der Aufgaben erforderlichen Datenverarbeitungs- und Archivierungseinrichtungen, die jederzeit aktuellen Texte der Gesetze, Verordnungen und Technischen Baubestimmungen, der schnelle Zugriff auf die relevante Rechtsprechung, Kraftfahrzeuge sowie Büro- und Archivräume. Diese Vorrichtungen müssen den Anforderungen des Datenschutzes genügen und zugleich ermöglichen, aus räumlicher Distanz auf sie zuzugreifen, so dass die Bearbeitung der Akten auch aus dem Homeoffice möglich ist.

Nach Satz 3 ist es erlaubt, die Leitung der Bauaufsichtsbehörde nicht nur 18
einem Beamten, sondern stattdessen einem Angestellten zu übertragen. Im Übrigen hat der Träger der unteren Bauaufsichtsbehörde die Befugnis, die innere Struktur seiner Behörde selbst zu bestimmen.

6. Umfang der Sonderaufsicht (Absatz 5)

In Absatz 5 sind die Eingriffsbefugnisse der Sonderaufsichtsbehörde gegen- 19
über der jeweiligen nachgeordneten Sonderordnungsbehörde geregelt. Die Regelung ist gegenüber der allgemeinen Regelung über die Aufsicht bei Pflichtaufgaben zur Erfüllung nach Weisung des § 121 BbgKVerf erweitert. Denn in § 121 Abs. 2 Nr. 3 BbgKVerf ist die besondere Weisung auf den Fall beschränkt, dass ihr Verhalten zur Erledigung der Pflichtaufgaben zur Erfüllung nach Weisung im Bereich der Gefahrenabwehr nicht geeignet erscheint

oder überörtliche Interessen gefährden kann. Zu den Aufgaben der Bauaufsichtsbehörden gehört aber nicht nur der Bereich der Gefahrenabwehr im Sinne von § 121 Abs. 2 Nr. 3 BbgKVerf. Da der Gesetzgeber die besondere Weisung auch in den Fällen zulassen will, in denen eine Gefahrenabwehr nicht ansteht, musste er in Absatz 5 die Befugnisse auch auf die darüber hinausgehenden Fallkonstellationen gesondert ausdehnen. Die Sonderaufsichtsbehörde besitzt aufgrund dieser Ausdehnung der Befugnisse neben der Befugnis nach § 121 BbgKVerf auch die Befugnis nach Absatz 5, besondere Weisungen betreffend Sachverhalte wie die bundesrechtlich geregelte Prüfung der planungsrechtlichen Zulässigkeit von Bauvorhaben oder die Erteilung einer Abgeschlossenheitsbescheinigung zu treffen, die einen Bezug zur Gefahrenabwehr nicht aufweisen. Dadurch ist das Sonderaufsichtsrecht der Sonderaufsichtsbehörde nach § 121 BbgKVerf auf den gesamten Aufgabenbereich der Bauaufsichtsbehörde erstreckt. Ein aufsichtsfreier Bereich innerhalb der Landesverwaltung wird so vermieden.

20 Das Sonderaufsichtsrecht ermächtigt gem. Absatz 5 in Verbindung mit § 121 BbgKVerf die Sonderaufsichtsbehörde also,

1. das Unterrichtungsrecht nach § 121 Abs. 2 Nr. 1 BbgKVerf auszuüben,
2. allgemeine Weisungen zu erteilen, um die gleichmäßige Durchführung der Aufgabe zu sichern,
3. besondere Weisungen zu erteilen, wenn das Verhalten der unteren Bauaufsichtsbehörde zur Erledigung der Pflichtaufgaben zur Erfüllung nach Weisung nicht geeignet erscheint oder überörtliche Interessen gefährden kann,
4. die Befugnisse der unteren Bauaufsichtsbehörde bzw. der Ämter und Gemeinden selbst auf deren Kosten auszuüben, wenn diese die Weisung gemäß oben 3. nicht innerhalb der bestimmten Frist durchführen.

7. Ausschluss des Staatshaftungsrechts der DDR (Absatz 6)

21 Durch Absatz 6 wird die Anwendung des Staatshaftungsgesetzes der DDR für Amtshandlungen der Bauaufsichtsbehörden ausgeschlossen. Darüber hinaus soll die Anwendung der Regelung des § 38 Abs. 1 des Ordnungsbehördengesetzes auf Ordnungsverfügungen im Sinne des Teils II, Abschnitt 1 beschränkt werden, also für sonstige Handlungen der Bauaufsichtsbehörde ausgeschlossen werden. Der Gesetzgeber reagiert damit auf den Umstand, dass das Staatshaftungsgesetz der DDR in Brandenburg als übergeleitetes Landesrecht weiter gilt. Das Staatshaftungsgesetz der DDR begründet eine verschuldensunabhängige Haftung der Behörde für rechtswidriges Verwaltungshandeln. Da das Staatshaftungsgesetz der DDR als Landesrecht fortgilt, ist es dem Landesgesetzgeber unbenommen, den Geltungsbereich dieses Gesetzes sachbezogen zu beschränken. So ist etwa auch die verschuldensunabhängige Haftung für den Bau, den Unterhalt und die Erhaltung der Verkehrssicherheit der Straßen

seit 1992 durch § 10 Abs. 1 Satz 2 des Brandenburgischen Straßengesetzes ausgeschlossen.

Für den Ausschluss der verschuldensunabhängigen Haftung bei Amtshandlungen der Bauaufsichtsbehörden waren die Häufigkeit schadensträchtiger Konstellationen, das große Haftungsrisiko und insbesondere auch die Schadenshöhe ausschlaggebend. Zumal nach der Rechtsprechung des *Oberlandesgerichts Brandenburg – OLG 2 U 26/06 – U. v. 17. Juli 2007* auch entgangener Gewinn zu ersetzen ist. Angesichts der hohen Baukosten und der wirtschaftlichen Bedeutung der Bauvorhaben einerseits und der komplexen bauaufsichtlichen Entscheidungen und der häufigen Streitbefangenheit andererseits, wirkt sich das mit dem Staatshaftungsgesetz verbundene Haftungsrisiko nachteilig auf die Entscheidungsfähigkeit der unteren Bauaufsichtsbehörden aus. Das Staatshaftungsgesetz führt auch in der Abwicklung der Ansprüche zu erhöhtem Verwaltungsaufwand, weil § 5 StHG ein formelles Verwaltungsverfahren mit Rechtsmittelbelehrung vorsieht. 22

Das Staatshaftungsgesetz hat zwar allgemein eine geringe Relevanz, aber hohe Bedeutung für die Bauaufsichtsbehörden. So sind die planungsrechtlichen Voraussetzungen für die Zulässigkeit von Vorhaben, insbesondere im Innenbereich der Gemeinden und im Außenbereich, von Bewertungen und Ermessensabwägungen der Bauaufsichtsbehörden abhängig, die oft mehrere Ergebnisse vertretbar erscheinen lassen. Wird eine Baugenehmigung, die einen für den Bauherren begünstigenden Verwaltungsakt darstellt, von Dritten angefochten, mit dem Ergebnis, dass das Verwaltungsgericht die Baugenehmigung aufhebt, und hat der Bauherr das Gebäude wegen der aufschiebenden Wirkung nach § 212a BauGB bereits errichtet, hat dies zur Folge, dass der Bauherr bei Anwendung des Staathaftungsgesetzes von der Bauaufsichtsbehörde den Ersatz der Baukosten, den Ersatz der Beseitigungskosten und sonstiger Aufwendungen sowie den infolge der Beseitigung des Gebäudes entgangenen Gewinn verlangen kann. Der Staatshaftungsanspruch besteht nach Auffassung des OLG Brandenburg a. a. O. unabhängig davon, dass der Bauherr wegen der fehlenden Bestandskraft der Baugenehmigung auf eigenes Risiko gebaut hat. Ein ähnliches Risiko trägt die Bauaufsichtsbehörde, wenn sie eine Baugenehmigung mit guten Gründen versagt, das Verwaltungsgericht dies jedoch anders sieht und die Bauaufsichtsbehörde zum Erlass einer Baugenehmigung verpflichtet. In diesem Fall bleibt die verschuldensunabhängige Haftung der Behörde jedoch nach den Grundsätzen des enteignungsgleichen Eingriffs bestehen. 23

Die gleiche rechtliche Problematik wirft § 38 OWiG auf. Nach Auffassung des Brandenburgischen Oberlandesgerichts handelt es sich auch bei einer Baugenehmigung um eine Maßnahme im Sinne des § 38 Abs. 1 Buchstabe b OWiG, so dass auch im Fall einer rechtswidrigen Baugenehmigung eine vom 24

Verschulden unabhängige Haftung der Bauaufsichtsbehörde besteht und diese z. B. für einen dem Bauherrn durch Aufhebung einer Baugenehmigung entstehenden Schaden aufkommen muss. Dies kehrt die gesetzgeberische Wertung, die dem § 212 a BauGB oder dem § 50 VwVfG zu Grunde liegt, zu Lasten der Bauaufsichtsbehörde um. Sowohl § 212 a BauGB als auch § 50 VwVfG gehen davon aus, dass der Bauherr im Fall eines von einem Dritten angefochtenen Verwaltungsaktes nicht auf den Bestand des Verwaltungsaktes vertrauen darf. Nach ständiger Rechtsprechung der Verwaltungsgerichte beseitigt ein Drittwiderspruch das Vertrauen des Bauherrn in die Bestandskraft der Baugenehmigung. Baut er unter Inanspruchnahme des § 212 a Abs. 1 BauGB gleichwohl, so übernimmt er das volle Risiko auch in dem Fall, dass dem Drittwiderspruch stattgegeben wird.

25 Die Ansprüche wegen schuldhafter Amtspflichtverletzung nach Art. 34 GG in Verbindung mit § 839 BGB, nach den Regeln über den enteignungsgleichen Eingriff (*BGHZ 92, 34, 41*) sowie die Ansprüche aus den §§ 48 bis 49 VwVfG wegen Rücknahme oder Widerruf eines Verwaltungsaktes bleiben von Absatz 6 unberührt. Diese Ansprüche, ausgenommen diejenigen in §§ 48 f. BbgVwVfG, kann der Gesetzgeber weder ausschließen noch beschränken.

§ 58
Aufgaben und Befugnisse der Bauaufsichtsbehörden sowie der amtsfreien Gemeinden, der Ämter, der Verbandsgemeinden, mitverwalteten Gemeinden und mitverwaltenden Gemeinden als Sonderordnungsbehörden

(1) [1]Die Landkreise, die kreisfreien Städte und die Großen kreisangehörigen Städte nehmen die Aufgaben nach diesem Gesetz als Pflichtaufgaben zur Erfüllung nach Weisung wahr. [2]Für den Vollzug dieses Gesetzes sowie anderer öffentlich-rechtlicher Vorschriften für die Errichtung, die Änderung, die Instandhaltung, die Nutzung oder die Beseitigung baulicher Anlagen sowie anderer Anlagen und Einrichtungen sind die unteren Bauaufsichtsbehörden zuständig, soweit nichts anderes bestimmt ist.

(2) [1]Die Bauaufsichtsbehörde hat bei der Errichtung, der Änderung, der Beseitigung, der Instandhaltung und der Nutzung baulicher Anlagen sowie anderer Anlagen und Einrichtungen darüber zu wachen, dass die öffentlich-rechtlichen Vorschriften und die aufgrund dieser Vorschriften erlassenen Anordnungen eingehalten werden. [2]Sie haben in Wahrnehmung dieser Aufgaben die erforderlichen Maßnahmen zu treffen und die am Bau Beteiligten zu beraten. [3]Die Bauaufsichtsbehörde hat nicht die Befugnisse zum Erlass ordnungsbehördlicher Verordnungen nach den §§ 24 bis 37 des Ordnungsbehördengesetzes.

(3) [1]Die Bauaufsichtsbehörde kann im Einvernehmen mit der Bauherrin oder dem Bauherrn zur Erfüllung ihrer Aufgaben Sachverständige und sachverständige Stellen heranziehen. [2]Sind natürlichen und juristischen Personen des Privatrechts hoheitliche Aufgaben nach diesem Gesetz zur Erledigung in den Handlungsformen des öffentlichen Rechts durch Beleihung nach § 16 des Landesorganisationsgesetzes übertragen, so besteht keine Haftung des Landes oder des Rechtsträgers der Bauaufsichtsbehörde anstelle der natürlichen und juristischen Personen des Privatrechts.

(4) [1]Die mit dem Vollzug dieses Gesetzes beauftragten Personen sind berechtigt, in Ausübung ihres Amtes Grundstücke und bauliche Anlagen einschließlich der Wohnungen zu betreten. [2]Das Betreten einer Wohnung ist nur zulässig, wenn dies zur Verhütung dringender Gefahren für die öffentliche Sicherheit oder Ordnung erforderlich ist. [3]Das Grundrecht der Unverletzlichkeit der Wohnung aus Artikel 13 des Grundgesetzes und aus Artikel 15 der Verfassung des Landes Brandenburg wird insoweit eingeschränkt.

(5) Anordnungen der Bauaufsichtsbehörden sind auch gegenüber den Rechtsnachfolgern wirksam.

(6) [1]Die amtsfreien Gemeinden, die Ämter, die Verbandsgemeinden, die mitverwalteten Gemeinden und mitverwaltenden Gemeinden sind als Sonderordnungsbehörden für den Vollzug der örtlichen Bauvorschriften und der planungsrechtlichen Festsetzungen bei genehmigungsfreien Vorhaben zuständig. [2]Dies gilt insbesondere für die Zulassung von Abweichungen von örtlichen Bauvorschriften sowie die Zulassung von Ausnahmen und Befreiungen nach § 31 des Baugesetzbuchs, die sonderordnungsbehördliche Erlaubnis von Werbeanlagen, die Einstellung von Bauarbeiten, die Nutzungsuntersagung sowie die Beseitigung rechtswidrig errichteter baulicher Anlagen unter entsprechender Anwendung der §§ 78 bis 80, die vorläufige Untersagung nach § 15 Absatz 1 Satz 2 des Baugesetzbuchs binnen einer Frist von einem Monat ab Kenntnis des Vorhabens, und Ordnungswidrigkeitenverfahren. [3]Bei Vorhaben, die nach § 61 keiner Genehmigung bedürfen, entscheidet die amtsfreie Gemeinde, das Amt, die Verbandsgemeinde, die mitverwaltete Gemeinde oder die mitverwaltende Gemeinde als Sonderordnungsbehörde in einem Erlaubnisverfahren. [4]Die Erlaubnis ist bei der amtsfreien Gemeinde, dem Amt, der Verbandsgemeinde, der mitverwalteten Gemeinde oder der mitverwaltenden Gemeinde zu beantragen. [5]Im Übrigen gelten § 67 Absatz 1 Satz 1 und die Verfahrensvorschriften dieses Gesetzes entsprechend.

(7) Die Absätze 2, 4 und 5 gelten für die von den amtsfreien Gemeinden, den Ämtern, den Verbandsgemeinden, den mitverwalteten Gemeinden und den mitverwaltenden Gemeinden als Sonderordnungsbehörden nach diesem Gesetz wahrgenommenen Aufgaben entsprechend.

Übersicht

1. Allgemeines

In § 58 werden die Aufgaben der Bauaufsichtsbehörde bestimmt. Während in § 57 geregelt ist, welche Körperschaft Bauaufsichtsbehörde ist, wird in § 58 geregelt, was die Aufgabe der Bauaufsichtsbehörde ist. Allerdings ist die Aufgabenbeschreibung in § 58 nicht abschließend. Weitere Aufgaben bzw. weiter konkretisierte Aufgaben ergeben sich aus den einzelnen Regelungen des formellen Bauordnungsrechts in den §§ 59 ff. 1

Neben der Aufgabenübertragung finden sich in § 58 Abs. 2 Satz 2 sowie Absatz 3 und 4 Ermächtigungsgrundlagen, die den Bauaufsichtsbehörden Befugnisse für belastende Maßnahmen übertragen. Diese Befugnisnormen sind für die Tätigkeit der Bauaufsichtsbehörden von entscheidender Bedeutung, da von einer Aufgabenübertragung nicht auf eine Befugnis geschlossen 2 werden darf. Dogmatisch ist es allerdings zulässig, von einer eingeräumten Befugnis auf eine Aufgabe zu schließen. Denn durch die Aufgabenzuweisung wird lediglich klargestellt, welche Behörde eine Aufgabe zu erledigen hat, nicht aber, wie sie die Aufgabenerledigung praktizieren darf.

3 Durch die Novelle 2020 sind die Absätze 6 und 7 an das Gesetz zur Einführung der Verbandsgemeinde und der Mitverwaltung (Verbandsgemeinde- und Mitverwaltungsgesetz – VgMvG) vom 15. Oktober 2018 (GVBl. I Nr. 22, S. 2), geändert durch Artikel 3 des Zweiten Gesetzes zur Stärkung der kommunalen Zusammenarbeit vom 19. Juni 2019 (GVBl. I Nr. 38, S. 3), angepasst worden.

2. Zuständigkeit der unteren Bauaufsichtsbehörde (Absatz 1)

4 Absatz 1 ist eine Zuständigkeitsregelung und weist den dort genannten Behörden die Aufgaben nach der Bauordnung zu. Durch die Aufgabenzuweisung nach Absatz 1 erhalten die Behörden die Aufgaben als Pflichtaufgaben nach Weisung. Städte und Gemeinden nehmen die ihnen übertragenen Pflichtaufgaben also gerade nicht als pflichtige Selbstverwaltungsaufgaben im Sinne von § 2 Abs. 3 Satz 1 BbgKVerf wahr. Folglich unterliegen sie bei der Wahrnehmung der ihnen durch die Bauordnung übertragenen Aufgaben den Weisungen der obersten Bauaufsicht. Bei der Erfüllung von Pflichtaufgaben nach Weisung ist die Behörde deshalb nicht nur an die Gesetze und sonstigen Rechtsvorschriften gebunden, sondern auch an die Weisungen der Sonderaufsichtsbehörden. Dies ergibt sich bereits aus § 57 Abs. 5.

5 Die Zuständigkeitszuweisung nach Absatz 1 steht unter dem Vorbehalt, dass Spezialregelungen nicht eine Aufgabenzuweisung an eine andere Behörde vorsehen. Soweit eine anderweitige Zuweisung nicht erfolgt, sind die unteren Bauaufsichtsbehörden zuständig für den Vollzug dieses Gesetzes sowie anderer öffentlich-rechtlicher Vorschriften betreffend die Errichtung, die Änderung, die Instandhaltung, die Nutzung oder die Beseitigung baulicher Anlagen sowie anderer Anlagen und Einrichtungen. Der Gesetzgeber nimmt dabei auf den Anlagenbegriff in § 2 Abs. 1 Bezug. Die untere Bauaufsichtsbehörde ist bezüglich dieser Anlagen umfassend für das Bau- und Nutzungsgeschehen zuständig. Die Zuständigkeit ist dabei jedoch auf den baulichen Bezug der Nutzung beschränkt. So hat die Bauaufsichtsbehörde etwa zu prüfen, ob eine bauliche Anlage den Anforderungen zum Betrieb einer Gaststätte genügt, nicht aber zu prüfen, ob der Betreiber der Gaststätte in der Lage ist, die Gaststätte zu führen.

3. Überwachungspflicht der unteren Bauaufsichtsbehörde (Absatz 2 Satz 1)

Absatz 2 Satz 1 weist den Bauaufsichtsbehörden die umfassende **Überwachung** des Baugeschehens als Aufgabe zu. Die Überwachung ist auf die Einhaltung öffentlich-rechtlicher Vorschriften beschränkt, dazu gehören die förmlichen Gesetze, Verordnungen und Satzungen ebenso wie die eingeführten Technischen Baubestimmungen. Die Überwachung ist nicht auf die Einhaltung bauordnungsrechtlicher Bestimmungen begrenzt, sondern kann sich auch auf Anforderungen nach anderen öffentlich-rechtlichen Vorschriften erstrecken, etwa denen des Bauplanungsrechts, des Abfallrechts, des Immissionsschutzrechts, des Naturschutzrechts oder des Straßenrechts. Privatrechtliche Aspekte müssen bei der Überwachung hingegen unberücksichtigt bleiben. 6

In welchem Umfang die Bauaufsichtsbehörde ihre Überwachungstätigkeit ausübt, ist in ihr pflichtgemäßes Ermessen gestellt. Regelmäßig ist jedoch davon auszugehen, dass die Bauaufsichtsbehörde gehalten ist, ihren Überwachungsaufgaben dann nachzukommen, wenn sie davon Kenntnis erlangt, dass öffentlich-rechtliche Vorschriften im Zusammenhang mit einem Baugeschehen verletzt werden. 7

Nach Satz 1 wird der Bauaufsichtsbehörde nur die Aufgabe der Überwachung zugewiesen. Wie sie diese Aufgabe erfüllen darf, welche Überwachungsbefugnisse sie dabei besitzt, ergibt sich jedoch nicht aus dieser Regelung, sondern aus den nachfolgenden Befugnisnormen. 8

4. Generalbefugnis (Absatz 2 Satz 2 und 3)

Durch Absatz 2 Satz 2 werden die Bauaufsichtsbehörden ermächtigt, belastende Maßnahmen und Anordnungen zu treffen (**bauaufsichtliche Generalermächtigung**). Im Rahmen der ihr übertragenen Aufgaben wird die Behörde dazu ermächtigt, Maßnahmen anzuordnen, die im konkreten Fall erforderlich, geeignet und verhältnismäßig sind, um die Einhaltung der öffentlich-rechtlichen Vorschriften sicherzustellen. Diese **Generalermächtigung** steht jedoch unter dem strikten Vorbehalt, dass ein Sachverhalt nicht durch **Spezialermächtigungen** geregelt ist. Derartige Regelungen sind etwa die Absätze 4 und 5, sowie in § 7 Abs. 2, §§ 71 und 78 bis 82 zu finden. Das heißt, wenn und soweit die besonderen Ermächtigungen einen Sachverhalt regeln, ist ein Rückgriff auf die Generalermächtigung nach Absatz 2 Satz 2 nicht zulässig. Dies gilt auch im Verhältnis zu fachgesetzlichen Ermächtigungen. Andernfalls würde die gesetzliche Beschränkung für die Ausübung der besonderen Befugnis dadurch ausgehebelt werden, dass immer dann, wenn wegen der Beschränkung der besonderen Befugnis eine Maßnahme auf deren Grundlage nicht erlaubt ist, die Behörde auf die Generalermächtigung ausweichen könnte. 9

10 Absatz 2 Satz 2 kann die Rechtsgrundlage bilden, um die Beseitigung von Verstößen gegen brandschutzrechtliche Bestimmungen anzuordnen, z. B. Schließung von Öffnungen in Gebäudeabschlusswänden, *vgl. VG Frankfurt (Oder), B. v. 26.01.2022 – 7 L 347/21 –, Schließung einer offenen Feuerstelle in einem Zelt, OVG Berlin-Brandenburg, B. v. 27.01.2006 – 2 S 131.05.* Aufgrund von § 58 Abs. 2 Satz 2 in Verbindung mit § 14 BbgBO und der BbgKPBauV kann die Installierung einer Brandmelde-Vollschutz-Realisierung der Schutzkategorie 1 im Sinne der DIN 14675 in einer Seniorenresidenz aufgegeben werden, *vgl. VG Frankfurt (Oder), B. v. 13.05.2007 – 7 L 385/06.* Abs. 2 Satz 2 ermächtigt die Behörde zum Erlass von Anordnungen zur Abwehr von Gefahren, die aufgrund unterlassener Instandhaltung entstanden sind, *vgl. OVG Frankfurt/Oder, B. v. 20.01.2004 – 3 B 158/03 –, NJ 2004, 477, LKV 2005, 121.* Nach Absatz 2 Satz 2 kann die Nutzung eines nicht instandgehaltenen Brückenbauwerks untersagt werden, *vgl. VG Cottbus, U. v. 10.08.2018 – 3 K 1922/15 – oder die Rückabwicklung von Grundstücksteilungen, die dem § 19 Abs. 2 BauGB widersprechen, angeordnet werden, verbunden mit der Anordnung, die Grundstücke wieder zu vereinigen, vgl. VG Potsdam, U. v. 17.10.2023 – 4 K 886/19.*

11 Abzugrenzen ist die Ermächtigung der Behörde, Maßnahmen gegen einen Störer anzuordnen, von der Verpflichtung, den Sachverhalt von Amts wegen aufzuklären. Dies gilt gerade bei **Gefahrerforschungseingriffen**. Die Behörde ist gem. § 24 Abs. 1 Satz 1 VwVfG verpflichtet, den Sachverhalt von Amts wegen und auf eigene Kosten zu ermitteln. Diese Amtsermittlungspflicht dient der Beantwortung der Frage, ob eine Gefahr im Sinne der Ermächtigungsgrundlage des Absatzes 2 Satz 2 vorliegt, also Grund zu der Annahme besteht, dass öffentlich-rechtliche Vorschriften nicht eingehalten werden. Kann die Behörde aufgrund dieser Ermittlung erkennen, dass eine Gefahr für die öffentliche Sicherheit und Ordnung vorliegen könnte, ist sie nach Absatz 2 Satz 2 befugt, der verantwortlichen Personen aufzugeben, zur Vorbereitung der eigentlichen Gefahrenabwehrmaßnahme (im engeren Sinne) den Umfang der für die Behörde erkennbaren Gefahr zu ermitteln. Auf der Grundlage dieser Ermittlung kann dann eine weitere Gefahrenabwehrmaßnahme angeordnet werden, *vgl. OVG Lüneburg, B. v. 09.12.2015 – 1 LA 184/14 –, juris.*

12 Aus der Eingriffsermächtigung nach Absatz 2 Satz 2 kann ein Dritter, etwa ein Nachbar, einen Anspruch auf bauaufsichtliches Einschreiten oder aber zumindest fehlerfreie Ermessensausübung nur dann ableiten, wenn das betreffende Vorhaben bzw. das Verhalten des am Bau Beteiligten nachbarschützende Vorschriften des materiellen öffentlichen Baurechts verletzt. Ein Anspruch auf bauaufsichtliches Einschreiten setzt außerdem regelmäßig voraus, dass eine hohe Intensität der Störung oder Gefährdung eines Rechtsguts des Nachbarn vorliegt, so dass das behördliche Ermessen auf Null reduziert ist, *vgl. BVerwG, U. v. 04.06.1996 – 4 C 15.95 –, NVwZ-RR 1997, 271; BVerwG, U. v. 18.08.1960 – IC 42.59 –, BVerwGE 11, 95ff.; VGH Mannheim, B. v. 13.12.1991 – 3 S 2358/91.*

a) Konkrete Gefahr

13 Das Einschreiten nach Absatz 2 Satz 2 ist gerechtfertigt, wenn eine konkrete Gefahr für die öffentliche Sicherheit und Ordnung im Sinne des § 3 Abs. 1 Satz 1 vorliegt, *vgl. OVG Berlin-Brandenburg, B. v. 27.01.2006 – 2 S 131.05.* Eine konkrete Gefahr liegt vor, wenn aus einer tatsächlich vorhandenen Situation hinreichend wahrscheinlich eine Gefährdung der bedrohten Rechtsgüter folgt. Im Einzelfall muss in überschaubarer Zukunft bei ungehindertem Geschehensablauf mit einem Schadenseintritt zu rechnen sein. Maßgeblich ist die Betrachtungsweise ex ante, also nach dem Wissenstand im Zeitpunkt der Entscheidung über ein Einschreiten bzw. den Erlass einer Verfügung. Dabei hängt die Anforderung an die Wahrscheinlichkeit von der Qualität des möglicherweise eintretenden Schadens ab. Bei Gefährdungen von Leben und Gesundheit als geschützte Rechtsgüter sind an die Feststellung der Wahrscheinlichkeit des Schadenseintritts keine übermäßig hohen Anforderungen zu stellen, *vgl. OVG Berlin-Brandenburg, B. v. 27.01.2006 – 2 S 131.05 –; s. a. BVerwG, U. v. 06.06.1970, NJW 1970, 1890.* Es gilt der allgemeine sicherheitsrechtliche Grundsatz, dass an die Wahrscheinlichkeit des Schadenseintritts umso geringere Anforderungen zu stellen sind, je größer und folgenschwerer der möglicherweise eintretende Schaden ist. Sind die hohen Rechtsgüter Leben und Gesundheit bedroht, sind an den Maßstab der Erheblichkeit der Gefahr keine übermäßig hohen Anforderungen zu stellen. Es genügt grundsätzlich, wenn ein Schadenseintritt zu Lasten der durch Art. 2 Abs. 2 Satz 1 GG unter dem besonderen Schutz der Rechtsordnung stehenden Schutzgüter aufgrund der konkreten Umstände des Einzelfalls nicht ganz unwahrscheinlich ist, *vgl. VGH München, B. v. 03.04.2020 – 15 ZB 19.1024 – juris Rn. 12ff. und B. v. 13.08.2020 – 15 CS 20.1746 – juris Rn. 8f.; zu den Voraussetzungen einer konkreten Baumwurfgefahr OVG Koblenz, U. v. 26.08.2020 – 8 A 11789/19 –, Rn. 45, juris; s. a. OVG Münster, B. v. 03.09.2018 – 10 A 1494/17 –.* Ist eine konkrete Gefahr gegeben, ist das Handlungsermessen regelmäßig auf null reduziert. Die Behörde muss in der Regel tätig werden, erhebliche Gefahren für Leben oder Gesundheit abzuwehren, *vgl. VGH München, B. v. 06.11.2020 – 15 C 20.2229 –, Rn. 35, juris.*

b) Ermessensausübung

14 Die Ausübung der Ermächtigung nach Absatz 2 Satz 2 setzt eine ordnungsgemäße Ermessensausübung i. S. v. § 40 VwVfG voraus. Die Behörde hat deshalb regelmäßig zu prüfen, ob die vorgesehene Maßnahme oder Anordnung erforderlich und geeignet ist, um das vorgesehene Ziel zu erreichen sowie ob sie verhältnismäßig ist, den Betroffenen also nicht übermäßig belastet.

c) Störerauswahl

15 Bei der Prüfung, an welche Person die Behörde eine bauordnungsrechtliche Anordnung richtet bzw. gegen welche Person sie vorgeht, hat sie, da die Vorschriften über die bauaufsichtlichen Maßnahmen keine Bestimmungen über die in Anspruch zu nehmende Person enthalten, die allgemeinen Grundsätze des Sicherheitsrechts heranzuziehen, *vgl. VG Dessau, U. v. 08.02.2006 – 1 A 412/05*. Die Behörde hat deshalb die Wahl zwischen dem Zustandsstörer, dem Eigentümer oder Besitzer einer Anlage, von der eine Gefahr ausgeht (§ 17 Abs. 1 und 2 OBG), und dem Verhaltens- bzw. Handlungsstörer, also der Person, die die Gefahr verursacht hat (§ 16 Abs. 1 OBG). Danach können die Maßnahmen, wenn die Gefahr von einer Sache ausgeht, also auch gegen den Eigentümer der Sache gerichtet werden (§ 17 Abs. 1 Satz 1 OBG). Die Zustandsverantwortlichkeit des Grundstückseigentümers erstreckt sich jedoch nur dann auf ein auf dem Grundstück stehendes Gebäude, wenn dieses wesentlicher Bestandteil des Grundstücks im Sinne der §§ 93, 94 des Bürgerlichen Gesetzbuches geworden ist. Bei Scheinbestandteilen oder bei Gebäuden, an denen aufgrund der Rechtslage in der ehemaligen DDR vom Eigentum am Grundstück getrenntes Gebäudeeigentum begründet worden ist, ist dies gerade nicht der Fall. Diese Sachen stehen nicht im Eigentum des Grundstückseigentümers, so dass dieser auch nicht als Zustandsstörer im Sinne von § 17 Abs. 1 OBG in Anspruch genommen werden darf, *vgl. OVG Frankfurt/Oder, B. v. 20.01.2004 – 3 B 158/03 –, NJ 2004, 477– 478, LKV 2005, 121–122*. Die Zustandsverantwortlichkeit des Eigentümers ist eine Regelung von Inhalt und Schranken des Eigentums i. S. v. Art. 14 Abs. 1 Satz 2 GG. Die Zustandsverantwortlichkeit des Eigentümers knüpft nach der Rechtsprechung des Bundesverfassungsgerichts an die durch die Sachherrschaft vermittelte Einwirkungsmöglichkeit auf die gefahrenverursachende Sache sowie daran an, dass der Eigentümer aus der Sache für sich Nutzen ziehen kann. Dies rechtfertigt es, ihn zur Beseitigung von Gefahren, die von der Sache für die Allgemeinheit ausgehen, zu verpflichten, *vgl. BVerfG, B. v. 16.02.2000 – 1 BvR 242/91, 315/99 – BVerfGE 102, 1, 17f.*

16 Liegen die Voraussetzungen für ein bauaufsichtliches Einschreiten vor, hat die zuständige Behörde deshalb zu entscheiden, ob und gegebenenfalls wem gegenüber sie einschreitet. Dies setzt voraus, dass die Behörde zunächst ermittelt, wer für den rechtswidrigen Zustand verantwortlich ist. Die Beantwortung dieser Frage bestimmt sich nach den §§ 16 und 17 OBG. Liegen die Tatbestandsmerkmale einer dieser Bestimmungen bei einer oder bei mehreren Personen vor, ist die Behörde dieser oder diesen gegenüber zum Einschreiten befugt. Regelmäßig wird sie sodann den Störer in Anspruch nehmen, der am ehesten in der Lage ist, die Gefahr effektiv zu beseitigen, *vgl. VGH Kassel, B. v. 27.02.1992 – 11 TH 1975/91 –, NVwZ 1992, 1111ff.* Kommen dafür sowohl der Handlungsstörer wie auch der Zustandsstörer in Betracht, erfordert die Verhältnismäßigkeit der Maßnahme, den Störer in Anspruch zu nehmen, dessen

Verantwortlichkeit aufgrund seiner Verursachungshandlung im Sinne des § 16 Abs. 1 OBG oder eines Innehabens der tatsächlichen Gewalt im Sinne des § 17 Abs. 2 OBG vergleichsweise stärker einzustufen ist, *vgl. OVG Magdeburg, B. v. 18.01.2006 – 2 M 204/05.* Lässt sich der bauordnungsrechtlichen Verfügung nicht entnehmen, dass die Behörde eine entsprechende Auswahlentscheidung getroffen hat oder hat die Behörde die Entscheidung nicht in einer dem Zweck des Gesetzes entsprechenden Weise getroffen, leidet die Verfügung unter einem Ermessensfehler in Gestalt des Ermessensausfalls bzw. des Ermessensfehlgebrauchs.

5. Verordnungsermächtigung (Absatz 2 Satz 3)

Absatz 2 Satz 3 stellt klar, dass die Bauaufsichtsbehörde, auch wenn sie Sonderordnungsbehörde ist, nicht berechtigt ist, Verordnungen nach §§ 24 bis 37 OBG zu erlassen. Insoweit wird ihre Befugnis also begrenzt. 17

6. Hinzuziehung von Sachverständigen (Absatz 3)

Absatz 3 erlaubt der Behörde die Hinzuziehung externen Sachverstands, um ihre Aufgaben zu erfüllen. Die hinzugezogenen Sachverständigen werden dann für die Behörde bei der Wahrnehmung ihrer Aufgaben, nicht jedoch bei der Ausübung von Befugnissen, etwa nach Absatz 2 Satz 2 tätig. Ob die Behörde einen Sachverständigen hinzuzieht, hat sie nach pflichtgemäßem Ermessen zu entscheiden. Regelmäßig wird sie die Hinzuziehung bei technisch besonders schwierigen oder außergewöhnlich großen Bauvorhaben in Erwägung ziehen dürfen, *vgl. VG Oldenburg, B. v. 20.01.2005 – 4 B 4787/04 –, Öff BauR 2005, 47f.* Die Heranziehung von Dritten durch die Bauaufsichtsbehörde ist nur mit Einvernehmen des Bauherrn zulässig. Die Bauaufsichtsbehörde tritt auch bei Hinzuziehung eines sachverständigen Dritten nach außen hin alleine auf und ist allein zuständig. 18

Von der Hinzuziehung Dritter durch die Behörde zu unterscheiden ist die Tätigkeit Dritter anstelle der Behörde, wie dies etwa nach §§ 13, 17 BbgBauPrüfV vorgesehen ist. Die Tätigkeit von Sachverständigen im Sinne des Satzes 2 beruht also nicht auf der Hinzuziehung nach Satz 1, sondern auf eigenverantwortlicher Tätigkeit anstelle der Bauaufsichtsbehörde nach §§ 13, 17 BbgBauPrüfV. So nehmen Prüfingenieure für Standsicherheit bauaufsichtliche Prüfaufgaben als Beliehene wahr. Möglich ist dies ferner für Prüfingenieure für Brandschutz als Beliehene. Die Aufgaben einer Prüfstelle für Fliegende Bauten ist der TÜV Industrie Service GmbH, TÜV Rheinland Group, Regionalbereich Berlin als Beliehener übertragen. Für diesen Personenkreis gilt der Haftungsausschluss gem. Satz 2. 19

20 Nach Satz 2 ist bei der Beauftragung von beliehenen Sachverständigen, wenn diese also anstelle der Bauaufsichtsbehörde handeln, die Haftung des Landes oder des Rechtsträgers der Bauaufsichtsbehörde für Fehler des beliehenen Dritten ausgeschlossen. Der Gesetzgeber hat den Haftungsausschluss nach Satz 2 bestimmt, weil ansonsten nach Art. 34 GG das Land Brandenburg für die Tätigkeit des von ihm bestellten beliehenen Unternehmers haften müsste. Rechtsgrundlage für den Haftungsausschluss ist Art. 77 des Einführungsgesetzes zum Bürgerlichen Gesetzbuch, der die Länder ermächtigt, die Staatshaftung zu modifizieren oder ganz auszuschließen. In den Fällen, in denen sich der Staat „beliehener Unternehmer" bedient, die in eigener sachlicher Verantwortung und auf eigene Rechnung eine Prüftätigkeit anstelle des Staates wahrnehmen, darf deshalb die grundsätzliche Haftung des Staates für seinen Erfüllungsgehilfen eingeschränkt werden. Für den Bauherrn ist dieser Haftungsausschluss der stets solventen öffentlichen Hand zumutbar, weil die durch die Brandenburgische Bautechnische Prüfungsverordnung beliehenen Personen ausreichende Haftpflichtversicherungen abschließen müssen. So erleiden die Bauherren im Fall eines durch einen Prüfingenieur oder die Prüfstelle für Fliegende Bauten schuldhaft verursachten Bauschadens keine Nachteile.

7. Betretungsrecht (Absatz 4)

21 Absatz 4 bildet eine besondere Ermächtigungsgrundlage für das Betreten von Grundstücken, baulichen Anlagen und Wohnungen, *s. a. Suttmann, BauR 2006, 1986ff.* Voraussetzung für die Ausübung dieses Betretungsrechtes ist, dass eine dringende Gefahr für die öffentliche Sicherheit und Ordnung verhütet werden muss. Unter öffentlicher Sicherheit wird der Bestand des Staates, seiner Einrichtungen und seiner Veranstaltungen, höherrangige Rechtsgüter wie Leben, Gesundheit, Eigentum, Freiheit und Ehre sowie die Unverletzlichkeit der Rechtsordnung verstanden. Bei einem Verstoß gegen geltende öffentlichrechtliche Vorschriften liegen stets eine Störung und weitere Gefährdung der öffentlichen Sicherheit vor.

22 Dringend ist eine Gefahr, wenn ein weiteres Abwarten nicht möglich ist, ohne dass die Abwehr der Gefahr vereitelt wird. Eine dringende Gefahr liegt vor, wenn die Errichtung, Änderung oder Nutzung einer baulichen Anlage ohne die erforderliche Baugenehmigung erfolgt, *vgl. VG Potsdam, B. v. 05.07.2007 – 4 L 411/07.*

23 Das bauaufsichtliche Betreten und Besichtigen einer Wohnung ist keine Durchsuchung im Sinne von Art. 13 Abs. 2 GG, sondern fällt in den Schutzbereich von Art. 13 Abs. 7 GG, *vgl. BVerwG, B. v. 07.06.2006 – 4 B 36/06 –, BauR 2006, 1460f.* In der Rechtsprechung ist geklärt, dass Art. 13 Abs. 7 GG nicht den Eintritt einer konkreten Gefahr voraussetzt. Eingriffe und Beschränkungen

des Grundrechts der Unverletzlichkeit der Wohnung sind bereits dann zulässig, wenn sie dem Zweck dienen, einen Zustand nicht eintreten zu lassen, der seinerseits eine dringende Gefahr für die öffentliche Sicherheit und Ordnung darstellen würde, *vgl. BVerwG, B. v. 07.06.2006 – 4 B 36/06 –, BauR 2006, 1460f.; BVerwG, U. v. 06.09.1974 – 1 C 17.73 –, BVerwGE 47, 3140; s. a. BVerfGE 17, 232, 251f.* Das Betreten der Wohnung bzw. die Verfügung, das Betreten zu dulden, müssen geeignet, erforderlich und verhältnismäßig sein. Die Behörde muss ihr Ermessen ausüben.

8. Wirkung gegenüber Rechtsnachfolgern (Absatz 5)

Durch Absatz 5 wird klargestellt, dass die Anordnungen der Bauaufsichtsbehörde auch gegenüber dem Rechtsnachfolger wirksam sind, ohne dass es dafür einer gesonderten Feststellung bedarf, *vgl. OVG Berlin-Brandenburg, B. v. 13.01.2006 – 10 S 25/05.* Grund hierfür ist die Grundstücksbezogenheit des Baurechts. Bauordnungsrechtliche Anordnungen konkretisieren die Zustandsverantwortlichkeit für das Baugrundstück. Die bauordnungsrechtlichen Anordnungen haben somit eine dingliche Wirkung. Der Rechtsnachfolger erwirbt eine vom Eigentümer abgeleitete und damit durch die bauordnungsrechtliche Anordnung belastete Rechtsposition. Das gilt nicht nur für den Fall der Gesamtrechtsnachfolge, *vgl. BVerwG, U. v. 22.01.1971 – IV C 62.66 –, NJW 1971, 1624,* sondern ebenso für den Fall der Einzelrechtsnachfolge, *vgl. VGH Mannheim, U. v. 14.05.1976 – III 741.75 –, NJW 1977, 861; B. v. 12.03.1991 – 5 S 618.91 –, NVwZ 1992, 392; VGH München, B. v. 05.08.1996 – 14 AS 96.1624 –, NJW 1997, 961.* Allerdings greift die Regelung auch in den Fällen, in denen die Rechtsnachfolge nicht den Grundstückseigentümer, sondern den Bauherrn oder den Bauunternehmer betrifft, der nicht zugleich Grundstückseigentümer ist. Die Rechtsnachfolge tritt auch für den Fall ein, dass der Rechtsvorgänger als Handlungsstörer in Anspruch genommen wurde, *vgl. für eine Beseitigungsanordnung, VGH München, B. v. 05.08.1996 – 14 AS 96.1624 – NJW 1997, 961; OVG Berlin-Brandenburg, B. v. 13.01.2006 – 10 S 25.05.* 24

9. Aufgaben und Befugnisse der Ämter und Gemeinden (Absatz 6)

Die Aufgaben und Befugnisse der amtsfreien Gemeinden und Ämter als Sonderordnungsbehörden waren bis zur Novelle 2003 in §§ 65 Abs. 2 BbgBO 1998 geregelt. Nach der früheren Regelung waren die Ämter und amtsfreien Gemeinden ganz allgemein für den „Vollzug“ bei genehmigungsfreien Vorhaben zuständig. Der Gesetzgeber hatte die Stellung der Ämter und amtsfreien Gemeinden in der Brandenburgischen Bauordnung 2003 neu bestimmt. Seitdem haben sie umfassende Kompetenzen, beim Vollzug planungsrechtlicher Festsetzungen und örtlicher Bauvorschriften sowie gem. § 61 in einem gesonderten Verfahren über die Zulässigkeit von genehmigungsfreien, aber erlaubnispflichtigen Vorhaben zu entscheiden. In dem Zuständigkeitswechsel durch 25 die Bauordnung 2003 liegt eine Funktionsnachfolge, die in einem gerichtlichen Verfahren zu einem gesetzlichen Parteiwechsel führt, *vgl. VG Potsdam, U. v. 10.03.2006 – 4 K 3932/02*. Der Gesetzgeber schafft mit §§ 58 Abs. 6 Aufgaben- und Ermächtigungsgrundlagen, die den Ämtern und Gemeinden einen weiten Handlungsspielraum eröffnen und ein großes Maß an Verantwortung übertragen.

26 Durch die Novelle 2020 ist Absatz 6 an das Verbandsgemeinde- und Mitverwaltungsgesetz angepasst worden. Die Aufzählung der Sonderordnungsbehörden ist wegen der Bestimmungen des VgMvG um die mitverwaltende Gemeinde, die mitverwaltete Gemeinde sowie um die Verbandsgemeinde ergänzt worden.

a) Gemeinden als Sonderordnungsbehörden

27 Die genannten Gemeinden und Ämter sind Sonderordnungsbehörden im Sinne von § 11 OBG und damit als Sonderordnungsbehörden aufgrund der gesetzlichen Aufgabenzuweisung auf einem bestimmten Sachgebiet zur Gefahrenabwehr tätig. Nach § 11 Abs. 2 OBG gelten für sie die Vorschriften des Ordnungsbehördengesetzes, wenn und soweit nicht die vorrangigen Regelungen der Bauordnung greifen. In der Regel ist den Sonderordnungsbehörden, also auch den amtsfreien Gemeinden und Ämtern, ein Rückgriff auf das Ordnungsbehördengesetz versperrt, *vgl. Knuth, LKV 1998, S. 333, 336f.; VG Potsdam, B. v. 15.07.1999 – 4 L 590/99.*

28 Die Ermächtigungsnormen für ihr Handeln auf dem Gebiet des Bauordnungsrechts ergeben sich folglich einzig aus der Brandenburgischen Bauordnung.

b) Beschränkung der Zuständigkeit auf genehmigungsfreie Vorhaben

29 Gem. Absatz 6 Satz 1 sind Ämter und die genannten Gemeinden bei genehmigungsfreien Vorhaben im Sinne von § 61 für den Vollzug von planungsrechtlichen Festsetzungen und von örtlichen Bauvorschriften zuständig, *vgl. dazu VG Potsdam, U. v. 29.10.2007 – 4 K 551/03.*

30 Genehmigungsfrei sind nur die in § 61 aufgelisteten Vorhaben. Voraussetzung ist auch, dass es sich um ein Einzelvorhaben handelt und eben nicht um ein genehmigungspflichtiges Gesamtvorhaben, z. B. also die Errichtung auch eines genehmigungspflichtigen Vorhabens in einem zeitlichen oder räumlichen Zusammenhang. Unerheblich für die Bestimmung der Zuständigkeit des Amtes oder der genannten Gemeinde ist, ob der Bauherr der Auffassung ist, dass das Vorhaben genehmigungsfrei sei. Die Zuständigkeit ist objektiv zu bestimmen.

c) Beschränkung auf den Vollzug örtlicher Bauvorschriften

Örtliche Bauvorschriften sind diejenigen Vorschriften, die eine Gemeinde auf der Grundlage des § 87 erlassen hat. Diese Bauvorschriften können sich in Satzungen befinden, die die Gemeinde als örtliche Bauvorschrift gem. § 87 Abs. 8 aufgestellt hat. Sie können aber auch als Festsetzungen eines Bebauungsplans erlassen worden sein, vgl. § 87 Abs. 9. Werden örtliche Bauvorschriften Bestandteil einer städtebaulichen Satzung gem. § 87 Abs. 9 BbgBO i. V. m. § 9 Abs. 4 BauGB, behalten sie ihre Eigenschaft als örtliche Bauvorschriften. Der Vollzug der Satzung durch das Amt oder die amtsfreie Gemeinde umfasst alle Aspekte im Zusammenhang mit örtlichen Bauvorschriften. So hat die Gemeinde deren Einhaltung umfassend zu überwachen, isolierte Abweichungen gem. § 67 zuzulassen oder bei Verstößen gegen die Satzung mit den Befugnissen der Bauordnung einzuschreiten. 31

d) Beschränkung auf den Vollzug planungsrechtlicher Festsetzungen

Planungsrechtliche Festsetzungen sind die Festsetzungen, die die Gemeinde bei der Aufstellung einer Satzung im Sinne von § 10 BauGB (Bebauungsplan), § 34 Abs. 4 BauGB (Innenbereichssatzung), § 35 Abs. 6 BauGB (Außenbereichssatzung) erlassen hat. Nicht dazu gehören die Satzungen nach §§ 142, 165 Abs. 6 und 172 BauGB, weil diesen Satzungen Festsetzungen fehlen, die vollzogen werden könnten. 32

Nur wenn und soweit sich ein genehmigungsfreies Vorhaben an den Festsetzungen der Satzungen messen lassen muss, ist die Zuständigkeit der Gemeinde gegeben. Soweit ein genehmigungsfreies Vorhaben nicht nach einer planungsrechtlichen Satzung oder einer örtlichen Bauvorschrift zu beurteilen ist, sondern der Vollzug der Bauordnung, des Baugesetzbuches, eines sonstigen Gesetzes oder einer sonstigen Satzung ansteht, ist die untere Bauaufsichtsbehörde nach § 58 zuständig. Es kann also für ein genehmigungsfreies Vorhaben eine Zuständigkeit sowohl der Gemeinde bzw. des Amtes wie auch der unteren Bauaufsichtsbehörde gegeben sein. Konsequenz aus dieser doppelten Zuständigkeit von Ämtern/amtsfreien Gemeinden einerseits und der Bauaufsichtsbehörde andererseits ist, dass es zu einer Vervielfachung der vom Bauherrn einzuholenden Erlaubnisse und Befugnisse kommen kann. Wenn der Bauherr bei Überschreitung einer seitlichen Baugrenze und gleichzeitiger Unterschreitung der nach § 6 Abs. 5 einzuhaltenden Abstandsfläche eine genehmigungsfreie bauliche Anlage errichten will, muss er die Befreiung von der Festsetzung des Bebauungsplans gem. § 31 Abs. 2 BauGB bei der amtsfreien Gemeinde oder beim Amt beantragen. Für die Erteilung der notwendigen Abweichung von der Abstandsflächenvorschrift nach § 6 ist der Antrag für die Abweichung nach §§ 6 Abs. 11 und 67 Abs. 1 bei der unteren Bauaufsichtsbehörde zu stellen. 33

10. Abgrenzung der Zuständigkeit zwischen unterer Bauaufsichtsbehörde und Gemeinde/Amt

34 Die Feststellung, welche Behörde zuständig ist, wenn gegen einen Bauherrn vorgegangen werden soll, während dieser im Begriff ist, ein Vorhaben ohne eine Baugenehmigung zu errichten, hängt davon ab, ob das Vorhaben genehmigungsfrei oder genehmigungspflichtig ist und nach welcher Vorschrift die Rechtmäßigkeit des Vorhabens beurteilt werden muss. Da im Falle des Fehlens einer Baugenehmigung während der Bauphase nicht immer sofort ersichtlich ist, ob das Vorhaben nach § 61 genehmigungsfrei oder genehmigungspflichtig ist, weil es die für die Genehmigungsfreiheit zugelassenen Maße überschreitet, muss die Behörde, die ein Verwaltungsverfahren einleitet, zunächst prüfen, ob sie zuständig ist.

35 Amt oder Gemeinde können in diesem Fall überhaupt nur zuständig sein, wenn ein Verstoß gegen eine örtliche Bauvorschrift oder eine kommunale Satzung zu befürchten ist. Für die Gemeinde kommt es sodann darauf an, ob die bauliche Anlage, deren Errichtung noch nicht abgeschlossen ist, nach § 61 genehmigungsfrei ist. Dazu hat sie die Maße der baulichen Anlage oder die sonstigen die Baugenehmigungsfreiheit begründenden Umstände festzustellen. Sie ist dabei nicht nur auf eine Vermessung der baulichen Anlage angewiesen, sondern wird den Bauherrn im Rahmen der von ihr gem. § 28 VwVfG vor Erlass eines belastenden Verwaltungsaktes in der Regel erforderlichen Anhörung auffordern, zu dem Maß der baulichen Anlage oder der nach § 61 relevanten Zweckbestimmung Auskunft zu geben. Unerheblich ist in diesem Zusammenhang, ob der Bauherr sich im Rahmen der Anhörung auf die Genehmigungsfreiheit des Bauvorhabens beruft oder sein Verhalten darauf schließen lässt, dass er das Vorhaben für genehmigungsfrei hält, *a. A. Förster, in: Jäde u. a. BbgBO § 53 Rn. 19 a. F.* Denn die Zuständigkeit der Gemeinde hängt allein davon ab, ob das Vorhaben nach § 61 genehmigungsfrei ist, nicht aber davon, ob der Bauherr es aus seiner Sicht, möglicherweise um das Fehlen einer erforderlichen Baugenehmigung zu verschleiern, für genehmigungsfrei hält.

36 Stellt die Gemeinde im Rahmen des Verwaltungsverfahrens fest, dass das Vorhaben genehmigungspflichtig ist oder dass das Vorhaben zwar genehmigungsfrei ist, jedoch nicht gegen kommunale Satzungen oder örtliche Bauvorschriften verstößt, möglicherweise aber mit dem sonstigen öffentlichen Baurecht nicht vereinbar sein könnte, soll sie die untere Bauaufsichtsbehörde darüber informieren und das Verfahren an diese abgeben.

37 Von Bedeutung ist die Beschränkung der Zuständigkeit der Ämter und amtsfreien Gemeinden auf den Vollzug der genannten Satzungen auch im Hinblick auf den Vollzug sonstiger öffentlich-rechtlicher Vorschriften bei genehmigungsfreien Vorhaben. So dürfen die Ämter und Gemeinden dem Bauherrn

nicht bei der Beantwortung der Frage beraten, ob ein Bauvorhaben genehmigungsfrei ist. Denn die Frage, ob ein Vorhaben genehmigungsfrei ist, beantwortet sich nicht nach den örtlichen Bauvorschriften oder den planungsrechtlichen Festsetzungen. Gegen eine Beratung zu dieser Fragestellung durch das Amt oder die amtsfreie Gemeinde spricht auch, dass Amt oder Gemeinde sich bei einer solchen Beratung entschädigungspflichtig machen könnten, wenn sie den Bauherrn dahingehend beraten, dass ein Vorhaben genehmigungsfrei sei, die untere Bauaufsichtsbehörde dann aber anderer Auffassung ist und den Rückbau einer formell illegalen baulichen Anlage fordert.

Wegen der beschränkten Zuständigkeit dürfen Amt oder amtsfreie Gemeinde 38
eine Nutzungsuntersagung oder Beseitigungsanordnung auch nur bezüglich genehmigungsfreier Vorhaben verfügen, wenn und soweit die bauliche Anlage gegen örtliche Satzungen und planungsrechtliche Festsetzungen verstößt. Im Übrigen bleibt es bei der Zuständigkeit der unteren Bauaufsichtsbehörde. Deshalb kann der Bauherr, wenn er sowohl gegen die örtliche Bauvorschrift oder eine planungsrechtliche Festsetzung als auch gegen sonstige öffentlich-rechtliche Vorschriften verstößt, sowohl von dem Amt oder der amtsfreien Gemeinde als auch von der unteren Bauaufsichtsbehörde eine bauordnungsrechtliche Verfügung nach §§ 78 f. erhalten.

Unproblematisch ist die Zuständigkeit nach Absatz 6 für die kreisfreien Städte 39
und die Großen kreisangehörigen Städte, da diese sowohl für die genehmigungspflichtigen Vorhaben nach § 63 als auch für die genehmigungsfreien Vorhaben nach Absatz 6 zuständig sind. In diesen Fällen handelt die untere Bauaufsichtsbehörde auch als Sonderordnungsbehörde im Sinne von Absatz 6.

11. Zuständigkeit der Ämter und genannten Gemeinden nach Absatz 6 Satz 2

Die in Absatz 6 Satz 1 bestimmte und an sich klare Zuständigkeitszuweisung 40
hat der Gesetzgeber in Satz 2 weiter konkretisiert und zugleich die Zuständigkeit der Ämter und genannten Gemeinden erweitert.

a) Erteilung von Ausnahmen und Befreiungen gem. § 31 BauGB von Festsetzungen planungsrechtlicher Satzungen

Aufgrund von Absatz 6 Satz 2 sind Ämter und genannte Gemeinden befugt, 41
bei genehmigungsfreien Vorhaben Ausnahmen und Befreiungen (§ 31 BauGB) von planungsrechtlichen Festsetzungen sowie Abweichungen (§ 67 Abs. 4) von örtlichen Bauvorschriften im Sinne von § 87 zu erteilen.

b) Erteilung von Ausnahmen und Befreiungen gem. § 31 BauGB in Verbindung mit § 34 Abs. 2 BauGB

42 Die Erteilung von Ausnahmen und Befreiungen kommt nicht nur in Betracht, wenn das Vorhaben im Geltungsbereich eines Bebauungsplans verwirklicht werden soll, sondern auch im unbeplanten Innenbereich gem. § 34 BauGB. Voraussetzung ist nach § 34 Abs. 2 BauGB, dass sich die Eigenart der näheren Umgebung einem der Baugebietstypen zuordnen lässt, die in den §§ 22 ff. BauNVO normiert sind. Richtet sich die Zulässigkeit dann nach der Baunutzungsverordnung, ist § 31 BauGB entsprechend anzuwenden, vgl. § 34 Abs. 2 a. E. Ämter und amtsfreie Gemeinden sind in diesen Fällen nach § 58 Abs. 6 Satz 2 für die Erteilung von Ausnahmen und Befreiungen nach § 31 BauGB zuständig. Diese Auslegung steht mit der bei Einführung der Ämter- und Gemeindezuständigkeit bekundeten Absicht des Gesetzgebers, die Stellung der Ämter und Gemeinden zu stärken, in Einklang. Dem entsprechend ist in der Tarifstelle 12.2 BbgBauGebO vorgesehen, dass die genannten Gemeinden und Ämter für die Erteilung von Befreiungen gem. § 34 Abs. 2 BauGB i. V. m. § 31 Abs. 2 letzter Halbsatz BauGB eine Gebühr erheben dürfen. Er setzt also voraus, dass sie für die Erteilung einer Befreiung gem. § 31 Abs. 2 BauGB i. V. m. § 34 Abs. 2 BauGB zuständig sind. Dies belegt, dass die Erteilung von Ausnahmen und Befreiungen gem. § 31 BauGB i. V. m. § 34 Abs. 2 BauGB durch Absatz 6 Satz 2 erfasst werden soll.

43 Gegen eine so weite Ausdehnung der kommunalen Zuständigkeit steht auch nicht die Regelung in Absatz 6 Satz 1, wonach die Ämter und genannten Gemeinden nur für den Vollzug planungsrechtlicher Festsetzungen zuständig sein sollen und in Satz 2 diese Regelung nur beispielhaft erläutert werden soll. Denn der Gesetzgeber hat – wie sogleich zu zeigen ist – auch nach Absatz 6 Satz 2 die Zuständigkeit der Ämter und genannten Gemeinden über die Grundregel in Satz 1 ausgedehnt. Von daher ist anzunehmen, dass die Befugnis der Ämter und genannten Gemeinden tendenziell weit zu verstehen ist. Für eine so weite Ausdehnung der Zuständigkeit spricht auch, dass die Prüfung nach § 31 BauGB in Verbindung mit § 34 Abs. 2 BauGB mit derjenigen inhaltlich vergleichbar ist, die bei Anwendung des § 31 BauGB auf planungsrechtliche Festsetzungen vorzunehmen ist. Denn die Gemeinde ist ohnedies nach § 36 BauGB verpflichtet, die Voraussetzungen des § 31 BauGB zu prüfen, wenn Ausnahmen oder Befreiungen bei genehmigungsfreien Vorhaben durch die untere Bauaufsichtsbehörde geprüft würden. Die weite Auslegung ist vor allem deshalb gerechtfertigt, weil der Gesetzgeber in § 61 Abs. 1 die Zuständigkeit der Gemeinden und Ämter auf die Erteilung von Ausnahmen und Befreiungen nach § 31 BauGB ausgedehnt hat, ohne dabei auf planungsrechtliche Satzungen Bezug zu nehmen. Der Gesetzgeber geht deshalb offenbar davon aus, dass auch Ausnahmen und Befreiungen nach § 34 Abs. 2 BauGB in die Zuständigkeit der Gemeinde fallen, wenn es sich um genehmigungsfreie

Vorhaben handelt. Ämter und amtsfreie Gemeinden sind deshalb auch für die Erteilung von Ausnahmen und Befreiungen nach § 31 BauGB i. V. m. § 34 Abs. 2 BauGB zuständig.

c) Zuständigkeit für sonderordnungsbehördliche Erlaubnisse für Werbeanlagen (Absatz 6 Satz 2)

44 Die sonderordnungsbehördliche Erlaubnis von Werbeanlagen greift in den Fällen, in denen Werbeanlagen, die nach § 61 Abs. 8 von der Genehmigungspflicht freigestellt sind, aufgrund einer örtlichen Bauvorschrift gem. § 81 Abs. 1 Nr. 4 einer Erlaubnispflicht unterstellt sind. Die Durchführung dieses Verfahrens liegt nach Absatz 6 Satz 3 bei den Ämtern oder amtsfreien Gemeinden.

d) Zuständigkeit für bauaufsichtliche Maßnahmen (Absatz 6 Satz 2)

45 In Absatz 6 Satz 2 werden die Rechtsgrundlagen, auf die sich die Sonderordnungsbehörden mit ihren ordnungsbehördlichen Maßnahmen stützen können, aufgeführt. Satz 2 öffnet den amtsfreien Gemeinden und Ämtern als Sonderordnungsbehörden Eingriffsbefugnisse für Maßnahmen nach den §§ 78 bis 80. § 78 betrifft das Verbot, unrechtmäßig gekennzeichnete Bauprodukte zu verwenden, § 79 betrifft die Baueinstellung und Nutzungsuntersagung, § 80 die Beseitigungsanordnung. Amt oder amtsfreie Gemeinde dürfen unter den in diesen Ermächtigungsgrundlagen genannten Voraussetzungen gegen einen Zustands- oder Handlungsstörer vorgehen, wenn und soweit ein Verstoß gegen die in Absatz 6 Satz 2 genannten Satzungen betreffend ein nach § 61 genehmigungsfreies Vorhaben vorliegt, *vgl. VG Potsdam, U. v. 02.09.2004 – 4 K 1006/01 und VG Potsdam U. v. 10.03.2006 – 4 K 3932/02.*

e) Zuständigkeit für die vorläufige Untersagung nach § 15 BauGB

46 In Absatz 6 Satz 2 werden Ämter und genannte Gemeinden ferner dazu ermächtigt, eine vorläufige Untersagung gem. § 15 Abs. 1 Satz 2 BauGB anzuordnen. Bei genehmigungsfreien Vorhaben tritt diese Anordnung an die Stelle der Rückstellung eines Baugesuchs. Durch diese Regelung wird die Befugnis der Ämter und amtsfreien Gemeinden über den in Satz 1 genannten Vollzug von planungsrechtlichen Satzungen hinaus ausgedehnt. Denn die Untersagung nach § 15 Abs. 1 Satz 2 BauGB erfolgt zu einem Zeitpunkt, in dem der Bebauungsplan noch gar nicht in Kraft getreten ist und deshalb noch nicht vollzogen werden kann. Die Regelung in Absatz 6 Satz 2 ist nicht nur, wie dessen Einleitung – „Dies gilt insbesondere" – vermuten lässt, ein Beispiel für die durch Satz 1 eingeräumte Befugnis, sondern ist eine darüber hinausgehende, konstitutive Ermächtigungsgrundlage.

47 Beschränkt ist diese Befugnis auf die Zurückstellung binnen einer Frist von einem Monat nach Kenntnis von der Maßnahme. Wird diese Frist versäumt, kann das Vorhaben möglicherweise noch mit einer Veränderungssperre gestoppt werden. Ob dies möglich ist, ist im Einzelfall nach den Kriterien zu beurteilen, die das BVerwG in seinem Urteil vom 30.08.2012 – *4 C 1/11* –, *BVerwGE 144, 82ff.* und der VGH München in seinem Urteil vom 23.11.2010 – *1 BV 10.1332 entwickelt haben, s. a. Stefan Kraus, KommunalPraxis BY 2013, 32-34 und Alexander Koch, NVwZ 2013, 251-256.*

f) Zuständigkeit für Befugnisse nach Absatz 2, 4 und 5 (Absatz 7)

48 Durch die Novelle 2020 ist Absatz 7 an das Verbandsgemeinde- und Mitverwaltungsgesetz angepasst worden. Die Aufzählung der Sonderordnungsbehörden ist wegen der Bestimmungen des VgMvG um die mitverwaltende Gemeinde, die mitverwaltete Gemeinde sowie um die Verbandsgemeinde ergänzt worden.

49 In Absatz 7 wird die entsprechende Anwendung einzelner Regelungen des § 58 Abs. 2, 4 und 5 durch die genannten Gemeinden und Ämter als Sonderordnungsbehörden zugelassen. Aus diesen Aufgaben- und Befugniszuweisungen wird deutlich, dass die Ämter und genannten Gemeinden bei genehmigungsfreien Vorhaben ebenso wie sonst die Bauaufsichtsbehörden zuständig und befugt sind, die Einhaltung kommunaler Satzungen zu überwachen, den Bauherrn diesbezüglich zu beraten und ggf. die erforderlichen Maßnahmen zu ergreifen, um die Einhaltung und Unverletzlichkeit dieser örtlichen Regelungen bei genehmigungsfreien Vorhaben durchzusetzen. Da Ämtern und Gemeinden seit der Novelle 2003 auch die allgemeine Eingriffsnorm gem. § 58 Abs. 2 zur Verfügung steht, ist deren Zuständigkeit im Vergleich zur Bauordnung 1998 erheblich ausgedehnt.

50 Da ihre Zuständigkeit jedoch auf den Vollzug örtlicher Bauvorschriften und planungsrechtlicher Festsetzungen beschränkt ist, umfasst die Beratung jedoch nicht Fragen eines Bauherrn, ob sein Vorhaben genehmigungsfrei ist oder ob es bauplanungsrechtlich oder bauordnungsrechtlich zulässig ist. Denn die Feststellung, dass ein Vorhaben gem. § 61 genehmigungsfrei ist, gehört zum Vollzug der Bauordnung, nicht aber zu den genannten kommunalen Satzungen und fällt daher nicht in die Zuständigkeit der amtsfreien Gemeinden und Ämter.

51 Da in Absatz 7 auch die entsprechende Anwendung der Absätze 4 und 5 angeordnet ist, dürfen die mit dem Vollzug der kommunalen Satzungen beauftragten Personen unter den in Absatz 4 genannten Voraussetzungen Wohnungen betreten. Nach Absatz 5 gelten die Anordnungen der Ämter und amtsfreien Gemeinden auch gegenüber den Rechtsnachfolgern.

12. Weitere bauordnungsrechtliche Befugnisse der Ämter und amtsfreien Gemeinden

Über die Befugnisse in den Absätzen 6 und 7 hinaus finden sich in der Bauordnung in § 67 Abs. 4 weitere Ermächtigungsgrundlagen. Eine präzisierende Aufgaben- und Befugniszuweisung an die Gemeinden als Sonderordnungsbehörden hat der Gesetzgeber mit der Verfahrensregelung in § 67 Abs. 4 geschaffen. Danach haben die Gemeinden die Aufgabe, bei genehmigungsfreien Vorhaben (§ 61) über Abweichungen von örtlichen Bauvorschriften oder Ausnahmen und Befreiungen von Festsetzungen des Bebauungsplans gem. § 31 BauGB sowie nach § 34 Abs. 2 BauGB zu entscheiden. 52

Nach § 58 Abs. 6 Satz 2 haben die Gemeinden zudem die Befugnisse der Bauaufsichtsbehörden nach den verfahrensrechtlichen Regelungen, insbesondere nach den §§ 78 ff. BbgBO. Die Gemeinden haben danach also die Eingriffsrechte, die der unteren Bauaufsichtsbehörde zustehen. 53

13. Zusammenstellung der Befugnisse amtsfreien Gemeinden und Ämter

Aus den Absätzen 6 und 7 ergeben sich für die genannten Gemeinden und Ämter folgende Befugnisse: 54

1. Die Zulassung von Abweichungen gem. § 67 Abs. 4 von örtlichen Bauvorschriften, nicht aber von den Regelungen der Bauordnung, bei genehmigungsfreien Vorhaben.
2. Zulassungen von Ausnahmen und Befreiungen gem. § 31 BauGB von planungsrechtlichen Festsetzungen und von der Art der baulichen Nutzung nach § 34 Abs. 2 BauGB bei genehmigungsfreien Vorhaben.
3. Zulassung von nach der BbgBO genehmigungsfreien, nach örtlichen Bauvorschriften aber erlaubnispflichtigen Werbeanlagen (vgl. § 87 Abs. 1 Satz 1 Nr. 3 und 4).
4. Baueinstellungsanordnung, Nutzungsuntersagung oder Beseitigungsanordnung gem. §§ 78 bis 80 bei rechtswidrig errichteten genehmigungsfreien baulichen Anlagen, wenn und soweit der Verstoß örtliche Bauvorschriften oder planungsrechtliche Festsetzungen betrifft.
5. Die vorläufige Untersagung von genehmigungsfreien Vorhaben nach § 15 Abs. 1 Satz 2 BauGB, nachdem ein Aufstellungsbeschluss gem. § 2 Abs. 1 BauGB gefasst und bekannt gemacht wurde.
6. Überwachung und Gewährleistung der Einhaltung örtlicher Bauvorschriften und planungsrechtlicher Festsetzungen bei der Errichtung, Änderung, Beseitigung, Instandhaltung und Nutzung genehmigungsfreier baulicher Anlagen durch Erlass geeigneter Maßnahmen gem. Absatz 6 i. V. m. Absatz 2 Satz 1.

7. Beratung der am Bau von genehmigungsfreien Vorhaben Beteiligten bezüglich örtlicher Bauvorschriften und planungsrechtlicher Festsetzungen, Absatz 7 in Verbindung mit Absatz 2.
8. Betretung von Grundstücken, baulichen Anlagen und Wohnungen im Rahmen der Überwachungspflicht gem. § 58 Abs. 2 i. V. m. Absätzen 7 und 4, bezogen auf genehmigungsfreie Vorhaben und nur bezüglich örtlicher Bauvorschriften und planungsrechtlicher Festsetzungen.

14. Örtliche Zuständigkeit

55 Die örtliche Zuständigkeit der genannten Gemeinde oder des Amtes ist in der Bauordnung nicht geregelt. Sie ergibt sich für die Regelungen in Absatz 6 aus dem Geltungsbereich der örtlichen Bauvorschriften oder der planungsrechtlichen Satzung. Amt oder Gemeinde sind für die Grundstücke zuständig, die in ihrem Gebiet liegen. Insoweit besteht kein Widerspruch zu der allgemeinen Regelung über die örtliche Zuständigkeit in § 3 Abs. 1 Nr. 1 VwVfG.

Abschnitt 2
Genehmigungspflicht, Genehmigungsfreiheit

§ 59
Grundsatz

(1) Die Errichtung, die Änderung und die Nutzungsänderung baulicher Anlagen sowie anderer Anlagen und Einrichtungen, an die in diesem Gesetz oder in Vorschriften aufgrund dieses Gesetzes Anforderungen gestellt sind, bedürfen der Baugenehmigung, soweit in den §§ 60 bis 62, 76 und 77 nichts anderes bestimmt ist.

(2) Die Genehmigungsfreiheit nach Absatz 1, den §§ 60 bis 62, 76 und 77 Absatz 1 Satz 3 sowie die Beschränkung der bauaufsichtlichen Prüfung nach den §§ 63, 64, 66 Absatz 4 und § 77 Absatz 3 entbinden nicht von der Verpflichtung zur Einhaltung der Anforderungen, die durch öffentlich-rechtliche Vorschriften an Anlagen gestellt werden, und lassen die bauaufsichtlichen Eingriffsbefugnisse unberührt.

Übersicht

1. Allgemeines

Die Vorschrift legt als Grundsatz fest, dass die Errichtung, Änderung und Nutzungsänderung baulicher Anlagen sowie anderer Anlagen und Einrichtungen, an die in diesem Gesetz oder in Vorschriften aufgrund dieses Gesetzes Anforderungen gestellt sind, genehmigungspflichtig ist. Das heißt, bevor bauliche Anlagen im Sinne von § 2 verwirklicht werden, bedarf es grundsätzlich einer Baugenehmigung. Für die Beseitigung baulicher Anlagen gilt dieser Grundsatz nicht. Durch die Genehmigungspflicht in § 59 hat der Gesetzgeber ein präventives Verbot mit Erlaubnisvorbehalt geschaffen. Die Baugenehmigung beseitigt die formelle Sperre des bestehenden präventiven Verbots mit Erlaubnisvorbehalt, *vgl. OVG Münster, B. v. 29.05.2008 – 10 B 616/0 –, Rn. 17, juris.* D. h., die Errichtung, Änderung und Nutzungsänderung baulicher 1

Anlagen ist verboten, sofern eine Baugenehmigung nicht zuvor erteilt worden ist. Die Erteilung der Baugenehmigung ist der Erlaubnisvorbehalt. In § 72 Abs. 1 hat der Gesetzgeber die Voraussetzungen für die Erteilung der Genehmigung normiert. Danach muss die Genehmigung erteilt werden, wenn dem beantragten Vorhaben öffentlich-rechtliche Vorschriften nicht entgegenstehen.

2 Die Baugenehmigungspflicht ist eine Inhalts- und Schrankenbestimmung des Eigentums im Sinne von Art. 14 Abs. 1 Satz 2 GG. Denn dadurch wird die Nutzung eines Grundstücks bzw. einer baulichen Anlage geregelt. Dies ist verfassungsrechtlich nicht zu beanstanden, *vgl. BVerfGE 51, 1, 30.* Die Beschränkung der Eigentumsnutzung bedeutet einen verhältnismäßigen und zumutbaren Eingriff in die Handlungsbefugnisse des Eigentümers, weil der Gesetzgeber durch die präventive Kontrolle des Bauvorhabens in einem Baugenehmigungsverfahren sicherstellen will, dass die materiellen Anforderungen an bauliche Anlagen eingehalten werden. Dies ist ein legitimer Zweck der Baugenehmigungspflicht.

3 Die Baugenehmigungspflicht für die Errichtung, Änderung und Nutzungsänderung baulicher Anlagen gilt nicht uneingeschränkt. In den §§ 59 ff. hat der Gesetzgeber Ausnahmen von dieser Genehmigungspflicht vorgesehen. Gem. § 61 sind bestimmte Bauvorhaben genehmigungsfrei gestellt. Für die in § 62 genannten Bauvorhaben sowie für die Beseitigung baulicher Anlagen gem. § 6 BbgBauVorlV ist ein Anzeigeverfahren vorgesehen.

4 Die Regelungen über den Ablauf des Baugenehmigungsverfahrens finden sich in §§ 63 ff. Diese Paragraphen ergänzen die Vorschriften über das Verwaltungsverfahren nach § 9 VwVfG. Der Prüfungsumfang im Genehmigungsverfahren folgt aus §§ 63 f., der Abschluss des Verfahrens ist in § 72 geregelt. Besonderheiten gelten für Fliegende Bauten (§ 76) und für Vorhaben öffentlicher Bauherren (§ 77). Diese Vorhaben sind nicht genehmigungsfrei, sondern unterliegen besonderen verfahrensrechtlichen Anforderungen.

5 Die Verfahrensvorschriften der Brandenburgischen Bauordnung sind im immissionsschutzrechtlichen Genehmigungsverfahren nicht anwendbar. Die in § 13 BImSchG normierte immissionsschutzrechtliche Konzentrationswirkung umfasst nicht nur die behördlichen Entscheidungen als solche, sondern erstreckt sich auch auf das den Entscheidungen zugrunde liegende Verwaltungsverfahren. Das immissionsschutzrechtliche Genehmigungsverfahren ist ausschließlich auf der Grundlage der immissionsschutzrechtlichen Vorschriften durchzuführen, *vgl. VG Frankfurt, B. v. 01.09.2009 – 5 L 173/09 –, ebenso zur Nachbarbeteiligung nach §§ 73/64 BbgBO a. F.: VG Frankfurt (Oder), Urteil 7 K 1083/03 vom 23.08.2007 und zur parallelen Problematik des naturschutzrechtlichen (Landes-)Verfahrensrechts: BVerwG, B. v. 17.12.2002 – 7 B 119.02 –, DVBl. 2003, 543 f.*

2. Errichtung baulicher Anlagen

Die Errichtung einer baulichen Anlage im Sinne von § 2 Abs. 1 umfasst den Neubau einer baulichen Anlage ebenso wie den Wiederaufbau und die Erweiterung einer bestehenden Anlage. Die Komplettierung eines Gebäudetorsos ist, wenn die erteilte Baugenehmigung erloschen ist, ein Neubau oder eine Änderung der baulichen Anlage, *vgl. OVG Berlin, U. v. 28.02.1969, BRS 22 Nr. 141.* Die Erweiterung einer baulichen Anlage ist in der Regel aber nur dann als Errichtung und nicht als Änderung zu beurteilen, wenn ein selbstständiges, abtrennbares Vorhaben errichtet werden soll, *vgl. BVerwG, U. v. 17.06.1993 – 4 C 17.91 –, ZfBR 1994, 37.* Als Errichtung und nicht mehr als Instandhaltungsarbeiten sind solche Maßnahmen anzusehen, die die Identität des Gebäudes berühren, weil sie die Standfestigkeit des gesamten Gebäudes infrage stellen und eine statische Neuberechnung erforderlich machen oder der Aufwand für die Instandsetzung den für einen Neubau erreicht oder sogar übersteigt, *vgl. VG Cottbus, B. v. 01.09.2006 – 3 L 408/05 –; BVerwG, B. v. 21.03.2001 – 4 B 18/01. Die Nutzung eines Hausbootes zu Dauerwohnzwecken, wenn dieses mit einer Eisenstange am Bootssteg fixiert ist, ist ein nach § 59 genehmigungspflichtiges Vorhaben, vgl. VG Potsdam, B. v. 16.08.2006 – 4 L 365/06 –; OVG Greifswald, B. v. 26.04.2001 – 1 M 107/00.* 6

3. Änderung baulicher Anlagen

Die Änderung einer baulichen Anlage betrifft die Veränderung oder Umgestaltung der vorhandenen Bausubstanz, *vgl. OVG Berlin-Brandenburg, U. v. 21.9.2023 – OVG 10 B 9.19.* Änderung ist jede Maßnahme, durch die auf den vorhandenen technischen oder baulichen Zustand einer baulichen Anlage nicht unerheblich eingewirkt wird, *vgl. VG München, U. v. 09.10.2006 – M 8 K 05.6107.* Die Änderung kann die äußere Gestalt der baulichen Anlage betreffen oder sich auf das Innere der baulichen Anlage beschränken. Genehmigungspflichtig ist die Änderung einer baulichen Anlage immer schon dann, wenn die Anlage baulich oder technisch geändert wird. So sind die Installierung eines Ringankers und die Errichtung eines Dachgeschosses genehmigungspflichtige Änderungen, *vgl. VG Potsdam, B. v. 04.07.2007 – 5 L 336/07.* 7

Auch die Vergrößerung einer baulichen Anlage ist eine genehmigungspflichtige Änderung, wenn dadurch nicht eine abtrennbare, selbstständige bauliche Anlage entsteht, die als Errichtung einer baulichen Anlage zu deuten wäre, *vgl. BVerwG, U. v. 17.06.1993 – 4 C 17.91.* Baumaßnahmen, die die Nutzungsmaße erhöhen, sind Änderungen, *vgl. BVerwG, B. v. 10.10.2005 – 4 B 60.05 -; OVG Berlin-Brandenburg, U. v. 21.9.2023 – OVG 10 B 9.19.* Änderungen können auch die Erneuerung oder der Austausch von Teilen baulicher Anlagen im Rahmen von Instandsetzungs- oder Instandhaltungsarbeiten bilden. In der Rechtsprechung ist anerkannt, dass Umbaumaßnahmen unter dem Gesichtspunkt ihrer 8

Genehmigungspflicht irrelevant sind, wenn sie einen begrenzten Rahmen baulicher Veränderung nicht überschreiten. Entscheidend wird dabei unter anderem darauf abgestellt, dass die Umbauten keine statische Neuberechnung erfordern und der notwendige Arbeitsaufwand seiner Qualität nach dem Arbeitsaufwand für einen Neubau nicht erreicht oder gar übersteigt, *vgl. BVerwG, U. v. 24.10.1980 – 4 C 81.77.*

9 Für die Genehmigungspflicht der Änderung ist unerheblich, ob die Änderung sich auf materielle Vorschriften des öffentlichen Rechts auswirkt, vgl. VG München, U. v. 09.10.2006 – M 8 K 05.6107.

10 Stellt die Änderung der baulichen Anlage zugleich wegen ihrer städtebaulichen Relevanz ein Vorhaben nach § 29 BauGB dar, ist Gegenstand der planungsrechtlichen Prüfung das Gesamtvorhaben in seiner geänderten Gestalt, weil dies das Ergebnis der baulichen Maßnahme sein soll, *vgl. BVerwG, U. v. 15.05.1997 – 4 C 23.95.* Auf die bauliche Änderung darf die Prüfung nur dann beschränkt werden, wenn eine isolierte Beurteilung der Änderung möglich ist, *vgl. BVerwG, U. v. 17.06.1993 – 4 C 17.91.* Folglich ist immer dann, wenn eine Erweiterung einer baulichen Anlage zugleich den Bestand der vorhandenen baulichen Anlage verändert – sei es durch einen Eingriff in die bestehende Anlage, sei es wegen der aus der Erweiterung resultierenden Qualitätsveränderung des Bestandes im Hinblick auf Nutzung, *vgl. dazu BVerwG, U. v. 22.05.1987 – 4 C 19.85,* oder wenn sich die Immissionslage ändert –, eine isolierte planungsrechtliche Beurteilung der Erweiterung nicht möglich. Ebenso wie bei einer Nutzungsänderung die bauliche Anlage in ihrer geänderten Funktion als Einheit zu prüfen ist, *vgl. dazu BVerwG, DVBl. 2011, 358ff.,* muss bei der planungsrechtlich relevanten Änderung einer baulichen Anlage das Gesamtvorhaben geprüft werden. Bei der Erweiterung einer baulichen Anlage ist im Genehmigungsverfahren auch der Gebäudebestand zu prüfen, der die bauliche Grundlage des zur Genehmigung gestellten Erweiterungsbaus bildet, *vgl. VGH Kassel, U. v. 24.11.1995 – 4 UE 239/92.* Anderes kann dann gelten, wenn die Änderung als abgetrennte Einheit bestehen kann, *vgl. BVerwG, BRS 55 Nr. 72.*

11 Bleibt die Änderung des Bauvorhabens ohne städtebauliche Relevanz, ist die Änderung also kein Vorhaben im Sinne von § 29 BauNVO, z. B. bei der Änderung von Treppen, Wänden und Decken im Gebäudeinneren, kann die bauordnungsrechtliche Prüfung auf die zu ändernden Teile sowie auf die Teile der baulichen Anlage beschränkt werden, die im baulichen und funktionalen Zusammenhang mit dem beantragten Änderungsvorhaben stehen. Soll etwa durch den Bau einer zusätzlichen Treppe ein zusätzlicher Rettungsweg geschaffen werden, ist nicht zu prüfen, ob das Dach des Gebäudes den Anforderungen nach § 32 genügt, wenn das Dach weder funktional noch baulich von der Umbaumaßnahme betroffen ist.

4. Nutzungsänderung baulicher Anlagen

Eine genehmigungspflichtige Nutzungsänderung liegt vor, wenn die bisherige Nutzung aufgegeben und die neue Nutzung dann aufgenommen wird, *vgl. VG Cottbus, B. v. 15.02.2007 – 3 L 277/06 –*, oder die bestehende Nutzung um andere Nutzungen ergänzt wird und wenn für die neu aufzunehmende Nutzung andere oder weitergehende öffentlich-rechtliche Vorschriften gelten als für die bisher zugelassene Nutzung, *vgl. § 61 Abs. 2 Nr. 1; s. a. VG Frankfurt (Oder), B. v. 21.05.2007 – 7 L 122/07; BVerwG, B. v. 14.04.2000 – 4 B 28/00 –; OVG Berlin-Brandenburg, B. v. 14.02.2006 – 10 S 4.05.* Eine Nutzungsänderung liegt auch dann vor, wenn einer Anlage oder Einrichtung auch nur teilweise eine neue Zweckbestimmung gegeben wird, *vgl. VG Frankfurt (Oder), B. v. 03.08.2004 – 7 L 70/04 –; VG Potsdam, B. v. 19.03.2007 – 4 L 653/07 –; VG Frankfurt (Oder), B. v. 01.10.2020 – 7 L 365/20* – Änderung der Nutzung einer Wohnung in einem zum Wohnen genehmigten Gebäude in eine Nutzung als Ferienwohnung; *OVG Berlin-Brandenburg, B. v. 29.06.2010 – 10 N 13.07* – nachträgliche Errichtung einer Dachterrasse auf einer grenzständigen oder grenznahen Garage als Nutzungsänderung der Garage, da Dachterrasse und Garage eine bauliche Einheit bilden, so dass durch eine Dachterrasse ein Gebäude entstehen würde, das nicht mehr als grenzständige oder grenznahe Garage genehmigungsfähig wäre, weil diese durch die zusätzliche Nutzung als Dachterrasse insgesamt ihre Eigenschaft als an der Grundstücksgrenze privilegiert zulässiges Vorhaben verlieren würde; *OVG Berlin-Brandenburg, B. v. 22.05.2007 – 2 S 39.07* – Umnutzung eines Stalls zu Dauerwohn- und Lagerzwecken; wenn sich die Zahl der Stellplätze erhöht, *vgl. VG Potsdam, B. v. 12.07.2001 – 5 L 455/01 –;* wenn ein genehmigtes Wochenendhaus als Dauerwohnsitz genutzt wird, *vgl. VG Frankfurt (Oder), B. v. 23.05.2007 – 7 L 440/06.* Die Aufnahme einer zuvor endgültig und nach außen bekundeten Aufgabe der Nutzung eines Gebäudes, z. B. durch eine Gewerbeabmeldung, ist eine Nutzungsänderung, *vgl. VG Cottbus, B. v. 04.08.2004 – 3 L 316/04 –; s. a. VG Cottbus, B. v. 15.02.2007 – 3 L 277/06* zur Nutzung von einem ehemaligen Bahnhofsgebäude/Dienstwohnung zu Wohnzwecken; s. *a. OVG Berlin-Brandenburg, B. v. 14.02.2006 – 10 S 4.05.* Die einmal erteilte Baugenehmigung ist durch die Nutzungsaufgabe gegenstandslos geworden, *vgl. VGH Mannheim, U. v. 20.05.2003 – 5 S 2751/01 –, BauR 2003, 1539.* Genehmigungspflichtig ist die Umwandlung eines Bistros in einen Swingerclub, *vgl. VGH Mannheim, B. v. 28.11.2006 – 3 S 2377/06.* 12

Andere oder weitergehende öffentlich-rechtliche Vorschriften gelten für eine Nutzungsänderung immer dann schon, wenn sie die Genehmigungsfrage losgelöst vom konkreten Bauvorhaben (abstrakt) neu aufwirft, nicht erst, wenn sie nicht genehmigungsfähig ist, *vgl. OVG Berlin-Brandenburg, B. v. 04.09.1995 – 3 B 52/95; OVG Berlin, B. v. 09.04.1997 – 2 S 5.97.* Entscheidend dafür ist nicht die frühere tatsächliche Nutzung, sondern die früher genehmigte Nutzung, *vgl. VG Potsdam, B. v. 19.10.2006 – 5 L 574/06 –; BVerwG, U. v. 03.02.1984 – 4 C 25/82.* 13

Dabei ist in bauplanungsrechtlicher Hinsicht auf die jeder Art von Nutzung eigene Variationsbreite abzustellen, *vgl. BVerwG, U. v. 11.11.1988 – 4 C 50.87 – und U. v. 18.05.1990 – 4 C 49.89 –; VG Frankfurt (Oder) B. v. 21.05.2007 – 7 L 122/07.* Zu den weitergehenden öffentlich-rechtlichen Vorschriften gehören nicht nur die Brandenburgische Bauordnung und das Baugesetzbuch, sondern auch die auf der Grundlage der Bauordnung erlassenen Sonderbauverordnungen. In systematischer Hinsicht wird zwar regelmäßig zwischen den bauplanungsrechtlichen und den bauordnungsrechtlichen Regelungen unterschieden. Für die Genehmigungspflichtigkeit der Nutzungsänderung ist diese Unterscheidung jedoch unerheblich, weil auch eine bauplanungsrechtlich irrelevante Nutzungsänderung, die sich also innerhalb der jeder einzelnen Art von Nutzung eigenen Variationsbreite bewegt, die Genehmigungspflicht auslöst, wenn sie anderen oder weitergehenden bauordnungsrechtlichen Anforderungen unterliegt, *vgl. BVerwG, U. v. 27.08.1998 – 4 C 5/98.* Vorrangig ist in baurechtlicher Hinsicht also zu prüfen, ob und welche anderen oder (aber nicht unbedingt) weitergehenden öffentlich-rechtlichen Vorschriften für die beabsichtigte Nutzung abstrakt gelten. Eine Nutzungsänderung ist deshalb nicht mehr durch die erteilte Genehmigung gedeckt, wenn sie auf einen der durch die Abstandsvorschriften geschützten Belange „nachteiligere Auswirkungen" mit sich bringt als die bisherige Nutzung bzw. „eine Verschlechterung der Situation" hervorrufen könnte, *vgl. OVG Berlin-Brandenburg, B. v. 30.01.2006 – 10 N 47.05.* Eine Neubeurteilung anhand der bauordnungsrechtlichen Regelungen ist bei der baulichen Änderung eines Gebäudes auch geboten, wenn durch die Änderung des Gebäudes ein rechtswidriger Zustand herbeigeführt oder ein bestehender – materiell – rechtswidriger Zustand in abstandsflächenrechtlich relevanter Weise zu Lasten des Grundstücksnachbarn verstärkt wird, *vgl. OVG Berlin-Brandenburg, B. v. 14.03.2006 – 10 S 7.05 –; VG Cottbus U. v. 31.03.2004 – 3 K 609/01 –; OVG Berlin-Brandenburg, B. v. 30.01.2006 – 10 N 47.05.*

14 Auf den **Bestandsschutz**, auch einen solchen, der durch § 11 Abs. 3 der (DDR-) Verordnung über Bevölkerungsbauwerke vermittelt wird, kann sich der Bauherr nur berufen, wenn er die bestandsgeschützte Nutzung fortsetzt, *vgl. VG Frankfurt (Oder) B. v. 21.05.2007 – 7 L 122/07* (Umnutzung eines Ferienlagers des DDR-Ministeriums für Staatssicherheit zu privaten Wohn- bzw. Erholungszwecken). Eine Berufung auf Bestandsschutz ist bei der Umnutzung deshalb regelmäßig ausgeschlossen, *vgl. VG Cottbus, B. v. 15.02.2007 – 3 L 277/06 –; BVerwG, B. v. 21.11.2000 – 4 B 36.00.*

5. Beseitigung baulicher Anlagen

15 Bauordnungsrechtlich ist die Beseitigung nach § 59 kein genehmigungspflichtiges Vorhaben. Dem entspricht, dass die vollständige Beseitigung baulicher Anlagen (der Abbruch baulicher Anlagen) bauplanungsrechtlich soweit ohne Relevanz ist, als die Beseitigung einer baulichen Anlage nicht von § 29 BauGB

erfasst wird. Genehmigungspflichtig ist hingegen der teilweise Abbruch einer baulichen Anlage, wenn etwa die Kellergeschosse verfüllt werden oder die Bodenplatte erhalten bleibt. Bleiben bauliche Anlagen im Sinne von § 2 Abs. 1 bestehen, handelt es sich um eine genehmigungspflichtige Änderung einer baulichen Anlage, nicht aber um eine genehmigungsfreie Beseitigung einer baulichen Anlage.

Damit die Beseitigung von Gebäuden bauordnungsrechtlich nicht völlig unkontrolliert vonstattengeht, ist die beabsichtigte Beseitigung nach § 6 der BbgBauVorlV der Bauaufsichtsbehörde anzuzeigen. Dadurch wird die Durchführung größerer Abbruchsvorhaben kontrollierbar. 16

Die Beseitigung einer baulichen Anlagen bedarf im Geltungsbereich einer Veränderungssperre, in städtebaulichen Sanierungs- und Entwicklungsgebieten sowie in Erhaltungsgebieten der jeweiligen Genehmigung, *vgl. §§ 14 Abs. 1 Nr. 1, 144 Abs. 1 Nr. 1. 169 Abs. 1 Nr. 3, 172 Abs. 1 Satz 1 BauGB.* 17

6. Anforderungen des öffentlichen Rechts (Absatz 2)

Absatz 2 stellt klar, dass Genehmigungsfreiheit und Beschränkung bauaufsichtlicher Prüfungen von der Verpflichtung der jeweils einschlägigen materiell-rechtlichen Anforderungen nicht entbinden und die bauaufsichtlichen Eingriffsbefugnisse unberührt lassen. Auch für ein genehmigungsfreies Vorhaben müssen etwa die Zulässigkeitsvoraussetzungen der §§ 30, 34, 35 BauGB erfüllt sein, *vgl. VG Cottbus, U. v. 25.09.2019 – 3 K 51/18.* 18

In diesem Absatz verbirgt sich zugleich auch die Feststellung, dass Vorhaben, auch wenn sie genehmigungsfrei sind oder das Prüfprogramm im Baugenehmigungsverfahren beschränkt ist, denselben materiellen Anforderungen unterliegen, die für genehmigungspflichtige Vorhaben gelten. Es ist also falsch anzunehmen, dass ein Vorhaben, nur weil es genehmigungsfrei ist, materiell zulässig sei. Die Genehmigungsfreiheit oder Beschränkung des Prüfprogramms verlagert die Verantwortung für die Beachtung der öffentlich-rechtlichen Vorschriften lediglich auf den Bauherrn. Dieser ist nicht nur dafür verantwortlich, die Zulässigkeit des Vorhabens selbst zu prüfen, sondern hat auch die Frage, ob andere Genehmigungen erforderlich sind, selbst zu beantworten. 19

Absatz 2 stellt zudem klar, dass Irrtümer des Bauherrn über die Genehmigungsfreiheit und die Zulässigkeit des Vorhabens zu seinen Lasten gehen. Ist das genehmigungsfreie Bauwerk rechtswidrig errichtet oder geändert, so schützt auch sein guter Glaube den Bauherrn nicht davor, dass die Behörde ordnungsrechtlich gegen das Bauvorhaben einschreitet. Dies gilt auch in dem Fall, dass das Prüfprogramm im vereinfachten Genehmigungsverfahren 20 beschränkt ist. Soweit das Vorhaben nicht geprüft wird, trägt der Bauherr die Verantwortung dafür, dass das Vorhaben legal errichtet und genutzt wird. Ist dies nicht der Fall, kann die Bauaufsichtsbehörde einschreiten.

§ 60
Vorrang anderer Gestattungsverfahren

[1]Keiner Baugenehmigung, Bauanzeige, Zulassungen von Abweichungen, Zustimmung, Bauzustandsanzeige und Bauüberwachung nach diesem Gesetz bedürfen

1. Anlagen, die einer Genehmigung nach dem Atomgesetz bedürfen,

2. Werbeanlagen, soweit sie einer Ausnahmegenehmigung oder einer Zulassung nach Landesstraßenrecht bedürfen.

[2]Für Anlagen, die nach Satz 1 keiner Baugenehmigung, Abweichung oder Zustimmung bedürfen, nimmt die für den Vollzug der entsprechenden Rechtsvorschriften zuständige Behörde die Aufgaben und Befugnisse der Bauaufsichtsbehörde wahr.

Übersicht

1. Allgemeines

§ 60 enthält Vorschriften zur Auflösung der Konkurrenz der in den Nummern 1 und 2 genannten parallelen Anlagengenehmigungsverfahren. Der Gesetzgeber hat sich dabei von der Idee leiten lassen, dass die bauordnungsrechtlichen Regelungen verdrängt werden, wenn für das in Rede stehende Vorhaben nichtbaurechtliche Fachregelungen nach dem Atomrecht (Atomgesetz, neugefasst durch Bek. vom 15. Juli 1985 (BGBl. I S. 1565), zuletzt geändert durch Art. 3 des Gesetzes vom 7. Dezember 2020 (BGBl. I S. 2760) mit Wirkung ab 1. Januar 2021) und – betreffend Werbeanlagen (vgl. dazu § 10) – nach dem Straßenrecht bestehen. Dieses Fachrecht erhält durch § 59 Vorrang vor dem allgemeinem Bauordnungsrecht, allerdings nur in Bezug auf die Baugenehmigung, Bauanzeige, Zulassung von Abweichungen, Zustimmung, Bauzustandsanzeige und Bauüberwachung. Die materiell-rechtlichen Anforderungen der Bauordnung bleiben jedoch unverändert wirksam und beachtlich. Folglich wird über die materiellen baurechtlichen Anforderungen im fachrechtlichen Verfahren entschieden. 1

2. Atomgesetz (Nummer 1)

2 Nummer 1 regelt für Anlagen, die nach dem Atomgesetz einer Genehmigung bedürfen, den Vorrang des Atomrechts in Bezug auf die Baugenehmigung, Bauanzeige, Zulassung von Abweichungen, Zustimmung, Bauzustandsanzeige und Bauüberwachung. Dies betrifft zum Beispiel die Stilllegungsgenehmigung nach § 7 Abs. 3 Atomgesetz, aber auch Bescheide im Aufsichtsverfahren nach § 19 Abs. 3 AtomG. Die dem Atomrecht unterliegenden Vorhaben dürfen ohne Baugenehmigung ausgeführt werden. Die Genehmigung nach § 7 AtomG schließt die Baugenehmigung also ein.

3. Werbeanlagen (Nummer 2)

3 Von Nummer 2 sind Werbeanlagen betroffen, die auf oder an öffentlichen Straßen errichtet werden, so dass deren Zulässigkeit vom landesrechtlichen Straßengesetz bestimmt wird, vgl. Brandenburgisches Straßengesetz (BbgStrG) in der Fassung der Bekanntmachung vom 28. Juli 2009 (GVBl. I S. 358), zuletzt geändert durch Artikel 2 des Gesetzes vom 18. Dezember 2018 (GVBl. I Nr. 37, S. 3). Auch wenn diese Anlagen nicht gem. § 61 genehmigungsfrei sind, entfällt die Genehmigungspflicht nach der Bauordnung, wenn das Straßenrecht Anforderungen an diese Anlagen stellt. Die Genehmigung nach dem Straßenrecht (Sondernutzungserlaubnis gem. § 18 BbgStrG) hält der Gesetzgeber für geeignet, die Baugenehmigung zu ersetzen.

4 Soweit es nach den Umständen des Einzelfalls erforderlich ist, kann neben der straßenrechtlichen Erlaubnis eine denkmalschutzrechtliche Genehmigung erforderlich sein, etwa wenn die Werbeanlage in einem Denkmalbereich nach § 4 BbgDSchG oder in der Nähe eines Einzeldenkmals errichtet werden soll. Bereits erteilte Genehmigungen bleiben von dieser Regelung unberührt. Dies gilt auch, wenn diese noch nicht bestandskräftig geworden sind.

4. Sonstige Befugnisse

5 Nach Satz 2 liegen die bauaufsichtlichen Befugnisse für Anlagen, die einer Genehmigung nach dem Atomgesetz bedürfen, bei der für den Vollzug des Atomgesetzes zuständigen Behörde. Bei den Werbeanlagen liegen die bauaufsichtlichen Befugnisse bei der für die Werbeanlagen zuständigen Straßenbehörde bzw. Straßenverkehrsbehörde. Dies entspricht dem Zurücktreten des Bauordnungsrechts hinter das Fachrecht, welches von der fachlich zuständigen Behörde angewendet wird.

5. Fachgesetzliche Ausnahmen vom Grundsatz der Genehmigungspflicht

Ohne Rücksicht auf die Kollisionsregelung in § 60 ist eine Baugenehmigung auch dann entbehrlich, wenn das Fachrecht dies – außerhalb des Bauordnungsrechts – bestimmt. Die Baugenehmigungspflicht entfällt für Baumaßnahmen in den Fällen, in denen eine Verfahrenskonzentration angeordnet ist, so dass die Baugenehmigung von der fachgesetzlichen Zulassungsentscheidung eingeschlossen oder ersetzt wird. 6

Ist das Vorhaben im Katalog der 4. BImSchV aufgeführt, so dass eine Genehmigung nach dem Bundesimmissionsschutzgesetz erforderlich ist, wird aufgrund der Konzentrationswirkung der immissionsschutzrechtlichen Genehmigung nach § 13 BImSchG die bauordnungsrechtliche Zulässigkeit im immissionsschutzrechtlichen Zulassungsverfahren geprüft. Die Lagergenehmigung nach § 17 des Gesetzes über explosionsgefährliche Stoffe (Sprengstoffgesetz) schließt die Baugenehmigung mit ein. Eine gesonderte Baugenehmigung ergeht in diesen Verfahren nicht. 7

Ist in Fachplanungsgesetzen für die Zulassung des Vorhabens ein Planfeststellungsbeschluss bzw. eine Plangenehmigung vorgesehen, ist nach § 75 Abs. 1 VwVfG die Zulässigkeit des Vorhabens abschließend festgestellt. Neben der Planfeststellung sind andere behördliche Entscheidungen, insbesondere öffentlich-rechtliche Genehmigungen, Verleihungen, Erlaubnisse, Bewilligungen, Zustimmungen und Planfeststellungen nicht erforderlich. Durch die Planfeststellung werden alle öffentlich-rechtlichen Beziehungen zwischen dem Träger des Vorhabens und den durch den Plan Betroffenen rechtsgestaltend geregelt. In Fällen der materiellen Konzentration nach § 75 VwGO wird das Bauordnungsrecht vollständig verdrängt. 8

Von der materiellen Konzentration nach § 75 Abs. 1 VwVfG zu unterscheiden ist die Verbindung mehrerer Verfahren über § 78 Abs. 1 VwVfG. Diese führt nur zu einer Verfahrenskonzentration in Bezug auf die gesamte Planung. Die auf Grundlage von § 78 Abs. 1 VwVfG zuständige Planfeststellungsbehörde bleibt an das materielle Bundes- und Landesrecht gebunden, das für das im Rahmen der Konzentration zurücktretende Verfahren gilt. Verbunden werden nur die Verfahren; die materielle Selbständigkeit der Vorhaben bleibt unberührt, *vgl. BVerwG, U. v. 23.02.2006 – 4 A 5.04 –, juris Rn. 39; U. v. 26.04.2007 – 4 C 12.05 –, juris Rn. 28.* 9

§ 61
Genehmigungsfreie Vorhaben

(1) Baugenehmigungsfrei sind:

1. folgende Gebäude oder bauliche Anlagen:
   a) Gebäude ohne Aufenthaltsräume, Toiletten oder Feuerstätten mit nicht mehr als 75 Kubikmeter Brutto-Rauminhalt, die nicht im Außenbereich liegen; dies gilt nicht für Garagen, Ställe sowie Gebäude, die Verkaufs- oder Ausstellungszwecken dienen,
   b) Gebäude ohne Feuerstätten im Außenbereich, die einem land- oder forstwirtschaftlichen Betrieb dienen, nur zum vorübergehenden Schutz von Tieren oder zur Unterbringung von Ernteerzeugnissen oder land- und forstwirtschaftlichen Geräten bestimmt sind, nicht unterkellert sind und nicht mehr als 150 Quadratmeter Grundfläche und nicht mehr als 5 Meter Höhe haben,
   c) oberirdische Garagen und überdachte Abstellplätze für Fahrräder jeweils mit nicht mehr als einem Geschoss und nicht mehr als 100 Quadratmeter Grundfläche, im Geltungsbereich eines Bebauungsplans nach § 30 Absatz 1 oder Absatz 2 des Baugesetzbuchs,
   d) Garagen einschließlich überdachter Stellplätze und überdachter Abstellplätze für Fahrräder mit einer mittleren Wandhöhe bis zu 3 Meter und einer Brutto-Grundfläche bis zu insgesamt 50 Quadratmeter je Baugrundstück, außer im Außenbereich,
   e) Gewächshäuser ohne Ausstellungs- und Verkaufsflächen und Folientunnel im Außenbereich mit einer Grundfläche von bis zu 1 600 Quadratmeter, in Landschaftsschutzgebieten bis zu 150 Quadratmeter, und einer Firsthöhe von bis zu 5 Meter, die einem land- oder forstwirtschaftlichen Betrieb oder einem Betrieb der gartenbaulichen Erzeugung im Sinne des § 35 Absatz 1 Nummer 1 und 2 sowie § 201 des Baugesetzbuchs dienen; bei einer Grundfläche von mehr als 150 Quadratmeter sind sie der Gemeinde in Textform zur Kenntnis zu geben; die Gemeinde kann innerhalb einer Frist von vier Wochen erklären, dass ein Baugenehmigungsverfahren durchgeführt werden soll oder eine vorläufige Untersagung gemäß § 15 Absatz 1 Satz 2 des Baugesetzbuchs beantragen; mit der Ausführung des Vorhabens darf bereits vor Ablauf der Frist begonnen werden, wenn die Gemeinde in Textform mitteilt, dass sie von dieser Möglichkeit keinen Gebrauch machen wird,
   f) Gewächshäuser mit nicht mehr als 50 Kubikmeter Brutto-Rauminhalt, ausgenommen im Außenbereich,
   g) Wochenendhäuser mit nicht mehr als 50 Quadratmeter Grundfläche und 4 Meter Höhe in durch Bebauungsplan nach § 30 Absatz 1 oder Absatz 2 des Baugesetzbuchs festgesetzten Wochenendhausgebieten oder auf bauaufsichtlich genehmigten Wochenendplätzen,

h) Gartenlauben einschließlich überdachten Freisitz mit nicht mehr als 24 Quadratmeter Grundfläche in Dauerkleingartenanlagen nach dem Bundeskleingartengesetz oder bauaufsichtlich genehmigten Kleingartenanlagen,
i) einzelne Aufenthaltsräume zu Wohnzwecken im Dachgeschoss von Wohngebäuden der Gebäudeklassen 1 bis 2 mit nicht mehr als zwei Wohnungen, wenn die Konstruktion und die äußere Gestalt des Dachgeschosses nicht verändert werden,
j) Terrassenüberdachungen mit einer Fläche bis zu 30 Quadratmeter und einer Tiefe bis zu 4 Meter, außer im Außenbereich,
k) vor der Außenwand eines Wohngebäudes aus lichtdurchlässigen Baustoffen errichtete unbeheizte Wintergärten mit nicht mehr als 20 Quadratmeter Grundfläche und 75 Kubikmeter Brutto-Rauminhalt,
l) Fahrgastunterstände, die dem öffentlichen Personennahverkehr oder der Schülerbeförderung dienen,
m) Schutzhütten, wenn die Hütten jedermann jederzeit zugänglich sind und keine Aufenthaltsräume haben,
2. Anlagen der technischen Gebäudeausrüstung, ausgenommen freistehende Abgasanlagen mit einer Höhe von mehr als 10 Meter sowie Anlagen der sicherheitstechnischen Gebäudeausrüstung, sofern eine Rechtsverordnung nach § 86 Absatz 1 Nummer 5 eine Prüfpflicht für diese Anlagen vorschreibt,
3. folgende Anlagen zur Nutzung erneuerbarer Energien
a) Solaranlagen in, an und auf Dach- und Außenwandflächen und Umwehrungen, ausgenommen bei Hochhäusern, sowie die damit verbundene Änderung der Nutzung oder der äußeren Gestalt des Gebäudes,
b) gebäudeunabhängige Solaranlagen mit einer Höhe bis zu 3 Meter und einer Gesamtlänge bis zu 9 Meter,
c) Windenergieanlagen bis zu 10 Meter Höhe gemessen von der Geländeoberfläche bis zum höchsten Punkt der vom Rotor bestrichenen Fläche und einem Rotordurchmesser bis zu 3 Meter außer in reinen Wohngebieten,
4. folgende Anlagen der Ver- und Entsorgung:
a) Brunnen,
b) Anlagen, die der Telekommunikation, der öffentlichen Versorgung mit Elektrizität, Gas, Öl oder Wärme dienen, mit einer Höhe bis zu 5 Meter und einer Brutto-Grundfläche bis zu 10 Quadratmeter,
5. folgende Masten, Antennen und ähnliche Anlagen:
a) unbeschadet der Nummer 4 Buchstabe b Antennen einschließlich der Masten mit einer Höhe bis zu 15 Meter auf Gebäuden gemessen ab dem Schnittpunkt der Anlage mit der Dachhaut, im Außenbereich freistehend mit einer Höhe bis zu 20 Meter und zugehöriger

Versorgungseinheiten mit einem Brutto-Rauminhalt bis zu 10 Kubikmeter sowie, soweit sie in, auf oder an einer bestehenden baulichen Anlage errichtet werden, die damit verbundene Änderung der Nutzung oder der äußeren Gestalt der Anlage,

b) mobile Antennen einschließlich Masten, die zur Verbesserung der Mobilfunknetzabdeckung, im Innenbereich mit einer Höhe bis zu 15 Meter, im Außenbereich bis zu 20 Meter, mit einer maximalen Standzeit von 24 Monaten errichtet werden,
c) Masten und Unterstützungen für Fernsprechleitungen, für Leitungen zur Versorgung mit Elektrizität, für Leitungen sonstiger Verkehrsmittel, für Sirenen und für Fahnen,
d) Masten, die aus Gründen des Brauchtums errichtet werden,
e) Signalhochbauten für die Landesvermessung,
f) Flutlichtmasten mit einer Höhe bis zu 10 Meter,

6. folgende Anlagen, Behälter und Becken:
   a) Behälter für verflüssigte und nicht verflüssigte Gase mit nicht mehr als 10 Kubikmeter Behälterinhalt,
   b) Gärfutterbehälter mit nicht mehr als 10 Kubikmeter Behälterinhalt,
   c) Behälter zur Lagerung von Abwasser, Jauche und Gülle sowie wassergefährdender Stoffe im Sinne von § 62 des Wasserhaushaltsgesetzes mit nicht mehr als 10 Kubikmeter Behälterinhalt,
   d) Kleinkläranlagen mit einem Abwasseranfall von nicht mehr als 8 Kubikmeter täglich,
   e) Klärteiche bis zu 100 Quadratmeter Grundfläche und bewachsene Bodenfilter,
   f) sonstige drucklose Behälter mit nicht mehr als 30 Kubikmeter Behälterinhalt,
   g) Wasserbecken mit nicht mehr als 100 Kubikmeter Beckeninhalt als Nebenanlage zu einem Wohngebäude,
   h) Wasserbecken mit nicht mehr als 100 Kubikmeter Beckeninhalt auf bauaufsichtlich genehmigten Camping- und Wochenendplätzen und in festgesetzten Wochenendhausgebieten,
   i) bauliche Anlagen mit nicht mehr als 20 Quadratmeter Grundfläche und nicht mehr als 4 Meter Höhe, die ausschließlich der Wasserwirtschaft dienen,
7. folgende Mauern und Einfriedungen:
   a) Mauern, einschließlich Stützmauern, und Einfriedungen mit einer Höhe bis zu 2 Meter, außer im Außenbereich,
   b) offene sockellose Einfriedungen für Grundstücke, die einem land- oder forstwirtschaftlichen Betrieb dienen,
   c) Wildzäune und andere zum Schutz von Gehölzen und landwirtschaftlichen Kulturen oder Nutztieren vor Schäden durch wildlebende Tiere errichtete Zäune,

d) offene sockellose Einfriedungen für Grundstücke mit nicht mehr als 5 000 Quadratmeter Grundfläche, die der Schaf- oder Ziegenhaltung dienen,

8. private Verkehrsanlagen einschließlich Brücken und Durchlässen mit einer lichten Weite (Fahrbahnbreite) bis zu 5 Meter und Untertunnelungen mit einem Durchmesser bis zu 3 Meter, ausgenommen Wege und Straßen, die nach Anlage 1 des Brandenburgischen Gesetzes über die Umweltverträglichkeitsprüfung einer Vorprüfung oder Umweltverträglichkeitsprüfung bedürfen,
9. Aufschüttungen und Abgrabungen mit einer Höhe oder Tiefe bis zu 2 Meter und einer Grundfläche bis zu 30 Quadratmeter, im Außenbereich bis zu 300 Quadratmeter,
10. folgende Anlagen auf Camping- oder Wochenendplätzen, in Gärten und zur Freizeitgestaltung:
    a) Wohnwagen und Zelte auf bauaufsichtlich genehmigten Campingplätzen,
    b) bauliche Anlagen, die keine Gebäude sind, auf bauaufsichtlich genehmigten Wochenendplätzen,
    c) bauliche Anlagen, die der Gartennutzung, der Gartengestaltung oder der zweckentsprechenden Einrichtung von Gärten dienen, wie Bänke, Sitzgruppen, Pergolen oder nicht überdachte Terrassen, ausgenommen Gebäude,
    d) bauliche Anlagen, die der zweckentsprechenden Einrichtung von Sport- und Spielplätzen dienen, wie Tore für Ballspiele, Schaukeln und Klettergerüste, ausgenommen Gebäude und Tribünen,
    e) bauliche Anlagen ohne Aufenthaltsräume auf Abenteuerspielplätzen,
    f) Sprungtürme und Rutschbahnen mit nicht mehr als 10 Meter Höhe in genehmigten Schwimmbädern,
    g) Schwimmbeckenabdeckungen mit nicht mehr als 100 Quadratmeter Grundfläche,
    h) Stege in Gewässern, wie Boots- oder Badestege,
11. folgende tragende und nichttragende Bauteile:
    a) nichttragende und nichtaussteifende Bauteile in baulichen Anlagen,
    b) die Änderung tragender oder aussteifender Bauteile innerhalb von Wohngebäuden der Gebäudeklassen 1 und 2, § 66 Absatz 3 Satz 3 bleibt unberührt,
    c) Fenster und Türen sowie die dafür bestimmten Öffnungen,
    d) Außenwandbekleidungen einschließlich Maßnahmen der Wärmedämmung, ausgenommen bei Hochhäusern, Verblendungen und Verputz baulicher Anlagen,
    e) Bedachung einschließlich Maßnahmen der Wärmedämmung, ausgenommen bei Hochhäusern,

12. folgende Werbeanlagen:
    a) Werbeanlagen mit einer Ansichtsfläche bis zu 2,5 Quadratmeter,
    b) Werbeanlagen, die nach ihrem erkennbaren Zweck nur vorübergehend für höchstens zwei Monate angebracht werden, außer im Außenbereich,
    c) Schilder, die Inhaber und Art gewerblicher Betriebe kennzeichnen (Hinweisschilder), wenn sie vor Ortsdurchfahrten auf einer einzigen Tafel zusammengefasst sind,
    d) Werbeanlagen in durch Bebauungsplan festgesetzten Gewerbe-, Industrie- und vergleichbaren Sondergebieten an der Stätte der Leistung mit einer Höhe bis zu 10 Meter

    sowie, soweit sie in, auf oder an einer bestehenden baulichen Anlage errichtet werden, die damit verbundene Änderung der Nutzung oder der äußeren Gestalt der Anlage,
13. folgende vorübergehend aufgestellte oder benutzbare Anlagen:
    a) Baustelleneinrichtungen einschließlich der Lagerhallen, Schutzhallen und Unterkünfte,
    b) Gerüste,
    c) Toilettenwagen,
    d) Behelfsbauten, die der Landesverteidigung, dem Katastrophenschutz oder der Unfallhilfe dienen,
    e) bauliche Anlagen, die für höchstens drei Monate auf genehmigtem Messe- und Ausstellungsgelände errichtet werden, ausgenommen Fliegende Bauten,
    f) Verkaufsstände und andere bauliche Anlagen auf Straßenfesten, Volksfesten, Märkten sowie Musik-, Kunst- und Kulturfestivals, die nur für kurze Zeit aufgestellt oder benutzt werden und die keine fliegenden Bauten oder Sonderbauten sind,
    g) ortsveränderlich genutzte Geflügelställe zum Zweck der Freilandhaltung oder der ökologisch-biologischen Geflügelhaltung, wenn diese einem landwirtschaftlichen Betrieb dienen und jeweils nicht mehr als 500 Kubikmeter Brutto-Rauminhalt sowie eine Auslauffläche haben, die mindestens 7 Quadratmeter je Kubikmeter Brutto-Rauminhalt beträgt,
    h) Mobile Anlagen, die zur Bewässerung von landwirtschaftlich und gärtnerisch genutzten Flächen dienen, mit allen dazugehörigen ober- und unterirdischen Infrastrukturelementen, einschließlich Pumpen- oder Brunneneinhausungen, Maschinen, nicht auf Dauer angelegten Fundamenten, Leitungen zur Wasserentnahme, Wasserverteilung und Wasserausbringung,
14. folgende Plätze:
    a) unbefestigte Lager- und Abstellplätze, die einem land- oder forstwirtschaftlichen Betrieb im Sinne des § 35 Absatz 1 Nummer 1 und 2 sowie § 201 des Baugesetzbuchs dienen,

b) nicht überdachte Stellplätze und Abstellplätze für Fahrräder mit einer Fläche bis zu 100 Quadratmeter und deren Zufahrten,
c) Kinderspielplätze,
d) Ausstellungsplätze und Lagerplätze mit nicht mehr als 200 Quadratmeter Grundfläche, ausgenommen im Außenbereich,

15. folgende sonstige Anlagen:
a) Zapfsäulen und Tankautomaten genehmigter Tankstellen sowie Ladestationen für Elektromobilität und die damit verbundene Änderung der Nutzung,
b) Regale mit einer Höhe bis zu 7,50 Meter Oberkante Lagergut,
c) Denkmäler und sonstige Kunstwerke jeweils mit einer Höhe bis zu 4 Meter,
d) andere unbedeutende Anlagen oder unbedeutende Teile von Anlagen wie Hauseingangsüberdachungen, Markisen, Rollläden, Terrassen, Maschinenfundamente, Straßenfahrzeugwaagen, Pergolen, Jägerstände, Wildfütterungen, Bienenfreistände, Taubenhäuser, Hofeinfahrten und Teppichstangen.

(2) Genehmigungsfrei ist die Änderung der Nutzung von Anlagen, wenn
1. für die neue Nutzung keine anderen öffentlich-rechtlichen Anforderungen nach § 64 in Verbindung mit § 66 als für die bisherige Nutzung in Betracht kommen,
2. die Errichtung oder Änderung nach Absatz 1 genehmigungsfrei wäre.

(3) Keiner Baugenehmigung bedürfen Instandhaltungsarbeiten.

Übersicht

1. Allgemeines

1 § 61 regelt die Genehmigungsfreiheit von Bauvorhaben. § 61 regelt nur die Genehmigungsfreiheit bestimmter selbständiger Bauvorhaben. Ein als Ganzes genehmigungsbedürftiges Vorhaben darf nicht in genehmigungsbedürftige und genehmigungsfreie Bestandteile aufgespalten werden, *vgl. OVG Berlin-Brandenburg, B. v. 30.03.2020 – OVG 10 S 34.19 –.*

2 Ziel des § 61 ist, bei Vorhaben von geringer bau- oder bodenrechtlicher Relevanz, auf eine präventive Verwaltungskontrolle zu verzichten, um die Baubehörden zu entlasten und den Bauherren Kosten zu ersparen. Andererseits führen Freistellungen von der Baugenehmigungspflicht nicht zu einem Zeitvorteil, wenn das Bauvorhaben nach anderen Fachgesetzen genehmigungspflichtig ist, wie dies namentlich für das Denkmalschutzrecht, Straßenrecht und das Naturschutzrecht der Fall sein kann, vgl. etwa zum baugenehmigungsfreien Wegebauvorhaben als einen Eingriff i. S. d. § 14 Abs. 1 BNatSchG, der gemäß § 17 Abs. 3 Satz 1 BNatSchG genehmigungspflichtig ist, *VG Frankfurt (Oder), U. v. 09.07.2020 – 5 K 5/16 –, Rn. 25, juris.*

3 Die Größe des Katalogs der genehmigungsfreien Vorhaben ist nicht unbedenklich, da durch eine zu großzügige Freistellung die Planungshoheit der Gemeinde berührt sein könnte. Zugleich steigert die Ausdehnung des Katalogs der genehmigungsfreien Vorhaben die Verantwortlichkeit des Bauherrn, da dieser selbst dafür verantwortlich ist, dass das Vorhaben mit den öffentlich-rechtlichen Vorschriften vereinbar ist, *vgl. OVG Münster, NVwZ-RR 2005, 458 = BauR 2005, 1452; Hahn, BauR 2006, 1420, 1424; Mampel, BauR 2008, 1080ff.* Zur

Beachtung planungsrechtlicher Vorgaben bei planungsrechtlich relevanten, aber genehmigungsfreien Vorhaben *vgl. BVerwGE 114, 206 = BauR 2001, 481.*

Die Erteilung einer Baugenehmigung oder eines Vorbescheides ist bei genehmigungsfreien Vorhaben ausgeschlossen. Der Bauherr kann einen Anspruch auf diese Bescheide mangels Sachbescheidungsinteresses nicht stellen. Ebenso wenig besteht ein Anspruch auf die Erteilung eines Negativattests, durch welches die Genehmigungsfreiheit des Vorhabens bestätigt werden soll, *vgl. VGH München, U. v. 02.09.1986 – 26 B 83 A.2240.* Ist strittig, ob ein Vorhaben genehmigungspflichtig oder genehmigungsfrei ist, kann dies Gegenstand einer Feststellungsklage sein, *vgl. VG Frankfurt (Oder), U. v. 09.07.2020 – 5 K 5/16.* 4

Durch die Novelle 2018 ist in § 1 Abs. 1 lit. c) die Größe der Grundfläche auf 100 Quadratmeter Grundfläche reduziert worden. Mit der Novelle 2020 hat der Gesetzgeber den Katalog genehmigungsfreier Vorhaben verändert bzw. vergrößert. Betroffen davon sind in Absatz 1 die Nummern 1 d), e), 2, 5a, 13, 14 c), 15 b). 5

2. Abgrenzung des genehmigungsfreien Einzelvorhabens vom genehmigungspflichtigen Gesamtvorhaben

Eine Beschränkung der Genehmigungsfreiheit auf selbstständige Einzelvorhaben wird vom Gesetzgeber nicht gefordert. Wird etwa ein Haus modernisiert und werden dabei nur genehmigungsfreie Maßnahmen ausgeführt, etwa der Austausch der Fenster, die Erneuerung der Bedachung, die Dämmung der Fassade sowie der Austausch nichttragender und nichtaussteifender Bauteile, ist diese Modernisierung in Gänze genehmigungsfrei, *vgl. VG Potsdam, U. v. 10.03.2006 – 4 K 3932/02 – (Schwimmbecken und Überdachung).* 6

Die in dem Katalog des § 61 benannten Vorhaben werden jedoch dann **genehmigungspflichtig**, wenn sie Bestandteil einer nach § 59 genehmigungspflichtigen Baumaßnahme sind. Die Genehmigungspflicht einzelner Teile der Gesamtanlage begründet also die Genehmigungspflicht auch für diejenigen Teile, die als einzelne bauliche Anlage isoliert betrachtet genehmigungsfrei wären. Sind Instandhaltungsarbeiten unselbstständiger Teil eines einheitlichen genehmigungspflichtigen Gesamtvorhabens, sind sie ebenfalls genehmigungspflichtig, *vgl. VGH Mannheim, BauR 2011, 1957ff.* Ein als Ganzes genehmigungsbedürftiges Vorhaben darf nicht in genehmigungsbedürftige und genehmigungsfreie Bestandteile aufgespalten werden, *vgl. OVG Berlin-Brandenburg, B. v. 30.03.2020 – OVG 10 S 34.19 –, n.v.; VG Frankfurt (Oder), U. v. 28.04.2020 – 7 K 136/16 –, Rn. 28, juris; VG Cottbus, U. v. 25.04.2017 – 3 K 720/15 –, juris Rn. 44.* Ein Vorhaben ist immer dann als Ganzes genehmigungspflichtig, wenn ein im Katalog des § 61 genanntes Vorhaben im räumlichen und zeitlichen Zusammenhang mit einem genehmigungspflichtigen Vorhaben 7 verwirklicht wird. Ein genehmigungspflichtiges Gesamtvorhaben liegt vor, wenn einzelne Bauvorhaben mehrerer baulicher Vorhaben durch dieselbe objektive Zweckbestimmung eng miteinander verbunden sind. Der Zusammenhang mit der Ausführung des Gesamtvorhabens bleibt bestehen, bis das Gesamtvorhaben abschließend fertiggestellt ist. Erst mit dem Abschluss des Gesamtvorhabens besteht wieder die Möglichkeit, die dann bestehende bauliche Anlage genehmigungsfrei baulich zu verändern, *vgl. VGH München, U. v. 18.05.2001 – 2 B 00.1347 –, juris.* Beispiele: Soll ein Wohnhaus zusammen mit einer an sich genehmigungsfreien Garage errichtet werden, handelt es sich bei der Errichtung der Garage nicht um ein selbstständiges Einzelvorhaben. In diesem Fall erfasst die Genehmigungspflicht für die Errichtung des Wohnhauses auch die Errichtung der Garage. Wird ein an sich selbstständiges und genehmigungsfreies Vorhaben von einem genehmigungspflichtigen Vorhaben mitgezogen (Gesamtvorhaben), müssen die bautechnischen Nachweise für das gesamte Vorhaben erbracht werden.

8 Verknüpft der Bauherr ein genehmigungsfreies Vorhaben mit einer genehmigungspflichtigen Gesamtbaumaßnahme, für die eine Genehmigung schon vorliegt, so bedarf es für die um das an sich genehmigungsfreie Vorhaben ergänzte Baumaßnahme einer sogenannten **Tekturgenehmigung**, *vgl. VG München B. v. 19.01.2003 – M 11 S 03.5508 –, juris.* Eine Tekturgenehmigung kommt jedoch nur dann in Betracht, wenn das genehmigungsfreie Vorhaben die Identität des mit der Baugenehmigung genehmigten Vorhabens wahrt *(vgl. zur Abgrenzung der Tekturgenehmigung von einer „aliud"-Genehmigung, VGH München, B. v. 09.06.2020 – 15 CS 20.901 –, Rn. 20, juris und B. v. 23.10.2019 – 15 ZB 18.1275 – juris Rn. 12 m.w.N.; OVG Berlin-Brandenburg, B. v. 24.06.2014 – OVG 10 S 29.13 – juris Rn. 6.*

3. Beachtung des gesamten öffentlichen Rechts

9 § 59 Abs. 2 stellt klar, dass ein genehmigungsfreies Vorhaben auch materiell und in Bezug auf das sonstige Recht formell zulässig sein muss. Der Bauherr einer baugenehmigungsfreien Anlage ist daher ggf. auch verpflichtet, sonstige erforderliche Genehmigungen und Erlaubnisse einzuholen. Dies betrifft etwa Genehmigungen nach § 19 BbgDSchG, § 18 BbgStrG, § 29 BbgWG, § 17 BNatSchG.

10 Die Genehmigungsfreiheit begründet keine materielle Privilegierung. Aus der Genehmigungsfreiheit eines Vorhabens folgt nicht, dass das Vorhaben nach §§ 30, 34 oder 35 BauGB planungsrechtlich zulässig ist. Der Bauherr bleibt also weiterhin verpflichtet, die durch öffentlich-rechtliche Vorschriften an bauliche Anlagen und andere Anlagen und Einrichtungen gestellten Anforderungen einzuhalten. Damit unterfallen baugenehmigungsfreie Anlagen zwar nicht der formellen Schranke der präventiven Kontrolle. Sie müssen aber dennoch

dem materiellen Baurecht vollständig genügen, also z. B. Abstandsflächen einhalten und sämtliche Brandschutzanforderungen erfüllen. Auch dürfen sie, sofern sie von bauplanungsrechtlicher Relevanz und deshalb zugleich Vorhaben im Sinne von § 29 BauGB sind, nicht bauplanungsrechtlichen Vorschriften, etwa den §§ 34 oder 35 BauGB, den Festsetzungen eines Bebauungsplanes bzw. einer Innenbereichssatzung oder einer Erhaltungssatzung widersprechen, *vgl. BVerwG, U. v. 19.12.1985 – 7 C 65.82 –, BVerwGE 72, 300, 324.* So ist eine Einfriedung für eine Schaf- oder Ziegenhaltung i. S. v. Abs. 1 Nr. 7 lit. d) im Außenbereich in der Regel unzulässig, wenn die Schaf- oder Ziegenhaltung nicht zu einem landwirtschaftlichen Betrieb i. S. v. § 201 BauGB gehört.

Diese Pflicht zur Beachtung des sonstigen Rechts bedeutet für den Bauherrn, 11
dass er die Zulässigkeit seines Vorhabens im unbeplanten Innenbereich oder im Außenbereich selbst und eigenverantwortlich beurteilen muss. Zwar sind die Bauaufsichtsbehörden nach § 58 Abs. 2 Satz 2 zur Beratung verpflichtet, sie dürfen den genehmigungsfreien Vorhaben jedoch keine legalisierende Genehmigung erteilen. Für diese Beratung in Bezug auf planungsrechtliche Festsetzungen und örtliche Bauvorschriften ist das Amt oder die Gemeinde zuständig. Diese Beratung ist ohne Regelungswirkung, so dass bei einer fehlerhaften Beratung das Vorhaben dadurch nicht legalisiert wird. Sollte etwa der zuständige Mitarbeiter der unteren Bauaufsichtsbehörde die rechtsirrige Auffassung vertreten, die Errichtung einer genehmigungsfreien Garage sei im Außenbereich zulässig, ist der Bauaufsichtsbehörde später unbenommen, eine Abrissverfügung wegen Verstoßes gegen eine öffentlich-rechtliche Vorschrift, etwa § 35 BauGB, zu erlassen. Dem Bauherrn stehen dann allenfalls Entschädigungsansprüche wegen fehlerhafter Beratung zu. Auf eine förmliche Legalisierung kann er sich nicht berufen.

Der Bauherr hat die Möglichkeit, bei Verstößen des vorgesehenen Vorhabens 12
gegen planungsrechtliche Festsetzungen oder das Einfügungsgebot nach § 34 Abs. 2 BauGB eine isolierte Ausnahme oder Befreiung im Sinne von § 31 BauGB im Verfahren nach § 67 einzuholen. Zuständig für die Erteilung der Ausnahme oder Befreiung ist das Amt oder die (Verbands-)Gemeinde. Der Bauherr kann, wenn von bauordnungsrechtlichen Vorschriften abgewichen werden soll, die Erteilung einer isolierten Abweichung nach § 67 beantragen. Zuständig ist, wenn von einer örtlichen Bauvorschrift abgewichen werden soll das Amt oder die (Verbands-)Gemeinde, ansonsten die untere Bauaufsichtsbehörde.

4. Bauordnungsrechtliche Maßnahmen bei Verstößen gegen öffentlich-rechtliche Vorschriften

13 Steht eine baugenehmigungsfreie Anlage im Widerspruch zu öffentlichen Regelungen und kommt die Erteilung einer Ausnahme, Befreiung oder Abweichung nicht in Betracht, ist die Bauaufsichtsbehörde verpflichtet, einzuschreiten, *vgl. OVG Bautzen, SächsVBl 1999, 131.* Soweit ein Verstoß gegen örtliche Bauvorschriften oder planungsrechtliche Festsetzungen vorliegt, sind hierfür gem. § 58 Abs. 6 das Amt oder die (Verbands-)Gemeinde als Sonderordnungsbehörde zuständig. Bei Verstößen gegen die Regelungen des übrigen Bau(neben)rechts bleiben die Bauaufsichtsbehörden gem. § 58 Abs. 1 zuständig. Liegen Verstöße sowohl gegen örtliche Bauvorschriften als auch gegen die Bauordnung vor, sind beide Behörden parallel zuständig. Die jeweils zuständige Behörde hat dann eine erforderliche, geeignete und verhältnismäßige Maßnahme zu treffen, um die aus dem in ihren Kompetenzbereich fallenden Verstoß resultierende Gefahr für die öffentliche Sicherheit und Ordnung zu unterbinden. Damit liegt das Risiko, dass gegen öffentlich-rechtliche Vorschriften verstoßen wird, allein beim Bauherrn. Dieser hat aber die Möglichkeit, bei Fehlern der von ihm eingesetzten Baufachleute, etwa des Architekten oder des Ingenieurs, diese auf Schadensersatz in Anspruch zu nehmen.

5. Wirkung der Veränderungssperre auf genehmigungsfreie Vorhaben

14 Genehmigungsfreie Vorhaben, wenn sie die Voraussetzung des § 29 BauGB erfüllen, werden von dem Verbot des § 14 Abs. 1 Nr. 1 BauGB erfasst. Dies gilt auch dann, wenn mit ihrer Errichtung bei Erlass der Veränderungssperre bereits begonnen worden war, vgl. *BVerwG U. v. 30.08.2012 – 4 C 1/11.* Genehmigungsfreie Vorhaben fallen hingegen nicht unter § 14 Abs. 3 BauGB, *vgl. BT-Drucks 15/2250 S. 51f.*

15 Der Sicherung planerischer Festsetzungen durch eine Veränderungssperre bei einem bereits begonnenen Bauvorhaben ist nicht unproblematisch, weil sie eine unechte Rückwirkung bewirken kann, *vgl. VGH München, U. v. 23.11.2010 – 1 BV 10.1332 –, juris.* Die Veränderungssperre verändert die Rechtsposition des Bauherrn, da sein Vorhaben mit Inkrafttreten der Veränderungssperre unzulässig wird. Das Vertrauen des Bürgers ist schutzwürdig, wenn der Gesetzgeber eine Regelung erlässt, mit der der Betroffene nicht zu rechnen brauchte, die er also auch bei seinen Dispositionen nicht berücksichtigen konnte *(BVerfG, B. v. 28.11.1984 – 1 BvR 1157/82 – BVerfGE 68, 287, 307).* Diesen „qualifizierten" Vertrauensschutz genießen Bauherren verfahrensfreier Vorhaben nicht, da § 14 Abs. 3 BauGB klarstellt, dass eine gesicherte Position nur in den dort genannten Fällen eingeräumt wird. Wer mit einem verfahrensfreien Bauvorhaben beginnt, muss jederzeit damit rechnen, dass er an der Fertigstellung

gerade durch eine Veränderungssperre gehindert wird, gerade wenn bekannt ist, dass die Gemeinde das Vorhaben verhindern will, weil es der kommunalen Planung widerspricht. Gegenüber dem mit dem Instrument der Veränderungssperre verfolgten gesetzgeberischen Ziel, die gemeindliche Planungshoheit zu schützen, wiegt das Interesse des Bauherrn am Schutz seiner Investitionen weniger schwer. Im Einzelfall kann ein bereits begonnenes Vorhaben von der künftigen Bauleitplanung auszunehmen oder eine Ausnahme von der Veränderungssperre zuzulassen sein, wenn überwiegende öffentliche Belange nicht entgegenstehen. Die tatbestandlichen Voraussetzungen der Norm sind allerdings nicht erfüllt, wenn das Vorhaben mit dem Sicherungszweck der Veränderungssperre nicht vereinbar ist, insbesondere der beabsichtigten Planung widerspricht oder sie wesentlich erschweren würde, *vgl. dazu eingehend Kraus, KommunalPraxis BY 2013, 32-34 und Koch, NVwZ 2013, 251-256.*

6. Katalog der genehmigungsfreien Vorhaben (Absatz 1)

In den Nummern 1 bis 15 sind die genehmigungsfreien Vorhaben genannt und nach Gruppen sortiert. Jeweils eine Gruppe ist unter einer Nummer zusammengefasst. Die in diesem Katalog aufgeführten Baumaßnahmen und Vorhaben sind eng auszulegen und einer Analogie nicht zugänglich, *VG Neustadt (Weinstraße), U. v. 30.04.2008 – 3 K 1384/07.NW –, Rn. 33, juris.* Die Regelungen in § 61 Abs. 1 bilden Ausnahmen von der Grundregelung in § 59, dass bauliche Maßnahmen genehmigungspflichtig sind, *vgl. VG Frankfurt/Oder, U. v. 11.11.2005 – 7 K 1954/02.* 16

(1) genehmigungsfreie Gebäude und Gebäudeteile (Nummer 1)

In Nummer 1 sind bestimmte Gebäude und bauliche Anlagen von der Baugenehmigungspflicht freigestellt 17

a) Unter Buchstabe a) sind genehmigungsfreie Gebäude aufgeführt. Die dort genannten Gebäude dürfen bis zu 75 m^3 Brutto-Rauminhalt aufweisen, um noch genehmigungsfrei zu sein. Da auf den Inhalt des Raumes abgestellt wird, sind nicht die Außenmaße des Gebäudes, sondern die Innenmaße maßgeblich. Abgehängte Decken und Zwischenböden sind nicht zu berücksichtigen. Der Rauminhalt kann nach der DIN 277-1:2016-01 berechnet werden. Diese DIN ist nicht als technische Baubestimmung eingeführt, also für die Bemessung nicht verbindlich. 18

b) Unter Buchstabe b) ist die Genehmigungsfreiheit von Gebäuden geregelt, die einem im Außenbereich privilegierten land- oder forstwirtschaftlichen Betrieb dienen. Der Begriff der Landwirtschaft in diesem Zusammenhang ist in § 201 BauGB definiert, *vgl. BVerwG, B. v 05.09.2000 – 4 B 56.00 –, 2001, 68;* zum Begriff der Forstwirtschaft *vgl. BVerwG, B. v. 04.10.2006 – 4* 19

B 64.06 – ZfBR 2007, 152. Wesentliches Merkmal ist, dass ein Wirtschaftsbetrieb vorhanden ist. Hobbyunternehmen und Liebhabereien sind keine Forst- oder Landwirtschaft. Zu den Gebäuden, die dem Schutz von Tieren dienen, gehören sowohl geschlossene Gebäude als auch offene Unterstände bis zu 150 m² Grundfläche und bis 5 m Höhe.

20 c) In Buchstaben c) sind oberirdische Garagen und überdachte Abstellplätze für Fahrräder geregelt. Unter den Begriff „Garage" fallen offene und geschlossene Garagen als auch überdeckte Stellplätze. Die Genehmigungsfreiheit erstreckt sich auch auf Carports. In Abstimmung mit dem Land Berlin hatte die Landesregierung in ihrem Gesetzgebungsvorschlag überdachte Abstellplätze für Fahrräder aufgenommen, *vgl. LT-Drucks. 6/3268, S. 56. Zur Zulässigkeit von Carports vgl. Sarnighaus, BauR 2006, 46ff.*

21 d) Die in Buchstabe d) genannten Garagen und überdachten Stellplätze sind in den genannten Maßen genehmigungsfrei. Der Gesetzgeber hat die funktionale Zuordnung zu Wohngebäuden mit der Novelle 2020 aufgehoben. Durch die Beschränkung der Größe von 50 Quadratmeter auf ein Baugrundstück sind größere Stellplatzflächen auf dem Baugrundstück genehmigungspflichtig. Die Zufahrten zu dem Stellplatz gehören nicht in die Größenberechnung.

22 e) In Buchstaben e) sind Gewächshäuser und Folientunnel, die einem land- oder forstwirtschaftlichen Betrieb oder einem Betrieb der gartenbaulichen Erzeugung dienen, im Außenbereich bis zu 1 600 m² Grundfläche, in Landschaftsschutzgebieten bis zu 150 Quadratmetern Grundfläche und 5 m Firsthöhe genehmigungsfrei gestellt. Folientunnel waren dies zuvor nicht, *vgl. VG Cottbus, U. v. 23.09.2020 – 3 K 418/18 –, Rn. 14, juris.* Gewächshäuer und Folientunneln sind aus lichtdurchlässigen Baustoffen hergestellt und dienen der Aufzucht und dem Wachstum von Pflanzen und Pilzen. In diesen baulichen Anlagen dürfen auch zweckdienliche Gerätschaften und Einrichtungen untergebracht sein, etwa für die Pflege, Bewässerung, Belüftung und Beheizung, nicht aber sonstige Einrichtungen wie Aufenthaltsräume, Sozialräume oder Abstellräume für Fahrzeuge. Mit diesen Nutzungen gleichsam identifizierte Gewächshäuser und Folientunnel sind nicht privilegiert. Von der Genehmigungsfreiheit sind öffentlich frei zugängliche Gewächshäuser ausgeschlossen. Die Gewächshäuser dürfen weder eine Ausstellungsfläche noch eine Verkaufsfläche aufweisen.

23 Diese Anlagen müssen einem land- oder forstwirtschaftlichen Betrieb oder einem Betrieb der gartenbaulichen Erzeugung dienen. In der Ausschussberatung für die Novelle 2016 ist die Beschränkung auf land- oder forstwirtschaftliche Betriebe im Sinne des § 35 Abs. 1 Nummer 1 und 2 BauGB aufgenommen worden, *vgl. LT-Drucks. 6/3949, S. 98,* durch die Novelle

2020 kam die gartenbauliche Erzeugung hinzu, *vgl. LT-Drucks. 7/1697.* Der Begriff der **Landwirtschaft** in diesem Zusammenhang ist in § 201 BauGB definiert, *vgl. BVerwG, B. v 05.09.2000 – 4 B 56.00 –; VG Cottbus, U. v. 23.09.2020 – 3 K 418/18 –, Rn. 14, juris.* Regelmäßig ist erforderlich, dass mehr als die Hälfte des benötigten Futters auf den zum Betrieb gehörenden Flächen gewonnen werden kann *vgl. VG Cottbus, B. v. 28. August 2018 – 3 L 748/17 –, Rn. 19ff., m.w.N.* Einen von § 201 BauGB abweichenden Landwirtschaftsbegriff hat der Gesetzgeber nicht zugrunde gelegt. Dafür wäre ein deutlicher Hinweis erforderlich gewesen. Diesen gibt es weder für diese Vorschrift noch für andere Regelungen Der Begriff der **Forstwirtschaft** ist nicht gesetzlich definiert. Unter Forstwirtschaft ist die planmäßige Bewirtschaftung des Waldes zu verstehen. Für einen forstwirtschaftlichen Betrieb ist ein Mindestumfang an forstwirtschaftlicher Betätigung, namentlich an bewirtschafteter Waldfläche erforderlich, *vgl. zum Begriff der Forstwirtschaft BVerwG, B. v. 04.10.2006 – 4 B 64.06 –. BVerwG, U. v. 04.03.1983 – 4 C 69.79 – und vom 16.05.1991 – 4 C 2.89.* Bei dem **Betrieb der gartenbaulichen Erzeugung** handelt es sich um einen solchen im Sinne des § 35 Abs. 1 Nr. 2 BauGB. Gemeint sind damit Betriebe, in denen Obst, Gemüse, Pilze oder Blumen gezüchtet und geerntet werden. Die Betriebsflächen können komplett in Gewächshäusern liegen. Zugleich kann es sich auch um einen landwirtschaftlichen Betrieb im Sinne des § 201 BauGB handeln, da zu diesem auch die gartenbauliche Erzeugung und der Erwerbsobstbau gehören. Für alle drei Wirtschaftsarten gilt, dass es sich jeweils um einen Wirtschaftsbetrieb handeln muss, der mit seinen Erträgen sich mindestens selber trägt. Dazu gehört auch eine spezifische betriebliche Organisation, die für ein auf Dauer angelegtes und lebensfähiges Unternehmen erforderlich ist, *vgl. BVerwG, Urteil vom 16.12.2004 – 4 C 7.04 –, juris Rn. 10.* Unerheblich ist, ob es sich um einen Vollerwerbs- oder einen Nebenerwerbsbetrieb handelt, *vgl. OVG Schleswig-Holstein, U. v. 05.7.2018 – 1 LB 5/16 –, Rn. 38, juris.* Die Gewinnung von Kaminholz aus etwa einem Hektar Wald reicht dafür nicht aus, *vgl. VG Gelsenkirchen, U. v. 26.2.2019 – 6 K 2134/17 –, Rn. 47 – 49, juris.*

Mit der Novelle 2020 ist die Vorschrift umfangreich geändert und die Größe 24
der Grundfläche auf 1 600 Quadratmeter Grundfläche ausgedehnt worden. Dadurch wird eine Vorgabe aus dem Beschluss des Landtages Brandenburg „Nachhaltigeres, schnelleres und einfacheres Bauen – Modernisierung der Brandenburgischen Bauordnung", Drucksache 7/679-B, befolgt. In dem Beschluss heißt es: „Im Bereich der Landwirtschaft sollen folgende Punkte vereinfacht werden: – flexiblere Ausgestaltung der Beschränkungen für genehmigungsfreie Gewächshäuser im Außenbereich, ..."

Die Obergrenze für genehmigungsfreie Gewächshäuser im Außenbe- 25
reich, die einem land- oder forstwirtschaftlichen Betrieb im Sinne des § 35

Absatz 1 Nummer 1 und 2 sowie § 201 BauGB dienen, wird von „150 Quadratmeter“ auf „1600 Quadratmeter“ erhöht. Soweit die Gewächshäuser in Landschaftsschutzgebieten (§ 26 BNatSchG) liegen, bleibt es bei den 150 Quadratmetern. Diese Einschränkung auf Landschaftsschutzgebiete hält der Landesgesetzgeber für erforderlich, weil Gewächshäuser mit bis zu 1600 Quadratmeter Größe als landschaftsbildprägend eingestuft werden können. Er will mit der Beschränkung auf 150 Quadratmetern sicherstellen, dass das bestehende Niveau erhalten bleibt. Die Erhöhung auf 1600 Quadratmeter rechtfertigt der Gesetzgeber damit, dass diese Größe den Regelungen anderer Länder, wie z. B. Sachsen-Anhalt, Nordrhein-Westfalen, Bayern, Schleswig-Holstein und Niedersachsen entspricht. Die Begrenzung auf 1600 Quadratmeter rechtfertigt er auch damit, dass dies die maximal zulässige Brandabschnittsfläche im Sinne des § 30 Abs. 2 Nr. 2 sei und sie zudem auch den Schwellenwert zum Sonderbautatbestand nach § 2 Abs. 4 Nr. 3 darstelle.

26 Um die Belange der Gemeinde bei der Genehmigungsfreistellung von Gewächshäusern mit einer Größe von über 150 bis 1600 Quadratmeter angemessen zu berücksichtigen (Planungshoheit) sind diese Vorhaben der Gemeinde in Textform zur Kenntnis zu geben. Die Gemeinde kann innerhalb einer Frist von 4 Wochen verlangen, dass ein **Baugenehmigungsverfahren** durchgeführt werden soll oder eine vorläufige Untersagung gem. § 15 Abs. 1 Satz 2 BauGB beantragen. Die Frist beginnt mit Eingang der Information bei der Gemeinde. Die Genehmigungsfreiheit ist mit der an den Bauherrn adressierten Erklärung, dass ein Baugenehmigungsverfahren durchgeführt werden soll, aufgehoben, so dass der Bauherr eine Baugenehmigung einholen muss, wenn er das Vorhaben verwirklichen will.

27 Wie der angefügte letzte Halbsatz verrät, soll mit der Realisierung des Vorhabens erst begonnen werden, wenn die 4-wöchige Erklärungsfrist abgelaufen ist. Denn die Gemeinde soll nach dem letzten Halbsatz erklären dürfen, dass mit der Ausführung des Vorhabens bereits vor Ablauf der Frist begonnen werden darf, wenn die Gemeinde in Textform mitteilt, dass sie von dieser Möglichkeit, gemeint ist die Erklärung der Genehmigungspflicht, keinen Gebrauch machen wird. Da der Gesetzgeber jedoch den Baubeginn weder von dem Ablauf der 4-wöchigen Frist noch von der Freigabeerklärung abhängig gemacht hat, ist ein vorzeitiger Baubeginn nicht illegal, kann also weder mit einem Baustopp verhindert noch mit einem Bußgeld geahndet werden.

28 Mit diesen Interventionsmöglichkeiten verschafft der Gesetzgeber den Gemeinden eine nicht weiter zu begründende und auch ohne eine örtliche Bauvorschrift nach § 87 Abs. 1 bestehende Befugnis, die Genehmigungsfreiheit aufzuheben. Die dadurch bewirkte Entstehung der

Genehmigungspflicht ist zwar rechtlich nicht zu beanstanden, jedoch rechtspolitisch verfehlt, weil es zu einem zusätzlichen, für den Bauherrn nicht zu kalkulierenden Verfahren kommt.

Unklar ist, was der Gesetzgeber damit meint, dass die Gemeinde innerhalb 29
der 4-wöchigen Frist eine **vorläufige Untersagung** nach § 15 Abs. 1 Satz 2 BauGB beantragen darf. Bei genehmigungsfreien Vorhaben ist in § 15 BauGB eine solche Beantragung nicht vorgesehen, auch der Bauordnung ist diese fremd, etwa bei den Befugnissen der Gemeinden und Ämter nach § 58 Abs. 6. Offen ist auch, ob es sich bei dem Verweis auf § 15 Abs. 1 Satz 2 um eine Rechtsgrund- oder Rechtsfolgenverweisung handelt. Handelt es sich um eine Rechtsgrundverweisung, müssen sämtliche Voraussetzungen der in Bezug genommenen Norm vorliegen. Bei einer Rechtsfolgenverweisung ist dies nicht der Fall, so dass die Untersagung auch dann angeordnet werden darf, wenn eine Bebauungsplanung nicht gesichert werden soll. Richtig wird sein, den Verweis auf § 15 BauGB als einen Rechtsgrundverweis zu verstehen, weil der Landesgesetzgeber durch eine Versagung nicht ein planungsrechtlich zulässiges Vorhaben verhindern darf, wenn er nicht zugleich die Zulassung in Aussicht stellt. Erlaubt das Bundesrecht die vorläufige Untersagung nach § 15 BauGB als Eingriff in die Baufreiheit nur unter der Voraussetzung, dass ein Bebauungsplan aufgestellt wird und eine sicherungsfähige Planung vorliegt, ist dem Landesgesetzgeber ein davon abweichender Gebrauch der vorläufigen Untersagung des § 15 BauGB nicht erlaubt.

Von der Genehmigungsfreiheit nach der Bauordnung unberührt bleiben 30
Genehmigungspflichten nach dem Naturschutzrecht und solche aus der Landschaftsschutzgebietsverordnung. Soweit mit der Errichtung dieser Anlagen Eingriffe in Natur und Landschaft im Sinne des § 14 BNatSchG verbunden sind, ist eine Genehmigung nach § 17 Abs. 3 BNatSchG einzuholen. Für die Errichtung der genannten Anlagen in Landschaftsschutzgebieten ist ggf. die Befreiung von den Verboten der Landschaftsschutzgebietsverordnung zu beantragen. Zudem ist darauf zu achten, dass die Anforderungen des § 35 Abs. 5 BauGB an eine außengebietsverträgliche Errichtung und Nutzung der Anlagen erfüllt werden.

f) In Buchstaben f) werden Gewächshäuser bis 50 Kubikmeter Brutto-Raum- 31
inhalt genehmigungsfrei gestellt. Diese Gewächshäuser können auch zu Freizeitzwecken genutzt werden. Eine gewerbliche Nutzung ist nicht erforderlich. Genehmigungsfrei sind sie nur im Innenbereich oder im Geltungsbereich eines wirksamen Bebauungsplans. Planungsrechtlich können sie dort bezüglich ihrer Art der Nutzung nach § 14 BauNVO und ihrer Stellung auf dem Baugrundstück nach § 23 Abs. 5 Satz 1 BauNVO zu beurteilen sein. Im Außenbereich (§ 35 BauGB) sind sie genehmigungspflichtig.

32 g) Wochenendhäuser mit nicht mehr als 50 Quadratmeter Grundfläche und 4 Meter Höhe sind nach Buchstaben g genehmigungsfrei, wenn sie in durch Bebauungsplan nach § 30 Abs. 1 oder Abs. 2 BauGB festgesetzten Wochenendhausgebieten oder auf bauaufsichtlich genehmigten Wochenendplätzen errichtet werden. Wochenendhausgebiete sind als Sondergebiete in § 10 Abs. 1 und 3 BauNVO geregelt, *vgl. dazu OVG Münster, U. v. 20.02.2015 – 7 D 29/13.NE, BauR 2015, 1111.* Ein Wochenendplatz ist ein Platz, auf dem ausschließlich ortsveränderliche Wochenendhäuser (Mobilheime) oder Kleinwochenendhäuser aufgestellt bzw. errichtet werden dürfen. Es handelt sich dabei nicht um ein Wochenendhausgebiet i.S.v. § 10 Abs. 1 und Abs. 3 BauNVO. Letzteres ist ein festgesetztes Baugebiet, in dem ein Wochenendplatz sowie Wochenendhäuser planungsrechtlich zulässig sind.

33 h) Von Buchstabe h) werden Gartenlauben einschließlich überdachten Freisitz mit nicht mehr als 24 Quadratmeter Grundfläche in Dauerkleingartenanlagen nach dem Bundeskleingartengesetz oder bauaufsichtlich genehmigten Kleingartenanlagen genehmigungsfrei gestellt. In anderen Gebieten als in Dauerkleingartenanlagen und Kleingartenanlagen sind sie genehmigungspflichtig. Von den genehmigungsfreien Gebäuden i. S. v. Buchstabe a) unterscheiden sich die Gartenlauben dadurch, dass sie einen Aufenthaltsraum besitzen.
Nach der Novelle 2020 sind nur noch überdachte Freisitze nach dieser Vorschrift genehmigungsfrei. Dadurch hat der Gesetzgeber den Wortlaut des § 3 Abs. 2 BKleingG übernommen. Unbedachte Freiplätze können jedoch von Nr. 10 c) erfasst sein.

34 i) Von Buchstabe i) werden nicht selbständige Gebäude, sondern einzelne Aufenthaltsräume zu Wohnzwecken im Dachgeschoss von Wohngebäuden der Gebäudeklassen 1 bis 2 mit nicht mehr als zwei Wohnungen erfasst, wenn die Konstruktion und die äußere Gestalt des Dachgeschosses nicht verändert werden. Dadurch wird der Ausbau dieser Geschosse erleichtert. Allerdings muss darauf geachtet werden, dass infolge des Ausbaus des Dachgeschosses nicht die zulässigen Maße der baulichen Nutzung überschritten werden, dies gilt insbesondere für die Geschossfläche, die sich dadurch verändern kann, vgl. § 20 Abs. 3 BauNVO in Verbindung mit dem Vollgeschossbegriff nach § 88 Abs. 2 und § 2 Abs. 4 a. F. Da § 2 Abs. 4 a. F. die Vollgeschosseigenschaft an die Möglichkeit, das oberste Dachgeschoss als Aufenthaltsraum zu nutzen verknüpft, vergrößert sich in Brandenburg die Geschossfläche, wenn im Dachgeschoss erstmals ein Aufenthaltsraum geschaffen wird.

35 j) Von Buchstabe j) werden Terrassenüberdachungen mit einer Fläche bis zu 30 Quadratmeter und einer Tiefe bis zu 4 Meter, außer im Außenbereich

im Sinne von § 35 BauGB erfasst. Die Überdachungen in dem vormaligen Buchstaben j), den der Gesetzgeber mit der Novelle 2008 im Zusammenhang mit der Genehmigungsfreiheit von Wintergärten eingefügt hatte, jetzt Buchstabe k), sind gestrichen worden. Terrassen sind befestigte Freisitze, die unmittelbar an ein Haus oder auch frei im Garten errichtet werden. Durch Buchstabe j) wird nicht die Terrasse, sondern nur die Überdachung genehmigungsfreigestellt.

k) Nach Buchstabe k) sind vor der Außenwand eines Gebäudes errichtete unbeheizte Wintergärten mit nicht mehr als 20 m² Grundfläche und 75 m³ Brutto-Rauminhalt genehmigungsfrei. Da auf die untergeordneten Vorbauten nach § 6 wegen der Änderung des § 6 Abs. 6 Nr. 2 BbgBO 1998 insoweit nicht mehr Bezug genommen werden konnte, hat der Gesetzgeber Wintergärten mit den in Nummer 10 angegebenen Maßen genehmigungsfrei gestellt. Ein Wintergarten im Sinne dieser Vorschrift ist ein Raum für Zimmerpflanzen nach Art eines Gewächshauses (mit Glaswänden), der meist mit einem Wohnhaus außen verbunden ist, *vgl. VG Frankfurt/Oder, U. v. 11.11.2005 – 7 K 1954/02 – unter Verweis auf Brockhaus, Enzyklopädie, Band 24, Seite 240, 19. Auflage 1994.* Eine wesentliche Voraussetzung für die Privilegierung eines Wintergartens ist, dass für die flächigen Bauteile der Wände und des Daches lichtdurchlässige Baustoffe verwendet werden. Wenn für die Stützen und das Dachtragwerk schlanke Rahmenbauteile aus Holz, Metall oder Kunststoff verwendet werden, beeinträchtigt dies die Freistellung nicht. Bestehen Dach oder Wände jedoch aus massiven lichtundurchlässigen Baustoffen, handelt es sich nicht um einen Wintergarten, sondern um eine genehmigungspflichtige Erweiterung der Nutzfläche des Gebäudes. Typische Nutzform eines Wintergartens ist die Unterbringung von kälteempfindlichen Pflanzen oder die Funktion als „Wärmepuffer“ zwecks Energieeinsparung und ggf. auch die Nutzung als Aufenthaltsraum *(vgl. Fickert/Fieseler, Baunutzungsverordnung, 11. Auflage, § 14 BauNVO Rn. 10.2).* Durch den Anbau eines Wintergartens an ein Hauptgebäude darf auf mittelbare Weise nicht die Nutzfläche des Hauptgebäudes erhöht werden. Für eine Dauernutzung darf der Wintergarten nicht vorgesehen sein. Mit der Genehmigungsfreistellung von Wintergärten soll nämlich nicht die Errichtung gläserner Gebäudeanbauten privilegiert werden, die nicht in einer typischen Weise als Wintergarten genutzt werden. Deshalb dürfen Wintergärten nicht beheizbar sein. Das Beheizungsverbot ist mit der Novelle 2008 eingefügt worden. Eine Heizung oder Beheizungsmöglichkeit darf deshalb im Wintergarten nicht vorhanden sein. Andernfalls ist der Wintergarten genehmigungspflichtig. Keine typische Nutzungsart eines Wintergartens ist deshalb etwa die Einhausung einer bisherigen Außentreppe zu einem Keller- oder Obergeschoss, mit der eine Innentreppe außerhalb des bisherigen Baukörpers geschaffen und damit die für eine Innentreppe an sich erforderliche Nutzfläche innerhalb des 36 bisherigen Baukörpers eingespart und somit (mittelbar) erweitert wird, *vgl. VG Frankfurt/Oder, U. v. 11.11.2005 – 7 K 1954/02.* In Buchstaben j wurde entsprechend dem Willen des seinerzeitigen Gesetzgebers zu § 55 Abs. 2 Nummer 10 a. F. klargestellt, dass es sich um einen Wintergarten oder eine Überdachung vor der Außenwand eines Wohngebäudes handeln muss. Den vormaligen Gesetzesmaterialien kann nicht die Regelungsabsicht für die allgemeine Privilegierung von Wintergärten an sämtlichen anderen Gebäudearten als den allein in den Blick genommenen formell legal errichteten und genutzten Wohngebäuden entnommen werden. Der Gesetzgeber hatte als Leitbild zwar lediglich Wintergärten an Ein- oder Zweifamilienhäusern vor Augen gehabt *(vgl. LT-Drucksache 1/2760, Seiten 16 und 17).* Dem § 55 Abs. 2 Nr. 10 a. F. war diese Beschränkung nicht zu entnehmen. Gleichwohl wurde geurteilt, dass Wintergärten an Wochenendhäusern genehmigungsfrei waren, *vgl. VG Cottbus, U. v. 02.03.2007 – 3 K 183/06.* Grund dafür sollte sein, dass Voraussetzung für die Genehmigungsfreistellung sei, dass es sich bei dem Wintergarten um einen gänzlich untergeordneten Gebäudeteil handele, *vgl. OVG Berlin-Brandenburg, B. v. 08.01.2007 – 10 S 10.07.* Diese Entscheidungen zur alten Rechtslage überzeugten nicht. Durch die neu formulierte Genehmigungsfreistellung wird nunmehr geregelt, dass die Errichtung von Wintergärten nicht privilegiert ist, wenn durch die Anlegung von Wintergärten an Wochenendhäusern oder illegal zu Wohnhäusern umgenutzten (ehemaligen) Wochenendhäusern zusätzlicher Wohnraum geschaffen wird *(s. a. VG Frankfurt (Oder), Urteil vom 11.11.2005 7 K 1954.02).*

37 l) Nach Buchstabe l) sind Fahrgastunterstände, die dem öffentlichen Personennahverkehr oder der Schülerbeförderung dienen, genehmigungsfrei. Diese Regelung kommt nur zum Tragen, wenn diese Anlagen nicht Anlagen des öffentlichen Verkehrs sind, da für diese die Bauordnung nicht gilt, vgl. § 1 Abs. 2 Nr. 1.

38 m) Schutzhütten sind nach Buchstaben m) genehmigungsfrei, wenn die Hütten jedermann jederzeit zugänglich sind und keine Aufenthaltsräume haben. Erfasst werden insbesondere Hütten für Wanderer und Bergsteiger. Planungsrechtlich können sie nach § 35 Abs. 1 Nr. 4 BauGB zulässig sein.

(2) Technische Gebäudeausrüstung (Nummer 2)

39 Von Nummer 2 sind jegliche Anlagen der technischen Gebäudeausrüstung genehmigungsfrei gestellt. Anders als § 55 Abs. 2 a. F. werden die genehmigungsfrei gestellten Anlagen der technischen Gebäudeausrüstung nicht mehr einzeln genannt. Maßgeblich dafür ist nach Auffassung des Gesetzgebers *(vgl. Drucksache 6/3268, S. 83f.),* dass die Anlagen der technischen Gebäudeausrüstung, soweit sie sicherheitsrelevant sind, bei der (Erst-) Errichtung von

Gebäuden Gegenstand des Baugenehmigungsverfahrens sind oder etwa im Rahmen eines Brandschutzkonzepts erfasst werden. Entsprechendes soll – so der Gesetzgeber – für Änderungen, die konzeptionell in den Gebäudebestand eingreifen, jedenfalls dann gelten, wenn dadurch von bauordnungsrechtlichen Anforderungen abgewichen wird, so dass eine Entscheidung nach § 67 Abs. Satz 2 erforderlich wird. Ferner unterliegen sicherheitstechnische Anlagen und Einrichtungen nach näherer Maßgabe der BbgSGPrüfV der Verpflichtung zu wiederkehrenden Prüfungen, namentlich auch bei wesentlichen Änderungen. Bei Feuerstätten werden die sicherheitsrechtlichen Aspekte durch § 83 Abs. 2 Satz 4 abgedeckt. Die als Anlage der technischen Gebäudeausrüstung erfassten Brunnen (vgl. § 55 Abs. 3 Nummer 9 a. F.) werden musterbauordnungskonform als Anlage der Versorgung erfasst. Rauchwarnmelder nach § 48 Abs. 4 sind Anlagen der technischen Gebäudeausrüstung. Blitzschutzanlagen sind als Anlage der technischen Gebäudeausrüstung der Nummer 2 zuzuordnen.

Mit der Novelle 2020 sind am Ende der Vorschrift Anlagen der sicherheitstechnischen Gebäudeausrüstung, sofern eine Rechtsverordnung nach § 86 Abs. 1 Nr. 5 eine Prüfpflicht für diese Anlagen vorschreibt, eingefügt worden. Dadurch ist bestimmt, dass Anlagen der sicherheitstechnischen Gebäudeausrüstung nicht genehmigungsfrei gestellt sind. Der Gesetzgeber benennt als solche Anlagen Lüftungsanlagen, ausgenommen solche, die einzelne Räume im selben Geschoss unmittelbar ins Freie be- oder entlüften, CO-Warnanlagen, Rauchabzugsanlagen, Druckbelüftungsanlagen, Feuerlöschanlagen, ausgenommen nichtselbstständige Feuerlöschanlagen mit trockenen Steigleitungen ohne Druckerhöhungsanlagen, Brandmelde- und Alarmierungsanlagen sowie Sicherheitsstromversorgungen, *vgl. LT-Drucks 7/1697, S. 21.* Die sicherheitstechnische Gebäudeausrüstung im Sinne der Brandenburgischen Sicherheitstechnischen Gebäudeausrüstungs-Prüfverordnung – BbgSGPrüfV wird insbesondere bei Gebäuden bzw. Nutzungseinheiten besonderer Art und Nutzung (Sonderbauten) materiell-rechtlich durch Sonderbauvorschriften nach § 86 und § 86a gefordert. Zudem können besondere Anforderungen zur Erreichung der Schutzziele auf dem Wege des § 51 oder im Rahmen von Kompensationsmaßnahmen bei Abweichungen nach § 67 gestellt werden. Der Gesetzgeber hält deren Genehmigungspflicht für erforderlich, um deren Wirksamkeit und Betriebssicherheit einschließlich des bestimmungsgemäßen Zusammenwirkens von Anlagen sicherzustellen. Derartige sicherheitstechnische Anlagen müssen regelmäßig durch bauaufsichtlich zugelassene Prüfsachverständige geprüft werden. Dieses Ziel soll nur durch die Genehmigungspflicht gewährleistet werden können. 40

(3) Anlagen zur Nutzung erneuerbarer Energie (Nummer 3)

41 Nummer 3 regelt – der Musterbauordnung folgend – die Genehmigungsfreistellung von Anlagen zur Nutzung erneuerbarer Energien. Dadurch wird der Genehmigungsfreistellungskatalog über die Regelungen zur Genehmigungsfreistellung von Anlagen der technischen Gebäudeausrüstung hinaus um einen eigenen Abschnitt ergänzt. Freigestellt waren bisher schon Solarenergieanlagen und Sonnenkollektoren, die unter den Begriff „Solaranlagen" gefasst werden. Nunmehr sind auch Kleinwindkraftanlagen genehmigungsfrei.

42 Um die Genehmigungsfreiheit der Anlage umfassend zu garantieren, wird auch die Nutzungsänderung genehmigungsfrei gestellt. Es ist genehmigungsrechtlich unerheblich, ob die durch die Solaranlage erzeugte Energie dem Eigengebrauch dient oder ins Stromnetz eingespeist wird.

43 Neben Anlagen in und an Dach- und Außenwandflächen und Umwehrungen, also etwa an den Umwehrungen der Balkone, sind auch Anlagen auf solchen Flächen erfasst, so dass die Anlagen nicht mehr in die Dachfläche oder die Fassade eingelassen sein müssen, sondern auch aufgeständert sein können. Dies ist für die Errichtung von Solaranlagen auf Flachdächern von Bedeutung. Zu eng ist daher die Auslegung des VG Cottbus, wonach aus dem Wortlaut, aber auch aus systematischen Gründen eine Genehmigungsfreiheit nur dann gegeben sei, wenn die Solaranlage beziehungsweise die Photovoltaikmodule Teil eines Daches ist/sind, so *VG Cottbus, U. v. 25.09.2019 – 3 K 51/18 –, Rn. 21, juris.* Durch die Novelle 2016 wird also die bisherige Rechtsprechung zur Genehmigungspflicht aufgeständerter Solaranlagen hinfällig, *vgl. zur vormaligen Rechtslage OVG Berlin-Brandenburg, B. v. 29.01.2007 – 10 S 26/06 –; VG Frankfurt (Oder), B. v. 07.10.2006 – 7 L 365/06 –; VG Potsdam, U. v. 16.05.2006 – 4 K 630/03.* Darüber hinaus ist auch die mit der Errichtung der Anlage gegebenenfalls verbundene Änderung der äußeren Gestalt von der Freistellung erfasst. Genehmigungspflichtig ist aber ein Vorhaben dann, wenn durch die Solaranlage ggf. mit nachträglich angebrachten zusätzlichen Materialien erst eine Dachfläche geschaffen wird, zuvor also mangels Dach ein Gebäude gar nicht vorhanden war, *vgl. VG Cottbus, U. v. 25.09.2019 – 3 K 51/18 –, Rn. 21, juris.* Aufgeständerte Photovoltaikanlagen können darüber hinaus von städtebaulicher und abstandsflächenrechtlicher Relevanz sein.

44 Die Nutzung von **Kleinwindkraftanlagen** kann nach der Art der baulichen Nutzung eine Gewerbenutzung sein. Für die Annahme eines Gewerbebetriebs genügt die selbstständig ausgeübte gewerbliche Tätigkeit, die auf eine gewisse Dauer angelegt ist und die mit der Absicht der Gewinnerzielung als Hauptzweck ausgeübt wird. Dies trifft für die Erzeugung von Strom durch Kleinwindkraftanlagen zu, wenn der dadurch erzeuge Strom überwiegend verkauft wird, also nicht selbst genutzt wird. Die planungsrechtliche Zulässigkeit

von Kleinwindkraftanlagen ist ihrer Art nach unter diesen Umständen also danach zu beurteilen, ob in dem Baugebiet eine gewerbliche Nutzung von Anlagen zur Erzeugung von Energie zulässig ist. Anders verhält es sich, wenn die erzeugte Energie selbst genutzt wird. Dann werden die Voraussetzungen eines gewerblichen Unternehmens nicht erfüllt. Die Kleinwindkraftanlage kann dann auch in einem reinen Wohngebiet nach der Art der baulichen Nutzung als Nebenanlage zulässig sein. Als Nebenanlage im Sinne von § 14 Abs. 1 BauNVO sind Kleinwindkraftanlagen zulässig, sofern sie die gewonnene Energie ganz oder überwiegend einer Hauptnutzung zuführen. Damit erfüllt sie eine Hilfsfunktion für die wohnliche oder gewerbliche Hauptnutzung. Insoweit gelten keine anderen Kriterien als für die Solaranlagen. Neben diesem funktionalen Bezug muss auch das in § 14 Abs. 1 Satz 1 BauNVO enthaltene Merkmal „untergeordnet" erfüllt sein. Unterordnung meint, dass die Nebenanlage nicht nur in ihrer Funktion, sondern auch räumlich-gegenständlich dem primären Nutzungszweck der in dem Baugebiet gelegenen Grundstücke sowie der diesem Nutzungszweck entsprechenden Bebauung dienend zugeordnet und untergeordnet ist, *vgl. hierzu VG München, U. v. 02.07.2009 – M 11 K 08.4339 –; VG Weimar, B. v. 22.06.2010 – 1 E 378/10 We –*. Damit wird auf einen räumlich-gegenständlichen Bezug abgestellt, *vgl. BVerwG, U. v. 17. 12. 1976 – 4 C 6.75 –, BRS 30 Nr. 117.*

An einer solchen Unterordnung fehlt es, wenn die Nebenanlage wegen ihrer Abmessungen als der Hauptanlage gleichwertig erscheint oder diese gar optisch verdrängt, wenn sie also den Eindruck einer dienenden Funktion gegenüber der Hauptanlage gar nicht erst aufkommen lässt. Das Bundesverwaltungsgericht führt insoweit aus: *„An einer erkennbaren räumlich-gegenständlichen – und damit auch optischen – Unterordnung fehlt es, wenn die Nebenanlage wegen ihrer Abmessungen als der Hauptanlage gleichwertig erscheint oder diese gar optisch verdrängt, mit anderen Worten: wenn sie den Eindruck einer dienenden Funktion gegenüber der Hauptanlage gar nicht erst aufkommen lässt.", vgl. BVerwG, U. v. 17. 12. 1976 – 4 C 6.75 –, BRS 30 Nr. 117 und vom 18. 2. 1983 – 4 C 18.81 –, BRS 40 Nr. 64.* Die Kleinwindkraftanlage darf nach ihren gesamten Ausmaßen die Hauptanlage nicht übertreffen. Dabei darf nicht isoliert auf die Gesamthöhe der Anlage abgestellt werden. Stets ist die gesamte Anlage in das Verhältnis zu der Hauptanlage zu setzen. Das Bundesverwaltungsgericht nimmt an, dass die eigentlichen Ausmaße der Kleinwindkraftanlage, selbst wenn sie die Firsthöhe des Wohnhauses um etliche Meter überragt, trotz der Höhe des Mastes und der Größe des vom Rotor bestrichenen Luftraumes vergleichsweise gering seien. Eine Windenergieanlage auf schlankem Mast und mit schmalen Rotorflügeln kann im Hinblick auf ihr geringes bauliches Volumen in der optischen Wirkung derart zurücktreten, dass sie als untergeordnet erscheint. 45

Die Kleinwindkraftanlage darf nicht der Eigenart des Baugebietes im Sinne von § 14 Abs. 1 Satz 1 BauGB widersprechen. Die Eigenart des Baugebietes in 46 diesem Sinne beurteilt sich nach Lage, Größe und Zuschnitt des Baugrundstücks wie der übrigen Grundstücke des Baugebiets. Die „Weiträumigkeit" oder „Dichte" der Bebauung ist eine Eigenart des Baugebiets im Sinne des § 14 Abs. 1 Satz 1 BauNVO, die für die Zulässigkeit einer Windenergieanlage als Nebenanlage von entscheidender Bedeutung ist. Ein Gebiet, das so „weiträumig", so „aufgelockert" bebaut ist, dass auf jedem Grundstück eine Windenergieanlage aufgestellt werden kann, ohne dass dadurch auf Nachbargrundstücken die Aufstellung sinnvoll zu betreibender Windenergieanlagen beeinträchtigt würde und ohne dass der Betrieb solcher Anlagen durch die Bebauung und den Bewuchs der Nachbargrundstücke behindert werden könnte, hat eine die Zulässigkeit von Windenergieanlagen als Nebenanlagen begünstigende Eigenart. Hingegen hat ein dicht bebautes Gebiet mit kleinen Grundstücken, einer hohen Grundflächenzahl und einer großen überbaubaren Grundstücksfläche eine die Zulässigkeit von Windenergieanlagen ausschließende Eigenart. Zwischen diesen beiden Extremen gibt es eine breite Skala von mehr oder weniger „weiträumig" oder „eng" bebauten oder bebaubaren Gebieten, für die sich nicht auf den ersten Blick bejahen oder verneinen lässt, ob Windenergieanlagen ihrer Eigenart widersprechen. Hier ist eine Einzelfallbetrachtung erforderlich, *vgl. BVerwG, U. v. 28.4.2004 – 4 C 10.03 –, NVwZ 2004, 1244.*

47 Im Anwendungsbereich des § 30 BauGB ist weiter darauf zu achten, dass das Grundstück nur nach Maßgabe der Festsetzungen – z.B. über das zulässige Maß der Nutzung, über die Mindestgröße von Baugrundstücken und über die überbaubaren Grundstücksflächen – bebaut werden darf.

48 Das OVG Lüneburg hält ein Kleinwindrad mit einem Dreiflügeldurchmesser von 1,60 m, einem Gewicht von 17 kg und einer Masthöhe bis 10 m auf einem 525 m² großen Grundstück für unzulässig, *vgl. OVG Lüneburg, ZfBR 2012, 584ff.* Dabei stellt das OVG auch auf die Drehbewegung, die den Blick auf sich zieht, und die Art der Verankerung mit drei langen pyramidenförmig auseinandergehenden Stahlseilen ab. Infolgedessen sei die Kleinwindkraftanlage weder in den optischen Wirkungen noch den erzeugten Emissionen mit dekorativen Windrädern oder -hosen oder etwa einer Fahne vergleichbar. Bei der Beurteilung der planerischen Zulässigkeit müsse darüber hinaus auch berücksichtigt werden, dass Maßstab dafür, ob ein Gebiet „weiträumig" und „aufgelockert" bebaut sei, die Möglichkeit sei, auf jedem Grundstück eine Windenergieanlage aufzustellen und zu betreiben, ohne dass dadurch auf Nachbargrundstücken die Aufstellung sinnvoll zu betreibender Windenergieanlagen beeinträchtigt würde und ohne dass der Betrieb solcher Anlagen durch die Bebauung und den Bewuchs der Nachbargrundstücke behindert werden könnte. Bei der Beurteilung, ob es zu wechselseitigen Behinderungen von Windenergieanlagen kommen könne, dürften nicht nur die möglichen Abstände der Anlagen voneinander betrachtet werden, sondern es sei auch zu prüfen, ob durch eine

versetzte Anordnung der Standorte in Bezug auf die Hauptwindrichtungen, durch unterschiedliche Nabenhöhe, durch vertikale oder horizontale Anordnung der Rotornabe sowie durch Verminderung des Rotordurchmessers derartige Störungen vermieden oder wesentlich vermindert werden könnten.

Die planungsrechtliche Zulässigkeit von Kleinwindkraftanlagen im unbeplanten Innenbereich bestimmt sich nach § 34 BauGB. Sofern die Voraussetzungen des § 34 Abs. 2 BauGB erfüllt sind und die Eigenart der näheren Umgebung einem der in der Baunutzungsverordnung bezeichneten Baugebiete entspricht, gelten die vorstehenden Ausführungen. § 14 BauNVO ist aufgrund dieses Verweises ebenfalls anwendbar. Ohne Belang ist deshalb im Anwendungsbereich von § 34 Abs. 2 BauGB, dass im Baugebiet Nebenanlagen zur Windenergienutzung bislang nicht vorhanden seien. Die Zulässigkeit einer Nebenanlage im Sinne des § 14 Abs. 1 BauNVO hängt nicht davon ab, dass eine gleichartige Einrichtung im Baugebiet bereits besteht. 49

Sofern sich die Eigenart der näheren Umgebung nach § 34 Abs. 1 BauGB beurteilt, kommt es allein auf das Gebot des Sich-Einfügens an. In Bezug auf das Maß der baulichen Nutzung führt die Tatsache, dass eine Kleinwindkraftanlage in Bezug auf ihre Bauhöhe die Höhe des Hauptgebäudes überschreitet, nicht zwangsläufig zu ihrer Unzulässigkeit. Das Erfordernis des „Sich-Einfügens" schließt nicht schlechthin aus, etwas zu verwirklichen, was es in der Umgebung bisher noch nicht gibt. Dieses Erfordernis des Sich-Einfügens hindert nur daran, den durch die Umgebung gesetzten Rahmen in einer Weise zu überschreiten, die bewältigungsbedürftige und noch ausgleichungsbedürftige Spannungen begründet oder erhöht. Auch bei einer Maßüberschreitung kommt es also darauf an, ob dadurch bodenrechtlich beachtliche Spannungen hervorgerufen werden. Um die Zulässigkeit des Vorhabens im Sinne des § 34 BauGB zu verneinen, reicht es also nicht aus, dass nur die abstrakt und entfernt gegebene Möglichkeit besteht, dass die Kleinwindkraftanlage Konflikte im Hinblick auf die Nutzung benachbarter Grundstücke auslöst. Ob ein Vorhaben „sich einfügt", kann vielmehr nur unter Berücksichtigung der konkreten Eigenart der näheren Umgebung und der konkreten Umstände, die Spannungen hervorrufen können, beantwortet werden. Das Bundesverwaltungsgericht nimmt in Bezug auf Kleinwindkraftanlagen an, dass die eigentlichen Ausmaße der Kleinwindkraftanlage, selbst wenn sie die Firsthöhe des Wohnhauses um etliche Meter überragt, trotz der Höhe des Mastes und der Größe des vom Rotor bestrichenen Luftraumes vergleichsweise gering seien, *vgl. BVerwG, U. v. 18.02.1983 – 4 C 18.81 – BRS 40 Nr. 64 m. w. N.* Eine Windenergieanlage auf schlankem Mast und mit schmalen Rotorflügeln kann im Hinblick auf ihr geringes bauliches Volumen in der optischen Wirkung derart zurücktreten, dass Konfliktsituationen nicht hervorgerufen werden, sie sich also in die Eigenart der näheren Umgebung einfügt, *vgl. VGH Kassel, BRS 48 Nr. 53 für eine WKA auf einem Dach.* Andererseits kann möglicherweise der 50

Standort am höchsten Punkt des Grundstücks der Windenergieanlage eine so dominierende, die vorhandene Bebauung optisch erdrückende Wirkung verleihen, dass sie sich deswegen nicht „einfügt". Insoweit kann auch auf die Rechtsprechung zu den Funksendeanlagen zurückgegriffen werden. So fügt sich eine Anlage mit einer maximal zulässigen Höhe von 17 m und einer „Betriebshöhe" von 14,80 m in eine Umgebung, die in unmittelbarer Nähe zwischen 6,7 m und 10,2 m und auf den etwas weiter entfernten Grundstücken maximal 12,2 m hohe Wohngebäude aufweist, auch nach dem Maß der baulichen Nutzung ein. Die Rechtsprechung betrachtet insoweit auch die Baumasse des am Fußpunkt rund 0,45 m breiten und sich (im ausgefahrenen Zustand) auf ein Maß von rund 0,30 m verjüngenden Stahlgittermastes, der im Vergleich mit den umliegenden Wohnhäusern jedoch so gering ist, dass die Anlage noch untergeordnet im Sinne von § 14 Abs. 1 BauNVO wirkt, *vgl. VGH München, B. v. 15. 5. 2005 – 1 B 03.144.*

51 Die Kleinwindkraftanlage muss sich auch hinsichtlich der Grundstücksfläche, die überbaut werden soll, in die Eigenart der näheren Umgebung einfügen. Das Bundesverwaltungsgericht geht davon aus, dass die Anlage, wenn sie etwa an der rückwärtigen Grundstücksgrenze und offensichtlich auch außerhalb der sich aus der vorhandenen Bebauung ergebenden hinteren Bebauungsgrenze errichtet werden soll, sich im Sinne des § 34 Abs. 1 BauGB einfügt, *vgl. BVerwG, U. v. 18. 2. 1983 – 4 C 18.81 –, BRS 40 Nr. 64.* Denn als Anlage, die im Planbereich als untergeordnete Nebenanlage einzuordnen wäre, dürfte sie außerhalb der Baugrenzen errichtet werden. Folglich ist eine solche Anlage nach der gesetzgeberischen Wertung des § 23 Abs. 5 Satz 1 BauNVO nicht schon im Hinblick auf ihren dorthin verlagerten Standort geeignet, bodenrechtlich relevante Spannungen auszulösen oder zu erhöhen. Diese Wertung des § 23 Abs. 5 Satz 1 BauNVO gilt im unbeplanten Innenbereich entsprechend. Bei Windenergieanlagen ist zudem damit zu rechnen, dass gerade ein nicht unmittelbar neben dem Gebäude liegender Standort eher geeignet sein kann, solche Spannungen zu vermeiden.

(4) Anlagen der Ver- und Entsorgung (Nummer 4)

52 a) Brunnen werden infolge der Novelle 2016 – der Musterbauordnung folgend – nicht mehr als technische Gebäudeausrüstung, vgl. bisher § 55 Abs. 3 Nummer 9 a. F., sondern als Anlagen der Versorgung aufgeführt. Nach Buchstaben a) sind Brunnen jedweder Art bauaufsichtlich genehmigungsfrei. Eine Beschränkung auf Saugrohrbrunnen mit einer bestimmten Förderleistung besteht nicht.

53 b) Nach Buchstaben b) werden Anlagen, die der Telekommunikation, der öffentlichen Versorgung mit Elektrizität, Gas, Öl oder Wärme dienen, mit einer Höhe bis zu 5 Meter und einer Brutto-Grundfläche bis zu 10 m²

genehmigungsfrei gestellt. Mit Blick darauf, dass diese Anlagen bereits nach § 1 Abs. 2 Nr. 3 aus dem Anwendungsbereich der Bauordnung fallen, soweit es sich nicht um Masten und Unterstützungen handelt, ist diese Regelung nur für letztere Anlagen und für solche der Ölversorgung relevant. Da aber Masten und ähnliche Anlagen unter Nummer 5 geregelt sind, ist der Anwendungsbereich dieser Regelung ebenso unklar wir praktisch wenig relevant.

(5) Masten, Antennen und ähnliche bauliche Anlagen (Nummer 5)

In Nummer 5 wird die Genehmigungsfreiheit für Anlagen der öffentlichen Versorgung und Entsorgung geregelt. Durch die Novelle 2016 wurde die Vorschrift an § 61 Abs. 1 Nummer 5 der Musterbauordnung angepasst. 54

Die in Buchstaben a) geregelte Höhenbegrenzung ist zwar – wie bisher schon – statisch-konstruktiv motiviert (vgl. auch § 66 Abs. 3 Satz 1 Nummer 2 Buchstabe c). Der Gesetzgeber hat mit der Novelle 2020 jedoch nicht nur die Bezugspunkte für die Höhenbemessung bestimmt, sondern die Höhen der Anlagen um jeweils 5 Meter vergrößert. Die Höhenbeschränkung bezieht sich auf die Bauhöhe der Anlage selbst und nicht auf die Höhe derjenigen baulichen Anlage, auf bzw. an der der Mast oder die Antenne montiert wird. Unterer Bezugspunkt ist bei Gebäuden der Schnittpunkt der Anlage mit der Dachhaut. Der Einschub „auf Gebäuden gemessen ab …" stellt klar, dass ein unter dem Dach liegender Teil des Mastes oder ein Sockel nicht mitzurechnen ist. 55

Der Gesetzgeber hat mit der Novelle 2020 die Höhe im Außenbereich auf 20 Meter vergrößert. Masten mit einer Höhe von 20 Metern können einen verbesserten Beitrag zum bedarfsgerechten Ausbau des mobilen Internets leisten. Die Erhöhung um 10 Meter für freistehende Antennen im Außenbereich gegenüber dem Status quo hält der Gesetzgeber für bauordnungsrechtlich vertretbar. Es handele sich im Regelfall um gewerbsmäßig betriebene Anlagen, bei denen unterstellt werden kann, dass der Betreiber Fragen der Standsicherheit im Interesse der von ihm zu gewährleistenden Versorgungssicherheit berücksichtige, *vgl. LT-Drucks. 7/1697, S. 21.* 56

Auch wenn die isolierte Errichtung von Mobilfunkmasten genehmigungsfrei sein kann, geht die Rechtsprechung davon aus, dass bei der Errichtung solcher Masten auf und in einem bisher ausschließlich zu Wohnzwecken genutzten Gebäude eine auch im Hinblick auf die 26. BImSchV städtebaulich relevante Nutzungsänderung erfolgt, *vgl. VGH Mannheim, BauR 2003, S. 79, s. a. BVerwG, BauR 2000, S. 1041 und Bromm, Die Errichtung von Mobilfunkanlagen im Bauplanungs- und Bauordnungsrecht, UPR 2003, S. 57ff.* Diese Nutzungsänderung ist nach Buchstaben a) jedoch nicht genehmigungspflichtig. 57

58 Die Regelung ist auch unter dem Blickwinkel der gemeindlichen Planungshoheit vertretbar, da den Masten – für sich genommen – kein nennenswertes städtebauliches Gewicht zukommt und die Genehmigungsfreiheit bei Widerspruch des Bauvorhabens zu städtebaulichen Satzungen nicht von der Erforderlichkeit einer isolierten Ausnahme oder Befreiung (namentlich hinsichtlich der Nutzung) nach § 67 Abs. 2 Satz 2 befreit.

59 Der Verweis in Buchstaben a) auf Nummer 4 Buchstabe b) stellt klar, dass die Genehmigungsfreiheit auch eingreift, wenn es sich um Anlagen handelt, die der Telekommunikation dienen.

60 Von Buchstabe b) sind mobile Antennen einschließlich Masten, die zur Verbesserung der Mobilfunknetzabdeckung, im Innenbereich mit einer Höhe bis zu 15 Meter, im Außenbereich bis zu 20 Meter, mit einer maximalen Standzeit von 24 Monaten errichtet werden, genehmigungsfrei gestellt. Der Gesetzgeber hat diese Maße in der Novelle 2020 vergrößert und die Dauer auf 24 Monate in der Novelle 2023 verlängert.

61 In Buchstaben f) sind Flutlichtmasten mit nicht mehr als 10 m konstruktiver Höhe von der Genehmigungspflicht freigestellt.

62 Masten sind dann nicht genehmigungsfrei, wenn sie zugleich auch Teile von Werbeanlagen sind, *vgl. OVG Münster, B. v. 24.07.2006 – 10 B 785/06 –*, es sei denn, die Anlage ist als Werbeanlage gem. Nummer 12 genehmigungsfrei.

(6) Behälter und Becken (Nummer 6)

63 Nummer 6 regelt unverändert die Genehmigungsfreistellung für Anlagen, Behälter und Becken, die bisher in § 55 Abs. 5 a. F. geregelt war. Die Größenordnung, an der sich die Genehmigungsfreiheit von Behältern bemisst, wurde 2003 auf generell 10 m^3 Behälterinhalt angehoben. Das größte Gefährdungspotential geht von den Behältern für verflüssigte Gase aus. Nach der Regelung bis 2003 waren Behälter mit nicht mehr als 5 m^3 Inhalt genehmigungsfrei gestellt. Diese Behälter bedürfen einer Bauartzulassung. Hauptanwendungsfall sind die Behälter für die Versorgung privater Haushalte mit Flüssiggas. Da bauartzugelassene Behälter mit einem Fassungsvermögen knapp unter 10 m^3 üblich sind und keine sicherheitsrechtlichen Probleme auftreten, ist 2003 die Genehmigungsfreiheit auf diese Größe ausgedehnt worden.

64 Für die weniger sicherheitsrelevanten Gärfutterbehälter (Buchstabe b) und Behälter für Abwasser, Jauche und Gülle oder Heizöltanks (Buchstabe c) ist die Grenze ebenfalls auf einheitlich 10 m^3 bestimmt worden.

In Buchstaben d) sind Kleinkläranlagen mit einem Abwasseranteil von nicht mehr als 8 m^3 täglich in den Katalog genehmigungsfreier Vorhaben aufgenommen worden. 65

In Buchstaben e) ist die Genehmigungsfreiheit für Klärteiche bis zu 100 m^2 Grundfläche und bewachsene Bodenfilter aufgenommen worden. 66

In Buchstaben f) wird die Grenze der Genehmigungsfreiheit von sonstigen drucklosen Behältern nach deren Kubatur (nicht mehr als 30 m^3) gemessen. 67

Die Genehmigungsfreiheit erfasst nach Buchstaben g) auch Wasserbecken im Außenbereich. 68

In Buchstabe i) sind bauliche Anlagen mit nicht mehr als 20 Quadratmeter Grundfläche und nicht mehr als 4 Meter Höhe, die ausschließlich der Wasserwirtschaft dienen, seit der Novelle 2023 genehmigungsfrei. Durch die Änderung bedürfen auch kleinere Stauanlagen keiner Baugenehmigung. Die Vorschrift führt die Genehmigungsfreiheit des zum 01.07.2016 außer Kraft getretene § 55 Abs. 4 Nr. 1 wieder ein. Auch Transformatoren, Schalt-, Regler- oder Pumpstationen sind wieder genehmigungsfrei. 69

(7) Mauern und Einfriedungen (Nummer 7)

In Nummer 7 werden bestimmte Mauern und Einfriedungen – der Musterbauordnung folgend – genehmigungsfrei gestellt. Die in § 55 Abs. 6 Nummer 3 a. F. geregelten Wildzäune bleiben als Buchstabe c) erhalten. Neu aufgenommen wurden durch die Novelle 2016 offene sockellose Einfriedungen für Grundstücke mit nicht mehr als 5 000 m^2 Grundfläche, die der Schaf- oder Ziegenhaltung dienen, also einer traditionellen Landnutzungsform. 70

a) In Buchstaben a) ist die Höhe genehmigungsfreier Pfeiler und Mauern um 0,5 m vergrößert worden. Diese sind nunmehr bis zu einer Höhe von 2 m genehmigungsfrei, sofern sie nicht im Außenbereich errichtet werden. 71

b) In Buchstaben b) sind Einfriedungen, die einem landwirtschaftlichen oder forstwirtschaftlichen Betrieb dienen, auch im Außenbereich von der Genehmigungspflicht freigestellt. Die Beschränkung, dass dies nur bis zu einer Höhe von 2 m galt, ist ersatzlos aufgegeben worden. Die Einfriedungen sind jetzt in unbegrenzter Höhe genehmigungsfrei. Allerdings folgt aus § 35 Abs. 5 BauGB eine Höhenbeschränkung auf das erforderliche Maß. Die Einfriedung ist jedoch dann nicht genehmigungsfrei, wenn sie zwar von einem Forst- oder Landwirt, aber nicht zu forst- oder landwirtschaftlichen Zwecken errichtet wird, *vgl. VG Potsdam, B. v. 10.10.2006 – 5 L 178/06*. Der Begriff des landwirtschaftlichen Betriebs ist in § 201 BauGB 72 definiert. Die Betriebseigenschaft des landwirtschaftlichen Betriebs, also Merkmal der Abgrenzung insbesondere zur Hobbytierhaltung, erfordert eine gewisse Nachhaltigkeit der Bewirtschaftung; es muss sich um ein auf Dauer gedachtes und lebensfähiges Unternehmen handeln, *vgl. OVG Berlin-Brandenburg, B. v. 09.11.2005 – 2 N 51.05 –; B. v. 10.10.2005 – 2 S 102.05 –; VG Potsdam, B. v. 12.04.2006 – 4 L 71/06.* Eine im Einzelfall erforderliche Genehmigung nach § 22 des Landeswaldgesetzes kann ggf. erforderlich sein. Nicht privilegiert ist eine Zaunanlage, wenn sie auf einem (möglicherweise älteren und bestandsgeschützten) Betonstreifenfundament errichtet wird, *vgl. OVG Berlin- Brandenburg, B. v. 01.03.2007 – 10 S 28.06.* Hielt der Gesetzgeber die vormalige Beschränkung der Genehmigungsfreiheit in Abhängigkeit von der Höhe aus städtebaulichen Gründen für erforderlich, so beurteilt er die Situation jetzt wohl anders.

73 c) Nach Buchstabe c) sind Wildzäune und andere zum Schutz von Gehölzen und landwirtschaftlichen Kulturen oder Nutztieren vor Schäden durch wildlebende Tiere errichtete Zäune genehmigungsfrei. Diese Vorschrift ist durch die Novelle 2020 um die anderen Zäune ergänzt worden. Genehmigungsfrei sind diese Zäune nur, wenn sie genau diesen Zwecken tatsächlich dienen und dafür auch geeignet sind. Eine erweiternde Auslegung ist nicht zulässig, *vgl. OVG Berlin-Brandenburg, U. v. 21.12.2016 – OVG 6 B 82.15 –, Rn. 25, juris.* Unerheblich ist, ob der Zaun von dem Bauherrn als Wildzaun mit der Absicht bezeichnet wird, eine Genehmigungsfreiheit zu erreichen. Für die Eigenschaft als Wildschutzzaun sind Zweckbestimmung und Eignung/Eigenschaft des Zauns, etwa nach Höhe und Stärke, entscheidend.

74 **Wildzäune** dienen dem Schutz des Wildes vor Gefahren, z. B. an stark befahrenen Straßen oder sind dazu bestimmt, forstwirtschaftliche Anpflanzungen oder landwirtschaftliche Kulturen vor Wildverbiss zu schützen. Zäune zum Schutz von landwirtschaftlichen Kulturen sind solange genehmigungsfrei, wie die Kulturen tatsächlich geschützt werden müssen. Außerhalb dieser Zeit bedürfen sie der Genehmigung, denn fällt der Zweck weg, entfällt auch die Genehmigungsfreiheit, *vgl. VGH München, B. v. 13.11.2017 – 15 ZB 16.1885 – und v. 13.05.2020 – 15 ZB 19.1028 –, Rn. 13, juris.* Werden die Kulturen nicht zu landwirtschaftlichen Zwecken angelegt, darf ein Zaun nicht errichtet werden, *vgl. zu Markstammkohl und Zuckerhirse als Ablenkfütterung OVG Berlin-Brandenburg, U. v. 21.12.2016 – OVG 6 B 82.15 –, Rn. 31, juris.* Soweit der Schutz von Gehölzen bezweckt ist, sind sie auch dann von der Genehmigungspflicht freigestellt, wenn sie nicht zu einer Forstwirtschaft oder einer Landwirtschaft gehören.

75 Nach der Novelle 2020 sind Zäune auch zulässig, um **Nutztiere** vor wildlebenden Tieren, etwa Wölfen, zu schützen. Was Nutztiere sind, hat der Gesetzgeber nicht definiert. Er hat offen gelassen, ob es sich dabei um

landwirtschaftliche Nutztiere handelt oder auch sonstige Nutztiere gemeint sind. Wird zur Bestimmung dieses Begriffs § 2 Nr. 1 der Verordnung zum Schutz landwirtschaftlicher Nutztiere und anderer zur Erzeugung tierischer Produkte gehaltener Tiere herangezogen, sind Nutztiere zu definieren als landwirtschaftliche Nutztiere sowie als andere warmblütige Wirbeltiere, die zur Erzeugung von Nahrungsmitteln, Wolle, Häuten oder Fellen oder zu anderen landwirtschaftlichen Zwecken gehalten werden oder deren Nachzucht zu diesen Zwecken gehalten werden sollen. Hat der Gesetzgeber in der Novelle 2020 den Begriff der Nutztiere nicht an einen landwirtschaftlichen Betrieb gekoppelt, sind auch Nutztiere in Hobbyhaltung, etwa Schafe oder Hühner, wenn deren Fell oder Eier genutzt werden, von diesem Begriff erfasst. Nicht erfasst sind jedoch Tiere, die ohne einen solchen Nutzen sind, wie etwa Freizeitzwecken dienende Pferde und Ponys.

Wildzäune dienen nicht der allgemeinen Einfriedung von in den nicht- 76
bewaldeten Außenbereich hineinragenden Wohngrundstücken, *vgl. VG Frankfurt (Oder), B. v. 02.02.2007 – 7 L 371/06.*

Die Genehmigungsfreiheit entbindet nicht von der Beachtung des materi- 77
ellen Rechts, insbesondere des Naturschutzrechts und des Planungsrechts, vgl. zu Zäunen als Sperren im Sinne von § 23 BbgNatSchAG *VG Augsburg, U. v. 23.09.2019 – Au 9 K 18.1843 –, Rn. 26, juris.* Zäune sind bauliche Anlagen im Sinne von § 29 BauGB, die nur unter den Voraussetzungen des **§ 35 BauGB** im Außenbereich errichtet werden dürfen. Zäune etwa zum Schutz von Schafen, die lediglich zu Freizeitzwecken oder als Hobby gehalten werden, sind daher im Außenbereich regelmäßig nicht zulässig, auch wenn es sich bei Schafen um Nutztiere handelt. Ein Zaun dient im Sinne von § 35 Abs. 1 Nr. 1 BauGB einem **landwirtschaftlichen Betrieb** nicht schon dann, wenn er für den Betrieb förderlich ist, vielmehr muss der Zaun aus der Warte eines vernünftigen Landwirts unter Berücksichtigung des Gebotes größtmöglicher Schonung des Außenbereichs nach § 35 Abs. 5 BauGB für den Verwendungszweck und nach seiner Gestaltung und Ausstattung erforderlich sein, *vgl. BVerwG, U. v. 19.06.1991 – 4 C 11.89 – juris Rn. 22f.* Die Beweislast für das Vorliegen der Voraussetzungen liegt bei demjenigen, der sich auf die Privilegierung beruft, *vgl. BVerwG, B. v. 17.11.1998 – 4 B 100.98 – juris; VGH München, B. v. 13.05.2020 – 15 ZB 19.1028 –, Rn. 15, juris.*

d) Durch die Novelle 2016 sind offene sockellose Einfriedungen für Grund- 78
stücke mit nicht mehr als 5 000 Quadratmeter Grundfläche, die der Schaf- oder Ziegenhaltung dienen, genehmigungsfrei gestellt worden. Der Gesetzgeber wollte damit eine traditionelle Landnutzungsform privilegieren. Dadurch wird jedoch für die Schaf- und Ziegenhalter das

Risiko vergrößert, dass sie einen Zaun im Außenbereich errichten, obwohl ihre Tierhaltung nicht die Anforderungen an einen landwirtschaftlichen Betrieb erfüllt. Der Zaun dürfte dann, da sich seine Zulässigkeit nach § 35 Abs. 2 BauGB beurteilt, planungsrechtlich unzulässig sein. Die Neuregelung hat, sofern sie zu verlorenen Investitionen verlockt, eine Kehrseite.

(8) Private Verkehrsanlagen (Nummer 8)

79 Nummer 8 regelt die Genehmigungsfreistellung für bestimmte private Verkehrsanlagen entsprechend der Musterbauordnung. Die Genehmigungsfreistellung erfasst auch private Waldwege in den geregelten Maßen. Maßgeblich ist die Fahrbahnbreite. Diese bemisst sich nach dem eigentlichen Wegekörper. Von Nummer 8 wird auch der (private) forstrechtliche Waldwegebau erfasst. Die bisher in § 55 Abs. 6 Nummer 4 a. F. enthaltene Ausnahme im Hinblick auf das Brandenburgische Gesetz über die Umweltverträglichkeitsprüfung bleibt erhalten. Die Regelung ist aus unionsrechtlichen Gründen geboten, *vgl. dazu EuGH, Urteil vom 16.07.2009 – C 427/07.*

(9) Aufschüttungen und Abgrabungen (Nummer 9)

80 Nummer 9 stellt – § 61 Abs. 1 Nr. 9 der MBO folgend – Aufschüttungen und Abgrabungen in bestimmten Maßen genehmigungsfrei. Aufschüttungen und Abgrabungen sind bauliche Anlagen nach § 2 Abs. 1 Satz 2 Nr. 1 und können gem. § 29 Abs. 1 BauGB von städtebaulicher Bedeutung sein.

81 Temporäre Zwischenlager für Bodenaushub sind keine dauerhaften Aufschüttungen im Sinne der Regelung. Solche vorübergehend errichteten Anlagen sind gegebenenfalls nach Nummer 13 genehmigungsfrei gestellt. Unberührt bleibt davon das Genehmigungserfordernis für die Nutzung als Lagerplatz.

(10) Bauliche Anlagen auf Camping- oder Wochenendhausplätzen, in Gärten und zur Freizeitgestaltung (Nummer 10)

82 Nummer 10 regelt die Genehmigungsfreistellung von Anlagen in Gärten und zur Freizeitgestaltung. Stege in Gewässern, wie Boots- oder Badestege, sind wie bisher (vergleiche § 55 Abs. 7 Nr. 8 a. F.) genehmigungsfrei gestellt.

83 Nach Buchstabe d) sind bauliche Anlagen zur Freizeitgestaltung dann genehmigungsfrei, wenn es sich um solche handelt, die der zweckentsprechenden Einrichtung von Sport- und Spielplätzen dienen, wie Tore für Ballspiele, Schaukeln und Klettergerüste, ausgenommen Gebäude und Tribünen. Der hier verwendete Begriff der Sportfläche entspricht dem in § 2 Abs. 1 Satz 2 Nr. 3 verwendeten Begriff. Dieser geht über den eines „Sportplatzes" hinaus. Genehmigungsfrei sind nach Buchstabe d) jedoch nur die Sportgeräte, nicht

die Sport- und Spielflächen selbst. Diese sind genehmigungspflichtig, *vgl. VG Cottbus, B. v. 10.07.2020 – 3 L 133/20 –, Rn. 11, juris.* Die Anlage eines Tennis- oder Reitplatzes erfordert also eine Baugenehmigung, für Netze und Hindernisse ist eine Genehmigung nicht erforderlich, wenn sie nicht zusammen mit dem genehmigungspflichtigen Platz gebaut werden sollen.

Durch Buchstabe g) wird die Errichtung von Abdeckungen, die dem Schutz vor Laub dienen, genehmigungsfrei gestellt. Eine Beschränkung der Höhe dieser Abdeckung ist nicht vorgeschrieben. Der Gesetzgeber geht davon aus, dass Schwimmbeckenabdeckungen in Gestalt von Planen und leichtbewegliche Abdeckungen verwendet werden, die unmittelbar an der Oberkante des Beckens aufliegen müssen und jederzeit entfernt werden können *(vgl. LT-Drs. 4/6401).* 84

Durch Buchstabe h) werden alle Stege, ausgenommen Schiffsanlagen, von der Genehmigungspflicht freigestellt. Bereits durch die Novelle 2003 ist die Verweisung auf die öffentliche Schifffahrt gestrichen worden. Der Gesetzgeber hat durch die Novelle 2008 mit der beispielhaften Benennung von Boots- und Badestegen klargestellt, dass nicht nur Bootsstege, sondern alle Stege genehmigungsfrei sind. Erfasst werden also alle Stege, die vom Ufer ins Gewässer führen und im Rahmen der Freizeitgestaltung genutzt werden. Der Annahme einer baulichen Anlage zur Freizeitgestaltung im Sinne der Nummer 10 steht nicht entgegen, dass der Steg gewerblich betrieben wird, *so OVG Berlin-Brandenburg, B. v. 15.03.2013 – OVG 2 S 69.12.* Eine Differenzierung nach gewerblichen und nicht gewerblichen Steganlagen ist nach der Rechtsprechung untunlich, da etwa von Vereinen betriebene nichtgewerbliche Sammelsteganlagen durchaus eine ähnliche Größe erreichen und vergleichbare baurechtliche Fragen aufwerfen können wie gewerblich betriebene Steganlagen. Stege unterscheiden sich jedoch von Schiffsanlegern in Konstruktion und Abmessungen. Boots- oder Badestege sind meist schmale und schlanke Konstruktionen. Schiffsanleger sind massive Konstruktionen mit Pollern zum Festmachen von Fahrgast- oder Frachtschiffen und mit Dalben zum Schutz vor kräftigen Bewegungen der Schiffe bei Wellengang. Schiffsanleger dienen der öffentlichen Schifffahrt und fallen im Übrigen gemäß § 1 Abs. 2 Nr. 2 nicht in den Anwendungsbereich der BbgBO. 85

Da Bootsstege bauaufsichtlich genehmigungsfrei errichtet werden dürfen, jedoch bauliche Anlagen in Gewässern sind, unterfallen sie der Genehmigungspflicht nach § 87 Abs. 1 des Brandenburgischen Wassergesetzes. Die wasserrechtliche Genehmigung gemäß § 87 Abs. 3 Satz 1 und 2 BbgWG darf nur erteilt werden, wenn dem beabsichtigten Vorhaben keine öffentlich-rechtlichen Vorschriften entgegenstehen und ferner das Wohl der Allgemeinheit nicht beeinträchtigt wird, *vgl. OVG Berlin-Brandenburg, B. v. 31.01.2014 – OVG 11 N 18.13.* 86

(11) Tragende und nichttragende Bauteile (Nummer 11)

87 In Nummer 11 wird – dem § 61 Abs. 1 Nummer 11 Musterbauordnung folgend – eine Regelung zur Genehmigungsfreistellung von tragenden und nichttragenden Bauteilen erstmalig in die Brandenburgische Bauordnung eingeführt. Zudem werden, um die Energieeinsparung zu fördern, auch Maßnahmen der Wärmedämmung ausdrücklich in den Katalog der genehmigungsfreien Bauvorhaben aufgenommen. Ferner ist durch den neuen Buchstaben e auch das Aufbringen einer Dämmung auf Dächer erfasst. Vormals war nur die Außenwanddämmung genehmigungsfrei möglich. Dies gilt nun auch für die Dachdämmung.

88 Nach Buchstabe a) sind die Errichtung oder Änderungen von **nichttragenden und nichtaussteifenden Bauteilen** in baulichen Anlagen genehmigungsfrei. Für Eingriffe in tragende Bauteile bleibt es grundsätzlich bei der Genehmigungspflicht nach § 59, wenn nicht die Ausnahme nach Buchstabe b) greift. Die nichttragenden und nichtaussteifenden Bauteile müssen sich innerhalb der baulichen Anlagen befinden. Hätte der Gesetzgeber alle nichttragenden und aussteifenden Bauteile gemeint, hätte er nicht die Formulierung „in baulichen Anlagen“, sondern „von baulichen Anlagen“ wählen müssen. Genehmigungspflichtig sind daher die Errichtung und Änderungen dieser Bauteile, wenn sie nicht in, sondern an bzw. außerhalb baulicher Anlagen stehen, vgl. für die Genehmigungspflicht der Änderung einer Außenwand *VG Cottbus, B. v. 28.07.2020 – 3 L 282/20 –, Rn. 13, juris.* Errichtung und Änderung nichttragender Außenwände bleiben genehmigungspflichtig.

89 Nach Buchstabe b) ist die Änderung tragender oder aussteifender Bauteile innerhalb von Wohngebäuden der Gebäudeklassen 1 und 2, diese sind in § 2 Abs. 2 Nr. 3 Nr. 1 und 2 definiert, genehmigungsfrei. Die Genehmigungsfreiheit greift nur für reine Wohngebäude und auch nur für Änderungen innerhalb dieser Gebäude. Dazu gehören nicht die Außenwände. Für diese gilt Buchstabe c). Der Hinweis, dass § 66 Abs. 3 Satz 3 unberührt bleibt, soll nach der Gesetzesbegründung nicht nur klarstellen, dass insbesondere die Standsicherheit auch von Wohngebäuden der Gebäudeklasse 1 und 2 gegeben sein muss, sondern vor allem deutlich machen, dass die genehmigungsfreie Baumaßnahme nur dann zulässig ist, wenn die Standsicherheit des Gebäudes bei Änderung seiner tragenden oder aussteifenden Bauteile durch einen qualifizierten Planer im Rahmen eines bautechnischen Nachweises bewertet wurde.

90 Nach Buchstaben c) sind die Errichtung und Änderung von **Fenstern und Türen** sowie von dafür bestimmten Öffnungen genehmigungsfrei. Genehmigungsfrei ist nur der Einbau und die Änderung der Fenster und Türen, nicht aber ein Austausch der gesamten Wand, *vgl. VG Cottbus, U. v. 23.11.2017 – 3 K 1130/14 –, Rn. 25, juris.* Anders als nach der Regelung in § 55 Abs. 11 Nr. 1

a. F. ist nicht nur der Einbau von Fenstern und Türen in den dafür bestimmten Öffnungen von Wohngebäuden umfasst, sondern auch die erstmalige Schaffung oder Vergrößerung solcher Öffnungen in Gebäuden jeglicher Art. Handelt es sich nicht um Wohn-, sondern um Gewerbegebäude, ist die Maßnahme gleichfalls nicht genehmigungspflichtig.

Jedoch kann der Einbau von Fenstern und Türen im Zusammenhang mit 91
anderen genehmigungspflichtigen Vorhaben genehmigungspflichtig sein, wenn dadurch ein Gesamtvorhaben begründet wird.

Nach Buchstabe e) bedarf es für die Arbeit an Bedachung einschließlich Maß- 92
nahmen der Wärmedämmung keiner Baugenehmigung. Dies gilt nicht für Hochhäuser im Sinne von § 2 Abs. 4 Nr. 1. „Bedachung" von Gebäuden sind die Dachziegel oder sonstigen Bauteile zur Herstellung der Dachhaut. Unter Bedachungen fällt jedoch nicht die gesamte Dachkonstruktion, *vgl. VG Cottbus, U. v. 23.11.2017 – 3 K 1130/14 –, Rn. 25, juris; VG Cottbus, U. v. 15.03.2017 – 3 K 1206/14 –, juris Rn. 28; VG Cottbus, U. v. 11.05.2017 – 3 K 523/15 –, juris Rn. 51.*

(12) Werbeanlagen (Nummer 12)

In Nummer 12 regelt der Gesetzgeber der Musterbauordnung folgend die 93
Genehmigungsfreiheit von bestimmten Werbeanlagen. Die bisher privilegierte Größe von 2,5 m² bei Werbeanlagen an der Stätte der Leistung ist auf alle Werbeanlagen ausgedehnt worden. Mit Halbsatz 2 wird klargestellt, dass bei einer Errichtung der in Nummer 12 geregelten Werbeanlagen auf, in oder an einer bestehenden baulichen Anlage die damit gegebenenfalls verbundene Änderung der Nutzung oder der äußeren Gestalt der Anlage ebenfalls von der Genehmigungsfreiheit erfasst wird. Diese Regelung entspricht der Regelung in Nummer 3 Buchstabe a für Solaranlagen und in Nummer 5 Buchstabe a für Mobilfunkmasten.

In Buchstaben a) wird die Ansichtsfläche auf 2,5 m² begrenzt. Die Werbung 94
muss nach der Novelle 2016 nicht an der Stätte der Leistung angebracht sein. Dieses Tatbestandsmerkmal hat der Gesetzgeber gestrichen.

In Buchstaben b) werden Werbeanlagen, die zeitlich begrenzt aufgestellt wer- 95
den – außer im Außenbereich –, genehmigungsfrei gestellt. Nach § 55 Abs. 8 Nr. 4 a.F. betraf dies die Werbung für die unmittelbare Vermarktung landwirtschaftlicher Erzeugnisse auf dem freien Feld während der Erntezeit. Diese sachliche Begrenzung ist entfallen, so dass der Werbezweck beliebig sein kann.

In Buchstaben c) werden Sammelwerbeanlagen genehmigungsfrei gestellt. 96
Voraussetzung dafür ist, dass diese Schilder vor der Ortsdurchfahrt aufgestellt

werden. Sofern das Schild im Außenbereich steht, muss es nach § 35 BauGB zulässig sein.

97 In Buchstaben d) sind Werbeanlagen mit einer Höhe von bis zu 10 m im Geltungsbereich eines Bebauungsplans genehmigungsfrei gestellt. Der Bebauungsplan muss wirksam sein und ein Gewerbegebiet, ein Industriegebiet oder ein vergleichbares Sondergebiet nach den §§ 8, 9 oder 11 BauNVO festsetzen. Die Werbeanlage muss an der Stätte der Leistung angebracht sein, also Teil einer vorhandenen baurechtlichen Nutzung sein. Dies setzt voraus, dass die Leistungsstätte selbst baurechtlich legal ist. Ist die Leistungsstätte illegal, schlägt dies auf die Zulässigkeit der die Leistungsstätte bewerbenden Anlage durch, *vgl. VG Potsdam, B. v. 18.04.2007 – 4 L 126/07.* Ein Werbeschild an einem Weinberg im Außenbereich, das auf ein Weingut in einer Innerortslage hinweist, ist nicht an der „Stätte der Leistung" im Sinne des Buchstaben d) errichtet, *vgl. VG Mainz, U. v. 11.07.2006 – 3 L 492/06.MZ.*

(13) Vorübergehend aufgestellte oder benutzbare Anlagen (Nummer 13)

98 In Nummer 13 wird die Genehmigungsfreiheit von vorübergehend aufgestellten oder benutzbaren Anlagen entsprechend der Musterbauordnung geregelt. Diese Nummer ist um die Vorhaben unter Buchstaben g) und h) mit der Novelle 2020 erweitert worden.

99 Durch Buchstaben a) wird geregelt, dass die Genehmigungsfreiheit für jegliche Baustelleneinrichtungen gilt. Dazu gehören auch Lagerhallen, Schutzhallen und Unterkünfte. Diese brauchen nicht unmittelbar an der Baustelle errichtet zu sein. Sie können auch entfernt von der eigentlichen Baustelle stehen. Der Gesetzgeber hat einen Ortsbezug nicht mehr geregelt. Durch die Novelle 2016 ist die Formulierung „an der Baustelle" entfallen. Erforderlich ist aber in jedem Fall ein unmittelbarer Bezug zu einer Baustelle. Baustelleneinrichtungen, die beliebigen Baustellen funktional zugeordnet werden können, sind von Buchstaben a) nicht erfasst.

100 In Buchstaben b) sind Gerüste genehmigungsfrei gestellt. Diese brauchen weder solche nach der Regelausführung gem. DIN 4420 noch die vom Deutschen Institut für Bautechnik nach der Bauart zugelassenen Gerüste, vgl. Bauregelliste A, Teil 1, Abschnitt 16: Gerüstbauteile (DIBt-Mitteilungen Sonderheft Nr. 26 vom 31. Juli 2002), zu sein. Diese Beschränkungen sind durch die Novelle 2016 aufgehoben. Gleichwohl sind die „allgemein anerkannten Regelausführungen" für Arbeits- und Schutzgerüste als geltender Stand der Technik, d.h.

- für Leitergerüste die DIN 4420-2;
- für Stahlrohr-Kupplungsgerüste die DIN 4420-3;
- für Systemgerüste mit einer Allgemeinen bauaufsichtlichen Zulassung des Deutschen Instituts für Bautechnik, ausgeführt nach einer vom

Fachausschuss „Bau" der Gewerblichen Berufsgenossenschaften geprüften Aufbau- und Verwendungsanleitung
- für Regelausführungen gemäß Berufsgenossenschaftlichen Regeln für Sicherheit und Gesundheit bei der Arbeit, BG-Regeln Gerüstbau, BGR 165 bis 174 (z. B. Regelausführung für Hängegerüste gemäß BGR 174) zu beachten.

Gerüste, die nicht der Regelausführung entsprechen, wie etwa eine Wetter- 101
schutzdachkonstruktion, bedürfen gleichwohl nicht mehr der Baugenehmigung.

In Buchstaben c) sind Toilettenwagen genehmigungsfrei gestellt. Der Standort 102
dieser Wagen ist dafür unerheblich.

In Buchstaben d) ist die Genehmigungsfreiheit für alle behelfsmäßigen bauli- 103
chen Anlagen geregelt. Diese müssen der Landesverteidigung, dem Katastrophenschutz oder der Unfallhilfe dienen. Sofern sie der öffentlichen Ver- und Entsorgung dienen, wie dies vormals in § 55 Abs. 9 Nummer 2 a. F. geregelt war, sind diese Anlagen genehmigungsfrei, soweit sie nicht bereits aus dem Anwendungsbereich der Bauordnung nach § 1 Abs. 2 Nr. 3 herausfallen.

Durch die Genehmigungsfreiheit nach Buchstabe f) sollen Verkaufsstände und 104
bauliche Anlagen, die auf Straßenfesten, Volksfesten, Märkten sowie Musik-, Kunst- und Kulturfestivals nur für kurze Zeit aufgestellt oder benutzt werden, baugenehmigungsfrei sein. Ausgenommen davon sind Fliegende Bauten, die genehmigungspflichtig bleiben. Es gilt für diese Anlagen § 76. Ausgenommen sind auch Sonderbauten im Sinne von § 2 Abs. 4. Diese bleiben ebenfalls baugenehmigungspflichtig.

In Buchstabe g werden ortsveränderlich genutzte Geflügelställe zum Zweck 105
der Freilandhaltung oder der ökologisch-biologischen Geflügelhaltung mit bis zu 500 m³ Brutto-Rauminhalt genehmigungsfrei gestellt. Sie brauchen nicht fahrbereit zu sein, also nicht mit ihrer eigenen Konstruktion (Räder usw.) beweglich zu sein. Je nach Bauart des Mobilstalls können in solchen Anlagen 800 bis 1 000 Tiere untergebracht werden. Bei Ställen, die über die vorgegebenen Maße hinausgehen, ist eine Baugenehmigung für das Betreiben und Umsetzen des Mobilstalls auf einer bestimmten Fläche zu beantragen. Können in diesen Anlagen jedoch mehr als 1 000 Tiere untergebracht werden, löst dies die Genehmigungspflicht nicht aus.

In Buchstabe h) werden Bewässerungs- bzw. Beregnungsanlagen sowie die 106
hierfür erforderlichen Pumpen und Rohrleitungen für gartenbauliche und landwirtschaftliche Zwecke von der Genehmigungspflicht freigestellt. Der Gesetzgeber reagiert damit auf den verstärkten Ausbau der künstlichen

Bewässerung der Kulturen aufgrund klimatischer Veränderungen und auf die Tatsache, dass auch bisher nicht bewässerte Flächen immer häufiger beregnungstechnisch erschlossen werden. Dabei handelt es sich um eine Maßnahme, den Pflanzenanbau in Brandenburg zu sichern.

(14) Plätze (Nummer 14)

107 Nummer 14 regelt der Musterbauordnung folgend die Genehmigungsfreiheit von bestimmten Lager- und Abstellplätzen, nicht überdachten Stellplätzen und Kinderspielplätzen. Nicht überdachte Abstellplätze für Fahrräder werden von Nummer 1 lit. c) erfasst.

108 Durch die Novelle 2020 ist der Zusatz „im Sinne des § 8 Absatz 2" gestrichen worden. Die Änderung hat zur Folge, dass Kinderspielplätze, auch wenn sie nicht verpflichtend geschaffen werden müssen, genehmigungsfreie Vorhaben sind. Anlagen, die der Einrichtung von Spielplätzen dienen, wie Schaukeln und Klettergerüste, sind nach Nummer 10 Buchstabe d) genehmigungsfrei.

(15) Sonstige bauliche Anlagen (Nummer 15)

109 Nummer 15 ist eine Auffangregelung, die die Genehmigungsfreiheit der dort aufgeführten baulichen Anlagen begründet, die nicht einer der vorstehenden Nummern 1 bis 14 zugeordnet werden konnten. Der Gesetzgeber hat den Katalog der genehmigungsfrei gestellten Anlagen nach der Musterbauordnung erstellt. Dies ist begrüßenswert, weil die Frage beantwortet wird, ob das genehmigungsfrei gestellte Vorhaben überhaupt eine bauliche Anlage ist. So erscheint zweifelhaft, dass Aufschüttungen, die der landwirtschaftlichen Bodenverbesserung dienen, also solche Maßnahmen, die den vorhandenen Boden in seiner Struktur und Zusammensetzung optimieren und damit verändern, ohne ihn zu ersetzen, der Bauordnung unterfallen, *vgl. OVG Brandenburg B. v. 06.09.2004 – 3 A 720/01.Z.*

110 Durch die Novelle 2020 ist Buchstabe a) aufgehoben und durch den bisherigen Buchstaben b) ersetzt worden. In diesem wird geregelt, dass die Errichtung einer Ladestation für Elektromobilität und die damit verbundene Änderung der Nutzung – Hinzutreten einer gewerblichen Nutzung – verfahrensfrei sind. Genehmigungsfrei ist nicht nur die Ladestation als solche, sondern sind auch die notwendigen Versorgungseinrichtungen. Vor der Novelle konnten Ladestationen für Elektromobilität als unbedeutende Anlagen verfahrensfrei errichtet oder geändert werden. Zuvor war auch eine mit der Errichtung der Ladestation gegebenenfalls verbundene Nutzungsänderung – Hinzutreten einer gewerblichen Nutzung – nach Absatz 2 Nr. 2 verfahrensfrei möglich.

Durch Buchstaben d) werden die Errichtung von oder die Änderungen an und in baulichen Anlagen genehmigungsfrei gestellt, die nur von geringer bauordnungsrechtlicher Bedeutung sind, *vgl. dazu VG Weimar, U. v. 05.10.2005 – 6 K 1908/04.WE –, LKV 2006, 569ff.* Bei einem Balkon handelt es sich nicht um eine unbedeutende Anlage im Sinne von Buchstaben e). Untergeordnete Vorbauten i. S. v. § 6 Abs. 6 fallen nicht automatisch unter die Genehmigungsfreiheit nach Buchstaben e), *s. a. VG Frankfurt (Oder), U. v. 26.10.2004 – 7 K 444/01.* Bei einer Terrasse handelt es sich nicht um eine unbedeutende Anlage, wenn die Terrasse Teil einer gastronomischen Einrichtung ist und deren Nutzung jedenfalls mit nicht unerheblichen Störungen der Nachbarschaft einhergehen kann, so *VG Cottbus, B. v. 06.02.2019 – 3 L 701/18 –, Rn. 13, juris. Vgl. betreffend unbedeutende bauliche Anlagen im Sinne von Buchstaben e zur Abgrenzung einer genehmigungsfreien von einer genehmigungspflichtigen Markise OVG Hamburg, BauR 2005, 849.* 111

7. Nutzungsänderung baulicher Anlagen (Absatz 2)

In Absatz 2 sind bestimmte Nutzungsänderungen genehmigungsfrei gestellt. 112
Es sind aber auch nur die genannten Änderungen freigestellt. Sofern mit der Errichtung eines genehmigungsfreien Bauteils eine Nutzungsänderung verbunden ist, die nicht genehmigungsfrei gestellt ist, handelt es sich um ein genehmigungspflichtiges Gesamtvorhaben (Errichtung und Nutzungsänderung), welches insgesamt genehmigungspflichtig ist, *vgl. dazu OVG Münster, B. v. 20.09.2010 – 7 B 985/10-, BauR 2011, 240ff.; s. a. Vielmeier, Solaranlagen auf Gebäuden nach der Entscheidung des OVG Münster vom 20.09.2010, BauR 2011, 210ff.* Der Gesetzgeber unterscheidet dabei zwei Varianten der Nutzungsänderung.

Nach der Nummer 1 dürfen für die neue Nutzung keine anderen öffentlich- 113
rechtlichen Anforderungen nach § 64 in Verbindung mit § 66 in Betracht kommen. Für die Feststellung, ob andere öffentlich-rechtliche Anforderungen berührt werden, kommt es auf den Vergleich der genehmigten Nutzung mit der neuen Nutzung an. Unmaßgeblich ist, welche Nutzung früher tatsächlich ausgeübt wurde, *vgl. VG Cottbus, B. v. 22.12.2006 – 3 L 238/06 –; OVG Berlin-Brandenburg, B. v. 04.04.2007 – 10 S 2.07 –; BVerwG, U. v. 03.02.1984 – 4 C 25.82 –, BRS 42 Nr. 52 und U. v. 27.08.1998 – 4 C 5.98 –, BRS 60 Nr. 83; OVG Brandenburg, B. v. 04.09.1995 – 3 B 53/95.* Nach ständiger Rechtsprechung wird die Genehmigungsfrage sowohl dann aufgeworfen, wenn für die neue Nutzung weitergehende Vorschriften gelten als für die alte, als auch dann, wenn sich die Zulässigkeit der neuen Nutzung zwar nach derselben Vorschrift beurteilt, nach dieser Vorschrift aber anders zu beurteilen ist als die frühere Nutzung, weil die neue Nutzung etwa eine erhöhte Belastung für die Nachbarschaft mit sich bringt, *vgl. VG Cottbus, B. v. 10.07.2020 – 3 L 133/20 –, Rn. 11, juris.* Ob die neue Nutzung genehmigungsfähig ist, ist für die Genehmigungsfreiheit unerheblich. Andere

öffentlich-rechtliche Anforderungen können ausgelöst werden, wenn z. B. die neue Nutzung zusätzliche Stellplätze erfordert, andere Brandschutzanforderungen nach sich zieht, bauplanungsrechtliche Befreiungen oder Ausnahmen erforderlich macht, eine andere Art der baulichen Nutzung i. S. d. § 29 BauGB begründet, wie dies z. B. bei der Nutzung eines genehmigten Wochenendhauses als Wohnhaus der Fall ist, *vgl. BVerwG, U. v. 28.10.1983 – 4 C 70/78 –, BRS 40 Nr. 93; OVG Berlin-Brandenburg, B. v. 26.10.2005 – 10 S 15.05* oder die geänderte Nutzung zu einer höheren Belastung für die Nachbarschaft führen kann, *vgl. dazu BVerwG BRS 56 Nr. 164*. Eine genehmigungspflichtige Nutzungsänderung liegt auch vor, wenn sich die neu aufgenommene Nutzung nicht an die vormalige Nutzung anschließt, sondern die letzte Nutzung vor längerer Zeit aufgegeben wurde, *vgl. VG Cottbus, B. v. 15.02.2007 – 3 L 277/06 – Nutzung von ehemaligem Bahnhofsgebäude/Dienstwohnung zu Wohnzwecken; s. a. OVG Berlin-Brandenburg, B. v. 14.02.2006 – 10 S 4.05*. Nach der Rechtsprechung gelten andere öffentlich-rechtliche Anforderungen immer schon dann, wenn sich die Genehmigungsfrage neu stellt und das Vorhaben aufgrund der Änderung zugleich einer anderen Art der baulichen Nutzung i. S. v. § 1 BauNVO entsprechen soll, *vgl. OVG Münster, BRS 57 Nr. 184*. Durch die Regelungen in § 6 Abs. 10 ist die abstandsflächenrechtliche Problematik einer Umnutzung entschärft worden. Wird wegen der Regelung in § 6 Abs. 10 die Abstandsflächenfrage nicht neu aufgeworfen, ist die Nutzungsänderung, auch wenn sie abstandsflächenrechtlich an sich von Relevanz ist, genehmigungsfrei.

114 Nach Nummer 2 wird die Genehmigungsfreiheit der Nutzungsänderung mit derjenigen der Errichtung oder Änderung einer baulichen Anlage verknüpft. Der Gesetzgeber folgt dabei der Logik, dass die Errichtung bzw. Änderung einer baulichen Anlage immer mit einer Nutzung der Anlage verknüpft ist. Eine nutzungsfreie bauliche Anlage gibt es baurechtlich nicht, auch der Leerstand kann eine Nutzung sein. Folglich hat sich der Gesetzgebe dafür entschieden, dass immer dann, wenn die Errichtung oder Änderung einer baulichen Anlage genehmigungsfrei ist, dies auch für die damit verbundene Nutzung gilt.

8. Instandhaltungsarbeiten (Absatz 3)

115 Nach Absatz 4 sind Instandhaltungsarbeiten genehmigungsfrei. Instandhaltungsmaßnahmen i. S. d. § 61 Abs. 3 BbgBO sind bauliche Maßnahmen, die der Erhaltung der Gebrauchsfähigkeit und der baulichen Substanz einer Anlage dienen, ohne deren Charakter zu verändern. Dazu hat das OVG Berlin-Brandenburg entschieden: *„Sie erfassen – als Oberbegriff – neben den bestands- und werterhaltenden Unterhaltungsmaßnahmen auch Instandsetzungsmaßnahmen, bei denen einzelne Bauteile ausgebessert und gegebenenfalls ausgetauscht werden, um durch Abnutzung, Alterung, Witterung oder sonstige Einflüsse entstandene Mängel ordnungsgemäß zu beseitigen. Maßgebend ist, dass dabei die Identität der baulichen*

Anlage einschließlich ihres Nutzungszwecks gewahrt bleibt und sie hinsichtlich Konstruktion, Standsicherheit, Bausubstanz und äußerem Erscheinungsbild keine wesentlichen Änderungen erfährt. Danach ist Kennzeichen dieser Identität, dass das ursprüngliche Gebäude nach wie vor als „Hauptsache" erscheint. Ein Identitätsverlust tritt ein, wenn der Eingriff in den vorhandenen Bestand so intensiv ist, dass er die Standfestigkeit des gesamten Bauwerks berührt und eine statische Nachberechnung erforderlich macht, oder wenn die für die Instandsetzung notwendigen Arbeiten den Aufwand für einen Neubau erreichen oder gar übersteigen, oder wenn die Bausubstanz ausgetauscht oder das Bauvolumen wesentlich erweitert wird oder die Baumaßnahmen sonst praktisch einer Neuerrichtung gleichkommen.", vgl. OVG Berlin-Brandenburg, B. v. 29.11.2023 – OVG 10 N 49/23. Instandhaltungsarbeiten dürfen nur geringfügig sein und nicht Statik oder Standfestigkeit des Gebäudes betreffen. Da die Bausubstanz grundsätzlich erhalten bleiben muss, gehören der teilweise oder vollständige Austausch bzw. die Neuerrichtung der Bausubstanz nicht zu genehmigungsfreien Instandhaltungsarbeiten, sondern sind grundsätzlich genehmigungspflichtig, *VG Frankfurt (Oder), U. v. 28.04.2020 – 7 K 136/16 –, Rn. 27, juris.* Der vormalige Bestand darf nicht in Wegfall geraten, *vgl. VG Potsdam, B. v. 21.11.2006 – 4 L 506/06.*

Bei den Instandhaltungsarbeiten darf es sich nicht um Maßnahmen handeln, 116
die nach der spezielleren Vorschrift des Absatzes 1 Nr. 11 genehmigungsfrei sind, *vgl. VG Cottbus, B. v. 28.07.2020 – 3 L 282/20 –, Rn. 12, juris.* Durch Absatz 3 darf Absatz 1 Nr. 11 nicht umgangen werden.

Instandhaltungsarbeiten können nach anderen Vorschriften erlaubnis- oder 117
genehmigungspflichtig sein, so z. B. nach dem Denkmal- oder Naturschutzrecht.

Von Instandhaltungsarbeiten sind **Instandsetzungsarbeiten** zu unterschei- 118
den. Instandsetzungsarbeiten unterscheiden sich von Instandhaltungsarbeiten dadurch, dass der Eingriff in den vorhandenen Bestand so intensiv ist, dass er die Standfestigkeit des gesamten Gebäudes berührt und eine statische Nachberechnung erforderlich macht, oder dass die für die Instandsetzung notwendigen Arbeiten den Aufwand für eine genehmigungspflichtige Änderung oder Errichtung einer baulichen Anlage erreichen oder sogar übersteigen, *vgl. BVerwG, B. v. 21.03.2001 – 4 B 18.01 –, NVwZ 2002, 92; BVerwG, U. v. 17.01.1986 – 4 C 80/81 –, BVerwGE 72, 362; s. a. das die Unterscheidung von Instandhaltungs- und Instandsetzungsarbeiten insoweit nicht aufnehmende Urteil des VG Potsdam v. 23.02.2006 – 4 K 2279/03 –; vgl. OVG Berlin-Brandenburg, B. v. 14.02.2006 – 10 S 4.05.* Instandsetzungsarbeiten sind grundsätzlich genehmigungspflichtig, da sie eine bauliche Änderung des Zustandes bewirken. Einzelne Instandsetzungsarbeiten können nur unter den Voraussetzungen der vorstehenden Absätze genehmigungsfrei sein, wenn sie also eine einzelne genehmigungsfreie bauliche Maßnahme betreffen.

§ 62
Bauanzeigeverfahren

(1) Für die Errichtung und Änderung von Wohngebäuden der Gebäudeklassen 1 und 2, einschließlich der zugehörigen notwendigen Stellplätze, notwendigen Abstellplätze für Fahrräder, Garagen, Nebengebäude und Nebenanlagen im Geltungsbereich eines rechtswirksamen Bebauungsplans nach § 30 Absatz 1 oder Absatz 2 des Baugesetzbuchs wird abweichend von den §§ 63 und 64 auf Wunsch der Bauherrin oder des Bauherrn ein Bauanzeigeverfahren durchgeführt, wenn das Vorhaben den Festsetzungen des Bebauungsplans nicht widerspricht und die Erschließung gesichert ist.

(2) Die Bauaufsichtsbehörde hat der Bauherrin oder dem Bauherrn binnen einer Woche den Tag des Eingangs der Bauanzeige bei der Bauaufsichtsbehörde zu bestätigen.

(3) [1]Mit der Bauausführung darf nach Ablauf eines Monats nach Eingang der Bauanzeige bei der Bauaufsichtsbehörde begonnen werden, sofern die Bauaufsichtsbehörde die Bauausführung nicht untersagt oder vorher freigegeben hat. [2]Die Berechtigung zur Bauausführung erlischt nach vier Jahren. [3]Die Berechtigung zur Bauausführung erlischt nicht, wenn das Vorhaben innerhalb der Frist nach Satz 2 begonnen worden und spätestens ein Jahr nach Ablauf der Frist fertig gestellt ist.

(4) [1]Die Bauausführung ist zu untersagen, wenn
1. die Voraussetzungen des Absatzes 1 nicht vorliegen,
2. die Bauanzeige, die Bauvorlagen oder Nachweise nicht vollständig oder unrichtig sind,
3. die Voraussetzungen des § 14 oder § 15 des Baugesetzbuchs vorliegen.

[2]Die Untersagungsgründe sind im Einzelnen zu benennen und der Bauherrin oder dem Bauherrn innerhalb der Frist nach Absatz 3 Satz 1 bekannt zu geben. [3]Widerspruch und Anfechtungsklage gegen die Untersagung haben keine aufschiebende Wirkung.

(5) Im Übrigen gelten § 63 Absatz 2 und die Verfahrensvorschriften dieses Gesetzes entsprechend.

Übersicht

1. Allgemeines

Gleichsam zwischen dem Genehmigungsverfahren und der Genehmigungsfreiheit liegt das Bauanzeigeverfahren. Das Bauanzeigeverfahren soll gem. Absatz 3 Satz 1 auf die Dauer von einem Monat beschränkt sein. Nach Ablauf der Monatsfrist darf gebaut werden, sofern die Bauausführung nicht zuvor untersagt wurde. Bei dem Anzeigeverfahren handelt es sich um eine Verfahrensart ohne förmlichen Verfahrensabschluss. Im Unterschied zum vereinfachten Genehmigungsverfahren kommt der Bauherr auch nicht in Besitz einer mit Feststellungswirkung versehenen Baugenehmigung. Folglich trägt der Bauherr das Rechtmäßigkeitsrisiko, *vgl. VG Potsdam, B. v. 22.02.2006 – 4 L 804/05*. Es wird durch das Verfahren und den Ablauf der Frist des Absatzes 3 nur das präventive Bauverbot aufgehoben. Die Bauaufsichtsbehörde bleibt berechtigt, im Nachhinein bei Verstößen gegen öffentlich-rechtliche Vorschriften gegen den Bauherrn einzuschreiten, *vgl. VG Gera, B. v. 21.12.1999 – 4 E 1767/99.GE*. Will der Bauherr eine Baugenehmigung erhalten, mit der die materielle Legalität des Vorhabens festgestellt wird oder in der weitere Genehmigungen eingeschlossen sind, kann er statt dessen die Erteilung einer Baugenehmigung beantragen, denn das Anzeigeverfahren wird gem. Absatz 1 nur auf Wunsch des Bauherrn durchgeführt. 1

Die rechtlichen Voraussetzungen des Bauanzeigeverfahrens sind in Absatz 1 ähnlich dem § 63 Abs. 1 ausgestaltet. Zusätzlich zum Anzeigeverfahren ist bei einem fachgesetzlichen Genehmigungserfordernis, z. B. nach dem Denkmalschutzrecht oder Naturschutzrecht ein Genehmigungsverfahren bei der zuständigen Behörde einzuleiten. 2

Durch die Novelle 2016 ist § 62 inhaltlich an das Gebäudeklassensystem angepasst worden. Das Bauanzeigeverfahren kann bei Wohngebäuden der Gebäudeklassen 1 und 2 gewählt werden, vgl. dazu § 2 Abs. 3. 3

2. Anwendungsvoraussetzungen des Anzeigeverfahrens (Absatz 1)

4 Absatz 1 enthält die materiellen Voraussetzungen für das Bauanzeigeverfahren. Sind die in Absatz 1 aufgeführten Tatbestandsmerkmale erfüllt, kann das Bauanzeigeverfahren auf Wunsch des Bauherrn durchgeführt werden. Gegenstand des Anzeigeverfahrens sind nach Absatz 1 die Errichtung oder die Änderung eines Wohngebäudes der Gebäudeklasse 1 und 2 einschließlich der in Absatz 1 genannten Garagen und sonstigen Nebenanlagen, *vgl. zum Begriff des Wohngebäudes OVG Berlin-Brandenburg, B. v. 06.07.2006 – 2 S 2.06 –; s. a. BVerwG, B. v. 25.02.1996 – 4 B 302.95 –*. Nebenanlagen sind solche im Sinne des § 14 BauNVO. Eine Nutzungsänderung kann nicht im Bauanzeigeverfahren zugelassen werden.

5 Das Baugrundstück muss im Geltungsbereich eines rechtswirksamen Bebauungsplans i. S. d. § 30 Abs. 1 BauGB oder eines vorhabenbezogenen Bebauungsplanes nach § 30 Abs. 2 BauGB liegen. Ist der Bebauungsplan unwirksam, dann darf das Verfahren nicht durchgeführt werden. Ist der Bebauungsplan unerkannt unwirksam und wird das Verfahren gleichwohl durchgeführt und anschließend mangels Untersagung das Gebäude errichtet oder geändert, entsteht dadurch ein illegales Gebäude (Schwarzbau). Sofern der Schwarzbau materiell genehmigungsfähig ist, vor allem planungsrechtlich nach §§ 34 f. BauGB, kann er nachträglich genehmigt werden. Auch dieser Schwarzbau kann die Eigenart der näheren Umgebung prägen, so dass durch das Gebäude selbst die Genehmigungsfähigkeit nach § 34 BauGB erzeugt werden kann, *vgl. Jarass/Kment, BauGB, Kommentar, 1. A., § 34 Rn. 3; BVerwG, BVerwG, U. v. 14. 9. 1992 – 4 C 15/90 und B. v. 23. 11. 1998 – 4 B 29/98.*

6 Das Vorhaben darf den Festsetzungen des Bebauungsplans nicht widersprechen. Ausnahmen und Befreiungen gem. § 31 BauGB dürfen nicht erforderlich sein. Sind die Ausnahmen und Befreiungen jedoch bereits vorab isoliert gem. § 67 erteilt worden, so dass dadurch Widersprüche zum Bebauungsplan behoben worden sind, ist das Bauanzeigeverfahren anschließend möglich. Die in § 67 Abs. 2 Satz 2 verwendete Formulierung macht deutlich, dass die Erteilung isolierter Abweichungen möglich sein soll.

7 Sind notwendige Ausnahmen und Befreiungen im Sinne von § 31 BauGB nicht vorab eingeholt worden, ist das Genehmigungsverfahren nach § 64 durchzuführen.

8 Weiterhin muss die planungsrechtliche Erschließung gesichert sein, das Grundstück muss also bis zur Fertigstellung des Bauvorhabens erschlossen sein, *vgl. BVerwG, U. v. 21.02.1986 – 4 C 10.83 –; und U. v. 31.10.1990 – 4 C 45.88.*

Das Vorhaben darf auch den sonstigen öffentlich-rechtlichen Vorschriften nicht widersprechen. Dies ergibt sich aus dem Verweis in Absatz 5 auf § 63 Abs. 2. Der Bauherr hat daher mit der Bauanzeige die Erklärung des Entwurfsverfassers über die Vereinbarkeit des Vorhabens mit dem übrigen vorhabenbezogenen öffentlichen Recht vorzulegen. 9

3. Eingangsbestätigung (Absatz 2)

Das Bauanzeigeverfahren wird durch die vom Bauherrn eingereichte Bauanzeige eingeleitet und in Gang gesetzt. Zu der Bauanzeige gehören die Bauvorlagen gem. § 3 BbgBauVorlV und die Erklärung nach Absatz 5. Bestandteile der Bauvorlagen sind ein Auszug aus dem Liegenschaftskataster und der amtliche Lageplan, die Bauzeichnungen, die Baubeschreibung und der Erhebungsbogen für die Bautätigkeitsstatistik gemäß Hochbaustatistikgesetz. 10

Nach Eingang der Bauanzeige hat die Bauaufsichtsbehörde dem Bauherrn den Tag des Eingangs der Bauanzeige bei der Bauaufsichtsbehörde binnen einer Woche nach Eingang zu bestätigen. Voraussetzung für diese Bestätigung ist nicht, dass die Bauanzeige vollständig ist. 11

4. Verfahrensregelungen (Absatz 5)

Durch den Verweis in Absatz 5 auf die Verfahrensvorschriften dieses Gesetzes gelten für die Bearbeitung der Bauanzeige die §§ 66 ff. Nach Eingang der Bauanzeige hat die Genehmigungsbehörde die Vollständigkeit der Bauvorlagen zu prüfen und den Anzeigenden ggf. unter Setzung einer Frist gem. § 69 Abs. 2 aufzufordern, die Bauanzeige zu vervollständigen oder Mängel der Bauanzeige zu beheben. Wird der Mangel nicht behoben, ist die Bauausführung zu untersagen, vgl. Absatz 4 Nr. 2. 12

Die Bauaufsichtsbehörde beteiligt die Ämter und Behörden, deren Stellungnahme erforderlich ist, um beurteilen zu können, ob eine Untersagung nach Absatz 4 Nr. 1 auszusprechen ist. Zu beteiligen ist also insbesondere das Planungsamt. Um feststellen zu können, ob eine Veränderungssperre nach § 14 BauGB bereits erlassen worden ist und um der Gemeinde die Gelegenheit zu geben, diese ggf. noch zu erlassen bzw. die Untersagung des Bauvorhabens gem. § 15 BauGB zu verlangen, ist auch die Gemeinde zu beteiligen und über den Inhalt der Bauanzeige und die zugehörigen Fristen zu informieren. Diese Information ist in § 36 Abs. 1 Satz 3 BauGB vorgeschrieben. Die Frist für die Abgabe der Stellungnahmen beträgt gem. § 69 Abs. 4 Satz 1 zwei Wochen. 13

Die Bauaufsichtsbehörde hat jedoch nicht gem. § 69 Abs. 3 die Stellungnahmen der Behörden und Stellen einzuholen, deren Zustimmung, Einvernehmen oder Benehmen zur Baugenehmigung erforderlich ist oder deren Aufgabenbereich 14 durch das Vorhaben berührt wird. Da eine Baugenehmigung, die die Entscheidung einer anderen Behörde einschließt, nicht ergeht, kann das im Genehmigungsverfahren erforderliche Benehmen von Behörden oder Stellen nicht gefordert werden. Stattdessen muss der Bauherr weitere Genehmigungen oder Erlaubnisse, die neben der Bauanzeige erforderlich sind, eigenständig einholen.

15 Auch das Einvernehmen der Gemeinde ist nicht einzuholen, da dieses gem. § 36 Abs. 1 Satz 1 BauGB bei einem plankonformen Bauvorhaben (§ 30 BauGB) nicht gefordert ist.

16 Die Bauaufsichtsbehörde hat nach Eingang der Stellungnahmen bzw. nach Ablauf der 2-Wochen-Frist für die Abgabe der Stellungnahmen, vgl. § 69 Abs. 4, die Rechtmäßigkeit des Vorhabens zu beurteilen. Sofern Stellungnahmen nicht eingehen, soll die Bauaufsichtsbehörde gem. § 69 Abs. 4 Satz 2 davon ausgehen, dass die von den Behörden und Stellen wahrzunehmenden öffentlichen Belange dem Vorhaben nicht entgegenstehen. Für den Fall, dass sich das Vorhaben als unzulässig herausstellt, hat die Bauaufsichtsbehörde die Untersagung nach Absatz 4 fristgerecht auszusprechen. Andernfalls ist das Anzeigeverfahren entweder mit dem Abschluss der Prüfung oder mit der vorzeitigen Freigabe des Vorhabens gem. Absatz 3 Satz 1 Halbsatz 2 beendet. Die untere Bauaufsichtsbehörde ist aufgrund der grundgesetzlich garantierten Baufreiheit gehalten, die Bauausführung unverzüglich freizugeben, sobald erkennbar ist, dass das Vorhaben zulässig ist.

5. Baubeginn (Absatz 3)

17 Ergeht nach der Prüfung der Bauanzeige und innerhalb der Frist nach § 62 Abs. 3 Satz 1 von einem Monat keine Untersagungsverfügung oder hat die Bauaufsichtsbehörde die Bauausführung nicht schon nach Absatz 3 Satz 1 Halbsatz 2 früher freigegeben, ist die Realisierung des Vorhabens formell legal. Der Bauherr darf mit den Bauarbeiten beginnen. Er muss dies spätestens innerhalb von vier Jahren tun. Denn die Berechtigung des Bauherrn zum Baubeginn erlischt gem. Absatz 3 Satz 2 nach vier Jahren. Das Vorhaben muss, wenn es fristgemäß begonnen wurde, spätestens ein Jahr nach Ablauf der 4-Jahres-Frist fertiggestellt sein.

6. Prüfungsumfang der Bauaufsichtsbehörde (Absatz 4)

18 Die Bauaufsichtsbehörde hat gem. Absatz 4 die Bauausführung zu untersagen, wenn

1. die Voraussetzungen des Absatzes 1 nicht vorliegen,
2. die Bauanzeige, die Bauvorlagen oder Nachweise nicht vollständig oder unrichtig sind,

3. die Voraussetzungen der §§ 14 oder 15 des Baugesetzbuchs vorliegen.

Gegenstand der Prüfung nach Nummer 1 sind die materiellen Voraussetzungen des Absatzes 1. Die Genehmigungsbehörde hat deshalb vier Prüfungsschritte zu absolvieren. 19

Sie hat zu prüfen, ob 20
- es sich um ein dem Bauanzeigeverfahren zugängliches Vorhaben handelt,
- ein rechtwirksamer Bebauungsplan nach § 30 Abs. 1 und 2 BauGB vorliegt,
- das angezeigte Vorhaben nicht im Widerspruch zu den Festsetzungen des Bebauungsplans steht und
- die Erschließung gesichert ist.

Gegenstand der Prüfung nach Nummer 2 sind die formellen Voraussetzungen für die Durchführung des Anzeigeverfahrens. Die Genehmigungsbehörde hat dabei zunächst zu prüfen, ob der Bauherr die Anforderungen nach § 3 BbgBauVorlV bei der Erarbeitung der Bauanzeige eingehalten hat. Die Bauvorlagen und Nachweise müssen vollständig und richtig sein. 21

Darüber hinaus hat die Bauaufsichtsbehörde festzustellen, ob die nach Absatz 5 in Verbindung mit § 63 Abs. 2 erforderliche schriftliche Erklärung des Entwurfsverfassers zu der materiell-rechtlichen Zulässigkeit des Vorhabens vorliegt. Der Entwurfsverfasser hat darin zu bestätigen, dass Abweichungen, Ausnahmen und Befreiungen nicht erforderlich sind und das Vorhaben im Übrigen den öffentlich-rechtlichen Vorschriften entspricht. Die Baugenehmigungsbehörde hat die Erklärung des Entwurfsverfassers, ebenso wie im vereinfachten Genehmigungsverfahren, zu prüfen. Die Bauaufsichtsbehörde prüft, ob die in § 63 Abs. 2 genannten Voraussetzungen tatsächlich vorliegen. Umfang und Genauigkeit der Prüfung stehen im pflichtgemäßen Ermessen der Behörde. Stellt sie bei dieser Prüfung fest, dass das Vorhaben den übrigen öffentlich-rechtlichen Vorschriften nicht entspricht, hat sie zugleich festgestellt, dass die Erklärung des Entwurfsverfassers und somit ein Nachweis im Sinne der Nummer 2 unrichtig ist. 22

Nach Nummer 3 hat die Bauaufsichtsbehörde zu prüfen, ob dem Vorhaben eine Veränderungssperre nach § 14 BauGB oder der Antrag auf vorläufige Untersagung nach § 15 BauGB entgegensteht. Der Gesetzestext ist insoweit ungenau, da es nicht auf die Voraussetzungen für den Einsatz dieser Plansicherungsinstrumente ankommen kann. Denn dafür wäre bereits ein Aufstellungsbeschluss nach § 2 Abs. 1 BauGB ausreichend. Entscheidend ist, ob eine Veränderungssperre in Kraft getreten ist oder die Gemeinde die vorläufige Untersagung der Bauausführung nach § 15 Abs. 1 Satz 2 BauGB beantragt hat. 23

24 Vom Ergebnis der Prüfung hängt ab, ob die Bauaufsichtsbehörde eine Untersagungsverfügung erlässt oder der Bauherr gem. Absatz 3 mit der Bauausführung beginnen darf, weil innerhalb der Monatsfrist eine Untersagungsverfügung nicht eingegangen ist.

7. Untersagung der Bauausführung (Absatz 4 Satz 2)

25 Stellt die untere Bauaufsichtsbehörde fest, dass die Voraussetzungen nach Absatz 4 Satz 1 vorliegen, hat sie eine Untersagungsverfügung zu erlassen. Ein Ermessen hat der Gesetzgeber der Behörde nicht eingeräumt. Die Untersagung dient der Einhaltung des öffentlichen Baurechts, nicht aber dem Schutz des Nachbarn, *s. a. VG Potsdam, B. v 07.08.2014 – 4 L 583/14.*

26 Bei der Untersagung handelt es sich um einen Verwaltungsakt im Sinne von § 35 VwVfG. Die Untersagungsverfügung ist mit der Baueinstellung nach § 79 Abs. 1 vergleichbar. Die Baueinstellungsverfügung nach § 79 Abs. 1 ist eine repressive Ordnungsmaßnahme der Bauaufsichtsbehörde. Jene kann erst nach Beginn der Baumaßnahmen erlassen werden. Die Untersagungsverfügung wirkt hingegen präventiv. Denn sie ergeht bereits vor Beginn der Baumaßnahmen und soll verhindern, dass mit diesen begonnen wird.

27 Die Untersagung bedarf seit der Novelle 2020 nicht mehr der Schriftform, sie kann im elektronischen Verfahren übermittelt werden. Die Behörde ist nach der Novelle 2020 auch nicht mehr verpflichtet, die Untersagung dem Bauantragsteller nach den Vorschriften des Verwaltungszustellungsgesetzes innerhalb der Frist nach Absatz 3 Satz 1 zuzustellen. Die Untersagung muss den Bauherrn jedoch weiterhin innerhalb der Monatsfrist erreichen, um die formelle Zulässigkeit des Vorhabens zu verhindern.

28 In der Untersagungsverfügung müssen die Untersagungsgründe im Einzelnen benannt werden. Abweichend von der allgemeinen Regelung in § 39 Abs. 1 VwVfG, wonach in der Begründung die wesentlichen tatsächlichen und rechtlichen Gründe mitzuteilen sind, die die Behörde zu ihrer Entscheidung bewogen haben, ist eine genauere Begründung erforderlich. Die Behörde darf sich nicht auf die Nennung der wesentlichen Gründe beschränken, sondern muss alle für ihre Entscheidung relevanten Gründe benennen. Das heißt aber nicht, dass sie alle möglichen Gründe für eine Untersagung zu ermitteln hat. Sie soll die ihr bekannten Gründe dem Bauherrn benennen.

29 Der Bauherr kann gegen die Untersagung mit einem Widerspruch und einer Anfechtungsklage vorgehen. Allerdings besitzen diese Rechtsmittel nach Absatz 4 Satz 3 keine aufschiebende Wirkung. Die Bauausführung bleibt also trotz der Einlegung der Rechtsmittel verboten. Der Bauherr hat jedoch die

Möglichkeit, die aufschiebende Wirkung seiner Rechtsmittel nach § 80 VwGO zu beantragen.

Der Nachbar kann gegen eine Aufhebung der Untersagung nicht mit Rechtsmitteln vorgehen, weil die Untersagung nicht drittschützend ist, *vgl. VG Potsdam, B. v. 07.08.2014 – 4 L 583/14– und B. v. 22.02.2006 – 4 L 804/05*. Der dem Nachbarn durch die Untersagung zukommende Vorteil ist lediglich ein Rechtsreflex. 30

8. Bestandsschutz

Das im Wege des Bauanzeigeverfahrens zugelassene Bauvorhaben erfährt keinen einfachgesetzlichen Bestandschutz durch eine das Vorhaben legitimierende Baugenehmigung. Das Bauanzeigeverfahren führt lediglich zu einer Baufreigabe. Eine Feststellung, dass das Bauvorhaben nicht im Widerspruch zu den öffentlich-rechtlichen Vorschriften steht, ist mit dem Ablauf der Monatsfrist und dem Fehlen der Untersagungsverfügung nicht verbunden. Der Bauherr wird deshalb auch nicht durch die Regelungen der §§ 48 ff. VwVfG vor einem Einschreiten der Behörde gegen sein Vorhaben geschützt. Die Behörde kann repressiv durch Maßnahmen nach §§ 79 f. gegen das Bauvorhaben vorgehen. 31

Der Bauherr kann bei einer späteren Inanspruchnahme durch die Behörde jedoch Amtshaftungsansprüche geltend machen. Denn die Behörde ist nicht nur verpflichtet, die Untersagungsverfügung zu erlassen, wenn sie feststellt, dass die Voraussetzungen nach Absatz 4 Satz 1 nicht vorliegen. Ihr obliegt zudem die Amtspflicht, den Bauherrn vor Schäden zu bewahren. Allerdings wird zu prüfen sein, ob den Bauherrn ein Mitverschulden trifft, weil die von ihm vorgelegten Bauvorlagen und Nachweise fehlerhaft sind. Dann bleibt dem Bauherrn möglicherweise noch ein Anspruch gegen den Entwurfsverfasser. 32

Abschnitt 3
Genehmigungsverfahren

Einführung vor §§ 63 ff.

Das bauaufsichtliche Genehmigungsverfahren ist das Verfahren, welches bei genehmigungspflichtigen Vorhaben immer dann durchzuführen ist, wenn der Gesetzgeber kein spezielleres Verfahren vorgesehen hat, vgl. § 60. Ein solches Verfahren ist z. B. das immissionsschutzrechtliche Genehmigungsverfahren. Dieses ist dann durchzuführen, wenn ein Vorhaben im Anhang der 4. BImSchV aufgeführt ist.

§ 63
Vereinfachtes Baugenehmigungsverfahren

(1) Für die Errichtung und Änderung von Wohngebäuden der Gebäudeklasse 1 bis 3 einschließlich der zugehörigen notwendigen Stellplätze, notwendigen Abstellplätze für Fahrräder, ihrer Garagen, Nebengebäude und Nebenanlagen, im Geltungsbereich eines rechtswirksamen Bebauungsplans nach § 30 Absatz 1 oder Absatz 2 des Baugesetzbuchs wird abweichend von § 64 auf Antrag der Bauherrin oder des Bauherrn ein vereinfachtes Baugenehmigungsverfahren durchgeführt, wenn das Vorhaben den Festsetzungen des Bebauungsplans nicht widerspricht und die Erschließung gesichert ist.

(2) Die Bauherrin oder der Bauherr hat mit dem vollständigen Bauantrag die Erklärung der Entwurfsverfasserin oder des Entwurfsverfassers vorzulegen, dass für das Vorhaben die Zulassung von Ausnahmen oder Befreiungen nach § 31 des Baugesetzbuchs sowie von Abweichungen nach § 67 nicht erforderlich ist und das Vorhaben im Übrigen den öffentlich-rechtlichen Vorschriften entspricht.

(3) Die Bauaufsichtsbehörde prüft die Beachtung
1. der Festsetzungen des Bebauungsplans,
2. anderer öffentlich-rechtlicher Vorschriften, soweit diese für das Vorhaben beachtlich sind.

(4) [1]Über den Bauantrag ist innerhalb von drei Monaten nach Vorlage der vollständigen Antragsunterlagen zu entscheiden; die Bauaufsichtsbehörde kann diese Frist gegenüber der Bauherrin oder dem Bauherrn aus wichtigem Grund um bis zu zwei Monate verlängern. [2]Der Antrag gilt als

genehmigt, wenn über ihn nicht innerhalb der nach Satz 1 maßgeblichen Frist entschieden worden ist.

Übersicht

1. Allgemeines

Im vereinfachten Baugenehmigungsverfahren nach § 63 werden Gebäude der Gebäudeklasse 1 bis 3 (§ 2 Abs. 3) unter den in Absatz 1 genannten Voraussetzungen geprüft. Die baurechtliche Prüfung dieser Vorhaben ist auf den Gegenstand des Bauantrags beschränkt, *vgl. VGH München, B. v. 19.01.2006 – 2 Cs 05.2635.* Geprüft wird ein etwaiger Widerspruch zu den Festsetzungen des Bebauungsplans und sowie zu öffentlich-rechtlichen Anforderungen anderer Fachgesetze, soweit diese beachtlich sind. Die Bauordnung wird in diesem Verfahren nicht geprüft. Mit der Novelle 2020 ist Absatz 4 eingefügt worden, der die **fiktive Erteilung der Baugenehmigung** bei Ablauf einer dreimonatigen Frist regelt. 1

Das vereinfachte Baugenehmigungsverfahren soll zu einer wesentlichen verfahrensrechtlichen Erleichterung und zu einer deutlichen Verkürzung des Verfahrens auf nur einen Monat führen. Der Bauherr ist nicht gezwungen, das vereinfachte Baugenehmigungsverfahren in Anspruch zu nehmen. Denn es wird gem. Absatz 1 nur durchgeführt, wenn er hierfür einen Antrag stellt. Stellt er ihn nicht, bleibt es beim ordentlichen Genehmigungsverfahren. Für den Bauherrn ist das vereinfachte Baugenehmigungsverfahren von Vorteil, da er in der kurzen Frist eine Baugenehmigung mit auf den Prüfumfang beschränkter Feststellungswirkung erhält. Nachteilig ist für den Bauherrn, 2 dass wegen des verringerten Prüfungsumfangs die Legalisierungswirkung der Baugenehmigung im gleichen Maße reduziert ist, so dass der Bauherr eigenverantwortlich dafür einzustehen hat, dass die nicht zu prüfenden Vorschriften von ihm und seinen Beauftragten beachtet werden.

2. Voraussetzungen für das vereinfachte Genehmigungsverfahren (Absätze 1 und 2)

3 Um das vereinfachte Baugenehmigungsverfahren durchführen zu können, müssen die Voraussetzungen nach den Absätzen 1 und 2 vorliegen.

a) materielle Voraussetzungen

4 In Absatz 1 sind die materiell-rechtlichen Voraussetzungen für die Durchführung eines vereinfachten Genehmigungsverfahrens benannt.

5 Das beantragte Bauvorhaben muss auf die Errichtung und die Änderung von Wohngebäuden der Gebäudeklasse 1 bis 3 einschließlich der zugehörigen notwendigen Stellplätze und Abstellplätze für Fahrräder, ihrer Garagen, Nebengebäude und Nebenanlagen beschränkt sein.

6 Das beantragte Vorhaben muss im Geltungsbereich eines rechtswirksamen Bebauungsplanes nach § 30 Abs. 1 und 2 BauGB liegen. Im Geltungsbereich eines Bebauungsplans liegt das Vorhaben nur, wenn der Bebauungsplan in Kraft getreten ist. Das vereinfachte Baugenehmigungsverfahren ist also nicht möglich, wenn der aufzustellende Bebauungsplan nur die Planreife nach § 33 BauGB erlangt hat.

7 Das Vorhaben darf den Festsetzungen des Bebauungsplanes nicht widersprechen. Ein solcher Widerspruch liegt auch dann nicht vor, wenn eine isolierte Ausnahme oder Befreiung nach § 67 Abs. 2 vor der Stellung des Bauantrags erteilt worden ist.

8 Das Vorhaben muss im Zeitpunkt der Fertigstellung erschlossen sein. Die Erschließung des Vorhabens muss gesichert sein. Die Erschließung in diesem Sinne umfasst regelmäßig einen Anschluss des Baugrundstücks an die Wasserversorgung und an das öffentliche Straßennetz, *vgl. BVerwG, B. v. 30.06.2014 – 9 B 6.14*. Gesichert ist die wegemäßige Erschließung, wenn damit gerechnet werden kann, dass der Anschluss an das öffentliche Straßennetz bis zur Herstellung des Bauwerks, spätestens bis zur Gebrauchsabnahme, funktionsfähig angelegt ist und wenn ferner – auch in rechtlicher Hinsicht – damit zu rechnen ist, dass dieser Anschluss auf Dauer zur Verfügung stehen wird, *vgl. BVerwG, U. v. 08.05.2002 – 9 C 5/01 – und OLG Brandenburg, B. v. 17.03.2023 – 2 U 26/22*. Diese Anforderung ergibt sich bereits aus § 30 BauGB, so dass diese

Regelung jedenfalls das bauplanungsrechtliche Erfordernis der gesicherten Erschließung erfasst. Da das Bauordnungsrecht nach Absatz 3 nicht zum Prüfprogramm im vereinfachten Genehmigungsverfahren gehört, ist die bauordnungsrechtliche Erschließung nicht Voraussetzung für die Durchführung des vereinfachten Baugenehmigungsverfahrens.

b) formelle Voraussetzungen – Erklärung des Entwurfsverfassers (Absatz 2)

Formelle Voraussetzung für die Durchführung des vereinfachten Baugenehmigungsverfahrens ist, dass der Bauherr das vereinfachte Verfahren mit einem vollständigen Bauantrag beantragt hat. Zu dem Antrag gehören nach § 7 BbgBauVorlV ein Auszug aus dem Liegenschaftskataster und der amtliche Lageplan, die Bauzeichnungen, die Baubeschreibung und der Erhebungsbogen für die Bautätigkeitsstatistik gemäß Hochbaustatistikgesetz sowie die Erklärung des Entwurfsverfassers nach Absatz 2, dass für das Vorhaben die Zulassung von Ausnahmen oder Befreiungen nach § 31 BauGB sowie von Abweichungen nach § 67 nicht erforderlich ist und dass das Vorhaben im Übrigen den öffentlich-rechtlichen Vorschriften entspricht. Da eine Schriftform nicht gefordert ist, brauchen Bauantrag und Bauvorlagen nicht vom Entwurfsverfasser oder Bauherrn unterschrieben zu sein. Die Einreichung des Antrags in Textform nach § 126b BGB ist zulässig. 9

Die vorzulegende Erklärung des Entwurfsverfassers dient der Bauaufsichtsbehörde als Nachweis, dass die Zulässigkeit des Vorhabens nach den planungsrechtlichen, bauordnungsrechtlichen und sonstigen öffentlich-rechtlichen Vorschriften eingehend geprüft wurde. Der Entwurfsverfasser hat zu diesem Zweck das Vorhaben umfassend in Bezug auf die Widerspruchsfreiheit zu den öffentlich-rechtlichen Vorschriften zu beurteilen. So hat der Entwurfsverfasser das Fehlen einer wirksamen Veränderungssperre, durch die die Änderung eines bestehenden Bebauungsplans gesichert werden soll, festzustellen. Der Entwurfsverfasser ist bei seiner Prüfung nicht verpflichtet, die Fachbehörden zu beteiligen. 10

Die Verantwortung für die Richtigkeit der abgegebenen Erklärung trägt der Entwurfsverfasser. Folge der Verlagerung der Verantwortung auf den Entwurfsverfasser ist, dass die Bauaufsichtsbehörde selbst das Vorhaben nur noch eingeschränkt prüft. 11

3. Prüfungsumfang (Absatz 3)

Der Prüfumfang im vereinfachten Genehmigungsverfahren ergibt sich aus Absatz 3. Nur soweit danach eine Prüfung vorgesehen ist, darf die Genehmigungsbehörde die Zulässigkeit prüfen. Eine darüber hinausgehende Prüfung 12 ist ihr untersagt, *vgl. zum Meinungsstand OVG Hamburg, BauR 2011, 1794ff. VGH Kassel, B. v. 01.10.2010 – 4 A 1907/10.Z –; VGH München, BayVBl. 2009, 727 und BayVBl. 2009, 507; OVG Koblenz, BauR 2009, 799; VGH München, BayVBl. 2006, 537; Schretter/Schenk in: Reichel/Schulte, Handbuch Bauordnungsrecht, 2004, Kap. 14 Rn. 24f.; Ionescu/Reiling/Stengel, VBlBW 2010, 380, 382ff.; jew. m. w. N.* Eine Ablehnung des Bauantrags wegen eines Verstoßes gegen eine nicht zu prüfende Vorschrift kommt nur ausnahmsweise wegen eines fehlenden Sachbescheidungsinteresses in Betracht, wenn offensichtlich ausgeschlossen ist, dass das Vorhaben deswegen nicht verwirklicht werden kann, also der Verstoß auch nicht nachträglich durch Ausnahmen, Befreiungen Abweichungen oder Änderungen am Vorhaben beseitigt werden kann, *s. dazu VGH Mannheim, U. v. 18.11.2021 – 8 S 3331/19 –; VGH München, B. v. 30.03.2021 – 22 ZB 20.1972 –; OVG Münster, U. v. 23.11.2023 – 10 A 1499/22 –, Rn. 34, juris.* Soweit die Genehmigungsbehörde nicht prüft, obliegt die Prüfung dem Entwurfsverfasser, der das Vorhaben gem. Absatz 2 zu prüfen hat. Beschränkt ist die Prüfung der Bauaufsichtsbehörde also

- auf die Festsetzungen des Bebauungsplans,
- auf andere öffentlich-rechtliche Vorschriften, soweit diese für das Vorhaben beachtlich sind.

13 Die sonstigen Regelungen des Baugesetzbuches sollen – anders als im ordentlichen Genehmigungsverfahren nach § 64 – von der Bauaufsichtsbehörde im vereinfachten Baugenehmigungsverfahren nicht geprüft werden. Aufgrund der Geltung des Bebauungsplans als Rechtsgrundlage für die planerische Zulässigkeit des Vorhabens und der Prüfung durch den Entwurfsverfasser ist eine bauaufsichtliche Prüfung entbehrlich. Die bauplanungsrechtliche Prüfung ist also auf die Festsetzungen des Bebauungsplans beschränkt (dazu sogleich ausführlicher).

14 Der Gesetzgeber wollte zudem ausweislich der Begründung zum Gesetzentwurf *(LT-Drucks. 6/3268, S. 88 i. V. m. 3/5160, S. 129)* keine Prüfung des materiellen Bauordnungsrechts in der Phase der Erteilung der Genehmigung. Absatz 3 Nr. 2 soll, auch wenn dies im Gesetzeswortlaut nicht zum Ausdruck gekommen ist, alle öffentlich-rechtlichen Vorschriften außer denen des materiellen Bauordnungsrechts erfassen. Dies ist bundesrechtlich unbedenklich, denn Landesrecht, das einen Anspruch auf Erteilung einer Baugenehmigung ohne Prüfung bauordnungsrechtlicher Fragen gewährt, verletzt nicht Bundesrecht, auch wenn ein konkretes Vorhaben bauordnungsrechtlich unzulässig ist, *vgl. Knuth, LKV 2004, 193, 198; BVerwG, B. v. 18.06.1997 – 4 B 238/96 –, BauR 1997, 807ff.* Problematisch ist jedoch, dass diese Absicht des Gesetzgebers keinen ausdrücklichen Niederschlag im Gesetzestext gefunden hat. Der Ausschluss des Bauordnungsrechts aus dem Prüfprogramm ist nicht sogleich offensichtlich, zumal der Gesetzgeber die Möglichkeit gehabt hätte, genauer zu bestimmen, was „andere öffentlich-rechtliche Vorschriften“ sind. Gleichwohl ergibt

sich nicht nur aus der historischen, sondern zugleich auch aus der systematischen Auslegung des § 63, dass das materielle Bauordnungsrecht nicht zum Prüfprogramm des vereinfachten Baugenehmigungsverfahrens gehört. Denn der Gesetzgeber hat in § 64 Nr. 2 die Vorschriften der Brandenburgischen Bauordnung und der aufgrund der Bauordnung ergangener Gesetze ausdrücklich zum Prüfprogramm des ordentlichen Genehmigungsverfahrens erklärt. Fehlt hingegen in § 63 Abs. 3 die ausdrückliche Benennung der Bauordnung als Bestandteil des Prüfprogramms, verdeutlicht dies, dass das materielle Bauordnungsrecht nicht Gegenstand der Prüfung im vereinfachten Baugenehmigungsverfahren ist. Insoweit entfaltet die Baugenehmigung also weder eine feststellende Wirkung noch vermittelt sie Bestandsschutz.

4. Entscheidung über die Baugenehmigung – Entscheidungsfrist (Absatz 4 Satz 1)

Absatz 4 bestimmt eine Frist von drei Monaten, innerhalb derer die Bauaufsichtsbehörde die Baugenehmigung erteilen muss. Diese Frist kann die Bauaufsichtsbehörde gegenüber dem Bauherrn aus wichtigem Grund um bis zu zwei Monate verlängern. Diese Verlängerungserklärung kann als Verfahrenshandlung nicht selbständig angegriffen werden, vgl. 44a Satz 1 VwGO. Sie kann jedoch, wenn sie rechtswidrig abgegeben wurde, Entschädigungsansprüche des Bauantragstellers nach sich ziehen. 15

Die 3-Monatsfrist beginnt mit dem Vorliegen der vollständigen Bauantragsunterlagen. Dazu gehören der Bauantrag und die Anlagen, die der Bauherr nach der Bauvorlagenverordnung, §§ 7 ff. BbgBauVorlV, vorzulegen hat. Unerheblich ist, ob die Anlagen für die Prüfung des Antrags tatsächlich erforderlich sind. Erklärt die Bauaufsichtsbehörde jedoch, dass bestimmte Bauvorlagen nicht einzureichen sind, ist der Antrag auch dann vollständig, wenn diese Anlagen nicht vorliegen. Umgekehrt ist für die Vollständigkeit des Antrags nicht erforderlich, dass die Behörde die Vollständigkeit bestätigt. 16

Liegen die Voraussetzungen nach den Absätzen 1 und 2 nicht vor und können die Voraussetzungen nicht geschaffen werden, ist die Erteilung der Genehmigung zu versagen. Eine Frist für die Ablehnung des Bauantrags mit der Begründung, dass die Voraussetzungen nach den Absätzen 1 und 2 nicht vorliegen, besteht nicht. Jedoch folgt aus der Frist von 3 Monaten, dass die Genehmigung nach Ablauf der Frist als erteilt gilt. 17

Diese Frist ist nicht unproblematisch, wenn die Baugenehmigung planungsrechtliche Genehmigungen miteinschließt, über die in einer kürzeren Frist zu entscheiden ist. So beträgt die Entscheidungsfrist für die Genehmigungen nach § 22 und § 172 BauGB nur einen Monat. Diese Frist kann höchstens um 3 Monate verlängert werden. Für die Genehmigung nach § 145 BauGB beträgt 18 die Frist zwei Monate, sie kann um zwei Monate verlängert werden. Verstreichen diese Fristen ohne Reaktion der Baugenehmigungsbehörde, gilt gem. § 22 Abs. 5 Satz 4 BauGB die Genehmigungsfiktion. Die bauordnungsrechtliche Frist von drei Monaten kann daher dazu verleiten, die Fristen nach dem Baugesetzbuch zu missachten und auf diese Weise fiktiv erteilte Genehmigungen zu erzeugen.

19 Ist die Baugenehmigung nicht von vornherein zu versagen, weil etwa eine Ausnahme, Befreiung oder Abweichung erforderlich ist, kommt nicht die Abweisung des Bauantrags, sondern der Wechsel in das Genehmigungsverfahren nach § 64 in Betracht.

5. Fiktive Erteilung der Baugenehmigung (Absatz 4 Satz 2)

20 In dem mit der Novelle 2020 eingefügten Absatz 4, der erst in den Ausschussberatungen in das Gesetz aufgenommen wurde, *vgl. LT-Drucks. 7/2577,* ist vorgesehen, dass über den Bauantrag innerhalb von drei Monaten nach Vorlage der vollständigen Antragsunterlagen zu entscheiden ist. Geht die Entscheidung dem Antragsteller nicht binnen dieser Frist zu, gilt der Antrag nach Satz 2 als genehmigt. Dies „gilt" bedeutet, dass die Erteilung der Genehmigung fingiert wird, *vgl. dazu Hullmann/Zorn, Probleme der Genehmigungsfiktion im Baugenehmigungsverfahren, NVwZ 2009, 756ff.* Die Genehmigungsfiktion bewirkt, dass die Baugenehmigung so erteilt wird, wie sie erteilt worden wäre, wenn die Behörde die Genehmigung vor Ablauf der 3-Monatsfrist dem Antragsteller bekannt gemacht hätte. Die fingierte Genehmigung wird gegenüber dem Antragsteller zu dem Zeitpunkt wirksam, zu dem die gesetzlich vorgesehene Fiktionsfrist abgelaufen ist *(vgl. zu § 15 Abs. 1 Satz 2 PBefG: BVerwG, U. v. 8.11.2018 – 3 C 26.16).* Die **Geltungsdauer** einer solchen Genehmigung beginnt jedoch erst zu laufen, wenn der Inhaber von der fingierten Genehmigung in zulässiger und rechtssicherer Weise Gebrauch machen kann, er sich insbesondere nicht dem Risiko eines Ordnungswidrigkeitenverfahrens aussetzt *(vgl. BVerwG, Urteil vom 8.11.2018 – 3 C 26.16).* Von der fiktiven Baugenehmigung kann der Bauherr regelmäßig erst dann in rechtssicherer Weise Gebrauch machen, wenn ihm ein **Fiktionszeugnis** zugegangen ist, *vgl. OVG Magdeburg, B. v 1.3.2024 – 2 R 19/24.* Eine fingierte Baugenehmigung steht einer tatsächlich erteilten in ihrer Rechtswirkung gleich, *VG Berlin, U. v. 09.10.2020 – 19 K 215.18.* Sie ist ein Verwaltungsakt im Sinne von § 35 VwVfG, *vgl. VG Berlin, U. v. 05.11.2019 – 19 K 156.18.* Die **Fiktionswirkung** schließt daher auch beantragte Abweichungen ein, *vgl. VG Berlin, U. v. 09.10.2020 – 19 K 215.18 –, Rn. 40, juris.* Dies hat weiter zur Konsequenz, dass die fiktiv erteilte Baugenehmigung infolge ihrer **Konzentrationswirkung** alle Genehmigungen einschließt, die nach § 72 in die Baugenehmigung einzuschließen sind. Dies betrifft etwa die denkmalschutzrechtliche Genehmigung, die naturschutzrechtliche Genehmigung oder andere Genehmigungen nach dem Baugesetzbuch, *vgl. dazu VG*

Trier, U. v. 29.01.2020 – 5 K 3500/19.TR. Die Bauaufsichtsbehörde oder andere Behörden können also nach der fiktiven Erteilung der Baugenehmigung gem. Satz 2 nicht noch eigenständige fachrechtliche Genehmigungen erteilen. Nach § 36 Abs. 1 VwVfG mögliche **Nebenbestimmungen** sind hingegen nicht Bestandteil der Baugenehmigung.

Nachträgliche **Nebenbestimmungen** sind als Teilwiderruf der fiktiv erteilten Baugenehmigung auf der Grundlage von §§ 48, 49 VwVfG zulässig, *vgl. VG Sigmaringen, U. v. 08.07.2020 – 5 K 5072/19 –, Rn. 26, juris.* 21

Die Fiktionswirkung tritt nicht ein, wenn der Bauantragsteller darauf verzichtet. Der Gesetzgeber sieht den Verzicht zwar nicht vor. Da es für die **Verzichtserklärung** mangels Eingriffswirkung einer gesetzlichen Grundlage nicht bedarf, ist der Verzicht auch ohne ausdrückliche Regelung in der Bauordnung möglich. Der Verzicht auf die Fiktionswirkung setzt eine in Textform (§ 126 b BGB) abgegebene Erklärung, adressiert an die Bauaufsichtsbehörde voraus. Die Erklärung muss dort vor Ablauf der Frist eingehen. Sie bedarf nicht der Schriftform, vgl. § 10 VwVfG. Wird der Verzicht später widerrufen, beginnt die dreimonatige Frist erneut zu laufen, die bisher abgelaufene Zeit ist nicht anzurechnen. Die gegenteilige, nicht begründete Äußerung des OVG Berlin-Brandenburg, *B. v. 25.11.2019 – OVG 10 S 57.19 –*, überzeugt nicht. Die Verzichtserklärung ist eine Verfahrenserklärung, die als Prozesshandlung dem Widerruf unter Berücksichtigung des § 279 ZPO zugänglich ist. Der Bauherr kann jederzeit die Fortsetzung des vereinfachten Genehmigungsverfahrens mit Genehmigungsfiktion beantragen. Dieser Antrag als actus contrarius zu dem Verzicht auf den Eintritt der Genehmigungsfiktion bewirkt mit seinem Zugang bei der Bauaufsichtsbehörde hinsichtlich der Genehmigungsfiktion, dass die Frist nach Absatz 4 für dieses Verfahren erneut zu laufen beginnt, *vgl. VG Gießen UPR 2008, 118; VGH Kassel NVwZ 2008, 343; Hornmann Hessische BauO, 4. Aufl. 2022, HBO § 65 Rn. 62.* Das OVG Berlin-Brandenburg hält die Anfechtung entsprechend §§ 119, 142 ff. BGB ausnahmsweise für möglich. Die Dispositionsbefugnis des Bauantragstellers erlaubt ihm darüber hinaus, sowohl den Verzicht auf den Eintritt der Fiktionswirkung zu erklären als auch den Antrag auf Fortsetzung des vereinfachten Genehmigungsverfahrens unter Widerruf dieser Verzichtserklärung zu beantragen. 22

Fristbeginn ist der Eingang der vollständigen Bauantragsunterlagen, s. o. 4 (Rn. 16). Anders als die Berliner Bauordnung beginnt die Frist also nicht nach Eingang aller Stellungnahmen, die die Bauaufsichtsbehörde einzuholen hat. Auch die Bestätigung des Eingangs des Bauantrags oder die Bestätigung, dass der Bauantrag vollständig ist, ist unerheblich. Nimmt die Behörde irrtümlich an, dass der Bauantrag unvollständig ist, wird die Frist gleichwohl in Gang gesetzt. Die Frist beginnt auch dann zu laufen, wenn der Antrag zwar vollständig, aber nicht mangelfrei ist. Anders als bei § 69 Abs. 2 zielt der Gesetzgeber 23 für den Fristbeginn nicht auf die Mängelfreiheit des Bauantrags ab. Etwas anderes kann nur gelten, wenn die Bauaufsichtsbehörde den Antragsteller zur Behebung von Mängeln aufgefordert hat, da der Bauantrag erst nach der Behebung dieser Mängel, etwa durch den Austausch fehlerhafter Pläne, vollständig ist. Sind die Bauvorlagen zwar vollständig, aber inhaltlich falsch und wird der Antragsteller nicht zur Behebung von Mängeln aufgefordert, steht dies dem Eintritt der Genehmigungsfiktion nicht entgegen; allerdings dürfte die Baugenehmigung dann regelmäßig rechtswidrig sein, so dass sie nach § 48 VwVfG zurückgenommen werden kann, *vgl. nachfolgend 6.*

6. Rücknahme fiktiv erteilter Baugenehmigung

24 Stellt die Bauaufsichtsbehörde nach Eintritt der Fiktionswirkung fest, dass die fiktiv erteilte Baugenehmigung rechtswidrig ist, hat sie nach § 48 VwVfG die Möglichkeit, die Baugenehmigung wieder zurückzunehmen. Die fiktiv erteilte Baugenehmigung ist ein Verwaltungsakt im Sinne von § 35 VwVfG, *vgl. VG Berlin, U. v. 05.11.2019 – 19 K 156.18.* Die Rechtswidrigkeit kann auch auf der unzulässigen Gewährung von Ausnahmen, Befreiungen oder Abweichungen oder der rechtwidrigen Erteilung eingeschlossener Genehmigungen beruhen. Allerdings sind Rechtsverstöße im Sinne von § 46 VwVfG unbeachtlich, etwa das unterbliebene Benehmen mit der Denkmalschutzbehörde nach § 20 Abs. 1 Satz 2 BbgDSchG, oder werden unbeachtlich, wenn sie nach § 45 VwVfG nachgeholt werden. Nach § 48 VwVfG Absatz 4 ist die Rücknahme nur innerhalb eines Jahres seit dem Zeitpunkt zulässig, in dem die Behörde von den Tatsachen Kenntnis erlangt, welche die Rücknahme eines rechtswidrigen Verwaltungsaktes rechtfertigen (Satz 1).

25 Bei der Jahresfrist handelt es sich nicht um eine Bearbeitungs-, sondern um eine Entscheidungsfrist. Der zuständigen Behörde wird ein Jahr Zeit eingeräumt, um die Entscheidung über die Rücknahme bzw. den Widerruf des Verwaltungsakts zu treffen. Daraus folgt, dass die Frist erst bei vollständiger behördlicher Kenntnis der für die Entscheidung maßgebenden Sach- und Rechtslage zu laufen beginnt, *vgl. OVG Münster, B. v. 08.03.2018 – OVG 4 A 184/16.* Dazu gehören die Umstände, deren Kenntnis es der Behörde objektiv ermöglicht, ohne weitere Sachaufklärung unter sachgerechter Ausübung ihres Ermessens über die Rücknahme zu entscheiden, *vgl. VGH Mannheim, U. v. 29.10.2013 – VGH 3 S 2643/11 –; vgl. BVerwG, U. v. 28.06.2012 – 2 C 13/11 –; OVG Münster, B. v. 08.03.2018 – A 184/16.*

26 Die Rücknahme der Baugenehmigung eröffnet ein eigenständiges Verwaltungsverfahren. In diesem ist der Inhaber der Genehmigung gem. § 28 VwVfG anzuhören. Die Rücknahme der rechtswidrig erteilten Baugenehmigung ist ein Verwaltungsakt. Dieser ist mit Rechtsbehelfsbelehrung dem Inhaber der Baugenehmigung bekannt zu machen. Dieser hat die Möglichkeit, gegen

diesen Bescheid Anfechtungswiderspruch bzw. Anfechtungsklage zu erheben. Wegen des Suspensiveffekts dieser Rechtsbehelfe kann es erforderlich sein, die sofortige Vollziehung der Rücknahmeverfügung gem. § 80 Abs. 2 Nr. 4 und Abs. 3 VwGO anzuordnen. Diese Anordnung ist nach § 80 Abs. 3 VwGO zu begründen. Das besondere Interesse an der sofortigen Vollziehung ist schriftlich anzugeben. Die Pflicht zur Begründung nach § 80 Abs. 3 Satz 1 VwGO soll der Behörde den auch von Verfassungs wegen bestehenden Ausnahmecharakter der Vollziehungsanordnung vor Augen führen und sie veranlassen, mit Sorgfalt zu prüfen, ob tatsächlich ein überwiegendes öffentliches Interesse den Ausschluss der aufschiebenden Wirkung erfordert, *vgl. VG Schleswig, B. v. 25.03.2019 – 2 B 9/19.*

7. Bescheinigung der Genehmigungsfiktion

Für den Antragsteller ist die fiktiv erteilte Baugenehmigung problematisch, 27
weil er nach Fristablauf nichts in den Händen hält und er auch nicht über die Genehmigungen informiert ist, die von der Baugenehmigung gem. § 72 Abs. 1 Satz 2 eingeschlossen sind. Auch wenn der Gesetzgeber nicht die Berliner Regelung in § 69 Abs. 4 Satz 5 BauO Bln übernommen hat, die dem Antragsteller einen Anspruch auf **Bescheinigung** des Eintritts der Genehmigungsfiktion gibt, kann der Antragsteller die Bescheinigung bei der Bauaufsichtsbehörde beantragen. Denn es ist nichts dafür ersichtlich, dass der Gesetzgeber den mit der Genehmigungsfiktion einhergehenden Beschleunigungseffekt dem Antragsteller dadurch zum Nachteil gereichen lassen will, dass eine für den Antragsteller zweifelhafte Rechtslage entsteht. Es wäre auch nicht verständlich, dass ggf. nur ein Zeugnis nach § 22 Abs. 5 Satz 5 BauGB erteilt wird, nicht aber eine Bescheinigung über die Baugenehmigung selbst. Der Bauantragsteller kann zudem ein erhebliches rechtliches Interesse an der Klärung der Rechtslage mittels einer Bescheinigung haben, um etwa Sicherheit für Investitionsentscheidungen zu erhalten oder um die Bescheinigung für die Erlangung eines Bankkredits vorzulegen. Die Behörde hat über diesen Antrag nach pflichtgemäßem Ermessen zu entscheiden und ggf. den Eintritt der Fiktionswirkung zu bescheinigen. Für die Bescheinigung ist nur zu prüfen, ob und ggf. wann die 3-monatige Frist begonnen hat und wann diese Frist ggf. abgelaufen ist. Die Rechtmäßigkeit der Baugenehmigung ist nicht zu prüfen oder zu bescheinigen. Der Eintritt der Genehmigungsfiktion ist auch nicht von der Rechtmäßigkeit der Baugenehmigung abhängig.

Die Bescheinigung über den Eintritt der Genehmigungsfiktion ist ein feststel- 28
lender Verwaltungsakt, weil verbindlich festgestellt wird, dass die Genehmigungsfiktion besteht, *vgl. OVG Saarlouis, U. v. 12.02.2009 – 2 A 256/08 –; ebenso VGH Kassel, B. v. 2006.12.20 – 9 UE 1572/06 –; VG Hamburg, U. v. 15.03.2017 – 6 K 3225/14 –; VG Frankfurt/Main, U. v. 04.03.2015 – 8 K 2909/14.F.* Nach dem Urteil des *VG Berlin vom 18.12.2020 – 19 K 33/20* – ist demgegenüber die Bestätigung

keine Regelung im Sinne des § 35 Satz 1 VwVfG, weil lediglich schriftlich bestätigt wird, dass die gesetzlich eingetretene Rechtsfolge, dass eine Genehmigung als erteilt gilt. Folglich liegt nach dieser Auffassung kein Verwaltungsakt vor, so dass die Leistungsklage zulässige Klageart ist, *vgl. VG Berlin, U. v. 02.04.2019 – VG 19 K 1.18 –, UA S. 6; vgl. außerdem BVerwG, B. v. 19.11.1968 – IV B 93.68 –, s. auch Uechtritz, in: Mann/Sennekamp/ders., VwVfG, 2. Aufl. 2019, § 42a Rn. 83 m. w. N.* Überzeugender ist jedoch, dass die Bescheinigung eine feststellende Wirkung hat, sie ist also ein Verwaltungsakt ist. Es ist daher eine Verpflichtungsklage zu erheben, um die Bescheinigung zu erhalten. Begehrt der Antragsteller jedoch nicht diese Bescheinigung, sondern steht nur die Feststellung der Genehmigungsfiktion im Streit, wäre die Feststellungsklage statthaft, *s. a. OVG Berlin-Brandenburg, B. v. 30.11.2023 – OVG 10 N 61/20.*

8. Bestandsschutz der Baugenehmigung

29 Die Baugenehmigung ist nicht nur eine Bauerlaubnis, die die Baufreiheit wiederherstellt, sondern zugleich auch eine Unbedenklichkeitsbescheinigung. Denn durch die Baugenehmigung wird die umfassende Widerspruchsfreiheit des zur Genehmigung gestellten Vorhabens mit den öffentlich-rechtlichen Vorschriften testiert. Die baugenehmigungskonform errichtete bauliche Anlage genießt aufgrund der Genehmigung Bestandsschutz. Rechtsänderungen nach Erteilung der Genehmigung lassen die Zulässigkeit des Vorhabens unberührt.

30 Entscheidend für den Umfang des Bestandschutzes ist das Prüfprogramm im Genehmigungsverfahren. Der Bestandsschutz reicht nur so weit, wie die Prüfung reicht. Sieht der Gesetzgeber in § 63 vor, dass das Bauordnungsrecht nicht zum Prüfprogramm gehört, entfaltet die Baugenehmigung betreffend die bauordnungsrechtlichen Bestimmungen keinen Bestandschutz. Die untere Bauaufsichtsbehörde kann also bei Verstößen gegen das Bauordnungsrechts die deswegen erforderlichen Maßnahmen erlassen, ohne dass sie dadurch in Widerspruch zur Baugenehmigung gerät. Sie braucht die Baugenehmigung nicht aufzuheben. Allerdings hat die untere Bauaufsichtsbehörde den Grundsatz der Verhältnismäßigkeit zu wahren. Erst wenn der bauordnungsrechtliche Verstoß nicht behebbar ist oder der Bauherr sich nicht bereit erklärt, den Verstoß zu beheben, darf die Behörde etwa den Rückbau der baulichen Anlage bei Verstößen gegen das Bauordnungsrecht anordnen, *vgl. zu diesem Aspekt VG Frankfurt (Oder), U. v. 18.10.2023 – 7 K 1178/20.*

9. Verstöße gegen das materielle Bauordnungsrecht

31 Da das Bauordnungsrecht nicht zum Prüfprogramm im vereinfachten Baugenehmigungsverfahren gehört und deshalb nicht zu den Vorschriften gehört, die der Erteilung der Genehmigung im Sinne von § 72 Abs. 1 entgegenstehen, ist die Baugenehmigungsbehörde verpflichtet, die beantragte Baugenehmigung

auch dann zu erteilen, wenn das Vorhaben bauordnungsrechtlich unzulässig ist. Dies erscheint verfahrensrechtlich ineffektiv. Denn die Bauaufsichtsbehörde müsste zunächst einen Verstoß gegen die Bauordnung unbeanstandet lassen, um nach Erteilung der Baugenehmigung mit repressiven Maßnahmen gegen den Rechtsverstoß vorzugehen, *vgl. VGH München, B. v. 13.07.2001 – 15 ZB 01.246.* Die Baugenehmigungsbehörde ist daher nicht verpflichtet, die Baugenehmigung umstandslos zu erteilen, wenn sie Verstöße gegen Vorschriften erkennt, die nicht zum Prüfungsmaßstab gehören. Dieses Ergebnis folgt sowohl aus der Systematik sowie dem Sinn und Zweck des § 63 (vgl. auch die ausdrücklichen Regelungen in § 74 Abs. 1 2. Hs. HessBauO, Art. 68 Abs. 1 Satz 1 2. Hs. BayBauO, § 72 Abs. 1 Satz 1 2. Hs. LBO SH,) wie auch aus dem allgemeinen Rechtsinstitut des Sachbescheidungsinteresses, das vorliegen muss, wenn der beantragte Verwaltungsakt erteilt werden soll. Denn lässt sich der Verstoß gegen eine nach Maßgabe des § 63 nicht zu prüfende Vorschrift nicht beheben und darf das Vorhaben nicht verwirklicht werden, ohne es in seiner Identität zu verändern, ist die Erteilung der beantragten Baugenehmigung für den Antragsteller nutzlos. Er darf das Bauvorhaben wegen seiner Verpflichtung aus § 59 Abs. 2 nicht verwirklichen. Die Bauaufsichtsbehörde müsste bei einer Realisierung des Vorhabens dagegen einschreiten. Es ist daher weder mit dem Zweck des § 63, die Bauaufsichtsbehörde durch Verfahrensbeschleunigung und -vereinfachung zu entlasten, noch mit dem allgemeinen Rechtsgrundsatz, dass eine öffentlich-rechtliche Genehmigung nicht um ihrer selbst beansprucht werden kann, sondern ein Sachbescheidungsinteresse bestehen muss, vereinbar, wenn gleichwohl eine Verpflichtung der Genehmigungsbehörde, die Baugenehmigung zu erteilen, bestünde. Folglich hat die Bauaufsichtsbehörde die Erteilung der Genehmigung zu versagen, *so OVG Lüneburg, U. v 07.09.2023 – 1 LB 3/23.*

§ 64
Baugenehmigungsverfahren

Bei genehmigungspflichtigen Anlagen prüft die Bauaufsichtsbehörde die Zulässigkeit nach
1. **den Vorschriften des Baugesetzbuchs,**
2. **den Vorschriften dieses Gesetzes und aufgrund dieses Gesetzes,**
3. **anderen öffentlich-rechtlichen Vorschriften, soweit diese für das Vorhaben beachtlich sind.**

Übersicht

1. Allgemeines

1 Nach § 64 ist das ordentliche Baugenehmigungsverfahren das Regelverfahren, welches immer dann durchzuführen ist, wenn andere Verfahren nicht gesetzlich zugelassen sind. Das ordentliche Baugenehmigungsverfahren erfasst grundsätzlich alle Arten von Bauvorhaben, unabhängig davon, ob es sich um Wohngebäude, gewerbliche Gebäude, gemischt genutzte Gebäude oder Sonderbauten handelt, *vgl. dazu Knuth, LKV 2004, 193, 196.* Es ist ferner unabhängig davon durchzuführen, ob das Bauvorhaben im Geltungsbereich eines Bebauungsplanes, im unbeplanten Innenbereich (§ 34 BauGB) oder im Außenbereich (§ 35 BauGB) liegt. Aus Art und Lage des Vorhabens und den von dem Vorhaben berührten öffentlich-rechtlichen Belangen ergibt sich, welche Fachbehörden und Träger öffentlicher Belange im Einzelnen zu beteiligen sind.

2 Voraussetzung für die Prüfung des Bauvorhabens nach § 64 ist dessen Genehmigungspflicht nach § 59. Für genehmigungsfreie Vorhaben nach § 61 wird ein Baugenehmigungsverfahren nicht durchgeführt.

2. Prüfungsumfang

3 Im Baugenehmigungsverfahren wird das Vorhaben umfassend geprüft, aber auch nur das beantragte Vorhaben. Die baurechtliche Prüfung eines Vorhabens ist auf den Gegenstand des Bauantrags beschränkt, *vgl. VGH München, B. v. 19.01.2006 – 2 Cs 05.2635.*

Die Prüfung umfasst alle planungsrechtlichen Vorschriften des Baugesetzbuches, das gesamte Bauordnungsrecht (Bauordnung, Sonderbauverordnungen und örtliche Bauvorschriften) sowie die anderen öffentlich-rechtlichen Vorschriften, die wegen der Konzentrationswirkung der Baugenehmigung nach § 67 Abs. 1 zu prüfen sind. 4

Die Prüfung ist auf die öffentlich-rechtlichen Vorschriften in Gestalt von förmlichen Gesetzen, Verordnungen und Satzungen beschränkt. Nur diese können der Erteilung der Genehmigung im Sinne des § 72 entgegenstehen. Ungeprüft bleiben daher nicht nur die zivilrechtliche Vorschriften, etwa die des Nachbarrechts, sondern auch private technische Regelwerke, etwa die DIN, VDI, oder Richtlinien und Verwaltungsvorschriften. Letztere sind für Personen außerhalb der Verwaltung unverbindlich. Dies gilt auch für die technischen Baubestimmungen, die der Bauherr nach § 86a zu beachten hat. Diese werden durch ihre Einführung zu Verwaltungsvorschriften, nicht aber zu öffentlich-rechtliche Vorschriften. Bedeutung erlangen diese Bestimmungen jedoch im Genehmigungsverfahren dadurch, dass sie bei der Prüfung der gesetzlichen Vorschriften etwa zur Standsicherheit (§ 12), zum Brandschutz (§ 14) oder zur Barrierefreiheit (§ 50) heranzuziehen sind. Der Bauherr hat deren Beachtung im Genehmigungsverfahren jedoch nur soweit nachzuweisen, wie dies von der Bauvorlagenverordnung verlangt wird. Angaben über die Beachtung eingeführter technischer Baubestimmungen, die über die Anforderungen der Bauvorlagenverordnung hinausgehen, darf die Bauaufsicht im Genehmigungsverfahren nicht vom Antragsteller verlangen. 5

§ 65
Bauvorlageberechtigung

(1) [1]Bauvorlagen für die nicht genehmigungsfreie Errichtung und Änderung von Gebäuden müssen von einer Entwurfsverfasserin oder einem Entwurfsverfasser erstellt sein, die oder der bauvorlageberechtigt ist. [2]Dies gilt nicht für:

1. Bauvorlagen, die üblicherweise von Fachkräften mit anderer Ausbildung als nach Absatz 2, insbesondere Handwerksmeisterinnen und Handwerksmeister des Maurer-, Betonbauer- und Zimmererfachs sowie staatlich geprüfter Technikerinnen und Technikern der Fachrichtung Bautechnik mit dem Schwerpunkt Hochbau, verfasst werden und
2. geringfügige oder technisch einfache Bauvorhaben, wie:
   a) freistehende Gebäude bis 100 Quadratmeter Grundfläche und mit nicht mehr als zwei Geschossen,
   b) Gebäude ohne Aufenthaltsräume bis 150 Quadratmeter Grundfläche und mit nicht mehr als zwei Geschossen, zum Beispiel Nebengebäude, Garagen und Carports,
   c) land- und forstwirtschaftlich genutzte Gebäude mit bis zu zwei oberirdischen Geschossen und bis 250 Quadratmeter Grundfläche,
   d) einfache Änderungen an sonstigen Gebäuden, zum Beispiel der Anbau von Wintergärten sowie Terrassen- und Balkonüberdachungen bis 50 Quadratmeter Grundfläche,
   e) bei Gebäuden der Gebäudeklassen 1 und 2 die Errichtung von Dachgauben oder Änderungen an der Dachkonstruktion im Rahmen von Sanierungs- und Instandhaltungsmaßnahmen.

(2) Bauvorlageberechtigt ist, wer

1. die Berufsbezeichnung „Architektin" oder „Architekt" führen darf,
2. in die von der Brandenburgischen Ingenieurkammer geführte Liste der Bauvorlageberechtigten eingetragen ist oder, ohne eine solche Listeneintragung, gemäß § 65d bauvorlageberechtigt ist.

(3) Bauvorlageberechtigt sind ferner,

1. Berufsangehörige, welche über einen der in § 65a genannten inländischen oder auswärtigen Hochschulabschlüsse verfügen, für die in Absatz 1 Satz 2 genannten
   a) freistehenden oder nur einseitig angebauten oder anbaubaren Wohngebäude der Gebäudeklassen 1 bis 3,
   b) eingeschossigen gewerblich genutzten Gebäude, die keine Sonderbauten sind,
   c) land- und forstwirtschaftlich genutzten Gebäude,
2. Berufsangehörige, welche die Berufsbezeichnung „Innenarchitektin" oder „Innenarchitekt" führen dürfen, für die mit der Berufsaufgabe der

Innenarchitektin oder des Innenarchitekten verbundenen baulichen Änderungen von Gebäuden sowie

3. Berufsangehörige, welche einen berufsqualifizierenden Hochschulabschluss eines Studiums der Fachrichtung Bauingenieurwesen gemäß den in der Anlage geregelten Leitlinien oder der Fachrichtung Architektur nachweisen können, danach mindestens zwei Jahre auf dem Gebiet der Entwurfsplanung von Gebäuden praktisch tätig gewesen und Bedienstete einer juristischen Person des öffentlichen Rechts sind, für die dienstliche Tätigkeit.

(4) [1]Die Bauvorlageberechtigen nach Absatz 3 Nummer 1 sind in ein von der Brandenburgischen Ingenieurkammer zu führendes Verzeichnis einzutragen. [2]§ 65a Absatz 1 Satz 2 gilt entsprechend.

(5) Das Grundrecht auf Berufsfreiheit (Artikel 49 der Verfassung des Landes Brandenburg) wird insoweit eingeschränkt.

Übersicht

1. Allgemeines

In § 65 ist die Bauvorlageberechtigung des Entwurfsverfassers geregelt. Nur der bauvorlageberechtigte Entwurfsverfasser darf erforderliche Bauvorlagen im Rahmen eines Genehmigungs- oder Anzeigeantrags erstellen und einreichen. Die Bauvorlageberechtigung vermittelt dem Entwurfsverfasser die formelle Berechtigung zur Antragstellung. Daneben steht seine materielle/inhaltliche Befähigung zum Tätigwerden nach § 54. Auch durch die formelle Berufsausübungsbeschränkung nach § 65 ff. *(BVerfG, B. v. 27.05.1970 – 2 BvR 117/65)* soll sichergestellt werden, dass qualitätsvolle Unterlagen eingereicht werden. 1

Bauvorlagen sind in § 68 Abs. 2 definiert. Der Inhalt der Bauvorlagen ist in der Bauvorlagenverordnung präzisiert. Erstellen in diesem Sinne meint auch die 2

Prüfung der Bauvorlagen gem. § 54. Der bauvorlagenberechtigte Entwurfsverfasser ist für den Inhalt und die Richtigkeit der von ihm unterschriebenen Bauvorlagen verantwortlich, *vgl. VG Frankfurt, U. v. 18.11.2005 – 7 K 561/05.*

3 Mit § 65 und der Einfügung der §§ 65a bis d wird die Bauordnung an die Musterbauordnung angeglichen. Diese Änderungen und Einfügungen sind der Beendigung eines von der EU-Kommission gegen Deutschland eingeleiteten Vertragsverletzungsverfahrens wegen unzureichender Umsetzung der Richtlinie 2005/36/EG (VVV 2018/2291) in Bezug auf die Bauvorlageberechtigung der Ingenieure geschuldet. Zu der Beilegung dieses Verfahrens gehört die Verpflichtung, die Bauordnungen der Länder zu ändern. Diese Änderungen finden sich in den §§ 65 ff.

4 Durch die Änderungen werden sowohl die Vorgaben aus der Richtlinie 2006/123/EG des Europäischen Parlaments und des Rates vom 12. Dezember 2006 über Dienstleistungen im Binnenmarkt, ABl. L 376 vom 27.12.2006, S. 36–68, (Dienstleistungsrichtlinie – DLRL) und der Richtlinie 2005/36/EG des Europäischen Parlaments und des Rates vom 7. September 2005 über die Anerkennung von Berufsqualifikationen (Abl. EU Nr. L 255 S. 22), zuletzt geändert durch die Verordnung (EU) Nr. 213/2011 der Kommission vom 3. März 2011 (Abl. EU L 59, S. 4) in das Brandenburgische Bauordnungsrecht übertragen, *vgl. allgemein dazu Ziekow, GewA 2007, 179; s. a. Petschulat/Jaenicke, BauR 2023, 35, 44.*

2. Bauvorlagen des Entwurfsverfassers, Nicht-Erforderlichkeit der Bauvorlageberechtigung (Absatz 1)

5 Satz 1 regelt, für welche Bauvorhaben eine förmliche Bauvorlageberechtigung des Entwurfsverfassers erforderlich ist und für welche Bauvorhaben die Bauvorlagen von sonstigen Fachkräften erstellt werden dürfen. Nach Satz 1 ist die Bauvorlageberechtigung bei genehmigungspflichtigen oder anzeigepflichtigen Vorhaben erforderlich.

6 Satz 2 enthält Ausnahmen vom Erfordernis, dass ein bauvorlageberechtigter Entwurfsverfasser die Bauvorlagen erstellen muss. Satz 2 regelt damit die Fälle, in denen eine Bauvorlageberechtigung nicht erforderlich ist. Die in Satz 2 Nr. 1 genannten Personen (Fachkräften) dürfen Bauvorlagen erstellen, auch wenn sie nicht die Anforderungen für eine Bauvorlageberechtigung nach § 65 Abs. 2 erfüllen. Ob Fachkräfte Handwerksmeister bzw. diesen gleichgestellt sind, folgt aus den Regelungen der Handwerksordnung, vgl. § 7 HWO. Beschränkt ist diese Bauvorlageberechtigung auf die Vorlagen, die einen technischen Bezug zu den Aufgaben besitzen, die von Fachkräften wahrgenommen werden und deshalb nicht von den Bauvorlageberechtigten im Sinne des Absatzes 2 ausgeführt werden. Alternativ dürfen nach Nummer 2 Bauvorlagen von

geeigneten Personen im Sinne von § 53 Abs. 1 Satz 1 für die dort genannten geringfügigen oder technisch einfachen Bauvorhaben erstellt werden. Diese Auflistung ist abschließend und wegen ihres Ausnahmecharakters nicht analogiefähig.

3. Unbeschränkte Bauvorlageberechtigung (Absatz 2)

Absatz 2 regelt die persönlichen Voraussetzungen der unbeschränkten Bauvorlageberechtigung. 7

Zu Nummer 1

Nummer 1 bestimmt, dass Architekten uneingeschränkt bauvorlageberechtigt sind. Unter den Voraussetzungen des § 2 des Brandenburgischen Architektengesetzes darf auch derjenige diese Bezeichnung führen, der in einem Staat (bzw. Mitgliedstaat) die Berufsbezeichnung „Architekt" führen darf. Dadurch ist diese Person automatisch zur Bauvorlage berechtigt. 8

Zu Nummer 2

In Nummer 2 wird bestimmt, dass auch die Person, die nicht die Berufsbezeichnung „Architekt" führt, bauvorlageberechtigt ist, wenn sie in die von der Brandenburgischen Ingenieurkammer geführte Liste der Bauvorlageberechtigten eingetragen ist. Unter welchen Voraussetzungen dies möglich ist, wird in § 65a geregelt. Dass eine Person ohne eine solche Listeneintragung bauvorlageberechtigt sein kann, ergibt sich daneben aus § 65d. Dies betrifft die Personen, die vorübergehend und gelegentliche Dienstleistungen als EU auswärtige, bauvorlageberechtigte Ingenieure in Brandenburg erbringen und in ein entsprechendes Verzeichnis bei der Brandenburgischen Ingenieurkammer eingetragen sind. 9

4. Bauvorlageberechtigung bestimmter Berufsangehöriger (Absatz 3)

In Absatz 3 wird die Bauvorlageberechtigung für die Personen bestimmt, die nicht nach Absatz 2 bauvorlageberechtigt sind. Die Bauvorlageberechtigung ist in persönlicher und/oder sachlicher Beziehung eingeschränkt. 10

Nach Nummer 1 sind bauvorlageberechtigt Berufsangehörige, welche über die in § 65a genannten inländischen oder auswärtigen Hochschulabschlüsse verfügen, ohne dass eine zweijährige praktische Berufserfahrung auf dem Gebiet der Entwurfsplanung von Gebäuden erforderlich ist. Diese Vorlageberechtigung ist sachlich beschränkt, weil sie nur für die in Absatz 1 Satz 2 genannte Vorhaben sowie die in lit. a) bis c) genannten Gebäude gilt. Im Unterschied 11 zu den Vorhaben in Absatz 1 Satz 2, auf die verwiesen wird, muss es sich dabei nicht um geringfügige oder technisch einfache Bauvorhaben handeln. Die Bauvorlageberechtigten müssen sich gem. Absatz 3 in ein Brandenburgischen Ingenieurkammer zu führendes Verzeichnis eintragen lassen. Nach Nummer 2 sind Personen, die die Berufsbezeichnung „Innenarchitektin" oder „Innenarchitekt" führen dürfen bauvorlageberechtigt für die mit ihren Berufsaufgaben verbundenen baulichen Änderungen von Gebäuden.

12 Nach Nummer 3 sind besonders qualifizierte Berufsangehörige (persönliche Beschränkung) für die dienstliche Tätigkeit (sachliche Beschränkung) bauvorlageberechtigt. Die drei persönlichen Voraussetzungen, die die persönliche Beschränkung ausmachen, sind

- der berufsqualifizierende Hochschulabschluss eines Studiums der Fachrichtung Bauingenieurwesen gemäß den Leitlinien, die in der der Bauordnung beigefügten Anlage geregelt sind, oder der Fachrichtung Architektur,
- eine mindestens zweijährige praktische Tätigkeit auf dem Gebiet der Entwurfsplanung von Gebäuden und
- bei einer juristischen Person des öffentlichen Rechts angestellt, sei es als Angestellter oder Beamter. Juristische Personen des öffentlichen Rechts sind insbesondere die Gebietskörperschaften, die Länder, der Bund und die von diesen Personen eingerichteten Ämter und Behörden. Werden von diesen Personen Gesellschaften gegründet, die öffentliche Aufgaben wahrnehmen, etwa Stadtwerke oder Baubetriebe in zivilrechtlicher Form (GmbH, AG, KG) handelt es sich nicht um juristische Personen des öffentlichen Rechts.

5. Eintragung in ein Verzeichnis der Ingenieurkammer (Absatz 4)

13 Die Bauvorlageberechtigen nach Absatz 3 Nummer 1 sind in ein von der Brandenburgischen Ingenieurkammer zu führendes Verzeichnis einzutragen. Die Eintragung hat deklaratorische Wirkung, so dass die Bauvorlageberechtigung nicht von der Eintragung abhängt. Da § 65a Abs. 1 Satz 2 entsprechend gilt, sind dem Antrag die zur Beurteilung der Eintragungsvoraussetzungen erforderlichen Unterlagen vom Antragsteller beizufügen.

6. Einschränkung der Berufsfreiheit (Absatz 5)

14 Dass das Grundrecht auf Berufsfreiheit (Artikel 49 der Verfassung des Landes Brandenburg) eingeschränkt wird, ist nach Art. 5 Abs. 2 Satz 3 Landesverfassung unter Angabe des Artikels anzugeben. Dieses Zitiergebot soll sicherstellen, dass keine unbeabsichtigten Grundrechtseingriffe erfolgen.

§ 65a Voraussetzung für die Eintragung in die Liste der Bauvorlageberechtigten

(1) [1]In die Liste der Bauvorlageberechtigten ist auf Antrag von der Brandenburgischen Ingenieurkammer einzutragen, wer
1. einen berufsqualifizierenden Hochschulabschluss eines Studiums der Fachrichtung Bauingenieurwesen gemäß den in der Anlage geregelten Leitlinien an einer deutschen Hochschule nachweist und
2. danach mindestens zwei Jahre auf dem Gebiet der Entwurfsplanung von Gebäuden praktisch tätig gewesen ist.

[2]Dem Antrag sind die zur Beurteilung erforderlichen Unterlagen beizufügen. [3]Die Brandenburgische Ingenieurkammer bestätigt unverzüglich den Eingang der Unterlagen und teilt gegebenenfalls mit, welche Unterlagen fehlen. [4]Die Eingangsbestätigung muss folgende Angaben enthalten:
1. die in Satz 5 genannte Frist,
2. die verfügbaren Rechtsbehelfe,
3. die Erklärung, dass der Antrag als genehmigt gilt, wenn über ihn nicht rechtzeitig entschieden wird, und
4. im Fall der Nachforderung von Unterlagen die Mitteilung, dass die Frist nach Satz 5 erst beginnt, wenn die Unterlagen vollständig sind.

[5]Über den Antrag ist innerhalb von drei Monaten nach Vorlage der vollständigen Unterlagen zu entscheiden; die Brandenburgische Ingenieurkammer kann die Frist gegenüber der Antragstellerin oder dem Antragsteller einmal um bis zu einen Monat verlängern. [6]Die Fristverlängerung und deren Ende sind ausreichend zu begründen und der Antragstellerin oder dem Antragsteller vor Ablauf der ursprünglichen Frist mitzuteilen. [7]Der Antrag gilt als genehmigt, wenn über ihn nicht innerhalb der nach Satz 5 maßgeblichen Frist entschieden worden ist.

(2) Auf Antrag ist in die Liste der Bauvorlageberechtigten einzutragen, wer über einen auswärtigen Hochschulabschluss verfügt, der den in Absatz 1 Satz 1 Nummer 1 genannten Anforderungen gleichwertig ist, und die Anforderung des Absatzes 1 Satz 1 Nummer 2 erfüllt.

(3) [1]Eine Antragstellerin oder ein Antragsteller wird in die Liste nach Absatz 1 auch eingetragen, wenn
1. sie oder er in Bezug auf die Studienanforderungen einen Ausbildungsnachweis nach Artikel 11 der Richtlinie 2005/36/EG des Europäischen Parlaments und des Rates vom 7. September 2005 über die Anerkennung von Berufsqualifikationen (ABl. L 255 vom 30.9.2005, S. 22, L 271 vom 16.10.2007, S. 18, L 93 vom 4.4.2008, S. 28, L 33 vom 3.2.2009, S. 49, L 305 vom 24.10.2014, S. 115, L 177 vom 8.7.2015, S. 60, L 268 vom 15.10.2015, S. 35, L 095 vom 9.4.2016, S. 20), die zuletzt durch den Delegierten

Beschluss (EU) 2021/2183 (ABl. L 444 vom 10.12.2021, S. 16) geändert worden ist, besitzt, soweit diese in einem Mitgliedstaat der Europäischen Union oder einem diesem durch Abkommen gleichgestellten Staat erforderlich sind, um in dessen Hoheitsgebiet die Erlaubnis zur Aufnahme und Ausübung dieses Berufes zu erhalten,

2. **der Ausbildungsnachweis den Anforderungen nach Artikel 13 Absatz 2 Satz 2 der Richtlinie 2005/36/EG genügt und**
3. **die berufspraktische Tätigkeit mit den Anforderungen nach Absatz 1 Satz 1 Nummer 2 vergleichbar ist.**

[2]Satz 1 gilt auch für eine Antragstellerin oder einen Antragsteller, der nachweist, dass sie oder er

1. **diesen Beruf ein Jahr lang vollzeitbeschäftigt oder während einer entsprechenden Gesamtdauer in Teilzeit während der vorhergehenden zehn Jahre in Mitgliedstaaten der Europäischen Union oder einem gleichgestellten Staatausgeübt hat, sofern der Beruf im Niederlassungsmitgliedstaat nicht reglementiert ist,**
2. **im Besitz eines Befähigungs- oder Ausbildungsnachweises ist, der den Anforderungen nach Artikel 13 Absatz 2 Satz 2 der Richtlinie 2005/36/EG genügt, und**
3. **keine wesentlichen Unterschiede gemäß Absatz 1 Satz 1 Nummer 1 bestehen.**

(4) Einer Eintragung nach Absatz 1 oder Absatz 2 bedarf es nicht, wenn die Antragstellerin oder der Antragsteller aufgrund einer Regelung eines anderen Landes bauvorlageberechtigt ist.

(5) § 17 des Brandenburgischen Berufsqualifikationsfeststellungsgesetzes vom 5. Dezember 2013 (GVBl. I Nr. 37), das zuletzt durch das Gesetz vom 8. Juni 2021 (GVBl. I Nr. 14) geändert worden ist, ist anzuwenden.

Übersicht

1. Allgemeines

§ 65a wurde nach dem von der Bundesrepublik mit der Europäischen Kommission erzielten Kompromiss neu eingefügt und entspricht den Vorgaben der MBO. 1

2. Eintragungen in die Liste der Bauvorlageberechtigten (Absatz 1)

In Absatz 1 Satz 1 werden allgemein die Voraussetzungen für eine Eintragung in die Liste der Bauvorlageberechtigten bei der Brandenburgischen Ingenieurkammer geregelt. Nach Nummer 1 ist neben dem bisher geforderten berufsqualifizierenden Hochschulabschluss eines Studiums der Fachrichtung Bauingenieurwesen an einer deutschen Hochschule ergänzend hinzugekommen, dass der Studiengang den in der Anlage geregelten Leitlinien entsprechen muss. Um nachteilige Folgen für Studierende des Fachbereichs Bauingenieurwesen zu vermeiden, wird in § 88 Absatz 8 künftig eine hinreichend adäquate Übergangsregelung geschaffen. Des Weiteren wird an der Anforderung der mindestens zweijährigen Berufserfahrung auf dem Gebiet der Entwurfsplanung von Gebäuden nach Nummer 2 weiter festgehalten. 2

Satz 2 entspricht der alten Regelung des § 65 Abs. 3 Satz 2 und wird als nationale Verfahrensvorschrift für die Listeneintragung der Bauvorlageberechtigten eingefügt. Sie gilt für Antragsteller, die über einen inländischen Hochschulabschluss im Sinne des Satz 1 Nummer 1 verfügen. In Angleichung an die europarechtlichen Vorgaben des Artikel 51 der Richtlinie 2005/36/EG und zur Herstellung europarechtskonformer Zustände ist die Möglichkeit der Verlängerung der Entscheidungsfrist der Brandenburgischen Ingenieurkammer von ursprünglich zwei Monaten auf einen Monat zu verkürzen. 3

3. Eintragung bei gleichwertiger Qualifikation (Absatz 2)

Personen, die über einen berufsqualifizierenden Hochschulabschluss aus einem Mitgliedstaat der Europäischen Union verfügen, sind in die Liste der Bauvorlageberechtigten einzutragen, wenn der auswärtige Hochschulabschluss bezüglich der Anforderung aus Absatz 1 Nummer 1 gleichwertig ist und die Anforderung an eine zweijährige Berufserfahrung erfüllt. Das weitere Festhalten an der Anforderung, hinsichtlich der Berufserfahrung bei Personen aus Mitgliedstaaten der Europäischen Union mit auswärtigen Hochschulabschlüssen, ist ausdrücklicher Bestandteil des mit der Europäischen Kommission ausgehandelten Kompromisses. 4

Es war Hauptkritikpunkt der Europäischen Kommission, dass die zweijährige Berufserfahrung auch on Ingenieuren gefordert wird, die in ihrem Land die unbeschränkte Bauvorlageberechtigung auch ohne Berufserfahrung haben. 5

Es kann nach Artikel 13 Absatz 2 der Richtlinie 2005/36/EG eigentlich nur eine einjährige Tätigkeit und das auch nur in den Grenzen des Artikel 13 Absatz 2 letzter Satz der Richtlinie 2005/36/EG gefordert werden.

6 Die abschließende Entscheidung über die Gleichwertigkeit auswärtiger Hochschulabschlüsse nach Absatz 2 ist von der Brandenburgischen Ingenieurkammer zu treffen, soweit diese nicht der automatischen Anerkennung unterliegen. Die Bewertung der Gleichwertigkeit der Studieninhalte auswärtiger Hochschulabschlüsse mit den nationalen Anforderungen werden von der Brandenburgischen Ingenieurkammer als zentrale Stelle in Brandenburg durchgeführt. Die Bewertung der Gleichwertigkeit der Studieninhalte erfolgt im jeweiligen Einzelfall.

4. Eintragung bei gleichwertiger Qualifikation nach Unionsrecht (Absatz 3)

7 Der Absatz 3 stellt eine der zentralen Neuerungen im Bereich der Bauvorlageberechtigung dar. Strukturell werden in Satz 1 und 2 jeweils kumulative Voraussetzungen für die Eintragung in die Liste der Bauvorlageberechtigten bestimmt, die neben Absatz 1 und 2 gelten.

8 Nach Satz 1 wird in Nummer 1 zunächst bestimmt, dass in Bezug auf die Studienanforderungen nach Absatz 1 Nummer 1 ein Ausbildungsnachweis nach Artikel 11 der Richtlinie 2005/36/EG erforderlich ist, soweit dieser in einem Mitgliedstaat der Europäischen Union oder einem diesem durch Abkommen gleichgestellten Staat erforderlich ist, um in dessen Hoheitsgebiet die Erlaubnis zur Aufnahme und Ausübung dieses Berufes zu erhalten (reglementierter Beruf in einem Mitgliedstaat der Europäischen Union). Aufgrund des verwendeten Begriffs Ausbildungsnachweis und die Bezugnahme auf Artikel 11 der Richtlinie 2005/36/EG (Berufsanerkennungsrichtlinie) kommen auch Ausbildungsberufe in Betracht, wenn diese nach dem Recht des jeweiligen Mitgliedstaates für die unbeschränkte Befähigung zur Erstellung von Bauvorlagen genügen. Durch den nach Artikel 11 der Richtlinie 2005/36/EG weit gefassten Anwendungsbereich bezüglich der Ausbildungsnachweise genügen beispielsweise auch regelmäßig Diplome.

9 Welche Berufsausbildungen in Bezug auf die geforderten Studienanforderungen als „gleichwertig“ anerkannt werden müssen, sind ebenfalls im konkreten Einzelfall durch die Brandenburgische Ingenieurkammer zu entscheiden.

10 In Satz 1 Nummer 2 wird durch die Bezugnahme auf Artikel 13 Absatz 2 Satz 2 der Richtlinie 2005/36/EG festgelegt, welche konkreten Anforderungen die Ausbildungsnachweise erfüllen müssen.

Der Satz 1 Nummer 3 verlangt als letzte Voraussetzung eine berufspraktische Tätigkeit von mindestens zwei Jahren, die mit den Anforderungen des Absatz 1 Nummer 2 vergleichbar ist. Die Feststellung der Vergleichbarkeit der auswärtigen berufspraktischen Tätigkeit obliegt ebenfalls der Brandenburgischen Ingenieurkammer. Dies ist ebenfalls ein Teil der Kompromisslösung. 11

In Satz 2 werden die nach Satz 1 zu erfüllenden Anforderungen für den Fall modifiziert, dass nach dem Recht eines Mitgliedstaates der Europäischen Union keine berufsreglementierenden Regelungen für die Bauvorlageberechtigung existiert. Nach Satz 2 Nummer 1 ist dann lediglich die Berufsausübung von einem Jahr in Vollzeit oder im Falle der Teilzeit von insgesamt einem Jahr Gesamtdauer nachzuweisen. Nach Satz 2 Nummer 2 muss ebenfalls der Befähigungs- oder Ausbildungsnachweis den Anforderungen des Artikel 13 Absatz 2 Satz 2 der Richtlinie 2005/36/EG entsprechen und nach Satz 2 Nummer 3 dürfen keine wesentlichen Unterschiede in Bezug auf die geforderte Studienanforderung nach Absatz 1 Satz 1 Nummer 1 bestehen. Die Feststellung der Gleichwertigkeit hinsichtlich der Anforderungen gemäß Satz 2 obliegt entsprechend der Ausführungen zu Satz 1 der Brandenburgischen Ingenieurkammer, gegebenenfalls unter Beteiligung der zuständigen Stelle. 12

5. Entbehrlichkeit der Eintragung (Absatz 4)

Nach Absatz 4 entfällt das Erfordernis der Eintragung in die Liste, wenn der/die Antragsteller/in aufgrund einer Regelung eines anderen Landes bauvorlageberechtigt ist. Diese Regelung bringt das Prinzip der gegenseitigen Anerkennung bei bereits erfolgter Listeneintragungen zum Ausdruck und liegt im Interesse aller Beteiligten hinsichtlich des Bürokratieabbaus 13

6. Anwendung des Berufsqualifikationsfeststellungsgesetzes des Landes Brandenburg (Absatz 5)

Absatz 5 schreibt die Anwendung von § 17 Brandenburgisches Berufsqualifikationsfeststellungsgesetz (BbgBQFG) vor, damit über die Verfahren zur Feststellung der Gleichwertigkeit eine Landesstatistik geführt wird. Auskunftspflichtig ist die Brandenburgische Ingenieurkammer. 14

§ 65b Eintragungsverfahren für Antragstellende aus anderen Mitgliedstaaten der Europäischen Union

(1) Für die Form des Antrags auf Eintragung, die einzureichenden Unterlagen sowie das diesbezügliche Verfahren gelten die §§ 12 und 13 des Brandenburgischen Berufsqualifikationsfeststellungsgesetzes.

(2) [1]Antragsteller haben Unterlagen nach Artikel 50 Absatz 1 der Richtlinie 2005/36/EG in Verbindung mit deren Anhang VII Nummer 1 Buchstabe a und Buchstabe b Satz 1 sowie auf Anforderung nach Anhang VII Nummer 1 Buchstabe b Satz 2 dieser Richtlinie vorzulegen. [2]Gibt die Antragstellerin oder der Antragsteller an, hierzu nicht in der Lage zu sein, wendet sich die Brandenburgische Ingenieurkammer zur Beschaffung der erforderlichen Unterlagen an die Kontaktstelle, die zuständige Behörde oder eine Ausbildungsstelle. [3]Bei Ausbildungsnachweisen gemäß Artikel 50 Absatz 3 der Richtlinie 2005/36/EG kann die Brandenburgische Ingenieurkammer bei berechtigten Zweifeln von der zuständigen Stelle des Ausstellungsstaates die Überprüfung der Kriterien gemäß Artikel 50 Absatz 3 Buchstabe a bis c der Richtlinie verlangen. [4]War die Antragstellerin oder der Antragsteller bereits in einem anderen Mitgliedstaat der Europäischen Union oder einem gleichgestellten Staat tätig, kann die Brandenburgische Ingenieurkammer im Fall berechtigter Zweifel von der im Herkunftsstaat zuständigen Behörde eine Bestätigung der Tatsache verlangen, dass die Ausübung dieses Berufes durch die Antragstellerin oder den Antragsteller nicht aufgrund schwerwiegenden standeswidrigen Verhaltens oder einer Verurteilung wegen strafbarer Handlungen untersagt worden ist. [5]Im Übrigen finden die Vorschriften des Artikels 50 Absatz 1 der Richtlinie 2005/36/EG in Verbindung mit deren Anhang VII Nummer 1 Buchstabe d bis g Anwendung. [6]Die auf Verlangen übermittelten Unterlagen und Bescheinigungen dürfen bei ihrer Vorlage nicht älter als drei Monate sein. [7]Der Informationsaustausch erfolgt über das Binnenmarkt-Informationssystem.

(3) [1]Über die Eintragung in die Liste nach § 65a Absatz 1 ist eine Bescheinigung auszustellen. [2]Die Liste enthält folgende Angaben:
1. Zeitpunkt der Eintragung,
2. Familienname, Geburtsname und Vornamen,
3. Geburtsdatum und Geburtsort,
4. akademische Grade und Titel,
5. ladungsfähige Adresse.

[3]Die Liste enthält darüber hinaus Angaben über die Staatsangehörigkeit der Antragstellerin oder des Antragstellers und den Staat, in dem sie oder er seine Berufsqualifikation erworben hat. [4]Wesentliche Änderungen gegenüber der nach Satz 2 bescheinigten Situation hat die Antragstellerin

oder der Antragsteller der Brandenburgischen Ingenieurkammer unverzüglich mitzuteilen. [5]Die für die Löschung aus Listen geltenden Regelungen des Brandenburgischen Ingenieurgesetzes in der jeweils geltenden Fassung gelten auch für diese Liste.

(4) Kann eine Eintragung in die Liste nicht erfolgen, weil die Antragstellerin oder der Antragsteller die Voraussetzungen des § 65a Absatz 3 nicht erfüllt, ist dies durch Bescheid nach § 10 des Brandenburgischen Berufsqualifikationsfeststellungsgesetzes festzustellen.

Übersicht

1. Allgemeines

In § 65b wird geregelt, dass und wie Antragsteller aus anderen Mitgliedstaaten der Europäischen Union in die Liste der Bauvorlageberechtigten einzutragen sind. 1

2. Form des Antrags (Absatz 1)

In Absatz 1 wird die Form des Antrags auf Eintragung in die Liste der Bauvorlageberechtigten für Antragsteller aus anderen Mitgliedstaaten der Europäischen Union nach § 65a Abs. 3 geregelt. Dies betrifft die einzureichenden Unterlagen sowie das diesbezügliche Verfahren, für das die §§ 12 und 13 des BbgBQFG Anwendung finden. Ergänzend gilt Absatz 2. Die Unterlagen sind bei der Brandenburgischen Ingenieurkammer einzureichen, die für das Eintragungsverfahren zuständig ist. 2

3. Besonderheiten Art. 50 der Richtlinie 2005/36/EG (Absatz 2)

Durch den Absatz 2 wird Artikel 50 (Unterlagen und Formalitäten) der Richtlinie 2005/36/EG in das Landesrecht übertragen. Absatz 2 ergänzt den Absatz 1 bestimmt, dass der Antragsteller Unterlagen nach Artikel 50 Absatz 1 der Richtlinie 2005/36/EG in Verbindung mit deren Anhang VII Nummer 1 Buchstabe a und b Satz 1 sowie auf Anforderung nach Anhang VII Nummer 1 Buchstabe b Satz 2 dieser Richtlinie vorzulegen haben. Sollten der Antragsteller 3 hierzu nicht in der Lage sein, wendet sich die Brandenburgische Ingenieurkammer zur Beschaffung der erforderlichen Unterlagen an die Kontaktstelle, die zuständige Behörde oder eine Ausbildungsstelle des Herkunftsmitgliedstaates.

4 Hat die Brandenburgische Ingenieurkammer berechtigten Zweifel an der inhaltlichen Reichweite des Ausbildungsnachweises gemäß Artikel 50 Absatz 3 der Richtlinie 2005/36/EG kann die Kammer von der zuständigen Stelle des Ausstellungsstaates die Überprüfung der Kriterien gemäß Artikel 50 Absatz 3 Buchstabe a bis c der Richtlinie 2005/36/EG verlangen. Die auf Verlangen übermittelten Unterlagen und Bescheinigungen dürfen bei ihrer Vorlage nicht älter als drei Monate sein. Der Informationsaustausch erfolgt über das Binnenmarkt-Informationssystem.

4. Bescheinigung über die Eintragung in die Liste (Absatz 3)

5 In Absatz 3 sind zwei unterschiedliche Sachverhalte geregelt. Nach Satz 1 ist die Kammer verpflichtet, die Eintragung in die Liste der Bauvorlageberechtigten zu bescheinigen. In Satz 2 und 3 ist vorgeschrieben, welche Mindestangaben die Liste der Bauvorlageberechtigten aufweisen muss. Diese Angaben sind für den Antragsteller auch nach seiner Eintragung von Bedeutung, weil der Antragsteller immer dann, wenn sich diese Angaben wesentlich ändern, er dies der Brandenburgischen Ingenieurkammer unverzüglich mitzuteilen hat.

6 Satz 5 schreibt schließlich vor, dass die für die Löschung aus Listen geltenden Regelungen des Brandenburgischen Ingenieurgesetzes auch für diese Liste gelten. Damit wird die Anwendung von § 6 BbgIngG vorgeschrieben.

5. Bescheidung nach § 10 Berufsqualifikationsfeststellungsgesetz (Absatz 4)

7 In Absatz 4 wird das Verfahren bestimmt, das erforderlich ist, soweit eine Eintragung in die Liste nach § 65 Abs. 2 Nr. 2 wegen fehlender Gleichwertigkeit der Ausbildungsnachweise nicht erfolgen kann. In dem Fall ist der Antrag nach § 10 BbgBQFG zu bescheiden. In dem Bescheid wird auch festgestellt, durch welche konkreten Ausgleichsmaßnahmen nach § 65c die wesentlichen Unterschiede gegenüber der erforderlichen landesrechtlich geregelten Berufsqualifikation ausgeglichen werden können.

§ 65c
Ausgleichsmaßnahmen

(1) [1]Antragsteller, die nicht in die Liste nach § 65a Absatz 2 und 3 eingetragen werden können, weil sie aufgrund von wesentlichen Unterschieden nicht über eine gleichwertige Berufsqualifikation verfügen und die über einen Ausbildungsnachweis verfügen, der dem Berufsqualifikationsniveau nach Artikel 11 Buchstabe b bis e der Richtlinie 2005/36/EG entspricht, können einen höchstens dreijährigen Anpassungslehrgang absolvieren oder eine Eignungsprüfung ablegen. [2]Beantragt eine Inhaberin oder ein Inhaber einer Berufsqualifikation gemäß Artikel 11 Buchstabe a der Richtlinie 2005/36/EG die Anerkennung ihrer oder seiner Berufsqualifikationen und ist die erforderliche Berufsqualifikation unter Artikel 11 Buchstabe d der Richtlinie eingestuft, so kann die Brandenburgische Ingenieurkammer sowohl einen Anpassungslehrgang als auch eine Eignungsprüfung vorschreiben.

(2) Die Einzelheiten zur Durchführung von Ausgleichsmaßnahmen werden durch Satzung der Brandenburgischen Ingenieurkammer festgelegt.

(3) [1]Die Brandenburgische Ingenieurkammer kann mit anderen zuständigen Stellen innerhalb der Bundesrepublik Deutschland landesübergreifende Vereinbarungen zur Durchführung von Ausgleichsmaßnahmen schließen. [2]Die Vereinbarung bedarf der Genehmigung des für das Bauordnungsrecht zuständigen Mitglieds der Landesregierung.

Übersicht

1. Allgemeines

In § 65c wird geregelt, wie zu verfahren ist, wenn eine Person aufgrund von wesentlichen Unterschieden in ihrer beruflichen Qualifikation nicht über eine in Bezug auf die Voraussetzungen nach § 65a Abs. 1 gleichwertige Berufsqualifikation und auch nicht über einen Ausbildungsnachweis verfügt, der dem Berufsqualifikationsniveau nach Art. 11 Buchst. b, c, d oder e der Richtlinie 2005/36/EG entspricht. Dieser Person werden Ausgleichsmaßnahmen ermöglicht. Sie darf wählen zwischen einem dreijährigen Anpassungslehrgang 1 oder der Ablegung einer Eignungsprüfung. Dies entspricht den Vorgaben von Art. 14 der Richtlinie 2005/36/EG. Dadurch wird Art. 14 Abs. 3 Satz 2 der Richtlinie 2005/36/EG, geändert durch Richtlinie 2013/55/EU, in Landesrecht übertragen.

2. Anpassungslehrgang und Eignungsprüfung (Absatz 1)

2 In Absatz 1 ist geregelt, dass Person, die aufgrund von wesentlichen Unterschieden in ihrer Qualifikation nicht über zu § 65a Abs. 1 gleichwertige Berufsqualifikation und auch nicht über einen Ausbildungsnachweis verfügen, der dem Berufsqualifikationsniveau nach Artikel 11 Buchstaben b, c, d oder e der Richtlinie 2005/36/EG entspricht, die Bauvorlageberechtigung erlangen können. Falls ein Inhaber einer Berufsqualifikation gemäß Artikel 11 Buchstabe a der Richtlinie 2005/36/EG die Anerkennung seiner Berufsqualifikationen beantragt, kann die Brandenburgische Ingenieurkammer einen Anpassungslehrgang und eine Eignungsprüfung vorschreiben. Die nationale Berufsqualifikation wird unter Artikel 11 Buchstabe d der Richtlinie 2005/36/EG eingestuft. Durch diese unterschiedlichen Ausnahmetatbestände hat der Gesetzgeber die Sachverhalte zur Eintragung in die Kammerliste normiert. Indem der Gesetzgeber insbesondere wegen der europarechtliche Vorgaben einzelne spezielle Tatbestände benennt, in denen ausnahmsweise ein Anspruch auf Eintragung gewährt wird, ohne dass die allgemeinen Voraussetzungen hierfür vorliegen, ist es ausgeschlossen, dass außerhalb dieser Voraussetzungen eine Eintragung verlangt werden kann.

3. Konkretisierung der Ausgleichsmaßnahmen (Absatz 2)

3 Absatz 2 enthält eine Ermächtigung zugunsten der Brandenburgischen Ingenieurkammer, wonach diese die weitere Konkretisierung hinsichtlich der Durchführung der Ausgleichsmaßnahmen durch Satzung festlegt. Die Kammer hat insoweit am 11. April 2018 die Berufsanerkennungsordnung erlassen.

4. Länderübergreifende Vereinbarung zur Durchführung von Ausgleichmaßnahmen (Absatz 3)

4 Aufgrund von Absatz 3 Satz 1 ist die Brandenburgische Ingenieurkammer berechtigt, länderübergreifende Vereinbarung zur Durchführung von Ausgleichmaßnahmen zu schließen. Diese Vereinbarungen stehen unter dem Genehmigungsvorbehalt des für das Bauordnungsrecht zuständigen Mitglieds der Landesregierung. Dadurch können länderübergreifend effiziente und einheitliche Regelung zur Durchführung von Ausgleichsmaßnahmen aufgestellt werden.

§ 65d
Vorübergehende und gelegentliche Dienstleistungserbringung von bauvorlageberechtigten Ingenieuren, Anzeigeverfahren

(1) Ein Dienstleister ist zur vorübergehenden und gelegentlichen Erstellung von Bauvorlagen berechtigt, wenn er in ein entsprechendes Verzeichnis bei der Brandenburgischen Ingenieurkammer eingetragen ist.

(2) [1]Ein Dienstleister nach Absatz 1 hat das erstmalige Erbringen von Dienstleistungen zuvor der Brandenburgischen Ingenieurkammer in Textform anzuzeigen. [2]Einer Anzeige nach Satz 1 bedarf es nicht, wenn der Dienstleister bereits aufgrund einer Regelung eines anderen Landes zur Dienstleistungserbringung berechtigt ist. [3]Zusammen mit der Anzeige sind folgende Unterlagen vorzulegen:

1. ein Identitätsnachweis,
2. eine Bescheinigung, dass er in einem Mitgliedstaat der Europäischen Union oder einem diesem durch Abkommen gleichgestellten Staat rechtmäßig zur Ausübung der betreffenden Tätigkeit niedergelassen ist und ihm die Ausübung dieser Tätigkeit zum Zeitpunkt der Vorlage der Bescheinigung nicht, auch nicht vorübergehend, untersagt ist,
3. ein Berufsqualifikationsnachweis,
4. in den in § 65a Absatz 3 Satz 2 genannten Fällen ein Nachweis in beliebiger Form darüber, dass der Dienstleister die betreffende Tätigkeit mindestens ein Jahr während der vorhergehenden zehn Jahre ausgeübt hat, sofern der Beruf im Niederlassungsmitgliedstaat nicht reglementiert ist,
5. ein Nachweis über den Versicherungsschutz.

[4]Die §§ 12 und 13 des Brandenburgischen Berufsqualifikationsfeststellungsgesetzes sind anzuwenden.

(3) [1]Die Vorlage der Anzeige nach Absatz 2 berechtigt den Dienstleister zur Erstellung von Bauvorlagen. [2]Der Brandenburgischen Ingenieurkammer steht es frei, die Unterlagen nach Absatz 2 Satz 3 nachzuprüfen. [3]Die Erstellung von Bauvorlagen ist dem Dienstleister zu untersagen, wenn der Dienstleister nicht zur Ausübung desselben Berufs rechtmäßig in einem Mitgliedstaat niedergelassen ist, ihm die Ausübung dieser Tätigkeit nach der Anzeige untersagt wird oder die Voraussetzungen des § 65a Absatz 3 Satz 2 nicht erfüllt. [4]In diesem Fall ist dem Dienstleister die Möglichkeit einzuräumen, fehlende Kenntnisse, Fähigkeiten und Kompetenzen durch einen Anpassungslehrgang zu erwerben oder durch eine Eignungsprüfung nachzuweisen. [5]Ist der Dienstleister zur Ausübung desselben Berufs rechtmäßig in einem Mitgliedstaat niedergelassen oder erfüllt er die Voraussetzungen des § 65a Absatz 3 Satz 2, so darf er hinsichtlich der Erstellung von Bauvorlagen nicht aufgrund seiner Berufsqualifikation beschränkt

werden. [6]Für die Bestimmung desselben Berufs im Sinne dieses Absatzes gilt das gestufte System des § 65.

(4) [1]Das Recht zur Führung der Berufsbezeichnung des Niederlassungsstaats nach Artikel 7 Absatz 3 der Richtlinie 2005/36/EG bleibt unberührt. [2]Die Berufsbezeichnung ist dann so zu führen, dass keine Verwechslung mit einer inländischen Berufsbezeichnung möglich ist.

(5) [1]Auswärtige bauvorlageberechtigte Ingenieure haben die Berufspflichten zu beachten. [2]Sie sind hierfür wie Mitglieder der Brandenburgischen Ingenieurkammer zu behandeln. [3]Die Brandenburgische Ingenieurkammer stellt über die Eintragung in das Verzeichnis nach Absatz 1 eine auf fünf Jahre befristete Bescheinigung aus, die auf Antrag verlängert werden kann. [4]Durch die Eintragung in das Verzeichnis nach Absatz 1 darf die Erbringung der Dienstleistungen in keiner Weise verzögert oder erschwert werden und für den Dienstleister keine zusätzlichen Kosten verursachen.

(6) § 17 des Brandenburgischen Berufsqualifikationsfeststellungsgesetzes ist anzuwenden.

Übersicht

1. Allgemeines

1 In § 65d wird die Eintragung von auswärtigen Dienstleistern, die in Brandenburg nur vorübergehend und gelegentlich Bauvorlagen erstellen, in ein Verzeichnis geregelt. Die Definition des auswärtigen Dienstleisters orientiert sich dabei an Art. 5 Abs. 1 Buchst. a der Richtlinie 2005/36/EG. Die Vorschrift überträgt Art. 5 der Richtlinie 2005/36/EG, die durch die Richtlinie 2013/55/EU geändert wurde, in Landesrecht.

2. Eintragung in ein Verzeichnis der Brandenburgischen Ingenieurkammer (Absatz 1)

Auswärtige Bauvorlageberechtigte, die ihren Geschäftssitz in einem Mitgliedstaat der Europäischen Union haben und nur vorübergehend und gelegentlich in Brandenburg tätig werden, werden pro forma von der Brandenburgischen Ingenieurkammer in ein zu führenden Verzeichnis eingetragen, damit die Berufspflichten kontrollierbar sind. 2

3. Anzeigepflicht (Absatz 2)

Nach Absatz 2 haben auswärtige bauvorlageberechtigte Dienstleister, die nur vorübergehend und gelegentlich in Brandenburg tätig werden wollen, dies der Brandenburgischen Ingenieurkammer vor dem erstmaligen Tätigwerden anzuzeigen. Soweit bereits die Dienstleister aufgrund einer Regelung eines anderen Landes zur Dienstleistungserbringung bzw. Erstellung von Bauvorlagen berechtigt sind, ist eine erneute Anzeige bei der Brandenburgischen Ingenieurkammer entbehrlich. Diese Regelung entspricht dem System der gegenseitigen Anerkennung der Länder untereinander. In Satz 3 wird geregelt, welche Unterlagen mit der Anzeige vorzulegen sind. Die Vorschriften der §§ 12 und 13 Brandenburgischen Berufsqualifikationsfeststellungsgesetzes sind anzuwenden. 3

4. Bauvorlageberechtigung und Prüfvorbehalt (Absatz 3)

In Absatz 3 ist bestimmt, dass nach der Anzeige gem. Absatz 2 der Dienstleister zur Erstellung von Bauvorlagen berechtigt ist. Die Brandenburgischen Ingenieurkammer besitzt jedoch einen Prüfvorbehalt, so dass sie berechtigt ist, die mit der Anzeige vorgelegten Unterlagen zu prüfen. Die Brandenburgische Ingenieurkammer hat dem Dienstleister die Erstellung von Bauvorlagen zu untersagen, wenn er nicht zur Ausübung desselben Berufs rechtmäßig in einem Mitgliedstaat niedergelassen ist, ihm die Ausübung dieser Tätigkeit nach der Anzeige untersagt wird oder er die Voraussetzungen des § 65a Absatz 3 Satz 2 nicht erfüllt. In einem solchen Fall muss die Brandenburgische Ingenieurkammer dem Dienstleister jedoch anbieten, fehlende Kenntnisse, Fähigkeiten, und Kompetenzen durch einen Anpassungslehrgang oder eine Eignungsprüfung auszugleichen, vgl. dazu § 65c. Ist der Dienstleiter in einem Mitgliedstaat rechtmäßig niedergelassen oder erfüllt er die Voraussetzungen nach § 65a Absatz 3 Satz 2, darf die Kammer ihm die Erstellung von Bauvorlagen nicht untersagen. Derselbe Beruf im Sinne dieses Absatzes wird nach dem gestuften System des § 65 bestimmt. 4

5. Führung von Berufsbezeichnungen (Absatz 4)

5 In Absatz 4 wird die Berechtigung zur Führung von Berufsbezeichnungen nach dem Recht des Niederlassungsstaates geregelt. Bei der Führung der Berufsbezeichnung muss eine Verwechslung mit einer inländischen Berufsbezeichnung ausgeschlossen werden.

6. Beachtung von Berufspflichten (Absatz 5)

6 In Satz 1 wird bestimmt, dass auswärtige Dienstleister die allgemeinen Berufspflichten beachten müssen. Diese ergeben sich aus dem Brandenburgischen Architektengesetz und dem Brandenburgischen Ingenieurgesetz. Der auswertige Dienstleister ist wie ein Mitglieder der Brandenburgischen Ingenieurkammer zu behandeln.

7 Die Brandenburgische Ingenieurkammer stellt nach Satz 2 über die Eintragung in das Verzeichnis eine auf fünf Jahre befristet Bescheinigung aus, die auf Antrag verlängert werden kann.

8 Durch die Eintragung in das Verzeichnis darf gem. Satz 3 das Erbringen der Dienstleistung, die Erstellung von Bauvorlagen, nicht verzögert, erschwert oder verteuert werden. Diese Regelung entspricht Artikel 6a der Richtlinie 2005/36/EG.

7. Anwendung des § 17 BbgBQFG (Absatz 6)

9 Nach Absatz 6 ist § 17 des Brandenburgischen Berufsqualifikationsfeststellungsgesetzes anzuwenden. Dadurch ist die Kammer verpflichtet, über die Anzeige und Eintragung in das Verzeichnis nach Absatz 1 und 2 eine Statistik nach Maßgabe des § 17 Abs. 2 und 3 BQFG zu führen.

§ 66
Bautechnische Nachweise

(1) [1]Die Einhaltung der Anforderungen an die Standsicherheit, den Brand-, Schall- und Erschütterungsschutz ist nach näherer Maßgabe der Verordnung aufgrund § 86 Absatz 3 nachzuweisen (bautechnische Nachweise); dies gilt nicht für genehmigungsfreie Bauvorhaben, einschließlich der Beseitigung von Anlagen, soweit nicht in diesem Gesetz oder in der Rechtsverordnung aufgrund § 86 Absatz 3 anderes bestimmt ist. [2]Die Bauvorlageberechtigung nach § 65 Absatz 2 Nummer 1 und 2 und Absatz 3 Nummer 3 schließt die Berechtigung zur Erstellung der bautechnischen Nachweise ein, soweit nicht nachfolgend Abweichendes bestimmt ist.

(2) [1]Bei
1. Gebäuden der Gebäudeklassen 1 bis 3,
2. sonstigen baulichen Anlagen, die keine Gebäude sind,

muss der Standsicherheitsnachweis von einer Person mit einem berufsqualifizierenden Hochschulabschluss eines Studiums der Fachrichtung Architektur, Hochbau oder des Bauingenieurwesens mit einer mindestens dreijährigen Berufserfahrung in der Tragwerksplanung, die oder der unter Beachtung des § 65a Absatz 1 Satz 2 bis 7 in eine Liste mit dem Zusatz Tragwerksplanung eingetragen ist; oder einer Prüfingenieurin oder einem Prüfingenieur für Standsicherheit erstellt sein; Eintragungen anderer Länder der Bundesrepublik Deutschland gelten auch im Land Brandenburg. [2]Auch bei anderen Bauvorhaben darf der Standsicherheitsnachweis von einer Tragwerksplanerin oder einem Tragwerksplaner nach Satz 1 erstellt werden. [3]Bei Bauvorhaben der Gebäudeklasse 4, ausgenommen Sonderbauten sowie Mittel- und Großgaragen im Sinne der Verordnung nach § 86 Absatz 1 Nummer 3, muss der Brandschutznachweis erstellt sein von
1. einer oder einem für das Bauvorhaben Bauvorlageberechtigten, die oder der die erforderlichen Kenntnisse des Brandschutzes nachgewiesen hat,
2. einer Angehörigen oder einem Angehörigen der Fachrichtung Architektur, Hochbau, Bauingenieurwesen oder eines Studiengangs mit Schwerpunkt Brandschutz, die oder der ein Studium an einer deutschen Hochschule oder ein gleichwertiges Studium an einer ausländischen Hochschule abgeschlossen hat und nach Abschluss der Ausbildung mindestens zwei Jahre auf dem Gebiet der brandschutztechnischen Planung und Ausführung von Gebäuden oder deren Prüfung praktisch tätig gewesen ist und die erforderlichen Kenntnisse des Brandschutzes nachgewiesen hat,
3. einer Absolventin oder einem Absolventen einer Ausbildung für mindestens den gehobenen feuerwehrtechnischen Dienst, die oder der nach Abschluss der Ausbildung mindestens zwei Jahre auf dem Gebiet der brandschutztechnischen Planung und Ausführung von Gebäuden

oder deren Prüfung praktisch tätig gewesen ist und die erforderlichen Kenntnisse des Brandschutzes nachgewiesen hat, oder
4. einer Prüfingenieurin oder einem Prüfingenieur für Brandschutz.

[4]Die oder der Nachweisberechtigte nach Satz 3 Nummer 1 bis 3 muss unter Beachtung des § 65a Absatz 1 Satz 2 bis 7 in eine Liste mit dem Zusatz Brandschutzplanung eingetragen sein; Eintragungen anderer Länder der Bundesrepublik Deutschland gelten auch im Land Brandenburg. [5]Auch bei anderen Bauvorhaben darf der Brandschutznachweis von einer Brandschutzplanerin oder einem Brandschutzplaner nach Satz 3 erstellt werden. [6]Für Personen, die in einem anderen Mitgliedstaat der Europäischen Union oder einem nach dem Recht der Europäischen Gemeinschaften gleichgestellten Staat zur Erstellung von Standsicherheits- oder Brandschutznachweisen niedergelassen sind, gilt § 65a Absatz 2 bis 4 und § 65d Absatz 5 mit der Maßgabe entsprechend, dass die Anzeige oder der Antrag auf Erteilung einer Bescheinigung bei der nach Absatz 5 zuständigen Stelle einzureichen ist. [7]Bei Bediensteten einer juristischen Person des öffentlichen Rechts ist für die dienstliche Tätigkeit eine Eintragung in die Listen abweichend von den Sätzen 1 und 3 nicht erforderlich, wenn sie ansonsten die Voraussetzungen nach diesem Absatz erfüllen.

(3) [1]**Bei**
1. **Gebäuden der Gebäudeklassen 4 und 5,**
2. **wenn dies nach Maßgabe eines in der Rechtsverordnung nach § 86 Absatz 3 geregelten Kriterienkatalogs erforderlich ist, bei**
   a) **Gebäuden der Gebäudeklassen 1 bis 3,**
   b) **Behältern, Brücken, Stützmauern, Tribünen,**
   c) **sonstigen baulichen Anlagen, die keine Gebäude sind, mit einer Höhe von mehr als 10 Meter**

muss der Standsicherheitsnachweis bauaufsichtlich geprüft sein; das gilt nicht für Wohngebäude der Gebäudeklassen 1 und 2.

[2]**Bei**
1. **Sonderbauten,**
2. **Mittel- und Großgaragen im Sinne der Verordnung nach § 86 Absatz 1 Nummer 3,**
3. **Gebäuden der Gebäudeklasse 5**

muss der Brandschutznachweis bauaufsichtlich geprüft sein. [3]Soweit abweichend von Absatz 2 Satz 1 und 3 die Erstellerin oder der Ersteller eines Standsicherheits- oder Brandschutznachweises nicht in die Liste nach Absatz 5 eingetragen ist, müssen diese bautechnischen Nachweise bauaufsichtlich geprüft sein. [4]Die Vollständigkeit und Richtigkeit der bautechnischen Nachweise ist durch einen Prüfbericht zu bestätigen. [5]Die Prüfberichte über die Prüfung der Brandschutznachweise müssen der Bauaufsichtsbehörde vor Erteilung der Baugenehmigung vorliegen. [6]Die übrigen Prüfberichte müssen der Bauaufsichtsbehörde vor Baubeginn vorliegen.

(4) [1]Außer in den Fällen des Absatzes 3 werden bautechnische Nachweise nicht geprüft; § 67 bleibt unberührt. [2]Werden bautechnische Nachweise durch eine Prüfingenieurin oder einen Prüfingenieur geprüft, werden die entsprechenden Anforderungen auch in den Fällen des § 67 bauaufsichtlich nicht mehr geprüft. [3]Einer bauaufsichtlichen Prüfung oder einer Prüfung durch eine Prüfingenieurin oder einen Prüfingenieur bedarf es ferner nicht, soweit für das Bauvorhaben Standsicherheitsnachweise vorliegen, die von einem Prüfamt für Standsicherheit allgemein geprüft sind (Typenprüfung); Typenprüfungen anderer Länder der Bundesrepublik Deutschland gelten auch im Land Brandenburg.

(5) [1]Die in Absatz 2 genannten Listen mit den entsprechenden Zusätzen werden von der Brandenburgischen Architektenkammer und der Brandenburgischen Ingenieurkammer gemeinsam geführt. [2]Die §§ 5 und 6 des Brandenburgischen Architektengesetzes und die §§ 5 und 6 des Brandenburgischen Ingenieurgesetzes gelten entsprechend.

(6) Das Grundrecht auf Berufsfreiheit (Artikel 49 der Verfassung des Landes Brandenburg) wird insoweit eingeschränkt.

Übersicht

1. Allgemeines

Geregelt sind in § 66 das Erfordernis, die Erstellung und die Prüfung bau- 1
technischer Nachweise. Systematisch gehört § 66 zu den Regelungen über den Bauantrag und die Bauvorlagen, *vgl. dazu Jäde, BauR 2008, 52ff. und Mandelkow, BauR 2007, 1474ff.*

2 Der Gesetzgeber unterscheidet in § 66 zwischen dem Erfordernis, bautechnische Nachweise zu erstellen (vgl. Absatz 1), der eigentlichen Erstellung dieser Nachweise (Absatz 1 Satz 2 und Absatz 2) und deren Prüfung (vgl. Absatz 3 und 4 Satz 1). Während der Gesetzgeber das Erfordernis bautechnischer Nachweise in Absatz 1 Satz 1 als grundsätzliches Gebot formuliert hat, differenziert er bei der Person desjenigen, der solche Nachweise erstellen darf. Grundsätzlich genügt die (allgemeine) Bauvorlageberechtigung für die Erstellung der bautechnischen Nachweise (Absatz 1 Satz 2). Für Teilbereiche (Absatz 1 Satz 2) wird eine zusätzliche oder besondere Qualifikation gefordert (qualifizierter Tragwerks- bzw. Brandschutzplaner, Prüfingenieur). Diese Qualifikation ist in Absatz 2 geregelt. Durch die erhöhten Anforderungen an die Qualifikation des Bauvorlageberechtigten werden Beschränkungen der bauaufsichtlichen Prüfungen kompensiert.

3 Möglich ist nach Absatz 3 entweder eine Prüfung der bautechnischen Nachweise durch die Bauaufsichtsbehörde oder deren Prüfung durch einen Prüfingenieur für Standsicherheit oder Brandschutz. Soweit wegen bautechnischer Schwierigkeiten und/oder eines hohen Risikopotenzials eine sorgfältige Prüfung erforderlich erscheint, hat der Gesetzgeber in Absatz 3 die Prüfung nach dem Vier-Augen-Prinzip vorgeschrieben. Hingegen werden die Standsicherheit und der Brandschutz bei Gebäuden der Gebäudeklassen 1 bis 3 nicht mehr im Vier-Augen-Prinzip geprüft. Der (qualifizierte) Bauvorlageberechtigte ist für die Richtigkeit der Bauvorlagen dann ebenso verantwortlich, wie für das gesamte Bauvorhaben, vgl. § 54.

4 Der Bauherr hat betreffend die vorgeschriebene Prüfung der Nachweise im Vier-Augen-Prinzip die Wahl. Die Nachweise können durch die Bauaufsichtsbehörde oder durch einen Prüfingenieur geprüft werden. Beauftragt der Bauherr einen Prüfingenieur, sind diesem neben der Prüfaufgabe auch die Bauüberwachung, die Bauzustandsbesichtigung sowie die Erteilung von Abweichungen, s. a. § 67 Abs. 1 Satz 2, übertragen. Wenn der Prüfingenieur deswegen bauaufsichtliche Aufgaben wahrnimmt, handelt er als beliehener Unternehmer und damit hoheitlich als Teil der mittelbaren Staatsverwaltung. Er nimmt dann seine Prüfaufgaben anstelle der Bauaufsichtsbehörde wahr. Die Prüfungsergebnisse gehen allerdings nicht in die Regelungs- und Feststellungswirkung der Baugenehmigung ein. Denn die erforderlichen Prüfberichte müssen vor Erteilung der Baugenehmigung bzw. vor Baubeginn zwar vorliegen, werden von der Baugenehmigung aber nicht als richtig normiert.

5 Da der Wärmeschutznachweis nach dem Gebäudeenergiegesetz, §§ 16, 19, 31f., den bauordnungsrechtlichen Wärmeschutznachweis größtenteils abdeckt, hat der Gesetzgeber der Musterbauordnung folgend bestimmt, dass für diese Anforderung ein bautechnischer Nachweis nicht zu erstellen ist. Diese Vereinfachung ist bauherrenfreundlich und vertretbar, da auch in Konstellationen, in

denen mangels Erforderlichkeit des Energiebedarfsausweises nach § 81 GEG, nur der Nachweis entfällt, die Anforderungen an den bauordnungsrechtlichen Wärmeschutznachweis aber materiell-rechtlich unvermindert bestehen bleiben, vgl. dazu § 15 Abs. 1.

Die bautechnischen Nachweise sind nicht Bestandteil des genehmigungsrechtlichen Prüfprogramms. Der Gesetzgeber hat den Kernbereich der bauaufsichtlichen Tätigkeit im Baugenehmigungsverfahren auf die rechtliche Prüfung beschränkt. Die lediglich der technischen Prüfung des rechtlich zu genehmigenden Vorhabens dienenden bautechnischen Nachweise gehören nicht zum Genehmigungsinhalt. Der Gesetzgeber unterscheidet jedoch danach, ob die Prüfberichte vor Erteilung der Baugenehmigung oder vor Baubeginn vorliegen müssen, vgl. Absatz 3 Satz 4 und 5. 6

2. Erforderlichkeit bautechnischer Nachweise (Absatz 1)

a) Grundsatz

Absatz 1 Satz 1 Halbsatz 1 begründet die Verpflichtung nachzuweisen, dass die Anforderungen des Bauordnungsrechts an die Standsicherheit, den Brand-, Schall- und Erschütterungsschutz eingehalten werden. Eine Legaldefinition des bautechnischen Nachweises ist in Satz 1 nicht geregelt. Betreffend andere bautechnische Anforderungen sind bautechnische Nachweise nicht zu erbringen. Auch für den Wärmeschutz ist ein solcher Nachweis nicht zu führen. Denn der Nachweis für den nach dem Gebäudeenergiegesetz erforderlichen Wärmeschutz deckt den bauordnungsrechtlichen Wärmeschutznachweis weitgehend mit ab. Eine Doppelprüfung wird so vermieden. In den Konstellationen, in denen der Energiebedarfsausweis nicht beizubringen ist, entfällt der Nachweis für den Wärmeschutz. Die materiellen Anforderungen an den bauordnungsrechtlichen Wärmeschutz nach § 15 bleiben jedoch bestehen. 7

Wie die in Satz 1 vorgeschriebenen Nachweise zu erbringen sind, folgt zum einen aus der Verordnung nach § 86 Abs. 3, der Brandenburgischen Bauvorlagenverordnung. Der Verordnungsgeber ist verpflichtet, die Anforderungen an die bautechnischen Nachweise in dieser Verordnung im Einzelnen zu bestimmen. Er darf dort aber nicht den Verzicht auf bautechnische Nachweise regeln, weil bei einem Verzicht auf bautechnische Nachweise die Einhaltung von Anforderungen gerade nicht so, wie in § 66 gefordert, nachgewiesen sein würde. Der Verordnungsgeber darf folglich nur die Maßgaben des Nachweises in der Verordnung gem. § 86 Abs. 3 regeln. Zum anderen sind nähere Maßgaben für den Nachweis, d. h. für die Erstellung und Prüfung des Nachweises, in den nachfolgenden Absätzen geregelt. Die Regelungen in den Absätzen 2 bis 4 gehen der Verordnung nach § 86 Abs. 3 vor. 8

b) Ausnahme

9 Die Einhaltung der Anforderungen des Bauordnungsrechts an die Standsicherheit sowie den Brand-, Schall- und Erschütterungsschutz ist für genehmigungsfreie Bauvorhaben einschließlich der Beseitigung von Anlagen gem. Halbsatz 2 nicht nachzuweisen. Genehmigungsfreie Bauvorhaben sind alle Vorhaben im Sinne von § 61. Angesichts der geringen sicherheitstechnischen Bedeutung genehmigungsfreier Vorhaben ist jedoch der grundsätzliche Wegfall der Pflicht, diese Nachweise zu erbringen, gut vertretbar. Unabhängig von dem Verzicht auf die Erstellung und Prüfung bautechnischer Nachweise bleibt der Bauherr uneingeschränkt dafür verantwortlich, dass die materiellrechtlichen Anforderungen des Bauordnungsrechts beachtet werden, vgl. § 59 Abs. 2.

10 Dass Nachweise für genehmigungsfreie Vorhaben und die Beseitigung baulicher Anlagen nach Halbsatz 2 nicht erforderlich sind, ist mit Halbsatz 2 jedoch nicht abschließend geregelt. Denn die Pflicht zum Nachweis für diese Vorhaben kann sich aus der Bauvorlagenverordnung ergeben. Dies gilt auch für die Anzeigepflicht bei der Beseitigung von baulichen Anlagen nach der Verordnung gem. § 86 Abs. 3 Nr. 8. Durch die Verordnung könnte der Bauherr trotz der Genehmigungsfreiheit nach § 61 zur Erstellung und Prüfung bautechnischer Nachweise verpflichten werden. Ein Erfordernis dafür könnte sich daraus ableiten lassen, dass genehmigungsfreie Vorhaben nach § 61 Abs. 1 Nr. 11 auch tragende Bauteile erfassen können.

11 Bautechnische Nachweise sind auch dann nicht erforderlich, wenn nach § 67 isolierte Ausnahmen, Befreiungen oder Abweichungen beantragt werden. Denn in diesen Verfahren wird nicht über die Zulässigkeit des Vorhabens in Gänze, sondern nur über einzelne rechtliche Aspekte des Vorhabens entschieden.

3. Erstellung der Nachweise durch den Bauvorlageberechtigten (Absatz 1 Satz 2)

12 Satz 2 bestimmt, dass Personen, die nach § 65 Abs. 2 Nr. 1, Nr. 2 und Nr. 4 bauvorlageberechtigt sind, auch berechtigt sind, bautechnische Nachweise nach Satz 1 zu erstellen. Für Innenarchitekten im Sinne von § 65 Abs. 2 Nr. 3 gilt dies nicht.

13 Der bauvorlageberechtigte Entwurfsverfasser trägt damit die Gesamtverantwortung für die Planung und auch die Erstellung und ggf. Prüfung der bautechnischen Nachweise. Wie aus § 54 Abs. 2 folgt, muss er ggf. Fachplaner beauftragen, die ihn unterstützen.

4. Erstellung und Prüfung bautechnischer Nachweise (Absatz 2)

Absatz 2 Satz 1 regelt eine Ausnahme davon, dass der bautechnische Nachweis gem. Absatz 1 Satz 2 von einem Bauvorlageberechtigten nach § 65 Abs. 2 Nr. 1, Nr. 2 und Nr. 4 erstellt werden darf. Der Nachweis der Standsicherheit darf für die in Satz 1 Nr. 1. und 2. genannten Gebäude und baulichen Anlagen nicht von einem Bauvorlageberechtigten erstellt werden, sondern muss von einem Tragwerksplaner oder einem Prüfingenieur für Standsicherheit erstellt werden. Grund für die Erhöhung der Qualifikation des Nachweiserstellers ist, dass die Standsicherheitsnachweise für die in Satz 1 Nr. 1. und 2. genannten Anlagen nicht der in Absatz 3 vorgeschriebenen Prüfung unterliegen. Die Qualifizierung des Tragwerkplaners sowie des Prüfingenieurs für Standsicherheit kompensiert den Ausfall der nach Absatz 3 vorgeschriebenen Prüfung im Vier-Augen-Prinzip. 14

Die Qualifikation des Tragwerksplaners ist in Satz 1 normiert. Zu der beruflichen Qualifikation und dem Nachweis einer dreijährigen Berufserfahrung in der Tragwerksplanung kommt die Eintragung in eine Liste der „Standsicherheitsnachweisberechtigten“. Durch die Eintragung wird nachgewiesen, dass die Personen hinreichend qualifiziert sind, also auch die dreijährige Berufserfahrung in der Tragwerksplanung gegeben ist. Wie diese für den Tragwerksplaner vorgesehene Liste zu führen ist, ist in Absatz 5 geregelt. Gleiches gilt nach Satz 2 für den Ersteller des Brandschutznachweises. Sind Tragwerksplaner in der Liste anderer Länder eingetragen, so sind sie sogleich qualifiziert. 15

Die Prüfingenieure für Standsicherheit sind für die Vorhaben nach Satz 1 Nr. 1. und 2. nachweisberechtigt, ohne dass es weiterer Anforderungen bedarf. Diese sind bereits nach § 6 Brandenburgische Bautechnische Prüfungsverordnung (BbgBauPrüfV) in die Liste der Prüfingenieure eingetragen, so dass dadurch ihre Qualifikation nachgewiesen ist. Auch für die Prüfingenieure gilt, dass die Eintragung in Listen anderer Länder der Eintragung in Brandenburg gleichgestellt ist. 16

Die Erstellung des Standsicherheitsnachweises durch den Tragwerksplaner oder den Prüfingenieur für Standsicherheit kann über die in Satz 1 genannten Fälle hinaus auf solche Vorhaben erstreckt werden, die in der Rechtsverordnung nach § 86 Abs. 3 Nr. 3 genannt sind. Der Verordnungsgeber kann in der Bauprüfungsverordnung für solche Vorhaben, die sich durch statisch-konstruktive Schwierigkeiten auszeichnen, vorschreiben, dass die bautechnischen Nachweise von einem Tragwerksplaner oder Prüfingenieur für Standsicherheit erstellt werden. 17

18 Satz 2 stellt die Gleichwertigkeit von Eintragungen in Listen anderer Länder her. Dies ist gerechtfertigt, weil die Voraussetzungen für die Eintragung zwischen den Ländern harmonisiert sind.

19 Satz 3 erweitert die bautechnische Nachweisberechtigung des Absatzes 1 Satz 2 hinsichtlich des Standsicherheitsnachweises auch auf solche Bauvorhaben, die nicht in Satz 1 genannte sind. Dies ist gerechtfertigt, weil an die Erstellung dieser Nachweise die grundsätzlich selben spezifischen fachlichen Anforderungen gestellt werden, die der qualifizierte Tragwerksplaner nach Satz 1 besitzen muss.

20 Satz 3 und Satz 4 regeln die Anforderungen an die Qualifikation des Bauvorlageberechtigten für den Brandschutznachweis. Der Gesetzgeber hält das Erfordernis eines qualifizierten Brandschutzplaners allein für Gebäude der Gebäudeklasse 4 ausgenommen Sonderbauten und Großgaragen trotz des schmalen Anwendungsbereichs dieser Regelung für gerechtfertigt, da ihm die Prüfung der Nachweise auch für diese Gebäude nach Absatz 3 unverhältnismäßig erscheint, *vgl. LT-Drucks. 6/3268, S. 97.* Welche Brandschutzanforderungen diese Gebäude zu erfüllen haben, ist in den §§ 26 ff. geregelt. Für die ordnungsgemäße Planung und Ausführung der hochfeuerhemmenden Bauweise sind die besonderen Anforderungen in der Muster-Holzbaurichtlinie gestellt.

21 Ausgenommen von dem Erfordernis des qualifizierten Brandschutznachweises sind Sonderbauten sowie Mittel- und Großgaragen im Sinne der Verordnung nach § 86 Abs. 1 Nr. 4 (Brandenburgische Garagen- und Stellplatzverordnung). Für diese Gebäude gilt stets das Vier-Augen-Prinzip nach Absatz 3 Satz 2 Nr. 1 und Nr. 2. Durch den Verweis auf die Garagen- und Stellplatzverordnung kann das Erfordernis eines qualifizierten Brandschutznachweises variabler gehandhabt werden.

22 Satz 5 trägt dem Umstand Rechnung, dass die Erstellung und Einreichung von Standsicherheits- und Brandschutznachweisen, die keiner bauaufsichtlichen Prüfung oder Bescheinigungspflicht unterliegen, eine Dienstleistung ist, für die die Bestimmungen der EU-Dienstleistungsrichtlinie (Richtlinie 2006/123/EG des Europäischen Parlaments und des Rates vom 12. Dezember 2006) gelten. Wie bei der Bauvorlageberechtigung sind Regelungen für Personen zu schaffen, die zur Erbringung einer vergleichbaren Dienstleistung in einem anderen Mitgliedstaat der Europäischen Union rechtmäßig niedergelassen sind oder die in einem nach dem Recht der Europäischen Gemeinschaften gleichgestellten Staat zugelassen sind. Dabei ist ebenfalls zu unterscheiden zwischen Personen, die in dem Mitgliedsstaat mindestens vergleichbare Anforderungen erfüllen mussten und Personen, die die Erfüllung geringerer Anforderungen nachweisen mussten, tatsächlich aber die Anforderungen des § 66 Abs. 2 erfüllen. Für diese Personengruppen werden wegen

des vergleichbaren Sachverhalts die Regelungen des § 65 mit der Maßgabe für anwendbar erklärt, dass die erforderlichen Anzeigen und Anträge nicht bei der Ingenieurkammer, sondern bei der nach Absatz 2 Satz 1 oder Satz 3 zuständigen Stelle einzureichen sind.

Satz 6 bestimmt, dass Bedienstete einer juristischen Person, die die Voraussetzungen für die Nachweisberechtigung mit Ausnahme der Listeneintragung erfüllen, nicht in die Listen eingetragen zu werden brauchen. Die Eintragung in die Liste ist entbehrlich, weil behördenintern erkannt wird, ob die materielle Qualifikation den Anforderungen des Absatz 2 genügt. 23

5. Prüfung der Standsicherheits- und Brandschutznachweise (Absatz 3)

Absatz 3 Satz 1 Halbsatz 1 regelt, in welchen Fällen auf den Standsicherheitsnachweis das Vier-Augen-Prinzip Anwendung findet. Dieses Prinzip besagt, dass der Nachweis nicht nur von dem Ersteller gem. Absatz 1 und 2 aufgestellt und zugleich geprüft wird (zwei Augen), sondern auch von einer dritten Person (zwei Augen) geprüft wird. Diese dritte Person kann ein Mitarbeiter der Bauaufsichtsbehörde oder ein Prüfingenieur sein. 24

Stets dem Vier-Augen-Prinzip unterworfen sind die in Nummer 1 genannten Gebäude der Gebäudeklasse 4 und 5. 25

Bei den in Nr. 2 aufgezählten Bauvorhaben hängt das Vier-Augen-Prinzip davon ab, ob und nach welchen Kriterien dies in der Verordnung nach § 86 Abs. 3 gefordert wird. Zu den in der Nr. 2 aufgezählten Vorhaben gehören nicht die Sonderbauten (§ 2 Absatz 4) als solche. Ob ein Bauvorhaben ein Sonderbau ist, besitzt für dessen Standsicherheit keine unmittelbare Bedeutung. Die Sonderbauteneigenschaft kann von Kriterien abhängen, die für die statisch-konstruktive Schwierigkeit des Vorhabens ohne Relevanz sind. Für die Entscheidung, ob es bei den in Nr. 2 aufgeführten Vorhaben einer Vier-Augen-Prüfung bedarf, ist der Kriterienkatalog, der in der Rechtsverordnung nach § 86 Abs. 3 Satz 1 festgelegt wird, ausschlaggebend. Die Bewertung des Vorhabens nach diesen Kriterien obliegt dem bauvorlageberechtigten Entwurfsverfasser, da er die Verantwortung für die Richtigkeit und Vollständigkeit der Nachweise trägt, vgl. § 54. Besitzt er dafür nicht die erforderliche Sachkunde, hat er gem. § 54 Abs. 2 den Tragwerksplaner oder den Brandschutzplaner bzw. den entsprechenden Prüfingenieur einzuschalten. Das Ergebnis der Beurteilung durch den bauvorlageberechtigten Entwurfsverfasser ist abschließend. Das Bestehen oder Nicht-Bestehen einer Prüfpflicht wird dadurch öffentlich-rechtlich festgelegt. Eine weitere Befassung der Bauaufsichtsbehörde mit dieser Frage sieht die Bauordnung nicht vor. 26

27 Halbsatz 2 schließt die Geltung des Vier-Augen-Prinzips für Wohngebäude der Gebäudeklassen 1 und 2 generell aus. Dieser Ausschluss kann durch die Verordnung nach § 86 Abs. 3 nicht geändert werden. Der Gesetzgeber hält es angesichts der Größe und des Risikopotenzials dieser Vorhaben für vertretbar, es bei der Eigenverantwortung des Bauherrn und der übrigen am Bau Beteiligten bewenden zu lassen, *vgl. LT-Drucks. 6/3268, S. 99.* Er will vermeiden, dass andernfalls die Standsicherheitsnachweise einer Vielzahl kleinerer Bauvorhaben nach dem Vier-Augen-Prinzip geprüft werden. Bestätigt sieht es sich darin durch den Umstand, dass für diese Gebäude nach einer Reihe von Länderbauordnungen die bautechnischen Anforderungen teilweise seit über drei Jahrzehnten generell nicht mehr geprüft werden, ohne dass (über Aspekte des Verbraucherschutzes hinaus) für elementare Rechtsgüter wie Leben und Gesundheit relevante Sicherheitsgefahren zu verzeichnen wären, die durch eine Präventivkontrolle hätten vermieden werden können.

28 Satz 2 enthält eine in der Systematik des Satzes 1 entsprechende Regelung für den Brandschutz im Sinne des § 14. Betreffend den Brandschutz werden dem Vier-Augen-Prinzip in Nr. 1 alle Sonderbauten im Sinne des § 2 Abs. 4, in Nr. 2 Mittel- und Großgaragen im Sinne der Verordnung nach § 86 Absatz 1 Nr. 3 und in Nr. 3 alle Gebäude der Gebäudeklasse 5 unterworfen.

29 Mit Satz 3 wird die Prüfpflicht der Bauaufsichtsbehörde für solche Standsicherheits- und Brandschutznachweise übertragen, die nicht von gemäß Absatz 5 eingetragenen Architekten oder Bauingenieuren erstellt wurden.

30 Nach Satz 5 darf die Baugenehmigung erst erteilt werden, wenn die Prüfberichte zur Prüfung des Brandschutznachweises der Bauaufsichtsbehörde vorliegen. Ihr Vorliegen bei der Bauaufsichtsbehörde ist also Voraussetzung für die Erteilung der Baugenehmigung. Soweit bautechnische Nachweise vor Erteilung der Baugenehmigung vorliegen müssen, darf die Baugenehmigung bei einem negativen Nachweis nicht erteilt werden. Bei einem ablehnenden Prüfbericht, der die Vollständigkeit und Richtigkeit des Brandschutznachweises nicht bestätigt, ist die Baugenehmigung zu versagen, da hier öffentlich-rechtliche Vorschriften im Sinne von § 72 Abs. 1, nämliche diejenigen des Brandschutzes, dem Vorhaben entgegenstehen. Dadurch wird der Prüfbericht mittelbar zur Voraussetzung für den Baubeginn.

31 Satz 6 bestimmt, dass die Prüfberichte über die Prüfung der übrigen bautechnischen Nachweise der Bauaufsichtsbehörde erst vor Baubeginn vorliegen müssen. Deren Vorliegen ist Voraussetzung für den Baubeginn, nicht aber Voraussetzung für die Erteilung der Baugenehmigung. Dem entspricht § 72 Abs. 7 Nr. 3. Die Bauaufsichtsbehörde darf deren Vorlage im Baugenehmigungsverfahren nicht verlangen.

6. Prüfverzichte (Absatz 4)

Absatz 4 regelt generelle bauaufsichtliche Prüfverzichte und die Rechtswirkungen der Prüfung durch Prüfingenieure. 32

Satz 1 Halbsatz 1 erlaubt einen generellen Prüfverzicht für bautechnische Nachweise, soweit sie nicht nach Absatz 3 durch die Bauaufsichtsbehörde selbst oder durch einen Prüfingenieur geprüft werden. Das Zwei-Augen-Prinzip bewirkt zugleich, dass die mit der Vorlage der bautechnischen Nachweise bestätigte Einhaltung der materiell-rechtlichen Anforderungen nicht in einem anderen Verfahren, insbesondere im Baugenehmigungsverfahren geprüft wird. Das Prüfprogramm der Bauaufsichtsbehörde im Baugenehmigungsverfahren im Übrigen wird dadurch beschränkt. 33

Halbsatz 2 stellt klar, dass der Prüfverzicht nach Satz 1 die Zulassung von Abweichungen nach § 67 nicht entbehrlich macht, soweit von materiell-rechtlichen Anforderungen abgewichen werden soll. 34

Satz 2 regelt die Rechtswirkungen der Prüfung des bautechnischen Nachweises durch einen Prüfingenieur für Standsicherheit bzw. Brandschutz. Diese Prüfung ist abschließend. Eine Nachprüfung des von dem Prüfingenieur geprüften bautechnischen Nachweises durch die Bauaufsichtsbehörde ist nicht vorgesehen und wäre nicht zulässig. Der Gesetzgeber bestimmt vielmehr, dass der Bauherr und der von ihm beauftragte Prüfingenieur abschließend dafür zuständig sind, dass die bautechnischen Anforderungen geprüft und erfüllt werden. Dies gilt auch bei der Zulassung einer Abweichung nach § 67, und zwar unabhängig davon, ob der bautechnische Nachweis jeweils prüfpflichtig ist oder nicht. Die Bauaufsichtsbehörde ist nicht mehr zuständig, über die Zulassung einer Abweichung zu entscheiden, wenn die Abweichung von dem Prüfingenieur gewährt wurde. Der Gesetzgeber rechtfertigt dies damit, dass dies die Konsequenz aus der generellen Gleichwertigkeit bauaufsichtlicher Prüfung und Prüfung durch einen Prüfingenieur ist, *vgl. LT-Drucks. 6/3268, S. 100.* Schließt die Prüfung des Prüfingenieurs die Abweichung im Sinne von § 67 mit ein, handelt der Bauherr formell rechtmäßig, wenn er nach Maßgabe des Prüfberichts baut. Dies wird in § 67 Absatz 1 Satz 2 Halbsatz 2 nochmals klargestellt. Die bauaufsichtlichen Eingriffsbefugnisse bleiben davon jedoch unberührt. Die repressive Kontrolle wird von § 66 also nicht beschränkt. 35

Satz 3 regelt die Wirkung von Typenprüfungen für die Erforderlichkeit von bautechnischen Nachweisen. Die Typenprüfung verdrängt die bautechnischen Nachweise. Die von den Prüfämtern für Standsicherheit vorgenommene Typenprüfung ersetzt den Standsicherheitsnachweis nach Absatz 1. 36

7. Listen für Tragwerksplanung und Brandschutzplanung (Absatz 5)

37 Die in Absatz 2 geregelten Nachweise können sowohl durch Architekten wie auch durch Ingenieure erstellt werden. Deshalb müssen sich beide Berufsgruppen in die Liste nach Absatz 2 eintragen können. Folglich werden die Listen mit den entsprechenden Zusätzen, in die die Nachweisberechtigten eingetragen sein müssen, von der Brandenburgischen Architektenkammer und der Brandenburgischen Ingenieurkammer gemäß Absatz 5 gemeinsam geführt. Satz 2 eröffnet Sanktionsmöglichkeiten für den Fall, dass eine eingetragene Person ihrer damit verbundenen Verantwortung nicht nachkommen will oder kann oder eine entsprechende Besorgnis hierüber besteht. Daher werden die Regelungen des Brandenburgischen Architektengesetzes und des Brandenburgischen Ingenieurgesetzes zur Versagung oder Löschung einer Eintragung für entsprechend anwendbar erklärt.

8. Grundrecht auf Berufsfreiheit (Absatz 6)

38 Nach Art. 5 Abs. 2 Satz 3 der Verfassung des Landes Brandenburg muss ein Gesetz, das ein Grundrecht einschränkt, dieses Grundrecht unter Angabe des Artikels nennen. Dieses Zitiergebot soll sicherstellen, dass der Gesetzgeber nicht unbeabsichtigt in Grundrechte eingreift (Warn- und Besinnungsfunktion). Durch § 66 wird das Grundrecht auf Berufsfreiheit in Art. 49 Abs. 1 der Verfassung des Landes Brandenburg beschränkt. Dort ist geregelt: *„Jeder hat das Recht, seinen Beruf frei zu wählen und auszuüben. In diese Freiheit darf nur durch Gesetz oder aufgrund eines Gesetzes eingegriffen werden."* Zu einer Einschränkung kommt es infolge der formellen Anforderungen an die Tätigkeit als Bauvorlageberechtigter und Prüfingenieur aufgrund der Notwendigkeit, sich nach Absatz 2 in eine Liste für Tragwerksplanung und Brandschutzplanung eintragen zu müssen. Materiell wird die Berufsfreiheit dadurch beschränkt, dass in Absatz 2 Qualifikationen vorgeschrieben sind, die nicht ohne Weiteres erfüllt werden können.

§ 67
Abweichungen

(1) [1]Die Bauaufsichtsbehörde soll Abweichungen von Anforderungen dieses Gesetzes und aufgrund dieses Gesetzes erlassener Vorschriften zulassen, wenn sie unter Berücksichtigung des Zwecks der jeweiligen Anforderung und unter Würdigung der öffentlich-rechtlich geschützten nachbarlichen Belange mit den öffentlichen Belangen, insbesondere den Anforderungen des § 3 Satz 1, vereinbar sind. [2]§ 86a Absatz 1 Satz 3 bleibt unberührt; der Zulassung einer Abweichung bedarf es auch nicht, wenn bautechnische Nachweise durch eine Prüfingenieurin oder einen Prüfingenieur geprüft werden, es sei denn, öffentlich-rechtlich geschützte nachbarliche Belange werden berührt.

(2) [1]Die Zulassung von Abweichungen nach Absatz 1, von Ausnahmen und Befreiungen von den Festsetzungen eines Bebauungsplans oder einer sonstigen städtebaulichen Satzung oder von Regelungen der Baunutzungsverordnung ist gesondert in Textform zu beantragen; der Antrag ist zu begründen. [2]Für Anlagen, die keiner Genehmigung bedürfen, sowie für Abweichungen von Vorschriften, die im Genehmigungsverfahren nicht geprüft werden, gilt Satz 1 entsprechend.

(3) [1]Zu Abweichungen von örtlichen Bauvorschriften nach § 87 ist das Einvernehmen der Gemeinde erforderlich. [2]§ 36 Absatz 2 Satz 2 des Baugesetzbuchs gilt entsprechend.

(4) Über Abweichungen nach Absatz 1 Satz 1 von örtlichen Bauvorschriften sowie über Ausnahmen und Befreiungen nach Absatz 2 Satz 1 entscheidet bei genehmigungsfreien Bauvorhaben die amtsfreie Gemeinde oder das Amt als Sonderordnungsbehörde nach Maßgabe der Absätze 1 und 2.

Übersicht

1. Allgemeines

1 § 67 regelt die Voraussetzungen, unter denen von den Anforderungen der Bauordnung oder der auf der Grundlage der Bauordnung erlassenen Rechtsvorschriften (Sonderbauverordnungen und örtliche Bauvorschriften) abgewichen werden darf, *vgl. zu Abweichungen im Bauordnungsrecht und Rechtsprechungsnachweisen, Schweinoch, BayVBl 2015, 837; Hauth, BauR 2014, 197ff.; Happ, BayVBl 2014, 65ff.; Jäde, VA 2000, S. 177ff.*

2 § 67 bildet den einheitlichen bauordnungsrechtlichen Abweichungstatbestand, der für das Abstandsflächenrecht durch den mit der Novelle 2020 eingeführten § 6 Abs. 11 ergänzt wird. Nach dem Konzept der Brandenburgischen Bauordnung sind Abweichungen dann zulässig, wenn das Schutzziel der Regelung, von der abgewichen werden soll, berücksichtigt wird. Nicht erforderlich ist, dass das Schutzziel der Norm auf abweichendem Weg erreicht wird. Durch die Abweichung dürfen also die materiellen Standards abgesenkt werden. Dies ist zulässig, wie dies mit öffentlichen Belangen, insbesondere mit den Anforderungen des § 3 Satz 1 vereinbar ist. Grenze für eine Abweichung ist damit die Unvereinbarkeit mit öffentlichen Belangen, insbesondere mit den Anforderungen des § 3 Satz 1.

3 Das Erfordernis eines **atypischen Einzelfalls** ist nach dem Brandenburgischen Bauordnungsrecht für die Gewährung einer Abweichung nicht ausschlaggebend. Vielmehr soll das materielle Bauordnungsrecht vollzugstauglich flexibilisiert und dadurch leichter handhabbar sein, *so LT-Drucks 6/3268, S. 101.* Abweichungen können also auch in einer Vielzahl von Fällen zugelassen werden. Sie dürfen sogar den Normallfall bilden. Die im Vergleich dazu wesentlich restriktivere Rechtsprechung zum Abweichungsrecht anderer Länder, auch derjenigen aus Berlin, *vgl. dazu Jobs, LKV 2013, 529-537,* darf also nicht unbesehen auf das aktuelle Brandenburgische Bauordnungsrecht übertragen werden.

Durch die Novelle 2023 ist die Ermessensausübung der Behörde („kann zugelassen werden") beschränkt worden. Liegen die tatbestandlichen Voraussetzungen für eine Abweichung vor, soll diese erteilt werden. Der Gesetzgeber verpflichtet die Behörde mit dem „Soll" zu einem sog. intendierten Ermessen. Er verweist dazu auf *VGH München B. v. 6.8.2013 – 15 CS 13.1076*. Von der Gewährung der beantragten Abweichung darf nur noch abgesehen werden, wenn außergewöhnliche Gründe dies rechtfertigen. 4

In § 67 werden die Verfahren über die Gewährung der im Bauplanungsrecht geregelten Ausnahmen und Befreiungen (§ 31 BauGB) und die Verfahren über die bauordnungsrechtlichen Abweichungen zusammengefasst. 5

Für das Bauordnungsrecht sind die materielle Zulässigkeit von bauordnungsrechtlichen Abweichungen und das zugehörige Verfahren in § 67 geregelt. Die materiellen Voraussetzungen für die bauplanungsrechtlichen Ausnahmen und Befreiungen sind hingegen in § 31 BauGB abschließend geregelt. § 67 betrifft nur das zugehörige Verwaltungsverfahren. Dieses hat der Bundesgesetzgeber in § 31 BauGB nicht geregelt. Allerdings ist bei Anwendung von § 31 BauGB in Verbindung mit § 67 der § 36 BauGB als Verfahrensvorschrift zu beachten. 6

2. Materiell-rechtliche Voraussetzungen für die Zulassung von Abweichungen (Absatz 1)

Abweichungen sollen zugelassen werden, wenn von Anforderungen der Bauordnung, von aufgrund § 86 erlassener Verordnungen und von örtlichen Bauvorschriften im Sinne von § 87 abgewichen werden soll. 7

Voraussetzung für die Erteilung einer Abweichung ist, dass die Abweichung 8

a) unter Berücksichtigung des Zwecks der jeweiligen Anforderungen,
b) unter Würdigung der öffentlich-rechtlich geschützten nachbarlichen Belange,
c) mit öffentlichen Belangen, insbesondere § 3 Satz 1 vereinbar ist

und die Behörde ihr Ermessen fehlerfrei ausgeübt hat.

a) Ermessensausübung

Die Erteilung einer Abweichung setzt eine Ermessensausübung voraus, die zugunsten des Antragstellers ausfallen soll, wenn die weiteren Voraussetzungen des Absatzes 1 erfüllt sind. Es handelt sich um ein von der Baufreiheit in Art. 14 Abs. 1 GG gesteuertes, tatbestandlich intendiertes Ermessen. Sind die tatbestandlichen Voraussetzungen für eine Abweichung gegeben, so ist die beantragte Abweichung in der Regel zuzulassen. Etwas anderes kann gelten, wenn ausnahmsweise der Abweichung entgegenstehende besondere 9

Umstände vorliegen, *vgl. VGH München, U. v. 29.10.2015 – 2 B 15.1431 –, und B. v. 6.8.2013 – 15 CS 13.1076.*

10 Die rechtmäßige Ermessensausübung setzt voraus, dass der Sachverhalt vollständig ermittelt und bewertet wird. Dazu gehört die Beurteilung, ob und in welchem Umfang von bauordnungsrechtlichen Vorschriften abgewichen werden darf. Dies setzt voraus, dass die Anforderungen, von denen abgewichen werden soll, sowie die Bestimmung der mit der jeweiligen Anforderung verfolgten einzelnen Schutzziele konkret festgestellt werden, *vgl. OVG Berlin-Brandenburg, B. v. 06.12.2013 – OVG 10 N 24.11.* So sind etwa die Abstandsflächen zutreffend zu berechnen, *vgl. OVG Bautzen, B. v. 16.06.2015 – 1 A 556/14.* Dieser Erkenntnisvorgang sollte, um nachvollziehbar zu machen, dass die Ermessensausübung fehlerfrei ist, in der Akte dokumentiert werden.

b) Berücksichtigung des Zwecks der jeweiligen Anforderungen

11 Nach Absatz 1 Satz 1 Nr. 1 darf die Abweichungen nur unter Berücksichtigung des Schutzziels der jeweils normierten Anforderung, von der abgewichen werden soll, gewährt werden. Durch die Benennung der jeweiligen Schutzziele in den einzelnen bauordnungsrechtlichen Paragraphen hat der Gesetzgeber die Zulassung der Abweichungen vielfach vereinfacht. Dieses Schutzziel muss nur berücksichtigt werden. Das Erfordernis einer „Vereinbarkeit" hat der Gesetzgeber nur für die öffentlichen Belange, insbesondere für die Anforderungen des § 3 Satz 1 vorgeschrieben.

12 Der Gesetzgeber hat durch diese Formulierung des Abweichungstatbestandes deutlich gemacht, dass den bauordnungsrechtlichen Schutzzwecken, die gerade in den abstandsflächenrechtlichen und brandschutzrechtlichen Vorschriften normiert sind, nicht in der vom Gesetzgeber normierten Weise entsprochen werden muss. Die gesetzgeberischen Vorgaben des bauordnungsrechtlichen Schutzniveaus dürfen grundsätzlich, ohne dass es auf eine unbeabsichtigte Härte im Einzelfall ankommt, auf andere Weise erfüllt werden. Eine Abweichung ist deshalb jedenfalls immer dann zuzulassen, wenn das gesetzgeberische Schutzziel erreicht wird. Wird das Schutzziel nicht erreicht, ist zu prüfen, ob die Abweichung infolge der Umstände des Einzelfalls gleichwohl zugelassen wird. Bei der Beurteilung kommt es in diesen Fällen insbesondere darauf an, ob das Vorhaben mit öffentlichen Belangen vereinbar ist, s. dazu c).

13 Der vor der Novelle 2003 in der Abweichungsnorm enthaltene Tatbestand „in gleicher Weise" ist durch Art. 2 des Bürokratieabbaugesetzes entfallen. Durch den Verzicht auf das Tatbestandsmerkmal „in gleicher Weise" soll, so der Gesetzgeber, der Ermessensspielraum der Bauaufsichtsbehörde, zu Gunsten des Antragstellers Abweichungen zuzulassen, erweitert werden. Es kann

deshalb nicht mehr davon ausgegangen werden, dass im Brandenburgischen Bauordnungsrecht bestimmte bauordnungsrechtliche Grundanforderungen wie der Standsicherheit und des Brandschutzes in der Weise unverzichtbar sind, dass sie einer Abweichung nach § 67 nicht zugänglich sind, *so noch für die vormalige Gesetzeslage VG Frankfurt (Oder), B. v. 26.05.2003 – 7 L 270/03 –; VG Frankfurt (Oder), B. v. 01.12.1998 – 10 B 2304/98.*

c) Würdigung der öffentlich-rechtlich geschützten nachbarlichen Belange

14 Bei der Abweichungsentscheidung sind die öffentlich-rechtlich geschützten nachbarlichen Belange zu würdigen. Es sind also nicht die einfachen nachbarlichen Belange oder Interessen gemeint, sondern nur diejenigen Belange, die von der Rechtsordnung öffentlich-rechtlich geschützt sind. Gemeint sind damit die nachbarschützenden Vorschriften des Bauplanungsrechts, des Bauordnungsrechts, des Denkmalschutzrechts und des Immissionsschutzrechts. Nachbarschützend in diesem Sinne sind Normen, wenn sie nicht nur die Interessen der Allgemeinheit und damit faktisch auch die Interessen des Einzelnen schützen, sondern nach ihrer Zweckbestimmung zumindest auch auf den Schutz gerade dieser Individualinteressen gerichtet sind, *vgl. OVG Münster, B. v. 09.03.2007 – 10 B 2675/06.* Nur soweit gerade auch nachbarliche Belange von solchen Vorschriften geschützt werden, sind sie zu würdigen.

15 Nachbarliche Interessen werden – wie bei dem bauplanungsrechtlichen Gebot der Rücksichtnahme – mittels eine nachvollziehenden Abwägung zwischen den für das Vorhaben sprechenden Gründen und den Belangen des Nachbarn in der Ermessensentscheidung gewürdigt, *vgl. VGH München, B. v. 16.7.2007 – 1 CS 07.1340.* Erforderlich ist dafür eine auf den konkreten Einzelfall bezogene Interessen- und Güterabwägung, insbesondere unter dem Aspekt der konkret situationsbezogenen Zumutbarkeit, *vgl. OVG Berlin-Brandenburg, B. v. 21.11.2012 – OVG 11 S 38.12.* Ob eine Abweichung zugelassen werden kann, beurteilt sich auch nicht allein danach, wie stark die Interessen des betroffenen Nachbarn beeinträchtigt werden. Es ist stets auch zu prüfen, ob die Schmälerung der nachbarlichen Interessen durch überwiegende Interessen des Bauherrn oder überwiegende öffentliche Belange gerechtfertigt ist, *vgl. VGH München, B. v. 16.07.2007 – 1 CS 07.1340 –; VG Ansbach, U. v. 27.01.2016 – AN 9 K 14.01832.* So ist etwa bei der Würdigung nachbarlicher Belange im Zusammenhang mit der Zulassung einer Abweichung von den abstandsrechtlichen Vorschriften auch darauf zu achten, ob von der Nutzung Störungen ausgehen, die der Nachbar nicht hinnehmen muss. Handelt es sich um unerhebliche Störungen, die als gebietstypisch hinzunehmen sind, dann stehen sie der Zulassung einer Abweichung von den abstandsflächenrechtlichen Vorschriften nicht entgegen. Nicht zu berücksichtigen sind die subjektiven Verhältnisse der Beteiligten wie die persönliche Lage, die wirtschaftlichen Verhältnisse oder

Bedürfnisse des Bauherrn oder des Nachbarn wie beispielsweise gesundheitliche Anforderungen, *vgl. VG Ansbach, U. v. 27.01.2016 – AN 9 K 14.01832 –, juris betreffend die persönlichen Verhältnisse des Bauherrn.* Grund dafür ist, dass das Bauordnungsrecht grundstücks-, also sachbezogen ist, nicht aber personenbezogen Anforderungen an das Bauwerk normiert.

16 Durch die Novelle 2008 ist die Beschränkung, dass die öffentlich-rechtlich geschützten nachbarlichen Belange *nicht beeinträchtigt* werden, weggefallen. Durch diesen Wegfall hat der Gesetzgeber das Ermessen der Bauaufsichtsbehörde und die Möglichkeit der Abweichung nochmals erweitern wollen. Diese Flexibilisierung des Abweichungsrechts hat der Gesetzgeber in der Novelle 2016 abermals betont, *vgl. LT-Drucks. 6/3268, S. 101.*

17 Unmaßgeblich ist, ob der Nachbar mit der Beeinträchtigung seiner öffentlich-rechtlich geschützten Belange einverstanden ist und ihr zugestimmt hat oder ob er sich gegen die Abweichung wendet. Denn die bauaufsichtliche Würdigung öffentlich-rechtlich geschützter nachbarlicher Interessen steht nicht zur Disposition des Nachbarn. Die Bauaufsicht darf die Erteilung einer Abweichung nicht davon abhängig machen, dass der Nachbar der Abweichung zustimmt. Ein solches, oftmals von der Bauaufsichtsbehörde geäußertes Verlangen ist gesetzeswidrig. Eine Abweichung von nachbarschützenden Vorschriften ist auch unbedenklich, wenn der Nachbar nicht schutzbedürftig ist oder die Gründe, die für eine Abweichung streiten, objektiv derartig gewichtig sind, dass die Interessen des Nachbarn zurücktreten müssen, *vgl. OVG Koblenz, B. v. 09.09.2003 – 8 B 11269/03 – in dem Fall, dass das betroffene Grundstücksteil von 3 m Breite nur als Zufahrt nutzbar ist.*

d) Vereinbarkeit mit öffentlichen Belangen, insbesondere § 3 Satz 1

18 Maßgebliche Voraussetzung für die Abweichung von der konkreten gesetzlichen Anforderung ist, dass das von der Bauordnung abweichende Vorhaben mit öffentlichen Belangen, insbesondere mit § 3 Satz 1 vereinbar ist. Bei der Prüfung der Vereinbarkeit mit öffentlichen Belangen sind über die Anforderungen der Generalklausel in § 3 Satz 1 hinaus auch die sonstigen bau- und fachgesetzlichen Anforderungen an das Bauvorhaben zu prüfen. Dazu können gesunde Wohn- und Arbeitsverhältnisse, *vgl. OVG Koblenz, U. v. 03.11.1999 – 8 A 10951/99,* ebenso wie Gestaltungsanforderungen nach örtlichen Bauvorschriften oder Vorgaben des Denkmalschutzes gehören. Auf diese Weise darf nicht die Erreichung des Schutzzwecks der jeweiligen Anforderung gefordert werden, weil dieser nur zu berücksichtigen ist. Es muss jedoch ein Zustand hergestellt werden, der im Ergebnis zu einem Schutzniveau führt, welches von der Norm, von der abgewichen wird, gewollt ist. Die sicherheitsrechtliche Bedeutung der einzelnen bauordnungsrechtlichen Anforderungen ist eine Konkretisierung der allgemeinen Anforderungen, die in der Generalklausel

des § 3 normiert ist. Wird also das Schutzniveau der Norm erreicht, ist es zugleich mit öffentlichen Belangen vereinbar.

e) Normbezogene Atypik

Aufgrund des Abweichungskonzepts der Brandenburgischen Bauordnung ist 19
es nicht ohne Weiteres mehr möglich, die frühere Rechtsprechung oder die Rechtsprechung anderer Bundesländer heranzuziehen. Es kann nicht mehr davon ausgegangen werden, dass für eine Abweichung eine atypische bauliche Situation gegeben sein muss, *so aber OVG Berlin, U. v. 23.04.2002 – 2 B 3.00 –; VG Berlin, U. v. 30.04. 2010 – VG 19 K 43/09 –; OVG Berlin-Brandenburg, B. v. 19.12.2012 – OVG 2 S 44.12 –; vgl. zu § 60 BbgBO a. F., OVG Berlin-Brandenburg, B. v. 16.02.2012 – OVG 2 N 110.11.* Nach diesen Entscheidungen ist eine bauordnungsrechtliche Abweichung von einer zwingenden Vorschrift wegen einer mit der Durchführung der Norm verbundenen, nicht beabsichtigten Härte nur unter der Voraussetzung zuzulassen, dass gerade hinsichtlich des mit dieser Vorschrift verfolgten Schutzzwecks eine atypische Situation vorliegt. Gem. § 6 Abs. 11 kommt es für die Gewährung einer Abweichung nach dem Brandenburgischen Abstandsflächenrecht generell nicht auf eine Atypik an. Der Verweis in dem Beschluss des OVG Berlin-Brandenburg vom 16.02.2012 auf ältere Entscheidungen *(vgl. OVG Berlin-Brandenburg, B. v. 29.12.2009 – OVG 10 L 21.09 –; OVG Münster, B. v. 22.04.2004 – 10 B 828/04)* belegt allerdings, dass die geänderte Rechtslage nicht gebührend berücksichtigt wird.

Infolge der Einfügung des Abs. 11 in den § 6 kann es im Abstandsflächenrecht 20
regelmäßig zulässig sein, von den Anforderungen des Abstandsflächenrecht abzuweichen, zumal die Abstandsflächenvorschrift des § 6 gerade kein in sich geschlossenes System mit eigenen Abweichungsregelungen bilden, vgl. etwa die Maßgeblichkeit der Gebäudeklassen in § 6 Abs. 5 Satz 2. So kann etwa bei der Errichtung von im landwirtschaftlichen Außenbereich geplanten Windenergieanlagen eine Abweichung vom Abstandsflächenrecht zugelassen werden, weil die Schutzzwecke des Abstandsflächenrechts aufgrund der im landwirtschaftlichen Außenbereich regelmäßig vorzufindenden Situation, dass die Nachbargrundstücke baulich nicht genutzt werden dürfen, nicht berührt werden. Eine Verkürzung der Abstandsflächen ist dort zulässig, *vgl. OVG Berlin-Brandenburg, B. v. 21.11.2012 – 11 S 38.12.* Die Situation im Außenbereich muss dabei weder eine grundstücksbezogene noch eine anlagenbezogene Atypik aufweisen. Damit erledigt sich auch das Problem, dass eine Atypik als solche nicht immer einfach festzustellen ist, da die Bauordnung in Bezug auf die Grundstückssituation eine Typik nicht bestimmt hat. Folglich ist es nicht eine grundstücksbezogene Atypik, die eine Abweichung rechtfertigen kann *(so OVG Berlin-Brandenburg, B. v. 19.12.2012 – OVG 2 S 44.12 mit Verweis auf OVG Münster, B. v. 5.3.2007 – 10 B 274/07)*, sondern die Vereinbarkeit mit

den öffentlichen Belangen ist ausschlaggebend, insbesondere mit § 3 Satz 1, s. dazu oben b).

3. Unzulässigkeit der Abweichung

21 Eine Abweichung nach § 67 ist unzulässig, wenn der Gesetzgeber für das Abweichen ein anderes Verfahren vorgesehen hat. So werden für Sonderbauten Erleichterungen gewährt, soweit es um Abweichungen geht, die ihren Grund in der Sonderbaueigenschaft finden.

22 Eine Abweichung ist unzulässig, wenn der materiellen Vorschrift zu entnehmen ist, dass eine Abweichung generell verboten ist. Derartige abweichungsfeste Anforderungen sind nur dann anzunehmen, wenn eine Abweichung deshalb ausscheidet, weil eine alternative Erfüllung der öffentlich-rechtlichen Belange nicht möglich ist.

23 Unzulässig, da nicht erforderlich, ist die Abweichung nach § 67, wenn durch einen bautechnischen Nachweis gem. § 66 belegt ist, dass der Zweck der jeweiligen Anforderungen bereits anderweitig erfüllt wird. Da die Bauaufsicht ohne dies an den bautechnischen Nachweis bzw. den Prüfbericht gebunden ist, vgl. § 66 Abs. 4, würde eine Abweichung nach § 67 lediglich den Verwaltungsaufwand vergrößern, nicht aber die Entscheidung verbessern. Werden jedoch zugleich öffentlich-rechtlich geschützte nachbarliche Belange berührt, muss eine Abweichungsentscheidung eingeholt werden. Dies zu beurteilen ist Aufgabe des Entwurfsverfassers. Denn er hat den ggf. erforderlichen gesonderten Abweichungsantrag nach Absatz 2 zu stellen. Dabei hat er zu beachten, dass die Abweichung von den in § 66 Abs. 1 normierten Anforderungen auch vom Prüfingenieur gewährt werden, vgl. § 66 Abs. 4.

4. Keine Legalisierung rechtswidriger Zustände

24 Abweichungen dürfen nicht dazu dienen, baurechtswidrige Zustände zu legalisieren, *vgl. OVG Berlin-Brandenburg, B. v. 14.03.2006 – 10 S 7.05 –; OVG Münster, B. v. 22.04.2004 – 10 B 828/04*. Jedoch ist für die Erteilung einer Abweichung auch von Bedeutung, ob das Festhalten an den bauordnungsrechtlichen Regelungen für den Bauherrn zu einer unbilligen Härte führen würde, *vgl. VGH München, B. v. 21.04.1998 – 1 B 95.3286 –; BVerwG, U. v. 16.05.1991 – 4 C 17/90*. Soweit ein Bauherr entgegen einer Baugenehmigung auf eigenes Risiko Abweichungen vornimmt, darf dies allerdings nicht dazu führen, dass ihm im Nachhinein unter erleichterten Bedingungen eine Baugenehmigung erteilt wird, *vgl. VG Bayreuth, U. v. 12.05.2005 – B 2 K 03.1696*.

5. Berücksichtigung von Art. 14 GG

Die Umnutzung und der dazu ggf. erforderliche Umbau bestehender Gebäude darf grundsätzlich nur zugelassen werden, wenn öffentliche Vorschriften dem nicht entgegenstehen. Widerspricht das Vorhaben jedoch Bestimmungen des Bauordnungsrechts, sollen insbesondere die Anforderungen der Bauordnung nicht oder in anderer Weise eingehalten werden, kann das Vorhaben gleichwohl genehmigt werden, wenn Abweichungen gem. § 67 zugelassen werden. Die Zulassung der Abweichung macht es möglich, ein an sich unzulässiges Vorhaben zu genehmigen. Voraussetzung dafür ist nach § 67, dass die tatbestandlichen Voraussetzungen dieser Norm erfüllt sind. Liegen die Voraussetzungen für eine Abweichungsentscheidung vor, führt dies zu einem intendierten Ermessen der Behörde (*„soll"*), d.h., diese hat die Abweichung zuzulassen, wenn dem nicht außergewöhnliche Umstände entgegenstehen, *vgl. OVG Berlin-Brandenburg, B. v. 06.07.2007 – 11 S 21.07.* 25

6. Formelle Voraussetzungen (Absatz 2)

Nach Absatz 2 Satz 1 bedarf die Abweichung eines gesonderten Antrags, der in Textform zu stellen ist. Dieser kann auch elektronisch in der Form des § 126b BGB gestellt werden. Absatz 2 setzt im Unterschied zu der Regelung in § 72 BbgBO 1998 ausdrücklich voraus, dass ein Antrag auf Abweichung gestellt wird, *vgl. VG Cottbus, U. v. 26.04.2007 – 3 K 596/06.* Entgegen einer vielfach zu findenden Rechtsprechung ist nach der Novelle 2016 unabdingbar, dass dieser Antrag ausdrücklich gestellt wird. Das heißt, der Antrag kann nicht mehr sinngemäß als mit dem Bauantrag gestellt gelten, wenn er nicht ausdrücklich gestellt ist. Ist der Antrag nicht gestellt, darf die Abweichung nicht gewährt werden, *vgl. VG Cottbus, B. v. 09.3.2009 – 3 M 4/09.* 26

Der Abweichungsantrag ist bei der unteren Bauaufsichtsbehörde zu stellen, wenn es ein genehmigungspflichtiges Vorhaben betrifft. Bei genehmigungsfreien Vorhaben ist der Antrag auf isolierte Abweichung von örtlichen Bauvorschriften gem. Absatz 4 bei der amtsfreien Gemeinde oder beim Amt zu stellen. Diese sind für die Entscheidung über die Abweichung von örtlichen Bauvorschriften gem. § 58 Abs. 6 zuständig. 27

Der Abweichungsantrag muss vollständig sein und alle für die Beurteilung des Abweichungsantrags erforderlichen Angaben enthalten. Insbesondere müssen die Angaben gemacht werden, die es der Behörde erlauben zu beurteilen, ob die materiell-rechtlichen Tatbestandsvoraussetzungen nach Absatz 1 Satz 2 erfüllt sind. So gehört bei einer Abweichung von brandschutzrechtlichen Vorschriften zu dem Abweichungsantrag regelmäßig ein Brandschutzkonzept, aus dem ersichtlich wird, wie die Schutzziele berücksichtigt und das 28

Vorhaben trotz der Abweichung von den gesetzlich vorgegebenen Anforderungen mit den öffentlichen Belangen vereinbar ist.

29 Der Antrag muss den Umfang der Abweichung exakt bezeichnen. Soll eine Abstandsfläche verkürzt werden, so ist zentimetergenau anzugeben, wie groß die Verkürzung ist. Ohne die genaue Angabe von Inhalt und Umfang der begehrten Abweichung kann diese nicht im Sinne von § 37 Abs. 1 VwVfG hinreichend bestimmt werden. Die mit dem Abweichungsbescheid getroffene Regelungen muss für die Verfahrensbeteiligten (§ 13 VwVfG) – gegebenenfalls nach Auslegung – eindeutig zu erkennen sein. Sie darf einer unterschiedlichen subjektiven Bewertung nicht zugänglich sein, *vgl. BVerwG, B. v. 27.07.1982 – 7 B 122.81 –; U. v. 22.01.1993 – 8 C 57.91.*

30 Nachbarn müssen zweifelsfrei feststellen können, ob und in welchem Umfang sie betroffen sind. Eine Verletzung von Nachbarrechten liegt deshalb vor, wenn die Unbestimmtheit der Abweichung ein nachbarrechtlich relevantes Merkmal betrifft und infolge des Mangels nicht beurteilt werden kann, ob das Vorhaben den geprüften nachbarschützenden Vorschriften entspricht, *vgl. VGH München, U. v. 16.10.2013 – 15 B 12.1808 – juris Rn. 13 m. w. N. und B. v. 16.04.2015 – 9 ZB 12.205 – juris Rn. 7 m. w. N.*

7. Einvernehmen der Gemeinde (Absatz 3)

31 Nach Absatz 3 ist bei Abweichungen von örtlichen Bauvorschriften im Sinne von § 87 das Einvernehmen der Gemeinde erforderlich. Die Gemeinde muss der Abweichung also zustimmen. Stimmt sie nicht zu, darf die Abweichung nicht erteilt werden. Zur Ersetzung des rechtswidrig versagten Einvernehmens vgl. unten Anm. 8.

32 Das Erfordernis des gemeindlichen Einvernehmens ist zwangsläufige Folge der Planungshoheit und Selbstverwaltungsgarantie der Gemeinde, die auch verfahrensrechtlich abgesichert werden muss, *vgl. zur Einordnung örtlicher Bauvorschriften in die Selbstverwaltungsangelegenheit VGH München, U. v. 16.12.1996 – 14 B 93.2981.* Eine ausdrückliche Regelung über die Zuständigkeit der Bauaufsichtsbehörde für die Zulassung von Ausnahmen und Befreiungen nach § 31 BauGB in der Bauordnung ist nicht erforderlich, da nach § 36 Absatz 1 BauGB über die Zulässigkeit von Ausnahmen und Befreiungen im bauaufsichtlichen Verfahren also durch die Bauaufsichtsbehörde im Einvernehmen mit der Gemeinde entschieden wird.

33 Nach Satz 2 gilt § 36 Abs. 2 Satz 2 BauGB entsprechend. § 36 Abs. 2 Satz 2 BauGB bestimmt, dass das Einvernehmen der Gemeinde und die Zustimmung der höheren Verwaltungsbehörde als erteilt gelten, wenn sie nicht binnen zwei Monaten nach Eingang des Ersuchens der Genehmigungsbehörde verweigert

werden. Die ausdrücklich für anwendbar erklärte Frist des § 36 Abs. 2 Satz 2 BauGB verdrängt die Frist von einem Monat nach § 69 Abs. 4.

Die Beteiligung der Gemeinden ist nicht nur bei Abweichungen, die von der Bauaufsichtsbehörde gewährt wird, erforderlich. Wird die Abweichung gem. Absatz 4 von einem Amt gewährt, ist die amtsangehörige Gemeinde durch das Amt vor der Erteilung der Abweichungen zu beteiligen. Absatz 3 ist also nicht nur auf das Baugenehmigungsverfahren nach § 69 anzuwenden, sondern auch auf das Verfahren zur isolierten Anwendung der Abweichungsregelung bei genehmigungsfreien Vorhaben, wenn das Amt für die Erteilung einer Abweichung gem. Absatz 4 zuständig ist. 34

Das Amt hat dazu der Gemeinde ein Exemplar des Abweichungsantrags zu übersenden und die Einholung der gemeindlichen Stellungnahme zu beantragen. Es hat dabei auf die Bedeutung der Frist gem. § 36 Abs. 2 Satz 2 BauGB hinzuweisen. 35

Nach Absatz 3 Satz 2 in Verbindung mit Absatz 4 hat das Amt vor der Erteilung von Ausnahmen und Befreiungen gem. § 31 BauGB von den planungsrechtlichen Festsetzungen eines Bebauungsplans einer amtsangehörigen Gemeinde diese zu beteiligen. Für die Beteiligung der Gemeinde an diesem Verfahren ist § 36 BauGB nicht unmittelbar anwendbar. § 36 BauGB bezieht sich auf präventive Kontrollentscheidungen wie Baugenehmigungen oder immissionsschutzrechtliche Genehmigungen, die dem Bauherrn das Bauen erlauben (Baufreigabe). Da bei isolierten Ausnahmen oder Befreiungen lediglich darüber entschieden wird, ob von den planungsrechtlichen Festsetzungen bzw. gem. § 34 Abs. 2 BauGB von den Regelungen der BauNVO abgewichen werden darf, ohne dass damit eine Baufreigabe im Sinne von § 36 BauGB verbunden ist, werden diese Entscheidungen von § 36 BauGB nicht erfasst. 36

8. Die Ersetzung des rechtswidrig versagten gemeindlichen Einvernehmens durch das Amt

Hat die Gemeinde gegenüber dem Amt ihr Einvernehmen rechtswidrig versagt, ist problematisch, ob das Amt das fehlende Einvernehmen der amtsangehörigen Gemeinde, welches nach Absatz 3 bzw. § 36 BauGB analog erforderlich ist, nach § 71 Abs. 1 ersetzen darf. Eine unmittelbare Anwendung des § 71 scheidet aus. Der Gesetzgeber hat in § 71 Abs. 1 Satz 1 ausdrücklich bestimmt, dass für die Ersetzung des rechtswidrig versagten Einvernehmens die Bauaufsichtsbehörde zuständig ist und in anderen Genehmigungsverfahren die danach zuständige Behörde. Das Amt handelt aber weder als untere Bauaufsichtsbehörde noch in einem Genehmigungsverfahren. Mit der Erteilung von Ausnahmen, Befreiungen oder Abweichungen werden genehmigungsfreie Vorhaben gerade nicht genehmigt. 37

38 Da der Gesetzgeber offenbar übersehen hat, dass auch das Amt in die Situation geraten kann, ein rechtswidrig versagtes Einvernehmen zu ersetzen, also eine Regelungslücke besteht, kommt nur eine analoge Anwendung von § 71 in Betracht. Diese Analogie ist sachgerecht. Denn den Gesetzgebungsmaterialien ist nicht zu entnehmen, dass der Gesetzgeber dem Amt nicht die Befugnis einräumen wollte, das rechtswidrig versagte gemeindliche Einvernehmen zu ersetzen. Durch die analoge Anwendung des § 71 kann die Regelungslücke sachgerecht geschlossen werden. Insoweit besteht eine vergleichbare Interessenlage. Der Gesetzgeber hat durch die Kompetenzzuweisung in § 58 Abs. 4 den Ämtern und Gemeinden die umfassende Befugnis verleihen wollen, ebenso wie die Bauaufsichtsbehörden für die Genehmigungsverfahren bei genehmigungspflichtigen Vorhaben, für die Erlaubnisverfahren bei genehmigungsfreien Vorhaben zuständig zu sein. Der Gesetzgeber hat in Bezug auf die genehmigungsfreien Vorhaben und den Vollzug der örtlichen Bauvorschriften und planungsrechtlichen Festsetzungen das Amt der unteren Bauaufsichtsbehörde gleichgestellt. Diese Ausdehnung der Zuständigkeiten des Amtes muss auch die Befugnis eröffnen, das rechtswidrig versagte gemeindliche Einvernehmen zu ersetzen. Andernfalls wäre der Bauherr bei isolierten Abweichungen, Ausnahmen und Befreiungen für vergleichsweise unbedeutende genehmigungsfreie Vorhaben im Vergleich zum Baugenehmigungsverfahren deutlich schlechter gestellt. Dies kann der Gesetzgeber auch angesichts der Vergrößerung des Katalogs der genehmigungsfreien Vorhaben in § 61 nicht gewollt haben. Von daher ist davon auszugehen, dass das Amt im Falle einer rechtswidrigen Versagung des gemeindlichen Einvernehmens im Verfahren zur Erteilung einer Abweichung, Ausnahme oder Befreiung analog § 71 Abs. 1 berechtigt ist, das fehlende Einvernehmen zu ersetzen.

9. Zuständigkeit der Gemeinde bei genehmigungsfreien Vorhaben

39 Durch Absatz 4 wird die Zuständigkeit der Ämter und Gemeinden für die Erteilung isolierter Ausnahmen, Befreiungen oder Abweichungen. Diese sind gem. § 58 Abs. 4 für den Vollzug örtlicher Bauvorschriften und Bebauungsplänen bei genehmigungsfreie Vorhaben zuständig. Der Gesetzgeber schafft damit die Möglichkeit, die genehmigungsfreien Vorhaben auch dann verwirklichen zu können, wenn Abweichungen von den örtlichen Bauvorschriften nach § 67 oder Ausnahmen oder Befreiungen von planungsrechtlichen Festsetzungen nach § 31 BauGB erforderlich sind.

40 Daneben kann die untere Bauaufsichtsbehörde zuständig sein, soweit für das genehmigungsfreie Vorhaben auch Abweichungen von den Bestimmungen der Bauordnung erforderlich sind. Über diese entscheidet die Bauaufsichtsbehörde auf einen Antrag des Bauherrn nach § 67. Ist aber für das Vorhaben eine Genehmigung nach § 60 erforderlich, dann liegt die Zuständigkeit gem. § 58 Abs. 1 ausschließlich bei der unteren Bauaufsichtsbehörde.

§ 68
Bauantrag, Bauvorlagen

(1) [1]Die Bauaufsichtsbehörde entscheidet in allen bauaufsichtlichen Genehmigungsverfahren nur auf Antrag der Bauherrin oder des Bauherrn (Bauantrag). [2]Der Bauantrag ist bei der Bauaufsichtsbehörde einzureichen.

(2) [1]Mit dem Bauantrag sind alle für die Beurteilung des Bauvorhabens und die Bearbeitung des Bauantrags erforderlichen Unterlagen (Bauvorlagen) einzureichen. [2]Die Bauaufsichtsbehörde kann gestatten, dass einzelne Bauvorlagen nachgereicht werden.

(3) In besonderen Fällen kann zur Beurteilung der Einwirkung der baulichen Anlagen auf die Umgebung verlangt werden, dass die bauliche Anlage in geeigneter Weise auf dem Grundstück dargestellt wird.

(4) Ist die Bauherrin oder der Bauherr nicht Grundstückseigentümerin oder Grundstückseigentümer, so kann die Zustimmung der Grundstückseigentümerin oder des Grundstückseigentümers zu dem Bauvorhaben gefordert werden.

Übersicht

1. Allgemeines

Das Baugenehmigungsverfahren wird durch einen Bauantrag des Bauherrn eingeleitet. Die Baugenehmigung ist ein mitwirkungsbedürftiger Verwaltungsakt. Die Form des Antrags (schriftlich oder digital) ist in § 2 BbgBauVorlV geregelt. 1

Durch den Bauantrag bestimmt der Bauherr, was Gegenstand der Baugenehmigung ist und welches Bauvorhaben verwirklicht werden soll. Die Baugenehmigungsbehörde erteilt für das so beantragte Vorhaben die Baugenehmigung 2 und hebt dadurch für dieses Vorhaben das präventive Bauverbot auf. Eine ohne den erforderlichen Bauantrag erteilte Baugenehmigung ist rechtswidrig.

3 Welchen Inhalt der Bauantrag hat, bestimmt allein der Bauherr durch die Beschreibung und Bezeichnung des von ihm zur Genehmigung gestellten Vorhaben. In den Bauvorlagen muss er zudem die für die Beurteilung des Vorhabens erforderlichen Angaben machen zu Art und Maß der Nutzung und zu den öffentlich-rechtlichen Belangen, die durch das Vorhaben berührt werden. Dabei hat er die Vorgaben der Brandenburgischen Bauvorlagenverordnung zu beachten.

2. Bauantrag (Absatz 1)

4 Nach Absatz 1 entscheidet die Bauaufsichtsbehörde in allen bauaufsichtlichen Genehmigungsverfahren nur auf Antrag des Bauherrn (Bauantrag). Der Bauantrag braucht nach Abs.1 nicht schriftlich gestellt zu werden. Dadurch wird die elektronische Antragstellung möglich. Zu beachten ist dabei § 2 BbgBauVorlV.

5 Durch den Bauantrag wird das Genehmigungsverfahren eröffnet. Das Genehmigungsverfahren ist ein Verwaltungsverfahren im Sinne von § 9 VwVfG. Deshalb gelten für dieses Verfahren die Regelungen des VwVfG, soweit sie nicht durch die spezielleren Verfahrensvorschriften der Bauordnung verdrängt werden.

6 Unerheblich für die Einleitung des Genehmigungsverfahrens ist, dass der Bauantrag fehlerfrei und vollständig ist. Bei der Einreichung eines mangelhaften Antrags ist allerdings der Verfahrensschritt nach § 69 Abs. 2 zu beachten. Ohne Relevanz ist auch der Zeitpunkt der Bauantragstellung. So wird auch dann noch ein Baugenehmigungsverfahren beantragt und eröffnet, wenn der Bauantrag nachträglich, also nach Beginn eines Genehmigungsverfahrens, wirksam gestellt wird.

7 Zu den Genehmigungsverfahren im Sinne von Absatz 1 gehören auch die Verfahren nach § 63 und § 64. Eine Sonderstellung bildet das Bauanzeigeverfahren, da es mangels Erteilung einer Baugenehmigung nicht zum Verwaltungsverfahren im Sinne von § 9 VwVfG und auch nicht zum Genehmigungsverfahren im engeren Sinne gehört. Da aber auch das Bauanzeigeverfahren die Baufreiheit wieder herstellt, gilt es im bauordnungsrechtlichen Sinne als ein Genehmigungsverfahren nach Absatz 1.

8 Das Genehmigungsverfahren wird durch die Entscheidung über den Bauantrag oder durch die Rücknahme des Bauantrags beendet. Der Bauantrag kann durch eine Erklärung des Bauherrn oder durch die Fiktion des § 69 Abs. 2

zurückgenommen werden. Nicht als Rücknahme gilt die Verzichtserklärung des Bauherrn. Die Erklärung des Bauherrn, dass er die Baugenehmigung nicht ausnutzen werde, kann dazu führen, dass die Genehmigung sich im Sinne von § 43 Abs. 2 VwVfG erledigt. Dieser Erledigungswille, gerichtet auf den Verlust der Wirksamkeit der Baugenehmigung, muss in der Erklärung des Inhabers der Baugenehmigung, ggf. unter Berücksichtigung der Umstände, unter denen die Erklärung abgegeben wurde, deutlich zum Ausdruck kommen.

Die Verfahrensvorschrift nach §§ 68 ff. sind ohne nachbarschaftsschützende 9
Wirkung, *vgl. VGH Mannheim, U. v. 28.03.1968 – II 237/66 –; OVG Koblenz, U. v. 21.01.2005 – 8 A 11488/04.* Durch das Fehlen eines Bauantrags wird der Nachbar nicht in seinen Rechten verletzt, *vgl. VG Freiburg (Breisgau), U. v. 27.11.2015 – 4 K 80/14.3.*

3. Bauvorlagen (Absatz 2)

In Absatz 2 wird bestimmt, was zum Bauantrag gehört. Mit dem Bauantrag 10
sind alle für die Beurteilung des Bauvorhabens und die Bearbeitung des Bauantrages erforderlichen Unterlagen (Bauvorlagen) einzureichen. Die Bauvorlagen beschreiben das Bauvorhaben, welches genehmigt werden soll. Die Bauvorlagen können nach Erteilung der Genehmigung zu deren Inhalt werden, *vgl. dazu OVG Münster, B. v. 20.09.2007 – 10 A 4372/07.* Aufgrund eines auf den Bauvorlagen angebrachten Zugehörigkeitsvermerks der Bauaufsichtsbehörde wird gekennzeichnet, welche Bauvorlagen Bestandteil der Baugenehmigung sind, *vgl. OVG Münster, B. v. 29.07.2002 – 7 B 831.02.*

Welche Bauvorlagen im Einzelnen zu einem genehmigungsfähigen Bauan- 11
trag gehören, hängt von dem zur Genehmigung gestellten Vorhaben ab. Das Vorhaben umfasst die eigentlichen baulichen Maßnahmen sowie die Maßnahmen, die in räumlicher und zeitlicher Nähe zu dem eigentlichen Bauvorhaben ausgeführt werden sollen. Insoweit ist zum einen der Begriff der baulichen Anlage im Sinne von § 2 Abs. 1 zu beachten wie auch der Umstand, dass die nach § 61 an sich genehmigungsfreien Vorhaben genehmigungspflichtig werden, wenn sie Bestandteil eines genehmigungspflichtigen Gesamtvorhabens sind. Soll also nicht nur ein Gebäude errichtet werden, sondern auch eine neue Einfriedung, so ist diese nicht nach § 61 Abs. 6 Nr. 7 genehmigungsfrei, sondern muss als Teil einer genehmigungspflichtige Gesamtmaßnahme Gegenstand des Bauantrags sein. Grundsätzlich sind daher nach § 6 Abs. 2 Nr. 4 BbgBauVorlV so viele Ansichtszeichnungen eines Gebäudes erforderlich, wie das Gebäude Seiten hat, *vgl. VG Frankfurt (Oder) U. v. 15.11.2005 – 7 K 691/03.* Zur Beurteilung der Abstandsflächen ist auch der Verlauf der Geländeoberfläche darzustellen, *vgl. § 6 Abs. 4. Vgl. zu Bauvorlagen bei Werbeanlagen OVG Brandenburg, B. v. 12.03.2004 – 3 A 40/01.Z –; vgl. zu Bauvorlagen bei Nutzungsänderung,*

OVG Brandenburg, B. v. 17.03.2004 – 3 A 528/01.Z; vgl. zur mangelnden Eignung eines Auszugs aus dem Liegenschaftskataster anstelle eines amtlichen Lageplans, VG Cottbus, U. v. 15.09.2004 – 3 K 1485/02.

12 Über die in der Bauvorlagenverordnung konkret genannten Bauvorlagen hinaus kann die zuständige Behörde weitere Unterlagen verlangen, wenn diese erforderlich sind, um festzustellen, dass das Bauvorhaben öffentlich-rechtlichen Vorschriften nicht widerspricht. In der Bauvorlagenverordnung sind diese als besondere Bauvorlagen nach § 9 BbgBauVorlV bezeichnet. Bei solchen Bauvorlagen handelt es sich insbesondere um solche, die eine Beurteilung des Bauvorhabens nach dem Baunebenrecht ermöglichen. Ist etwa im Rahmen des Genehmigungsverfahrens auch die Einholung sonstiger Genehmigungen und Erlaubnisse, die gem. § 72 Abs. 1 Satz 2 von der Baugenehmigung eingeschlossen werden, erforderlich, so müssen im Bauantrag alle Angaben gemacht werden, die eine fachrechtliche Beurteilung der Zulässigkeit des Vorhabens erlauben. So sind dem Bauantrag, wenn eine denkmalschutzrechtliche Erlaubnis nach § 19 DSchG erforderlich ist, alle nach § 19 Abs. 1 Satz 2 DSchG vorgesehenen Antragsunterlagen wie Pläne, Dokumentationen, Bestandsuntersuchungen, Fotografien, Gutachten oder Kosten- und Wirtschaftlichkeitsberechnungen, die für die Beurteilung des Vorhabens und die Bearbeitung des Antrags erforderlich sind, beizufügen. Die Vollständigkeit dieser Unterlagen ist nach § 69 Abs. 1 zu prüfen. Ggf. sind fehlende Unterlagen nach § 69 Abs. 2 nachzufordern. Diese Anforderung weiterer Unterlagen kann nicht mittels Verwaltungszwang durchgesetzt werden. Die Bauaufsichtsbehörde kann nur gem. § 68 Abs. 2 Satz 2 gestatten, dass einzelne Bauvorlagen nachgereicht werden oder den Bauherrn gem. § 63 Abs. 2 Satz 2 auffordern, den Bauantrag binnen einer bestimmten Frist zu vervollständigen. Diese Aufforderung ist nicht vollstreckbar. Wird ihr nicht nachgekommen, gilt der Antrag als zurückgenommen oder ist zurückzuweisen. *Vgl. zur Zurückweisung eines Bauantrags wegen unvollständiger Bauvorlagen (fehlendes Gutachten für Geräusche und Schattenwurf einer Windenergieanlage) OVG Münster BauR 2001, 1088.*

13 Die Abweisung des Bauantrages durch die Behörde ist gem. § 69 Abs. 2 Satz 2 entbehrlich, wenn der Antrag trotz einer Fristsetzung nicht vervollständigt wird. Eine Klage auf Erteilung der Baugenehmigung wäre abzuweisen, *vgl. OVG Brandenburg, B. v. 23.04.1999 – 3 A 191/97 –; OVG Berlin-Brandenburg, B. v. 29.09.2005 – 2 S 120.05.* Da ein prüffähiger Bauantrag erst vorliegt, wenn der Bauantragsteller die Vorschriften der Bauvorlagenverordnung beachtet, besteht folglich kein Anspruch auf die Erteilung einer Baugenehmigung, wenn die Bauvorlagen unvollständig sind.

14 Nach OVG Brandenburg, *B. v. 23.04.1999 – 3 A 102/98 –*, ist es im gerichtlichen Verfahren unabhängig vom Verhalten der Bauaufsichtsbehörde nicht zulässig, den unvollständigen Bauantrag zu vervollständigen, *kritisch Groth/Graupeter,*

BauR 2000, 1691; s. a. OVG Berlin-Brandenburg, B. v. 25.04.2007 – 2 B 16.05 –, und B. v. 23.12.2005 – 2 N 161/05. Im Beschluss vom 24.03.2011 – 2 B 9.10 – führt das OVG Berlin-Brandenburg dazu aus: *„Im Falle eines auf die Erteilung einer Baugenehmigung gerichteten Verwaltungsstreitverfahrens bedarf es keines neuen Antragsverfahrens, wenn der Betroffene die Änderung in einer ohne Weiteres prüffähigen Weise anbietet, die Änderung – bezogen auf die baurechtliche Beurteilung – nur untergeordnete Bedeutung hat und die zumindest prinzipielle Genehmigungsfähigkeit des Antrags nicht zweifelhaft ist (vgl. BVerwG, Urteil vom 13. Januar 1971 – V C70.70 –, Buchholz 310 § 68 VwGO Nr. 9). Gemessen hieran fehlt es bereits an der zuerst genannten Voraussetzung, da der Kläger in der mündlichen Verhandlung vor dem Verwaltungsgericht keinen seinem jetzigen Begehren angepassten Bauantrag einschließlich der erforderlichen Bauvorlagen vorgelegt hat. Insbesondere die Bauvorlagen dienen dazu, den Inhalt des Bauvorhabens und dessen Merkmale präzise zu bestimmen. Die nunmehr zur Genehmigung gestellte Änderung des Bauvorhabens ist zudem nicht lediglich von untergeordneter Bedeutung, vielmehr war der Verzicht auf den Bau eines Schornsteins ausschlaggebend für die Bewertung des Verwaltungsgerichts, dass eine Abweichung gemäß § 60 Abs. 1 BbgBO zu erteilen und das Bauvorhaben trotz Überschreitung der Abstandsflächen genehmigungsfähig ist. Eine Änderung, die – wie hier – geeignet ist, die baurechtliche Beurteilung des gesamten Bauvorhabens zu ändern, ist als wesentlich anzusehen und kann nicht unmittelbar in das gerichtliche Verfahren eingebracht werden, vgl. OVG Münster, U. v. 01.08.1989, NWVBl 1990, 66; VGH München, U. v. 12.11.1979, BayVBl 1980, 296, 297.“*

4. Bestimmtheit der Bauvorlagen

Der Bauantrag legt fest, was das zu genehmigende Vorhaben ist. Der Antrag 15 bestimmt Inhalt und Gegenstand der Baugenehmigung. Die zum Antrag gehörigen Bauvorlagen müssen das Bauvorhaben und dessen Merkmale präzise bestimmen. Der Antrag muss inhaltlich vollständig, eindeutig und prüffähig sein, *vgl. VGH München, U. v. 08.12.2015 – 15 B 14.1840.* Ist der Bauantrag nicht hinreichend genau, fehlt der Baugenehmigung die nach § 37 Abs. 1 VwVfG erforderliche Bestimmtheit. Dies macht sie rechtswidrig. Die Unerweislichkeit von Tatsachen, aus denen ein Beteiligter ihm günstige Rechtsfolgen herleitet, geht grundsätzlich zu seinen Lasten, *vgl. BVerwG, B. v. 17.7.2003 – 4 B 55.03 -; VGH München, B. v. 19.3.2024 – 1 CS 23.2127.*

Eine unbestimmte Genehmigung kann auch die **Rechte eines Nachbarn** 16 verletzen. Das Bestimmtheitsgebot des § 37 Abs. 1 VwVfG in seiner nachbarrechtlichen Ausprägung verlangt, dass sich der Baugenehmigung und den zugehörigen Bauvorlagen eindeutig entnehmen lassen muss, dass nur solche Nutzungen erlaubt sind, die Nachbarrechte nicht beeinträchtigen können. Wie weit das nachbarrechtliche Bestimmtheitserfordernis im Einzelnen reicht, beurteilt sich nach dem jeweils anzuwendenden materiellen Recht, insbesondere nach den nachbarschützenden öffentlich-rechtlichen Vorschriften.

Ist eine Baugenehmigung inhaltlich nicht hinreichend bestimmt und bezieht sich die Unbestimmtheit gerade auf solche Merkmale des Vorhabens, deren genaue Festlegung erforderlich ist, um eine Verletzung nachbarschützender Vorschriften auszuschließen, begründet dies ein Abwehrrecht des Nachbarn. Gleiches gilt, wenn die insoweit mangelhafte Baugenehmigung ein Vorhaben zulässt, von dem der Nachbar wegen der Unbestimmtheit unzumutbare Auswirkungen konkret zu befürchten hat, *vgl. OVG Münster, U. v. 15.05.2013 – 2 A 3010/11*. So ist bei der Zulassung einer gewerblichen Nutzung, die schädliche Umwelteinwirkungen verursachen kann, erforderlich, dass die in den genehmigten Bauvorlagen beschriebenen Betriebsabläufe sowie der Lageplan, die Grundrisse, die Betriebsbeschreibung und die Ansichten erkennen lassen, dass unzumutbare Lärmimmissionen nicht zu befürchten sind, *vgl. OVG Münster, U. v. 10.03.2016 – 7 A 409/14*. Bei der Erteilung einer Genehmigung kann es daher auch erforderlich werden, die betriebsbedingten Emissionen der Anlage exakt zu bezeichnen. Sind etwa für eine Windkraftanlage verschiedene Betriebsweisen mit unterschiedlich hohen Schallleistungspegeln möglich, so muss die Genehmigung für die Windkraftanlage deshalb grundsätzlich auch die genehmigte Betriebsweise regeln, *vgl. OVG Münster, B. v. 06.08.2002 – 10 B 939/02 –; s. a. OVG Münster, B. v. 26.04.2002 – 10 B 43/02. Vgl. OVG Bautzen, U. v. 05.12.2002 – 1 B 325/01 zur Unbestimmtheit der Brandschutzanforderungen (Öffnungen in Brandwand) und des Abstandes eines Bauvorhabens zur Nachbargrenze (widersprüchliche Lagepläne); zur Bestimmtheit einer Genehmigung für ein Factory Outlet Center vgl. OVG Koblenz, U. v. 25.04.2001 – Az.: OVG 8 A 11441/00.*

5. Bautechnische Nachweise

17 Im Baugenehmigungsverfahren, im vereinfachten Baugenehmigungsverfahren und im Bauanzeigeverfahren sind die in §§ 10ff. der BbgBauVorlV genannten bautechnische Nachweise dem Antrag auf Erteilung einer Baugenehmigung beizufügen. Die nicht genannten bautechnischen Nachweise sind im Baugenehmigungsverfahren nicht erforderlich und können für das Baugenehmigungsverfahren nicht gefordert werden. Der Gesetzgeber hat diesen Kernbereich bauaufsichtlicher Tätigkeit aus dem Baugenehmigungsverfahren herausgenommen. Die lediglich der technischen Prüfung der rechtlich Genehmigten dienenden bautechnischen Nachweise können den Genehmigungsinhalt nicht näher konkretisieren, geschweige denn modifizieren. Sie sind daher auch dem bei der Bauaufsichtsbehörde eingereichten Prüfbericht nicht beizufügen, *vgl. OVG Berlin-Brandenburg, B. v. 29.09.2005 – 2 S 120/05.*

6. Visualisierung des Bauvorhabens (Absatz 3)

Durch Absatz 3 wird der Bauaufsichtsbehörde die Möglichkeit gegeben, die Visualisierung der baulichen Anlage oder die Herstellung eines Modells zu verlangen. Welche Form der Darstellung die Behörde verlangen darf, hängt davon ab, durch welche Darstellung sich die Einwirkung auf die Umgebung am besten abbilden lässt. Geht es um die Auswirkungen auf das Orts- und Landschaftsbild, wie etwa bei der Errichtung einer Windkraftanlage oder eines Funksendemastes, eignet sich in der Regel eine Fotomontage. Die Konzentration von Windkraftanlagen halbkreisförmig um das Wohngebäude eines Nachbarn herum kann sich im besonderen Einzelfall als rücksichtslos erweisen, so dass zur Klärung dieser Frage die Vorlage einer Sichtanalyse notwendig sein kann, *vgl. VG Trier, B. v. 30.08.2004 – 5 L 1045/04.TR.* 18

7. Zustimmung des Grundstückseigentümers (Absatz 4)

Nach Absatz 4 kann die Zustimmung des Grundstücksinhabers von der Baugenehmigungsbehörde zur Vervollständigung der Bauantragsunterlagen verlangt werden. Voraussetzung für dieses Zustimmungsverlangen ist, dass der Bauherr nicht Eigentümer des Baugrundstücks ist. Die Zustimmung des Grundstückseigentümers zum Bauvorhaben soll die Erteilung nicht realisierbarer Baugenehmigungen verhindern. Der Gesetzgeber nimmt an, dass ein Sachentscheidungsinteresse regelmäßig fehlt, wenn der Bauantragsteller das genehmigte Vorhaben nicht realisieren kann, weil er nicht über das Grundstück verfügt. 19

Die Vorschrift ist analog anzuwenden, wenn der Bauantragsteller nur Miteigentümer des Grundstücks ist, *vgl. VGH Mannheim, U. v. 23.11.1990 – 8 S 2244/90–; VG Frankfurt (Oder), B. v. 01.10.2020 – 7 L 365/20.* 20

Auf die schon mit dem Bauantrag vorzulegende Einverständniserklärung des Grundstückseigentümers hat der Gesetzgeber verzichtet. 21

Die Zustimmung muss nicht schriftlich erklärt werden. Eine mündliche Zustimmung oder eine Erklärung per E-Mail ist ausreichend. 22

8. Bestellung eines Vertreters bei Personenmehrheit (Absatz 5)

Nach Absatz 5 kann die Bauaufsichtsbehörde verlangen, dass ein Vertreter bestellt wird, wenn bei einem Bauvorhaben mehrere Personen als Bauherren auftreten. Durch Absatz 5 soll das Verfahren erleichtert und beschleunigt werden. Die allgemeine Regelung des § 18 Abs. 1 Satz 1 VwVfG wird durch Absatz 5 verdrängt. 23

24 Nicht von einer Personenmehrheit ist auszugehen, wenn eine nach der Rechtsprechung des BGH teilrechtsfähige BGB-Gesellschaft als Bauherr auftritt. Diese ist dann unmittelbar Bauherr. Hingegen kann etwa eine Bauherrengemeinschaft, die nicht die Anforderungen an die Teilrechtsfähigkeit der BGB-Gesellschaft erfüllt, eine Personenmehrheit im Sinne dieser Regelung sein.

§ 69
Behandlung des Bauantrags

(1) Die Bauaufsichtsbehörde hat binnen zwei Wochen nach Eingang des Bauantrags zu prüfen, ob die Bauvorlagen vollständig sind und den Eingang des Bauantrags zu bestätigen.

(2) [1]Ist der Bauantrag unvollständig oder weist er sonstige erhebliche Mängel auf, fordert die Bauaufsichtsbehörde die Bauherrin oder den Bauherrn mit der Eingangsbestätigung zur Behebung der Mängel innerhalb einer angemessenen Frist auf. [2]Werden die Mängel nicht innerhalb der Frist behoben, gilt der Antrag als zurückgenommen.

(3) [1]Sind die Bauvorlagen vollständig, holt die Bauaufsichtsbehörde unverzüglich die Stellungnahmen der Behörden und Stellen ein, deren Zustimmung, Einvernehmen oder Benehmen zur Baugenehmigung erforderlich ist oder deren Aufgabenbereich durch das Vorhaben berührt wird. [2]Soweit die Baugenehmigung die Entscheidung einer anderen Behörde einschließt, ist, vorbehaltlich einer anderen gesetzlichen Regelung, deren Benehmen zur Erteilung der Baugenehmigung erforderlich.

(4) [1]Soweit bundesrechtliche Vorschriften keine längeren Fristen vorsehen, sind die Stellungnahmen der beteiligten Behörden und Stellen innerhalb eines Monats, in den Fällen der §§ 62 und 63 innerhalb von zwei Wochen, nach Zugang des Ersuchens abzugeben. [2]Geht die Stellungnahme nicht innerhalb dieser Frist ein, so soll die Bauaufsichtsbehörde davon ausgehen, dass die von den Behörden und Stellen wahrzunehmenden öffentlichen Belange der Erteilung der Baugenehmigung nicht entgegenstehen. [3]Dies gilt entsprechend, wenn die nach bundesrechtlichen Vorschriften zu beachtende Frist nicht eingehalten wird. [4]Die Frist nach Satz 1 geht anderen landesrechtlich geregelten Fristen vor.

(5) Eine gemeinsame Besprechung mit den am Verfahren zu beteiligenden Behörden und Stellen soll durchgeführt werden, wenn dies der beschleunigten Abwicklung des Verfahrens dienlich ist.

(6) Die Bauaufsichtsbehörde entscheidet über den Bauantrag innerhalb einer Frist von einem Monat nach Eingang aller Stellungnahmen.

Übersicht

1. Allgemeines

1 In § 69 ist das Genehmigungsverfahren geregelt, also der Ablauf des Verfahrens nach Eingang eines Bauantrags. Die besonderen Verfahrensbestimmungen in § 69 verdrängen die allgemeinen Regelungen des Verwaltungsverfahrensgesetzes. § 69 ist auf die Verfahren nach den §§ 62 ff. (Bauanzeigeverfahren, Genehmigungsverfahren, Verfahren zur Erteilung isolierter Abweichungen, Ausnahmen und Befreiungen) sowie auf das Vorbescheidsverfahren anzuwenden.

2. Vollständigkeitsprüfung und Eingangsbestätigung (Absatz 1)

2 Die Bauaufsichtsbehörde hat binnen einer Frist von zwei Wochen nach Eingang des Bauantrags zu prüfen, ob die Bauvorlagen vollständig sind. Zudem hat sie den Eingang des Bauantrags schriftlich zu bestätigen. Die untere Bauaufsichtsbehörde ist zu dieser Prüfung verpflichtet. Die frühere „Soll-Regelung" in § 71 Abs. 1 BbgBO 1998 ist mit der Novelle 2003 durch eine „Muss-Regelung" verschärft worden.

3 Liegen die nach der Bauvorlagenverordnung geforderten Bauvorlagen nicht vor, ist der Bauantrag (ebenso der Vorbescheidsantrag, *vgl. VG Frankfurt U. v.*

18.11.2005 – 7 K 561/05) nicht vollständig und damit auch nicht genehmigungsfähig, *vgl. VG Frankfurt U. v. 11.11.2005 – 7 K 2637/03.*

Vollständig sind die Bauantragsunterlagen erst dann, wenn auch die Anforderungen nach dem Baunebenrecht geprüft werden können. So hat die untere Bauaufsichtsbehörde auch zu prüfen, ob in dem Bauantrag die ggf. erforderlichen Unterlagen nach § 19 Abs. 1 Satz 2 DSchG enthalten sind. Dazu gehören alle für die denkmalschutzrechtliche Beurteilung des Vorhabens und die Bearbeitung des Antrags erforderlichen Unterlagen wie Pläne, Dokumentationen, Bestandsuntersuchungen, Fotografien, Gutachten oder Kosten- und Wirtschaftlichkeitsberechnungen. Kann das Bauvorhaben zu einem Eingriff in Natur und Landschaft im Sinne von § 14 BNatSchG führen, sind die für die Beurteilung der Zulässigkeit dieses Eingriffs nach § 15 BNatSchG erforderlichen Angaben im Bauantrag zu machen. Dazu gehören nach § 15 BNatSchG insbesondere Angaben über Ort, Art, Umfang und zeitlichen Ablauf des Eingriffs, die vom Verursacher vorgesehenen Maßnahmen zur Vermeidung, zum Ausgleich und zum Ersatz der Beeinträchtigungen von Natur und Landschaft nach Ort, Art, Umfang und zeitlichem Ablauf, die vom Verursacher vorgesehenen Maßnahmen zur rechtlichen Sicherung der Flächen für Maßnahmen zum Ausgleich und zum Ersatz. Die untere Bauaufsichtsbehörde hat die Eingangsprüfung deshalb so zu organisieren, dass die zu beteiligenden Fachbehörden an der Prüfung der Antragsunterlagen und der Formulierung der Nachforderung gem. Absatz 2 Satz 1 fristgerecht beteiligt werden. 4

Die Eingangsbestätigung ist eine Mitteilung und mangels Regelungsgehalts kein Verwaltungsakt im Sinne von § 35 VwVfG. Die Bestätigung ist im Übrigen nach § 44a VwGO unanfechtbar, so dass der Bestätigung eine Rechtsbehelfsbelehrung nicht beizufügen ist. 5

3. Vervollständigung des Bauantrags (Absatz 2)

Nach Absatz 2 hat die Bauaufsichtsbehörde zugleich mit der Eingangsbestätigung fehlende Unterlagen oder mangelhafte Unterlagen, unter Setzung einer angemessenen Frist, vom Bauherrn nachzufordern. Durch Absatz 2 wird die Mitwirkungspflicht nach § 26 Abs. 2 Satz 1 VwVfG konkretisiert. Die Bauaufsichtsbehörde kann den Bauherrn z. B. auffordern, weitere Angaben zum Bauvorhaben zu machen, Gutachten zur Prüfung der Emissionen oder Immissionen im Hinblick auf das Rücksichtnahmegebot vorzulegen oder weitere Bauvorlagen einzureichen. 6

Die Bauaufsichtsbehörde hat die Aufforderung zur Nachreichung von Unterlagen und Behebung von Mängeln mit einer **angemessenen Frist** zu versehen. Die Fristsetzung ist an den Bauherrn zu adressieren, um die Rücknahmefiktion eintreten lassen zu können. Eine Fristsetzung lediglich an den 7

Bauvorlageberechtigten begründet die Rücknahmefiktion bei fruchtlosem Fristablauf nicht, *vgl. VG München, U. v. 28.03.2019 – M 11 K 17.479.* Ist der Bauvorlageberechtigte nicht zur Entgegenahme von Willenserklärungen der Behörde bevollmächtigt, muss die Bauaufsichtsbehörde die Aufforderung mit Fristsetzung dem Bauherrn bekannt geben.

8 Die für die Nachreichung **angemessene Frist** hängt davon ab, welche Zeit ein gewissenhafter Bauherr benötigt, um die Bauantragsunterlagen zu vervollständigen. Bei umfangreichen oder technisch schwierigen Unterlagen kann die Frist auch mehrere Monate oder sogar, wenn z. B. ein artenschutzrechtliches Gutachten mit der Bestandsaufnahme der Fauna erforderlich ist, ein Jahr betragen.

9 Die Bauaufsichtsbehörde darf die Frist aus sachlichen Gründen verlängern. Jedoch muss die Fristverlängerung vor Fristablauf dem Bauherrn bekannt gemacht werden, da nach Ablauf der gesetzten Frist der Bauantrag kraft Gesetz als zurückgenommen gilt. Die Fristverlängerung der Bauaufsichtsbehörde sollte aus Beweisgründen schriftlich erfolgen, auch wenn sie nach den gesetzlichen Regelungen keiner besonderen Form bedarf, vgl. § 10 VwVfG.

10 Eine Fristverlängerung nach Eintritt der Fiktion der Rücknahme des Bauantrags läuft leer. Denn die Fristverlängerung würde einen bereits kraft gesetzlicher Fiktion als zurückgenommenen Bauantrag betreffen. Der Bauantrag muss deshalb erneut gestellt werden, soll das Baugenehmigungsverfahren fortgesetzt werden. In der Praxis der Genehmigungsbehörden wird gleichwohl auf den Verlängerungsantrag, der vor Fristablauf eingereicht ist, eine Verlängerung rückwirkend gewährt. Diese Praxis ist mit der insoweit klaren Regelung in Absatz 2 Satz 2 nicht vereinbar. Sie führt dazu, dass die Genehmigung erteilt wird, obwohl der Antrag als zurückgenommen gilt.

11 Die Aufforderung zur Mängelbehebung kann, ist aber nicht zwingend mit einer Belehrung über die Rechtsfolge der Fiktionswirkung zu versehen, *vgl. VG Schleswig, U. v. 10.11.2016 – 2 A 101/15.* Der Gesetzgeber schreibt eine solche Belehrung nicht vor. Daher tritt die Rücknahmefiktion auch ein, wenn die Belehrung oder ein Hinweis auf diese Fiktion fehlt. Allerdings ist eine Belehrung zielführend und hilfreich, weil dadurch dem Bauherrn der Ernst der Lage verdeutlicht und so das Ziel dieser Regelung, das Verfahren zügig voranzubringen, besser erreicht wird.

4. Rücknahmefiktion (Absatz 2 Satz 2)

12 Kommt der Bauherr der Aufforderung zur Vervollständigung des Bauantrags nicht nach, gilt der Bauantrag als zurückgenommen, vgl. § 69 Abs. 2 Satz 2. Dies bezieht sich nur auf die Aufforderung zur Vervollständigung des

Bauantrags bei der Eingangsprüfung. Erweist sich im weiteren Verlauf des Verfahrens, dass Unterlagen nachzureichen sind, lösen diese Nachforderungen die Rücknahmefiktion nicht mehr aus. Auf die Rechtsfolge der Rücknahmefiktion kann die Behörde nicht verzichten, auch nicht konkludent durch Weiterbearbeitung des Bauantrags. Nur wenn vor Ablauf der Frist diese wirksam verlängert worden ist, tritt sie nicht ein.

Sinn und Zweck der Rücknahmefiktion ist eine Entlastung der Behörden in solchen Fällen, in denen aufgrund der Untätigkeit des Bauherrn davon auszugehen ist, dass für ihn an einer Sachentscheidung kein Interesse mehr besteht. Nach VG Regensburg, *U. v. 25.08.2015 – RN 6 K 15.795* – entsteht die Rücknahmefiktion daher nicht, wenn wegen eines Streits über die Frage der Vollständigkeit der vom Bauantragsteller eingereichten Bauvorlagen bereits eine verwaltungsgerichtliche Klage anhängig ist. Dadurch werde offensichtlich, dass der Bauantragsteller eine Sachentscheidung begehre. Der Bauantrag braucht und kann nach fruchtlosem Fristablauf nicht zurückgewiesen (zu) werden. Vielmehr gilt der Bauantrag dann kraft Gesetz als zurückgenommen. Diese gesetzliche Fiktion tritt ein, ohne dass es einer weiteren Handlung der Baugenehmigungsbehörde bedarf. Die Fiktion ist als gesetzliche Rechtsfolge kein Verwaltungsakt, *vgl. Reimus, Die neue Brandenburgische Bauordnung, 4. A. § 69 Rn. 6.* Gilt der Bauantrag als zurückgenommen, kann der Bauherr den Bauantrag jedoch jederzeit erneut stellen. 13

Die Fiktion der Rücknahme setzt voraus, dass die Aufforderung rechtmäßig erfolgt ist, d.h. tatsächlich Unterlagen, die nach der Brandenburgischen Bauvorlagenverordnung (BbgBauVorlV) gefordert sind, fehlen und die Vorlage gerade dieser Unterlagen auch rechtlich geboten ist, *vgl. VG Schleswig, U. v. 07.11.2018 – 8 A 828/17.* Die gesetzte Frist muss angemessen sein. 14

Ausweislich der Gesetzesbegründung soll im Fall einer gesetzlich fingierten Rücknahme des Bauantrags eine der drei Ausfertigungen der Bauvorlagen aus Beweisgründen bei den Verfahrensakten der Bauaufsichtsbehörde bleiben, die beiden anderen Ausfertigungen der Bauvorlagen sollen mit dem Anschreiben, in dem die Beendigung des Verfahrens festgestellt wird, an den Bauherrn zurückgehen. 15

5. Rechtsschutz bei Rücknahmefiktion

Die Mitteilung, dass der Bauantrag mangelhaft ist, ist kein Verwaltungsakt im Sinne von § 35 VwVfG. Denn durch die Mitteilung wird eine rechtserhebliche Tatsache (die Mangelhaftigkeit führt nach Fristablauf zur Rücknahmefiktion) nicht verbindlich festgestellt, sondern nur Auskunft über die gesetzliche Rücknahmefiktion gegeben. Dies gilt auch dann, wenn der Hinweis der Behörde mit einer Rechtsmittelbelehrung verbunden ist, so *VG Potsdam,* 16

U. v. 16.08.2023 – 5 K 723/21. Der Antragsteller kann auf die Mitteilung der Bauaufsichtsbehörde, dass der Antrag als zurückgenommen gilt, eine Verpflichtungsklage erheben, mit dem Antrag, die Behörde zu verpflichten, die beantragte Genehmigung zu erteilen, *vgl. VG Cottbus, U. v. 20.10.2011 – VG 3 K 857/10.* Ist der Antragsteller der Meinung, dass das Genehmigungsverfahren fortgesetzt werden müsse, weil die Rücknahmefiktion nicht eingetreten ist, ist er vorrangig daran interessiert, die Baugenehmigung zu erhalten. Die Feststellungsklage, dass die Rücknahmefiktion nicht eingetreten ist, bleibt hinter seinem Begehren zurück. Dieser Klage steht auch der Rechtsgedanke des § 44 VwGO entgegen. Der Antragsteller kann mit der Untätigkeitsklage nach § 75 VwGO, die Bauaufsichtsbehörde verpflichten, die Genehmigung zu erteilen, *vgl. OVG Bautzen, B. v. 16.02.2017 – 1 B 225/16 –; a. A. Reimus u. a., § 69 Rn. 7; und VG Potsdam, U. v. 16.08.2023 – 5 K 723/21.* Der Feststellungsklage steht auch entgegen, dass nach § 43 Abs. 2 Satz 1 VwGO in dieser Konstellation eine Leistungsklage in Gestalt einer Verpflichtungsklage möglich und zulässig ist. Um mit einer Verpflichtungsklage nicht vor dem VG Potsdam zu scheitern, wäre dort die Feststellungsklage hilfsweise zu erheben.

17 Der Bauherr kann im Klageverfahren insbesondere geltend machen, dass die Frist gem. Absatz 2 Satz 1 zu kurz bemessen oder die Nachforderung unberechtigt sei und deshalb der Antrag nicht als zurückgenommen gelten darf. In dem Klageverfahren ist dann inzident zu prüfen, ob die Baugenehmigungsbehörde eine angemessene Frist gesetzt hat oder ob diese nicht gesetzt werden durfte, weil der Bauantrag mangelfrei und deshalb von der Behörde weiter zu bearbeiten war, *vgl. OVG Bautzen, B. v. 16.02.2017 – 1 B 225/16.*

6. Beteiligung von Behörden (Absatz 3)

a) Unverzügliche Beteiligung

18 Absatz 3 Satz 1 regelt die Beteiligung der Behörden im Baugenehmigungsverfahren. Wenn und sobald die Bauvorlagen vollständig vorliegen, holt die Bauaufsichtsbehörde unverzüglich – ohne schuldhaftes Zögern – gem. § 69 Abs. 3 die Stellungnahmen der Behörden und Stellen ein, deren Zustimmung, Einvernehmen oder Benehmen zur Baugenehmigung erforderlich ist oder deren Aufgabenbereich durch das Vorhaben berührt wird. Die Bauaufsichtsbehörde ist so zu organisieren, dass die Verfahrensschritte unverzüglich durchzuführt werden können, die erforderlich sind, um die Baugenehmigung und die eingeschlossenen Genehmigungen oder Erlaubnisse zu erteilen. Es ist sicherzustellen, dass die Beteiligungsvorschriften der Fachgesetze beachtet werden. So hat nicht die untere Bauaufsichtsbehörde, sondern die Denkmalschutzbehörde nach § 20 Abs. 1 Satz 3 BbgDSchG in Verbindung mit § 19 Abs. 3 BbgDSchG die Stellungnahme der Denkmalfachbehörde im Rahmen der Herstellung des Benehmens einzuholen, *vgl. LT-Drs. 3/7054;* siehe zum Einvernehmen

nach dem Naturschutzrecht § 17 Abs. 1 und 2 BbgNatSchG. Die untere Bauaufsichtsbehörde kann die zu beteiligenden Stellen und Behörden auch zu einer gemeinsamen Besprechung einladen, wenn dies der beschleunigten Abwicklung des Verfahrens dienlich ist, vgl. Absatz 5.

Will die Baugenehmigungsbehörde sich nicht wegen einer verzögerten Erteilung der Baugenehmigung schadensersatzpflichtig machen, müssen alle organisatorischen Maßnahmen getroffen werden, um die unverzügliche Beteiligung der Drittbehörden zu ermöglichen. Ggf. ist die „Behördenpost" zu beschleunigen oder sind Faxgeräte bzw. E-Mails einzusetzen. Auch Verzögerungen wegen Urlaub oder Krankheit von Mitarbeitern dürfen nicht eintreten und sind unentschuldbar. 19

Unabhängig von den Beteiligungsformen der Behörden und Stellen bleibt die Verantwortung für die Rechtmäßigkeit der Baugenehmigung und der eingeschlossenen Erlaubnisse oder Genehmigungen bei der unteren Bauaufsichtsbehörde. Nebenbestimmungen und Auflagen der Fachbehörden, die in die Baugenehmigung übernommen werden sollen, dürfen deshalb von der Bauaufsichtsbehörde auf ihre Rechtmäßigkeit hin überprüft werden. Nach Erteilung der Baugenehmigung fällt die Verantwortung für die fachliche Kontrolle der Bautätigkeit und gegebenenfalls für die Durchsetzung einzelner fachgesetzlicher Forderungen auf die jeweiligen Fachbehörden zurück, vgl. etwa § 20 Abs. 2 BbgDSchG. So hat etwa die untere Denkmalschutzbehörde darüber zu wachen, ob die Bauausführung den denkmalschutzrechtlichen Anforderungen genügt und ggf. die erforderlichen Maßnahmen zu treffen. Verstößt der Bauherr gegen denkmalschutzrechtliche Auflagen oder handelt er ohne die erforderliche denkmalschutzrechtliche Erlaubnis, darf die untere Denkmalschutzbehörde z. B. gem. § 8 BbgDSchG einen Baustopp erlassen. 20

b) Herstellung von Benehmen oder Einvernehmen (Absatz 3 Satz 2)

Nach Satz 2 muss die Bauaufsichtsbehörde die Behörden beteiligen, deren fachgesetzliche Genehmigungen durch die Baugenehmigung aufgrund ihrer Konzentrationswirkung eingeschlossen werden. Dazu ist es nach der Bauordnung ausreichend, dass die Bauaufsichtsbehörde das Benehmen mit anderen Behörden herstellt. Nur wenn es fachgesetzlich vorgeschrieben ist, muss die Bauaufsichtsbehörde das strengere Einvernehmen der Behörden herstellen, vgl. zum Einvernehmen der gleichgeordneten Naturschutzbehörde in Bezug auf naturschutzrechtliche Ausnahmegenehmigungen und Befreiungen, *vgl. OVG Berlin-Brandenburg, B. v. 06.11.2006 – 2 N 156/05.* Die Benehmensregelung nach Absatz 3 Satz 2 ist also nur ein Auffangtatbestand. 21

Die Einvernehmensregelung knüpft an dem funktionalen Behördenbegriff an, setzt also ein fachliches Einvernehmen auch dann voraus, wenn beide 22

Fachbehörden als Dienststellen Teil derselben Verwaltungsorganisation sind. Beinhaltet die Baugenehmigung zugleich eine landschaftsschutzrechtliche Befreiung, so ist das Einvernehmen der Stelle erforderlich, die innerhalb der Behörde die Aufgaben der unteren Naturschutzbehörde konkret wahrnimmt.

23 Beispiele für Beteiligungsformen nach anderen Fachgesetzen, die über das Benehmen hinausgehen, sind z. B.:

- die Ausnahmen nach §§ 9 Abs. 8 FStrG (oberste Landesstraßenbaubehörde),
- das Einvernehmen nach § 17 Abs. 2 BbgNatSchG.

c) Bindung der Bauaufsichtsbehörde an fachbehördliche Stellungnahmen (Absatz 3 Satz 2)

24 Ist mangels fachgesetzlicher Besonderheiten nur das Benehmen der anderen Behörde oder Stelle herzustellen, darf sich die Bauaufsichtsbehörde über die Stellungnahme der zu beteiligenden Fachbehörde hinwegsetzen. Dies muss sie immer dann tun, wenn sie der Auffassung ist, dass die Beurteilung der Fachbehörde deshalb fehlerhaft ist, weil die von der Fachbehörde zu beurteilende öffentlich-rechtliche Vorschrift der Erteilung der Baugenehmigung nicht entgegensteht. Insoweit besitzt die Baugenehmigungsbehörde eine eigene Prüfungskompetenz. Einen Vorrang der fachbehördlichen Beurteilung vor der Rechtsauffassung der unteren Bauaufsichtsbehörde sieht das Gesetz bei **Benehmensbeteiligungen** nicht vor. Da die Verantwortung für die Rechtmäßigkeit der Baugenehmigung und damit auch die Haftung der unteren Bauaufsichtsbehörde für Fehlentscheidungen durch die Beteiligung der Fachbehörden nicht beschränkt werden, behält die Bauaufsichtsbehörde die Letztentscheidungsbefugnis.

25 Ist nach den fachgesetzlichen Regelungen, die nach Satz 2 vorrangig sind (vorbehaltlich einer anderen gesetzlichen Regelung), vorgeschrieben, dass die zu beteiligende Behörde ihr **Einvernehmen** oder ihre Zustimmung erklären muss, darf die Baugenehmigungsbehörde die Baugenehmigung erst nach dem Vorliegen dieser fachbehördlichen Entscheidungen erteilen. Damit soll sichergestellt werden, dass die Baugenehmigung nicht gegen die fachliche Beurteilung durch die Fachbehörde erteilt wird. Die Bauaufsichtsbehörde hat deshalb bei der Beteiligung der Behörden festzustellen, ob nur ein Benehmen hergestellt werden muss oder ob nach den fachgesetzlichen Vorgaben ein Einvernehmens- oder Zustimmungserfordernis besteht.

7. Beteiligungsfrist (Absatz 4)

26 Absatz 4 setzt eine landesrechtliche Stellungnahmefrist von einem Monat fest. Die Frist ist im vereinfachten Baugenehmigungs- und im Bauanzeigeverfahren auf zwei Wochen verringert. Diese Fristen gehen nach Satz 4 allen anderen landesrechtlichen Fristen vor. Von der Verkürzung der Frist ist auch die Denkmalfachbehörde betroffen, für die nach der Regelung des § 5 Abs. 3 BbgDSchG bislang eine Beteiligungsfrist von drei Monaten gilt. Allerdings wird diese Drei-Monats-Frist nach Ansicht des Gesetzgebers von der Denkmalfachbehörde nur in wenigen Fällen ausgeschöpft. Zumeist handelt es sich um schwerwiegende Eingriffe in bedeutende Baudenkmäler, die einer umfangreichen fachlichen Begutachtung bedürfen. Das der Regelung des Absatz 4 zu Grunde liegende Ziel der allgemeinen Verkürzung aller Genehmigungsverfahren soll auch von der Neuordnung der Aufgabenaufteilung zwischen den unteren Denkmalschutzbehörden und der Denkmalfachbehörde sowie der Zusammenarbeit dieser Behörden mit den unteren Bauaufsichtsbehörden durch die Maßgabe Brandenburgischen Denkmalschutzgesetz, vgl. Art. 1 § 8 Gesetz zur Änderung des Gesetzes zur Erprobung der Abweichung von landesrechtlichen Standards in Kommunen des Landes Brandenburg (GVBl I 2007, 125), *s. dazu kritisch Otto, LKV 2008, S. 67ff., und Dyllick/Neubauer, LKV 2008, S. 97ff.*, unterstützt werden.

27 Die bundesrechtlich geregelten längeren Fristen, z. B. des § 12 Abs. 2 LuftVG, können durch Absatz 4 nicht verkürzt werden. Auf die Frist nach § 36 BauGB kommt es in Fällen der §§ 62, 63 jedoch nicht an, da das Einvernehmen der Gemeinde nach § 36 Abs. 1 Satz 1 BauGB nicht erforderlich ist. Bedenklich ist allerdings, ob die Verkürzung der Frist auf zwei Wochen ausreicht, um den Anforderungen nach § 36 Abs. 1 Satz 3 BauGB zu genügen, da eine planungsrechtliche Befassung der amtsangehörigen Gemeinde mit dem Bauantrag dann nur noch sehr schwer möglich ist. Soweit ein Fachgesetz für bestimmte Verfahren die Beteiligung eines Dritten, der nicht Behörde oder Stelle im Sinne dieser Vorschrift ist, vorschreibt und sich daraus eine mittelbare Beteiligung eines Dritten am Baugenehmigungsverfahren ergibt, handelt es sich bei dieser externen Beteiligung nicht um eine Stellungnahme nach Satz 1. Die unmittelbar beteiligte Behörde oder Stelle ist aber gehalten, der Bauaufsichtsbehörde unverzüglich und jedenfalls innerhalb der Frist nach Satz 1 mitzuteilen, dass eine externe Beteiligung erforderlich ist, die eigene Stellungnahme deren Ergebnis berücksichtigen und daher das Einvernehmen zunächst versagt werden muss. Entsprechendes gilt, wenn eine unmittelbar beteiligte Behörde aus sachlichen Gründen nicht in der Lage ist, ihre Stellungnahme in der Monatsfrist des Satzes 4 i. V. m. Satz 1 abzugeben. Dies kann bei umfangreichen oder komplexen Vorhaben, die eine eingehende fachliche Begutachtung erfordern, der Fall sein. Dann muss die jeweilige Fachbehörde der unteren

Bauaufsichtsbehörde die Sachgründe, die die Versagung des Einvernehmens rechtfertigen, innerhalb der Monatsfrist schriftlich mitteilen.

28 Können Fristen (Monatsfrist bzw. 2-Wochen-Frist) nicht eingehalten werden, so lässt Absatz 4 Satz 2 eine Fristverlängerung zu. Dies setzt eine sachgerechte Begründung dafür voraus, dass die gesetzliche Frist nicht eingehalten werden kann. Insbesondere kann die Frist in schwierigen Einzelfällen verlängert werden, wenn umfangreiche bzw. zeitaufwendige Sachermittlungen vor einer Entscheidung über das Benehmen erforderlich sind. Die Nichteinhaltung der Beteiligungsfrist sollte möglichst frühzeitig von der zu beteiligenden Behörde angezeigt werden.

29 Liegen von den zu beteiligenden Behörden und Stellen innerhalb der Monatsfrist Einvernehmenserklärungen nicht vor, so soll die Bauaufsichtsbehörde nach Absatz 4 Satz 2 davon ausgehen, dass deren Belange nicht berührt werden. Satz 2 räumt dem Bauherrn jedoch keinen Anspruch auf Erteilung der Baugenehmigung ein. Die Bauaufsichtsbehörde bleibt weiter zur eigenständigen Prüfung verpflichtet und soll für den Fall, dass ihr entgegenstehende Belange bekannt sind, bei der zuständigen Behörde nochmals die Stellungnahme einfordern. Auch wenn die zu beteiligende Behörde oder Stelle nicht reagiert hat, darf die Bauaufsichtsbehörde den Antrag aus den von dieser Behörde zu beurteilenden fachlichen Erwägungen ablehnen, wenn sie zu der Auffassung gelangt, dass öffentlich-rechtliche Vorschriften der Erteilung der Genehmigung entgegenstehen. So kann eine Ablehnung etwa von der Baugenehmigungsbehörde damit gerechtfertigt werden, dass die naturschutzrechtliche Eingriffsregelung der Erteilung der Baugenehmigung entgegensteht, wenn das Vorhaben nach § 35 BauGB zu genehmigen wäre, *vgl. BVerwG, U. v. 01.08.2002 – 4 C 5/01.* Dabei hat die Bauaufsichtsbehörde zu berücksichtigen, dass nach § 17 Abs. 2 Satz 2 BbgNatSchG das Einvernehmen der zuständigen Naturschutzbehörde als erteilt gilt, wenn es nicht binnen eines Monats nach Eingang des Ersuchens der Zulassungsbehörde unter Darlegung der Gründe verweigert wird.

8. Gemeinsame Besprechung (Absatz 5)

30 Nach Absatz 5 soll eine gemeinsame Besprechung mit den am Verfahren zu beteiligenden Behörden und Stellen durchgeführt werden, wenn dies der beschleunigten Abwicklung des Verfahrens dienlich ist. Ob und mit welchen Behörden diese Beteiligung durchgeführt werden soll, hat die Bauaufsichtsbehörde im pflichtgemäßen Ermessen zu entscheiden. Ein Anspruch des Bauherrn auf eine solche Besprechung besteht nicht.

9. Umweltverträglichkeitsprüfung (Absatz 6)

Absatz 6 stellt klar, dass eine ggf. erforderliche Umweltverträglichkeitsprüfung im Baugenehmigungsverfahren nach den Vorschriften des Gesetzes über die Umweltverträglichkeitsprüfung (UVPG) zu erfolgen hat. Es sind dann die verfahrensrechtlichen Vorschriften des UVPG anzuwenden. Bestandteil der Die Umweltverträglichkeitsprüfung ist die Beteiligung der Öffentlichkeit. Das Ergebnis der Umweltverträglichkeitsprüfung ist bekannt zu machen und gemäß § 25 UVPG im Baugenehmigungsverfahren zu berücksichtigen. 31

Da die Regelungen der Umweltverträglichkeitsprüfung nur verfahrensrechtliche Bedeutung besitzen, wird der Inhalt der Genehmigung durch die Umweltverträglichkeitsprüfung nicht berührt. Allerdings können die in der Umweltverträglichkeitsprüfung gewonnenen Erkenntnisse von bauordnungsrechtlicher oder fachgesetzlicher Relevanz sein, so dass das Vorhaben wegen der bei der Umweltverträglichkeitsprüfung erkannten Unvereinbarkeit mit den materiellen Bestimmungen am beantragten Standort unzulässig oder nur unter Auflagen zulässig ist. 32

Unterbleibt die nach dem Umweltverträglichkeitsprüfungsgesetz erforderliche Umweltverträglichkeitsprüfung oder genügt die Umweltverträglichkeitsprüfung in wesentlichen Verfahrensschritten nicht den Anforderungen des Umweltverträglichkeitsprüfungsgesetzes, können Dritte nach den Bestimmungen des Umwelt-Rechtsbehelfsgesetzes in der Fassung der Bekanntmachung vom 23. August 2017 (BGBl. I S. 3290), das durch Artikel 4 des Gesetzes vom 17. Dezember 2018 (BGBl. I S. 2549) geändert worden ist, zur Klage berechtigt sein. Wird die Klage nicht von anerkannten Umweltverbänden, sondern von Personen des Zivilrechts erhoben, kann die Klage nach Maßgabe des § 4 Abs. 3 Satz 1 Nr. 2 UmwRG mit objektiven Rechtsverstößen im Sinne des § 4 Abs. 1 UmwRG begründet werden, wenn sie nach der Verwaltungsgerichtsordnung zulässig ist, weil etwa ein Verstoß gegen das Rücksichtnahmegebot möglich sein könnte. 33

10. Entscheidungsfrist (Absatz 7)

Die Genehmigungsbehörde hat innerhalb einer Frist von einem Monat nach Eingang aller Stellungnahmen über den Bauantrag zu entscheiden. Diese Frist ist für die Behörde verbindlich. Will die Baugenehmigungsbehörde sich nicht wegen einer verzögerten Erteilung der Baugenehmigung schadensersatzpflichtig machen, müssen deshalb alle organisatorischen Maßnahmen getroffen werden, um die fristgerechte Erteilung der Baugenehmigung zu ermöglichen. Verzögerungen wegen Urlaub oder Krankheit von Mitarbeitern rechtfertigen eine Überschreitung der Frist nicht. 34

11. Entschädigungsansprüche bei verzögerter Erteilung der Baugenehmigung

35 Es entspricht ständiger obergerichtlicher und höchstrichterlicher Rechtsprechung, dass die Baugenehmigungsbehörde die Amtspflicht trifft, über ein Baugesuch innerhalb der gesetzlich bestimmten Frist zu entscheiden, *vgl. etwa OLG Dresden, U. v. 31.07.2000 – 6 U 128/00.* Verletzt die Behörde ihre Pflicht, macht sie sich nach § 839 BGB i. V. m. Art. 34 GG schadensersatzpflichtig. Der Schadensersatzanspruch wegen einer Amtspflichtverletzung ist auf Ersatz des vollen Schadens des Geschädigten gerichtet, *vgl. BGH, ZfBR 1994, 231 f.* Neben dem Amtshaftungsanspruch tritt der verschuldensunabhängige Anspruch auf Entschädigung wegen enteignungsgleichen Eingriffs, wenn durch die verzögerte Erteilung der Baugenehmigung eine faktische Bausperre verursacht wird. Durch diese Sperre wird unmittelbar und rechtswidrig in die durch Art. 14 GG geschützte Rechtsposition des Grundeigentümers eingegriffen, *vgl. BGHZ 92, 34, 41; 110, 1, 5; BGH, WM 1992 1858; Krohn/Löwisch, Eigentumsgarantie, Enteignung, Entschädigung 3. Aufl. Rn. 175; Nüßgens/Boujong, Eigentum, Sozialbindung, Enteignung 1987 Rn. 164, 421.* Ohne Rücksicht auf ein Verschulden ist die Bauaufsichtsbehörde zur Entschädigung für diesen Eingriff verpflichtet.

36 Der Geschädigte ist bei der Geltendmachung eines Amtshaftungsanspruchs nach § 839 BGB i. V. m. Art. 34 GG so zu stellen, wie er stünde, wenn das schädigende Ereignis nicht eingetreten wäre. Dazu gehört auch der Ersatz des entgangenen Gewinns. Um den Verzögerungsschaden zu ermitteln, muss festgestellt werden, welchen Verlauf die Dinge bei pflichtgemäßem Handeln der Verwaltung genommen hätten und wie sich die Vermögenslage des Bürgers in diesem Fall darstellen würde, *vgl. BGH, U. v. 07.12.2000 – III ZR 84/00 – und U. v. 12.07.2001 – III ZR 282/00.* Wenn der Bürger denselben Schaden auch bei einem rechtmäßigen Alternativverhalten erlitten hätte, besteht sein Anspruch nicht.

37 Der Anspruch aus enteignungsgleichem Eingriff ist auf eine angemessene Entschädigung des geschädigten Eigentümers gerichtet. Beim enteignungsgleichen Eingriff soll dem Eigentümer durch die Entschädigung ein Ausgleich für das Genommene, die entzogene Vermögenssubstanz, gegeben werden, *vgl. BGH, U. v. 27.02.1992 – III ZR 66/90.* Bei einer durch die nicht fristgerechte Erteilung der Baugenehmigung nur vorübergehenden Beeinträchtigung der vollen Nutzbarkeit eines Grundstücks besteht das dem Eigentümer durch den enteignungsgleichen Eingriff Abverlangte deshalb nur in einem zeitweiligen Ausfall des entsprechenden Nutzwertes. Dieser entgangene Nutzwert ist dann zu ersetzen.

§ 70
Beteiligung der Nachbarn und der Öffentlichkeit

(1) Nachbarn sind die Eigentümer oder die Erbbauberechtigten der an das Baugrundstück angrenzenden Grundstücke.

(2) [1]Vor der Zulassung von Abweichungen nach § 67 und vor der Erteilung von Befreiungen nach § 31 Absatz 2 des Baugesetzbuchs, die öffentlich-rechtlich geschützte nachbarliche Belange berühren können, hat die Bauaufsichtsbehörde die betroffenen Nachbarn von dem Vorhaben durch Zustellung zu benachrichtigen und ihnen Gelegenheit zur Stellungnahme innerhalb von einem Monat zu geben. [2]Die Bauherrin oder der Bauherr hat auf Verlangen der Bauaufsichtsbehörde Unterlagen zu deren Beteiligung zur Verfügung zu stellen.

(3) [1]Die Benachrichtigung entfällt, wenn die Nachbarin oder der Nachbar dem Vorhaben, der Zulassung der Abweichung oder der Erteilung der Befreiung in Textform zugestimmt oder die Zustimmung bereits in Textform gegenüber der Bauaufsichtsbehörde verweigert hat. [2]Haben die Nachbarn dem Bauvorhaben nicht zugestimmt, ist ihnen die Baugenehmigung zuzustellen.

(4) Die Nachbarin oder der Nachbar hat das Recht, die von der Bauherrin oder vom Bauherrn eingereichten Bauvorlagen bei der Bauaufsichtsbehörde einzusehen.

(5) Hat eine Nachbarin oder ein Nachbar oder eine von der Bauaufsichtsbehörde hinzugezogene Verfahrensbeteiligte oder ein von der Bauaufsichtsbehörde hinzugezogener Verfahrensbeteiligter nicht Stellung genommen oder wird deren Einwendungen nicht entsprochen, so ist ihnen eine Ausfertigung der Baugenehmigung oder der Entscheidung über die Abweichung oder Befreiung zuzustellen.

(6) Bei baulichen Anlagen, die aufgrund ihrer Beschaffenheit oder ihres Betriebs geeignet sind, die Allgemeinheit oder die Nachbarschaft zu gefährden, zu benachteiligen oder zu belästigen, kann die Bauaufsichtsbehörde auf Antrag der Bauherrin oder des Bauherrn das Bauvorhaben ortsüblich bekannt machen.

(7) [1]Bei der Errichtung, Änderung oder Nutzungsänderung

1. eines oder mehrerer Gebäude, wenn dadurch dem Wohnen dienende Nutzungseinheiten mit einer Größe von insgesamt mehr als 5 000 Quadratmeter Brutto-Grundfläche geschaffen werden,

2. baulicher Anlagen, die öffentlich zugänglich sind, wenn dadurch die gleichzeitige Nutzung durch mehr als 100 zusätzliche Besucher ermöglicht wird, und
3. baulicher Anlagen, die nach Durchführung des Bauvorhabens Sonderbauten nach § 2 Absatz 4 Nummer 9 Buchstabe c, Nummer 10 bis 13, 15 und 16 sind,

ist eine Öffentlichkeitsbeteiligung nach den hierfür geltenden immissionsschutzrechtlichen Bestimmungen durchzuführen, wenn sie innerhalb eines angemessenen Sicherheitsabstands eines Betriebsbereichs im Sinne des § 3 Absatz 5a des Bundes-Immissionsschutzgesetzes liegen, es sei denn, die Immissionsschutzbehörde hat bestätigt, dass sich das Vorhaben außerhalb des angemessenen Sicherheitsabstands des Betriebsbereichs befindet. [2]Ist der angemessene Sicherheitsabstand nicht bekannt, ist maßgeblich, ob sich das Vorhaben innerhalb des Achtungsabstands des Betriebsbereichs befindet. [3]Satz 1 gilt nicht, wenn

1. die Bauaufsichtsbehörde zu dem Ergebnis kommt, dass dem Gebot, den angemessenen Sicherheitsabstand zu wahren, bereits in einem Bebauungsplan Rechnung getragen ist, oder
2. bei der Änderung von Vorhaben nach Satz 1 Nummer 3 sich die Zahl der gleichzeitig anwesenden Personen nicht erhöht.

[4]Verfährt die Bauaufsichtsbehörde nach Absatz 6 oder Absatz 7 Satz 1, finden die Absätze 2 und 3 keine Anwendung.

(8) [1]In der Bekanntmachung nach den Absätzen 6 und 7 ist über Folgendes zu informieren:

1. über den Gegenstand des Vorhabens,
2. über die für die Genehmigung zuständige Behörde, bei der der Antrag nebst Unterlagen zur Einsicht ausgelegt wird sowie wo und wann Einsicht genommen werden kann,
3. darüber, dass Personen, deren Belange berührt sind, und Vereinigungen, welche die Anforderungen von § 3 Absatz 1 oder § 2 Absatz 2 des Umwelt-Rechtsbehelfsgesetzes erfüllen (betroffene Öffentlichkeit), Einwendungen bei einer in der Bekanntmachung bezeichneten Stelle bis zu zwei Wochen nach Ablauf der Auslegungsfrist erheben können; dabei ist darauf hinzuweisen, dass mit Ablauf der Frist alle öffentlichrechtlichen Einwendungen ausgeschlossen sind und der Ausschluss von umweltbezogenen Einwendungen nur für das Genehmigungsverfahren gilt,
4. dass die Zustellung der Entscheidung über die Einwendungen durch öffentliche Bekanntmachung ersetzt werden kann.

[2]Bei der Bekanntmachung nach Absatz 7 ist zusätzlich über Folgendes zu informieren:

1. gegebenenfalls die Feststellung der Pflicht zur Durchführung einer Umweltverträglichkeitsprüfung des Vorhabens nach § 5 des

Umweltverträglichkeitsprüfungsgesetzes sowie erforderlichenfalls die Durchführung einer grenzüberschreitenden Beteiligung nach den §§ 55 und 56 des Umweltverträglichkeitsprüfungsgesetzes,

2. die Art möglicher Entscheidungen oder, soweit vorhanden, den Entscheidungsentwurf,
3. gegebenenfalls weitere Einzelheiten des Verfahrens zur Unterrichtung der Öffentlichkeit und Anhörung der betroffenen Öffentlichkeit.

(9) [1]Nach der Bekanntmachung sind der Antrag und die Bauvorlagen sowie die entscheidungserheblichen Berichte und Empfehlungen, die der Bauaufsichtsbehörde im Zeitpunkt der Bekanntmachung vorliegen, einen Monat zur Einsicht auszulegen. [2]Bauvorlagen, die Geschäfts- oder Betriebsgeheimnisse enthalten, sind nicht auszulegen; für sie gilt § 10 Absatz 2 des Bundes-Immissionsschutzgesetzes entsprechend. [3]Bis zwei Wochen nach Ablauf der Auslegungsfrist kann die Öffentlichkeit gegenüber der zuständigen Behörde schriftlich Einwendungen erheben; mit Ablauf dieser Frist sind alle öffentlich-rechtlichen Einwendungen ausgeschlossen. [4]Hinsichtlich umweltbezogener Einwendungen gilt Satz 3 nur für das Genehmigungsverfahren.

(10) [1]Bei mehr als 20 Nachbarn, denen die Baugenehmigung nach Absatz 3 Satz 2 zuzustellen ist, kann die Zustellung durch öffentliche Bekanntmachung ersetzt werden; wurde eine Öffentlichkeitsbeteiligung nach Absatz 8 durchgeführt, ist der Genehmigungsbescheid öffentlich bekannt zu machen. [2]Die öffentliche Bekanntmachung wird dadurch bewirkt, dass der verfügende Teil des Bescheides und die Rechtsbehelfsbelehrung in entsprechender Anwendung des Absatzes 6 Satz 1 bekannt gemacht werden; auf Auflagen ist hinzuweisen. [3]Eine Ausfertigung des gesamten Genehmigungsbescheides ist vom Tage nach der Bekanntmachung an zwei Wochen zur Einsicht auszulegen. [4]Ist eine Öffentlichkeitsbeteiligung nach Absatz 7 erfolgt, sind in die Begründung die wesentlichen tatsächlichen und rechtlichen Gründe, die die Behörde zu ihrer Entscheidung bewogen haben, die Behandlung der Einwendungen sowie Angaben über das Verfahren zur Beteiligung der Öffentlichkeit aufzunehmen. [5]In der öffentlichen Bekanntmachung ist anzugeben, wo und wann der Bescheid und seine Begründung eingesehen und nach Satz 7 angefordert werden können. [6]Mit dem Ende der Auslegungsfrist gilt der Bescheid auch Dritten gegenüber, die keine Einwendungen erhoben haben, als zugestellt; darauf ist in der Bekanntmachung hinzuweisen. [7]Nach der öffentlichen Bekanntmachung können der Bescheid und seine Begründung bis zum Ablauf der Widerspruchsfrist von den Personen, die Einwendungen erhoben haben, schriftlich angefordert werden.

(11) Im Übrigen gelten für die Beteiligung im bauaufsichtlichen Verfahren die Vorschriften des Verwaltungsverfahrensgesetzes in Verbindung mit den Vorschriften des Verwaltungsverfahrensgesetzes für das Land Brandenburg.

Übersicht

1. Allgemeines

1 § 70 regelt die Beteiligung der Nachbarn und der Öffentlichkeit. Die Beteiligung des Nachbarn nach den Absätzen 1 bis 5 ist immer dann erforderlich, wenn über die Zulassung von Abweichungen (§ 67) oder die Erteilung von Befreiungen nach § 31 BauGB entschieden wird und dadurch öffentlich-rechtlich geschützte nachbarliche Belange berührt werden könnten. Die Anwendung der Vorschrift ist nicht auf die Bauaufsichtsbehörden beschränkt. Auch bei der Zulassung von Abweichungen und Befreiungen für genehmigungsfreie Vorhaben sind Amt oder Gemeinde als zuständige Sonderordnungsbehörden verpflichtet, eine dem § 70 entsprechende Nachbarbeteiligung durchzuführen.

Dies ergibt sich aus § 58 Abs. 6 Satz 5, der auf die Verfahrensvorschriften des Gesetzes, also auch auf § 70, verweist.

Absatz 6 sieht eine fakultative Beteiligung der betroffenen Allgemeinheit oder Nachbarschaft auf Wunsch des Bauherrn bei Vorhaben mit erheblichen nachteiligen Auswirkungen vor. In § 70 Abs. 7 bis 10 ist die Beteiligung der Öffentlichkeit, die nach der Seveso-III-Richtlinie vorgeschrieben ist, geregelt. Diese Absätze sind durch die Novelle 2023 neu gefasst worden. Ergänzend gelten nach Absatz 11 die Beteiligungsregelungen des Verwaltungsverfahrensgesetzes, dies sind die Regelungen über die Beteiligung nach § 13 VwVfG und die Akteneinsicht nach § 29 VwVfG, *vgl. dazu auch OVG Greifswald, NordÖR 2005, 424ff.* 2

2. Begriff des Nachbarn (Absatz 1)

In Absatz 1 wird der Begriff des Nachbarn bauordnungsrechtlich definiert. Nachbarn i. S. d. Bauordnungsrechts sind danach die Eigentümer oder Erbbauberechtigten der angrenzenden Grundstücke, nicht aber sonstiger Grundstücke, die z. B. durch Immissionen der baulichen Anlage oder deren Nutzung betroffen werden. Neben dem Eigentümer des benachbarten Grundstücks gilt auch der Auflassungsbegünstigte als zu beteiligender Nachbar, *vgl. VG Potsdam, U. v. 14.01.2002 – 4 K 3422/99.* Hingegen sind obligatorisch Berechtigte, also Mieter, Pächter, nicht Nachbarn i. S. d. Bauordnungsrechts. 3

Ergänzend zu der Nachbarbeteiligung nach § 70 Abs. 1 greift die Regelung in § 13 Abs. 2 VwVfG, vgl. Absatz 8, so dass danach auch die Beteiligung von Eigentümern der Grundstücke, die nicht unmittelbar angrenzen, erforderlich sein kann. Über § 13 VwVfG sind ggf. auch Mieter und Pächter zu beteiligen. 4

3. Beteiligungspflicht der Behörde (Absatz 2)

Absatz 2 verpflichtet die Behörden unter den genannten Voraussetzungen, die von dem Vorhaben betroffenen Nachbarn, aber auch nur diese, ≈ zu benachrichtigen und ihnen Gelegenheit zur Stellungnahme zu geben. Die Frist für die Abgabe einer Stellungnahme des betroffenen Nachbarn ist auf zwei Wochen begrenzt, so dass die Behörde den Nachbarn auf diese Frist aufmerksam zu machen hat. Später eingehende Stellungnahmen brauchen nicht beachtet zu werden, wenn sie für die Rechtmäßigkeit der Baugenehmigung nicht relevant sind. 5

Voraussetzung für die Beteiligung der Nachbarn ist, dass diese in öffentlich-rechtlich geschützten Belangen durch das Vorhaben berührt werden können. Zum einen müssen deren Belange berührt sein, zum anderen müssen diese Belange öffentlich-rechtlich geschützt sein. 6

7 **Belange** in diesem Sinne, sind alle rechtlich anerkannten Interessen und Bedürfnisse des Nachbarn. Insbesondere sind sie darauf gerichtet, vor Gefahren, Nachteilen oder Belästigungen verschont zu bleiben, *vgl. schon BVerwG, U. v. 29.03.1966 – I C 19.65.* Mit der Bezugnahme auf Belange vergrößert der Gesetzgeber den Schutz der Nachbarn, da er dadurch nicht nur subjektive Rechte im Sinne von Art. 19 Abs. 4 GG schützen will, sondern auch die über die se Rechte hinausgehenden subjektiven Interessen, Bedürfnisse und Wünsche des Nachbarn. Diese Erweiterung der Schutzgüter wird jedoch dadurch wieder eingeschränkt, dass nicht jegliche Belange, sondern nur die öffentlichrechtlich geschützten Belange, wenn sie durch die Entscheidung berührt sind, einen Beteiligungsanspruch auslösen. Öffentlich-rechtlich geschützte Belange sind solche, die von der Rechtsordnung als subjektiv schützenswert anerkannt sind. Derartige Belange ergeben sich insbesondere aus dem Rücksichtnahmegebot (vgl. § 15 BauNVO), den Festsetzungen des Bebauungsplanes (insbesondere über die Art der baulichen Nutzung, *vgl. BVerwG, U. v. 09.08.2018 – 4 C 7.17 – Wannsee –),* den Vorschriften über den Brandschutz (§ 14), die Standsicherheit (§ 12), den Schutz vor schädlichen Einflüssen (§ 13) oder aus den Umweltauswirkungen des Vorhabens auf die Nachbarschaft i. S. v. § 5 Abs. 1 BImSchG, etwa in Verbindung mit den Immissionsrichtwerten der TA Lärm. Ungeschützt sind hingegen Belange wie der Erhalt einer freien Sicht, die Vermeidung von Verschattung des eigenen Grundstücks durch einen hinzukommenden Baukörper, die Entstehung/Vergrößerung von Einsichtnahmemöglichkeiten auf das Nachbargrundstück durch eine Bebauung, *vgl. VGH München, B. v. 13.04.2018 – 15 ZB 17.342 – und B. v. 01.03.2018 – 9 ZB 16.270 –,* oder Umsatzeinbußen durch weitere Konkurrenz. Auch nur zivilrechtlich geschützte Belange, auch solche durch zivilrechtliche Verträge, sind für die Beteiligungspflicht nach Absatz 2 irrelevant.

8 Die Beteiligung ist nicht erst dann geboten, wenn nachbarliche Belange betroffen oder beeinträchtigt werden. Ausreichend ist, dass sie berührt werden können, also nicht ausgeschlossen werden kann, dass das Vorhaben sich auch auf die nachbarlichen Belange nachteilig auswirkt.

9 Um dem Nachbarn zu ermöglichen, eine Stellungnahme zu dem Vorhaben abzugeben, muss ihm dieses bekannt gemacht werden. Regelmäßig ist es dazu erforderlich, ihm eine Baubeschreibung zukommen zu lassen und ihn insbesondere auf die Gründe für die Berührung nachbarlicher Belange hinzuweisen. Dabei soll die Behörde auch darlegen, welche Entscheidung beantragt wird, insbesondere also welche Ausnahmen, Befreiungen und Abweichungen infrage kommen. Der Nachbar hat, wenn die Informationen nicht ausreichen, die Möglichkeit, gem. Absatz 4 und gem. § 29 VwVfG Akteneinsicht zu nehmen. Durch die Inanspruchnahme dieses Rechts wird allerdings die 2-Wochen-Frist nicht verlängert.

Deshalb ist es aus nachbarlicher Sicht ratsam, zunächst umfassend zu allen die nachbarlichen Belange berührenden Punkten Stellung zu nehmen und sich eine Präzisierung nach erfolgter Akteneinsicht vorzubehalten. Zu diesem Zweck sollte der Nachbar unterstellen, dass seine Belange beeinträchtigt werden. Die Verpflichtung des Bauherrn, Unterlagen für die Beteiligung des Nachbarn zur Verfügung zu stellen, besteht nur in dem Fall, dass Abweichungen nach § 67 oder Befreiungen nach § 31 Abs. 2 BauGB erteilt werden sollen. Bei einer Beteiligung des Nachbarn aus sonstigen Gründen ist der Bauherr nicht verpflichtet, Unterlagen für dessen Beteiligung zur Verfügung zu stellen. 10

4. Entbehrlichkeit der Nachbarbeteiligung (Absatz 3)

Durch Absatz 3 wird klargestellt, dass eine Nachbarbeteiligung nicht erforderlich ist, wenn der Nachbar dem Vorhaben in Textform, d. h. schriftlich oder digital gem. § 126b BGB zugestimmt oder gegenüber der Bauaufsichtsbehörde seine Zustimmung verweigert hat. In diesen Fällen erweist sich die Beteiligung als überflüssige Förmelei. 11

Eine privatschriftlich geschlossene Nachbarschaftsvereinbarung bindet ausschließlich die Vertragspartner, nicht aber die Bauaufsichtsbehörde hinsichtlich der von ihr zu prüfenden Genehmigungsvoraussetzungen gem. § 71 Abs. 1. Ein Verzicht auf die Einhaltung der Werte der TA-Lärm mit der Folge, dass dieser dem Nachbarn im nachbarlichen Austauschverhältnis entgegengehalten werden kann, bedarf der eindeutigen Aufnahme in den Vertragstext, *vgl. VGH Kassel, B. v. 27.02.2006 – 3 ZU 2504/05. Zu Nachbarschaftsvereinbarungen auf Gegenseitigkeit, vgl. Schröer, NZBau 2006, 431.* Nach Satz 2 ist die Baugenehmigung den Nachbarn, die dem Bauvorhaben nicht zugestimmt haben, zuzustellen. Die Zustellung muss nach den Vorschriften des Verwaltungszustellungsrechts erfolgen, also gem. § 1 LZG i. V. m. §§ 2 bis 15 VwZG. Damit für den Nachbarn die Rechtsmittelfrist von einem Monat zu laufen beginnt, muss die Belehrung über das mögliche Rechtsmittel nach § 58 Abs. 1 VwGO an den Nachbarn adressiert sein. Die Rechtsmittelbelehrung, die zur Baugenehmigung gehört, setzt diese Frist nicht in Gang, weil diese Belehrung an den Adressaten der Baugenehmigung gerichtet ist. 12

5. Akteneinsicht des Nachbarn (Absatz 4)

Absatz 4 begründet für den Nachbarn ein spezielles Akteneinsichtsrecht. Dieses Recht steht nicht nur dem Betroffenen, sondern jedem Nachbarn i. S. v. Absatz 1 zu. Damit geht die Vorschrift über die Beteiligung nach § 29 VwVfG hinaus. 13

6. Zustellung der Baugenehmigung an den Nachbarn (Absatz 5)

14 In Absatz 5 ist vorgeschrieben, dass der Nachbar, der nach Absatz 2 zu beteiligen war, eine Ausfertigung der behördlichen Entscheidung erhalten muss. Dies gilt nicht, wenn der Nachbar mit dem Vorhaben einverstanden ist. Die Bekanntgabe der Entscheidung hat mittels Zustellung nach § 1 LZG i. V. m. §§ 2 bis 15 VwZG zu erfolgen.

7. Vorhaben mit erheblicher Relevanz für die Umgebung (Absatz 6)

15 Absatz 6 regelt das Genehmigungsverfahren bei baulichen Anlagen, die aufgrund ihrer Beschaffenheit oder ihres Betriebs geeignet sind, die Allgemeinheit oder die Nachbarschaft zu gefährden, zu benachteiligen oder zu belästigen. Ähnliches sieht der Bundesgesetzgeber in § 25 Abs. 3 VwVfG vor. Es handelt sich um eine Verfahrensvorschrift, die sich auf das materielle Recht, insbesondere auf die Zulässigkeit des Vorhabens nicht auswirkt.

16 Vorrangig soll Absatz 6 bewirken, dass Personen, die von dem zur Genehmigung gestellten Vorhaben betroffen sein können, ihre Belange frühzeitig in das Genehmigungsverfahren einbringen können. Durch die frühzeitige Geltendmachung eigener Belange sollen diese wirkungsvoller berücksichtigt werden können. Da eine Vielzahl von Vorhaben zwar nicht der immissionsschutzrechtlichen Genehmigungspflicht und der dort geregelten Öffentlichkeitsbeteiligung unterliegen, gleichwohl aber von insbesondere immissionsschutzrechtlicher Relevanz sein können, kann nach Auffassung des Gesetzgebers über den Kreis der Grundstücksnachbarn hinaus die Beteiligung Dritter sinnvoll sein. Dem Bauherrn soll dadurch eine gewisse Investitionssicherheit geschaffen werden, dass er durch die Beteiligung der von seinem Vorhaben nachteilig Betroffenen frühzeitig deren Einwendungen und Bedenken erfährt und darauf ggf. reagieren kann.

17 Der Bauherr wird durch Absatz 6 nicht zur Beteiligung Dritter gezwungen. Es wird ihm mit Absatz 6 nur die Möglichkeit gegeben, die Öffentlichkeit zu beteiligen. Der Bauherr kann den Kreis der zu beteiligenden Personen in seinem Antrag bestimmen. Ob die Behörde dem Antrag des Bauherrn folgt, die Nachbarn oder die Allgemeinheit zu beteiligen, ist nach Absatz 6 in ihr Ermessen gestellt. Gerade in unproblematischen Fällen dürfte die Behörde im Sinne eines zügigen Verfahrens von einer Öffentlichkeitsbeteiligung nach Absatz 6 absehen.

18 Aufwendungen, die durch die ortsübliche Bekanntmachung entstehen, sind von der Behörde zu tragen. Die Bauordnung sieht eine Befugnis der Behörde, die Erstattung zu verlangen, nicht vor. In der Gebührenordnung kann für eine Erstattung jedoch eine Regelung bestimmt werden.

Absatz 6 bewirkt keine materiell-rechtliche Präklusion möglicher öffentlich-rechtlicher Einwendungen gegen das Bauvorhaben in einem späteren verwaltungsgerichtlichen Verfahren. Auch wenn Betroffene sich nicht beteiligen, kann ihnen nach dem Prozessrecht und dem materiellen Recht ein Abwehrrecht zustehen. 19

8. Beteiligung bei Vorhaben mit störfallrechtlicher Relevanz (SEVESO-III-Richtlinie) (Absatz 7)

a) Seveso-III-Richtlinie

Absatz 7 regelt die Beteiligung der Öffentlichkeit nach der Richtlinie 2012/18/EU des Europäischen Parlaments und des Rates v. 4. Juli 2012 zur Beherrschung der Gefahren schwerer Unfälle mit gefährlichen Stoffen, zur Änderung und anschließenden Aufhebung der Richtlinie 96/82/EG des Rates (ABl. Nr. L 197 S. 1) – Seveso-III-Richtlinie. Ziel der Richtlinie ist die Verhütung schwerer Unfälle mit gefährlichen Stoffen und die Begrenzung der Unfallfolgen für die menschliche Gesundheit und die Umwelt, *s. OVG Münster, U. v. 25.11.2020 – 7 A 3893/19 –; s. a Fabi, ZUR 2019, 341; Wasielewski, NVwZ 2018, 937; Reitberger, I+E 2012, 145; Berkemann, ZfBR 2010, 18; Moench/Henning, DVBl. 2009, 223; Steiff, NZBau 2007, 363; Hendler, DVBl. 2012, 532; Uechtritz, BauR 2012, 1039, Reidt, BauR 2012, 1182; Lau, DVBl. 2012, 678; Uechtritz, BauR 2014, S. 1098ff.; Otting/Olgemöller, NVwZ 203, 1936, 1937; Jarass Cohen, NVwZ 2014, 902, 904.; Uechtritz/Farsbotter, BauR 2015, 1919ff.; BauR 20916 48ff.* Nach dieser Richtlinie ist erforderlich, dass zwischen Störfallbetrieben einerseits und Wohngebieten (Nummer 1), öffentlich genutzten Gebäuden und Gebieten (Nummer 2 und 3), Erholungsgebieten und Hauptverkehrswegen andererseits ein angemessener Sicherheitsabstand im Sinne von Art. 13. Abs. 2 lit. a) Seveso-III-Richtlinie gewahrt wird. 20

Betriebe im Sinne des Art. 3 Nr. 1 der Seveso-III-Richtlinie, sog. Störfallbetriebe, sind im nationalen Recht solche im Sinne der Legaldefinition gem. § 3 Abs. 5 Buchst. a BlmSchG i. V. m. § 1 Abs. 1 der 12. Verordnung zur Durchführung des Bundes-Immissionsschutzgesetzes vom 15.3.2017 (StörfallVO). 21

Nach Art. 15 Seveso-III-Richtlinie muss nicht nur bei Planung und wesentlichen Veränderungen von Störfallbetrieben, sondern auch bei neuen Entwicklungen in der Nachbarschaft von Störfallbetrieben, also vor der Zulassung einer schutzbedürftigen Bebauung im Sinne von Art. 13. Abs. 2 lit. a) der Seveso-III-Richtlinie in der Nähe eines Störfallbetriebsbereichs, die Öffentlichkeit Gelegenheit erhalten, sich vor der Entscheidung zu der Ansiedlung zu äußern, *vgl. eingehend Wörheide, NWVBl 2019, 221ff.* Diese schutzbedürftige Nutzung ist in den Nummern 1 bis 3 vom Gesetzgeber festgelegt. Da der Kreis der betroffenen Öffentlichkeit regelmäßig über den Kreis der Nachbarn i. S. v. 22

§ 70 Abs. 1 hinausgeht, ist deren öffentliche Beteiligung im Sinne von Art. 15 der Seveso-III-Richtlinie gesondert zu regeln. Diesen Verfahrensschritt soll die zusätzliche Nennung der Öffentlichkeit in der Überschrift des § 70 verdeutlichen.

23 Nach Art. 15 Abs. 1 der Seveso-III-Richtlinie haben die Mitgliedstaaten dafür zu sorgen, dass die betroffene Öffentlichkeit frühzeitig Gelegenheit erhält, ihren Standpunkt zu spezifischen einzelnen Projekten darzulegen, die sich unter anderem auf die Zulassung einer im Sinne des Art. 13 Abs. 2 lit. a) der Seveso-III-Richtlinie schutzbedürftigen Nutzung beziehen. Der Öffentlichkeit ist danach Gelegenheit zu geben, sich vor der Entscheidung zu äußern. Nach der Genehmigung sind der Öffentlichkeit u.a. der Inhalt der Entscheidung und die Art der Berücksichtigung der Ergebnisse der Öffentlichkeitsbeteiligung zugänglich zu machen, vgl. Art. 15 Abs. 5 der Seveso-III-Richtlinie. Diese unionsrechtlichen Anforderungen erfüllt § 70 Abs. 7 für das bauordnungsrechtliche Genehmigungsverfahren bei der Genehmigung schutzbedürftiger Vorhaben im Sinne der Nummern 1 bis 3 innerhalb des angemessenen Sicherheitsabstands eines Betriebsbereichs. Dem Bauordnungsrecht ist vorbehalten zu regeln, für welche Bauvorhaben die nach der Seveso-III-Richtlinie erforderliche Öffentlichkeitsbeteiligung im Baugenehmigungsverfahren durchzuführen ist, wenn ein schutzbedürftiges Vorhaben innerhalb des angemessenen Sicherheitsabstands im Sinne von Art. 13 Abs. 2 der Seveso-III-Richtlinie baugenehmigt werden soll. Dies ist durch die Regelungen in den Nummern 1 bis 3 geschehen, *dazu unten Anm. e)*. Für die Öffentlichkeitsbeteiligung selbst und für die Bestimmung des Achtungsabstandes gelten nach Absatz 7 die Regelungen des Immissionsschutzrechts, also § 10 BImSchG und die Bestimmungen der 9. und 12. BImSchV.

b) § 50 BImSchG

24 Die Anforderungen der Seveso-III-Richtlinie werden ganz überwiegend in das Immissionsschutzrecht übertragen, vgl. etwa § 50 BImSchG. Im Immissionsschutzrecht ist auch die von der Richtlinie geforderte Öffentlichkeitsbeteiligung geregelt. *Vgl. zu der Entwicklung des Immissionsschutzrechtes den Referentenentwurf der Bundesregierung „Entwurf eines Gesetzes zur Umsetzung der Richtlinie zur Beherrschung von Gefahren schwerer Unfälle mit gefährlichen Stoffen, zur Änderung und anschließenden Aufhebung der Richtlinie 96/82/EG des Rates"; Dietrich/Rövekamp, Entwicklungen im Störfallrecht (Seveso III-Richtlinie) – Novellierungen von Störfallverordnung, PHI 2015, 212f.*

c) Sicherheitsabstand eines Betriebsbereichs

Nach Art. 13 Abs. 2 lit. a) Seveso-III-Richtlinie haben die Mitgliedstaaten, also deren Behörden, dafür zu sorgen, dass zwischen den Störfallbetrieben einerseits, d.h. dem Betriebsbereich nach der 12. Verordnung zur Durchführung des Bundes-Immissionsschutzgesetzes vom 15. März 2017 (StörfallVO), und Wohngebieten, öffentlich genutzten Gebäuden und Gebieten, Erholungsgebieten und – soweit möglich – Hauptverkehrswegen andererseits ein angemessener Sicherheitsabstand gewahrt bleibt, *vgl. dazu sogleich nachfolgend unten Anm. e)*. Wird der Sicherheitsabstand eingehalten, kann regelmäßig davon ausgegangen werden, dass durch die Ansiedlung der schutzbedürftigen Nutzung das Risiko eines schweren Unfalls weder vergrößert noch die Folgen eines solchen Unfalls verschlimmert werden. 25

Da die Öffentlichkeitsbeteiligung nach Absatz 7 voraussetzt, dass das jeweilige Vorhaben innerhalb angemessenen Sicherheitsabstandes verwirklicht werden soll, ist dieser Abstand zuvor zu ermitteln. Erst wenn dieser Abstand technisch-fachlich festgestellt worden ist, kann beurteilt werden, ob eine Öffentlichkeitsbeteiligung nach Absatz 7 erforderlich ist. In Erwägung sind dabei insbesondere die Folgen eines Störfalls in Bezug auf die Toxizität der freigesetzten Stoffe, die Wärmestrahlung und den Explosionsdruck zu ziehen, vgl. Anhang 4 des Leitfadens KAS-181. Regelmäßig werden der gutachterlichen Ermittlung die Abstandsempfehlungen des Leitfadens KAS-181 zugrunde gelegt, vgl. Nummer 3.1 des Leitfadens „Empfehlungen für Abstände zwischen Betriebsbereichen nach der Störfall-Verordnung und schutzbedürftigen Gebieten im Rahmen der Bauleitplanung – Umsetzung § 50 BImSchG" der Kommission für Anlagensicherheit. 26

Sind die Abstände gutachterlich ermittelt und steht danach fest, dass bei Einhaltung der sich daraus ergebenden angemessenen Abstände die Anforderungen der Seveso-III-Richtlinie an die räumliche Trennung eingehalten sind, muss dieser Befund zunächst durch die Immissionsschutzbehörde bestätigt werden. Wenn diese Bestätigung vorliegt, bedarf es der Öffentlichkeitsbeteiligung nicht. Die Bestätigung bzw. die Versagung der Bestätigung sind verwaltungsinterne Entscheidungen, die gem. § 44a VwGO nicht isoliert angreifbar sind. 27

Wird der Abstand fehlerhaft ermittelt und unterbleibt deshalb die Öffentlichkeitsbeteiligung, so ist dies ein erheblicher Verfahrensmangel. Dieser kann über eine Klage nach dem Umweltrechtsbehelfsgesetz aber auch als Individualklage geltend gemacht werden. Denn die Verfahrensvorschriften der Seveso-III-Richtlinie sind Schutznormen im Sinne von § 42 Abs. 2 VwGO, *vgl. zur vergleichbaren Rechtslage nach der Richtlinie 2003/35/EG des Europäischen Parlaments und des Rates vom 26.5.2003 über die Beteiligung der Öffentlichkeit bei der* 28

Ausarbeitung bestimmter umweltbezogener Pläne und Programme und zur Änderung der Richtlinien 85/337/EWG und 96/61/EG des Rates in Bezug auf die Öffentlichkeitsbeteiligung und den Zugang zu Gerichten, EuGH, U. v. 07.11.2013 – C-72/12 (Altrip) –, juris, Rn. 36, 38 und 47; OVG Münster, U. v. 25.02.2015 – 8 A 959/10 –; s. a. BVerwG, U. v. 05.09.2013 – 7 C 21/12 –; hierzu Bunge, ZUR 2014, 3ff. sowie NuR 2014, 305, s. a. Ziekow, NuR 2014, 229, 234; Greim, Rechtsschutz bei Verfahrensfehlern im Umweltrecht, 2013, S. 33ff., 157ff. Die Genehmigung ist wegen dieses Verfahrensmangels jedoch dann nicht aufzuheben, wenn unzweifelhaft feststeht, dass die Genehmigung auch ohne diesen Verfahrensmangel nicht anders ausgefallen wäre, *vgl. dazu BVerwG, U. v. 21.01.2016 – 4 A 5.14.*

d) Angemessener Sicherheitsabstand

29 Der Begriff des „angemessenen Sicherheitsabstandes“ im Sinne von Art. 13 Abs. 2 Seveso-III-Richtlinie ist ein unbestimmter Rechtsbegriff, *vgl. dazu Uechtritz/Farsbotter, Städtebauliche Entwicklung im Umfeld von Störfallbetrieben, BauR 2015, S. 1919ff. m. w. N.* Er ist der Auslegung zugänglich und muss nach störfallspezifischen Kriterien technisch fachlich bestimmt werden. Der Bundesgesetzgeber hat in § 3 Abs. 5c BImSchG den Begriff des „angemessenen Sicherheitsabstands“ bestimmt. Dieser Abstand wird definiert als Abstand zwischen einem Betriebsbereich oder einer Anlage, die Betriebsbereich oder Bestandteil eines Betriebsbereichs ist und einem benachbarten Schutzobjekt, der zur gebotenen Begrenzung der Auswirkungen auf das benachbarte Schutzobjekt, welche durch schwere Unfälle i. S. d. Art. 3 Nr. 13 Seveso-III-RL hervorgerufen werden können, beiträgt. In § 3 Abs. 5c Satz 2 BImSchG ist bestimmt: „Der angemessene Sicherheitsabstand ist anhand störfallspezifischer Faktoren zu ermitteln.“ In Erwägung sind dabei insbesondere die Folgen eines Störfalls in Bezug auf die Toxizität der freigesetzten Stoffe, die Wärmestrahlung und den Explosionsdruck zu ziehen, vgl. Anhang 4 des Leitfadens KAS-181. Regelmäßig werden dabei die Abstandsempfehlungen des Leitfadens KAS-18 der Kommission für Anlagensicherheit „Empfehlungen für Abstände zwischen Betriebsbereichen nach der Störfall-Verordnung und schutzbedürftigen Gebieten im Rahmen der Bauleitplanung – Umsetzung § 50 BImSchG, 2. überarbeitete Fassung (Nov. 2010)“ zugrunde gelegt.

30 Der Behörde oder dem Gutachter kommt bei der Ermittlung des angemessenen Sicherheitsabstandes ein Beurteilungs- oder Wertungsspielraum nicht zu. Die Entscheidung über den angemessenen Abstand unterliegt der uneingeschränkten gerichtlichen Prüfung, *vgl. BVerwG U. v. 20.12.2012 – 4 C 11/11 –, gegen einen Abwägungsspielraum VGH Kassel, U. v. 26.03.2015 – 4 C 1566/12.N.* Welcher Sicherheitsabstand im Einzelfall angemessen ist, hängt auch davon ab, welche Kenntnisse von dem Vorhaben vorhanden sind. Wenn Detailkenntnisse der geplanten Anlage oder technische Schutzvorkehrungen oder sonstige Umstände die fachliche Bewertung erlauben, können geringere

Sicherheitsabstände zu den relevanten Betriebsbereichen, als im KAS-Leitfaden bestimmt, dem Schutzzweck des Störfallrechts genügen. Nach der Rechtsprechung des VGH Mannheim, *vgl. B. v. 18.03.2015 – 3 S 601/14 – juris, Rn. 50 unter Verweis auf Reitberger, Steuerung der Ansiedlung von Störfallbetrieben mit Mitteln der Bauleitplanung, I+E 2012, 154,* können geringere Abstände hingenommen werden, wenn – vor allem in bestehenden Gemengelagen – andere Maßnahmen zur Risikovorsorge festgesetzt werden. Bei der Festsetzung solcher Maßnahmen und deren Beachtlichkeit für die Sicherheitsabstandsbemessung muss darauf geachtet werden, dass dem Betreiber eines Störfallbetriebs die vorgesehenen technischen Maßnahmen zur Verminderung des Unfallrisikos oder zur weiteren Begrenzung möglicher Unfallfolgen im Betriebsbereich des Störfallbetriebes tatsächlich auch aufgegeben werden können, er diese Maßnahmen also auch ausführen muss. Dazu ist er nicht verpflichtet, wenn seine Anlage dem Stand der Sicherheitstechnik entspricht, *vgl. VGH Kassel, U. v. 11.03.2015 – 4 A 654/13.* Dann können Maßnahmen zur Risikovorsorge nur außerhalb des Betriebs getroffen werden.

e) Schwellenwerte (Nummern 1 und 2)

Durch die Angabe von Schwellenwerten in den Nummern 1 und 2 soll sichergestellt werden, dass für die dort genannten Nutzungen ein Genehmigungsverfahren mit Öffentlichkeitsbeteiligung durchgeführt wird. 31

aa) Nummer 1

Nummer 1 dient der Umsetzung des Art. 13 Abs. 1 Satz 2 lit. c) der Seveso-III-Richtlinie für Wohngebiete. Nach der Arbeitshilfe „Berücksichtigung des Art. 12 Seveso-II-Richtlinie im baurechtlichen Genehmigungsverfahren in der Umgebung von unter die Richtlinie fallenden Betrieben" der Fachkommission Städtebau der Bauministerkonferenz vom 11. März 2015, der sich offenbar auch der Gesetzgeber angeschlossen hat, sind Wohngebiete im Sinne der Richtlinie nicht ausschließlich im Sinne der Gebietskategorien der Baunutzungsverordnung zu verstehen. Vielmehr geht es um die Vorsorge, dass nicht durch eine Neuansiedlung einer größeren Zahl von Menschen die Folgen eines Unfalls im Betriebsbereich erheblich verschärft werden. Abstrakt lassen sich Wohngebiete im Sinne der Richtlinie daher so definieren, dass es sich um Flächen handeln muss, die zumindest überwiegend dem Wohnen dienen oder die in einer Weise genutzt werden, die unter Gesichtspunkten des Immissions- oder Störfallschutzes ähnlich wie das Wohnen eines besonderen Schutzes bedürfen. Daher ist die Errichtung einzelner Wohngebäude oder die Schaffung von Wohnraum durch Umbaumaßnahmen und Nutzungsänderungen dann erfasst, wenn sie eine einem Wohngebiet vergleichbare Nutzungsintensität aufweisen, *ausführlich dazu auch Uechtritz, BauR 2014, S. 1098ff.; Otting/Olgemöller, NVwZ 203, 1936, 1937; Jarass Cohen, NVwZ 2014, 902, 904.* 32

33 Der Gesetzgeber hat in Anlehnung an die diskutierte Neuregelung der MBO den maßgeblichen Schwellenwert auf 5 000 m² Brutto-Grundfläche bestimmt. Er hat sich dabei von folgende Überlegungen leiten lassen, *vgl. LT-Drucks 6/3268, S. 106 f:*

34 *„Die Seveso-III-Richtlinie führt als schutzbedürftige Nutzungen Wohngebiete, öffentlich genutzte Gebäude und Gebiete, Erholungsgebieten und Hauptverkehrswege auf. Dabei handelt es sich typischerweise um Vorhaben mit einer größeren Nutzungsintensität. Die größere Nutzungsintensität kann Auswirkungen auf den in Art. 13 Abs. 2 lit. a) Seveso-III-Richtlinie genannten Schutzzweck haben, nicht das Risiko eines schweren Unfalls vergrößern oder die Folgen eines solchen Unfalls zu verschlimmern. Durch die Ansiedlung einzelner Personen ist in den meisten Fällen nicht mit einer signifikanten Gefahrerhöhung zu rechnen, da ein Schutz dieser Personen durch die vorhandenen Sicherungen des Katstrophenschutzes (Möglichkeiten der Warnung und/oder Evakuierung) möglich ist. Ab einer Zahl von mehr als 100 Personen, die sich bei Verwirklichung eines Bauvorhabens zusätzlich im Gefahrenbereich eines Betriebs befinden, ist dagegen damit zu rechnen, dass nicht nur in Einzelfällen das Gefährdungspotential signifikant ansteigt und daher auch zusätzliche Überlegungen zur Warnung und Evakuierung der betroffenen Personen erforderlich sind. Daher sollen unter Wohngebieten im Sinne der Seveso-III-Richtlinie Bauvorhaben verstanden werden, die der Errichtung von Wohnraum für mehr als 100 Personen dienen. Dabei sollen auch Baumaßnahmen erfasst werden, bei denen nicht nur Wohnraum, sondern zusätzlich auch Flächen für andere Nutzungen (z. B. Einzelhandel, Büroflächen) geschaffen werden. Maßgeblich ist für die Nummer 1 aber nur die Größe der geplanten Wohnflächen. Maßgeblich ist das jeweilige Bauvorhaben, das im Einzelfall auch mehrere Gebäude umfassen kann, die gemeinsam Gegenstand eines einheitlichen bauaufsichtlichen Verfahrens sind. Eine Hinzurechnung weiterer in der Nachbarschaft möglicher Wohnungsbaumaßnahmen oder im zeitlichen Zusammenhang bereits durchgeführter Wohnungsbaumaßnahmen erfolgt nicht.*

35 *Soweit derartige Entwicklungen aufgrund der in der Nachbarschaft vorhandenen unbebauten Flächen möglich sind, kann im Einzelfall eine Steuerung durch die Aufstellung oder Änderung von Bebauungsplänen erforderlich sein. Da weder für Bauherren noch für Bauaufsichtsbehörden ausreichend vorhersehbar ist, in welcher Intensität Wohnungen genutzt werden, soll nicht auf die vorgesehene Zahl von Bewohnern, sondern auf die Brutto-Grundfläche der dem Wohnen dienenden Nutzungseinheiten abgestellt werden, die regelmäßig ohnehin im Zusammenhang mit der Gebäudeplanung ermittelt wird. Werden einzelne Räume von Nutzungseinheiten auch anders genutzt, ist die auf die Nutzungseinheit entfallende Brutto-Grundfläche gleichwohl vollständig zu berücksichtigen, wenn die Nutzungseinheit auch dem Wohnen dient. Gewählt wird ein Wert von insgesamt 5 000 m² Brutto-Grundfläche, was einem Durchschnittswert von 50 m² Fläche pro Person entspricht. Dabei wurde berücksichtigt, dass das Bundesinstitut für Bevölkerungsforschung im Jahr 2013 auf Grundlage des Mikrozensus eine durchschnittliche Wohnfläche von 45 m² pro Person ermittelt hat. Im Jahr 1998 lag der*

Wert bei 39 m² Wohnfläche pro Person. Mit einem weiteren Ansteigen dürfte daher zu rechnen sein."

Ob dieser Schwellenwert sachgerecht ist, also mit dem in Art. 13 Abs. 2 lit. a) 36
Seveso-III-Richtlinie genannten Schutzzweck vereinbar ist, erscheint angesichts der deutlich strengeren Vorgaben anderer Länder fraglich, *dazu Uechtritz/Farsbotter, BauR 2015, 1919, 1926f.* So liegt die Schwelle in England bei zwei Wohneinheiten (dwelling units), *vgl. dazu http://www.hse.gov.uk/research/rrpdf/rr511.pdf; http://www.hse.gov.uk/landuseplanning/methodology.pdf.*

Auch das Problem kumulierender Vorhaben wird dadurch nicht gelöst. Die 37
Umgehung des in Nummer 1 genannten Schwellenwertes ist unschwer möglich. Es ist daher geboten, den Einzelfall nach Maßgabe der Richtlinie und der Rechtsprechung, *vgl. EuGH, U. v. 15.09.2011 – Rs. C-53/10 –; BVerwG, U. v. 20.12.2012 – 4 C 11.11 –,* zu prüfen und bereits im Zweifelsfall die Öffentlichkeit zu beteiligen.

bb) Nummer 2

Nummer 2 dient der Umsetzung der Seveso-III-Richtlinie für öffentlich 38
genutzte Gebäude. Öffentlich genutzte Gebäude werden in englischen und französischen Formulierungen als „buildings and areas of public use" bzw. als „les immeubles et zones fréquenté par le public" bezeichnet. Ein öffentlich genutztes Gebäude ist ein Gebäude, zu dem die Öffentlichkeit Zugang hat, wobei im Hinblick auf den Zweck der Seveso-III-RL der Grund, aus welchem der Öffentlichkeit der Zugang gewährt wird, ohne Bedeutung ist, *vgl. BVerwG, EuGH-Vorlage vom 3.12.2009 – 4 C 5/09 -; VG Gelsenkirchen, U. v. 23.2.2021 – 9 K 2942/16.* Entscheidend ist, ob ein allgemeiner Publikumsverkehr in dem Gebäude stattfindet. Dies ist der Fall, wenn das Gebäude von einem unbegrenzten und wechselnden Personenkreis einschränkungslos genutzt bzw. aufgesucht werden darf. Unter diesen Umständen besteht für diese Personen die Gefahr, dass sie in dem Gebäude nicht zu einem richtigen Verhalten im Falle eines Störfalls angehalten werden können, *vgl. dazu VGH Kassel, B. v. 22.10.2020 – 4 B 1371/20.* Typisch für den das Gebäude nutzenden Personenkreis ist, dass er, anders als beispielsweise ständige Benutzer eines Gebäudes, nicht auf einen Störfall (Alarmierungsfall) vorbereitet werden kann, *vgl. OVG Münster, U. v. 03.09.2009 – 10 D 121/07.NE –; Hendler, Schutz der Umgebung vor Störfallauswirkungen bei Bebauungsplan und Baugenehmigungserteilung, DVBl. 2012, 532, 535.* Die betriebliche oder organisatorische Gestaltung der Einrichtung ist nicht entscheidend. Öffentlich genutzte Gebäude sind also regelmäßig Gebäude, die (auch) als Einzelhandelsgeschäfte genutzt werden, *vgl. für ein Gartencenter EuGH, U. v. 15.09.2011 – C-53/10 – ABl. EU 2011, Nr. C 319, 5-6 = ZfBR 2011, 763ff. und BVerwG U. v. 20.12.2012 – 4 C 11/11.* Es können aber auch sonstige Anlagen sein, die von verschiedenen Personen genutzt werden, wie

dies für Sporthallen, Freizeit- und Kultureinrichtungen oder soziale Einrichtungen, vgl. für einen Kindergarten *VG Berlin, U. v. 04.03.2015 – 13 K 305/12 –, juris*, eigentümlich ist. Das öffentlich genutzte Gebäude im Sinne dieser Vorschrift ist zugleich eine öffentlich zugängliche bauliche Anlage im Sinne von § 50 Abs. 3.

39 Eine Beschränkung des Zutritts in das Gebäude, etwa nur für Mitglieder des Betreibervereins oder für Personen, die aufgrund vertraglicher Beziehungen das Gebäude nutzen dürfen, wie dies für ein Hotel der Fall ist, schließt die Öffentlichkeit des Gebäudes im Sinne des Art. 13 Abs. 2 lit. a) Seveso-III-Richtlinie nicht aus, *so aber VGH Kassel, B. v. 22.10.2020 – 4 B 1371/20 –; wie hier Fitnesscenter VGH Mannheim, B. v. 29.04.2015 – 3 S 2101/14 –; VG Gelsenkirchen, U. v. 23.2.2021 – 9 K 2942/16.* Ein Fitnesscenter ist daher kein öffentlich zugängliches Gebäude, wenn es nur von Personen besucht und genutzt wird, die mit dem Betreiber zuvor einen Vertrag geschlossen haben. Denn unter diesen Umständen können die Nutzer eingewiesen werden, so dass sie auf einen Störfall in der Umgebung sachgerecht reagieren können.

40 Der Gesetzgeber hat als Schwellenwert, ab dem ein öffentlich zugängliches Gebäude im Hinblick auf die Anforderungen der Seveso-III-Richtlinie zu prüfen ist, eine Zahl von mehr als 100 Besuchern gewählt, *vgl. LT-Drucks, 6/3268, S. 107.* Bezogen ist diese Zahl nicht auf die anwesenden Personen, sondern allein bezogen auf die Besucher. Bei Änderungen und Nutzungsänderungen bestehender Gebäude kommt es darauf an, ob die mögliche Zahl der Besucher um mindestens 100 Personen erhöht wird. Ob diese Begrenzung unionsrechtskonform ist, darf bezweifelt werden, *vgl. Uechtritz, DVBl 2017, 659, 662; Wasielewski, NVwZ 2018, 937, 943.*

cc) Nummer 3

41 In Nummer 3 sind weitere schutzbedürftige Nutzungen, für die eine Öffentlichkeitsbeteiligung vorgeschrieben werden soll, aufgeführt. Der Gesetzgeber hat die Nutzungen nach Nummer 3 nicht an Schwellenwerte gekoppelt. Er hat darauf verzichtet, da die erfassten Nutzungen in der Regel ohnehin für mehr als 100 Personen vorgesehen seien und es nicht nachvollziehbar sei, warum die besondere Schutzbedürftigkeit bestimmter Personengruppen bei der Frage des Brandschutzes anders beurteilt wird als bei der Vorsorge vor Folgen von Störfällen, *vgl. LT-Drucks. 6/3268, S. 108.*

42 Die Nennung dieser Vorhaben ist erforderlich, da in Art. 13 Abs. 2 lit a) der Seveso-III-Richtlinie nicht abschließend bestimmt ist, welche Nutzungen schutzbedürftig sein können. Durch die Verwendung der Begriffe „öffentlich genutzte(n) Gebäude(n) und Gebiete(n), Erholungsgebiete(n)“ bedarf es der Konkretisierung in nationalen Gesetzen. Diese Konkretisierung muss unter

Berücksichtigung des Schutzziels der Seveso-III-Richtlinie erfolgen. Ziel der Richtlinie ist, das Risiko eines schweren Unfalls nicht zu vergrößern oder die Folgen eines solchen Unfalls nicht zu verschlimmern. Daher sind nicht nur Nutzungen mit einem umfangreichen Besucherverkehr zu betrachten, sondern auch solche Nutzungen, bei denen die Nutzer zum Beispiel aufgrund ihres Gesundheitszustands oder ihres Alters besonders gefährdet oder besonders schutzbedürftig sind. Auch können Vorhaben zu berücksichtigen sein, die zwar nicht öffentlich zugänglich sind, aber gleichwohl zum Beispiel als Einrichtung der sozialen Infrastruktur öffentlich genutzt werden.

Daher ist vor der Genehmigung der nachfolgend aufgeführten Sonderbauten eine Öffentlichkeitsbeteiligung im Sinne von Art. 15 Seveso-III-Richtlinie durchzuführen. Unerheblich ist, ob folgende Sonderbauten durch Errichtung, Änderung oder Nutzungsänderung erstmals entstehen oder bestehende Sonderbauten geändert werden: 43
- Gebäude mit Nutzungseinheiten zum Zwecke der Pflege oder Betreuung von Personen mit Pflegebedürftigkeit oder Behinderung, deren Selbstrettungsfähigkeit eingeschränkt ist, wenn die Nutzungseinheiten einen gemeinsamen Rettungsweg haben und für insgesamt mehr als 12 Personen bestimmt sind (§ 2 Absatz 4 Nummer 9 Buchstabe c),
- Krankenhäuser (§ 2 Absatz 4 Nummer 10),
- sonstige Einrichtungen zur Unterbringung von Personen sowie Wohnheime (§ 2 Absatz 4 Nummer 11),
- Tageseinrichtungen für Kinder, Menschen mit Behinderung und alte Menschen, ausgenommen Tageseinrichtungen einschließlich Tagespflege für nicht mehr als zehn Kinder (§ 2 Absatz 4 Nummer 12),
- Schulen, Hochschulen und ähnliche Einrichtungen (§ 2 Absatz 4 Nummer 13),
- Camping- und Wochenendplätze (§ 2 Absatz 4 Nummer 15),
- Freizeit- und Vergnügungsparks (§ 2 Absatz 4 Nummer 16).

Sonderbauten nach § 2 Abs. 4 Nr. 9 Buchstabe c bis Nr. 13 werden ausdrücklich aufgenommen, obwohl bei ihnen im Einzelfall fraglich sein kann, ob sie öffentlich zugänglich sind bzw. inwieweit die Nutzer, für die die Einrichtungen vorrangig gedacht sind (Kranke, Pflegebedürftige, Schüler und Studenten), als Besucher zu betrachten sind. 44

Die Aufnahme der Camping- und Wochenendplätze sowie der Freizeit- und Vergnügungsparks ist erforderlich, da nach Art. 13 Abs. 2 lit. a) Seveso-III-Richtlinie auch Erholungsgebiete einen angemessenen Sicherheitsabstand wahren sollen. 45

Satz 2 und 3 sind durch die Novelle 2023 angefügt worden. Satz 2 erklärt die Beteiligung für erforderlich, wenn zwar der angemessene Sicherheitsabstand 46 nicht bekannt, ist, das zu Vorhaben aber innerhalb des Achtungsabstands des Betriebsbereichs liegt. Der Achtungsabstand ist dem Leitfaden KAS-18 zu entnehmen. Der Leitfaden KAS-18 enthält Empfehlungen für Abstände zwischen Betriebsbereichen nach der Störfall-Verordnung und schutzbedürftigen Gebieten im Rahmen der Bauleitplanung. Die Abstandsempfehlungen beruhen auf der Bildung von Abstandsklassen für die verschiedenen störfallrechtlich relevanten gefährlichen Stoffe. Dieser ist von der gem. § 51a BImSchG eingesetzten Kommission für Anlagensicherheit – KAS – erstellt (www. kas-bmu.de). Die KAS soll gutachtlich Möglichkeiten zur Verbesserung der Anlagensicherheit aufzeigen. Sie schlägt dem Stand der Sicherheitstechnik entsprechende Regeln (sicherheitstechnische Regeln) unter Berücksichtigung der für andere Schutzziele vorhandenen Regeln vor. Ausnahmen von der Beteiligungspflicht sind in Satz 3 normiert. Satz 4 macht die Beteiligung einzelner Nachbarn entbehrlich, weil bei einer Öffentlichkeitsbeteiligung zu einem Bauantrag eine zusätzliche Einzelbenachrichtigung aller möglicherweise als Nachbarn betroffenen Personen nicht mehr erforderlich ist.

9. Bekanntmachungsregelungen (Absatz 8)

47 Absatz 8 regelt die Inhalte der Bekanntmachung zur Öffentlichkeitsbeteiligung nach Absatz 6 und 7. Satz 1 bestimmt die in Anlehnung an § 18 Absatz 2 Störfall-Verordnung zu beachtenden Anforderungen. Satz 2 bestimmt die weiteren Anforderungen, die bei der Bekanntmachung von Bauanträgen für Schutzobjekte zu beachten sind. Satz 2 ist nach Art. 15 der Seveso-III-Richtlinie erforderlich. Danach haben die Mitgliedstaaten dafür zu sorgen, dass die betroffene Öffentlichkeit frühzeitig Gelegenheit erhält, ihren Standpunkt zu spezifischen einzelnen Projekten darzulegen, die sich u. a. auf die Zulassung einer im Sinne des Art. 13 der Seveso-III-Richtlinie schutzbedürftigen Nutzung beziehen.

10. Durchführung der Beteiligung (Absatz 9)

48 Absatz 9 regelt die Durchführung der öffentlichen Auslegung. Welche Unterlagen auszulegen sind, ist in den Sätzen 1 und 2 geregelt. Auszulegen sind vor allem die Umweltgutachten und Umweltbezogenen Stellungnahmen. Diese können von Behörden, Vereinen, Unternehmen oder sonstigen Personen erstellt worden sein. Nach Satz 2 sind Bauvorlagen, die Geschäfts- oder Betriebsgeheimnisse enthalten, nicht auszulegen. Da die Bauaufsichtsbehörde nicht abschließend bewerten kann, ob die Unterlagen derartige Geheimnisse enthalten, sind diese Unterlagen gem. § 10 Abs. 2 BImSchG vom Antragsteller zu kennzeichnen und der Behörde getrennt vorzulegen. Ihr Inhalt muss jedoch so dargestellt sein, dass es Dritten möglich ist, zu beurteilen, ob und in welchem Umfang sie von den Auswirkungen der Anlage betroffen werden können.

Satz 3 regelt die Frist zur Äußerung von Einwendungen und die Präklusion verspäteten Vorbringens. Die Möglichkeit, sich bis zwei Wochen nach Ablauf der Auslegungsfrist zu äußern, entspricht § 23b Abs. 2 in Verbindung mit § 10 Abs. 3 Satz 4 BImSchG und § 73 Abs. 4 VwVfG. 49

11. Beteiligung von mehr als 20 Personen (Absatz 10)

Absatz 10 regelt die Bekanntgabe der Baugenehmigung an die Nachbarn und die Öffentlichkeit. Satz 1 Halbsatz 1 erleichtert die Bekanntgabe der Baugenehmigung in Verfahren, in denen eine größere Zahl von Nachbarn dem Bauvorhaben nicht zugestimmt hat, denen nach Absatz 2 die Baugenehmigung zuzustellen wäre. In diesem Fall kann die Zustellung durch eine öffentliche Bekanntmachung ersetzt werden. Satz 1 Halbsatz 2 bestimmt, dass nach jeder Öffentlichkeitsbeteiligung die erteilte Genehmigung immer öffentlich bekannt zu machen ist. Die öffentliche Bekanntmachung hilft dem Bauherrn, da sie nach Satz 5 die Zustellung und damit auch den Beginn der Widerspruchsfrist von einem Monat auslöst. Nach Satz 3 sind öffentlich bekannt gemachte Baugenehmigungen für zwei Wochen zur Einsicht auszulegen, so dass die Betroffenen diese einsehen und ihre Betroffensein erkennen können. Auszulegen ist die vollständige Genehmigung einschließlich aller Bauvorlagen, die Bestandteil der Genehmigung geworden sind. 50

Nach Satz 4 muss einer Genehmigung von Schutzobjekten eine Begründung beigefügt werden. Den Inhalt der Begründung gibt Satz 4 vor. Diese Regelung ist nach Art. 15 Abs. 5 der Seveso-III-Richtlinie erforderlich. 51

Satz 6 bestimmt, zu welchem Zeitpunkt eine öffentlich bekannt gemachte Baugenehmigung als zugestellt gilt. Mit der erfolgten Zustellung wird zugleich die die Widerspruchsfrist nach § 70 Abs. 1 VwGO in Gang gesetzt. Maßgeblicher Zeitpunkt ist also nicht der Tag der öffentlichen Bekanntmachung, sondern der Ablauf der Frist zur Einsichtnahme. 52

Nach Satz 7 können (nur) die Personen, die rechtszeitig Einwendungen erhoben haben, den Bescheid bis zum Ablauf der Widerspruchsfrist schriftlich anfordern. Das entspricht inhaltlich dem Absatz 2 Satz 2, wonach dem Bauvorhaben nicht zustimmende Nachbarn einen Anspruch darauf haben, dass sie die Baugenehmigung in Händen haben. 53

12. Allgemeine Beteiligungsregelungen nach dem VwVfG (Absatz 11)

Der Gesetzgeber hat in Absatz 11 klargestellt, dass für die Beteiligung im bauaufsichtlichen Verfahren ergänzend auch die Vorschriften des Verwaltungsverfahrensgesetzes für das Land Brandenburg gelten. Dies verdeutlicht, dass 54 die Beteiligung am Baugenehmigungsverfahren in § 70 nicht abschließend geregelt ist, *vgl. OVG Greifswald, B. v. 14.07.2005 – 3 M 69/05.* Durch die bauordnungsrechtlichen Verfahrensvorschriften sollen die Beteiligungsrechte nach dem Verwaltungsverfahrensrecht also nicht eingeschränkt, sondern nur an die besonderen Bedürfnisse des Baugenehmigungsverfahrens angepasst werden.

§ 71
Ersetzung des gemeindlichen Einvernehmens

(1) [1]Hat eine Gemeinde ihr nach den Vorschriften dieses Gesetzes oder des Baugesetzbuchs erforderliches Einvernehmen rechtswidrig versagt, soll die Bauaufsichtsbehörde das fehlende Einvernehmen der Gemeinde ersetzen; in den Fällen des § 36 Absatz 1 Satz 1 und 2 des Baugesetzbuchs ist das fehlende Einvernehmen zu ersetzen. [2]Wird in einem anderen Genehmigungsverfahren über die Zulässigkeit des Vorhabens entschieden, so tritt die für dieses Verfahren zuständige Behörde an die Stelle der Bauaufsichtsbehörde.

(2) [1]Die Gemeinde ist vor Ersetzung des Einvernehmens anzuhören. [2]Dabei ist ihr Gelegenheit zu geben, binnen einer Frist von einem Monat erneut über das gemeindliche Einvernehmen zu entscheiden.

(3) [1]Die Genehmigung, mit der die Zulässigkeit des Vorhabens festgestellt wird, gilt zugleich als Ersatzvornahme im Sinne des § 116 der Kommunalverfassung des Landes Brandenburg. [2]Sie ist insoweit zu begründen. [3]Widerspruch und Anfechtungsklage der Gemeinde haben auch insoweit keine aufschiebende Wirkung, als die Genehmigung als Ersatzvornahme gilt.

(4) Abweichend von § 119 der Kommunalverfassung des Landes Brandenburg kann die Gemeinde die Ersetzung des Einvernehmens durch Widerspruch gegen die Genehmigung anfechten.

(5) Die Absätze 1 bis 3 gelten entsprechend für das Widerspruchsverfahren.

Übersicht

1. Allgemeines

1 Gegenstand des § 71 ist die Ersetzung des gemeindlichen Einvernehmens, wenn dies nach den Vorschriften der Bauordnung oder des Baugesetzbuchs für die Erteilung einer Genehmigung oder eines Vorbescheids vorgeschrieben ist. Erforderlich ist das Einvernehmen nach § 67 Abs. 3 und nach den §§ 14 Abs. 2 Satz 2, 22 Abs. 5 Satz 1, 36 Abs. 1, 145 Abs. 1 Satz 2, 173 Abs. 1 BauGB.

2 Von größter praktischer Relevanz ist das gemeindliche Einvernehmen gem. § 36 BauGB. Nach § 36 Abs. 1 Satz 1 BauGB wird über die Zulässigkeit von Vorhaben nach den §§ 31, 33 bis 35 BauGB, nicht aber nach § 30 BauGB im bauaufsichtlichen Verfahren von der Baugenehmigungsbehörde im Einvernehmen mit der Gemeinde entschieden, *vgl. dazu Scheidler, Rechtsfragen um das gemeindliche Einvernehmen nach § 36 BauGB, ZfBR 2019, 543ff.; Jeromin, Gemeindliches Einvernehmen – Planungshoheit, Ersetzung, und Haftungsfolgen, BauR 2011, 456ff.*

3 Die Beteiligung der Gemeinde bezieht sich materiell nur auf die städtebauliche Zulässigkeit des Vorhabens. Zweck des § 36 BauGB ist, die Gemeinde als sachnahe und fachkundige Behörde im bauaufsichtlichen Genehmigungsverfahren an der Beurteilung der bebauungsrechtlichen Zulässigkeitsvoraussetzungen von Vorhaben in Ortsteilen, in denen sie noch nicht geplant hat, mitentscheidend zu beteiligen, *vgl. BVerwG, U. v. 07.02.1986 – 4 C 43.83.* Dadurch wird zugleich die gemeindliche Planungshoheit gesichert und auch begrenzt, denn die Gemeinde darf nur aus den im Gesetz ausdrücklich genannten Gründen ihr Einvernehmen versagen. Die Erteilung oder Versagung des Einvernehmens bedeutet die Anwendung der §§ 31, 33 bis 35 BauGB; die Möglichkeit, das Vorhaben mittels Aufstellungsbeschluss (§ 2 Abs. 1 BauGB) und Veränderungssperre bzw. Zurückstellung (§§ 14, 15 BauGB) zu verhindern, die Geltendmachung der Planungshoheit.

4 § 36 BauGB setzt nach seinem Wortlaut sowie Sinn und Zweck, auch die gemeindliche Planungshoheit zu sichern, voraus, dass die Gemeinde nicht zugleich die Baugenehmigungsbehörde ist. Das gemeindliche Einvernehmen nach § 36 BauGB ist daher dann entbehrlich, wenn in der Gemeinde die Funktionen der Baugenehmigungsbehörde und des Planungsträgers in ein und derselben Behörde gebündelt sind, *vgl. BVerwG, U. v. 19.08.2004 – 4 C 16.03.* Das förmliche Einvernehmen nach § 36 Abs. 1 Satz 1 BauGB ist kraft Bundesrecht auch nicht erforderlich, wenn innerhalb der Gemeinde für die Erteilung der Baugenehmigung und die Erklärung des Einvernehmens verschiedene Organe zuständig sind, *vgl. BVerwG, B. v. 22.12.1989 – 4 B 211.89.* Aus der Entbehrlichkeit des Einvernehmens in diesen Fällen folgt, dass die Verweigerung des Einvernehmens unbeachtlich ist und keine Rechtsfolgen auslöst.

Bundesrechtlich ist die Ersetzung des rechtswidrig versagten Einvernehmens in § 36 Abs. 2 Satz 3 BauGB vorgesehen. Mit dieser Regelung soll verhindert werden, dass Gemeinden durch eine planungsrechtlich unzulässige Versagung des Einvernehmens ein Vorhaben blockieren und damit den Rechtsanspruch des Bauwilligen auf Erteilung einer Baugenehmigung oder eines Bauvorbescheides unterlaufen können *(vgl. BT-Drs. 13/6392, S. 60).* 5

Aufgrund der zum 01.01.1998 in Kraft getretenen Ersetzungsregelung des § 36 Abs. 2 Satz 3 BauGB ist das Einvernehmen der Gemeinde keine zwingende Voraussetzung für die bauplanungsrechtliche Genehmigungsfähigkeit eines Vorhabens im Sinne von § 29 BauGB. Es handelt sich damit um ein relatives Verfahrensrecht, *vgl. Möstl, BayVBl 2007, 129ff.* Das heißt, das Beteiligungsrecht ist nur dann verletzt, wenn das Beteiligungs- oder Ersetzungsverfahren nicht ordnungsgemäß durchgeführt wurde, *s. a. Horn, NVwZ 2002, 406, 414.* Wird die Gemeinde nicht ordnungsgemäß beteiligt, handelt es sich um einen Fehler, der nach § 46 VwVfG beachtlich ist. Denn nur die ordnungsgemäße Beteiligung erlaubt die sachgemäße Entscheidung darüber, ob ein Plansicherungsinstrument nach §§ 14 f. BauGB eingesetzt werden soll und das Einvernehmen zu erteilen oder zu verweigern ist. Der Einsatz eines Plansicherungsinstrumentes auf der Grundlage einer ordnungsgemäßen Beteiligung kann wiederum zu einer anderen Entscheidung der Genehmigungsbehörde führen, *vgl. dazu VG Neustadt a.d.W., U. v. 13.07.2006 – 4 K 623/06.* 6

Der Bundesgerichtshof hat in seinem Urteil vom 16.09.2010 – III ZR 29/10 – entschieden, dass der Gemeinde, die nicht selbst Baugenehmigungsbehörde ist, bei der Versagung des gemeindlichen Einvernehmens nach § 36 Absatz 1 BauGB keine den Bauherrn schützende Amtspflicht obliegt, wenn die Bauaufsichtsbehörde durch Landesrecht in Verbindung mit § 36 Abs. 2 Satz 3 BauGB das rechtswidrig versagte Einvernehmen ersetzen kann. Das Risiko, für mögliche Schadensfolgen eines rechtswidrig versagten Einvernehmens zu haften, trägt damit der Träger der Bauaufsichtsbehörde. Das versagte gemeindliche Einvernehmen ist, so der BGH, daher bereits dann zu ersetzen, wenn begründete Zweifel an der Rechtmäßigkeit der Versagung vorliegen. Ein Ermessensspielraum steht nach der Rechtsprechung des Bundesgerichtshofes der Bauaufsichtsbehörde nicht zu. Durch die Novelle 2016 hat deshalb der Brandenburgische Gesetzgeber bestimmt, dass nach § 71 Abs. 1 Satz 1 nunmehr für den Anwendungsbereich des § 36 Abs. 1 Satz 1 und Satz 2 BauGB eine Pflicht zur Ersetzung des Einvernehmens besteht. 7

2. Die Ersetzung des gemeindlichen Einvernehmens (Absatz 1)

Die Ersetzung des gemeindlichen Einvernehmens kommt nur in Betracht, wenn die Gemeinde ihr nach den Vorschriften der Bauordnung oder des Baugesetzbuchs erforderliches Einvernehmen rechtswidrig versagt hat. Dann 8 kann die Bauaufsichtsbehörde das fehlende Einvernehmen der Gemeinde ersetzen. Ob sie es regelmäßig muss, ist zweifelhaft.

a) Rechtswidrige Versagung des gemeindlichen Einvernehmens

9 Das Einvernehmen der Gemeinde ist nach § 36 BauGB bundesrechtlich vorgeschrieben. In der Bauordnung wird das gemeindliche Einvernehmen bei der Abweichung von örtlichen Bauvorschriften nach § 67 Abs. 4 verlangt.

10 Voraussetzung für die Ersetzung des gemeindlichen Einvernehmens ist dessen rechtswidrige Versagung. Die Bauaufsichtsbehörde hat deshalb zu prüfen, ob das Einvernehmen rechtswidrig versagt wurde. Dabei hat sie auf die Sach- und Rechtslage im Zeitpunkt der Entscheidung der Gemeinde abzustellen. Änderungen der Sach- und Rechtslage, die nach der Einholung des gemeindlichen Einvernehmens eingetreten sind, sind unbeachtlich, da die Gemeinde diese Änderungen bei ihrer Entscheidungsfindung nicht berücksichtigen konnte.

11 Die Gemeinde darf gem. § 36 Abs. 2 Satz 1 BauGB das Einvernehmen nur aus den sich aus §§ 31, 33 und 35 BauGB und ggf. aus den sich aus §§ 14 und 15 BauGB ergebenden Gründen, *vgl. OVG Münster, U. v. 30.09.2014 – 8 A 460/13 –*, versagen. Versagt sie es aus anderen Gründen, handelt sie amtspflichtwidrig, *vgl. zum Ausschluss eines Amtshaftungsanspruches BGH, U. v. 25. 10.2012 – III ZR 29/12.*

12 Rechtswidrig wird das Einvernehmen versagt, wenn die Gemeinde die Voraussetzungen für die Zulässigkeit des Vorhabens nach den §§ 31, 33 und 35 BauGB und ggf. §§ 14, 15 BauGB fehlerhaft bewertet. Zu den Gründen, auf die die Versagung des Einvernehmens gestützt werden darf, gehören in Bezug auf Außenbereichsvorhaben alle öffentlichen Belange, die in § 35 Abs. 3 Satz 1 BauGB genannt sind, *vgl. dazu OVG Brandenburg, B. v. 27.03.2003 – 3 B 27/02; OVG Berlin-Brandenburg B. v. 05.07.2006 – 10 S 5.06 – und OVG Berlin-Brandenburg – B. v. 05.07.2006 – 10 S 6.06.* Die Gemeinde ist nicht darauf beschränkt, nur die „sie schützenden (städtebaulichen) Belange" als Gründe für die Versagung des Einvernehmens geltend zu machen, *vgl. BVerwG, U. v. 20.05.2010 – 4 C 7.09 und v. 01.07.2010 – Az. 4 C 4.08 –, juris; VGH Kassel, B. v. 28.01.2014 – 9 B 2184/13.*

13 Einwände im Hinblick auf das Verfahren, etwa die (Nicht-)Durchführung der Umweltverträglichkeitsprüfung oder das Erfordernis naturschutzrechtlicher Befreiungen, kann sie jedoch nicht geltend machen. Fehler der Baugenehmigung bzw. des Vorbescheids berühren daher nur dann die Gemeinde in ihren Rechten, wenn sie sich auf die städtebauliche Zulässigkeit des Vorhabens beziehen.

Wenn das beantragte Vorhaben städtebaulich zulässig ist, darf die Gemeinde das Einvernehmen nicht aus sonstigen kommunalen Planungen verweigern. Oftmals geschieht dies, wenn die Gemeinde an die Stelle der Beurteilung des Vorhabens nach den §§ 31, 33 und 35 BauGB die eigenen kommunalpolitischen Absichten setzt. Diese können jedoch nur im Wege der Bauleitplanung Eingang in das Genehmigungsverfahren finden, nicht jedoch im Beteiligungsverfahren nach § 36 BauGB. Der Gemeinde bleibt auch nach Erteilung des Einvernehmens die Möglichkeit, durch den Beschluss, einen Bebauungsplan aufzustellen und eine Veränderungssperre nach § 14 BauGB zu erlassen, oder die Zurückstellung des Baugesuchs nach § 15 BauGB zu beantragen, ihre Planungsabsichten durchzusetzen, *so BVerwG, U. v. 19.02.2004 – 4 CN 16.03.* 14

Für die Entscheidung, ob das Einvernehmen zu Recht oder zu Unrecht versagt wurde, ist nur die objektive Rechtslage maßgeblich. Die Begründung der Gemeinde ist bei dieser Bewertung zwar zu berücksichtigen, aber nicht bindend; zumal die Gemeinde nicht verpflichtet ist, ihre Entscheidung zu begründen *vgl. BVerwG, U. v. 16.09.2004 – 4 C 7.03 –, und vom 01.07.2010 – 4 C 4.08.* 15

b) Ordnungsgemäße Beteiligung der Gemeinde

Voraussetzung dafür, dass die Gemeinde ihr Einvernehmen zu erteilen hat, ist die ordnungsgemäße Beteiligung der Gemeinde. Versagt die Gemeinde ihr Einvernehmen, weil sie nicht ordnungsgemäß beteiligt wurde, ist die Versagung nicht rechtswidrig. 16

Die Beteiligung der Gemeinde nach § 36 BauGB setzt voraus, dass die Bauantragsunterlagen vollständig sind und allen bauordnungsrechtlichen Form- und Inhaltserfordernissen genügen, *vgl. VGH Mannheim, U. v. 17.11.1998 – BauR 1999, 381ff.* 17

Die der zu beteiligenden Gemeinde vorliegenden Unterlagen müssen die Beurteilung zulassen, dass das Vorhaben städtebaulich zulässig ist. Es müssen die für die städtebauliche Beurteilung erforderlichen und auch nach der im Zeitpunkt der Antragstellung geltenden Bauvorlagenverordnung vorgeschriebenen Bauvorlagen vorliegen. Bei Außenbereichsvorhaben muss im Wege der nachvollziehenden Abwägung prüfbar sein, dass öffentliche Belange nicht entgegenstehen. Fehlen die nach der Bauvorlagenverordnung erforderlichen Bauvorlagen, ist der Bauantrag mit erheblichen Mängeln behaftet, so dass das gemeindliche Einvernehmen nicht zu erteilen und der Antrag abzuweisen ist, *vgl. OVG Brandenburg, B. v. 12.12.1996 – 3 A 213/95.* 18

Nach der Rechtsprechung des OVG Brandenburg muss jedenfalls der amtliche Lageplan für die Prüfung der bauplanungsrechtlichen Zulässigkeit eines Vorhabens vorliegen, *vgl. B. v. 23.04.1999 – 3 A 191/97 und B. v. 21.05.2003 – 3* 19

A 217/99.Z. In dem amtlichen Lageplan müssen alle in § 7 BbgBauVorlV aufgeführten Angaben, soweit sie relevant sind, enthalten sein, *vgl. OVG Brandenburg, B. v. 20.05.2003 – 3 A 66/99.Z.* Fehlt der amtliche Lageplan nach § 7 BbgBauVorlV, so dass der Gemeinde im Rahmen der Anhörung nach § 36 BauGB die für ihre Entscheidung maßgeblichen Angaben nach § 7 BbgBauVorlV nicht vorliegen, ist es ihr nicht möglich, ihr Einvernehmen zu erteilen. Sie darf es rechtmäßig versagen.

20 Sonstige Pläne ersetzen den amtlichen Lageplan nicht ohne Weiteres, weil gerade der amtliche Lageplan die Gewähr dafür bietet, dass die in ihm enthaltenen Angaben zutreffend und von neutraler Seite amtlich geprüft sind, *vgl. VG Frankfurt, B. v. 14.02.2007 – 7 L 41/07; VG Frankfurt, B. v. 01.12.2006 – 7 L349/06.*

c) Entscheidung der Behörde – Pflicht zur Ermessensausübung

21 Nach Absatz 1 Satz 1 soll die Bauaufsichtsbehörde das fehlende Einvernehmen der Gemeinde ersetzen. Diese Soll-Vorschrift erfasst das nach § 67 Abs. 4 rechtswidrig versagte Einvernehmen, wie auch das rechtswidrig versagt Einvernehmen nach §§ 14 Abs. 2 Satz 2, 22 Abs. 5 Satz 1, 145 Abs. 1 Satz 2, 173 Abs. 1 BauGB. Die Bauaufsichtsbehörde handelt in letzten Verfahren als Kommunalaufsicht, vgl. dazu Absatz 3. Denn das rechtswidrig versagte Einvernehmen wird durch eine Ersatzvornahme gem. § 116 BbgKV ersetzt. Diese Einvernehmensvorschriften sehen anders als § 36 BauGB die Ersetzung des Einvernehmens als eine eigenständige bauplanungsrechtliche Maßnahme nicht vor.

22 Der Gesetzgeber hat in der Novelle 2016 betreffend die Ersetzung des Einvernehmens in den Fällen des § 36 BauGB aus der Soll-Vorschrift eine Muss-Vorschrift gemacht. Er folgt damit § 71 MBO.

23 Die Soll- und Muss-Vorschrift in Satz 1 2. Halbsatz ist mit § 36 BauGB, einer Kann-Vorschrift, nicht vereinbar. Nach § 36 Abs. 2 Satz 3 BauGB kann die nach Landesrecht zuständige Behörde das versagte Einvernehmen der Gemeinde ersetzen. Der Bundesgesetzgeber hat der Bauaufsichtsbehörde dadurch ein Ermessen eingeräumt, *so OVG Lüneburg, B. v. 30.11.2004 – 1 ME 190/04 –; VGH Kassel, U. v. 08.09.2010 – 3 B 1271/10*: „Das in § 36 Abs. 2 Satz 3 BauGB eingeräumte Ermessen räumt der Baugenehmigungsbehörde bei der Frage der Ersetzung des Einvernehmens einen gewissen Freiraum ein, ob sie im Fall rechtswidrigen Verhaltens einer Gemeinde einschreitet oder nicht."; *dafür Fischer, VBlBW 2010, 213ff.; Rieger, in: Schrödter, BauGB, 9. Auflage, § 36 Rn. 32; Wortha, VBlBW 2010, 219ff.; dem Gegenteil zuneigend zu § 36 Abs. 2 Satz 3 BauGB und zu Art. 74 BayBO 1997 BGH, U. v. 16.09.2010, – III ZR 29/10 – BGHZ 187, 51; zum Meinungsstand Scheidler, ZfBR 2019, 543, 547.*

Dass es sich bei der bundesrechtlichen Ersetzung nach § 36 Abs. 2 Satz 3 BauGB um eine Ermessensentscheidung handeltist es dem Landesgesetzgeber nicht erlaubt, von der bundesrechtlichen Regelung abzuweichen und die Kann-Regelung durch eine Muss-Regelung zu ersetzen. Im Ergebnis kommt dieser Verstoß kaum zum Tragen, weil die Bauaufsichtsbehörde ihr Ermessen i. S. v. § 40 VwVfG zugunsten des Antragstellers auszuüben hat, wenn das Vorhaben planungsrechtlich zulässig ist, so dass dieser die Genehmigung beanspruchen kann Das Ermessen ist in diesen Fällen also regelmäßig auf Null reduziert. 24

3. Zuständigkeit der Genehmigungsbehörde (Absatz 1 Satz 2)

Zuständig für die Ersetzung des Einvernehmens ist in Baugenehmigungsverfahren die untere Bauaufsichtsbehörde. In anderen Verfahren liegt die Zuständigkeit bei der jeweiligen Fachbehörde. Dies können das Landesamt für Bergbau, Geologie und Rohstoffe oder das Landesamt für Umwelt, Gesundheit und Verbraucherschutz Brandenburg sein, vgl. § 21 LImSchG. 25

4. Anhörung der Gemeinde (Absatz 2)

Nach Absatz 2 ist die Gemeinde vor der Ersetzung anzuhören. Ihr ist die Möglichkeit, sich zu äußern, zu geben. Im Rahmen der Anhörung hat die Behörde der Gemeinde zu erläutern, weshalb die Versagung des Einvernehmens rechtswidrig sei, *vgl. OVG Lüneburg, B. v. 07.10.2004 – 1 ME 169/04.* 26

Da die Gemeinde nach Absatz 2 erneut über das Einvernehmen zu entscheiden hat, sie also nicht die alte Versagung zu prüfen, sondern eine erneute Einvernehmensentscheidung zu treffen hat, ist der Gemeinde der aktuelle Genehmigungsantrag zu übersenden. Dies ist insbesondere dann erforderlich, wenn im laufenden Genehmigungsverfahren der Antrag ergänzt oder geändert wurde. 27

Die Behörde hat der Gemeinde eine Frist von einem Monat einzuräumen, um über das Einvernehmen erneut zu bescheiden. Die Frist beginnt mit Eingang des Ersuchens bei der Gemeinde und berechnet sich nach §§ 187, 188 Abs. 2 BGB. Eine Verlängerung dieser Frist ist nicht zulässig. 28

Die Gemeinde kann in diesem Anhörungsverfahren alle Gründe vortragen, die der Ersetzung entgegenstehen. Sie ist nicht darauf beschränkt, nur die vormals genannten Gründe zu vertiefen. Eine Präklusion ist weder in § 36 BauGB noch in § 71 vorgesehen. Daher sind auch die Gründe beachtlich, die die Gemeinde nach Fristablauf vorträgt. Dies gilt auch im Verfahren nach § 10 BImSchG. Mit Ablauf der Einwendungsfrist sind zwar gemäß § 10 Abs. 3 Satz 5 BImSchG alle Einwendungen ausgeschlossen, die nicht auf besonderen privatrechtlichen Titeln beruhen. Eine Präklusion wird nur dann vermieden, wenn und soweit die Einwendungen ausreichend begründet werden. Dies gilt 29 allerdings nicht, wenn die Gemeinde, auf deren Gebiet das Bauvorhaben verwirklicht werden soll (Standortgemeinde), sich im Zusammenhang mit ihrem gemeindlichen Einvernehmen auf die bauplanungsrechtliche Unzulässigkeit des Vorhabens beruft. Dieses Vorbringen der Gemeinde wird ausschließlich im speziellen Mitwirkungsverfahren nach § 36 BauGB wirksam vorgetragen. Denn das gemeindliche Einvernehmen ist auch im immissionsschutzrechtlichen Verfahren ein verwaltungsinterner Mitwirkungsakt. Es wird nicht von der Konzentrationswirkung des § 13 BImSchG erfasst, *vgl. OVG Münster, U. v. 30.09.2014 – 8 A 460/13.*

30 Mängel im Anhörungsverfahren führen zur Rechtswidrigkeit der Ersetzung des versagten gemeindlichen Einvernehmens. Die Gemeinde ist deshalb berechtigt, schon wegen dieser Mängel ihr Einvernehmen zu versagen.

5. Form der Ersetzung (Absatz 3)

31 Die Regelung in Absatz 3 stellt klar, dass das Einvernehmen nicht durch gesonderten Bescheid ersetzt wird, sondern zusammen mit der Erteilung der Genehmigung ersetzt wird. Der Begriff der Genehmigung umfasst alle bauplanungsrechtlichen Entscheidungen der Bauaufsichtsbehörde und der Behörden, die in einem anderen Genehmigungsverfahren, etwa nach dem Bundesimmissionsschutzgesetz, über die Zulässigkeit des Vorhabens entscheiden. Genehmigung in diesem Sinne ist auch er Vorbescheid.

6. Widerspruch und Klage der Gemeinde (Absatz 4)

32 In Absatz 4 ist klargestellt, dass die Gemeinde gegen die Ersetzung durch Einlegung eines Widerspruchs gegen die Genehmigung vorgehen muss. Ein Rechtsbehelf allein gegen die Ersetzung des gemeindlichen Einvernehmens ist unzulässig, *vgl. VG Cottbus, B. v. 19.04.2007 – 3 L 53/07.*

7. Zuständigkeit der Widerspruchsbehörde (Absatz 5)

33 Durch die Regelung in Absatz 5 wird klargestellt, dass in einem Widerspruchsverfahren die Widerspruchsbehörde die Befugnisse der Genehmigungsbehörde besitzt. Relevant ist diese Vorschrift in Verfahren nach § 67 Abs. 4, wenn das Amt eine isolierte Ausnahme, Befreiung oder Abweichung erteilt.

34 Soll im Widerspruchsverfahren nach der Ablehnung eines Antrags auf den Widerspruch des Bauherrn die beantragte Genehmigung erteilt werden, hat aber die Gemeinde rechtswidrig ihr Einvernehmen versagt, muss dieses im Widerspruchsverfahren ersetzt werden. Dies geschieht nach den Absätzen 1 bis 3.

§ 72
Baugenehmigung, Baubeginn

(1) [1]Die Baugenehmigung ist zu erteilen, wenn dem Vorhaben keine öffentlich-rechtlichen Vorschriften entgegenstehen. [2]Die Baugenehmigung schließt die für das Vorhaben erforderlichen weiteren behördlichen Entscheidungen ein. [3]Die Erlaubnis nach § 18 der Betriebssicherheitsverordnung und die Genehmigung der oberen Wasserbehörde zum Bau und Betrieb von Abwasserbehandlungsanlagen schließen eine Baugenehmigung mit ein. [4]Satz 2 gilt nicht für wasserrechtliche Entscheidungen über betriebsbedingte Gewässerbenutzungen, für Entscheidungen in Selbstverwaltungsangelegenheiten der Gemeinden und Gemeindeverbände sowie für Entscheidungen in Planfeststellungs- oder Plangenehmigungsverfahren. [5]Die durch eine Umweltverträglichkeitsprüfung ermittelten, beschriebenen und bewerteten Umweltauswirkungen sind nach Maßgabe der hierfür geltenden Vorschriften zu berücksichtigen.

(2) [1]Wird die Baugenehmigung unter Auflagen, Bedingungen oder befristet erteilt, kann eine Sicherheitsleistung verlangt werden. [2]Befristet genehmigte Vorhaben müssen spätestens sechs Monate nach Fristablauf beseitigt sein. [3]In den Fällen des § 35 Absatz 1 Nummer 2 bis 6 des Baugesetzbuchs wird die Baugenehmigung erst erteilt, wenn der Bauaufsichtsbehörde die Verpflichtungserklärung nach § 35 Absatz 5 Satz 2 des Baugesetzbuchs vorliegt und ihr für die Einhaltung der Rückbauverpflichtung Sicherheit in Höhe der Kosten der Beseitigung der baulichen Anlage oder gleichwertige Sicherheit geleistet ist. [4]Dies gilt auch, soweit andere behördliche Gestattungen die Baugenehmigung einschließen oder ersetzen.

(3) [1]In der Baugenehmigung ist anzugeben, welche weiteren behördlichen Entscheidungen sie einschließt. [2]Der Bauherrin oder dem Bauherrn ist die Baugenehmigung mit den genehmigten Bauvorlagen zu übermitteln.

(4) Die Baugenehmigung gilt auch für und gegen die Rechtsnachfolgerin oder den Rechtsnachfolger der Bauherrin oder des Bauherrn.

(5) Die Baugenehmigung wird unbeschadet der privaten Rechte Dritter erteilt.

(6) Der amtsfreien Gemeinde, dem Amt, der Verbandsgemeinde, der mitverwalteten Gemeinde oder mitverwaltenden Gemeinde und der Entwurfsverfasserin oder dem Entwurfsverfasser ist die Entscheidung der Bauaufsichtsbehörde im bauaufsichtlichen Genehmigungsverfahren durch eine Übermittlung des Bescheides zur Kenntnis zu geben.

(7) [1]Mit der Bauausführung darf erst begonnen werden, wenn
1. eine erforderliche Baugenehmigung vorliegt oder die Voraussetzung des § 62 Absatz 3 Satz 1 erfüllt ist,
2. nach anderen Rechtsvorschriften erforderliche Genehmigungen vorliegen,
3. die erforderlichen Prüfberichte oder Bescheinigungen über die Prüfung der bautechnischen Nachweise vorliegen.
[2]Die Bauaufsichtsbehörde kann sich die Freigabe der Bauarbeiten für die Baugrube, für einzelne Bauabschnitte oder für das gesamte Bauvorhaben vorbehalten.

(8) Die Bauherrin oder der Bauherr hat den Zeitpunkt des Baubeginns genehmigungs- oder anzeigepflichtiger Vorhaben spätestens eine Woche vor Baubeginn der Bauaufsichtsbehörde unter Vorlage der nach Absatz 7 Satz 1 Nummer 2 und 3 erforderlichen Nachweise mitzuteilen (Baubeginnsanzeige).

(9) [1]Vor Baubeginn muss die Grundfläche der baulichen Anlage abgesteckt und ihre Höhenlage festgelegt sein. [2]Die Einhaltung der festgelegten Grundfläche und Höhenlage ist der Bauaufsichtsbehörde binnen zwei Wochen nach Baubeginn durch Vorlage einer Einmessungsbescheinigung einer Vermessungsingenieurin oder eines Vermessungsingenieurs nachzuweisen. [3]Der Nachweis nach Satz 2 kann auch durch eine Einmessungsbescheinigung erfolgen, die auf einer nach § 23 des Brandenburgischen Vermessungsgesetzes durchgeführten Einmessung beruht.

(10) Baugenehmigung, Bauvorlagen, Ausführungszeichnungen und Baufreigabeschein müssen an der Baustelle von Baubeginn an vorliegen.

Übersicht

1. Allgemeines

In § 72 werden die Voraussetzungen, unter denen eine Baugenehmigung zu erteilen ist, die Regelungswirkung der Baugenehmigung und das Verfahren der Erteilung der Baugenehmigung bestimmt. Darüber hinaus regelt die Vorschrift in den Absätzen 7 bis 9 die Voraussetzungen für den **Baubeginn** und den Baubeginn selbst, unabhängig davon, ob eine Baugenehmigung erforderlich ist. Gesetzessystematisch ist dies keine optimale Lösung. 1

Diese Norm ist die zentrale Vorschrift für das Baugenehmigungsverfahren, weil in ihr die materiellen Voraussetzungen der Baugenehmigung und die **Konzentrationswirkung** normiert werden. 2

3 Die Baugenehmigung berechtigt zur einmaligen Errichtung der baulichen Anlage und zur genehmigten Nutzung. Die Baugenehmigung ist als Bauerlaubnis aufgebraucht, sobald das Gebäude entsprechend der Baugenehmigung rechtmäßig errichtet und fertiggestellt ist. Anschließend berechtigt die Baugenehmigung zur zeitlich unbegrenzten Instandhaltung und Nutzung der Anlage. Das Gebäude wird durch die Baugenehmigung, nicht aber unmittelbar durch Art. 14 GG in seinem Bestand geschützt. Die Baugenehmigung, soweit erforderlich, verschafft dem Eigentümer des Bauwerks Bestandsschutz.

4 Die Baugenehmigung ist ein Verwaltungsakt im Sinne von § 35 VwVfG. Für den Regelungsgehalt der Baugenehmigung sind die in dem Bauschein getroffenen Aussagen maßgeblich. Wenn und soweit der Text des Bauscheins eine abschließende und erschöpfende Regelung trifft, sind widersprüchliche oder vom Bauschein abweichende Darstellungen und Angaben in den Bauvorlagen, selbst wenn sie mit einem Genehmigungsvermerk (Grünstempel) versehen sind, unmaßgeblich, *vgl. OVG Berlin-Brandenburg, B. v. 29.09.2005 – 2 S 120/05 –; VG Frankfurt (Oder), U. v. 27.01.2004 – 7 K 1455/00 –; OVG Münster, U. v. 29.07.2002 – 7 B 831/02.*

5 Die Baugenehmigung muss so bestimmt sein, dass Inhalt, Reichweite und Umfang der genehmigten baulichen Anlage und deren Nutzung eindeutig erkennbar sind, *vgl. dazu OVG Münster, B. v. 20.09.2007 – 10 A 4372/07.* Der Inhalt der Baugenehmigung betrifft den Nutzungszweck des konkreten Vorhabens, wie er sich aus den vom Bauherrn vorgelegten Bauantragsunterlagen ergibt, soweit dieser sich innerhalb des objektiv Möglichen hält, *vgl. OVG Berlin-Brandenburg, B. v. 06.01.2012 – 2 S 82.11 –; B. v. 06.07.2006 – OVG 2 S 2.06; BVerwG, U. v. 29.04.1992 – 4 C 43/89.* Der Bauherr muss die Bandbreite der für ihn legalen Nutzung erkennen, der Nachbar das Maß seiner Betroffenheit feststellen können. Die Bestimmtheit muss dem Bauschein selbst und den mit dem Zugehörigkeitsvermerk versehenen Bauantragsunterlagen zu entnehmen sein, *vgl. OVG Münster, B. v. 30.05.2005 – 10 A 2017/03.*

6 Die Vorschriften über die Baugenehmigung gelten auch für die Änderungsgenehmigung (Tekturgenehmigung). Kennzeichnend für eine Änderungsgenehmigung ist, dass sie sich nur auf die Feststellungen, dass die zur Änderung vorgesehenen Teile des Vorhabens mit den öffentlich-rechtlichen Vorschriften übereinstimmen, beschränkt, *vgl. VG Cottbus, U. v. 17.01.2007 – 3 K 1242/07.* Eine Änderungsgenehmigung als Nachtrag kommt nur in Betracht, wenn die Änderungen nicht wesentlich sind, also die Identität des Bauvorhabens erhalten bleibt, *vgl. OVG Münster, B. v. 04.05.2004 –; zur Abgrenzung von Tektur- und „aliud"-Genehmigung vgl. OVG Berlin-Brandenburg, B. v. 24.6.2014 – OVG 10 S 29.13; VGH München, B. v. 09.06.2020 – 15 CS 20.901.*

Nach § 74 ist auch die Erteilung einer Teilbaugenehmigung zulässig. Der Gesetzgeber hat die Teilbaugenehmigung in der Novelle 2016 ausdrücklich in der Bauordnung geregelt. 7

2. Baugenehmigung (Absatz 1)

Die Baugenehmigung stellt die Erklärung der zuständigen Behörde dar, dass dem beabsichtigten Vorhaben Hindernisse in dem zur Zeit der Entscheidung geltenden öffentlichen Recht nicht entgegenstehen und dass die Ausführung des genehmigten Vorhabens, vorbehaltlich weiterer erforderlicher Genehmigungen und der Vorlage der Prüfberichte und Bescheinigungen (vgl. § 66) erlaubt ist. Die Baugenehmigung besitzt damit sowohl einen feststellenden als auch einen verfügenden Teil. 8

Maßgeblich für die Beurteilung des im Bauantrag zur Genehmigung gestellten Vorhabens sind diejenigen Vorschriften, die im Genehmigungsverfahren auch zu prüfen sind. Es findet deshalb keine vollständige Prüfung des öffentlichen Rechts, sondern nur eine Prüfung nach Maßgabe der bauordnungsrechtlichen Verfahrensvorschriften statt. Dabei handelt es sich um die §§ 63 f. Nur in dem Umfang, in dem im Baugenehmigungsverfahren Vorschriften des öffentlichen Rechts geprüft werden, entfaltet die Baugenehmigung eine Feststellungswirkung, *vgl. Hahn, BauR 2006, 1420, 1424*. Dies ist bundesrechtlich zulässig, *vgl. BVerwG, B. v. 25.10.1995 – 4 B 216/95*. Konsequenz daraus ist, dass die Erteilung der Genehmigung grundsätzlich nicht aus Gründen versagt werden kann, die nicht zum Prüfprogramm gehören, und dass eine Baugenehmigung grundsätzlich nicht wegen Verstößen gegen solche Vorschriften, die nicht geprüft werden, angefochten werden darf, *vgl. OVG Magdeburg, B. v. 16.03.2006 – 2 M 83/06*. Abweichendes gilt, wenn die Verstöße offensichtlich und auch nicht durch Nebenbestimmungen auszuräumen sind, so dass dem Antragsteller das Sachbescheidungsinteresse fehlt. 9

3. Anspruch auf die Erteilung der Baugenehmigung (Absatz 1 Satz 1)

Nach Absatz 1 Satz 1 besitzt der Bauherr einen Anspruch auf Erteilung einer Baugenehmigung, wenn dem Vorhaben öffentlich-rechtliche Vorschriften nicht entgegenstehen. Das zu genehmigende Vorhaben ist die bauliche Anlage in im Sinne von § 2 Abs. 1, die sich zusammensetzt aus der baulichen Konstruktion und deren Nutzung. Die durch die Nutzung bestimmte Funktion der Anlage bildet mit der Baukonstruktion eine Einheit, *vgl. VG Cottbus, U. v. 11.12.2019 – 3 K 247/16; BVerwG, U. v. 15.11.1974 – IV C 32.71*. Für welche bauliche Anlage und zugehörige Nutzung eine Genehmigung beantragt wird, bestimmt der Bauherr, durch seinen Antrag, in dem er die Anlage inhaltliche umschreibt (Betriebsbeschreibung) und bezeichnet (Planzeichnungen, 10

Lageplan, Schnitte). Begrenzt wird die dem Bauherrn mögliche Definition der baulichen Anlage durch die tatsächlichen und rechtlichen Verhältnisse. Dem Bauherrn ist es nicht möglich, ein Vorhaben im Antrag zu trennen oder zusammenzufassen, wenn die Trennung oder Zusammenfassung in der Realität objektiv nicht möglich ist, *vgl. VG Cottbus, U. v. 11.12.2019 – 3 K 247/16; BVerwG, U. v. 04.07.1980 – 4 C 99/77 – und U. v. 27.04.1993 – 1 C 9/92.* So geht es nicht an, eine einheitliche bauliche Anlage in zwei Anlagen aufzuspalten oder zwei baulich oder funktional getrennte Vorhaben im Antrag zu einem Vorhaben zu verschmelzen.

11 Die Behörde trifft im Baugenehmigungsverfahren über den Bauantrag eine gebundene Entscheidung, soweit ihr nicht ein Ermessen eingeräumt wird, etwa bei der Erteilung von Ausnahmen und Befreiungen nach § 31 BauGB. Deshalb dürfen Nebenbestimmungen auch nur unter den Voraussetzungen von § 36 Abs. 1 VwVfG erteilt werden. Stehen dem Vorhaben öffentlich-rechtliche Vorschriften entgegen, ist die Genehmigung zu erteilen, wenn der Widerspruch zu diesen Vorschriften durch Nebenbestimmungen behoben werden kann, vgl. § 36 VwVfG, *dazu OLG Brandenburg, B. v. 16.5.2023 – 2 U 37/22.* Begrenzt wird die Beschränkung des Bauantrags durch Nebenbestimmungen dadurch, dass dem Antragsteller nicht ein anderes Vorhaben genehmigt werden darf, als von ihm beantragt wurde. Die Identität des beantragten Vorhabens darf in den wesentlichen Merkmalen durch die Nebenstimmungen nicht geändert werden, *vgl. VG Cottbus, U. v. 23.02.2006 – 3 K 37/06.*

12 Widerspricht ein Bauvorhaben den öffentlich-rechtlichen Vorschriften teilweise und kann es tatsächlich auch ohne diesen nicht genehmigungsfähigen Teil realisiert werden, ohne seine Identität zu verlieren, besteht ein Anspruch auf eine, auf den zulässigen Teil beschränkte **Teilbaugenehmigung**, *vgl. VGH Mannheim, U. v. 05.04.2006 – 8 S 1737/05.* Zum Regelungsgehalt einer Teilbaugenehmigung *vgl. OVG Münster, NVwZ-RR 1997, 401*; zur Feststellungskraft einer Teilbaugenehmigung *vgl. OVG Frankfurt (Oder), NVwZ-RR 1998, 484*; zur Bindungswirkung einer Teilbaugenehmigung im Verhältnis zur abschließenden Baugenehmigung, *vgl. Hermanns/Hönig, NordÖR 2001, 92.*

13 Wird die Baugenehmigung dem Bauantragsteller versagt, kann er dagegen **Verpflichtungswiderspruch** bzw. **-klage** erheben.

14 Die Erteilung einer Baugenehmigung kann nicht im Wege einer **einstweiligen Anordnung** nach § 123 VwGO erlangt werden. Würde aufgrund einer einstweiligen Anordnung die Baugenehmigung erteilt werden, würde dies den Bauherrn berechtigen, das beantragte Bauvorhaben zu errichten (Vorwegnahme der Hauptsache). Das Verfahren nach § 123 VwGO dient jedoch der Sicherung, nicht aber der abschließenden Durchsetzung von Rechten und gestattet es dem Gericht nicht, endgültige Regelungen zu treffen. Dies kann

nur im Hauptsacheverfahren – notfalls im Wege der Fortsetzungsfeststellungsklage – geschehen. Der Anspruch auf Erteilung einer Baugenehmigung ist daher mittels des einstweiligen Rechtsschutzes nicht durchsetzbar. Zudem wäre die Erteilung einer „vorläufigen" Baugenehmigung nicht zulässig, *vgl. OVG Münster, B. v. 27.11.2003 – 10 B 2177/03.* Sie kann der Bauaufsichtsbehörde auch schon aus diesem Grund nicht durch eine einstweilige Anordnung aufgegeben werden, *vgl. OVG Münster, B. v. 24.07.2001 – 7 B 962/01.* Nach *OVG Bremen, NordÖR 2005, 252* kann der Bauherr über einen Antrag nach § 123 VwGO die Behörde dazu verpflichten, einstweilen die Fortführung der Bauarbeiten und die Aufnahme der Nutzung zu gestatten.

Der Umfang der Prüfung öffentlich-rechtlicher Vorschriften ergibt sich aus dem Gegenstand des Bauantrags. Es sind die Vorschriften zu prüfen, die für die Beurteilung der Rechtmäßigkeit des beantragten Vorhabens im Rahmen der bauordnungsrechtlichen Vorgaben nach den §§ 63f. relevant sind. Wird eine Nutzungsänderung beantragt, ist zu prüfen, ob der neuen Nutzung öffentlich-rechtliche Vorschriften entgegenstehen. Dazu gehören etwa auch die Stellplatzanforderungen, die für die neue Nutzung relevant sind, vgl. auch § 49 Abs. 1 Satz 1. Bei der Änderung oder Erweiterung einer baulichen Anlage sind auch die konstruktiven und bautechnischen Voraussetzungen zu prüfen, wenn und soweit sie von der Änderung oder Erweiterung berührt werden. Weitergehende Baumaßnahmen betreffend Bauteile und Einrichtungen, die nicht von der Änderung oder Erweiterung der baulichen Anlage berührt werden, können nach § 81 als Anpassungen verlangt werden. Eine Neubeurteilung der baulichen Anlage ist bei der Änderung eines Gebäudes erforderlich, wenn und soweit durch die Änderung des Gebäudes ein rechtswidriger Zustand herbeigeführt oder ein bestehender – materiell – rechtswidriger Zustand verstärkt wird, so für das Abstandsflächenrecht *OVG Berlin, U. v. 21.08.1992 – OVG 2 B 12.89, vgl. auch VGH München, U. v. 20.02.1990 – 14 B 88.02464 –; OVG Greifswald, B. v. 27.08.1998 – 3 M 65/98.* 15

4. Konzentrationswirkung der Baugenehmigung (Absatz 1 Satz 2)

a) Konzentrationswirkung

Satz 2 stellt klar, dass die Baugenehmigung eine weitgehende Unbedenklichkeitsbescheinigung bildet, *vgl. LT-Drs. 3/5160, 136.* Die Baugenehmigung besitzt in Brandenburg eine umfassende Konzentrationswirkung, vgl. zur Konzentrationswirkung der Baugenehmigung instruktiv *Hecker, Die Konzentrationswirkung der Baugenehmigung am Beispiel der Brandenburgischen Bauordnung, BauR 2006, 629ff., s. a. Knuth, Die Brandenburgische Bauordnung auf neuen Wegen, LKV 2004, 193ff.; Odendahl, Die Konzentrationswirkung: Formenvielfalt, Kollisionsfragen und Alternativmodelle, Verwaltungsarchiv 94 (2003) Nr. 2 S. 222ff.* Ausnahmen von der Konzentrationswirkung sind in Absatz 2 Satz 2 geregelt. 16

17 Die Baugenehmigung schließt demnach die anderen für das Bauvorhaben erforderlichen Genehmigungen mit ein, *vgl. OLG Brandenburg, B. v. 16.5.2023 – 2 U 37/22.* Die Konzentrationswirkung erfasst j jedoch nur diejenigen Entscheidungen anderer Behörden, die Voraussetzung für die Errichtung, Änderung, Erweiterung oder Nutzungsänderung des Bauvorhabens sind, also alle vorhabenbezogenen Entscheidungen. Personenbezogene Entscheidungen oder betriebsbezogene Entscheidungen werden nicht von der Konzentrationswirkung erfasst. So wird die Konzession für einen Gastwirt nicht Bestandteil der Baugenehmigung für eine Schank- und Speisewirtschaft. Die Baugenehmigung für eine Fahrschule schließt die Fahrlehrererlaubnis nicht ein. Insoweit erteilen die Fachbehörden also keine separaten Genehmigungen, vgl. zur Konzentrationswirkung in Bezug auf naturschutzrechtliche Ausnahmegenehmigungen und Befreiungen *OVG Berlin-Brandenburg, B. v. 06.11.2006 – 2 N 156/05.* Durch die Anordnung der Konzentrationswirkung wird auch die Entscheidungskompetenz der Baugenehmigungsbehörde erweitert.Ihr fallen die Entscheidungsbefugnisse der Fachbehörden zu. Die Baugenehmigungsbehörde besitzt folglich eine eigene Entscheidungskompetenz. Die Behörde, deren Entscheidung nicht mehr erforderlich ist, verliert ihre Entscheidungskompetenz. Die Konzentrationswirkung begründet also eine Entscheidungskonzentration bei der Genehmigungsbehörde und damit auch eine Verfahrenskonzentration, *vgl. OLG Brandenburg, B. v. 16.5.2023 – 2 U 37/22.* Die Bauaufsichsbehörde erlässt eine (Gesamt-)Entscheidung, *vgl. OLG Brandenburg, B. v. 16.5.2023 – 2 U 37/22.* Für den Bürger bedeutet diese Bündelung, dass er grundsätzlich nur einen Antrag zu stellen hat und von einer Behörde, der unteren Bauaufsichtsbehörde, ein Genehmigungsbescheid, in dem auch alle baunebenrechtlichen Entscheidungen enthalten sind, erteilt wird. Deshalb kann die Bauaufsichtsbehörde es nicht dabei belassen, die Stellungnahmen der Fachbehörden gleichsam in die Baugenehmigung hineinzukopieren. Die Bauaufsichtsbehörde muss die fachlichen Stellungnahmen prüfen, widersprüchliche Nebenbestimmungen vermeiden und dafür Sorge tragen, dass die fachgesetzlichen Anforderungen mit den Bestimmungen der Bauordnung konform gehen. So darf in einer Baugenehmigung etwa für erlaubnispflichtige Vorhaben im Rahmen eines Gesamtvorhabens, z.B. für die Errichtung einer Einfriedung, in den Nebenbestimmungen nicht ein Erlaubnisvorbehalt nach dem Denkmalschutzgesetz formuliert werden. Denn die Einfriedung als Bestandteil des genehmigungspflichtigen Gesamtvorhabens unterliegt der Baugenehmigungspflicht, so dass die denkmalrechtliche Erlaubnis für die Einfriedung in der Baugenehmigung zu konzentrieren ist und nicht als selbstständige Erlaubnis ergehen darf. In Betracht kommt allerdings die Erteilung einer Teilbaugenehmigung.

18 Konsequenz aus der Konzentrationswirkung ist, dass der Bauherr weitere erforderliche Genehmigungen, Erlaubnisse, Befreiungen usw. nicht besonders beantragen bzw. einholen muss. Spiegelbildlich dazu muss die Baugenehmigungsbehörde gem. § 69 Abs. 3 Satz 2 die Fachbehörden beteiligen und

mindestens das Benehmen mit diesen Behörden herstellen, sofern deren Entscheidung in die Baugenehmigung eingeschlossen ist. Die Zuständigkeit der jeweiligen Fachbehörde für die Überprüfung der Bauausführung hinsichtlich der von ihnen wahrzunehmenden öffentlichen Belange bleibt von der Konzentrationswirkung unberührt. Dies ist in § 75 Abs. 1 Satz 2 ausdrücklich klargestellt.

b) Einschluss der Baugenehmigung in andere Genehmigungen

Absatz 1 Satz 3 übernimmt die in § 67 Absatz 2 Satz 1 Halbsatz 1 a. F. enthaltene Regelung. Durch die Novelle 2016 ist diese Regelung an das Bundesrecht angepasst worden. Die Erlaubnispflicht für erlaubnisbedürftige Anlagen ist nicht mehr im Produktsicherheitsgesetz, sondern nun abschließend in § 18 Betriebssicherheitsverordnung geregelt. 19

Das Erlaubnisverfahren nach der Betriebssicherheitsverordnung ist ein Verfahren, das sich ausschließlich auf die in der Betriebssicherheitsverordnung vorgegebenen Abschätzung eines Unfallrisikos bezieht. Durch die Beibehaltung der bisherigen Regelung wird sichergestellt, dass der Antragsteller nur eine Genehmigung erhält, die die erforderliche Erlaubnis und die Baugenehmigung einschließt. 20

Nach der Novelle 2020 wird die Baugenehmigung auch von der wasserrechtlichen Genehmigung der oberen Wasserbehörde für die Zulassung der Abwasserbehandlungsanlage eingeschlossen. Dafür beteiligt die obere Wasserbehörde die untere Bauaufsichtsbehörde im laufenden Verfahren und bittet um eine abschließende Stellungnahme. Die obere Wasserbehörde führt das für die Zulassung der Abwasserbehandlungsanlage erforderliche Verfahren, ggfs. auch unter Anwendung der nach dem Gesetz über die Umweltverträglichkeitsprüfung (UVPG) und der Industriekläranlagenverordnung (IZÜV) erforderlichen Verfahrensvorschriften. Der Gesetzgeber hat sich für diesen Einschluss der Baugenehmigung entschieden, weil nach seiner Beurteilung bei der Zulassung großer Abwasserbehandlungsanlagen in Zuständigkeit der Oberen Wasserbehörde sich die Konzentrationswirkung der Baugenehmigung nicht bewährt hat, *vgl. LT-Drucks. 7/1697. S. 24*. Betroffen davon sind neben größeren Anlagen gemäß § 71 BbgWG die Abwasserbehandlungsanlagen gemäß § 60 WHG, bei deren Zulassungen formal Anforderungen nach dem UVPG oder/und der IndustrieemissionsRL (umgesetzt durch die Industriekläranlagen-Zulassungs- und Überwachungsverordnung – IZÜV), wie Öffentlichkeitsbeteiligung, Bekanntmachung usw. zu beachten sind. Die Zuständigkeit der Oberen Wasserbehörde für diese Anlagen ergibt sich aus § 2 Nrn. 1 und 4 der Wasserbehördenzuständigkeitsverordnung (WaZV). 21

22 Über die Regelungen in der Bauordnung hinaus schließen kraft bundesrechtlicher Regelung auch § 17 Abs. 1 Satz 2 SprengG und die Genehmigungen nach §§ 4, 8 und 15 BImSchG i. V. m. § 13 BImSchG und die Genehmigung gentechnischer Anlagen nach § 8 GenTG gem. § 22 GenTG die Baugenehmigung mit ein. Die Genehmigung nach § 7 Atomgesetz schließt ebenfalls die Baugenehmigung ein.

c) Ausnahmen von der Konzentrationswirkung (Absatz 1 Satz 4)

23 Die aus der Sicht des Bauherrn an sich wünschenswerte Bündelung verschiedener Genehmigungsverfahren in einem Baugenehmigungsverfahren konnte der Brandenburgische Gesetzgeber jedoch nicht konsequent umsetzen. Dies verdeutlichen die Ausnahmebestimmungen in Satz 4. Absatz 1 Satz 4 übernimmt die in § 67 Absatz 2 Satz 2 a. F. enthaltenen Regelungen zum Entfallen der Konzentrationswirkung.

aa) Wasserrecht

24 Bereits durch die Novelle 2008 ist in Satz 1 der Bezug auf § 126 Abs. 2 des Brandenburgischen Wassergesetzes gestrichen worden, weil das Gesetz zur Änderung wasserrechtlicher Vorschriften (GVBl. I 2008 S. 62 ff.) eine Aufhebung dieser Vorschrift vorsieht. Unabhängig von der Aufhebung hält der Gesetzgeber die Streichung durch die Neuformulierung des Satzes 2 geboten. Die Aufnahme der betriebsbezogenen wasserrechtlichen Entscheidungen in den Ausnahmekatalog des Satzes 2 dient bisher schon der Klarstellung. Wasserrechtliche Erlaubnisse sind in die Baugenehmigung nur insoweit eingeschlossen, als sie für die Errichtung und für die Erschließung des Gebäudes erforderlich sind. Dies betrifft insbesondere eine während des Baugrubenaushubs erforderliche Grundwasserabsenkung, die Entwässerung versiegelter Flächen durch Versickerung oder die Ableitung vorgeklärten Abwassers einer Kleinkläranlage durch Versickerung oder Einleitung in einen Vorfluter. Diese eingeschlossenen wasserrechtlichen Erlaubnisse werden befristet erteilt. Bei Ablauf der Befristung ist durch die untere Wasserbehörde neu zu entscheiden.

25 Wasserentnahmen und Wassereinleitungen in Gewässer, die für Produktionsprozesse im Gebäude erforderlich sind, wie z. B. für eine Brauerei, sind nicht Gegenstand einer Baugenehmigung.

bb) Selbstverwaltungsangelegenheiten

26 Von der Konzentrationswirkung nicht erfasst werden die Entscheidungen, für die die Gemeinden und Gemeindeverbände im Rahmen der Erledigung der Selbstverwaltungsaufgaben selbst zuständig sind. Dies sind etwa die

Genehmigungen nach §§ 145 oder 169 Abs. 1 Nr. 3 BauGB oder Genehmigungen nach kommunalen Baumschutzsatzungen.

Gem. § 145 Abs. 1 BauGB wird die sanierungsrechtliche Genehmigung durch die Baugenehmigungsbehörde im Einvernehmen mit der Gemeinde erteilt, wenn eine Baugenehmigung erforderlich ist. Bundesrechtlich ist insoweit eine formelle Konzentration angeordnet. Dies gilt gem. § 169 Abs. 1 Nr. 3 BauGB i. V. m. § 145 BauGB auch für die entwicklungsrechtliche Genehmigung. Materiell bleibt die Entscheidung über die sanierungsrechtliche oder entwicklungsrechtliche Zulässigkeit des Bauvorhabens bei der Gemeinde. 27

cc) Planfeststellungs- oder Plangenehmigungsverfahren

Die Konzentrationswirkung erstreckt sich ausdrücklich nicht auf Entscheidungen, die aufgrund eines Planfeststellungs- oder Plangenehmigungsverfahrens ergehen. Nach § 75 VwVfG besitzen der Planfeststellungsbeschluss und die Plangenehmigung eine umfassende Konzentrationswirkung. Da diese Entscheidungen eine etwaige Baugenehmigung entbehrlich machen, hat die Regelung des § 75 VwVfG Vorrang. Lediglich im Fall des § 74 Abs. 7 VwVfG, wenn also eine Planfeststellung und Plangenehmigung entfallen, bleibt Raum für eine Konzentrationswirkung der Baugenehmigung. Dann ist aber zunächst zu prüfen, ob das Vorhaben nicht gem. § 1 Abs. 2 aus dem Anwendungsbereich der Bauordnung herausgenommen wurde. 28

d) Sonstige Ausnahmen von der Konzentrationswirkung

Neben den in Satz 4 ausdrücklich und klarstellend genannten Fällen gibt es weitere behördliche Entscheidungen, die nicht von der Konzentrationswirkung der Baugenehmigung erfasst werden. 29

aa) bundesrechtliche Konzentrationswirkung

Die Baugenehmigung hat in all den Fällen keine Konzentrationswirkung, in denen aufgrund bundesrechtlicher Regelungen für bestimmte spezialgesetzliche Verfahren bereits eine Konzentrationswirkung besteht, etwa bei § 4 Abs. 1 und §§ 8, 9, 13, 16, 19 BImSchG, bei § 17 Abs. 1 SprengstoffG oder bei § 8 i. V. m. § 22 des GenTG, *vgl. Fluck, Die anlagenbezogenen Vorschriften des Gentechnikgesetzes, BB 1990, 1716ff.* Das straßenrechtliche Anbauverbot nach § 9 Abs. 8 FStrG und die Ausnahmeerteilung von straßenrechtlichen Veränderungssperren gem. § 9a Abs. 5 FStrG werden nicht von der Konzentrationswirkung erfasst. Da sich der Vorrang bereits unmittelbar aus dem Bundesrecht ergibt, bedarf es keiner ausdrücklichen parallelen landesrechtlichen Regelung. 30

31 Die in § 67 Abs. 2 Satz 1 a. F. enthaltene Regelung zum Atomgesetz wird nunmehr in § 60 neu geregelt, der entsprechend der Musterbauordnung den Vorrang anderer Gestattungsverfahren zum Gegenstand hat. Inhaltlich erfolgt keine Veränderung, da schon bisher neben der Genehmigung nach § 7 Atomgesetz keine zusätzliche Baugenehmigung erforderlich war. Die Genehmigung nach § 7 Atomgesetz deckt die baulichen Belange vollständig mit ab.

bb) Genehmigung von bauordnungsfremden Vorhaben nach § 1 Absatz 2

32 Die Konzentrationswirkung erstreckt sich ferner nicht auf Genehmigungen für die Errichtung und den Betrieb von Anlagen und Einrichtungen, die nach § 1 Abs. 2 nicht in den Anwendungsbereich der Bauordnung fallen. Dies sind Anlagen und Einrichtungsgegenstände, die aufgestellt oder eingebaut werden, für die jedoch keine bauordnungsrechtlichen Anforderungen bestehen. Dies gilt z. B. für Kühlanlagen, Röntgenanlagen, Amalgamabscheider oder Anlagen zur Erzeugung ionisierender Strahlen. Anlagen, die fester Bestandteil der baulichen Anlage sind, wie z. B. Lüftungsanlagen, Feuerungsanlagen, Aufzüge oder Kleinkläranlagen sowie weitere in der Bauordnung oder in Sonderbauordnungen ausdrücklich benannte Anlagen oder Einrichtungen fallen hingegen in den Anwendungsbereich der Bauordnung und unterliegen damit der Baugenehmigungspflicht.

cc) Personenbezogene Genehmigungen

33 Ferner werden diejenigen Behördenentscheidungen von der Konzentrationswirkung nicht erfasst, die nicht sachbezogen, sondern **personenbezogen** sind, wie die gaststättenrechtliche Erlaubnis nach § 2 GaststättenG oder andere Konzessionen oder Betreibererlaubnisse, die die Person betreffen. Auch die Tiergehegegenehmigung nach § 43 BbgNatSchG fällt nicht unter die Konzentrationswirkung, da dies eine personenbezogene Entscheidung und keine Anlagengenehmigung ist.

5. Sicherheitsleistung des Bauherrn (Absatz 2 Satz 1)

34 Absatz 3 Satz 1 ermächtigt die Bauaufsichtsbehörde in den Fällen, in denen die Baugenehmigung unter Auflagen, Bedingungen oder Befristungen erteilt wird, als Auflage eine Sicherheitsleistung zu verlangen. Die Genehmigungsbehörden hat im Sinne gleichmäßigen Verwaltungshandelns ergänzend die Entscheidungshilfen zum Vollzug der Brandenburgischen Bauordnung und den Erlass zum Vollzug des § 67 Abs. 3 BbgBO a. F. Rückbauverpflichtung und Sicherheitsleistung *(Erlass 24/01.06 – ABl. 2006 S. 357f.)* zu berücksichtigen.

Die Ermächtigung in Satz 1, eine Sicherheitsleistung zu verlangen, dient der Klarstellung und ergänzt § 36 Abs. 1 VwVfG bezüglich der zulässigen Nebenbestimmungen. Nebenbestimmungen zur Baugenehmigung sind nach § 36 Abs. 1 VwVfG nicht in das Ermessen der Genehmigungsbehörde gestellt, weil die Baugenehmigung eine gebundene Entscheidung darstellt. Durch Satz 1 wird insoweit nur klargestellt, dass eine solche Sicherheit verlangt werden darf. Die Sicherheitsleistung muss dazu dienen, die Ersatzvornahme durch die Bauaufsichtsbehörde zu finanzieren. Damit wird die Flucht vor öffentlich-rechtlichen Anforderungen in die Insolvenz vermieden. Die Höhe der Sicherheitsleistung bestimmt sich in der Regel nach den voraussichtlichen Kosten für die zu finanzierende Maßnahme. Bei der Berechnung dieses Betrags ist die jährlich zu erwartende Inflationsrate einzurechnen. 35

Die Sicherheitsleistung lässt sich als Auflage oder als Bedingung für die Wirksamkeit der Baugenehmigung formulieren, vgl. zur Auflage *VGH Kassel, U. v. 12.01.2005 – 3 ZU 2619/03 –*; vgl. zur Umdeutung einer aufschiebenden Bedingung in eine Auflage *VG Neustadt, U. v. 22.07.2004 – 4 K 1227/04.NW –*; vgl. zur Sicherheitsleistung als Bedingung *VG Gießen, U. v. 14.07.2003 – 1 E 1236/03.* Bei der Formulierung der Nebenbestimmung ist darauf zu achten, dass genau angegeben wird, in welcher Form, mit welchem Inhalt und zu welchem Zeitpunkt die Sicherheit vorliegen muss. Ist unbestimmt, ob die Sicherheit vor Baubeginn, vor Aufnahme des Betriebs oder vor Ablauf einer bestimmten Betriebsdauer vorliegen muss, ist die Nebenbestimmung nicht hinreichend bestimmt und damit rechtswidrig. 36

Als Sicherheitsleistungen kommen die Sicherungen im Sinne des § 232 BGB in Betracht. Dies kann die Zurverfügungstellung einer Geldsumme oder die Bankbürgschaft einer deutschen Großbank oder Sparkasse sein. In der Nebenbestimmung ist anzugeben, wie die Sicherheitsleistung vorzulegen ist. Dabei ist der Verhältnismäßigkeitsgrundsatz zu beachten. So könnte es unzulässig sein, eine selbstschuldnerische Bürgschaft zu verlangen, wenn auch eine einfache Bürgschaft ausreichend ist. Auch der Verzicht auf die Vorausklage kann unverhältnismäßig sein, wenn die Behörde die Kosten der Ersatzvornahme nicht im Klageweg, sondern per Bescheid fordern kann, und sogar berechtigt ist, einen Vorschuss zu verlangen, *vgl. dazu OVG Lüneburg, B. v. 21.02.2013 – 1 ME 6/13.* 37

6. Beseitigung befristet genehmigter Vorhaben (Absatz 2 Satz 2)

Nach Satz 2 ist im Fall einer Befristung der Baugenehmigung die bauliche Anlage nach Fristablauf innerhalb von sechs Monaten zu beseitigen. Satz 2 begründet eine unmittelbare Verpflichtung des Bauherrn, die nicht der Aktualisierung durch einen Verwaltungsakt bedarf. Diese gilt auch dann, wenn der Bauherr zur Beseitigung nicht durch eine Auflage oder eine 38

Beseitigungsanordnung verpflichtet wurde. Da die unmittelbare gesetzliche Verpflichtung des Genehmigungsinhabers nicht vollstreckbar ist, bedarf es jedoch für die Durchsetzung dieser Pflicht eines Verwaltungsaktes, also entweder einer Auflage oder einer Beseitigungsverfügung.

39 Die Beseitigung kann nach Fristablauf mit der Vollstreckung der Auflage, die Anlage zu beseitigen, durchgesetzt werden. Fehlt in der Baugenehmigung eine solche Auflage, kann eine Beseitigungsanordnung nach § 80 erlassen und ggf. vollstreckt werden.

7. Rückbausicherheit nach § 34 Abs. 5 Satz 2 BauGB (Absatz 2 Satz 3)

40 Für privilegierte Anlagen nach § 35 Abs. 1 Nrn. 2 bis 6 BauGB enthält Satz 3 eine spezielle Regelung über die Rückbausicherheit.

41 Zu unterscheiden sind dabei die planungsrechtlichen und die bauordnungsrechtlichen Regelungen: § 35 Abs. 5 Satz 2 und 3 BauGB macht die Erteilung einer Baugenehmigung für Vorhaben nach § 35 Abs. 1 Nrn. 2 bis 6 BauGB vom Erlass der Nebenbestimmungen zur Sicherstellung der Pflicht zum Rückbau nach dauerhafter Aufgabe der privilegierten Nutzung abhängig. Es handelt sich um eine eigenständige bundesrechtliche Ermächtigungsgrundlage, die grundsätzlich Vorrangwirkung gegenüber Landesrecht entfaltet, *so BVerwG, U. v. 17.10.2012 – 4 C 5/11.* Dieser Anwendungsvorrang schließt aber die Auferlegung einer Sicherheitsleistung auf der Grundlage einer landesrechtlichen Vorschrift nicht aus. Zwar sind auch bei umfassender Regelung eines Gegenstandes der konkurrierenden Gesetzgebungskompetenz durch den Bund landesrechtliche Regelungen insoweit zulässig, als das Bundesrecht Vorbehalte zu Gunsten der Landesgesetzgebung enthält, *BVerwG, U. v. 07.06.1996 – 8 C 23.94.* Ob dies der Fall ist, muss einer Gesamtwürdigung des betreffenden Normenkomplexes entnommen werden, *vgl. BVerwG, U. v. 14.11.2002 – 5 C 37.01.* Den Anwendungsvorrang, den § 35 Abs. 5 Satz 2 i. V. m. Satz 3 BauGB besitzt, hat der Bundesgesetzgeber selbst eingeschränkt, *vgl. BT Drucks 15/2250 S. 94,* so dass dem Landesgesetzgeber („soweit") Raum für landesrechtliche Vorschriften bleibt, die die Bauaufsichtsbehörde aus Gründen der Gefahrenabwehr zur Auferlegung einer Rückbausicherheit ermächtigen, *vgl. BVerwG, U. v. 17.10.2012 – 4 C 5/11.*

42 Die Genehmigung wird bei Bauvorhaben im Sinne des § 35 Abs. 1 Nrn. 2 bis 6 BauGB immer erst dann erteilt, wenn eine Verpflichtungserklärung nach § 35 Abs. 5 Satz 2 BauGB vorliegt und Sicherheit in Höhe der Beseitigungskosten der baulichen Anlage oder gleichwertige Sicherheit geleistet ist, *vgl. OVG Lüneburg, B. v. 12.10.2022 – 12 MS 188/21.* Planungsrechtlicher Zweck des Sicherungsmittels ist der Schutz des Außenbereichs, wobei die Anforderungen,

die an die dienende Funktion einer baulichen Anlage i.S.d. § 35 Abs. 1 Nr. 2 BauGB zu stellen sind, dadurch nicht relativiert werden, *vgl. VGH München, U. v. 28.04.2015 – 15 B 13.2262.* Bauordnungsrechtlich soll die Sicherheit gewährleisten, dass der Rückbau nicht an den Kosten scheitert oder sich deswegen verzögert, *vgl. VG Magdeburg, U. v. 19.08.2015 – 4 A 260/14.*

Gemäß § 35 Abs. 5 Satz 3 BauGB soll die Baugenehmigungsbehörde zusätzlich durch eine nach Landesrecht vorgesehene Baulast oder in anderer Weise die Einhaltung der Verpflichtung nach Satz 2 dieser Vorschrift sicherstellen. Welche Sicherungsmaßnahme die Genehmigungsbehörde verlangt, steht dabei in ihrem Ermessen, *vgl. Söfker, in, Ernst/Zinkahn/Bielenberg, BauGB, Kommentar, § 35 Rn. 166.* Ermessensleitend ist das öffentliche Interesse an einer effektiven Sicherung, *VG Hannover, U. v. 22.11.2012 – 12 A 2305/11.* Dabei ist der Wortlaut („durch ... Baulast oder in anderer Weise") nicht als Alternative zu verstehen, mit der die Bandbreite möglicher Maßnahmen zur Einhaltung der Verpflichtung nach Satz 2 eingeschränkt wird, *vgl. BVerwG, Urt. v. 17.10.2012 – 4 C 5/11.* Vielmehr soll die Maßnahme umfassend sicherstellen, dass die wirtschaftlichen Lasten, die nach der Einstellung des Betriebs eines Vorhabens mit dem vorgesehenen Rückbau verbunden sind, nicht von der öffentlichen Hand getragen werden müssen. Dabei ist auch in Rechnung zu stellen, dass nach dem Wegfall der Privilegierung eines Vorhabens i.S.d. § 35 Abs. 1 BauGB durch Einstellung der privilegierten Nutzung wertungsmäßig ein neuer Eingriff in die natürliche Eigenart der freien Landschaft vorliegt. Denn nun steht dort eine nicht nach § 35 Abs. 1 BauGB privilegierte Anlage. Auch wird dieser Eingriff weder durch etwaige geleistete Kompensationsmaßnahmen ausgeglichen, noch durch die Genehmigung zur Errichtung und zum Betrieb der Anlage legalisiert. Der Intention des Gesetzgebers im Hinblick auf die Lastenverteilung des Rückbaus der Anlage wird durch das Verlangen nach einer Sicherheitsleistung Rechnung getragen. Dadurch wird vermieden, dass der Allgemeinheit die wirtschaftliche Last für die tatsächliche Erfüllung des Rückbaus aufgebürdet wird, wenn das diesbezüglich in der Verantwortung stehende Unternehmen nicht willens oder aus finanziellen Gründen nicht in der Lage ist, seinen Verpflichtungen nachzukommen, *vgl. OVG Lüneburg, B. v. 12.10.2022 – 12 MS 188/21.* Die Ermächtigung nach § 35 Abs. 5 Satz 2 i.V.m. Satz 3 BauGB umfasst somit alle Maßnahmen, die geeignet sind, die Einhaltung der Verpflichtungserklärung sicherzustellen, und damit auch die Auferlegung einer Sicherheitsleistung als Maßnahme zur finanziellen Absicherung eines möglichen Liquiditätsrisikos, *vgl. BVerwG, U. v. 17.10.2012 – 4 C 5/11 – und VG Lüneburg, U. v. 07.05.2015 – 2 A 210/12.* 43

Die Verpflichtungserklärung nach § 35 Abs. 5 Satz 2 BauGB meint die Verpflichtung, die Anlage nach Nutzungsaufgabe zu beseitigen. Die Beseitigung erfasst nicht nur den eigentlichen Rückbau, sondern auch den Abtransport, die Renaturierung und die endgültige Verwertung der baulichen Anlagen. Satz 4 44 stellt klar, dass die vorstehenden Bestimmungen auch dann gelten, wenn die Zulassung der baulichen Anlage nicht durch eine Baugenehmigung, sondern durch eine andere Genehmigung, etwa durch eine immissionsschutzrechtliche Genehmigung erfolgt.

45 Nach dem Erlass 24/01.06 beträgt die Sicherheitsleistung 10 % der Rohbaukosten, bei Windenergieanlagen sind als Rohbaukosten fiktiv 40 % der Rohbausumme anzusetzen, *vgl. dazu VGH Kassel, U. v. 12.01.2005 – 3 ZU 2619/03*. Vgl. zur Rückbauverpflichtung bei Biomasseanlagen im Sinne von § 35 Abs. 1 Nr. 6 BauGB *Biomasseerlass vom 05.04.2006 (ABl. 2006, 354ff.), s. zur Berechnung der Höhe der Sicherheitsleistung OVG Lüneburg, B. v. 12.10.2022 – 12 MS 188/21.*

8. Inhalt, Form und Bekanntmachung der Baugenehmigung (Absatz 3)

a) Konzentrationswirkungsangabe

46 Nach Satz 1 ist in der Baugenehmigung klarstellend anzugeben, welche weiteren behördlichen Entscheidungen von der Baugenehmigung eingeschlossen werden. Der Inhaber der Baugenehmigung kann sich so Gewissheit darüber beschaffen, ob alle für die Errichtung und Nutzung der baulichen Anlage erforderlichen Genehmigungen vorliegen.

47 Der Gesetzgeber überlässt es der Behörde zu entscheiden, wo diese Angabe gemacht wird. Da es sich bei der Angabe um einen wesentlichen Bestandteil der Genehmigung als solcher handelt, ist diese Angabe bei der Tenorierung der Genehmigung zu machen.

b) Begründung

48 Von der Normierung einer besonderen Begründungspflicht hat der Gesetzgeber abgesehen. Die Begründungspflicht der Baugenehmigung als Verwaltungsakt ergibt sich aus § 39 VwVfG.

c) Schriftform

49 Durch die Novelle 2016 ist die vormals in § 67 Abs. 4 Satz 1 a. F. – abweichend von § 37 Abs. 2 Satz 1 VwVfG – vorgeschriebene Schriftform aufgehoben worden. Die Baugenehmigung bedarf nicht der Schriftform im rechtlichen Sinne. Dadurch soll ein elektronisches Baugenehmigungsverfahren leichter ermöglicht werden. Die Baugenehmigung kann also auch elektronisch per E-Mail bekannt gemacht werden. Aus Beweisgründen muss sie auf diesem Weg verschriftlicht werden und zwar in einer Form, die es ermöglicht, sie auf der Baustelle vorzuhalten, vgl. § 72 Abs. 10. Eine mündliche Baugenehmigung kann

dieser Anforderung nicht gerecht werden. Auch bei der nicht in Schriftform erlassenen Baugenehmigung ist darauf zu achten, dass die Genehmigung vollständig ist, also alle Anlagen mit einem Zugehörigkeitsvermerk versehen sind. Ohne jede Form ist die Baugenehmigung, die gem. § 63 Abs. 4 kraft Fiktion als erteilt gilt. Für diese Genehmigung kann die Fiktionsbestätigung verlangt werden.

d) Bekanntmachung

Um die elektronische Verwaltung zu erleichtern, ist die förmliche Zustellung der Baugenehmigung zusammen mit einer Ausfertigung der genehmigten Bauvorlagen nicht mehr vorgeschrieben. Die Baugenehmigung kann durch eine formlose Übermittlung oder über ein Verwaltungsportal erteilt werden. Dem Bauherrn darf die Genehmigung dabei in jeder Form übermittelt werden, sie kann ihm auch ausgehändigt werden. Die Übersendung mit einfachem Brief oder in elektronischer Form ist möglich. 50

Wird die Genehmigung zugestellt, so kann dies durch Postzustellungsurkunde (§ 3 VwZG) oder durch Einschreiben durch Übergabe, mittels Einschreiben mit Rückschein (§ 4 VwZG) oder Empfangsbekenntnis (§ 5 VwZG) geschehen. Der Gemeinde und dem Entwurfsverfasser kann die Genehmigung nach Absatz 6 ebenfalls mittels einfachen Briefs oder E-Mail bekannt gegeben werden. 51

9. Rechtsnachfolge (Absatz 4)

Die Regelung des Absatz 4 beruht auf der grundstücksbezogenen bzw. dinglichen Wirkung der Baugenehmigung, *vgl. dazu Niehues, Dinglicher Verwaltungsakt, DÖV 1965, 319ff.* Die Baugenehmigung ist nicht personenbezogen, so dass personenbezogene Voraussetzungen für die Erteilung der Genehmigung unbeachtlich sind. Die Wirkung erlaubt es, dass ein Rechtsnachfolger des Inhabers der Genehmigung aufgrund seiner Rechtsnachfolge in den Rechtsstatus des Genehmigungsinhabers eintritt. Diese Rechtsnachfolge bedarf keiner besonderen Form. Der Inhaber der Baugenehmigung kann die Verwirklichung des genehmigten Vorhabens jeder beliebigen Person ohne Weiteres überlassen. Dadurch gerät der Übernehmer in die verfahrensrechtliche Stellung des Genehmigungsinhabers. Der Übernehmer bzw. Rechtsnachfolger tritt in die verfahrensrechtliche Situation ein, die für den Rechtsvorgänger bestanden hat, *vgl. BVerwG, B. v. 12.11.1992 – 7 ER 300/92.* Rechtsnachfolger ist etwa auch der Erwerber eines Grundstücks. 52

Für immissionsschutzrechtliche Genehmigungen gilt diese Rechtsnachfolgeregelung nicht, auch nicht entsprechend. Die immissionsschutzrechtliche Genehmigung wird nicht dem Grundstück, sondern dem Träger des 53

Vorhabens für eine bestimmte Anlage an einem bestimmten Standort erteilt. Die immissionsschutzrechtliche Genehmigung ist nach dem Bundes-Immissionsschutzgesetz nicht an das Eigentum des Standortgrundstücks gebunden, *vgl. VGH München, B. v. 15.02.2006 – 22 CS 06.166.* Gleichwohl ist auch in diesen Fällen eine Verwirklichung des Vorhabens durch Dritte möglich. Der Übergang der Rechte und Pflichten auf den Dritten bedarf dann jedoch der Anzeige an die Genehmigungsbehörde. Im Bauordnungsrecht ist eine solche Anzeige nicht erforderlich.

54 Die Rechtsnachfolgeregelung nach Absatz 4 gilt nicht für die Rechte und Pflichten aus dem Stellplatzablösevertrag. Eine Rechtsnachfolge, also den Austausch des Vertragspartners, hat der Gesetzgeber nicht vorgesehen. Eine Rechtsnachfolge in die vertragliche Stellung des Bauherrn kommt nur bei einer Gesamtrechtsnachfolge, z. B. bei einem Erbfall, in Betracht.

55 Eine Rechtsnachfolge gilt auch nicht für die Gebührenschuld, *vgl. VGH Mannheim, U. v. 29.08.1979 – II 2812/78.* Denn die dingliche Wirkung der Baugenehmigung erstreckt sich nicht auf die Gebührenschuld. Diese liegt nicht als öffentliche Last auf dem Grundstück, sondern liegt ausschließlich beim Bauantragsteller.

10. Private Rechte Dritter (Absatz 5)

56 In Absatz 5 wird klargestellt, dass die Baugenehmigung die zivilen Rechte und Pflichten nicht verändert. Diese Rechte werden weder eingeschränkt noch erweitert. Mittels der Baugenehmigung kann sich der Bauherr nicht über zivilrechtliche Schranken, wie z. B. grundbuchrechtlich gesicherte oder schuldrechtlich vereinbarte Bauverbote hinwegsetzen. Da solche privaten Rechte Dritter von der Baugenehmigung unberührt bleiben, hat die Baugenehmigungsbehörde derartige Rechte auch nicht zu prüfen. Sie können durch die Baugenehmigung nicht verletzt werden, *vgl. BVerwG, B. v. 10.11.1998 – 4 B 107/98.* Den Inhabern solcher Rechte ist es unbenommen, diese im Zivilrechtsweg durchzusetzen.

57 Die Erteilung der Baugenehmigung setzt daher nicht voraus, dass der Bauantragsteller Eigentümer des Baugrundstücks ist, *vgl. BVerwG, U. v. 23.03.1976 – 4 C 49.71.* Allerdings kann die Bauaufsicht in den Fällen, in denen der Bauantragsteller nicht der Eigentümer des Grundstücks ist, die Zustimmung des Grundstückseigentümers verlangen, vgl. § 68 Abs. 4.

11. Bekanntmachung an Gemeinde und Entwurfsverfasser (Absatz 6)

Durch Absatz 6 wird bestimmt, welchen Personen und Behörden die Baugenehmigung bekanntzugeben ist. Soll die Genehmigung die Ersetzung des verweigerten gemeindlichen Einvernehmens im Sinne von § 36 BauGB beinhalten, vgl. § 71 BbgBO, ist sie nicht nur nach Absatz 6, sondern zur Wirksamkeit der Ersetzung zugleich auch nach § 43 VwVfG der Gemeinde bekannt zu machen. 58

Diese Bekanntgabe muss nicht mittels förmlicher Zustellung erfolgen. Es kann die einfache Schriftform oder die elektronische Form gewählt werden. 59

Der Gemeinde, in deren Gebiet das Baugrundstück gelegen ist, ist die Baugenehmigung in jedem Fall bekannt zu machen. Diese soll prüfen können, ob sie wegen einer möglichen Verletzung ihrer kommunalen Planungshoheit Widerspruch eingelegen will. Bei der Bekanntmachung an die Gemeinde wird die Monatsfrist gem. § 58 VwGO nur dann ausgelöst, wenn der Bekanntmachung eine direkt an die Gemeinde gerichtete Rechtsmittelbelehrung beigefügt ist. 60

12. Baubeginn (Absatz 7)

a) Allgemeines

Die Regelungen über den Baubeginn sollen sicherstellen, dass mit dem Bau nicht vorzeitig begonnen wird und alle für den Baubeginn erforderlichen Voraussetzungen erfüllt sind. 61

b) Baubeginn (Absatz 7 Nr. 1)

In Absatz 7 wird klargestellt, unter welchen Voraussetzungen der Baubeginn zulässig ist. Dieser Absatz gilt trotz seiner Stellung in § 72, der vor allem die Baugenehmigung regelt, auch für genehmigungsfreie oder anzeigepflichtige Vorhaben. Vorteilhafter wäre es gewesen – auch um die Bauherren genehmigungsfreier Vorhaben besser zu erreichen – diese Vorschrift in einem gesonderten Paragraphen zu fassen. 62

Nach Nummer 1 ist Voraussetzung für den Baubeginn, dass eine nach § 63 oder § 64 erforderliche Baugenehmigung vorliegt. Bei einem Vorhaben im Bauanzeigeverfahren nach § 62, muss die Voraussetzung des § 62 Abs. 3 Satz 1 erfüllt sein. Der Bauherr muss also zwischen dem Eingang der Bauanzeige bei der Bauaufsichtsbehörde und dem Baubeginn einen Zeitraum von einem Monat verstreichen lassen. Ihm darf in diesem Zeitraum eine Untersagung der Bauausführung nicht zugegangen sein. Geht ihm die Untersagung später zu, 63 ändert dies sein Recht zum Baubeginn nicht. Die Untersagung, die ein Sicherungsmittel ist, läuft dann ins Leere. Die Gemeinde kann die Situation dann nur noch durch eine Veränderungssperre retten und dadurch die weitere Bauausführung unterbrechen. Für diesen Zweck muss sie den Bauherrn aber bösgläubig machen, *vgl. BVerwG, U. v. 30.08.2012 – 4 C 1/11.*

64 Das in Nummer 2 genannte Erfordernis, dass nach anderen Rechtsvorschriften erforderliche Genehmigungen vorliegen müssen, nimmt darauf Bezug, dass die Baugenehmigung trotz ihrer grundsätzlichen Konzentrationswirkung gem. Absatz 1 Satz 2 nicht alle für den Baubeginn erforderlichen Genehmigungen einschließt. Soweit diese also noch gesondert eingeholt werden müssen, darf erst mit dem Bau begonnen werden, wenn diese Genehmigungen vorliegen. Die Regelung in Nummer 2 gilt aber auch für genehmigungsfreie oder für Vorhaben im Bauanzeigeverfahren. Bei diesen Vorhaben ist der Bauherr dafür verantwortlich, die sonstigen öffentlich-rechtlichen Zulassungen einzuholen. Von besonderer Bedeutung sind die naturschutzrechtlichen Ausnahmen und Befreiungen gem. § 72 BbgNatSchG, die denkmalschutzrechtliche Erlaubnis nach § 19 BbgDSchG sowie die sanierungs- oder entwicklungsrechtlichen Genehmigungen nach §§ 145, 169 Abs. 1 Nr. 1 BauGB.

65 Die Regelung in Nummer 3 ist Konsequenz der Entkoppelung der rechtlichen Prüfung im Baugenehmigungsverfahren von der technischen Prüfung außerhalb des Genehmigungsverfahrens. Aus Nummer 3 ergibt sich, dass die erforderlichen Prüfberichte über die bautechnischen Nachweise zum Zeitpunkt der Mitteilung über den Baubeginn vorliegen müssen. In Nummer 3 spiegelt sich die Trennung des Baugenehmigungsverfahrens in eine rechtliche Prüfung, die mit der Erteilung der Baugenehmigung endet und in eine technische Prüfung, die mit den Prüfberichten endet. In Satz 1 Nummer 3 sind mit der Novelle 2016 die „Bescheinigungen" gestrichen worden, da bautechnische Nachweise in Brandenburg nicht von Prüfsachverständigen bescheinigt, sondern von Prüfingenieuren geprüft werden.

66 Der Verstoß gegen die Verfahrensvorschrift des § 68 kann eine Baueinstellungsverfügung rechtfertigen. Der Verstoß ist bußgeldbewehrt, vgl. § 85 Abs. 1 Nr. 7.

13. Vorbehalt der Baufreigabe für einzelne Bauabschnitte (Absatz 7 Satz 2)

67 Satz 2 entspricht § 68 Absatz 1 Satz 2 a. F. Der Gesetzgeber hält an dieser Vorschrift fest, um der Bauaufsichtsbehörde flexible Handlungsmöglichkeiten zu verschaffen. So kann der Vorbehalt der Baufreigabe in den Fällen erforderlich sein, in denen das Prüfprogramm der Baugenehmigung beschränkt ist, vgl. § 63, so dass die Genehmigung zu erteilen ist, mit dem Bau aber noch nicht

begonnen werden darf, weil nicht alle erforderlichen Genehmigungen vorliegen. Fehlt etwa die sanierungsrechtliche oder erhaltungsrechtliche Genehmigung, kann der Baubeginn von der Vorlage dieser Genehmigung abhängig gemacht werden. Auf diese Weise lassen sich die Probleme bewältigen, die das OVG Lüneburg für das Niedersächsische Landesrecht in seinem *U. v. 30.04.2014 – 1 LB 200/12 –*, beschrieben hat. Durch den Vorbehalt der Baufreigabe kann also verhindert werden, dass mit dem Bau zu früh begonnen wird.

68 Bei ihrer Entscheidung über den Vorbehalt hat die Behörde das ihr eingeräumte Ermessen gem. § 40 VwVfG sachgerecht auszuüben. Der Vorbehalt darf weder unverhältnismäßig sein, noch darf die Behörde damit einen rechtswidrigen Zweck verfolgen. Unzulässig ist der Vorbehalt etwa, wenn die Behörde sich dadurch eine Prüfungskompetenz zueignen will, die ihr nicht zusteht. Will sie etwa Prüfberichte oder Abweichungsentscheidungen des Prüfingenieurs vor Baubeginn prüfen, obwohl sie für diese Prüfung nicht zuständig ist, vgl. § 66 Abs. 4, so darf sie sich deswegen die Freigabe der Bauarbeiten nicht vorbehalten. Der Bauherr kann gegen diese Nebenbestimmung Widerspruch einlegen. Suspendiert nach § 80 Abs. 1 VwGO ist durch den Widerspruch nur diese Nebenbestimmung, nicht die Baugenehmigung in Gänze.

14. Baubeginnsanzeige (Absatz 8)

69 Absatz 8 verpflichtet den Bauherrn, den Baubeginn der Bauarbeiten bei genehmigungs- oder anzeigepflichtigen Vorhaben, vgl. §§ 62 ff., der Bauaufsichtsbehörde zu melden. Für erlaubnispflichtige Vorhaben im Sinne von § 87 Abs. 1 Nr. 4 gilt dies nicht.

70 Durch diese Mitteilung soll die Bauaufsichtsbehörde die Möglichkeit erhalten, das Baugeschehen zu überwachen. Mit der Meldung muss der Bauherr auch die nach anderen Rechtsvorschriften erforderlichen Genehmigungen sowie die erforderlichen Prüfberichte oder Bescheinigungen über die Prüfung der bautechnischen Nachweise vorlegen. Da die Prüfberichte nicht Gegenstand des Verfahrens zur Erteilung der Baugenehmigung waren, wird die Bauaufsichtsbehörde über die Existenz der bautechnischen Nachweise, deren Prüfung und über die Prüfberichte erstmalig in Kenntnis gesetzt. Da die Behörde – soweit nach § 66 zulässig – die Vollständigkeit dieser Unterlagen erst durch die Vorlage vor Baubeginn prüfen kann und die Möglichkeit haben soll, ggf. in das Baugeschehen frühzeitig eingreifen zu können, muss zwischen Anzeige des Baubeginns und Vorlage der Bescheinigungen und Prüfberichte sowie dem Baubeginn ein Zeitraum von mindestens einer Woche liegen.

15. Einmessungspflicht des Bauherrn (Absatz 9)

71 Absatz 9 regelt die Verpflichtung des Bauherrn, das Bauvorhaben nach seiner Grundfläche und seiner Höhenlage einmessen zu lassen. Grundlage der Einmessung sind in jedem Fall die Maßdaten in den Bauantragsunterlagen, die als Bauvorlagen Bestandteil der Baugenehmigung geworden sind. Dies sind vor allem der durch den Entwurfsverfasser erstellte Lageplan und die Höhenangaben in den bauaufsichtlich genehmigten Schnitt- und Ansichtszeichnungen des Bauvorhabens. Wird die Grundfläche des Bauvorhabens nach Satz 2 durch eine behördliche Vermessungsstelle eingemessen, kann diese Einmessung mit der nach § 23 Abs. 2 des Brandenburgischen Vermessungsgesetzes erforderlichen Einmessung verbunden werden. Auch in diesem Fall ist z. B. durch den öffentlich bestellten und vereidigten Vermessungsingenieur (öbVI) die bauliche Anlage nach der festgelegten Grundfläche und Höhenlage einzumessen. Die Messergebnisse sind Grundlage für die Einmessungsbescheinigung nach Satz 2 und für die Ermittlung der zur Fortführung des Liegenschaftskatasters erforderlichen Angaben. Macht der Bauherr von dieser Möglichkeit Gebrauch, entfällt für ihn die gesonderte Einmessung nach § 23 Abs. 2 des Brandenburgischen Vermessungsgesetzes.

16. Vorhaltung der Bauunterlagen (Absatz 10)

72 Durch Absatz 10 wird der Bauherr verpflichtet, Baugenehmigung, Bauvorlagen, Ausführungszeichnungen und Baufreigabeschein an der Baustelle von Baubeginn an vorliegen zu haben. Dadurch soll der Bauaufsichtsbehörde bei einer Baustellen- oder Bauausführungskontrolle (§§ 82, 83) eine effektive Kontrolle vor Ort ermöglicht werden.

73 Baustelle ist der Ort, an dem das Bauwerk verwirklicht wird. Davon zu unterscheiden sind Werkstätten und Bauhöfe, auf denen Bauteile angefertigt werden. Auf der Baustelle müssen die Unterlagen so vorliegen, dass sie der Bauaufsicht tatsächlich zugänglich sind. Der Bauherr hat die Baustelle also so zu organisieren, dass ein Zugriff auch dann möglich ist, wenn er nicht vor Ort ist.

§ 72a
Typengenehmigung

(1) [1]Für bauliche Anlagen, die in derselben Ausführung an mehreren Stellen errichtet werden sollen, wird auf Antrag durch die oberste Bauaufsichtsbehörde eine Typengenehmigung erteilt, wenn die baulichen Anlagen oder Teile von baulichen Anlagen den Anforderungen nach diesem Gesetz oder aufgrund dieses Gesetzes erlassenen Vorschriften entsprechen. [2]Eine Typengenehmigung kann auch für bauliche Anlagen erteilt werden, die in unterschiedlicher Ausführung, aber nach einem bestimmten System und aus bestimmten Bauteilen an mehreren Stellen errichtet werden sollen; in der Typengenehmigung ist die zulässige Veränderbarkeit festzulegen. [3]Für Fliegende Bauten wird eine Typengenehmigung nicht erteilt.

(2) [1]Die Typengenehmigung gilt fünf Jahre. [2]Die Frist kann auf Antrag jeweils um bis zu fünf Jahren verlängert werden; § 68 Absatz 2 und § 69 gelten entsprechend.

(3) [1]Typengenehmigungen anderer Länder gelten auch im Land Brandenburg, soweit die nach Absatz 1 zuständige Behörde die Anwendbarkeit bestätigt hat. [2]Die Bestätigung kann mit Auflagen und Nebenbestimmungen versehen werden.

(4) [1]Eine Typengenehmigung entbindet nicht von der Verpflichtung, ein bauaufsichtliches Verfahren durchzuführen. [2]Die in der Typengenehmigung entschiedenen Fragen sind von der Bauaufsichtsbehörde nicht mehr zu prüfen.

(5) [1]Die Prüfberichte der Prüfingenieurin oder des Prüfingenieurs über die Prüfung der Standsicherheits- und Brandschutznachweise müssen der obersten Bauaufsichtsbehörde abweichend von § 66 Absatz 3 Satz 5 und 6 vor Erteilung der Typengenehmigung vorliegen. [2]Abweichend von § 66 Absatz 4 und § 67 Absatz 1 Satz 2 werden bautechnische Nachweise hinsichtlich der örtlichen Gegebenheiten und der Leistungsfähigkeit der örtlichen Feuerwehr, insbesondere nach den §§ 5, 33 Absatz 2 und 3 sowie § 37 Absatz 5, im bauaufsichtlichen Verfahren abschließend geprüft.

Übersicht

1. Allgemeines

1 Die Typengenehmigung ist mit der Novelle 2020 in die Bauordnung eingeführt worden. Der Gesetzgeber sah ein Bedürfnis dafür, die Prüfung der Zulässigkeit baulicher Anlagen, die in gleicher Weise mehrfach errichtet werden (serielle und modulare Bauen), abzuschichten, so dass insbesondere über die baulich-konstruktive Zulässigkeit mit der Typengenehmigung entschieden wird, *vgl. dazu kritisch Schröer/Kümmel, NVwZ 2020, 1402.* In Betracht kommt die Typengenehmigung etwa bei der Container-Modulbauweise, bei Fertig- bzw. Systemhäusern, bei Windkraftanlagen oder bei Biogasanlagen, *vgl. etwa Hamburger Bürgerschaft, Drucksache 21/16077 v. 05.02.2019, S. 7* zu SAGA-Systemhäuser. Nicht mit der Typengenehmigung zu verwechseln ist die sog. Typenprüfung, die durch private Dienstleister z. B. TÜV Süd vorgenommen werden. Diese Typenprüfungen sind Gegenstand des Typengenehmigungsverfahrens, ersetzen die Typengenehmigung aber nicht, *vgl. VG Saarland, U. v. 28.04.2010 – 5 K 1579/09.* Gesetzgeberisches Ziel bei der Einführung des § 72a ist, das serielle und modulare Bauen durch die Typengenehmigung zu erleichtern und damit auch zu befördern. Dadurch soll schneller, flexibler und kostengünstiger gebaut werden können. Planungs- und Verfahrenskosten lassen sich senken.

2 Die Typengenehmigung ist keine Brandenburgische Erfindung. In der Sitzung der Bauministerkonferenz vom 22.02.2019 ist die Einführung der Typengenehmigung in die MBO beschlossen worden. Zahlreiche Bauordnungen kennen dieses Instrument, so etwa in Bremen, Hamburg, Niedersachsen, Nordrhein-Westfalen, Schleswig-Holstein.

2. Anwendungsbereich der Typengenehmigung (Absatz 1)

3 Nach Absatz 1 Satz 1 kann eine Typengenehmigung erteilt werden für bauliche Anlagen, die jeweils mehrfach an verschiedenen Stellen errichtet werden sollen. Nicht gemeint ist, dass dieselbe bauliche Anlage mehrfach an

verschiedenen Stellen errichtet werden muss. Es ist unschädlich, sogar der Normalfall, dass eine typengenehmigte bauliche Anlage nur ein einziges Mal an einem Standort errichtet wird und dort verbleibt. Fliegende Bauten werden nicht durch die Typengenehmigung zugelassen, vgl. Satz 3.

Die Typengenehmigung ist ein feststellender und u. U. gestaltender Verwal- 4
tungsakt im Sinne von § 35 VwVfG. Die Typengenehmigung bestätigt verbindlich, dass die genehmigte bauliche Anlage als solche den bauaufsichtlichen Anforderungen nicht widerspricht. In dieser Prüfung ist auch die beabsichtigte Nutzung von Bedeutung. Sollen in der Anlage Aufenthaltsräume sein, sind die Anforderungen des § 47 zu prüfen; handelt es sich um Wohnungen, sind die Anforderungen des § 48 zu prüfen. Hingegen sind Anforderungen außerhalb der Anlage, wie etwa Fragen der Tragfähigkeit des Bodens, der Erschließung, des Abstandsflächenrechts und die planungsrechtliche Zulässigkeit nicht zu prüfen. Um die Tatbestandswirkung der Typengenehmigung bestimmen zu können, ist der Prüfungsumfang in der Typengenehmigung anzugeben.

Von gestaltender Wirkung ist die Typengenehmigung, wenn in ihr Abwei- 5
chungen nach § 67 oder Erleichterungen nach § 51 von gesetzlichen Anforderungen zugelassen werden. Insoweit diese Abweichungen gewährt wurden, kann deren Erfüllung nicht mehr im nachfolgenden Baugenehmigungsverfahren verlangt werden.

Systemwidrig ist in Satz 1 der Prüfungsmaßstab bei der Entscheidung über 6
einen Typengenehmigungsantrag vom Gesetzgeber formuliert worden. Verlangt wird nach § 72 Abs. 1 Satz 1 eine Entsprechensprüfung. Dies geht auf die Formulierung in der Musterbauordnung zurück, in der bereits vorgeschrieben ist, dass zu prüfen ist, ob die bauliche Anlage der Bauordnung *entspricht*. Diese Entsprechensprüfung ist dem Bauordnungsrecht, ebenso dem Bauplanungsrecht, jedoch fremd. So wird die Baugenehmigung erteilt, wenn der baulichen Anlage öffentlich-rechtliche Vorschriften *nicht entgegenstehen*, vgl. § 72 Abs. 1 Satz 1, und ist ein Vorhaben gem. § 30 BauGB planungsrechtlich zulässig, wenn das Vorhaben den Festsetzungen des Bebauungsplans *nicht widerspricht*, s. dazu *Rieger, in Schrödter, BauGB, § 30 Rn. 15, s. a. BVerwG, U. v. 16.03.1995 – 4 V 3.94 – und U. v. 08.11.2001 – 4 C 18.00*. Eine auf das Fehlen von Widersprüchen gerichtete Prüfung entspricht der Funktion des Baugenehmigungserfordernisses als präventives Verbot mit Erlaubnisvorbehalt. Wenn und soweit die Bauordnung Anforderungen an eine bauliche Anlage nicht stellt, ist die Baugenehmigung zu erteilen, obwohl insoweit ein Entsprechen mit der Bauordnung nicht feststellbar ist.

Auch sonstiges öffentliches Recht ist im Typengenehmigungsverfahren nicht 7
zu prüfen. Diese Ausklammerung hat der Gesetzgeber dadurch bestimmt,

dass nur „die Anforderungen nach diesem Gesetz oder aufgrund dieses Gesetzes erlassenen Vorschriften" zu prüfen sind. Diese Begrenzung des Prüfungsumfangs auf das Bauordnungsrecht bedeutet, dass insbesondere das Bauplanungsrecht oder sonstige Bundes- und Landesrecht nicht zu prüfen sind.

8 Nach Satz 2 kann eine Typengenehmigung auch für unterschiedliche Ausführungen der baulichen Anlage erteilt werden. Der Gesetzgeber nennt dafür als Beispiele verschiedene Grundrissvarianten, Dach- und Fassadengestaltungen. Denkbar können bei Windenergieanlagen unterschiedliche Nabenhöhen oder Rotorblattlängen sein.

9 Nach Satz 3 wird für Fliegende Bauten eine Typengenehmigung nicht erteilt, da für diese nicht nur gem. § 76 ein eigenes (standortloses) Zulassungsverfahren besteht, sondern auch deshalb, weil fliegende Bauten bauliche Anlagen sind, die jeweils mehrfach an verschiedenen Anlagen errichtet werden müssen. Merkmal modularer oder serieller baulicher Anlagen ist ein geplanter Standortwechsel gerade nicht.

3. Geltungsdauer der Typengenehmigung (Absatz 2)

10 Nach Absatz 2 beträgt die Geltungsdauer der Typengenehmigung 5 Jahre. Die Genehmigung hat also eine kürzere Geltungsdauer als die ordentliche Baugenehmigung nach § 73 Abs. 1. Beabsichtigt ist dies vom Gesetzgeber wohl nicht, denn in der Begründung zu Absatz 2 heißt es sogar, dass die Typengenehmigung eine längere Geltungsdauer als die Baugenehmigung besitzt, LT-Drucks. 7/1697, S. 25. Seine Ursache dürfte dies in dem Umstand haben, dass nach der Musterbauordnung die Geltungsdauer der Baugenehmigung 3 Jahre beträgt, § 73 MBO, in Brandenburg aber 6 bzw. 7 Jahre, vgl. § 73. Die fünfjährige Geltungsdauer soll dem Hersteller die Möglichkeit geben, während der fünf Jahre eine größere Zahl von Bauvorhaben zu errichten, so dass dadurch die Baukosten gesenkt werden können.

11 Anders als die Baugenehmigung nach § 72 ist die Typengenehmigung verlängerbar. Der Gesetzgeber sieht Verlängerungen um 5 Jahre vor. Wird die Verlängerung beantragt, ist über diesen Antrag nach der im Zeitpunkt der Verlängerung geltenden Rechtslage zu entscheiden, ob die Voraussetzungen für eine erneute Typengenehmigung vorliegen, d.h. die bauliche Anlage im Umfang der zu prüfenden Anforderungen nicht den öffentlich-rechtlichen Vorschriften widerspricht.

4. Übertragbarkeit von Typengenehmigungen anderer Länder (Absatz 3)

Absatz 3 regelt die Geltung der Typengenehmigungen, die in anderen Ländern erteilt worden sind. Problematisch an Typengenehmigungen kann sein, dass in den Verfahren Anforderungen nicht geprüft wurden, die in Brandenburg zum Prüfprogramm gehören oder dass die bauordnungsrechtlichen Anforderungen, die geprüft werden und denen die baulichen Anlagen in den Ländern nicht widersprechen dürfen, von denen in Brandenburg abweichen und insoweit geringer sind. Dies kann etwa bei der Ausstattung von Wohnungen, der Barrierefreiheit oder der Verwendung von Holz in tragenden oder aussteifenden sowie raumabschließenden Bauteilen der Fall sein, vgl. etwa § 26 Abs. 3 BauO Bln, den es in der Brandenburgischen Bauordnung nicht vergleichbar gibt. 12

Die Bestätigung ist ein Verwaltungsakt. Sie darf mit Nebenbestimmungen versehen werden, soweit diese nach § 36 Abs. 1 VwVfG zulässig sind. Diese Bestätigung tritt neben die Typengenehmigung und ist Voraussetzung dafür, dass die Typengenehmigung eines anderen Landes mit einer Abschichtungswirkung in Brandenburg Grundlage für nachfolgende Genehmigungesverfahren ist. Durch die Nebenbestimmung kann die Typengenehmigung auf das Niveau der Brandenburgischen Bauordnung angeglichen werden, soweit in Brandenburg strengere oder geringere Anforderungen als in der Bauordnung des Herkunftslandes bestehen. 13

5. Nachlaufendes Baugenehmigungsverfahren (Absatz 4)

Nach Absatz 4 Satz 1 entbindet die Typengenehmigung nicht von der Durchführung des für die jeweilige bauliche Anlage nach den §§ 62 bis 64 vorgesehenen bauaufsichtlichen Verfahrens. Das Baugenehmigungsverfahren ist erforderlich, da die Typengenehmigung nicht zum Bauen berechtigt. Die Baufreigabe kann nur die Baugenehmigung nach § 72 bewirken. In dem nachfolgenden Baugenehmigungsverfahren werden insbesondere grundstücksbezogene Anforderungen der Bauordnung sowie das sonstige öffentliche Recht, soweit es einschlägig ist (Planungsrecht, Denkmalschutzrecht, Naturschutzrecht usw.), geprüft. 14

Nach Satz 2 sind die in der Typengenehmigung entschiedenen Fragen nicht mehr zu prüfen. Diese Formulierung ist ungenau. Richtig ist, dass diese nicht geprüft werden dürfen. Die Bauaufsichtsbehörde ist an die bestandskräftige Typengenehmigung gebunden und muss diese dem weiteren Genehmigungsverfahren zugrunde legen. Wenn und soweit die Typengenehmigung gilt, ist sie verbindlich. Eine Typengenehmigung macht die Prüfung bautechnischer Nachweise daher nur für diejenigen Teile des Bauvorhabens entbehrlich, für 15 welche die Typengenehmigung ergangen ist. Soweit Typengenehmigung nur bestimmte Teile eines Gesamtvorhabens umfasst, entfällt nur für diese Teile eine bauaufsichtliche Prüfung, nicht jedoch für das übrige Vorhaben, *vgl. VG Ansbach, U. v. 26.3.2024 – AN 9 K 23.2600.* Eine erneute Prüfung ist auch dann nicht zulässig, wenn diese Typengenehmigung rechtwidrig erteilt ist, aber nicht nichtig, also wirksam ist. Es bleibt auch unter diesen Umständen der Baugenehmigungsbehörde nur die Befugnis, besondere örtliche Verhältnisse, die von der Typengenehmigung nicht erfasst werden können, einer eigenen Prüfung zu unterziehen und vom Ergebnis dieser Prüfung die Erteilung der Genehmigung abhängig zu machen. Eine von der Typengenehmigung abweichende Entscheidungen ist dabei, soweit die Tatbestandswirkung der Typengenehmigung reicht, nicht zulässig.

6. Bautechnische Nachweise (Absatz 5)

16 Die Typengenehmigung verändert zwangsläufig das nachfolgende Genehmigungsverfahren. Da die Typengenehmigung anlagenbezogen ist, gehören die bautechnischen Nachweise zur Standsicherheit und zum baulichen Brandschutz zum Prüfprogramm. Diese Nachweise müssen daher vor Erteilung der Typengenehmigung vorliegen. Die in der Typengenehmigung beschiedenen Anforderungen sind gem. § 72a Absatz 4 Satz 2 durch die untere Bauaufsichtsbehörde nicht mehr zu prüfen. Dies gilt jedoch nicht, soweit das Baugrundstück zu beurteilen ist, und zwar auch in Bezug auf die bautechnischen Nachweise. Fragen der Standsicherheit und des grundstücksbezogenen Brandschutzes sind daher im Baugenehmigungsverfahren zu prüfen, soweit sie ihren Grund im Grundstück finden, etwa in Bezug auf die Tragfähigkeit des Bodens oder die Löschwasserversorgung und Erreichbarkeit der Gebäude nach § 5 BbgBO. Diese Anforderungen sind Gegenstand des bauaufsichtlichen Genehmigungsverfahrens. Dies gilt auch insbesondere auch für die planungsrechtliche Zulässigkeit, die Erschließung sowie anderer Anforderungen, die von der Baugenehmigung eingeschlossen werden. Im Baugenehmigungsverfahren sind dann auch die Behörden und Stellen, deren Belange durch das Vorhaben berührt sind, zu beteiligen.

§ 73
Geltungsdauer der Baugenehmigung und des Vorbescheides

(1) [1]Die Geltungsdauer der Baugenehmigung, der Teilbaugenehmigung und des Vorbescheides beträgt sechs Jahre. [2]Die Baugenehmigung und die Teilbaugenehmigung erlöschen nicht, wenn das Vorhaben innerhalb der Frist nach Satz 1 begonnen worden und spätestens ein Jahr nach Ablauf der Frist die Aufnahme der Nutzung angezeigt worden ist.

(2) [1]Abweichend von Absatz 1 richtet sich die Geltungsdauer der Baugenehmigung, der Teilbaugenehmigung und des Vorbescheides für bauliche Anlagen, deren Zulässigkeit sich auch nach einem Planfeststellungsbeschluss oder einer Plangenehmigung richtet, nach der Geltungsdauer des Planfeststellungsbeschlusses oder der Plangenehmigung. [2]§ 81 gilt entsprechend.

Übersicht

1. Allgemeines

Der Gesetzgeber hat die Geltungsdauer von Baugenehmigung, Vorbescheid und Teilbaugenehmigung begrenzt. Das Verwaltungsverfahrensgesetz sieht eine befristete Geltung des Verwaltungsaktes nicht vor. Das Ende der Geltungsdauer einer Baugenehmigung ist auf die Anzeige der Nutzungsaufnahme bezogen. Würde die Geltungsdauer der Genehmigung nicht befristet sein, könnte der Bauherr den Baubeginn auf einen unbestimmten Zeitpunkt in die Zukunft verschieben. 1

Die Regelung zur Geltungsdauer ist durch die Novelle 2016 um die neu in die Brandenburgische Bauordnung aufgenommene Teilbaugenehmigung erweitert worden. Die Typengenehmigung besitzt eine von der Baugenehmigung abweichende Geltungsdauer, vgl. 72a Abs. 2. 2

3 Die Bestimmung, nach der eine erteilte Baugenehmigung nach einer bestimmten Frist erlischt, wenn bis zu diesem Zeitpunkt das Vorhaben nicht verwirklicht wurde, stellt eine zulässige Schranke im Sinne des Art. 14 Abs. 1 Satz 2 GG dar. Die Geltungsdauer ist Ergebnis einer Abwägung des Gesetzgebers zwischen dem Interesse des Bauherrn, von der Baugenehmigung möglichst lange Gebrauch machen zu können und dem öffentlichen Interesse, ein Vorhaben trotz Änderung der Sach- und Rechtslage nicht zeitlich unbegrenzt zuzulassen. Dabei hat das öffentliche Interesse an einer zeitlichen Beschränkung der Gültigkeitsdauer von Baugenehmigungen seinen Grund in der feststellenden Wirkung der Baugenehmigung, dass das Vorhaben mit dem geltenden Recht vereinbar sei. Im Hinblick auf die im Baurecht häufige Änderung der Sach- und Rechtslage und auf die Sicherung der Planungshoheit der Gemeinde, die durch eine zu lange Bindung von Baugenehmigungen in der Ausübung ihres Planungsermessens gehindert werden könnte, ist die zeitliche Begrenzung der Geltungsdauer einer Baugenehmigung sachgerecht, *vgl. OVG Greifswald, B. v. 21.07.2003 – 3 M 79/03 –; OVG Schleswig, U. v. 04.09.1996 – 1 L 191/95 –; OVG Lüneburg, U. v. 06.01.1995 – 1 L 457/93.*

4 Von der staatlichen Bauaufsicht nach den Regelungen der Deutschen Bauordnung vom 2. Oktober 1958 *(GBl. DDR, Sonderdruck Nr. 287)* erteilte bestandskräftige DDR-Baugenehmigungen und Befreiungen gelten gem. Art. 19 Einigungsvertrag fort. Ihre Tatbestands- und Feststellungswirkung ist für die Beurteilung der Rechtslage auch dann wirksam, wenn sie rechtswidrig sind, *vgl. OVG Berlin-Brandenburg, U. v. 09.12.2005 – 2 B 1.03.*

2. Geltungsdauer von Genehmigung und Vorbescheid

5 Der Gesetzgeber hat in § 73 eine feste und nicht verlängerbare Geltungsdauer von Baugenehmigung, Vorbescheid und Teilbaugenehmigung bestimmt. Mit Ablauf der Geltungsdauer nach Satz 1 wird die Genehmigung unwirksam. Dies gilt auch für Baugenehmigungen, die in einer immissionsschutzrechtlichen Genehmigung eingeschlossen sind, *vgl. OVG Berlin-Brandenburg, U. v. 5.10.2023 – OVG 11 B 1/21.* Die Befristung auf sechs Jahre ist durch das Bürokratieabbaugesetz 2006 eingeführt worden. Von dieser Frist werden nach der Überleitungsregelung in § 83 Abs. 6 a. F. auch solche Baugenehmigungen erfasst, die vor Inkrafttreten des Bürokratieabbaugesetzes 2006 erteilt wurden. Fristbeginn ist für diese Genehmigungen die wirksame Bekanntmachung der Genehmigung, vgl. § 72 Abs. 3 Satz 2 BbgBO und § 43 i. V. m. § 41 VwVfG, *a. A. zur früheren Rechtslage, VG Frankfurt (Oder), B. v. 19.04.2007 – 7 L 86/06 –, s. a. OVG Münster, B. v. 28.04.2002 – 10 B 1641/02.* Der Fristbeginn errechnet sich dabei nach §§ 187 Abs. 1 BGB in Verbindung mit § 188 BGB. Die Geltung der Baugenehmigung endet 6 Jahre nach Wirksamwerden der Baugenehmigung. Die Berechnung der 6-jährigen Frist sowie der Frist nach Satz 2 erfolgt gem. § 31 VwVfG.

Die Befristung nach § 73 bezieht sich auf die Berechtigung zur Errichtung und Aufnahme der Nutzung des errichteten Gebäudes. Die in Satz 1 bestimmte Geltungsdauer ist daher nur für die nicht ausgenutzte Baugenehmigung relevant, *vgl. OVG Berlin-Brandenburg, U. v. 08.11.2018 – OVG 2 B 4.17.* Innerhalb der Geltungsdauer von 6 Jahren kann beliebig oft mit dem Bau begonnen werden oder dieser unterbrochen werden, vgl. aber zum Erlöschen der Baugenehmigung bei zögerlichen oder stückweisen Bauarbeiten nach Ablauf der Geltungsdauer aber vor Ablauf der Fertigstellungfrist nach Satz 2 *OVG Berlin-Brandenburg, BauR 2006, 367.* Ist mit dem Bau innerhalb von 6 Jahren seit Erteilung der Genehmigung begonnen worden, muss gem. Satz 2 die Nutzung der errichteten Anlage innerhalb von 7 Jahren aufgenommen worden. Gelingt die Nutzungsaufnahme binnen der 7-Jahresfrist nicht, darf sie anschließend nicht mehr erfolgen. Wird mit der Nutzung der baulichen Anlage vor Fertigstellung begonnen, kann sie nach der Nutzungsaufnahme noch fertiggestellt werden. Für die zulässige Nutzungsaufnahme müssen nur die gem. § 83 Abs. 2 genannten Voraussetzungen vorliegen. 6

Nach fristgemäßer Nutzungsaufnahme der baulichen Anlage bestimmt sich die Geltungsdauer der Baugenehmigung nach § 43 Abs. 2 VwVfG. Danach bleibt die Baugenehmigung wirksam, solange und soweit sie nicht zurückgenommen, widerrufen, anderweitig aufgehoben oder durch Zeitablauf oder auf andere Weise erledigt ist, *vgl. VG Potsdam, B. v. 19.10.2006 – 5 L 574/06 –; VGH München, B. v. 29.11.2003 – 15 B 00.1363 –; s. a. Uschkereit, Bestandsschutz bzw. besser Bestandskraft der Baugenehmigung bei längeren Nutzungsunterbrechungen, BauR 2010, 718ff.; Details dazu unten Anm. 5.* Die Baugenehmigung schützt die fortwährende genehmigungskonforme Nutzung der baulichen Anlage und vermittelt dieser in diesem Rahmen **Bestandsschutz**, *vgl. OVG Bautzen,, B. v. 28.10.2019 – 1 B 7/19 –, Rn. 28, juris und U. v. 22.12,2017 – 1 A 111/15 –, juris Rn. 39; VGH Mannheim, U. v. 04.03.2009 – 3 S 1467/07 –, juris Rn. 27ff.* 7

Innerhalb der vom Gesetzgeber angeordneten 6 Jahre muss mit dem Bau im Sinne von § 72 Abs. 7 begonnen worden sein. **Baubeginn** im Sinne dieser Regelung ist ein Beginn baulicher Aktivitäten mit dem ernsthaften Willen der Fertigstellung. Bauvorbereitende Maßnahmen, wie die Einrichtung der Baustelle oder das Abstecken des Baufeldes, gehören nicht zum Baubeginn. Die bauliche Tätigkeit muss sowohl beim Beginn als auch bei der Wiederaufnahme von Bauarbeiten in einem unmittelbaren, objektiven Zusammenhang mit dem genehmigten Bauvorhaben stehen und auf dessen Erstellung gerichtet sein. Der Baubeginn muss von dem Willen getragen sein, die Genehmigung auch tatsächlich im Sinne einer Fertigstellung des Vorhabens auszunutzen. Es müssen also Bauarbeiten stattfinden, die in Ausnutzung der erteilten Baugenehmigung erfolgen, *vgl. OVG Münster, U. v. 06.03.1979 – VII A 240.77.* Weicht die Bauausführung dagegen von der Baugenehmigung so deutlich ab, dass das genehmigte Vorhaben nicht mehr identisch mit dem errichteten ist, hindert 8 dies den Ablauf der Geltungsfrist nicht, *vgl. OVG Greifswald, B. v. 21.07.2003 – 3 M 79/03*. Auch Scheinaktivitäten sind kein Baubeginn im Sinne dieser Regelung.

9 Die Geltungsdauer des Vorbescheids ist für dessen Bindung in einem nachfolgenden Baugenehmigungsverfahren entscheidend. Wird vor Ablauf der Geltungsdauer eines Vorbescheids ein Genehmigungsantrag gestellt, besteht die Bindungswirkung des Vorbescheids fort, *vgl. OVG Münster, U. v. 17.03.2006 – 8 B 1920/05 –; VG Schleswig, B. v. 6.12.2022 – 2 B 60/22 –; siehe auch BVerwG, U. v. 03.02.1984 – 4 C 39.82*. Die Bindungswirkung des Vorbescheids hängt nicht davon ab, ob er bereits unanfechtbar geworden ist, *vgl. BVerwG, U. v. 17.03.1989 – 4 C 14.85*.

3. Verlängerung/Verkürzung der Geltungsdauer

10 Eine Verlängerung der Geltungsdauer sieht die Bauordnung nicht vor. Die Verlängerung der Baugenehmigung mit einem Verlängerungsantrag ist nicht möglich. Dies gilt auch für den Fall, dass eine immissionsschutzrechtliche Genehmigung verlängert wird. Der Bauherr muss statt dessen einen neuen Antrag stellen. Wird dieser genehmigt, erhält der Bauherr wiederum eine Baugenehmigung mit einer sechsjährigen Geltungsdauer. Die Brandenburgische Rechtslage unterscheidet sich damit deutlich von der Berliner Rechtslage, nach der eine Verlängerung der Baugenehmigung vorgesehen ist, vgl. dazu instruktiv Fischer, Geltungsdauer der Baugenehmigung, BauR 2015, S. 2020 ff.

11 Eine Befristung der Baugenehmigung als Nebenbestimmung nach § 36 Abs. 1 VwVfG, ausgenommen im Falle befristeter Festsetzungen gem. § 9 Abs. 2 BauGB, ist nicht zulässig, vgl. dazu Battis/Otto, UPR 2006, 165 ff.

4. Hemmung der Geltungsdauer

12 Die Geltungsdauer der Baugenehmigung kann sich jedoch verlängern, wenn der Fristablauf **gehemmt** ist. Hemmung bedeutet, dass der Zeitraum, während dessen der Fristenlauf gehemmt ist, bei der Berechnung der Geltungsdauer der Baugenehmigung nicht eingerechnet wird. Der Fristablauf verzögert sich um die Dauer der Hemmung.

13 Der Lauf der Frist kann gehemmt sein, wenn der Inhaber der Baugenehmigung unverschuldet und ohne dass es in seiner Risikosphäre liegt, daran gehindert ist, die Baugenehmigung auszunutzen. Der Bauherr muss durch außerhalb seiner Person und Risikosphäre liegende Umstände an der Ausnutzung der Baugenehmigung bzw. des Vorbescheids innerhalb der gesetzlichen Fristen, etwa aufgrund eines hoheitlichen Eingriffs, gehindert sein, *vgl. OVG Münster, B. v. 02.02.2012 – 2 B 1525/11 –; s. a. OVG Münster, U. v. 03.12.1975 – 10*

A 1483/74 –, U. v. 06.3.1979 – 7 A 240/77 –; verneinend für den Vorbescheid *VGH München B. v. 17.01.2018 – 15 ZB 16.1706.* Eine Hemmung tritt auch bei höherer Gewalt, *vgl. VGH Kassel, U. v. 30.05.1975 – IV OE 19/74 –;* bei einer zivilrechtlichen Verfügung des Nachbarn gegen den Bauherrn, *OVG Münster, U. v. 06.03.1979 – VII A 240/77 –;* bei einem rechtmäßigen, nicht aus dem Verantwortungsbereich des Bauherrn herrührenden Baustopp der Bauaufsicht, *vgl. OVG Lüneburg, U. v. 18.04.1985 – 1 A 114/82 –;* bei einem rechtswidrigen Baustopp, *vgl. dazu Fischer, BauR 2015, 2020, 2023;* die Androhung eines Baustopps reicht aus, *vgl. OVG Münster, U. v. 22.09.2005 – 7 A 3705/03.* Der Ablauf der Geltungsdauer einer Genehmigung ist auch dann gehemmt, wenn die Genehmigung unter Anordnung der sofortigen Vollziehung zurückgenommen wird, *vgl. OVG Münster, NVwZ-RR 2006, 597 B. v. 17.3.2006 – 8 B 1920/05 –;* die Rücknahme auf die Anfechtung des Bauherrn hin aber wieder rückgängig gemacht wird. Von einer Hemmung ist auch auszugehen, wenn der Bauherr mit der Behörde über den Eintritt der **Genehmigungsfiktion** streitet, *vgl. VG Schleswig, U. v. 09.12.2019 – 8 A 26/16.* Verhält der Inhaber der Baugenehmigung sich unter den vorgenannten Umständen rechtstreu, verliert die Genehmigung ihre Geltung nicht zu dem sich aus Absatz 1 ergebenden Zeitpunkt. Dies folgt aus dem Rechtsgedanken, des § 206 BGB, wonach von einer Hemmung auszugehen ist für die Zeit, in der der Bauherr gehindert ist, die Genehmigung auszunutzen. Fällt das Hindernis weg, läuft die Frist weiter.

Gehemmt kann der Fristablauf auch dann sein, wenn **Widerspruch und Klage** 14
die Ausnutzung der Baugenehmigung dadurch behindern, dass die Bautätigkeit für den Bauherrn mit dem möglichen Risiko behaftet ist, dass die Genehmigung nachträglich aufgehoben wird. Voraussetzung dafür ist, dass der Rechtsbehelf nicht offensichtlich unzulässig ist. Dieses Risiko wird dem Bauherrn regelmäßig durch die Mitteilung der Bauaufsichtsbehörde bekannt, dass infolge eines Nachbarwiderspruchs der Bauherr nicht mehr auf den Fortbestand der Baugenehmigung vertrauen kann. Die dadurch bewirkte Hemmung des Fristablaufs ist in einigen Landesbauordnungen ausdrücklich bestimmt, *vgl. etwa § 73 Abs. 1 Satz 3 BauO Bln; Art. 69 Abs. 1 Halbs. 2 BayBO, § 72 Abs. 1 Halbs. 2 ThürBO; § 71 NBauO.* Der Neuregelung des *§ 73 Abs. 1 Satz 3 BauO Bln* ging das Urteil der 19. Kammer des VG Berlin vom 16.12.2019 – 19 K 285.18 –, in Bezug auf den Vorbescheid voraus, nach der die Geltungsdauer nicht abläuft, wenn gegen die Entscheidung Nachbarrechtsbehelfe erhoben wurden und noch nicht rechtskräftig beschieden worden sind. Diese sollen den Fristablauf entsprechend des Rechtsgedankens aus §§ 204, 209 BGB hemmen, vgl. zur insoweit übertragbaren Diskussion betreffend Baugenehmigungen *OVG Münster, U. v. 17.07.2013 – OVG 7 A 1896/12 –; OVG Hamburg, B. v. 29.10.2014 – OVG 2 Bs 179/14 –; VG Berlin, U. v. 16.05.2018 – VG 19 K 249.15 –; dazu Haaß, Grundeigentum 2020, 652ff.* Eine Hemmung wird insbesondere angenommen, wenn der Bauherr aufgrund eines Rechtsmittels eines Nachbarn nicht auf den Bestand der Baugenehmigung vertrauen kann oder die Bauaufsichtsbehörde

die Fortgeltung der Baugenehmigung ausdrücklich bestreitet, *vgl. OVG Hamburg, B. v. 29.10.2014 – 2 Bs 179/14 –; OVG Schleswig, U. v. 22.10.2009 – 1 LB 10/09.*

15 In Literatur und Rechtsprechung findet sich auch die gegenteilige Ansicht, nach der Widerspruch und Klage die Geltungsdauer der Genehmigung nicht hemmen. So argumentiert das *VG Berlin, U. v. 21.11.2019 – 13 K 451.16 –*, dass die Frist nicht gehemmt werde, da Widerspruch und Klage eines Nachbarn gegen eine Baugenehmigung gemäß § 212a Abs. 1 BauGB keine aufschiebende Wirkung besitzen.

16 Sachliche Gründe, die dogmatisch an die Rechtsgedanken des § 204 BGB anknüpfen können, lassen es richtig erscheinen, dass Widerspruch und Klage gegen eine Baugenehmigung, wenn sie nicht offensichtlich unzulässig sind, den Ablauf der Geltungsdauer hemmen. Bildet die Baugenehmigung den Schlusspunkt des Verwaltungsverfahrens, so muss dieser Schlusspunkt auch auf den Streit mit dem Nachbarn bezogen werden. Der Gesetzgeber hat dies in § 70 geregelt. Stimmt der Nachbar dem Vorhaben zu, sind seine Rechtsbehelfe unzulässig. Unzulässig sind sie auch, wenn sie nach Ablauf der Widerspruchsfrist gem. § 58 Abs. 1 VwGO eingelegt wurden, obwohl die Baugenehmigung mit Rechtsbehelfsbelehrung gem. § 70 Abs. 5 zugestellt wurde. Indem der Gesetzgeber gerade durch die Zustellung der Genehmigung mit Rechtsbehelfsbelehrung gem. § 70 Abs. 5 Dritten die Möglichkeit eröffnet, mit der Anfechtungsklage gem. § 113 VwGO rückwirkend die Aufhebung der Genehmigung zu beanspruchen, bewirkt er zugleich, dass dem Bauherrn das Vertrauen auf den Bestand der Genehmigung vor Eintritt der Bestandskraft entzogen wird. Dem Bauherrn ist vor Abschluss des vom Gesetzgeer vorgesehenen Rechtsbehelfsverfahrens nicht zuzumuten, einerseits zu riskieren, dass die beträchtlichen Investitionen umsonst waren, und andererseits durch den drohenden Ablauf der Geltungsdauer gezwungen zu sein, auf eigenes Risiko zu bauen, zumal er nach Kenntnis von dem Rechtsbehelf bei der Behörde keinen Regress für weitere Investitionen nehmen kann. Dies gilt entsprechend auch in der Situation, in der mit dem Bau bereits begonnen wurde, als der Rechtsbehelf durch einen nicht beteiligten Nachbar eingelegt worden ist. Für die bis zur Mitteilung über den eingelegten Widerspruch aufgewendeten Kosten haftet ggf. die Behörde. Setzt der Bauherr die begonnene Bautätigkeit fort, hätte er die vergeblichen Aufwendungen, die seit diesem Zeitpunkt entstehen, zu tragen. In dieser Situation trägt der Rechtsgedanke, dass die Baugenehmigung der Schlusspunkt des Verwahrens ist auch in Bezug auf das Rechtsbehelfsverfahren. Erst wenn dieses abgeschlossen ist und die Genehmigung bestandskräftig geworden ist, kann sie ihre Bedeutung als feststellender und gestaltender Verwaltungsakt uneingeschränkt entfalten, so dass die Geltungsdauer ungehindert ablaufen kann.

5. Bestand der Baugenehmigung nach Herstellung der Anlage

Die Geltungsdauer einer bestandskräftig erteilten Baugenehmigung nach Errichtung des Bauvorhabens bestimmt sich nach § 43 Abs. 2 VwVfG, *vgl. VG Potsdam, B. v. 19.10.2006 – 5 L 574/06 –; VGH München, B. v. 29.11.2003 – 15 B 00.1363*. Nach § 43 Abs. 2 VwVfG bleibt ein Verwaltungsakt solange wirksam, wie er nicht zurückgenommen, widerrufen, anderweitig aufgehoben wird oder sich durch Zeitablauf oder auf andere Weise erledigt. Eine Baugenehmigung kann sich dadurch erledigen, dass der Genehmigungsinhaber auf sie ganz oder zum Teil **verzichtet**, *vgl. VGH Mannheim, U. v. 10.11.1993 – 3 S 1120/92 –; B. v. 17.06.2004 – 3 A 428/01.Z*. Ein solcher Verzicht auf die Baugenehmigung setzt einen dauernden, ggf. auch konkludent erklärten Verzichtswillen des Genehmigungsinhabers voraus, *vgl. VGH Mannheim, U. v. 20.05.1993 – 5 S 2751/01 –; BVerwG, B. v. 09.09.2002 – 4 B 52.02 –; OVG Münster, U. v. 14.03.1997 – 7 A 5179/95*. Eine Nutzungsaufgabe allein reicht dafür nicht aus. Auch eine langjährige **Nutzungsunterbrechung** bedeutet nicht, dass ein Verzicht damit erklärt wird. Dies gilt jedenfalls dann, wenn die bauliche Anlage in einem jederzeit genehmigungskonformen Bauzustand erhalten wird und die Nutzung jederzeit wieder aufgenommen werden kann, *vgl. VGH Mannheim, U. v. 04.03.2009 – 3 S 1467/07 – bei 15-jähriger Unterbrechung; s. auch OVG Bautzen, B. v. 28.10.2019 – 1 B 7/19 – und U. v. 22.12.2017 – 1 A 111/15*. Auch die Aufnahme einer anderen Nutzung kann nicht die Erklärung eines Verzichts bedeuten. Regelmäßig fehlt es in diesen Fällen an einer Willenserklärung, deren Adressat die Bauaufsichtsbehörde ist. Wenn eine Baugenehmigung, die den Durchbruch einer äußeren Brandwand gestattet, offensichtlich nur bezogen auf eine bestimmte betriebliche Nutzung erteilt wurde, ist von einer Erledigung einer Baugenehmigung auch dann auszugehen, wenn die Bausubstanz beseitigt wird oder die genehmigte Nutzung endgültig beendet worden ist und die neue Nutzung eine Nutzungsänderung darstellt, *vgl. OVG Berlin-Brandenburg, U. v. 09.12.2005 – 2 B 1.03 –; VG Potsdam, B. v. 26.10.2007 – 5 L 478/07*. Die einmal erteilte Baugenehmigung kann durch eine endgültige **Nutzungsaufgabe** gegenstandslos werden, *vgl. VGH Mannheim, U. v. 20.05.2003 – 5 S 2751/01*. Der Wille zur Endgültigkeit muss klar und unmissverständlich erkennbar sein. Die Bauaufsicht trägt dafür die Beweislast. Ob eine dauerhafte Nutzungsaufgabe oder lediglich eine vorübergehende Nutzungsunterbrechung vorliegt, ist unter Berücksichtigung aller konkreter Umstände des Einzelfalls vom Standpunkt eines objektiven Beobachters aus zu beurteilen, *vgl. VG Potsdam, B. v. 26.10.2007 – 5 L 478/07 –; vgl. OVG Berlin-Brandenburg, B. v. 08.10.2007 – 10 S 12.07*. 17

Die Frage der Geltungswirkung der Baugenehmigung hat mit dem Bestandsschutz als solchem nichts zu tun. Zu beurteilen ist das Verwaltungsverfahrensrecht nach allgemeinen Auslegungsgrundsätzen. Der Bestandsschutz als solcher ist dafür ohne Relevanz, denn der Bestandsschutz setzt gerade voraus, 18 dass nach allgemeinem Verwaltungsrecht die Genehmigung gilt, *vgl. Hauth, Bestandsschutz = Schutz nur des Bestandes, – aber grundgesetzlich garantiert, BauR 2020, S. 774ff.* Wird mit dem Bestandsschutz argumentiert, so verführt dies zu Zirkelschlüssen.

19 Das Zeitmodell des Bundesverwaltungsgerichts, *vgl. U. v. 18.05.1995 – 4 C 20/94 –; B. v. 05.06.2007 – 4 B20/07 –; dazu Fischer, BauR 2015, 2020, 2025f.*, wird oftmals herangezogen, um den Willen des Eigentümers, seine bauliche Anlage nutzen zu wollen, handhabbar zu machen. Dieses Zeitmodell ist eine Hilfskonstruktion und widerlegbar. Die Anwendung des Zeitmodells führt zu neuen Problemen, die sich bei einer genauen Bewertung des Einzelfalls vermeiden lassen. Das Zeitmodell ersetzt also nicht die genaue Ermittlung und Bewertung des jeweiligen Sachverhalts. Es ist zudem auch auf die Anwendung des § 35 BauGB beschränkt, lässt also die landesrechtliche Bewertung der Geltungsdauer der Baugenehmigung unberührt. Das BVerwG ist auch kompetenzrechtlich nicht befugt, die Auslegung von § 73 zu beeinflussen. Nach dem Zeitmodell ist im ersten Jahr nach Beginn der Nutzungsunterbrechung mit einer Wiederaufnahme der früheren Nutzung zu rechnen, im zweiten Jahr spricht dafür noch eine Regelvermutung, die im Einzelfall entkräftet werden kann. Nach Ablauf von zwei Jahren kehrt sich die Regelvermutung um. Nach einer vierjährigen Nutzungsunterbrechung ist von einer endgültigen Nutzungsaufgabe auszugehen, *vgl. BVerwG, U. v. 18.05.1995 – 4 C 20.94.* Diese Rechtsprechung wird von den Untergerichten bei einer Unterbrechung einer bestandsgeschützten Nutzung überwiegend nicht entsprechend angewendet, *vgl. OVG Berlin-Brandenburg, B. v. 08.10.2007 – 10 S 12.07 –; VG Potsdam, B. v. 19.10.2006 – 5 L 574/06 –; OVG Berlin, B. v. 07.06.2004 – 2 S 27.04 –; OVG Münster, U. v. 14.03.1997 – 7 A 5179/95.* Das Zeitmodell von 4 Jahren ist auf die Nutzungsunterbrechung nicht ohne Weiteres übertragbar, weil die individuellen Verhältnisse eine einzelfallbezogene Betrachtung erfordern. Es ist zudem im Hinblick auf die Zerstörung und den Wiederaufbau von Vorhaben im Außenbereich entwickelt worden, so dass es den Besonderheiten der Leerstandsproblematik im Innenbereich und im Geltungsbereich eines Bebauungsplans nicht gerecht wird. Deshalb kann auch bei einem den Zeitraum von 4 Jahren deutlich übersteigenden Leerstand nicht ohne Weiteres von einem Erlöschen der Baugenehmigung oder Wegfall der bestandsgeschützten Nutzung ausgegangen werden. Eine Nutzungsaufgabe kann in einer für die Verkehrsauffassung besonders deutlichen Weise dadurch zum Ausdruck kommen, dass der Berechtigte in dem Gebäude nach außen sichtbar eine andersartige Nutzung aufnimmt, die außerhalb der bisherigen Variationsbreite der bisherigen Nutzungsart liegt und erkennbar nicht nur vorübergehend ausgeübt werden soll, *vgl. VG Potsdam, B. v. 26.10.2007 – 5 L 478/07.*

6. Geltungsdauer bei planfestgestellten Vorhaben (Absatz 2 Satz 1)

Absatz 2 ist durch die Novelle 2016 neu in die Bauordnung aufgenommen worden. Der Gesetzgeber hielt die Änderung für erforderlich, da sich in der Vollzugspraxis gezeigt habe, dass größere Bauvorhaben im Geltungsbereich des Fachplanungsrechts nicht immer innerhalb der Geltungsdauer der Baugenehmigung nach Absatz 1 fertig gestellt werden, *vgl. LT-Drucks 6/3268, S. 112f.* Dies trifft, soweit erkennbar, nur für den Flughafen Berlin-Brandenburg in Schönefeld zu. Das Bauvorhaben Tesla in Grünheide belegt, dass mit gehöriger Bereitschaft auch sehr schnell geplant und gebaut werden kann. Die Erforderlichkeit einer Baugenehmigung für die Hochbauten im planfestgestellten Flughafen ergibt sich aus § 9 LuftVG. Denkbar ist eine solche Baugenehmigung auch für das Eisenbahnrecht, wenn auf dem planfestgestellten Flächen Gebäude errichtet oder genutzt werden, die nicht nur Bahnzwecken dienen. 20

Die Neuregelung verknüpft die Geltungsdauer der Baugenehmigung, der Teilbaugenehmigung und des Vorbescheids für planfestgestellte oder plangenehmigte Vorhaben mit der Geltungsdauer des zugrunde liegenden Planfeststellungsbeschlusses oder der zugrundeliegenden Plangenehmigung. Ist die Geltungsdauer der Planentscheidungen kürzer als die nach Absatz 1, gilt dies auch für die Baugenehmigung. Werden die Planentscheidungen aufgehoben, etwa durch eine gerichtliche Entscheidung, so bedeutet dies das Ende der Geltungsdauer dieser Entscheidungen. Selbiges muss dann auch für die Baugenehmigung gelten. Der Inhaber der Baugenehmigung ist daher in Anfechtungsverfahren stets beizuladen. Ob der Gesetzgeber diese Folgen gesehen hat, ergibt sich nicht aus den Gesetzgebungsmaterialien. 21

Die mit Absatz 1 beabsichtigte Sicherung der kommunalen Planungshoheit der Gemeinde wird dadurch nicht beeinträchtigt. Die Gemeinde ist im Geltungsbereich eines Planfeststellungsbeschlusses oder einer Plangenehmigung wegen des Fachplanungsvorbehaltes ohnehin in ihren planungsrechtlichen Möglichkeiten beschränkt, vgl. § 38 BauGB. 22

Die Geltungsdauer des Planfeststellungsbeschlusses oder Plangenehmigung richtet sich nach § 75 Absatz 4 VwVfG, für die Plangenehmigung zusätzlich in Verbindung mit § 74 Absatz 6 Satz 4 VwVfG, in Verbindung mit § 1 Abs. 1 Satz 1 VwVfG für das Land Brandenburg bzw. nach dem jeweils einschlägigen Fachgesetz, zum Beispiel nach § 9 Abs. 5 LuftVG. Die Regelung soll für alle Baugenehmigungen gelten, die zum Zeitpunkt des Inkrafttretens der Brandenburgischen Bauordnung noch nicht in ihrer Geltungsdauer abgelaufen waren. Dafür ist in § 88 eine Übergangsregelung geschaffen. 23

7. Anpassung des genehmigten Vorhabens (Absatz 2 Satz 2)

24 Die Regelung in Satz 2 ermächtigt die Behörde zur Anwendung des § 81 auf genehmigte, aber noch nicht verwirklichte Vorhaben. Während § 81 unmittelbar nur auf bestehende Vorhaben anzuwenden ist, vermittelt Satz 2 die Befugnis, die Anpassung auch für das nur genehmigte, aber noch nicht verwirklichte Vorhaben zu fordern. Dies kann erforderlich sein, wenn sich zum Beispiel die technischen Baubestimmungen im Verlauf der zehnjährigen Geltungsdauer des Planfeststellungsbeschlusses ändern, so dass das genehmigte Vorhaben daran anzupassen ist.

25 Das Verlangen einer Anpassung setzt eine Ausübung des Ermessens voraus. Dabei ist ein Ausgleich zwischen dem Interesse des Bauherrn an der Verwirklichung des genehmigten Vorhabens, was insoweit gleichsam schon Bestandsschutz besitzt, und der Verwirklichung aktueller materieller Standards, soweit dies zur Erfüllung wesentlicher Grundanforderungen an bauliche Anlagen erforderlich ist, voraus. Vgl. dazu im Einzelnen § 81.

§ 74
Teilbaugenehmigung

[1]Ist ein Bauantrag eingereicht, kann der Beginn der Bauarbeiten für die Baugrube und für einzelne Bauteile oder Bauabschnitte auf Antrag schon vor Erteilung der Baugenehmigung gestattet werden (Teilbaugenehmigung). [2]§ 72 gilt entsprechend.

Übersicht

1. Allgemeines

§ 74 regelt entsprechend der Musterbauordnung die Teilbaugenehmigung. 1
Diese Regelung ist durch die Novelle 2016 in die Bauordnung aufgenommen worden.

Voraussetzung für eine Teilbaugenehmigung ist, dass der Bauherr nur die 2
Genehmigung für einen Teil der endgültigen baulichen Anlage, z.B. das Fundament oder die Tiefgarage, beantragt, wenn die Erteilung der Baugenehmigung für das Vorhaben in Gänze noch aussteht. Eine Teilbaugenehmigung kann sich insbesondere und wie nun geregelt daraus ergeben, dass die Behörde für Bauteile oder Bauabschnitte, z.B. die Baugrube, den Beginn der Bauarbeiten auf Antrag dadurch freigibt, dass sie für diese Teile bereits eine Genehmigung erteilt.

Der Antrag muss nicht schriftlich eingereicht werden. Dem Antrag sind die 3
Unterlagen beizufügen, die die Feststellung zulassen, dass das Vorhaben in Gänze dem Grunde nach zulässig ist und die eine abschließende Beurteilung des teilzugenehmigenden Vorhabens, das vorab ausgeführt werden soll, erlauben.

Die Erteilung der Teilbaugenehmigung steht im Ermessen der Behörde. Vor- 4
aussetzung ist die grundsätzliche Billigung der Gesamtmaßnahme, *vgl. Otto Bd. II S. 177f.*

2. Wesen der Teilbaugenehmigung

5 Die Teilbaugenehmigung enthält bereits ein vorläufiges positives Gesamturteil über das Bauvorhaben, das an ihrer Feststellungswirkung teilhat. Erweist sich im weiteren Verlauf des Baugenehmigungsverfahrens das vorläufige positive Gesamturteil als rechtsfehlerhaft, werden aber zusätzliche Anforderungen gestellt, bedeutet dies eine (Teil-)Rücknahme der Teilbaugenehmigung, für die § 48 VwVfG einschlägig ist. Die Anwendung von § 48 schließt die Entschädigungsregelungen ein.

6 Ist bei der Erteilung einer Teilbaugenehmigung ein vorläufiges positives Gesamturteil nur eingeschränkt möglich, ist ein Vorbehalt von Nebenbestimmungen (§ 74 Abs. 2 in Verbindung mit § 72 Abs. 3) in den Bescheid aufzunehmen.

7 Die Erteilung der Teilbaugenehmigung steht zwar im Ermessen der Behörde, *vgl. VGH Kassel, BRS 50 Nr. 167.5,* dieses kann aber in verschiedenen Fällen auf Null reduziert sein. Widerspricht ein Bauvorhaben den öffentlich-rechtlichen Vorschriften nur in Teilen und kann es tatsächlich auch ohne diese nicht genehmigungsfähigen Teile realisiert werden, ohne seine Identität zu verlieren, besitzt der Antragsteller einen Anspruch auf eine Teilgenehmigung.

8 Andererseits kann die Baurechtsbehörde die Erteilung der Baugenehmigung insgesamt versagen, wenn sich aus den Antragsunterlagen oder sonstigen Umständen plausible Anhaltspunkte dafür ergeben, dass der Bauherr nicht beabsichtigt, nur den genehmigungsfähigen Teil seines Vorhabens zu verwirklichen, sondern zugleich mehr zu bauen, *vgl. VGH Mannheim, U. v. 05.04.2006 – 8 S 1737/05,* oder wenn er beabsichtigt, es bei der Errichtung des teilgenehmigten Vorhabens zu belassen und dadurch ein städtebaulicher Missstand verursacht wird.

9 Das gesetzliche Schriftformerfordernis der Musterbauordnung hat der Gesetzgeber nicht übernommen, da Formerfordernisse von der Brandenburgischen Bauvorlagenverordnung geregelt werden, *vgl. LT-Drucks. 6/3268 S. 113.*

§ 75
Vorbescheid

(1) [1]Vor Einreichung des Bauantrags sind auf Antrag der Bauherrin oder des Bauherrn einzelne der selbstständigen Beurteilung zugängliche Fragen zu einem Bauvorhaben durch Vorbescheid von der Bauaufsichtsbehörde zu beantworten. [2]Soweit sich die Fragen auf behördliche Entscheidungen beziehen, die nach § 72 Absatz 1 Satz 2 in eine Baugenehmigung eingeschlossen sind, hat die Bauaufsichtsbehörde diese Fragen im Benehmen mit den betroffenen Behörden mit Bindungswirkung auch für diese Behörden zu beantworten.

(2) [1]Die zur Beurteilung der Fragen erforderlichen Zeichnungen oder Pläne müssen den Anforderungen an Bauvorlagen entsprechen. [2]Im Fall des Absatzes 1 Satz 2 sind dem Antrag ferner die Unterlagen beizufügen, die für die Beurteilung nach den für die weiteren behördlichen Entscheidungen geltenden Vorschriften erforderlich sind.

(3) Im Fall des Absatzes 1 Satz 2 beträgt die Geltungsdauer des Vorbescheides abweichend von § 73 Absatz 1 drei Jahre.

Übersicht

1. Allgemeines

Mit dem Vorbescheidsverfahren erhält der Bauherr die Möglichkeit, verbindliche Auskunft über einzelne Fragen des Bauvorhabens zu erhalten. Ein positiver Vorbescheid besitzt eine feststellende Wirkung. Er bildet einen vorweggenommenen Teil der späteren Baugenehmigung und bindet als feststellender Teil einer Baugenehmigung die Behörde für den Zeitraum seiner Geltung (§ 73) an die getroffene Feststellung über die Zulässigkeit des Vorhabens im 1

Umfang der gestellten Fragen und deren positiver Bescheidung. Ist das in Rede stehende Vorhaben bereits verwirklicht, ist die Beantragung eines Vorbescheides unzulässig, weil dafür ein Sachbescheidungsinteresse fehlt, *vgl. VG Potsdam, Gerichtsbescheid v. 15.06.2007 – 4 K 1902/05*. Für eine nachträgliche formelle Legalisierung eines Vorhabens kommt nur die Beantragung und Erteilung einer Baugenehmigung in Betracht.

2 Soweit durch die Ablehnung eines Vorbescheidsantrags (Ablehnungsbescheid) festgestellt wird, dass ein Bauvorhaben in bestimmter Hinsicht nicht zulässig ist, bindet diese Feststellung weder den Bauherrn noch die Bauaufsichtsbehörde. Diese Entscheidung besitzt keine Bestandskraft.

3 Durch die Änderung der Bauordnung 2008 hat der Gesetzgeber den Anwendungsbereich des Bauvorbescheids auf die Zulassungstatbestände ausgedehnt, die im Baugenehmigungsverfahren aufgrund der Konzentrationswirkung der Baugenehmigung nach § 72 Abs. 1 Satz 2 von der Baugenehmigung eingeschlossen werden. Der Gesetzgeber wollte dadurch den Bauvorbescheid inhaltlich dem immissionsschutzrechtlichen Vorbescheid gleichstellen, *vgl. LT-Drucks. 4/6401, s. a. Hauth, Der Vorbescheid – Plädoyer für eine „praxisorientierte Dogmatik", BauR 2010, 32ff.*

4 Durch die Novelle 2016 wird dem Bauherrn ein Anspruch auf die Baugenehmigung gewährt. Vormals sah § 59 Absatz 1 Satz 1 a.F. eine Ermessensentscheidung der Bauaufsichtsbehörde über die Erteilung eines Vorbescheides vor. Da auf die Baugenehmigung ein Rechtsanspruch besteht (§ 72 Abs. 1), muss dies auch für den auf einzelne Fragen eines künftigen Bauvorhabens beschränkten Vorbescheid gelten. Das gesetzliche Schriftformerfordernis wurde nicht übernommen, da Formerfordernisse von der Brandenburgischen Bauvorlagenverordnung geregelt werden sollen und das elektronische Genehmigungsverfahren nicht behindert werden soll.

2. Voraussetzungen für den Bauvorbescheid (Absatz 1)

5 Der Bauherr erhält durch § 75 die Möglichkeit, verbindliche Antworten auf einzelne, der selbstständigen Beurteilung zugängliche Fragen zu einem Bauvorhaben zu erhalten, bevor er den Bauantrag einreicht. Aus Absatz 1 ergeben sich folgende Bedingungen für die Erteilung eines verbindlichen Bauvorbescheids.

a) Baugenehmigungspflichtige Vorhaben

6 Vorhaben, die nach § 61 genehmigungsfrei sind, können nicht zum Gegenstand des Vorbescheidsverfahrens gemacht werden. Dies ergibt sich aus der Formulierung in Absatz 1 „Vor Einreichung des Bauantrags". Der Gesetzgeber

will also nur solche Vorhaben zum Gegenstand des Vorbescheidsverfahrens machen, für die ein Bauantrag eingereicht werden darf.

Die Erteilung eines Bauvorbescheids nach § 75 kommt deshalb auch nicht in Betracht, wenn das Vorhaben nicht durch eine Baugenehmigung, sondern etwa durch eine immissionsschutzrechtliche Genehmigung, die gem. § 13 BImSchG die Baugenehmigung mit einschließt, zugelassen werden muss, *vgl. VGH Mannheim, UPR 2003, 118f.* Relevant ist dies vor allem für die nunmehr UVP-pflichtigen Vorhaben, die nach dem BImSchG zugelassen werden. Der Bauherr hat bei immissionsschutzrechtlichen Verfahren jedoch die Möglichkeit, einen immissionsschutzrechtlichen Vorbescheid gem. § 9 BImSchG einzuholen. 7

b) Beantwortung einzelner Fragen

Der Gesetzgeber hat in Absatz 1 klargestellt, dass nicht die Zulässigkeit des Vorhabens insgesamt geklärt wird, sondern lediglich einzelne der selbstständigen Beurteilung zugängliche Feststellungen zur Zulässigkeit des Vorhabens durch den Vorbescheid verbindlich getroffen werden dürfen, *vgl. OVG Frankfurt (Oder), B. v. 23.04.1999 – 3 A 191/97 –; Schmaltz, BauR 2007, 975f.* Die im Vorbescheidsantrag gestellten Fragen müssen sich auch im Genehmigungsverfahren stellen. Die materielle Prüfung hat einzelne Aspekte des Bauvorhabens, soweit sie vom Antragsteller zur Prüfung gestellt sind, zum Gegenstand, nicht aber die Inaussichtstellung einer Baugenehmigung, *vgl. VGH Mannheim, BRS 56, Nr. 151, OVG Münster, BauR 2003, 232.* Wegen der Beschränkung der Fragestellung auf einzelne Fragen ist es nicht zulässig zu fragen, ob ein Vorhaben allgemein zulässig sei. Die Beantwortung dieser Fragestellung ist dem Genehmigungsverfahren vorbehalten, *vgl. dazu OVG Berlin-Brandenburg, B. v. 23.12.2005 – 2 N 161/05 –; B. v. 23.09.2005 – 2 N 147.05 –; B. v. 04.05.2007 – 10 N 59.05.* Gleichwohl muss bei der Beantwortung der Frage, ob ein Vorhaben seiner Art nach im Geltungsbereich eines qualifizierten Bebauungsplans zulässig ist, auch der Tatbestand des § 15 BauNVO geprüft werden, *vgl. OVG Münster, BauR 2003, 232.* Die Nachbesserung einer unzulässigen Fragestellung im gerichtlichen Verfahren ist grundsätzlich unzulässig, weil es sich dabei um eine Änderung des Streitgegenstandes handelt, die regelmäßig eine neue Prüfung erforderlich macht und daher nicht sachdienlich ist. 8

Unzulässig sind auch Fragen, deren Beantwortung für das Baugenehmigungsverfahren im Ergebnis ohne Relevanz ist, z. B. „Liegt das Grundstück im Innenbereich?", „Wann fügt sich ein Vorhaben nach § 34 BauGB ein?" Diesen Fragen fehlt der erforderliche Vorhabenbezug. Die Eigenschaft von Umständen außerhalb des Vorhabens ist nicht bescheidungsfähig. Stets muss die Frage sich auf ein Bauvorhaben im Sinne von § 2 Abs. 1 beziehen. Das Bauvorhaben muss im Vorbescheidsantrag daher so konkret bezeichnet werden, 9 dass eine Beurteilung der Frage möglich ist, *vgl. OVG Berlin-Brandenburg, U. v. 25.04.2007 – 2 B 16.05 –; VGH München, BauR 2011, 1312.* Wie konkret das Bauvorhaben beschrieben werden muss, ist von der Komplexität des Bauvorhabens abhängig, *vgl. OVG Berlin-Brandenburg, B. v. 04.05.2007 – 10 N 59/05.* Regelmäßig ist für die bauplanungsrechtliche Beurteilung erforderlich, dass jedenfalls in groben Umrissen das Vorhaben nach Art, Lage auf dem Grundstück und Größe bestimmt wird, *vgl. OVG Berlin-Brandenburg, U. v. 25.04.2007 – 2 B 16.05.* Ausreichend kann eine allgemeine Kurzbeschreibung und die Vorlage von Flurkarte und Lichtbildern bei einem bezüglich seiner Lage auf dem Grundstück eindeutig konkretisierten Vorhaben – auch ohne Vorlage eines Lageplans – sein, *vgl. OVG Berlin-Brandenburg, B. v. 23.09.2005 – 2 N 147/05.*

10 Im Vorbescheidsverfahren hat die Bauaufsichtsbehörde alle gestellten Fragen über die Zulässigkeit eines Vorhabens, wenn sie denn zumindest durch Auslegung etwa auch durch Hinzuziehung von das Bauvorhaben betreffenden Verfahrensakten bestimmbar sind, zu beantworten, *vgl. OVG Berlin-Brandenburg, B. v. 04.05.2007 – 10 N 59.05; Schmaltz, BauR 2007, 975, 981ff.* Jedoch muss die zur Vorabentscheidung gestellte Frage eines Bauvorhabens so bestimmt sein, dass sie von der Baugenehmigungsbehörde mit Bindungswirkung entschieden werden kann, *vgl. OVG Münster, U. v. 16.09.1994 – 10 A 2021/90 – und U. v. 28.05.1993 – 7 A 1112/90.* Es muss also das zu beurteilende Recht exakt abgrenzbar sein, so dass die Abschichtungswirkung im Genehmigungsverfahren ohne Zweifel erkennbar ist. Eine Frage, die die planungsrechtliche Zulässigkeit eines Vorhabens unter Einschluss des Naturschutzrechts, aber ohne die Bewertung der Ausgleichs- und Ersatzmaßnahmen klären soll, ist nicht hinreichend bestimmt. Denn in die nachvollziehende Abwägung nach § 35 Abs. 1 BauGB fließen auch die Ausgleichsmaßnahmen ein. Diese Maßnahmen können das Gewicht der für das Vorhaben streitenden öffentlichen Belange erhöhen und die Bedeutung entgegenstehender Belange mindern. Eine Bauvoranfrage, die alternativ mehrere Vorhaben zur Genehmigung stellt, ist wegen Unbestimmtheit nicht bescheidungsfähig, *vgl. OVG Münster, U. v. 30.01.1991 – 10 A 751/89.* Andernfalls müsste die Baugenehmigungsbehörde bei einer abstrakten Fragestellung praktisch uferlos jede nur denkbare Bebauungsmöglichkeit prüfen, *vgl. VG Meiningen, U. v. 13.03.2000 – 5 K 235/98.Me –; OVG Greifswald B. v. 21.12.2004 – 3 L 224/01.*

11 Der Bauvorbescheid ist nicht auf baurechtliche Fragestellungen beschränkt. Auch die isolierte Klärung von baunebenrechtlichen Fragen ist in einem bauordnungsrechtlichen Bauvorbescheid zulässig, wenn für diese ein spezieller Genehmigungsvorbehalt nach anderen öffentlich-rechtlichen Vorschriften besteht. Ein solcher Genehmigungsvorbehalt ist z. B. in §§ 7 Abs. 2, 23 BbgNatSchG, §§ 28 ff. BbgWasserG, § 19 BbgDSchG verankert, *vgl. VG Potsdam, U. v. 01.11.2001 – 5 K 1457/97.* Unterliegt das Bauvorhaben jedoch dem

Immissionsschutzrecht, ist ein Vorbescheidsverfahren nach dem Immissionsschutzrecht (§ 9 BImSchG) durchzuführen.

Die Rechtmäßigkeit eines Bauvorbescheides wie auch einer Baugenehmigung ist regelmäßig nach der zum Zeitpunkt ihrer Erteilung geltenden Sach- und Rechtslage zu beurteilen. Die Rechtsprechung des Bundesverwaltungsgerichts *(vgl. B. v. 23.04.1998 – 4 B 40.98 –, BauR 1998, 995)* geht davon aus, dass Rechtsänderungen zu Lasten des Bauherrn in einem vom Nachbarn eingeleiteten Widerspruchsverfahren nicht zu berücksichtigen sind, wohl aber Rechtsänderungen zugunsten des Bauherrn. Anhaltspunkte dafür, dass Rechtsänderungen in einem von der Gemeinde eingeleiteten Widerspruchsverfahren anders zu behandeln wären als Rechtsänderungen in dem vom Nachbarn eingeleiteten Widerspruchsverfahren, liegen nicht vor, *vgl. VGH München, B. v. 13.03.1996 – 1 CS 96.638 –; OVG Lüneburg, B. v. 09.03.1999 – 1 M 405/99.* 12

Der Antrag auf Erteilung eines Bauvorbescheids durch die Baugenehmigungsbehörde enthält nicht schon als solcher zugleich einen an die Gemeinde gerichteten Antrag auf Erteilung einer sanierungsrechtlichen Genehmigung nach § 144 BauGB, *vgl. BVerwG, ZfBR 2002, 79.* 13

3. Bindungswirkung des Vorbescheids (Absatz 1 Satz 2)

a) Rechtslage bis 2008

Problematisch war bis zur Änderung der Bauordnung 2008 die Beantwortung der Frage, ob der Bauvorbescheid eine Konzentrationswirkung im Sinne von § 72 Abs. 1 Satz 2 entfalten darf, also auch Fragen des Baunebenrechts gestellt werden dürfen. Nach § 72 Abs. 1 Satz 2 schließt die Baugenehmigung die für das Vorhaben erforderlichen weiteren behördlichen Entscheidungen ein. Für den Bauvorbescheid war eine solche Regelung, die also die Möglichkeit, Fragen des Baunebenrechts zu stellen erlaubt, bis zur Änderung der Bauordnung 2008 nicht ausdrücklich vorgesehen. Es stellte sich daher die Frage nach der Konzentrationswirkung des Bauvorbescheids immer dann, wenn im Vorbescheidsverfahren ein Vorhaben beurteilt werden soll, dass nicht nur von baurechtlicher, sondern auch baunebenrechtlicher Relevanz ist. Wird etwa betreffend den Ausbau eines Dachgeschosses im Vorbescheidsverfahren die Frage gestellt, ob die Errichtung von Dachgauben zulässig ist, so kann diese Frage nicht nur nach den Bestimmungen des Bauordnungs- und Bauplanungsrecht beantwortet werden, sondern z. B. auch nach den Bestimmungen des Denkmalschutzgesetzes. Wird die Errichtung eines Gebäudes beantragt, kann die Zulässigkeit des Vorhabens naturschutzrechtliche Zulassungen oder Befreiungen erforderlich machen. In einem Baugenehmigungsverfahren beantragt der Bauherr deshalb eine Baugenehmigung, die nach § 72 Abs. 1 Satz 2 auch die denkmalrechtliche Erlaubnis oder die naturschutzrechtliche Befreiung 14 einschließt. Ob die Beantwortung der Frage im Vorbescheidsverfahren gleichfalls die fachgesetzliche Beantwortung einschließt, wie dies etwa im immissionsschutzrechtlichen Vorbescheid gem. § 9 BImSchG der Fall ist, *siehe dazu BVerwG, B. v. 17.12.2002 – 7 B 119.02 –*, war bis zur Novelle 2008 umstritten.

15 Für die Bauordnung der Freien und Hansestadt Hamburg, die ebenfalls eine Konzentrationswirkung der Baugenehmigung normiert hat, vgl. § 72 HBauO, ist die Konzentrationswirkung des Vorbescheids durch die Geltungsanordnung in der Vorschrift über den Vorbescheid (§ 63) ausdrücklich vorgesehen. Eine solche ausdrückliche Regelung fehlte bis zur Novelle 2008 in Brandenburg. Das zuständige Ministerium hatte in Nummer 59.1 VVBbgBO sogar bestimmt, dass der Vorbescheid keine Konzentrationswirkung besitzt, sondern nur Bindungswirkung für eine zukünftige Entscheidung der Bauaufsichtsbehörde entfaltet. Die Rechtsprechung ging deshalb davon aus, dass der Vorbescheid keine Konzentrationswirkung entfaltet, *so VG Potsdam, U. v. 13.02.2004 – 4 K 4081/00 –; ebenso, Reimus/Semtner/Langer, Die neue Brandenburgische Bauordnung, § 59 Rn. Anm. 6; zurückhaltender OVG Berlin-Brandenburg, B. v. 06.11.2006 – 2 N 156/05.*

b) Neuregelung seit dem Änderungsgesetz 2008

16 Durch Absatz 1 Satz 2 hat der Gesetzgeber klargestellt, dass auch durch den Vorbescheid Fragen des Baunebenrechts verbindlich beantwortet werden können. Dadurch sind in einem Genehmigungsverfahren die Fachbehörden an die Feststellungen gebunden, die im Bauvorbescheid getroffen werden. Die Bindungswirkung dehnt also nicht nur die möglichen Fragen auf das Baunebenrecht aus, sondern bindet auch die Fachbehörden, deren Entscheidungen nach § 72 Abs. 1 Satz 2 in einer künftigen Baugenehmigung enthalten sind.

17 Nach Absatz 1 Satz 2 dürfen jedoch nur solche baunebenrechtlichen Fragen in dem Vorbescheid beantwortet werden, über die in der Baugenehmigung entschieden werden wird. Das Bauvorhaben muss also auch einer fachgesetzlichen Zulassungsentscheidung bedürfen. Im Vorbescheidsverfahren sind deshalb fachgesetzliche Fragen nicht zulässig, wenn das Fachgesetz für die der Fragestellung zugrunde liegende Baumaßnahme eine fachgesetzliche Entscheidung nicht vorsieht, die Baumaßnahme insoweit genehmigungsfrei wäre, oder wenn die fachgesetzliche Entscheidung deshalb nicht von der Baugenehmigung eingeschlossen wird, weil die Baugenehmigung die fachgesetzliche Entscheidung verdrängt.

18 Die Ausdehnung der Konzentrationswirkung der Baugenehmigung auf den Vorbescheid ist nach dem Gesetzestext nicht in der Weise begrenzt, dass der Bauherr fachgesetzliche Fragestellungen etwa nach dem Denkmal- oder Naturschutzrecht nur zusammen mit baurechtlichen Fragen stellen darf. Auch

der Gesetzesbegründung ist nicht zu entnehmen, dass es dem Bauherrn nicht erlaubt ist, nur einzelne fachgesetzliche Fragen zu stellen. Es ist also zulässig, im Bauvorbescheidsverfahren einzelne fachgesetzliche Fragen zu stellen, wenn diese sich auf ein Vorhaben beziehen, dessen fachgesetzliche Zulassungsentscheidung von der Baugenehmigung gem. § 72 Abs. 1 Satz 2 eingeschlossen wird.

Entsprechend der Entscheidungsfindung im Baugenehmigungsverfahren 19
(§ 69 Abs. 3 Satz 2) hat die Bauaufsichtsbehörde das Benehmen mit der betroffenen Fachbehörde herzustellen. Ohne dass der Gesetzgeber dies ausdrücklich geregelt hat, darf aber in den Fällen, in denen die Baugenehmigungsbehörde nur im Einvernehmen mit der Fachbehörde das Vorhaben genehmigen darf, auch im Vorbescheidsverfahren nur im Einvernehmen mit der betroffenen Fachbehörde entschieden werden. Denn andernfalls kann der Bauvorbescheid für die betroffene Behörde keine Bindungswirkung erzeugen.

4. Wirkung des Vorbescheids für das Genehmigungsverfahren

Der positive Vorbescheid regelt einen Ausschnitt der Baugenehmigung mit 20
der Folge, dass die zur Beantwortung gestellten Fragen im Baugenehmigungsverfahren nicht mehr zu prüfen sind. Der sachliche Umfang dieser Bindungswirkung ergibt sich aus den im Vorbescheidsantrag gestellten Fragen und den diesem Antrag zugrunde gelegten Plänen nach Absatz 2, *vgl. OVG Münster, U. v. 20.02.2004 – 10 A 558/02 –; VGH München, U. v. 04.11.1996 – 1 B 94.2923.* Sie erstreckt sich nur auf Vorhaben, die inhaltlich dem Vorbescheid vollständig entsprechen oder von diesem ohne Veränderung der Grundkonzeption allenfalls geringfügig abweichen, *vgl. OVG Magdeburg, U. v. 22.06.2006 – 2 L 23/04 –; VGH München, U. v. 04.11.1996 – a.a.O.* Für die Beantwortung der Frage, ob der Genehmigungsantrag von einem zuvor erteilten Vorbescheid abweicht, kommt es unter anderem darauf an, wie konkret die Bauvoranfrage gestellt (und entsprechend in dem positiven Vorbescheid beantwortet) wurde, *vgl. OVG Magdeburg, U. v. 22.06.2006 – 2 L 23/04 –; VGH München, U. v. 04.11.1996 – 1 B 94.2923 –; OVG Berlin, U. v. 16.07.1990 – 2 B 48/87.* Wird bei einer Bauvoranfrage beispielsweise der Standort einer Windenergieanlage nicht lediglich auf ein Flurstück bezogen, sondern in einem Plan „punktgenau" eingezeichnet, betrifft die rechtsverbindliche Feststellung des Vorbescheides auch lediglich das solchermaßen konkretisierte Vorhaben. Für die Frage, ob Abweichungen vom Standort noch als „geringfügig" anzusehen sind und das zur Genehmigung gestellte Vorhaben damit noch von der Bindungswirkung des Vorbescheides erfasst ist, kommt es maßgeblich darauf an, ob wegen der Abweichung die Genehmigungsfrage in bodenrechtlicher Hinsicht neu aufgeworfen wird, *vgl. BVerwG, U. v. 04.03.1983 – 4 C 69.79 –; OVG Berlin, U. v. 16.07.1990 – 2 B 48/87.*

5. Formelle Voraussetzungen des Bauvorbescheidsverfahrens

21 Das Bauvorbescheidsverfahren richtet sich nach der Verfahrensvorschrift des § 68. Voraussetzung für die Erteilung des Bauvorbescheids ist die Einreichung einer ordnungsgemäßen Bauvoranfrage. Neben der Stellung eines schriftlichen Antrags ist gem. Absatz 2 Satz 1 insbesondere erforderlich, dass die Zeichnungen und Pläne den Anforderungen an Bauvorlagen (Legaldefinition in § 68 Abs. 2 Satz 1 BbgBO) genügen. Durch § 75 Abs. 2 Satz 2 hat der Gesetzgeber verdeutlicht, dass die für die fachgesetzliche Beurteilung erforderlichen Angaben gemacht werden müssen. Zu beachten ist insoweit die Bauvorlagenverordnung, die aufgrund der Ermächtigung in § 86 Abs. 3 Vorgaben zu den Bauvorlagen enthalten darf.

22 Auch § 68 Abs. 4 Satz 1 ist im Vorbescheidverfahren zu beachten. Im Übrigen müssen die Bauvorlagen den Vorgaben des § 5 BbgBauVorlV genügen.

23 Im Verfahren auf Erteilung eines Vorbescheides ist die Baugenehmigungsbehörde mit Blick auf die Bindungswirkung des Vorbescheides auch gegenüber Dritten gehalten, von dem Vorhaben evtl. betroffene Nachbarn am Verwaltungsverfahren zu beteiligen und ihnen so Gelegenheit zu geben, ihre Interessen bzw. Einwendungen schon frühzeitig in den Entscheidungsfindungsprozess einzubringen, *vgl. OVG Greifswald B. v. 21.12.2004 – 3 L 224/01 –, NordÖR 2005, 219–220.*

6. Geltungsdauer (Absatz 3)

24 Die Bindungswirkung des Bauvorbescheids entfällt, wenn dessen Geltungsdauer abgelaufen ist oder der Bauvorbescheid gem. §§ 48 ff. VwVfG aufgehoben bzw. auf eine Nachbarklage hin kassiert wurde. Die Geltungsdauer des Bauvorbescheids ist nicht einheitlich. Für die baurechtlichen Fragestellungen beträgt die Geltungsdauer gem. § 73 Abs. 1 6 Jahre. Die 6-jährige Geltungsdauer erfasst auch Vorbescheide, die vor dem 1. August 2006 erlassen worden sind, vgl. § 83 Abs. 7 a. F. Für angefragte Vorhaben, die sich nach einer Planentscheidung richten, beläuft sich die Geltungsdauer auf die Dauer der Planentscheidung.

25 Soweit der Bauvorbescheid Antworten auf Fragen gibt, die sich auf Entscheidungen beziehen, die von der Baugenehmigung gem. § 72 Abs. 1 Satz 2 eingeschlossen werden, ist die Geltung gem. Absatz 3 auf 3 Jahre beschränkt. Die reduzierte Geltungsdauer lässt die Geltung des Bauvorbescheids im Übrigen, also bezüglich der baurechtlichen Fragestellungen von 6 Jahren, unberührt. Denn durch den Verweis in Absatz 3 auf den Fall des Absatz 1 Satz 2 hat der Gesetzgeber verdeutlicht, dass die 3-jährige Geltungsdauer den Bescheid nur erfasst, soweit sich die Fragen auf behördliche Entscheidungen beziehen, die

nach § 72 Absatz 1 Satz 2 in einer Baugenehmigung eingeschlossen sind. Verständlich ist die reduzierte Geltungsdauer des Vorbescheids nicht, denn die Baugenehmigung besitzt eine ungeteilte 6-jährige Geltungsdauer auch für die eingeschlossenen Genehmigungen. Vgl. zur Aufhebung des Bauvorbescheids nach § 50 VwVfG im Widerspruchsverfahren *VG Sigmaringen, U. v. 23.05.2006 – 9 K 1865/04* –, vgl. zum Ausgleich von Vermögensnachteilen nach Rücknahme eines Bauvorbescheids *OVG Bautzen, U. v. 14.06.2006 – 1 B 121/06.*

Infolge der Bezugnahme der Geltungsdauer bei Vorhaben, deren Zulässigkeit 26
sich nach einem Planfeststellungsbeschluss oder einer Plangenehmigung richten, auf die Geltungsdauer der Planentscheidung in § 73 Abs. 2, richtet sich die Geltungsdauer des Vorbescheids in diesen Fällen nach dem Planfeststellungsrecht. Durch die Sonderregelung in Absatz 3 gilt dies aber wiederum nicht für das Baunebenrecht, soweit es nicht bereits planfestgestellt ist, sondern nur im Vorbescheid geregelt ist.

§ 76
Genehmigung Fliegender Bauten

(1) [1]Fliegende Bauten sind bauliche Anlagen, die geeignet und bestimmt sind, an verschiedenen Orten wiederholt aufgestellt und zerlegt zu werden. [2]Baustelleneinrichtungen und Baugerüste sind keine Fliegenden Bauten.

(2) [1]Fliegende Bauten bedürfen, bevor sie erstmals aufgestellt und in Gebrauch genommen werden, einer Ausführungsgenehmigung. [2]Dies gilt nicht für

1. Fliegende Bauten mit einer Höhe bis zu 5 Meter, die nicht dazu bestimmt sind, von Besuchern betreten zu werden,
2. Fliegende Bauten mit einer Höhe bis zu 5 Meter, die für Kinder betrieben werden und eine Geschwindigkeit von höchstens 1 Meter pro Sekunde haben,
3. Bühnen, die Fliegende Bauten sind, einschließlich Überdachungen und sonstige Aufbauten mit einer Höhe bis zu 5 Meter, einer Grundfläche bis zu 100 Quadratmeter und einer Fußbodenhöhe bis zu 1,50 Meter,
4. erdgeschossige Zelte und erdgeschossige betretbare Verkaufsstände, die Fliegende Bauten sind, jeweils mit einer Grundfläche bis zu 75 Quadratmeter,
5. aufblasbare Spielgeräte mit einer Höhe des betretbaren Bereichs von bis zu 5 Meter oder mit überdachten Bereichen, bei denen die Entfernung zum Ausgang nicht mehr als 3 Meter, sofern ein Absinken der Überdachung konstruktiv verhindert wird, nicht mehr als 10 Meter, beträgt.

(3) [1]Die Ausführungsgenehmigung wird von der obersten Bauaufsichtsbehörde erteilt. [2]Hat die Antragstellerin oder der Antragsteller im Land Brandenburg keine Hauptwohnung oder keine gewerbliche Niederlassung, so ist die oberste Bauaufsichtsbehörde nur zuständig, wenn der Fliegende Bau im Land Brandenburg erstmals aufgestellt und in Gebrauch genommen werden soll.

(4) [1]Die Genehmigung wird für eine bestimmte Frist erteilt, die höchstens fünf Jahre betragen soll; sie kann auf Antrag in Textform von der für die Erteilung der Ausführungsgenehmigung zuständigen Behörde jeweils bis zu fünf Jahre verlängert werden, wenn der Antrag vor Ablauf der Geltungsdauer bei der Behörde eingegangen ist. [2]Die Genehmigungen werden in ein Prüfbuch eingetragen, dem eine Ausfertigung der mit einem Genehmigungsvermerk zu versehenden Bauvorlagen beizufügen ist. [3]Ausführungsgenehmigungen anderer Länder der Bundesrepublik Deutschland gelten auch im Land Brandenburg.

(5) [1]Die Inhaberin oder der Inhaber der Ausführungsgenehmigung hat den Wechsel ihres oder seines Wohnsitzes oder ihrer oder seiner gewerblichen Niederlassung oder die Übertragung eines Fliegenden Baus an Dritte der obersten Bauaufsichtsbehörde anzuzeigen. [2]Die oberste Bauaufsichtsbehörde hat die Änderungen in das Prüfbuch einzutragen und sie, wenn mit den Änderungen ein Wechsel der Zuständigkeit verbunden ist, der nunmehr zuständigen Behörde mitzuteilen.

(6) [1]Fliegende Bauten, die nach Absatz 2 Satz 1 einer Ausführungsgenehmigung bedürfen, dürfen unbeschadet anderer Vorschriften nur in Gebrauch genommen werden, wenn ihre Aufstellung der unteren Bauaufsichtsbehörde des Aufstellungsortes unter Vorlage des Prüfbuchs angezeigt ist. [2]Die Bauaufsichtsbehörde kann die Inbetriebnahme dieser Fliegenden Bauten von einer Gebrauchsabnahme abhängig machen. [3]Das Ergebnis der Abnahme ist in das Prüfbuch einzutragen. [4]In der Ausführungsgenehmigung kann bestimmt werden, dass Anzeigen nach Satz 1 nicht erforderlich sind, wenn eine Gefährdung im Sinne des § 3 Satz 1 nicht zu erwarten ist.

(7) [1]Die für die Erteilung der Gebrauchsabnahme zuständige untere Bauaufsichtsbehörde kann Auflagen machen oder die Aufstellung oder den Gebrauch Fliegender Bauten untersagen, soweit dies nach den örtlichen Verhältnissen oder zur Abwehr von Gefahren erforderlich ist, insbesondere weil die Betriebssicherheit oder Standsicherheit nicht oder nicht mehr gewährleistet ist oder weil von der Ausführungsgenehmigung abgewichen wird. [2]Wird die Aufstellung oder der Gebrauch aufgrund von Mängeln am Fliegenden Bau untersagt, ist dies in das Prüfbuch einzutragen. [3]Die ausstellende Behörde ist zu benachrichtigen, das Prüfbuch ist einzuziehen und der ausstellenden Behörde zuzuleiten, wenn die Herstellung ordnungsgemäßer Zustände innerhalb angemessener Frist nicht zu erwarten ist.

(8) [1]Bei Fliegenden Bauten, die von Besuchern betreten und längere Zeit an einem Aufstellungsort betrieben werden, kann die für die Gebrauchsabnahme zuständige untere Bauaufsichtsbehörde aus Gründen der Sicherheit Nachabnahmen durchführen. [2]Das Ergebnis der Nachabnahme ist in das Prüfbuch einzutragen.

(9) § 68 Absatz 1, 2 und 4 und § 82 Absatz 1 und 4 gelten entsprechend.

Übersicht

1. Allgemeines

1 Fliegende Bauten sind bauliche Anlagen, die nicht ortsfest eingesetzt werden, sondern, wie in Absatz 1 formuliert, dazu geeignet und bestimmt sind, an verschiedenen Orten wiederholt aufgestellt und zerlegt zu werden. Den Fliegenden Bauten fehlt mithin eine dauerhafte Grundstücksbezogenheit.

2 Besondere Regelungen über Fliegende Bauten sind erforderlich, weil diese abstrakt gefährlich sind. Das ergibt sich daraus, dass sie wiederholt auf- und abgebaut werden, ohne dass ein Regelwerk Anforderungen an die Qualifikation der dabei Tätigen stellt. Selbst wenn es dieses gäbe, sind wiederholter Ab- und Wiederaufbau nach einem Transport ausreichender Anlass zur Sorge, ob das Gebilde unverändert so beschaffen ist, dass es die mit seiner bestimmungsgemäßen Nutzung verbundenen Gefahren meistern kann, *vgl. OVG Lüneburg, U. v. 04.12.2015 – 1 LC 178/14*. Der Gesetzgeber hat deshalb besondere verfahrensrechtliche und inhaltliche Anforderungen an die Zulässigkeit dieser Bauten in § 76 gestellt. Allerdings ist diese Regelung nicht abschließend. Da Fliegende Bauten auch Sonderbauten im Sinne von § 2 Abs. 4 Nr. 17 sind, sind für sie Anforderungen und Erleichterungen nach § 51 möglich.

3 Die besondere Genehmigung Fliegender Bauten geht auf das preußische Baupolizeirecht zurück. Danach folgte die Genehmigungspraxis für Fliegende Bauten derjenigen für Wanderzirkusse. Diese mussten ursprünglich an jedem Aufstellungsort eine neue Baugenehmigung einholen. Aus Vereinfachungsgründen trat an deren Stelle ein von der Ortspolizeibehörde ausgestellter Bauschein (heute Ausführungsgenehmigung) mit beigefügtem Revisionsbuch (heute Prüfbuch). Alle zwei Jahre sollte die „Ausstellung eines neuen Bauscheines" erforderlich sein, *vgl. zu allem: Baltz-Fischer, Pr. Baupolizeirecht,*

Nachdruck der 6. Aufl. 1934, 1954, S. 279f. Diese Praxis mit zunächst jährlich neuem Bauschein wurde durch Runderlass des Ministeriums für Volkswohlfahrt und des Ministeriums des Inneren vom 6. Februar 1928 (II 8.2000/27 II, ABl. des pr. MfV v. 27.11.1928, Sp. 197) dann auch für Fliegende Bauten eingeführt. Später wurde die überregionale Anerkennung des Revisionsbuches verfügt (RdErl. v. 7.7.1930, ABl des pr. MfV v. 27.11.1928, Sp. 611).

Durch die Novelle 2016 hat der Gesetzgeber die Regelung an die Musterbauordnung angepasst und an verschiedenen Stellen geändert. 4

2. Begriff der Fliegenden Bauten (Absatz 1)

Fliegende Bauten sind solche baulichen Anlagen, die geeignet und dazu bestimmt sind, an verschiedenen Orten wiederholt aufgestellt und auch wieder zerlegt zu werden. Merkmal Fliegender Bauten ist also, dass sie regelmäßig innerhalb überschaubarer Zeiträume an verschiedenen Orten neu aufgebaut und dann wieder zerlegt werden. Fliegende Anlagen können z. B. Tribünen, Messezelte, Zirkuszelte, Traglufthallen, Anlagen der Schausteller (Achterbahn, Riesenrad, Karussell) sein. Unmaßgeblich für die Eigenschaft ist die Bezeichnung der baulichen Anlage im Bauantrag. An der Bestimmung, an verschiedenen Orten aufgebaut zu werden, fehlt es, wenn die bauliche Anlage regelmäßig an der gleichen Stelle aufgestellt wird, *vgl. VGH Mannheim, B. v. 11.04.1990 – 3 S 676/90.* 5

Erforderlich ist auch, dass die Anlagen zerlegt werden. Eine bauliche Anlage widerspricht trotz ihrer Eignung, an wechselnden Standorten in Betrieb genommen zu werden, dem Verständnis eines Fliegenden Baus im Sinne dieser Vorschrift, wenn die Anlage nicht zerlegt wird, um an einem anderen Ort wieder aufgebaut zu werden. Bei einem KFZ-Anhänger, auf dem Werbung montiert ist, handelt es sich deshalb nicht um einen Fliegenden Bau. Der Anhänger wird bei einem Ortswechsel nicht zerlegt, sondern bleibt unzerlegt erhalten. Die Hänger- und Fahreigenschaft der Anlage wird als solche für die Verlegung genutzt. Zwar mag es sein, dass die technische Konstruktion des Fahrzeugs und der montierten Werbemittel das Bedürfnis nach einer für alle Aufstellungsorte geltenden Genehmigung wecken, die allgemein die technische und statische Unbedenklichkeit der Anlage klärt. Dies reicht für eine Genehmigungsbedürftigkeit nach § 76 nicht aus. Denn muss die Anlage nicht zerlegt werden, um sie an einen anderen Ort zu schaffen, fehlt ein wesentliches Tatbestandsmerkmal für einen Fliegenden Bau. Würde dieses Merkmal unterlaufen, könnten Fahrzeuge als Fliegende Bauten die Ordnungsfunktion des formellen Baurechts gerade für Werbeanlagen weitgehend entwerten, *vgl. OVG Münster, B. v. 08.07.2014 – 10 B 448/14.* 6

7 Bauliche Anlagen, die nicht regelmäßig aufgestellt und wieder abgebaut werden, sondern dazu bestimmt sind, über einen längeren Zeitraum ortsfest genutzt zu werden, gelten nicht als Fliegende Bauten, *vgl. VGH Mannheim, U. v. 29.01.1982 – 8 S 1291/81 –; VGH Kassel, B. v. 27.01.1984 – 4 TH 277/84 –, BRS 42, Nr. 151; OVG Lüneburg, U. v. 04.09.1986 – 6 A 49/86 –; OVG Thüringen, B. v. 27.06.1996 – 1 EO 425/95.* Dies betrifft z.B. Traglufthallen oder Leichtbauhallen, die dazu dienen, eine Sportanlage vor Witterungseinflüssen zu schützen. Dies gilt auch dann, wenn die Halle im Sommer abgebaut wird, da dann das für Fliegende Bauten konstituierende Merkmal, an verschiedenen Orten aufgestellt zu werden, fehlt, *vgl. OVG Saarland, U. v. 09.07.1986 – 2W 911/86 – BRS 46 Nr. 202; OVG Lüneburg, U. v. 07.12.1998 – 1 M 4958/98 –; vgl. zur fehlenden Eigenschaft von Wohncontainern als Fliegende Bauten, VG Mainz B. v. 05.12.2005 – 3 L 830/05.MZ.*

8 Nach Satz 2 gelten die dort genannten baulichen Anlagen nicht als Fliegende Bauten i.S.v. § 76. Auf diese baulichen Anlagen sind die Verfahrensvorschriften des § 76 also nicht anzuwenden.

3. Ausführungsgenehmigung (Absatz 2)

9 Fliegende Bauten werden nicht durch eine Baugenehmigung, sondern grundsätzlich durch eine Ausführungsgenehmigung zugelassen. Diese Genehmigung ist nach Ansicht des Gesetzgebers erforderlich, weil bei Fliegenden Bauten eine standortbezogene Genehmigung infolge der regelmäßig nur kurzen Standzeit nicht erforderlich und der mit einer standortbezogenen Baugenehmigung verbundene Aufwand nicht gerechtfertigt sei, *vgl. LT-Drucks. 6/3268, S. 114.*

10 Für die in Absatz 2 Satz 2 aufgeführten baulichen Anlagen gilt dies nicht. Sie sind ausführungsgenehmigungsfrei. Die Ausnahmetatbestände des § 76 Abs. 2 Satz 2 Nummern 1 bis 4 erfassen die gewöhnlichen Fliegenden Bauten wie Zelte, Fahrgeschäfte, Bühnen und dergleichen. Der Gesetzgeber erkennt in ihnen nur ein geringes Risikopotenzial, *vgl. LT-Drucks. 6/3268, S. 114.* Die in den Nummern 1 bis 4 genannten Anlagen bedürfen daher weder einer Ausführungsgenehmigung noch einer Baugenehmigung. Gleichwohl müssen auch diese baulichen Anlagen den materiell-rechtlichen Anforderungen der Bauordnung genügen, insbesondere also den Anforderungen nach §§ 3 und 11.

11 In Nummer 4 werden – in Anpassung an die Musterbauordnung – Zelte genehmigungsfrei gestellt, die erdgeschossig sind. Zudem werden erdgeschossige Verkaufsstände in die Regelung aufgenommen. Erdgeschossige betretbare Verkaufsstände bedurften als Fliegende Bauten nach der bisherigen Regelung nur dann keiner Ausführungsgenehmigung, wenn sie nicht dazu bestimmt

waren, von Besuchern betreten zu werden (§ 71 Abs. 2 Satz 2 Nummer 1 a. F.). Hingegen bedurften Zelte, die Fliegende Bauten sind, bis zu einer Größe von 75 m² Grundfläche auch bei Besucherverkehr keiner Ausführungsgenehmigung. Diesen Wertungswiderspruch hat der Gesetzgeber durch die Gleichbehandlung von erdgeschossigen Zelten und betretbaren Verkaufsständen in der Novelle 2016 aufgehoben, *vgl. LT-Drucks. 6/3268, S. 114.*

Die durch die Novelle 2016 eingeführte Nummer 5 erfasst neu die in dieser 12
Gestalt erst seit kürzerer Zeit auftretenden „aufblasbaren Spielgeräte", die unter keinen der Ausnahmetatbestände des § 76 Abs. 2 Satz 2 eingeordnet werden können. Diese sind vom Erfordernis der Ausführungsgenehmigung befreit, soweit aufgrund ihrer Abmessungen Gefahren für die Sicherheit der Benutzer nicht zu befürchten sind. Bei der Freistellung werden die Höhe der für Besucher betretbaren Bereiche sowie unabhängig davon die Fluchtweglänge unter überdachten Bereichen begrenzt. Überdachte nicht betretbare Flächen haben in diesem Zusammenhang nach Auffassung des Gesetzgebers in der Regel keine Bedeutung, *vgl. LT-Drucks. 6/3268, S. 115.* Mit den gewählten Formulierungen wollte der Gesetzgeber praktikable Abgrenzungskriterien schaffen, ohne auf die Vielfalt aufblasbarer Spielgeräte einzugehen.

Die Regelung zu den Toilettenwagen, vgl. § 71 Abs. 2 Nr. 5 a. F., ist durch die 13
Novelle 2016 ersatzlos gestrichen worden. Als vorübergehend aufgestellte Anlagen sind Toilettenwagen nach § 61 Nr. 13 Buchstabe c) jedoch weiterhin genehmigungsfrei.

4. Zuständigkeit (Absatz 3)

Zuständig für die Erteilung der Ausführungsgenehmigung ist die oberste 14
Bauaufsichtsbehörde, also das Ministerium für Infrastruktur und Raumordnung, wenn in deren Bereich der Antragsteller seine Hauptwohnung oder seine gewerbliche Niederlassung hat oder in deren Bereich der Fliegende Bau zum ersten Mal aufgestellt oder in Gebrauch genommen werden soll. Die Problematik, dass Fliegende Bauten in verschiedenen Ländern aufgestellt werden können und deshalb verschiedene Bauaufsichtsbehörden zuständig sein können, hat der Gesetzgeber in Satz 2 dadurch gelöst, dass die oberste Bauaufsichtsbehörde des Landes Brandenburg nur dann für die Ausführungsgenehmigung zuständig ist, wenn die bauliche Anlage nicht bereits zuvor in einem anderen Land aufgestellt und in Gebrauch genommen wurde. Wird sie in Brandenburg erstmalig aufgestellt und in Gebrauch genommen, ist die oberste Bauaufsichtsbehörde des Landes Brandenburg zuständig. Von dieser Stelle erteilte Ausführungsgenehmigungen gelten aufgrund von dem Absatz 4 Satz 4 entsprechenden Regelungen anderer Länder auch dort. Diese Regelung ist mit den anderen Ländern abgestimmt. Die Länder arbeiten im

Arbeitskreis Fliegende Bauten der Bauministerkonferenz zusammen, *vgl. LT-Drucks. 6/3268, S. 115.*

5. Geltungsdauer (Absatz 4)

15 Kraft Gesetz ist die Geltungsdauer der Ausführungsgenehmigung zu befristen. Grund dafür ist, dass die Fliegenden Bauten aufgrund des wiederholten Auf- und Abbaus einem besonderen Verschleiß ausgesetzt sind, *vgl. OVG Lüneburg, U. v. 07.12.1998 – 1 M 4958/98.* Die maximale Frist beträgt 5 Jahre. Durch die Befristung können auch neuere Erkenntnisse über von der Anlage ausgehende Gefahren berücksichtigt werden, die zwar nicht eine Rücknahme der Ausführungsgenehmigung rechtfertigen würden, wohl aber die Erteilung von Nebenbestimmungen im Zusammenhang mit der Verlängerung. Die Ausführungsgenehmigung kann jeweils um bis zu weitere 5 Jahre verlängert werden. Diese befristete Verlängerung ist beliebig oft möglich. Voraussetzung für die Verlängerung ist jedoch, dass der Antrag auf Verlängerung gestellt wurde, bevor die gesetzte Frist abgelaufen ist. Nach Ablauf der gesetzten Frist muss eine neue Ausführungsgenehmigung beantragt werden.

16 Die Verlängerung ist nur zulässig, wenn der Fliegende Bau dem öffentlichen Baurecht nicht widerspricht. Das sind alle Vorschriften des öffentlichen Rechts, die Anforderungen an den Fliegenden Bau stellen. Maßgeblich sind jeweils die Vorschriften zum Zeitpunkt des Verlängerungsbegehrens. Einen Anspruch darauf, die Ausführungsgenehmigung nach Maßgabe früherer Vorschriften zu verlängern, hat der Antragsteller nicht, *vgl. OVG Lüneburg, U. v. 04.12.2015 – 1 LC 178/14.*

17 Trotz des auf ein Ermessen hinweisenden Wortlauts („kann“) steht die Verlängerung nicht im Ermessen der Behörde. Vielmehr ist die Ausführungsgenehmigung zu verlängern, wenn die Voraussetzungen hierfür vorliegen. Dabei muss sich der Fliegende Bau einer Prüfung stellen und diese bestehen, als gehe es um die erstmalige Zulassung. Hinsichtlich der Dauer der Verlängerung kann aber ein Ermessen bestehen, *OVG Lüneburg, U. v. 04.12.2015 – 1 LC 178/14.*

6. Anzeigepflichtige Änderungen (Absatz 5)

18 Da Fliegende Bauten nicht mit Grund und Boden dauernd fest verbunden sind, also keine Grundstücksbezogenheit aufweisen, hat der Gesetzgeber in Absatz 5 Regelungen darüber aufgestellt, unter welchen Voraussetzungen der Wechsel des Inhabers der Ausführungsgenehmigung oder der Wechsel des Eigentümers der Fliegenden Bauten anzuzeigen ist. Nach Absatz 5 hat der Inhaber der Ausführungsgenehmigung einen Wechsel von Wohnort oder Niederlassung mitzuteilen. Bei einem Wechsel in den Zuständigkeitsbereich

einer anderen für Ausführungsgenehmigungen zuständigen Behörde wechselt auch die Zuständigkeit für die konkrete Anlage. Diese Änderungen sind in das Prüfbuch einzutragen. Ggf. hat die neu zuständige Behörde die bisher zuständige Behörde über die Änderung und über den Wechsel der Zuständigkeit zu unterrichten.

7. Anzeigepflicht (Absatz 6)

In Absatz 6 hat der Gesetzgeber eine besondere Anzeigepflicht als Voraussetzung für die Inbetriebnahme Fliegender Bauten geschaffen. Gegenstand der Anzeige ist die Aufstellung der baulichen Anlage. Dadurch wird es der Bauaufsichtsbehörde ermöglicht, die Gebrauchstauglichkeit der baulichen Anlage zu überprüfen. 19

Wird eine Anzeige erstattet, kann die Bauaufsichtsbehörde eine Gebrauchsabnahme durchführen, ist hierzu aber nicht verpflichtet. 20

8. Eingriffsbefugnisse (Absatz 7)

Durch Absatz 7 wird die untere Bauaufsichtsbehörde ermächtigt, besondere bauliche Befugnisse auszuüben, die den Besonderheiten Fliegender Bauten Rechnung tragen. Die Behörde kann ergänzende Auflagen anordnen. Diese kommen etwa in Betracht, wenn aufgrund von Besonderheiten des Aufstellungsorts, wie besondere Bodenverhältnisse, ergänzende Vorkehrungen erforderlich sind. Die Inbetriebnahme kann insbesondere dann untersagt werden, wenn die Betriebssicherheit der Anlage beispielsweise aufgrund Abnutzung oder mangelhafter Wartung nicht mehr gewährleistet ist. 21

Die Aufstellung Fliegender Bauten kann verhindert und die Beseitigung bereits aufgestellter Fliegender Bauten verlangt werden, wenn andere öffentlich-rechtliche Vorschriften der Errichtung entgegenstehen. Darunter fallen neben bauplanungs- und bauordnungsrechtlichen Regelungen auch solche des Denkmalschutzgesetzes, *vgl. VG Gelsenkirchen, U. v. 06.11.2014 – 5 K 1275/13.* 22

Neben den allgemeinen materiellen Voraussetzungen für die bauaufsichtliche Maßnahme sind auch die besonderen Verfahrensvorschriften zu beachten. Werden Aufstellung oder Gebrauch der Fliegenden Anlage untersagt, ist dies nicht nur in das Prüfbuch einzutragen, sondern auch die zuständige oberste Bauaufsichtsbehörde zu benachrichtigen und das Prüfbuch einzuziehen. Diese gravierende Maßnahme muss dem Verhältnismäßigkeitsgrundsatz gerecht werden. Voraussetzung ist, dass die festgestellten Mängel voraussichtlich nicht innerhalb angemessener Frist beseitigt werden. Eine Inbetriebnahme des Fliegenden Baus ist nach der Einziehung des Prüfbuchs auch an anderen Aufstellungsorten nicht mehr zulässig. 23

9. Nachabnahme (Absatz 8)

24 In Absatz 8 hat der Gesetzgeber die untere Bauaufsichtsbehörde ermächtigt, auch nach erfolgter Gebrauchsabnahme weitere Abnahmen durchzuführen, wenn die Fliegenden Bauten von Besuchern betreten und für längere Zeit an einem Aufstellungsort betrieben werden. Dadurch reagiert der Gesetzgeber auf den Umstand, dass Fliegende Bauten an sich nicht für längere Zeit genutzt werden. Da Fliegende Bauten bei einer längeren stationären Nutzung möglicherweise den Anforderungen nicht in gleicher Weise wie herkömmliche bauliche Anlagen standhalten können, soll die Bauaufsichtsbehörde zu einer Nachabnahme berechtigt sein.

10. Verfahrensvorschriften und Ermächtigungsgrundlage (Absatz 9)

25 Der Gesetzgeber hat die entsprechende Geltung des § 68 Abs. 1, 2 und 4 und der Ermächtigungsgrundlage des § 82 Abs. 1 und 4 angeordnet, so dass die Bauaufsichtsbehörden von diesen Regelungen Gebrauch machen kann und ggf. muss.

§ 77
Bauaufsichtliche Zustimmung

(1) [1]Nicht genehmigungsfreie Bauvorhaben bedürfen keiner Genehmigung und Bauüberwachung, wenn
1. die Leitung der Entwurfsarbeiten und die Bauüberwachung einer Baudienststelle des Bundes oder eines Landes übertragen ist und
2. die Baudienststelle mindestens mit einer Bediensteten oder einem Bediensteten mit der Befähigung zum höheren bautechnischen Verwaltungsdienst und mit sonstigen geeigneten Fachkräften ausreichend besetzt ist.

[2]Solche baulichen Anlagen bedürfen jedoch der Zustimmung der obersten Bauaufsichtsbehörde. [3]Die Zustimmung entfällt, wenn die Gemeinde nicht widerspricht und, soweit ihre öffentlich-rechtlich geschützten Belange von Abweichungen, Ausnahmen und Befreiungen berührt sein können, die Nachbarn dem Bauvorhaben zustimmen. [4]Keiner Genehmigung oder Zustimmung bedürfen unter den Voraussetzungen des Satzes 1 Baumaßnahmen in oder an bestehenden Gebäuden, soweit sie nicht zu einer Erweiterung des Bauvolumens oder zu einer nicht genehmigungsfreien Nutzungsänderung führen, sowie die Beseitigung baulicher Anlagen. [5]Satz 3 gilt nicht für bauliche Anlagen, für die nach § 70 Absatz 7 eine Öffentlichkeitsbeteiligung durchzuführen ist. [6]Der öffentliche Bauherr trägt die Verantwortung dafür, dass Entwurf, Ausführung und Zustand der baulichen Anlagen sowie anderer Anlagen und Einrichtungen den öffentlich-rechtlichen Vorschriften entsprechen. [7]Die Baudienststelle nimmt insoweit die Aufgaben und Befugnisse einer unteren Bauaufsichtsbehörde nach § 58 Absatz 2 und 3 wahr.

(2) Der Antrag auf Zustimmung ist bei der obersten Bauaufsichtsbehörde einzureichen.

(3) [1]Die oberste Bauaufsichtsbehörde prüft
1. die Übereinstimmung mit den Vorschriften über die Zulässigkeit der baulichen Anlagen nach den §§ 29 bis 38 des Baugesetzbuchs und
2. andere öffentlich-rechtliche Anforderungen, soweit wegen der Zustimmung eine Entscheidung nach anderen öffentlich-rechtlichen Vorschriften entfällt oder ersetzt wird.

[2]Sie führt bei den in Absatz 1 Satz 5 genannten Anlagen die Öffentlichkeitsbeteiligung nach § 70 Absatz 6 durch. [3]Die oberste Bauaufsichtsbehörde entscheidet über Ausnahmen, Befreiungen und Abweichungen von den nach Satz 1 zu prüfenden sowie von anderen Vorschriften, soweit sie nachbarschützend sind und die Nachbarn nicht zugestimmt haben. [4]Im Übrigen bedarf die Zulässigkeit von Ausnahmen, Befreiungen und Abweichungen keiner bauaufsichtlichen Entscheidung.

(4) [1]Die Gemeinde ist vor Erteilung der Zustimmung zu hören. [2]§ 36 Absatz 2 Satz 2 Halbsatz 1 des Baugesetzbuchs gilt entsprechend. [3]Für die Entscheidung nach § 37 Absatz 1 des Baugesetzbuchs ist die oberste Bauaufsichtsbehörde zuständig; vor der Entscheidung ist die Gemeinde zu hören. [4]Im Übrigen sind die Vorschriften über das Baugenehmigungsverfahren entsprechend anzuwenden.

(5) [1]Anlagen, die der Landesverteidigung, dienstlichen Zwecken der Bundespolizei oder dem zivilen Bevölkerungsschutz dienen, sind abweichend von den Absätzen 1 bis 4 der obersten Bauaufsichtsbehörde vor Baubeginn in geeigneter Weise zur Kenntnis zu bringen; Absatz 1 Satz 3 Halbsatz 1 gilt entsprechend. [2]Im Übrigen wirken die Bauaufsichtsbehörden nicht mit. [3]§ 76 Absatz 2 bis 9 findet auf Fliegende Bauten, die der Landesverteidigung, dienstlichen Zwecken der Bundespolizei oder dem zivilen Bevölkerungsschutz dienen, keine Anwendung.

Übersicht

1. Allgemeines

1 Das Zustimmungsverfahren nach § 77 tritt an die Stelle des Baugenehmigungsverfahrens, wenn bestimmte materielle Kriterien erfüllt sind. Nach der Novelle 2016 ist unerheblich, ob der Bund oder das Land als Bauherr auftritt. Grund für diese Regelung ist die gesetzliche Vermutung, dass die tätigen Körperschaften des Bundes und des Landes mit dem Einsatz der genannten Personen nicht nur die ausreichende Fachkunde, sondern auch die ausreichende

Zuverlässigkeit besitzen, um das Bauvorhaben ohne die sonst erforderliche präventive Kontrolle verwirklichen zu dürfen.

Mit der Novelle 2020 ist die Zuständigkeitsregelung in Absatz 1 Satz 6 und 7 eingefügt worden. 2

2. Wegfall des Genehmigungsverfahrens bei Bauvorhaben des Bundes und des Landes (Absatz 1 Satz 1)

Verfahrensrechtlich gelten für Bauvorhaben nach Absatz 1 Besonderheiten. 3
In Satz 1 ist bestimmt, dass unter den dort genannten Voraussetzungen an Stelle der sonst erforderlichen Baugenehmigung die Zustimmung der oberen Bauaufsichtsbehörde tritt. Unerheblich ist, wer Bauherr des Bauvorhabens ist und dieses verwirklichen will. Handelt es sich um Vorhaben der öffentlichen Hand, nicht aber des Bundes oder Landes, z. B. bei ÖPP-Projekten, darf das Zustimmungsverfahren durchgeführt werden. Entscheidend ist, dass die Leitung der Entwurfsarbeiten und die Bauüberwachung einer Baudienststelle übertragen sind und diese Baudienststelle über dafür qualifiziertes Personal tatsächlich verfügt. Hingegen wäre nicht ausreichend, wenn die Baudienststelle im Wesentlichen nur die haushaltsrechtliche Abwicklung übernimmt.

3. Zustimmungsbedürftigkeit von Bauvorhaben (Absatz 1 Satz 2)

Satz 2 entspricht § 72 Abs. 1 Satz 2 a. F. Ist ein Baugenehmigungsverfahren 4
nicht erforderlich, weil die Voraussetzungen nach Satz 1 erfüllt sind, wird ein Zustimmungsverfahren nach Satz 2 durchgeführt. Dieses ist dann erforderlich, wenn das Vorhaben nicht nach § 62 baugenehmigungsfrei ist. Genehmigungsfreie Vorhaben sind aber auch dann zustimmungspflichtig, wenn sie einer isolierten Ausnahme, Befreiung oder Abweichung bedürfen. Dann wird nicht das Verfahren nach § 68, sondern nach § 77 durchgeführt.

Zustimmungen zu Bauvorhaben des Bundes und der Länder sind regelmäßig 5
Verwaltungsakte im Sinne von § 35 VwVfG, *vgl. VG München, BayVBl 1975, 421; VGH Kassel, BauR 1993, 329; VGH Kassel, BauR 2000, 924, 926; Krist, BauR 1993, 516f.* Eine Ausnahme kann es nur bei Bauvorhaben des Landes geben, wenn der Zustimmungserklärung der zuständigen Bauaufsichtsbehörde die für einen Verwaltungsakt erforderliche Außenwirkung fehlt. Erklärungen im innerbehördlichen Bereich sind lediglich als behördeninterne Mitwirkungsakte ohne Verwaltungsaktqualität zu begreifen, *vgl. OVG Hamburg, BauR 1982, 259.* In der Literatur wird angenommen, dass aufgrund der Verweise im Zustimmungsverfahren auf das Baugenehmigungsverfahren die landesbehördeninterne Zustimmung in jedem Fall als Verwaltungsakt ergehen soll, *vgl. Rößler, Landesbauordnung Baden-Württemberg, S. 456f.* Unabhängig davon bilden Zustimmungen in Gestalt behördeninterner Mitwirkungsakte auch

dann Verwaltungsakte, wenn sie zugleich Rechte Dritter berühren, *vgl. VG Düsseldorf, NVwZ 1991, 503; VGH München, BayVBl 1986, 405.* Dann liegt ein sog. relativer Verwaltungsakt vor, *vgl. BVerwG, BayVBl 1986, 660; VGH Kassel, NVwZ 1995, 1010.*

6 Materiell-rechtlich ist die Eigenschaft eines Bauherrn als eine Person des öffentlichen Rechts für die Erteilung der Zustimmung ohne Bedeutung. Auch Baumaßnahmen im hoheitlichen Bereich unterliegen den Anforderungen des öffentlichen Rechts, insbesondere den Anforderungen des Bauplanungs- und Bauordnungsrechts an die Zulässigkeit baulicher Vorhaben, *vgl. BVerwGE 29, 253; 31, 263, 271; 44, 351ff.; BVerwG, DÖV 1977, 749.* Allerdings können bestimmte öffentliche Bauherren nach § 37 BauGB bauplanungsrechtlich privilegiert sein.

4. Wegfall der Zustimmungsbedürftigkeit (Absatz 1 Satz 3 bis 5)

7 Satz 1 ist durch die Novelle 2016 neu in die Bauordnung eingefügt worden. Nach Satz 3 entfällt die Zustimmung, wenn
- die Gemeinde nicht widerspricht und,
- soweit ihre öffentlich-rechtlich geschützten Belange von Abweichungen, Ausnahmen und Befreiungen berührt sein können, die Nachbarn dem Vorhaben zustimmen.

8 Diese Regelung einer besonderen Verfahrensfreiheit beruht auf der Erwägung, dass die Zustimmung als Verwaltungsakt – nämlich als Einzelfallregelung mit Außenwirkung – nur dann erforderlich ist, wenn ihr eine gleichsam streitentscheidende Funktion zukommt. Die Außenwirkung ist dann entbehrlich, wenn im konkreten Fall sich weder die Gemeinde in ihrer Planungshoheit noch die Nachbarn in ihren öffentlich-rechtlich geschützten Belangen beeinträchtigt sehen und dies schlüssig (die Gemeinde) beziehungsweise ausdrücklich (die Nachbarn) erklären. Da sich die Zustimmung unter diesen Umständen auf ein bloßes funktionsloses Internum reduzieren würde, kann sie ggf. wegfallen.

9 Satz 4 zieht daraus die weitere Konsequenz einer generellen Zustimmungsfreiheit für Bauvorhaben, die – weil sie nicht in rechtserheblicher Weise nach außen in Erscheinung treten oder sich auswirken können – weder Gemeinde noch Nachbarn zu beeinträchtigen geeignet sind.

10 Satz 5 dient der Umsetzung der Seveso-III-Richtlinie. Bei den nach Artikel 13 Seveso-III-Richtlinie schutzbedürftigen Bauvorhaben kann es sich auch um Baumaßnahmen handeln, für die nach § 77 ein Zustimmungsverfahren durchzuführen ist. Es ist auch bei diesen Bauvorhaben sicherzustellen, dass sowohl eine bauplanungsrechtliche Prüfung als auch die Öffentlichkeitsbeteiligung

nach Artikel 15 Seveso-III-Richtlinie durchgeführt wird. Nach § 77 Absatz 1 Satz 3 entfällt das Zustimmungsverfahren, wenn die Gemeinde nicht widerspricht und, soweit ihre öffentlich-rechtlich geschützten Belange von Abweichungen, Ausnahmen und Befreiungen berührt sein können, die Nachbarn dem Bauvorhaben zustimmen. Damit entfällt auch die Prüfung der bauplanungsrechtlichen Zulässigkeit eines Vorhabens nach Absatz 3 Nr. 1. Durch die Bezugnahme auf § 70 Abs. 6 wird sichergestellt, dass für alle Bauvorhaben, die dem Schutzzweck des Artikel 13 Seveso-III-Richtlinie unterfallen, ein Verfahren stattfindet, in dem das Bauplanungsrecht geprüft wird.

5. Pflichten und Stellung des öffentlichen Bauherrn (Absatz 1 Satz 6 und 7)

Die Sätze 6 und 7 sind mit der Novelle 2020 angefügt worden. Geregelt wird 11 in ihnen, dass die Baudienststelle materiell und verfahrensrechtlich als Bauaufsichtsbehörde fungiert. Seit der Novelle 2016 ist die bauaufsichtliche Verantwortung für den Zustand baulicher Anlagen im Bestand bei Landes- und Bundesbaumaßnahmen nicht mehr im § 77 BbgBO geregelt. Der Brandenburgische Landesbetrieb für Liegenschaften und Bauen (BLB) trägt nach der Novelle 2016 aufgrund des § 52 „Grundpflichten“ als Bauherr die Verantwortung für die Beachtung des öffentlichen Baurechts bei der Errichtung, Änderung, Nutzungsänderung und der Beseitigung von Anlagen. Der BLB ist als fachkundige und fachlich zuständige Behörde dafür verantwortlich, dass die öffentlich-rechtlichen Vorschriften eingehalten werden. Der BLB besitzt die Bauherrenfunktion und bauaufsichtliche Verantwortung bei Liegenschaften der Ressorts und bei Bundesliegenschaften, jedoch nur in Bezug auf Planung, Genehmigung und Errichtung baulicher Anlagen. Die Verantwortung für den ordnungsgemäßen Betrieb der baulichen Anlage fällt nach Abschluss der Baumaßnahme und Übergabe den Nutzern – beispielsweise Universitäten, Hochschulen und Justizvollzugsanstalten – zu. Der BLB hatte als Bauaufsicht anschließend nur eine beratende Aufgabe und konnte lediglich über den Dienstweg auf die Einhaltung der Vorschriften drängen. Die bauordnungsrechtliche Verantwortung für die Einhaltung der öffentlich-rechtlichen Vorschriften bei Instandhaltung und Nutzung baulicher Anlagen sowie anderer Anlagen und Einrichtungen lag damit bei den zuständigen Bauaufsichtsbehörden, nicht aber bei der Baudienststelle, dem BLB.

Mit der Änderung wird dem BLB für die öffentlichen Liegenschaften die 12 Funktion der unteren Bauaufsichtsbehörde zugewiesen, so dass der BLB insoweit für den Vollzug des öffentlichen Baurechts zuständig ist. Für die öffentlich genutzten Liegenschaften des Landes und für Bundesliegenschaften fungiert der BLB § 57 Abs. 1 als untere Bauaufsichtsbehörde. Der BLB ist gem. § 58 Abs. 2 für den Vollzug der Bauordnung bei Nutzung baulicher Anlagen sowie anderer Anlagen und Einrichtungen zuständig. Ferner haben der BLB u. a. bei der Instandhaltung und der Nutzung baulicher Anlagen Überwachungs- und Beratungspflichten hinsichtlich der Einhaltung öffentlich-rechtlicher Vorschriften und erlassener Anordnungen.

6. Zustimmungsverfahren (Absatz 2)

13 Der Gesetzgeber hat in Absatz 2 die verfahrensrechtlichen Regelungen für das Zustimmungsverfahren normiert, indem er bestimmt, dass der Antrag bei der obersten Bauaufsichtsbehörde zu stellen ist. Die entsprechende Anwendung der §§ 68 ff. ist nicht angeordnet.

7. Prüfungsumfang (Absatz 3)

14 Nach Einreichung des Antrags auf Zustimmung bei der obersten Bauaufsichtsbehörde prüft diese den Zustimmungsantrag. Der Prüfungsumfang im Zustimmungsverfahren ist allerdings begrenzt. Angesichts der Verpflichtung der öffentlichen Hand, Recht und Gesetz zu beachten und deren vorausgesetzter Fachkunde hat der Gesetzgeber es nicht für erforderlich gehalten, dass deren Bauvorhaben so umfänglich geprüft werden, wie dies bei privaten Bauherren regelmäßig der Fall ist, *vgl. Reiche/Schulte, Handbuch Bauordnungsrecht, S. 897.* Im Zustimmungsverfahren werden die bauordnungsrechtlichen Anforderungen nicht geprüft. Die Zustimmung wird also erteilt, wenn das Vorhaben nicht im Widerspruch zu den nach Absatz 3 zu prüfenden sonstigen Vorschriften steht. Auf Widersprüche zu öffentlich-rechtlichen Vorschriften, die nicht zu prüfen sind, kommt es für die Erteilung der Zustimmung deshalb nicht an. Gleichwohl ist der Bauherr nicht davon befreit, auch diese Vorschriften zu beachten. Er hat dies in eigener Verantwortung zu tun. Der öffentliche Bauherr hat dabei selbst zu entscheiden, ob er dafür externen Sachverstand, wie den von Prüfingenieuren oder bauaufsichtlichen Sachverständigen, heranzieht.

15 Geprüft werden die §§ 29 bis 38 BauGB und die Vorschriften der Fachgesetze, in denen geregelt ist, dass im Falle der Erteilung einer Baugenehmigung die fachgesetzlich an sich erforderliche Genehmigung oder Erlaubnis nicht erteilt wird, vgl. § 20 BbgDSchG.

16 Soweit öffentlich-rechtliche Vorschriften im Zustimmungsverfahren geprüft wurden, genießt das Vorhaben Bestandsschutz. Soweit die Konformität des Bauvorhabens mit den geprüften Vorschriften durch die Erteilung der Zustimmung festgestellt wurde, kann die Illegalität des zustimmungskonform errichteten Gebäudes durch die Behörde nicht festgestellt werden. Die Behörde ist insoweit an ihre Zustimmung gebunden, *vgl. BVerwGE 58, 124.*

8. Zuständigkeit (Absatz 3 Satz 2 bis 4)

Satz 2 bestimmt die oberste Bauaufsichtsbehörde als zuständige Behörde für die Durchführung der nach Artikel 15 Seveso-III-Richtlinie erforderlichen Öffentlichkeitsbeteiligung. Das hält der Gesetzgeber für sachgerecht, da die Öffentlichkeitsbeteiligung Erkenntnisse für die bauplanungsrechtliche Bewertung des Vorhabens liefern kann, *vgl. LT-Drucks. 6/3268, S. 117.* 17

Die Prüfung von und die Entscheidung über Ausnahmen, Befreiungen und Abweichungen beschränken sich nach Satz 3 auf die nach Satz 1 zu prüfenden Vorschriften, im Übrigen auf nachbarschützende Vorschriften. In dieser Regelung liegt ein § 66 Abs. 4 Satz 1 Halbsatz 1 entsprechender bauaufsichtlicher Prüfverzicht, der im Hinblick auf die von Absatz 1 Satz 1 geforderte Qualifikation der Baudienststelle dem Gesetzgeber vertretbar erscheint. 18

Satz 5 a. F. ist mit der Novelle 2018 aufgehoben worden. Der Gesetzgeber begründet dies damit, dass, wäre gewollt, dass bei den gemäß des Brandenburgischen Denkmalschutzgesetzes erlaubnispflichtigen Maßnahmen stets das Zustimmungsverfahren durchgeführt wird, dieses rechtssystematisch im Absatz 1 hätte geregelt werden müssen. Da dies dort aber nicht geregelt ist, ist Satz 5 a. F. aufzuheben, *vgl. LT-Drucks 6/7876, S. 29.* 19

9. Beteiligung der Gemeinde (Absatz 4)

Absatz 4 Satz 1 regelt die – mit Blick auf ihre Planungshoheit erforderliche – Anhörung der Gemeinde vor Erteilung der Zustimmung. Satz 2 erklärt § 36 Abs. 2 Satz 2 Halbsatz 1 BauGB für entsprechend anwendbar, um einen zeitlichen und sachlichen Gleichlauf zwischen der Fiktionsfrist für das gemeindliche Einvernehmen und der Äußerung der Gemeinde (im Übrigen) herzustellen; sofern die Gemeinde bereits die Fiktionsfrist für das Einvernehmen hat verstreichen lassen, soll damit auch die Gelegenheit zur Äußerung (im Übrigen) erschöpft sein. 20

Satz 3 entspricht § 72 Abs. 2 Satz 2 a. F. und regelt die Befugnis der obersten Bauaufsichtsbehörde, eine Entscheidung nach § 37 Abs. 1 des Baugesetzbuches zu treffen. Satz 4 ordnet – wie bisher § 72 Abs. 2 Satz 1 a. F. – die entsprechende Geltung von Vorschriften auch für das Zustimmungsverfahren an. 21

10. Kenntnisgabeverfahren (Absatz 5)

Absatz 5 regelt das Kenntnisgabeverfahren, das bei Anlagen, die der Landesverteidigung, dienstlichen Zwecken der Bundespolizei oder dem zivilen Bevölkerungsschutz dienen, an Stelle des Zustimmungsverfahrens durchzuführen ist. Durch die Aufnahme von Anlagen, die dienstlichen Zwecken 22 der Bundespolizei oder dem zivilen Bevölkerungsschutz dienen, wird in der Novelle 2016 die Bauordnung an § 37 Abs. 2 BauGB angepasst. Danach ist bei diesen Vorhaben nur die Zustimmung der höheren Verwaltungsbehörde erforderlich. Diese hat vor ihrer Entscheidung die Gemeinde anzuhören.

23 Bei diesen Bauvorhaben sind der oberen Bauaufsichtsbehörde nicht die umfassenden Unterlagen über das Vorhaben einzureichen. Vielmehr beschränkt sich die Einbeziehung der oberen Bauaufsichtsbehörde auf die Kenntnisgabe „in geeigneter Weise". Was darunter zu verstehen ist, ergibt sich aus dem jeweiligen Geheimhaltungsbedürfnis und dem Berührtsein anderer öffentlicher Belange.

24 Mit dem Verweis auf Absatz 1 Satz 3 Halbsatz 1 entfällt das Kenntnisgabeverfahren, wenn die Gemeinde der Errichtung der in Absatz 5 genannten Anlagen nicht widerspricht. Dies hat seinen Grund darin, dass das Kenntnisgabeverfahren dazu dient, beim Widerspruch der Gemeinde die Inhalte des § 37 BauGB zu transportieren. Folglich läuft die Regelung in den Fällen, in denen die Gemeinde dem Vorhaben nicht widerspricht, leer.

25 Satz 3 übernimmt die in Satz 1 erfolgte Angleichung an § 37 Abs. 2 BauGB auch für Fliegende Bauten. Auf Fliegende Bauten im Sinne von § 76, die der Landesverteidigung dienen, findet § 76 Abs. 2 bis 9 keine Anwendung. Der Gesetzgeber hat solche Anlagen also von der Ausführungsgenehmigung freigestellt.

11. Nutzung baulicher Anlagen des Bundes und der Länder durch Private

26 Bauordnungs- und bauplanungsrechtlich problematisch ist die Frage, welche Auswirkungen ein Wechsel des Nutzers einer baulichen Anlage besitzt, wenn diese zunächst für öffentliche Zwecke bestimmt war, nach einem Verkauf der Liegenschaft an einen Privaten oder einer anderen Nutzung durch privatisierte, vormals juristische Personen des öffentlichen Rechts, übergeht (z. B. Post oder Bahn). Dabei ist zu unterscheiden:

27 Zum einen kann die Person des Nutzers für die bauaufsichtliche Zustimmung von Bedeutung sein. Denn ist eine öffentlich-rechtliche Nutzung beantragt und genehmigt worden, könnte eine Nutzung der baulichen Anlagen durch einen gewerblichen Nutzer nicht mehr von der Zustimmung gedeckt sein.

28 Zum anderen kann die Nutzeränderung das Bauplanungsrecht berühren, wenn die planungsrechtlichen Festsetzungen eines Bebauungsplans nur eine öffentlich-rechtliche Nutzung erlauben, der gewerbliche Nutzer diesen Nutzungszweck aber nicht weiter verfolgt. Bauplanungsrechtlich kann nämlich der öffentliche oder private Nutzungszweck eines Grundstücks von

erheblicher Relevanz sein. Die Festsetzungsmöglichkeiten in § 9 Abs. 1 Nrn. 5, 9, 11, 15, 21 und 22 BauGB verdeutlichen, dass die öffentliche Nutzung eines Grundstücks ein bauplanungsrechtlicher Zulässigkeitsmaßstab sein kann. Bauplanungsrechtlich kann deshalb eine öffentliche Nutzung eines Grundstücks zulässig, eine privatrechtliche Nutzung aber unzulässig sein. Auf die Person des Grundstücksnutzers kommt es also nicht an, wenn die öffentliche Nutzung nicht geändert wird. Dies gilt gerade im Hinblick auf die Erfüllung und Gewährleistung öffentlicher Aufgaben durch Private. Wenn und soweit durch die Aufgabenprivatisierung bzw. durch eine funktionelle Privatisierung öffentliche Aufgaben durch Private erbracht werden, indem die staatliche Aufgabenzuständigkeit fortbesteht und die Aufgaben durch Private erfüllt werden, *vgl. Schoch, DVBl. 1994, 962f.*, wird die Aufgabe als solche nicht privatisiert. Bezogen etwa auf die Postdienstleistungen bleibt die Infrastrukturverantwortung beim Staat, *vgl. BVerfGE 108, 370, 393*. Das heißt, für die Nutzung eines Gebäudes zu öffentlichen Zwecken und Aufgaben ist es unerheblich, ob diese Zwecke und Aufgaben durch eine Person des Privatrechts oder durch die öffentliche Hand erreicht und erbracht werden sollen. Für die öffentliche Zweckbestimmung von Anlagen der Bundespost z. B. ist die Umwandlung des Rechtscharakters der Telekommunikationsdienste und der Postdienste im Zuge der Postreform unerheblich, wenn die Postnutzung erhalten bleibt. Denn bleibt aufgrund des Gewährleistungsauftrags der öffentlichen Hand gem. Art. 87f. GG der öffentliche Charakter der Postdienstleistungen unberührt, gilt dies auch für die Nutzung von Grundstücken zu Postzwecken, *vgl. BVerfGE 108, 370, 393*. Entsprechendes gilt auch für die Durchführung dieser Tätigkeiten durch Rechtsnachfolger in der Person des Zustimmungsempfängers. Wenn der Rechtsnachfolger die öffentliche Nutzung fortsetzt, ist die Rechtsnachfolge als solche planungsrechtlich ohne Relevanz, *vgl. BVerwG, NVwZ 2004, 1355ff.* Wie das Bundesverwaltungsgericht feststellt, gibt es auch nach der Postreform einen „Gemeinbedarf Post", wenn auf dem Grundstück Postuniversaldienstleistungen im Sinne des Postgesetzes vom 22.12.1997 (BGBl. I S. 2418), zuletzt geändert durch Artikel 272 der Verordnung vom 31. Oktober 2006 (BGBl. I S. 2407), erbracht werden. Diese Leistungen werden von dem Gewährleistungsauftrag in Art. 87 f Abs. 1 GG erfasst.

Planungsrechtlich relevant ist jedoch eine Nutzungsänderung, wenn die 29 geänderte Nutzung nicht mehr in der Verfolgung öffentlicher (gemeinbedarfsorientierter) Zwecke liegt. Dadurch wird der Charakter der Nutzung in planungsrechtlich erheblicher Weise geändert, *vgl. BVerwG, NVwZ 2004, 1355ff.* Denn ist planungsrechtlich nur eine öffentliche bzw. gemeinwohlbezogene Nutzung zulässig, ist eine (überwiegend) gewerbliche Nutzung unzulässig, *vgl. BVerwG, NVwZ 2004, 1355, 1358; VGH München, U. v. 25.03.2003 – 1 N 00.359 –, UPR 2003, 279f.; Gaentzsch, in: Berliner Kommentar zum BauGB, 3. A. § 1 Rn. 71;* anders kann es sich aber dann verhalten, wenn der Bebauungsplan wegen Postprivatisierung die im Bebauungsplan festgesetzte Nutzung

„Gemeinbedarf mit der Zweckbestimmung Post" funktionslos geworden ist, *dazu Hamer, Zur Funktionslosigkeit von Bebauungsplanfestsetzungen als Gemeinbedarfsfläche für Postzwecke, BauR 2016, 608ff.* So hält das OVG Lüneburg den auf private Zwecke ausgerichteten Betrieb einer Autowerkstatt, die vormals von der Deutschen Bundespost im Rahmen ihres Betriebs betrieben wurde, für eine relevante Nutzungsänderung. Zumal wenn die Werkstatt auf einer Fläche betrieben wird, die im Bebauungsplan als „Fläche für den Gemeinbedarf" festgesetzt wurde, *vgl. OVG Lüneburg, BauR 96, 690f. und NdsVBl 1999, 42ff., s. zur Bedeutung dieser Festsetzung im Zuge der Postreform, BVerwG, NVwZ 2004, 1352ff.* Das Bundesverwaltungsgericht hält es für unzulässig, ein Postamt, welches auf einem als Gemeinbedarfsfläche mit dem Zusatz Post festgesetzten Grundstück steht, umzunutzen, so dass dort ein Einzelhandel entsteht, in dem als stationäre Nebeneinrichtung auch Leistungen des Post-Universaldienstes (sog. Postagenturen) angeboten werden, *vgl. BVerwG, NVwZ 2004, 1355, 1358; dazu Stüer, DVBl. 2005, 461, 464.* Hingegen hält es eine inhaltliche Ergänzung eines Postamtes um gewerbliche Angebote für zulässig, wenn der vornehmliche Charakter eines Postamtes dadurch nicht infrage gestellt wird.

30 Bauordnungsrechtlich kann eine Änderung in der Person des Grundstücksnutzers relevant sein. Durch die Erteilung einer Baugenehmigung wird eine bestimmte bauliche Nutzung des Grundstücks erlaubt. Auf die Person des Nutzers des Grundstücks kommt es nicht an, wenn dadurch die genehmigte Nutzung als solche nicht berührt wird. Entsprechendes gilt grundsätzlich auch für die Zustimmung der zuständigen Bauaufsichtsbehörde im Falle der Nutzung eines Grundstücks durch eine Behörde des Bundes oder der Länder. Ein Wechsel in der Person des Nutzers bleibt deshalb ohne Relevanz, wenn die genehmigte bauliche Anlage in ihrer beantragten jeweiligen Nutzung und Funktion weiter genutzt wird, *vgl. BVerwG, U. v. 15.11.1974 – 4 C 32.71 –; BVerwG, NVwZ-RR 2001, 217.* Für die beantragte und genehmigte Nutzung entfaltet die Zustimmung auch bei einem Benutzerwechsel Bestandsschutz. Werden Nutzung und Funktion des Grundstücks bzw. der baulichen Anlagen jedoch geändert oder dauerhaft aufgegeben und ist die neue Nutzung nicht mehr von der erteilten Zustimmung gedeckt, entfällt der durch die Zustimmung vermittelte Bestandsschutz, *vgl. BVerwG, B. v. 24.05.1988 – 4 CB 12.88 –; BVerwG, B. v. 25.05.1978 – 1 A 196/73.* Nutzungsaufgabe oder Nutzungsänderung können erledigende Ereignisse im Sinne von § 43 Abs. 2 VwVfG bilden, so dass die Zustimmung ihre Wirkung verliert. Ein Wechsel des Nutzers eines Gebäudes kann für dessen Nutzung relevant werden, wenn der Wechsel des Nutzers auf die Nutzung durchschlägt, *vgl. OVG Lüneburg, BauR 96, 690f.* Dies kann der Fall sein, wenn eine bestimmte Nutzung untrennbar mit einem bestimmten Nutzer oder bestimmten Eigenschaften eines Nutzers verknüpft ist und diese Nutzung und Funktion der baulichen Anlage in der bauordnungsrechtlichen Zustimmung festgelegt ist. Derartige Eigenschaften können in der öffentlichen Nutzung eines Grundstücks oder Gebäudes,

die – wie die Festsetzungsmöglichkeiten in § 9 Abs. 1 Nrn. 5, 9, 11, 15, 21 und 22 sowie § 37 Abs. 1 BauGB zeigen – von bauplanungsrechtlicher Relevanz sein kann, liegen. In der Änderung der besonderen Zweckbestimmung eines Gebäudes liegt eine baurechtlich erhebliche Nutzungsänderung. Einem gewerblichen Nutzer wäre es deshalb aufgrund einer Zustimmung, die die Bundespost oder Bundesbahn für eine öffentliche Nutzung erhalten hat, nicht erlaubt, das Post- oder Bahngebäude zu übernehmen und es dann nur noch zu privaten Zwecken zu nutzen, *vgl. OVG Lüneburg, BauR 96, 690f.* Dadurch würde die Genehmigung der öffentlichen Nutzung entfallen, *vgl. zum Wegfall des Bestandsschutzes bei Nutzungsänderung und dem Zeitmodell oben § 74 Anm. 4.; s. a. BVerwG, B. v. 11.07.2001 – 4 B 43/01 und U. v. 18.05.1995 – 4 C 20/94.* Für die geänderte Nutzung des Gebäudes bedarf es deshalb einer Baugenehmigung.

Nutzungsänderungen bei zu öffentlichen Zwecken genutzten Gebäuden sind bauordnungsrechtlich nur dann unproblematisch, wenn die öffentliche Funktion des Gebäudes nicht Gegenstand der Zustimmung geworden ist. In diesem Fall wird die Nutzung des Gebäudes zu einem öffentlichen oder zu einem privaten Zweck in der Zustimmung nicht festgelegt. Änderungen der Funktion des Gebäudes von einer öffentlichen zu einer privaten Nutzung würden dann innerhalb der Variationsbreite der bauaufsichtlichen Zustimmung liegen. Die geänderte Nutzung würde nicht in Widerspruch zu der Zustimmung geraten können. 31

Ist der konkrete Nutzungszweck hingegen in der Zustimmung festgelegt, darf dieser – ohne gesonderte Zustimmung – nicht geändert werden. Auf die Person des Nutzers kommt es für die Wahrnehmung der zugelassenen Nutzung nicht an, wenn die Nutzung dadurch nicht geändert wird. Davon geht auch das OVG Lüneburg in seiner Entscheidung vom 26.03.1998 *(NdsVBl 1999, 42ff.)* aus, indem es nicht nur klarstellt, dass die bauaufsichtliche Zustimmung auch für und gegen den Rechtsnachfolger gilt, sondern auch feststellt, dass die Nutzung des Grundstücks vor und nach der Privatisierung der Postaufgaben vollständig identisch sei, *ebenso BVerwG, NVwZ 2004, 1355ff.* 32

Bauordnungsrechtlich unzulässig ist hingegen eine Änderung der Funktion eines Gebäudes, wenn in der Zustimmung eine öffentliche Nutzung bestimmt ist und eine Nutzung zu gewerblichen Zwecken erfolgen soll. Dies kann der Fall sein, wenn ein zu Postzwecken genutztes Logistikzentrum zwar weiterhin als Logistikzentrum genutzt werden soll, aber diese Nutzung nicht mehr dem Betrieb einer Post dienen soll. 33

Abschnitt 4
Bauaufsichtliche Maßnahmen

Einführung vor §§ 78 bis 83

1 Der Gesetzgeber regelt die Ermächtigungsgrundlage für verschiedene bauaufsichtliche Maßnahmen in den §§ 78 ff. Dies darf nicht darüber hinwegtäuschen, dass bauaufsichtliche Maßnahmen auch nach anderen Vorschriften, z. B. nach § 77 Abs. 7 und § 58 Abs. 2 Satz 2, zulässig sein können.

2 Zudem sind die §§ 78 bis 80 Ermächtigungsgrundlagen für amtsfreie Gemeinden oder Ämter, wenn diese im Vollzug örtlicher Bauvorschriften betreffend genehmigungsfreie Vorhaben als Sonderordnungsbehörde tätig werden. Dies ergibt sich aus dem Verweis in § 58 Abs. 6 Satz 2 auf die §§ 78 bis 80. Von den in den §§ 78 ff. geregelten Befugnissen der Baueinstellung, der Nutzungsuntersagung und der Beseitigungsanordnung sowie der Gewahrsamsnahme können bei genehmigungsfreien Vorhaben somit auch die amtsfreie Gemeinde und das Amt als Sonderordnungsbehörde Gebrauch machen, *s. dazu OVG Berlin-Brandenburg, U. v. 29.9.2022 – OVG 2 B 19/20.*

2. Vollstreckung bauaufsichtlicher Maßnahmen

3 Bei der Anwendung der bauaufsichtlichen Maßnahmen ist zwischen deren Erlass und deren Vollstreckung durch Verwaltungszwang zu unterscheiden. Unter Verwaltungszwang ist das zwangsweise Durchsetzen eines durch Verwaltungsakt angeordneten Handelns, Duldens oder Unterlassens zu verstehen. Während die Voraussetzungen für den Erlass bauordnungsrechtlicher Maßnahmen in den bauordnungsrechtlichen Ermächtigungsgrundlagen zu finden sind, ist die Vollstreckung durch Verwaltungszwang nur in Einzelfällen in der Bauordnung geregelt.

4 Vorrangig gelten auf dem Gebiet des öffentlichen Bauordnungsrechts die speziellen Vorschriften über besondere Zwangsmittel in der Bauordnung, vgl. §§ 76 Abs. 7 (Einziehung des Prüfbuchs), § 78 Entwertung oder Beseitigung von Kennzeichen, § 79 Abs. 2 (Versiegelung), § 80 Abs. 1 (Versieglung der baulichen Anlage). Da für die Einziehung des Prüfbuchs nach § 77 Abs. 7 und die Versiegelung nach § 80 Abs. 1 die für die Vollstreckung typische Voraussetzung der Vollzugsfähigkeit eines Grundverwaltungsaktes nicht gegeben sein muss, sind diese Vorschriften zugleich besondere Befugnisnormen für das sonderordnungsbehördliche Vorgehen.

5 Neben den bauordnungsrechtlichen Befugnissen, vgl. § 78, 79 Abs. 2 stehen der Behörde auch die Befugnisse aus dem Katalog der Zwangsmittel des

Verwaltungsvollstreckungsgesetzes für das Land Brandenburg (VwVGBbg) vom 16. Mai 2013 (GVBl. I Nr. 18) zuletzt geändert durch Artikel 15 des Gesetzes vom 15. Oktober 2018 (GVBl.I/18, Nr. 22, S. 29) zur Verfügung. Vollstreckung bedeutet die Anwendung der Zwangsmittel Zwangsgeld (§ 30 VwVG), Ersatzvornahme (§ 32 VwVG), Fiktion der Abgabe einer Erklärung (§ 33 VwVG), unmittelbarer Zwang (§ 34 VwVG), Zwangsräumung (§ 35 VwVG) oder Wegnahme (§ 36 VwVG). Die Vollstreckung nach dem VwVG ist insbesondere zur Durchsetzung einer Beseitigungsverfügung erforderlich. Die Vollstreckung erfolgt im Vollstreckungsverfahren. Dieses ist zweistufig gegliedert:

1. die Androhung des Zwangsmittels, § 28 VwVG,
2. die Anwendung des Zwangsmittels, § 29 VwVG.

Die Androhung des Zwangsmittels muss schriftlich erfolgen, die zu vollstreckende Ordnungsverfügung ist förmlich zuzustellen. Die Androhung des Zwangsmittels kann mit der Grundverfügung verbunden werden, wenn diese auch vollstreckbar ist. Die Androhung eines Zwangsmittels ist ein belastender Verwaltungsakt. Rechtsbehelfe gegen die Androhung haben keine aufschiebende Wirkung (§ 16 VwVGBbg). 6

Wird trotz der Androhung der Grundverfügungsakt nicht befolgt, wird das Zwangsmittel angewendet. Die Anwendung des festgesetzten Zwangsmittels bedeutet bei der Ersatzvornahme, dass die vorzunehmende vertretbare Handlung ausgeführt wird. 7

Bei der Ersatzvornahme kann die Behörde einen anderen als den Pflichtigen mit der Vornahme der Handlung beauftragen. Sie kann die Handlung aber auch durch eigene Kräfte durchführen lassen (Selbstvornahme). Die Ersatzvornahme kommt nur bei vertretbaren Handlungen in Betracht, z. B. beim Abbruch eines einsturzgefährdeten Gebäudes. Die Kosten der Ersatzvornahme hat der Verpflichtete zu tragen. Ein Widerspruch gegen den Heranziehungsbescheid zur Erstattung dieser Kosten entfaltet keine aufschiebende Wirkung, weil der Bescheid gem. § 32 Abs. 3 Satz 2 VwVG sofort vollstreckbar ist.

Mit der Androhung und Anwendung eines Zwangsgeldes (§ 30 VwVG) soll der Ordnungspflichtige zu einer Handlung, Duldung oder Unterlassung angehalten werden. Es kommt sowohl bei vertretbaren als auch bei unvertretbaren Handlungen infrage. Es ist das bei der Durchsetzung von Nutzungsverboten regelmäßig zur Anwendung kommende Zwangsmittel. Die Höhe des Zwangsgeldes muss angemessen sein. 8

§ 78
Verbot unrechtmäßig gekennzeichneter Bauprodukte

Sind Bauprodukte entgegen § 21 Absatz 3 bis 5 mit dem Ü-Zeichen gekennzeichnet, kann die Bauaufsichtsbehörde die Verwendung dieser Bauprodukte untersagen und deren Kennzeichnung entwerten oder beseitigen lassen.

1 § 78 trifft eine Regelung über das Verbot unrechtmäßig gekennzeichneter Bauprodukte im Sinne von § 2 Abs. 10.

2 Die Regelung ermöglicht bereits im Vorfeld der Verwendung von unrechtmäßig mit dem Ü-Zeichen gekennzeichneten Bauprodukten, deren Verwendung zu verhindern. Sie ergänzt damit die Möglichkeit der Baueinstellung nach § 79 Abs. 1 Nrn. 3 und 4.

3 Die Regelung ermächtigt in Absatz 1 die Behörde dazu, die Verwendung solcher Bauprodukte zu untersagen, die unzulässig mit dem Ü-Zeichen versehen sind. Unter welchen Voraussetzungen das Ü-Kennzeichen verwendet werden darf, ist in § 21 Abs. 3 bis 5 geregelt.

4 Die Bauaufsichtsbehörde ist darüber hinaus auch ermächtigt, um der weiteren Verwendung der illegalen Bauprodukte vorzubeugen, die Kennzeichnungen zu entwerten oder zu beseitigen.

5 Werden Bauarbeiten ausgeführt, bei denen fehlerhaft gekennzeichnete Bauprodukte verwendet werden, ergeben sich besondere Befugnisse aus § 79 Abs. 1 Nr. 3.

§ 79
Einstellung von Arbeiten

(1) [1]Werden Anlagen im Widerspruch zu öffentlich-rechtlichen Vorschriften errichtet, geändert oder beseitigt, kann die Bauaufsichtsbehörde die Einstellung der Arbeiten anordnen. [2]Dies gilt auch dann, wenn

1. **die Ausführung eines Vorhabens entgegen der Vorschrift des § 72 Absatz 7 bis 9 begonnen wurde, oder**
2. **bei der Ausführung eines genehmigungsbedürftigen Bauvorhabens von den genehmigten oder angezeigten Bauvorlagen abgewichen wird,**
3. **Bauprodukte verwendet werden, die entgegen der Verordnung (EU) Nr. 305/2011 keine CE-Kennzeichnung oder entgegen § 21 Absatz 3 bis 5 kein Ü-Zeichen tragen,**
4. **Bauprodukte verwendet werden, die unberechtigt mit der CE-Kennzeichnung oder dem Ü-Zeichen (§ 21 Absatz 3 bis 5) gekennzeichnet sind.**

(2) Werden unzulässige Arbeiten trotz einer verfügten Einstellung fortgesetzt, kann die Bauaufsichtsbehörde die Baustelle versiegeln oder die an der Baustelle vorhandenen Bauprodukte, Geräte, Maschinen und Bauhilfsmittel in amtlichen Gewahrsam bringen.

Übersicht

1. Allgemeines

Der Gesetzgeber hat in § 79 die – neben der Nutzungsuntersagung und Beseitigungsanordnung, die in § 80 geregelt sind – für den Bauherrn äußerst gravierende Eingriffsbefugnis der Baueinstellung geregelt. Der Gesetzgeber stellt durch die Ausdifferenzierung des Tatbestandes sicher, dass das Verhältnismäßigkeitsprinzip bei der Anwendung dieser Vorschriften beachtet wird. 1

2. Baueinstellung (Absatz 1)

Absatz 1 regelt die tatbestandlichen Voraussetzungen für die Einstellung von Arbeiten. Nach Absatz 1 ist die Bauaufsichtsbehörde zur Anwendung der speziellen Maßnahmen der Baueinstellung befugt, wenn ein Widerspruch 2 zwischen der Anlage und den öffentlich-rechtlichen Vorschriften besteht. Der Gesetzgeber hat dies in Satz 1 allgemein für alle öffentlich-rechtlichen Vorschriften formuliert. In Satz 2 nennt der Gesetzgeber weitere Rechtsverstöße, die zur Baueinstellung ermächtigen. Von dieser Ermächtigung hat die Behörde regelmäßig bei Vorliegen der tatbestandlichen Voraussetzungen Gebrauch zu machen. Liegen die tatbestandlichen Voraussetzungen für eine Stilllegungsverfügung vor, ist das behördliche Einschreiten der Normalfall.

3 Indem der Gesetzgeber die Voraussetzungen der Baueinstellung gesetzlich normiert hat, hat er die Anordnung eines Baustopps zugleich bei solchen Verstößen, die nicht in Absatz 1 genannt sind, untersagt. Die Baueinstellung dient also vor allem dazu, die Einhaltung der Baugenehmigungspflicht zu sichern und zu gewährleisten, dass bauliche Anlagen erst errichtet werden, wenn ihre Vereinbarkeit mit dem öffentlichen Recht festgestellt worden ist, vgl. § 79 Abs. 1 Nr. 1. Die Baueinstellung kann insbesondere bei einem Verstoß gegen formelles Recht, etwa beim Fehlen einer Bau- oder sonstigen Genehmigung bzw. der erforderlichen Prüfberichte und Bescheinigungen verfügt werden, *vgl. VG Frankfurt (Oder) U. v. 06.04.2004 – 7 K 367/01 –; OVG Berlin, B. v. 19.11.1996 – 2 S 23/96 –, LKV 1997, 366 f.*

4 Die Baueinstellungsverfügung verpflichtet zum Unterlassen der Bautätigkeit, *VGH München, B. v. 31.08.2023 – 15 ZB 23.634.* Es bedarf dafür grundsätzlich keiner Fristsetzung. Bei der Baueinstellungsverfügung handelt es sich um einen Dauerverwaltungsakt, der unter ständiger Kontrolle zu halten ist, vgl. VG Cottbus, U. v. 02.03.2007 – 3 K 183/06. Fallen die Voraussetzungen für dessen Erlass – also ein Bauen ohne die erforderliche Baugenehmigung – durch die nachträgliche Erteilung einer Baugenehmigung weg, erledigt sich dadurch die Baueinstellungsverfügung im Sinne von § 43 Abs. 2 VwVfG, *vgl. VG Cottbus, Urteil vom 15. März 2024 – 3 K 1129/23.*

5 Die in Satz 2 aufgezählten Einzeltatbestände rechtfertigen regelmäßig, die Einstellung von Arbeiten anzuordnen. Deutlich wird, dass bei pflichtgemäßer Ausübung des Ermessens im Falle einer formell baurechtswidrigen Bauausführung die Einstellung der Bauarbeiten regelmäßig zu verfügen ist. Denn gerade dadurch kann die Ordnungsfunktion des formellen Baurechts, die eine rechtmäßige bauliche Entwicklung gewährleisten soll, gesichert werden, *vgl. VGH Kassel, U. v. 08.02.1990 – 3 UE 7/86.* Die Behörde braucht vor dem Erlass einer Baueinstellungsverfügung nicht die Genehmigungsfähigkeit der Bauarbeiten zu prüfen, *vgl. VG Frankfurt (Oder) U. v. 06.04.2004 – 7 K 367/01 –; OVG Bautzen, B. v. 01.03.1993 – 1 S 621/92.*

6 Die Bauaufsichtsbehörde darf die Baueinstellung deshalb unter folgenden alternativen Voraussetzungen anordnen:

1. Die Ausführung eines genehmigungspflichtigen Bauvorhabens wurde entgegen § 72 Abs. 7 bis 9 begonnen. Die formellen Voraussetzungen für den Baubeginn lagen also nicht vor. Das Vorhaben ist formell rechtswidrig.
2. Bei der Ausführung eines Bauvorhabens wird von den genehmigten oder angezeigten Bauvorlagen abgewichen oder es wird gegen baurechtliche Vorschriften verstoßen. Das realisierte Bauvorhaben wird also ohne Baugenehmigung verwirklicht oder, soweit die Baugenehmigung keine Feststellungen trifft oder das Anzeigeverfahren durchgeführt wird, werden die sonstigen baurechtlichen Vorschriften nicht beachtet, vgl. § 59. Abweichungen von den Bauvorlagen eines nur angezeigten Bauvorhabens berechtigen die Bauaufsichtsbehörde gleichfalls, die Baueinstellung zu verfügen. Das Abweichen von den genehmigten Bauvorlagen kann zwar gem. § 79 Abs. 1 Nr. 2 eine Baueinstellungsverfügung rechtfertigen. Es stellt jedoch keine die Baueinstellung rechtfertigende Abweichung der Bauausführung von den genehmigten Bauvorlagen dar, wenn ein Gebäude den in der Baugenehmigung vorgeschriebenen Abstand zum Nachbargrundstück lediglich deshalb nicht einhält, weil sich im Nachhinein aufgrund einer katasteramtlichen Neuvermessung ein anderer Grenzverlauf ergeben hat, als er den genehmigten Bauvorlagen zugrunde liegt. Für eine Baueinstellungsverfügung kann auch schon ein Verstoß gegen Nebenbestimmungen einer sanierungsrechtlichen Genehmigung ausreichend sein, *vgl. OVG Berlin, NVwZ 2001, 1059.*
3. Es werden Bauprodukte verwendet, die entgegen der Verordnung (EU) Nr. 305/2011 (Bauproduktenverordnung) keine CE-Kennzeichnung oder entgegen § 21 Abs. 3 bis 5 kein Ü-Zeichen tragen,
4. Es werden Bauprodukte verwendet, die unberechtigt mit der CE-Kennzeichnung oder dem Ü-Zeichen (§ 21 Abs. 3 bis 5) gekennzeichnet sind.

3. Sofortige Vollziehung der Einstellungsverfügung

Bei einer Baueinstellungsverfügung ist das besondere öffentliche Interesse an der Anordnung der sofortigen Vollziehung gem. § 80 Abs. 2 Ziffer 4 VwGO wegen ihrer Zweckbestimmung, nämlich die bereits begonnene Herbeiführung unrechtmäßiger Zustände wirksam zu unterbinden, im Regelfall gegeben. 7

4. Versiegelung (Absatz 2)

Die Versiegelung einer Baustelle dient der Durchsetzung der Baueinstellungsverfügung. Bei der Versiegelung handelt es sich um ein eigenständig geregeltes besonderes Vollzugsmittel des Baurechts, auf das die allgemeinen Vorschriften des Verwaltungsvollstreckungsgesetzes für das Land Brandenburg (VwVGBbg) nicht anwendbar sind, *vgl. VG Frankfurt (Oder) U. v. 06.04.2004 – 7 K 367/01 – und B. v. 15.10.2001 – 7 L 181/01.* Die Versiegelung ist ein Unterfall 8 des unmittelbaren Zwanges und kommt zur Durchsetzung eines Nutzungsverbotes in Betracht.

9 Liegen die Voraussetzungen nach § 79 Abs. 1 vor, kann die Baueinstellungsverfügung durch die Versiegelung der Baustelle durchgesetzt werden. Dies Versiegelung wird von der Behörde angeordnet. Dabei handelt es sich um die Festsetzung des Zwangsmittels. Dies Anordnung ist ein Verwaltungsakt, *vgl. VG Potsdam, B. v. 29.12.2022 – 4 L 827/22*. Gegen diese Anordnung ist die Anfechtungsklage statthaft, *vgl. VG Ansbach, U. v. 28.3.2022 – AN 17 K 21.00941*. Widerspruch und Klage gegen die Versiegelungsanordnung haben gem. § 80 Abs. 2 Satz 1 Nr. 3 VwGO i. V. m. § 16 Satz 1 VwVGBbg keine aufschiebende Wirkung, *vgl. OVG Brandenburg, B. v. 22.02.2002 – 3 B 374/01 –,zu § 39 VwVg Bbg a. F.* Die in dieser Entscheidung genannten weitergehenden Anforderungen an die Versiegelungsanordnung (dringende Gefahr) sind seit der Novellierung der Bauordnung im Jahr 2003 überholt.

10 Das Ermessen der Bauaufsichtsbehörden, die Zwangsmittel auszuwählen, ist, wie in den anderen vergleichbaren Vorschriften, durch die gesetzliche „Sollbestimmung“ reduziert. Bei Vorliegen der tatbestandlichen Voraussetzungen soll die Bauaufsichtsbehörde in der Regel das gesetzlich vorgesehene Zwangsmittel auch anwenden. Für die Behörde wird die Entscheidungsfindung und -begründung erleichtert, da sie nur noch prüfen muss, ob im Einzelfall besondere Gründe vorliegen, die ein Absehen von den gesetzlichen Regelgeboten rechtfertigen.

11 Die Versiegelung selbst ist als rein tatsächlicher Vorgang ein Realakt, *vgl. VG Potsdam, B. v. 29.12.2022 – 4 L 827/22*. Werden trotz Anbringung eines amtlichen Siegels auf einer Baustelle die Bauarbeiten fortgeführt, wird Siegelbruch begangen. Dies ist eine Straftat gem. § 136 StGB.

12 Die Androhung der Versiegelung nach der Bauordnung ist gesetzlich nicht vorgeschrieben und deshalb entbehrlich, *vgl. OVG Brandenburg, B. v. 22.02.2002 – 3 B 374/01 –; VG Frankfurt (Oder) U. v. 06.04.2004 – 7 K 367/01*. Wird die Versiegelung gleichwohl angedroht, ist dies regelmäßig ein Hinweis auf die Gesetzeslage, nicht jedoch ein belastender Verwaltungsakt. Ein bloßer Hinweis ohne rechtlichen Regelungsgehalt ist nicht mit dem Widerspruch angreifbar.

§ 80
Beseitigung von Anlagen, Nutzungsuntersagung

(1) [1]Werden Anlagen im Widerspruch zu öffentlich-rechtlichen Vorschriften errichtet oder geändert, kann die Bauaufsichtsbehörde die teilweise oder vollständige Beseitigung der Anlagen anordnen, wenn nicht auf andere Weise rechtmäßige Zustände hergestellt werden können. [2]Werden Anlagen im Widerspruch zu öffentlich-rechtlichen Vorschriften genutzt, kann diese Nutzung untersagt werden. [3]Wird diese Nutzung trotz bestandskräftiger oder sofort vollziehbarer Nutzungsuntersagung fortgesetzt, kann die Bauaufsichtsbehörde die bauliche Anlage versiegeln.

(2) Die Bauaufsichtsbehörde kann die Beseitigung einer baulichen Anlage auch dann anordnen, wenn diese nicht genutzt wird und zu verfallen droht und ein öffentliches oder schutzwürdiges privates Interesse an ihrer Erhaltung nicht besteht.

Übersicht

1. Allgemeines

1 In § 80 sind die Beseitigungsanordnung und die Nutzungsuntersagung geregelt. Beide Verfügungen sind darauf gerichtet, rechtmäßige Zustände wiederherzustellen. Die Vorschriften spielen in der behördlichen Praxis eine große Rolle.

2. Anordnung der Beseitigung (Absatz 1 Satz 1)

2 Die Beseitigungsverfügung stellt den schwerwiegendsten Eingriff der Bauaufsichtsbehörde gegen den Bauherrn dar. Nach Absatz 1 darf die Behörde die Beseitigungsanordnung deshalb nur nach Anhörung des Bauherrn und nach Ausübung ihres Ermessens anordnen. In der Ermessensausübung ist die Wahrung des verfassungsrechtlichen Grundsatzes der Verhältnismäßigkeit von überragender Bedeutung.

3 Da es sich bei der Beseitigungsverfügung um einen belastenden Verwaltungsakt handelt, ist die Sach- und Rechtslage im Zeitpunkt der letzten behördlichen Entscheidung maßgebend, *vgl. VG Cottbus, U. v. 31.08.2023 – 3 K 784/22 –; OVG Berlin-Brandenburg, B. v. 20.10.2006 – 2 N 205.05.* Nachträgliche Änderungen zugunsten des Betroffenen sind nach § 51 Abs. 1 Nr. 1 VwVfG in einem gesonderten Verfahren zu berücksichtigen.

4 **Zuständig** für den Erlass der Beseitigungsverfügung ist gem. § 58 Abs. 1 BbgBO die untere Bauaufsichtsbehörde. Bei baugenehmigungsfreien Vorhaben ist das Amt oder die amtsfreie Gemeinde gem. § 58 Abs. 6 BbgBO zuständig, wenn die materielle Illegalität auf einem Verstoß gegen örtliche Bauvorschriften oder planungsrechtliche Festsetzungen beruht. Zur Zuständigkeit der Bauaufsichtsbehörde für die Anordnung der Beseitigung einer ehemaligen Verteidigungsanlage durch die BRD, *vgl. OVG Lüneburg, U. v. 21.01.2000 – 1 L 4202/99.*

5 Die Beseitigungsverfügung muss, wie jede bauaufsichtliche Verfügung, inhaltlich hinreichend bestimmt sein. Dabei reicht es aus, wenn der Inhalt durch Auslegung unter Zugrundelegung des Empfängerhorizonts ermittelt werden kann, *vgl. OVG Berlin-Brandenburg, B. v. 16.07.2010 – OVG 10 N 28.07 – und B. v. 28.02.2012 – 10 S 32.11.* Aus der getroffenen Regelung, d.h. aus dem Entscheidungssatz der Verfügung (Tenor) im Zusammenhang mit den Gründen und sonstigen bekannten oder ohne Weiteres erkennbaren Umständen, muss die Regelung, die den Inhalt des Verwaltungsakts ausmacht, erkennbar sein.

6 Ein Teilrückbau, der eine Änderung der baulichen Anlage bedeutet, darf nur angeordnet werden, wenn sich die Rechtswidrigkeit der baulichen Anlage auf Teile beschränkt und nach deren Rückbau kein baurechtswidriger Torso

zurückbleibt, *vgl. VG Potsdam, U. v. 18.01.2007 – 5 K 1291/03.* Die bauliche Anlage muss sowohl bautechnisch als auch nach den Vorstellungen des Eigentümers teilbar sein. Regelmäßig kommt daher nur der vollständige Abriss in Betracht. Die Beseitigungsverfügung lässt die Möglichkeit des Störers, bis zum Ablauf der für die Beseitigung gesetzten Frist nach § 20 OBG ein gleich geeignetes Mittel anzubieten, grundsätzlich unberührt, *vgl. VG Potsdam, U. v. 01.11.2007 – 5 K 1818/05.* Der Bauherr kann den Rückbau einer baulichen Anlage auf ein baurechtlich zulässiges und deshalb genehmigungsfähiges Maß als **Austauschmittel** anbieten und die dafür erforderlichen Unterlagen vorlegen, *vgl. OVG Magdeburg, B. v. 12.10.2023 – 2 L 17/23.Z–; OVG Berlin-Brandenburg, B. v. 19.12.2012 – OVG 2 S 97.11, OVG 2 L 75.11 –,* wenn dies zu baurechtmäßigen Zuständen führt. Vorzulegende Unterlagen sind bei genehmigungspflichtigen Austauschmaßnahmen auch ein Bauantrag nebst Bauvorlagen.

Die Beseitigungsverfügung darf nicht eingesetzt werden, um über die Beseitigung einer baulichen Anlage hinaus auch die Herstellung eines mit einer Baugenehmigung genehmigten Zustandes zu erzwingen. Eine solche Verfügung würde das unzulässige Gebot (ausgenommen die Voraussetzungen der §§ 175–179 BauGB liegen vor) enthalten, von einer Baugenehmigung Gebrauch zu machen, *vgl. VG Frankfurt (Oder), U. v. 28.12.2006 – 7 K 907/01 – (Anordnung zur Beseitigung eines Ortgangziegels); s. a. OVG Münster, U. v. 20.11.1979 – X A 995/79 –; VGH München, U. v. 18.05.1984, BRS 42 Nr. 217.* Für den Erlass eines Baugebots zur Schließung einer Außenwand in einer bestimmten Weise stellt § 80 Abs. 1 keine hinreichende Ermächtigungsgrundlage dar, *VG Potsdam, U. v. 01.11.2007 – 5 K 1818/05.* 7

Die Beseitigungsverfügung schließt das Verbot der alsbaldigen **Wiedererrichtung** ein. Sie erledigt sich deshalb nicht dadurch, dass eine bauliche Anlage an derselben Stelle und im Wesentlichen in gleicher Ausführung mit der früheren Funktion alsbald wiedererrichtet wird, *vgl. VG Cottbus, U. v. 17.07.2007 – 3 K 1779/03 –; B. v. 26.04.2007 – 3 L 419/05 –; VGH München, U. v. 11.11.1996 – 14 B 93.498 – VGH Mannheim B. v. 28.03.2007 – 8 S 159/07.* 8

a) formelle und materielle Illegalität

Voraussetzung für den Erlass der Beseitigungsanordnung ist die formelle und materielle Illegalität der baulichen Anlage, *vgl. VG Frankfurt (Oder), U. v. 28.12.2006 – 7 K 907701.* Die errichtete Anlage darf nicht durch eine Baugenehmigung gedeckt sein und muss seit ihrer Fertigstellung fortdauernd (!) gegen materielles Baurecht verstoßen, *vgl. OVG Greifswald, NordÖR 2000, 126 zur formellen Illegalität von Werbetafeln.* Nach VGH Kassel kommt es für die Frage der materiellen Legalität auf alle öffentlich-rechtlichen Vorschriften an, also etwa auch auf einen Verstoß gegen das Naturschutzrecht, *vgl. VGH Kassel, NVwZ-RR 2000, 494.* 9

10 **Materielle Illegalität** bedeutet, dass die bauliche Anlage seit ihrer Errichtung ununterbrochen gegen Vorschriften des materiellen Rechts verstoßen hat. Die materielle Illegalität kann durch alle öffentlich-rechtlichen Vorschriften, die an die bauliche Anlage Anforderungen stellen, verursacht sein, vgl. zu einem Verstoß gegen das Naturschutzrecht *VGH Kassel, NVwZ- RR 2000, 494.* Zu einem solchen Verstoß gegen materielles Recht kann es auch kommen, wenn die Baugenehmigung mit Rückwirkung aufgehoben wurde, *vgl. dazu OVG Bautzen, LKV 2002, 417 und OVG Münster, NVwZ 1988, 942f.* Ein rechtskräftiges Urteil, das zur Aufhebung einer Baugenehmigung führt, bindet die Beteiligten soweit, als über den Streitgegenstand entschieden wurde und sich die Sach- und Rechtslage nicht geändert hat, *vgl. BVerwG, Buchholz 406.11, § 127 BBauG/BauGB Nr. 60.* Bei genehmigungsfreien Vorhaben ist für den Erlass der Beseitigungsanordnung allein die materielle Illegalität ausreichend, *vgl. VG Frankfurt (Oder) B. v. 27.09.2005 – 7 L 87/05.*

11 **Formelle Illegalität** bedeutet, dass die bauliche Anlage ohne die erforderliche Genehmigung oder ohne Durchführung des Anzeigeverfahrens errichtet, geändert oder genutzt wird. Die Errichtung baugenehmigungsfreier Vorhaben im Sinne von § 61 kann deshalb nur zu einer materiellen Illegalität führen, es sei denn, eine isolierte Ausnahme, Befreiung oder Abweichung war erforderlich. Für die Behauptung der formellen Legalität bei baugenehmigungspflichtigen Vorhaben – Vorliegen einer Baugenehmigung – ist der Betroffene darlegungs- und beweispflichtig, *vgl. VG Cottbus, B. v. 26.03.2020 – 3 L 647/19 –; VG Cottbus, U. v. 24.06.2010 – 7 K 493/07 –; vgl. zum Beseitigungsverlangen: BVerwG, B. v. 19.02.1999 – 4 B 33.88.*

12 Grundsätzlich reicht allein die formelle Illegalität für den Erlass einer Beseitigungsverfügung nicht aus. Ist die bauliche Anlage materiell legal, kann der infolge des Fehlens einer Baugenehmigung rechtswidrige Zustand nachträglich durch die Erteilung einer Baugenehmigung in einen rechtmäßigen Zustand überführt werden. Die Beseitigungsverfügung ist unter diesen Umständen unverhältnismäßig, „es können auf andere Weise rechtmäßige Zustände hergestellt werden", *vgl. VG Frankfurt (Oder), U. v. 28.04.2020 – 7 K 136/16 –, mit Verweis auf U. v. 28.04.2020 – VG 7 K 4364/17.* Etwas anderes kann aber gelten, wenn der Eigentümer nicht bereit ist, einen ordentlichen Bauantrag zu stellen. Wird ihm dafür eine angemessene Frist gestellt und verläuft diese fruchtlos, ist die Beseitigungsverfügung trotz materieller Legalität zulässig.

13 Ausnahmen von der Unzulässigkeit einer Beseitigungsverfügung bei materieller Legalität bestehen bei mobilen Anlagen oder bei solchen Bauvorhaben, die sich ohne erhebliche Schäden an der Bausubstanz abbauen und woanders wieder aufbauen lassen. Für diese Anlagen ist die formelle Illegalität in der Regel ausreichend, um eine Beseitigungsverfügung zu rechtfertigen, *vgl. zur mit Anordnung der sofortigen Vollziehung verbundenen Beseitigung eines Zauns VG*

Potsdam, B. v. 10.10.2006 – 5 L 178/06–; zur Rechtfertigung der Beseitigungsverfügung bei formeller Illegalität von Lagerplatz und Einfriedung VG Potsdam, B. v. 12.04.2006 – 4 L 71/06 –; zur Beseitigung einer Werbeanlage VG Potsdam, B. v. 18.04.2007 – 4 L 126/07. Dann kann schon die formelle Illegalität den Erlass einer Beseitigungsverfügung rechtfertigen, insbesondere wenn die Beseitigung einem Nutzungsverbot gleichsteht, *vgl. VGH Kassel, ZfBR 2002, 696 zur Beseitigungspflicht schon bei formeller Illegalität einer Werbeanlage, s. a. VG Potsdam, B. v. 29.07.1999 – 4 L 405/99; OVG Brandenburg, B. v. 31.05.1994 – 3 B 81/94 – und B. v. 14.10.1993 – 3 B 38/93.*

Die (nachträgliche) **Genehmigungsfähigkeit** kann nur dann der Beseitigungsverfügung bei formeller Illegalität entgegenstehen, wenn die Genehmigungsfähigkeit der baulichen Anlage ohne weitere Prüfung offensichtlich ist, die Genehmigungsfähigkeit muss sich geradezu aufdrängen, *vgl. OVB Berlin-Brandenburg, B. v. 29.07.2017 – OVG 2 S 14.17 –; OVG Brandenburg, B. v. 09.01.2004 – 3 B 143/03 und B. v. 20.03.2000 – 3 B 20/00 –; VG Potsdam, B. v. 12.04.2006 – 4 L 71/06.* 14

b) Bestandsschutz

Der Erlass einer Beseitigungsverfügung ist immer dann ausgeschlossen, wenn die betroffene bauliche Anlage in ihrem Bestand vor hoheitlichen Eingriffen geschützt ist. Der Bestandsschutz vermittelt ein Abwehrrecht gegen Eingriffe des Staates. So kann dadurch eine bauliche Anlage erhalten oder die Entschädigungspflicht für einen Eingriff begründet werden. Auf Bestandsschutz kann sich der Bauherr berufen, wenn der Bestand zu irgendeinem Zeitpunkt genehmigt oder ohne eine Genehmigung materiell zulässig war. Hierfür trägt der Eigentümer die Beweislast, *vgl. OVG Berlin-Brandenburg, U. v. 4.7.2022 – 10 B 1/21 –; VG Cottbus, U. v. 31.8.2023 – 3 K 784/22.* 15

Der Begriff des Bestandsschutzes findet seinen Grund im Eigentumsschutz durch Art. 14 Abs. 1 GG. Der Bestandsschutz drückt die Garantie aus, dass eine Sache oder ein Recht dem Einzelnen als Eigentum zusteht, solange es ihm nicht durch eine Enteignung entzogen wird. Die verfassungsrechtliche Fundierung des Bestandsschutzes verleiht diesem im öffentlichen Baurecht eine besondere Bedeutung. Andererseits ist der Bestand nur soweit geschützt, wie das **einfache Recht** diesen Schutz gewährt. Der Bestandsschutz kann über die einfachgesetzlichen Regelungen hinaus nicht durch den Rückgriff auf Art. 14 GG ausgedehnt werden, *vgl. OVG Berlin-Brandenburg, U. v. 8.12.2016 – 2 B 7.14.* Die Ausgestaltung des Eigentums ist dem Gesetzgeber überlassen, so dass sich die Befugnisse des Eigentümers ebenso wie seine Verpflichtungen nach Maßgabe des einfachen Gesetzes bestimmen. Bestandsschutz besteht bei der Errichtung, Änderung oder Nutzungsänderung einer genehmigungsbedürftigen baulichen Anlage nur nach Maßgabe der erteilten Baugenehmigung. Auch 16 eine Zustimmung i. S. d § 3 der BevölkerungsbauwerkeVO 1984 (GBl. DDR I, Nr. 36, S. 433) kann den Bestandsschutz vermitteln, *vgl. dazu OVG Berlin-Brandenburg, U. v. 21.9.2023 – OVG 10 B 9.19.* Für eine erleichterte bauplanungs- oder bauordnungsrechtliche Zulässigkeit eines Vorhabens unter dem Gesichtspunkt des Bestandsschutzes bleibt kein Raum, vgl. so zu § 34 BauGB *BVerwG, U. v. 27.08.1998 – 4 C 5.98 -; VG Frankfurt (Oder), B. v. 25.9.2023 – 5 L 133/23.*

17 Bestandsschutz bedeutet für den Bereich des **öffentlichen Baurechts**, dass eine bauliche Anlage, die in Übereinstimmung mit dem materiellen und/oder formellen Recht errichtet worden ist oder ihm nach seiner Errichtung entsprochen hat, in ihrem Bestand vor staatlichen Ein- oder Zugriffen geschützt ist, *vgl. Mampel, ZfBR 2002, 327.* Bestandsgeschützt ist daher auch eine bauliche Anlage, wenn sie formell legal auf der Grundlage einer wirksamen Baugenehmigung errichtet wurde, sie aber materiell illegal ist, weil sie gleichwohl im Widerspruch zum öffentlichen Baurecht steht, die Baugenehmig insoweit rechtwidrig erteilt wurde. In derartigen Situationen ermächtigt § 80 die untere Bauaufsichtsbehörde weder dazu, die Beseitigung des Vorhabens zu verlangen, noch dessen Nutzung zu beschränken, *vgl. VG Cottbus, B. v. 05.02.2020 – 3 L 644/19.* Dies gilt namentlich, wenn eine Baugenehmigung auf der Grundlage eines Bebauungsplans erteilt wurde, der Bebauungsplan später für unwirksam erklärt wurde und die Baugenehmigung nicht nach §§ 34, 35 BauGB erteilt werden durfte. In Betracht kommt dann aber eine Rücknahme der Baugenehmigung nach § 48 VwVfG und anschließend eine Verfügung nach § 80 VwGO.

18 Ohne Bestandsschutz ist eine bauliche Anlage, wenn sie im **vereinfachten Genehmigungsverfahren** nach § 63 errichtet wurde und gegen Vorschriften verstößt, die nicht Gegenstand der Prüfung gem. § 63 Abs. 3 sind. Die bauliche Anlage ist insoweit nicht durch die Baugenehmigung vor Maßnahmen der Bauaufsichtsbehörde geschützt. Dies wird in § 59 Abs. 2 klargestellt. Ohne formellen Schutz sind auch die Anlagen, die nach Ablauf der Wartefrist des **Anzeigeverfahrens** gem. 62 Abs. 3 errichtet werden.

19 Der Bestandsschutz sichert bauliche Anlagen auch gegenüber Änderungen der Baurechtsordnung, soweit der Bestandsschutz durch ein zulässiges Anpassungsverlangen gem. § 81 nicht eingeschränkt ist. Er erstreckt und beschränkt sich dabei jedoch auf den genehmigten Bestand und die genehmigte Funktion der baulichen Anlage oder – bei genehmigungsfreien Vorhaben – auf den materiell zulässigen Bestand. Der Bestandsschutz berechtigt deshalb nur dazu, eine bauliche Anlage gerade in ihrem zulässigen bzw. genehmigten Bestand zu erhalten und sie wie bisher zu nutzen. Dabei sind Substanzerhaltung und Nutzung im Hinblick auf den Bestandsschutz miteinander verknüpft. Der Bestandsschutz erfasst den Baubestand immer nur in einer bestimmten Funktion.

20 Mit der **Beseitigung** der Bausubstanz oder der **Nutzungsaufgabe** entfällt regelmäßig der Bestandsschutz. Zugleich enden damit auch die bestandsgeschützte bauliche Funktion und Nutzung. Der Bestandsschutz fällt auch weg, wenn die Nutzung einer – im Außenbereich errichteten militärischen – baulichen Anlage endgültig aufgegeben wurde, *vgl. BVerwG, B. v. 21.11.2000 – 4 B 36/00 -; vgl. zu den einzelnen Phasen des Verlustes des Bestandsschutzes, VGH Kassel, U. v. 15.02.200 – 4 UE 1481/96.* Bei einem **Leerstand** soll nach dem Zeitmodell des Bundesverwaltungsgerichts der Bestandsschutz der alten Nutzung nach vier Jahren Leerstand enden, *vgl. BVerwG, U. v. 18.05.1995 – 4 C 20/94.* Diese Rechtsprechung wird von den Untergerichten nicht ohne Weiteres übernommen, *vgl. VG Potsdam, B. v. 19.10.2006 – 5 L 574/06 –; OVG Münster, U. v. 14.03.1997 – 7 A 5179/95.* Das Zeitmodell von vier Jahren ist auf die Nutzungsunterbrechung nicht übertragbar, *s. a. Goldschmidt/de Witt, Ist die Zeit für das Zeitmodell abgelaufen, BauR 2011, 1590ff.* Es ist im Hinblick auf die Zerstörung und den Wiederaufbau von Vorhaben im Außenbereich entwickelt worden, so dass es den Besonderheiten der Leerstandes nicht gerecht wird. Entscheidend für das Erlöschen des Bestandschutzes bei einem Leerstand ist der vom Eigentümer eindeutig ermittelbare Wille, auf die seine bauliche Anlage legalisierende Baugenehmigung zu verzichten, so dass diese sich dadurch im Sinne von § 43 Abs. 2 VwVfG auf sonstige Weise erledigt, *vgl. dazu VG Cottbus, U. v. 31.8.2023 – 3 K 784/22.* Wegen der erheblichen Bedeutung dieses Verzichtswillens, muss dieser Wille unzweifelhaft gegeben sein.

21 Der durch die Baugenehmigung vermittelte Bestandsschutz baulicher Anlagen erlischt auch durch eine genehmigungspflichtige **Nutzungsänderung**, *vgl. OVG Münster, NVwZ-RR 2008, 227f.* Eine **Nutzungsänderung**, der die Beendigung der früheren Nutzung immanent ist, ist vom Bestandsschutz nicht mehr gedeckt, wenn sie qualitativ wesentliche Veränderungen im Sinne einer Funktionsänderung oder einer quantitativ mehr als untergeordneten Erweiterung oder Änderung der Substanz zur Folge hat, *vgl. OVG Brandenburg, B. v. 29.01.2003 – 3 B 185/02 –; OVG Brandenburg, B. v. 02.07.2003 – 3 B 131.*

22 Ein Bestandsschutz entfällt bei **Änderungen**, wenn bauliche Maßnahmen zu einer Identitätsänderung des Bauwerks führen und dieses gegenüber dem ursprünglichen als ein anderes Bauwerk („aliud") erscheint, *so OVG Berlin-Brandenburg, U. v. 24.10.2019 – OVG 10 B 2.15 – und B. v. 11.10.2016 – OVG 10 N 24.13.* Der Bestandsschutz schützt **Bestandsänderungen** auch dann nicht mehr, wenn die Änderungen genehmigungspflichtig sind, *vgl. OVG Berlin-Brandenburg, B. v. 14.03.2006 – 10 S 7.05 –; BVerfG, B. v. 15.12.1995 – 1 BvR 1713/92.*

23 Im Rahmen des sog. **aktiven Bestandsschutzes** sind nur solche Erhaltungsmaßnahmen erlaubt, die der zeitgemäßen Substanz- oder Funktionserhaltung dienen. Nicht vom aktiven Bestandsschutz sind die Erhaltungsmaßnahmen gedeckt, die die Standsicherheit des Gebäudes berühren, eine statische

Nachberechnung erforderlich machen und von solchem Ausmaß sind, dass sie den Aufwand eines Neubaus erreichen, *vgl. BVerwG, B. v. 21.03.2001 – 4 B 18/01 –; OVG Berlin-Brandenburg, B. v. 14.02.2006 – 10 S 4.05.* Der Bestandsschutz rechtfertigt zwar auch die für die Erhaltung des Bestandes notwendigen Reparaturarbeiten. Keine derartigen Reparaturmaßnahmen sind aber solche Baumaßnahmen, die so umfangreich sind, dass die Identität der baulichen Anlage nicht mehr erhalten bleibt, *vgl. OVG Magdeburg, U. v. 29.03.2006 – 2 L 457/04.*

c) Verwirkung – Duldung – Vertrauensschutz

24 Da die Befugnis einer auf dem Gebiet der Gefahrenabwehr tätigen Behörde in der Regel nicht verwirkt werden kann – dies ist grundsätzlich nur bei verzichtbaren/verfügbaren subjektiven Rechten denkbar – darf bei materiell illegalen Gebäuden trotz langer „Standzeit" die Beseitigung verfügt werden, *vgl. OVG Berlin-Brandenburg, B. v. 10.07.2006 – 2 S 8/06–; VGH Kassel, U. v. 07.06.2001 – 9 UE 3983.* Die längere Duldung einer illegal errichteten baulichen Anlage durch die Bauaufsichtsbehörde allein hindert diese nicht daran, deren Beseitigung zu fordern, *vgl. OVG Brandenburg, B. v. 15.09.2004 – 3 B 238/04 –; VG Frankfurt, U. v. 25.10.2004 – 7 K 444/00.* Die bloße Duldung einer baulichen Anlage begründet keine als Eigentum geschützte Rechtsposition und schützt nicht vor belastenden Verfügungen. Eine tatsächlich auf absehbare Zeit verschaffte Möglichkeit, eine formell und materiell illegale Anlage oder Nutzung noch weiter aufrechtzuerhalten, wird nicht vom Eigentumsrecht aus Art. 14 GG umfasst, *vgl. BGHZ 140, 285, 292f.*

25 Eine Duldung des illegalen Zustands durch die Behörde kann einer Abbruchverfügung ausnahmsweise entgegenstehen. Dies setzt voraus, dass ganz konkret Anhaltspunkte dafür sprechen, dass die Behörde den illegalen Bestand der baulichen Anlage ausnahmsweise in Kauf nimmt, *vgl. OVG Brandenburg, B. v. 14.05.2004 – 3 B 291/03 –; VG Potsdam, U. v. 06.01.2006 – 4 K 3890/04 –; VG Frankfurt (Oder) U. v. 25.10.2004 – 7 K 444/00, BVerwG, B. v. 11.04.2002 – 4 C 4.* Diese Duldung muss förmlich, zumindest konkludent ausgesprochen worden sein, also Verwaltungsaktqualität besitzen. Ein Vertrauen auf die unbeschränkte Duldung eines baurechtswidrigen Zustands durch die Behörde ist daher erst schutzwürdig, wenn die Behörde ein Verhalten gezeigt hat, nach dem der Bauherr darauf vertrauen konnte, dass eine Beseitigungsanordnung nicht mehr ergehen würde, *vgl. OVG Brandenburg, B. v. 09.01.2004 – 3 B 143.* Die Behörde kann zur Duldung verpflichtet sein, wenn sie eine umfangreiche wohnliche Nutzung eines Grundstücks u. a. durch die vollständige verkehrliche und leitungsgebundene Erschließung des Grundstücks ermöglicht und gefördert hat. Bestätigt die Behörde auf eine solche Weise den Bestandsschutz des genehmigten Wohngebäudes, kann das schützenswerte Vertrauen des Eigentümers in den Bestand das öffentliche Interesse an einer Beseitigung

überwiegen und einer Beseitigungs- oder Nutzungsuntersagungsverfügung entgegenstehen, *vgl. BGH, U. v. 08.05.2003 – III ZR 86/02*. Vergleichbares kann gelten, wenn die Behörde die Errichtung der baulichen Anlagen „sehenden Auges" geduldet hat, ohne dabei erkennen zu geben, dass die bauliche Maßnahme rechtswidrig ist.

3. Zuständigkeit

Zuständig für den Erlass einer Beseitigungsverfügung ist bei Verstößen gegen die Bauordnung die untere Bauaufsichtsbehörde. Wenn die Bebauung von der Baugenehmigung abweicht, also im Widerspruch zu der Baugenehmigung steht, dann lässt sich aus diesem Verstoß gegen die Baugenehmigung die Zuständigkeit der unteren Bauaufsichtsbehörde jedoch nicht in jedem Fall ableiten. Denn aufgrund der Konzentrationswirkung der Baugenehmigung ist es denkbar, dass gegen eine Bestimmung in der Baugenehmigung verstoßen wird, die ihren Rechtsgrund nicht in der Bauordnung, sondern in einem anderen Gesetz, etwa dem Denkmalschutzgesetz oder dem Naturschutzgesetz hat. Da die Konzentrationswirkung nach § 72 Abs. 1 Satz 2 die Zuständigkeit der Fachbehörden im Übrigen, also außerhalb des Genehmigungsverfahrens unberührt lässt, sind bei Verstößen gegen die Baugenehmigung die Behörden zuständig, in deren sachlicher Zuständigkeit der Verstoß fällt. Deshalb ist im Falle einer nicht denkmalgerechten Änderung eines Gebäudes für die Rückbauanordnung nicht die untere Bauaufsichtsbehörde, sondern die untere Denkmalschutzbehörde zuständig, *vgl. § 20 Abs. 2 BbgDSchG, vgl. VG Frankfurt (Oder), U. v. 28.12.2006 – 7 K 907/01.* 26

Zuständig für den Erlass einer Beseitigungsanordnung bei genehmigungsfreien Anlagen ist die Gemeinde, sofern diese Anlage im Widerspruch zu den Festsetzungen eines Bebauungsplans oder einer örtlichen Bauvorschrift steht. Erweist sich die kommunale Satzung als unwirksam, so dass allenfalls ein Verstoß gegen §§ 34 f. BauGB in Betracht kommt, ist die untere Bauaufsichtsbehörde zuständig, *vgl. zu dieser Konstellation OVG Berlin-Brandenburg, U. v. 29.9.2022 – OVG 2 B 19/20.* 27

4. Adressat der Beseitigungsverfügung

Als Adressat einer Beseitigungsverfügung kommt grundsätzlich nur der Grundstückseigentümer in Betracht. Der Eigentümer kann gegenüber der Behörde nicht einwenden, dass er das Grundstück mit den aufstehenden Baulichkeiten verpachtet bzw. vermietet hat. Die Abbruchverfügung wirkt als dinglicher Verwaltungsakt gegenüber dem Gesamt- und gegenüber dem Einzelrechtsnachfolger, *vgl. OVG Lüneburg, BauR 2000, 1030*. Für den Gesamtrechtsnachfolger (Erben) ergibt sich der Pflichtenübergang aus den einschlägigen zivilrechtlichen Normen (§§ 1922, 1967 BGB). Da es sich bei der 28

Abbruchverfügung um einen sachbezogenen Verwaltungsakt handelt, der keine höchstpersönliche Pflicht konkretisiert, gilt dies auch für den Einzelrechtsnachfolger. Mit dem Eigentumserwerb geht auf diesen die Ordnungspflicht über. Ein solcher Übergang der Ordnungspflicht ist nicht bei einem Pächter anzunehmen, *vgl. OVG Koblenz, BauR 1985, 182f.*

5. Grundsatz der Verhältnismäßigkeit (Absatz 1 Satz 2)

29 Die Beseitigungsverfügung steht gem. § 74 Abs. 1 Satz 2 unter dem ausdrücklichen Vorbehalt, dass nicht auf andere Weise rechtmäßige Zustände hergestellt werden können. Gegen diesen Grundsatz würde verstoßen, wenn ein milderes Mittel als die Beseitigungsanordnung in gleicher Weise zur Herstellung baurechtmäßiger Zustände geeignet und wirksam wäre und sich aufgrund der konkreten Gegebenheiten anbietet, *vgl. OVG Koblenz, B. v. 28.05.2003 – 10451/03.* Zu diesen Mitteln zählen auch Ausnahmen, Befreiungen oder Abweichungen. Wenn diese nicht erteilt werden können, etwa weil den Schutzzielen der einzelnen bauordnungsrechtlichen Regelungen nicht auf andere Weise entsprochen werden kann oder der Bauherr nicht bereit ist, die ihm erteilten Auflage zu befolgen, darf die Beseitigungsverfügung von der Bauaufsichtsbehörde erlassen werden, *vgl. zur Verfassungsmäßigkeit der entsprechenden bayerischen Regelung, BayVerfGH, BayVBl. 2000, 272.*

30 Das Verhältnismäßigkeitsprinzip soll nach OVG Saarlouis, *B. v. 30.05.2003 – 1 Q 20/03* aber nicht fordern, etwa im Falle einer Überschreitung der für die Abstandsflächenprivilegierung gem. § 6 Abs. 10 genannten Maße oder bei Abweichungen von der Baugenehmigung die Beseitigungsverfügung auf diese Überschreitung zu beschränken und die Beseitigung auf das höchstzulässige Maß zu begrenzen. Regelmäßig sollen solche Überschreitungen dazu führen, dass das Bauwerk komplett zu beseitigen ist. Nach OVG Lüneburg, *NVwZ-RR 2000, 142,* kommt hingegen ein Rückbau auf die genehmigte Höhe des Gebäudes in Betracht. Ermessenslenkend ist die Beeinträchtigung von Schutzgütern durch das illegale Bauvorhaben, insbesondere die Rechte des Nachbarn. Dem Grundsatz der Verhältnismäßigkeit ist auch in dieser Hinsicht nur genügt, wenn die Behörde auch geprüft hat, ob auf andere Weise als durch einen Abriss rechtmäßige Zustände geschaffen werden können. Die Behörde kann ermessengerecht den Erlass eine Beseitigungsverfügung ablehnen, wenn zwar die Baugenehmigung wegen Verstoßes gegen Nachbarrechte aufgehoben worden ist, das Grundstück aber durch eine Vorgängerbebauung in ähnlicher Weise vorbelastet ist, *dazu OVG Greifswald, NordÖR 2004, 25f.* Gegen eine Beseitigungsanordnung kann nicht mit Erfolg eingewandt werden, deren Befolgung verursache „unverhältnismäßig“ hohe Kosten, *vgl. OVG Saarland, B. v. 11.11.1998 – 2 Q 20/98 –.*

6. Gleichbehandlungsgrundsatz

Auch dem aus Art. 3 Abs. 1 GG folgenden Gleichbehandlungsgrundsatz muss bei Einsatz der Beseitigungsverfügung Rechnung getragen werden. Bei einer Vielzahl gleichgelagerter Fälle darf die Behörde nicht willkürlich einen Vorgang herausgreifen. Anhaltspunkte für einen Verstoß gegen den Gleichbehandlungsgrundsatz liegen vor, wenn die Behörde von gleichgelagerten Fällen Kenntnis erlangt hatte, aber dennoch nicht eingeschritten ist oder wenn die Behörde ihr Ermessen ohne einleuchtenden Grund unterschiedlich, systemwidrig oder planlos ausgeübt hat, *vgl. VG Potsdam, U. v. 06.01.2006 – 4 K 3890/04 –; OVG Berlin, U. v. 10.02.1989 – 2 B 152/86.* Andererseits soll der Gleichheitssatz nicht verletzt sein, wenn im Einzelfall sachliche Gründe vorliegen, z. B. eine Ermessensreduzierung zu Gunsten des Nachbarn erfolgt, *vgl. BVerwG, B. v. 23.11.1998 – 4 B 99.* Die Behörde darf sich dann auf Einzelfälle beschränken, *vgl. BVerwG, B. v. 22.04.1995 – 4 B 55.* So darf die Behörde gegen illegale Neuerrichtungen vorgehen, um eine erneute oder fortgesetzte Begehung von Baurechtsverstößen vergleichbarer Art in dem betroffenen Gebiet zu verhindern, *vgl. OVG Berlin-Brandenburg, B. v. 12.02.2007 – 10 S 20.06.* Persönliche Verhältnisse, wie Alter oder Gesundheitszustand, dürfen in der Regel nicht in den Entscheidungsprozess der Ordnungsbehörde eingestellt werden. Auch die etwaigen Kosten im Falle der Beseitigung einer ungenehmigt errichteten Anlage sind nicht von Belang, da der Schwarzbauer das wirtschaftliche Risiko zu tragen hat. Hierbei gilt grundsätzlich, dass das öffentliche Interesse an der Beseitigung der baurechtswidrigen Anlage schwerer als das Einzelinteresse an der Belassung derselben wiegt. Die Einzigartigkeit eines Vorhabens in Bezug auf andere illegale Vorhaben kann aus seiner herausragenden Größe resultieren, *vgl. OVG Berlin-Brandenburg, B. v. 12.02.2007 – 10 S 20.06.* Ein Verstoß gegen das Gleichbehandlungsgebot liegt auch dann nicht vor, wenn der Behörde die Illegalität einer anderen baulichen Anlage nicht bekannt ist, *vgl. OVG Berlin-Brandenburg, B. v. 12.02.2007 – 10 S 20.06.* 31

7. Beseitigungsverfügung bei Verletzung nachbarschützender Normen

Bei der Entscheidung der Bauaufsichtsbehörde, gegen einen unter Verletzung nachbarschützender Normen errichteten Schwarzbau einzuschreiten, ist regelmäßig eine Ermessensschrumpfung auf Null anzunehmen, *vgl. BVerwG, BRS 56 Nr. 193.* Mit dem Anspruch des Nachbarn auf Rücknahme einer von ihm erfolgreich angefochtenen rechtswidrigen Baugenehmigung hängt ein Anspruch auf Folgenbeseitigung zusammen, d. h., die Bauaufsichtsbehörde hat die durch die Erteilung der rechtswidrigen Baugenehmigung mitverursachte Rechtsverletzung des Nachbarn durch Eingriffsakte gegenüber dem Bauherrn zu beseitigen. Soweit öffentlich-rechtliche Bauvorschriften materiell Nachbarschutz bezwecken, ist es Aufgabe der Bauaufsichtsbehörde, über die 32

Einhaltung des öffentlich-rechtlichen Nachbarschutzes zu wachen und diesen auch durchzusetzen. Diese zweckbestimmte, finale Ausrichtung des der Behörde eingeräumten Ermessens bewirkt, dass die Behörde nicht frei in der Entscheidung ist, ob sie einschreiten will oder nicht. Will sie abweichend von der vom materiellen Baurecht vorgenommenen Bewertung der nachbarlichen Interessen von einem Einschreiten absehen, muss sie dafür auch sachgerechte Gründe haben. Die Pflicht, zugunsten des beschwerten Nachbarn einzuschreiten, ist sozusagen die Regel, das Abweichen die Ausnahme, die einer besonderen Begründung bedarf, *vgl. OVG Saarlouis, B. v. 30.05.2003 – 1 Q 20/03.*

33 Begehrt ein Nachbar von der Bauaufsichtsbehörde, dass sie gegen ein formell und materiell rechtswidriges, öffentliche Nachbarrechte verletzendes, Bauwerk vorgeht, so kann in den von der Behörde anzustellenden Ermessenserwägungen nicht danach unterschieden werden, ob es sich um einen Schwarzbau oder um einen Bau handelt, dessen formelle Illegalität von einer aufgrund eines Rechtsmittels des Nachbarn aufgehobenen Baugenehmigung herrührt. Die Bauaufsichtsbehörde kann in der Regel auch nicht die dem Schwarzbauer durch eine Beseitigung der Nachbarbeeinträchtigung entstehenden Kosten als Grund anführen, um ein Einschreiten zugunsten des beschwerten Nachbarn abzulehnen. Wird einer gegen die Erteilung der Baugenehmigung erhobenen Anfechtungsklage des Nachbarn rechtskräftig stattgegeben, gilt die Baugenehmigung als rechtswidrig und der klagende Nachbar als in seinen Rechten verletzt. Die an dem Rechtsstreit beteiligte Bauaufsichtsbehörde ist an diese Entscheidung gebunden und muss sie ihrer Ermessensentscheidung zugrunde legen. Unabhängig von der Ermessensschrumpfung betreffend das „Ob" eines Einschreitens aufgrund einer begründeten Nachbareinwendung, kann der Bauaufsichtsbehörde aber ein Spielraum hinsichtlich des „Wie" ihres Einschreitens verbleiben.

8. Anordnung der sofortigen Vollziehung

34 Die sofortige Vollziehung einer Beseitigungsanordnung ist regelmäßig unzulässig, weil durch die Vollstreckung der Beseitigungsanordnung vollendete Tatsachen geschaffen werden, die den Rechtsschutz vereiteln. Denn im Falle des Erfolgs des Rechtsbehelfs ist es regelmäßig nicht oder nur unter unwirtschaftlichen Aufwendungen Möglichkeit, die beseitigte bauliche Anlage wieder aufzubauen.

35 Die sofortige Vollziehung kommt deshalb nur ausnahmsweise in Betracht. Nach VGH München, *B. v. 28.03.2007 – 1 CS 06.3006* – ist die sofortige Vollziehung zulässig, um die Beseitigung einer Wildfütterungsanlage zu besorgen, weil der Bergschutzwald durch Wildverbiss erheblich gefährdet wird.

9. Rechtsnachfolge

Eine Beseitigungsanordnung nach Absatz 1 Satz 1 (ebenso wie nach § 64 Abs. 5 BbgBO i. d. F. vom 25. März 1998, GVBl. I S. 82) wirkt gem. § 58 Abs. 5 auch gegenüber einem Rechtsnachfolger, *vgl. OVG Berlin-Brandenburg, B. v. 13.01.2006 – 10 S 25/05.* Mit dieser Regelung trägt der Gesetzgeber dem Umstand Rechnung, dass mit der Anordnung der Beseitigung von baulichen Anlagen die Zustandsverantwortlichkeit für das Baugrundstück konkretisiert wird. Die Beseitigungsverpflichtung hat somit eine dingliche Wirkung. Sie tritt unabhängig davon ein, ob der Rechtsvorgänger als Zustands- oder als Handlungsstörer in Anspruch genommen worden ist, *vgl. VGH München, B. v. 05.08.1996 – 14 AS 96.* Der Dritte erwirbt eine vom Eigentümer abgeleitete und damit durch die Beseitigungsanordnung belastete Rechtsposition. Das gilt nicht nur für den Fall der Gesamtrechtsnachfolge, *vgl. BVerwG, U. v. 22.01.1971 – IV C 62.66 –,* sondern ebenso für den Fall der Einzelrechtsnachfolge, *vgl. VGH Mannheim, U. v. 14.05.1976 – III 741.75 –; B. v. 12.03.1991 – 5 S 618.91 –; VGH München, B. v. 05.08.1996 – 14 AS 96.1624.* 36

10. Nutzungsuntersagung (Absatz 1 Satz 2)

Die Nutzungsuntersagung ist ein Verwaltungsakt, der auf das Unterlassen einer illegalen Nutzung einer baulichen Anlage gerichtet ist. Die Nutzungsuntersagung darf erlassen werden, wenn die bauliche Anlage im Widerspruch zu öffentlich-rechtlichen Vorschriften errichtet wurde oder genutzt wird. Der Widerspruch kann sich daraus ergeben, dass die für die Errichtung und/oder Nutzung einer baulichen Anlagen erforderliche Baugenehmigung fehlt (formelle Illegalität). Die Nutzungsuntersagung bei formeller Illegalität ist durch die Ordnungsfunktion des formellen Baurechts gerechtfertigt. An der Beachtung und strikten Durchführung des formellen Verfahrens besteht ein öffentliches Interesse. Die materielle Legalität der in Rede stehenden baulichen Anlage allein steht einer Nutzungsuntersagung nicht entgegen, vgl. grundlegend *OVG Brandenburg, B. v. 14.10.1993 – 3 B 38/93.* 37

a) Inhalt der Nutzungsuntersagung

Der Inhalt der Nutzungsuntersagung ist regelmäßig ein bloßes **Unterlassen.** Verboten ist zugleich auch, eine rechtswidrige Nutzung aufzunehmen oder fortzusetzen, *vgl. OVG Berlin-Brandenburg, B. v. 31.08.2018 – OVG 10 S 8.18 –, Rn. 7, juris.* Eine Nutzungsuntersagung kommt nicht in Betracht, wenn die illegale bauliche Anlage nicht genutzt werden kann, sondern ihre Existenz illegal ist, so dass dessen Beseitigung verlangt werden muss, *vgl. VG Frankfurt (Oder), B. v. 02.02.2007 – 7 L 371/06 – (Wildschutzzaun).* Zur Nutzungsuntersagung bei Umnutzung eines Wochenendhauses als Dauerwohnsitz, *vgl. VG Potsdam, U. v. 16.05.2006 – 4 K 4019/03 und 4K 4020/03 –; VG Potsdam, U. v. 05.07.2006 – 4* 38

K 1112/04. Die Nutzungsuntersagung ist ein **Dauerverwaltungsakt**, der unter ständiger Kontrolle zu halten ist, *vgl. VG Cottbus, U. v. 02.03.2007 – 3 K 183/06 (Stilllegungsverfügung).*

39 Die Nutzungsuntersagung umfasst auch die **Vornahme solcher Handlungen**, die erforderlich sind, um die Nutzung einzustellen. Eine Nutzungsuntersagung kann die Verpflichtung zum Entfernen von Gegenständen umfassen, wenn sich die rechtswidrige Nutzung gerade im Vorhandensein bestimmter Gegenstände manifestiert, *vgl. OVG Berlin-Brandenburg, B. v. 19.01.2017 – OVG 2 S 48.16 – juris Rn. 4*. Für die Untersagung der Nutzung eines illegalen Wohngebäudes darf auch das Beräumen des Gebäudes von allem Wohninventar (Küchenmöbel, Küchengeräte, Wohnmobiliar etc.) gefordert werden, *vgl. VG Cottbus, B. v. 26.03.2020 – 3 L 647/19 – und U. v. 07.09.2018 – 3 K 191/16 –;* zur Beräumung einer Mehrzweckhalle, die der Lagerung von Heu- und Strohballen und ergänzend dem Abstellen von Landmaschinen dient *OVG Berlin-Brandenburg, B. v. 11.05.2020 – OVG 2 S 75.19*. Der Rückbau von Gebäudeteilen und Einbauten, wie der Rückbau der Heizungsanlage sowie der sanitären Einrichtungen (Waschbecken, Toilette, Duschvorrichtung, Armaturen etc.) ist nicht zulässig und verstößt gegen das Übermaßgebot und das Verhältnismäßigkeitsprinzip, weil dadurch Maßnahmen gefordert werden, die jede andere möglicherweise zulässige Nutzung ausschließen, obwohl die Zulässigkeit anderer Nutzungen nicht Gegenstand der Nutzungsuntersagung ist. Bei einem Anbau, der zu einer Verdopplung der Grundfläche des Gebäudes führt, kann sich die Nutzungsuntersagung auf das gesamte Gebäude erstrecken, wenn sich die Genehmigungsfrage für das gesamte Gebäude neu stellt, *vgl. OVG Berlin-Brandenburg, B. v. 18.07.2006 – 2 S 6.06 – s. a. VG Potsdam, B. v. 18.01.2006 – 4 L 644/05 – (Anbauten an Bungalow)*. Bei der Nutzungsuntersagung in Bezug auf einen Lagerplatz erfolgt die Nutzungsunterlassung durch die Beräumung des Lagerplatzes bzw. die Entfernung der illegal gelagerten Gegenstände, *vgl. VG Potsdam, Gerichtsbescheid v. 19.09.2016 – VG 4 K 317/15 –, Rn. 26, juris und Gerichtsbescheid v. 12.04.2006 – 4 K 1929/04 –; B. v. 13.12.2010 – VG 4 L 521/09 –; OVG Brandenburg, B. v. 08.10.1999 – 3 B 117/99.*

40 In der Nutzungsuntersagung muss mit **hinreichender Bestimmtheit** bezeichnet sein, welche konkrete baurechtswidrige Nutzung der Adressat des Bescheides zu unterlassen hat. Eine Ermächtigung, den Eigentümer eines Grundstücks zu verpflichten, jegliche Nutzung seines Grundstücks zu unterlassen, enthält § 80 Abs. 1 Satz 2 schon nach seinem Wortlaut nicht. Den Eigentümer eines Grundstücks zu verpflichten, jegliche Nutzung seines Grundstücks zu unterlassen, würde das durch Art. 14 Abs. 1 GG geschützte Eigentum unverhältnismäßig einschränken, *vgl. OVG Berlin-Brandenburg, B. v 29.09.2017 – OVG 2 S 14.17 –; B. v. 16.06.2011 – OVG 2 S 30.11.*

Der Adressat der Verfügung hat im Verwaltungsverfahren zum Erlass einer Nutzungsuntersagung und im Rechtsbehelfsverfahren den Beweis dafür zu erbringen (materielle Beweislast), dass das Vorhaben formell legal ist oder aber während eines beachtlichen Zeitraums materiell legal gewesen ist, *vgl. OVG Berlin-Brandenburg, B. v. 04.04.2007 – 10 S 2.07 –; OVG Brandenburg, B. v. 15.09.2004 – 3 B 238/04.* Die formelle Illegalität als solche rechtfertigt auch nicht die Durchsetzung eines Nutzungsverbots im Wege des Sofortvollzugs gem. § 27 Abs. 1 Satz 2 VwVGBbg, d. h. ohne vorausgehenden Verwaltungsakt. 41

b) Illegalität der Nutzung

Für den Erlass einer Nutzungsuntersagung genügt bei genehmigungspflichtigen Vorhaben grundsätzlich – anders als für die Beseitigungsanordnung – die **formelle Illegalität**, also das Fehlen einer erforderlichen bauaufsichtlichen Genehmigung oder der Abschluss eines Bauanzeigeverfahrens, *vgl. OVG Berlin-Brandenburg, B. v. 22.07.2020 – OVG 10 S 47/20 –; B. v. 05.06.2020 – OVG 2 S 77.19 –; B. v. 27.02.2020 – OVG 10 S 4/20.* Die formelle Illegalität kann ihren Grund in dem Fehlen einer erforderlichen Genehmigung haben. Formell illegal kann eine bauliche Anlage auch sein, weil unzulässige Bauprodukte verwendet wurden oder die bauliche Anlage nach Ablauf der Geltungsdauer der Baugenehmigung fertiggestellt wurde bzw. die Nutzung aufgenommen wurde. Formell illegal ist ein Vorhaben auch dann, wenn es zwar genehmigt war, hiervon aber bei der Bauausführung (wesentlich) abgewichen wurde, indem mit der Bauausführung oder Nutzung die Variationsbreite einer behördlich genehmigten Nutzung überschritten wurde, *vgl. VG Potsdam, U. v. 16.05.2006 – 4 K 2019/03 und 4020/03.* Dies ist etwa der Fall, wenn ein Wochenendhaus zu Wohnzwecken genutzt wird, ohne dass für diese Nutzungsänderung eine Genehmigung vorliegt, *vgl. VG Cottbus, B. v. 22.12.2007 – 3 L 238/07 –; VG Potsdam, B. v. 22.03.2007 – 4 L 82/07 –; für die Nutzung eines Lagerplatzes als Metallverwertungsbetrieb, VG Potsdam, B. v. 25.09.2007 – 4 L 623/07.* Der Widerspruch kann auch dadurch verursacht sein, dass bauliche Anlagen nicht mit dem materiellen Recht, etwa §§ 30, 34, 35, BauGB vereinbar sind. Der Wegfall eines 2. Rettungsweges kann die Nutzung einer Wohnung illegal machen und eine Nutzungsuntersagung der Wohnung rechtfertigen, *vgl. OVG Berlin-Brandenburg, B. v. 16.05.2019 – OVG 2 S 18.19.* Allerdings kann die Behörde den Verstoß gegen materielles Recht so lange nicht geltend machen, wie die Anlage von einer Baugenehmigung legalisiert ist. Die Nutzungsuntersagung eines genehmigten Vorhabens ist ohne vorherige oder gleichzeitige Teilaufhebung der Baugenehmigung samt angeordneter sofortiger Vollziehung dieser Aufhebung unzulässig, weil das Vorhaben aufgrund der Baugenehmigung formell (noch) legal ist, *vgl. VG Berlin, GewArch 1990, 112.* Beruht die formelle Illegalität einer Nutzung auf der Rücknahme einer Baugenehmigung, ist die Anordnung der sofortigen Vollziehung der Nutzungsuntersagung in der Regel unzulässig. Die formelle Illegalität endet erst, wenn die Baugenehmigung erteilt ist, nicht 42 aber mit der Bauantragstellung, *vgl. OVG Brandenburg, B. v. 25.10.2004 – 3 B 209/04.*

43 Eine **formell illegale Nutzungsänderung**, die eine Nutzungsuntersagung rechtfertigt, ist gegeben, wenn sich die neu aufgenommene Nutzung nicht an die vormalige Nutzung anschließt, sondern die letzte Nutzung vor längerer Zeit aufgegeben wurde, *vgl. VG Cottbus, B. v. 15.02.2007 – 3 L 277/06 – Nutzung von ehemaligem Bahnhofsgebäude/Dienstwohnung zu Wohnzwecken;* s. a. *OVG Berlin-Brandenburg, B. v. 14.02.2006 – 10 S 4.05.* Die vormalige Nutzung verliert mit ihrer endgültigen Aufgabe ihren Bestandsschutz. Ob eine dauerhafte **Nutzungsaufgabe** oder lediglich eine vorübergehende **Nutzungsunterbrechung** vorliegt, ist unter Berücksichtigung aller konkreter Umstände des Einzelfalls vom Standpunkt eines objektiven Beobachters aus zu beurteilen, *vgl. VG Potsdam, B. v. 26.10.2007 – 5 L 478/07.* Eine dauerhafte Nutzungsaufgabe ist anzunehmen, wenn der Berechtigte mit dem Willen zum Verzicht unzweideutig erkennbar von dem Bestandsschutz keinen Gebrauch mehr machen möchte. Allerdings endet der Bestandsschutz für eine bestimmte Art der Nutzung nicht notwendig schon mit deren faktischer Beendigung, *vgl. OVG Berlin-Brandenburg, B. v. 08.10.2007 – 10 S 12.07.* Nach dem Zeitmodell des Bundesverwaltungsgerichts für Nutzungen im Außenbereich ist im ersten Jahr nach Beginn der Nutzungsunterbrechung mit einer Wiederaufnahme der früheren Nutzung zu rechnen, im zweiten Jahr spricht dafür noch eine Regelvermutung, die im Einzelfall entkräftet werden kann. Nach Ablauf von zwei Jahren kehrt sich die Regelvermutung um. Nach einer vierjährigen Nutzungsunterbrechung ist von einer endgültigen Nutzungsaufgabe auszugehen, *vgl. BVerwG, U. v. 18.05.1995 – 4 C 20.94.* Die Rechtsprechung des Bundesverwaltungsgerichts zum Zeitmodell wird von den Untergerichten bei einer Unterbrechung einer bestandsgeschützten Nutzung im Innenbereich oder im Plangebieten nicht entsprechend angewendet, *vgl. OVG Berlin-Brandenburg, B. v. 08.10.2007 – 10 S 12.07 –; VG Potsdam, B. v. 19.10.2006 – 5 L 574/06.*

44 Das Zeitmodell ist auf die Nutzungsunterbrechung nicht ohne Weiteres übertragbar, weil die individuellen Verhältnisse eine einzelfallbezogene Betrachtung erfordern. Es ist zudem im Hinblick auf die Zerstörung und den Wiederaufbau von Vorhaben im Außenbereich entwickelt worden, so dass es den Besonderheiten der Leerstandsproblematik nicht gerecht wird. Eine Nutzungsaufgabe kann in einer für die Verkehrsauffassung besonders deutlichen Weise dadurch zum Ausdruck kommen, dass der Berechtigte in dem Gebäude nach außen sichtbar eine andersartige Nutzung aufnimmt, die außerhalb der bisherigen Variationsbreite der bisherigen Nutzungsart liegt und erkennbar nicht nur vorübergehend ausgeübt werden soll, *vgl. VG Potsdam, B. v. 26.10.2007 – 5 L 478/07.*

c) Ermessensausübung

Die Anordnung einer Nutzungsuntersagung setzt eine Ermessensausübung voraus („kann"). Im Hinblick auf die Ordnungsfunktion des formellen Baurechts, das eine rechtmäßige bauliche Entwicklung sicherstellen soll, entspricht die Nutzungsuntersagung bei formeller Illegalität grundsätzlich dem intendierten Ermessen des § 80 Abs. 1 Satz 2 und dem Grundsatz der Verhältnismäßigkeit, *vgl. OVG Berlin-Brandenburg, B. v. 22.07.2020 – OVG 10 S 47/20 –; B. v. 05.06.2020 – OVG 2 S 77.19 –; VG Frankfurt (Oder), B. v. 01.10.2020 – 7 L 365/20.* Die Anordnung der Nutzungsuntersagung ist auch deshalb gerechtfertigt, weil sie das einzige Mittel ist, den Adressaten anzuhalten, an der Herstellung bauordnungsgemäßer Zustände mitzuwirken, *vgl. VG Cottbus, B. v. 15.02.2007 – 3 L 277/06.* Nach VGH Mannheim, *BauR 2007, 1217f.*, ist eine Nutzungsuntersagung für sofort vollziehbar zu erklären, um die Präventivkontrolle zu sichern und zu verhindern, dass sich der rechtsuntreue Bürger Nutzungsvorteile gegenüber dem rechtstreuen Bürger verschafft. 45

Von der Nutzungsuntersagung kann aber im Einzelfall abgesehen werden, wenn die Nutzung offensichtlich genehmigungsfähig ist, *vgl. OVG Berlin-Brandenburg, B. v. 08.11.2007– 2 S 97.07–; B.v. 20.07.2006– 2 N 225.05–; B. v. 04.04.2007– 10 S 2.07 –; B. v. 19.12.2006 – 2 S 37.06 – und B. v. 11.08.2005 – 2 M 45.05.* Ein Vorhaben ist aber nur dann offensichtlich genehmigungsfähig, wenn die Übereinstimmung der Nutzung mit den Vorschriften des materiellen Baurechts sich derart aufdrängt, dass jegliche nähere Prüfung im Baugenehmigungsverfahren von vornherein entbehrlich erscheint, *vgl. OVG Berlin-Brandenburg, B. v. 22.07.2020 – OVG 10 S 47/20 –; B. v. 27.02.2020 – OVG 10 S 4/20 –; B. v. 25.11.2019 – OVG 10 S 57.19.* Zudem muss der erforderliche Bauantrag bereits gestellt und nach der Rechtsauffassung der Behörde auch genehmigungsfähig sein; der Erteilung der Baugenehmigung darf auch sonst nichts im Wege stehen, *vgl. OVG Berlin-Brandenburg, B. v. 30.05.2016 – OVG 10 S 34.15 – und B. v. 6.05.2011 – OVG 2 S 102.10.* Die Behörde ist jedoch nicht verpflichtet, vor der Nutzungsuntersagung und ohne dass ein Bauantrag vorliegt, die Genehmigungsfähigkeit der Nutzung zu prüfen, *vgl. OVG Brandenburg, B. v. 25.10.2004 – 3 B 239/04.* 46

Eine Nutzungsuntersagungsverfügung ist bei pflichtgemäßer Ermessensausübung nicht zu erlassen, wenn sie den Störer in unverhältnismäßiger Weise belastet, also die Einhaltung der formellen Anforderungen aus Gründen der Verhältnismäßigkeit zurücksteht, *vgl. VG München, B. v. 29.12.2005 – M 1 S 05.6067.* Die Behörde trifft insoweit aber keine Nachforschungspflicht. Grundsätzlich unerheblich ist für den Erlass der Nutzungsuntersagung, ob dadurch die wirtschaftliche Existenz des Verpflichteten gefährdet wird, *vgl. VG Cottbus, B. v. 02.11.2004 – 3 L 443/04 –; OVG Brandenburg, B. v. 23.02.2004 – 3 B 68/02.* Besonderen persönlichen Umständen kann nach den Gegebenheiten 47 des Einzelfalls im Rahmen eines Vollstreckungsverfahrens, insbesondere durch eine (kurzeitige) zeitweilige Aussetzung der Vollstreckung der Nutzungsuntersagung, Rechnung getragen werden, *vgl. OVG Berlin-Brandenburg, B. v. 27.02.2020 – OVG 10 S 4/20 –; B. v. 12.06.2013 – OVG 10 M 41.13 –; B. v. 26.06.2017 – OVG 10 N 27.14.* Bei der Nutzungsuntersagung betreffend die illegale Nutzung eines Gebäudes als Lebensmittelgeschäft ist die Ermessenentscheidung fehlerhaft, wenn die Behörde nicht prüft, ob die Nutzung bis zum Verkauf der verderblichen Ware zugelassen werden kann, auch um den Betroffenen vor wirtschaftlichen Schäden zu bewahren, *vgl. VG Potsdam, B. v. 19.10.2006 – 5 L 574/06.* Bei massiven Beeinträchtigungen kann sich das der Bauaufsichtsbehörde zustehende Ermessen hinsichtlich des Einschreitens – ausnahmsweise – auf Null reduzieren, *vgl. VGH Mannheim, BauR 2007, 1214ff.*

d) Duldung – Vertrauensschutz

48 Die längere Duldung bzw. Belassung einer illegal errichteten baulichen Anlage durch die Bauaufsichtsbehörde hindert diese nicht grundsätzlich daran, deren Beseitigung oder – erst recht – die Einstellung ihrer Nutzung zu fordern, *vgl. OVG Brandenburg, B. v. 15.09.2004 – 3 B 238/04 –; OVG Brandenburg, B. v. 08.12.2003 – 3 B 372/03 – und B. v. 15.09.2004 – 3 B 238/04 –; VG Frankfurt (Oder), U. v. 25.10.2004 – 7 K 444/00.* Sie kann auch ein einmal eingestelltes Verfahren erneut wieder aufnehmen, *vgl. VG Frankfurt (Oder), B. v. 23.05.2007 – 7 L 440/06.* Einer Nutzungsuntersagung kann aber entgegenstehen, dass die Nutzung von der Behörde über einen längeren Zeitraum mit deren Wissen und Wollen geduldet wurde, *vgl. VGH Kassel, ZfBR 2002, 697; s. a. zur Beseitigungsverfügung OVG Brandenburg, B. v. 09.01.2004 – 3 B 143/03.* Bei mehreren gleichgelagerten Fällen darf die Behörde nicht willkürlich einen Ordnungspflichtigen herausgreifen und mit einem Nutzungsverbot belegen, andere Ordnungsverpflichtete aber ungeschoren davonkommen lassen. Die Behörde muss bei gleichliegenden Fällen gleich und bei ungleichartigen Fällen ungleich handeln, *vgl. OVG Lüneburg, BauR 1994, 92.*

49 Etwas anderes kann aber dann gelten, wenn das Verhalten der Behörde für den Nutzer das schutzwürdige Vertrauen begründet, dass die Behörde die Nutzung akzeptiert, *vgl. BGH, U. v. 08.05.2003 – III ZR 86/02* – oder wenn der Nutzer die Duldung des rechtswidrigen Zustands von der Bauaufsichtsbehörde verlangen könnte. Die Duldung setzt jedoch voraus, dass ganz konkrete Anhaltspunkte dafür sprechen, dass die Bauaufsichtsbehörde den illegalen Zustand in Kauf nehmen will, *vgl. OVG Brandenburg, B. v. 14.05.2004 – 3 B 291/03 –; VG Frankfurt (Oder) U. v. 25.10.2004 – 7 K 444/00.*

e) Adressat der Untersagungsverfügung

Die Nutzungsuntersagung ist an die Nutzer der baulichen Anlage zu richten. Die Bauaufsichtsbehörde handelt im Falle einer Auswahlmöglichkeit zwischen mehreren Verantwortlichen ermessensfehlerfrei, wenn sie vorrangig die **Verhaltensverantwortlichen** (§ 52 BbgBO, § 16 OBG) vor dem **Zustandsverantwortlichen** (§ 17 OBG) in Anspruch nimmt. Adressat der Nutzungsuntersagung kann der Eigentümer als Zustandsstörer oder der Nutzer als Handlungsstörer sein. Ausschlaggebend für die Auswahl ist die Wirksamkeit/Effektivität der Maßnahme. Allein der Umstand, dass ein Nutzungsverbot auch gegenüber einer anderen Person erlassen werden könnte, berührt nicht die Rechtmäßigkeit des gegenüber dem Adressaten ergangenen Nutzungsverbots, *vgl. OVG Berlin-Brandenburg, B. v. 31.08.2018 – OVG 10 S 8.18 –; VGH Kassel, B. v. 22.06.2016 – 4 B 1516/15.* 50

Bei einer vermieteten, vom Mieter genutzten Räumlichkeit ist das eigentliche Nutzungsverbot gegenüber dem **Mieter** auszusprechen. Wird die Nutzungsuntersagung gegenüber dem Mieter von Wohnraum, der für diesen den alleinigen Mittelpunkt seiner privaten Existenz bildet, ausgesprochen, ist aus Gründen der Verhältnismäßigkeit weitere Voraussetzung, dass die Wohnnutzung auch materiell rechtwidrig ist, *vgl. VGH München, U. v. 05.12.2005 – 1 B 03.2608.* Der VGH München verweist zur Begründung auf die Entscheidung des BVerfG, wonach das Besitzrecht der Mieter von Wohnraum als Eigentum im Sinne von Art. 14 Abs. 1 GG anzusehen ist, *vgl. BVerfGE 89, 1 = NJW 1993, 2035.* Voraussetzung für eine Nutzungsuntersagung ist aber stets, dass die Behörde konkret feststellt, dass die ausgeübte Nutzung sich von der genehmigten Nutzung in rechtserheblicher Weise unterscheidet, *vgl. OVG Münster, BauR 2005, 851.* 51

Vom Vermieter als Hauseigentümer kann die Kündigung des Mietverhältnisses verlangt werden, *vgl. VGH Mannheim, VBlBW 1983, 335.* Wird vom **Vermieter** die Nutzungsuntersagung verlangt, berührt eine der Maßnahme etwa entgegenstehende zivilrechtliche Rechtsposition Dritter nicht die Rechtmäßigkeit der Nutzungsuntersagung. Dieses Recht stellt lediglich ein Vollzugshindernis dar, welches nachträglich – d. h. vor Festsetzung bzw. Anwendung des jeweiligen Zwangsmittels – durch eine gegen diesen Dritten gerichtete bestandskräftige Duldungsverfügung ausgeräumt werden muss, *vgl. OVG Berlin-Brandenburg, B. v. 29.09.2017 – OVG 2 S 14.17 –; OVG Greifswald, U. v. 04.09.2013 – 3 L 108/11 –; OVG Münster, B. v. 28.04.2014 – 10 A 1018/13 –; VGH Kassel, B. v. 01.12.2014 – 3 B 1633/14.* 52

f) Anordnung der sofortigen Vollziehung

53 Bei der Anordnung der sofortigen Vollziehung der Nutzungsuntersagung bedarf es regelmäßig auch der Feststellung, dass die Nutzung auch aus materiellen Gründen unzulässig ist, *vgl. OVG Berlin-Brandenburg, ZfBR 2008, 487ff.; OVG Berlin, BauR 2005, 677 = NJ 2005, 322 mit Anm. Otto.* Nach VGH Kassel, *B. v. 02.04.2002 – 4 TG 575/02 –, ZfBR 2002, 697* ist die Anordnung der sofortigen Vollziehung einer Nutzungsuntersagung bereits bei formeller Illegalität gerechtfertigt, weil andernfalls bei einer illegalen Nutzung die Vorbildwirkung dieser Maßnahme Anreiz zur Nachahmung befürchten lässt und die präventive Kontrolle der Bauaufsicht erfolgreich unterlaufen werden könnte. Das öffentliche Interesse an der sofortigen Vollziehbarkeit eines solchen Nutzungsverbotes wiegt jedenfalls auch bei materieller Illegalität grundsätzlich schwerer als das private Interesse an dessen Aufschub. Nach VGH Mannheim darf die Nutzungsuntersagung wegen einer ohne die erforderliche Baugenehmigung aufgenommenen baulichen Nutzung, deren Zulässigkeit nicht ohne Weiteres, sondern nur aufgrund weiterer Ermittlungen beurteilt werden kann, für sofort vollziehbar erklärt werden, um die Präventivkontrolle zu sichern und zu verhindern, dass sich der rechtsuntreue Bürger Nutzungsvorteile gegenüber dem rechtstreuen Bürger verschafft, *vgl. VGH Mannheim, B. v. 01.02.2007 – 8 S 2606/06.*

54 Dieser Grundsatz steht unter dem Vorbehalt von Ausnahmen. Hat z.B. die zuständige Bauaufsichtsbehörde durch zu langes Zuwarten die Ordnungsfunktion des formellen Baurechts selbst entwertet, ist die sofortige Vollziehung eines Nutzungsverbots nicht mehr zulässig. Dies gilt nicht beim Wechsel von einer illegalen zu einer anderen illegalen Nutzung. Hat die Behörde dem Ordnungspflichtigen eine Frist für die freiwillige Aufgabe der illegalen Nutzung eingeräumt, ist die Anordnung der sofortigen Vollziehung einer Nutzungsuntersagung nach ungenutztem Ablauf der Frist zulässig.

55 Abweichend von der Regel, dass im Anfechtungsprozess grundsätzlich die Sach- und Rechtslage im Zeitpunkt der letzten Verwaltungsentscheidung maßgeblich ist, wird in der überwiegenden Rechtsprechung insbesondere im Hinblick auf die Tatsache, dass es sich bei einer Nutzungsuntersagung um einen Dauerverwaltungsakt handelt, auf die Sach- und Rechtslage im Zeitpunkt der letzten mündlichen Verhandlung abgestellt, *vgl. zu dieser Frage z.B. BVerwG B. v. 11.08.1992 – 4 B 161/92 –; VGH München vom 19.02.1999, – 14 B 98.296.*

11. Versiegelung (Absatz 1 Satz 3)

56 Der Gesetzgeber hat die Versiegelung im Falle des Verstoßes gegen die Nutzungsuntersagung als besondere Vollstreckungsmöglichkeit zugelassen, so dass das Verwaltungsvollstreckungsgesetz auf die bauordnungsrechtliche Versiegelung keine Anwendung findet, *vgl. VG Potsdam, B. v. 05.07.2007 – 4 L 317/07 –; VG Cottbus, B. v. 28.07.2020 – 3 L 282/20 –; zur vergleichbaren Regelung: OVG Greifswald, B. v. 17.04.2018 – 3 M 479/15.* Allerdings soll § 39 VwVGBbg a. F., (§ 12 VwVG n. F.) wegen der vergleichbaren Zielsetzung der Normen auf die Versiegelungsanordnung entsprechend anzuwenden sein, *vgl. OVG Brandenburg, B. v. 22.02.2002 – 3 B 374/01.* Eine Androhung der Versiegelung ist nicht erforderlich, *vgl. VG Potsdam, B. v. 05.07.2007 – 4 L 317/07.* Die Versiegelung ist ein Realakt, *vgl. VG Cottbus, B. v. 28.07.2020 – 3 L 282/20 –, Rn. 22, juris.* Diese Maßnahme ist daher auch effektiver als der etwas schwerer durchsetzbare Vollzug der Nutzungsuntersagung durch die Festsetzung und Vollstreckung eines Zwangsgelds. Da die Untersagung, ein Grundstück als Lagerplatz zu nutzen, nicht zugleich anordnet, das Grundstück zu räumen, soll die Bauaufsichtsbehörde in diesem Fall die bauliche Anlage versiegeln, *vgl. VGH München, BauR 2005, 79.*

57 Absatz 1 Satz 3 ist als Sollvorschrift für den Fall ausgestaltet, dass der Bauherr die rechtswidrige Nutzung trotz einer bestandskräftigen oder sofort vollziehbaren Nutzungsuntersagung fortsetzt. Die Bauaufsichtsbehörde kann im Einzelfall, wenn besondere Umstände vorliegen, von der gesetzlich vorgesehenen Regel-Maßnahme absehen und andere, im Einzelfall geeignetere Maßnahmen treffen.

58 Besteht die beanstandete Nutzung baulicher Anlagen in der Haltung von Tieren, so umfasst eine Nutzungsuntersagungsverfügung die Pflicht zur Entfernung der Tiere, *vgl. OVG Koblenz, U. v. 05.07.2006 – 8 B 10574/06.OVG.* Eine Versiegelung ist dann entbehrlich.

12. Beseitigungsverfügung bei ungenutzter oder abgängiger Bebauung (Absatz 2)

59 Absatz 2 ist die spiegelbildliche Befugnis zu der Verpflichtung des Eigentümers einer baulichen Anlage, diese in einem verkehrssicheren Zustand zu erhalten. Wird die bauliche Anlage nicht genutzt und droht zu verfallen, kann die Behörde die Beseitigung anordnen, wenn nicht ein öffentliches Interesse (Denkmalschutz) oder ein privates Interesse an dem Erhalt der baulichen Anlage besteht.

§ 81
Anpassung bestehender baulicher Anlagen

(1) Wenn es zur Abwehr von erheblichen Gefahren für Leben oder Gesundheit erforderlich ist, können die Bauaufsichtsbehörden die Vorschriften dieses Gesetzes oder die aufgrund dieses Gesetzes erlassenen Vorschriften auch auf bestehende bauliche Anlagen und andere Anlagen und Einrichtungen anwenden.

(2) Sollen bauliche Anlagen wesentlich geändert werden, so kann gefordert werden, dass auch die nicht unmittelbar berührten Teile der baulichen Anlage mit diesem Gesetz oder den aufgrund dieses Gesetzes erlassenen Vorschriften in Einklang gebracht werden, wenn
1. die Bauteile, die diesen Vorschriften nicht mehr entsprechen, mit den beabsichtigten Arbeiten in einem konstruktiven Zusammenhang stehen und
2. die Durchführung dieser Vorschriften bei den von den Arbeiten nicht berührten Teilen der baulichen Anlage keine unzumutbaren Mehrkosten verursacht.

Übersicht

1. Allgemeines

1 In § 81 werden die Voraussetzungen normiert, unter denen die Bauaufsichtsbehörden vom Bauherrn oder Eigentümer einer baulichen Anlage verlangen dürfen, dass er die bauliche Anlage an die aktuelle Gesetzeslage anpasst. Der Gesetzgeber hat dadurch das Spannungsverhältnis bestimmt zwischen der einmal bestehenden Legalität der baulichen Anlage, die den Bauherrn oder Eigentümer berechtigt, die Anlage so zu nutzen, wie sie genehmigt wurde oder einmal legal war, und den Erfordernissen, die bauliche Anlage an die aktuellen Anforderungen anzupassen.

2 § 81 ist eine Bestimmung von Inhalt und Schranken des Eigentums im Sinne von Art. 14 Abs. 1 Satz 2 GG. Durch diese Regelung wird die Sozialbindung des

Eigentümers aus Art. 14 Abs. 2 GG aktualisiert, *vgl. BVerwG, B. v. 04.11.1989 – 4 B 65.89.* Der Gesetzgeber ist zu einer solchen Regelung befugt. Beim Vollzug dieser Regelung haben die Bauaufsichtsbehörden jedoch die verfassungsrechtlichen Anforderungen an die Verhältnismäßigkeit ihrer Verfügungen strikt zu beachten. § 81 geht der Generalermächtigung in § 58 Abs. 2 Satz 2 vor.

2. Anpassung bestehender baulicher Anlagen (Absatz 1)

Absatz 1 ermächtigt die Behörde, bestehende bauliche Anlagen und Einrichtungen an die aktuellen Regelungen der Bauordnung und den bauordnungsrechtlichen Vorschriften anpassen zu lassen. Der Anwendungsbereich der Vorschrift erstreckt sich auf bestandsgeschützte Anlagen, wenn und soweit eine Verschärfung der Anforderungen an diese Anlagen im Verhältnis zu dem bei der Errichtung maßgeblichen Bauordnungsrecht eingetreten ist, *vgl. OVG Münster, U. v. 28.08.2001 – 10 A 3051/99.* Absatz 1 ermächtigt daher nicht dazu, die Anpassung einer Anlage an die jetzt geltende Bauordnung zu verlangen, wenn die Anlage bereits auf Grundlage dieser Vorschriften genehmigt wurde, oder die Anpassung an die jetzige Fassung der Bauordnung zu verlangen, wenn die jetzige Fassung keine höheren Anforderungen stellt als die im Zeitpunkt der Genehmigung geltende Fassung der Bauordnung, *vgl. VG Cottbus, U. v. 10.08.2018 – 3 K 1922/15 – und B. v. 05.02.2020 – 3 L 644/19.* Gemäß Absatz 1 dürfen bestehende – und grundsätzlich Bestandsschutz genießende – bauliche Anlagen der Anwendung späterer, strengerer Rechtsvorschriften unterworfen werden, wenn dies zur Abwehr von erheblichen Gefahren für Leben oder Gesundheit erforderlich ist. So kann ein unzureichendes Schutzniveau in Bezug auf den vorbeugenden Brandschutz bei Gebäuden, in denen sich bettlägerige und pflegebedürftige Menschen aufhalten, eine erhebliche Gefahr für Leben und Gesundheit darstellen, so dass die Realisierung eines Vollschutzes angeordnet werden darf, *vgl. VG Frankfurt (Oder), B. v. 13.03.2007 – 7 L 385/06.* 3

§ 81 bedeutet keine Verletzung des **Bestandsschutzes**, sondern eine Beschränkung des Bestandsschutzes. Da der Bestandsschutz einfachgesetzlicher Natur ist, kann der Gesetzgeber ihn im Rahmen des verfassungsrechtlich vorgegebenen Verhältnismäßigkeitsprinzips einschränken. Der Eigentümer einer baulichen Anlage kann sich daher nicht auf den Bestandsschutz berufen, um ein berechtigtes Anpassungsverlangen abzuwehren. 4

Die Anwendung des § 81 ist auf bestehende rechtswidrig errichtete oder genutzte bauliche Anlagen nicht ausgeschlossen, wenn es der Behörde etwa aus Vertrauensschutzgründen oder wegen Unverhältnismäßigkeit versagt ist, deren Beseitigung oder Nutzungsaufgabe zu verlangen. Auch rechtswidrig errichtete oder genutzte Anlagen können bestehende Anlagen im Sinne dieser Vorschrift sein. 5

a) Anwendungsermächtigung

6 § 81 Abs. 1 ermächtigt die Bauaufsichtsbehörde, die Vorschriften der geltenden Bauordnung auf bestehende bauliche Anlagen anzuwenden. Absatz 1 ermächtigt die Bauaufsichtsbehörde jedoch nicht, gegen den Eigentümer einer baulichen Anlage vorzugehen. Als Rechtsgrundverweisung muss das behördliche Eingreifen auf eine der in der Bauordnung vorhandenen Ermächtigungsgrundlagen gestützt werden. In Betracht kommt dabei auch die Generalklausel nach § 58 Abs. 2 Satz 2.

b) Erhebliche Gefahr für Leben und Gesundheit

7 Tatbestandliche Voraussetzung für das Verlangen der Behörde, die bauliche Anlage an die neue Rechtslage anzupassen, muss das Erfordernis sein, erhebliche Gefahren für Leben und Gesundheit abzuwehren. Die Bauaufsichtsbehörde soll die Anpassung an die neue Rechtslage nur bei gewichtigen öffentlichen Belangen, nämlich nur dann fordern dürfen, wenn dies im Einzelfall für die Sicherheit von Leben und Gesundheit erforderlich ist, *vgl. OVG Münster, U. v. 15.07.2002 – 7 A 3098/01.*

8 Eine **erhebliche Gefahr** ist immer dann gegeben, wenn der Zustand der baulichen Anlagen befürchten lässt, dass Leben und Gesundheit im Falle des Eintritts der Gefahr gefährdet werden können. Dies ist regelmäßig anzunehmen, wenn die Anforderungen an den Brandschutz infrage stehen. Denn mit der Entstehung eines Brandes, der Leib und Leben der Bewohner gefährdet, muss jederzeit gerechnet werden. Der Umstand, dass in vielen Gebäuden über lange Zeit kein Brand ausgebrochen ist, belegt nicht, dass insoweit keine Gefahr besteht. Bauordnungsrechtlich ist diese Situation lediglich als ein **Glücksfall** für die Betroffenen zu werten, mit dessen Ende jederzeit gerechnet werden kann, *vgl. VG Cottbus, B. v. 05.02.2020 – 3 L 644/19 – und B. v. 22.07.2002 – 7 B 508/01 –; B. v. 20.12.2007 – 3 L 146/07 – zu einem zweiten Rettungsweg in einer Kindertagesstätte.*

9 Weitere Voraussetzung für ein Anpassungsverlangen ist, dass die erhebliche Gefahr zugleich eine **konkrete Gefahr** bedeutet. Eine konkrete Gefahr liegt vor, wenn aus einer tatsächlich vorhandenen Situation hinreichend wahrscheinlich eine Gefährdung der bedrohten Rechtsgüter folgt. Im Einzelfall muss in überschaubarer Zukunft mit einem Schadenseintritt zu rechnen sein. Dies erfordert eine auf Tatsachen gestützte Prognose bei fachlicher Begutachtung, vgl. dazu oben § 3 Satz 1. Dabei hängen die Anforderungen an die Wahrscheinlichkeit von der Qualität des möglicherweise eintretenden Schadens ab. Bei Gefährdungen von Leben oder Gesundheit als geschützten Rechtsgütern sind an die Feststellung der Wahrscheinlichkeit des Schadenseintritts keine übermäßig hohen Anforderungen zu stellen, *vgl. BVerwG, U. v. 06.06.1970 – 4*

C 99.67. Bauordnungsrechtlich ist wegen des hohen Schutzgutes (Leben und Gesundheit) davon auszugehen, dass bereits bei einer relativ geringen Wahrscheinlichkeit des Gefahreintritts mit einer konkreten Gefährdung von Leben und Gesundheit von Personen zu rechnen ist. Denn besonders bei Gefahren für Leib und Leben ist trotz einer relativ geringen Wahrscheinlichkeit des Gefahreintritts eine konkrete Gefahr bereits dann anzunehmen, wenn der Gesetzgeber die bauordnungsrechtlichen Anforderungen zur Vermeidung von Gefahren für Leben und Gesundheit verschärft, insbesondere nachdem auf dem betreffenden Gebiet neue Erkenntnisse gewonnen worden sind, *vgl. VG Berlin, U. v. 25.01.1991 – 13 A 118.89.* Die Regelung rechtfertigt es, auch solche Veränderungen an baulichen Anlagen zu fordern, mit denen den heute geltenden Anforderungen an bauliche Anlagen und den damit verfolgten Zwecken (nur) besser entsprochen wird als durch den bestehenden Zustand, *vgl. OVG Hamburg, U. v. 16.06.2004 – 2 Bf 182/02.* Jedoch soll nach OVG Magdeburg bei **Altbauten** mit ihren ganz individuellen baulichen Gegebenheiten aus der fehlenden Übereinstimmung einzelner Elemente des Gebäudes mit den heute allgemein geltenden Sicherheitsstandards nicht ohne weiteres der Rückschluss auf eine konkrete Gefahr im Einzelfall gezogen werden dürfen. Erforderlich ist, die Umstände des Einzelfalls zu bewerten, *vgl. OVG Magdeburg B. v. 30.11.2023 – 2 L 115/21.*

Die Nichteinhaltung geänderter **Brandschutzvorschriften** kann die für ein bauordnungsrechtliches Anpassungsverlangen erforderliche konkrete Gefahr im Einzelfall indizieren, *vgl. OVG Bremen, B. v. 28.06.2004 – 1 B 130/04 –; bejahend für die Herstellung einer Rauchabzugsöffnung wegen einer geänderten Einsatztaktik der Feuerwehr OVG Koblenz, B. v. 18.10.2019 – 8 B 11142/19.* Nach VG Berlin, *U. v. 25.01.1991 – 13 A 118.89 –*, ist eine gemauerte Balkonbrüstung von nur 0,80 m Höhe ohne zusätzliches Geländer eine konkrete Gefahr im Sinne der bauaufsichtlichen Ermächtigung, um nachträglich die Anpassung eines Gebäudes an heute geltende bauordnungsrechtliche Standards verlangen zu können, hier also die Erhöhung der Umwehrung auf 0,90 m, *vgl. VG Berlin, U. v. 25.01.1991 – 13 A 118.89.* 10

c) Ermessen

Liegen die tatbestandlichen Voraussetzungen vor, steht das Einschreiten nach Absatz 1 im pflichtgemäßen Ermessen der Behörde gem. § 40 VwVfG. Ein Anpassungsverlangen erfordert eine Ermessensentscheidung, bei der neben den für die Anpassung sprechenden Gründen die Belastung des Bauherrn, insbesondere die Kosten der Maßnahme zu berücksichtigen sind. Das mit dem Anpassungsverlangen verfolgte Ziel muss in einem angemessenen Verhältnis zur Gefahr stehen, der begegnet werden soll. 11

12 Aus Gründen der Verhältnismäßigkeit können auch weniger kostenträchtige Lösungen, die nicht dem Schutzniveau des neuen Rechts entsprechen, in Betracht zu ziehen sein. Voraussetzung ist allerdings, dass sie als funktionell gleichwertig angesehen werden können, *vgl. OVG Bremen B. v. 28.06.2004 – 1 B 130/04.*

13 Nachträgliche Anforderungen können aus Gründen des Brandschutzes von Amts wegen gestellt werden, so dass das Gebäude in jeder Hinsicht den Anforderungen an den Brandschutz genügt. Zum Anspruch des Nachbarn auf nachträgliches Einschreiten, *vgl. OVG Koblenz, NVwZ-RR 2005, 318.*

3. Anpassung bei wesentlichen Änderungen (Absatz 2)

14 Absatz 2 eröffnet die Befugnis, bei einer Änderung einer baulichen Anlage auch für die nicht betroffenen Bauteile eine Anpassung zu verlangen. Die in Absatz 2 in Bezug genommene „wesentliche Änderung" legt nahe, dass der für die Änderung Verantwortliche – mithin der Bauherr – auch der Adressat der Regelung sein soll. Dafür spricht vor allem, dass diese Vorschrift auf die Unzumutbarkeit der Mehrkosten abstellt. Damit wird an ein Verhältnis zu den für die Änderung der baulichen Anlage aufgewandten Kosten angeknüpft, die aber nur bei dem Bauherrn anfallen, *vgl. OVG Hamburg, U. v. 16.06.2004 – 2 Bf 182/02.* Zumutbar sind Mehrkosten von 10 % der Baukosten, *vgl. OVG Hamburg, U. v. 16.06.2004 – 2 Bf 182/02.*

15 Das Anpassungsverlangen erstreckt sich nach Absatz 2 auch auf die nicht unmittelbar berührten Teile der baulichen Anlage. Das heißt, es kann sowohl für die geänderten Teile wie auch für die von der Änderung nicht betroffenen Teile der baulichen Anlage eine Anpassung an die geltende Bauordnung oder den bauordnungsrechtlich erlassenen Rechtsvorschriften verlangt werden. Die Anpassung der geänderten Teile erfolgt in der Regel bereits dadurch, dass diese als Gegenstand des baulichen Vorhabens nur genehmigt werden, wenn auch betreffend diese Bauteile öffentlich-rechtliche Vorschriften nicht entgegenstehen. Bei genehmigungsfreien Änderungen ergibt sich die Anpassungspflicht aus der Beachtenspflicht des Bauherrn gem. § 59 Abs. 2.

16 Die tatbestandliche Voraussetzung für das Anpassungsverlangen nach Absatz 2 unterscheidet sich von Absatz 1 dadurch, dass es auf die Abwehr von erheblichen Gefahren für Gesundheit und Leben nicht ankommt. Voraussetzung für das Anpassungsverlangen sind die im zweiten Halbsatz genannten Bedingungen, die kumulativ vorliegen müssen, soweit es sich um die Anpassung der Bauteile handelt, die nicht von der Änderung betroffen sind:

1. die Bauteile entsprechen den Vorschriften der Bauordnung bzw. den bauordnungsrechtlichen Vorschriften nicht mehr und stehen mit den beabsichtigten Arbeiten in einem konstruktiven Zusammenhang und

2. die Durchführung dieser Vorschriften bei den von den Arbeiten nicht berührten Teilen der baulichen Anlage, also die Anpassung an die bestehenden Anforderungen der übrigen Bauteile des Gebäudes, verursacht keine unzumutbaren Mehrkosten.

Die Behörde hat deshalb in die Ermessenserwägungen auch einzustellen, in 17
welchem Maß der Bauherr durch die Maßnahme belastet wird und in welchem Verhältnis dazu die Minderung von Gefahren für Leben und Gesundheit oder sonstige Verbesserungen der baulichen Anlage stehen.

Das Anpassungsverlangen nach Absatz 2 kann dem Anspruch des Bauherrn 18
auf Genehmigung seines Bauvorhabens nicht entgegengehalten oder als Auflage nach § 36 Abs. 1 VwVfG in die Baugenehmigung aufgenommen werden. Denn das Anpassungsverlangen nach Absatz 2 bezieht sich auf solche baulichen Maßnahmen, die gerade nicht Gegenstand des Bauantrags sind. Das Anpassungsverlangen ist deshalb in einem gesonderten Verwaltungsakt geltend zu machen. Nach VGH Kassel, *B. v. 06.08.2007 – 4 TG 1133/07*, ist in der Anordnung aufgrund einer nachträglichen Anforderung, die zur Errichtung einer baugenehmigungspflichtigen Anlage verpflichtet, die Baugenehmigung grundsätzlich mitenthalten.

Abschnitt 5
Bauüberwachung

§ 82
Bauüberwachung

(1) [1]Die Bauaufsichtsbehörde kann die Einhaltung der öffentlich-rechtlichen Vorschriften und Anforderungen und die ordnungsgemäße Erfüllung der Pflichten der am Bau Beteiligten überprüfen. [2]Soweit die Baugenehmigung die Entscheidung einer anderen Behörde einschließt, bleibt deren Zuständigkeit unberührt.

(2) [1]Die Bauaufsichtsbehörde oder die Prüfingenieurin oder der Prüfingenieur überwacht nach näherer Maßgabe der Rechtsverordnung nach § 86 Absatz 2 die Bauausführung bei baulichen Anlagen
1. nach § 66 Absatz 3 Satz 1 und 3 hinsichtlich des bauaufsichtlich geprüften Standsicherheitsnachweises,
2. nach § 66 Absatz 3 Satz 2 und 3 hinsichtlich des bauaufsichtlich geprüften Brandschutznachweises.

[2]Bei Gebäuden der Gebäudeklasse 4, ausgenommen Sonderbauten sowie Mittel- und Großgaragen im Sinne der Verordnung nach § 86 Absatz 1 Nummer 3, ist die mit dem Brandschutznachweis übereinstimmende Bauausführung von der Nachweiserstellerin oder dem Nachweisersteller oder einer anderen Nachweisberechtigten oder einem anderen Nachweisberechtigten im Sinne des § 66 Absatz 2 Satz 3 zu bestätigen. [3]Wird die Bauausführung durch eine Prüfingenieurin oder einen Prüfingenieur geprüft oder nach Satz 2 bestätigt, findet insoweit eine bauaufsichtsbehördliche Überwachung nicht statt.

(3) Im Rahmen der Bauüberwachung können Proben von Bauprodukten, soweit erforderlich, auch aus fertigen Bauteilen zu Prüfzwecken entnommen werden.

(4) Im Rahmen der Bauüberwachung ist jederzeit Einblick in die Genehmigungen, Zulassungen, Prüfzeugnisse, Übereinstimmungszertifikate, Zeugnisse und Aufzeichnungen über die Prüfungen von Bauprodukten, in die CE-Kennzeichnungen und Leistungserklärungen nach der Verordnung (EU) Nr. 305/2011, in die Bautagebücher und andere vorgeschriebene Aufzeichnungen zu gewähren.

(5) Die Bauaufsichtsbehörde oder die Prüfingenieurin oder der Prüfingenieur soll, soweit sie oder er im Rahmen der Bauüberwachung Erkenntnisse über systematische Rechtsverstöße gegen die Verordnung (EU) 305/2011

erlangen, diese der für die Marktüberwachung zuständigen Stelle mitteilen.

Übersicht

1. Allgemeines

Die Überprüfung der Bauausführung war eine der Kernaufgaben der Bauaufsichtsbehörden. Während die Baugenehmigung und die Prüfung der bautechnischen Nachweise eine präventive Kontrolle des Baugeschehens sicherstellt, dient die Überprüfung der Bauausführung der repressiven Kontrolle des Baugeschehens. 1

Durch die Novellierung der Bauordnung im Jahre 2003 ist die Überwachung des Baugeschehens weitgehend auf den Objektplaner, den bauaufsichtlich anerkannten Sachverständigen und den Prüfingenieur verlagert worden. Damit wird das repressive Verwaltungshandeln dem in § 66 angelegten gestuften System der Kompensation entfallender bauaufsichtlicher Präventivprüfungen angepasst. Diesem System liegt für die Bauüberwachung die Idee zugrunde, dass diejenige Person oder Körperschaft die Bauprüfung vorzunehmen hat, die die bautechnischen Nachweise geprüft hat. Dadurch kann das aus der Prüfung der bautechnischen Nachweise gewonnene Wissen in der Bauprüfung umgesetzt werden. 2

2. Überprüfungsbefugnis der Bauaufsichtsbehörde (Absatz 1)

Die Überprüfung der Bauausführung gehört also nach Absatz 1 weiterhin zu den Aufgaben und Befugnissen der Bauaufsichtsbehörde. Ob sie eine Überprüfung der Bauausführung durchführt, liegt in ihrem Ermessen. Sie kann die Überprüfung auf Stichproben beschränken oder von einer Überprüfung absehen. Bei konkretem Anlass, wenn der Behörde z. B. gefahrdrohende Zustände angezeigt werden oder sie davon Kenntnis erhält, kann sie die Baustelle und das Bauwerk überprüfen und gegebenenfalls Anordnungen treffen. Dazu ist 3 sie nach § 58 Abs. 2 Satz 2 befugt. Sie wird die Bauausführung auch überprüfen müssen, wenn ihr die nach Absatz 2 zur Überprüfung verpflichteten Personen mitgeteilt haben, dass deren Hinweise von den am Bau Beteiligten nicht beachtet werden.

4 Die Befugnis zur Überwachung knüpft an Errichtung, Änderung, Abbruch, Nutzung, Nutzungsänderung und Instandhaltung der baulichen Anlage an. Hierbei ist es unerheblich, ob die baulichen Anlagen baurechtlich genehmigt oder nicht genehmigt bzw. nur angezeigt sind. Die Überwachungsbefugnis nach § 82 erstreckt sich auf genehmigungspflichtige und genehmigungsfreie Vorhaben im Sinne von § 61. Eine Baugenehmigung kann jedoch – auch wenn sie rechtswidrig erteilt wurde – einem Einschreiten der Bauaufsichtsbehörde entgegenstehen. Ggf. ist diese nach Maßgabe des § 48 VwVfG (Rücknahme rechtswidriger Verwaltungsakte) vorher mit Wirkung für die Vergangenheit aufzuheben.

5 Im Rahmen der Besichtigung des Rohbauzustandes wird insbesondere zu prüfen sein, ob der Bau unter Einhaltung der in den Bauvorlagen angegebenen Maße mit den vorgesehenen Abständen von Grundstücksgrenzen und anderen baulichen Anlagen nach Maßgabe der Baugenehmigung auf dem Grundstück errichtet ist, ob die Raumanordnung und die Raumhöhen sowie die für die Standsicherheit erforderlichen Abmessungen eingehalten und die vorgeschriebenen Maßnahmen für den Brandschutz, den Schallschutz sowie über die Abwasserbeseitigung durchgeführt worden sind. Werden bei der Bauzustandsbesichtigung des Rohbaus bzw. zur abschließenden Fertigstellung Mängel festgestellt, dauert die Nachweispflicht des Bauherrn fort. Die Behörde kann diesen unter Setzung einer Frist auffordern, diese Mängel zu beseitigen.

6 Überprüfungsmaßstab sind alle öffentlich-rechtlichen Vorschriften bzw. die aufgrund dieser Vorschriften ergangenen Anordnungen. Hierbei kommen neben der BbgBO und der aufgrund dieses Gesetzes erlassenen Rechtsvorschriften die Normen des Bauplanungsrechtes infrage, aber auch solche Regelwerke, die nur einen indirekten Bezug zum Baurecht haben. Werden bei der Bauzustandsbesichtigung Abweichungen von der Baugenehmigung festgestellt, sind die betroffenen Bauteile als formell illegal zu betrachten. Ist die Abweichung allerdings materiell genehmigungsfähig, wird der Bauherr zur Vorlage entsprechender Nachtragsunterlagen aufzufordern sein, die ergänzende Vorlage eines Bauantrages kann aber nicht gefordert oder erzwungen werden.

7 Bei einer Nachbesichtigung wird festzustellen sein, ob festgestellte Mängel auch tatsächlich behoben wurden. Die Befugnis zum Betreten und Besichtigen einer Wohnung durch die Bauaufsichtsbehörden, um die baulichen Anlagen daraufhin zu überwachen, ob sie die öffentlich-rechtlichen Bauvorschriften

einhalten, fällt in den Anwendungsbereich des Art. 13 Abs. 7 GG, *vgl. BVerwG, B. v. 07.06.2006 – 4 B 36/06.* Insoweit gilt für das Betretungs- und Besichtigungsrecht der Bauaufsichtsbehörden nichts anderes als für die gesetzlichen Betretungs- und Besichtigungsrechte der Überwachungsbehörden auf den Gebieten des Apotheken-, Handwerks- und Lebensmittelrechts, *vgl. dazu BVerfGE 17, 232, 251; 32, 54, 73; BVerwG, U. v. 05.11.1987 – 3 C 52.85. Zum Betreten von Grundstücken und Wohnungen s. a. BVerfG, NJW 2001, 1121.*

Die Überprüfung der Bauausführung durch die Bauaufsichtsbehörde nach Satz 1 berührt nach Satz 2 nicht die Überprüfung durch die Fachbehörden, deren Entscheidung die Baugenehmigung einschließt. Satz 2 stellt klar, dass die Bündelung des Genehmigungsverfahrens bei der Bauaufsichtsbehörde und die Konzentrationswirkung der Baugenehmigung die Vollzugszuständigkeit bei der jeweiligen Fachbehörde belassen. Die Fachbehörden sind für den Vollzug der in der Baugenehmigung enthaltenen fachlichen Genehmigung und für die Prüfung der Bauausführung sowie für die Einhaltung der Nebenbestimmungen bezüglich ihrer in der Baugenehmigung eingeschlossenen Entscheidungen weiterhin eigenständig und vollumfänglich zuständig. 8

3. Überprüfung der Bauausführung durch Prüfingenieure und Prüfsachverständige (Absatz 2)

Absatz 2 entspricht für das repressive Verwaltungshandeln dem in § 66 angelegten gestuften System der Kompensation entfallender bauaufsichtlicher Präventivprüfungen. Satz 1 enthält den Grundsatz, dass die Bauaufsichtsbehörde oder der Prüfingenieur die Bauausführung der prüfpflichtigen Bauvorhaben überwachen. Dadurch wird das Vier-Augen-Prinzip verwirklicht, weil der Prüfingenieur nicht derjenige ist, der den Nachweis erstellt hat, sondern ihn überprüft hat. Der den Nachweise prüfende Prüfingenieur bzw. die prüfende Bauaufsichtsbehörde ist vorbehaltlich abweichender Regelungen in der Verordnung nach § 86 Abs. 2 jeweils auch für die Bauüberwachung zuständig. Die nähere Ausgestaltung dieser Überwachung – ggf. auch der Verzicht darauf im Einzelfall – ist in der Verordnung nach § 86 Abs. 2 zu regeln. 9

Betreffend die Standsicherheit und den Brandschutznachweis wird die Bauausführung unbeschadet der allgemeinen bauaufsichtlichen Befugnisse von der Bauaufsichtsbehörde oder dem Prüfingenieur überwacht. Für diese Anforderungen gilt das Vier-Augen-Prinzip. 10

Betreffend den Brandschutznachweis bei Gebäuden der Gebäudeklasse 4 wird die Prüfung dadurch gelockert, dass der Brandschutznachweisersteller oder ein anderer Nachweisberechtigter die mit dem Brandschutznachweis übereinstimmende Bauausführung bestätigt. Dies gilt nicht für Sonderbauten sowie Mittel- und Großgaragen im Sinne der Verordnung nach § 86 Abs. 1 Nr. 3, bei 11 denen nach § 66 Abs. 3 Satz 2 Nrn. 1 und 2 das Vier-Augen-Prinzip gilt. Diese Ausnahme korrespondiert mit § 66 Abs. 2 Satz 3. Diese abweichende Regelung hält der Gesetzgeber deshalb für gerechtfertigt, weil die Gebäudeklasse 4 der Hauptanwendungsfall der Bauweise mit hochfeuerhemmenden Bauteilen (vergleiche § 26 Abs. 2 Satz 1 Nr. 2, Satz 2 Nr. 2) sein wird, bei denen es auf eine besonders sorgfältige Bauausführung ankommen soll, *so LT-Drucks, 6/3268, S. 122.* Personenidentität zwischen Nachweisersteller und überwachender Person fordert der Gesetzgeber aus Gründen der Baupraxis nicht. Um die Unterscheidung zwischen Prüfingenieuren und überwachenden Fachplanern nicht zu verwischen, sollen die Fachplaner die ordnungsgemäße Bauausführung „bestätigen".

12 Der Zeitpunkt der Überprüfung ist nicht geregelt. Ausschlaggebend für den Zeitpunkt der Überprüfung sowie die Zahl der Überprüfungen bleiben aber weiterhin der technische Schwierigkeitsgrad der Bauausführung und der jeweilige Baufortschritt. Die Entscheidung liegt im Ermessen der zur Überprüfung zuständigen Personen.

4. Überwachung der Eignung von Bauprodukten (Absatz 3)

13 Absatz 3 enthält eine weitere Möglichkeit, die Geeignetheit der verwendeten Bauprodukte zu überwachen. Danach kann die Bauaufsichtsbehörde zur Überprüfung der Bauprodukte Proben entnehmen. Das ist auch dann möglich, wenn die Bauprodukte nach den vorgelegten Verwendungs- und Übereinstimmungsnachweisen den Schein erwecken, ordnungsgemäß verwendet zu werden.

14 Die Durchsetzung dieser Ermächtigung erfolgt in der Regel durch den Erlass einer Duldungsanordnung nach § 58 Abs. 2 Satz 2. Diese ist gegebenenfalls mit den Zwangsmitteln des VwVG durchzusetzen, vgl. Anmerkung vor § 78.

5. Einsichtsrecht in Dokumente (Absatz 4)

15 Absatz 4 schafft ein Einsichtsrecht in verschiedene Dokumente. Diese Dokumente müssen nach § 55 Abs. 1, § 72 Abs. 10 auf der Baustelle vorliegen.

16 Der Bauherr bzw. der Besitzer dieser Unterlagen ist nicht nur verpflichtet, Maßnahmen zu dulden. Ihn trifft, wie das Wort „gewähren" verdeutlicht, auch eine Förderpflicht. So hat er die erforderlichen Unterlagen bereitzustellen. Die zur Überwachung berufene Person kann ihr Einsichtsrecht durch eine Verfügung gem. § 58 Abs. 2 Satz 2 anordnen und ggf. mit dem Verwaltungszwang durchsetzen, vgl. Anmerkung vor § 78.

6. Zusammenarbeit zwischen Bauaufsichtsbehörde und bautechnischem Prüfamt (Absatz 5)

Absatz 5 soll die Zusammenarbeit zwischen den Bauaufsichtsbehörden und der für die Marktüberwachung zuständigen Stelle beim Bautechnischen Prüfamt – der Marktüberwachungsbehörde des Landes Brandenburg – stärken. Deshalb sollen systematische Rechtsverstöße, die im Rahmen der Bauüberwachung festgestellt werden, bei der Marktüberwachungsbehörde des Landes Brandenburg angezeigt werden. Dies kann etwa bei fehlerhaften Angaben in Leistungserklärungen der Fall sein. 17

Das Bautechnische Prüfamt ist im Landesamt für Bauen und Verkehr, Lindenallee 51, 15366 Hoppegarten eingerichtet worden. Das Bautechnische Prüfamt hat seinen Sitz in der Gulbener Straße 24 in 03046 Cottbus, Telefon 03342 4266-3500, Telefax 03342 4266-7608, https://lbv.brandenburg.de. Diesem Amt wurden von der obersten Bauaufsichtsbehörde des Landes Brandenburg (Ministerium für Infrastruktur und Landesplanung – MIL) Aufgaben zur landesweit einheitlichen Wahrnehmung nach der Bauordnung übertragen. Darüber hinaus nimmt das Bautechnische Prüfamt Aufgaben nach dem Brandenburgischen Marktüberwachungsdurchführungsgesetz für Bauprodukte (BbgMÜDBauPG) wahr. 18

§ 83
Bauzustandsanzeigen, Aufnahme der Nutzung

(1) [1]Die Bauaufsichtsbehörde oder die Prüfingenieurin oder der Prüfingenieur können verlangen, dass ihr oder ihm Beginn und Beendigung bestimmter Bauarbeiten angezeigt werden. [2]Die Bauarbeiten dürfen erst fortgesetzt werden, wenn die Bauaufsichtsbehörde oder die Prüfingenieurin oder der Prüfingenieur der Fortführung der Bauarbeiten zugestimmt haben.

(2) [1]Die Bauherrin oder der Bauherr hat die beabsichtigte Aufnahme der Nutzung einer nicht genehmigungsfreien baulichen Anlage mindestens zwei Wochen vorher der Bauaufsichtsbehörde anzuzeigen. [2]Mit der Anzeige nach Satz 1 sind vorzulegen

1. **bei Bauvorhaben nach § 66 Absatz 3 Satz 1 eine Bescheinigung der Prüfingenieurin oder des Prüfingenieurs über die ordnungsgemäße Bauausführung hinsichtlich der Standsicherheit,**
2. **bei Bauvorhaben nach § 66 Absatz 3 Satz 2 eine Bescheinigung der Prüfingenieurin oder des Prüfingenieurs über die ordnungsgemäße Bauausführung hinsichtlich des Brandschutzes (§ 82 Absatz 2 Satz 1),**
3. **in den Fällen des § 82 Absatz 2 Satz 2 die jeweilige Bestätigung,**
4. **bei Sonderbauten die nach § 51 Absatz 2 erforderliche Bescheinigung der Prüfsachverständigen oder des Prüfsachverständigen für energetische Gebäudeplanung.**

[3]Eine bauliche Anlage darf erst benutzt werden, wenn sie selbst, Zufahrtswege, Wasserversorgungs- und Abwasserentsorgungs- sowie Gemeinschaftsanlagen in dem erforderlichen Umfang sicher benutzbar sind, nicht jedoch vor dem in Satz 1 bezeichneten Zeitpunkt. [4]Feuerstätten dürfen erst in Betrieb genommen werden, wenn die bevollmächtigte Bezirksschornsteinfegerin oder der bevollmächtigte Bezirksschornsteinfeger den sicheren Anschluss der Feuerstätte sowie die Tauglichkeit und die sichere Benutzbarkeit der Abgasanlagen bescheinigt hat; Verbrennungsmotoren und Blockheizkraftwerke dürfen erst dann in Betrieb genommen werden, wenn sie oder er den sicheren Anschluss sowie die Tauglichkeit und die sichere Benutzbarkeit der Leitungen zur Abführung von Verbrennungsgasen bescheinigt hat. [5]Die Anforderungen des § 42 Absatz 1 bis 3 und 5 müssen erfüllt sein.

Übersicht

1. Allgemeines

Der Gesetzgeber will der Bauaufsichtsbehörde und dem Prüfingenieur mit § 83 die Möglichkeit verschaffen, das Baugeschehen überwachen zu können. Damit Beginn und Beendigung von Bauarbeiten nicht täglich ermittelt werden müssen, sind diese Zeitpunkte der Behörde auf deren Verlangen hin mitzuteilen. Dadurch erhält die Bauaufsichtsbehörde die Befugnis, die Bauausführung im Hinblick auf bestimmte, vor allem bautechnische Anforderungen zu überprüfen. 1

Die Brandenburgische Bauordnung sieht eine Bauabnahme (Rohbauabnahme und Schlussabnahme) nicht mehr vor. Der Gesetzgeber setzt auf eine verstärkte Eigenverantwortung der am Bau Beteiligten. 2

Der Aufwertung des Prüfingenieurs entspricht, dass auch dieser die Bauzustandsanzeige verlangen kann. Dabei wird auf die beabsichtigte Nutzungsaufnahme und nicht – wie bisher – auf die Fertigstellung des Bauvorhabens abgestellt. 3

2. Anzeige von Beginn und Beendigung von Bauarbeiten (Absatz 1)

Die Bauaufsichtsbehörde oder der Prüfingenieur kann nach Absatz 1 verlangen, dass ihr/ihm Beginn und Beendigung bestimmter Bauarbeiten mitgeteilt werden. Dies ist in deren Ermessen gestellt. Der Bauaufsichtsbehörde bzw. der als beliehener Unternehmer hoheitlich tätig werdende Prüfingenieur kann also auch entscheiden, dass bei Abschluss oder vor Beginn bestimmter Bauarbeiten Maßnahmen der Bauüberwachung nicht erforderlich sind. Soweit eine Baugenehmigung gem. § 63 Abs. 4 fiktiv erteilt wird, gibt es diese Anzeigepflicht nicht. 4

5 Diese Bauzustandsanzeige soll es der Bauaufsichtsbehörde oder dem Prüfingenieur ermöglichen, die Bauausführung bei bestimmten Bauabschnitten zu prüfen. Dies kann den Aushub der Baugrube oder den Rohbauzustand des Gebäudes betreffen. So kann z. B. festgestellt werden, ob die vorgeschriebenen Maßnahmen für den Brandschutz, den Schallschutz oder für die Abwasserbeseitigung ordnungsgemäß durchgeführt worden sind. Um zu verhindern, dass der Bauherr mit den Bauarbeiten nach der Anzeige fortfährt und dadurch die Kontrolle von Bauteilen unmöglich wird, kann die Bauaufsichtsbehörde von dem Bauherrn verlangen, dass er die Bauarbeiten erst fortsetzt oder die Anlagen erst genutzt werden, wenn sie von der Behörde, einem Prüfingenieur oder einem beauftragten Sachverständigen überprüft worden sind. Bei Verstößen des Bauherrn dagegen kann der Erlass einer Stilllegungsverfügung in Betracht kommen.

6 Satz 2 bestimmt, dass die Bauarbeiten erst fortgesetzt werden dürfen, wenn die Bauaufsichtsbehörde (einschließlich des Prüfingenieurs) dem zugestimmt hat. Diese Regelung ist unmittelbar geltendes Recht, bedarf also nicht der Aktualisierung durch eine Anordnung. Die Regelung ist bußgeldbewehrt (§ 85 Abs. 1 Satz 1 Nummer 6).

3. Nutzungsaufnahmeanzeige (Absatz 2)

7 Absatz 2 regelt die Verpflichtung des Bauherrn, den Zeitpunkt der beabsichtigten Nutzungsaufnahme zwei Wochen vor diesen Zeitpunkt der Bauaufsichtsbehörde mitzuteilen. Diese Frist soll der Behörde die Kontrolle ermöglichen, ob die Voraussetzungen für die Benutzbarkeit der Anlage nach Satz 3 vorliegen.

8 Durch die Novelle 2016 wird auf die beabsichtigte Nutzungsaufnahme und nicht – wie bisher – auf die Fertigstellung des Bauvorhabens abgestellt. Grund dafür soll sein, dass diese Fertigstellung (etwa der Außenanlagen) häufig zeitlich weit hinter der beabsichtigten, rechtlich möglichen und auch tatsächlich erfolgenden Nutzungsaufnahme liegt. Die Nutzungsaufnahme kann also vor Fertigstellung der genehmigten baulichen Anlage erfolgen. Dadurch ist das Instrument der vorzeitigen Nutzungsfreigabe entbehrlich. Allerdings ergibt sich aus den vorzulegenden Unterlagen nach Satz 2, dass die bauliche Anlage ein gewisses Maß der Fertigstellung erreicht haben muss.

4. Vorzulegende Bescheinigungen (Absatz 2 Satz 2)

9 Nach Satz 2 Nrn. 1 und 2 sind mit der Anzeige der beabsichtigten Nutzungsaufnahme – soweit für das jeweilige Bauvorhaben erforderlich – die Bescheinigungen über die ordnungsgemäße Bauausführung im Sinne des § 81 Abs. 2 Satz 1, ferner nach Nr. 3 die Bestätigungen nach § 81 Abs. 2 Satz 2 vorzulegen.

Nummer 4 regelt die Vorlage der Bescheinigung des Prüfsachverständigen für energetische Gebäudeplanung bei Sonderbauten zum Zeitpunkt der Anzeige der Nutzungsaufnahme. 10

Weiter ist Vorlagepflicht nach der Verordnung über die wiederkehrende Prüfung sicherheitstechnischer Gebäudeausrüstungen in baulichen Anlagen im Land Brandenburg (Brandenburgische Sicherheitstechnische Gebäudeausrüstungs-Prüfverordnung – BbgSGPrüfV) vom 1. September 2003 (GVBl. II/03, [Nr. 24], S.557), zuletzt geändert durch Artikel 7 der Verordnung vom 31. März 2021 (GVBl. II/21, Nr. 33, S.10), zu beachten. Diese gilt für Sonderbauten, vgl. § 1 Abs. 1 BbgSGPrüfV. Die Vorlagepflicht vor Nutzungsaufnahme folgt aus § 2 Abs. 2 Nr. 1 BbgSGPrüfV. 11

5. Fertigstellung der Erschließungsanlagen (Absatz 1 Satz 3)

Nach Satz 3 darf eine Anlage erst benutzt werden, wenn die Erschließungsanlagen im jeweils erforderlichen Umfang nutzbar sind. Auch hier ist regelmäßig noch nicht eine abschließende Fertigstellung erforderlich. Sie müssen nur nutzbar sein. So kann eine Baustraße ausreichen, um die Nutzungsaufnahme zu ermöglichen. 12

6. Anforderungen bei Feuerstätten, Verbrennungsmotoren und Blockheizkraftwerken (Absatz 1 Satz 4)

Satz 4 entspricht der Verfahrensfreiheit von Anlagen der technischen Gebäudeausrüstung nach § 61 Abs. 1 Nr. 2. Voraussetzung für die Inbetriebnahme von Feuerstätten, Verbrennungsmotoren und Blockheizkraftwerken ist die vorherige Abnahme der Abgasanlagen beziehungsweise der Leitungen durch den bevollmächtigten Bezirksschornsteinfeger. Entsprechend der Musterbauordnung hat der Gesetzgeber ausdrücklich nur noch die Abnahme der Abgasanlage angeordnet, wenn die Feuerstätte in Betrieb genommen werden soll. 13

Da in Brennstoffzellen ein Verbrennungsprozess nicht abläuft, sondern ein elektrochemischer Prozess, fehlt diesen Zellen eine Abgasanlage, die abgenommen werden könnte. 14

Bauordnungsrechtlich werden Anforderungen nur noch an die sichere Benutzbarkeit und Tauglichkeit der Abgasanlage gestellt. Die Bescheinigung ist vor der Nutzungsaufnahme der Feuerstätte vom bevollmächtigten Bezirksschornsteinfegermeister auszustellen. Die Nennung der bevollmächtigten Bezirksschornsteinfegermeister trägt der neuen Terminologie der bundesrechtlichen Regelungen Rechnung. Die Tauglichkeit der Abgasanlage kann nur im Zusammenhang mit der anzuschließenden Feuerstätte bescheinigt werden. Die Feuerstätte muss zur Abgasanlage passen, da die Verbrennungsgase sicher 15 abgeführt werden müssen. Die sichere Benutzbarkeit bedeutet auch, dass alle Aspekte, die einen Einfluss auf die Abführung der Abgase haben (zum Beispiel ausreichende Verbrennungsluftzuführung), im Rahmen der Bescheinigung zu prüfen sind. Die Grundanforderung dazu enthält § 42 Abs. 3, die konkretisierenden Regelungen wiederum die Feuerungsverordnung. Eine Abgasanlage ohne Feuerstätte kann mangels Beurteilung der sicheren Benutzbarkeit und Tauglichkeit nicht geprüft und die Benutzbarkeit nicht bescheinigt werden.

16 Der Eigentümer bzw. Betreiber der Feuerstätte ist verantwortlich dafür, dass vor Nutzungsaufnahme der Feuerstätte (sogenannte Inbetriebnahme) der bevollmächtigte Bezirksschornsteinfegermeister die Überprüfung und Ausstellung der Bescheinigung gem. § 83 Abs. 2 Satz 4 vornehmen kann.

17 Da Feuerstätten in der Regel nach harmonisierten europäischen Normen errichtet werden und eine CE-Kennzeichnung tragen, entfällt eine bauaufsichtliche Überprüfung der Feuerstätte selbst, da deren Funktionsfähigkeit und somit ihre Verwendbarkeit bereits gem. § 17 Abs. 1 Satz 1 aufgrund der CE-Kennzeichnung nachgewiesen ist. Werden an der Feuerstätte im Rahmen des Einbaus Veränderungen vorgenommen, so dass von den einschlägigen Technischen Regelungen wesentlich abgewichen wird, verliert die Feuerstätte den mit der CE-Kennzeichnung verbundenen Verwendbarkeitsnachweis.

18 Satz 5 dient der Klarstellung, dass die materiellen Grundanforderungen an die Feuerstätte und die Abgasanlage beziehungsweise an die Verbrennungsmotoren, Blockheizkraftwerke, Brennstoffzellen und Verdichter zu beachten sind.

Abschnitt 6
Baulasten

§ 84
Baulasten, Baulastenverzeichnis

(1) [1]Durch Erklärung gegenüber der Bauaufsichtsbehörde können Grundstückseigentümerinnen und Grundstückseigentümer öffentlich-rechtliche Verpflichtungen zu einem ihre Grundstücke betreffenden Tun, Dulden oder Unterlassen übernehmen, die sich nicht schon aus öffentlich-rechtlichen Vorschriften ergeben. [2]Erbbauberechtigte können ihr Erbbaurecht in entsprechender Weise belasten. [3]Baulasten werden unbeschadet der Rechte Dritter mit der Eintragung in das Baulastenverzeichnis wirksam und wirken auch gegenüber Rechtsnachfolgerinnen und Rechtsnachfolgern.

(2) Die Erklärung nach Absatz 1 bedarf der Schriftform; die Unterschrift muss öffentlich beglaubigt oder von einer Öffentlich bestellten Vermessungsingenieurin oder einem Öffentlich bestellten Vermessungsingenieur oder von der Katasterbehörde beglaubigt sein, wenn sie nicht vor der Bauaufsichtsbehörde geleistet oder vor ihr anerkannt wird.

(3) [1]Die Baulast geht durch Verzicht der Bauaufsichtsbehörde unter. [2]Der Verzicht ist zu erklären, wenn ein öffentliches Interesse an der Baulast nicht mehr besteht. [3]Vor dem Verzicht sollen die oder der Verpflichtete und die durch die Baulast Begünstigten angehört werden. [4]Der Verzicht wird mit der Löschung der Baulast im Baulastenverzeichnis wirksam.

(4) [1]Das Baulastenverzeichnis wird von der Bauaufsichtsbehörde geführt. [2]In das Baulastenverzeichnis können auch eingetragen werden
1. andere baurechtliche Verpflichtungen des Grundstückseigentümers zu einem sein Grundstück betreffendes Tun, Dulden oder Unterlassen,
2. Auflagen, Bedingungen, Befristungen und Widerrufsvorbehalte.

(5) [1]Wer ein berechtigtes Interesse darlegt, kann in das Baulastenverzeichnis Einsicht nehmen oder sich einen Auszug erstellen lassen. [2]Öffentlich bestellte Vermessungsingenieurinnen und Öffentlich bestellte Vermessungsingenieure sowie Notarinnen und Notare sind befugt, das Baulastenverzeichnis einzusehen, ohne dass es der Darlegung eines berechtigten Interesses bedarf.

(6) Die bestehenden rechtlichen Sicherungen durch beschränkte persönliche Dienstbarkeiten behalten ihre Gültigkeit, soweit sie nicht durch

Baulasten nach Absatz 1 ersetzt und die Eintragungen im Grundbuch gelöscht wurden.

Übersicht

1. Allgemeines

1 § 84 regelt die Baulast durch die Novelle 2016. Für die Käufer von Grundstücken wird seine Obliegenheit, vor einem Kauf in das Baulastenverzeichnis zu sehen, um von etwaigen Beschränkungen in der Nutzung des Kaufgrundstücks zu erfahren, dadurch zur Selbstverständlichkeit. Für den Verkäufer ergibt sich unter Umständen die kaufvertragliche Nebenpflicht, auf bestehende Baulasten

hinzuweisen, da Baulasten als Sachmangel eines Grundstücks beurteilt werden, *vgl. etwa BGH, U. v. 15.07.2011 – V ZR 171/10 –; U. v. 08.07.1983 – V ZR 204/82 –; BGH, U. v. 10.03.1978 – V ZR 69/76 –; U. v. 15.06.1965 – V ZR 20/63 –; OLG Hamm, U. v. 29.03.2012 – 22 U 40/10 –; U. v. 14.01.2016 – I-22 U 136/11, 22 U 136/11.*

2. Wesen und Gegenstand der Baulast (Absatz 1)

a) Wesen der Baulast (Satz 1)

Nach Satz 1 ist Gegenstand der Baulast die Übernahme einer Verpflichtung 2
des Grundstückseigentümers, die sich nicht bereits aus öffentlich-rechtlichen Vorschriften ergibt, *vgl. allgemein dazu Wenzel, Baulasten in der Praxis, 3. Auflage, 2016; Riedel, Die Baulast, NZBau 2006, 565.* Für Erbbauberechtigte gilt dies nach Satz 2 entsprechend.

Bei der Beurteilung des Wesens der Baulast sind zwei Rechtsakte zu unter- 3
scheiden. Die Erklärung des Grundstückseigentümers als Baulastgeber ist eine empfangsbedürftige Willenserklärung. Die Eintragung der Baulast in das Baulastenverzeichnis durch die Behörde ein hoheitlicher Akt. Dieser hoheitliche Akt wird unterschiedlich bewertet. Nach der – für Brandenburg unmaßgeblichen – Rechtsprechung des VGH Mannheim sind weder die (deklaratorische) Eintragung einer Baulasterklärung in das Baulastenverzeichnis noch die Löschung einer derartigen Eintragung ein Verwaltungsakt, *vgl. VGH Mannheim, U. v. 10.01.2007 – 3 S 1251/06 –; Urt. v. 01.06.1990 – 8 S 637/90 –.* Diese Rechtsprechung ist für das Brandenburgische Bauordnungsrecht bedeutungslos, da in Baden-Württemberg die Eintragung der Baulast nicht konstitutiv wirkt. Dies unterscheidet die Rechtslage in Baden-Württemberg von derjenigen in den anderen Ländern, so auch in Brandenburg. *Nach Kluth/Neuhäuser, Der Anspruch auf Baulasteintragung – Zugleich ein Beitrag zur Rechtsnatur der Baulast, NVwZ 1996, 738,* ist die Baulasteintragung eine „schlichte verwaltungsrechtliche Willenserklärung". Anders beurteilt die Rechtslage etwa das OVG Münster. Nach seiner Auffassung sind Eintragung und Löschung einer Baulast Verwaltungsakte im Sinne von § 35 VwVfG, *vgl. OVG Münster, U. v. 21.11.2017 – 2 A 1393/16 –; U. v. 29.9.1978 – XI A 112/78 – und v. 22.9.1987 – 7 A 33/82 –; U. v. 9.05.1995 – 11 A 4010/92 –; U. v. 10.10.1996 – 7 A 4185/95 – und B. v. 08.08.2013 – 7 A 3001/11.* Für das OVG Magdeburg ist die Baulasteintragung aufgrund der in der Eintragung zum Ausdruck kommenden konstitutiven Wirkung als Verwaltungsakt anzusehen, so im *B. v. 28.08.2020 – 2 M 57/20.* Für das Berliner Landesrecht ist der Entscheidung des OVG Berlin-Brandenburg zu entnehmen, dass eine Verpflichtungsklage auf Löschung der Baulast statthaft ist, *vgl. OVG Berlin, U. v. 08.09.1995 – 2 B 4/94 –; OVG Berlin-Brandenburg, B. v. 12.06.2015 – 10 N 78.12.* Es begründet seine Ansicht damit, dass die Aufnahme der Verpflichtungserklärung in das Baulastenverzeichnis auf Grund

der konstitutiven Wirkung des Eintragungsaktes sowie der damit einhergehenden Entscheidung der zuständigen Behörde über die tatbestandlichen Voraussetzungen für eine Eintragung und namentlich auch das öffentliche Interesse hieran als Verwaltungsakt zu qualifizieren sei, *vgl. OVG Berlin, U. v. 08.09.1995 – 2 B 4/94*. Relevant wird diese Rechtsprechung, weil die Eintragung der Baulast nur innerhalb der Rechtsbehelfsfrist des § 58 VwGO anfechtbar ist und ansonsten ein Anspruch auf Löschung einer Baulast nach Eintritt der Bestandskraft nur bei Nichtigkeit der Baulasteintragung oder bei nachträglichem Wegfall des öffentlichen Interesses gemäß Absatz 3 in Betracht kommt, *vgl. OVG Magdeburg, B. v. 28.08.2020 – 2 M 57/20.*.

4 Überzeugend ist diese Begründung nicht. Es ist nicht nachvollziehbar, dass durch die Eintragung der Baulasterklärung die Voraussetzungen des § 35 VwVfG erfüllt sind. Nicht die Baulasteintragung selbst weist einen Regelungsgehalt auf, sondern die tatbestandliche Anknüpfung daran in Absatz 1. Vorzugswürdig ist daher die Ansicht, dass die Eintragung einer Baulasterklärung in das Baulastverzeichnis ein schlichtes Verwaltungshandeln, respektive eine solche Willenserklärung ist, *ebenso Kluth/Neuhäuser, Der Anspruch auf Baulasteintragung – Zugleich ein Beitrag zur Rechtsnatur der Baulast, NVwZ 1996, 738.*

b) Inhalt der Baulast (weiter Satz 1)

5 Die Baulastverpflichtung bezieht sich auf ein Tun, Dulden oder Unterlassen. Es wird also nicht die Eigenschaft eines Grundstücks oder eines Gebäudes geregelt, sondern ein Verhalten des jeweiligen, belasteten Grundstückseigentümers. Die durch die Baulast gesicherte Verpflichtung wirkt unabhängig von der Person des Eigentümers auf dem Grundstück. Die Verpflichtung bindet deshalb auch den jeweiligen Rechtsnachfolger des Grundstückseigentümers. Der Grundstückseigentümer steht zugleich in der Nebenpflicht, alle anderen Nutzer des Grundstücks zu verpflichten, sich ebenso zu verhalten.

6 Der Inhalt möglicher Baulasten ist bauordnungsrechtlich nicht beschränkt. Es sind unterschiedliche Verhaltenspflichten möglich. In Betracht kommt als Verpflichtung des Grundstückseigentümers u. a. die Sicherung einer über sein Grundstücke verlaufenden Erschließungsanlage zugunsten eines anderen Grundstücks, die Übernahme von Abstandsflächen oder Brandschutzabständen des Nachbarn auf das eigene Grundstück, die Errichtung von Gebäuden auf mehreren Grundstücken durch Übernahme der Gesamtverantwortlichkeit für das Gebäude, der Verzicht auf bauplanungsrechtlich gegebene Nutzungsmöglichkeiten, die Wiederherstellungspflicht im Falle der Zerstörung des Gebäudes durch Brand oder andere Ereignisse, *vgl. VGH Kassel, U. v. 22. April 2010 – 4 C 327/09.N.*

Die Baulast kann mit dem Inhalt erklärt werden, dass sie ein anderes Grundstück begünstigt, ohne dabei auf die Errichtung eines Vorhabens beschränkt zu sein. So kann bei einer Grundstücksteilung eine Zuwegungsbaulast auf Vorrat für jede zukünftige Bebauung vorgesehen sein, vgl. zum **Grundstücksbezug** der Baulast *OVG Münster, U. v. 21.11.2017 – 2 A 1393/16 –; B. v. 17.09.2004 – 7 B 1494/04 –; VGH Mannheim, U. v. 27.10.2000 – 8 S 1445/00.* Die Baulast kann darauf beschränkt sein, ein konkretes Vorhaben zu sichern. Dies setzt voraus, dass das Vorhaben in der Baulast unmissverständlich und eindeutig so konkret bezeichnet wird, dass sich die Rechtswirkungen der Baulast hinreichend verlässlich eingrenzen lassen, *vgl. OVG Münster, B. v. 04.09.2020 – 7 A 2858/18.* Dieser **Vorhabenbezug** wird oftmals an der einschränkenden Formulierung „solange das Gebäude steht" erkennbar. Wird eine Baulast im Rahmen eines Baugenehmigungsverfahrens für die Erschließung eines konkreten zur Genehmigung stehenden Vorhabens übernommen, um dessen Genehmigungsfähigkeit herzustellen, ist sie regelmäßig dahin auszulegen, dass sie auch nur dieses, aufgrund der Verpflichtungserklärung realisierbare konkrete Bauvorhaben sichern soll, jedenfalls aber nur den Verkehr zu sichern bestimmt ist, der durch die typische Nutzung des genehmigten Vorhabens entsteht, *vgl. OVG Münster, U. v. 21.11.2017 – 2 A 1393/16.* 7

In der Praxis hat sich gezeigt, dass folgende Baulasten oftmals erforderlich sind: 8

aa) Abstandsflächenbaulast

Die Abstandsflächenbaulast soll der Wahrung bauordnungsrechtlicher Vorschriften betreffend die einzuhaltende Abstandsfläche dienen. Grundsätzlich muss die Abstandsfläche auf dem Baugrundstück selbst liegen, vgl. § 6 Abs. 2 Satz 1. Nach § 6 Abs. 2 Satz 3 erstreckt sich die Abstandsfläche über die Grenze hinweg auf das Nachbargrundstück, *vgl. OVG Münster, B. v. 28.06.2005 – 7 B 890/05.* Durch die Abstandsflächenbaulast wird ein Nachbargrundstück in der Weise belastet, dass die von der Baulast erfasst Fläche von oberirdischen Gebäuden im Sinne von § 6 Abs. 1 Satz 1 freizuhalten ist, soweit nicht in der Bauordnung Ausnahmen von dem Gebot des § 6 Abs. 1 vorgesehen sind. Eine solche Ausnahme ist in § 6 Abs. 8 geregelt. Infolge der Abstandsflächenbaulast ist die nach § 6 Abs. 2 Satz 3 belastete Fläche jenseits der Grundstücksgrenze bauordnungsrechtlich so zu behandeln, als läge sie auf dem Baugrundstück. Durch die Baulast wird allein im abstandsflächenrechtlichen Zusammenhang die Grundstücksgrenze auf die Grenze der Baulastfläche verschoben, so dass die Abstandsfläche im Sinne von § 6 Abs. 2 Satz 1 auf dem um die Baulastfläche erweiterten Grundstück liegt. Die Baulastfläche kann auch auf mehreren Grundstücken liegen. Für diese Fläche gelten dann das Überdeckungs- und das Überbauungsverbot nach § 6 Abs. 1 und 3 sowie die Ausnahmen nach § 6 Abs. 8. 9

10 Die belastete Fläche muss in der Baulasterklärung genau bezeichnet werden. Ansonsten wäre nicht klar, welche Fläche belastet ist und von einer Bebauung mit Hochbauten freizuhalten ist. Die Abstandsflächenbaulast bedarf daher regelmäßig eines Lageplans, in dem diese Fläche eingezeichnet ist. Die Abstandsflächenbaulast könnte sodann wie folgt formuliert werden: *„Auf die im Lageplan des ÖbVI .... vom ... mit grüner Schrägschraffur und grüner Umgrenzung gekennzeichnete Fläche, die durch die Punkte ABCDE .... A begrenzt ist, erstreckt sich zugunsten des Grundstücks .... die Abstandsfläche nach § 6 Abs. 2 Satz 3 BbgBO. Sie darf nicht mit Gebäuden oder baulichen Anlagen überbaut und nicht als Abstandsfläche für Gebäude oder bauliche Anlagen des belasteten Grundstücks in Anspruch genommen werden, soweit diese nicht auf Abstandsflächen zulässig sind oder zugelassen werden können."*

bb) Baulasten aus Brandschutzgründen

11 Wenn eine Außenwand nicht als Brandwand fungieren kann oder soll, weil Öffnungen, die nach § 39 Abs. 8 unzulässig sind, in ihr erforderlich sind, so muss das Brandwanderfordernis gem. § 30 Abs. 2 überwunden werden. Eine Brandwand ist erforderlich, wenn die Außenwand nicht mindestens 2,50 m von der gegenüberliegenden Grundstücksgrenze entfernt verläuft. Dies bedeutet zugleich, dass der Abstand zwischen den der Grundstücksgrenze gegenüberstehenden Außenwänden von Gebäuden auf zwei Grundstücken mindestens 5 m betragen muss. Wird der Wandabstand von 2,50 m zu der gegenüberliegenden Grundstücksgrenze unterschritten, muss durch eine Brandabstandsflächenbaulast sichergestellt werden, dass der Nachbar im Maße der Unterschreitung zusätzlich zu seinem Grenzabstand von 2,50 m mit seiner Bebauung von der Grenze abrückt. Es bedarf für diese Verpflichtung einer Abstandsflächenbaulast, bezogen auf das Brandwanderfordernis nach § 30 Abs. 2 Nr. 1, *vgl. VG Berlin, U. v. 15.04.2015 – 19 K 290.13.*

12 Eine Baulast ist allerdings dann entbehrlich, wenn durch Festsetzungen in einem Bebauungsplan der Abstand von 5 Metern zwischen den Außenwänden gewahrt wird. Die Festsetzungen in einem Bebauungsplan sind öffentlich-rechtliche Verpflichtungen im Sinne von Absatz 1 Satz 1 letzter Halbsatz.

13 Die Baulast könnte wie folgt formuliert werden: *„Die im Lageplan des ÖbVI .... vom .... mit grüner Schrägschraffur und grüner Umgrenzung dargestellte Fläche ABC..............A darf zugunsten von Öffnungen in den Gebäudeabschlusswänden des im Lageplan dargestellten Gebäudes auf dem Grundstück ...... nicht mit Gebäuden überbaut werden und darf nur so genutzt werden, dass eine gegenseitige Brandgefährdung ausgeschlossen ist. Erlaubt ist ausschließlich die Nutzung als Verkehrs-, Grün- oder Freifläche."*

cc) Erschließungsbaulast

Eine Erschließungsbaulast kann erforderlich sein, wenn das Baugrundstück nicht den Anforderungen des § 4 Abs. 1 genügt, weil es nicht an einer befahrbaren, öffentlichen Verkehrsfläche liegt. Dann muss stattdessen eine Verbindung zu einer befahrbaren öffentlichen Verkehrsfläche hergestellt werden, indem eine befahrbare, öffentlich-rechtlich gesicherte Zufahrt geschaffen wird, vgl. § 4 Abs. 1. Für die öffentlich-rechtliche Sicherung ist eine sog. Erschließungsbaulast erforderlich. Durch diese muss die Nutzung der Zufahrt für den Verkehr sichergestellt werden, der durch die typische Nutzung eines Vorhabens ausgelöst wird. Diese kann wie folgt formuliert sein: *„Die im Lageplan des ÖbVI .... vom .... mit grüner Schrägschraffur und grüner Umgrenzung dargestellte Fläche ABCDE .... A auf dem Grundstück ...... steht jederzeit und uneingeschränkt als Zugang und Zufahrt sowie zur Verlegung, Unterhaltung und Erneuerung der Ver- und Entsorgungsleitungen sowie Hausanschluss- und Revisionsschächten zugunsten des Grundstücks .... zur Verfügung. Sie ist von jeglicher Bebauung, die mit der Erschließungsfunktion unvereinbar ist, freizuhalten."* 14

Soll die Erschließungsbaulast nur zur Erschließung eines bestimmten Vorhabens übernommen werden, muss dies in der Baulasterklärung zum Ausdruck gebracht werden. Baulasten, die zur Erschließung eines bestimmten Vorhabens übernommen werden, sichern dann nur den Verkehr, der durch die typische Nutzung dieses Vorhabens ausgelöst wird, *vgl. OVG Münster, U. v. 30.11.1989 – 7 A 772/88 – und U. v. 15.05.1992 – 11 A 890/91 –; OVG Münster, B. v. 17.09.2004 – 7 B 1494/04.* Dies könnte wie folgt formuliert werden: *„Die im Lageplan des ÖbVI .... vom .... mit grüner Schrägschraffur und grüner Umgrenzung dargestellte Fläche ABCDE .... A auf dem Grundstück .... steht jederzeit und uneingeschränkt als Zugang und Zufahrt sowie zur Verlegung, Unterhaltung und Erneuerung der Ver- und Entsorgungsleitungen sowie Hausanschluss- und Revisionsschächten zugunsten des Gebäudes auf dem Grundstück ...., welches im Lageplan braun dargestellt ist, zur Verfügung. Sie ist von jeglicher Bebauung, die mit der Erschließungsfunktion unvereinbar ist, freizuhalten."* 15

dd) Vereinigungsbaulasten

Durch eine Vereinigungsbaulast sollen in Folge der Verpflichtungen der Eigentümer mehrerer Grundstücke diese bauordnungsrechtlich zu einem Grundstück verschmolzen. Der materielle Gehalt einer Vereinigungsbaulast ist in § 2 Abs. 12 Satz 2 Niedersächsische Bauordnung legal definiert: *„Das Baugrundstück kann auch aus mehreren aneinander grenzenden Grundstücken bestehen, wenn und solange durch Baulast gesichert ist, dass alle baulichen Anlagen auf den Grundstücken das öffentliche Baurecht so einhalten, als wären die Grundstücke ein Grundstück."* Im bauordnungsrechtlichen Zusammenhang wird dadurch jeder Eigentümer für die vereinigten Grundstücke insgesamt verantwortlich. 16

Durch die Vereinigungsbaulast werden den Eigentümern diejenigen öffentlich-rechtlichen Verpflichtungen auferlegt, die sich aus der bauordnungsrechtlichen Fiktion eines einheitlichen Baugrundstücks ergeben, *vgl. OVG Lüneburg, U. v. 26.05.1989 – 6 A 147/87.* Die zwischen den vereinigten Grundstücken verlaufende Grundstücksgrenze wird im bauordnungsrechtlichen Zusammenhang hinweggedacht. Möglich ist auch, dass nur Teilflächen der betroffenen Grundstücke von der Vereinigungsbaulast erfasst werden.

17 Erforderlich kann die Vereinigungsbaulast sein, wenn ein Gebäude auf mehreren Grundstücken errichtet werden soll oder auf mehreren Grundstücken stehen soll, weil das Grundstück nachträglich geteilt wird und die Grundstücksgrenze sodann durch das Gebäude verläuft.

18 Einzutragen ist die Baulast in das Baulastenverzeichnis jedes Grundstücks, das vereinigt werden soll.

19 Durch diese Baulast kann nur der bauordnungsrechtliche Grundstücksbegriff mittelbar werden. Der bauplanungsrechtliche Grundstücksbegriff, der auf das Buchgrundstück bezogen ist, *vgl. BVerwG, U. v. 26.06.1970 – 4 C 73.68 –; U. v. 14.12.1973 – 4 C 48.72; U. v. 14.02.1991 – 4 C 51.87 –*, bleibt davon unberührt. Grundstück im grundbuchrechtlichen Sinn (Buchgrundstück) ist dabei jeder räumlich abgegrenzte (katastermäßig vermessene und bezeichnete) Teil der Erdoberfläche, der im Grundbuch eingetragen ist (geführt wird), entweder auf einem besonderen Grundstücksblatt oder unter einer besonderen Nummer eines gemeinschaftlichen Grundstücksblattes (§§ 3 und 4 der Grundbuchordnung). Dieser Grundstücksbegriff darf durch eine Baulast nicht verändert werden, *vgl. BVerwG, U. v. 14.02.1991 – 4 C 51.87.*

20 Da die Eigentümer infolge ihrer Verhaltenspflichten aus der sog. Vereinigungsbaulast im bauordnungsrechtlichen Zusammenhang Eigentümer des vereinigten Grundstücks werden, sollten die Eigentümer ihr Binnenverhältnis **zivilrechtlich** regeln. Sie haben zu beachten, dass sie auch für öffentlich-rechtliche Verstöße des jeweils anderen Eigentümers zur Verantwortung gezogen werden können. Der Umfang ihrer Zustandshaftung vergrößert sich dadurch auf das jeweils andere Grundstück. Dies macht es regelmäßig erforderlich, die Folgen der aus der Vereinigungsbaulast resultierenden Pflichten zivilrechtlich zu regeln. So können die Eigentümer untereinander Haftungsfreistellungen oder Ausgleichsansprüche vereinbaren.

21 Problematisch ist die Formulierung des Verhaltens der Grundstückseigentümer, zu dem sie sich verpflichten. Die herkömmliche Formulierung: *„Das Grundstück .... gilt zusammen mit dem Grundstück .... bauordnungsrechtlich als ein Baugrundstück, damit folgender Verstoß auch in Zukunft beseitigt ist: Überbauung von Grundstücksgrenzen."* ist ungeeignet, weil sie nicht zu einem bestimmten

Verhalten verpflichtet. Da durch die Vereinigungsbaulast jeder Eigentümer auch für das jeweils andere Grundstück in dem Sinne verantwortlich sein soll, dass er alle öffentlich-rechtlichen Anforderungen, die an das benachbarte Grundstück und das dort stehende Gebäude gestellt sind, kann eine dazu passende Erklärung lauten: *„Der Eigentümer des Grundstücks .... hat alle sich aus dem öffentlichen Baurecht ergebenden Anforderungen, die an die im anliegenden Lageplan bezeichneten Grundstücksflächen und an alle auf und unter diesen Flächen befindlichen baulichen Anlagen gestellt sind, so zu erfüllen, als bilden diese Flächen ein Baugrundstück und befinden sich die baulichen Anlagen auf einem Baugrundstück."*

Sofern die Vereinigungsbaulast erforderlich ist, weil ein Gebäude auf zwei Grundstücken errichtet wird, wird als einschränkende Formulierung oftmals der Halbsatz *„solange das Gebäude .... besteht"* angefügt. Das Gebäude ist, wenn es nicht anders identifizierbar ist, in einer Planzeichnung darzustellen. Soll die Vereinigungsbaulast ohne Rücksicht auf das Gebäude bestehen bleiben, etwa um einen Neubau möglich zu machen, darf dieser Zusatz nicht aufgenommen werden. 22

ee) Stellplatzbaulast

Eine Stellplatzbaulast ist erforderlich, wenn die notwendigen Stellplätze nicht gem. § 49 Abs. 2 auf dem eigenen Grundstück, sondern auf einem fremden Grundstück hergestellt werden können. Dies ist zulässig, wenn die Benutzung des fremden Grundstücks für diesen Zweck öffentlich-rechtlich gesichert ist. Diese Sicherung erfordert nicht nur die Nutzung des Stellplatzes, sondern kann auch die Nutzung der Zufahrt von der öffentlichen Verkehrsfläche auf den Stellplatz sowie eines Zugangs zu der Stellplatzfläche umfassen, so dass die Nutzer der Fahrzeuge diese zu Fuß erreichen können. Denn betrifft eine Stellplatzbaulast sog. gefangene Stellplätze, die keinen direkten Kontakt zur öffentlichen Verkehrsfläche besitzen, muss die Stellplatzbaulast zugleich eine Zufahrtsbaulast einschließen. Dafür muss sie das Zu- und Abfahrtsrecht gewähren. In der Baulast ist also hinreichend bestimmt zu regeln, wo die frei zu haltenden Zufahrts- bzw. Abfahrtsflächen verlaufen. Dies kann durch eine textliche Beschreibung der Flächen oder durch eine zeichnerische Darstellung erfolgen, *vgl. OVG Münster, B. v. 08.08.2013 – 7 A 3001/11 –, Rn. 30, juris.* Diese Baulast kann wie folgt formuliert werden: *„Die im Lageplan des .... vom .... mit grüner Schrägschraffur und grüner Umgrenzung dargestellte Fläche ABCDE .... A steht einschließlich der mit grüner Schrägschraffur und grüner Umgrenzung dargestellte Fläche ABFG ....A dargestellten Zufahrt zugunsten des Grundstücks .... jederzeit als Stellplatzfläche für ... Kraftfahrzeuge gem. § 49 Abs. 2 BbgBO zur Verfügung. Sie sind von sonstigen Nutzungen und Bebauungen freizuhalten."* 23

Die Formulierung kann in gleicher Weise für Fahrradstellplätze, die nach § 49 Abs. 1 notwendig sind, formuliert werden. 24

ff) Kinderspielplatzbaulast

25 Eine Kinderspielplatzbaulast ist erforderlich, wenn der nach § 8 Abs. 2 notwendige Spielplatz nicht gem. § 8 Abs. 2 auf dem eigenen Grundstück, sondern in unmittelbarer Nähe auf einem fremden Grundstück hergestellt werden kann. Dies ist zulässig, wenn die dauerhafte Nutzung des fremden Grundstücks für diesen Zweck öffentlich-rechtlich gesichert ist. *„Jeweils zugunsten des unmittelbar angrenzenden Grundstücks .... stehen die im Lageplan des .... vom .... mit grüner Schrägschraffur und grüner Umgrenzung dargestellte Fläche ABCDE .... A für die Herstellung, Unterhaltung und Benutzung als Kinderspielplatz und die mit grüner Schrägschraffur und grüner Umgrenzung dargestellte Fläche ABFG .... A als Zugang jederzeit und uneingeschränkt zur Verfügung."*

gg) Baulast für die Verwendung gemeinsamer Bauteile

26 Die Verwendung gemeinsamer Bauteile ist zulässig, wenn sichergestellt ist, dass diese Bauteile dauerhaft als gemeinsame Bauteile von jedem Grundstückseigentümer verwendet werden können. Es muss daher nach § 12 Abs. 2 öffentlich-rechtlich gesichert werden, dass die gemeinsamen Bauteile beim Abbruch einer der baulichen Anlagen stehen bleiben. Über den Wortlaut der Vorschrift hinaus gilt dies auch dann, wenn eine bauliche Anlage geändert wird. Es muss also sowohl darauf geachtet werden, dass der Bestand des gemeinsamen Bauteils bei Abbruch der anderen baulichen Anlage technisch möglich ist, als auch darauf, dass durch die Baulast öffentlich-rechtlich gesichert ist, dass das gemeinsame Bauteil baurechtlich einwandfrei stehen bleibt. Ist eine dieser beiden Voraussetzungen nicht erfüllt, ist die Verwendung gemeinsamer Bauteile unzulässig.

27 Die Baulast ist, jeweils angepasst formuliert, in die Baulastverzeichnisse beider Grundstücke einzutragen. Die Baulast könnte wie folgt formuliert werden: *„Die als gemeinsames Bauteil auf der Grundstücksgrenze zwischen dem Grundstück .... und dem Grundstück ..... errichtete Wand muss im Falle des Abbruchs des Gebäudes auf dem Grundstück .... zugunsten des Gebäudes auf dem Grundstück .... unversehrt bestehen bleiben. Die Standsicherheit und Funktionsfähigkeit der Wand dürfen nicht beeinträchtigt werden.*
Die Wand ist im Falle des Abbruchs des Gebäudes auf dem Grundstück .... mit einer Dämmung zu versehen, soweit dies nach den im Zeitpunkt des Abbruchs geltenden Bestimmungen erforderlich ist."

hh) Verkaufsflächenbegrenzungsbaulast

28 Das OVG Berlin-Brandenburg hat *mit Urteil vom 22.09.2011 –2 A 8.11 –, juris,* entschieden, dass die Regelung einer Verkaufsflächenbegrenzung in einem den Bebauungsplan ergänzenden städtebaulichen Vertrag, verbunden mit

einer die Begrenzung absichernden Baulast, zulässig ist, wenn damit ein legitimes städtebauliches Ziel verfolgt wird. Voraussetzung ist weiter, dass der Vertrag bereits vor der Beschlussfassung über den Bebauungsplan geschlossen wurde und Gegenstand der Abwägung sowie der Öffentlichkeitsbeteiligung war. Eine unzulässige Umgehung des grundsätzlichen Verbots einer baugebietsbezogenen Verkaufsflächenbegrenzung liegt darin jedenfalls dann nicht, wenn das Baugebiet nur aus einem Grundstück besteht, auf das sich zugleich die vertragliche Verkaufsflächenbegrenzung bezieht, so OVG Berlin-Brandenburg, a. a. O. Durch die Baulast werden die Pflichten aus dem städtebaulichen Vertrag dauerhaft gesichert. Sie kann wie folgt formuliert sein: *„Auf dem Grundstück ...... dürfen Einzelhandelsbetriebe im Sinne von § 7 Abs. 2 Nr. 2 BauNVO nur bis zu einer Verkaufsfläche von 36 000 m² errichtet und betrieben werden."*

jj) Rückbauverpflichtungsbaulast

In § 35 Abs. 5 Satz 2 BauGB ist bestimmt, dass für Vorhaben nach § 35 Abs. 1 Nrn. 2 bis 6 BauGB als weitere Zulässigkeitsvoraussetzung eine Verpflichtungserklärung abzugeben ist, dass Vorhaben nach dauerhafter Aufgabe der zulässigen Nutzung zurückzubauen und Bodenversiegelungen zu beseitigen. Diese Verpflichtungserklärung ist konstitutiv für die Genehmigungserteilung, *vgl. BVerwG, U. v. 17.10.2012 – 4 C 5/11.* Bei einer nach § 35 Abs. 1 Nrn. 2 bis 6 BauGB zulässigen Nutzungsänderung ist die Rückbauverpflichtung zu übernehmen, bei einer nach § 35 Abs. 1 Nr. 1 oder Abs. 2 BauGB zulässigen Nutzungsänderung entfällt sie. Die Baugenehmigungsbehörde soll die Einhaltung der Verpflichtung nach § 35 Abs. 5 Satz 2 BauGB sowie nach § 35 Abs. 4 Satz 1 Nr. 1 Buchstabe g BauGB durch nach Landesrecht vorgesehene Baulast oder in anderer Weise sicherstellen. Ergänzend gilt nach Betriebseinstellung § 5 Abs. 3 i. V. m. § 17 Abs. 4a BImSchG. Während die Verpflichtungserklärung von dem Antragsteller abgegeben wird, muss die Baulast, die diese Verpflichtung sichern soll, vom Grundstückseigentümer abgegeben werden. Zudem wird nur der Grundstückseigentümer durch die Baulasterklärung verpflichtet, nicht aber ein Dritter, also der mit dem Grundstückseigentümer nicht identische Antragsteller. 29

Da eine Baulast zwar zu einem Rückbau verpflichten kann, aber die Ausführung des Rückbaus dadurch nicht sichergestellt ist, etwa wenn der Eigentümer insolvent wird, muss darauf geachtet werden, dass die Rückbaupflicht trotz Bestehens der Baulast realisiert wird. Deshalb sind regelmäßig auch Kosten des Rückbaus durch Bürgschaften oder Sicherheitsleistungen abzusichern. 30

Die Rückbauverpflichtungsbaulast kann wie folgt formuliert werden: *„Der Eigentümer des Grundstücks .... ist gemäß § 35 Abs. 5 Satz 2 BauGB verpflichtet, die auf diesem Grundstück stehende Windenergieanlage, deren Errichtung und* 31

Betrieb durch immissionsschutzrechtliche Genehmigung vom ... zum Aktenzeichen .... genehmigt wurde, sowie die auf diesem Grundstück befindlichen Nebenanlagen wie Leitungen, Wege und Plätze innerhalb von einem Monat nach dauerhafter Nutzungsaufgabe der Windenergieanlagen vollständig zurückzubauen, die Bodenversiegelungen vollständig zu beseitigen und alle Bauteile unverzüglich zu entfernen. Diese Windenergieanlage und diese Nebenanlagen sind im anliegenden Lageplan gekennzeichnet und dargestellt."

kk) Stellplatzbaulast (§ 49 Abs. 5 Satz 2)

32 Durch die Flexibilisierung der Stellplatzverpflichtung in § 49 Abs. 5 Satz 2 hat sich die Notwendigkeit ergeben, dass die Flächen für die spätere Herstellung von Stellplätzen tatsächlich bereitstehen müssen. Um die Flächen dafür zu sichern, muss der Eigentümer sich in der Baulasterklärung verpflichten, die erforderlichen Flächen verfügbar zu machen. Die Baulast kann beinhalten, dass der Eigentümer die sonstige bauliche Nutzung der fraglichen Flächen unterlässt oder, sollten die Flächen bebaut werden, sich verpflichtet, wenn ein Bedarf an den Stellplätzen entsteht, die baulichen Anlagen zu beseitigen und die Flächen für die Herstellung der Stellplätze bereitzustellen. Die Baulasterklärung nach § 49 Abs. 5 Satz 2 muss aber nicht die Verpflichtung, die Stellplätze herzustellen, beinhalten. Sie ist auf die Flächensicherung beschränkt. Die Flächen sind in der Baulasterklärung genau zu bezeichnen.

c) Erbbaurecht (Absatz 1 Satz 2)

33 Für Erbbauberechtigte gilt Satz 1 bezogen auf ihr Erbbaurecht entsprechend, vgl. Satz 2. Der Gesetzgeber passt dadurch die Bauordnung an diejenige für Berlin an, da in dieser Erbbauberechtigte berücksichtigt werden.

34 Die Baulast bezieht sich nach Satz 2 in diesem Fall jedoch nicht auf das Grundstück, sondern auf das Erbbaurecht. Diese Beschränkung ist geboten, weil das Erbbaurecht zwar grundsätzlich als „grundstücksgleiches Recht" anzusehen ist, es aber dem Berechtigten nur zeitlich befristet eingeräumt wird. Im Übrigen ist dem Erbbauberechtigten auch nicht die Verfügungsbefugnis über das Grundstück selbst eingeräumt. Folglich ist der Erbbauberechtigte nicht befugt, eine Baulasterklärung für das Grundstück abzugeben, *vgl. VG Halle, U. v. 23.02.2005 – 2 A 2/03 –, OVG Lüneburg, U. v. 26.05.1989 – 6 A 147/87 –; VG Gelsenkirchen, U. v. 01.12.2011 – 5 K 5517/09.* Andererseits kann für ein Gebäude, das Bestandteil eines Erbbaurechts geworden ist, nur der Erbbauberechtigte, nicht dagegen der Grundstückseigentümer wirksam eine Baulast übernehmen, *vgl. OVG Münster, U. v. 22.09.1987 – 7 A 33/82.*

d) Wirksamwerden der Baulast (Absatz 1 Satz 3)

35 Baulasten werden unbeschadet privater Rechte Dritter mit der Eintragung in das Baulastenverzeichnis wirksam. Die Führung des Baulastenverzeichnisses ist in Absatz 4 geregelt. In Brandenburg ist also die Eintragung der Baulast konstitutiv für die Wirkung der Baulast.

36 Wirksam wird die Baulast jedoch durch die Eintragung nur, wenn die Baulast inhaltlich hinreichend bestimmt ist und einen baulastfähigen Inhalt besitzt. Ist dies nicht der Fall, so ist die Baulast unwirksam.

e) Durchsetzung der Baulast

37 Die durch die Baulastübernahme gesicherte Verpflichtung kann von der Bauaufsichtsbehörde ohne zivilprozessuales Zwangsvollstreckungsverfahren unmittelbar mit hoheitlichen Mitteln, nämlich durch Ordnungsverfügung oder durch die Versagung einer dem Sicherungszweck widersprechenden Baugenehmigung, durchgesetzt werden, *vgl. OVG Münster, U. v. 09.05.1995 – 11 A 4010/92*. Es gelten die allgemeinen Bestimmungen über den Erlass eines Verwaltungsaktes nach §§ 9 ff. VwVfG.

38 Gegen wen die Ordnungsbehörde die Verfügung erlässt, folgt aus den Regelungen des OBG. Regelmäßig wird sie gegen den Baulastgeber bzw. Grundstückseigentümer einschreiten, um dessen Verpflichtung aus der Baulasterklärung durchzusetzen. Nicht ausgeschlossen ist eine Ordnungsverfügung gegen den begünstigten Baulastnehmer, wenn etwa der Baulastbegünstigte mit der Baulast auf dem Grundstück des Baulastgebers nur den formalen Anschein zu erwecken versucht, dass die Verfügbarkeit des Grundstücks des Baulastgebers sichergestellt ist. Denkbar ist auch, dass der Baulastbegünstigte die Bauaufsichtsbehörde durch Geltendmachung eines Anspruchs auf Einschreiten gegen den Baulastgeber mit dem Ziel zu instrumentalisieren versucht, den Baulastgeber auf einem bloßen Bereicherungsanspruch „sitzen zu lassen", also der Baulastnehmer nicht bereit ist, mit dem Baulastgeber eine privatrechtliche Vereinbarung zu treffen. Unter diesen Umständen kann es ermessensfehlerfrei sein, etwa ein Nutzungsverbot für das begünstigte Vorhaben aussprechen, *vgl. OVG Lüneburg, B. v. 04.03.2010 – 1 ME 13/10.*

39 Die Baulast vermittelt hingegen dem Baulastbegünstigten regelmäßig keine subjektiv-öffentlichen Rechte, *vgl. VG Gelsenkirchen, U. v. 09.09.2015 – 6 K 846/13* Zweck einer Baulast ist nämlich allein, im öffentlichen Interesse die Voraussetzungen dafür zu schaffen, dass ein Vorhaben zulässig werden kann, das ohne die Baulast nicht zulässig wäre, also die der Erteilung einer Baugenehmigung entgegenstehenden rechtlichen Hindernisse auszuräumen. Subjektiv-öffentliche Rechte können sich allenfalls mittelbar aus der Missachtung einer Baulast

ergeben, wenn dadurch zugleich eine Norm verletzt wird, die dem Baulastbegünstigten ein subjektives Recht gewährt, *vgl. OVG Münster, B. v. 18.03.2011 – 2 A 157/10 – und B. v. 07.08.2020 – 7 B 859/20.* Der Begünstigte hat in Bezug auf die Durchsetzung der Baulast daher nur einen Anspruch gegen die Behörde auf ermessensfehlerfreie Entscheidung, ob und wie diese die durch die Baulast übernommene Verpflichtung durchsetzt.

f) Rechtsnachfolge

40 Absatz 1 Satz 3 regelt auch die Rechtsnachfolgefähigkeit von Baulasten. Baulasten wirken infolge ihrer Grundstücksbezogenheit gegenüber dem Rechtsnachfolger des Grundstückseigentümers. Sie bleiben also auch im Fall einer Zwangsversteigerung oder Enteignung des Grundstücks bestehen.

3. Baulasterklärung (Absatz 2)

41 Nach Absatz 2 muss der Eigentümer des Grundstücks die Erklärung zur Übernahme einer Baulast schriftlich im Sinne des § 126 BGB abgeben. Der Grundstückseigentümer kann diese Verpflichtung auch zugunsten anderer eigener Grundstücke übernehmen (sog. Eigenbaulast), *vgl. VGH Mannheim, U. v. 04.02.2016 – 5 S 1140/14.* Bei der Erklärung handelt es sich um eine einseitige empfangsbedürftige Willenserklärung des Grundstückseigentümers. Steht das Grundstück im Eigentum mehrerer Personen, müssen alle die Erklärung abgeben. Dies kann auch dadurch geschehen, dass diese Personen eine Person bevollmächtigen, als Vertreter die Erklärung abzugeben. Diese Bevollmächtigung setzt voraus, dass die Vollmacht sich inhaltlich auf die Baulasterklärung bezieht und die Unterschrift der Vollmacht beglaubigt ist. Bei Untervollmachten muss die gesamte Vertretungskette in beglaubigter Form nachgewiesen sein, *vgl. dazu Bous, RNotZ 2004, 483, 494.*

a) Freiwilligkeit der Baulasterklärung

42 Dem Eigentümer steht es frei, ob er die Baulasterklärung abgeben will. Ihm steht auch der Inhalt der Erklärung frei. Die Bauaufsichtsbehörde darf nicht verlangen, dass ein bestimmter Text bzw. Textbaustein verwendet wird. Auch aus Verwaltungsvorschriften oder der Verordnung nach § 86 Abs. 7 ergibt sich keine Befugnis der Behörde, den Inhalt der Baulasterklärung vorzugeben. Wenn und soweit mit der abgegebenen Erklärung das Ziel der Baulasteintragung, eine bestimmte öffentlich-rechtliche Verpflichtung zu übernehmen, nicht erreicht wird, kann die Behörde die Eintragung der Baulast in das Baulastenverzeichnis verweigern. Wird diese Verpflichtung jedoch wirksam übernommen, so ist die Bauaufsichtsbehörde verpflichtet, die Baulast in das Baulastverzeichnis einzutragen.

Dritte haben keinen gesetzlichen Anspruch auf Eintragung einer Baulast. Es kann aber ein zivilrechtlicher Anspruch, vor allem aus vertraglichen Abreden, darauf bestehen, dass der Grundstückseigentümer die nach Satz 1 erforderliche Erklärung abgibt. Ein solcher Anspruch kann sich im Einzelfall auch daraus ergeben, dass die Eintragung einer Dienstbarkeit vereinbart war. In der Rechtsprechung wird unter besonderen – engen – Voraussetzungen im Falle der Bestellung einer Grunddienstbarkeit durch den Eigentümer des belasteten Grundstückes auch dessen Verpflichtung anerkannt, zusätzlich eine Baulast zu Gunsten des begünstigten Grundstückes zu übernehmen, soweit eine solche nach bauordnungsrechtlichen Vorschriften zusätzlich erforderlich ist, um die Bebaubarkeit des begünstigten Grundstücks sicherzustellen. Dieser Anspruch wird als Nebenpflicht aus dem durch die Grunddienstbarkeit begründeten gesetzlichen Schuldverhältnis hergeleitet. Im umgekehrten Fall besteht kein Anspruch. Aus dem Bestehen der Baulast auf dem Grundstück der Beklagten lässt sich kein Anspruch auf die Eintragung einer Dienstbarkeit herleiten, da der öffentlich-rechtliche Charakter der Baulast privatrechtliche Haupt- und Nebenpflichten nicht zu begründen vermag, *vgl. OLG Bremen, B. v. 16.07.2014 – 5 U 10/14 –, im Anschluss an BGH, U. v. 03.02.1989, V ZR 224/87, NJW 1989, 1607 und OLG Hamm, U. v. 7.02.2013, 5 U 113/12.* 43

b) Bestimmtheit der Baulasterklärung

Inhalt und Umfang der übernommenen Verpflichtung müssen aus der Erklärung heraus – entsprechend dem Bestimmtheitsgebot für Verwaltungsakte *vgl. hierzu BVerwG, Beschl. v. 27.07.1982 – 7 B 122.81* – hinreichend bestimmbar sein, *vgl. § 37 VwVfG; VGH Mannheim, U. v. 07.12.2001 – 3 S 2425/00 –; OVG Münster, B. v. 30.10.2013 – 2 A 2554/12 –; OVG Lüneburg, U. v. 27.09.2001 – 1 LB 1137/01.* Maßstab für die Bestimmbarkeit ist, dass die Baulast eine öffentlich-rechtliche Verpflichtung des jeweiligen Grundstückseigentümers des belasteten Grundstücks gegenüber der Bauaufsichtsbehörde begründet, die ggf. durch eine bauaufsichtliche Verfügung durchgesetzt werden muss. Folglich muss jedenfalls durch Auslegung der Baulasterklärung entsprechend den Grundsätzen des Bürgerlichen Gesetzbuchs die Belastung des Grundstücks ermittelt werden können, *vgl. OVG Münster, B. v. 30.10.2013 – 2 A 2554/12.* Nach dem Bürgerlichen Gesetzbuch ist der wirkliche Wille zu erforschen und nicht am buchstäblichen Sinne des Ausdrucks zu haften (vgl. § 133 BGB). Bei der Auslegung ist also nicht am Wortlaut zu haften, sondern der Wille der Beteiligten anhand aller konkreten Umstände des Falles zu ermitteln, *vgl. OVG Münster, B. v. 21.11.2008 – 10 A 2170/08.* Wirklicher Wille meint nicht den inneren, nicht zum Ausdruck gebrachten Willen, sondern nur den erklärten Willen. Für die Auslegung des erklärten Willens ist maßgeblich, wie derjenige, für den die Erklärung bestimmt ist, nämlich der Adressat der Baulast, also die Baurechtsbehörde, diese nach Treu und Glauben (§ 242 BGB) verstehen durfte, sog. „objektiver Empfängerhorizont“, *vgl. OVG Münster, U. v. 21.11.2017 – 2 A* 44

1393/16 –; Johlen, Baulasten in der Baurechtspraxis, BauR 2018, 1359, 1362.VGH Mannheim, U. v. 04.02.2016 – 5 S 1140/14.

45 So muss etwa die genaue Lage bzw. der genaue Verlauf einer herzustellenden befahrbaren Zufahrt im Sinne von § 4 Abs. 1 hinreichend bestimmbar sein. Als flächenbezogene Baulast, *vgl. OVG Münster, B. v. 30.10.2013, – 2 A 2554/12 –*, muss eine Zufahrtsbaulast die auf dem Grundstück für eine jederzeitige Benutzung freizuhaltenden Zufahrts- bzw. Abfahrtsflächen eindeutig erkennen lassen, *vgl. OVG Münster, B. v. 08.08.2013 – 7 A 3001/11*. Dies erfordert eine Darstellung der Zu- und Abfahrtsfläche in einer Planzeichnung. Ohne diese Darstellung kann die übernommene Herstellungsverpflichtung nicht durch eine bauaufsichtliche Verfügung durchgesetzt werden, *vgl. VGH Mannheim, U. v. 04.02.2016 – 5 S 1140/14*. Unerheblich für die Ermittlung des Erklärungsinhalts ist, dass die Bauvorlagen nicht den Anforderungen der Bauvorlagenverordnung entsprechen *vgl. OVG Münster, B. v. 30.10.2013 – 2 A 2554/12 –; VGH Mannheim, U. v. 04.02.2016 – 5 S 1140/1*. Denn insoweit handelt es sich nur um formale Voraussetzungen, die als solche für die Auslegung der Baulastenerklärung unerheblich sind.

46 Da eine Baulasterklärung oftmals anlässlich eines bestimmten Bauvorhabens abgegeben wird, um einen dessen Genehmigung entgegenstehenden Verstoß gegen eine baurechtliche Vorschrift auszuräumen, bezieht sich die Erklärung zwar immer auf dieses Vorhaben. Allerdings muss der Zusammenhang zwischen der Übernahme einer Baulast und einem bestimmten Bauvorhaben nicht in der Weise bestehen, dass die Baulast nur auf das betreffende Bauvorhaben bezogen und in ihrer Wirkung auf dieses beschränkt ist. Nach der Erklärung und den zu berücksichtigenden Umständen, etwa auch der gezahlten, privatrechtlich vereinbarten Entschädigung, kann die Baulast, die ihrem Wesen nach genereller Natur ist, sich auch auf andere Bauvorhaben als demjenigen, welches Anlass für die Erklärung war, beziehen, *vgl. VGH Mannheim, U. v. 27.10.2000 – 8 S 1445/00 –, Rn. 48, juris.*

c) Schriftform und Öffentliche Beglaubigung (Absatz 2)

aa) Schriftform

47 Die Baulasterklärung ist an Formvorschriften gebunden. Diese Formvorschriften sind zwingend. Jeder Verstoß gegen diese Formvorschriften macht die Erklärung unwirksam, *vgl. OVG Saarlandes, B. v. 17.05.1993 – 8 R 91/91, 8 R 92/91, 8 R 93/91*. Eine Heilung durch Fristablauf oder Vollzug ist nicht vorgesehen und daher nicht möglich.

48 Absatz 2 regelt verschiedene Möglichkeiten, die Baulasterklärung abzugeben. Gemeinsam ist diesen Varianten die Schriftform. Unterschiede bestehen darin, ob die Unterschrift zu beglaubigen ist oder ob dies nicht erforderlich ist.

49 In jedem Fall muss die Schriftform der Erklärung gewahrt bleiben. Die gesamte Erklärung muss dafür schriftlich vorliegen. Wenn die Erklärung aus mehreren Teilen besteht, etwa Text und Planzeichnung, müssen diese körperlich so miteinander verbunden werden, dass sie nicht ohne Zerstörung getrennt werden können, *a. A. OVG Lüneburg, BRS 62, Nr. 146; BGH, NJW 1998, 58.* Auf dieser Urkunde muss dann am Ende der Erklärung, also als letzte Zeile, die Unterschrift geleistet werden. Denn alles, was nach der Unterschrift an Text und Zeichnung vorhanden ist, wird nicht von der Unterschrift erfasst und gilt daher nicht als erklärt. Alternativ kann jedes einzelne Papier unterschrieben werden. In diesem Fall kann auf eine körperliche Verbindung verzichtet werden. Damit aber eindeutig bestimmbar ist, mit welchem Inhalt die Erklärung, abgegeben worden ist, sollen den einzelnen Teilen ihre Zugehörigkeit und Reihenfolge zu entnehmen sein. Da die Anbringung eines Dienstsiegels nicht als Wirksamkeitsvoraussetzung normiert ist, bedeutet dies im Umkehrschluss, dass die formelle Wirksamkeit der Verpflichtungserklärung nicht davon abhängt, *vgl. OVG Schleswig, U. v. 20.03.1997 – 1 L 82/96 –, juris.*

bb) Beglaubigung

50 Wird die Unterschrift des Eigentümers nicht vor der Bauaufsichtsbehörde geleistet oder vor ihr anerkannt, muss sie öffentlich beglaubigt werden. Gibt ein Bevollmächtigter die Unterschrift ab, muss seine Bevollmächtigung beglaubigt sein. Die Vollmacht muss sich inhaltlich auf die Baulasterklärung beziehen. Die Unterschrift des Vollmachtgebers auf der Vollmachtsurkunde muss beglaubigt sein. Bei Untervollmachten muss die gesamte Vertretungskette in beglaubigter Form nachgewiesen sein, *vgl. dazu Bous, RNotZ 2004, 483, 494.*

51 Die Beglaubigung erfordert nach § 129 Abs. 1 BGB, dass die Erklärung schriftlich abgefasst und die Unterschrift des Erklärenden von einem Notar beglaubigt wird. Die öffentliche Beglaubigung erfolgt durch Notare (vgl. § 20 Abs. 1 Satz 1 BNotO) nach den Vorschriften des Beurkundungsgesetzes (§§ 39ff. BeurkG), *vgl. v. Campenhausen/Christoph, DVBl. 1987, 984f.; VGH München, B. v. 03.09.2012 – 8 C 12.364.* Die Beglaubigung der Unterschrift durch einen Notar soll sicherstellen, dass derjenige, der die Erklärung abgibt, auch die Person ist, die die Erklärung unterzeichnet. Deshalb prüft der Notar, ob die Unterschrift von der Person geleistet wird, die vorgibt, die Person des Unterzeichners zu sein.

52 Da Beglaubigungen nach § 34 VwVfG die öffentliche Beglaubigung nicht ersetzen können, hat der Gesetzgeber für Vermessungsstellen (Öffentlich bestellte Vermessungsingenieure und Katasterbehörden) Sonderregelungen geschaffen. Dies soll der Verfahrenserleichterung der Bürger dienen, insbesondere in den Fällen, die im Zusammenhang mit Grundstücksteilungen stehen. Beglaubigende Person ist der öffentlich bestellte Vermessungsingenieur oder ein Mitarbeiter der Katasterbehörde. Diese Person muss bestätigen, dass die Unterschrift von der Person stammt, die vorgibt, der Unterzeichner zu sein.

53 Ob die Erklärung inhaltlich richtig ist und dem Willen des Erklärenden entspricht, ist nicht Gegenstand der Beglaubigung. Soweit die Unterschrift von dem Notar, dem öffentlich bestellten Vermessungsingenieur oder einem Mitarbeiter der Katasterbehörde öffentlich beglaubigt ist, gilt für diese Beglaubigung die Beweiskraftregelung des § 415 ZPO. Denn Öffentliche Urkunde im Sinne des § 415 ZPO ist nur der Beglaubigungsvermerk. Die abgegebene Erklärung als solche ist eine Privaturkunde im Sinne von § 416 ZPO.

cc) Abgabe bzw. Anerkennung vor der Bauaufsichtsbehörde

54 Eine Beglaubigung ist nicht erforderlich, wenn die Erklärung des Eigentümers entweder direkt vor der Bauaufsichtsbehörde abgegeben wird, indem vor dieser Behörde die Unterschrift unter die Erklärung geleistet wird. Eine Beglaubigung ist auch dann nicht erforderlich, wenn die Unterschrift vor der Behörde anerkannt wird.

55 Wird die Unterschrift vor der Bauaufsichtsbehörde abgegeben, so genügt dafür die bloße Unterschriftsleistung. Die Bestandteile der Baulastenerklärung können zur Unterschrift fertig mitgebracht werden. Die Unterschrift wird von der Bauaufsichtsbehörde nicht beglaubigt. Wird die Unterschrift vor der Bauaufsichtshörde abgegeben, so muss dies in unmittelbarer Gegenwart eines Mitarbeiters der Bauaufsichtsbehörde geschehen. Der Mitarbeiter der Behörde muss sich aber darüber vergewissern, dass die Person, die die Erklärung abgibt, entweder der Grundstückseigentümer ist, oder von dem Grundstückseigentümer wirksam bevollmächtigt wurde, die Erklärung abzugeben. Dies setzt regelmäßig, wenn die Person dem Mitarbeiter nicht bereits bekannt ist, die Vorlage des Personalausweises voraus. Ggf. ist ein aktueller Handelsregisterauszug (juristische Person des Privatrechts) oder ein Erbschein vorzulegen.

56 Wird die Unterschrift vor der Behörde anerkannt, so ist damit gemeint, dass eine zuvor abgegebene Unterschrift nachträglich vor der Bauaufsichtsbehörde von dem Grundstückseigentümer als diejenige anerkannt wird, die er abgegeben hat. Dies bedeutet, dass der Grundstückseigentümer vor der Bauaufsichtsbehörde mündlich oder schriftlich zu bestätigen hat, dass er die Unterschrift unter der Erklärung geleistet hat. Auch eine nachträgliche Bevollmächtigung

durch den Grundstückseigentümer kann die Anerkennung der von einem Dritten geleisteten Unterschrift bewirken. Diese Bevollmächtigung muss entweder vor der Bauaufsichtsbehörde abgegeben werden oder öffentlich beglaubigt werden oder wiederum vor der Behörde von dem Vollmachtgeber als seine Vollmacht bestätigt werden.

Da nur die Unterschrift, nicht aber der Inhalt der Erklärung vor der Behörde geleistet wird, nimmt die Behörde als eine zur öffentlichen Beglaubigung berufene Person im Rahmen des ihr zugewiesenen Geschäftskreises nicht eine Urkunde im Sinne von § 415 ZPO auf. Es entsteht daher nicht gem. § 415 Abs. 1 ZPO eine öffentliche Urkunde. 57

4. Verzicht (Absatz 3)

Nach Absatz 3 geht die Baulast (nur) durch schriftlichen Verzicht der Bauaufsichtsbehörde unter, der nach Satz 4 mit der Löschung der Baulast wirksam wird. 58

Nach Satz 2 ist der Verzicht zu erklären, wenn ein öffentliches Interesse an der Baulast nicht mehr besteht. Dies ist der Fall, wenn diese weder aus den Gründen ihrer Eintragung noch unabhängig davon zur Sicherung öffentlich-rechtlicher Notwendigkeiten erforderlich ist; *vgl. VG Gelsenkirchen, U. v. 16.12.2015 – 5 K 2022/14.* 59

Da die Baulast regelmäßig der Sicherung von Genehmigungsvoraussetzungen dient, kommt ein Verzicht vor allem in Betracht, wenn die genehmigte Anlage beseitigt wird, durch Rechtsänderung auch ohne Baulast die öffentlich-rechtliche Verpflichtung eingehalten ist (zum Beispiel bei einer Änderung von Abstandsflächenbestimmungen), die Erschließung auch ohne Inanspruchnahme fremder Grundstücke gesichert ist, etwa nach einer Verschmelzung der Grundstücke, oder sonstige Veränderungen tatsächlicher oder rechtlicher Art die Baulast entbehrlich machen. Ein Verzicht ist auch dann zu erklären, wenn die Baulast unwirksam ist, weil ihr Inhalt nicht hinreichend bestimmt ist oder sie einen unzulässigen Inhalt besitzt. In diesen Fällen besteht kein öffentliches Interesse am Bestand der Baulast, *vgl. OVG Münster, U. v. 22.09.1987 – 7 A 33/82.* 60

Ist das öffentliche Interesse an der Baulast entfallen, hat der Eigentümer einen Anspruch auf den Verzicht und die Löschung der Baulast. Diesen Anspruch kann er unter der Annahme, dass die Löschung ein Verwaltungsakt ist, siehe oben Anm. 2, mit einer Verpflichtungsklage geltend machen. 61

Da es denkbar ist, dass aus anderen Gründen (beispielsweise geplante bauliche Veränderungen) ein Bedarf für den Fortbestand der Baulast besteht, soll 62 die Bauaufsichtsbehörde vor dem Verzicht die Eigentümer des begünstigten und des belasteten Grundstücks anhören.

63 Die Baulast erlischt nicht durch den Zuschlag im Zwangsversteigerungsverfahren, *vgl. OVG Münster, U. v. 09.05.1995 – 11 A 4010/92.*

5. Baulastenverzeichnis (Absatz 4)

64 Absatz 4 regelt, dass Baulasten in ein Baulastenverzeichnis eingetragen werden, das von der Bauaufsichtsbehörde geführt wird.

65 Neben Baulasten können dort auch andere baurechtliche Verpflichtungen sowie Nebenbestimmungen eingetragen werden. Die Eintragung von Nebenbestimmungen zur Baugenehmigung ist jedoch nur dann sinnvoll, wenn es sich um Verpflichtungen handelt, die dauerhaft zu erfüllen sind. Ihre Eintragung erfordert keine Erklärung des Grundstückseigentümers. Um den Verwaltungsaufwand für die Bauaufsichtsbehörden möglichst gering zu halten, wird auf gesetzliche Formerfordernisse verzichtet.

66 Eine elektronische Führung des Baulastenverzeichnisses kann über die Verordnungsermächtigung in § 86 Abs. 7 erreicht werden.

6. Einsichtsrecht (Absatz 5)

67 Absatz 5 regelt das Einsichtsrecht. Einsicht darf nehmen, wer ein berechtigtes Interesse darlegt. Dieses ist regelmäßig bei denjenigen Personen gegeben, die Rechte am Grundstück haben oder erwerben wollen. Wer ein berechtigtes Interesse dargelegt hat, hat auch einen Anspruch auf die Erstellung und Aushändigung von Auszügen.

68 Satz 2 regelt durch gesetzliche Fiktion das Vorliegen des berechtigten Interesses bei den genannten Personen.

7. Übergangsregelung (Absatz 6)

69 Absatz 6 bestimmt klarstellend den Umgang mit den in § 65 a. F. geregelten beschränkten persönlichen Dienstbarkeiten. Bestehende rechtliche Sicherungen behalten ihre Gültigkeit, es sei denn, sie werden durch eine Baulast abgelöst. Dabei ist das zur Löschung der Dienstbarkeit vorgeschriebene Verfahren nach der Grundbuchordnung zu beachten.

Teil 6
Ordnungswidrigkeiten, Rechtsvorschriften, Übergangsvorschriften

§ 85
Ordnungswidrigkeiten

(1) [1]Ordnungswidrig handelt, wer vorsätzlich oder fahrlässig

1. **einer nach § 86 Absatz 1 bis 3 erlassenen Rechtsverordnung oder einer nach § 87 Absatz 1 und 2 erlassenen Satzung zuwiderhandelt, sofern die Rechtsverordnung oder die örtliche Bauvorschrift für einen bestimmten Tatbestand auf diese Bußgeldvorschrift verweist,**
2. **einer vollziehbaren Anordnung der Bauaufsichtsbehörde zuwiderhandelt, die aufgrund dieses Gesetzes oder aufgrund einer nach diesem Gesetz zulässigen Rechtsverordnung oder Satzung erlassen worden ist, sofern die Anordnung auf die Bußgeldvorschrift verweist,**
3. **ohne die erforderliche Baugenehmigung (§ 59 Absatz 1), Teilbaugenehmigung (§ 74) oder Abweichung (§ 67) oder abweichend davon bauliche Anlagen errichtet, ändert oder benutzt,**
4. **entgegen der Vorschrift des § 62 Absatz 3 Satz 1 mit der Ausführung eines Bauvorhabens beginnt,**
5. **Fliegende Bauten ohne Ausführungsgenehmigung (§ 76 Absatz 2) in Gebrauch nimmt oder ohne Anzeige und Abnahme (§ 76 Absatz 6) in Gebrauch nimmt,**
6. **entgegen der Vorschrift des § 72 Absatz 7 mit den Bauarbeiten beginnt, entgegen der Vorschrift des § 83 Absatz 1 Bauarbeiten fortsetzt oder entgegen der Vorschrift des § 83 Absatz 2 Satz 1 und 2 bauliche Anlagen nutzt,**
7. **die Baubeginnsanzeige (§ 72 Absatz 8) nicht oder nicht fristgerecht erstattet,**
8. **Bauprodukte mit dem Ü-Zeichen kennzeichnet, ohne dass dafür die Voraussetzungen nach § 21 Absatz 3 bis 5 vorliegen,**
9. **Bauprodukte entgegen § 21 Absatz 3 bis 5 ohne das Ü-Zeichen verwendet,**
10. **Bauarten entgegen § 16a ohne Bauartgenehmigung oder allgemeines bauaufsichtliches Prüfzeugnis für Bauarten anwendet,**
11. **als Bauherrin oder Bauherr, Entwurfsverfasserin oder Entwurfsverfasser, Unternehmerin oder Unternehmer, Bauleiterin oder Bauleiter oder als deren Vertreter den Vorschriften der § 53 Absatz 1 Satz 1 bis 3, 5 und 6, § 54 Absatz 1 Satz 3, § 55 Absatz 1 Satz 1 und 2 oder § 56 Absatz 1 zuwiderhandelt,**
12. **entgegen § 83 Absatz 2 Satz 4 eine Feuerstätte, einen ortsfesten Verbrennungsmotor oder ein Blockheizkraftwerk in Betrieb nimmt.**

[2]Ist eine Ordnungswidrigkeit nach Satz 1 Nummer 8 bis 10 begangen worden, können Gegenstände, auf die sich die Ordnungswidrigkeit bezieht, eingezogen werden; § 22 des Gesetzes über Ordnungswidrigkeiten ist anzuwenden.

(2) Ordnungswidrig handelt auch, wer wider besseres Wissen
1. **unrichtige Angaben macht oder unrichtige Pläne oder Unterlagen vorlegt, um einen nach diesem Gesetz vorgesehenen Verwaltungsakt zu erwirken oder zu verhindern,**
2. **als Prüfingenieurin oder Prüfingenieur unrichtige Prüfberichte erstellt,**
3. **unrichtige Angaben aufgrund des Kriterienkatalogs nach § 66 Absatz 3 Satz 1 Nummer 2 macht.**

(3) Die Ordnungswidrigkeit kann mit einer Geldbuße bis zu 500 000 Euro geahndet werden.

(4) [1]Verwaltungsbehörde im Sinne des § 36 Absatz 1 Nummer 1 des Gesetzes über Ordnungswidrigkeiten ist die untere Bauaufsichtsbehörde. [2]Ist die amtsfreie Gemeinde, das Amt, die Verbandsgemeinde, die mitverwaltete Gemeinde oder die mitverwaltende Gemeinde nach § 58 Absatz 6 und 7 als Sonderordnungsbehörde zuständig, so ist diese Verwaltungsbehörde im Sinne des § 36 Absatz 1 Nummer 1 des Gesetzes über Ordnungswidrigkeiten.

Übersicht

1. Allgemeines

1 Die Vorschriften über die Ordnungswidrigkeiten haben eine Ordnungsfunktion und setzen an gegangenes Fehlverhalten von am Bau Beteiligten an. Rechtsüberschreitungen werden durch die Verhängung eines Bußgelds geahndet, nicht aber im Sinne des Strafrechts bestraft.

2. Bußgeldtatbestände (Absatz 1)

Nummer 1 regelt keinen eigenständigen Ordnungswidrigkeitentatbestand. 2
Ermöglicht wird die Festlegung des bußgeldbewehrten Verhaltens in einer aufgrund der Bauordnung erlassenen Verordnung oder Satzung. Ergänzend zur Festlegung des Ordnungswidrigkeitentatbestandes muss die Verordnung oder Satzung auf § 85 Absatz 1 Nummer 1 verweisen.

Nummer 2 enthält eine der Nummer 1 entsprechende Regelung für eine voll- 3
ziehbare Anordnung der Bauaufsichtsbehörde.

Nummer 3 regelt den Ordnungswidrigkeitentatbestand des Bauens ohne oder 4
abweichend von einer erforderlichen Baugenehmigung, Teilbaugenehmigung oder Abweichung bzw. der Beseitigung einer Anlage ohne Erstattung der Anzeige nach § 61 Absatz 3 Satz 2.

Nummer 4 regelt den Ordnungswidrigkeitentatbestand eines vorzeitigen Bau- 5
beginns im Bauanzeigeverfahren.

Nummer 5 behandelt die unzulässige Ingebrauchnahme von Fliegenden Bau- 6
ten.

Nummer 6 regelt den Ordnungswidrigkeitentatbestand des Bauens, ohne dass 7
die erforderlichen formalen Voraussetzungen, die in § 72 Abs. 7 geregelt sind, erfüllt sind. Nummer 6 erfasst auch die Forstsetzung des Bauens unter Verstoß gegen § 83 Abs. 1 und die Nutzung der baulichen Anlage unter Verstoß gegen § 83 Abs. 2 Satz 1 und 2.

Nummer 7 regelt den Ordnungswidrigkeitentatbestand des Fehlens der Bau- 8
beginnsanzeige bzw. deren nicht fristgerechte Erstattung.

Nach Nummern 8 bis 10 sind Verstöße gegen die Bestimmungen zur Verwen- 9
dung von Bauprodukten bußgeldbewehrt. Die Nummer 8 ist redaktionell geändert worden. Die Nummer 10 ist mit der Novelle 2018 neu formuliert worden.

Nach Nummer 11 sind Verstöße der am Bau Beteiligten gegen die für sie gelten- 10
den allgemeinen Verpflichtungen Ordnungswidrigkeiten. Diese Nummer ist mit der Novelle 2018 geändert worden. Verstöße gegen § 53 Abs. 1 Satz 4 und § 55 Abs. 1 Satz 3 hat der Gesetzgeber ausgeklammert. Sie betreffen die Pflicht, bei Bauprodukten, die die CE-Kennzeichnung tragen, die Leistungserklärung bereitzuhalten.

11 Nummer 12 ahndet wie bisher § 79 Absatz 1 Nr. 8 a. F. die gesetzeswidrige Inbetriebnahme von Feuerstätten sowie von ortsfesten Verbrennungsmotoren oder Blockheizkraftwerken.

3. Weitere Tatbestände (Absatz 2)

12 Absatz 2 Nummer 1 ist an § 213 Abs. 1 Nummer 1 des Baugesetzbuches angelehnt. Die Bestimmung erfasst nicht nur Handlungen in der Sphäre des Bauherrn, sondern auch von Dritten, beispielsweise Nachbarn, die durch falsche Anlagen Baumaßnahmen verhindern wollen. Unter Nummer 1 fällt zum Beispiel auch eine unrichtig ausgestellte Einmessungsbescheinigung eines Vermessungsingenieurs.

13 Nummer 2 soll nach der Vorstellung des Gesetzgebers *(LT-Drucks. 6/3268, S. 127)* die ordnungsgemäße Tätigkeit der Prüfingenieure auch über das Ordnungswidrigkeitenrecht absichern, also Druck auf dies Personen aufbauen.

14 Neu aufgenommen wurde durch die Novelle 2016 die Nummer 3, nach der unrichtige Angaben im Kriterienkatalog nach § 66 Abs. 3 Satz 1 Nr. 2 Ordnungswidrigkeiten sind. Die Aufnahme erfolgt, da bei unrichtigen Angaben eine an sich erforderliche Prüfung des Standsicherheitsnachweises unterbleibt, so dass erhebliche Gefahren entstehen könnten.

4. Höhe des Bußgeldes (Absatz 3)

15 Die Höhe des Bußgeldes beläuft sich regelmäßig auf einen Betrag zwischen 5 Euro gem. § 17 Abs. 1 OWiG und bis zu 500 000 Euro (§ 17 Abs. 5 OWiG).

16 Da in der Bauordnung für vorsätzliches und fahrlässiges Handeln eine Geldbuße angedroht ist, ohne dass dabei im Höchstmaß der Geldbuße unterschieden wird, darf nach § 17 Abs. 2 OWiG fahrlässiges Handeln im Höchstmaß nur mit der Hälfte des angedrohten Höchstbetrages der Geldbuße geahndet werden. Dies gilt auch für grob fahrlässiges Handeln im Sinne von Absatz 1.

17 Grundlage für die Zumessung der Geldbuße sind nach § 17 Abs. 3 OWiG die Bedeutung der Ordnungswidrigkeit und der Vorwurf, der den Täter trifft. Auch die wirtschaftlichen Verhältnisse des Täters kommen in Betracht. Bei geringfügigen Ordnungswidrigkeiten bleiben die wirtschaftlichen Verhältnisse des Täters jedoch in der Regel unberücksichtigt.

18 Für die Bemessung der Höhe der Geldbuße ist in § 17 Abs. 4 OWiG angeordnet, dass die Geldbuße den wirtschaftlichen Vorteil, den der Täter aus der Ordnungswidrigkeit gezogen hat, übersteigen soll. Reicht das gesetzliche Höchstmaß hierzu nicht aus, so kann es überschritten werden.

5. Zuständigkeit (Absatz 4)

Zuständig für die Ahndung von Ordnungswidrigkeiten ist nach § 36 Abs. 1 19
Nr. 1 OWiG die Verwaltungsbehörde, die durch Gesetz bestimmt wird. Der Landesgesetzgeber hat für den Bereich der Bauordnung als Verwaltungsbehörde in diesem Sinne die untere Bauaufsichtsbehörde im Sinne von § 51 Abs. 1 bestimmt. Ist die amtsfreie Gemeinde oder das Amt nach § 53 als Sonderordnungsbehörde zuständig, also beim Vollzug örtlicher Bauvorschriften oder planungsrechtlicher Festsetzungen betreffend genehmigungsfreie Vorhaben im Sinne von § 55, so sind amtsfreie Gemeinde oder Amt Verwaltungsbehörde im Sinne des § 36 Abs. 1 Nr. 1 OWiG.

§ 86
Rechtsvorschriften

(1) Zur Verwirklichung der in § 3 Satz 1, § 16a Absatz 1 und § 16b Absatz 1 bezeichneten Anordnungen wird das für die Bauaufsicht zuständige Mitglied der Landesregierung ermächtigt, durch Rechtsverordnung Vorschriften zu erlassen über
1. die nähere Bestimmung allgemeiner Anforderungen der §§ 4 bis 48,
2. Anforderungen an Feuerungsanlagen (§ 42),
3. Anforderungen an Garagen (§ 49),
4. besondere Anforderungen oder Erleichterungen, die sich aus der besonderen Art oder Nutzung der baulichen Anlagen für Errichtung, Änderung, Unterhaltung, Betrieb und Nutzung ergeben (§ 51), sowie über die Anwendung solcher Anforderungen auf bestehende bauliche Anlagen dieser Art,
5. Erst-, Wiederholungs- und Nachprüfung von Anlagen, die zur Verhütung erheblicher Gefahren oder Nachteile ständig ordnungsgemäß unterhalten werden müssen, und die Erstreckung dieser Nachprüfungspflicht auf bestehende Anlagen,
6. die Anwesenheit fachkundiger Personen beim Betrieb technisch schwieriger baulicher Anlagen und Einrichtungen wie Bühnenbetriebe und technisch schwierige Fliegende Bauten einschließlich des Nachweises der Befähigung dieser Personen.

(2) [1]Das für die Bauaufsicht zuständige Mitglied der Landesregierung wird ermächtigt, durch Rechtsverordnung Vorschriften zu erlassen über
1. Prüfingenieurinnen und Prüfingenieure, denen bauaufsichtliche Prüfaufgaben einschließlich der Bauüberwachung und der Bauzustandsbesichtigung durch die Bauherrin oder den Bauherrn übertragen werden, sowie
2. Prüfsachverständige, die im Auftrag der Bauherrin oder des Bauherrn oder der sonstigen nach Bauordnungsrecht Verantwortlichen die Einhaltung bauordnungsrechtlicher Anforderungen prüfen und bescheinigen.

[2]Die Rechtsverordnungen nach Satz 1 regeln, soweit erforderlich,
1. die Fachbereiche und die Fachrichtungen, in denen Prüfingenieurinnen und Prüfingenieure und Prüfsachverständige tätig werden,
2. die Anerkennungsvoraussetzungen und das Anerkennungsverfahren,
3. Erlöschen, Rücknahme und Widerruf der Anerkennung einschließlich der Festlegung einer Altersgrenze,
4. die Aufgabenerledigung,
5. die Vergütung,
6. das Erfordernis einer ausreichenden Haftpflichtversicherung,

7. die Anforderungen an die Prüfingenieurinnen und Prüfingenieure und Prüfsachverständigen, insbesondere in Bezug auf deren Ausbildung, Fachkenntnisse, Berufserfahrung, persönliche Zuverlässigkeit sowie Fort- und Weiterbildung,
8. die Einrichtung von Stellen zur gemeinsamen und einheitlichen Bewertung, Berechnung und Erhebung der Kosten der Prüfingenieurinnen und Prüfingenieure und die Aufsicht über diese Stelle,
9. die Übertragung der Aufgaben einer Widerspruchsbehörde für Entscheidungen über Widersprüche gegen Kostenentscheidungen auf eine nach Nummer 8 eingerichtete Stelle oder einen bei dieser Stelle gebildeten Widerspruchsausschuss,
10. die Übertragung der Zuständigkeit für die Beitreibung der Gebühren im Verwaltungszwangsverfahren auf die nach Nummer 8 eingerichtete Stelle,
11. die Übertragung der Befugnis zur Anerkennung und zur Überwachung oder Aufsicht auf eine der obersten Bauaufsichtsbehörde nachgeordnete Behörde oder auf Dritte,
12. die Überwachung der Prüfsachverständigen und die Aufsicht über die Prüfingenieurinnen und Prüfingenieure.

[3]Die Zuständigkeiten für die Erledigung der Aufgaben nach Satz 2 Nummer 8 bis 11 können durch Beleihung nach § 16 des Landesorganisationsgesetzes übertragen werden. [4]Das für die Bauaufsicht zuständige Mitglied der Landesregierung kann durch Rechtsverordnung ferner

1. den Leiterinnen und Leitern und den stellvertretenden Leiterinnen und Leitern von Brandschutzdienststellen die Stellung einer Prüfsachverständigen oder eines Prüfsachverständigen nach Satz 1 Nummer 2 zuweisen,
2. soweit für bestimmte Fachbereiche und Fachrichtungen Prüfsachverständige nach Satz 1 Nummer 2 nicht in ausreichendem Umfang anerkannt sind, anordnen, dass die von solchen Prüfsachverständigen zu prüfenden und zu bescheinigenden bauordnungsrechtlichen Anforderungen bauaufsichtlich geprüft werden können,
3. soweit Tragwerksplanerinnen und Tragwerksplaner nach § 66 Absatz 2 Satz 1 oder Brandschutzplanerinnen und Brandschutzplaner nach § 66 Absatz 2 Satz 3 noch nicht in ausreichendem Umfang eingetragen sind, anordnen, dass die Standsicherheit- oder Brandschutznachweise bauaufsichtlich geprüft werden und die Bauausführung bauaufsichtlich überwacht wird.

(3) [1]Das für die Bauaufsicht zuständige Mitglied der Landesregierung wird ermächtigt, durch Rechtsverordnung Vorschriften zu erlassen über

1. Umfang, Inhalt, Zahl, Form sowie Art der Übermittlung der erforderlichen Unterlagen einschließlich der Vorlagen bei der Anzeige der

beabsichtigten Beseitigung von Anlagen und beim Bauanzeigeverfahren nach § 62,
2. Umfang, Inhalt und Zahl der Bauvorlagen und deren Prüfung, die für die in die Baugenehmigung nach § 72 Absatz 1 Satz 2 eingeschlossenen Entscheidungen erforderlich sind,
3. die erforderlichen Anträge, Anzeigen, Nachweise, Bescheinigungen und Bestätigungen, auch bei genehmigungsfreien Bauvorhaben,
4. das Verfahren im Einzelnen,
5. die von den am Bau Beteiligten, insbesondere zum Nachweis einer ordnungsgemäßen Bauausführung vorzulegenden Anzeigen, Bescheinigungen oder Nachweise, sowie Prüfzeugnisse oder Bescheinigungen von Sachverständigen, sachverständigen Stellen oder Behörden,
6. die erforderlichen Unterlagen und Nachweise zur Einhaltung der Anforderungen an die Energieeinsparung sowie zur Nutzung erneuerbarer Energien (§ 15 Absatz 4),
7. die zu erhebenden personenbezogenen Daten der am Verfahren Beteiligten, der Nachbarn und des Eigentümers des Baugrundstücks,
8. eine Anzeige- und Vorerkundungspflicht für Vorhaben zur Beseitigung baulicher Anlagen.

[2]Es kann dabei für verschiedene Arten von Bauvorhaben unterschiedliche Anforderungen und Verfahren festlegen und den Gebrauch der von der obersten Bauaufsichtsbehörde veröffentlichten Vordrucke vorschreiben.

(4) [1]Das für die Bauaufsicht zuständige Mitglied der Landesregierung wird ermächtigt, durch Rechtsverordnung
1. die Zuständigkeit für die vorhabenbezogene Bauartgenehmigung nach § 16a Absatz 2 Satz 1 Nummer 2 und den Verzicht darauf im Einzelfall nach § 16a Absatz 4 sowie die Zustimmung und den Verzicht auf Zustimmung im Einzelfall (§ 20) zu übertragen,
2. die Zuständigkeit für die Anerkennung von Prüf-, Zertifizierungs- und Überwachungsstellen (§ 24) auf andere Behörden zu übertragen; die Zuständigkeit kann auch auf eine Behörde eines anderen Landes der Bundesrepublik Deutschland übertragen werden, die der Aufsicht einer obersten Bauaufsichtsbehörde untersteht oder an deren Willensbildung die oberste Bauaufsichtsbehörde mitwirkt,
3. das Ü-Zeichen festzulegen und zu diesem Zeichen zusätzliche Angaben zu verlangen,
4. das Anerkennungsverfahren nach § 24, die Voraussetzungen für die Anerkennung, ihre Rücknahme, ihren Widerruf und ihr Erlöschen zu regeln, insbesondere auch Altersgrenzen festzulegen, sowie eine ausreichende Haftpflichtversicherung zu fordern,
5. die Erteilung von Typenprüfungen (§ 66 Absatz 4 Satz 3),
6. die Genehmigung Fliegender Bauten (§ 76),

7. die Prüfung bautechnischer Nachweise besonderen Schwierigkeitsgrades, einschließlich der Überprüfung der Bauausführung,
8. die Zustimmung zu Vorhaben öffentlicher Bauherrn (§ 77),
9. die Beratung der unteren Bauaufsichtsbehörden in bauaufsichtlichen Angelegenheiten,
10. die Erteilung und Bestätigung der Anwendung von Typengenehmigungen (§ 72a),

zur landesweit einheitlichen Wahrnehmung auf eine der obersten Bauaufsichtsbehörde nachgeordnete Behörde zu übertragen. 2Die Zuständigkeiten für die Erledigung der Aufgaben nach Satz 1 Nummer 5 bis 7 und der Aufgaben nach § 76 sowie für die Erledigung dieser Aufgaben erforderlichen Befugnisse können durch Beleihung nach § 16 des Landesorganisationsgesetzes übertragen werden.

(4a) Die oberste Bauaufsichtsbehörde kann durch Rechtsverordnung regeln, dass für bestimmte Bauprodukte und Bauarten, auch soweit sie Anforderungen nach anderen Rechtsvorschriften unterliegen, hinsichtlich dieser Anforderungen § 16a Absatz 2, die §§ 17 bis 25 ganz oder teilweise anwendbar sind, wenn die anderen Rechtsvorschriften dies verlangen oder zulassen.

(5) [1]Das für die Bauaufsicht zuständige Mitglied der Landesregierung wird ermächtigt, durch Rechtsverordnung zu bestimmen, dass die Anforderungen der aufgrund des § 31 des Gesetzes über überwachungsbedürftige Anlagen und des § 49 Absatz 4 des Energiewirtschaftsgesetzes erlassenen Rechtsverordnungen entsprechend für Anlagen gelten, die weder gewerblichen noch wirtschaftlichen Zwecken dienen und in deren Gefahrenbereich auch keine Arbeitnehmerinnen oder Arbeitnehmer beschäftigt werden. [2]Sie kann auch die Verfahrensvorschriften dieser Verordnungen für anwendbar erklären oder selbst das Verfahren bestimmen sowie Zuständigkeiten und Gebühren regeln. [3]Dabei kann sie auch vorschreiben, dass danach zu erteilende Erlaubnisse die Baugenehmigung oder die Zustimmung nach § 77 einschließlich der zugehörigen Abweichungen einschließen sowie dass § 27 Absatz 5 des Gesetzes über überwachungsbedürftige Anlagen insoweit Anwendung findet.

(6) Das für die Bauaufsicht zuständige Mitglied der Landesregierung wird ermächtigt, im Benehmen mit dem für Umwelt und Naturschutz zuständigen Mitglied der Landesregierung durch Rechtsverordnung

1. über Absatz 3 hinaus Vorschriften über Umfang, Inhalt und Zahl der Bauvorlagen für Aufschüttungen oder Abgrabungen zu erlassen; dabei kann insbesondere ein Aufschüttungs- oder Abgrabungsplan mit Zeichnungen, Zeitplan und Erläuterungen vorgeschrieben werden, aus dem die Einzelheiten des Vorhabens, sein Anlass, die vom Vorhaben

betroffenen Grundstücke und Anlagen, seine Auswirkungen und die Maßnahmen der Rekultivierung oder Renaturierung hervorgehen,

2. die Verpflichtung der Unternehmerin oder des Unternehmers oder der Eigentümerin oder des Eigentümers zur Rekultivierung oder Renaturierung und zu einer Sicherheitsleistung zu bestimmen und die Höhe der Sicherheitsleistung zu regeln.

(7) Das für die Bauaufsicht zuständige Mitglied der Landesregierung wird ermächtigt, durch Rechtsverordnung Vorschriften über Umfang, Inhalt und Form des Baulastenverzeichnisses zu regeln.

Übersicht

1. Allgemeines

1 In § 86 hat der Gesetzgeber die Ermächtigungen zum Erlass von Rechtsverordnungen gebündelt. Neben dieser Ermächtigung findet sich in der Bauordnung nur noch in § 21 Abs. 2 eine weitere Ermächtigung betreffend die Anforderungen von Bauarten. Bauordnungsrechtliche Rechtsverordnungen sind erforderlich, um die materiellen und verfahrensrechtlichen Anforderungen an das Baugeschehen und die Nutzung baulicher Anlagen über das Maß hinaus zu konkretisieren und zu differenzieren, das vom parlamentarischen Gesetzgeber in der Regel nach dem Wesentlichkeitsgrundsatz gefordert wird.

2. Konkretisierung allgemeiner Anforderungen (Absatz 1)

2 Absatz 1 ermöglicht die Konkretisierung allgemeiner Anforderungen der Brandenburgischen Bauordnung in einer Rechtsverordnung.

Die Ermächtigung in Nummer 1 erstreckt sich auf die nähere Bestimmung der Anforderungen der §§ 4 bis 48. 3

§ 49 stellt keine materiellen bauordnungsrechtlichen Anforderungen an Stellplätze und Garagen, so dass in Nummer 3 eine gesonderte Ermächtigungsgrundlage geschaffen wird. 4

Nummer 2 erlaubt – über die bloße Konkretisierung von Anforderungen auf der Grundlage der Ermächtigung in Nummer 1 hinausgehend – die von den bauordnungsrechtlichen Standardvorschriften abweichende (namentlich auch erleichternde) Regelung von Anforderungen an Feuerungsanlagen. 5

Nummer 4 ermöglicht es, die bei Sonderbauten nach § 51 sonst in jedem Einzelfall durch die Bauaufsichtsbehörde festzulegenden Anforderungen in allgemeiner Form zu regeln. 6

Nach Nummer 5 können Regelungen auch über wiederholte Prüfungen technischer Anlagen erlassen werden. 7

Nummer 6 ermöglicht Regelungen, um insbesondere bei Versammlungsstätten Gefahren beim Betrieb dadurch zu vermeiden, dass besonders qualifiziertes Personal anwesend sein muss. In der Verordnung kann auch der Befähigungsnachweis dieser Personen geregelt werden. 8

3. Übertragung von Prüf- und Überwachungsaufgaben (Absatz 2)

Absatz 2 dient der Verlagerung von Prüf- und Überwachungsaufgaben auf besonders befähigte Personen. Satz 1 enthält eine Legaldefinition der Prüfingenieure (Nummer 1) und der Prüfsachverständigen (Nummer 2), um die unterschiedliche Funktion beider Gruppen zu verdeutlichen, deren Bezeichnungen ansonsten im Gesetzestext ohne nähere Erläuterungen verwendet werden. 9

Satz 2 zählt die wesentlichen Regelungsgegenstände auf. Neu aufgenommen wird nach Abstimmung mit dem Land Berlin Nummer 9, der eine Aufgabenübertragung der Beitreibung der Gebühren im Verwaltungszwangsverfahren ermöglicht. 10

Erhalten bleibt in Nummer 10 die Regelungsbefugnis über die Überwachung der Prüfsachverständigen und die Aufsicht über die Prüfingenieure. 11

Satz 3 erhält die Möglichkeit, einen Beliehenen für die Kostenerhebung bzw. die Aufgaben im Widerspruchsverfahren einzusetzen und erweitert die Befugnis auf die neu eingefügte Nummer 9. 12

13 Satz 4 ermöglicht die Zusammenarbeit mit anderen Ländern bei der Zulassung der Prüfingenieure und Prüfsachverständigen. Da sich dadurch der Aufwand verringert, können häufiger für die Anerkennung erforderliche Prüfungen durchgeführt werden.

14 Nummer 2 ermächtigt zu einer Übergangsregelung für die Beibehaltung bauaufsichtlicher Prüfungen bis zur Anerkennung einer ausreichenden Anzahl von Prüfsachverständigen für die jeweiligen Fachbereiche.

15 Nummer 3 ermächtigt zu einer entsprechenden Überleitungsregelung für den qualifizierten Tragwerks- und Brandschutzplaner (§ 66 Abs. 2 Satz 1 und Satz 3).

4. Bauvorlagenverordnung (Absatz 3)

16 Absatz 3 Nummer 6 ermächtigt das für die Bauaufsicht zuständige Mitglied der Landesregierung, durch Rechtsverordnung zu bestimmen, welche Unterlagen und Nachweise im Zuge des Bauantragsverfahrens von der Bauherrin oder dem Bauherrn beizubringen sind, um die Einhaltung der Vorschriften der Energieeinsparverordnung und des Erneuerbare-Energien-Wärmegesetzes nachzuweisen. Wie bisher soll dies in der Brandenburgischen Bauvorlagenverordnung geregelt werden.

17 Weitergehende Anforderungen an die Bauvorlagen können sich aus der Verordnung nach Absatz 6 ergeben.

18 Absatz 3 Nr. 8 ist mit der Novelle 2020 geändert worden. Dadurch kann mit Verordnungen sicherstellt werden, dass auch bei Beseitigung von baulichen Anlagen die öffentliche Sicherheit und Ordnung, insbesondere Leben, Gesundheit und die natürlichen Lebensgrundlagen nicht gefährdet werden (§ 3 Satz 2 BbgBO). Durch die Novelle ist die bestehende Ermächtigung, durch Rechtsverordnung Vorschriften zu erlassen über eine Anzeigepflicht bei der Beseitigung baulicher Anlagen, auf die „Vorerkundungspflicht" ausgedehnt worden. Die **Vorerkundungspflicht** ist darauf gerichtet, dass rechtzeitig vor dem Abriss einer baulichen Anlage festgestellt wird, ob in der Bausubstanz gefährliche, insbesondere asbesthaltige Stoffe enthalten sind, um der Gefahr einer Freisetzung bei der Durchführung der Abrissarbeiten und bei der Entsorgung der dabei anfallenden Abfälle vorzubeugen. Mit der Rechtsverordnung können die Art und Weise, wie die Vorerkundungspflicht durch den Bauherrn erfüllt werden kann, bestimmt werden. Dabei kann die Vorerkundungspflicht auf bestimmte Vorhaben beschränkt werden, bei deren Beseitigung Bauabfälle anfallen, die Gefahren verursachen können.

5. Bauproduktenrechtliche Verordnungsermächtigungen (Absatz 4)

Absatz 4 enthält bauproduktenrechtliche Verordnungsermächtigungen. 19
Satz 1 Nrn. 1 und 2 ermöglicht die Übertragung von Zuständigkeiten von der obersten Bauaufsichtsbehörde auf andere Stellen. Satz 1 Nr. 3 erlaubt die Festlegung des Ü-Zeichens einschließlich zusätzlich erforderlicher Angaben. Dadurch wird es dem Verwender eines Bauprodukts erleichtert, die Zulässigkeit der Verwendung für den vorgesehenen Einsatz zu beurteilen. Satz 1 Nr. 4 ermöglicht, nähere Anforderungen an die Zulassung und Tätigkeit von Prüf-, Überwachungs- und Zertifizierungsstellen zu stellen. Satz 2 ermöglicht entsprechend der Regelung in Absatz 2 Satz 3 die Zusammenarbeit mit anderen Ländern.

Nach der Nummer 10 können mit einer Rechtsverordnung Aufgaben zur lan- 20
desweit einheitlichen Wahrnehmung auf eine der obersten Bauaufsichtsbehörde nachgeordnete Behörde übertragen werden. Insbesondere ist dadurch möglich, die Erteilung von Typengenehmigungen und die Bestätigung der Anwendbarkeit von Typengenehmigungen anderer Länder auf eine Landesoberbehörde zu übertragen.

6. Verordnungsermächtigung für Bauarten als auch für die Bauprodukte (Absatz 4a)

Dieser Absatz enthält die Verordnungsermächtigung für die Oberste Bauauf- 21
sichtsbehörde. Satz 1 ist mit der Novelle 2023 eingefügt worden. Die Ermächtigung nach Satz 2 umfasst sowohl für die Bauarten als auch für die Bauprodukte Verordnungen zu erlassen. Die Vorschrift ermöglicht, im Rahmen von Bauartgenehmigungen und Verwendbarkeitsnachweisen für Bauprodukte Anforderungen anderer Rechtsvorschriften nachzuweisen, wenn diese Vorschriften dies ausdrücklich vorsehen.

7. Gewerberechtliche Anforderungen (Absatz 5)

Absatz 5 ermöglicht, für in gewerblichen Bereichen genutzte technische Anla- 22
gen geltenden Anforderungen auch auf Anlagen zu erstrecken, die weder gewerblichen noch wirtschaftlichen Zwecken dienen und in deren Gefahrenbereich auch keine Arbeitnehmer beschäftigt werden. Möglich wäre auch eine Übertragung der Zuständigkeit für diese Anlagen auf Arbeitsschutzbehörden.

8. Besondere Bauvorlagenanforderungen (Absatz 6)

Absatz 6 entspricht redaktionell geändert § 80 Absatz 7 a. F. Die auf dieser 23
Grundlage erlassene Brandenburgische Bau-Abgrabungsverordnung vom 30. Oktober 1998 ist nicht mehr gültig.

9. Baulastenverzeichnis (Absatz 7)

24 Absatz 7 enthält eine Verordnungsermächtigung zum Erlass von Vorschriften zur Regelung zur Führung des Baulastenverzeichnisses einschließlich der Möglichkeit der elektronischen Führung.

§ 86a
Technische Baubestimmungen

(1) [1]Die Anforderungen nach § 3 können durch Technische Baubestimmungen konkretisiert werden. [2]Die Technischen Baubestimmungen sind zu beachten. [3]Von den in den Technischen Baubestimmungen enthaltenen Planungs-, Bemessungs- und Ausführungsregelungen kann abgewichen werden, wenn mit einer anderen Lösung in gleichem Maße die Anforderungen erfüllt werden und in der Technischen Baubestimmung eine Abweichung nicht ausgeschlossen ist; § 16a Absatz 2, § 17 Absatz 1 und § 67 Absatz 1 bleiben unberührt.

(2) Die Konkretisierungen können durch Bezugnahmen auf technische Regeln und deren Fundstellen oder auf andere Weise erfolgen, insbesondere in Bezug auf:
1. bestimmte bauliche Anlagen oder ihre Teile,
2. die Planung, Bemessung und Ausführung baulicher Anlagen und ihrer Teile,
3. die Leistung von Bauprodukten in bestimmten baulichen Anlagen oder ihren Teilen, insbesondere
   a) Planung, Bemessung und Ausführung baulicher Anlagen bei Einbau eines Bauprodukts,
   b) Merkmale von Bauprodukten, die sich für einen Verwendungszweck auf die Erfüllung der Anforderungen nach § 3 Satz 1 auswirken,
   c) Verfahren für die Feststellung der Leistung eines Bauproduktes im Hinblick auf Merkmale, die sich für einen Verwendungszweck auf die Erfüllung der Anforderungen nach § 3 Satz 1 auswirken,
   d) zulässige oder unzulässige besondere Verwendungszwecke,
   e) die Festlegung von Klassen und Stufen in Bezug auf bestimmte Verwendungszwecke,
   f) die für einen bestimmten Verwendungszweck anzugebende oder erforderliche und anzugebende Leistung in Bezug auf ein Merkmal, das sich für einen Verwendungszweck auf die Erfüllung der Anforderungen nach § 3 Satz 1 auswirkt, soweit vorgesehen in Klassen und Stufen,
4. die Bauarten und die Bauprodukte, die nur eines allgemeinen bauaufsichtlichen Prüfzeugnisses nach § 16a Absatz 3 oder nach § 19 Absatz 1 bedürfen,
5. Voraussetzungen zur Abgabe der Übereinstimmungserklärung für ein Bauprodukt nach § 22,
6. die Art, den Inhalt und die Form technischer Dokumentation.

(3) Die Technischen Baubestimmungen sollen nach den Grundanforderungen gemäß Anhang I der Verordnung (EU) Nr. 305/2011 gegliedert sein.

(4) Die Technischen Baubestimmungen enthalten die in § 17 Absatz 3 genannte Liste.

(5) [1]Das Deutsche Institut für Bautechnik macht nach Anhörung der beteiligten Kreise im Einvernehmen mit der obersten Bauaufsichtsbehörde zur Durchführung dieses Gesetzes und der aufgrund dieses Gesetzes erlassenen Rechtsverordnungen die Technischen Baubestimmungen nach Absatz 1 als Verwaltungsvorschrift bekannt. [2]Die nach Satz 1 bekannt gemachte Verwaltungsvorschrift gilt als Verwaltungsvorschrift des Landes Brandenburg, soweit die oberste Bauaufsichtsbehörde keine abweichende Verwaltungsvorschrift im Amtsblatt für Brandenburg bekannt macht. [3]Die Fundstelle der Bekanntmachung der Verwaltungsvorschrift nach Satz 1 wird im Amtsblatt für Brandenburg bekannt gemacht.

Übersicht

1. Allgemeines

1 § 86a bildet die Ermächtigungsgrundlage für den Erlass Technischer Baubestimmungen. Diese Vorschrift ist mit der Novelle 2018 in die Bauordnung eingefügt worden. Ersetzt wird dadurch § 3 Abs. 3 a. F. Technische Baubestimmungen sind zum einen die Technischen Regeln, die bislang in der Liste der Technischen Baubestimmungen enthalten waren, als auch diejenigen Anforderungen, die bislang in den Bauregellisten geführt wurden.

a) Technische Baubestimmungen (Absatz 1 Satz 1)

Absatz 1 Satz 1 definiert zunächst den Gegenstand Technischer Baubestimmungen, nämlich die Konkretisierung der Anforderungen nach § 3. § 3 Satz 1 gibt den gesetzlichen Rahmen für die technischen Baubestimmungen vor. Rechtsverordnungen, örtlichen Bauvorschriften, Verwaltungsvorschriften und Einzelanordnungen müssen sich, soweit nichts anderes bestimmt ist, in diesem Rahmen halten, *vgl. OVG Lüneburg, U. v. 04.12.2015 – 1 LC 178/14 – und VGH Mannheim U. v. 07.10.2020 – 8 S 2959/18.* Diese Anforderungen an die öffentliche Sicherheit und Ordnung finden ihre besondere Ausprägung in der Einhaltung bestimmter Regeln der Technik. Diese Regeln werden von der obersten Baubehörde im Amtsblatt für Brandenburg als Technische Baubestimmungen bekannt gemacht und somit eingeführt (vgl. Amtsblatt für Brandenburg – Nr. 18 vom 6. Mai 2020, S. 434). Bezug genommen wird jedoch nicht auf eigene technische Baubestimmungen, sondern auf diejenigen, die vom Deutschen Institut für Bautechnik (DIBt) als solche bekannt gemacht wurden, *vgl. DIBt, Veröffentlichung der Muster-Verwaltungsvorschrift Technische Baubestimmungen Ausgabe 2019/1, v. 15. 1. 2020.* In der Muster-Verwaltungsvorschrift wird wiederum auf Vorschriften Dritter, insbesondere auf Regelungen, die Private geschaffen haben, etwa DIN, VDE-Normen, Bezug genommen. Dies ist zulässig. Das Bundesverwaltungsgericht führt in seinem *Urteil vom 27. Juni 2013 – 3 C 21.12* – dazu, eine DIN zum Inhalt einer Technischen Bauvorschrift zu machen, aus: 2

„In der Rechtsprechung ist geklärt, dass ein Normgeber nicht nur auf eigene, sondern auch auf Regelungen anderer Normgeber verweisen darf. Das schließt Verweisungen auf Begriffe und Regelungen des Unionsrechts ein. Die vielfältige Verschränkung von Unionsrecht und nationalem Recht verbietet es, Verweisungen auf das Unionsrecht anders zu beurteilen als Verweisungen auf nationales Recht (vgl. BVerfG, Beschluss vom 13. Oktober 1970 – 2 BvR 618/68 – BVerfGE 29, 198, 210 und BVerwG, Urteil vom 29. August 1996 – BVerwG 3 C 7.95 – BVerwGE 102, 39, 40ff.). Ebenso wenig ist die Verweisung auf von nichtstaatlichen Normungsgremien geschaffene Regelwerke ausgeschlossen. Vielmehr handelt es sich dabei um eine häufig eingesetzte Regelungstechnik, sollen solche von Privaten erarbeitete technische Standards unmittelbare Rechtsverbindlichkeit erlangen. Gebräuchlich sind derartige Verweisungen auf DIN-Normen oder vergleichbare technische Regelwerke insbesondere im Umweltrecht, um die technischen Anforderungen („Stand der Technik") an die Errichtung und den Betrieb genehmigungsbedürftiger Anlagen zu konkretisieren (vgl. etwa § 7 Abs. 5 BImSchG). Auch in den Landesbauordnungen werden vielfach DIN-Normen oder vergleichbare Regelungen für anwendbar erklärt, um den in den Bauordnungen verwendeten Begriff der „Regeln der Technik" auszufüllen (vgl. u.a. § 3 Abs. 3 BauO SH; entsprechend § 3 Abs. 3 LBO BW; § 3 Abs. 3 BauO NRW: ‚allgemein anerkannte Regeln der Technik').“ 3

b) Verbindlichkeit Technischer Baubestimmungen (Absatz 1 Satz 2)

4 Durch die Einführung in Gestalt ihrer öffentlichen Bekanntmachung werden diese Regelungen verbindlich, sie sind gem. Satz 2 zu beachten. Die eingeführten Technischen Baubestimmungen begründen damit unmittelbare Pflichten für den Bürger bzw. schränken seine Rechte unmittelbar ein, *vgl. OVG Lüneburg, Urteil vom 04.12.2015 – 1 LC 178/14 –; VG Hannover, U. v. 15.10.2014 – 4 A 10871/14*. Dies hat auch zur Folge, dass es bei eingeführten Technischen Bestimmungen nicht darauf ankommt, ob sich aus anderen Rechtsgrundsätzen eine Verbindlichkeit dieser Normen herleiten lässt.

5 Eine sonstige Verbindlichkeit technischer Regelwerke kann sich aus ihrer Eigenschaft als normkonkretisierende Verwaltungsvorschriften ergeben, die amtlich eingeführten Technischen Baubestimmungen wirken mindestens als Beweislastregel zugunsten des sich auf sie berufenden Bürgers *(vgl. Marburger, Die Regeln der Technik im Recht, 1979, S. 396ff.)*. Diese Rechtswirkung setze die Publizität der Technischen Baubestimmungen voraus, was nach dem Normzweck die Anwendung des § 5 Abs. 1 UrhG rechtfertige, *vgl. BVerfG, Kammerbeschluss vom 29. Juli 1998 – 1 BvR 1143/90*. Zu den Technischen Baubestimmungen als Orientierungswerte und grober Anhalt, *vgl. BVerwG, U. v. 29.4.1988 – 7 C 33.87;* s. auch Vorschriften als antizipierte Sachverständigengutachten bzw. normkonkretisierende Verwaltungsvorschrift (TA Lärm und TA Luft) *BVerwG, U. v. 20.12.1999 – 7 C 15.98*. Als normkonkretisierende Verwaltungsvorschrift sind sie für Verwaltung und Gerichte bei der Beurteilung der materiell-rechtlichen Anforderungen bindend. Anerkannten Regelungen der Baukunst bzw. Bautechnik kommt nach VG Freiburg eine gesetzliche Verbindlichkeit zu, *vgl. BauR 2001, 1724*. Gleichwohl sind diese Regelungen keine Rechtsnormen, *vgl. Seibel, BauR 2005, 490 und BauR 2005, 1109; s. a. Ortloff/Sundermann-Rosenow, ZfU 2005, 1614*. Zu VDI-Richtlinien als Entscheidungshilfe im Sinne brauchbarer Anhaltspunkte für die Beurteilung der Zumutbarkeit der von einem genehmigten Vorhaben herrührenden Geruchsimmissionen, *vgl. etwa VGH München, U. v. 1.7.2005 – 25 B 99.86*. Die DIN-Normen stellen allgemein anerkannte Regeln der Technik dar. Als solche ist eine DIN-Norm grundsätzlich geeignet, das zur Gefahrenabwehr Erforderliche zu beschreiben, vgl. zur dahingehenden Bedeutung von DIN-Normen *OVG Münster, B. v. 13.3.2003 – 7 A 1189/03 –; OVG Münster, U. v. 15.7.2002 – 7 A 3098/01*

c) Abweichungen von Technischen Baubestimmungen (Absatz 1 Satz 3)

6 Sind die Technischen Baubestimmungen eingeführt *(vgl. Amtsblatt für Brandenburg – Nr. 18 vom 6. Mai 2020, S. 434)*, müssen sie gemäß Satz 2 beachtet werden. Der Gesetzgeber hat aber ein Abweichen von diesen Bestimmungen in Satz 3 zugelassen, wenn bei einer anderen Lösung die allgemeinen Anforderungen

des Absatzes 1 in gleichem Maße erfüllt werden. Maßstab für die Zulässigkeit einer anderen Lösung ist also nicht die Regelung der Technischen Baubestimmung, sondern die allgemeine Anforderung in § 3. Dies setzt voraus, dass die Bedeutung der Technischen Baubestimmung, von der abgewichen werden soll, unter Beachtung der Allgemeinen Anforderungen ermittelt und so ein abstrakter Maßstab für eine alternative Lösung aufgestellt wird. Durch diese Vorgabe für die Abweichung wird der allgemeine Abweichungstatbestand des § 67 verdrängt. Nicht verdrängt werden die Abweichungsregelungen in §§ 16a und 17 Abs. 1. Diese Vorschriften gelten parallel.

2. Gegenstände technischer Baubestimmungen (Absatz 2)

In Absatz 2 wird nicht abschließend („insbesondere") aufgelistet, welche Arten von Regelungen in eine Verwaltungsvorschrift über Technische Baubestimmungen aufgenommen werden können. Der Gesetzgeber will damit seiner Verpflichtung aus Art. 80 Abs. 1 Satz 2 GG nachkommen, in der Ermächtigungsgrundlage Inhalt, Zweck und Ausmaß der Verwaltungsvorschrift hinreichend bestimmt sein. Nicht unproblematisch ist daher die Verwendung des Wortes „insbesondere", da dies dazu verleitet, auch auf Dinge zu konkretisieren, die nicht in Absatz 2 aufgeführt sind. Praktisch dürfte dafür aber kein Raum bestehen. Durch technische Baubestimmungen können die in den Nummern 1 bis 6 genannten Gegenstände konkretisiert werden. Im Anwendungsbereich der EU-BauPVO sind zusätzliche Regelungen zum Nachweis der Verwendbarkeit von Bauprodukten sowie Übereinstimmungserklärungen zu zusätzlichen nationalen Anforderungen nicht statthaft. Daher sind Nummer 4 und 5 auf Bauprodukte, die die CE-Kennzeichnung tragen, nicht anwendbar. 7

Bei der Festlegung von Verfahren für die Feststellung der Leistung von Bauprodukten ist gegebenenfalls Art. 8 Absatz 6 EU-BauPVO zu beachten. Danach passen die Mitgliedstaaten die Verfahren, die sie in ihren Anforderungen an Bauwerke verwenden, sowie andere nationale Regeln in Bezug auf die wesentlichen Merkmale von Bauprodukten an die harmonisierten Normen an. Im Übrigen gelten die Regelungen für alle Bauprodukte, gleichgültig ob sie europäisch harmonisiert sind oder nicht. 8

3. Bezugnahme auf Regeln und Fundstellen (Absatz 2)

Der Gesetzgeber erlaubt in Satz 1 für die Bekanntmachung Technischer Baubestimmungen die technische Regel und deren Fundstelle zu benennen. Dadurch ist etwa der Verweis auf DIN-Normen möglich, ohne dass diese abgedruckt werden müssen. Dies ist rechtstaatlich jedoch unzureichend. Da die DIN-Normen nicht öffentlich zugänglich sind und deren Besorgung, auch wenn es sich nur um einzelne Vorschriften handelt, mit erheblichen Kosten und einem erheblichen Beschaffungsaufwand verbunden ist, *vgl. dazu VGH* 9

München, BayVBl. 75, 617, werden diese Bestimmungen erst dann in rechtsstaatlich angemessener Weise eingeführt, wenn ihr Inhalt bekannt gemacht wird. Angesichts der Rechtsprechung des Bundesverwaltungsgerichts zur Einsichtnahmemöglichkeit in DIN-Normen, *vgl. BVerwG, BauR 2010, 1889; BVerwG, B. v. 05.12.2013 – 4 BN 48/13 –; OVG Münster, U. v. 19.7.2011 – 10 D 131/08.NE,* auf die in einem Bebauungsplan verwiesen wird, ist der Verweis auf DIN-Normen, die nur durch den Verweis auf die Fundstelle eingeführt werden, ohne dass dem Rechtsanwender dadurch unmittelbar die Möglichkeit verschafft wird, vom Inhalt der DIN-Norm Kenntnis zu erlangen, rechtsstaatlich unzureichend, in diesem Sinne *OVG Berlin-Brandenburg, U. v. 21.3.2013 – OVG 10 A 1.10.*

4. Einzelne Gegenstände der Konkretisierung (Absatz 2)

10 Der Gesetzgeber listet in Absatz 2 auf, für welche Gegenstände technische Regeln aufgestellt werden können. Die Auflistung ist relevant, weil so die Inhalte vorgegeben werden, auf die sich technische Regeln beziehen dürfen. Wie der Gesetzgeber die Regelungen verstanden wissen will, hat er wie in der Drucksache 6/7678 beschrieben. Darauf wird im Folgenden Bezug genommen.

11 Die Regelungen der Nummer 1 können der Konkretisierung der Bauwerksanforderungen dienen. Dies gilt für die bauliche Anlage insgesamt oder ihre Teile. Auf Grundlage von Nummer 1 sollen dort, wo dies erforderlich ist, die Anforderungen an Bauwerke insgesamt oder ihre Teile so genau beschrieben werden, dass das jeweils geeignete Bauprodukt ausgewählt werden kann.

12 Nummer 2 bildet die Grundlage für Anforderungen an die Planung, Bemessung und Konstruktion baulicher Anlagen und ihrer Teile. Die Regelung erfasst jedoch nicht die Anforderungen an die Planung, Bemessung und Konstruktion, die im Zusammenhang mit der Verwendung konkreter Bauprodukte stehen. Für diese gibt es die speziellere Ermächtigungsgrundlage in Nummer 3 Buchstabe a.

13 In Nummer 3, Buchstabe a bis f sind die Ermächtigungsgrundlagen für alle die Regelungen zusammengefasst, die unmittelbar oder mittelbar in Beziehung zu den Bauprodukten stehen.

14 In Buchstabe a ist die Ermächtigungsgrundlage für Anforderungen an die Planung, Bemessung und Konstruktion formuliert, die im Zusammenhang mit der Verwendung konkreter Bauprodukte stehen. Insbesondere können auf dieser Grundlage auch alternative konstruktive Maßnahmen beschrieben werden, bei deren Ausführung in der konkreten Verwendungssituation darauf verzichtet werden kann, dass ein Bauprodukt in Hinblick auf eine bestimmte Leistung den Anforderungen entspricht.

15 Aufgrund der Ermächtigungsgrundlage in Buchstabe b kann festgelegt werden, welche Merkmale, die sich für einen konkreten Verwendungszweck auf die Erfüllung der Anforderungen nach § 3 Satz 1 beziehen, ein Bauprodukt aufweisen muss, um für einen bestimmten Verwendungszweck geeignet zu sein. Diese Merkmale müssen aus den Bauwerksanforderungen abgeleitet werden und diese Ableitung muss für die am Bau Beteiligten nachvollziehbar sein. Insbesondere können sich erforderliche Merkmale aus dem Vorliegen oder Nichtvorliegen von Einwirkungen auf bestimmte bauliche Anlagen oder ihre Teile ergeben; diese Einwirkungen können sich aus klimatischen, geologischen, geographischen, physikalischen, chemischen oder biologischen Rahmenbedingungen ergeben. Umgekehrt können sich bestimmte Merkmale aber auch im Hinblick auf den Einfluss ergeben, den das Bauwerk oder seine Teile auf seine Umgebung ausüben.

16 Aufgrund dieser Ermächtigungsgrundlage können in Buchstabe c Prüfverfahren für die Feststellung der Leistung eines Bauprodukts im Hinblick auf Merkmale, die sich für einen konkreten Verwendungszweck auf die Erfüllung der Anforderungen nach § 3 Satz 1 beziehen, bestimmt werden. Die Festlegung von Prüfverfahren ist ausschlaggebend dafür, dass die aufgrund von Prüfverfahren erklärten Leistungen vergleichbar sind.

17 Aufgrund der Ermächtigungsgrundlage kann in Buchstabe d die Verwendung bestimmter Bauprodukte für bestimmte Verwendungszwecke erlaubt oder untersagt werden, weil sich aus der Betrachtung der Merkmale des Bauprodukts, die sich für einen konkreten Verwendungszweck auf die Erfüllung der Anforderungen nach § 3 Satz 1 beziehen, und der Anforderungen an die bauliche Anlage oder den Teil der baulichen Anlage ergibt, dass das Bauprodukt für diesen Zweck grundsätzlich geeignet oder ungeeignet ist.

18 Mit Buchstabe e werden die Regelung des ehemaligen § 17 Abs. 7 in das neue Regelungsmodell überführt. Aufgrund dieser Vorschrift kann in den Fällen, in denen in Normen, insbesondere harmonisierten Normen, Stufen und Klassen festgelegt werden, bestimmt werden, welche Stufe oder Klasse für einen bestimmten Verwendungszweck vorliegen muss, um die bauordnungsrechtlichen Anforderungen zu erfüllen.

19 Gemäß Buchstabe f kann für ein konkretes Bauprodukt in Bezug auf einen konkreten Verwendungszweck vorgesehen werden, zu welchen Merkmalen, die sich für einen konkreten Verwendungszweck auf die Erfüllung der Anforderungen nach § 3 Satz 1 beziehen, die Herstellerin oder der Hersteller Angaben zur Leistung machen muss. Außerdem können Aussagen dazu getroffen werden, wie die Leistung beschaffen sein muss, damit ein Produkt für einen konkreten Verwendungszweck eingesetzt werden darf.

20 Nummer 4 enthält die Ermächtigungsgrundlage in der Verwaltungsvorschrift zur Ausführung von § 16a Abs. 3 Satz 2 beziehungsweise § 19 Abs. 1 Satz 2 mit Angabe der maßgebenden technischen Regeln bekannt zu machen, welche Bauarten und welche Bauprodukte anstelle einer allgemeinen Bauartgenehmigung bzw. einer allgemeinen bauaufsichtlichen Zulassung nur eines allgemeinen bauaufsichtlichen Prüfzeugnisses bedürfen.

21 Aufgrund von Nummer 5 können die Voraussetzungen für die Abgabe der Übereinstimmungserklärung geregelt werden, ob also die Einschaltung einer Prüfstelle erforderlich ist (§ 22 Abs. 2) oder eine Zertifizierung erfolgen muss (§ 22 Abs. 3). Nummer 6 enthält die Ermächtigungsgrundlage Vorgaben zum Inhalt und zur Form der technischen Dokumentation zu machen, die zu einem Bauprodukt zu erstellen ist. Insbesondere kann vorgesehen werden, dass Angaben in Bezug auf die verwendete Prüfmethode, die beteiligten Prüfinstitute, die Prüfhäufigkeit und die werkseigene Produktionskontrolle gemacht werden können oder müssen. Denkbar ist auch, dass verpflichtende oder empfohlene Muster für die technische Dokumentation und insbesondere für die Erklärung von Produktleistungen geschaffen werden.

5. Grundanforderungen gemäß Anhang I der EU-BauPVO (Absatz 3)

22 Absatz 3 bestimmt, dass die Technischen Baubestimmungen nach den Grundanforderungen gemäß Anhang I der EU-BauPVO gegliedert sein sollen. Schon hierdurch soll verdeutlicht werden, welche Technischen Baubestimmungen zur Konkretisierung welcher gesetzlichen Anforderung an das Bauwerk bestimmt sind. Die Vorschrift ist allerdings nicht zwingend gestaltet. Ausnahmsweise kann es, insbesondere aus Gründen der Regelungsökonomie, geboten sein, einen anderen Aufbau zu wählen; dies soll nicht unmöglich sein.

6. Liste gem. § 17 Abs. 3 (Absatz 4)

23 Absatz 4 enthält die Ermächtigungsgrundlage für die Erstellung der in § 17 Abs. 3 vorgesehenen Liste der Produkte, die keines Verwendbarkeitsnachweises bedürfen. Das sind Produkte, die bislang als sonstige Bauprodukte betrachtet oder in Liste C geführt wurden.

7. Funktion des Deutschen Instituts für Bautechnik (Absatz 5)

24 Absatz 5 weist dem Deutschen Institut für Bautechnik die Aufgabe zu, Technische Baubestimmungen bekannt zu machen. Dabei ist ausdrücklich vorgesehen, dass Technische Baubestimmungen als Verwaltungsvorschrift zu erlassen sind. Damit wird die Rechtsnatur der Technischen Baubestimmungen klargestellt, wobei es sich bei der Verwaltungsvorschrift um eine

normkonkretisierende Verwaltungsvorschrift handelt. Solchen Verwaltungsvorschriften im Bereich des Umwelt- und Technikrechts billigt das Bundesverwaltungsgericht Bindungswirkung im gerichtlichen Verfahren zu, soweit sie die „höherrangigen Gebote" und „im Gesetz getroffenen Wertungen" berücksichtigen, in einem sorgfältigen Verfahren unter Einbeziehung des technischen und wissenschaftlichen Sachverstands zustande gekommen und nicht durch die Erkenntnisfortschritte von Wissenschaft und Technik überholt sind *(BVerwGE 107, 338, 341)*. Um den Anforderungen des Bundesverwaltungsgerichts an eine normkonkretisierende Verwaltungsvorschrift gerecht zu werden, müssen strenge verfahrensmäßige Vorgaben erfüllt werden, zum einen bezüglich der Beteiligung interessierter und sachkundiger Kreise und zum anderen bezüglich der Form der Bekanntmachung. Zur Beteiligung ist vorgesehen, dass das Deutsche Institut für Bautechnik vor Erlass der Verwaltungsvorschrift die beteiligten Kreise zu hören sowie das Einvernehmen der obersten Bauaufsichtsbehörde herbeizuführen hat. Was die Bekanntmachung anbelangt, so müssen sich für die vom Deutschen Institut für Bautechnik bekanntgemachte Verwaltungsvorschrift hinreichende Verfahrensvorgaben aus dem Recht des Landes Berlin als Rechtsträgerin ergeben.

Gemäß Satz 2 gilt die Verwaltungsvorschrift als Verwaltungsvorschrift des 25
Landes, soweit die oberste Bauaufsichtsbehörde keine abweichende Verwaltungsvorschrift erlässt. Ziel ist es, eine Vereinheitlichung der Technischen Baubestimmungen der Länder zu erreichen. Außerdem ermöglicht dies den Ländern eine schlanke Umsetzung und eröffnet gleichwohl die Möglichkeit, von der Muster-Vorschrift abzuweichen, wobei der Umfang der Abweichung ins Ermessen der Länder gestellt ist. Da vorgesehen ist, dass vor Bekanntmachung des Musters eine Anhörung der beteiligten Kreise durchzuführen ist, ist sichergestellt, dass diese sich in einem frühen Verfahrensstadium im Rahmen einer Anhörung für das gesamte Bundesgebiet einbringen können. Soweit die oberste Bauaufsichtsbehörde von der Mustervorschrift nicht abweicht, muss im Land kein weiteres Anhörungs- und Notifizierungsverfahren durchgeführt werden.

§ 87
Örtliche Bauvorschriften

(1) [1]Die Gemeinden können örtliche Bauvorschriften erlassen über
1. **besondere Anforderungen an die äußere Gestaltung baulicher Anlagen und anderer Anlagen und Einrichtungen sowie die Notwendigkeit oder das Verbot von Einfriedungen und das Verbot von Schottergärten,**
2. **besondere Anforderungen an die Art, die Größe, die Gestaltung, die Farbe und den Anbringungsort von Werbeanlagen,**
3. **den Ausschluss von Werbeanlagen an bestimmten baulichen Anlagen,**
4. **eine besondere Erlaubnispflicht für Werbeanlagen, die ohne Baugenehmigung errichtet werden dürfen, soweit für diese Werbeanlagen besondere Anforderungen nach Nummer 2 bestehen,**
5. **die Begrünung baulicher Anlagen.**

[2]Die Gemeinde kann die örtlichen Bauvorschriften nach Satz 1 Nummer 1 und 2 erlassen, soweit dies zur Verwirklichung baugestalterischer und städtebaulicher Absichten oder zum Schutz bestimmter Bauten, Straßen, Plätze oder Ortsteile von geschichtlicher, künstlerischer oder städtebaulicher Bedeutung sowie von Baudenkmälern und Naturdenkmälern erforderlich ist.

(2) [1]Die Gemeinde kann durch örtliche Bauvorschriften andere als die nach § 6 Absatz 5 vorgeschriebenen Abstandsflächen festsetzen. [2]Die Festsetzungen über die überbaubaren Grundstücksflächen und die Höhe der baulichen Anlagen müssen so bestimmt sein, dass die nach § 6 zu berücksichtigenden nachbarlichen Belange abgewogen werden können. [3]Eine geringere Tiefe der Abstandsflächen darf insbesondere zur Wahrung der erhaltenswerten Eigenart und zur städtebaulichen Gestaltung eines bestimmten Ortsteiles festgesetzt werden.

(3) [1]Die Gemeinde kann örtliche Bauvorschriften über Kinderspielplätze erlassen. [2]Sie kann dabei
1. **die Größe, Art und Ausstattung der Kinderspielplätze nach Art und Maß der Nutzung festsetzen,**
2. **die Anforderungen für den Zugang und die sichere Benutzbarkeit der Kinderspielplätze festsetzen,**
3. **die nachträgliche Anlage eines Kinderspielplatzes festsetzen, wenn dies die Gesundheit und der Schutz der Kinder erfordern,**
4. **die Geldbeträge für die Ablösung der Kinderspielplätze bestimmen.**

(4) [1]Die Gemeinde kann örtliche Bauvorschriften über notwendige Stellplätze erlassen. [2]Sie kann dabei
1. **die Zahl der erforderlichen notwendigen Stellplätze nach Art und Maß der Nutzung unter Berücksichtigung der verkehrlichen,**

wirtschaftspolitischen oder städtebaulichen Gründe unterschiedlich festsetzen und insoweit besondere Maßnahmen, wie Mobilitätskonzepte und Maßnahmen des Mobilitätsmanagements, die die Pflicht zur Herstellung der notwendigen Stellplätze verringern, bestimmen,
2. die Herstellung von Stellplätzen und Garagen für Kraftfahrzeuge untersagen oder einschränken, wenn verkehrliche, wirtschaftspolitische oder städtebauliche Gründe dies rechtfertigen; insbesondere bei guter Erschließung durch Einrichtungen des öffentlichen Personennahverkehrs,
3. die Geldbeträge für die Ablösung notwendiger Stellplätze bestimmen.

[3]Bis zu einem Fünftel der notwendigen Stellplätze können durch Abstellplätze für Fahrräder ersetzt werden. [4]Dabei sind für einen notwendigen Stellplatz vier Abstellplätze für Fahrräder herzustellen; diese werden zur Hälfte auf die Verpflichtung nach Absatz 5 angerechnet. [5]Die Ermächtigung des Satzes 2 erstreckt sich nicht auf die nach § 50 Absatz 4 notwendigen Stellplätze.

(5) [1]Die Gemeinde kann örtliche Bauvorschriften über notwendige Abstellplätze für Fahrräder erlassen. [2]Sie kann dabei
1. die Zahl der erforderlichen Fahrradabstellplätze nach Art und Maß der Nutzung festsetzen,
2. die Größe, die Lage und die Ausstattung dieser Abstellplätze festlegen,
3. die Geldbeträge für die Ablösung der notwendigen Abstellplätze für Fahrräder bestimmen.

(6) Die Gemeinde kann durch örtliche Bauvorschriften die Art, die Gestaltung und die Bauausführung der für die Errichtung und den Betrieb baulicher Anlagen erforderlichen Erschließungsanlagen bestimmen sowie nach anderen landesrechtlichen Vorschriften zulässige Festsetzungen über die Errichtung und den Betrieb baulicher Anlagen in gemeindlichen Satzungen auch in örtlichen Bauvorschriften festsetzen.

(7) Die Gemeinde kann, soweit die Voraussetzungen des § 15 Absatz 1 Satz 2 des Baugesetzbuchs vorliegen, durch örtliche Bauvorschrift bestimmen, welche der nach § 61 genehmigungsfreien Vorhaben spätestens einen Monat vor Durchführung des Vorhabens der Gemeinde anzuzeigen sind.

(8) [1]Die Gemeinde erlässt die örtlichen Bauvorschriften als Satzung für das Gemeindegebiet oder Teile des Gemeindegebietes. [2]Für den Außenbereich dürfen örtliche Bauvorschriften nach Absatz 1 Satz 1 Nummer 2 nicht erlassen werden. [3]Vor dem Erlass der Satzung ist den betroffenen Bürgern und den berührten Trägern öffentlicher Belange Gelegenheit zur Stellungnahme innerhalb einer Frist von einem Monat zu geben.

(9) [1]Örtliche Bauvorschriften nach Absatz 1 bis 6 können auch in
1. **einen Bebauungsplan nach § 30 Absatz 1 bis 3 des Baugesetzbuchs oder**
2. **eine Satzung nach § 34 Absatz 4 Satz 1 Nummer 2 und 3 des Baugesetzbuchs**

als Festsetzungen aufgenommen werden. [2]Für diese Festsetzungen sind die Verfahrensvorschriften des Baugesetzbuchs entsprechend anzuwenden.

(10) [1]Festsetzungen in örtlichen Bauvorschriften können auch in Form zeichnerischer Darstellungen erfolgen. [2]Ihre Bekanntgabe kann dadurch ersetzt werden, dass dieser Teil der örtlichen Bauvorschriften bei der Gemeinde zur Einsicht ausgelegt wird; hierauf ist in den örtlichen Bauvorschriften hinzuweisen.

Übersicht

1. Allgemeines

Die Regelungen über die örtlichen Bauvorschriften sind die Rechtsgrundlage für die Gemeinden zum Erlass örtlicher Bauvorschriften in speziellen Satzungen oder auch in Bebauungsplänen, vgl. § 9 Abs. 4 BauGB. Die Regelungen wurden mit dem Ziel, staatliche Aufgaben nach dem bauordnungsrechtlichen Subsidiaritätsprinzip weitgehend auf die Kommunen zu verlagern und die Kompetenz der Kommunen zu stärken, erheblich geändert und erweitert. 1

Das Satzungsrecht gehört zum verfassungsrechtlich durch Art. 28 Abs. 2 GG, Art. 97 Abs. 1 BbgVerf geschützten, nicht aber in jeder Hinsicht garantierten Kreis kommunaler Aufgaben, *vgl. BVerfGE 65, 283, 290; BVerfG, DVBl. 1982, 27f.; BVerfG, NVwZ 1982, 306f.* Der Erlass einer Stellplatzsatzung gehört zu den Angelegenheiten des eigenen Wirkungskreises, *vgl. VGH Kassel, BRS 63 Nr. 164; VGH München, NVwZ 1998, 205ff.* 2

Mit der Novelle 2020 ist die Ermächtigung zum Verbot von Schottergärten und die Begrünung baulicher Anlagen in Absatz 1 aufgenommen und Absatz 4 neu gefasst worden. 3

2. Verfassungsrechtliche Vorgaben für örtliche Bauvorschriften

Örtliche Bauvorschriften in Gestalt von gemeindlichen Satzungen sind nach ständiger Rechtsprechung des Bundesverwaltungsgerichts Inhalts- und Schrankenbestimmungen des Eigentums i.S.d. Art. 14 Abs. 1 Satz 2 GG, *vgl. BVerwG, U. v. 16.03.1995 – 4 C 3/94.* Die Baufreiheit darf nur im Rahmen zulässiger Inhalts- und Schrankenbestimmungen i.S.d. Art. 14 Abs. 1 Satz 2 GG eingeschränkt werden. Stets hat die Gemeinde bei der Aufstellung dieser Satzungen das Verhältnismäßigkeitsprinzip zu beachten. 4

3. Aufstellung örtlicher Bauvorschriften

Das Verfahren zur Aufstellung der örtlichen Bauvorschriften entspricht den Anforderungen nach der Kommunalverfassung (§§ 3, 28ff. BbgKVerf). Dabei sind die Besonderheiten nach Absatz 8 BbgBO zu beachten. Zuständig für den Satzungsbeschluss ist nach § 28 Abs. 2 Nr. 9 BbgKVerf ausschließlich die Gemeindevertretung. 5

Örtliche Bauvorschriften können nach der Bauordnung zwar ohne Begründung aufgestellt werden. Um erkennen zu können, dass die Belange ordnungsgemäß ermittelt und abgewogen wurden, wird eine Begründung jedoch in der Rechtsprechung gefordert, *vgl. OVG Münster, BRS 52 Nr. 122.* 6

7 Die Satzung muss vor ihrer Bekanntmachung ordnungsgemäß ausgefertigt werden, *vgl. dazu OVG Brandenburg U. v. 19.08.1999 – 2 D 17/98*. Die Ausfertigung des Satzungstextes soll dokumentieren und beurkunden, dass der vorliegende Satzungstext identisch mit dem beschlossenen Satzungstext ist und das Satzungsgebungsverfahren ordnungsgemäß durchlaufen wurde. Die Ausfertigung der Satzung ist rechtsstaatlich geboten und für die formelle Rechtmäßigkeit der Satzung entscheidend. Die Ausfertigung erfolgt durch die Unterzeichnung des Satzungstextes durch den in § 3 Abs. 3 BbgKVerf genannten Vertreter der Körperschaft, die die Satzung beschlossen hat. Diese haben ihrer Unterschrift ein Datum hinzuzusetzen, so dass feststeht, zu welchem Zeitpunkt der zuständige Vertreter das Satzungsverfahren geprüft und die Authentizität von Satzungsbeschluss und Satzungstext bestätigt hat, *vgl. OVG Berlin-Brandenburg, B. v. 22.11.2022 – OVG 10 S 34/22 –; s. a. Berwig/Otto, KommunalPraxis 2003, 44ff.* Zugleich wird damit die Reihenfolge zwischen Ausfertigung und nachfolgender Bekanntmachung deutlich.

8 Nach § 3 Abs. 3 BbgKVerf sind Satzungen bekannt zu machen. Voraussetzung für eine ordnungsgemäße Bekanntmachung der Satzung ist zum einen, dass das Amtsblatt, in dem die Bekanntmachung erfolgt, der Bekanntmachungsverordnung vom 1. Dezember 2000 (GVBl. I S. 435) entspricht und zum anderen die Bekanntmachung als solche fehlerfrei erfolgt, *vgl. OVG Brandenburg, B. v. 05.12.2001, Mitt. StGB 2002, S. 126ff.* Unabdingbare Voraussetzung für die Bekanntmachung ist schließlich der Erlass der Bekanntmachungsanordnung gem. § 1 Abs. 1 Satz 4 BekanntmV durch den zuständigen Bürgermeister oder Amtsdirektor, *vgl. OVG Berlin-Brandenburg, B. v. 15.02.2007 – 2 A 15.05.*

9 Grundsätzlich anders verläuft das Verfahren, wenn die Gemeinde die örtlichen Bauvorschriften gem. § 9 Abs. 4 BauGB i. V. m. § 87 Abs. 9 Nr. 1 BbgBO zusammen mit einer Satzung nach dem BauGB aufstellt. Dann sind auch die Verfahrensvorschriften des BauGB zu beachten. Praxisrelevante Hinweise finden sich im Leitfaden für örtliche Bauvorschriften, *MIR Aktuell 3/2005.*

4. Abwägungsgebot

10 Ebenso wie bei der Aufstellung von Bebauungsplänen hat die Gemeinde beim Erlass örtlicher Bauvorschriften die von der beabsichtigten Regelung berührten öffentlichen und privaten Belange gegen- und untereinander gerecht abzuwägen. Die Verpflichtung der Gemeinde zu einer Abwägung der öffentlichen und privaten Belange ergibt sich aus dem Umstand, dass mit den von ihr erlassenen örtlichen Bauvorschriften Inhalt und Schranken des Eigentums geregelt werden und hierbei die Interessen der Allgemeinheit sowie die privaten Interessen des Einzelnen in ein ausgewogenes Verhältnis gebracht werden müssen. Abwägungsvorgang und Abwägungsergebnis müssen dokumentiert sein und in der Satzung ihren Niederschlag finden, auch wenn es von Gesetzes

wegen keiner besonderen Begründung bedarf, so zutreffend *OVG Weimar, U. v. 14.8.2023 – 1 KO 788/21.*

5. Gestaltungssatzung und Werbesatzung (Absatz 1)

Absatz 1 regelt die Befugnisse der Kommunen, örtliche Bauvorschriften als Gestaltungssatzungen (Nummer 1) und Werbesatzungen (Nummern 2 bis 4) zu erlassen. 11

Die Ermächtigung zum Erlass von Gestaltungssatzungen dient den besonderen Belangen der Gemeinde, indem mit ihnen positiv auf die Gestaltung des Orts- und Straßenbildes eingewirkt werden soll, *vgl. VGH Mannheim, B. v. 28.03.2017 – 5 S 2427/15 –; VG Cottbus, U. v. 28.08.2019 – 3 K 1215/16.* Die gezielte Gestaltung einzelner baulicher Anlagen und des Straßen-, Orts- oder Landschaftsbildes ist ein bedeutsames öffentliches Anliegen, das prinzipiell zu einer Einschränkung privater Eigentümerbefugnisse führen kann. Je gewichtiger die konkrete Gestaltungsaufgabe und je schutzwürdiger das vorhandene bzw. beabsichtigte Straßen-, Orts- oder Landschaftsbild ist, umso eingehender dürfen gestalterische Festsetzungen und Anforderungen sein, ohne dass das Übermaßverbot verletzt wird. Diese Folgen der Gestaltungssatzung müssen von der Gemeinde abgewogen werde. Im Regelfall muss entsprechend den örtlichen Bauvorschriften eine gewisse historische, künstlerische oder sonst die Eigenart des Ortsbildes ausmachende Homogenität gegeben sein oder angestrebt werden, die allein es rechtfertigt, den Freiheitsraum des Bauherrn einzuengen. Daraus folgt umgekehrt, dass das Ziel einer einheitlichen Gestaltung allein um der Einheitlichkeit oder gar Uniformität willen nicht ausreicht, *vgl. VGH Mannheim, B. v. 26.08.1982 – 5 S 858/82.* 12

Örtliche Gestaltungsatzungen ändern zunächst nichts daran, dass unter den Voraussetzungen des § 61 Abs. 1 Nr. 12 die dort genannten Werbeanlagen genehmigungsfrei errichtet werden dürfen. Soll dieser Effekt vermieden werden, muss in der Gestaltungssatzung auch eine Erlaubnispflicht nach Absatz 1 Nr. 4 statuiert werden. 13

a) Gestaltungssatzungen (Nummer 1)

In Gestaltungssatzungen gem. Nummer 1 dürfen Anforderungen sowohl an die Gestaltung aller baulichen Anlagen im Sinne des § 1 Abs. 1 Satz 1 i. V. m. § 2 Abs. 1 als auch an die Gestaltung aller Anlagen und Einrichtungen im Sinne des § 1 Abs. 1 Satz 2 gestellt werden. Baugestalterische Vorschriften in Form von gemeindlichen Gestaltungssatzungen sind nach ständiger Rechtsprechung des Bundesverwaltungsgerichts Inhalts- und Schrankenbestimmungen des Eigentums i. S. d. Art. 14 Abs. 1 Satz 2 GG, *vgl. nur BVerwG, U. v.* 14

16.03.1995 – 4 C 3/94. Diese Satzungen müssen inhaltlich bestimmt sein und dürfen nicht gegen das Gleichheitsgebot verstoßen.

15 Besondere Anforderungen an die äußere Gestaltung baulicher Anlagen und andere Anlagen und Einrichtungen darf die Gemeinde stellen, wenn sie damit gebietsspezifische gestalterische Absichten verfolgt. Die städtebauliche Gestaltungsabsicht muss an die Besonderheiten des zu schützenden Gebietes anknüpfen. Die Gemeinde muss eine Idee oder ein Konzept für die Ausgestaltung des konkreten Ortsteils haben und die örtliche Bauvorschrift folgerichtig daraus ableiten, so *OVG Weimar, U. v. 14.8.2023 – 1 KO 788/21.* Bei der Abwägung der öffentlichen und privaten Belange ist der Gemeinde ein Ermessensspielraum für die Bestimmung der gestalterischen Absichten und Wertmaßstäbe eingeräumt, der gerichtlich nur eingeschränkt überprüft werden kann, *vgl. VGH Mannheim, U. v. 19.09.2002 – 8 S 1046/02.* Dies gilt auch für das Verbot von Schottergärten und die Begrünung baulicher Anlagen, die mit der Novelle 2020 eingefügt wurden. Der Gesetzgeber ordnet diese Regelungsmöglichkeiten der Gestaltung zu, nicht der ökologischen Aufwertung. Abgesehen davon sind Schottergärten bereits nach § 8 Abs. 1. Satz 1 unzulässig, so dass es an sich einer Regelung in einer Gestaltungssatzung nicht bedarf.

16 Der räumliche Geltungsbereich einer Gestaltungssatzung darf ohne Verstoß gegen die Bestimmtheitsanforderungen mit dem unbestimmten Rechtsbegriff „innerhalb der im Zusammenhang bebauten Ortsteile" umschrieben werden. Unbestimmt ist jedoch die Umschreibung des Geltungsbereichs mit der bloßen Nennung verschiedener in der Hauptsatzung erwähnter Ortsteile, von denen einzelne nur Außenbereichsflächen umfassen und deren Abgrenzung nicht näher festgelegt ist, *vgl. OVG Münster, BauR 2004, 73.*

17 Die Gestaltungssatzung muss den Anforderungen an das Bestimmtheitsgebot genügen. Aus Gründen der Rechtsstaatlichkeit, nämlich um dem Erfordernis der Bestimmtheit belastender Regelungen und damit deren Erkennbarkeit für den betroffenen Bürger zu genügen, ferner um sicherzustellen, dass die gestalterischen Vorstellungen auch wirklich dem zuständigen Gemeindeorgan zugerechnet werden können, ist eine möglichst konkrete Festlegung der gestalterischen Absichten erforderlich, *vgl. VGH Mannheim, U. v. 11.10.2006 – 3 S 337/06.* Die Anforderungen, die der Bauherr zu erfüllen hat, müssen deshalb so präzise formuliert sein, dass für die mit dem Vollzug beauftragte Verwaltung eine eindeutige Feststellung, ob das Vorhaben zulässig oder unzulässig ist, möglich ist. Dies wird, jedenfalls bei generellen Regelungen im Allgemeinen durch die Satzung selbst geschehen müssen. Vgl. zur Unwirksamkeit einer Gestaltungssatzung wegen ungeeigneter Bestimmung der Größe von Dachflächenfenstern und zur Bestimmbarkeit der Farbe „rot bis rotbraun" für Dachdeckung, *OVG Lüneburg, UPR 2001, 452.* Unbestimmt ist eine Gestaltungssatzung, die zwar für unterschiedliche – planerisch festgesetzte oder

faktische – Baugebietskategorien unterschiedliche Regelungen trifft, jedoch offen lässt, nach welchen Maßstäben die Differenzierungen im diffusen Innenbereich (§ 34 Abs. 1 BauGB) anwendbar sein sollen. Sonderregelungen für „überwiegend gewerblich genutzte Gebäude“ sind unbestimmt, wenn der Satzung bzw. ihrer Begründung die Kriterien für die Abgrenzung des Überwiegens nicht entnommen werden können.

18 Die Gestaltungssatzung muss dem Gleichheitsgebot genügen. Nimmt eine Gestaltungssatzung „öffentliche Gebäude“ von ihrer Geltung – hier bezüglich von Regelungen über die Gestaltung der Dächer und der Außenwände – generell aus, verstößt dies gegen den Gleichbehandlungsgrundsatz, wenn keine sachlichen, ausschließlich baugestalterischen Rechtfertigungsgründe für diese Ausnahme vorliegen, *vgl. OVG Münster, U. v. 26.03.2003 – 7 A 1002/01.* Vgl. zur formell und materiell unwirksamen örtlichen Bauvorschrift, *OVG Lüneburg, BRS 63 Nr. 39.*

b) Werbegestaltungssatzung (Nummer 2)

19 Nummer 2 ermächtigt zu speziellen Werbesatzungen. Diese Regelung ermächtigt die Gemeinde nur dazu, die Anforderungen an Werbeanlagen zu bestimmen. Für Warenautomaten darf die Gemeinde solche Regelungen nicht mehr treffen.

20 Die Satzung darf nicht ausschließlich dem Zweck dienen, Werbung in der Gemeinde generell zurückzudrängen, *vgl. VG Gera, U. v. 15.08.1996 – 4 K 159/96.* Der Ausschluss von Werbeanlagen darf nur nach Maßgabe der Nummer 3 erfolgen. Davon unberührt bleibt die Befugnis der Gemeinde, die Werbung aus städtebaulichen Gründen in einem Bebauungsplan zu reglementieren.

c) Werbeausschlusssatzung (Nummer 3)

21 Die durch das Bürokratieabbaugesetz neu geschaffene Regelung in der Nummer 3 sieht den Ausschluss von Werbeanlagen an bestimmten baulichen Anlagen vor. Ein flächenbezogener Ausschluss ist danach nicht zulässig. Werbeanlagen dürfen in einer Werbesatzung also grundsätzlich nicht ausgeschlossen werden, *so schon OVG Koblenz, BRS 48, Nr. 111.* Der Ausschluss der Werbeanlagen bedarf einer gestalterischen Begründung, die erkennen lässt, weshalb auch eine Werbeanlage nach Maßgabe von Gestaltungsregelungen im Sinne von Nummer 2 an der baulichen Anlage unzulässig ist. Da Fremdwerbung auch als eine Möglichkeit der Nutzung des Eigentums durch den Grundstückseigentümer durch Art. 14 GG geschützt ist, darf Werbung durch die Werbeanlagensatzung nur auf das unbedingt Notwendige beschränkt werden, *vgl. VG Meiningen U. v. 08.12.1997 – 5 K 494/97 –, NJ 1998, 332, mit Anmerkung von Otto.*

22 Der flächenhafte Ausschluss von Werbeanlagen ist der Gemeinde nur noch durch bauplanungsrechtliche Festsetzungen in einem Bebauungsplan erlaubt. Bauplanungsrechtlich kann die Gemeinde aus städtebaulichen Gründen die Aufstellung von Werbeanlagen unterbinden.

d) Erlaubnispflichtsatzung (Nummer 4)

23 Nummer 4 ermächtigt die Gemeinde, für baugenehmigungsfreie Werbeanlagen eine sonderbehördliche Erlaubnispflicht einzuführen. Die vormals in Nummer 4 geregelte Anzeigepflicht ist entfallen.

e) Begrünungssatzung

24 Durch die Novelle 2020 ist die Nummer 5. „Die Begrünung baulicher Anlagen" eingefügt worden. Damit soll die Erreichung von klimapolitischen Zielen verbessert werden, *vgl. LT-Drucks. 7/1697, S. 29.* Zu diesem können z. B. Dachbegrünungen bei Neubauvorhaben verbindlich geregelt werden. Dabei ist zu berücksichtigen, dass die bauordnungsrechtlichen Anforderungen aus der Brandenburgischen Bauordnung und den Anforderungen aus Vorschriften aufgrund der Brandenburgischen Bauordnung (Anforderungen im Zusammenhang mit der Standsicherheit und des Brandschutzes, wie z. B. Lastabtragung sowie die Vorgaben zu Gründächern, Anforderungen an eine harte Bedachung oder dem Brandverhalten von Außenwandverkleidungen) eingehalten werden müssen. Eine Absenkung des Sicherheitsniveaus ist mit dieser Änderung nicht möglich oder erlaubt.

25 Die Gemeinde verfolgt mit dieser Bestimmung ein originär bauordnungsrechtliches Ziel. Die Regelung steht neben bauordnungsrechtlichen Festsetzungen, kann also auch nach Absatz 9 und § 9 Abs. 4 BauGB in Bebauungsplänen aufgenommen werden.

6. Abstandsflächensatzung (Absatz 2)

26 In Absatz 2 wird die Gemeinde ermächtigt, durch örtliche Baubestimmungen von den Vorgaben in § 6 Abs. 5 über die Tiefe der Abstandsflächen aus bauordnungsrechtlichen Gründen abzuweichen. Die Gemeinde darf dabei in Verbindung mit § 6 Abs. 5 Satz 4 die abweichenden Abstandsflächen auch als zwingend festsetzen. Von der Festsetzung nach Absatz 2 darf nur aufgrund bauordnungsrechtlicher Erwägungen, zu denen auch die Verhinderung der Verunstaltung und die positive Gestaltungspflege gehören, Gebrauch gemacht werden. Von daher ist die Regelung in Satz 3, die eine auch bauplanungsrechtliche Begründung für eine Festsetzung nach Absatz 2 liefern soll, sehr eng auszulegen, um sie überhaupt noch verfassungskonform, also rein bauordnungsrechtlich, anwenden zu können, *s. a. VGH München, U. v. 20.12.2004 – 25*

B 98.1862 –; BVerwG, B. v. 31.05.2005 – 4 B 14.05 – und BVerwG, B. v. 10.07.1997 – 4 NB 15.97. Wenn und soweit städtebauliche Zielsetzungen verfolgt werden, ist nur von der Ermächtigung nach § 9 Abs. 1 Nr. 2a BauGB Gebrauch zu machen. Vgl. zur Klärung der Frage, welche kompetenzrechtlichen Schranken landesrechtliche Vorschriften des Bauordnungsrechts im Hinblick auf die konkurrierende Zuständigkeit des Bundes für das Bodenrecht unterliegen, *BVerwG, BauR 2008, 660ff.*

Bei der Festsetzung einer abweichenden Abstandsflächentiefe nach Absatz 2 muss sichergestellt sein, dass die Festsetzung auch planungsrechtlich realisierbar ist. Da die bauordnungsrechtliche Festsetzung das Planungsrecht unberührt lässt, ist ggf. eine entsprechende planungsrechtliche Festsetzung in einem Bebauungsplan erforderlich. 27

Planungsrechtlich kann die Tiefe der Abstandsfläche nicht nur durch eine Festsetzung nach § 9 Abs. 1 Nr. 2a BauGB unmittelbar, sondern mittelbar über die Festsetzung des zulässigen Standorts des Gebäudes durch Baugrenzen (§ 9 Abs. 1 Nr. 2 BauGB, § 23 Abs. 3 BauNVO), über die Festsetzung der höchstzulässigen Zahl der Vollgeschosse (§ 9 Abs. 1 Nr. 1 BauGB, §§ 16 Abs. 2 Nr. 3, 20 Abs. 1 BauNVO) sowie der zulässigen Höhe der baulichen Anlage (§§ 16 Abs. 2 Nr. 4, 18 BauNVO) festgesetzt werden. Denn dadurch wird auch die für die Tiefe der Abstandsfläche maßgebliche Lage und Höhe der Außenwand bestimmt, *vgl. VGH München, B. v. 29.12.2005 – 1 NE 05.2818.* Nicht erforderlich ist, dass der Plangeber eine ausdrücklich auf die Abstandsfläche beziehende Regelung erlässt. 28

Durch § 6 Abs. 5 Satz 4 ist das Verhältnis der Festsetzung nach § 87 Abs. 2 und der nach § 9 Abs. 1 Nr. 2a BauGB unter dem Aspekt der Genehmigungsfähigkeit einer baulichen Anlage gelöst worden. Der Bundesgesetzgeber hat ausschließlich für die Ebene des Städtebaurechts in § 9 Abs. 1 Nr. 2a BauGB eine Festsetzungsmöglichkeit vorgesehen, die ein Abweichen des Bebauungsplans von den bauordnungsrechtlichen Festsetzungen erlaubt, *vgl. dazu BT-Drs. 16/3308.* Durch Absatz 2 wird der Gemeinde nur eine bauordnungsrechtliche Festsetzungsmöglichkeit eröffnet. Diese beiden Festsetzungsmöglichkeiten sind voneinander deutlich abzugrenzen. Sie unterscheiden sich inhaltlich dadurch, dass die Festsetzung nach Absatz 2 planungsrechtlich irrelevant bleiben muss, *vgl. BVerwG, B. v. 31.05.2005 – 4 B 14/05 – und BVerwG, B. v. 10.07.1997 – 4 NB 15.97 –, anders noch U. v. 28.04.1972 – 4 C 11.69.* Das BVerwG hat im *U. v. 11.10.2007 – 4 C 8.06 –,* einem instrumentell-funktionalen Ansatz zur Unterscheidung zwischen Bodenrecht und Bauordnungsrecht *(so Jäde, ZfBR 2006, 9)* eine Absage erteilt und auf die mit einer Vorschrift verfolgten Regelungsziele abgestellt. Eine Verletzung der Bundeszuständigkeit für das Bodenrecht (Art. 74 Abs. 1 Nr. 18 GG) liegt nach Auffassung des BVerwG nicht schon dann vor, wenn eine bauordnungsrechtliche (baugestalterische) 29

Vorschrift, die der Abwehr verunstaltender baulicher Anlagen dient, in der konkreten Rechtsanwendung zu Ergebnissen führt, die im Einzelfall auch auf der Grundlage des Baugesetzbuches erzielt werden können.

30 Die planungsrechtliche Festsetzung nach § 9 Abs. 1 Nr. 2a BauGB modifiziert in Brandenburg die bauordnungsrechtlichen Anforderungen an die Abstandsflächentiefe. Ebenso wie in der Berliner Bauordnung, in der der Gesetzgeber das Abstandsflächenrecht nach § 6 Abs. 8 für subsidiär erklärt hat, ist nunmehr für Brandenburg in § 6 Abs. 5 Satz 4 das Problem gelöst, dass eine planungsrechtlich gem. § 9 Abs. 1 Nr. 2a BauGB verkürzte Abstandsfläche für die Zulässigkeit eines Gebäudes auch bauordnungsrechtlich relevant wird. Die bauordnungsrechtlichen Anforderungen werden davon berührt. Die planungsrechtliche Festsetzung schlägt also auf die bauordnungsrechtliche Zulässigkeit des Gebäudes durch, Es bedarf nicht der Erteilung einer Abweichung gem. § 67. Es bedarf bei einer planungsrechtlichen Festsetzung keiner bauordnungsrechtlichen Festsetzung nach Absatz 2.

31 Nach dem Beschluss des OVG Lüneburg *vom 22.12.2014 – 1 MN 118/14* – verdrängt eine Festsetzung nach § 9 Abs. 1 Nr. 2a BauGB die Vorschrift des § 5 Abs. 2 NBauO (in Niedersachsen sog. „Grenzabstände"). Die Festsetzung ist daher nicht auf eine bauordnungsrechtliche Möglichkeit einer Verringerung des Grenzabstands – in Niedersachsen nur im Wege der Abweichung nach § 66 NBauO – angewiesen. Diese für das Landesrecht Niedersachsen getroffene Entscheidung ist nicht auf das Brandenburgische Landesrecht übertragbar. Denn es gilt in Brandenburg § 6 Abs. 5 Satz 4.

32 Unterschreitungen der aktuellen bauordnungsrechtlichen Mindestabstände in städtebaulichen Satzungen oder örtlichen Bauvorschriften bedürfen einer Abwägung, in der die Auswirkungen auf die Schutzgüter des Abstandsflächenrechts eingehend berücksichtigt werden müssen, *vgl. OVG Berlin-Brandenburg, BauR 2008, 1089ff. (Spreedreieck in Berlin).* Denn bei den bauordnungsrechtlichen Anforderungen an Belichtung und Lüftung handelt es sich um gewichtige Vorgaben für die Planung. Aufgrund der aktuellen Rechtslage ist davon auszugehen, dass ein regelmäßiger Mindestabstand von 0,4 H noch ausreichend ist. Dies ist die Abstandsfläche, die in einigen Ländern – entsprechend der Musterbauordnung 2002 – als bauordnungsrechtlicher Mindestabstand normiert ist. Gemeinden können im Rahmen der Abwägung das Maß von 0,4 H nur noch aus triftigen Gründen überwinden, *vgl. VGH München, B. v. 29.12.2005 – 1 NE 05.2818.* Die oberverwaltungsgerichtliche Rechtsprechung steht solchen Versuchen außerordentlich kritisch gegenüber, *vgl. VGH München, B. v. 17.01.2001 – 2 ZS 01.112.* Denkbar sind solche Unterschreitungen in Innenstädten, beim Hochhausbau, bei besonders schmalen Straßen oder Traufgassen, wenn das überkommene Straßenbild durch eine dichte Bebauung gekennzeichnet ist. Um sicherzustellen, dass die Gemeinde bei ihrer Planung

die Schutzgüter des Abstandsflächenrechts berücksichtigt, sind die nachbarlichen Belange als Abwägungsposition in Absatz 2 Satz 2 klarstellend genannt.

7. Kinderspielplatzsatzung (Absatz 3)

Durch Absatz 3 wird die Gemeinde ermächtigt, Größe, Art und Ausstattung von Kinderspielplätzen im Sinne des § 8 Abs. 3 festzusetzen. Da die Verpflichtung zur Errichtung von Kinderspielplätzen bei Gebäuden mit mehr als drei Wohneinheiten nicht durch die Bauordnung, sondern durch die Satzung begründet wird, ist in der Satzung insbesondere die Verpflichtung zur Errichtung von Kinderspielplätzen genau zu regeln. 33

In der Ausschussberatung ist auf Antrag der Regierungsfraktionen die Möglichkeit, in der Satzung Geldbeträge für die Ablösung der Kinderspielplätze zu bestimmen, aufgenommen worden, *vgl. LT-Drucks. 6/3949, S. 161.* Der Ablösebetrag ist das Surrogat für die Herstellung des Kinderspielplatzes. Deshalb darf der Ablösebetrag nicht größer sein als der für die Herstellung des Kinderspielplatzes aufzuwendende Betrag. 34

8. Stellplatzsatzung (Absatz 4)

In Absatz 4 wird die Gemeinde zum Erlass örtlicher Bauvorschriften über notwendige Stellplätze ermächtigt. Diese Ermächtigung gilt, wie Satz 4 bestimmt, nicht für die nach § 50 Abs. 4 notwendigen Stellplätze. Stellplätze sind in § 2 Abs. 7 definiert. Danach gelten auch Garagen als Stellplätze. Diese Regelung steht in engem Zusammenhang mit § 49 Abs. 1, wonach bei der Errichtung oder Nutzungsänderung von baulichen Anlagen sowie anderen Anlagen, nicht aber bei deren bloßer Änderung, durch die Gemeinde die satzungsmäßig festgelegten notwendigen Stellplätze hergestellt werden müssen. Die Stellplatzpflicht ist Folge der Situationsgebundenheit des Grundstücks und seiner Nutzung. Sie bewegt sich damit im Rahmen der zulässigen Sozialbindung des Eigentums nach Art. 14 Abs. 2 GG, *vgl. BVerwG, U. v. 30.08.1985 – 4 C 10/81 –; Gloria, NVwZ 1990, 305f.* Die Pflicht, Stellplätze herzustellen, ist mit dem Gleichheitssatz des Art. 3 Abs. 1 GG grundsätzlich vereinbar, *vgl. BVerwG, BRS 44 Nr. 114.* 35

Wie schon aus § 49 hervorgeht, darf ausschließlich die Gemeinde über die im Einzelfall erforderliche Zahl von notwendigen Stellplätzen oder über Geldbeträge für eine Ablösung entscheiden. Die Bestimmung der Zahl der Stellplätze bedarf nicht der Zustimmung der Bauaufsichtsbehörde. Über das „Ob" der notwendigen Stellplätze entscheidet die Gemeinde, über das „Wie" der Stellplätze die Bauaufsichtsbehörde. Die Bauaufsichtsbehörde bleibt weiter dafür zuständig, die technische Ausführung der Garagen und Stellplätze zu prüfen und, soweit sie genehmigungspflichtig sind, die Genehmigungsverfahren 36 durchzuführen. Die Gemeinde ist aber als Sonderaufsicht für den Vollzug des § 49 zuständig. Da aber auch die Bauaufsichtsbehörde bei nicht genehmigungsfreien Vorhaben für den Vollzug der gemeindlichen Satzung zuständig ist, sind Vollzugslücken nicht zu befürchten.

37 Für die Frage des „Ob" bestehen hinsichtlich des Gleichheitssatzes keine Bedenken, *vgl. BVerwG, U. v. 30.08.1985 – 4 C 10/81.* Die Gemeinde darf das „Ob" und das „Wieviel" der notwendigen Stellplätze unter Berücksichtigung von Art und Maß der baulichen Nutzung sowie der verkehrlichen, wirtschaftspolitischen und städtebaulichen Gründe differenziert festsetzen. Sie hat dabei die verfassungsschweren Grundsätze der Verhältnismäßigkeit und der Zumutbarkeit sowie das Gleichbehandlungsgebot zu beachten. Sie wird sich deshalb in der Regel an einen typisierten Stellplatzbedarf halten müssen, *vgl. zur Nutzung sachverständig festgelegter Erfahrungswerte, BVerwG, NVwZ 1987, 1006; VGH Mannheim, BauR 2002, 69ff.; vgl. zum Maßstab der Nutzfläche bei Einfamilien-/Mehrfamilienhäusern: OVG Koblenz, U. v. 27.06.2001 – 8 C 11919/00 –; bei Verkaufsstätten: BVerwG, NVwZ 1987, 1006; Beherbergungsbetrieben: VGH Mannheim, BauR 2002, 69ff. Vgl. zu gemeinsamen Stellplätzen bei zeitlich abgegrenzten Nutzungen (Geschäftshaus und Theater) OVG Münster, BRS 15 Nr. 72.*

38 Eine Kompetenz zur Regelung der Situierung und Anordnung von Stellplätzen auf dem Baugrundstück, wird den Gemeinden durch Absatz 4 nicht zugewiesen. Konkrete Anordnung und Lage der Stellplätze auf dem Baugrundstück können nur durch Festsetzungen eines Bebauungsplans bestimmt werden, *vgl. VGH München, U. v. 20.12.2004 – 25 B 98.1862.*

39 Hat die Gemeinde von der Ermächtigung in Absatz 4 Satz 2 Nummer 2 Gebrauch gemacht und die notwendigen Stellplätze untersagt oder eingeschränkt, kann sie dafür eine Ablösung nicht fordern. Der Bauherr ist nur dann zur Zahlung von Ablösebeträgen verpflichtet, wenn er zur Errichtung von Stellplätzen verpflichtet ist, *vgl. zur Ablöse bei Stellplatzbeschränkungen, Schröer, NVwZ 1997, 140; Meiner, NVwZ 1998, 927.* Der Ablösebetrag ist das Surrogat der Stellplatzverpflichtung, *vgl. BVerwG, U. v. 30.08.1985 – 4 C 10/81.* Das Ziel, die Gemeinde oder Teile des Gemeindegebiets nicht zu einem großen Parkplatz verkommen zu lassen, hält sich im Rahmen des durch die Bauordnung eingeräumten Satzungsermessens, *so OVG Koblenz, BauR 2012, 235ff.*

40 Die Stellplatzsatzung darf die Errichtung von Stellplätzen nur bei der Errichtung oder Nutzungsänderung baulicher Anlagen oder anderer Anlagen vorsehen. Die bauliche Änderung löst keine Stellplatzpflicht aus. Hingegen steht die Erweiterung einer baulichen Anlage deren Errichtung gleich. Denn durch die Erweiterung kann ein zusätzlicher Stellplatzbedarf ausgelöst werden.

9. Satzung über Ablösebeträge (Absatz 4 Satz 2 Nummer 3)

Nach Absatz 4 Nummer 3 kann die Gemeinde auch die Ablösezahlung, durch die der Bauherr seine Stellplatzverpflichtung ablösen will, in einer örtlichen Bauvorschrift regeln. Die Gemeinde darf aber nach dem Gesetzeswortlaut auch ohne eine solche Satzung einen Ablösevertrag nach § 49 Abs. 3 schließen. 41

Bei der Satzung nach Nummer 3 kann es sich um eine eigenständige Satzung handeln oder um Regelungen in der Stellplatzsatzung nach Nummer 1. Die Höhe des Ablösebetrags muss sich in jedem Fall an den durchschnittlichen Kosten für die Herstellung eines Stellplatzes orientieren. Dadurch wird im Sinne des Gleichheitssatzes nach Art. 3 Abs. 1 GG sichergestellt, dass derjenige, der einen Stellplatz baut, wirtschaftlich in gleichem Maße belastet wird, wie derjenige, der eine Ablöse zahlt. Die Gemeinde muss deshalb bei der Bestimmung der Höhe des Ablösebetrags die örtlichen Verhältnisse in den Blick nehmen. Dies kann eine nach Ortslagen differenzierte Bestimmung des Ablösebetrags erforderlich machen, *vgl. OVG Lüneburg, BRS 47 Nr. 112.* Die Gemeinde hat die Bodenpreise und die Herstellungskosten für einen Stellplatz zu berücksichtigen, *vgl. OVG Lüneburg, BRS 47 Nr. 112.* Die Gemeinde kann dabei auf die Kosten ebenerdiger Stellplätze aber auch auf solche für Stellplätze in Tiefgaragen oder Parkhäusern abstellen. Allerdings dürfen diese Kosten nur anteilig berücksichtig werden, *vgl. OVG Münster, BRS 30 Nr. 107; BRS 40 Nr. 149 (60 Prozent).* Den satzungsrechtlich bestimmten Ablösebetrag hat die Gemeinde sodann in den Ablösevertrag aufzunehmen. 42

Unzulässig ist, die Kosten sonstiger zulässiger Maßnahmen, für die der Ablösebetrag nach § 49 Abs. 4 verwendet werden darf, zu bemessen. Zum einen stehen diese Kosten nicht in einem direkten Verhältnis zu den Kosten des weggefallenen Stellplatzes und zum anderen soll der Ablösebetrag das Surrogat des weggefallenen Stellplatzes sein, muss sich also an dessen Kosten orientieren. 43

Nach Satz 3 können bis zu einem Fünftel der notwendigen Stellplätze durch Abstellplätze für Fahrräder ersetzt werden. Der Gesetzgeber gibt damit dem Stellplatzverpflichteten die Möglichkeit, von der örtlichen Bauvorschrift, in der die Errichtung von Stellplätzen vorgeschrieben ist, abzuweichen, ohne dass es dafür einer behördlichen oder gemeindlichen Entscheidung bedarf. Macht der Bauherr von dieser Abweichungsmöglichkeit Gebrauch, muss er für einen notwendigen Stellplatz vier Abstellplätze für Fahrräder herstellen. Um den Bau dieser Fahrradstellplätze mit den Anforderungen aus einer Fahrradstellplatzsatzung zu harmonisieren, werden die so gebauten Fahrradstellplätze zur Hälfte auf die Verpflichtung nach Absatz 5 angerechnet. 44

10. Fahrradstellplatzsatzung (Absatz 5)

45 Absatz 5 enthält weiterhin die Satzungsermächtigung für den Erlass örtlicher Bauvorschriften über notwendige Fahrradabstellplätze. Es gelten für diese Satzung die Regelungen über die Stellplatzsatzung nach Absatz 4 entsprechend.

46 Anders als bei Stellplätzen nach Absatz 4 kann die Fahrradstellplatzsatzung auch die Lage der Fahrradstellplätze auf dem Grundstück bestimmen.

47 Bei der Bestimmung der Ausstattung kann die Gemeinde festlegen, welche Vorrichtungen geschaffen werden müssen, um an diese die Fahrräder anschließen zu können.

11. Erschließungsanlagensatzung (Absatz 6)

48 Absatz 6 ermächtigt die Gemeinde, Anforderungen an die Erschließungsanlagen zu stellen, z. B. die Breite und Ausführung von Verkehrsflächen, Regelungen über Gruben und Kleinkläranlagen oder das Erfordernis, das Gebäude an die öffentliche Kanalisation anzuschließen. Die Regelungen können durch Vereinbarungen mit dem Bauherrn mittels städtebaulicher Verträge ergänzt werden.

12. Anzeigepflichtsatzung (Absatz 7)

49 Absatz 7 steht im Zusammenhang mit der Regelung des § 15 Abs. 2 Satz 1 BauGB, die die Sicherung der Planungshoheit der Gemeinde bei genehmigungsfreien Vorhaben regelt. Mit der Ermächtigung des Absatzes 7 kann die Gemeinde die unbeschränkte Ausübung ihrer Planungshoheit auch bei genehmigungsfreien Vorhaben sichern. Für die Untersagungsverfahren ist dann auch die amtsfreie Gemeinde oder das Amt als Sonderordnungsbehörde nach § 58 Abs. 4 zuständig.

13. Geltungsbereich und Aufstellungsverfahren (Absatz 8)

50 Absatz 8 stellt in Satz 1 klar, dass die Gemeinde die örtliche Bauvorschrift als Satzung für das Gemeindegebiet oder für Teile des Gemeindegebietes erlassen kann. Der Geltungsbereich der Satzung muss dann sehr genau bestimmt werden. Eine einheitliche Satzung für das gesamte Gemeindegebiet wird nur in Ausnahmefällen in Betracht kommen, da die Sachverhalte, insbesondere hinsichtlich der Gestaltungsfragen, sich gerade in größeren Gemeinden von Ortsteil zu Ortsteil stark unterscheiden dürften.

51 Das bisher in § 81 Abs. 9 Satz 3 und 4 a. F. geregelte Anzeigeverfahren von örtlichen Bauvorschriften bei der Sonderaufsichtsbehörde entfällt. Der Gesetzgeber

sieht hierfür keine Notwendigkeit mehr. Der allgemeine Rechtschutz gegen örtliche Bauvorschriften, namentlich die gerichtliche Kontrolle der Satzungen, bleibt unberührt.

14. Verhältnis zum Bebauungsplan (Absatz 9)

52 Absatz 9 ermöglicht die Festsetzung örtlicher Bauvorschriften auch in Satzungen nach dem Baugesetzbuch. Damit hat der Gesetzgeber von der ihm in § 9 Abs. 4 BauGB eingeräumten Möglichkeit Gebrauch gemacht. Strittig ist, ob die örtlichen Bauvorschriften dann diese Eigenschaft verlieren und zu Festsetzungen des Bebauungsplans werden, *vgl. Manssen, BauR 1991, S. 697,* oder ob sie nur technisch mit dem Bebauungsplan zusammengefasst werden, so dass sie ihre Eigenschaft als örtliche Bauvorschrift behalten, *so BVerwG, U. v. 16.03.1995 – 4 C 3/94 –; U. v. 16.12.1993 – 4 C 22/92 –; Mitschang/Reidt in B/K/L, § 9 Rn. 216.* Die Beantwortung dieser Frage ist bei der Anwendung der Satzungsregelungen für die Frage von Bedeutung, ob als Voraussetzung für das vereinfachte Baugenehmigungsverfahren oder das Bauanzeigeverfahren ein Verstoß gegen Festsetzungen des Bebauungsplans vorliegt oder nicht, und für die Frage der Zuständigkeit und der Verfahrensvorschriften.

53 Der Verweis in Satz 2 auf die Verfahrensvorschriften des Baugesetzbuches erstreckt sich auch auf §§ 13 und 13a des Baugesetzbuches, in denen die Voraussetzungen für die Anwendbarkeit des vereinfachten und des beschleunigten Verfahrens bei Bebauungsplänen der Innenentwicklung geregelt sind.

54 Für örtliche Bauvorschriften, die als Festsetzungen einer städtebaulichen Satzung gem. § 34 Abs. 4 BauGB oder eines Bebauungsplans erlassen sind, gelten im Genehmigungsverfahren die Fristen gem. § 246 Abs. 1 a BauGB i. V. m. § 2 BbgBauGBDG. Dies ergibt sich aus Satz 2. Diese Regelung ist erforderlich, weil andernfalls sich das Verfahren zur Aufstellung örtlicher Bauvorschriften, die als Festsetzungen in einem Bebauungsplan erlassen werden, nach der BbgBO und der BbgKVerf richten würde und es dann zu Brüchen im Aufstellungsverfahren käme.

15. Festsetzungen, Bekanntmachung (Absatz 10)

55 Absatz 10 stellt klar, dass örtliche Bauvorschriften nicht nur aus Texten, sondern auch aus Zeichnungen bestehen können. Zu den zeichnerischen Festsetzungen gehören auch die Planzeichen. Gerade bei größeren Plänen, die nicht mehr im Amtsblatt oder in der Zeitung veröffentlicht werden können, ist es deshalb erforderlich, die Ersatzbekanntmachung zu regeln. Diese erfolgt dadurch, dass nicht die Zeichnung veröffentlicht wird, sondern der Hinweis, wo die Zeichnung einzusehen ist. Dabei gilt die Besonderheit dieser Ermächtigungsgrundlage zu beachten, dass die in der örtlichen Bauvorschrift selbst

auf die Einsichtnahmemöglichkeit hinzuweisen ist. Der Hinweis ist Bestandteil der Satzung. Zudem ist gem. § 2 BekanntmV der Inhalt dieser Teile der Satzung in groben Zügen zu umschreiben. Es genügt nicht ein Hinweis auf die Ersatzbekanntmachung in der Bekanntmachung, wie es in § 10 Abs. 3 BauGB für Bebauungspläne bestimmt ist. Die Einsichtsmöglichkeit muss mindestens während der öffentlichen Sprechzeiten bestehen, vgl. § 2 BekanntmV. Für die Bekanntmachung der örtlichen Bauvorschriften im Internet gilt § 7a BekanntmV.

16. Rechtsschutz

56 Die Ermächtigung zum Erlass von Gestaltungs- und Werbesatzungen dient auch den besonderen Belangen der Gemeinde. Die Gemeinden können mit diesen Satzungen ihr Orts- und Straßenbild gestalten. Werden Genehmigungen unter Verstoß gegen diese Satzungen oder ohne Einholung des Einvernehmens nach § 67 Abs. 3 erteilt, steht den Gemeinden eine Klagebefugnis/Antragsbefugnis aus der Verletzung ihres gemeindlichen Selbstverwaltungsrechtes zu, *vgl. VG Cottbus, B. v. 16.11.2018 – VG 3 L 606/18 –; VGH Mannheim, B. v. 28.03.2017 – 5 S 2427/15.*

§ 88
Übergangsvorschriften

(1) § 73 Absatz 2 ist auf alle Baugenehmigungen und Vorbescheide anwendbar, deren Geltungsdauer bei Inkrafttreten dieses Gesetzes noch nicht abgelaufen war.

(2) [1]Solange § 20 Absatz 1 der Baunutzungsverordnung zur Begriffsbestimmung des Vollgeschosses auf Landesrecht verweist, gilt insoweit § 2 Absatz 4 der Brandenburgischen Bauordnung in der Fassung der Bekanntmachung vom 17. September 2008 (GVBl. I S. 226) fort. [2]Auf Satzungen nach dem Baugesetzbuch, die bis zum Inkrafttreten dieses Gesetzes Rechtswirksamkeit erlangt haben, ist der zum Zeitpunkt des jeweiligen Satzungsbeschlusses geltende Begriff des Vollgeschosses weiter anzuwenden.

(3) Die bisher erfolgten Eintragungen der Brandenburgischen Ingenieurkammer in die Liste der Bauvorlageberechtigten behalten ihre Gültigkeit, soweit sie nicht durch Eintragungen in die Liste mit dem Zusatz Bauvorlageberechtigung nach § 65 Absatz 2 Nummer 2 ersetzt wurden.

(4) Die vor dem Inkrafttreten dieses Gesetzes eingeleiteten Verfahren sind nach den bis zum Inkrafttreten geltenden Vorschriften fortzuführen; die materiellen Vorschriften dieses Gesetzes sind jedoch anzuwenden, soweit diese für die Bauherrin oder den Bauherrn günstiger sind.

(5) [1]Die Verwendung des Ü-Zeichens auf Bauprodukten, die die CE-Kennzeichnung aufgrund der Verordnung (EU) Nr. 305/2011 tragen, ist nicht mehr zulässig. [2]Ab dem 16. Oktober 2018 verliert das Ü-Zeichen seine Gültigkeit bei bereits in Verkehr gebrachten Bauprodukten, die die CE-Kennzeichnung aufgrund der Verordnung (EU) Nr. 305/2011 tragen und mit dem Ü-Zeichen gekennzeichnet sind.

(6) Bis zum Ablauf des 15. Oktober 2018 für Bauarten erteilte allgemeine bauaufsichtliche Zulassungen oder Zustimmungen im Einzelfall gelten als Bauartgenehmigung fort.

(7) [1]Die bis zum Ablauf des 15. Oktober 2018 erteilten Anerkennungen als Prüf-, Überwachungs- und Zertifizierungsstellen bleiben wirksam. [2]Für Anträge auf Anerkennung von Prüf-, Überwachungs- und Zertifizierungsstellen, die bis zum Ablauf des 15. Oktober 2018 gestellt worden sind, gilt dieses Gesetz in der ab dem 16. Oktober 2018 geltenden Fassung.

(8) [1]Die in der Anlage bestimmten Ausbildungsanforderungen finden keine Anwendung auf Personen, die ihr Studium bis zum 31. Dezember

2023 begonnen haben. [2]Für diese Personen gelten die Ausbildungsanforderungen des § 65 gemäß der ab dem 16. Oktober 2018 geltenden Fassung dieses Gesetzes.

Übersicht

1. Allgemeines

1 Die Vorschriften über die Übergangsregelungen sind erforderlich, um festzulegen, welche verfahrensrechtlichen und inhaltlichen Anforderungen im Ablauf der verschiedenen Änderungen und Fassungen der Bauordnung gelten. Grundsätzlich ist davon auszugehen, dass die jeweiligen Neuregelungen mit ihrem Inkrafttreten die älteren Regelungen verdrängen. So kommt es im Genehmigungsverfahren auf die Sach- und Rechtslage im Zeitpunkt der Entscheidung über den Antrag an.

2. Geltungsdauer der Baugenehmigung (Absatz 1)

2 Absatz 1 trifft eine Übergangsvorschrift zur Neuregelung des § 73 Abs. 2. Es gilt also die aktuelle Geltungsdauer. Auf diese Zeit ist der verstrichene Zeitraum anzurechnen.

3. Vollgeschossbegriff (Absatz 2)

3 Durch die Übergangsvorschrift in Absatz 3 wird klargestellt, welcher Vollgeschossbegriff dem jeweiligen Bebauungsplan zugrunde liegt. Dabei kommt es nicht auf den Zeitpunkt des Satzungsbeschlusses, sondern auf den Zeitpunkt

der Bekanntmachung der Genehmigung oder der Satzung an, vgl. § 10 Abs. 3 Satz 4 BauGB. Von dieser Regelung unberührt bleibt die Bestimmung des Vollgeschossbegriffs im Abgabenrecht. Hier ist im Einzelfall zu prüfen, welcher Vollgeschossbegriff der Abgabensatzung zugrunde liegt.

Durch Satz 2, der in der Ausschussberatung eingefügt wurde, *vgl. LT-Drucks. 6/3949, S. 166,* hat der Gesetzgeber klargestellt, dass in Brandenburg die statische Verweisung gelten soll. Daher ist der zum Zeitpunkt des jeweiligen Satzungsbeschlusses geltende Vollgeschossbegriff wie folgt anzuwenden: 4

- für die Zeit vom 20. Juli 1990 bis 30. Juni 1994:
  „Vollgeschosse sind Geschosse, deren Deckenoberkante im Mittel mehr als 1,40 m über die Geländeoberfläche hinausragt und die über mindestens zwei Drittel ihrer Grundfläche eine lichte Höhe von mindestens 2,30 m haben."

- für die Zeit vom 1. Juli 1994 bis 31. Dezember 1997:
  „Vollgeschosse sind Geschosse, deren Deckenoberkante im Mittel mehr als 1,40 m über die Geländeoberfläche hinausragt und die über mindestens zwei Drittel ihrer Grundfläche eine lichte Höhe von mindestens 2,30 m haben. Geschosse, die ausschließlich der Unterbringung haustechnischer Anlagen dienen (Installationsgeschosse), gelten nicht als Vollgeschosse."

- für die Zeit vom 1. Januar 1998 bis 31. August 2003:
  „Vollgeschosse sind oberirdische Geschosse, die über mindestens zwei Drittel ihrer Grundfläche eine Höhe von mindestens 2,30 m haben. Geschosse, die ausschließlich der Unterbringung haustechnischer Anlagen dienen (Installationsgeschosse), gelten nicht als Vollgeschosse."

- seit 1. September 2003:
  „Vollgeschosse sind alle oberirdischen Geschosse, deren Deckenoberkante im Mittel mehr als 1,40 m über die Geländeoberfläche hinausragt. Geschosse, die ausschließlich der Unterbringung technischer Gebäudeausrüstungen dienen (Installationsgeschosse), sowie Hohlräume zwischen der obersten Decke und der Bedachung, in denen Aufenthaltsräume nicht möglich sind, gelten nicht als Vollgeschosse."

4. Vollgeschossbegriff seit 1. September 2003:

In § 2 Abs. 4 BbgBO a. F. hat der Gesetzgeber den Begriff des Vollgeschosses definiert. Ein Vollgeschoss ist ein Unterfall des Geschosses. Die Definition des Vollgeschosses erfolgt vor allem mit Blick auf die Verwendung des Begriffs in der Baunutzungsverordnung, da den Ländern insoweit die Definitionskompetenz zusteht. Der Bund beabsichtigte jedoch mit der Novelle des Baugesetzbuches und der Baunutzungsverordnung 2012 den Begriff des Vollgeschosses in der Baunutzungsverordnung zu regeln, *vgl. dazu Boeddinghaus, Probleme bei* 5 *der Übertragung der landesrechtlichen Vollgeschossregelung in die Baunutzungsverordnung, BauR 2011, 1263ff.* Dies hat der Bund nicht verwirklicht, so dass die Übergangsregelung eine Dauerregelung bleibt.

6 Der Begriff „Geschoss“, auf den in der Bauordnung z.B. in § 6 Abs. 7 Bezug genommen wird, ist die Beschreibung einer Gebäudeebene, die je nach Zweckbestimmung in den Regelungen der Bauordnung weiter konkretisiert wird. Im Bauordnungsrecht wird unter einem „Geschoss“ eine Gebäudeebene verstanden, die von Personen betreten und – in einem nicht ganz unbedeutenden Bereich – aufrecht begangen werden kann. Die Gebäudeebene muss dabei durch einen Boden und eine Decke oder das Dach von anderen Raumschichten (Gebäudeebenen) abgetrennt werden, *vgl. OVG Hamburg, U. v. 10.04.2003 – 2 Bf 523/98.* Mit der Voraussetzung der aufrechten Begehbarkeit – jedenfalls in Teilbereichen – sollen sog. Kriechgeschosse für technische Anlagen, aber auch Spitzböden im Dachbereich aus dem allgemeinen Geschossbegriff ausgenommen werden. Wann eine Gebäudeebene aufrecht begangen werden kann, wird nicht in allen Bundesländern gänzlich einheitlich beurteilt. Neben dem Begriff „Vollgeschoss“ werden etwa noch die Begriffe „Kellergeschoss“, „Dachgeschoss“ oder „Staffelgeschoss“ verwendet.

7 Ein oberirdisches Geschoss ist ein Geschoss, dessen Deckenoberkante, also die Oberkante des fertigen Fußbodens, im Mittel mehr als 1,40m über der Geländeoberfläche liegt. Um dieses Mittel zu berechnen, ist festzustellen, ob das Maß der tatsächlich freiliegenden Außenwandfläche des Geschosses größer ist als der Wert, der sich aus der Multiplikation des Geschossumfangs mit dem Höhenwert von 1,40m ergibt, *vgl. VGH Kassel, B. v. 26.07.1988 – 4 TG 1003/86.* Wenn die Geländeoberfläche eben ist, reicht es in der Regel aus, den Durchschnitt aus der Summe der Geschosshöhe, die an den Gebäudeecken gemessen wurde, zu ermitteln, *vgl. Wilke, in: Schulte/Reichel, Handbuch Bauordnungsrecht, 2. Kapitel, Rn. 129.* Liegt der Durchschnittswert über 1,40m, handelt es sich um ein oberirdisches Geschoss.

8 Ein Vollgeschoss liegt vor, wenn die Decke des Geschosses, ohne dass es auf deren Höhe ankommt, mehr als 1,40m über der Geländeoberfläche liegt. Nicht als Vollgeschosse zählen Technikgeschosse und Hohlräume. Dies gilt jedoch nicht für Hohlräume, in denen Aufenthaltsräume möglich sind. Die Anforderung an Aufenthaltsräume nach § 40 a.F. ist damit entscheidend.

9 In § 2 Abs. 5 a.F. wird lediglich definiert, was ein Aufenthaltsraum ist, ohne dass dadurch schon die Anforderungen an Aufenthaltsräume formuliert werden. Diese Anforderungen sind in § 40 a.F. normiert. Weitere Anforderungen an Aufenthaltsräume ergeben sich auch aus den Bestimmungen über den Brandschutz. Zu Aufenthaltsräumen werden gewöhnlich gezählt: Wohn- und Schlafräume, häusliche Arbeitszimmer, Kinderzimmer, Küchen, Badezimmer,

Hobbyräume. Nicht zu den Aufenthaltsräumen gehören Treppenräume, Flure, Abstellräume, Garagen, Wintergärten oder Wasch- und Toilettenräume. Unerheblich ist, ob ein Raum tatsächlich als Aufenthaltsraum genutzt wird. Ausreichend ist, dass er dazu geeignet ist, als Aufenthaltsraum zu fungieren.

10 Genügen Hohlräume den Anforderungen nach § 40 a.F. oder ist insoweit eine Abweichung gem. § 60 a.F. erteilt, sind auch solche Hohlräume als Vollgeschoss zu werten. Dies beurteilt sich gem. § 40 Abs. 1 Satz 2 a.F. danach, ob der Hohlraum eine lichte Höhe von 2,40 m, bei nachträglichem Ausbau von 2,30 m, über mindestens die Hälfte seiner Grundfläche hat und ausreichend mit Tageslicht beleuchtet und ausreichend belüftet ist. Das heißt, ist der Dachboden nicht ausreichend belichtet oder belüftet, gilt er trotz ausreichender Höhe nicht als Vollgeschoss im Sinne von § 2 Abs. 4 a.F. Damit hat der Gesetzgeber den Umgang mit dem Vollgeschossbegriff erheblich erschwert. Die Verwaltung hat etwa im Rahmen der Beitrags- oder Gebührenerhebung neben der lichten Höhe des Dachgeschosses auch noch seine Belichtung und Belüftung zu prüfen. Problematisch ist insoweit, dass der Gesetzgeber bei der Verwendung des Begriffs „möglich" offengelassen hat, ob es auf den bestehenden Zustand des Dachgeschosses ankommt oder auf einen künftigen, baulich möglichen und rechtlich zulässigen Zustand. Ein Aufenthaltsraum kann tatsächlich schon möglich sein, wenn das Dachgeschoss nach den vorhandenen baulichen Gegebenheiten als Aufenthaltsraum schon im Zeitpunkt etwa des Erlasses eines Beitragsbescheides als Aufenthaltsraum genutzt werden kann. Möglich kann ein Aufenthaltsraum aber auch sein, wenn es hierfür noch weiterer zulässiger Umbauten, etwa dem Einbau eines Dachfensters und der Einrichtung von Belüftungsanlagen bedarf. Sollte bei einem nicht als Aufenthaltsraum genutzten Dachgeschoss auf die potentielle Nutzung als Aufenthaltsraum abgestellt werden (dies könnte im Abgabenrecht geboten sein), hätte die Verwaltung bei der Ermittlung der Zahl der Vollgeschosse neben der lichten Höhe auch noch zu prüfen, ob die Nutzung als Aufenthaltsraum bauplanungs- und bauordnungsrechtlich zulässig und bautechnisch möglich ist. Konsequenterweise wäre in diesem Zusammenhang auch noch zu prüfen, ob ein Aufenthaltsraum, der bisher nicht zulässig ist, mittels einer Abweichung im Sinne von § 60 a.F., aufgrund derer von den Anforderungen an Aufenthaltsräume gem. § 40 a.F. befreit werden darf, möglich werden könnte. Sollten die Voraussetzungen für eine solche Abweichung vorliegen, wäre das Dachgeschoss als Vollgeschoss zu werten. Darüber ist auch zu prüfen, ob der Ausbau des Dachgeschosses durch Regelungen des Denkmalschutzes oder einer Gestaltungssatzung ausgeschlossen ist. Solange der Gesetzgeber diese Fragen nicht durch eine klarstellende Regelung oder durch einen Verzicht auf das Aufenthaltsraumerfordernis klärt (so etwa in Bayern, vgl. Art. 2 Abs. 5 BayBO), kommt es darauf an, wie die Verwaltungsgerichte diesen Begriff konkretisieren werden. Unabhängig davon wird die Einordnung von Dachgeschossen als Vollgeschosse jedenfalls zwar rechnerisch, nicht aber im Hinblick

auf den Verwaltungsaufwand vereinfacht, *vgl. auch Berwig, Beitragsrechtliche Auswirkungen der Bauordnungs-Novellierung in Brandenburg, KommunalPraxis, 2003, 313.*

11 Bedeutung hat der Vollgeschossbegriff im Baurecht vor allem durch die Verweisung des § 20 Abs. 1 BauNVO in Bezug auf die Festsetzungen in Bebauungsplänen. Der neue Vollgeschossbegriff erfasst aber nur die nach dem 1. September 2003 in Kraft getretenen oder insoweit geänderten Bebauungspläne. Dies ergibt sich aus der Übergangsregelung in § 83 Abs. 3 a. F. Für das Erschließungs- und Ausbaubeitragsrecht nach dem Kommunalabgabengesetz ergibt sich für vorhandene Satzungen gleichfalls keine Änderung. Bei Satzungen, die nach dem 1. September 2003 in Kraft getreten sind, gilt allerdings der neue Vollgeschossbegriff, wenn nicht das Vollgeschoss in der Satzung abweichend bestimmt ist.

5. Eintragungen in Liste der Ingenieurkammer (Absatz 3)

12 Im Bauberufsrecht wird die Liste auf nunmehr nur noch eine Liste mit entsprechenden Zusätzen umgestellt. Absatz 3 ist eine Übergangsvorschrift für bisher schon bauvorlageberechtigte Personen, damit diese, auch wenn sich die Listenführung ändert, weiterhin bauvorlageberechtigt bleiben.

6. Maßgebliche Rechtslage im Zeitpunkt der Entscheidung (Absatz 4)

13 Durch Absatz 4 bestimmt der Gesetzgeber die für eine verwaltungsverfahrensrechtliche Entscheidung maßgebliche Rechtslage. Mit „eingeleiteten Verfahren" im Sinne dieser Vorschrift sollen nicht generell bauaufsichtliche „Verfahren" gemeint sein, sondern lediglich bereits eingeleitete Baugenehmigungsverfahren so *VG Cottbus, U. v. 05.11.2018 – 3 K 617/17 –, Rn. 20, juris* mit Verweis auf Landtag Brandenburg, Drs. 6/3268: „bauaufsichtliche Verfahren zur Erteilung einer Baugenehmigung" in der Gesetzesbegründung zur BbgBO 2016). Da Änderungen von Vorschriften der Bauordnung und anderer Rechtsvorschriften häufig auch während der bauaufsichtlichen Verfahren zur Erteilung einer Baugenehmigung in Kraft treten, wird durch die Neuregelung des Satzes 1 gegenüber dem Bauherrn und der Bauaufsichtsbehörde bestimmt, welches Recht gilt. Grundsätzlich kommt es nach Absatz 4 für die verfahrensrechtliche und die materiell-rechtliche Beurteilung des Vorhabens auf die zum Zeitpunkt des Beginns des Verfahrens geltende Rechtslage an. Ist das Verfahren durch die Stellung eines Antrags oder die Anhörung des Störers vor dem 1. Juli 2014 begonnen worden, so bleibt Rechtsgrundlage und damit auch Entscheidungsgrundlage für dieses Verfahren das alte Recht. Der Bauantrag ist verfahrensrechtlich und materiell-rechtlich nach der Bauordnung zu behandeln und zu beurteilen, die vor dem 1. Juli 2016 galt. Von der Regelung

werden auch die mit § 84 eingeführten Baulasten erfasst. Da es sich um eine Wiedereinführung der Baulasten handelt, die bisherigen Baulastenverzeichnisse ohnehin ihre Gültigkeit behielten *(vgl. § 65 Absatz 5 a. F.)* und die Bauaufsichtsbehörden mit dem Rechtsinstitut der Baulast nicht ganz unvertraut sind, hat der Gesetzgeber von einer Übergangsregelung, die eine parallele Sicherung entweder durch Baulast oder durch beschränkte persönliche Dienstbarkeit vorsieht, abgesehen. Für die alten Verfahren bleibt es daher bei der Dienstbarkeit als Sicherungsinstrument. Für Verfahren, die nach dem 30. Juni 2016 begonnen wurden, ist die Baulast das Rechtssicherungsinstrument.

Dies gilt auch für den Umgang mit bautechnischen Nachweisen oder für den 14 Einsatz des Objektplaners. Entscheidend dafür, wie diese Verfahren zu gestalten sind, ist der Beginn des Bauantragsverfahrens durch den Eingang des Bauantrags bei der Behörde.

Satz 2 bestimmt, dass Änderungen des materiellen Rechts, also nicht des Ver- 15 fahrensrechts, beachtlich sind, wenn sie für den Bauherrn günstiger sind. Regelmäßig wird etwa die Regelung, dass es abstandsflächenrechtlich auf die mittlere Wandhöhe ankommt und nur die Höhe der grenznahen Wand gemeint ist, vgl. § 6 Abs. 8 Nr. 1, für den Bauherrn günstiger sein als das Abstellen auf die Gebäudehöhe nach § 6 Abs. 10 a. F. Auch dürfen bauaufsichtliche Maßnahmen nicht mehr vollzogen werden, wenn sich die Rechtslage zugunsten des von der Maßnahme Betroffenen geändert hat. Beseitigungsanordnungen dürfen daher nicht vollstreckt werden, wenn ein bisheriges Vorhaben, dessen Beseitigung angeordnet ist, nach den neuen Vorschriften materiell-rechtlich zulässig ist.

Nicht unproblematisch ist die Situation, wenn lange nach Erteilung der Bau- 16 genehmigung nach altem Recht mit dem Bau begonnen wird und nach neuem Recht für die Bauausführung ein Bauleiter bestellt wird und die bautechnischen Nachweise nach § 66 geprüft werden. Diesen Verfahrenswechsel sieht die Bauordnung nicht vor. Dieser Verfahrenswechsel kann auch nicht nach § 67 zugelassen werden. Denkbar wäre, dass die Behörde diesen Verfahrenswechsel nach § 58 Abs. 2 Satz 2 erlaubt, um den Bauherrn in den Genuss der für ihn günstigen Rechtslage bzw. der Vorteile der neuen Regelung kommen zu lassen. Erfolgt der Verfahrenswechsel ohne eine behördliche Zustimmung, dürfte ein Einschreiten in Gestalt eines Baustopps oder einer Nutzungsuntersagung regelmäßig nicht erforderlich, jedenfalls unverhältnismäßig sein. Denn das Ergebnis dieses Verfahrenswechsels steht nicht im Widerspruch zu den materiellen Regelungen der Bauordnung. Angesichts der insoweit dienenden Funktion des Verfahrensrechts ist ein behördliches Einschreiten bei einem Verfahrenswechsel dann nicht angezeigt, wenn gegen das materielle Recht nicht verstoßen wird.

7. Unzulässige Verwendung des Ü-Zeichens (Absatz 5)

17 Absatz 5 wurde mit der Novelle 2018 eingefügt. Erforderlich wurde diese Bestimmung, weil mit dem Inkrafttreten der Novelle 2018 am 16. Oktober 2018 die Rechtsgrundlage entfällt, für Bauprodukte mit CE-Kennzeichnung allgemeine bauaufsichtliche Zulassungen zu erteilen und das Ü-Zeichen aufzubringen. Die Bauaufsichtsbehörde kann für diese Bauprodukte ab dem Zeitpunkt des Inkrafttretens der Novelle 2018 für Bauprodukte mit CE-Kennzeichnung keinen Verwendbarkeitsnachweis bzw. keine Übereinstimmungsbestätigung mehr verlangen. Geregelt ist in Satz 2 für bereits angebrachte Ü-Zeichen, dass diese bei den o. g. Produkten ihre Gültigkeit verlieren.

8. Überleitung von Zulassungen oder Zustimmungen (Absatz 6)

18 Absatz 6 ist mit der Novelle 2018 eingeführt worden. Dieser Absatz sieht vor, dass nach altem Recht für Bauarten erteilte Verwendbarkeitsnachweise nach neuem Recht als Bauartengenehmigung fortgelten.

9. Bestandsschutz für Prüf-, Überwachungs- und Zertifizierungsstellen, maßgebliche Rechtslage laufender Verfahren (Absatz 7)

19 Absatz 7 regelt die Rechtsfolge, dafür, dass die Rechtsgrundlagen für die Anerkennung von Prüf-, Überwachungs- und Zertifizierungsstellen (§ 17 Abs. 5, Absatz 6 sowie § 24) aus systematischen Gründen geändert worden sind. Die Prüfstelle nach § 17 Abs. 5 sowie die Überwachungsstelle nach § 17 Abs. 6 sind nunmehr in § 16a Abs. 6 und Absatz 7 für Bauarten sowie in § 24 für Bauprodukte geregelt. Die nach alter Rechtslage erteilten Anerkennungen bleiben wirksam, werden von den Gesetzesänderungen nicht berührt.

20 Satz 2 bestimmt die Anwendung neuen Rechts für vor Inkrafttreten der Novelle am 16. 10. 2018 eingeleitete Anerkennungsverfahren. Betroffen davon ist die Anerkennung von Prüfstellen für die Erteilung allgemeiner bauaufsichtlicher Prüfzeugnisse, die sich ab dem 16. 10. 2018 nach § 16a Abs. 3 für Bauarten sowie für Bauprodukte nach § 24 Nummer 2 bestimmt. In § 24 werden zudem die weiteren Stellen im Verfahren der Übereinstimmungsbestätigung geregelt. Lediglich aus Vereinfachungsgründen sind in § 24 auch weiterhin die im Zusammenhang mit Bauarten stehenden Stellen eingeschlossen. Materiell-rechtliche Änderungen hat der Gesetzgeber mit der Novelle 2019 nicht beabsichtigt, nur in § 25 Abs. 2 ist eine europarechtlich bedingte Einschränkung eingefügt worden, so dass die Anerkennungsverfahren von Absatz 7 inhaltlich nicht berührt werden. Der Zusatz „in dem bis zum Inkrafttreten dieses Gesetz geregelten Umfang" soll Rechtsunsicherheiten ausschließen, die daraus resultieren können, dass es im Zuge der Umstellung der Bauregelliste

A auf die neue Verwaltungsvorschrift nach § 86a unter Umständen zu Anpassungen bei den Produkten kommen muss. Es soll zudem vermieden werden, dass insbesondere allgemeine bauaufsichtliche Prüfzeugnisse auf der Grundlage von Anerkennungsbescheiden weiter erteilt werden, die nicht mehr im Einklang mit den aktuellen Technische Baubestimmungen nach § 86a Abs. 2 Nummer 4 und Nummer 5 stehen und gegebenenfalls über diese hinausreichen. Nachdem die Verwaltungsvorschrift nach § 86a im Amtsblatt vom 6. Mai 2020, S. 434 bekannt gemacht wurde, müssen die Anerkennungsbescheide von Amts wegen nach Anhörung der betroffenen Stellen an die neue Rechtslage angepasst werden. Nach altem Recht gestellte Anträge werden nach neuem Recht als Antrag behandelt und nach neuem Recht beschieden.

10. Übergangsfristen für Ausbildungsanforderungen (Absatz 8)

Der Gesetzgeber hat mit der Novelle 2023 der Bauordnung eine Anlage angefügt, in der Leitlinien für die theoretischen und praktischen Inhalte des Studiums des Bauingenieurswesen aufgeführt sind. Diese Leitlinien gelten auch für mindestens dreijährige Studiengängen, die dem des Bauingenieurswesens entsprechen. Die in der Anlage bestimmten Ausbildungsanforderungen finden Anwendung auf alle Personen, die ihr Studium nach dem 31. Dezember 2023 begonnen haben. Für Personen, die mit dem Studium vor dem 1. Januar 2024 begonnen haben, gelten die Ausbildungsanforderungen des § 65 gemäß der ab dem 16. Oktober 2018 geltenden Fassung dieses Gesetzes. 21

Anlage
(zu § 65 Absatz 3 Nummer 3 und § 65a Absatz 1 Nummer 1)

Leitlinien zu Ausbildungsinhalten

Allgemeines

22 Die theoretischen und praktischen Inhalte des Studiums müssen auf die umfassenden Berufsaufgaben sowie auf die beruflichen Fähigkeiten und Tätigkeiten von Bauingenieuren ausgerichtet sein. Die Tätigkeit von Bauingenieuren umfasst im Wesentlichen die Planung, den Entwurf, die Konstruktion, die Ausführung, die Instandhaltung, den Betrieb und den Rückbau von Gebäuden und baulichen Anlagen jeder Art, insbesondere in den Bereichen des Hoch-, Verkehrs-, Tief- und Wasserbaus.

Inhaltliche Anforderungen an das Studium des Bauingenieurwesens

23 Im Rahmen eines hauptsächlich auf das Bauingenieurwesen ausgerichteten Studiengangs mit der Bezeichnung „Bauingenieurwesen" oder entsprechenden Studiengängen von mit mindestens drei Studienjahren (entspricht 180 Leistungspunkten gemäß dem Europäischen System zur Übertragung und Akkumulierung von Studienleistungen) müssen mindestens 135 Leistungspunkte in Studienfächern erworben werden, die dem Bauwesen zugeordnet werden können.

24 Hierzu gehören:

1. Studienfächer, die ein fundiertes Grundlagenwissen im thematisch-naturwissenschaftlichen Bereich vermitteln, insbesondere Höhere Mathematik, technische Mechanik, Bauphysik, Bauchemie, und Baustoffkunde und Technisches Darstellen,
2. Studienfächer, die allgemeine fachspezifische Grundlagen des Bauingenieurwesens vermitteln, insbesondere Baukonstruktion/Objektplanung Gebäude, Tragwerkslehreplanung, Bauinformatik/Geoinformatik, Digitales Bauen, numerische Modellierung, Geotechnik, Bodenmechanik und Geodäsie,
3. Studienfächer, die spezifische Kenntnisse des konstruktiven Ingenieurbaus vermitteln, insbesondere Baustatik, Massivbau (Beton-, Stahlbeton- und Mauerwerksbau), Stahl- und Metallbau, Holzbau, Verbundbau, Glasbau und Kunststoffe, Brückenbau,
4. Studienfächer, die vertiefte Kenntnisse in bauingenieurspezifischen Spezialbereichen vermitteln, insbesondere Wasserwirtschaft, Wasserbau, Siedlungswasserwirtschaft, Abfallwirtschaft und Altlasten,

Verkehrsplanung, öffentliche Verkehrssysteme und Verkehrswege (Straße, Schiene), Straßenwesen,

5. Studienfächer, die vertiefte Kenntnisse des Baumanagements vermitteln, insbesondere Bauprojektmanagement, Bauprozessmanagement und Baubetriebswirtschaft, Bauplanungsmanagement,
6. Studieninhalte, die weitere allgemeine Grundlagen vermitteln, insbesondere Baurecht [Planungsrecht, Ordnungsrecht, Zivilrecht (Verträge, Haftung)], Bauen im Bestand, Ökologie, Fremdsprachen (Fachwortschatz) und technische Gebäudeausrüstung.

Der Anteil der in den Nummern 1 bis 4 genannten Studienfächer muss dabei 25
mindestens 110 Leistungspunkte betragen.

Stichwortverzeichnis

H

I

O

W

Z